U0921369

中国老龄工作年鉴

（2017）

全国老龄工作委员会办公室　编

华龄出版社

责任编辑　李梦娇
责任印刷　李未圻

图书在版编目（CIP）数据

中国老龄工作年鉴 . 2017 / 全国老龄工作委员会办公室编 . —北京：华龄出版社，2017. 11
ISBN 978 - 7 - 5169 - 1142 - 6

Ⅰ. ①中…　Ⅱ. ①全…　Ⅲ. ①老年人—工作—中国—2017—年鉴　Ⅳ. ①D669. 6 - 54

中国版本图书馆 CIP 数据核字（2017）第 295489 号

书　　名：中国老龄工作年鉴（2017）
作　　者：全国老龄工作委员会办公室　编
出版发行：华龄出版社
印　　刷：虎彩印艺股份有限公司
版　　次：2017 年 12 月第 1 版　　2017 年 12 月第 1 次印刷
开　　本：787×1092　1/16　　**印　张：**40. 75
定　　价：280. 00 元

地　　址：北京市朝阳区东大桥斜街 4 号　　**邮编：**100020
电　　话：58124218　　**传真：**58124216
网　　址：http：//www. hualingpress. com

中国老龄工作年鉴（2017）

2016年2月23日，全国老龄工作委员会在京召开第18次全体会议，总结2015年工作，部署2016年老龄工作任务，国务委员、全国老龄工作委员会主任王勇作重要讲话。

2016 年 10 月 9 日，纪念《中华人民共和国老年人权益保障法》颁布实施 20 周年座谈会（法定老年节）在京举行。全国人大常委会副委员长王胜俊，国务委员、全国老龄委主任王勇出席会议并讲话。

2016 年 3 月 30 日，2016 年全国老龄办主任会议在京召开，全国老龄办党组书记、常务副主任王建军出席会议并讲话。

2016 年 9 月 13 日，2016 年全国老龄宣传工作会议在哈尔滨召开。全国老龄办党组书记、常务副主任王建军出席并讲话。

2016 年 10 月 31 日，全国老龄办在京组织召开学习贯彻习近平总书记关于加强老龄工作重要讲话精神高层论坛。

2016 年 12 月 8 日 –9 日，全国人大内司委、民政部、全国老龄办在湖南省长沙市联合召开老年人权益保障法地方配套法规立法工作座谈会。全国人大内司委副主任委员秦光荣，民政部党组成员、全国老龄办常务副主任王建军出席会议并讲话。湖南省人大常委会副主任李友志到会并致辞。

2016年5月11日，全国老龄办在京召开学习“老有所为”典型人物座谈会。全国老龄办党组书记、常务副主任王建军出席会议并讲话。

目　　录

第一部分　特　　载

第二部分　领导批示及讲话

第三部分　法规、文件选编

第四部分　老龄工作综述

第五部分　大事记

第一部分

特　　载

习近平在中共中央政治局第三十二次集体学习时强调 党委领导政府主导社会参与全民行动 推动老龄事业全面协调可持续发展

（2016 年 5 月 27 日）

中共中央政治局 5 月 27 日下午就我国人口老龄化的形势和对策举行第三十二次集体学习。中共中央总书记习近平在主持学习时强调，坚持党委领导、政府主导、社会参与、全民行动相结合，坚持应对人口老龄化和促进经济社会发展相结合，坚持满足老年人需求和解决人口老龄化问题相结合，努力挖掘人口老龄化给国家发展带来的活力和机遇，努力满足老年人日益增长的物质文化需求，推动老龄事业全面协调可持续发展。

学习会上，徐绍史、李立国、尹蔚民、李斌分别就我国人口老龄化形势、加强和改进老龄工作、促进老龄事业发展谈了意见和建议。

中共中央政治局各位同志认真听取了他们的发言，并就有关问题进行了讨论。

习近平在主持学习时发表了讲话。他强调，人口老龄化是世界性问题，对人类社会产生的影响是深刻持久的。我国是世界上人口老龄化程度比较高的国家之一，老年人口数量最多，老龄化速度最快，应对人口老龄化任务最重。满足数量庞大的老年群众多方面需求、妥善解决人口老龄化带来的社会问题，事关国家发展全局，事关百姓福祉，需要我们下大气力来应对。

习近平指出，我们党历来高度重视老龄工作。党的十八大和十八届三中、四中、五中全会以及“十三五”规划纲要都对应对人口老龄化、加快建设社会养老服务体系、发展养老服务产业等提出明确要求。各地区各部门加大投入、扎实行动，积极推动老龄事业发展，应对人口老龄化工作取得了显著成效。同时，我们的政策措施、工作基础、体制机制等还存在明显不足，同广大老年人过上幸福晚年生活的期盼差距较大。

习近平强调，要着力增强全社会积极应对人口老龄化的思想观念。要积极看待老龄社会，积极看待老年人和老年生活，老年是人的生命的重要阶段，是仍然可以有作为、有进步、有快乐的重要人生阶段。有效应对人口老龄化，不仅能提高老年人生活和生命质量、维护老年人尊严和权利，而且能促进经济发展、增进社会和谐。敬老爱老是中华民族的传统美德。要把弘扬孝亲敬老纳入社会主义核心价值观宣传教育，建设具有民族特色、时代特征的孝亲敬老文化。要在全社会开展人口老龄化国情教育、老龄政策法规教育，引导全社会增强接纳、尊重、帮助老年人的关爱意识和老年人自尊、自立、自强的自爱意识。要加强家庭建设，教育引导人们自觉承担家庭责任、树立良好家风，巩固家庭养老基础地位。

习近平指出，要着力完善老龄政策制度。要加强老龄科学研究，借鉴国际有益经验，搞好顶层设计，不断完善老年人家庭赡养和扶养、社会救助、社会福利、社会优待、宜居环境、社会参与等政策，增强政策制度的针对性、协调性、系统性。要完善老年人权益保障法的配套政策法规，统筹好生育、就业、退休、养老等政策。要完善养老和医疗保险制度，落实支持养老服务业发展、促进医疗卫生和养老服务融合发展的政策措施。要建立老年人状况统计调查和发布制度、相关保险和福利及救助相衔接的长期照护保障制度、老年人监护制度、养老机构分类管理制度，制定家庭养老支持政策、农村留守老人关爱服务政策、扶助老年人慈善支持政策、为老服务人才激励政策，促进各种政策制度衔接，增强政策合力。

习近平强调，要着力发展养老服务业和老龄产业。我国老年群体数量庞大，老年人用品和服务需求巨大，老龄服务事业和产业发展空间十分广阔。要积极发展养老服务业，推进养老服务业制度、标准、设施、人才队伍建设，构建居家为基础、社区为依托、机构为补充、医养相结合的养老服务体系，更好满足老年人养老服务需求。要培育老龄产业新的增长点，完善相关规划和扶持政策。

习近平指出，要着力发挥老年人积极作用。要发挥老年人优良品行在家庭教育中的潜移默化作用和对社会成员的言传身教作用，发挥老年人在化解社会矛盾、维护社会稳定中的经验优势和威望优势，发挥老年人对年轻人的传帮带作用。要为老年人发挥作用创造条件，引导老年人保持老骥伏枥、老当益壮的健康心态和进取精神，发挥正能量，作出新贡献。

习近平强调，要着力健全老龄工作体制机制。要适应时代要求创新思路，推动老龄工作向主动应对转变，向统筹协调转变，向加强人们全生命周期养老准备转变，向同时注重老年人物质文化需求、全面提升老年人生活质量转变。要完善党委统一领导、政府依法行政、部门密切配合、群团组织积极参与、上下左右协同联动的老龄工作机制，形成老龄工作大格局。要保证城乡社区老龄工作有人抓、老年人事情有人管、老年人困难有人帮。要健全社会参与机制，发挥有关社会组织作用，发展为老志愿服务和慈善事业。

（新华社北京5月28日电）

王勇国务委员在全国老龄工作委员会第十八次全体会议上的讲话

（2016 年 2 月 23 日）

当前我国正处于人口老龄化快速发展时期，老龄问题已经成为关系我国国计民生和现代化建设的重大战略问题，习近平总书记、李克强总理对此高度重视，对应对人口老龄化、发展老龄事业作出重要指示批示。今天，我们召开全国老龄委全体会议，主要任务是深入学习贯彻党的十八届五中全会、中央经济工作会议和习近平总书记、李克强总理重要指示批示精神，总结“十二五”以来老龄事业取得的成绩和经验，部署今年和今后一个时期重点工作。

刚才，孟扬同志传达了习近平总书记、李克强总理等中央领导同志的重要指示批示。李立国同志作了关于“十二五”老龄事业发展情况和 2016 年工作安排的报告。中央组织部、发展改革委、民政部、人力资源社会保障部、卫生计生委、全国妇联等部门的同志作了重点发言，与会有关部门同志也谈了意见建议，大家讲得很好。会后，请全国老龄办将大家的意见建议整理后，充实到全国老龄委 2016 年工作要点和正在制订的老龄事业发展“十三五”规划中。下面我讲几点意见。

一、充分肯定“十二五”时期老龄事业发展取得的显著成绩

“十二五”时期是我国发展很不平凡的五年，也是老龄事业加快发展的五年。“十二五”以来特别是党的十八大以来，在党中央、国务院的正确领导下，我国各项事业取得骄人成绩，我国老龄事业也呈现全面、快速发展态势，老龄工作迈上了新的台阶。

（一）规划目标任务基本完成。国民经济和社会发展“十二五”规划、中国老龄事业发展“十二五”规划、社会养老服务体系建设规划（2011—2015 年）以及各地老龄事业发展规划，都对积极应对人口老龄化作出部署和具体安排。各地区、各有关部门研究制定了相关配套政策，谋划实施了一批老年民生项目。经过共同努力，我国老龄事业“十二五”规划确定的目标任务基本完成，全国参加城乡居民基本养老保险人数达到 8.5 亿人，参加城乡居民基本医疗保险人数超过 13 亿人、覆盖 95%以上的城乡居民，中央和地方支持社会养老服务体系建设投入约 1000 亿元，有力推动了老龄事业发展。

（二）重大制度改革深入推进。整合新型农村社会养老保险和城镇居民社会养老保险制度，建立了统一的城乡居民基本养老保险制度。正加快整合城镇居民基本医疗保险和新型农村合作医疗制度。机关事业单位养老保险制度改革顺利实施。在实行“单独两孩”政策的基础上，决定全面实施一对夫妇可生育两个孩子政策。

（三）老龄法制建设得到加强。公布施行新修订的老年人权益保障法，出台了 300 多项配套法规和政策措施。无障碍建设、社会救助、社会优待、养老机构管理、居家养老服务等方面的政策法规对老年人权益维护作出了明确规定。老龄法律法规体系框架基本形成，为应对人口老龄化、发展老龄事业提供了有力保障。

（四）养老服务业加快发展。国务院在加快发展养老服务业、保障改善民生等方面作出一系列重要部署，各地区、各有关部门狠抓落实，密集出台配套政策，调动社会力量积极参与。大力推进医养结合、健康与养老服务等工程建设，全国每千名老人拥有养老床位数达到 30.2 张，居家养老服务设施已基本覆盖城镇社区和 50%以上的农村社区。

（五）老年保障和福利水平不断提高。企业职工基本养老金平均水平每年提高 10%，城乡居民基础养老金提高 1 倍。国务院出台全面建立困难残疾人生活补贴和重度残疾人护理补贴制度的意见，老年残疾人生活得到了更好的保障。大部分省份建立高龄老年人津贴、生活困难老年人养老服务补贴等制度，部分省份建立失能老年人护理补贴制度。各地均出台老年人社会优待政策，老年人享受的社会福利项目越来越多，获得感明显增强。

（六）老年群众工作深入推进。“全国道德模范”、“最美孝心少年”、“敬老文明号”等系列特色品牌活动持续开展，为老志愿服务、老年人互助服务广泛开展，全社会孝亲敬老助老氛围更加浓厚。老年教育、文化、体育工作有序推进，城乡基层老年协会规范化建设取得新进展，城乡社区老年协会覆盖率达到81.9%。老年人的社会参与渠道不断拓宽，全国老年志愿者达到2000万人。

这些成绩的取得，是党中央、国务院科学决策、正确领导的结果，是各地区、各部门共同努力和社会各方面热情支持、广泛参与的结果，是广大老龄工作者和在座的全国老龄委各成员单位同心协力、开拓创新、辛勤工作的结果。在此，我代表全国老龄委，向关心、支持、参与老龄事业发展的各地区、各部门、各方面表示衷心的感谢！

二、切实增强应对人口老龄化的责任感和紧迫感

去年10月，习近平总书记就人口老龄化问题作出重要批示，明确指出“我国人口老龄化形势严峻，影响深远，如何应对这一挑战，事关国家发展全局，事关亿万百姓福祉。要立足当前、着眼长远，抓住有限的窗口期，加强顶层设计，完善生育、就业、养老等重大政策和制度，做到及早应对、科学应对、综合应对。此事要提上重要议事日程，‘十三五’期间要抓好部署、落实。”李克强总理作出重要批示，强调要“围绕科学应对人口老龄化问题，结合‘十三五’规划编制实施，抓紧研究提出相关政策建议，并注意可操作性”。其他党中央、国务院领导同志也作出重要指示批示。习近平总书记、李克强总理和其他领导同志的重要指示批示，为我们全面认识我国人口老龄化形势、推动我国老龄事业发展指明了方向，提出了要求。我们要深刻领会，全面准确把握，认真抓好贯彻落实。

第一，要清醒认识我国人口老龄化的严峻形势。人口老龄化，是当今世界多数国家共同面对的重大课题，是当前和今后一个时期我国经济社会发展面临的一个不可回避的重大国情。同世界上其他国家相比，我国人口老龄化的严峻形势突出表现在以下方面：

一是规模大。2015年末，我国60岁及以上老年人口数量已达2.22亿人，是世界上唯一老年人口超过两亿人的国家。预计到2025年将达到3亿人，2033年突破4亿人，2053年前后达到峰值4.87亿人，规模将一直是世界之最。

二是增速快。老年人口比重将从目前的16.1%，提高到2020年的17.8%、2030年25.3%，2053年前后达到峰值34.9%，该速度是世界人口老龄化平均速度的1.5倍。

三是负担重。人口总抚养比从目前的50%，提高到2020年的57.1%，2030年的73%，2053年前后达到峰值102.8%，抚养负担增加近2倍，并将出现1.5个劳动年龄人口抚养1个老年人的局面。总体上看，我国是世界上人口老龄化程度最严重的国家之一。

第二，要清醒认识人口老龄化带来的深刻影响。人口老龄化进程的加快，将使我国人口结构问题更加突出。据预测，2030年后，将出现人口老龄化与人口负增长相叠加现象；2050年前后，将出现劳动年龄人口低谷与老年人口高峰相重叠局面。届时，80岁以上高龄人口和失能半失能老年人将分别达到1亿人左右。

这些重大变化，将对我国经济社会发展产生全面、深刻、长远的影响。人口老龄化程度不断加深，将改变我国劳动力供给结构，提高经济运行成本，降低国民储蓄率和资本积累；老年人口规模持续扩大，将加大养老保障压力，加重医疗卫生服务负担，扩大社会养老服务需求，增加社会服务管理难度。还需要高度关注的是，农村人口老龄化程度将长期高于城市，对解决“三农”问题、统筹城乡协调发展构成巨大挑战。

第三，要清醒认识我国应对人口老龄化的艰巨任务。要看到，与发达国家相比，我国是在尚未实现现代化、经济尚不发达的情况下进入老龄社会的，与老年群体民生保障相关的重要制度和服务体系还不完善，具有“未富先老”、“未备先老”的特点。特别是，发达国家在长时期内分阶段出现的老年人经济供养、医疗保健、生活照料等问题，将在我国较短时期内集中、突出地呈现和爆发。这使得我们始终面临实现经济可持续发展与发展老龄事业、保障亿万老年人民生的双重压力。同时，我国人口老龄化的快速发展，与工业化、城镇化相伴随，与家庭小型化、少子化相叠加，与经济发展新常态和社会转型相交织，我们应对人口老龄化的任务异常艰巨。

第四，要清醒认识我国应对人口老龄化存在的薄弱环节。与应对人口老龄化的复杂形势和要求相比，我们在思想认识和工作上都还存在着许多不足。全社会对老龄化问题的严重性和紧迫性认识不足，对其深刻影响研究不深、关注不多、准备不够。特别是，应对人口老龄化的关键制度和服务体系建设相对滞后，养老服务供给总量不足、结构不合理等问题比较突出。老龄工作体制机制需要进一步完善，人才队伍建设亟待加强，基层工作力量不足，政府、社会、家庭、个人等方面共同应对人口老龄化的合力尚未形成。需要我们高度重视，统筹谋划，着力研究解决。

“十三五”时期是全面建成小康社会的决胜阶段，也是人口老龄化形势日益严峻、老龄问题日益凸显的关键时期，同时也是我国应对人口老龄化的重要机遇期。各地区、各有关部门和老龄工作机构一定要切实增强责任意识、忧患意识、机遇意识和进取意识，从国家发展和现代化建设全局的高度，按照党中央、国务院决策部署，坚定信心、顺势而为，将挑战和压力转化为动力，将机遇和潜力转化为现实，以积极主动作为的态度抓好落实，全力推进老龄事业创新发展。

三、切实抓好2016年老龄事业发展重点工作

2016年是“十三五”规划实施的第一年，是全面建成小康社会决胜阶段的开局之年。要按照协调推进“四个全面”战略布局要求，牢固树立和贯彻落实创新、协调、绿色、开放、共享五大发展理念，认真贯彻落实习近平总书记、李克强总理重要指示批示精神，围绕积极应对人口老龄化、推动老龄事业创新发展，切实抓好以下几方面重点工作。

（一）认真做好应对人口老龄化的顶层设计。要完善生育、就业、养老等重大政策制度，加强规划、法规、政策、标准体系的统筹和有效整合，注重制度之间的相互协调。一要编制好老龄事业发展“十三五”规划。各成员单位要按照习近平总书记、李克强总理重要指示批示要求，将应对人口老龄化、发展老龄事业纳入国民经济和社会发展“十三五”规划和各相关专项规划中。全国老龄办要主动加强与发展改革委的沟通协调，会同有关部门做好中国老龄事业发展“十三五”规划的研究编制工作，各成员单位要密切配合，促进老龄事业规划与国家总体规划、各领域专项规划相衔接，提高针对性、协调性和可操作性。二要切实做好中央文件起草有关工作。中央已将《关于进一步加强老龄工作的意见》列入 2016 年发文计划，这个文件将是党中央、国务院适应新形势，进一步推动老龄事业发展的纲领性文件，是今后一个时期老龄工作的基本遵循。要通过制定文件进一步完善体制机制，加强政策创新。各有关部门要积极参与、全力以赴，深入调研，扎实论证，确保高质量、高标准起草完成。三要进一步健全老龄事业法规政策体系。积极推动各地区、各有关部门修订完善老年人权益保障相关法规和配套办法，尽快完善关键领域和环节的重大政策和制度。今年要重点在老年人长期护理保险、农村留守老年人关爱服务、老年宜居环境建设等重点政策制定方面取得积极进展。

（二）加大力度扎实推进养老服务业发展。这不仅是保障和改善民生的重要举措，也是培育经济增长新动能的重要支撑，是促进大众创业、万众创新，激发市场活力和社会创造力的重要载体。一要着力加强居家养老服务。建立完善居家养老支持政策，健全居家养老服务网络和平台，积极开展“互联网＋养老服务”行动，推动社区服务、养老服务向家庭延伸，促进养老服务供给的便利化、智能化，倡导老年人开展互助服务，加快建设以居家为基础、社区为依托、机构为补充的多层次养老服务体系。二要积极推动养老服务业综合改革和公办养老机构改革。全面放开养老服务市场，完善落实社会力量参与养老服务优惠扶持政策，鼓励运用政府和社会资本合作（PPP）模式，采取公建民营、民办公助等方式，引导社会力量参与，通过市场提高养老服务供给能力和水平。三要加快推进医疗服务和养老服务相结合。按照国务院有关文件要求，加快建立健全医养结合政策体系、标准规范和管理制度，探索医养结合多元化的有效实现模式，满足老年人健康养老服务需求。四要大力繁荣养老服务消费市场。引导和支持市场主体研发、生产、提供丰富实用的老年用品和服务产品，努力提升养老服务业市场规模与服务质量。

（三）切实做好老年人保障服务工作。坚持从物质和精神两方面提高老年人的生活质量。一要提高基本生活保障水平。按照普惠和特惠相结合、一般性制度安排和专项制度安排相结合的原则，强化老年人社会保障和基本公共服务，加大对困难老年人的社会救助和精准帮扶力度，织密织牢老年人特别是困难老年人民生安全网，解决好他们生活中的突出困难和问题。完善老年人照顾服务办法，健全困难老年人基本养老服务补贴、高龄津贴、计划生育家庭奖励扶助等制度。充分调动个人、家庭和社会各方积极性，共同保障老年人养老服务需求。二要加强对老年人的精神关爱。大力弘扬中华民族孝亲敬老传统美德，发挥家庭成员间情感关爱、精神慰藉的基础作用。广泛开展老年文化、教育、体育活动，丰富老年人精神文化生活。积极开展老年社会工作，建立老年人精神关爱、心理疏导、危机干预服务网络，重点针对独居、留守、失独、失能老年人提供专业服务和志愿服务，防止冲击社会道德底线的事件发生。

（四）不断扩大老年人社会参与。要研究制定政策，激发老年人参与社会发展的积极性，特别是发挥他们在关心教育下一代、维护社会治安、调解邻里纠纷、参与公益服务等方面的积极作用，真正使老年人老有所为，发挥好社会和谐的稳定器作用。大力宣传倡导“健康老龄化”和“积极老龄化”理念，引导老年人保持自尊自爱自立自强的精神风貌，积极面对老年生活。继续开展“银龄行动”，为实现老有所为丰富形式、搭建平台。积极培育基层老年人社会组织，推进基层老年协会规范化建设，发挥老年人自我管理、自我教育、自我服务作用。

四、进一步加强对老龄事业发展的领导

老龄事业发展面临新的形势，任务重、要求高、难度大。各地区、各有关部门和各级老龄委的同志们一定要从党和国家事业全局出发，把思想和行动统一到中央的决策部署和要求上来，采取切实有效措施，进一步把老龄事业各项工作做实做好。

一要切实加强组织领导。各地区、各有关部门都要把老龄事业摆上重要议事日程，高度重视，积极谋划，及时研究解决老龄事业发展中遇到的新情况、新问题。老龄委各成员单位要结合自身职能，主动参与、积极作为、通力合作，认真梳理当前和今后一个时期涉及本部门本单位的老龄工作重点任务，制定落实方案，明确时间进度，抓好贯彻落实。各级老龄办要切实履行职能，做好推动、督促、沟通工作，发挥协调作用。

二要健全老龄工作体制机制。完善老龄委议事规则和协调联络、监督检查等制度，形成上下贯通高效、部门协同有力的老龄工作体制机制。进一步明确各级老龄工作机构的职能定位，加强老龄工作机构能力建设，完善基层老龄工作组织网络，做到基层老龄工作有人管事、有钱办事、有地方议事。积极引导鼓励社会组织、企事业单位和个人参与老龄事业发展。

三要加强老龄工作队伍建设。各地区、各有关部门要把老龄工作队伍建设摆在突出位置，下大力气建设一支讲政治、懂业务、作风实、讲奉献的老龄工作队伍。广大老龄工作者要主动适应新形势，不断加强学习，注重调查研究，提高素质能力，以从严务实的工作作风，把对老年人的关爱体现在实际行动上、落实在具体工作中，为老龄事业出谋划策，为老年人办实事、解难事、做好事。

四要加强督促检查。各级老龄委要承担好老龄事业发展各项政策措施落实的督促检查职能，及时发现问题、加强协调。老龄办要加强老龄事业调查统计、信息化等基础工作，建立工作台账，做好对全年重点工作任务的全程跟踪，全面掌握工作进展情况，确保各项工作按质、按量、按时落到实处。

新的时期老龄事业发展任务艰巨、使命光荣。我们要在以习近平同志为总书记的党中央坚强领导下，深入贯彻落实党中央、国务院决策部署，攻坚克难，真抓实干，不断把老龄事业推向前进，为夺取全面建成小康社会决胜阶段伟大胜利、实现中华民族伟大复兴中国梦作出新的更大贡献！

第二部分

领导批示及讲话

致全国公安机关离退休干部的新年慰问信

国务委员　公安部部长　郭声琨

（2017年1月1日）

全国公安机关离退休老同志：

一元复始，万象更新。

值此2017年新年来临之际，我谨代表公安部党委，向全国公安机关离退休老同志致以美好的祝福和亲切的慰问！

刚刚过去的2016年，是进入决胜全面小康阶段、全面实施“十三五”规划的开局之年，也是我们党和国家发展历史上具有重要意义的一年。我们党成功召开了十八届六中全会，确立了习近平总书记在党中央和全党的核心地位，反映了全党全军全国各族人民的共同心愿，对于确保我们党始终成为中国特色社会主义事业的坚强领导力量，更好地进行具有新的历史特点的伟大斗争、推进党的建设新的伟大工程、推进中国特色社会主义伟大事业，实现“两个一百年”奋斗目标和中华民族伟大复兴的中国梦，具有重大而深远的意义。

2016年，也是公安工作取得新发展、迈上新台阶的一年。全国公安机关在以习近平同志为核心的党中央的坚强领导下，深入贯彻习近平总书记系列重要讲话精神，坚持一手抓当前影响国家安全和社会稳定突出问题的集中治理，一手抓全面深化公安改革、大力推进“四项建设”等长远性工作的深入推进，圆满完成了G20杭州峰会等系列重大安保任务，确保了社会大局持续稳定，向党和人民交出了一份满意的答卷。这些成绩的取得，是以习近平同志为核心的党中央统揽全局、坚强领导的结果，是全国公安机关和广大公安民警顽强拼搏、无私奉献的结果，同时也离不开广大离退休老同志的关心支持和鼎力帮助。

老干部是党和国家的宝贵财富。回溯历史，在革命、建设和改革开放的不同历史时期，广大离退休老同志为了民族独立解放、国家繁荣富强、公安事业发展壮大，披肝沥胆、呕心沥血，作出了巨大贡献，立下了不朽功勋。俯瞰今朝，我们备受鼓舞，广大离退休老同志虽然已经离开工作岗位，但仍老骥伏枥、志在千里，继续以高度的政治责任感和历史使命感关心着公安工作和队伍建设，为推动公安事业发展进步贡献着经验智慧，为我们提供了强大的精神支撑和前行动力。展望未来，我们更加坚信，只要我们时刻铭记老同志的历史功绩和巨大贡献，始终秉承老同志的优良传统和过硬作风，不断把老同志们留给我们的精神财富发扬光大，公安事业必将蓬勃发展、再攀高峰。

尊重老同志，就是尊重党的光荣历史；爱护老同志，就是爱护党和国家的宝贵财富；重视老同志，就是重视我们党的执政基础和执政资源。各级公安机关要进一步加强和改进离退休干部工作，始终坚持在政治上尊重老同志、思想上关心老同志、生活上照顾老同志、精神上关怀老同志，多为老同志办实事、做好事、解难事，努力让老同志安享幸福晚年。

2017年我们党要召开十九大，做好公安工作具有特殊的重要意义。全国公安机关要全面贯彻党的十八大和十八届三中、四中、五中、六中全会精神，深入学习贯彻习近平总书记系列重要讲话精神，进一步增强“四个意识”特别是核心意识、看齐意识，更加紧密地团结在以习近平同志为核心的党中央周围，紧紧围绕统筹推进“五位一体”总体布局和协调推进“四个全面”战略布局，牢牢把握为党的十九大胜利召开创造和谐稳定社会环境的总目标，从严从实从细抓好维护国家安全和社会稳定各项工作措施的落实，努力以党和人民满意的优异成绩迎接党的十九大胜利召开。诚恳希望广大离退休老同志一如既往地关心、支持公安工作，不断为公安事业发展进步出谋划策、贡献智慧。

祝全国公安机关离退休老同志在新的一年里，身体健康、阖家幸福、万事如意！

在公安部机关离退休干部2017年新春团拜会上的致辞

国务委员 公安部部长 郭声琨

(2017年1月22日)

尊敬的各位老领导、老同志：

金猴奋起玉宇清，雄鸡唱晓报春晖。

再过几天，我们就送走了猴年，迎来了中国人民的传统佳节——丁酉鸡年春节。今天，我们在这里欢聚一堂、辞旧迎新，共话过去、畅想未来，充满了喜悦之情。看到各位老领导、老同志身体健康、精神矍铄，我们感到非常高兴、非常欣慰。在这里，我同部党委的同志一起，向尊敬的各位老领导、老同志致以新春的祝福和诚挚的慰问！向全国公安机关广大离退休干部致以亲切的问候和崇高的敬意！

过年，是我们盘点旧岁的时刻。刚刚过去的2016年，是我们党和国家开启向着全面建成小康社会决胜阶段伟大进军、全面实施“十三五”规划的开局之年，对公安工作来说也是非凡的一年、难忘的一年。面对错综复杂的国际形势和繁重艰巨的国内改革发展稳定任务，全国公安机关在以习近平同志为核心的党中央的坚强领导下，深入贯彻习近平总书记系列重要讲话精神，紧紧围绕统筹推进“五位一体”总体布局和协调推进“四个全面”战略布局，全面贯彻五大新发展理念，牢固树立“四个意识”，狠抓维护国家安全和社会稳定各项措施的落实，圆满完成了各项公安保卫任务，以实际行动向党和人民交出了一份满意的答卷。1月14日，部党委召开全国公安厅局长会议，对去年工作进行了总结，对当前形势进行了分析，对今年工作进行了安排部署，有关情况已经有一个材料印发给了各个党支部，供各位老领导、老同志了解掌握。在这里，我简要地向大家汇报一下。

公安工作（略）

这些成绩的取得，从根本上说是得益于习近平总书记系列重要讲话特别是关于公安工作重要指示精神的科学引领，得益于以习近平同志为核心的党中央的坚强领导，同时也是各级党委和政府高度重视、有关部门密切配合、人民群众鼎力支持、广大民警顽强拼搏的结果，这其中也凝聚着我们广大离退休老干部的关心支持和经验智慧。广大离退休老干部既是公安事业的开创者、实践者，也是人民公安历史的见证者、书写者。正是由于广大离退休老干部艰苦创业、夯基打垒，正是由于一代又一代公安人矢志不移、接续奋斗，人民公安事业才取得了今天这样的发展进步。

“莫道桑榆晚，为霞尚满天”。老同志、老干部是党和国家的宝贵财富，是我们党执政兴国的重要资源，是推进中国特色社会主义伟大事业的重要力量。过去，在革命、建设和改革开放的不同历史时期，广大离退休老干部怀着对党和人民的无限忠诚，为了民族独立解放、国家繁荣富强、公安事业发展壮大，披肝沥胆、呕心沥血，为公安事业奋斗一生，作出了巨大贡献，立下了不朽功勋。今天，广大离退休老干部虽然离开了工作岗位，但依然老骥伏枥、志在千里，以对党和人民事业高度负责的精神关心关注着公安工作，为公安事业的发展进步发挥着光和热。未来，广大离退休老干部的优良传统和经验智慧，依然是激励我们走好新长征路的强大动力。我们要铭记老干部的历史功绩和巨大贡献，秉承老干部的优良传统和过硬作风，不忘初心、继续前进，薪火相传、接续奋斗，不断开创人民公安事业新局面。

尊重和关心老干部，是我们党的优良传统，也是我们的共同责任。党的十八大以来，以习近平同志为核心的党中央高度重视老干部工作。在全国老干部工作先进集体和先进工作者表彰大会上，习近平总书记作出重要指示，高度评价了老干部在党和国家事业发展中的重要作用，深刻阐明了做好老干部工作的重要意义，对广大老干部和老干部工作者提出了殷切期望。我们要深入贯彻习近平总书记重要指示精神，高度重视、不断加强和改进老干部工作，积极引导老干部发扬政治强、觉悟高、党性好的优势，助力严肃党内政治生活，关心党内政治文化建设，做全面从严治党的坚定支持者和模范践行者，带动更多党员增强“四个意识”，发挥先锋模范作用。老干部工作部门和老干部工作者要用心用情做好服务工作，认真落实各项有关政策，多办实事好事，让老干部在政治上有荣誉感、组织上有归属感、生活上有幸福感。要不断丰富和活跃老干部的精神文化生活，努力为老同志颐养天年创造良好环境，让他们的生活充满暖意、充满爱心，既感受到家庭的温暖，更感受到组织上的关怀。

过年，也是我们谋划未来、开启新篇的时刻。2017年是我们党和国家历史上具有特殊重要意义的一年，我们党要召开十九大，这是全党全国各族人民政治生活中的一件大事。为党的十九大胜利召开创造安全稳定的社会环境，是党和人民交给我们的重大政治任务。习近平总书记深刻指出："世界正处于百年不遇的大变局之中。"这是党中央对当前国际形势的重大战略判断，这种变局既孕育着巨大机遇，也蕴含着极大风险和挑战。从当前国内外形势新变化看，今年公安机关维护国家安全和社会稳定的任务艰巨繁重。

公安工作（略）

做好今年公安工作，任务异常艰巨、责任尤为重大。我们坚信，在以习近平同志为核心的党中央的坚强领导下，在全国公安机关和广大公安民警的共同努力下，我们一定能够圆满完成好党和人民交给我们的重大政治任务，向党和人民交上一份满意答卷，以优异成绩迎接党的十九大胜利召开。在这里，我们也真诚地希望各位老领导、老同志一如既往地关心、支持公安工作，积极为公安事业发展进步献计献策，共同创造人民公安事业更加灿烂辉煌的明天。

最后，在春节到来之际，我和部党委同志一起，向各位老领导、老同志拜年，祝各位老领导、老同志节日快乐、身体健康、阖家幸福、万事如意！

全国老龄委第十八次全体会议精神传达提纲

民政部副部长　高晓兵

（2016年3月29日）

同志们：

2月23日，全国老龄工作委员会第十八次全体会议在京召开。这次全会是在"十三五"规划开局之年召开的一次重要会议。会议的主题是：贯彻落实党的十八届五中全会精神，学习传达中央领导同志重要指示批示精神，总结"十二五"时期老龄事业发展情况，研究部署2016年及今后一个时期的老龄工作。

会上，国务院副秘书长、全国老龄委副主任孟扬同志传达了习近平总书记、李克强总理等中央领导同志对加强老龄工作作出的重要指示批示，民政部部长、全国老龄委副主任李立国同志代表全国老龄委作了关于"十二五"时期全国老龄工作情况和2016年工作安排意见的报告。第一次印发了全国老龄委工作要点，中组部、中宣部、国家发展改革委、科技部、民政部、人力资源社会保障部、国家卫生计生委、全国妇联等8个部门负责同志作了会议发言。国务委员、全国老龄委主任王勇主持会议并做了重要讲话。全国老龄委委员、联络员等90余人出席了会议。现将会议的主要精神传达如下：

一、会议学习传达了中央领导同志对加强老龄工作作出的重要指示批示

2015年10月，习近平总书记、李克强总理等中央领导同志对加强老龄工作作出了重要指示批示。经中央同意，全国老龄委第十八次全体会议对重要指示批示进行了学习传达，并进行公开宣传。

王勇国务委员指出，习近平总书记、李克强总理等中央领导同志的重要指示批示，具有很强的全局性、前瞻性、针对性，为全面认识我国人口老龄化形势、推动我国老龄事业发展指明了方向，提出了要求，具有重要的指导意义。他要求，各地区、各有关部门要认真传达贯彻中央领导同志的重要指示批示，从全局和战略的高度充分认识习近平总书记重要指示精神的重大意义，把学习贯彻习近平总书记重要指示精神作为当前和今后一个时期首要的政治任务，增强政治意识、大局意识、核心意识、看齐意识，深刻领会，全面把握，切实把学习贯彻工作抓在手上，放在心上，落实到实际行动中。

二、会议回顾总结了"十二五"时期老龄事业发展的主要情况

全会指出，"十二五"时期，党中央、国务院高度重视老龄工作，大力发展老龄事业。特别是党的十八大以来，明确提出积极应对人口老龄化、加快建立养老服务体系、发展老年服务产业的要求。习近平总书记、李克强总理等领导同志多次作出指示批示、进行部署，积极应对人口老龄化已纳入"五位一体"总体布局和"四个全面"战略布局，成为一项长期战略任务。各地区、各成员单位认真贯彻落实党中央国务院决策部署，向改革要红利，向创新要动力，向发展要活力，"十二五"时期老龄工作取得长足进步，老年人获得更多实惠，老龄事业实现了跨越式发展，主要表现在：一是《中国老龄事业发展"十二五"

规划》执行情况总体良好，主要指标基本实现，老年社会保障、老年健康支持、养老床位数等指标提前或超额完成。二是重大制度改革深入推进，建立了统一的城乡居民基本养老保险制度，正加快整合城镇居民基本医疗保险和新型农村合作医疗制度，机关事业单位养老保险制度改革顺利实施，决定全面实施一对夫妇可生育两个孩子政策。三是老龄法制建设得到加强，公布施行了新修订的《老年人权益保障法》，全国出台了300多项配套法规和政策措施，老龄法律法规体系框架基本形成。四是养老服务业加快发展，大力推进医养结合、健康与养老服务等工程建设，全国每千名老人拥有养老床位数达到30.2张，居家养老服务设施已基本覆盖城镇社区和50%以上的农村社区。五是老年保障和福利水平不断提高，企业职工基本养老金平均水平每年提高10%，城乡居民基础养老金提高1倍。各地均出台老年人社会优待政策，大部分省份建立高龄老年人津贴、生活困难老年人养老服务补贴等制度，部分省份建立失能老年人护理补贴制度。六是老年群众工作深入推进，全社会孝亲敬老助老氛围更加浓厚，城乡社区老年协会覆盖率达到81.9%，全国老年志愿者达到2000万人。

王勇国务委员充分肯定了过去五年老龄工作取得的成绩，指出，“十二五”时期是我国发展很不平凡的五年，也是老龄事业加快发展的五年，老龄事业呈现出全面、快速发展态势，老龄工作迈上了新的台阶。

三、会议深入分析了“十三五”时期我国老龄事业发展面临的形势

全会指出，“十三五”时期是全面建成小康社会的决胜阶段，也是人口老龄化形势日益严峻、老龄问题日益凸显的关键时期，同时也是我国应对人口老龄化的重要机遇期。各地区、各有关部门应切实增强应对人口老龄化的责任感和紧迫感。

王勇国务委员指出，要从四个方面清醒认识“十三五”时期我国老龄事业发展面临的形势：一是清醒认识我国人口老龄化的严峻形势，突出表现在规模大、增速快、负担重，我国仍是世界上人口老龄化程度最严重的国家之一；二是清醒认识人口老龄化带来的深刻影响，人口老龄化进程加快将对我国经济社会发展产生全面、深刻、长远的影响，特别是农村人口老龄化程度将对解决“三农”问题、统筹城乡协调发展构成巨大挑战；三是清醒认识我国应对人口老龄化的艰巨任务，我国仍具有“未富先老”、“未备先老”的特点，而且将始终面临实现经济可持续发展与发展老龄事业、保障亿万老年人民生的双重压力，人口老龄化的快速发展使应对任务更加艰巨；四是清醒认识我国应对人口老龄化存在的薄弱环节，主要是全社会对老龄化问题的严重性和紧迫性认识不足，对其深刻影响研究不深、关注不多、准备不够，特别是应对人口老龄化的关键制度和服务体系建设相对滞后，养老服务供给总量不足、结构不合理等问题比较突出，政府、社会、家庭、个人等方面共同应对人口老龄化的合力还未形成。

王勇国务委员强调，应对人口老龄化、发展老龄事业，是事关经济社会发展和民生改善、社会和谐、家庭幸福的基础性、全局性、战略性问题，各地区、各部门一定要全面深刻认识人口老龄化严峻形势，切实增强责任意识、忧患意识、机遇意识和进取意识，从国家发展和现代化建设全局的高度，按照党中央、国务院的决策部署，及早应对、科学应对、综合应对人口老龄化带来的挑战，坚定信心、顺势而为，将挑战和压力转化为动力，将机遇和潜力转化为现实，以新的状态贯彻新的理念，全力推进老龄事业创新发展。

四、会议部署了2016年老龄工作的重点任务

今年是“十三五”规划实施的第一年。全委会第一次印发了本年度的工作要点及任务分工，指出要按照协调推进“四个全面”战略布局要求，牢固树立和贯彻落实五大发展理念，认真贯彻落实习近平总书记、李克强总理的重要指示批示精神，围绕积极应对人口老龄化、推动老龄事业创新发展，切实抓好年度重点工作。

王勇国务委员强调，2016年要认真做好应对人口老龄化的顶层设计，编制好老龄事业发展“十三五”规划，做好中央《关于进一步加强老龄工作的意见》的代拟起草工作，进一步健全老龄事业法规政策体系，重点在老年人长期护理保险、农村留守老年人关爱服务、老年人社会参与、老年宜居环境建设等重点政策制定方面，取得积极进展；要加大力度扎实推进养老服务业发展，着力加强居家养老服务，积极开展“互联网+养老服务”行动，积极推动养老服务业综合改革和公办养老机构改革，引导社会力量参与，通过市场提高养老服务供给能力和水平，加快推进医疗服务和养老服务相结合，探索医养结合多元化的有效实现模式，大力繁荣养老服务消费市场，努力提升养老服务业市场规模与服务质量；要切实做好老年人保障服务工作，提高基本生活保障水平，完善老年人照顾服务办法，健全困难老年人基本养老服务补贴、高龄津贴、计划生育家庭奖励扶助等制度，加强对老年人的精神关爱，积极开展老年社会工作，重点针对独居、留守、失独、失能老年人提供专业服务和志愿服务；要不断扩大老年人社会参与，激发老年人参与社会发展的积极性，大力宣传倡导“健康老龄化”和“积极老龄化”理念，积极培育基层老年人社会组织，推进基层老年协会规范化建设。

王勇国务委员要求，各地区、各有关部门要切实加强组织领导，通过完善老龄委议事规则、协调联络、监督检查等制度，形成上下贯通高效、部门协同有力的老龄工作体制机制，同时积极引导鼓励社会组织、企事业单位和个人参与老龄事业发展。各成员单位要结合自身职能，主动参与、通力合作，制定落实方案，明确时间进度，抓好贯彻落实。各级老龄工作机构要加强老龄事业调查统计、信息化等基础工作，强化老龄工作队伍建设，做好重点工作任务的跟踪反馈，确保各项工作按质、按量、按时落到实处。

提高认识　提振信心
努力将 2016 年重点工作任务落到实处

——在 2016 年全国老龄办主任会议上的总结讲话

全国老龄办常务副主任　王建军

（2016 年 3 月 30 日）

同志们：

在大家的共同努力下，2016 年全国老龄办主任会议完成了各项议程，马上就要结束了。与以往不同，这次会议既是一次例行的年度工作会议，在一定意义上也是第四次全国老龄工作会议的预备会议。

会上，我们传达学习了习近平总书记、李克强总理对老龄工作的重要指示批示，传达学习了国务委员、全国老龄委主任王勇对老龄工作的重要批示，传达学习了全国老龄委第十八次全委会精神；民政部部长、全国老龄委副主任、全国老龄办主任李立国，副部长高晓兵出席会议，立国部长作了重要讲话；北京、吉林、上海、山东、湖北、四川、新疆、厦门等 8 个省（区、市）作了大会交流。同时，大家还结合对习近平总书记等中央领导同志的指示批示精神、十八届五中全会关于“积极开展应对人口老龄化行动”的决策部署、国家“十三五”规划纲要对积极应对人口老龄化的工作安排、以及全国老龄委第十八次全委会任务要求的学习，就《中国老龄事业发展“十三五”规划（草案）》、《关于进一步加强老龄工作的意见（提纲）》，进行了认真讨论，提出了许多很好、很重要、很有针对性的意见建议，我们将抓紧梳理，积极采纳，尽快完善。大家感到，这次会议主题鲜明，内容重要；任务明确，要求很高；领导重视，系统关注；时机很好，机遇难得。普遍认为这是一次集中学习的研讨会，进一步深化了认识；是一次鼓舞士气的动员会，进一步提振了信心；是一次精准发力的部署会，进一步明确了任务。这次会议内容丰富，信息量大，很及时、很重要、很给力、很有收获，达到了预期目的。

一是提高了认识。大家认为，十八大以来，党中央、国务院对应对人口老龄化、发展老龄事业高度重视，十分关心。习近平总书记从“事关国家发展全局，事关亿万百姓福祉”的高度，从“立足现实，着眼长远，及早应对，科学应对、综合应对”的广度，从“完善生育、就业、养老等重大政策制度”的深度，从“摆上重要议事日程，‘十三五’期间做好部署、落实”的力度，深刻揭示了应对人口老龄化、发展老龄事业的极端重要性和历史紧迫性。大家感到，这是习近平总书记治国理政的新理念、新思想、新战略，是站在国家发展全局高度发出的积极应对人口老龄化的动员令，是着眼亿万百姓民生福祉、推进老龄事业大发展的根本指针，为新时期的老龄工作指明了方向。大家表示，我们一定要自觉站在“两个事关”的高度认识老龄工作、一定要自觉立足“有限窗口期”把握老龄工作、一定要自觉着眼“顶层设计”谋划老龄工作；一定要自觉围绕“三个应对”推进老龄工作、一定要自觉摆上“重要位置”落实老龄工作。大家表示，发展老龄事业，既是党的要求，人民的愿望，经济社会健康发展的需要，也是政府的职责，社会的责任，全体公民的义务。作为老龄工作的综合协调部门，一定要坚持从党和国家的根本利益出发，老龄工作只能加强，不能削弱，只能做好，不能懈怠，这是我们的职责所在，责任所系。

二是增强了信心。讨论中，许多同志谈到当前老龄工作面临的困难不少，譬如全社会的认识水平不高，行动自觉不够；城乡、区域之间发展不平衡，农村老龄事业发展滞后；家庭养老支持政策不足，高龄、空巢、留守老人缺少关爱；尤其是体制不顺、职责不清、力量能力不足，导致许多工作摆不上位置，形不成合力，落不到实处，等等。但同时大家也感到，老龄工作迎来了前所未有的历史机遇。一方面，老龄化形势严峻，影响日益加深，“未富先老”、“未备先老”矛盾凸显，已成为全面建成小康社会道路上绕不开、躲不过的重大问题，必须直面应对，着力破解。另一方面，老龄事业具有良好的工作基础。早在 1982 年，中央就启动了应对人口老龄化的相关准备工作。

1996年，国家颁布实施了《老年人权益保障法》。1999年底我国进入老龄化社会后，2000年中央就做出了加强老龄工作的决定，并接续实施了老龄事业发展三个五年规划。党的十八大以来，积极应对人口老龄化进一步纳入党和国家发展全局，新修订的《老年人权益保障法》第一次明确，“积极应对人口老龄化是国家的一项长期战略任务”。十八届五中全会第一次要求“积极开展应对人口老龄化行动”。国家“十三五”规划纲要第一次设立专章对积极应对人口老龄化行动进行部署。特别是习近平总书记对老龄工作的重要指示，第一次将积极应对人口老龄化，发展老龄事业提高到了空前的高度。大家深受感动，精神得到提振，士气受到鼓舞，行动有了动力。大家表示，只要党和政府重视，只要社会各界共同努力，只要我们敢于正视困难，善于主动作为，不失时机地抓住机遇，只争朝夕地利用机遇，顺势而为，开拓进取，扎实工作，就一定能够克服困难，化解矛盾，创造条件，迎头赶上，将老龄工作提高到一个新的水平。

三是明确了任务。这次会议，我们传达学习了全国老龄委第十八次全委会精神，王勇国务委员就深入学习中央领导指示批示精神，落实党中央、国务院决策部署，提出了明确要求。立国部长在全委会上，对各地、各部门去年及“十二五”期间的工作进行了总结，对今年和今后一个时期的工作作出了部署。根据全委会精神，全国老龄委今年第一次制定了工作要点及分工方案，全国老龄办今年的工作要点也已印发各地，立国部长在这次会议讲话中又集中进行了全面部署，概括地说，就是突出一个重点，或者说是贯穿一条主线，即深化学习，提升能力，加强顶层设计，加快政策创制。大家感到这次会议内容很多，任务很重，要求很高，责任很大。普遍表示，只要我们想干愿干积极干，能干会干善于干，就一定能够完成全年重点工作任务，实现老龄工作的历史跨越。

总之，在“十二五”收官、“十三五”开局之际召开这次会议很有意义。“空谈误国，实干兴邦”。会议结束后，各地要将会议精神及时地、原原本本地向当地老龄委主要领导汇报。要尽快研究提出学习贯彻落实方案，适时召开老龄委全会、老龄办主任会议，对学习贯彻会议精神，明确具体工作任务，抓好全面落实作出部署。下面，我就如何贯彻这次会议精神，进一步做好新时期老龄工作，再讲几点意见。

一是要深化学习抓落实。党的十八大以来，习近平总书记围绕治国理政发表了一系列重要讲话，提出了许多新思想、新观点、新论断，尤其是这次对老龄工作的重要指示，深刻回答了新的历史条件下，积极应对人口老龄化，发展老龄事业的重大理论和现实问题。从积极应对人口老龄化上升为国家一项长期战略任务，到全面放开养老服务市场，加快发展养老服务业和产业；从积极开展应对人口老龄化行动的提出，到构建以人口战略、生育政策、就业制度、养老服务、社保体系、健康保障、人才培养、环境支持、社会参与等为支撑的人口老龄化应对体系的形成，集中展示了以习近平同志为总书记的党中央，心系国家民族发展命运的使命意识、责任担当，情系百姓民生福祉的宗旨意识、伟大情怀。全国老龄委第十八次全委会，围绕习近平总书记、李克强总理的重要指示批示精神，围绕党中央、国务院关于老龄工作的重大决策部署，围绕《老年人权益保障法》的深入实施，在认真学习领会，深入分析形势，客观总结成就的基础上，明确了当前和今后一个时期老龄工作的发展思路、重点任务和推进措施，需要大家认真学习，深刻领会，抓好落实。大家知道，今年是全面建成小康社会决胜阶段的起步之年，是全面实施国家“十三五”规划纲要的开局之年，也是全面贯彻落实习近平总书记等中央领导重要指示批示精神的关键之年。因此，学习贯彻中央精神，既是这次会议的主题，也是贯穿全年的重要任务。只有全面学习才能开阔思路，只有系统学习才能掌握规律，只有深入学习才能自觉行动，只有学深悟透，才能避免“新办法不会用、老办法不管用、硬办法不敢用、软办法不顶用”的尴尬。各级老龄工作部门要采取多种有效方式，认真组织干部学习领会会议精神，进一步提高认识，统一思想，切实把学习作为一项经常性任务来抓，形成自觉、形成习惯，形成制度，自觉用中央精神武装头脑，指导实践，推动工作。

二是要突出重点抓落实。王勇国务委员在第十八次全委会上的重要讲话，李立国部长在第十八次全委会上的报告及这次会上的讲话，都明确了当前及今后一个时期的重点工作任务和要求。就全国老龄办而言，上半年就是全力做好顶层设计，集中研究起草老龄事业“十三五”发展规划、关于进一步加强老龄工作的意见、关于老年人普惠性照顾服务工作意见三个文件。下半年就是全力筹备第四次全国老龄工作会议。从全系统来讲，今年老龄工作项目很多，如研究制定与上述政策文件配套的地方政策文件，与《老年人权益保障法》配套的地方性法规，以及老年人社会参与、宜居环境、长期照护等制度规范，时间紧、任务重、标准高。因此，要讲究工作方法，学会弹钢琴，正确把握“加法”与“减法”、当前和长远、力度和节奏、主要矛盾和次要矛盾、老龄委、老龄办与成员单位的关系。要集中精力推进重点工作，各地要根据会议总体要求，紧密结合各自实际，认真研究符合本地特点的重点工作任务，如制定《老年人权益保障法》配套的地方法规，省级老龄事业“十三五”发展规划等，都要体现科学性、针对性和可操作性，确定路线图，明确时间表，制定任务书，积极稳妥组织实施，确保重点任务重点投入，难点问题集中攻关，力争实现突破，取得收获。

三是要补齐短板抓落实。“十二五”时期，我国老龄事业取得了长足发展，老龄工作取得突出成绩，如老龄法治建设取得重大突破，老年社会保障和服务体系进一步健全，老年人居住生活环境持续改善，社会参与渠道不断拓宽，合法权益得到有效保障，老年人存在感、获得感、幸福感明显增强。但问题矛盾也不容回避，特别是与《老年人权益保障法》相配套的地方性法规建设进展不快，农村老龄事业发展滞后，居家养老支持政策不多，老年长期护理保障制度缺位，老年人精神关爱、情感慰藉缺失，社会力量参与养老服务动力不足，老龄工作体制机制不健全等。因此，各地务必要树立问题导向，聚焦突出矛盾，分清轻重缓急，排好优先顺序，分类精准施策；要抓住难得机遇，清醒认识形势，正确把握趋势，抓住用好机遇，做好系统动员，推动政策创制，持续抓好落实；要主动攻坚克难，对准瓶颈短板，扭住薄弱环节，迎难而上，久久为功，善始善终，善作善成，在破解发展难题中实现发展的新进步。

四是要统筹协调抓落实。老龄工作涉及多个领域，与经济、政治、文化、社会、生态等息息相关；涉及多个部门，与党政军群等各个部门紧密相连，是一项复杂的系统工程，既具有综合性、多元性、群众性特点，又具有全局性、基础性、长远性特征。因此，各级老龄办要立足全局，动脑筋，想办法，精准对焦，协同发力，充分发挥老龄委的职能作用。要发挥我们的优势和强项，搞清楚、弄明白，老龄办承担着调查研究、综合协调、政策创制、督促检查的职能，比起分钱分物、批指标批项目难度要大得多，层次要高得多，要求要高得多。把实事做实尚难，把虚功做实更难。可以说，单个涉老职能部门做不了的、其他涉老职能部门顾及不到的，以及党政领导关注、老年人迫切需要并且又没有涉老职能部门做的，都需要我们老龄工作部门去协调推动，都是我们工作的着力点和落脚点。要加强综合协调工作，搞清楚、弄明白，作为老龄委的办事机构，创新机制，树立权威，需要我们增强自信、主动作为；建立制度，规范运作，需要我们狠下功夫、抓细抓小；抓住“关键少数”，发挥老龄委主任的“带头作用”，需要我们敢于协调、主动协调；进行有效沟通，调动成员单位积极性，需要我们全力以赴、全心投入。要加强督促检查工作，搞清楚、弄明白，一分部署，九分落实，需要出实招、求实效；既要开会部署，也要定期检查；既要制定工作要点，也要形成落实方案；既要纳入本部门年度计划，也要纳入绩效考核。

五是要转变作风抓落实。打铁还需自身硬，其中的道理不难理解，但落到实处却非易事。积极应对人口老龄化，发展老龄事业，中央高度重视，社会广泛关注，百姓十分期待。回应社会关切，落实中央要求，做好老龄工作，任务艰巨，使命光荣。因此，要有担当意识，各级老龄工作部门要自觉树立政治意识、大局意识、核心意识、看齐意识，加强理论武装，培养为民务实干净作风，勇挑重担，不辱使命，做到守土有责、守土负责、守土尽责。要有一种创新精神，习近平总书记指出：“惟创新者进，惟创新者强，惟创新者胜。”各级老龄工作部门要有更开阔的视野，更加敏锐的洞察力，有敢为人先的勇气，上下求索的执著，推动老龄工作在经济社会发展新常态下有所突破，有所作为。要有一股实干劲头，天有日月星，人有精气神，要扑下身子，真抓实干，抓铁有痕、踏石留印，用钉钉子精神咬住不放，凡事比别人多想一点，多做一点，多流点汗多吃点苦，才能在发展与改革中赢得主动、赢得优势、赢得未来。

同志们，今年是贯彻落实中央领导同志指示批示精神，推动老龄事业大发展的关键之年，也是老龄工作步入新的发展阶段再创新业绩之年。我们要更加紧密地团结在以习近平同志为总书记的党中央周围，深化学习，转变作风，开拓进取，真抓实干，全面落实中央精神和会议要求，努力开创老龄事业发展新局面，以优异成绩迎接第四次全国老龄工作会议胜利召开！

深入学习领会中央决策部署
努力开创"十三五"时期老龄工作新局面

——在2016年全国老龄系统干部培训班上的报告

全国老龄办常务副主任　王建军

（2016年11月1日）

同志们：

这次培训班是在"十三五"开局之年，习近平总书记对老龄工作作出重要指示，老龄事业处于发展新起点、开启新征程的重要时点举办的。主要任务是：深入学习领会党中央、国务院关于老龄工作的战略部署，特别是习近平总书记关于老龄工作的重要讲话精神，统一思想、振奋精神、创新实践，推动老龄工作再上新台阶。

自今年5月27日，中央政治局就我国人口老龄化的形势和对策举行第三十二次集体学习以来，各地老龄工作部门在学习领会、宣讲阐释、舆论引导方面做了大量工作，取得了积极成效。昨天，大家又集体参加了学习贯彻习近平总书记重要讲话精神高层论坛，进一步接受了教育，得到了启发，受到了鼓舞。同时，我们要认识到，习近平总书记重要讲话思想深邃、内涵丰富，真正弄懂吃透、做到"学以致用"、"知行合一"，必须长期坚持下真功夫、下深功夫、下苦功夫。

下面，我重点讲三个方面的问题。一是怎样正确认识我国人口老龄化形势；二是怎样深刻领会习总书记讲话精神；三是怎样全面做好"十三五"时期的老龄工作。

一、正确认识我国人口老龄化形势

人口是经济社会发展的基础。人口老龄化，既是经济社会发展进步的结果，又将不可避免地对经济社会发展带来诸多挑战。如何科学有效应对人口老龄化挑战，是当今世界许多国家共同面临的重大课题。我国是世界上人口最多的发展中大国，与发达国家相比，人口老龄化进程超前于经济社会发展，属于比较典型的"未富先老"国家，面临的挑战更大，应对的任务更重。做好新时期的老龄工作，必须对我国人口老龄化形势有正确的研判。

（一）人口老龄化是贯穿我国21世纪的基本国情

我国是世界第一人口大国，在13亿人口基数上发生的老龄化进程，不仅关乎中国自身发展问题，而且关系到全球人口老龄化进程，备受世界关注。

根据国家统计局的数据，到2015年底，全国60周岁以上老年人口达2.22亿，占总人口的比例提升到16.1%，是目前世界上唯一老年人口过两亿的国家。预计，到今年年底我国老年人口将达到2.3亿，比例进一步提升到16.5%。

总体来看，整个21世纪，我国人口数量压力依然存在，但老龄化形势更加严峻，成为我国社会主义现代化建设始终面临的基本国情。这一国情，习近平总书记在讲话中高度概括为"三最"，即"数量最多、速度最快、应对任务最重"。具体而言，今后我国人口老龄化发展将经历"四个阶段"，呈现"四大特征"。

第一阶段是老龄化快速发展阶段（2000－2022年）。老年人口数量从1.31亿增至2.68亿，年均增加600万，老龄化水平从10.31%升至18.5%。该阶段典型特征是，"底部老龄化"显著，少儿人口数量和比重不断减少，劳动力资源供给充分，有利于经济社会发展的"人口机会窗口"逐步关闭，但仍处于社会抚养负担相对较低的时期，有利于做好应对人口老龄化的各项战略准备。

第二阶段是老龄化急速发展阶段（2022－2036年）。老年人口数量从2.68亿增至4.23亿，年均增加1100万，老龄化程度从18.5%升至29.1%。该阶段典型特征是，总人口规模达到峰值并转入负增长，老年人口规模增长最快，老龄问题集中显现，是应对人口老龄化最艰难的阶段。

第三阶段是老龄化深度发展阶段（2036—2053年）。老年人口数量从4.23亿增至4.87亿的峰值，年均增加380万，老龄化程度从29.1%升至34.8%。该阶段典型特征是，总人口负增长加速，高龄化趋势显著，社会抚养负担持续加重并达到最大值（103%）。我国将成为世界上人口老龄化最严重的国家。

第四阶段：老龄化均衡发展阶段（2053—2100年）。老年人口增长期结束，由4.87亿持续减少到3.83亿，这一阶段，少儿人口、劳动年龄人口和老年人口规模共同减少，各自比例相对稳定，人口老龄化水平始终稳定在1/3

上下，形成一个稳态的重度人口老龄化平台期。

与先期进入人口老龄化社会的发达国家不同，我国人口老龄化的特征是：

一是规模大。预计老年人口 2025 年将突破 3 亿，2033 年将突破 4 亿，2053 年将达到峰值 4.87 亿，分别占届时亚洲老年人口的 2/5，全球老年人口的 1/4。比现在美、英、德三个国家人口总和还要多。失能、高龄等特殊困难老人规模也十分庞大。其中，失能、半失能老年人将由 2015 年底的 4000 万，持续增长到 2050 年的 9750 万；80 岁以上高龄老人，由 2500 万持续增长到 1.08 亿。

二是速度快。2000—2050 年，全球人口老龄化水平将从 10%提升到 22%，上升 12 个百分点，同期我国人口老龄化水平将从 10%提升到 34%，上升 24 个百分点，比世界平均速度快一倍多。以 65 周岁以上老年人口比重从 7%增加到 14%所需的时间看，法国用了 115 年，美国、英国用了 40 多年，而我国只用了 23 年。这个速度在除日本外的人口大国发展史上前所未有。

三是差异大。我国人口老龄化与城镇化进程相伴随，由于大量农村青壮年劳动力向城镇转移，导致农村老龄化程度深，超前于城镇。2028 年农村老年人口比重将突破 30%，高于城市 11 个百分点，提前进入重度老龄化阶段；2050 年接近 40%，高于城市 7.7 个百分点。从省际看，各地人口老龄化进程也有很大差别。最早和最迟进入人口老龄化社会行列的上海和西藏之间相差近 40 余年。从区域发展看，随着中西部青壮年人口向东部流动，常住人口老龄化呈现东部放缓、中西部不断加快的态势。这一城乡和区域之间人口老龄化的巨大差异在世界范围内也十分罕见。

四是任务重。伴随老年人口数量和比例的快速提升，我国社会抚养压力也持续增加。到 2053 年前后，我国老年人口规模（4.87 亿）和比重（34.8%）、老年抚养比（70.8%）和社会抚养比（103%）相继达到峰值。这意味着我国将面临 100 个劳动年龄人口要抚养 71 个老人和 32 个少年儿童的沉重压力。加之，我国老年人口健康水平普遍较低，老年期的健康余寿比发达国家低 10 岁左右，在同等老龄化水平下，我国面临比发达国家更为沉重的实际抚养压力。不仅如此，伴随急速的老龄化进程，发达国家近百年来分阶段逐步呈现的老龄问题，将在我国短时期内集中爆发、同步呈现。这些问题相互关联、交互影响，呈现出压缩型、复合型、共振型特点，应对任务十分艰巨。

整体而言，人口老龄化将贯穿我国 21 世纪始终，形势“不容乐观”、态势“不可逆转”，是谋划我国未来发展必须始终把握的新的基本国情。

（二）辩证认识人口老龄化对我国经济社会发展的影响

习近平总书记曾在多个场合提及人口老龄化的影响。2014 年中央经济工作会议，将人口老龄化列为经济发展新常态的重要特征之一；去年 10 月在中央政策研究室的呈阅件上对老龄工作的重要批示中指出，“我国人口老龄化形势严峻，影响深远。”前不久在杭州 G20 峰会开幕辞中指出，“世界经济又走到一个关键当口……主要经济体先后进入老龄化社会，人口增长率下降，给各国经济社会带来压力。”

人口老龄化对国家发展而言既带来诸多挑战，同时解围之道中也蕴含着巨大的增长动力。

从挑战看，人口老龄化的影响主要体现在以下“四个方面”：

一是在经济发展方面，人口老龄化对供给侧的资本积累、劳动力供给、技术进步，以及需求侧的投资潜力、消费增长、出口竞争力均有显著影响。据预测，2011－2050 年期间，如果应对不力，人口老龄化可能使经济年均潜在增长率压低约 1.7 个百分点。

二是在民生保障方面，公共服务和产品供给任务更为繁重，预计 2015－2050 年期间，老年人口的养老保障、医疗保障、服务保障需求持续攀升，全社会用于老年人的养老、医疗、照料服务与设施方面的费用占 GDP 的比例，将由 7.33% 增长到 26.24%，接近届时欧盟国家平均水平。

三是在代际关系方面，老年抚养负担持续增加，目前是不足 4.2 个劳动力抚养 1 个老年人，2035 年 2 个劳动力抚养 1 个老年人，2050 年将出现 3 个劳动力抚养 2 个老年人的局面，这将深刻改变社会公共资源、财富和机会的分配格局，容易诱发代际利益分配矛盾和冲突。

四是在城乡发展方面，人口老龄化和城镇化交织，大量青壮年劳动力迁移城镇，如政策调整不能及时跟进，将深刻影响农业生产效率和农村发展活力，固化城乡二元结构。

从机遇看，人口老龄化的影响，主要体现在以下“六个有利于”。

一是有利于缓解就业压力，倒逼产业结构升级。劳动力老龄化，新成长劳动力数量减少，在短期内有利于减缓就业压力。据一些学者的研究，目前我国经济增长速度放缓，但是失业率并没有大幅上升，这与人口老龄化有很大的关系。长期看，老龄化带来的劳动力短缺和用工成本提升，有利于倒逼企业寻求资本和技术对劳动力的替代，促进产业结构优化升级。

二是有利于老龄产业做大做强。老年群体消费需求迅速增加，为老龄产业的发展提供了广阔市场空间。特别是，老年人服务需求的刚性增加，有利于发展生活类服务业，带动就业增长。据测算，到 2020 年，老年群体消费总量占 GDP 比例可能上升到 9%～13%，到 2030 年进一步提升到15%—23%。我国将拥有世界上最大的老龄产业市场。在就业方面，服务业单位GDP所创造的就业岗位比制造业等所能够产生的就业岗位高30%。预计仅养老服务业发展一项，到2020年预计就可以创造1000万个就业岗位。“老产业”蕴含着“新动能”，老龄产业发展可以成为我国经济转型升级、扩大内需、带动就业的重要推动力量。

三是有利于资本市场改革发展。社会养老保险基金、企业年金基金、商业寿险基金等金融型养老资产的增加，为资本市场提供了充足的长期资金供给，有利于发展壮大资本市场。目前，我国养老保险基金已经结余3.4万亿元，社会保障基金积累超过1.5万亿元，这些资金的入市投资运作，将催生许多新型金融工具，极大激发资本市场活力。同时，人口老龄化也催生了国民的风险管理和应对意识，增加了对商业保险产品的需求，有利于促进商业养老保险、健康保险、护理险等保险业务和相应机构的发展。

四是有利于老年人力资源开发利用。我国人口高龄化加速主要出现在2030年以后，此前老年人口的增长主要表现为低龄老年人的增长。据预测，我国54岁至69岁年龄组人口数量，将由当前的2.23亿，持续增长到2020年的2.7亿，2030年的3.4亿。这个年龄段的人大都具有知识、经验、技能优势，养育子女负担轻，而且未来15年新进入这个年龄段的群体，也大都是目前的中壮年人口，具有较高的科学文化素质，继续为社会发展做贡献的意愿在不断提升，是可资开发利用的潜在人力资源。如果退休制度、老年人力资源开发政策等能够得到适时调整和完善，这可以有效扩大人力资源供给，获得“第二次人口红利”。

五是有利于发展农业适度规模经营。农村人口老龄化使我国农村地区长期面临的人多地少矛盾得到逐步缓解，人均耕地面积增加，有利于土地流转和规模化经营。预计我国农村15—59岁劳动适龄人口将由目前的3.94亿下降到2050年的1.59亿。在保持18亿亩耕地红线的情况下，人均耕地面积将由4.5亩增加到超过11亩，这就为发展农业适度规模经营创造了条件。

六是有利于促进社会稳定。当前老年人和今后10多年进入老年队列的人口，大多数是社会主义革命和建设时期成长起来的，深受社会主义、集体主义教育，对党通常怀有深厚的感情，是党的思想、路线、方针、政策的坚定拥护者、实践者和倡导者，这一群体的扩大，有利于保持我国社会稳定。“老人安则家庭安”、“家庭安则社会安”。做好这一群体的思想政治工作，发挥其言传身教作用，有利于夯实党的执政基础和群众基础。

综合判断，人口老龄化有“危”有“机”，只要我们应对得力，可以最大程度上抓住机遇、促进发展，转“危”为“机”。

（三）我国应对人口老龄化有条件有基础

一是“十三五”时期我国仍处于应对人口老龄化的重要战略机遇期

“十三五”时期是全面建成小康社会的决胜阶段，也是我国做好积极应对人口老龄化各项战略准备的机会窗口期。在此5年间，老年人口年均增速由“十二五”时期的860万，减缓到年均600万左右，远低于前后几个五年阶段，处于难得的增速波谷期；低龄老年人口比重大，70岁以下老年人口占比近六成，高龄化压力还不明显；劳动年龄人口仍较为充足，保持在9.1亿以上；社会抚养负担较轻，整体看处于历史低谷的边缘，仍处于人口红利期；经济开启“双引擎”，有望实现“双中高”目标，预计GDP年均增长率不低于6.5%，为解决老龄化问题提供了重要支撑。

当前最关键的是要抓住短暂的应对机会窗口期，扎实做好应对人口老龄化的各项准备，全面提高应对人口老龄化的国家能力。

二是积极应对人口老龄化行动已经开启，“未富先老”、“未备先老”态势正在改变

我们党历来高度重视老龄工作，还在1982年，中央就启动了应对人口老龄化的准备工作。世纪之交，我国进入老龄社会伊始就成立全国老龄工作委员会，党中央、国务院做出《关于加强老龄工作的决定》。特别是党的十八大以来，党中央、国务院对老龄工作做出一系列战略部署。党的十八大报告指出要“要积极应对人口老龄化，大力发展老龄服务事业和产业”。党的十八届三中全会提出要“积极应对人口老龄化，加快建立社会养老服务体系和发展老年服务产业。健全农村留守儿童、妇女、老年人关爱服务体系”。党的十八届五中全会提出要“积极开展应对人口老龄化行动”。国民经济和社会发展“十三五”规划纲要设立了“积极应对人口老龄化”专章，提出要“开展应对人口老龄化行动，加强顶层设计，构建以人口战略、生育政策、就业制度、养老服务、社保体系、健康保障、人才培养、环境支持、社会参与等为支撑的人口老龄化应对体系”。

各地、各部门积极贯彻落实党中央、国务院决策部署，认真履行职责，密切配合，推动老龄事业实现跨越性发展，取得了显著成就，为积极应对人口老龄化奠定了良好基础：

一是老龄法规政策体系进一步健全。“十二五”期间，全国人大新修订实施了《老年人权益保障法》，国务院颁布的涉老法规、规章和规范性文件超过百余件。仅养老服务一项，国家层面就出台了50多个政策文件，地方层面

出台政策近300个。

二是老年民生保障网进一步织密筑牢。以基本养老保险、基本医疗保险、社会救助和社会福利制度为主体的老年民生保障制度体系不断健全，覆盖面不断扩展，保障水平逐年提升。企业退休人员基本养老金实现12连增，月人均达到2200多元。实现全民医保，包括老年人在内的95%以上城乡居民享有基本医疗保险。符合低保条件的老年人实现了“应保尽保”。26个省份建立了高龄津贴制度，20个省份建立了经济困难老年人养老服务补贴制度，17个省份建立了失能老年人护理补贴政策。

三是老龄服务体系建设步伐进一步加快。全国居家养老服务设施已基本覆盖城市社区和50%以上的农村社区，养老床位数达到669.8万张，每千名老人拥有床位数达到30.2张。老年人健康管理率持续提高，65岁以上老年人健康管理率达到86%。医养结合工作正式启动，养老服务体系与医疗卫生服务体系呈现融合发展的良好格局。住房保障、公共文化、教育体育、法律服务等公共服务体系的为老服务功能显著增强。

四是老年人参与社会发展程度进一步提升。全国已建立基层老年协会55.4万个，覆盖城乡81.9%的城乡社区。全国老年学校发展到7.63万所，参与社区教育的60%以上是老年人。“银龄行动”广泛开展，老年志愿者人数近2000万人，45.6%的老年人经常参加各种公益活动。

五是社会敬老爱老助老氛围进一步浓厚。“敬老月”活动和“敬老文明号”创建活动在全国范围内普遍开展。“十二五”期间，全国有31个省份、24个行业部门、23万个创建单位参与“敬老文明号”创建活动。法律援助工作向城乡社区延伸，基层老年法律援助覆盖面达到98%。老年人的幸福感明显提高，感到幸福的老年人比例由2010年的45.8%提高到2015年的60.8%。

总体上看，面对实现经济社会可持续发展和保障亿万老年人民生的双重压力，党中央、国务院坚持“促发展、惠民生”的基本导向，紧紧抓住发展这一解决老龄问题的关键，始终保持经济平稳较快发展的良好势头，为应对老龄化奠定了坚实物质基础。同时，做出了一系列加强老龄工作、发展老龄事业的重大决策部署，应对人口老龄化的国家机制和政策法规体系逐步完善，世界上规模最大的老年人社会保障和服务安全网织密筑牢，老龄事业基础建设和发展环境得到进一步强化，全社会敬老爱老氛围日益浓厚。在“未富先老”的国情下，有效应对“先老难富”的发展难题，实现了经济平稳较快发展，较好保障了占世界五分之一老年人口的生存权和发展权，广大老年人的获得感和幸福感明显增强。

以人均GDP和人类发展指数看，进入新世纪以来，经过持续努力，我国“未富先老”和“未备先老”的态势得到逐步改变。1999年，我国跨人老龄化社会门槛时，人均GDP不到1000美元，衡量社会发展水平的人类发展指数，位于中等人类发展水平的国家行列。是比较典型的“未富先老”和“未备先老”国家。如今我国已经跃升世界第二大经济体，人均GDP接近8000美元，根据联合国开发计划署《2015年全球人类发展报告》，2014年我国的人类发展指数达到了0.727，达到了高人类发展水平的国家行列。只要保持目前经济社会快速平稳发展的势头，我国完全有能力将“未富先老”、“未备先老”扭转为“边富边老”、“有备而老”。

（四）我国具备应对人口老龄化的独特优势

一是经济优势。我国基本形成了较为完备的国民经济产业体系，是世界上唯一拥有联合国产业分类中全部工业门类的国家，为从经济层面上应对人口老龄化提供了进行产业结构与经济结构调整的广阔空间。长期保持了较高的储蓄率，为应对人口老龄化赢得一定的资本积累基础。劳动力总量在2030年之前保持在8.3亿以上，依然比较充沛，而且随着人均受教育年限逐年提升，劳动力整体素质将稳步提高。

二是体制优势。我国是社会主义制度的国家，资源动员和配置能力强，具有统一意志、集中力量、齐心协力应对重大问题的政治优势和经验；市场经济体制不断完善、国家宏观调控能力不断增强，为我国统筹配置国内外资源应对人口老龄化挑战提供了重要保障。

三是文化传统优势。我国具有历史悠久的孝道文化，具有扶贫弱、救急难的传统，国人重视家庭伦理亲情，注重自我修为，这些优良文化传统基因为引导和动员个体、家庭和社会等积极应对人口老龄化奠定了良好的思想观念基础。

四是区域差异化优势。我国幅员辽阔，腹地经济纵深大、基础深厚，应对人口老龄化挑战的战略回旋余地很大。人口老龄化进程和经济发展水平的区域差异和梯次特征，为在国家层面将人口发展机会和经济增长机会相结合创造了有利条件，譬如可以利用各地老龄化程度的差异，引导人口跨区域合理迁移和流动，推动产业有序转移，采取相应的错位发展策略，延长各地区人口机会窗口的开启时期，最大限度地收获人口红利。

五是后发优势。我国作为发展中大国，人口老龄化起步晚，应对人口老龄化的一些制度安排可以充分汲取发达国家应对人口老龄化的经验和教训，少走弯路，在发展路径的选择、关键制度的初始建设方面，充分考虑人口老龄化的影响，避免二次改革的被动局面。

二、深刻领会习近平总书记关于加强老龄工作的重要讲话精神

党的十八大以来，习近平总书记多次视察老龄工作，发表了系列重要讲话。2013年8月30日，在沈阳多福社区的座谈会上，他强调“现在养老问题越来越突出，中央非常重视，正在研究措施。加强养老公共服务，内容上要多样，财力上要倾斜，全社会一起努力，把老年人安顿好、照顾好，让老年人安享晚年”。2013年12月28日，在北京市海淀区四季青敬老院，他指出，“尊老敬老是中华民族的传统美德，爱老助老是全社会的共同责任”。“我国人口老龄化增加很快，老年服务产业发展还比较滞后。要完善制度、改进工作，推动养老事业多元化、多样化发展，让所有老年人都能老有所养、老有所依、老有所乐、老有所安。”2014年11月1日，他到福州市鼓楼区军门社区居家养老服务站看望老人，他说，现在是老年社会，养老服务工作越来越重要。他叮嘱工作人员“好好干”。2015年6月16日至18日，他在贵州考察时，对关爱农村留守老人提出要求。他说：“要关心留守儿童、留守老人，完善工作机制和措施，加强管理和服务，让他们感受到社会主义大家庭的温暖。”2015年11月26日，他在会见全国离退休干部先进集体和先进个人代表时强调，“广大离退休干部是党和国家的宝贵财富”。沿着习近平总书记清晰的足迹，我们能深切体会到他对全国老年人的拳拳之心，对老龄工作的殷殷之情。

特别是去年10月，习近平总书记对加强老龄工作作出重要指示，强调“有效应对我国人口老龄化，事关国家发展全局，事关亿万百姓福祉。要立足当前、着眼长远，加强顶层设计，完善生育、就业、养老等重大政策和制度，做到及时应对、科学应对、综合应对。此事要提上重要议事日程，十三五期间要抓好部署、落实”。

今年5月27日，在中央政治局就我国人口老龄化的形势和对策举行第三十二次集体学习时，总书记又发表了重要讲话，这是我国进入老龄化社会以来，党的总书记第一次对加强老龄工作作出重要指示，第一次对应对人口老龄化、发展老龄事业作出全面系统阐述。习近平总书记的指示和讲话站在国家发展全局和战略的高度，全面深刻分析了人口老龄化的形势，阐述了新形势下老龄工作的指导思想、基本方针和重大举措，充分体现了对老龄工作的关心重视，对老龄事业发展的殷切期望，对广大老年人的亲切关怀，是我们进一步做好老龄工作的总纲领、总遵循、总指导。

第一，老龄工作理念创新前所未有。“常制不可以待变化，一途不可以应万方。”十八大以来，以习近平同志为核心的党中央前所未有地重视改革创新、推进改革创新，强调“唯改革者进，唯创新者强，唯改革创新者胜”，并引导各级领导干部争当改革促进派和改革实干家。总书记对老龄工作的系列重要指示和讲话，也始终闪耀着改革创新精神，提出了许多令人醍醐灌顶、耳目一新的新观点、新理念。

在工作指导思想上，首次提出了“三个结合”，即坚持党委领导、政府主导、社会参与、全民行动相结合，坚持应对人口老龄化和促进经济社会发展相结合，坚持满足老年人需求和解决人口老龄化问题相结合。在工作目标上，首次提出“两个努力，一个力争”，即努力挖掘人口老龄化给国家发展带来的活力和机遇，努力满足老年人日益增长的物质文化需求，推动老龄事业全面协调可持续发展，力争到全面建成小康社会目标实现时基本建成应对人口老龄化的制度体系和工作机制。在指导思想和工作目标上，处处体现着统筹解决老龄问题的“发展方面”和“人道主义方面”的辩证思维。

在工作思路上，首次提出“四个转变”，“向主动应对转变”就是由被动应付转变为未雨绸缪，超前谋划，主动做好各项战略准备；“向统筹协调转变”就是将部门单兵作战、分散作战转变为加强统筹、齐抓共管，形成多方参与、合力推进的应对大格局；“向加强人们全生命周期养老准备转变”就是将单纯关注老年群体、老年期转变为用全生命周期视角看待人口老龄化，增强终身发展意识，倡导人人做好养老的物质、健康、精神储备；“向同时注重老年人物质文化需求、全面提升老年人生活质量转变”就是将单纯关注老年人物质保障转变为全方位满足老年人物质需求、服务需求、精神文化需求。

在老龄观上，强调了“三个积极”，即要积极看待老龄社会，积极看待老年人和老年生活，老年期是人的生命的重要阶段，是仍然可以有作为、有进步、有快乐的重要人生阶段。这是针对将人口老龄化看作洪水猛兽，将老年人看作社会包袱和累赘的错误观念进行的正本清源。

在老龄宣教工作上，首次提出了“两教两增”，既要在全社会开展人口老龄化国情教育、老龄政策法规教育，引导全社会增强接纳、尊重、帮助老年人的关爱意识，又要教育引导老年人增强自尊、自立、自强的自爱意识。

在老有所为上，首次提出了“三个发挥”，即要发挥老年人优良品行在家庭教育中的潜移默化作用和对社会成员的言传身教作用，发挥老年人在化解社会矛盾、维护社会稳定中的经验优势和威望优势，发挥老年人对年轻人的传帮带作用。这将有利于更大程度上增添老龄社会新动力、新活力。

理念决定思路，思路决定出路。这些新理念、新观点是积极开展应对老龄化行动，推动老龄事业全面协调可持续发展的前提。

第二，审视和定位老龄工作的高度前所未有。发展是执政兴国的第一要务，为百姓谋福祉是最大的责任。习近平总书记在重要指示和讲话中明确提出“有效应对人口老龄化，事关国家发展全局，事关亿万百姓福祉”。在“5·

27”重要讲话中又再次强调“满足数量庞大的老年群众多方面需求、妥善解决人口老龄化带来的社会问题，事关国家发展全局，事关百姓福祉，需要我们下大力气来应对”；指出“有效应对人口老龄化，不仅能提高老年人生活和生命质量、维护老年人尊严和权利，而且能促进经济发展、增进社会和谐”。这是习近平总书记站在实现“两个一百年”奋斗目标、实现中华民族伟大复兴中国梦的全局和战略高度，对我国人口老龄化形势和影响做出的科学判断，是站在统筹推进“五位一体”总体布局和协调推进“四个全面”战略布局的高度，对老龄工作重要意义和作用的精准概括，也是对老龄工作发出的动员令、吹响的总号角，充分说明老龄工作事关国家发展全局、事关亿万百姓福祉、事关党的执政基础、事关社会和谐稳定，积极应对人口老龄化，加快发展老龄事业已上升为国家战略。

第三，决策部署的广度前所未有。习近平总书记的讲话在综合施策上展现了前所未有的广度。一是极大拓展了政策制度顶层设计的领域。总书记在重要指示中提出，要“加强顶层设计，完善生育、就业、养老等重大政策制度”，在“5·27”讲话中进一步要求“统筹好生育、就业、退休、养老等政策”。除三大政策外，又增加了退休政策，拓展为“四大政策领域”，实现了从“养老工作”小格局到“老龄工作”大格局的跃升。应对人口老龄化是一项复杂的系统工程，必须统筹推进，加强顶层设计，构建制度体系。总书记提出的完善生育、就业、退休和养老政策制度是促进我国人口长期均衡发展、缓解人口老龄化压力、提高劳动力资源持续供给和实现老有所养的根本要求。不仅关系着社会的和谐稳定和经济持续健康发展，也关系着应对人口老龄化制度基础的成熟、定型。二是极大拓展了养老服务业和老龄产业发展链条。总书记在讲话中明确提出“构建居家为基础、社区为依托、机构为补充、医养相结合的养老服务体系”，医养结合成为养老服务体系的重要内容和发展方向，使养老服务体系由原来的“三位一体”变成了“四轮驱动”，对实现“更好满足老年人养老服务需求”的目标提供了可靠路径。提出“要培育老龄产业新的增长点，鼓励发展适合老年人特点的旅游观光、养生保健、生活照料、康复护理、心理辅导、精神慰藉、法律咨询、金融保险、文体娱乐、紧急援助、临终关怀等服务”，“支持开发适应老年人需求和消费能力的食品、服装、康体器械、居家生活用品等”，使老龄产业拓展到11个重点服务提供领域、4个重点产品生产领域，极大丰富了老龄产业的发展内涵。三是极大拓展了老龄工作战略举措。总书记在讲话中对今后开展老龄工作提出“五个着力”的要求，即“要着力增强全社会积极应对人口老龄化的思想观念，着力完善老龄政策制度，着力发展养老服务业和老龄产业，着力发挥老年人积极作用，着力健全老龄工作体制机制。”这“五个着力”的要求，蕴藏着从思想到制度、从事业到产业、从保障到服务、从法规到政策的全方位、多层次、宽领域的安排，就是今后积极应对人口老龄化，发展老龄事业的主要战略举措。

第四，制度建设的深度前所未有。政策制度建设贵在突出问题导向、精准发力、管用实用。针对政策制度不衔接、不配套的问题，总书记在讲话中提出“四个衔接”，即“基本养老保险制度同补充养老保险的政策衔接，家庭养老同居家养老服务的衔接，社会保险同社会救助、社会福利、慈善事业的政策衔接，农村低保同扶贫工作的政策衔接”。针对老龄政策制度存在的短板和缺项问题，总书记在讲话中提出“四项制度”，即要建立老年人状况统计调查和发布制度、相关保险和福利及救助相衔接的长期照护保障制度、老年人监护制度、养老机构分类管理制度，提出“四大政策”，即制定家庭养老支持政策、农村留守老人关爱服务政策、扶助老年人慈善支持政策、为老服务人才激励政策。这些政策制度都是针对当前老龄工作重点、难点、热点、痛点、堵点问题的精准定位、靶向治疗的绝佳良策，可以说是拎住了“衣领子”、牵住了“牛鼻子”，这些政策制度的健全和完善必将进一步增强我国老龄政策制度体系的针对性、协调性和系统性，使之更加全面完整，精准管用。

第五，抓组织保障和贯彻落实的力度前所未有。做好老龄工作，组织领导是关键，贯彻落实是生命线。在组织领导和社会动员方面，习近平总书记在讲话中明确要求，要加强党对老龄工作的统一领导，建立“党委领导、政府主导、社会参与、全民行动机制”。这一要求突出了党委总揽全局、协调各方的领导核心作用，使老龄工作上升为党的重要工作，这既是老龄工作思想理论上的一次质的飞跃，也是老龄工作实践上的一大突破。大家知道，我国人口老龄化具有自身的特殊性，从世界范围看绝无仅有，所以任何国家的经验都无法复制。单靠政府不行，单靠家庭不行，单靠市场不行，单靠社会也不行。需要全社会共同努力，充分发挥党领导下的政府、市场、社会、家庭和包括老年人在内的各方面的积极能动性，建立全社会责任共担、综合应对人口老龄化的顶层规划和战略，把老龄社会这一基本国情纳入到经济、政治、文化、社会发展的各项事业中来，把老龄工作这一子系统纳入到国家发展这一大系统中去，从全局和战略的高度进行顶层设计，谋篇布局，统筹安排。

在进度安排方面，总书记在重要指示中指出“此事要摆上重要议事日程，‘十三五’期间做好部署、落实”，这深刻揭示了应对人口老龄化、发展老龄事业的重要性和紧迫性，也体现了习近平总书记雷厉风行的工作作风和一抓到底的坚强决心。在工作部署上，提出了“两纳入、一支持、一加强”，即把老龄工作纳入党委和政府重要议事日程，把老龄事业发展纳入经济社会发展规划，关心和支持各级老龄委工作，加强老龄工作人才队伍建设。

老龄工作贯彻落实重点在基层、难点也在基层。针对基层工作薄弱的老大难问题，习总书记提出了“三个要有”，即在基层要保证城乡社区老龄工作有人抓、老年人事情有人管、老年人困难有人帮。从工作机制建设到具体工作部署，从宏观的顶层设计到微观的工作基础，从规划制定到老年人的具体生活困难，习近平总书记都提出了明确要求。需要我们认真学习，深刻领会，抓好落实。

总之，习近平总书记的指示和讲话极大地提升了我国老龄工作的思想理论水平，极大地增强了老龄工作者的责任感使命感，必将极大地推动我国老龄事业全面协调可持续发展，也必将极大地提升广大老年人的获得感和幸福感。

三、全力做好“十三五”时期的老龄工作

抓住用好“十三五”战略机会窗口，推动“十三五”老龄事业取得新突破、实现新发展，夯实积极应对人口老龄化的各项基础，必须认真贯彻落实习近平总书记重要讲话精神，突出“一个目标”，实施“两轮驱动”，做好“三个应对”，弥补“四个短板”，加强“五个重点”。

“一个目标”，就是到 2020 年要确保 2.55 亿老年人与其他群体一道共享全面建成小康社会成果。这既是实现第一个百年奋斗目标的客观要求，也是成功应对人口老龄化阶段性挑战的重要标志。

要实现这一目标，重点要做到“保障好、服务好、兜底好”三项工作。一是要保障好老年人的基本民生。一方面，坚持全覆盖、保基本、多层次、可持续方针，按照普惠与特惠、一般制度安排与专项制度安排相结合的原则，以增强公平性、适应流动性、保证可持续性为重点，健全老年人基本生活保障、医疗保障、护理保障、住房保障等社会保障制度，建立科学合理的待遇调整机制，稳步提升保障水平，为广大老年人织密筑牢基本民生安全网。另一方面，注意发挥家庭为老年人提供经济供养、生活照料、精神慰藉中的基础性作用，采取强有力的家庭公共政策，巩固和提升家庭养老功能。二是要做好面向老年人的基本公共服务。老年人对家庭、对社区有较强的归宿感、认同感和依赖感。绝大多数老年人愿意依托社区居家生活，就地养老。因此，要促进公共服务的提供重心下移，面向基层、面向社区、面向家庭。要加快发展以居家为基础、社区为依托、机构为补充、医养相结合的社会养老服务体系，满足老年人日益增长的养老服务需求。要加快落实“健康中国”建设战略，按照“健康老龄化”的要求，做好老年人健康促进和健康管理，提升医疗卫生服务体系的老年人疾病诊疗能力，发展针对老年人的康复护理服务，将优质医疗卫生资源向基层医疗卫生服务机构有效有序下沉，推广家庭医生签约制度，为老年人提供安全、价廉、可及、全面、连续性的健康服务。此外，要结合国家公共服务体系建设进程，统筹发展面向老年人的文化、体育、教育、维权等服务，不断满足老年人日益增长的各类公共服务需求。结合美丽中国建设，把老年宜居环境建设纳入新型城镇化和新农村建设规划，推进居家、社区、公共生活环境和设施的适老化改造，为老年人营造安全、便捷、舒适、绿色的生活环境。三是做好贫困老年人的兜底保障。坚持聚焦靶心、精准帮扶，对贫困老年群体，采取政府扶持、慈善救助与自立自强相结合、扶贫开发与社会救助相结合等多种方式，加大对其基本生活、医疗、照护、住房等帮扶力度，从根本上改善他们的生产生活状况，确保这部分老年人同步进入小康。

实施“两轮驱动”：就是要更好发挥政府的主导作用和市场在资源配置中的决定作用，促进老龄事业和产业协调发展。为此，在“十三五”期间，一方面要履行好“有为政府”的职责，避免职责缺位、错位、越位，发挥好政府在制定规划、健全制度、出台政策、引导投入、规范市场、营造环境等的主导作用，着力增加面向老年人的公共产品、公共服务供给。另一方面，要塑造“有效市场”，能够由市场发挥决定性作用的领域，特别是在老龄产业发展上，要大力推行“简政放权、放管结合、优化服务”的改革，放宽市场准入，加强事中事后监管，加大对市场主体的引导、培育和扶持，调动好、保护好各类市场主体的参与积极性，实现多元主体办产业、多种形式促发展，不断满足老年人对产品和服务的多层次、多样化的需求。

“三个应对”：就是要按照习近平总书记在重要指示中指出的，做到“及时应对，科学应对、综合应对。”及时应对，就要用好战略机遇窗口，抓住今后十多年，尤其是“十三五”时期我国人口老龄化增速放缓，劳动年龄人口仍然较为充足、社会抚养负担相对较轻，经济运行仍将保持在合理区间的机会窗口期，未雨绸缪，做好应对人口老龄化的物质、政策、制度、思想、组织、设施、人员等各项准备，特别是要实现应对人口老龄化的工作机制和制度体系全面定型、可持续，获取战略主动权；科学应对，就要尊重客观规律，加强老龄科学研究，借鉴国际有益经验，进一步深化对人口老龄化发展规律、老龄化条件下经济社会发展规律、老龄事业和老龄产业发展规律的研究和把握，建立科学的老龄问题理论体系、实用管用的方法措施、合理有效的制度安排，促进人口老龄化与经济社会发展相适应、相协调；综合应对，就是要统筹运用经济、法律、行政、市场、舆论等手段综合施策，完善生育、就业、退休、养老等制度与政策组合，逐步提高应对人口老龄化政策措施的全面性、系统性、协同性。

弥补“四个短板”：一是要弥补农村老龄事业发展滞后这个短板。农村老年人口到2030年将达到1.65亿，占农村总人口的33%，高出城镇11.7个百分点，农村人口老龄化高峰比全国平均提前了20年。受城乡二元结构的制约，我国农村经济发展和社会事业发展水平低，应对人口老龄化的基础薄弱，人口老龄化带来的突出矛盾和问题，将首先在农村地区爆发。老龄事业发展的重点和难点在农村，必须加快农村老龄事业发展进程。要加大基本公共服务对农村老年人的覆盖范围，加大农村养老服务设施和老年人活动设施建设力度，把农村老年人纳入国家扶贫攻坚工程。加大对农村老龄事业发展的政策倾斜和财政转移力度，建立城乡老龄事业发展协作机制，以城带乡。同时要发动社会力量参与和支援农村老龄事业发展。二是要弥补养老服务供需失衡这个短板。目前，我国家庭规模小型化、老年人家庭空巢化趋势十分明显，家庭养老服务功能日益弱化，而社会养老服务体系建设仍处于起步阶段，服务供给总量不足和结构不合理现象并存，尤其是居家和社区养老服务发展滞后、护理型养老机构床位严重不足、养老服务队伍专业化程度不高、养老服务市场化程度低等问题突出，难以满足老年群体日益增长的生活照料、康复护理、精神慰藉、临终关怀等服务需求。“十三五”期间，要完善落实扶持养老服务发展的土地、财政、税费等扶持政策，大力完善社区养老服务设施，加快建立健全居家养老服务网络和服务平台，重点推进医养结合型养老机构和护理型养老床位建设，促进养老服务和医疗卫生服务融合发展，加强专业化养老服务队伍建设，全面放开养老服务市场，通过购买服务、股权合作等形式支持各类市场主体增加养老服务供给。三是要弥补重要涉老政策制度缺位、不配套这个短板。要实现总书记提出的综合应对人口老龄化，关键是要做到政策和制度的完备、协调、配套、衔接。同先期进入老龄社会的发达国家相比，一些行之有效的应对人口老龄化的政策和制度安排，在我国仍处于空白或探索阶段。譬如长期护理保障制度、家庭养老支持政策、延迟退休政策、弹性工作制度、老年人监护制度等等。四是要弥补老年人精神关爱不足这个短板。“天下顺治在民富，天下和静在民乐”。精神愉快是保证老年人身心健康，提高老年人生活质量的重要因素。当前，适合老年人的精神文化产品匮乏，特别是在农村地区，由于缺乏健康有益的文化生活，农村老年人“站街头”，“靠墙头”、“晒日头”的现象普遍存在。即使在城市，“出门一把锁，进门一盏灯”，大合唱、跳街舞也成为很多老人生活的常态。“孤独终老”问题不解决，老年人的生活满意度、幸福感和获得感就很难得到提升。“十三五”时期，要坚持从物质和精神两个方面提高老年人的生活质量，发挥家庭成员在老年人情感关爱、精神慰藉中的基础作用，加强老年教育机构建设和适合老年人从事文化、体育活动的场地设施建设，推动教育、文化、体育公共服务设施向老年人免费、优惠开放，丰富老年精神文化产品的创作与生产，普及推广适合老年人身心特点的体育健身方法和项目，广泛组织开展群众性老年教育、文化、体育活动。同时要积极发展专业老年社会工作，建立老年人精神关爱、心理疏导、危机干预等服务网络。

加强“五个重点”：一是要着力增强全社会积极应对人口老龄化的思想观念。积极应对人口老龄化既是国家战略，更需要全社会共同行动。凝心方能聚力，凝聚共识是调动全社会共同行动的前提。这就要求把老龄意识主流化，使积极应对人口老龄化成为全社会唱得响、有共识的主流认识。为此，“十三五”期间要按照习总书记“两教两增”的要求，把弘扬孝亲敬老纳入社会主义核心价值观宣传教育，建设具有民族特色、时代特征的孝亲敬老文化，引导全社会积极看待、尊重和接纳老年人，让敬老爱老助老成为国家意志、公民素养和社会风尚。引导中青年群体积极看待老年生活，树立终身养老准备意识，提前规划老年生活，为将来养老做好各项准备。大力培育积极老龄观，引导老年人自立、自信、自尊、自强，乐于安享老年生活，继续发挥正能量，奉献家庭社会，完满人生价值。要在全社会开展人口老龄化国情教育，引导全社会辩证看待人口老龄化带来的挑战和机遇，深化对积极应对人口老龄化重要性、紧迫性的认识，同时也要树立成功应对人口老龄化的理论自信、制度自信、道路自信和文化自信。

二是要着力完善老龄政策制度。加强老龄工作，发展老龄事业，积极应对人口老龄化挑战，根本上要靠法规政策和制度的完善与落实。“十三五”时期，在统筹好生育、就业、退休、养老等政策的基础上，要着力健全《老年人权益保障法》的配套法规政策，不断完善老年人家庭赡养和扶养、社会保障、社会服务、社会优待、宜居环境、社会参与等政策。着力推动形成以《老年人权益保障法》为主体，包括有关法律、行政法规、地方性法规、国务院部门规章、地方政府规章和有关政策在内的老龄事业法规政策体系。同时，精准施策，积极推进“四项制度、四大政策”的创制。“徒法不足以自行”，在完善老龄法规政策体系的基础上，还要加大执法和贯彻执行力度，健全执法机制、督查问责机制，确保相关法规政策落地生根。

三是要着力发展老龄产业。目前我国老龄产业刚刚起步，存在产业政策不清晰、产业组织发育迟缓、有效需求不足、产业结构不合理等诸多问题。“十三五”时期，要研究制定扶持老龄产业发展的信贷、财政、税费、土地、技术、贸易、人才等政策体系；鼓励跨地区、跨行业、跨所有制兼并重组，打造一批具有国际竞争力和影响力的优势企业、优势品牌，扶持一批具有市场潜力的中小微企业发展，形成一批产业链长、覆盖领域广、经济社会效益显著的老龄产业集群；着力丰富市场供给，引导生活性服务行业增加面向老年人的特色业务，支持相关企业研发生产物美价廉、适销对路的老龄产品；充分发挥科研院所、高校在老龄科技成果研发和转化方面的作用，搭建产一学一研一用一体化平台，形成老龄产业协同创新机制。还要推进老龄产业信用体系和配套奖惩机制建设，加强市场监管，打击假冒伪劣，营造公平竞争、优胜劣汰的老龄产业市场环境。通过这些措施，促进老龄产业各门类、各业态健康发展，努力把老龄产业打造成为新的经济增长点。

四是要着力发挥老年人积极作用。“不分年龄，人人共享”的社会，也是一个各年龄群体都能够充分参与社会发展并做出贡献的社会。数亿老年人口中蕴藏巨大的宝贵资源，没有老年人主体性、能动性、积极性、创造性的充分发挥，很难激发老龄社会活力，也很难战胜老龄化的挑战。习近平总书记在讲话中，强调了“老”的价值，提出了“由养到用”的破解老龄化问题之道。贯彻落实习总书记讲话精神，在“十三五”时期，就要为老年人发挥积极作用创造更多条件和机会。要推动公共就业人才服务机构将老年人才纳入服务范围；推行便于老年人参与的终身职业技能培训；发展各种形式的老年志愿服务，深入开展“银龄行动”；加大对公益性、互助性、服务性、专业性基层老年社会组织的培育力度；同时要完善老有所为的激励机制，继续对在经济社会发展中做出突出贡献的老年人进行表彰和宣传。通过以上举措，使广大低龄、健康、有意愿的老年人，在更大程度和范围参与经济发展和社会公益活动，在参与中更好融入社会、在参与中提升生活满意度和幸福感。

五是要着力改善老龄事业发展支撑条件。近些年来，我国老龄事业发展取得了长足进步，但是同妇女儿童、残疾人事业相比，还存在较大的差距。这其中一个重要原因，就是老龄事业发展支撑条件薄弱。今后，在老龄宣传上，要整合各种宣传教育资源、形成上下互通、横向联合、齐抓共管的老龄宣传教育大格局，营造全社会关注老龄问题、关心老龄事业、支持老龄工作的良好氛围。在人才支撑上，要完善人才培养、使用、评价和激励等机制，加快培养老龄事业发展亟需的各类领军人才、经营管理人才、专业技术人才、技能人才和志愿者队伍。在资金保障上，加快形成财政资金、彩票公益金、民间资本、慈善基金等相结合的多元投入渠道，建立与老龄事业发展相适应的经费保障正常增长机制。在老龄科研上，要加快建立老年人口信息基础数据平台和老龄事业发展数据直报系统，建立国家老龄科研重点实验室和国家老龄科研基地，建立老龄工作智库和国家应对人口老龄化重大决策咨询制度。在信息化方面，要探索老龄工作信息共享和信息化建设协同推进机制，促进职能部门涉老信息互联互通，推动互联网、大数据、云计算、人工智能等新一代信息技术在老龄事业领域的运用。同时要深化老龄工作国际交流合作，积极参与国际老龄事务，借鉴国外积极应对人口老龄化的理念、经验和做法，畅通国外资金和先进技术参与我国老龄事业发展渠道，增进与各国老年人之间的相互了解与友谊。

同志们，学习好、贯彻好习近平总书记重要讲话精神，是当前和今后一个时期的重要政治任务。我们各级老龄工作部门更要先学一步、学深一步，更好地用讲话精神武装头脑、指导实践，努力开拓老龄工作新局面。在此，我再强调四点：

一要深学笃用，把思想和行动统一到总书记讲话精神上来。统一思想和行动，认知认同是关键。我们在学习宣传讲话精神上还要再下功夫，夯实推动老龄事业发展的思想认识基础。要注重融会贯通。对总书记重要讲话精神，每位老龄系统干部都要带着责任学、带着感情学、带着问题学，在武装头脑、提高认识、统一思想上下功夫，防止一知半解、断章取义、生搬硬套。要加强宣传引导。积极推动把人口老龄化形势和总书记重要讲话精神学习作为各级党委（党组）中心组学习和干部教育培训的重要内容，把学习宣传讲话精神与“两教两增”主题活动结合起来，开展形式多样的宣传宣讲活动。要坚持学以致用。学习的目的在运用，对总书记重要讲话精神的学习，要坚持全面、系统、深入，强化问题导向，把学习成果转化为谋划老龄工作的正确思路、改进老龄工作的科学方法、推动老龄工作的有力举措，确保实现各项既定目标任务。

二要坚定信心，用实际行动彰显自身价值。某种程度上说，总书记的重要讲话，既是对我们派任务、加压力的“千斤巨鼎”，更是促进我们作用发挥的“尚方宝剑”，我们当以此为信心和动力，在实际行动中彰显自身价值。要提振精气神。总书记的系列重要指示，要变成具体落地的政策措施、制度构建和惠民成果，靠的是我们抓铁有痕、踏石留印的真抓实干。只要我们广大老龄干部都能瞄着问题去、追着矛盾走、迎着困难上，拿出奋发进取的精神状态、干事创业的豪迈气概，在认识上更加到位，行动上更加自觉，工作上更加有为，我们就一定能革除积弊、开拓新局。要勇于担当。在座的各位都是省级老龄工作部门的主要领导干部，大家要以对老龄事业发展高度负责的态度，以对全省老龄干部队伍高度负责的态度，直面工作中存在的矛盾和问题，在责任面前不推诿、在矛盾面前不回避，主动接受挑战，大胆开拓创新，始终做到守土有责、守土负责、守土尽责。要锤炼能力。打铁还需自身硬。适应新形势、引领新实践，不与时俱进补足能力短板，不练就过硬的“几把刷子”，就会成为空话。各地要切实把老龄工作队伍建设摆上突出位置，通过对干部引路子、压担子、架梯子、搭台子，努力建设一支政治坚定、业务精通、能力突出、作风过硬、纪律严明的老龄工作队伍，使我们的干部在关键时刻能冲得出、顶得上、拿得下。

三要找准定位，在发展全局中谋划老龄工作。定位准才能职责清、任务明。新形势、新条件下，各级老龄工作部门要善于把老龄工作放在国家发展全局中去审视、去把握。要牢固树立四个意识。进一步增强政治意识、大局意识、核心意识、看齐意识，想问题、办事情，都要从政治上考量、在大局下行动、围绕核心聚力、向党中央看齐。主动把老龄工作放到“五位一体”总体布局和“四个全面”战略布局中去谋划和推进，在思想认识、行为做法上主动与“五大发展理念”对表，做到始终服从大局、服务大局、维护大局。要强化综合协调。老龄工作涉及部门多、领域宽，理顺关系、相互协作、统筹协调至关重要。作为各级老龄委的办事机构，我们要打破“一亩三分地”“自扫门前雪”的思维，树立“一盘棋”意识，通过合理的工作机制把任务分配好、把责任落实好，更好地把各方面资源利用起来、力量凝聚起来、积极性调动起来，增强发展的整体性、协调性。要抓住工作重点。造屋要架梁，撒网要抓纲。工作千头万绪，我们要集中力量抓重点、抓关键，对中央关心的、总书记部署的、国家规划的工作任务，要放在首要位置，优先、全力抓好。我们还要立足现实，找准自身定位，明确我们的主责主业，别的部门没抓的，需要统筹协调抓的，党委、政府明确交办的，都是我们的工作范围。该抓的我们要抓紧抓好、抓出成效，对于任务归属明确的我们也不伸手、不干扰。

四要改进手段，推动老龄工作创新发展。站在新起点，落实新要求，我们必须着力改进方式方法，大胆创新工作手段，推动老龄工作超常规、跨越式发展。要提高法治能力。树立法治思维，养成办事依法、遇事找法、解决问题用法、化解矛盾靠法的良好习惯，按照法治方式推进老龄事业改革发展。充分利用《老年人权益保障法》提供的制度空间和条件，大胆探索和创新，特别是抓紧时间构建上下贯通、协调配套的老年人权益保障法规体系。要尊重基层首创精神。基层群众蕴藏着极大的改革动力和创新智慧。近些年，各地老龄工作部门大胆探索，开拓创新，创造出许多新鲜经验、成功做法，有些已经上升为制度规范、国家行动，取得了良好的社会反响。在此基础上，各地要进一步加强对创新理念和创新机制的探索，健全创新创造的激励机制，鼓励基层先行先试，及时上报创新经验成果，促进创新成果在更大范围、更广人群发挥效用。要提升工作水平。各地要破除思维定势，突破工作惯性，树立大格局、开阔大思路、善于从全局角度看老龄，面向未来看老龄，跳出老龄看老龄，推进老龄工作思路创新、政策创设与方法创造。着力建立工作的长效机制，增强老龄工作专业化意识，提高工作制度化水平，努力将各级老龄工作部门打造成老龄科学决策智囊机构、应对人口老龄化行动高效协调机构、老龄数据权威调查发布机构、老龄大宣传主导机构、老龄决策落实督查督办机构，促进各级老龄工作部门在老龄事业全面协调可持续发展中发挥不可替代的更大作用。

同志们，总书记对老龄工作的号令已经发出，今后一个时期老龄事业改革发展的任务已经明确，让我们紧密团结在以习近平同志为核心的党中央周围，鼓足干劲、拼搏进取、求实创新，努力推动老龄工作再上新台阶，为全面建成小康社会和实现中华民族伟大复兴的中国梦做出新的更大贡献！

创新发展　努力构建老龄工作大宣传格局

——在2016年全国老龄宣传工作会议上的讲话

全国老龄办常务副主任　王建军

（2016年9月13日）

同志们：

今天，我们在美丽的哈尔滨召开2016年全国老龄宣传工作会议。主要任务是，深入学习贯彻习近平总书记关于加强老龄工作的重要指示和讲话精神，分析老龄宣传工作面临的新形势，明确老龄宣传工作新任务，安排部署今年全国“敬老月”活动，为“十三五”老龄事业发展开好局、起好步营造良好社会环境。

刚才，黑龙江、云南、青岛、中央人民广播电台、广东老人报5个单位分别介绍了老龄宣传工作的做法，经验各具特色，效果可圈可点，希望大家认真借鉴。中国社会报社徐付群副总编的《老龄舆情研判与应对》专题讲座，内容丰富，通俗易懂，针对性、时代感很强，希望大家认真消化。老龄宣传工作既是老龄工作的重要内容，也是推进老龄事业发展的重要手段。因此，全国老龄办每年都要召开一次宣传工作会议。从以往工作看，全国老龄宣传工作具有一定基础，并形成了"敬老月"、"敬老文明号"等系列活动和品牌，在全社会产生了积极反响。新形势新任务新要求，需要我们抓住机遇，顺势而为，高站位谋划，高层次宣导，大格局推进，加大宣传力度，努力形成老龄工作大宣传格局。下面，我讲三点意见。

一、老龄宣传要准确把握老龄工作的时代背景

人口老龄化是经济社会发展进步的产物，也是21世纪人类共同面临的重大课题。我国是发展中人口大国，老龄问题具有自身的特殊性，在应对人口老龄化的道路上没有哪个国家能够为我们提供现成的经验，我们必须在探索中寻找一条中国特色的应对人口老龄化之路。正因为如此，党和政府一直高度重视人口老龄化问题，并从新世纪开始，特别是从党的十八大以来，采取了一系列重大战略措施，积极开展应对人口老龄化行动，加强老龄工作，发展老龄事业，为有效应对深度人口老龄化社会的到来赢得了时间、创造了条件。

第一，人口老龄化是贯穿我国21世纪的基本国情。我国自1999年底步入人口老龄化社会，老龄化持续发展，到2015年底，全国60周岁以上老年人口达到2.22亿，约占总人口的16.1%，其中65周岁以上老年人1.44亿，占总人口的10.5%。按照全国老龄办研究预测，到2022—2036年，我国人口老龄化将进入快速发展期，60周岁以上老年人口数量将从2.68亿增至4.23亿，占人口总数的比例将从18.5%升至29.1%；到2053年，老年人口规模将达到峰值4.87亿，占比达到34.9%，届时，我国将成为世界上人口老龄化最严重的国家之一。

第二，党和国家一直高度重视老龄工作。早在2000年，中央就作出了《中共中央 国务院关于加强老龄工作的决定》，2013年修订实施的《中华人民共和国老年人权益保障法》明确规定："积极应对人口老龄化是国家的一项长期战略任务"。目前，全国老龄办正在组织起草《中共中央 国务院关于进一步加强老龄工作的意见》和《中国老龄事业发展"十三五"规划》。2015年10月，习近平总书记就加强老龄工作作出重要指示，强调"有效应对我国人口老龄化，事关国家发展全局，事关亿万百姓福祉。要立足当前、着眼长远，加强顶层设计，完善生育、就业、养老等重大政策和制度，做到及时应对、科学应对、综合应对。此事要提上重要议事日程，'十三五'期间要抓好部署、落实。"党的十八届五中全会和"十三五"规划纲要都明确要求"积极开展应对人口老龄化行动"。2016年5月，习近平总书记在主持中央政治局第三十二次集体学习时发表重要讲话强调，坚持党委领导、政府主导、社会参与、全民行动，推动老龄事业全面协调可持续发展。中央的要求和习近平总书记重要讲话，为有效应对人口老龄化指明了方向。

第三，"十二五"时期老龄事业发展取得积极进展。"十二五"时期是我国老龄事业长足发展的五年。《中国老龄事业发展"十二五"规划》确定的任务总体完成，主要指标基本实现。老年人生活保障、医疗、服务、文化、优待等方面的政策措施陆续出台，老龄工作法治化取得重大突破；基本养老、医疗保障覆盖面不断扩大，保障水平逐年提高；社会养老服务体系建设快速推进，养老服务供给水平明显提升；老年人居住生活环境得到改善，社会参与条件不断优化；老年文化、体育、教育事业快速发展，老年人精神文化生活日益丰富；老年人社会优待范围大幅拓宽，敬老养老助老社会氛围日益浓厚，老年人的获得感和幸福感明显增强。

第四，"十三五"时期是应对人口老龄化的重要战略机遇期。进入新世纪以来，我国人口老龄化虽然发展很快，给经济社会带来诸多挑战，但与先期进入老龄化的发达国家相比，未来10年特别是"十三五"时期，我国劳动年龄人口仍较为充足，社会抚养负担较轻，同时经济保持在合理运行区间，结构调整取得积极进展，这为开展应对人口老龄化行动提供了难得的机遇期。需要我们抓住机遇，加强顶层设计，健全工作机制，从人口战略、生育政策、社保体系、养老服务、人才培养、环境支持、社会参与等多方面进行系统研究，提出应对措施，积极付诸行动，为我国应对深度老龄化的到来赢得战略先机。

第五，积极应对人口老龄化行动已经启动。党的十八大以来，我国老龄工作进入主动作为新时期。全社会积极应对人口老龄化意识显著增强、行动逐步展开，各级党委、政府及有关部门把老龄工作摆上重要议事日程，认真贯彻中央要求，出台了一系列法规规章和规范性文件。据不完全统计，2013年以来，仅中央层面印发的有关促进养老服务业发展的政策文件就达50多件，省市区层面全部出台了促进养老服务业发展的政策措施，有12个省市区出台了与老法相配套的地方综合性或专项法规。各地从实际出发，积极实践、勇于探索，积累了不少经验，取得了显著成效。总体上看，覆盖城乡的养老保障体系初步形成，养老服务业和产业得到较快发展，医养结合的养老模式开始起步，老年宜居环境建设和老年人社会参与受到重视。

第六，发展老龄事业任务很重，需要全社会共同努力。我国人口老龄化的主要特征是规模大、速度快、未富先老、城乡区域不均衡、长寿不健康、家庭小型化导致其养老功能弱化。这些特征决定了我国应对人口老龄化难度大，任务重。目前，我国老龄事业发展还存在顶层设计不够系统，社会化服务差距较大，对失能、高龄老年人的长期照护保障制度尚未形成，养老服务人才严重短缺，社会力量参与老龄事业仍存在动力不足，以及政策制度衔接不够等明显短板。应对人口老龄化时间紧、难度大、要求高，任重道远。

二、老龄宣传要坚持以习近平总书记重要指示和讲话精神为主线

2015年10月，习近平总书记对加强老龄工作作出重要指示，今年5月27日，在中央政治局就我国人口老龄化的形势和对策举行第三十二次集体学习时，总书记又发表了重要讲话，这是我国进入人口老龄化以来，党的总书记第一次对加强老龄工作作出重要指示，第一次对应对人口老龄化、加强老龄工作、发展老龄事业作出全面系统阐述。习近平总书记的重要指示和讲话站在国家发展全局和战略的高度，全面深刻阐述了新形势下老龄工作的指导思想、基本方针和重大举措，是我们进一步做好老龄工作的总纲领总遵循总指导。习近平总书记的重要指示和讲话，理念、高度、广度、深度和力度前所未有，极大地提升了我国老龄工作的思想理论水平，极大地增强了老龄工作者的责任感使命感，必将极大地推动我国老龄事业全面协调可持续发展，必将极大地增强广大老年人的幸福感和获得感。

第一，要广泛宣传发展老龄事业的新理念。习近平总书记在重要讲话中明确要求，要加强党对老龄工作的统一领导，建立党委领导、政府主导、社会参与、全民行动机制。这一要求突出了党总揽全局、协调各方的领导核心作用，使老龄工作上升为党的重要工作，这既是老龄工作思想理论上的一次质的飞跃，也是老龄工作实践上的一大突破。大家知道，我国的老龄化特征明显，从世界范围看绝无仅有，所以任何国家的经验都无法复制。单靠政府不行，单靠家庭不行，单靠市场不行，单靠社会也不行。需要全社会共同努力，充分发挥党领导下的政府、市场、社会、家庭和包括老年人在内的各方面的积极能动性，建立全社会责任共担、综合应对人口老龄化的顶层规划和战略，把老龄社会这一基本国情纳入到经济、政治、文化、社会发展的各项事业中来，把老龄工作这一子系统纳入到国家发展这一大系统中去，从全局和战略的高度进行顶层设计，谋篇布局，统筹安排。总书记在重要讲话中首次提出了“三个结合”，即坚持党委领导、政府主导、社会参与、全民行动相结合，坚持应对人口老龄化和促进经济社会发展相结合，坚持满足老年人需求和解决人口老龄化问题相结合。首次提出了“三个发挥”，即要发挥老年人优良品行在家庭教育中的潜移默化作用和对社会成员的言传身教作用，发挥老年人在化解社会矛盾、维护社会稳定中的经验优势和威望优势，发挥老年人对年轻人的传帮带作用。首次提出了“四个转变”，即推动老龄工作向主动应对转变，向统筹协调转变，向加强人们全生命周期养老准备转变，向同时注重老年人物质文化需求、全面提升老年人生活质量转变。首次提出了“两教两增”要求，既要在全社会开展人口老龄化国情教育、老龄政策法规教育，引导全社会增强接纳、尊重、帮助老年人的关爱意识，又要教育引导老年人牢固树立自尊、自立、自强的自爱意识。首次提出了“一统三有”要求，即完善党委统一领导、政府依法行政、部门密切配合、群团组织积极参与、上下左右协同联动的老龄工作机制，健全社会参与机制，形成老龄工作大格局，保证城乡社区老龄工作有人抓、老年人事情有人管、老年人困难有人帮。进一步强调了“三个积极”，即要积极看待老龄社会，积极看待老年人和老年生活，老年期是人的生命的重要阶段，是仍然可以有作为、有进步、有快乐的重要人生阶段。理念决定思路，思路决定出路。这些新理念是积极开展应对老龄化行动，推动老龄事业全面协调可持续发展的前提。

第二，要广泛宣传积极发展老龄事业的重大意义。习近平总书记在重要指示和讲话中明确提出“有效应对人口老龄化，事关国家发展全局，事关亿万百姓福祉。”在“5·27”重要讲话中又再次强调“满足数量庞大的老年群众多方面需求、妥善解决人口老龄化带来的社会问题，事关国家发展全局，事关百姓福祉，需要我们下大力气来应对。”这是习近平总书记站在实现“两个一百年”奋斗目标、实现中华民族伟大复兴中国梦的全局和战略高度对我国人口老龄化形势做出的科学判断，是站在统筹推进“五位一体”总体布局和协调推进“四个全面”战略布局的高度发出的动员令、吹响的总号角，充分说明，老年民生是最大的民生，积极应对人口老龄化，加快发展老龄事业已上升为国家战略。

第三，要广泛宣传积极应对人口老龄化战略举措。习近平总书记在重要指示中指出要“立足现实，着眼长远”，做到“及时应对、科学应对、综合应对”。及时应对，就要用好战略机遇窗口，抓住今后十多年，尤其是“十三五”时期我国人口老龄化增速放缓，劳动年龄人口仍然较为充足、社会抚养负担相对较轻，经济运行仍将保持在合理区间的机会窗口期，未雨绸缪，做好准备，越早越主动；科学应对，就要尊重客观规律，深化对人口发展自身规律和老龄化条件下经济社会发展规律、老龄事业和产业发展规律的研究和把握，促进人口长期均衡发展与经济社会发展相适应；综合应对，就要加强综合施策，研究出台综合应对人口老龄化的战略举措，统筹运用经济、法律、行政、市场和舆论手段等综合施策，完善生育、就业、退休、养老等政策，逐步提高应对人口老龄化政策措施的系统化、规范化、制度化水平。总书记在“5·27”重要讲话中对“三个应对”的内容作了进一步阐述，即“要着力增强全社会积极应对人口老龄化的思想观念，着力完善老龄政策制度，着力发展养老服务业和老龄产业，着力发挥老年人积极作用，着力健全老龄工作体制机制。”这“五个着力”就是积极应对人口老龄化，发展老龄事业的战略措施。

第四，要广泛宣传积极应对人口老龄化的制度安排。总书记在重要指示中提出，要“加强顶层设计，完善生育、就业、养老等重大政策制度”，在“5·27”讲话中进一步要求“要完善老年人权益保障法的配套政策法规，统筹好生育、就业、退休、养老等政策。”除三大政策外，又增加了退休政策，进一步增强了政策的针对性、协调性和系统性，使之更加全面完整，形成体系。应对人口老龄化是一项复杂的系统工程，必须统筹推进，加强顶层设计，构建制度体系。总书记提出的完善生育、就业和养老政策制度是促进我国人口长期均衡发展、缓解人口老龄化压力、提高劳动力资源持续供给和实现老有所养的根本要求。不仅关系着社会的和谐稳定和经济持续健康发展，也关系着应对人口老龄化制度基础的成熟、定型。同时，明确提出“构建居家为基础、社区为依托、机构为补充、医养相结合的养老服务体系”，医养结合成为养老服务体系的一部分，使养老服务体系由原来的“三位一体”变成了“四轮驱动”，对实现“更好满足老年人养老服务需求”的目标提供了可靠路径。提出“四项制度”，即要建立老年人状况统计调查和发布制度、相关保险和福利及救助相衔接的长期照护保障制度、老年人监护制度、养老机构分类管理制度。提出“四大政策”，即制定家庭养老支持政策、农村留守老人关爱服务政策、辅助老年人慈善支持政策、为老服务人才激励政策。这些重大制度安排，是有效应对人口老龄化，发展老龄事业的重要保证。

第五，要广泛宣传认真做好老龄工作的新要求。总书记在重要指示中指出“此事要提上重要议事日程，‘十三五’期间要抓好部署、落实”，深刻揭示了应对人口老龄化、发展老龄事业的重要性和紧迫性。强调“要加强党对老龄工作的统一领导，把老龄工作纳入党委和政府重要议事日程，把老龄事业发展纳入经济社会发展规划。要关心和支持各级老龄委工作，加强老龄工作人才队伍建设”。“要保证城乡社区老龄工作有人抓、老年人事情有人管、老年人困难有人帮”。对于这些新的指示要求，我们必须真下功夫，下真功夫，比别人要学得更加深入、领会得更加透彻，贯彻得更加自觉。

三、老龄宣传要在创新中向大宣传转变

宣传工作本质上是政治工作，坚持正确政治方向是灵魂和生命线。人口老龄化既是我国经济社会发展进步的重要体现，同时，又对我国经济社会发展带来诸多影响。各级老龄部门要自觉树立“四个意识”，全面准确宣传好党的主张，传播好党的声音，讲述好我国老龄事业的故事，以实际行动贯彻落实好中央的决策部署。自觉围绕中心、把握大势、顺势而为，把握好老龄宣传工作的导向和重点任务。做大宣传，精准发力，助推老龄事业全面协调可持续发展，为实现“两个一百年”奋斗目标，实现中华民族伟大复兴的中国梦创造条件。

第一，要遵循宣传工作规律。把握规律，就是要坚持以科学理论为指导、以科学制度作保障、以科学方法来推进，正确处理建设和引导的关系、理论和舆论的关系、内宣和外宣的关系、网上和网下的关系。从全国来看，老龄宣传工作无论是硬件建设，还是软件建设都十分薄弱。要坚持一手抓建设、一手抓引导，使管理力度与发展程度相协调，以科学管理、依法管理、有效管理促进老龄宣传文化事业健康发展。理论和舆论紧密相关，“两论起家、理论当家”。舆论的背后总是体现一定的思想理论基础，舆论跟着理论走，理论靠着舆论推，这也是规律。提高舆论引导能力，重要的是树立科学的理论思维和正确的思想方法，防止简单化、片面性。要把老龄理论工作和老龄舆论工作更好结合起来，把理论上的深化与舆论上的引导结合起来，提升老龄宣传工作整体水平。随着我国日益走近世界舞台的中心，国内国际两个大局深度互动，积极开展应对人口老龄化行动，国内外高度关注。要牢固树立大宣传的工作理念，把内宣外宣更好地统筹起来。现在网上网下边界日益模糊，网下情况都会在网上有所反映，网上情况也都会给网下带来影响，网上和网下舆论越来越交织在一起。要适应现代信息技术、传播技术发展的大趋势，坚持网上网下工作一体化推进、一体化管理，实现网上网下协调发展、良性互动。

第二，要弘扬创新精神。在长期实践中，老龄宣传工作形成了许多好传统，要很好继承和光大。同时要看到，老龄宣传工作引领风气之先，是最需要创新的领域。要坚持与时俱进、创新为要，大力推进老龄宣传工作的理念创新、内容创新、手段创新。要保持思想的敏锐性和开放度，坚持不忘本来、吸收外来、面向将来，守正出新、博采众长，树立与时代要求相契合的思想观念，更好研究解决新的课题。老龄宣传的特点是阶段性、群众性、经验性，研究老龄宣传工作就要根据这些特点研究工作重点、研究社会热点、研究群众需求、研究趋势动态。老龄宣传，内容为主，内容优势是最根本的优势。要加强内容创新，善于用老龄理论创新成果引领老龄事业发展，善于从老龄事业改革发展中捕捉老龄宣传工作的素材，善于从日常工作生活中汲取思想道德建设的养分，善于用数字说话，善于用亮点说话，善于用全局说话，善于用规律说话，使老龄宣传工作接地气有生气。要综合运用经济、行政、法律、技术等多种手段破解工作难题，注重互联网等新兴媒体的运用，深入推进老龄传统媒体和老龄新兴媒体融合发展，做到宣传对象在哪里，宣传工作的着力点和落脚点就放在哪里，不断提高工作的覆盖面和影响力。要用好新闻发布机制、用好高端智库交流渠道，用好重大活动平台，用好中华民族传统节日载体，用好新闻舆论阵地，用好多种文化形式，让中国老龄好故事成为舆论关注的话题，让中国老龄好声音赢得社会理解和认同。

第三，要组织好“两教两增”主题宣传活动。习近平总书记强调，“要着力增强全社会积极应对人口老龄化的思想观念”。这是老龄宣传工作的出发点和落脚点。开展“两教两增”主题宣传，就是要在全社会开展人口老龄化国情教育、老龄政策法规教育，引导全社会增强接纳、尊重、帮助老年人的关爱意识和老年人自尊、自立、自强的自爱意识。要以培育和践行社会主义核心价值观、实施积极应对人口老龄化战略为根本任务，以在全社会树立积极老龄观、弘扬尊老敬老传统美德、营造爱老助老社会风尚为主要目标，以宣传老龄工作先进经验、培树老年人自尊自爱自立自强先进典型、倡导老年人健康文明生活方式为重点内容，弘扬时代主旋律，传播社会正能量，唱响老龄宣传最强音。要积极推动各级党校、行政学院、社会主义学院、党委（党组）理论学习中心组把“两教两增”列为学习内容；组织开展“两教两增”进街道乡镇、进村居社区活动；各级老龄工作委员会以及成员单位要带头宣讲，带头在报刊上发展文章；要组织专家学者、老龄工作者开展宣讲，组织新闻媒体开展专题研讨宣传。开展好这一重大主题宣传，要注意用事实说话、用成就说话，突出宣传好新形势下党委领导、政府主导、社会参与、全民行动的实践成果。要浓墨重彩地宣传在政策措施、工作基础、体制机制方面的新成就，立体化展示丰硕成果，给人以鼓舞、给人以信心。要以“走转改”精神开展主题宣传，深入基层、深入一线，开展精准化、接地气的采访报道，善于发现基层实践中的新亮点，从“微故事”中展现大气象，从人们的切身感受中展现大格局。开展主题宣传，既要展示实践成果，又要揭示成就背后的深层原因，把中国道路、中国精神、中国力量寓于其中，引导人们深怀敬老之心、倾注爱老之情、笃行为老之事，坚定不移地发展老龄事业。

第四，要着力为积极应对人口老龄化营造良好舆论氛围。党的十八届五中全会明确提出要坚持创新、协调、绿色、开放、共享的发展理念，这是我们党发展理念的升华，是新形势下推动我国各项事业改革发展的行动指南。营造积极应对人口老龄化的舆论氛围，要突出五大发展理念的宣传，深入阐释其重大意义、基本内涵和实践要求，及时反映各地区各部门贯彻落实的实际举措和进展成效，引导人们自觉以新的发展理论引领新的发展实践。要持续做好习近平总书记关于加强老龄工作重要指示和讲话精神的宣传解读，引导人们认清形势和任务，奋力实现推动老龄事业全面协调可持续发展良好开局。要合理引导社会预期，在福利水平、社会保障、公共服务等涉及老年人切身利益的问题上，既讲需要、又讲可能，既讲愿望期待、又讲现实条件，引导人们保持理性平和心态，多做化解矛盾、促进社会和谐的工作。

第五，要扎实推进敬老文化建设。近来年，各地区各部门在这方面做了大量工作，取得了一定成效。但也应清醒看到，要使孝亲敬老观在人们头脑中扎根，成为全民的行为准则，是一个长期积累的过程，必须持续用力、久久为功。要把弘扬敬老爱老传统纳入社会主义核心价值观宣传教育，建设具有民族特色、时代特征的孝亲敬老文化。要强化中华优秀传统美德的涵养作用，广泛开展全国“敬老月”活动，围绕每年活动主题，组织动员各级党政机关、企事业单位、社会组织以及其他社会力量，为老年人办实事、做好事、解难事，切实增强老年人的获得感和幸福感；扎实推进全国“敬老文明号”创建活动，最大限度地整合政府和社会多方面力量，让老年人在政务服务、卫生健康、交通出行、商业服务、文体休闲、维权服务等方面享受优待，在“敬老文明号”先进单位或创建单位广泛开展“双关爱”活动，以“一对一”或者“多对一”的形式深入社区和家庭，为失能半失能、贫困老人开展物质帮扶和精神关爱服务；全面开展“敬老爱老主题教育”活动，精心组织敬老爱老文化进机关、进学校、进社区、进企业系列宣传教育活动，学习宣传敬老爱老助老模范、敬老好儿女、敬老好家庭、“最美家庭”等先进典型，教育引导人们自觉承担家庭责任，树立良好家风，巩固家庭养老基础地位，塑造向上向善的时代新风。

第六，要切实加强阵地建设和队伍建设。近几年，老龄媒体在融合发展方面做了大量工作，取得了令人可喜的成绩。但是，从总体上看，发展还很不平衡，有的是“＋互联网”，而不是“互联网＋”，只是将传统媒体和新媒体作简单嫁接，“左手一只鸡，右手一只鸭”，没有实现融合。融合发展关键是在融为一体、合而为一。要尽快从相“加”阶段迈向相“融”阶段，从“你是你、我是我”变成“你中有我、我中有你”，进而变成“你就是我、我就是你”，着力打造一批新型老龄主流媒体。要加强正面宣传，紧紧围绕中央重大决策部署和相关法律法规政策的贯彻落实，精心设计敬老月宣传主题，努力推出有思想、有温度、有品质的作品。做好老龄宣传工作，人才队伍是根本。要适应新形势新任务的要求，加快培养造就一支政治坚定、业务精湛、作风优良、党和人民放心的老龄宣传工作队伍。一要大力加强领导班子建设，注重培养选拔政治强、业务精、作风正、善治理、敢担当的领导干部，严明党的纪律和规矩，增强看齐意识，向党中央看齐，向党的理论和路线方针政策看齐，同党中央保持高度一致。二要按照“讲政治、管队伍、守纪律”的要求，抓好人才队伍建设，重视青年人才培养，有效吸纳人才，合理使用人才，关心爱护人才，增强队伍的事业心、归属感和忠诚度，使我们的队伍更纯粹、更彻底、更坚定。持续深入改进作风，践行“三严三实”要求，深化“走转改”，贴近实际、贴近生活、贴近群众，增强老龄宣传工作队伍的凝聚力战斗力。

同志们，做好新形势下老龄宣传工作使命光荣、责任重大。“惟改革者进，惟创新者强，惟改革创新者胜”。让我们紧密团结在以习近平同志为总书记的党中央周围，以踏石留印、抓铁有痕的精神，扎实工作，开拓创新，不断开创老龄宣传工作新局面，为推进老龄事业创新发展做出新的更大贡献！

在全国老龄信息工作会议上的讲话

全国老龄办常务副主任　王建军

（2016 年 11 月 29 日）

同志们：

在全党深入学习贯彻党的十八届六中全会精神之际，我们在河北省秦皇岛市召开 2016 年全国老龄信息工作会议，这是全国老龄办首次组织召开全国老龄信息工作会议，很重要，也很有必要。这次会议的主要任务是：深入学习贯彻习近平总书记系列重要讲话精神，特别是关于加强老龄工作的重要讲话和指示精神，以《国家信息化发展战略纲要》为依据，开启研究推进老龄信息化建设工作，进一步明确老龄信息工作思路，讨论交流各地在老龄信息工作方面的探索和创新，着力从老龄基础数据统计工作和数据库建设做起，加快推进老龄信息化建设步伐，不断提升老龄信息工作水平。

这次会上，我们邀请了国家统计局首席统计师崔红艳、清华大学郭金来博士后两位专家，就老龄统计和信息化进行专题讲座，安排了河北、北京、辽宁、上海、浙江等 5 个省市进行老龄信息经验交流，全国老龄办综合部、老年人才信息中心和华龄出版社将分别就相关工作提出要求。总的看，近年来，随着我国老龄工作不断加强，老龄事业不断发展，我国老龄信息工作已开始起步，取得了积极进展。

一是认识在不断提高。各地老龄办开始重视老龄信息工作，把老龄信息工作作为提升老龄工作水平的重要抓手，明确了分管信息工作的办领导，确定了专职或兼职的工作人员，建立了省、市、县三级信息员队伍。河北、辽宁、江苏、浙江、云南、新疆等地每年都进行信息员培训，办领导亲自出席并进行授课。通过培训，不断提高信息员业务技能，夯实工作基础。北京、湖北、广西、四川、青岛等地还建立了信息工作的目标管理和激励制度，用制度保证信息工作的长期有序开展。

二是影响在不断扩大。多地老龄办工作积极主动，敢为人先，在不断加强政务信息工作的同时，在各成员单位的大力支持下，逐步建立和完善老年人基本状况和老龄事业统计发布制度，扩大了社会影响。据统计，目前，开展老年人基本状况和老龄事业统计工作，已有 20 多个省市区定期向社会发布；3 个省份（含直辖市）具有老龄科学研究机构，分别是北京、上海、浙江；19 个省份拥有老龄刊物和简报，这对扩大老龄工作的影响力，促进全社会增强思想观念，推动各级党委、政府重视老龄工作都大有裨益。同时，也为进一步加强和推进老龄基础数据统计工作开了个好头，积累了经验。

三是作用在不断彰显。一些省市从加强老龄工作、发展老龄事业、积极应对人口老龄化的需要出发，积极研究规划老龄信息发展目标，不断提升政务信息质量，加快推进老龄基础信息平台和数据库建设，充分开展老龄大数据应用、开发和指导工作，老龄信息服务于各级党委政府科学决策，服务于老龄委成员单位，服务于老年群众，服务于社会的作用逐步显现。北京、辽宁、黑龙江、上海、江苏、浙江、安徽、湖南、重庆、四川、云南、新疆等地的部分老龄基础数据已经成为当地的权威数据，经常被新闻媒体和科研机构所采用，许多数据为当地党委政府加强老龄工作的科学决策发挥了重要作用。在“十三五”规划制定之初，许多省份在涉及人口和老龄方面的数据基本上由老龄机构提供。辽宁、湖北、云南等地老龄办主动向省委省政府汇报老龄工作，得到了省委省政府高度重视，主要领导对老龄工作作出重要批示，很好地贯彻落实了全国老龄办主任会议要求。

总体看，老龄信息化工作取得一些进展，但确实不能估计过高。从全国来看，老龄信息工作才刚刚起步，各级老龄办尚未将老龄信息工作摆上重要位置、提上重要议事日程。有些地方虽做了些工作，但还没有形成统一、规范和权威的老龄基础信息数据平台，离建成老龄大数据的目标还有很大差距；已经开展老龄基础数据统计和发布的省份，其主体也是五花八门，质量更是参差不齐。这种状况，严重制约了各级老龄机构职能作用的发挥，与党中央关于加强老龄工作的要求不适应，与国家信息化建设的要求不适应，与全社会高度关注人口老龄化的氛围不适应，与满足广大老年人日益增长的各种需求不适应。严重缺失并碎片化的老龄信息工作，已成为老龄事业发展短板中的短板。务必要引起各级老龄部门，尤其是省、市两级老龄部门的高度重视。

加强老龄系统信息化建设，是保障老龄系统高效有序运转、提高服务保障水平的需要，是强化老龄信息整合、增强老龄工作宣传效果的需要，是贯彻党的群众路线、密切同人民群众联系的需要，是创新老龄系统履职方式、更好发挥职能作用的需要。我们要牢牢把握推进老龄系统信息化建设的重大机遇，深入学习习近平总书记系列重要讲话精神，特别是关于加强老龄工作的重要讲话和指示精神，深化对老龄系统信息化工作规律的认识，把老龄信息化建设摆上重要日程，促进老龄系统信息工作实现跨越，力争在一些重点领域和关键环节上取得突破，使老龄系统信息化建设更好地适应老龄工作创新发展的需要。真正发挥好老龄办的职责，一要把全国老龄办打造成国家层面应对人口老龄化、发展老龄事业的高级智库；二要全面掌握老龄基础数据，使全国老龄办真正成为国家层面发布老龄基础数据的权威机构。下面，我讲三点意见，供同志们参考。

一、加强老龄政务信息工作，为各级党委政府科学决策提供依据

人口老龄化趋势不可逆转，已成为重要的国情因素。老龄政务信息是党委政府科学决策的重要依据，是联系上下，沟通左右，分享工作成果、反映工作情况的有效途径，是传达政令、指导工作的有效手段，也是一个地区、一个部门工作水平、工作质量的综合反映。

（一）深入贯彻习近平总书记系列重要讲话精神，牢牢把握老龄政务信息工作方向。习近平总书记十分关心和关注政务信息工作。2014年5月8日，他在中央办公厅调研时指出，“要围绕大局反映情况，报送信息，做‘千里眼、顺风耳’，把各方面新情况新问题、反映党中央方针政策的意见和建议、干部群众关注的热点焦点等问题及时收集上来，归纳综合，分析研判，第一时间报送党中央，为党中央科学决策提供重要依据”。习近平总书记的重要指示，立意高远、重点突出、要求明确，是新时期做好政务信息工作的总指导总遵循。

各级老龄部门要在党的十八大，十八届三中、四中、五中、六中全会精神指引下，紧紧围绕习近平总书记重要讲话和指示精神，统筹兼顾，突出重点，勇于担当，履职尽责。紧紧围绕积极应对人口老龄化这一重大战略任务，及时反映当地党委政府贯彻中央决策部署的新举措、新要求，真实反映老龄事业和老龄工作中出现的新情况、新问题，主动反映创新工作理念推进老龄事业发展的新做法、新经验。如，上海市老人优待政策进行重大调整和改革，实行综合补贴制度，上海市委、市政府非常慎重，经过反复研究和论证，下决心出台了此项政策，这项工作不仅上海的民众、老年人十分关注，全国也在关注，上海市在出台前、出台后及时通报有关情况，现在看效果良好。要不断改进和创新工作机制，按照建立党委统一领导、政府依法行政、部门密切配合、群团组织积极参与、上下左右协同联动的老龄工作机制要求，充分发挥老龄办的协调沟通和督查落实职能作用，真正形成老龄政务信息工作的大格局，真正发挥老龄政务信息的重要作用。

（二）加快老龄系统信息化建设步伐，为老龄信息工作提供技术支撑。党的十八大以来，以习近平同志为核心的党中央高度重视网络安全和信息化工作，成立了中央网络安全和信息化领导小组，总书记亲自担任组长。他高瞻远瞩，审时度势，作出了“没有网络安全就没有国家安全，没有信息化就没有现代化”的重大论断，描绘了建设网络强国的宏伟蓝图。《国家信息化发展战略纲要》集中体现了十八大以来党中央关于信息化发展的新思想、新论断、新部署，是规范和指引未来10年我国信息化发展的纲领性文件。

各级老龄部门要不断提高认识。大家知道，在全球信息领域，创新链、产业链、价值链整合能力越来越成为决定成败的关键。当今世界，信息技术创新日新月异，以数字化、网络化、智能化为特征的信息化浪潮蓬勃兴起。适应和引领经济发展新常态，增强发展新动力，需要将信息化贯穿我国现代化进程始终，加快释放信息化发展的巨大潜能。以信息化驱动现代化，建设网络强国，是落实“四个全面”战略布局的重要举措，是实现“两个一百年”奋斗目标和中华民族伟大复兴中国梦的必然选择。老龄工作需要信息化，老龄事业需要信息化，积极应对人口老龄化需要信息化，更好地满足广大老年群体的内在需求需要信息化，信息化也与我们能否更好地履职息息相关。与其他部门相比，老龄系统信息化水平整体薄弱，建设步伐还严重滞后，这就要求我们要充分认识加快老龄信息化建设的重要性和紧迫性，要自觉地从思想观念、管理方式等方面适应信息化发展的要求，坚持问题导向、短板意识、改革精神，以需求为导向，以应用促发展，加强规划引领，加大资金扶持力度，加大技术保障力度，加快建设和应用工作的步伐，争取在“十三五”末，实现各级老龄系统基本信息化，从而能够高效率、高质量地为各级党委、政府宏观管理及科学决策服务。要认真贯彻《国家信息化发展纲要》要求，加快推动数据资源共享开放和开发应用，助力产业转型升级和社会治理创新。老龄信息是国家信息的重要组成部分，应当统筹谋划，明确责任、整合资源，共建共享。老龄信息资源是社会公共资源，应坚持开放、共享理念，为党和政府服务、为广大老年人服务、为社会公众服务、为企业服务，发挥最大政治、社会和经济效益。

（三）以信息化驱动现代化为主线，着力提升老龄信息化应用水平。《国家信息化发展纲要》明确提出，坚持以造福社会、造福人民为工作的出发点和落脚点，发挥互联网在助推脱贫攻坚中的作用，推进精准扶贫、精准脱贫，不断增进人民福祉；紧紧围绕人民期待和需求，以信息化促进基本公共服务均等化，让亿万人民在共享互联网发展成果上有更多获得感。提出要提高就业和社会保障信息化水平，推进就业和养老、医疗、工伤、失业、生育、保险等信息全国联网。建立就业创业信息服务体系，引导劳动力资源有序跨地区流动，促进充分就业。加快社会保障“一卡通”推广和升级，实行跨地区应用接入，实现社会保险关系跨地区转移接续和异地就医联网结算。加快政府网站信息无障碍建设，鼓励社会力量为残疾人提供个性化信息服务。这些内容，无一不涉及到老年群体，无一不是老龄系统正在全力推动的重点工作。如脱贫攻坚中贫困老年人是主要对象；以信息化促进基本公共服务均等化，共享互联网发展成果上广大老年人是难点；社会保险关系跨地区转移接续和异地就医联网结算是广大老年人多年来最集中、最迫切的诉求和企盼；政府网站信息无障碍建设，残疾老年人更需要提供个性化服务，等等，需要我们逐一进行梳理对照，明确思路，统筹谋划，抓好落实。

二、认真做好“四调”后续工作，促进调查成果转化、开发利用工作

（一）第四次中国城乡老年人生活状况抽样调查收获重要阶段性成果。第四次调查是根据《中华人民共和国老年人权益保障法》开展的一次法定调查，是与我国作为世界老年人口第一大国国情相称的重大老龄国情调查，也是落实中共中央、国务院关于积极应对人口老龄化战略部署的基础性调查。这次抽样调查，从2015年8月1日正式启动入户调查，2016年3月进入数据清理和统计阶段，2016年6月形成情况报告，经国务院有关领导批准，2016年10月9日（老人节）向全社会发布，阶段性任务圆满完成。这次调查涵盖了全国31个省、自治区、直辖市以及新疆生产建设兵团，涉及466个县（市、区）、1864个街道（乡镇）、7456个村（居），首次实现了覆盖全国范围的调查目标。与前三次调查相比，覆盖面由20个省级行政区扩展到31个省级行政区，样本规模由2万扩大到22万多。其涉及地区之广、样本规模之大都是前所未有的。用中国人民大学邬沧萍教授的话说，第四次调查是世界上规模最大、内容最丰富的老年人状况调查。因此，第四次调查是一次真正意义上的全国性大型抽样调查，是目前国际国内规模最大的老年人生活状况专项调查。第四次调查在前三次调查问卷的基础上，进一步丰富了调查内容。问卷由基本情况、家庭状况、健康医疗状况、照料护理服务状况、经济状况、宜居环境状况、社会参与状况、维权状况、精神文化生活状况九大类别问题组成，其内容基本覆盖了我国老年人生活各方面的情况。第四次调查始终将真实性、客观性、代表性作为其出发点和落脚点。为此，本次调查成立了高规格的领导小组，制定了严密的调查方案，狠抓每一个环节的落实，确保调查质量。第四次调查是一次科学严谨、代表性强的调查，其调查结果能够真实全面地反映当前我国老年人的生活状况。

（二）再接再厉，集中做好2016年中国城乡老年人生活状况监测调查工作。前些天，全国老龄办举办了“2016年中国城乡老年人生活状况监测调查省级督导员骨干培训会”。本次监测调查虽然样本规模不大，但涉及范围广、中间环节多、时间进度快、质量要求高，仍然需要各级老龄系统高度重视、加强培训、精心组织、调查督导、广泛宣传、扎实推进，真正做到方案制定周密、抽样设计科学、调查组织缜密、调查过程规范、质量控制严格、样本代表性强、数据质量可靠，确保圆满完成2016年中国城乡老年人生活状况监测调查工作。

（三）切实做好第四次调查成果的转化、利用。第四次调查工作虽告一段落，但其成果开发工作才刚刚起步，做好第四次调查成果的转化、利用工作，是今后一段时间老龄系统的重要工作。要把建立老龄统计调查和发布制度、信息化建设工作作为全国老龄办和省级老龄办的常项工作，切实抓紧抓好。下一步主要是通过公开招标的方式，组织科研机构和专家学者做好调查成果转化、利用工作，开展数据深度开发研究；组织撰写《老龄蓝皮书—中国城乡老年人生活状况发展研究报告》；编辑出版第四次调查数据分析报告；搭建数据共享平台，向社会开放第四次调查数据；建立城乡老年人生活状况常态化监测调查机制；建立和完善老龄统计制度。第四次调查除了全国出调查报告外，希望各省特别是老年人口占20%的省份都能出调查报告，要充分利用各地科研院校的力量，加快成果转化利用。

第四次调查能够圆满顺利完成各项任务，取得丰硕成果离不开坚强有力的组织领导、离不开一以贯之的问题导向、离不开及时充足的调查经费、离不开老年群体的积极参与、离不开科学严谨的质量控制，更离不开各级老龄系统和同志们在第四次调查中的大力支持和配合以及辛勤工作，在这里，我代表全国老龄办再次对各级老龄办和同志们表示衷心感谢！

三、下定决心，着力推进老龄基础数据平台建设

信息资源日益成为重要的生产要素和社会财富，信息掌握的多寡、信息能力的强弱成为衡量国家竞争力的重要标志。老龄基础数据统计工作和平台建设能力是我们工作的“短板”，也是严重制约老龄办充分发挥职能的“瓶颈”之一，至今，全国老龄办还没有建立起老年人口状况统计和发布制度，没有建立起老龄基础数据平台，全国老龄办不完全掌握老龄核心基础数据。谁拥有老龄数据的核心资源，谁就有发言权。只有我们较为全面地掌控了老龄基础数据，才能真正掌握老龄工作的主动权，才能更好地发挥综合协调的职责。2015 年，全国老龄办将老龄基础数据平台建设列为“一号工程”着力向前推进。经过一年多的不懈努力，老龄基础数据平台建设已经有了良好的开端。

一是充分吸收利用第四次调查成果。第四次调查所获得的丰富调查数据、组织实施大型调查的经验、培训和培养的大量统计人才，为建立和完善老龄统计制度创造了条件，奠定了基础。在“十三五”期间，全国老龄办将基于第四次调查数据开发和成果转化利用的有利条件，建立和完善老年人状况统计调查和发布制度，为建设好国家老龄科学智库奠定基础。另外，第四次调查数据本身就是老龄基础数据的主要组成部分，并且第四次调查下一步工作打算中明确提出将开展数据深度开发研究、编辑出版第四次调查数据分析报告、搭建数据共享平台，向社会开放第四次调查数据、建立和完善老龄统计制度。随着这些工作的陆续展开，老龄基础数据平台建设也会步入“快车道”。目前，要尽快完善老龄基础数据平台建设可行性方案，制定切实可行的时间表、路线图、责任状，为第四次调查的重要成果全部导入以及进一步开发研究等工作夯实基础。

二是建立和完善老年人状况统计调查和发布制度。建立老年人状况统计和发布制度，既是法定的统计制度，也是习近平总书记十分关注的重大民生工程。此项工作已列入全国老龄委 2016 年工作要点，是要重点抓好的工作之一。为此，我们在学习借鉴一些地方经验和充分吸收第四次调查统计指标的基础上，初步设计出了老年人基本信息和老龄事业发展状况统计指标，并就有关事项与国家统计局有关司局进行了沟通交流，得到了国家统计局的业务指导和工作支持。这次会议，我们又专门邀请了国家统计局首席统计师崔红艳处长给大家授课和工作指导，这些都是为今后全面开展老年人状况统计调查和发布作动员、打基础，希望同志们集中精力，认真听讲，做到学有所悟、学有所得、学有所成。

三是建设老年人口信息基础数据管理和老龄事业发展数据直报体系。这项工作是老龄基础数据平台建设的“升级版”，也是老龄系统信息化建设的必然要求。此项工作，经过努力，已经得到了相关部门的支持，正在抓紧进行论证，争取在“十三五”期间有大的突破。

四是积极推动社会力量参与老龄大数据研究开发利用。《国务院关于印发促进大数据发展行动纲要的通知》中对大数据作了明确定义，大数据是以容量大、类型多、存取速度快、应用价值高为主要特点的数据集合，正快速发展为对数量巨大、来源分散、格式多样的数据进行采集、存储和关联分析，从中发现新知识、创造新价值、提升新能力的新一代信息技术和服务业态。目前，我国知名学府如北大、清华、人大、复旦、同济等和顶级社科类科研院所都设有专门的老龄研究机构，一大批年富力强的青年学子投身于老龄科研工作，特别是老龄大数据科研工作，这为我们加快推进老龄基础数据平台建设提供了很好的智力支持。我们要积极引导、鼓励和支持更多的科研机构和高等学府从事老龄科学研究，同时加大老龄科研成果转化力度，着力解决网络互通难、信息共享难、业务协同难“老三难”问题，使老龄大数据更好地为我国经济社会发展服务，更好地造福亿万老年人。

五是促进老龄大数据带动老龄事业和老龄产业研究。在刚刚结束的 2016 年全国老龄系统干部培训班上，北京大学社会老龄产业方向博士后、欧亚系统科学研究会老龄产业研究中心主任郑志刚为我们讲授了基于在数据策略的老龄产业现状研究，为发展壮大老龄产业提供了新的路径和方法，还通过共性指标、个性指标、时空数据、区域分布、注册资金、投资类型、企业类型等方面对涉老企业现状进行了研究，很好地启发了我们发展老龄产业的思路。这次会议又邀请到了清华大学博士后、高级工程师郭金来讲授大数据促进老龄事业发展转型升级。郭博士在讲义中谈到，通过老龄大数据数据驱动，数据统筹，支撑老龄事业国家顶层设计；通过大数据智慧，制定科学对策，推动老龄事业发展转型升级；通过老龄大数据数据融合、数据应用，激发老龄事业发展内在活力。精确、动态的大数据使老龄服务事业从结构失衡到结构合理，从供给不足到创造供给，驱动老龄服务供给侧改革，实现供给与需求形成伙伴式发展。这些都是很前沿、很有实践意义的理论，需要我们很好地研究吸收。

老龄基础数据平台建设是全国老龄系统的一件大事、要事、难事，但又是必须做好的事。需要发挥和凝聚全系统的智慧和力量，希望有条件的省份继续迈开大步向前走，发挥示范引领作用，其他省份也要主动作为，创造条件积极向前推进，有所突破、有所成效。

同志们，在积极应对人口老龄化行动中，各级党委、政府需要大量的真实的具有前瞻性的信息来了解情况、制定决策、指导工作。希望同志们积极进取，奋发有为，努力为党和政府科学决策提供更多有价值的老龄信息，让我们更加紧密团结在以习近平同志为核心的党中央周围，齐心协力，为扎实推进我国老龄事业全面协调可持续发展做出新的贡献。

在老年人权益保障法地方配套法规立法工作座谈会上的总结讲话

全国老龄办常务副主任　王建军

（2016 年 12 月 9 日）

同志们：

这次座谈会，我们安排了一天半时间，时间不长，但内容丰富，湖南省人大常委会副主任李友志同志作了热情洋溢的致辞，全国人大内司委秦光荣副主任委员作了重要讲话，湖南、山东、北京等 15 个省市，围绕会议主题，分别介绍了立法实践和经验，中国政法大学李超教授介绍了境外老年人权益立法保护的有关情况，全国人大内司委内务室于建伟主任，就地方立法应重点把握的几个问题进行富有针对性的解读。大家在讨论中普遍感到，很受启发，很有收获，进一步提高了认识，形成了许多共识。相信这次立法工作座谈会的召开，对推动老年人权益保障法在地方的有效落实，特别是地方配套立法工作将产生极大促进作用。

加强地方配套立法，是认真落实中央决策部署特别是习近平总书记重要讲话和指示精神的重要举措。我国人口老龄化形势严峻，影响深远。对这一国情，习近平总书记在讲话中高度概括为“三最”即“数量最多、速度最快、应对任务最重”。昨天，秦光荣副主任委员用“三大”，讲了自己的学习体会，相信一定会进一步加深我们对人口老龄化形势的认识。人口老龄化将贯穿我国 21 世纪始终，形势“不容乐观”，态势“不可逆转”，但如果应对得当，解围之道中也蕴含着巨大的增长动力。大家知道，党中央、国务院对人口老龄化问题高度重视，十八大以来，做出一系列重大决策部署。党的十八大报告指出，“要积极应对人口老龄化，大力发展老龄服务事业和产业。”党的十八届三中全会提出要“积极应对人口老龄化，加快建立社会养老服务体系和发展养老服务产业。健全农村留守儿童、妇女、老年人关爱服务体系。”党的十八届五中全会提出要“积极开展应对人口老龄化行动。”国民经济和社会发展“十三五”规划纲要设立了积极应对人口老龄化专章，提出要“开展应对人口老龄化行动，加强顶层设计，构建以人口战略、生育政策、就业制度、养老服务、社保体系、健康保障、人才培养、环境支持、社会参与等为支撑的人口老龄化应对体系”。

特别是去年 10 月，习近平总书记对加强老龄工作作出重要指示，强调“有效应对人口老龄化挑战，事关国家发展全局，事关亿万百姓福祉。要立足当前、着眼长远，加强顶层设计，完善生育、就业、养老等重大政策和制度，做到及时应对、科学应对、综合应对。此事要提上重要议事日程，‘十三五’期间要抓好部署、落实”。今年 5 月 27 日，习近平总书记在主持中共中央政治局第三十二次集体学习时就加强老龄工作发表重要讲话，深刻分析了我国人口老龄化的形势，系统阐述了新形势下老龄工作的指导思想、基本方针和重大举措。总书记的重要讲话和指示精神内涵丰富，思想深刻，我在省级老龄办主任培训班上曾用“五个前所未有”，即“老龄工作理念创新前所未有、审视和定位老龄工作的高度前所未有、决策部署的广度前所未有、制度建设的深度前所未有、组织保障和落实的力度前所未有”谈了自己的学习体会。尤其是针对老龄政策制度存在的短板和缺项问题，总书记提出了“四个衔接”，即基本养老保险制度同补充养老保险的政策衔接，家庭养老同居家养老服务的衔接，社会保险同社会救助、社会福利、慈善事业的政策衔接，农村低保同扶贫工作的政策衔接，四项制度，即建立老年人状况统计调查和发布制度、相关保险和福利及救助相衔接的长期照护保障制度、老年人监护制度、养老机构分类管理制度，四大政策，即制定家庭养老支持政策、农村留守老人关爱服务政策、扶助老年人慈善支持政策、为老服务人才激励政策，这些新理念新思想新举措，既为做好老龄工作指明了方向，也为推动地方配套立法提供了遵循。大家在讨论中普遍感到，加快地方配套立法步伐，及时将中央要求固化为法律规定，是全面落实总书记重要讲话和指示精神的重要举措，是完善老龄法规政策体系，增强制度有效性、协调性、系统性的重要法宝。我们一定要深化学习，深刻领会，抓紧抓实，持之以恒，早出成效。

加强地方配套立法，是在法治轨道上推动老龄工作迈上新台阶的必然选择。老年人权益保障法明确规定，积极应对人口老龄化，是国家一项长期的战略任务。正如秦光荣副主任委员在讲话中指出的，加快老龄法律法规建设，强化法治对老龄事业发展的引领和推动作用、对保障老年人合法权益的基础作用，比以往任何时期都更加重要、更为紧迫。昨天，中国政法大学李超教授向我们介绍了境外老年人权益立法保护的有关情况，共同的经验就是及早应对，提前立法。应当说，加强地方配套立法，现在比以往任何时候都有更好的思想基础和制度基础。经过多年不懈努力，各级党委政府对积极应对人口老龄化的认识空前提高，对积极应对人口老龄化行动空前重视。新修订的老年人权益保障法及相关配套法规政策，也为积极应对人口老龄化奠定了坚实制度基础。刚才，于建伟主任以立法亲历者身份，介绍了老年人权益保障法是一部高质量的法律。这既体现在“理念新、结构新、内容新”上，更体现在实现了三个“上升”，即将党中央关于发展养老服务的方针政策上升为国家意志，将发展养老服务的成功经验上升为法律制度，将各级政府部门维护老年人合法权益的各项任务上升为法定职责，这为发展我国老龄事业、保障老年人权益提供了基础制度支撑。我们一定要学习好、领会好、运用好。

徒法不能以自行，法律的生命力在于实施。老年人权益保障法是一部好法。但好法要用好，使其在基层焕发生机活力，让老年群众有更多“获得感”，及时制定地方配套法规规章，并结合当地实际进行创制创新，显得尤为重要和必要。从这两天地方发言交流的情况看，各地对配套立法都很重视。山东早在 2012 年就启动了《条例》修订工作，2014 年省人大、省政府将其列入年度重点立法项目并于当年通过，成为首个出台地方性法规的省份。天津市委、市人大、市政府采取得力措施推进配套立法工作，2014 年出台的《条例》，成为首部促进养老服务发展的地方性法规。北京坚持党对立法工作的领导，在《居家养老服务条例》制定过程中，市人大常委会党组向市委常委会进行了全面汇报，市委常委会对具体条款和制度安排提出了指导意见。吉林省委将《条例》修订列入 2015 年全面依法治省加强重点领域立法拟出台的立法项目，省人大和省政府将其列为 2015 年确保完成的立法任务。立法过程中，省委书记巴音朝鲁、省长蒋超良、副省长隋忠诚多次听取汇报，提出明确要求。浙江省委书记、省人大主任夏宝龙多次听取汇报，两次到乡镇召开座谈会，并亲自主持省委常委会，听取《条例》起草情况及汇报。辽宁省委省政府连续多年把老龄工作纳入重点民生工程和绩效考评体系。湖南《办法》在养老服务体系建设上，增加了“养老服务标准化建设、养老服务信息平台建设、医养结合”等内容。江苏《条例》针对养老机构设施用地、社会力量参与、医养融合发展等方面作出一系列新规定。上海在《条例》中强化了党委领导、政府主导、社会参与、全民行动的老龄工作大格局，创设了老年综合津贴、长期护理保险、老年照料护理需求评估等新的重要制度。山西在修法过程中坚持五项原则，内容涵盖了七个方面。安徽在《办法》里明确将老龄事业经费列入财政预算，将老年人权益保障工作纳入经济社会发展和精神文明建设目标考核内容。江西《办法》将“体育彩票公益金每年应当安排一定比例用于老年人体育事业”、“建立慢性病患者长处方等机制”、“各级人民政府应当培育和扶持老年协会发展。村（居）民委员会应当加强对村（社区）老年协会的支持”等内容写入法规。贵州把大数据运用和扶贫开发助推老龄事业发展、老年人医疗保险待遇和异地结算、农村留守老人关爱服务体系建设等内容纳入《条例》。陕西在《办法》中新增条款主要集中在社会服务、社会优待和宜居环境三大领域，彰显了民生情怀。甘肃《条例》拓展了社会优待内容，作出了任何单位和个人发现侵害老年人合法权益都有权举报的规定。到目前为止，江苏、山东、陕西、湖南、吉林、甘肃、安徽、上海、江西、山西、辽宁、贵州等 12 个省份陆续完成了老年人权益保障地方性法规的修订工作，上海、天津、青岛、浙江、北京、江苏、宁夏、河北等地制定了养老服务促进条例、居家养老服务条例等专项地方性法规，广东、河北等省份还以政府令的形式专门颁布了老年人优待办法或规定。这些地方配套立法，把文本制度变成了现实制度，顺应了当地老年人权益保障和老龄事业发展的客观需要，推进了老年人权益保障法在地方的有效实施，确保了老龄工作在法治轨道上健康有序运行。

加强地方配套立法，是促进老年群众共享发展成果、实现全面小康的必然要求。近些年，我国老龄事业发展取得长足进步，但仍存在一些突出的困难和问题，主要包括如何加快农村老龄事业发展，如何加强老年人的精神关爱，如何发展居家养老服务，如何调动社会力量参与养老服务，如何推进医养结合，如何构建中国特色长期护理保险制度等，这些问题已成为发展老龄事业、维护老年人合法权益的热点难点，成为亿万老年人共享发展成果、全面实现小康的突出短板。补齐这些短板和缺项，离不开党和政府的坚定决心和战略思维，离不开社会各界广泛共识和倾力支持，同时也离不开从法律上、制度上加以推动和落实。因为制度建设带有根本性、全局性、稳定性和长期性，加强制度建设是从根本上解决老年民生难题，促进老年群众共享发展成果，确保全体老年人同步迈入全面小康社会的重要保障。总体看，在老年人权益保障法刚刚完成大修的背景下，未来老龄法规制度建设的重心，应是加快推动地方配套立法。正如于建伟主任刚才指出的，这是由我国国情和法律体系特点决定的，也是贯彻落实立法法和适应新形势新情况新问题的需要。这就要求各地，要切实增强配套立法重要性紧迫性的认识，主动将配套立法工作置于全面推进依法治国的大局中去审视、去定位、去谋划。当前和今后一个时期，一项重点工作是，尚未制定实施性配套法规或政府规章的地方，要不推不等不靠，积极主动作为，协调配合立法机关，加快推进配套立法进程，努力保证立法质量。正像讨论中有的同志讲的那样，立法不仅要有稳定的骨架，更要有血有肉，富有灵魂。纵观15个省市的老年人权益保障法规，有两个问题需要大家予以关注，一是政府的定位要精准，在推进老龄事业发展中，我们必须作“有为政府”，更好发挥政府作用。同时应该是“有限政府”，正确处理政府与市场、与社会、与家庭的关系。二是在养老服务体系建设中，准确把握“以居家养老为基础”的内涵，这一点秦光荣副主任委员已讲的非常清楚。明年是出台老法地方法规关键年和机遇期，我们要力争到2020年，在省级层面基本消除老年法配套立法空白。

现在已进入岁尾年末，正值省人大、省政府立法规划和计划酝酿论证阶段。大家回去以后，要认真准备，向党委政府做好汇报，汇报清楚配套立法的意义和要求，汇报清楚老龄工作的现状与问题。特别要把配套立法的难点问题讲清楚，把拟设计的主要制度讲明白，哪些需要党委政府出面解决，哪些需要有关部门支持配合，整合各方资源，形成工作合力。要创造性工作，抓紧提出配套法规规章立法建议，争取列入省人大常委会、省政府立法规划和计划，主动做好调研、论证和参与起草工作。

同志们，老年人权益保障法地方配套立法工作责任重大、使命光荣。让我们更加紧密地团结在以习近平同志为核心的党中央周围，以更加饱满的热情和不懈的努力，确保“十三五”期间省级层面完成老年法配套法规规章的制定任务，为加快发展老龄事业，依法维护老年人合法权益作出新的更大贡献！

这次会议，得到了湖南省人大，省民政厅和老龄办的大力支持和帮助，在此，我代表会议主办单位向大家表示衷心感谢！元旦、春节即将来临，提前祝大家新年快乐！

在老年人权益保障法地方配套法规立法工作座谈会上的讲话

全国人大内司委副主任委员　秦光荣

（2016年12月8日）

同志们：

在全国上下深入学习贯彻党的十八届六中全会精神之时，全国人大内司委与民政部、全国老龄办联合召开这次老年法地方配套法规立法工作座谈会，主要任务是深入贯彻党的十八大和十八届三中、四中、五中、六中全会精神，贯彻落实习近平总书记关于老龄工作重要讲话和指示精神，总结交流先行地区老年法地方配套法规立法工作经验，安排部署下一步立法工作任务。下面，我讲几点意见。

一、充分肯定老年法修订实施以来配套法规立法工作的成绩

老年法在我国老龄法律法规体系中处于主体地位，是维护老年人合法权益的“小宪法”，也是推动老龄工作、促进老龄事业发展的“根本大法”。1996年10月1日，由全国人大内司委牵头组织起草的老年法正式颁布施行，标志着我国老龄工作步入法治化轨道。20年来，全国各地、各有关部门以老年法为推进老龄工作的基本法律遵循，奋发有为、积极进取，极大促进了老龄事业发展，有效增进了广大老年人福祉。同时，各地、各有关部门积极适应经济社会发展的需要，不断推进老年法的修订完善，持续加强相关配套法规立法工作，着力健全老龄法律法规体系，取得了显著成效。突出表现在三个方面：

一是老年人权益保障法顺利修订实施。面对人口老龄化快速发展的新形势，老年人权益保障工作的新情况和我国老龄事业改革发展的新要求，2007年，民政部、全国老龄办启动老年法修订前期准备工作，2010年形成修订草案

（送审稿）报送国务院，为此后的修订工作打下坚实基础。2011年，经全国人大常委会领导同意，由全国人大内司委牵头组织修订草案的起草工作。2012年12月28日，全国人大常委会第30次会议审议通过了老年法修订案，自2013年7月1日起施行。新修订的老年法立足我国社会主义初级阶段的基本国情以及人口老龄化快速发展的趋势，充分汲取了这些年来老龄工作的成熟经验和可固化的政策举措，顺应广大老年人过上幸福美好生活的新期待，新增法律条文3章35条，进一步明确了家庭、政府和社会在老年人权益保障中的责任，充实完善了家庭赡养与扶养、社会保障、社会服务、社会优待、宜居环境、参与社会发展等相关规定，为积极应对人口老龄化、切实保障老年人权益作出了更具基础性、前瞻性的制度安排，为我国老龄事业发展提供了重要法制保障。

全国人大高度重视老年法的修订完善和贯彻实施，2011年和2015年，全国人大常委会先后两次开展老年法执法检查，今年8月份听取和审议了国务院关于研究处理老年法执法检查报告及审议意见情况的反馈报告。全国人大内务司法委员会在走访中央有关单位并赴地方调研基础上，围绕居家养老服务、社会力量参与养老服务、医疗卫生与养老服务相结合、长期护理保险、养老服务人才培养等老年法贯彻落实过程中的重点、难点问题，撰写了5个专题研究报告，为推动相关老龄法规政策落实和完善起到了积极作用。

二是国务院及相关部门的配套法规立法工作卓有成效。3年多来，国务院及其职能部门坚持立“新法”与改“旧法”并重，推动了一大批涉老法规、规章、规范性文件出台，在老龄法规政策体系建设上迈出重要步伐。在相关的行政法规方面，国务院制定了《全国社保基金条例》《社会救助暂行办法》；在相关的部门规章方面，民政部、商务部等部委从自身职能出发，颁布了养老机构设立和管理、军队离休退休干部服务管理、家庭服务业发展等办法。在规范性文件方面，国务院制定了加快发展养老服务业、健康服务业、保险服务业，建立统一的城乡居民基本养老保险，实施机关事业单位工作人员养老保险制度改革等涉老规范性文件10多件；国务院及相关部委印发的社会保障、健康、护理、民政等专项规划都把积极应对人口老龄化、保障老年人民生作为重要内容。各部委制定了涵盖老年人社会保障、社会服务、社会优待、社会救助、宜居环境和参与社会发展等规范性文件达200多件。这些涉老法规、规章、规范性文件，相配套、互联动，进一步深化、细化了老年法的原则性规定，增强了可操作性，夯实了老龄事业发展的法规政策基础。

三是地方配套法规立法持续跟进。老年法修订施行以后，各省（区、市）积极行动，江苏、山东、陕西、湖南、吉林、甘肃、安徽、上海、江西、山西、辽宁、贵州等12个省份，依据上位法的要求，结合各地实际，陆续完成了老年人权益保障地方性法规的修订工作。上海、天津、青岛、浙江、北京、江苏、宁夏、河北等地制定了养老服务促进条例、居家养老服务条例等专项地方性法规。全国31个省份都出台了优待老年人政策措施，广东、河北等省份还以政府令的形式专门颁布了老年人优待办法或规定。这些地方性法规、规章，顺应当地老年人权益保障和老龄事业发展的客观需要，推进了老年法在地方的实施，丰富和完善了我国老龄法规政策体系。

在充分肯定成绩的同时，还要清醒地认识到，我国老龄法律法规建设仍存在一些薄弱环节：除老年法这部综合性法律以外，我国发展老龄事业、保障老年人合法权益方面的专项法律或行政法规立法滞后；全国仍有近2/3的省份未完成老年人权益保障地方性法规的修订工作；老龄工作的一些关键领域、重要环节的立法没有突破，一些老年人民生保障难题亟待破解。客观地说，产生这些问题的原因是多方面的，既有老龄法律法规建设基础薄弱、历史欠账多的因素，也有立法修法周期长、环节多、涉及面广、协调工作量大的原因，还受到人大、政府立法规划和计划项目数量有限的制约。此外，这也与我们对老年人权益保障问题研究不够、立法方式方法创新不够、主观能动性发挥不够有关。对此，我们要高度重视，在今后的工作中，积极采取有力有效的措施推动解决。

二、切实增强做好老年法地方配套法规立法工作的责任感紧迫感

“十三五”时期是我国全面建成小康社会的决胜阶段，是老龄事业改革发展的重要战略机遇期，也是老龄法律法规体系全面成熟定型的关键期。加快老龄法律法规建设，强化法治对老龄事业发展的引领和推动作用、对保障老年人合法权益的基础作用，比以往任何时期都更加重要、更为紧迫，各地人大、民政和老龄工作部门必须强化对老年法地方配套法规立法工作的重要性、紧迫性的认识，进一步增强做好配套法规立法工作的责任感和使命感。

首先，要充分认识老年法地方配套法规立法，是全面推进依法治国的必然要求。党的十八届四中全会提出了建设中国特色社会主义法治体系，建设社会主义法治国家这一全面推进依法治国的总目标，要形成完备的法律规范体系、高效的法治实施体系、严密的法治监督体系、有力的法治保障体系，形成完善的党内法规体系，坚持依法治国、依法执政、依法行政共同推进，坚持法治国家、法治政府、法治社会一体建设。这客观要求稳步推进我国各项事业发展的法治化化进程。老龄事业作为党和国家整体事业的重要组成部分，必然要纳入制度化、法治化轨道，实现规范化、法治化管理。根据全面推进依法治国的战略部署，我们必须以法治思维引导老龄事业发展，主动将老龄工作放在全面推进依法治国的大局中去审视、去定位、去谋划，继续加强和改进老龄立法工作，积极构建完善的老龄法律法规体系，切实增强老龄法律法规的及时性、系统性、针对性、有效性。作为老龄法律法规体系的重要组成部分，地方配套法规立法在完善中国特色老龄事业法律法规体系，全面推进依法治国，建设法治中国的历史进程中必然负有重要责任。

第二，要充分认识老年法地方配套法规立法，是推动老龄事业全面协调可持续发展的必然要求。老年法不仅是一部保障老年人合法权益的法律，也是一部老龄事业发展促进法。老年法诞生之初，我国大多数省份人口老龄化问题还不突出，老龄事业发展仍处于起步阶段。经过20年的发展，全国60岁以上老年人口数由1.22亿增长到2.22亿，占总人口比重由9.8%上升为16.1%。同时，我国人口老龄化的快速发展，与工业化、城镇化相伴随，与家庭小型化、少子化相叠加，与经济发展新常态和社会转型相交织，老龄事业发展中新情况、新矛盾、新问题层出不穷，新经验、新举措不断涌现，老龄社会治理的复杂性、艰巨性越来越大，人民群众对法治的要求越来越高。事业在发展，形势在变化，法律体系建设也要顺势、应时、识变，不可能一成不变、一劳永逸。在实践基础上不断完善我国老龄法律法规体系，为老龄事业发展提供根本性、全局性、长远性制度保障，既是我们要长期坚持的基本经验，也是时代向我们提出的新课题新要求。妥善解决老龄事业发展中一系列突出矛盾和问题，必须密织法律之网、强化法治之力，充分发挥配套法规立法对各地老龄事业发展的引领、推动和保障作用，形成全国一盘棋，从整体上推动我国老龄事业全面协调可持续发展。

第三，要充分认识老年法地方配套法规立法，是确保老年人一道进入全面小康社会的必然要求。到2020年全面建成小康社会是我们党确定的第一个百年奋斗目标。全面小康，核心在全面。它是不分人群、不分地域的全面小康，是不让一个地区、一个个体掉队的全面小康。当前，我国现行扶贫标准下老年贫困人口还有900多万，80岁以上老年人近2600万，60岁以上失能半失能老年人约4000万，低保五保老年人约2800万，空巢和独居老年人近1亿人。这些特殊老年群体在基本生活、医疗、护理、住房等方面还存在不少困难，既是同步进入小康社会的短板所在，也是难点所在。我们要高度关注，格外努力，尽量从制度上、物质上和服务上予以妥善安排，特别是要着重发挥法律法规的制度保障作用，努力以健全的法律制度，以及高效、严密的法治实施与监督，根本性解决老年民生难题，切实保障好、服务好、兜底好老年人基本民生，促进老年群众共享改革发展成果，确保全体老年人一道步入全面小康社会。

第四，要充分认识老年法地方配套法规立法，是地方人大、政府及其有关部门履行法定职责的必然要求。地方立法是宪法和地方组织法赋予各省、自治区、直辖市人大及其常委会的一项重要职责。党的十八大把支持人大加强立法工作摆在了突出位置。这既为人大加强立法工作提供了有力支撑，也对人大解决立法工作中的矛盾提出了新要求。在老年法配套法规立法上，地方人大要切实发挥好主导作用，积极协调解决影响立法顺利推进的难题，促进本地区老龄事业改革发展在法治的轨道上走得更扎实更稳固。对政府及其有关部门而言，法无授权不可为，法定职责必须为，老年法地方配套法规是地方政府及民政、老龄等有关部门依法行政的重要依据，民政、老龄部门同时也是配套法规立法的重要起草者、参与者、执行者，对修订后的老年法中一些新提法、新要求，各地民政、老龄等相关部门应当根据自身职责，在推动本地配套法规立法起草的过程中予以体现，从而更好地按照建设法治政府的要求，依法行政、依法办事。

三、着力提高老年法地方配套法规立法的质量和效率

欲行法治，必先有良法。提高立法质量是加强和改进立法工作的重中之重。习近平总书记指出，现在全社会对立法质量普遍关注，要求越来越高。人民群众对立法的期盼，已经不是有没有法律法规，而是法律法规好不好、管不管用、能不能解决实际问题；越是强调法治，越要提高立法质量。我们在老年法配套法规立法中必须牢固树立依法立法、为民立法、科学立法理念，尊重老龄事业改革发展客观规律和法治建设内在规律，使制定出来的法规符合客观实际，体现党和人民的意志，反映老年群众利益诉求，真正制定出高质量的法、管用的法。在具体工作中，要正确处理好四个方面的关系。

一要处理好立法的针对性与时效性的关系。增强立法针对性，就是要坚持问题导向，着眼于“针对问题立法，立法解决问题”，把有限的立法资源真正用到解决问题、推动发展上。各地立法起草部门要认真梳理老龄事业改革发展、老年人权益保障中的主要矛盾和突出问题，针对问题开展调研论证、围绕问题进行法规案审议、聚焦问题作出立法决策、根据问题取舍文本内容和法规条款。增强立法时效性，就是在对法律法规精雕细刻的基础上，要反应灵敏，下先手棋，在上位法修订实施后，及时启动地方配套法规立法程序，针对本地老龄事业发展、老年人权益保障中的新情况、新问题，及时出台相关法律法规予以规范和引导。有配套细则，才能操作。老年法是我国目前唯一一部保障老年人权益的专门法律，只有及时制定和完善地方配套法规，才能使老年法规定的新制度、新举措落地生根、付诸实施，惠及民众，也才能保证各地老龄工作有法

可依，实现良法善治。

二要处理好立法的前瞻性与稳定性的关系。我国当前正处于全面深化改革的伟大实践中，改革发展对立法的要求，已经不是仅仅总结实践经验、巩固改革成果，而是需要通过立法做好顶层设计、引领改革进程、推动科学发展。老龄事业改革发展，更要体现立足当前与着眼长远相结合，把着力解决老年群体当前面临的突出问题，与应对人口老龄化的长远挑战紧密联系。这就要求，老年法地方配套法规立法工作要在做好“先实践后立法”的基础上，要更加积极探索“边实践边立法”、“先立法后实践”的同步立法、超前立法，既要重视经验式、确认式、规范式立法，着力解决当前问题；又要重视能动性、前瞻性、引领性立法，考虑到未来发展趋势，能预见和解决新的问题。当然，法律不可能朝令夕改，保持法律的相对稳定性是法律制定的基本原则之一，是保持法律权威性的要求。在立法的过程中，对立法条件尚不成熟而实际工作又亟需规范的，要根据需要和可能，争取以党委政府名义或有关部门联合制定具有引领意义、刚性措施的规范性文件，为立法奠定实践基础、积累经验，待条件成熟后，再固化为法律规定。同时，要对配套的规范性文件严格进行备案审查，保证法规的精神和内容得到全面、正确地体现。

三要处理好坚持全国法制统一和突出地方特色的关系。地方立法是国家立法的重要补充，从属于国家立法、执行着国家立法。各地必须树立法制统一的观念和意识，无论是起草还是审议地方性法规，都要把是否与国家立法相一致作为首要前提来考虑。要保证不违背上位法的基本原则和具体规定，特别要防止以“地方实际需要”或“便于管理”为名，违反上位法的基本精神。另一方面，地方特色是地方立法的灵魂。作为国家法律、行政法规的延伸、细化和补充，地方立法要在保障、规范、引导本地区特有的、特需的事项上下功夫，勇于和善于创新，更好体现地区特点或民族特色，力求真正解决本地突出而上位法没有解决的问题。具体工作中，要善于消化吸收老年法的内容和立法精神，不搞照搬照抄；要积极学习借鉴兄弟省份的经验做法，因地制宜，不做简单移植，要切实摸透本地老龄事业发展、老年人权益保障工作的客观情况、主要矛盾、实际需要，着力把法律和党的方针政策同本地区实际相结合这篇文章做足、做活、做到位。

四要处理好地方立法中政府部门的基础性作用和人大主导作用的关系。在地方立法过程中，政府有关部门在法规案的起草、论证、审议中发挥着十分重要的作用。地方人大及其常委会审议的地方性法规草案，绝大多数都由政府相关部门起草。这是因为作为主管机关，政府相关部门对该立法领域的情况比较熟悉，由其参与起草并论证，对提高立法质量，保障法规通过后的顺利实施具有积极作用。但地方人大及其常委会是立法机关，在地方立法中发挥主导作用责无旁贷。处理好两者之间的关系，需要在发挥地方民政、老龄等部门基础性作用的同时，各地人大及其常委会要切实把握立项上的主导权，及时将老年法地方配套法规立法工作纳入立法规划和年度计划；要把握法规案起草主导权，积极介入、督促和指导老年人权益保障地方配套法规的起草修订工作；要把握立法决策权，勇于并善于在矛盾的焦点上“划杠杠”，对主要条款不搞“无害化”处理，不“和稀泥”，敢于拍板，确保法规及时出台；要超越部门利益的干扰，以增进老年人幸福感和获得感为基本准绳，牢记国家和人民利益再小也是大，部门、行业等局部利益再大也是小。

四、全力推进老年法地方配套法规立法工作顺利实施

地方立法工作是一项复杂的系统工程，涉及面广，计划性、综合性、专业性都很强，需要我们思想上高度重视，措施上务实创新，行动上协调配合，努力把立法工作做细、做实、做到位，在保证质量的前提下，按时完成老年法地方配套法规立法任务。

一要坚持党对立法工作的领导。坚持党的领导，是社会主义法治的根本要求。一方面，地方立法要紧紧围绕中央和地方党委的决策部署，进行统筹谋划、推动和开展，充分体现党积极应对人口老龄化、加快发展老龄事业、全面改善老年群体民生的主张和意图，牢牢把握地方立法正确的政治方向。另一方面，要主动将立法工作重大问题及时向地方党委报告，发挥地方党委对全局工作的统筹协调作用，及时解决立法中重点难点问题，确保在关键节点上不掉链子，避免立法项目实施中的搁置现象，为顺利推进地方立法打开局面。

二要加强立法调查研究。深入细致地调查研究是实现科学立法的前提和基础。地方人大及相关立法起草部门要将调查研究贯穿立法工作全过程。结合立法中的焦点、难点问题，深入基层，深入群众，多层次、多渠道，了解真情、实情，使立法客观地反映现实需要，符合客观规律，顺应老年人期待，切忌闭门造车，以“小法”抄“大法”、“后法”抄“前法”、“我法”抄“他法”。要丰富调查研究的方式，从实际需要出发，通过采取召开座谈会、实地考察、问卷调查等多种形式，使调查研究点面结合，具有广泛性，切实提高立法调研的实效。要加强立法评估工作。坚持法规出台前评估和立法后评估制度，对当前老年人权益保障地方性法规的文本和实施效果进行全面“体检”，使法规本身存在的不足与执行过程中面临的问题充分暴露，以便更精准地对当前法规进行纠偏矫正，及时弥补立法上的漏洞，更好地与上位法无缝对接，避免出现立法决策失误和瑕疵。

三要健全民主开放包容的立法工作机制。坚持民主立法，是做好立法工作的根本路径。要着力完善立法机关主导，有关部门参加，人大代表、专家学者、为老服务企事业单位和老年群众共同参与的立法工作机制，畅通各方面利益诉求表达渠道，调动一切积极因素，广泛凝聚社会共识。要注重健全法规草案征求意见、人民群众意见采纳情况反馈、立法问题专家咨询和论证等机制，通过书面征求意见、召开座谈会、论证会、协商会等多种形式，广泛听取人大代表、专家学者、实际工作者、老年群众代表等社会各界的意见建议，使老年法配套法规立法汇民意、集民智、接地气，更好地回应广大老年群众的期待和要求，更好地发挥引领和推动地方老龄事业改革发展的作用。

四要强化立法组织协调。地方人大要勇于担当作为，在法规立项、文本起草、立法论证、法规审议等环节发挥主导作用，加强组织协调，特别是针对立法中遇到的焦点难点问题和矛盾分歧，主动做好各方面沟通协调。对于像老年法地方配套法规这样综合性较强、关系广大老年群众切身利益，实践中迫切需要、条件又比较成熟的法规案，可以考虑由人大常委会的相关工作机构牵头起草，或者会同政府法制部门共同起草，按计划提请审议。人大和民政、老龄等有关部门要加强协调配合，充分发挥各自的职能作用，使法规起草论证、统一审议和常委会审议等环节环环相扣、有序衔接、协调运作。要通过立法推进会、工作协调会等形式及时沟通解决立法中的有关问题，充分调动各方面积极因素，形成立法工作合力。

五要加强督促检查。全国人大常委会将一如既往地关注老年法贯彻实施工作，会适时对各地老年法执行情况进行执法检查、执法调研，地方配套法规立法情况将作为检查的重要内容。希望民政部、全国老龄办要对老年法各地配套法规立法情况进行多种方式的督察，督察结果以一定方式及时通报给各地党委、政府。

同志们，推进老年法地方配套法规立法工作，切实维护好、实现好老年人的根本权益，为老龄事业改革发展提供法律支撑和制度保障，促进老龄事业全面协调可持续发展，责任重大，使命光荣，让我们在以习近平同志为核心的党中央坚强领导下，积极行动，扎实工作，为完善中国特色社会主义法律体系贡献力量！

认真做好离退休干部工作
为党和人民的事业增添正能量

——在中央国家机关离退休干部支部工作法推广会上的讲话

中央国家机关工委副书记　李智勇

（2016年4月7日）

各位老领导、老同志，同志们：

这次会议，主要是学习贯彻中办、国办《关于进一步加强和改进离退休干部工作的意见》，总结推广离退休干部支部工作法，表彰“支部书记谈党建”征文获奖单位，对进一步做好新形势下离退休干部工作作出部署。中央组织部、全国老龄办对这次会议很重视，李炎溪同志、吴玉韶同志到会指导，我代表中央国家机关工委，表示衷心的感谢！刚才，8个部门的同志作了交流发言，讲得都很好，既有紧贴工作的理性思考，又有着眼实践的方法总结，都很宝贵。特别是8位老书记、老支委的发言，饱含着对党和人民的深情厚爱，对中央国家机关事业推进的殷切期望，对机关党建事业发展的关心支持，听了很受教育、很受启发。

中央国家机关广大离退休干部是中央国家机关各项事业的奠基者、开拓者和亲历者，都曾付出艰辛努力、作出重要贡献。特别是始终关注党和国家事业发展，坚持“离岗不离党、退休不褪色”，坚决拥护党中央、国务院的决策部署，积极奉献余热，取得了可喜成绩，2014年就有26个集体和94名个人受到全国老干部“双先”表彰，为围绕中心、服务大局、教育群众、凝聚人心、促进和谐发挥了重要作用。在此，我代表中央国家机关工委，向广大离退休干部致以崇高敬意！向辛勤工作在离退休干部工作一线的同志们表示诚挚问候！

党中央非常关心爱护离退休老同志，始终要求思想上关心、生活上照顾、精神上关怀老同志。党的十八大以来，习近平总书记多次对老干部工作作出重要指示，强调“老干部工作是非常重要的工作，在我们党的工作中具有特殊重要的地位，承载着党中央关心爱护广大老同志的重要任务”，“要从传承党的优良作风、弘扬中华民族传统美德的高度，认真做好新形势下老干部工作”，为我们加强和改进中央国家机关离退休干部工作指明了方向。今年1月份，中办、国办印发了《关于进一步加强和改进离退休干部工作的意见》，对做好新形势下离退休干部工作作了全面部署。昨天，中央又召开了专门会议，动员部署“两学一做”学习教育工作。下面，我就贯彻《意见》和会议精神，进一步做好中央国家机关离退休干部工作，讲四点意见。

第一，坚持正确政治方向，进一步教育引导广大离退休干部坚守“四个始终”。要落实全面从严治党要求，深入细致做好思想政治工作，教育引导离退休干部始终保持公仆本色，始终牢记党员身份，始终坚定理想信念，始终保持对党忠诚的政治品格，自觉在思想上政治上行动上同以习近平同志为总书记的党中央保持高度一致，这是我们做好离退休干部工作的首要原则和第一责任。一是抓好理论学习。把认真落实学习制度作为落实离退休干部政治待遇的重要环节，深入学习党章党规和习近平总书记系列重要讲话精神，进一步增强政治意识、大局意识、核心意识、看齐意识。二是严明纪律规矩。2013年至2015年，中央国家机关有16名离退休干部因违法违纪受到处理。我们要认真总结沉痛教训，进一步教育引导老同志严格用党章党规党纪规范言行，特别是严守党的政治纪律和政治规矩，在大是大非面前旗帜鲜明、立场坚定，守住共产党员为人、做事的基准和底线，保持好晚节，永远做合格的共产党员。三是做好形势通报。老同志心中时常牵挂着我们党和国家的事业，要定期向他们通报重要情况，帮助他们了解有关政策，更好地解疑释惑，凝聚共识，最大范围形成合力。

第二，发挥独特优势，进一步组织引导广大离退休干部服务党和国家工作大局。“新竹高于旧竹枝，全凭老干为扶持”。中央国家机关离退休干部中有一大批有智慧、有经验、有能力、有意愿发挥作用的“银发人才”，要充分发挥他们的政治优势、经验优势和威望优势。一是激发正能量。为党做事，是老同志最大的快乐；为党的事业增光添彩，是老同志最大的满足。要持续开展好“展示阳光心态、体验美好生活、畅谈发展变化”为主要内容的为党和人民的事业增添正能量活动，唱响主旋律，凝聚和释放正能量，影响和带动群众坚定不移跟党走。要发挥好“传承”的作用，引导老同志弘扬好作风、好传统、好家风等，传递向上向善的精神力量，促进社会和谐，推动社会进步。要宣传老同志的先进事迹，在中央国家机关带头形成尊重老同志、爱护老同志、学习老同志的良好氛围。二是发挥好优势。中央国家机关离退休干部普遍具有较高的知识水平和专业特长，大学本科及以上学历的达50.6%，很多是原所从事领域的专家。要按照自觉自愿、量力而行的原则，适宜适度、从实际出发组织好老同志继续发挥余热、作出贡献。今年，工委老龄办将开展调查登记，掌握老专家、老教授、老权威等宝贵资源的“家底”，建立中央国家机关离退休干部人才库。三是多听取意见。我们的事业发展，尤其离不开老领导、老同志一如既往的关心指导和支持帮助。从抽样调查看，影响离退休干部发挥作用选项中，建言献策的老同志仅占20.5%，有43.1%的选择为“没人牵头组织”，这方面还要重点加强。要围绕党和国家的中心工作以及本部门重点任务，通过多种途径和方式，经常听取老同志的看法和建议，为我们改进工作提供参考。

第三，加强服务保障，进一步让广大离退休干部安心舒心暖心。当前，中央国家机关离退休干部的年龄结构、身体状况发生了较大变化，物质生活、精神文化的需求也日益多元化。从了解到的情况看，老同志普遍希望，能够从过去重物质待遇养老向政策养老、礼遇养老、文化养老、事业养老“四位一体”延伸，从落实老干部“两项待遇”，拓宽到政治励老、文化惠老、精神慰老，这需要我们更多加强个性化、亲情化、多样化的服务保障，更好地满足老同志多层次多方面的需求，实现老有所养、老有所医、老有所教、老有所学、老有所为、老有所乐。一是强化服务功能。要认真执行中央出台的一系列惠及老同志的政策措施，依法保障老同志各项权益，落实好各项待遇。要把领导和管理寓于服务之中，完善和创新更多利老、便老、惠老的举措，不断改进服务作风、提高服务能力、完善服务保障，切实把工作做到老同志心坎上。二是注重人文关怀。要把握一个“情”字，真心真意、满腔热情、饱含深情地关心关怀老同志，更加注重倾听老同志的心声，尽最大努力把老同志最关心、最直接、最现实的利益问题反映好、解决好、落实好。特别要针对老同志对精神文化生活需求高的实际，组织开展好积极健康的文体活动，进一步改进老干部活动中心、老年大学等场所的条件，加大精神文化需求的供给。要健全和落实走访慰问制度，在重要纪念日、重大庆典和老年节、元旦春节期间集中走访慰问，在生病住院、家庭出现重大变故时及时关心看望，落实“五必访”等行之有效的好做法，切实体现组织的关怀和温暖。三是积极排忧解难。要像对待自己亲人一样对待老同志，带着孝心爱心耐心，多为他们办实事、做好事、解难事。据不完全统计，中央国家机关离退休干部空巢率高达65%，在空巢老人中丧偶独居的占40%以上。对于空巢、失独、失能和重病等有特殊困难的老同志，要更多地倾注关爱，努力让他们安度晚年、颐养天年、益寿延年。老干部的今天就是在职干部的明天。要鼓励机关党员干部，特别是团员青年及社会力量以老同志为对象开展志愿服务，形成敬老、爱老、为老、助老的生动局面。

第四，加强工作领导，进一步夯实离退休干部工作基础。要把离退休干部工作摆到重要位置，加强领导，健全制度，完善职责，强化保障，确保中央关于离退休干部工作的各项要求落到实处。一是加强制度保障。这次支部工作法的总结宣传推广，就是一次很好的经验总结，很多好做法可以用制度固定下来。另外，还要以制度推动难点问题的解决。比如，很多老同志反映，不能就近就便参加文体活动的问题，这可以在“共建共享”上做文章，加强横向沟通协作，对中央国家机关现有的359个老干部活动站（室）进行资源整合，就所涉及的组织领导、经费支出等问题，都以制度的确立来推进实现的可能。二是加强组织建设。针对老同志居住分散、高龄多病、行动不便和流动频繁等特点，按照利于服务管理、利于发挥作用、利于参加活动的原则设置党组织，形成“哪里离退休干部党员多，哪里就有党组织”的工作格局，充分发挥组织老同志、凝聚老同志、服务老同志的战斗堡垒作用。今年，工委将研究制定《中央国家机关离退休干部基层党组织建设指导意见》，进一步规范离退休干部基层党组织建设。三是加强队伍建设。建设一支高素质离退休干部工作队伍，组织上要多关心这支队伍，从多方面为他们的健康成长创造良好条件；做老干部工作的同志要努力，苦练内功、尽心尽责，做到“让党放心、让老同志满意”。

同志们，做好新形势下离退休干部工作，意义重大，使命光荣。我们要主动适应协调推进“四个全面”战略布局和人口老龄化的新形势新要求，带着深厚的责任和感情，认真履职，开拓进取，积极稳妥推进离退休干部工作转型发展，为中央国家机关离退休干部工作做出新的更大的成绩！

“莫道桑榆晚，为霞尚满天。”祝老同志们身体安康、阖家幸福！谢谢大家！

在全国老龄委第十八次全体会议上的发言

国家新闻出版广电总局副局长　吴尚之

“十二五”期间，我委围绕《中国老龄事业发展“十二五”规划》中涉及卫生计生工作内容，研究制定政策措施，积极推进老年健康相关工作，较好地完成了《规划》任务。简要报告如下：

一、“十二五”时期老龄工作情况

（一）实施全面两孩政策，逐步调整人口结构。结合我国国情，在平稳实施单独两孩政策基础上，科学研究，充分论证，为中央决策部署提供测算依据，推动启动实施全面两孩政策，从一定程度上减缓人口老龄化的压力。

（二）加强顶层设计，统筹推进卫生计生老龄工作。一是成立卫生计生老龄工作领导小组，强化老龄工作力量，统筹推进老龄相关工作。二是合理布局老年医疗服务机构，在《全国医疗卫生服务体系规划纲要（2015—2020年）》《中国慢性病防治工作规划（2012—2015年）》《中国癌症防治三年行动计划（2015—2017年）》等规划中关注老年健康需求，做好统筹规划。三是规范老年医疗服务机构建设，印发护理院、养老机构医务室、护理站基本标准等。

（三）积极协调推动，部门联合推进医养融合发展。组织开展广泛深入调研、专题论证，联合民政等部门多次研究修改完善，推动国务院办公厅转发推进医养结合的指导意见，明确医养结合的工作目标、基本原则、重点任务和保障措施。与民政部门联合召开全国医养结合工作会议，明确分工，组织专题培训，启动国家级试点项目，指导各地做好贯彻落实。

（四）强化健康管理，提高老年人医疗卫生服务水平。一是广泛开展健康传播活动，做好老年人的健康素养促进。二是实施国家基本公共卫生服务项目，为老年人建立健康档案，每年进行一次免费体检并提供健康指导。健康管理率达到86%，完成“十二五”预期目标。三是积极发展康复医院、老年病医院、护理院（站）等医疗机构，二级以上综合医院加强老年病科建设，有效提高老年人医疗卫生服务的可及性。四是开展老年人心血管病高危筛查干预、慢性病综合干预及抑郁症、老年痴呆症等的防控工作。

（五）加强医疗保障，做好计划生育家庭老年人扶助保障工作。一是巩固和发展新型农村合作医疗制度，截至2015年底，全国新农合参合人数6.7亿，参合率达95%以上。政策范围内住院费用支付比例达75%左右。二是完善农村计划生育家庭奖励扶助制度。建立奖励扶助金标准动态调整机制，从2012年起由原来的每人每月60元提高到每人每月80元。三是落实城镇独生子女父母年老奖励政策。各地以不同形式在独生子女父母年老时给予奖励，如贵州等10省增发5%的退休工资，河北等10省在退休时给予1000—5000元的一次性奖励等。

二、2016年工作安排

一是积极推进医养结合，联合民政等部委共同指导、做好国家级医养结合试点项目，建立健全相关政策体系、标准规范和管理制度，加强督查指导。二是科学编制健康老龄化“十三五”规划，进一步加强老年医疗服务体系建设。三是继续做好老年人的健康管理和慢病防治工作。四是做好全面两孩政策实施后计划生育家庭相关奖励和扶助政策的衔接，稳步推进计划生育家庭养老照护试点工作。

三、“十三五”时期的工作思路

增强机遇意识，组织实施好全面两孩政策，逐步完善计划生育家庭老年人扶助制度。启动实施健康老龄化促进工程，开展老年健康教育，加强老年健康管理和疾病预防，建立健全老年医疗服务体系、康复护理体系。大力推进医养结合，努力构建预防保健、医疗救治、康复护理并重的老年健康服务体系，形成覆盖城乡、规模适宜、功能合理的医养结合服务网络。

在全国老龄工作委员会第十八次全体会议上的发言

全国妇联党组书记 孟晓驷

（2016年2月23日）

根据会议安排，下面我就全国妇联“十二五”期间推动老龄事业发展有关工作情况和下一步工作打算，做简要汇报。

一、“十二五”期间推动老龄事业发展有关工作情况

“十二五”期间全国妇联紧紧围绕党和国家工作大局，以代表和维护广大老龄妇女群众的根本利益为出发点，结合妇联工作实际，切实履行全国老龄工作委员会成员单位职责，在推动《规划》相关工作任务的贯彻落实，协助党和政府做好老龄工作方面发挥了积极作用。

（一）源头参与，积极推动与老龄妇女相关的法律法规和政策规划的修定与完善。“十二五”期间全国妇联参与了《老年人权益保障法》《社会救助法》《社会保险法》等多部国家法律法规的修改和完善，针对老龄妇女的特殊利益诉求提出妇联组织的主张和建议。积极推动《反家庭暴力法》立法工作，该法今年3月1日正式实施，将惠及包括老龄妇女在内的亿万妇女及其家庭。推动在《中国妇女发展纲要》中专门设置有关老龄妇女在健康、社会福利及生存环境领域保障和发展的指标。通过妇联系统的人大代表和政协委员的建议和提议案，反映老龄妇女的呼声和意愿。如在全国“两会”上提交“提高高龄贫困妇女生活津贴”“男女同龄退休延迟女性退休年龄、应对人口老龄化挑战”等提议案。在全国妇联与国家统计局联合开展的第三期中国妇女社会地位调查中，设立老年妇女问题专卷，并积极推动将研究成果转化为惠及老龄妇女利益的相关政策。

（二）以家庭为阵地，努力营造敬老助老社会氛围。近年来，全国妇联认真贯彻落实习近平总书记关于“注重家庭、注重家教、注重家风”指示精神，开展丰富多彩的家庭文明建设活动，将孝老爱亲内容融入其中。一是组织开展寻找“最美家庭”活动和“好家风好家训”宣传展示活动。全国妇联从2014年起利用城乡社区70多万个“妇女之家”开展此项活动。2015年就寻找出各级“最美家庭”210多万个，敬老助老家庭是其中重要表彰对象；还在重阳节期间与中宣部联合推出10户“全国孝老爱亲最美家庭”。二是通过开展活动在青少年中倡扬敬老传统美德。连续举办“我爱我家”全国家庭情景剧展示活动，2015年就吸引了7100多万张网络选票，其中许多情景剧展示了孝老爱亲等良好家风。参与寻找“最美孝心少年”公益活动，宣传孝敬长辈、为家庭排忧解难、代父母担当家庭责任、自强不息、阳光向上、奋发有为的孝亲好少年。三是强化宣传，营造敬老助老良好社会风尚。全国妇联充分运用主流媒体及所属宣传阵地，并通过主流网络、妇联网站和微博微信、移动客户端等新媒体平台，解读党和国家有关积极应对人口老龄化的政策措施等，宣传中国老龄事业发展成果和敬老助老先进典型。例如2014年、2015年中国妇女报分别开设了寻访“身边的孝星”专栏和“最美夕阳”专版。还与中宣部、中央文明办、全国老龄办等部委共同开展了“全国敬老爱老助老主题教育”、“全国敬老月”、“全国敬老文明号”创建等活动，为弘扬社会主义核心价值观，营造敬老助老良好社会氛围贡献力量。

（三）依法维权，切实维护老龄妇女的合法权益和特殊利益。全国妇联以贯彻实施《妇女权益保障法》、《老年人权益保障法》、中国妇女发展纲要为主线，利用国家法制宣传日、妇联“三八维权周”、全国“敬老月”宣传国家涉老法律法规，把尊老敬老的思想道德教育和法制教育贯穿于老龄妇女维权工作的始终，增强全社会维护老年人合法权益和为老年人服务的意识，引导老龄妇女学会运用法律手段维护自身的合法权益。将老龄妇女群体作为妇联系统信访管理重点，在全国妇联系统信访信息管理软件中，设置了老龄妇女的专项统计；充分发挥12338妇女维权热线、妇女儿童维权站、法律援助受理点等阵地作用，在热线咨询、司法调解、法律援助服务中为老龄妇女提供优先和便利，着力维护老龄妇女在住房、财产、婚姻、继承、赡养等方面的合法权益。

（四）发挥优势，积极为老龄妇女办实事、做好事。

一是将居家养老作为巾帼家政服务工作的一项重要内容。全国2000多家巾帼家政服务机构在家政料理、康复护理、精神慰藉等方面为老年人提供有针对性的服务，其中“阳光大姐”“木兰花”“川妹子”等，已成为知名的家政服务品牌。在家政服务培训中专门设置居家养老服务课程，并实行持证上岗，为空巢、高龄、失独及生活不能自理的老年人提供服务，帮助她们解决生活中的难题。二是组织动员老龄妇女参与手工编织项目。手工编织具有资源消耗少、劳动强度低、便于居家操作等特点，特别适合中老年妇女参与。既能陶冶情操，又能增加收入、促进家庭和谐。三是扩大“两癌”（乳腺癌、宫颈癌）免费检查范围。全国妇联着力推动将妇女“两癌”免费检查的范围由原来的35至59岁扩展到64岁，把老龄妇女纳入免费检查范围。同时，摄制“两癌”免费检查公益广告，在中央电视台和地铁公交等平台播出，发放宣传册，制作宣传画、台历，广泛宣传妇女健康知识。四是广泛开展巾帼志愿者为老服务活动。目前，全国巾帼志愿者在册登记970万人，志愿服务队伍30万支，巾帼志愿者队伍已成为我国志愿服务不可或缺的一支力量，成为开展邻里互助、助老扶老的一支重要力量。她们常年扎根在基层活跃在基层，为众多的困难老年人家庭和困难老年人提供贴心服务和帮助。2015年全国妇联下发了《关于全面启动实施“邻里守望·姐妹相助”巾帼主题志愿服务活动的通知》，推动巾帼志愿服务活动创新发展，更好地关爱服务留守老人、空巢家庭、困难老人，为她们送去帮助和温暖。

二、2016年工作打算及“十三五”期间主要工作思路

“十三五”期间全国妇联将按照《中国老龄事业发展“十三五”规划》相关任务分工和全国老龄委工作部署，结合妇联工作实际，满腔热情地做好服务老龄妇女群体工作。

一是把维护老龄妇女合法权益作为工作重点。推动各级妇联在源头维权、建言献策中关注老龄妇女的特殊困难和问题；推动反家庭暴力法贯彻落实；推动新一轮《中国妇女发展纲要》完善和提高有关老龄妇女保障和发展指标。

二是以家庭为阵地开展敬老助老活动，营造敬老助老社会氛围。继续推动各级妇联组织开展寻找“最美家庭”和“好家风好家训”宣传展示活动。

三是发挥优势，为老龄妇女做好事办实事。加强养老服务员培训；开发适合老龄妇女参与的手工编织项目；组织老龄妇女参与“两癌”免费检查；开展巾帼为老志愿服务活动。

四是加大新闻宣传和调查研究力度。充分运用传统媒体和新媒体，宣传党和国家老龄工作的方针政策，敬老助老先进典型。对老龄妇女的特殊困难和问题开展多层次的调研。

五是协调推动国务院妇儿工委《中国妇女发展纲要》涉及老龄妇女的目标任务如期实现。

在北京市老龄工作委员会 2016年第一次全体会议上的讲话

北京市副市长　王　宁

（2016年1月14日）

同志们：

新年伊始，我们召开今年市老龄委的第一次全会，这是经市政府批准召开的一次全会，是十分重要的。按照市政府分工，由我分管老龄工作，并担任市老龄委主任，今天与市老龄委委员、区老龄委主任、各位专家学者一起，研究、协商“十三五”期间全市老龄工作，我深感任务艰巨，使命光荣，希望和大家一起，共同推进“十三五”期间全市老龄工作再上一个新台阶。

“十二五”以来，在民政部和全国老龄委的悉心指导和市委、市政府的坚强领导下，在各成员单位、各区政府和社会各界的共同努力下，全市统筹推动老龄政策、规划、制度的调整完善和落实，各项目标任务基本完成。老年人社会保障水平不断提高，首都特色养老服务体系基本建立，老年人精神文化生活更加丰富，合法权益得到切实维护，老龄工作基层基础更加坚实，老龄事业实现跨越式发展。这些成绩的取得，得益于民政部、全国老龄委的支持和帮助，得益于市委、市政府的高度重视以及市人大、市政协的大力支持，得益于市老龄委各成员单位和各区政府上下联动、精诚协作，得益于专家提出了很多很好的政策建议，大家做出了不懈努力和无私奉献。在此，我代表市委、市政府，向市人大、市政协，向市老龄委成员单位和各位委员，向各区老龄委、各位专家学者、老龄工作者表示衷心的感谢！

刚才，马林同志通报了调整市老龄委及办公室人员和成立专家委员会的情况，万钧同志代表市老龄委向全会作了工作报告，红兵同志就“十三五”老龄事业发展规划编制工作情况作了说明，我完全同意。

下面，结合下一步的老龄工作，特别是“十三五”老龄事业发展，我讲几点意见，供大家参考。

一、深刻认识人口老龄化面临的严峻形势和挑战

老龄问题涉及政治、经济、文化、社会和生态文明等诸多领域，关系国计民生和国家长治久安。从我们国家的情况看，现在人口老龄化程度已经成为国家发展中的一个重大问题。从全国的形势看，到 2020 年全面建成小康社会的时候，全国老年人口将达到 2.5 亿人，约占总人口的 17%，面临严峻的人口老龄化形势。随着平均预期寿命延长、持续低生育水平等多种因素影响，我市人口老龄化程度也日益加深，形势非常严峻。2014 年底，全市户籍老年人口 296.7 万，占户籍总人口的 22.3%，高于全国老龄化水平近 7 个百分点，位居全国第二，老龄化程度非常明显。全市各区人口老龄化发展不平衡，中心城区老龄化程度更高。我原来在西城工作，西城老年人口比例超过了 25%，占总人口的四分之一。未来一个时期，北京平均每天还将净增 500 余名 60 岁以上老年人，净增 120 余名 80 岁以上高龄老人。发达国家和地区在长时期、分阶段形成的人口老龄化问题，在我市短期内同步呈现、发展迅速、集中爆发。特别是到“十三五”期末，即 2020 年，全市户籍老年人口将超过 380 万，占户籍总人口比例将达 26.7%，老龄化形势更为严峻，老龄问题更加突出。

人口老龄化将给城市建设和社会发展带来深远的影响和挑战。一是对经济发展产生影响。劳动适龄人口比重下降，影响劳动力的有效供给。现在我国调整了生育政策，但“二孩”政策实施以后还需要很长的时间才能达到一个理想的生育率水平。二是给社会保障带来压力。领取养老金的老年人快速增加，预计 2020 年养老金支出 2000 亿元，2030 年支出 6700 亿元，将带来巨大的养老保险基金和财政资金支付压力；基本医疗保险基金支出 2014 年接近 650 亿元，近几年以 20%左右的速度增长。三是对社会服务提出了更高要求。老年人口高龄化、家庭小型化、老年家庭空巢化现象并存，当前社会服务还不完善，失能、半失能老人需要社会照料的有近 60 万人，对社会服务提出了很高的要求。四是对城市建设和发展带来了影响。进入人口老龄化社会后，城市建设要考虑老年人的需求，如步行道等城市设施建设、城市环境改造，要考虑老年人的出行。不久前，国务委员王勇同志来北京慰问老年人，提出城市老年人口多了，城市建设中要有老年人活动的空间。老年人开展城市广场舞活动时与市民生活有冲突，主要在城市建设的时候，没有考虑这些因素。像我们的城市公共服务设施，最近市政府也在研究出租车怎么装轮椅，“老残一体”，残疾人的需求也是老年人的需求，轮椅怎么上出租车和公共汽车的问题，将来老龄化程度高之后，这些设施能不能跟上，也给我们提出了很高的要求和新的挑战。今后几年，在“十三五”时期的城市建设中，随着老年人口的增长，城市设施建设在这个方面恐怕要更加关注，要把老年人的需求考虑在内。这些是我们面临的人口老龄化形势和带来的挑战。

紧紧把握老龄事业发展的重要机遇。中央和市委、市政府高度重视人口老龄化问题。前段时间，习近平总书记、李克强总理等六位中央领导专门批示，要求把老龄工作提上重要议事日程，加强顶层设计，做好统筹谋划，及时、科学、综合应对人口老龄化。市委十一届八次全会将养老列为了“十三五”时期重点关注和着力破解的十大问题之一，金龙书记对此作了专题说明，要求抓住和用好应对人口老龄化的重要窗口期，加快养老服务体系建设，构建具有首都特色养老服务保障模式。市人大非常关注养老工作，去年市人大十四届三次会议通过了《北京市居家养老服务条例》，从 2015 年 5 月开始实施，为涉及 300 万老年人的居家养老专门立法，并在《条例》实施后立即开展执法检查，力度空前。在今年将要召开的第四次会议上，将要审议市政府落实《条例》情况的书面报告。市政府把“十三五”时期老龄事业发展规划列入市级重点专项规划，市政府常务会专题研究养老工作，安顺市长提出解决养老问题刻不容缓，要求各部门、各区政府切实增强责任感和紧迫感，加快发展养老服务事业和产业。市政协积极提出养老提案，对养老工作给予了高度关注和大力支持。中央和市委、市政府高度重视，市人大、市政协大力支持，各部门和各区积极协作，社会各界热情参与，人民群众热心期盼，这些都是新时期进一步做好老龄工作的重要机遇。我们要牢牢抓住这些机遇，在人口红利窗口关闭和重度人口老龄化到来以前，抓紧做好积极应对人口老龄化的思想准备、政策准备、制度准备、组织准备和物质准备。

二、努力做好新形势下的老龄工作

“十三五”时期，北京市老龄事业发展任务很多，目标很明确。刚才，万钧同志已经对今年的工作任务进行了安排部署，将“十三五”规划印发给了大家。在这里，我再强调一下老龄工作应该做些什么实事，希望大家清楚今后工作具体应该做什么，从以下10个方面梳理新形势下的老龄工作。

（一）完善居家养老服务

大家都知道北京市提出的养老模式叫“9064”模式，即90%的老年人要实现居家养老，这是今后要全面、深入推进的一项重点工作。刚才红兵同志作“十三五”规划说明时讲了居家养老，其中又分了10项具体内容，这是需要我们不断完善、不断丰富、不断充实内容的工作。但是居家养老要明确到底应该具备哪些特点，要解决什么问题。原来提过一个想法是居家养老能够享受在机构养老同样的待遇，这是个需要破解的问题。刚才提到有10个目前需要做的工作，会后要认真研究，同时各级政府部门也要研究政策和措施，研究怎样才能丰富居家养老服务内容。

（二）推进“医养结合”

老年人是易患病的特殊群体，年患病率高达40%，为年轻人的6.5倍，医疗需求庞大而迫切。我们应该怎样把“医”和“养”有机的结合起来，这是需要解决的很关键的问题。要针对社区居家老年人需求，推动医疗卫生服务延伸到社区和家庭，为社区高龄、重病，失能、半失能以及计划生育特殊家庭等行动不便或确有困难的老年人，提供定期体检、上门巡诊、家庭病床、社区护理、健康管理等基本服务。推进基层医疗卫生机构和医务人员与社区、居家养老结合。比如说海淀区通过试点开展政策性长期照护保险制度，走出一条新路子，还有很多区在“医养结合”中做出了贡献。

（三）加强社区养老设施建设

建设好老年人身边的养老设施，比如日间照料设施，要研究如何盘活社区资源把养老服务开展好。老年人需求量很大，在家里照料不方便，社区可以解决，例如失能、半失能老年人洗澡问题。朝阳区三里屯社区养老服务驿站，有需求的老人都可以来这里，满足了老年人日常养老需求，我们需更进一步完善，建设更多一点这样的设施。

（四）进一步完善老人群体的保障政策

协调推进我市老年社会保障制度的顶层设计和改革完善，逐步建立健全社会保障、职业保障、家庭保障、商业保障和自我保障相结合的老年社会保障体系。各个部门都要提出一系列老年人保障政策，建立老年保障待遇的正常调整机制，不断提高老年人的民生保障水平。

（五）创造老年人宜居环境

根据老年人特殊的身体机能、认知能力、生活方式等，规划建设适合老年人的生活服务、商业网点、医疗卫生、文化教育、休闲旅游等公共基础设施。规划中特别为宜居环境采取了重要措施，建立“一刻钟服务圈”，到“十三五”末要基本实现，这里面要把养老考虑宜居环境建设里面。

（六）发展和促进老年产业

最近，中央“十三五”规划建议和中央经济工作会提出加强供给侧改革，要侧重研究老龄产业，即老年产品和服务的供给。从全市情况看，现在老年人的条件发生了很大变化，过去工薪阶层老年人不是很多，经济条件不是很好，未来会有更多工薪阶层，一方面有较强的消费能力，另一方面又有很强的消费需求。老龄产业发展需提供优质的适老产品，所以在“十三五”期间，要关注老龄产业。当前适老产品发展比较薄弱，产品也很单一，在老年人出行方面，除了辅具也就是拐棍，没有太多可利用的产品。在“十三五”期间，需要大力促进、发展、规划适老产品，不单是辅具，还有适合老人精神文化娱乐方面的产品，例如电脑娱乐、老年人活动等。所以说，发展老龄产业是“十三五”期间的重要工作。

（七）养老服务人才队伍建设

培养造就一支素质优良、技能专业的养老服务人才队伍，是解决养老问题、提高养老服务水平的必要前提，也是实现养老事业健康可持续发展的重要保证。从现在情况看，我市养老服务人员严重匮乏。特别是60万失能、半失能老年人及其家庭需聘用的专业护理服务人员更加严重缺乏，给老人及其家庭带来种种困难。据我了解，有的养老机构有着很好的硬件，但是由于没有好的服务和专业的护理人员，造成了对家庭送与不送的矛盾心理。对此，我们要在供、需两方面下功夫，一方面要大力发展职业教育体系，建立专业人才的培养；另一方面要针对养老护理建立起专业的人才队伍，这是构建养老服务体系重要的一环。

（八）如何运用“互联网+”来促进养老服务

“互联网+”这个市场有着很大的潜力，现在我们建立了一些平台，有了一些成就，用“互联网+”可以将各行各业的资源有效整合起来，形成新型的养老方式。同时，我们要加快全市养老服务信息平台建设，积极推进养老助残卡的广泛应用。

（九）发挥老年人才智和力量

发挥老年人才智，实现老有所为，也是我们做好养老工作的内容之一。调动几百万老年人的力量，参与社会发展，丰富老年人的精神文化生活，提升老年人的生活品质和健康素质。

（十）推动京津冀养老服务协同发展

2015年，我们在河北试点建设养老社区，在医保政策衔接方面开展研究，在养老机构经营方面输出经验，探索以市场化、社会化方式，吸引老年人异地养老。鼓励在周边津冀地区建设一批功能齐备、特色鲜明、辐射面广的休闲养生、特色医疗养老基地。鼓励有实力的机构拓展服务范围，开展品牌连锁经营，引导和支持我市知名养老机构输出服务品牌和管理经验。要通过政策引导、项目推动、试点引领，积极推动京津冀三地养老服务协同发展。

三、建立科学高效的老龄工作体制机制

作为市政府主管本市老龄工作的议事协调机构，老龄委在推动老龄工作、发展老龄事业方面发挥了重要的作用。下一步，我们要加强思想保障、组织保障、政策保障、资金保障，充分调动各成员单位、各区政府和社会各界的积极性，不断开创老龄工作新局面。

（一）提高思想认识

人口老龄化形势日益严峻，解决老龄问题迫在眉睫，我们要时刻保持清醒认识，切实把思想和行动统一到中央和市委、市政府的要求上来，站在战略和全局的高度，深刻认识积极应对人口老龄化的战略意义，不断增强做好老龄工作的责任感和紧迫感。这既是当前的问题，也是长远的问题；既是一个“为人”的问题，也是一个“为己”的问题。

（二）完善组织保障

老龄委要聚智聚力，履职尽责，切实发挥议事协调职能，进一步完善议事规则和各项规章制度。这次全会还有一个重要议事，就是要把老龄委和老龄办的工作做实，也是市人大的要求，推动老龄工作的发展必须要有强有力的领导机制，对各区的老龄办也提出了明确的要求，包括机构设置、职能、人员配置都提出了要求。老龄委和老龄办不仅仅是个议事机构，还要落实政策，推动工作。老龄工作不仅是民政部门，涉及到各个部门，大家是个整体，是协调机构、办事机构，会后需要各个区的老龄委和老龄办进一步明确职能，明确分工，包括各个部门的职能，共同把老龄工作抓好。市民政局已经把市老龄协会的工作调整到了市老龄办，加强市老龄办的执行力，突出一个“实”字，把机构做实、规划做实、任务做实、纪律做实。

（三）加强政策支持

做好老龄工作，需要各个部门齐抓共管，需要各个部门加强政策统筹，加强顶层设计，还要加强政策的措施，加强工作的协同配合。在市人大的协调下，卫计、民政等部门研究解决医养结合问题，研究解决怎么样整合资源，提供更好的政策支持，增加顶层设计。老龄工作没有政策支持，有些问题很难去推广，要在政策方面做足文章。

（四）确保资金保障

市人大对养老工作非常关注，市人大财经委专门就增加居家养老服务支持经费提出建议。近些年来，各级财政部门对养老工作给予了大力支持，投入到养老方面的资金逐年增加。但是我们在资金保障方面发展不平衡，我们还有一些地方，在资金支持养老工作方面还很薄弱，还有一些项目，特别是养老的项目，在资金上有的还是捉襟见肘。这样不利于养老服务业的发展，也不利于养老服务品牌建设，所以我们要在继续加大市级资金投入的同时，各部门、各区政府也要专门安排养老工作的专项资金，来为推进老龄事业发展提供坚实的资金保障。

（五）加强工作试点

推进养老的工作当中，我们的模式不一样。在工作中，各个区、各个部门都有很多好的办法，这些好的办法我们不做统一要求，鼓励各个地方要积极去适应，去做各种方式的养老建设和推动养老工作，我们还是要结合北京市实际情况来大胆尝试，大胆创新。我调研了一些养老机构，有的是因地制宜，和当地的地区特色结合起来，大胆尝试，比如朝阳区搞的“养老驿站”；也有的区引进一些国外的先进养老理念和模式，比如西城区金融街养老机构，引进了全套日本养老设施，都是比较好的创新，非常受欢迎。现在准备把海淀、东城纳入市里的试点，要进行新的尝试。除了市级试点以外，各个区也要努力因地适宜，加强试点，这些试点一旦有了好的经验，我们要进一步推广。

（六）进一步动员社会力量来推动养老工作

政府在养老的问题上要加强带头作用，政策引导，同时要制定标准，加强建设。我们特别是要依靠社会力量，大家都来搭把手，我们的工作才做得更有动力。社会力量有很多想进入到养老行业当中，在这个方面要积极创造条件，要开通绿色通道，创造好的氛围和环境，积极支持，满足不同层次需求。积极让社会机构、企业、社会组织来带动养老工作，丰富养老事业的发展。

同志们，做好新形势下的老龄工作，任务艰巨，责任重大。让我们在民政部、全国老龄委的有力指导下，在市委、市政府的坚强领导下，齐心协力、携手奋进，为推动首都老龄工作创新发展做出新的更大贡献！

在北京市老龄委 2016 年第二次全体会议上的讲话

北京市副市长　王　宁

（2016 年 12 月 29 日）

同志们：

临近年底，我们召开市老龄委今年第二次全会，对今年的老龄工作进行总结，同时谋划明年的工作思路。养老已经成为重要的社会问题，全社会都在高度关注。从政府的角度看，必须要下大力量聚焦在这项工作。上周刚刚闭幕的市委十一届十二次全会上，金龙书记、蔡奇代市长在各自的报告中分别都强调要加强养老服务工作。今天我们拿出时间来召开此次会议，很及时，也很重要。刚才，万钧同志代表市老龄委作了工作报告，袁芳同志介绍了市人大执法检查工作情况，宝东同志从市政协的角度介绍了对养老工作的关注。市老龄委成员单位代表、各区代表也都发了言，提出了不少好的意见建议。在这一年里，在市委、市政府的坚强领导下，在各成员单位和各区的共同努力下，发挥各个方面的作用，我市老龄工作取得了丰硕的成果。年初我们确定了 54 项老龄工作任务，与各成员单位签订了任务书，同时结合市人大居家养老服务条例执法检查工作，确定了 27 项养老重点工作。现在梳理一下，绝大多数都已经完成，只有个别工作，还在做收尾。取得今天的成绩来之不易，证明了我们是用“抓铁有痕、踏石留印”的工作精神，实实在在地推动养老工作。下面我再强调两点意见，供大家研究参考。

一、充分肯定今年的工作成绩

具体工作不展开讲，但还是要点一点，通过概括出工作特点，来肯定今年所取得的成绩。我觉得今年养老工作主要体现了以下几个特点。

第一个特点是凝聚了强烈的共识。

这个共识关键是思想共识。

从中央层面看，今年 2 月，习总书记对加强老龄工作作出重要指示，要求立足当前、着眼长远，加强顶层设计，完善生育、就业、养老等重大政策和制度，做到及时应对、科学应对、综合应对。5 月 27 日，中央政治局就我国人口老龄化的形势和对策举行第三十二次集体学习，习总书记强调，要完善党委统一领导、政府依法行政、部门密切配合、群团组织积极参与、上下左右协同联动的老龄工作机制，形成老龄工作大格局。10 月和 12 月，中央全面深化改革领导小组会议分别审议通过了《关于全面放开养老服务市场提升养老服务质量的若干意见》和《关于制定和实施老年人照顾服务项目的意见》。这些给了我们强烈的信号，要求我们必须利用好人口老龄化重要窗口期，提前谋划，未雨绸缪。

从市里层面看，2015 年市人大出台《北京市居家养老服务条例》后，去年就进行了执法检查，今年再次通过开展条例执法检查来推动我市居家养老服务改革发展。市委深改组第十一次会议专门审议了《关于进一步促进养老服务业发展的实施意见》。市政府在三次政府常务会议上审议了养老方面的议题，包括贯彻落实北京市居家养老服务条例的实施意见、“十三五”老龄事业发展规划和进一步促进养老服务业发展的实施意见、关于市人大审议意见和议案办理情况的报告。市政协今年围绕推进本市养老服务供给深入调查研究、积极建言献策，给政府提出了好的建议。这些都体现了对养老工作的共识。

从人口数据看，人口老龄化来势汹涌，全国人口老龄化很严峻，作为一个地区来讲，北京的人口老龄化更严峻。截至 2015 年底，全市 60 岁及以上户籍老年人口约 313.3 万，占户籍总人口的 23.4%，户籍人口老龄化程度居全国第二位。预计到 2020 年，全市户籍老年人口将超过 380 万，常住老年人口将超过 400 万。2020 年之后人口老龄化发展更加迅猛，急速将我们推向重度人口老龄化社会。这要求我们必须形成共识，高度重视养老工作。

从老龄委的工作看，市老龄委年初召开全体会议，全年召开三次主任扩大会和若干次专题调度会，协调解决难点问题，督促推进重点工作。同时还配合市人大执法检查，进行各种专题调研。今年养老工作形成了强烈的态势，全市一盘棋，部门一条心，上下一股劲的态势已经形成。

第二个特点是老龄委的统筹协调力量得到进一步增强。

市老龄委由各个部门组成，特别是形成了齐抓共管的局面，形成了合力，形成了一个拳头，非常聚焦。根据新时期老龄事业发展需要，今年市老龄委进一步扩大了成员单位组成，新增了 11 家成员单位，弥补了老龄工作在一些领域内的空白。11 家成员单位按照各自涉老工作职责分工，主动对接，全面融入，积极作为。

国管局财务管理司及时帮助在京中央国家机关离退休人员了解、掌握北京养老政策和服务，市公安局消防局积极优化养老机构消防设计和验收审批程序，市金融局、保监局靠前指导海淀区和保险企业开展长期护理保险试点工作，市国资委大力推动市属国企发挥资源优势发展养老服务，市城市管理委积极推进我市老旧小区适老化环境整治，市科委加快推进老年产品用品和养老服务技术科技创新工作，市中医管理局构建“卡、包、岗”三结合的中医药养老服务新模式，市交管局、食药监局积极为老年餐饮等服务机构提供送餐便利保障和饮食安全指导工作，市质监局主动将养老驿站设施配置标准列入增补项目计划。

各成员单位涉老工作稳步推进，养老保障待遇进一步提高，社会优待服务氛围更加浓厚，老年人精神文化生活更加丰富，老年人权益维护工作更加有力，老年人居住环境更加优化，全市老年人的获得感和幸福感进一步增强。

第三个特点是各区老龄工作亮点纷呈。

今年感受很深的是，各区全力推进老龄工作，涌现了很多的“养老书记”“养老区长”“养老局长”“养老主任”。我简单点一点，不展开说了。

比如东城区成立了由书记、区长任组长居家养老服务工作领导小组，书记、区长直接参与东城区加强居家养老服务工作实施意见的修改工作。石景山区委区政府出台居家养老服务体制改革的实施意见，成立居家养老服务体制改革领导小组，由区委副书记和主管区长分别担任正副组长。丰台区成立了由区委常委、常务副区长任组长的落实《条例》工作领导小组，实施医养结合“363”工程。门头沟区成立养老服务产业发展领导小组，由区委常委、常务副区长任组长。西城区主管区长参与设计中重度失能老年人居家照护服务补贴办法，为全市全面铺开此项工作积累宝贵经验。朝阳区主管区长主动加压，承担了全市 150 个养老服务驿站建设任务中的 100 个，多次召开协调调度会，落地 90 处驿站设施，70%由街乡自行腾退、租赁或购买。海淀民政局主管局长全程设计、推动居家养老失能护理保险落地，为我市建立政策性长期护理保险提供经验。

各区进一步加强老龄工作机构建设，充实人员力量，石景山、顺义、平谷、密云、怀柔五个区老龄办升格为副处级机构，设置了业务科室。房山、通州、昌平、大兴、延庆等区深入调研农村养老问题，积极推广农村养老互助服务、农村幸福院和养老服务驿站建设、农村老年餐桌建设等各类农村养老服务发展模式，为下一步制定农村养老服务发展政策积累经验、打下基础。

农村养老服务工作是我们明年工作的一个重点，当前城区已经形成了“三边四级”养老服务体系，下一步还要进一步加强农村养老问题研究，不断破解瓶颈问题。

第四个特点是重点工作取得新突破。

年初的老龄委全会上，我们将今年的养老工作目标定位于让老年人看得见、摸得着、感受得到。经过一年的努力，我们在各个方面都取得了创新突破。

夯实基础方面，在市财政局、规划国土委、国资委和各区的大力支持下，市民政局对社区城乡社区居家养老服务设施进行普查，摸清了我市基层养老设施底数。开展了全市失能老人的筛查和评估工作，为下一步实施困难失能老人补贴办法和设计长期照护保险制度提出数据支撑。养老离不开“大数据”，这些工作很重要。

构建居家养老“三边四级”服务体系方面，依托市、区、街、居四级网络实现老年人在其周边、身边和床边就近享受居家养老服务的体系初具雏形。

居家老人医疗卫生服务方面，做了很好的尝试和创新，特别是注重顶层设计，有了不小的突破，最重要的是解决了机制问题。居家养老重要的一点就是要和医疗结合起来，就是我们常讲的医养结合。医养结合一方面是要把医疗机构建立在老年人身边，要加强社区卫生服务中心建设；另一方面就是要把医疗做到老年人的家里去，就是上门诊疗。今年我们把上门诊疗作为一项政策来研究，可以说是走在全国前列。刚出台的《关于推进医疗卫生与养老服务相结合的实施意见》专门把上门诊疗作为一项制度固定下来。市卫计委请示国家卫计委，明确了医疗机构以家庭病床、巡诊等方式开展的医疗服务属于合法执业行为，解决了居家上门开展医疗服务现行法律法规矛盾问题；高血压等四类慢性疾病稳定期常用药品，符合条件的患者在社区可享受 2 个月的长处方便利。

在人才培养方面，市教委、市人力社保局在市劳动保障职业学院、劲松职业学校和市养老人才培训学校增挂北京市养老服务人才培训院校的牌子。

养老服务市场准入方面，市工商局优化审批流程、简化审批手续，为居家养老服务市场主体入市提供便利，《条例》实施一年多以来，全市新设居家养老服务企业 332 户，为《条例》实施前存量的 1.93 倍，主体数量增长明显。

在长期护理保险方面，市人保局抽调专人组成工作组，加强政策研究，初步形成了本市政策性长期护理保险制度建设的基本思路和制度框架。

在养老设施改造方面，市住建委推动老旧小区加装电梯，在这个问题上做了积极的尝试和探索。这个事非常难，面临很多困难。社会对这个问题关注度很高，我现在接到的人民群众来信中，有相当一部分是希望加装电梯。但这个问题怎么破解，还要研究。现在安装问题上解决起来有些办法，但下一步需要研究的就是电梯装上后谁来维护、维修，尤其是那些没有物业的小区，这是一个难点问题。不能认为电梯安装完了我们的任务就完成了，必须研究可持续发展问题。估计明年年初市“两会”上还是会成为代表、委员关注的问题。我们要把困难讲清楚，也希望大家集思广益共同破解这个难题。

总的来说，在大家的共同努力下，今年的工作做得很扎实，步子很牢固。如果我们就这么扎扎实实的做下去，我相信“十三五”期间，北京的养老工作一定会有一个非常好的工作基础，也会得到人民群众的支持。回顾今年所取得的成绩，离不开大家的辛勤工作和努力付出，在此，我向全市广大老龄工作者一年的辛苦努力表示崇高的敬意和衷心的感谢！

二、谋划好2017年工作

关于明年的工作，刚才万钧同志在工作报告里已经讲到了。明年的工作还要像今年一样持续发力，还要进一步加大工作力度。市委全会工作报告中把养老工作作为明年工作的重点。前一段时间和市人大杜德印主任沟通养老工作，德印主任很支持，明年还会将养老作为议案来办理。政协也将会继续关注养老。所以，政府明年的养老工作任务还是很重的。关于明年的工作思路，今天我只点点题，因为下一步还会重点研究。

在10月份召开的老龄委主任扩大会上，我提出了明年的工作要围绕“巩固、完善、创新、提高”这八个字来做文章。那么，巩固什么、完善什么、创新什么、提高什么？

一是巩固居家养老“三边四级”服务体系。

目前我们已经搭建了服务体系框架。四级指的是市、区、街（乡镇）、居（村）。为什么要加“三边”？我们是这么考虑的，建立四级体系是政府的事，“三边”是贴近百姓的事。就是要通过构建四级服务体系把老百姓的周边、身边、床边有关养老的事情做好。周边就是让老年人在活动区域内能享受到应该享受的服务，身边就是老年人下楼以后随时可以有贴心的服务，床边就是养老服务要延伸到家里。所以要巩固当前基础，不断夯实、完善，特别是织密社区养老服务设施。

市级财政拿出部分资金，支持区级养老服务指导中心建设。街乡层面，在已经完成养老照料中心三年行动计划的基础上，我们还要支持有需求、有条件以及“应建未建”的区域，选址建设街乡养老照料中心。在没有条件建设照料中心的区域，可以通过建设小型的社区养老服务驿站实现人群覆盖。2017年，我们将重点支持建设至少200个社区养老服务驿站，对已建成并运营的街乡养老照料中心和社区养老服务驿站，要增强其辐射居家养老服务能力。

体系的基础巩固不是一朝一夕的，要坚持下去，要可持续。今年开了几次会，我都强调了可持续的问题。前段时间媒体报道我市有些养老设施不够持续，举的是过去的例子。具体分析来看，该报道有其局限性，但给我们提了一个醒，社会很关注我们建的养老服务设施能不能坚持下去，持续下去。过去建了一批、倒了一批，那时机制不一样，没有开展专业化、社会化服务。现在我们调整了机制，通过专业养老服务商来运营建立的设施。在这个方面，我们特别要下功夫。体系不仅仅要建起来，而且要把根扎下去。要发挥好驿站作为居家养老服务“桥头堡”“总服务台”的功能。在这里，关键是要加强街乡、社区服务平台的作用，要为专业企业和社会组织提供场地、资金政策支持，转变条块分割和单一部门推动的惯性工作方式，统筹政策资金向群众最能直接感受到的基层街乡、社区集中。

二是完善老龄政策法规体系。

这几年来，我市加大老龄政策创制力度，围绕落实老年法，在老年人社会保障、养老服务、社会优待等方面，制定了一系列的政策法规。特别是2015年居家养老服务条例实施后，我们制定了各项配套措施，保障条例的贯彻落实。但现在看，有一些政策，由于实施时间短，还有欠缺，政策效果可能还没有显现。部门的政策配套也不完善，在支持体系建设上，要从本部门的角度研究，看还能够再出台哪些政策，完善哪些政策，来促进养老服务设施的巩固完善。从区里的角度看，还需要哪些政策法规的支持。我们在调研中看到，比如社区养老服务驿站，有很多是利用了街道、社区的现有设施，这还需要一些政策的支撑，明年要加强这方面的研究。

有一些政策，需要在实施一段时间后，及时开展政策实施效果评估，及时修改、补充、完善。同时，对养老工作部分薄弱环节，我们还要查漏补缺，加强政策研究创制。刚才大家在讨论中已经提到了一些建议，比如对国有企业开办养老服务设施给予鼓励。在税费减免方面，能不能研究有效利用这个杠杆更好地鼓励社会力量参与进来。还比如在老年人参与社会发展和老年人力资源二次开发问题上，要鼓励低龄、健康老年人继续从事体现其社会价值的工作，探索建立“时间储蓄”机制，倡导和支持老年人开展自助、互助和志愿活动。在支持家庭履行赡养照料义务方面，要开展家庭成员照护服务能力培训计划，探索子女照料卧床老年父母的支持政策，研究为老年人随子女迁移、居住提供便利的支持政策。在农村养老问题上，针对农村发展特点和农村老年人养老需求，在农村养老设施建设、农村养老服务模式创新、农村困难老人帮扶、农村养老服务队伍和农民就业、农村闲置房屋资源发展养老服务等方面，研究制定有针对性的扶持政策，破解农村养老难题。

三是创新突破发展瓶颈。

养老服务是新面临的社会问题，可借鉴的经验很少，这为我们创新提供了空间。创新的空间很大，关键是能不能考虑到。比如我们能不能再分类细化，按照老年人群体分类和全生命周期养老过程不同阶段的特点，细化养老服务需求？这就属于创新的空间。最近和德印主任研究了这方面的问题。目前60岁以上统称为老年人，对于老年人大体上有这么几种分类。第一阶段是进入老年人行列，是健康老年人。第二阶段是生病多了，需要日间照料，儿女不放心，有服务需求。第三个阶段是重病或卧床阶段，失能半失能需要护理。最后一个阶段是临终关怀阶段。老年人有这么多阶段，这可以看出养老服务还有很大的创新空间，细化不同阶段，这就是创新。

再比如说长期护理保险试点。长期护理保险是面向未来的，需要这项基础性工作，要研究怎么纳入社会保险而不是纯粹的商业保险，这也是需要创新的。现在两个区在试点、推进，我们还可以看看有没有什么更好的办法。

还有老旧小区养老服务设施改造问题，现在电梯是个重点。除了电梯还有没有创新？比如解决老旧小区老年人下楼问题，我们能不能多渠道、打一套组合拳来解决？如果把目光全聚集在电梯上，下一步恐怕还有很多问题。现在安装电梯问题不大，但长期运营怎么办？可能需要几百亿上千亿资金，如果只靠一个办法恐怕举步维艰。我们能不能创造一个多渠道解决老旧小区老年人上下楼不便、生活不便的办法？现在还有一个人工的办法，比如配建爬楼机；但有弊端，爬楼机一次只能一个老年人。这就需要创新探索，要积极去想办法。养老需要集大家的智慧，聚社会之力才能把事情办好。

还比如人才队伍建设问题，现在养老行业处于很尴尬境地，留不住人，招不来人，形成不了职业体系。养老服务人员的需求量很大，但是供应不上来，怎么办？怎么样创新来逐步建立人才队伍体系？建设培训学校是需要的，但是招不来人怎么办？还要研究。

另外，医养结合方面，不能只满足于政策出台，还要在实施落实过程中有创新的办法。上门诊疗的宏观政策有了，但具体执行方面的鼓励措施还可以继续探索。

还有怎么引导社会力量进入养老服务市场，这需要政府引导。养老更多还是需要社会力量来办，在通过创新办法引导社会资金进入养老服务市场问题上，北京做了一些尝试，但我认为做得还不够。大家都知道，政府除了提供兜底保障服务，还要引导社会力量进入。这方面我们可以借鉴南方一些省市的经验。如何利用好社会资源，调动社会积极性，政府怎样提供保障，做好监管，这些都是需要我们创新的方面。

四是提高养老服务水平和服务质量。

养老服务水平和服务质量是养老服务工作的关键。我们要考虑怎么能让老年人更幸福，如何让老年人对政府的信任感更强。多年来，大家一说养老，有个传统习惯就是到养老院去。过去的习惯是老年人没办法了才进养老院，觉得养老院生活不好。现在已经不是这种情况了。我们要通过提高养老服务水平和服务质量来转变全社会养老观念。不仅要提高硬件的质量、水平，也要提高软件的质量、水平。这涉及到供给侧结构性改革方面的内容。如何为老年人提供优质的服务和产品？各个部门、各区还要下功夫。现在我们的基础工作已经做得很好，但也要考虑到提升服务质量和水平的问题。要在打好基础的前提下，不断提高。老年人有多方面的需求，要结合老年人的不同特点来综合考虑。石景山区有一个社区养老服务驿站，通过信息化手段为其服务的所有老年人免费配备了GPS信息系统，实时掌握老年人的活动规律。驿站可以实时打开老年人活动地图，观察到老年人去了哪里，这样就可以提供个性化服务。类似这样的服务就结合了地区特点，可以更好满足老年人需求，提供贴心服务，这样的服务工作才更有生命力。大家知道北京市老年用品展示中心已经对外营业了，那里有很多高质量的养老产品用品可供选择，这项工作还要继续加强，要积极引导社会力量，推动养老产品用品、养老服务技术的创新应用。

同志们，养老工作任务艰巨，老百姓关注度、期望值都很高，希望大家回去后要按照今天会议精神，集中精力谋划好明年的工作。明年两会以后我们还要再召开一次全会，主要是针对市委市政府对养老工作的要求、市人大市政协提出的建议和议案来统筹安排部署明年工作。我就讲这些，谢谢大家！

辽宁省省级领导关于加强老龄工作的批示

2016年4月13日，辽宁省委书记李希对老龄工作作出批示："习近平总书记关于加强老龄工作的指示十分重要，请作钧、薛恒同志组织省老龄委各成员单位以及各市认真学习、深刻领会、狠抓落实。要有效应对人口老龄化面临的严峻形势，科学组织编制全省老龄事业发展'十三五'规划，突出重点任务，完善政策措施，促进老龄事业健康发展。要着眼于解决老年群众最关心最直接最现实的利益问题，认真抓好有关涉老政策的落实，为老龄人口创造更多福祉，切实增加老年群众的获得感、幸福感。"

2016年4月19日，辽宁省省长陈求发对老龄工作作出批示："请省老龄委组织有关单位认真学习，深刻领会习近平总书记等中央领导同志就加强老龄工作的重要指示批示精神，认真研究科学编制我省老龄事业发展'十三五'规划，健全完善老龄政策体系，并认真组织贯彻实施。让老年人得到更多实惠"。

2016年4月14日，时任辽宁省委常委、常务副省长谭作钧批示："请省编委办、财政厅认真学习贯彻总书记、总理的重要指示，按照李希书记的要求，抓好有关人口老龄化政策的落实。"

2016年4月13日，辽宁省政协副主席薛恒批示："我省的老龄工作做的是非常好的，能在全国会上发言交流，可喜可贺！同时我省也是人口老龄化最为突出的省份。望老龄委办公室及老龄工作者还要继续努力，能为老年人和家庭办更多的好事和实事，再创我省老龄工作的新辉煌，再上新台阶。"

黑龙江省省级领导关于加强老龄工作的批示

2016年10月25日，据省政府办公厅七处反馈我办省领导批示，省长陆昊、副省长孙永波分别在我办呈送省政府的《关于贯彻落实习近平总书记5·27讲话精神 全面推动我省老龄事业健康发展的报告》上作出批示。省长陆昊在10月21日批示：要认真学习贯彻习近平总书记、李克强总理等中央领导对老龄事业的重要指示批示精神，结合省情，注重多样化需求，事业、产业融合发展，注重主要工作推动。副省长孙永波10月24日批示：请炳华、淑梅同志阅。认真贯彻落实陆省长批示要求。

2016年11月2日，据省委办公厅文电处（办文通〔2016〕1232号）告知。省老龄办秘书处：省委10月19日收到你办呈报的《关于贯彻落实习近平总书记5·27讲话精神 全面推动我省老龄事业健康发展的报告》（同时报省政府），省委办公厅提出拟办意见：拟送宪魁、建盛同志阅示。张雨浦同志10月19日批示：宪魁、建盛同志阅示。黄建盛同志10月29日批示：省老龄委（含成员单位）要深入学习领会习总书记重要讲话精神，结合贯彻六中全会精神，结合我省实际抓好落实。要科学编制我省老龄事业发展"十三五"规划，进一步完善养老政策，构建养老体系，发展我省特色养老产业，解决老龄事业突出问题，一如既往做好老龄工作，为我省经济社会发展多做贡献。王宪魁同志11月2日圈阅。请按省委领导同志批示要求认真落实。

在黑龙江省老龄委第十一次全体会议上的讲话

黑龙江省副省长、省老龄委主任　孙永波

（2016 年 4 月 27 日）

同志们：

这次会议的主要任务是认真贯彻落实习近平总书记和李克强总理关于老龄工作的重要指示批示以及全国老龄委第十八次全体会议、全国老龄办主任会议精神，总结“十二五”时期以来老龄事业取得的成绩和经验，分析老龄工作面临的形势，部署今后一个时期重点工作。刚才，炳华同志传达了习近平总书记、李克强总理等中央领导同志的重要指示批示。淑梅同志作了关于“十二五”时期全省老龄工作情况和 2016 年工作安排意见的报告。省委组织部、省发改委、省民政厅、省人社厅、省卫计委、省妇联 6 部门的负责同志作了发言，讲得都很好，希望各地各有关单位认真抓好实施。下面，我讲三点意见。

一、从全局高度着眼，在思想认识上再提高

“十二五”时期，在省委、省政府的正确领导下，经过各级各部门特别是老龄委成员单位的协作努力，我省老龄事业呈现全面快速发展态势，取得了可喜的成绩。黑龙江省老龄事业发展“十二五”规划确定的目前标任务基本完成，有力地推动了全省老龄事业发展。老龄事业发展的政策法规体系逐步建立。省委省政府及相关职能部门先后制定了养老、医疗、服务、文化、优待等多方面新的涉老政策。老年社会保障制度建设取得重大进展。建立完善了全省统一、城乡一体的居民基本养老保险制度。居民基础养老金标准提高到 70 元，连续 11 年调整企业退休人员养老金。城乡低保、城镇“三无”老人和农村“五保”老人的供养标准都有了大幅提高。建立了高龄老人津贴和困难家庭老人失能补贴制度。养老服务体系建设加速推进。大力推进养老机构建设，整体推进候鸟养老产业，全面推行“医养结合”服务模式，全省养老床位已达到 19.3 万张，每千名老人拥有养老床位数已达 30 张，城乡社区居家养老服务覆盖率分别达到了 82%和 31%，基本卫生服务项目覆盖到 90%以上的社区居家老年人。老年社会参与的渠道不断拓宽。全省老年协会、老科技工作者协会等社会组织以各种活动形式参与经济社会发展，创新了我省老年人社会管理的模式和内容，全省老年志愿者达到 26.4 万人，城乡老年协会覆盖率分别达到 96%和 83%。敬老养老助老的社会氛围日益浓厚。积极开展敬老主题教育，创建老年友好型城市，开展“敬老月”系列活动和“敬老文明号”创建活动，切实为广大老年人提供真情细致的服务。

五年多来，通过大家的辛勤付出，取得了很好的成绩。这些成绩离不开各级党委、政府的重视，离不开各级各部门和社会各界的支持，更离不开广大老龄工作者的共同努力。在此，我代表省委、省政府，向大家表示感谢！

在充分肯定成绩的同时，我们也要清醒认识到，当前我省的老龄工作还面临一些困难和问题。我们要从以下三个方面在认识上再提高。

（一）对严峻形势的认识再提高。近 10 年来，我省老年人口增长很快，特别是“十三五”时期，我省将进入老年人口增长的高峰期，老龄化、空巢化、高龄化加速发展，老龄化速度超过人口自然增长速度，高龄化速度超过老龄化速度。2000 年，我省 60 岁以上老年人口占总人口的 1/10，2010 年占总人口的 1/8，2015 年这一比例达到 1/6，2020 年这一比例将超过 1/5，2030 年这一比例将超过 1/4 。人口老龄化、高龄化、空巢化趋势加剧，失智失能老年人占比较高，贫困和低收入老年人占一定比例。人口老龄化速度加快、程度加深，将改变劳动供给结构，提高经济运行成本，降低国民储蓄率和资本积累。老年人口规模持续扩大，将加大养老保障压力，加重医疗卫生服务负担，扩大社会养老服务需求，增加社会服务管理难度。还需要高度关注的是，农村人口老龄化程度将长期高于城市，对解决“三农”问题、统筹城乡发展构成巨大挑战。同时，我国人口老龄化的快速发展，与工业化、城镇化相伴随，与家庭小型化、少子化相叠加，与经济发展新常态和社会转型相交织，我们应对人口老龄化的任务异常艰巨。

（二）对工作短板的认识再提高。“十二五”时期我省老龄事业发展取得了显著成绩，但与应对人口老龄化的复杂形势和全面建设小康社会的要求相比还存在一定差距，从数据分析和现实情况来看，我省老龄工作的短板在于服务业，养老服务业的发展尚未形成一个系统产业，市场发育还不健全，社区居家养老形势严峻，公益性老龄服务设施、服务网络建设滞后；难点在农村，伴随着城镇化建设和劳动人口向城市集中，农村“空心化”及其家庭“空巢化”越来越严重，很多农村老人不仅“无人赡养”，还要“隔代抚养”，农村老人出现“养老危机”，而且农村养老服务内容单一，设施匮乏，居家养老服务覆盖面很低；重点在失能和半失能老人的照料问题，现在失能老人护理大部分还是靠家庭解决，而随着独生子女的父母进入老年空巢，靠独生子女解决失能老人护理问题越来越难。同时还存在老年人社会参与条件不够完善，老龄工作体制机制需进一步完善，人才队伍建设亟待加强，全社会积极应对人口老龄化的意识和行动需要进一步强化等问题。所有这些，都影响着幸福指数的实现程度、都将导致人民群众幸福感的缺失。而没有幸福感，也就没有什么人民群众的根本利益。

（三）对重要机遇的认识再提高。党的十八届五中全会、省委十一届六次全会对积极开展应对人口老龄化行动，建立更加公平更可持续的社会保障制度，全面开放养老服务市场，建设以居家为基础、社区为依托、机构为补充的多层次养老服务体系等提出了一系列新要求、新任务。党和政府高度重视、通盘运筹老龄事业发展，老龄事业纳入经济社会发展的总盘子，成为全面建成小康社会不可或缺的重要方面，老龄事业发展的支持条件更加完善。省委、省政府把养老服务工作提高到全局工作的战略高度统一部署，是我省稳增长、调结构、惠民生的重大举措，为全省老龄事业发展提供了重大机遇。特别是在“十三五”开局之际，习近平总书记和李克强总理、王勇国务委员先后作出重要指示和批示，要求我们针对当前的阶段性特征，更加注重顶层设计，更加注重深化改革，更加注重定向施策，更加注重任务落实。各地各部门一定要切实加强责任意识、忧患意识、机遇意识和进取意识，从全省全局战略高度，按照党中央国务院和省委省政府决策部署，坚定信心，顺势而为，将挑战和压力转化为动力，将机遇和潜力转化为现实，以积极主动作为的态度抓好落实，全力推进老龄事业创新发展。

二、从夯实基础着手，在重点工作上再突破

2016年是“十三五”规划实施的第一年，也是全面建成小康社会决胜阶段的开局之年。当前和今后一个时期，老龄事业要按照中央“五位一体”总体布局和“四个全面”战略布局要求，牢固树立和贯彻落实创新、协调、绿色、开放、共享五大发展理念，贯彻落实好省委十一届六次全会和全国老龄委第十八次全体会议精神，把学习贯彻习近平总书记关于老龄工作的重要指示及在黑龙江代表团的讲话精神与谋划“十三五”时期工作、做好今年工作有机结合起来，推动各项工作任务落到实处，在重点工作上实现再突破。

（一）要在发展老龄事业的顶层设计上再突破。一要编制实施好老龄事业发展“十三五”规划。各成员单位要按照习近平总书记、李克强总理重要指示批示要求，将应对人口老龄化、发展老龄事业纳入国民经济和社会发展“十三五”规划和各相关专项规划中。省老龄办要会同有关部门深入研究我省经济发展新常态下老龄事业和老龄产业面临的新形势，协调编制好老龄事业发展“十三五”规划，将中央提出的老龄事业目标要求贯彻到编制全省老龄事业发展“十三五”规划和各专项规划之中，重点把握好2020年实现精准脱贫、全面建成小康社会和经济总量实现翻番的总体目标，做好与“十二五”规划、与全国及省里重大规划的衔接，科学设定“十三五”时期老龄事业发展的目标任务等，提高针对性、协调性和可操作性。二要加强调查研究。围绕学习贯彻习近平总书记重要指示精神，认真加强调查研究，加强理论和战略研究，加强重点难点问题研究，搞好老年人贫困、失能、失独、空巢及养老产业等方面问题的研究，尽快形成一批有深度、有分量、针对性强的研究成果，为加强老龄工作、促进老龄事业发展提供决策参考。三要加强政策创制。要加快顶层设计，以老年人需求为导向，加强政策创新和制度创新，尽快完善制度，及时出台政策。同时要注意加强政策的贯通性，破除政策壁垒，消除政策碎片化，切实保障政策落地。今年要重点在老年人长期护理保险、农村留守老年人关爱服务、老年宜居环境建设等重点政策制定方面取得积极进展。四要积极配合立法机关做好调研、论证等相关立法准备工作，争取尽早出台《黑龙江省老年人权益保障条例》，确保全体老年人共享发展成果。

（二）要在扎实推进养老服务业发展上再突破。一要增加和优化养老服务供给。坚持以社区生活照护服务、医疗护理及健康服务、居家支持和邻里互助服务为主要内容，推动养老服务项目化发展、集约化运作，促进各种养老服务形态之间的衔接和融合，建设一批契合老年人需求、价格合理、方便可及、各具特色的社区居家养老服务设施。通过购买服务、合同外包、委托经营等方式，最大限度的发挥市场主体作用，为老年人提供多样化、多层次、个性化的产品和服务。二要着力推进医疗服务和养老服务相结合。要增强公共服务体系的为老服务功能，促进养老服务资源和医疗服务资源有机整合，推进公办养老机构改革，着力加强“医养康护”型养老机构建设，鼓励、倡导、支持公办、民办养老机构，逐步将服务重点转向解决失能、半失能老年人养老问题，实现医养结合，发展社区服务，将上门服务和医疗照顾结合起来。特别要充分发挥中医药在康复、保健方面的优势，积极开展老年健康服务。三要落实好各项扶持政策。为加快发展养老服务产业，国家和省里先后出台了涉及土地、税收、财政等方面一系列含金量非常高的政策措施。各级各部门要用足用好这些政策措施，不折不扣地抓好落实，推动养老服务产业快速健康发展。要放宽市场准入范围，凡是法律法规没有明令禁止的养老服务产业领域，都要向社会资本开放。要规范市场行为，让“位”于市场，让“利”于市场，调动市场和社会参与养老服务业的积极性。充分利用市场这支“无形手”的力量，吸纳民间资本，扩大养老规模，增加养老服务市场活力。四要推进“互联网＋养老服务”行动，充分发挥互联网“通信息、聚资源、拓市场”的功能，利用全省养老云服务平台，促进养老服务与健康、家政、保险、教育、健身、旅游等服务融合发展，打造“互联网＋养老”新业态。

（三）要在做好老年人保障服务工作上再突破。一要深化各项改革和制度创新，着力拓宽保障领域，推进基本养老保险、基本医疗保险制度改革，深度整合各类单项救助制度，加大对困难老年人的社会救助和精准帮扶力度，织密织牢老年人特别是老年人民生安全网，解决好他们生活中的突出困难和问题。完善老年人照顾服务办法，健全困难老年人基本养老服务补贴、高龄津贴、计划生育家庭奖励扶助等制度。二要加强对老年人的精神关爱。大力弘扬中华民族孝亲敬老传统美德，发挥家庭成员间情感关爱、精神慰藉的基础作用。广泛开展老年文化、教育、体育活动，丰富老年人的精神文化生活。积极开展老年社会工作，建立老年人精神关爱、心理疏导、危机干预服务网络，重点针对独居、留守、失独、失能老年人提供专业服务和志愿服务，防止冲击社会道德底线的事件发生。三要创新治理方式，强化政府相关部门管理服务职能，鼓励和引导老年协会、老年人社会组织承接政府公共服务，加快健全依托社区、覆盖广泛、功能健全的基层老年社会管理服务网络。要扩大参与范围，破除各种制约老年人参与社会发展的传统观念，搭建各种便利老年人参与的有效载体和平台，开展老年教育和实用技能培训，丰富老年人生活，制定完善支持老年人参与经济社会发展的政策，完善老年志愿服务的激励机制和权益保障机制，动员全社会参与。四要坚持以实现老年人更高水平小康社会为目标，健全老年人权益保障制度，推动老年人权益保障更加完善、服务供给更加多元、特别扶助更加精准，全面提高老年人获得感、共享感和幸福感。

（四）要在夯实农村老龄工作基础上再突破。一要始终把保障农村老年人的基本生活摆到突出位置，把解决农村老龄问题、加强农村老龄工作，纳入新一轮扶贫开发总体规划，认真谋划、科学安排、积极推进。要着力推动各项保障措施向农村延伸，特别是要重视解决留守、高龄、空巢、因病致贫等老年群体的实际困难，在发挥家庭养老基础性作用、落实家庭成员对老年人赡养责任的同时，按照城乡一体化和基本公共服务均等化的思路，扎实有效地做好农村老年人的养老保障、医疗保障、养老服务、文化体育教育等工作，不断满足农村老年人的多样化需求。二要加大农村为老服务设施建设力度，积极探索适合农村特点的为老服务方式，创新服务内容，拓展服务领域。要特别重视加强农村老年活动设施建设，充分利用闲置校舍、房屋等公共资源，改扩建为老年人活动场地。三要实施农村“绿色养老”工程，结合生态保护和发展绿色经济，规划建设“绿色养老种植基地”，通过资金技术扶持、建立专业合作社、落实林地承包权等途径，引导农民特别是计划生育农户利用房前屋后、荒山荒滩种果造林，增强老年人的养老能力。

（五）要在创建全国北方夏季健康养老基地上再突破。一要积极推进候鸟式养老。继去年我们在上海、浙江、福建省进行候鸟养老宣传推介后，今年春节刚过，我们就陆续在广西、广东省、湖南、湖北、江苏省进行了7场宣传推介，5月份我们还将到北京、天津、山东进行宣传推介。希望各地、各相关部门高度重视，在做好宣传推介工作的同时，要认真梳理前期活动成果，切实抓好落实，对前期宣传推介活动中所达成的招商意向、签约协议、抽奖承诺要做好跟踪推进。同时要高度重视规范候鸟老人接待服务工作，认真总结以往工作中的经验教训，认真查找存在的问题，围绕“五优”（旅居服务优、机构养老优、康养医疗优、养老文化优、惠老维权优）标准，完善服务设施，挖掘服务潜力，制定服务标准，明确服务规范，加强督促检查，营造社会氛围，确保候鸟老人在我省能够得到全方位的优质服务。二要积极引入投资主体。要认真落实陆昊省长“要考虑引入投资主体”批示精神，继续深化招商引资活动，积极参加全国性的投融资展会，并准备在“哈洽会”期间举办一次面向东北亚的养老产业博览会。希望各地积极参与，主动对接，力争引进一批有份量的投资主体。同时，各地要建设一批与旅游、健康产业深度融合的品牌养老基地、培育一批具有辐射示范作用的龙头养老企业、开发一批全国知名的“龙字号”老年食品用品、“龙药”系列老年药品和营养品以及老年康复辅具用品等，加大产品研发和营销力度，力争形成养老服务领域“龙江制造”产业链，创造新的经济增长点。三要继续扩大开放协作。黑龙江天鹅颐养联盟要继续发挥交流合作平台的作用，积极吸引省内外企业、机构、社团、行业组织加盟，共商养老服务业发展大计，实现互利共赢。同时，要借助接壤俄罗斯、邻近日本的地缘优势，积极发展国际化养老服务业。全省各地要在养老服务业引进外资、开发产品、学习管理、人才培训等方面加强与日本等东北亚国家的交流与合作，在养老服务业领域构建开放搞活的黑龙江模式。

三、从任务落实着力，在保障措施上再强化

老龄事业发展面临新的形势，任务重、要求高、难度大。各地各有关部门和各级老龄委的同志们一定要从党和国家事业全局出发，把思想和行动统一到中央和省委的决策部署上来，本着对党和人民高度负责的精神，采取切实有效措施，进一步把工作基础夯实，夯牢。

（一）要在组织领导上再强化。各地各有关部门都要把老龄事业摆上重要议事日程，高度重视，积极谋划，及时研究解决老龄事业发展中遇到的新情况、新问题。老龄委各成员单位要结合各自职能和业务领域，主动参与、积极作为、通力合作，认真梳理当前和今后一个时期涉及本部门本单位的老龄工作重点任务，制定落实方案发，明确时间进度，抓好贯彻落实。各级老龄办要切实履行职能，做好推动、督促、沟通工作，发挥协调作用。

（二）要在健全老龄工作体制机制上再强化。要健全老龄工作推进机制，推动各级政府把老年社会保障、健康支持、养老服务、老年宜居环境建设等纳入目标考核，形成激励与约束并举的长效机制。完善老龄委议事规则和协调联络、督促检查等制度，形成上下贯通高效、部门协同有力的老龄工作体制机制。进一步明确各级老龄工作机构的职能定位，完善基层老龄工作组织网络，做到基层老龄工作有人管事、有钱办事、有地方议事。要强化老龄事业的投入机制，加大各级福利彩票、体育彩票公益金用于老龄事业的投入，建立与人口老龄化形势和老龄事业发展要求相适应的财政投入增长机制。

（三）要在营造良好氛围上再强化。当前，全党上下都在积极开展“两学一做”活动，我们要抓住契机，深入开展敬老、爱老、助老宣传教育，大力倡导文明新风，切实加强思想道德建设。充分利用“老年节”、“敬老文明号”创建活动等载体，大力宣传党和政府关于加强老龄工作、发展老龄事业的方针政策及工作措施，引导全社会树立积极的老龄观，把握“发展、保障、健康、参与、和谐”五个关键，正确认识和积极应对老龄化。及时总结推广发展老龄事业的好经验、好做法，树立和表彰为老服务的先进典型，在全社会营造敬老爱老助老社会氛围，为开展积极应对人口老龄化行动、加快老龄事业发展创造良好的社会环境。

四、要在加强队伍建设上再强化

队伍的能力素质是决定事业成败的关键。在老龄事业面临发展良好机遇的形势下，迫切需要一支素质优良、能力过硬的队伍来干事创业。这个队伍包括老龄工作队伍、社会服务组织队伍、社工队伍、志愿者队伍、护理员队伍等等，各级党政要从政治上、工作上、生活上、学习上关心、爱护、支持队伍建设。要多措并举，调动各支队伍的积极性，不断提升工作精气神。要在大力倡导自觉加强学习的同时，进一步加大教育培训力度，不断加强理论学习和实践锻炼，着力提高思想政治素质和做好工作的业务本领，不断改进工作作风，努力增强服务意识，切实为老年人搞好服务。以良好的学习风气引领队伍能力提升，以过硬的队伍推动老龄事业发展。

同志们，老龄工作功在当代，利在千秋。为老服务不仅是一种美德，更是一种责任。我们要进一步解放思想，抢抓机遇，以更加饱满的政治热情，更加良好的精神状态，更加务实的工作作风，全面落实老龄事业发展各项任务，为全省经济社会发展作出新的更大的贡献！

在福建省老龄委第十二次全体会议上的讲话

福建省副省长　黄琪玉

（2016年6月15日）

今天，我们召开省老龄委第十二次全体会议，主要任务是深入学习领会习近平总书记“5·27”重要讲话和中央领导同志的重要指示批示精神，认真贯彻全国老龄工作委员会第十八次全体会议的部署要求，总结“十二五”时期我省老龄事业发展取得的主要成效，正确认识新时期我省老龄事业发展面临的形势并研究部署当前和今后一个时期我省老龄事业发展重点任务。

为积极应对人口老龄化加快趋势，去年10月，习近平总书记、李克强总理等中央领导同志分别就关于加强老龄工作作出重要指示批示。今年5月27日，中央政治局就我国人口老龄化的形势和对策举行第三十二次集体学习，习近平总书记在主持学习时强调，坚持党委领导、政府主导、社会参与、全民行动相结合，坚持应对人口老龄化和促进经济社会发展相结合，坚持满足老年人需求和解决人口老龄化问题相结合，努力挖掘人口老龄化给国家发展带来的活力和机遇，努力满足老年人日益增长的物质文化需求，推动老龄事业全面协调可持续发展。习近平总书记关于加强老龄工作的重要指示，深刻揭示了应对人口老龄化、发展老龄事业的极端重要性和历史紧迫性，是积极应对人口老龄化的总动员令，是推进老龄事业大发展的根本指针。习近平总书记“5·27”的重要讲话，全面深刻地阐述了新形势下老龄工作的基本方针、指导思想和重大举措，提出了许多新理念新论述新要求，是新时期我们进一步做好老龄工作的总纲领总遵循总指导。

各级各部门，特别是老龄委各成员单位要认真学习、深刻领会习近平总书记的重要讲话精神，把习近平总书记提出的要求落实到实际工作中，做到思想上重视，认识到位，顺应、适应老龄化形势；计划上跟进，在编制“十三五”规划、年度计划时，统筹安排好老龄工作；政策上配套，使各项政策的研究制定与老龄工作相衔接；工作上推进，充分发挥各自职责，合力推动我省老龄事业加快发展。

刚才，赖军同志作了关于“十二五”时期我省老龄事业发展情况和今年工作安排的报告，省发改委、卫计委、财政厅、人社厅等部门也结合本部门的职责作了很好的发言，对“十三五”时期工作作了安排，我都赞成，请大家抓好贯彻落实。下面我讲几点意见。

一、充分肯定“十二五”时期我省老龄事业取得的显著成效

“十二五”时期是我省老龄事业加快发展的五年。在省委、省政府的正确领导下，各级各有关部门主动作为，攻坚克难，“十二五”规划任务基本完成，我省老龄事业呈现全面、协调、快速发展的良好态势，老龄工作水平得到进一步提高。主要体现在以下几个方面：

（一）社会保障体系不断健全。基本养老、基本医疗保险制度全面建立，参保人数持续增加，保障水平稳步提升。企业退休人员基本养老金实现“十一连涨”，城乡居民基础养老金月人均不低于85元，老年居民生活逐步改善。城镇居民基本医疗保险和新型农村合作医疗政府补助标准持续提高，大病医疗互助范围逐步扩大，老年人医疗费用负担减轻。社会救助体系逐步完善，符合低保和五保条件的困难老年人实现应保尽保，保障水平逐年提高。重点优抚对象、革命“五老”人员生活补助标准不断提高。老年社会福利制度由特惠向普惠转变，高龄老人津贴制度实现全覆盖。

（二）养老服务水平不断提升。制定《城市社区居家养老服务规范》，城市社区居家养老服务硬件设施建设“十二五”目标提前两年完成，农村居家养老服务工作扎实推进，共建成农村幸福院3116个，形成了具有福建特色的居家养老服务模式，在全国产生良好的示范效应。社会力量积极参与养老服务，每千名老年人拥有床位数达到30.1张。异地就医结算服务稳步推进，65岁以上老年人健康档案管理达到100%，老年人慢性病防治力度持续加大，基层医疗卫生服务机构为老服务能力显著提升。企业退休人员社会化管理服务得到加强。公共文化、全民健身、司法保护等基本公共服务惠及更多老年人。

（三）权益保障力度不断加大。将新修订实施的《中华人民共和国老年人权益保障法》列入普法教育内容，老年人法律援助和司法救助工作成效显著，“十二五”期间，全省共办理老年人法律援助案件近万件。《福建省老年人权益保护条例》修订工作稳步推进，目前已进入省人大常委会审议阶段。老年人优待政策不断完善，分别在政策服务、卫生保健、生活服务和交通出行、商业服务与文体休闲、维权服务等方面，制定实施了一系列惠及老年人的政策和措施。

（四）社会参与程度不断提高。全省各类老年学校达到1.25万所，在校学员超过100万人，建校率和老年人入学率连续多年居全国前列。老年人体育工作成效明显，全省共有老年人体育协会1.73万个，会员257万人，经常参加体育锻炼的老年人达289万人。全省共有基层老年协会1.59万个，其中规范化建设协会7107个，有会员216万人。老年群体组织联系老年人的桥梁和纽带作用得到较好的发挥。

（五）政策支持步伐不断加快。城乡基本养老保险制度实现整合与衔接，基础养老金全省统筹积极推进，机关事业单位工作人员养老保险制度改革、养老服务业综合改革、公办养老机构改革、计划生育家庭养老照护、老年人意外伤害保险等工作顺利实施。政府购买养老服务、专业人才培养、养老用地、税费减免等方面的政策支持力度不断加大，养老服务业发展的政策环境得到进一步改善。省政府于去年底批准设立了总规模为60亿元的养老产业投资基金，引导社会力量参与养老服务。省人大代表、政协委员高度关注老龄工作和养老服务业发展，省人大常委会积极组织开展“一法一例”执法检查，省政协多次召集专题对口协商会，研究推动老龄事业发展。

这些成效的取得，是省委、省政府正确领导的结果，也是各级各有关部门合力推进的结果，更是省老龄委各成员单位和全省广大老龄工作者辛勤付出、共同努力的结果。借此机会，我代表省政府和省老龄委，向各成员单位和全省广大老龄工作者表示衷心的感谢！

二、正确认识新时期我省老龄事业发展面临的总体形势

当前，我省的老龄化程度进一步加深。截至2015年底，全省 60 周岁及以上老年人口 515 万，占总人口的 13.41%。当前和今后一个时期，我省人口老龄化发展将呈现以下特点：一是老年人口增速快，规模大。预计到 2020 年，全省老年人口将达到 615.73 万，占总人口的 15%；2035 年突破 1000 万，达到 1026.76 万，占总人口的 24.76%；2050 年达到 1211.46 万，占总人口的 30.37%。在此期间，预计我省老年抚养比将由 11.66%提升到 35.06%。二是高龄化、空巢化加剧。2015 年，我省 80 周岁以上老年人口 86.5 万，占老年人口数的 16.8%；空巢和独居老人 114 万，占老年人口数的 22.14%。预计到 2035 年，高龄老人将达到 138 万。高龄化预示着失能风险的增加，失能老人群体的护理需求将更加迫切。三是农村老龄问题突出。目前，我省农村老龄化水平为 23.54%，远远高于城镇 8.99%的水平。随着城镇化进程的加快，城乡人口老龄化倒置现象将进一步加剧。

研究表明，在当期和今后一个相当长的时期内，我省人口老龄化不断加快的趋势不可逆转。我们要正确认识、认真对待、积极应对人口老龄化带来的挑战，全力做好老龄各项工作。我们常说，家家有老人，人人都会老。做好老龄工作，让广大老年人安度晚年，既是老年人的共同愿望，也是党和政府的应尽职责。各级各部门要切实增强责任感和紧迫感，积极回应老年人对过上美好生活的新要求和新期待，加大投入，统筹推进，让广大老年人共享社会发展成果。要积极发展养老服务业和老龄产业，作为推进经济发展和转型升级的新增长点。

三、认真谋划“十三五”时期我省老龄事业发展的重点任务

“十三五”时期是全面建成小康社会的决胜阶段，也是老龄化形势日益严峻、老龄问题日益凸显的时期。我们要深入学习领会习近平总书记“5·27”重要讲话精神，按照省委、省政府的决策部署，全力推进“十三五”老龄事业发展再上新台阶。

（一）全面提高老年人社会保障水平。各成员单位要加快老年人社会福利和保障体系建设，把生活困难老年人作为老龄工作的重点对象，全面摸清生活困难老年人人口数量和具体情况，在完善养老保险、医疗保险、养老服务、社会救助等各项社会保障政策措施时，充分考虑这部分老年人的特殊情况，按照普惠和特惠相结合的原则，有针对性地向这部分老年人倾斜。要把缩小城乡、区域、人群之间的保障差距作为工作重点，尽快研究制定相关办法，保障所有老年人平等享受社会发展成果。要着力完善老年人社会福利制度和优待办法，按照可持续原则，为老年人提供各种便利；不断完善高龄津贴、养老服务补贴、计划生育家庭奖励扶助、失独老人帮扶等制度，提高老年人福利水平。要加大对老年人的精神关爱，特别是对空巢、失能老年人，要给予特别关注，提供专业服务和志愿服务。

（二）扎实推进养老服务业发展。要认真落实省政府 2014 年出台的《关于加快发展养老服务业的实施意见》，抓紧完善和落实相关政策措施，推动养老服务业快速发展。要全面放开养老服务市场，支持社会力量进入养老服务领域，简化审批程序，细化土地、财税等优惠政策，引导社会力量参与社区居家养老服务，鼓励社会力量投资养老机构，培育养老服务社会组织，逐步使社会力量成为主体力量，进一步规范养老服务业健康持续有序发展。要推进医疗卫生与养老服务融合发展，促进医疗卫生资源进入养老机构、社区和居民家庭，完善医疗保险机制，满足老年人医疗服务需求。要加快老年人商业保险产品的开发与推广，着力扩大老年人意外伤害险、养老机构综合责任险覆盖面，积极探索建立老年人长期护理保险。要打造闽台养老合作品牌，引进台湾知名养老服务集团和连锁机构，加强闽台人才培训交流。要拓宽投融资渠道，加大政府资金投入，拓宽信贷抵押物范围，加大养老信贷投入，提高养老机构和入住老年人的保险保障水平。

（三）积极营造尊老敬老社会氛围。尊老敬老是中华民族的传统美德，要在全社会营造尊老敬老氛围，让尊老敬老成为每个公民都自觉奉行的德行标准。要大力挖掘“孝典”故事，努力建设具有民族特色、地域特色及时代特征的孝亲敬老文化，树立美德典型。要持续开展“敬老爱老助老主题教育”和“敬老月”活动，在机关企事业单位中创建一批“敬老文明号”，打造敬老特色品牌。要重视发挥老年人积极作用，为广大老年人老有所乐、老有所为创造条件。要广泛开展“一法一例”普法宣传教育，积极营造依法维护老年人权益的氛围，切实加强对老年人的法律服务、法律援助和司法救助。要着力加强涉老法律法规的执法力度，健全法制机制，严肃查处侵犯老年人合法权益的违法犯罪行为。

（四）健全完善老龄工作机制。要按照“党委领导、政府主导、社会参与、全民行动”的要求，完善党委统一领导、政府依法行政、部门密切配合、群团组织积极参与、上下左右协同联动的老龄工作机制，形成老龄工作大格局，切实保证城乡社区老龄工作有人抓、老年人事情有人管、老年人困难有人帮。各级老龄委要完善议事规则和协调联络、监督检查等机制，形成科学决策、高效执行并督促落实到位的良性运行机制。各级老龄办作为老龄委的办事机构，要切实履行好综合协调、参谋助手和督促检查的职责，为老龄委决策服务，为各成员单位履行职责服务。各成员单位要按照日前省老龄委印发的职责，各负其责、各司其职，在推动部门工作的同时，合力推进老龄事业发展。

（五）努力抓好工作队伍建设。要加强老龄工作机构和工作队伍建设，以是否保障老年人权益、回应老年人需求、妥善解决老龄化社会各种矛盾，作为衡量老龄工作队伍能力建设的重要标准，引导广大老龄工作者以饱满的热情投入到老龄事业中去，真心关爱老年人，倾听老年人心声，回应老年人期盼，及时帮助老年人解决生活中的实际困难，打造一支政治可靠、业务精通、作风优良的老龄工作队伍。老龄委各成员单位要选派讲政治、守规矩、懂业务、作风实、讲奉献的干部充实到老龄工作队伍中去。要切实加强老龄工作人才培养，关心老龄工作干部的成长进步。

今年是“十三五”的开局之年，为实现我省“十三五”老龄事业发展的良好开局，我再强调两项工作。

一要做好省级层面对老龄事业发展的设计与规划。今年，“十三五”各项规划已经或即将出台实施，要进一步强化规划的导向作用，将应对人口老龄化、发展老龄事业纳入各相关专项规划中，统筹谋划“十三五”时期老龄工作的目标任务、主攻方向、体制机制和重大政策。省老龄办要加快编制我省老龄事业发展“十三五”规划，各成员单位要密切配合，通力协作，促进老龄事业规划与各领域专项规划衔接配套，明确“十三五”时期老龄事业发展的战略目标、主要指标、重点领域、重大任务、重要工程等。

二要扎实推进城乡社区居家养老服务补短板工作。目前，我省社区居家养老服务工作存在配套措施不完善、社会力量参与乏力、地区发展不平衡等问题。相关部门要按照省委、省政府补齐短板的要求和部署，加快推进社区居家养老服务供给侧结构性改革，尤其要着力补足农村、贫困地区社区居家养老服务的短板，研究制定社区居家养老服务推进政策，积极推动社区居家养老“互联网＋”模式，加快社区居家养老服务市场化、专业化进程，进一步巩固社区居家养老的基础地位和主体地位。

老龄事业发展事关社会和谐稳定，事关广大老年人幸福安康。我们要按照省委、省政府的部署要求，真抓实干，积极作为，不断开创老龄工作新局面，努力推动老龄事业与经济社会协调发展，为全面建成小康社会作出新的更大贡献！

在江西省老龄委第十一次全体会议上的讲话

江西省副省长　尹建业

（2016 年 8 月 11 日）

一、新形势需要新担当

当前，我省人口老龄化速度正在不断加快，据统计，到 2015 年底，我省 60 周岁以上老年人达 633.71 万人，占全省总人口的 13.88%（略低于全国的 16.1%），65 周岁以上老年人 431 万人，占全省总人口的 9.44%。同时，还存在高龄化现象突出、城乡发展不平衡、空巢化日益严重等问题，对经济、社会、民生等方面造成了深刻影响。如，劳动力供给逐渐减少，经济运行成本不断提高；老年人群体涉访涉诉事件增多，社会治理任务艰巨；抚养系数不断上升，家庭养老功能弱化；社保资金缺口增大，社会养老服务供给不足，等等。我省作为农业大省，这些影响在农村表现得尤为突出，有的地方甚至出现了“村庄空心化、农民老龄化、农村凋敝化”的现象。

在看到问题和困难的同时，我们也要把握好当前形势的有利一面。近年来我省经济社会平稳较快发展，为老龄工作奠定了坚实的经济基础和社会事业基础；我省老龄工作不断探索创新，积累了发展经验，锤炼了干部队伍；特别是省委、省政府始终高度重视、大力支持老龄工作，为我们带来了宝贵的发展机遇。

总的来说，当前我们既处于人口老龄化的矛盾凸显期，也面临着老龄工作的重要机遇期，在这一新形势下，老龄工作大有可为。我们要从战略和全局的高度，认清新形势，把握新机遇，进一步增强使命感和责任感，以强烈的进取精神和担当精神做好老龄工作。要按照中央和省委、省政府的决策部署，坚定不移地深化老龄工作改革，做好顶层设计，精准定向施策，解决实际困难。老龄工作是经济社会发展工作的重要组成部分，通过做好老龄工作，能够激发市场活力，促进经济发展；创新社会管理，维护和谐稳定；弘扬传统美德，彰显公平正义，进而在我省“发展升级、小康提速、绿色崛起、实干兴赣”的发展大局中担负起应有的责任。

二、新任务需要新作为

习总书记重要讲话和全国老龄委全会精神为我们指明了前进方向，也提出了新任务、新要求。下一步，我们要重点抓好以下五个方面的工作：

（一）要科学编制好老龄事业发展“十三五”规划。这是我省“十三五”时期老龄工作的总纲。要增强规划的科学性。省老龄委要主动与省发改委加强沟通，会同有关部门认真研究，确保老龄事业发展规划与全省国民经济和社会发展规划纲要相衔接、相协调。要增强规划的针对性。在老龄事业发展“十三五”规划编制中，要本着“缺什么补什么，什么弱就加强什么”的原则，认真研究解决我省老年人居住环境问题、老年人长期护理保障问题、农村老年人的养老问题、老年人社会参与等问题。要增强规划的可操作性。围绕“确保老年人群体同其他群体同步进入小康社会”这个目标，逐步建立健全老龄事业政策支持体系，重点在规划布局、土地供应、医养结合、财政补贴、金融支持、税费优惠、人才培养、就业政策、交通互联、维权服务，以及政府购买服务、完善风险防范机制等方面出台更具操作性和实用性的政策措施，破解制约养老业发展的瓶颈问题。

（二）积极推动《江西省实施〈老年人权益保障法〉办法》落地工作。《江西省实施〈老年人权益保障法〉办法》（修订稿），经第63次省政府常务会议原则通过，9月份将提交省人大审议。新修订的《实施办法》是我省老龄工作顶层设计的最新成果，贯穿了中央关于老龄工作的最新精神，坚持了问题导向，紧扣了江西实际，体现了“跳起来摘桃子”的要求。目前这个修订稿在健全完善相关的政策体系、促进医疗卫生与养老服务结合、老年人宜居环境建设、老年人长期护理保障、老年人优待、家庭养老基础性定位、基层老龄工作队伍建设和农村老年协会建设等重点问题上取得了积极的进展。一旦《江西省实施〈中华人民共和国老年人权益保障法〉办法》通过审议，要积极做好法规的落地工作。一要广泛宣传。通过电视报纸网络等新闻媒体，将我省《实施办法》内容向老年人和全社会传播，做到“全知晓”。二是要加大督促检查力度。在法规实施一段时间后，省老龄委要对《实施办法》的落实情况进行督察，指导督促各地抓好落实。

（三）着力推进养老服务业快速发展。建立健全以居家为基础、社区为依托、机构为补充、医养相结合的多层次养老服务体系。积极开展“互联网＋养老服务”行动，推动社区服务、养老服务向家庭延伸。鼓励运用政府和社会资本合作（PPP）模式，采取公建民营、民办公助等方式，支持符合条件的营利性养老机构承接政府购买的公益性养老服务，通过市场提高养老服务供给能力和水平。加快建立健全医养结合政策体系和管理制度，探索医养结合多元化的有效实现模式，实现基层医疗卫生机构与社区养老服务机构的无缝对接，为社区高龄、重病、失能半失能等困难老年人，提供定期体检、上门巡诊、家庭病床、社区护理、健康管理等基本服务。

（四）要重视农村养老问题。依托农村社区综合服务平台设施，拓展农村养老服务功能。加强农村敬老院建设和改造，推动服务设施达标。加强农村留守、困难、空巢老年人的关爱保护，发挥农村基层自治组织，特别是农村老年协会的作用，发展互助式养老服务。扩大新型农村合作医疗范围，完善县、乡、村三级医疗机构网络，增强卫生服务能力。通过设置公益性岗位，加大财政投入，支持农村老年协会建设。

（五）要培育养老领域经济增长点。深化供给侧改革，推进产业结构调整，培育发展江西特色老龄产业。因地制宜，发挥江西红色教育和绿色生态的资源优势，科学设置老年人旅游路线，发展生态养老产业。鼓励自主创新，研发老年产品用品，拓展养老服务内容，培育养老产业集群。加强生产、营销、宣传、售后服务方面的监管，确保养老服务和老年产品的质量和安全。推进老年宜居环境建设，加强街道、社区的“老年人生活圈”配套设施建设。鼓励家庭成员和老年人共同生活或就近居住。积极开展家庭无障碍改造，为行动不便的老年人提供便利。

三、新局面需要新机制

老龄事业是党和政府工作的重要组成部分，我们要把思想和行动统一到中央的决策部署和习总书记的重要讲话精神上来，统筹谋划，科学安排，精准发力，及时研究，切实解决老龄事业发展中的问题，重点健全四个机制，把老龄事业各项工作做实、做好。

一要健全组织领导机制。要坚持党委领导、政府主导、社会参与、全民行动相结合，进一步健全老龄工作体制机制，形成党委统一领导、政府依法行政、部门密切配合、群团组织积极参与、上下左右协同联动的老龄工作格局。老龄委作为政府主管老龄工作的议事协调机构，要切实发挥议事协调职能，进一步明确成员单位的职责分工，完善议事规则和各项规章制度。老龄委成员单位要各司其职、积极作为，围绕老龄工作重点任务，落实主体责任，确保各项工作任务按时按质按量落到实处。要设立专项工作协调推进小组，明确牵头部门和配合部门，集中攻关，统筹协调，形成合力，从政策、资金等各方面解决人口老龄化带来的问题。

二要健全宣传教育机制。要增强全社会积极应对人口老龄化的思想观念，树立积极老龄化、健康老龄化的价值观。要加强教育引导，在全省范围内开展人口老龄化国情教育、老龄政策法规教育、尊老敬老传统美德教育，开展敬老精神文明创建活动，开展为老志愿服务，引导全社会增强接纳、尊重、帮助老年人的关爱意识和老年人自尊、自立、自强的自爱意识。要充分发挥报纸、杂志、电视台、互联网等新闻媒体的作用，运用老年群体喜闻乐见的方式，搭建老年人便于参与的平台。

三要健全督促落实机制。各成员单位要对现有的涉老政策进行梳理，评估效果，对没有落地和落实不到位的政策，要拿出改进办法，制定更加具有针对性和操作性的政策措施。要加强老龄事业发展规划执行监督和评估，省老龄办要会同有关部门定期对规划实施情况进行检查和评估。要开展专项工作督查，对老年优待工作、老年宜居环境建设等重点工作进行督查，及时发现和解决问题，认真总结推广好经验、好做法，推动老龄事业发展。

四要强化自身建设机制。要加强作风建设，坚持求真务实，经常深入基层、深入一线，发现新情况，研究新问题，总结新经验，履职尽责、敢于担当、主动作为。要加强能力建设，认真学习老龄工作理论和政策法规，深入调查研究，加强交流学习，在实践中不断提高开拓创新能力、调查研究能力、综合协调能力和社会活动能力。要加强队伍建设，配齐配强人员，打造一支有自觉、有激情、有担当的老龄工作队伍，真正做到城乡社区“老龄工作有人抓、老年人事情有人管、老年人困难有人帮”。

在山东省庆祝老年节大会上的讲话

山东省委常委、统战部部长　吴翠云

（2016年10月9日）

各位老领导、老年朋友，同志们：

今天，我们在这里召开大会，共同庆祝我省第29个“老年节”，隆重表彰全国敬老文明号、敬老爱老助老模范人物，为老年公益维权服务示范站、山东省“十大孝星”、十佳敬老企业和十佳敬老企业家颁奖，并为新命名的“山东省长寿之乡”授牌。会前，姜异康书记、郭树清省长专门发来慰问信，为广大老年朋友送上节日祝福，向老龄工作战线上的同志们致以亲切问候。在此，我代表省委、省政府向各位老领导、老年朋友和全省老年人致以节日的祝福，向全社会关心支持老龄事业发展的各界人士表示衷心的感谢，向受到表彰的单位和个人表示热烈的祝贺！刚才，两位老有所为模范人物、全国敬老文明号和老年维权示范站的代表先后做了发言，很生动、很感人，让我们看到了老年朋友身上那种老骥伏枥、容光焕发的精神状态，感受到了社会对老年群体的浓浓关怀，反映出在全社会的共同努力下，我省老龄事业蓬勃发展的大好前景，精神上很受鼓舞。

近年来，省委、省政府高度重视改善老年民生，按照十八大确定的“积极应对人口老龄化，大力发展老龄事业和产业”方针，领导各级深入开展应对人口老龄化行动，相继出台了一系列强有力的政策措施。各级各部门认真贯彻落实中央和省委、省政府决策部署，紧紧围绕五个“老有”目标要求，完善制度体系，加大投入力度，强化基础建设，打造宜居环境，城乡老年人的养老和医疗保障水平不断提升，社会养老服务体系建设成效显著，老年人权益保障更加充分，精神文化生活更加丰富，社会敬老养老助老的氛围更加浓厚，全省老龄事业发展显著加快。

山东是全国老年人口第一大省。2015年底60岁以上人口接近1900万，占总人口的19.23%。现在，我们几乎每五个人中就有一位老年人，应对人口老龄化的形势非常严峻。去年10月，习近平总书记和李克强总理分别就进一步加强老龄工作做出了重要指示和批示，将应对人口老龄化工作提升到“事关国家发展全局，事关亿万百姓福祉”的战略高度，要求立足当前、着眼长远，加强顶层设计，完善生育、就业、养老等重大政策和制度，做到及时应对、科学应对、综合应对，并在“十三五”期间进行部署、落实。今年5月27日，中共中央政治局就我国人口老龄化形势和对策举行了第三十二次集体学习，习近平总书记在会上发表了重要讲话。分析了我国世界上老年人口最多、老龄化速度最快、应对人口老龄化任务最重的客观形势，并再次提及两个“事关”，进一步强调了积极应对人口老龄化的重要战略地位。在此次集体学习上，习近平总书记提出了着力增强全社会积极应对人口老龄化的思想观念，着力完善重大老龄政策制度，着力发展养老服务业和老龄产业，着力发挥老年人积极作用，着力健全老龄工作体制机制的明确要求，为我们下一阶段发展老龄事业、开展老龄工作提出了理论指导和基本的遵循。

“十三五”期间是全面建成小康社会的决胜阶段，也是我省人口老龄化向深度发展的重要阶段，做好“十三五”期间各项老龄工作意义重大，我们要进一步提高认识，强化机制，坚持“党委领导、政府主导、社会参与、全民行动”的老龄工作方针，切实把习总书记重要指示和重要讲话精神落到实处。

一要引导全社会树立“积极老龄观”，正确看待老年人、老年生活和人口老龄化。要肯定老年人为社会建设做出的贡献，重视老年人才优势，积极开展老龄化国情和政策法规宣传教育，支持老年人参与社会，完善和提升自我。要认识到老年是人生发展的重要阶段，仍然可以有作为、有进步、有快乐，让大家积极面对，提前规划，主动适应。要认识到人口老龄化是经济社会发展进步的产物，既要看到其带来的不利影响和各种挑战，又要看到应对人口老龄化的有利条件和发展机遇，采取有效措施化危为机、变被动为主动。

二要加快完善老龄政策制度，充分保障老年人的权益。要在全面落实“一法一条例一规定”的基础上，完善老年人家庭赡养和扶养、社会救助、社会福利、社会优待、宜居环境、社会参与等政策，增强政策制度的针对性、协调性、系统性；完善《老年法》和《条例》要求配套的各项政策制度，保障老年人各方面的合法权益；完善养老和医疗保险制度，加快促进医疗卫生和养老服务融合发展的政策措施；建立老年人状况统计调查和发布制度、相关保险和福利及救助相衔接的长期照护保障制度、老年人监护制度、养老机构分类管理制度，制定家庭养老支持政策、农村留守老人关爱服务政策、扶助老年人慈善支持政策、为老服务人才激励政策，促进各种政策制度衔接，增强政策合力。

三要加快推进养老服务业和老年产业发展。要完善老龄产业支持政策，从财政、税费、土地等方面采取措施，鼓励和引导企业开发医疗卫生、康复辅具、供需信息等老年服务产品，培养提供老年产品和服务的知名企业和服务品牌；要科学制定养老服务业和老龄产业发展规划，积极培育市场主体，支持有关机构和企业研发生产老年系列用品，促进老年用品的升级换代，打造高端养老产业示范区；加大养老服务人才培养力度，提升养老服务从业人员的职业道德、专业知识和业务技能培训，提升从业人员的持证上岗率；大力培养居家养老服务中介组织、志愿者队伍和互助式社区养老服务组织，增加养老服务资源的有效供给；出台养老服务行业规范，加强市场监管，严打假冒伪劣等违法犯罪行为，营造良好的市场环境。

四要积极发挥老年人的积极作用，为老有所为创造有利环境。要把老年人参与社会发展作为积极应对人口老龄化的重要手段，积极探索新形势下老年人力资源开发的思路和机制，搭建老年人才交流平台，鼓励老年人参与全面小康社会建设；加强对老年人再就业的法律保障，确保老年人在再就业时的精神、安全和物质权利不受侵犯；大力发展老年志愿服务，发挥老年人的知识、经验和威望优势，引导老年人积极参加基层民主监督、社会治安、公益慈善、移风易俗、民事调解、关心下一代等工作；加强对老年社会组织的管理和指导工作，鼓励发展公益性、互助性、服务性、专业性老年社会组织，鼓励和支持专业性老年社会组织参加或承办政府有关人才培养、项目开发、课题研究、咨询服务等活动，强化其自我管理、自我教育、自我服务功能。

五要进一步健全老龄工作的体制机制，增强应对人口老龄化的工作合力。按照习近平总书记的重要讲话精神，我们要进一步完善党委统一领导、政府依法行政、部门密切配合、群团组织积极参与、上下左右协同联动的老龄工作机制，形成老龄工作大格局；要按照“保证城乡社区老龄工作有人抓、老年人事情有人管、老年人困难有人帮”的要求，对基层老龄组织给予必要的支持和保障，提升其落实国家各项老龄政策，开展为老服务的能力；各级涉老部门要在制定部门工作规划时充分考虑老年人的权益，并保障各项老年优待政策的有效落实，老龄部门要充分发挥“参谋助手、综合协调、督促检查”的作用，确保老年法律、法规、政策，让广大老年人真正受到尊重和保护，得到关爱和帮助。

同志们，老龄事业前景光明，老龄工作任重道远。发展老龄事业，让老年人健康幸福安度晚年，是各级党委、政府和全社会共同的责任。孝德文化作为齐鲁传统文化的重要组成部分，也是构建社会主义和谐社会的重要基础，必须大力弘扬。希望全省各级、社会各界在省委、省政府的正确领导下，以深入贯彻落实党的十八大、十八届三、四、五中全会和习近平总书记重要讲话精神为指引，科学谋划，锐意创新，努力推动我省老龄事业全面、协调、可持续发展，早日实现让广大老年人同步迈进全面小康社会的宏伟目标！

在山东省老龄委第二十四次全体会议上的讲话

山东省副省长 王随莲

（2016年3月24日）

同志们：

这次老龄委全体会议的主要任务是，深入贯彻落实全国老龄委全体会议精神，总结“十二五”期间全省老龄事业发展情况，安排部署下一步老龄工作任务。刚才，希滨同志通报了“十二五”期间全省老龄事业发展情况，省老龄委部分成员单位负责同志作了发言，讲的都很好。

“十二五”时期，在省委、省政府的正确领导下，全省各级各有关部门，特别是老龄委各成员单位，紧紧围绕“五个老有”目标，不断创新体制机制，完善政策措施，狠抓工作落实，圆满完成了“十二五”确定的各项工作任务，全省老龄事业迈上了新台阶。一是老年人权益保障体系日益完善。在全国率先修订并实施了《山东省老年人权益保障条例》，各市和省老龄委各成员单位结合实际，制定出台了一系列政策文件，老年人权益保障机制更加健全。广泛开展形式多样的老年维权活动，创建老年人公益维权服务示范站160个，积极开展法律咨询和法律援助。全省17市全部新修订或出台了《老年人优待规定》，青岛、烟台、潍坊等市积极开展老年人优待政策落实情况专项督查，切实保障老年人权益。二是老年人社会保障水平不断提高。在全国率先建立了全省统一、城乡一体的居民基本养老保险、基本医疗保险和大病医疗保险制度，连续11年上调企业退休人员基本养老金，大幅提高城乡低保、城镇“三无”老人和农村“五保”老人供养标准，居民基础养老金达到每人每月85元。高龄津贴实现全省90岁以上老年人和80岁以上低保老年人的全覆盖。滨州、淄博等市进一步扩大保障范围，将高龄津贴覆盖面扩大到所有80岁以上老年人，东营市更是扩大到70岁以上老年人。“银龄安康”工程有序推进，截至“十二五”末，累计参保人数达2820万人，赔付14.2万例，赔付金额3.3亿元。工程实施中，各地都结合自身实际，总结和推出一批好的经验做法，德州市在保险公司设立“银龄安康”服务专员，为参保老年人开展上门服务，极大地方便了老年人投保获赔。老年人免费查体、免费乘车等优待政策得到有效落实，临沂等市将免费乘车范围扩大到60岁以上所有老年人，青岛、烟台、潍坊、莱芜4个市将这一政策覆盖到农村。三是养老服务体系建设有序推进。初步形成了以居家养老为基础、社区养老为依托、机构养老为补充，功能完善、规模适度、覆盖城乡的养老服务体系框架。2015年底，全省共有养老服务机构3127家、养老床位60.5万张，每千名老年人拥有床位数达到32张，超额完成我省“十二五”规划确定的千名老人拥有床位30张的目标任务。泰安、日照、菏泽等市专门出台支持养老服务业发展的政策文件，枣庄、济宁、威海等市设立了专项发展资金，推进养老服务业发展的政策措施进一步完善。扎实开展“长寿之乡”评选工作，莱州等6个县（市、区）被评为“全国长寿之乡”，单县等10个县（市、区）被评为“山东省长寿之乡”。四是老年人精神文化生活更加丰富。积极打造“文化养老”新模式，全省共建成老年文体场馆7624个，老年健身站点6.32万个，参与文体活动的老年人达到1260余万人，老年人已经成为群众文化的主力军。济南、潍坊积极创建家庭电视老年大学，有效满足了老年人精神文化需求。五是“大老龄”工作格局初步形成。各级老龄委成员单位按照任务分工，结合各自职能，认真履职尽责，社会各界广泛参与，积极支持老龄事业发展，全社会关心、关爱老年人的氛围日趋浓厚，老年人的获得感和幸福感明显提升。

过去的五年，是老龄工作规范化建设不断推进的五年，是老龄事业快速发展的五年，也是改革发展成果惠及老年人最多的五年。这些成绩的取得，是全省各级各有关部门，特别是老龄委各成员单位、全体老龄工作者共同努力的结果，是社会各界关心支持的结果。在这里，我代表省政府对大家表示衷心的感谢！

在肯定成绩的同时，也要充分认识到，当前我省的老龄工作还面临一些新情况和新问题。一是人口老龄化发展呈现新特征。截至2015年年底，我省60岁以上老年人已达1890万，占总人口的19.23%，比全国16.1%的比重高出三个多百分点。其中，2000年到2010年平均每年增加约80万，2010年到2014年平均每年增加90万，2015年增加了约100万，据测算，2050年前后达到人口老龄化峰值时，老年人口比例将上升到35%左右，老龄化速度不断加快。同时，老年群体中高龄、空巢、失能等特征明显，80岁以上老年人达到230万，60岁以上失能、半失能老年人达到260万，纯老年人家庭占家庭总数的60%以上，老龄化形势十分严峻。二是公共服务供给与老年人实际需求之间的矛盾长期存在。随着经济社会发展和生活水平的提高，老年人的各方面需求也在不断增多。但从总体上看，我省还处于“未富先老”阶段，各项社会保障制度不够完善，保障水平整体偏低。特别是当前，经济下行压力持续增大，各级财政用于养老服务、医疗保障、文化体育等民生领域的支出短期内很难大幅提升，公共服务供给不足、结构不合理等问题仍将长期存在。同时，社会办养老、医疗、文体等机构数量少、规模小、层次良莠不齐，服务能力不强，还不能完全满足老年人多层次、多样化、个性化的需求。三是农村养老问题日益凸显。据统计，我省有超过60%的老年人生活在农村，部分从农村到城市工作的人群将来也会回到农村养老，农村老年人群体将会进一步扩大。与城市相比，农村老龄事业发展滞后，为老服务体系不健全，精神文化生活匮乏，老年人“站街头”、“靠墙头”、“晒日头”的现象普遍存在。特别是，随着我省城镇化进程和人口流动的加快，农村留守老人的数量不断增加，年龄不断增大，医疗、养老、照料和精神慰藉等问题愈加突出。

党中央、国务院高度重视老龄工作。习近平总书记、李克强总理分别对老龄工作作出重要指示、批示，要求及时、科学、综合地应对人口老龄化，将老龄工作提上重要议事日程，在“十三五”期间抓好部署、落实。省委、省政府始终将老龄工作抓在手上，郭树清省长在2016年政府工作报告中明确提出，“十三五”时期要大力发展老龄事业和养老服务业，并亲自主持召开全省养老服务业转型升级座谈会，安排部署有关工作。2016年是“十三五”规划的开局之年，也是全面建成小康社会决胜阶段的开局之年，做好老龄工作意义重大。我们要深入贯彻落实党的十八届五中全会精神和习近平总书记系列重要讲话精神，深刻领会习近平总书记、李克强总理的重要指示、批示精神，牢固树立“创新、协调、绿色、开放、共享”的发展理念，进一步增强责任意识、忧患意识和进取意识，积极应对人口老龄化挑战，坚定信心、积极作为，全力推进老龄事业创新发展。

下面，就做好老龄工作，我讲几点意见。

一、切实保障和改善老年人生活

提高老年人生活水平，改善老年人民生是一项综合性工作，涉及财政、人社、民政、老龄、扶贫等多个部门。我们要切实发挥好老龄委工作优势，协调各部门不断完善老年保障制度，共同编织好覆盖全体老年人的民生保障网。一是健全各项社会保障制度。各成员单位和各地要根据经济发展状况、物价指数变动和基金承受能力，逐步提高保障水平，并向高龄、贫困老年人倾斜。要健全完善老年人社会救助和社会福利制度，适时提高城乡低保户、农村“五保”老人的抚恤和生活补助标准，探索完善省级层面的高龄津贴制度。稳步推进“银龄安康”工程，进一步加大宣传力度，动员更多的老年人参保，开发更多适合老年人的保险品种，鼓励社会各界广泛参与捐赠。要不断强化服务意识，简化理赔程序，提高服务质量，把“银龄安康”工程真正打造成“群众满意、社会赞扬、老人安康”的民心工程。二是大力推进老年扶贫工作。贫困老年人大多劳动能力不足，仅凭自身努力很难实现脱贫目标，必须充分发挥社会保障政策的兜底作用。要逐户摸清全省老年贫困人口数量、贫困状况和致贫原因，结合每一户老年人的实际需求，研究制定具体帮扶措施。要统筹用好农村“五保”、低保和精准扶贫的各项政策措施，让贫困老年人同步迈入全面小康，共享经济社会发展成果。三是切实加强农村老龄工作。我省人口老龄化的突出问题在农村，老龄事业的薄弱环节在农村，老龄工作的重点和难点也在农村。各成员单位和各地要加快推进城乡基本公共服务均等化，在配置养老、医疗、文体等公共资源时重点向农村倾斜，从根本上解决农村养老问题。要进一步健全农村基层老龄工作组织，不断加强规范化和制度化建设，更好地发挥为老服务作用。

二、大力发展老龄产业

在经济发展新常态的背景下，养老、医疗等行业越来越多的具有经济和社会双重属性。相关机构研究表明“十三五”期间，中国养老市场消费将超过10万亿元人民币，年均增长幅度将达17%，养老需求十分庞大。我们要抓住机遇，进一步创新体制机制，完善政策措施，扩大产业规模，优化产业结构，使老龄产业真正成为我省经济转方式、调结构、稳增长的新动力和新优势。一是加快推动养老服务业转型升级。去年，根据郭树清省长主持召开的养老服务业转型升级座谈会精神，省政府办公厅印发了《山东省养老服务业转型升级实施方案》，对养老服务业转型升级的相关工作作出了安排部署。各成员单位和各地一定要抓好贯彻落实。首先，要大力发展居家养老。居家养老投入小、效益高，兼具家庭养老和机构养老的优势，是最符合现实情况的养老方式。各成员单位和各地要进一步完善扶持政策，加快建设社区日间照料中心、农村幸福院等设施，增强日间照料、托养、居家养老服务等功能，广泛开展“助餐、助浴、助洁、助行、助医、助急”服务，打造好社区养老服务中心。要支持社会力量发展社区养老服务组织，鼓励热心老年人家庭设立邻里互助养老点。省里已经决定依托省级政务云平台，建设全省统一的养老服务信息平台，相关部门要加快工作进度，尽快实现“一个平台，服务全省”的目标。居家养老将是绝大多数老年人的选择，老龄部门要发挥好协调作用，会同民政、人社、卫生计生等部门把居家养老当作一个重要课题，研究制定好相关的政策。其次，要积极推进医养结合。去年“老年节”期间，我到济南市历下区第二人民医院老年公寓走访慰问老年人，这家老年公寓是依托历下区第二人民医院建起来的，为周边部分失能、半失能老年人提供养老医疗服务，效果很好。北京市已经探索制定中心城区家庭子女照顾老年人福利补贴制度，子女在家照顾老人的可以享受政府补贴。相比而言，我省在这方面的步子还不够大。各地要积极学习借鉴这些好经验、好做法，进一步解放思想，开阔思路，集合多个部门的力量，统筹养老和医疗两方面资源，妥善解决失能、半失能老人的养老和医疗护理问题。公立医疗资源丰富的地区，可以积极稳妥地将部分医疗机构转为康复、护理等医养结合机构，或依法依规开展养老服务；具备条件的养老机构也可以设置老年病医院、康复护理院等医疗机构；鼓励医疗机构和养老机构通过对口支援、签约共建等形式开展合作。对于居家养老的老年人，要积极推动医疗卫生服务向社区和家庭延伸，提高上门服务能力，切实保障老年人都能享有基本的健康养老服务。第三，要鼓励社会力量参与。要认真落实文件规定的规划、土地、财政等各项扶持政策，采取多种形式，吸引社会力量建设运营养老机构、社区日间照料中心、养老服务信息平台等服务设施和服务组织，推动社会力量成为养老服务业市场主体，打造低端有保障、中端有市场、高端有选择的多层次养老服务格局。二是搭建好产业服务平台。目前，我省以省政府名义举办的各类大型展会、博览会有30多个，其他各级政府和社会组织举办的展会、博览会数量更多、范围更广。各成员单位和各地要统筹利用好这些平台，在板块设计时要充分考虑把老龄产业纳入其中，为相关企业参会参展提供便利服务。要支持鼓励山东企业“走出去”，积极参加“上交会”“广交会”等国内外知名展会，广泛推介自己的产品和服务。我省已经连续七年举办中国国际（山东）老龄产业博览会，共有近1200多家企业参展，累计成交额达1.68亿元，有力促进了老龄产业的发展。我们要继续打造好、利用好“老博会”平台，在“博”字上下功夫，以老年人的养老、医疗、休闲等多方面需求为导向，科学设计展会板块，把内容做实做细，切实提高展会质量，力争在促进行业交流合作、提升企业知名度、改善老年人物质文化生活等方面发挥更加重要的作用。三是积极推动老龄产业与其他产业融合发展。老年人的需求越来越多元化，能不能及时调整供给结构是产业发展的关键。要加快养老与医疗、保险、旅游、房地产等产业融合步伐，大力发展候鸟式养老、旅游养老、农家养老、以房养老等新兴业态，拉长产业链条，提高产业聚合度。要以老年人需求为导向，搭建供需对接平台，支持康复器械、食品药品、服装服饰等老年用品和老年旅游、老年保险等服务产品的研发、生产和销售。要积极对接“黄金海岸养老健康文化旅游服务产业集聚带”发展规划，广泛推介“长寿之乡”品牌，支持引导社会力量投资兴建养生养老基地，开发老年住宅、老年公寓、老年社区和大型养老综合体，切实满足老年人生活、娱乐、休闲、医疗、康复等多方面需求。

三、切实维护老年人合法权益

维护好老年人的合法权益，是各级政府和全社会共同的责任。一是继续抓好《山东省老年人权益保障条例》的贯彻落实。《条例》已经颁布一年多了，各级各有关部门要回过头来认真梳理一下，配套政策还没有出台的要抓紧协调出台，已经出台的，要看一看落实的情况如何，效果如何，广大老年人是否满意，满意的要坚持，不满意的要抓紧调整。二是加大老年人维权工作力度。特别要把高龄、贫困和失能、半失能老人作为维权服务的重点，进一步健全“省、市、县、乡”四级法律援助服务网络，开辟“绿色通道”，通过上门服务、一对一服务等便民措施，确保每个需要的老年人都能得到法律援助。要严厉打击针对老年的欺诈销售、非法集资等违法犯罪行为，普及老年人防骗知识，保障老年人的经济利益不受侵害。三是加强老年维权普法宣传。通过开展“老年普法维权大篷车进社区”等公益活动，广泛宣传《老年人权益保障法》等法律法规，让全社会都了解老年人依法享有的权利，知晓对老年人应尽的义务，增强老年人的维权意识和维权能力，共同维护好老年人的合法权益。

四、保障老年人参与文化生活和社会事务

各成员单位和各地要进一步完善相关的扶持政策，积极搭建服务平台，保障广大老年人参与经济、文化和社会生活的权利。要结合公共文化服务体系建设、文化扶贫等工作，大力发展老年文化体育设施，推动各级各类文化、体育、教育等公共服务设施向老年人免费、优惠开放，缓解老年人活动场所不足的问题。要积极采用政府购买服务等方式，广泛组织送戏下乡、电影下乡、文艺巡演等公益活动，丰富基层社区和农村地区老年人的精神文化生活。继续举办好银龄风采艺术大赛、老年书画大赛、中老年广场舞大赛、老年人运动会等文体活动，鼓励各地结合实际开展节日庙会、民俗大舞台等群众性文化活动，打造一批特色老年文化品牌。充分发挥基层文化站点作用，通过业余培训、收徒传艺、搭班组队等形式，发展壮大老年文体队伍，实现老有所学、老有所乐。积极鼓励广大老年人踊跃参加关心教育下一代、基层社会事务管理、科研教学、公益事业、咨询服务等社会事务，引导他们为社会多作贡献。

五、进一步加强对老龄工作的组织领导

老龄工作牵涉部门多、涉及面广，做好老龄工作，需要大家的共同努力。老龄委各成员单位要按照职责分工，结合各自职能，认真抓好相关任务落实。各级老龄办要充分发挥议事协调职能，当好参谋助手，修订完善联席会议制度，督促各成员单位履职尽责，形成工作合力。要加强对老龄问题的调查研究，为党委政府和老龄委决策建言献策，为成员单位搞好服务。老年人的生活空间主要在基层，老龄工作的落脚点也应当在社区、在基层。老龄委各成员单位要做到重心下移，面向基层开展工作，更好地为全省老年人服务。

河南省省级领导关于加强老龄工作的批示

2016年6月6日，河南省委书记谢伏瞻对全省老龄工作做出批示："近年来，我省老龄工作不断加强、老龄事业长足发展，但老年人口基数大、增长快，积极应对人口老龄化仍是我们面临的一项重大任务。要认真学习贯彻习近平总书记、李克强总理重要指示批示精神，大力弘扬尊老养老助老社会风尚，加快构建以居家为基础、社区为依托、机构为补充、医养相结合的多层次养老服务体系，让所有老年人老有所养、老有所依、老有所乐、老有所安，推动我省老龄事业全面协调可持续发展。"

6月20日，省长陈润儿批示："我们要认真贯彻习总书记和李克强总理的重要批示精神，积极应对人口老龄化，大力发展老龄事业，让全省老年人共享改革发展成果。"

在河南省老龄委第十一次全体会议上的讲话

河南省副省长 王 铁

（2016年6月20日）

同志们：

这次会议的主要任务是：学习领会习近平总书记、李克强总理关于老龄事业的重要指示批示和谢伏瞻书记、陈润儿省长对我省老龄工作的批示，传达贯彻全国老龄委第十八次全会精神，总结"十二五"全省老龄事业发展情况，安排部署"十三五"全省老龄工作。刚才，省民政厅王战营厅长代表省老龄委作了一个很好的报告，总结了全省"十二五"老龄工作，对"十三五"老龄工作提出了六项明确的要求，希望大家认真抓好落实。省发展改革委、财政厅、人力资源社会保障厅、住房城乡建设厅、卫生计生委作了很好的发言，他们对做好老龄工作做了很多有益的探索，摸索了不少好经验、好做法，值得学习和推广。下面，我强调三点意见。

一、要学好有关精神

（一）学好中央领导的重要指示批示精神。2015年10月，习近平总书记就人口老龄化问题作出重要指示，明确指出，"有效应对我国人口老龄化，事关国家发展全局，事关亿万百姓福祉。要立足当前、着眼长远，加强顶层设计，完善生育、就业、养老等重大政策和制度，做到及时应对、科学应对、综合应对。此事要提上重要议事日程，'十三五'期间要抓好部署、落实"。李克强总理也作出重要批示强调，"要围绕科学应对人口老龄化问题，结合'十三五'规划编制实施，抓紧研究提出相关政策建议，并注重可操作性"。总书记、总理分别作了重要指示和重要批示，讲的非常明确，我们一定要把精神学习领会好。2016年5月27日，中央政治局就我国人口老龄化的形势和对策举行第三十二次集体学习，习近平总书记在主持学习时强调，要坚持党委领导、政府主导、社会参与、全民行动相结合，坚持应对人口老龄化和促进经济社会发展相结合，坚持满足老年人需求和解决人口老龄化问题相结合，努力挖掘人口老龄化给国家发展带来的活力和机遇，努力满足老年人日益增长的物质文化需求，推动老龄事业全面协调可持续发展。习近平总书记、李克强总理的重要指示批示精神具有很强的全局性、前瞻性和针对性，为全面认识我国人口老龄化形势、推动我国老龄事业发展指明了方向，提供了遵循，确定了目标，具有重要的指导意义。各级各有关部门要认真学习、深刻领会，切实把老龄工作放在心上，抓在手上，落实在实际行动上。

（二）学好全国老龄委第十八次全会精神。2016年2月23日，全国老龄工作委员会第十八次全体会议在北京召开。国务委员、全国老龄委主任王勇主持会议并做了重要讲话，国务院副秘书长孟扬传达了习近平总书记、李克强总理等中央领导同志对加强老龄工作作出的重要指示批示，民政部部长李立国代表全国老龄委作了关于“十二五”时期全国老龄工作情况和2016年工作安排意见的报告。全会指出，“十三五”时期是全面建成小康社会的决胜阶段，也是人口老龄化形势日益严峻、老龄问题日益凸显的关键时期，同时也是我国应对人口老龄化的重要机遇期。应对人口老龄化、发展老龄事业，是事关经济社会发展和民生改善、社会和谐、家庭幸福的基础性、全局性、战略性问题，各地区、各部门一定要全面深刻认识人口老龄化严峻形势，切实增强责任意识、忧患意识、机遇意识和进取意识，从国家发展和现代化建设全局的高度，按照党中央、国务院的决策部署，及早应对、科学应对、综合应对人口老龄化带来的挑战，坚定信心、顺势而为，将挑战和压力转化为动力，将机遇和潜力转化为现实，以新的状态贯彻新的理念，全力推进老龄事业创新发展。

（三）学好省委省政府主要领导的批示精神。6月6日，省委书记谢伏瞻在省民政厅汇报材料上批示：“近年来，我省老龄工作不断加强、老龄事业长足发展，但老年人口基数大、增长快，积极应对人口老龄化仍是我们面临的一项重大任务。要认真学习贯彻习近平总书记、李克强总理重要指示批示精神，大力弘扬尊老养老助老社会风尚，加快构建以居家为基础、社区为依托、机构为补充、医养相结合的多层次养老服务体系，让所有老年人老有所养、老有所依、老有所乐、老有所安，推动我省老龄事业全面协调可持续发展。”6月20日，陈润儿省长批示：“我们要认真贯彻习总书记和李克强总理的重要批示精神，积极应对人口老龄化，大力发展老龄事业，让全省老年人共享改革发展成果。”谢书记、陈省长的批示对我们全面领会贯彻习近平总书记、李克强总理指示批示精神，做好全省老龄工作提出了明确要求，是全省老龄事业发展的行动指南。省老龄委各成员单位和各级老龄工作部门，要按照谢书记、陈省长的批示要求，认真学习贯彻习近平总书记、李克强总理重要指示批示精神，切实增强工作责任感和紧迫感，做到统一思想、凝聚共识、指引改革、推动发展。

二、要突出三项重点

虽然“十二五”全省老龄工作取得了明显成绩，但我们也要清醒地认识到，当前全省老龄工作还存在很多问题和不足，人口老龄化形势依然严峻，应对人口老龄化任务依然艰巨。截至2015年底，我省60岁以上老年人口1500万，占常住总人口的15.8%；预计到2020年将达到1754万人，2050年将达到3200万人，占常住总人口的33.38%。人口老龄化程度的不断加深将改变我省劳动力供给结构，增加经济运行成本，降低国民储蓄率和资本积累；老年人口规模持续扩大，将加大养老保障压力，加重医疗卫生服务负担，扩大社会养老服务需求，增加社会管理难度，对劳动就业、消费结构、产业发展、社会保障、社会治理等产生深刻影响。同时，我省农村人口老龄化程度将长期高于城市，老年群体民生保障的重要制度和服务体系还不完善。做好老龄工作，形势紧迫，任务艰巨。我们要清醒认识到肩上的责任，前路的艰辛，切实增强工作责任感和紧迫感，认真贯彻落实国家应对人口老龄化的重大部署，加快完善体制机制，完善养老服务体系。突出抓好以下三项重点工作：

（一）切实做好省级层面的制度设计。按照国家有关生育、就业、养老等方面的重大战略部署，结合我省实际，及时制定出台相关贯彻落实细则，加强规划、法规、政策、标准体系的统筹和有效整合，注重制度之间的相互协调，注重制度的可操作性。一是编制好老龄事业发展“十三五”规划。从抓好工作落实、加强顶层设计入手，把中央领导同志提出的目标要求贯彻到“十三五”规划中。二是切实做好政策文件的贯彻落实。为加快养老服务业发展，我省先后出台了多个文件规定，鼓励支持养老服务业发展。各成员单位要增强工作责任感，认真履行职责，对照任务分工，认真做好政策文件的贯彻落实工作，确保政策措施贯彻到位、落实到位。三是健全完善老龄事业法规政策体系。加快修订完善《河南省老年人保护条例》，尽快完善关键领域和环节的重大政策和制度，推进老龄事业法制化、标准化、规范化建设，不断加大对老年人的优待和保护力度。

（二）切实推进养老服务业健康发展。大力发展养老服务业，不仅是保障和改善民生的重要举措，也是拉动内需、扩大就业、培育经济增长点的重要支撑。一是着力加强居家社区养老服务。认真落实国家相关政策规定，制定出台支持居家和社区养老服务政策措施，引导和鼓励社会力量参与居家和社区养老服务，不断完善居家社区养老服务网络，加大社区养老服务设施建设，推动和扶持老年人集聚社区庭院的适老化无障碍设施改造建设，不断提高居家社区养老服务水平。二是加快推进医疗卫生与养老服务相结合。加快出台我省落实《国务院办公厅转发卫生计生委等部门关于推进医疗卫生与养老服务相结合指导意见的通知》(国办发〔2015〕84号)的意见，建立健全医养结合政策体系、标准规范和管理制度，支持养老机构开展医疗服务，推动医疗卫生服务延伸至社区、家庭，鼓励社会力量兴办医养结合机构，积极创新医养结合模式，努力化解医养结合方面的难点问题，探索建立老年人长期护理保险，增强老年人接受护理照料的支付能力，满足老年人的健康养老服务需求。三是切实加强农村养老服务设施建设。不断加强和完善农村养老服务体系建设，加大对农村养老服务的支持力度。进一步健全农村基层老龄工作组织，不断加强规范化和制度化建设，切实关爱农村留守老人，认真做好农村困难老人的社会救助。四是积极推动养老服务综合改革。全面放开养老服务市场，认真落实国家及我省支持养老服务业发展的优惠扶持政策，积极运用PPP模式，采取公建民营、民办公助等方式，引导社会力量参与，不断提高养老服务供给能力和水平，满足老年人日益增长的养老服务需求。五是切实加强养老服务的信息化、智能化建设。积极开展“互联网+养老”行动，努力发展数字家庭健康养老产业，不断完善12349居家养老信息服务平台，支持运用互联网、物联网等技术手段，创新居家健康养老服务模式，切实加强养老服务的信息化、智能化建设，逐步实现对老年人信息的动态管理，让老年人足不出户、身不远行就能得到便捷周到的养老服务。

(三)切实做好老年人保障服务工作。不断完善老年人基本养老服务补贴、高龄津贴、计生家庭奖励扶助等制度，切实加强老年人社会保障和基本公共服务，加大对困难老年人的社会求助和精准帮扶力度。同时，加强对老年人的精神关爱，大力弘扬中华民族孝亲敬老传统美德，充分发挥家庭成员间的情感关爱、精神慰藉的基础作用。广泛开展文化、教育、体育活动，丰富老年人的精神文化生活，切实保障老年人参与经济、文化和社会生活的权利。充分发挥基层老年协会等社会组织的作用，积极开展老年社会工作，建立健全老年人精神关爱、心理疏导、危机干预服务网络，重点针对独居、留守、失独、失能老年人提供专业服务和志愿服务。

三、要强化四项保障

家家有老人，人人都会老。老龄工作牵涉部门多、涉及面广，做好老龄工作，需要党委、政府持续加强组织领导，需要社会各界的共同努力，需要各成员单位的通力合作。

(一)强化组织领导。各级党委、政府和老龄委各成员单位都要按照习总书记的要求把老龄事业摆上重要议事日程，高度重视，积极谋划，及时研究解决老龄事业发展中遇到的新情况、新问题。要通过完善老龄委议事规则、协调联络、监督检查等制度，形成上下贯通高效、部门协同有力的老龄工作体制机制。同时，要积极引导鼓励社会组织、企事业单位和个人参与老龄事业发展。

(二)强化协作配合。抓好老龄事业，做好老龄工作，不是哪一个单位、哪一个部门的事，而是全社会的事。各成员单位要携起手来，拧成一股绳，协力做好工作。要结合自身职能，主动参与、通力合作，制定落实方案，明确时间进度，抓好贯彻落实。各级老龄工作机构要抓好老龄事业基础工作，强化老龄工作队伍建设，做好重点工作任务的跟踪反馈，确保各项工作按质、按量、按时落到实处。同时，要加强对老龄问题的调查研究，充分发挥议事协调职能，积极为党委和政府决策建言献策，为各成员单位搞好服务。老年人的生活空间主要在基层，老龄工作的落脚点也应当在社区、在基层。老龄委各成员单位要做到重心下移，服务、指导、督促基层部门积极开展工作，更好地为全省老年人服务。

(三)强化督促检查。要强化督促检查，狠抓政策落实，打通政策落地最后一公里，防止政策棚架，做到有文件、有部署、有检查、有反馈，确保工作责任到位、任务落实到位。今年是政府督导问责年，老龄委要对所发的文件、所提的要求、所作的安排，逐项督查，好的表扬，差的批评，问题严重的要问责。

(四)强化宣传引导。要依托各类媒体，大力宣传健康老龄化、积极老龄化的理念，引导老年人保持自尊自爱自立自强的精神风貌。继续开展“银龄行动”，通过组织“敬老月”系列活动、“敬老文明号”、“敬老楷模”等评选表彰活动，努力营造尊老养老助老的浓厚社会氛围。要加强老年人维权普法宣传，强化老年人维权工作力度，健全省、市、县、乡四级法律援助网络，确保每个需要帮助的老年人都能得到法律援助，严厉打击针对老年人的欺诈销售、非法集资等违法犯罪行为，切实维护老年人合法权益。

同志们，做好老龄工作、发展老龄事业，责任重大，使命光荣。让我们携起手来，按照党中央、国务院和省委、省政府的部署和要求，以高度的责任感和使命感，以更饱满的热情、更务实的作风、更积极的行动，齐心协力，开拓创新，推进全省老龄事业健康快速发展。

湖北省省级领导关于加强老龄工作的批示

2016年5月12日，时任省委书记李鸿忠对贯彻落实习近平总书记重要指示精神，加强全省老龄工作作出批示：

加强老龄工作关系全省千万老龄群众福祉，关系我省发展全局。各级党委和政府要认真贯彻落实习近平总书记重要指示精神，把有效应对人口老龄化作为大事来抓，立足当前、着眼长远，科学编制和实施全省老龄事业发展“十三五”规划，健全完善老龄保障体系，加强养老公共服务，加快养老产业发展，弘扬尊老敬老美德，确保老有所养、老有所乐，不断推动老龄事业发展上新台阶，为我省在中部地区率先全面建成小康社会提供有力支撑。

2016年5月12日，时任省长王国生对贯彻落实习近平总书记重要指示精神，加强全省老龄工作作出批示：

加强老龄工作，发展老龄事业，是政府的重要职责。各级政府要深刻领会习近平总书记的重要指示精神，着眼解决老年人最关心最直接最现实的利益问题，科学编制全省老龄事业发展“十三五”规划，完善老龄政策体系，理顺老龄工作体制机制，加大老龄事业经费投入，抓好涉老政策落实，促进老龄事业健康发展，有效应对人口老龄化，为老年人谋取更多福祉，切实增加老年人的获得感、幸福感，不断开创全省老龄事业发展新局面。

2016年6月8日，时任省委常委、常务副省长、省老龄委主任王晓东对贯彻落实习近平总书记重要指示精神，加强全省老龄工作作出批示：

认真落实中央和省委、省政府关于发展老龄事业的重要指示精神，健全机制，落实政策，多办实事，切实增强老年人的幸福感！

2016年6月6日，时任分管副省长甘荣坤对《省老龄办关于学习贯彻习近平总书记对加强老龄工作重要指示精神情况的报告》作出批示：应着力推动四项工作落实。

一、深入贯彻实施《老年人权益保障法》。结合湖北的实际，把我省《实施〈老年人权益保障法〉办法》修订好，让老年人权益保障法的原则精神落地，依法维护老年人合法权益，依法开展老龄工作，依法推进老龄事业发展。

二、编制好我省老龄事业发展“十三五”规划。把老龄事业发展蓝图设计好、谋划好。

三、大力发展养老服务业和老龄产业。积极推进社会化养老服务体系建设，进一步完善家庭、社区、机构养老服务设施，为老年人养老提供功能全、多层次、个性化的服务。

四、加强检查督办。通过督办检查，把老年人的各种政策待遇落实到位，把老年人的合法权益落实好、维护好、发展好，不断提升老年人的幸福指数。

蔡振红副省长在《湖南日报》刊发署名文章庆祝第四个法定老年节

2016年10月9日，是我国传统的“九·九”重阳佳节，也是我国第四个法定“老年节”。省人民政府副省长、省老龄委主任蔡振红在《湖南日报》发表署名文章《大力推动老龄事业全面协调可持续发展》，代表省人民政府和省老龄委向全省广大老年朋友致以节日的祝贺和诚挚的问候！向长期以来关心支持老龄事业发展的社会各界表示衷心的感谢！同时，也希望广大老年朋友崇尚科学、健康、文明的生活方式，养成开朗、乐观、向上的心态，主动参与社会活动，积极发挥自身余热，为建设富饶美丽幸福新湖南贡献智慧力量。全文如下：

10月9日，是我国传统的“九·九”重阳佳节，也是我国第四个法定“老年节”。在此，我谨代表省人民政府和省老龄委向全省广大老年朋友致以节日的祝贺和诚挚的问候！向长期以来关心支持老龄事业发展的社会各界表示衷心的感谢！

湖南是老年人口大省，现有60岁及以上老年人1164万人，占全省常住人口总数的17%以上，80岁以上高龄老人144万人，占老年人口总数的12%以上，人口老龄化形势日益严峻。满足数量庞大的老年群众多方面需求、妥善解决人口老龄化带来的社会问题，事关国家发展大局，事关百姓福祉。省委、省政府高度重视老龄工作和老龄事业的发展，把老龄工作作为民生工作的重要内容，把老龄事业的发展列入湖南经济社会发展规划，加大财政投入，创新体制机制，各项老龄事业取得长足进展。

今年是“十三五”的开局之年，各级各部门要认真贯彻落实习近平总书记、李克强总理等中央领导关于加强老龄工作的重要指示批示精神，要牢固树立创新、协调、绿色、开放、共享的发展理念，把握应对人口老龄化这一项长期战略任务，强化顶层设计，完善重大政策制度，及时科学综合应对人口老龄化，将中央提出的老龄事业目标要求贯彻到全省经济社会发展总体规划和各相关专项规划之中，重点把握老龄事业发展目标任务与全省2017年精准脱贫、2020年全面建成小康社会和经济总量实现翻番总体目标的衔接，抓紧制定并落实好老龄事业发展“十三五”规划，积极做好应对人口老龄化行动的政策、制度、组织准备，为及时科学综合应对人口老龄化奠定坚实基础。要深化改革创新，推动重点领域突破。深化各项改革和制度创新，着力拓宽保障领域，提高社会保障水平。特别是要增强公共服务体系的为老服务功能，促进养老服务资源和医疗、健康、家政等服务融合发展。要加强协调配合，形成工作合力。完善党委统一领导、政府依法行政、部门密切配合、群团组织积极参与、上下左右协同联动的大老龄工作格局。充分发挥各级老龄委、老龄办、老龄委各成员单位作用，强化合作，不断探索做好老龄工作、发展老龄事业的新思路、新方法。要坚持人文关怀，优化老年人生活环境。突出“以人为本”理念，以老年人需求为导向，合理安排规划、设计、建设、管理与服务，方便老年人生活、居住和出行。优化为老服务项目，推动养老服务项目化发展、集约化运作，促进各种养老服务形态之间的衔接和融合。要理顺政府市场关系，发展养老服务产业。充分发挥政府主导和市场主体作用，通过购买服务、合同外包、委托经营等方式，为老年人提供多样化、多层次、个性化的产品和服务。要推动政策落实，提升老年群众获得感。认真贯彻落实《老年人权益保障法》和我省实施办法，加强政策创新和制度创新，推动老年社会保障、服务、优待、参与等政策落实落地，不断扩大老年福利覆盖面，提高老年福利保障水平。

今年10月是我国第七个“敬老月”，活动主题是“敬老爱老，全民行动”。各级各部门要按照国家和省老龄委对“敬老月”活动的总体安排，切实将开展“敬老月”活动与学习宣传贯彻《湖南省实施〈老年人权益保障法〉办法》结合起来，与全面落实省委、省政府重大决策部署结合起来，与各单位各部门具体工作结合起来，为老年人办实事、做好事、献爱心，让广大老年人真正感受到党和政府的关怀和温暖，感受到全社会的关爱和重视。

敬老爱老助老是一个民族文明进步的标志，是中华民族的优良传统。让我们携起手来，共同努力，大力营造尊老敬老、养老助老的良好社会氛围，深入开展丰富多彩的社会文化活动，努力营造健康向上的老年文化，着力构建良好的老年生活环境。同时，也希望广大老年朋友崇尚科学、健康、文明的生活方式，养成开朗、乐观、向上的心态，主动参与社会活动，积极发挥自身余热，为建设富饶美丽幸福新湖南贡献智慧力量。

在“孝行巴渝 爱涌重庆”——“我们的节日·重阳”主题活动上的讲话

重庆市副市长、老龄委主任 谭家玲

尊敬的老年朋友们，同志们：

大家上午好！金秋十月，硕果飘香，巴渝大地，人寿年丰。今天是中华民族的传统节日——“九九”重阳节，也是我国第四个法定“老年节”。市委宣传部、市文明办、市老龄委办，江北区委、区政府在这里共同举办“孝行巴渝 爱涌重庆”——“我们的节日·重阳”敬老爱老主题活动，在此，我谨代表市政府，向全市 680 万老年朋友致以节日的问候！向获得“全国老年法律维权工作先进集体”的 8 家单位表示热烈的祝贺！向长期以来关心老龄事业、支持老龄工作、关爱老年人生活的各级各部门和社会各界表示衷心的感谢！

漫漫人生路，最重是桑榆。老年人的经历、智慧和经验丰富，是国家和社会的宝贵财富。广大老年人勤勤恳恳、兢兢业业、无私奉献、拼搏奋斗，为民族解放、国家富强和人民幸福，为全市的改革、开放、建设、发展，奉献了青春、热情、智慧和力量，作出了贡献，应该受到全社会的尊重和关爱。“家家有老人，人人都会老”，我们每个人都要走过少年、青年、壮年、老年的人生之路，人生每个阶段都有各自美丽风景和精彩，这是自然和社会的规律。尊重老年人就是尊重人生和社会发展的规律，就是尊重历史，就是尊重明天的自己。尊老爱老不仅是人性之美、家庭之美、社会之美，更是我们中华民族的传统美德和社会文明进步的重要标志；让老年人的夕阳更红、桑榆更美、晚年生活更幸福，不仅是全社会共同的心愿，更是我们全社会共同的义务和责任。

党和国家高度重视老龄工作和老龄事业发展，习近平总书记今年先后两次就积极应对人口老龄化作出重要指示和讲话，要求努力挖掘人口老龄化给国家带来的活力和机遇，努力满足老年人日益增长的物质文化需求。市委、市政府始终将老龄工作和老龄事业发展作为重要的社会事业和民生工程，制定了老龄事业发展“十三五”规划，健全了老龄工作组织和服务体系，完善了保护老年人合法权益的法规，出台了一系列重大惠老政策措施，不断提高养老保障水平。广大老年人充分发挥特有的政治优势、智力优势和经验优势，老骥伏枥，奉献社会，积极参与和谐社会、文明城市建设，为全市的改革、发展、稳定发挥余热，为促进“科学发展、富民兴渝”发挥了积极作用。莫道桑榆晚，为霞尚满天。老年人既是全面建设小康社会的受益者、共享者，也是重要的参与者、建设者。各级各部门和社会各界要高度重视老龄事业发展，充分尊重老年朋友，牢固树立敬老、爱老、孝老、助老观念，为老年人搭建施展才能的平台，为老年朋友发挥作用创造条件，要支持老年人以适当方式参与经济社会各项事业，发挥老年人优良品行在家庭教育中的潜移默化作用和对社会成员的言传身教作用，发挥老年人在化解社会矛盾、维护社会稳定中的经验优势和威望优势，发挥老年人对年轻人的传帮带作用；要鼓励和支持老年人保持老骥伏枥、老当益壮的健康心态和进取精神，发挥正能量，作出新贡献，让老人们绽放人生的“第二个春天”。同时，也希望广大老年朋友们在颐养天年的同时，发挥余热，发挥优势，积极参加力所能及的社会活动，为加快科学发展、富民兴渝做出新贡献。

今年是“十三五”规划的开局之年，在全面建成小康社会，实现“中国梦”的历史进程中，我们要按照党中央、国务院的要求，坚持党委领导、政府主导、社会参与、全民行动，一如既往地高度重视、大力推动老龄事业创新发展，着力在更高水平、更大范围内实现老有所养、老有所医、老有所学、老有所为、老有所乐，关心照顾好老同志，发挥老年人的作用，让老年人共享改革发展成果和安度晚年。希望全市各级各部门要切实增强做好老年工作的责任感、紧迫感，认真贯彻落实党中央、国务院和市委、市政府关于老龄工作的方针政策，紧紧围绕保障改善老年民生这个根本，注重老年人物质文化需求，着眼于解决老年人最关心、最直接、最现实的利益问题，认真落实各项涉老法律法规，加强社会养老和医疗保障体系建设，加快发展养老服务业，积极完善老年社会福利制度，切实维护老年人合法权益，大力开展丰富多彩、适合老年人广泛参与的文体活动，全面提升老年人生活质量。广大老龄工作者要进一步增强服务意识，尽心竭力地为老年人提供服务，让他们共享发展成果，安享金色晚年，不断推动我市老龄工作再上新水平。社会各界要行动起来，充分理解和尊重老年人，热情关心和照顾老年人，积极参与为老志愿服务和老年慈善事业，切实关怀和帮助老年群体。全体市民要从自己做起，从家庭做起，从现在做起，以实际行动传承和弘扬华夏五千年的孝亲爱老传统美德。

人生最美夕阳红，世间最美老年花。岁岁重阳，今又重阳，不是春光，胜似春光。尊老敬老，责无旁贷，孝老助老，人人可为。让我们共同努力，带着责任、怀着感恩，低调务实、真抓实干，携手为老年人创造一个更有保障、更有尊严，充满亲情、充满关爱的良好环境，为已经到来的老龄化社会探索出一个充满活力、科学发展的未来。

最后，衷心祝愿全市老年人节日愉快、乐享天伦、健康长寿、幸福安康！

在四川省老龄工作委员会第十一次全体会议上的讲话

四川省副省长、省老龄委主任　曲木史哈

（2016年5月18日）

今天，我们召开省老龄委全体会议，主要任务是传达习近平总书记、李克强总理关于加强老龄工作的重要批示精神，学习贯彻全国老龄委第十八次全体会议精神，总结“十二五”以来全省老龄事业取得的成绩，部署今年工作。

一、充分肯定“十二五”时期我省老龄事业发展取得的成绩

一是老年法规体系不断完善。省政府出台了《关于加快发展养老服务业的实施意见》《四川省五大新兴先导型服务业发展工作推进方案》《关于加强老年人关爱服务体系建设的意见》等指导性意见；全面开展“敬老模范县（市、区）”创建工作；切实推进基层老年协会建设，城镇建会率达98.4%，农村建会率达80.3%。

二是养老服务体系建设取得了显著成绩。目前，城乡居家养老服务覆盖率分别达到90%和50%。全省拥有养老机构3505家、床位47.3万张，每千名老人拥有养老床位数30张，建成养老服务信息平台8个。在全国率先开展以三星级敬老院为依托的农村区域性养老服务中心建设试点。5年来共创建养老社会化服务示范社区303个，新建城乡社区日间照料中心4444个、农村幸福院5070个；全省新增民办养老床位10万张。全省798个养老机构内设门诊、医务室，2114个养老机构与邻近医疗机构建立合作协作机制，护理床位10万张，老年病专科医院22所，医疗机构设置专门的老年病床位1.44万张。

三是养老保障和老年优待工作不断加强。实现了新型农村和城镇居民社会养老保险制度全覆盖，所有城乡居民纳入社会养老保险制度覆盖范围，初步构建起“全民养老”的制度框架。老年人救助工作纳入到社会救助体系，符合条件的贫困老年人家庭全部纳入了最低生活保障范围，符合条件的五保对象全部纳入供养范围，符合条件的困难老年人纳入医疗救助范围。目前，全省132个县（市、区）建立和完善了80周岁及以上低收入老年人高龄津贴制度，并逐步提高了标准。

这些成绩的取得，是省委、省政府正确领导的结果，是各级党委、政府和各有关部门扎实工作的结果，也是老龄委各成员单位和广大老龄工作者密切配合、共同努力的结果。国土资源厅、住房城乡建设厅、财政厅等在为老服务方面做了大量工作。省老龄办要继续主动加强与各成员单位的沟通协调，共同做好全省老龄工作。

二、切实增强应对人口老龄化的责任感、紧迫感和使命感

在“十三五”开局之际，习近平总书记、李克强总理对加强老龄工作作出重要批示。省老龄委各成员单位和各级老龄工作部门要认真学习、深刻领会，清醒认识老龄事业发展面临的新形势、新任务、新要求，切实增强责任感、紧迫感和使命感。

（一）要清醒认识我省人口老龄化面临的严峻形势。当前，我省正处于人口老龄化快速发展期，人口老龄化形势相当严峻。2015年底我省60周岁及以上的人口已达到1672万人，占常住人口的20.38%。老年人口规模快速增加给我省经济社会发展带来深刻、持久的影响，老龄问题已经成为关系我省经济社会发展的重大战略性问题。

（二）要进一步提高对老龄工作重要性的认识。各地、各有关部门（单位）和老龄工作机构一定要切实增强责任意识、忧患意识、机遇意识和进取意识，把思想和行动统一到中央和省委、省政府的决策部署上来，站在四川发展全局的高度，深刻认识做好老龄工作的重大意义，进一步提高对老龄工作重要性的认识，切实增强工作主动性和责任感，把老龄事业这个事关经济发展、社会和谐、家庭幸福的大事抓紧抓好。

（三）要积极开展应对人口老龄化行动。我们要紧紧抓住“十三五”这一应对人口老龄化的难得的“机会窗口期”，紧紧抓住我省经济社会发展整体态势较好的战略机遇期，切实将老龄事业发展纳入经济社会发展全局来谋划，坚定信心、主动作为，将挑战和压力转化为动力，将机遇和潜力转化为现实，积极开展应对人口老龄化的行动，为老龄事业发展打下良好基础。

三、突出重点，扎实做好今年的各项老龄工作

（一）认真做好应对人口老龄化的制度设计。一要编制好老龄事业发展“十三五”规划。省老龄办要主动加强沟通协调，会同有关部门（单位）做好我省老龄事业发展“十三五”规划编制工作。二要认真做好中央有关文件的贯彻落实工作。今年中央将下发关于进一步加强老龄工作的意见，对新形势下的老龄工作提出要求，我们要认真学习，结合四川实际认真抓好落实。三要进一步健全老龄事业法规政策体系。认真搞好《四川省老年人合法权益保护条例》修订工作。正确处理好政府与市场的关系，强化家庭责任和子女赡养责任，加强孝道文化建设，切实保护老年人合法权益。

（二）进一步加强老年人关爱服务体系建设，切实做好老年人保障服务工作。一要提高基本生活保障水平，进一步完善老年人社会福利制度。抓紧完善涉及老年人的养老、医疗、护理、住房等社会保障制度，逐步缩小城乡、区域、人群之间的保障差距，不断提高老年人社会福利水平。二要扎实开展贫困老年人精准扶贫工作，让老年人同步进入小康社会。加大困难老年人社会救助力度，将符合条件的贫困、病残、高龄、失能老人以及农村留守老人等特殊困难老年人全部纳入救助对象，并优先救助、适当照顾，切实解决他们生活中的实际困难和问题。三要加强对老年人特别是农村留守老人的精神关爱。要大力弘扬中华民族孝亲敬老传统美德，发挥家庭成员间情感关爱、精神慰藉的基础作用。鼓励和引导农民工就近就业创业，从根本上解决农村留守老人问题。

（三）加大改革创新力度，大力推进养老服务业发展。一要着力加强居家养老服务。制定完善居家养老支持政策，健全居家养老服务网络和平台，积极开展“互联网+养老服务”行动，推动社区服务、养老服务向家庭延伸，促进养老服务供给的便利化、智能化，倡导老年人开展互助服务，加快建设以居家为基础、社区为依托、机构为补充的多层次养老服务体系。二要积极推动养老服务业综合改革和公办养老机构改革。全面放开养老服务市场，完善落实社会力量参与养老服务优惠扶持政策，鼓励运用政府和社会资本合作（PPP）模式，采取公建民营、民办公助等方式，引导社会力量参与，推进养老服务市场化，大力引进民间资本进入养老服务业，通过市场提高养老服务供给能力和水平。三要加快推进医疗服务和养老服务相结合。加快建立健全医养结合政策体系、标准规范和管理制度，探索医养结合多元化的有效实现模式，满足老年人健康养老服务需求。同时，要研究解决一些地方医养融合中出现的“骗费”问题。积极探索建立老年人长期护理保险制度，加大对老年人护理保险重要性的宣传力度，增高广大群众的投保意识

（四）积极为老有所为搭建平台，不断扩大老年人社会参与。要结合我省实际，研究制定相关政策，激发老年人参与社会发展的积极性，民政厅、省老龄办要进一步探索研究与社会组织合作的新模式，大力开发适合老年人的公共服务岗位，鼓励老年人参加志愿组织，积极投身公益活动。

（五）启动全省第五轮“敬老模范县（市、区）”创建工作。今年省政府办公厅将印发开展第五轮敬老模范县（市、区）创建工作的实施意见，对创建工作进行动员部署，启动我省第五轮敬老模范县（市、区）创建工作。各地要高度重视，认真开展创建活动。各成员单位要配合省老龄办推动创建工作，使这项工作不断发善，成为我省老龄工作的一项创新特色工作。

四、加强领导，切实把有效应对人口老龄化摆上重要议事日程

一要切实加强组织领导。各地、各有关部门（单位）要把老龄事业摆上重要议事日程，高度重视，积极谋划，加强组织领导，及时研究解决老龄事业发展中遇到的新情况、新问题。

二要健全老龄工作体制机制。完善老龄委议事规则和协调联络、监督检查等制度，形成上下贯通高效、部门协同有力的老龄工作体制机制。完善老龄工作组织网络，鼓励社会组织、企事业单位和个人参与老龄事业。

三要加强老龄工作队伍建设。各地、各有关部门（单位）要把老龄工作队伍建设摆在突出位置，下大力气建设一支讲政治、懂业务、作风实、讲奉献的老龄工作队伍。

四要加强督促检查。各级老龄委要履行好对促进老龄事业发展各项政策措施落实情况的督促检查职能，及时发现问题、加强协调。省老龄办要加强老龄事业调查统计、信息化等基础工作，建立工作台账，做好对全年重点工作任务的全程跟踪，全面掌握工作进展情况，确保各项工作按质、按量、按时落到实处。

关于贵州省2016年老龄工作情况和2017年工作安排意见的报告

贵州省民政厅厅长、省老龄办主任 罗宁

(2017年4月7日)

各位委员！根据会议安排，我向全体会议报告我省2016年老龄工作开展情况和2017年工作安排意见。

一、2016年老龄工作开展情况

2016年是“十三五”的开局之年，在省委、省政府的正确领导下，全省各级老龄工作部门深入学习贯彻习近平总书记在中央政治局第三十二次集体学习时的重要讲话精神，紧紧围绕全省经济社会发展大局和“五个老有”工作目标，着力保障和改善老年民生，抢抓机遇，锐意进取，各项老龄工作取得显著成绩，开创了老龄事业发展新局面。

（一）以提高基本养老和医疗保险水平为重点，养老保障体系建设迈上新台阶

城乡社会保障不断扩面提标。截止2016年底，全省基本养老保险、基本医疗保险参保人数分别达到2124.87万人、973.63万人，同比分别增长4.1%、1.9%；全省企业和机关事业单位130万退休人员基本养老金水平较去年进一步提高，月人均增加190元；新型农村合作医疗参会农民2023.25万人，参合率99.2%，比上年提高0.1%；城镇居民基本医疗保险政府补助标准提高到420元；各地调整完善居民大病保险政策并出台实施办法，城镇（乡）参保居民基本实现省内异地就医即时结算。老年人优待工作成效明显。《贵州省老年人优待办法》于2016年1月1日正式实施。2016年11月，省老龄办会同省委宣传部、省人社厅、省卫生计生委及省体育局等省老龄委有关成员单位，组成督查组对《优待办法》规定的各项政策落实情况进行了检查。《优待办法》落实总体情况良好：70岁以上老年人免费乘坐市内公共交通工具实现了全覆盖，此外，在推动65周岁以上老年人享受社区卫生健康管理和保健服务、游览旅游景点优惠、建立养老服务补贴制度、老年人优待服务窗口和服务场所设置明显优待标志、标识以及公布优待内容等政策落实方面取得了良好进展。普惠型高龄老人补贴制度逐步建立。截至2016年底，贵阳、遵义、六盘水、毕节、铜仁、黔东南建立了市（州）级层面统一的80周岁以上高龄津贴制度，黔南、黔西南建立了州级层面针对低收入或者非财政供养80岁以上老年人高龄津贴制度。81个县（市、区）建立80周岁以上高龄津贴制度，83个县（市、区）建立了90周岁以上高龄津贴制度，84个县（市、区）在省级每年1200元百岁老人津贴制度的基础上建立了百岁老人津贴制度。老年人社会救助水平稳步提升。民政部门将符合条件的城乡老年人全部纳入低保范围，困难失能老年人护理补贴制度逐步建立，“两线合一”稳步推进，全省城乡低保平均标准分别提高到510元/月、3184元/年。继续实施计划生育家庭补助“四项制度”，落实该项政策投入资金26693万元，“失独家庭”扶助标准从每月135元提高到400元。人社部门对年满60周岁“无力缴纳城乡居民基本养老保险费而尚未享受待遇”的建档立卡贫困搬迁移民，由政府资助其参保后以养老金方式给予一次性补发。

（二）以维护老年人合法权益为宗旨，老年人权益保障展现新力度

《贵州省老年人权益保障条例》立法工作顺利完成。11月24日，《贵州省老年人权益保障条例》经省第十二届人大常务委员会第二十五次会议表决通过，于2017年1月1日起正式施行。《条例》结合我省实际，在大数据运用和扶贫开发助推老龄事业发展、老年人精神慰藉和生活照料、彩票公益金保障养老服务业发展、高龄补贴制度建立、医养融合发展、老年人医疗保险待遇和异地结算、农村留守老人关爱服务体系建设、老年人文体休闲优待等方面充分体现了我省老年人权益保障立法的特点和亮点。老年人法律援助工作扎实开展。截止2016年底，省、市（州）、县（市、区）、乡（镇、街道）、村（社区）五级共建立法律援助工作站（联络点）22965个，实现了老年人法律援助工作网络城乡全覆盖，形成“城镇半小时、乡村一小时”的老年人法律援助便民服务圈。法律援助渠道进一步畅通。省司法厅开辟法律援助“绿色通道”，对经济困难、无固定生活来源的老年人追索赡养费等案件减免法律服务收费；对老年人提出的法律咨询和诉讼代理申请，简化程序，优先办理；对经济困难无能支付律师费用的，

经当事人申请由各地法律援助中心指派律师减免其费用。2016年，全省各地法律援助中心、律师事务所办理涉老案件3100余件，为涉诉经济困难、孤寡老人缓、减、免诉讼费共计94万元。各级人民法院在涉老案件审判执行工作中坚持以事实为根据，依法维护老年人合法权益，确保涉案老年人老有所养、安度晚年。

（三）以狠抓养老服务项目推动为中心，社会养老服务事业发展取得新实绩

2016年，全省健康养老产业总投资136.35亿元。争取国家发改委下达中央预算内投资1.33亿元，支持老年养护院、荣誉军人干休所和社区日间照料中心项目建设，新增养老床位1万张，总床位达到17万张以上；积极推进医养融合发展，贵阳市、铜仁市被国家卫计委、民政部列入国家级第一批医养结合试点单位，遵义市被列入国家级第二批医养结合试点单位，10家单位被明确为省级医养结合试点示范单位；在城市，新增社区日间照料中心21个、总量达到350个，建成社区养老服务中心682个；新增农村幸福院1067个、总量达到4049个。城市社区日间照料中心、农村幸福院及城市社区养老服务中心的建成使用，为老年人搭建了就近、便捷的互助养老平台，提供了周到、高效的养老服务。

（四）以丰富老年人精神文化生活为目标，老年文体事业开创新局面

老年教育工作不断加强。全省建成各类老年大学（学校）3000余所，学员逾30万人。市、县老年大学（学校）实现全覆盖，社区老年学校工作顺利推进，基本形成了多层次、多形式、多学制、多学科的老年教育体系，逐步满足老年人日益增长的知识更新和兴趣发展的要求。老年文体活动广泛开展。各地各部门不断加强基层文化站、老年活动室和健身点设施建设，为老年人提供就近、就便的文体娱乐平台。省体育局老年体育活动中心建设有序推进。全社会老年体育健身意识不断增强，开展体育文化活动氛围日益浓厚。在2016年全国性老年文体比赛活动中，我省老年人取得优异成绩，涌现出了一大批优秀老年文体工作者，展现了我省老年群体积极向上的精神风貌。

（五）以加大老龄工作宣传力度为抓手，敬老爱老助老达到新高度

省老龄办借助《贵州日报》、《贵州都市报》、《贵阳晚报》、《晚晴》等报刊和电视、电台等媒体平台，充分发挥《贵州老年报》、《贵州老龄工作》杂志宣传阵地作用，对全省老龄工作进行重点宣传报道。“敬老月”期间，各级党委政府及有关部门广泛开展走访慰问、为老志愿服务、敬老爱老助老宣传、义诊义演等活动。省老龄办、省民政厅、省文联、省养老服务行业协会联合举办“敬老爱老大孝贵州”主题宣传活动，省老龄办在贵阳成功举办了第三届贵州省老龄产业博览会，营造出热烈温馨的敬老社会氛围。省社保局大力开展社会保险宣传活动，为社会养老保障工作的全面推进营造了良好舆论环境。省司法厅与贵州广播电视台合作开办了多档老年法律援助宣传专栏节目，用“身边事教育身边人”，增强老年法律维权意识。省卫生计生委举办“服务百姓健康行动”大型义诊活动，全年共计服务23万余人次，减免患者费用54万元，有效提高了广大老年群众自我保健意识和科学就医常识。

（六）以发挥老年人积极作用为突破，老有所为书写新篇章

基层老年协会、老体协、老舞协、老书协、老科协等老年组织快速发展，为广大老年人搭建了展示自我、发挥余热的广阔舞台，老年人参与社会管理和各类活动的热情日益高涨。老年人才资源得到更加合理地开发和利用。省老龄办扎实推动基层老年协会建设，建立健全老年协会组织机构，制订完善各项制度，狠抓活动场所及设施建设，组织老年人开展丰富多彩的活动。截止2016年底，全省成立农村老年协会15582个，占行政村总数的94%；成立城市社区老年协会1548个，占城市社区总数的97%。各级关工委注重发挥老年人在社会主义核心价值体系教育、创新社会管理等方面的独特优势，积极组织“五老”到青少年中间广泛开展法制教育和帮教工作，在预防和减少青少年违法犯罪方面发挥了积极作用。各级人民法院扩大将离退休“五老”纳入人民陪审员的选任和参与审判活动的范围，保障了老年人参与社会事务的合法需求和权利。老年志愿者队伍日渐发展壮大，形成了省、市（州）、县（市、区）、乡（镇、街道）、村（社区）的五级组织体系，为提升城乡社会管理和加强精神文明建设做出了积极贡献。

2016年，是令老龄工作者为之振奋的一年。党中央、国务院聚焦老龄工作，作出系列重要部署。5月27日，习近平总书记在主持中央政治局第三十二次集体学习时强调，要着力增强全社会积极应对人口老龄化的思想观念；要着力完善老龄政策制度；要着力发展养老服务业和老龄产业；要着力发挥老年人积极作用；要着力健全老龄工作体制机制。10月11日，习近平总书记在中央全面深化改革领导小组第二十八次会议上指出，养老服务业既是关系亿万群众福祉的民生事业，也是具有巨大发展潜力的朝阳产业。省委、省政府将老龄工作纳入重要议事日程，放在全局进行部署。永春部长、鸣明副省长多次召开会议研究部署老龄工作。回顾2016年的工作，我们有三点深切的体会：一是党和国家对老龄工作愈发重视关注，老龄工作理念创新前所未有，审视和定位老龄工作的高度前所未有，决策部署的广度前所未有，制度建设的深度前所未有，抓组织保障和贯彻落实的力度前所未有，我们必须坚

持在省委、省政府的正确领导下，发扬钉钉子精神，抓铁有痕、踏石留印，善作善成，把党委政府安排的各项工作任务落细落小落实；二是做好老龄工作，必须坚持把为老年人服务放在心中最高位置，始终把满足老年人日益增长的物质文化生活需要作为我们的奋斗目标和一切工作的中心，千方百计让老年人分享到更多改革发展成果、得到更多实惠；三是做好老龄工作，必须坚持争取领导重视，并切实按照省老龄委工作目标任务，充分发挥省老龄委成员单位作用，紧密协作，联手促进，有序落实，形成齐抓共管的大老龄工作格局，共同推进老龄事业的全面发展。

2016年全省老龄工作取得的成绩，是省委、省政府正确领导的结果，也是省老龄委成员单位积极支持、共同努力的结果，借此机会，我代表省老龄办向成员单位的领导和有关同志表示衷心感谢！在肯定成绩的同时，我们也清醒地看到存在的困难和问题：对老龄工作面临的形势研究不够深入、各县（市）区老龄事业发展不平衡、老年宜居环境建设滞后、老龄工作基础还比较薄弱等等。我们要高度重视，采取有效措施，切实加以解决。

二、2017年主要工作任务

2017年，是实施“十三五”规划的重要一年，也是推进供给侧结构性改革的深化之年。今年全省老龄工作的总体思路是：全面贯彻落实党的十八大和十八届四中、五中、六中全会与省委十一届五次、六次全会精神，牢固树立“五大发展理念”，坚持“党委领导、政府主导、社会参与、全民行动”的老龄工作方针，紧紧围绕“五个老有”工作目标，以宣传贯彻《贵州省老年人权益保障条例》为主线，以编制老龄事业发展“十三五”规划、推进城乡居家养老服务工作、加强基层老年协会和农村幸福院建设为重点，加快推进养老服务体系建设，切实加强老龄宣传、文化、体育和维权工作，着力保障和改善老年民生，进一步提升老龄工作管理服务水平，推动我省老龄事业持续健康发展，以优异的成绩迎接党的十九大胜利召开。

2017年，我们将着力推进七个方面的工作：

（一）着力完善社会养老保障体系，切实做好老年人保障服务工作。坚持从物质和精神两方面提高老年人的生活质量。一是进一步提高老年人基本生活保障水平。强化老年人基本养老、医疗保障和基本公共服务，加大对困难老年人的社会救助和精准帮扶力度，织密织牢老年人特别是困难老年人民生安全网。健全困难老年人基本养老服务补贴、高龄津贴、计划生育家庭奖励扶助等制度。农村、城市低保标准分别提高15%和10%。提高城乡居民基本医疗保险政府补助标准。充分调动个人、家庭和社会各方积极性，共同保障老年人养老服务需求。二是加强对老年人特别是农村留守老年人的精神关爱和保护。依托社区居家养老服务站点、老年活动场所、社区卫生服务中心，探索创建老年精神关爱示范基地和示范点，引进社工专业人员，为老年人提供心理健康等方面的教育咨询服务。大力宣传倡导孝亲敬老传统美德，发挥家庭成员间情感关爱、精神慰藉的基础作用。广泛开展老年文化、教育、体育活动，丰富老年人精神文化生活。积极开展老年社会工作，建立老年人精神关爱、心理疏导、危机干预服务网络，重点针对独居、留守、失独、失能老年人提供专业服务和志愿服务，防止冲击社会道德底线的事件发生。

（二）着力编制出台《贵州省老龄事业发展“十三五”规划》，确保老龄工作目标任务稳步推进。围绕促进全省经济社会发展大局和脱贫攻坚、同步小康的总体要求，在国家老龄事业发展“十三五”规划与我省国民经济和社会发展“十三五”规划的总体框架下，坚持长远与近期目标相结合，上下级规划相衔接，深入调查研究，科学分析论证，加强统筹谋划，精心编制“十三五”规划，确保规划的前瞻性、科学性和可操作性。省老龄办要在《中国老龄事业发展“十三五”规划》框架下，重点加强与承担制定全省社会保障、医疗卫生、基本公共服务、人才规划等重要专项规划的有关部门对接，了解和掌握有关专项规划编制的进展情况，对《贵州省老龄事业发展“十三五”规划》的重点目标、主要任务进行补充完善，形成《规划（初稿）》，在充分征求省直有关单位、部门和各市（州）意见的基础上，根据《中国老龄事业发展“十三五”规划》，及时对我省《规划（初稿）》作进一步修改和完善，形成《规划（代拟稿）》，力争年内以省政府名义出台下发。各省老龄委成员单位要密切配合，促进各领域规划与《贵州省老龄事业发展“十三五”规划》相衔接，提高针对性、协调性和可操作性。

（三）着力推进养老服务业发展，切实解决社会关注的重点问题。一是着力加强居家养老服务工作。按照《贵州省养老服务体系建设“十三五”规划》要求，继续开展社区老年人日间照料中心、社区居家养老服务中心（站）项目建设，逐步建立和完善社区居家养老服务网络。加强对已投入使用服务设施的规范管理，激发养老服务设施良性运营的内生活力。积极推动养老服务业综合改革和公办养老机构改革，积极采取政府购买服务、公建民营、民办公助、以奖代补等形式，鼓励和引导社会力量参与居家养老服务，不断扩大覆盖面，增加服务产品供给。加快建立健全医养结合政策体系、标准规范和管理制度，探索医养结合多元化的有效实现模式。二是继续推进农村互助幸福院建设。积极整合资源，加大资金投入，提高建设标准，保质保量完成中央和省级福彩公益金支持农村互助幸福院建设任务。鼓励老年协会依托幸福院开展为老服务和老年互助活动，支持其参与营运管理，形成建管融合、资源共享的运行管理机制，保障幸福院持续健康运行。三是加强基层老年协会规范化建设。完善“双登记”管理制度，鼓励有条件的登记注册为社会组织，引导条件暂不具备的实施备案登记管理；以“乐龄工程”的实施为抓手，多渠道筹集资金，完善基础设施，着力发掘和培育典型，积极组织争创省星级老年协会，充分发挥示范引领作用。

（四）着力加大老年人权益保障力度，多渠道及时反映老年人正当诉求。一是增强全社会老龄法制意识。《贵州省老年人权益保障条例》的宣传实施是今年的一项重点工作。各地要采取切实有力措施，认真贯彻落实。省老龄办要认真做好《条例》的条款解读，为各地及有关部门准确理解《条例》的立法原意和各项规定提供支持和帮助。要认真宣传贯彻落实全国老龄办等 24 部门《关于进一步加强老年人优待工作的意见》和省委办公厅、省政府办公厅印发的《贵州省老年人优待办法》，推动各地各有关部门制定完善老年人优待工作的实施办法和配套政策，加强督促检查，确保老年优待政策落到实处。二是不断提升老年人社会福利水平。继续推动各地建立 80 岁以上高龄老人补贴制度，鼓励已经建立高龄补贴制度的地方根据经济社会发展水平提高补贴标准。及时做好百岁老人等补贴对象的统计、审核、建档和补贴发放工作。三是加大对侵害老年人权益案件的处理力度。充分发挥各级老龄办老年人法律援助工作站的作用，加强与司法部门法律援助机构的联系协作，积极为符合条件的老年人提供法律援助和法律服务，切实维护老年人的合法权益。

（五）着力开展老龄工作调查研究，充分发挥参谋助手作用。调查研究是谋事之基、成事之道。为及时准确把握老龄工作面临的新形势、新任务，省老龄办、省老龄委成员单位要围绕惠老政策措施、居家养老支持政策、老年人保障制度、老年人精神文化生活等老龄工作的热点、难点和重点问题积极开展调查研究，掌握全省老龄工作的真实情况，为各级党委、政府为研究制定惠老政策提供翔实资料。要善于紧跟热点，攻坚难点，聚焦重点，捕捉亮点，有效推动调研成果转化为工作成果。要着力围绕城乡养老服务体系建设、老年协会建设和农村互助幸福院建设等重点工作，扑下身子，沉下心思，挖掘和提炼一批有参考价值、有借鉴意义、有针对性和影响力的调研报告。积极发挥老年学学会、大专院校及科研院所作用，对重大老龄研究课题进行集中攻关，不断提高应对人口老龄化研究的质量和水平。要动员社会力量广泛参与，调动包括老年人在内的广大市民积极性，使他们主动参与到老龄问题研究中来，为应对人口老龄化出谋划策、贡献力量。

（六）着力推动老龄宣传工作，努力营造良好社会氛围。“一流的工作，需要一流的声音。”要讲好贵州老龄好故事，传播贵州老龄好声音。一是继续重点抓好人口老龄化形势、老龄问题、老龄政策、老龄产业的宣传，大力倡导“健康老龄化”理念，引导全社会树立积极的老龄观，让社会各界了解和关注老龄问题。二是开展好“敬老月”系列活动，举办好第五届贵州“福彩杯”老年文化艺术节，做好全国“十大老龄新闻”和“老龄新闻宣传好作品”评选推荐工作，全力提升全社会老龄意识和老龄工作影响力。三是加强老龄重点工作、重点内容、重点时段宣传，加大老龄宣传教育工作力度，及时回应社会关注和热点问题。

（七）着力推进老龄办自身建设，巩固老龄事业发展保障能力。“打铁还需自身硬”。新常态要有新状态，新实践要有新作为。各级老龄工作部门要按照省委、省政府决策部署，切实增强责任感和紧迫感，主动面对新形势、适应新常态、贯彻新理念，努力保持老龄事业发展强劲势头。一是坚决贯彻从严治党。各级老龄办要深入学习贯彻党的十八届六中全会、习近平系列重要讲话精神和省委十一届八次全会精神，全面落实从严治党要求，加强党的领导和党风廉政建设。要坚持报政治纪律和政治规矩挺在前面，严守党章、敢于担当。要加强对老龄项目资金使用的监管力度，及时开展专项检查，确保自检安全规范运行。二是加强综合协调。各级老龄办要积极主动向当地党委、政府汇报老龄工作情况，争取党委、政府将老龄工作摆上重要议事日程。要加强和老龄委成员单位的沟通协作，大力推进各项老龄工作部署落实到位，确保全年工作目标任务圆满完成。三是加快推进全省老龄工作信息平台建设。全省老龄系统要积极参与大数据战略行动，主动对接“大数据”。年内要力争建成全省老龄工作信息平台，推动老龄工作数据向“云上贵州”系统平台集聚，有序开发老年人口数据，有效应用老年人口数据，推动老年人口“条数据”向“块数据”转变。认真做好老龄信息和统计工作。四是强化督促检查。各级老龄办要建立工作台账，强化责任担当，细化责任分工，层层传导压力，层层拧紧螺丝，一级盯一级、层层抓落实。要密切联合老龄委成员单位，创新督促检查方式，强化督查抓落实，确保各项目标任务高效优质扎实推进。

各位委员！凝心聚力谋发展，砥砺奋进谋新篇。新形势下老龄工作责任重大，使命光荣、前景美好。让我们在省委、省政府的坚强领导下，胸怀功成不必在我、功夫必须在我的大境界，撸起袖子加油干，迈开步子加快赶，锐意创新，开拓进取，奋力推进我省老龄事业再上新台阶，为积极应对人口老龄化、同步全面建成小康社会做出新的更大贡献！

以上报告，提请会议审议。

云南省省级领导关于加强老龄工作的批示

时任云南省委书记李纪恒就加强老龄工作作出重要批示：做好老龄工作是我们党的光荣传统，也是各级党委、政府的重要责任。全省各级党委、政府要深入学习贯彻习近平总书记、李克强总理关于加强老龄工作的重要指示批示精神，进一步增强责任感、使命感、紧迫感，完善重大政策和制度，深化养老服务供给侧结构性改革，推进老龄产业与全省八大重点产业融合发展，切实解决好特殊困难老年群体的实际问题，加快构建以人口战略、生育政策、就业制度、养老服务、社保体系、健康保障、社会参与等为支撑的人口老龄化应对体系，努力实现老龄事业与经济社会协调发展，为实现与全国同步全面建成小康社会、谱写好中国梦的云南篇章作出新的更大贡献。

时任云南省人民政府省长陈豪就加强老龄工作作出重要批示：各级党委、政府要深入贯彻落实习近平总书记、李克强总理关于加强老龄工作的重要指示批示精神，坚持以规划为引领，完善制度、补齐短板、精准发力，及时、科学、综合应对人口老龄化。要切实保障老年人的合法权益，尤其要围绕实现“五个老有”目标，着力解决老年人最关心最直接最现实的利益问题，不断改善老年人的生活品质，不断增强广大老年人的获得感和幸福感。要紧紧抓住供给侧结构性改革的有利契机，树牢“窗口期”意识，挖掘资源、发挥优势，大力发展具有云南特色的养老服务产业，为培育新的经济增长点、促进经济社会协调发展作出积极贡献。

在云南省老龄工作委员会全体会议上的讲话

云南省副省长、老龄委主任　张祖林

（2016年5月9日）

今天，省老龄委召开全体会议，主要任务是：认真贯彻落实习近平总书记、李克强总理和李纪恒书记、陈豪省长重要指示批示精神，以及全国老龄委第十八次全体会议的安排部署，总结“十二五”全省老龄工作，研究部署当前和今后一个时期我省的老龄工作。

刚才，普建辉同志传达了李纪恒书记、陈豪省长的重要批示，和向群同志汇报了“十二五”我省老龄工作和下一步工作打算；因时间关系，原准备发言的省发展改革委、民政厅、司法厅、财政厅、人力资源社会保障厅、卫生计生委、妇联等7家成员单位作了书面汇报，材料写得很好，希望大家认真学习借鉴，省老龄办要将大家提出的建设性意见建议，结合制定全省老龄事业发展“十三五”规划，充分吸收采纳，并落实到年度工作中。

“十二五”是我省科学发展和谐发展跨越发展取得优异成绩的五年，也是老龄事业加快发展的五年。五年来，省老龄委及各成员单位认真贯彻落实党中央、国务院和省委、省政府的决策部署，主动适应经济发展新常态，认真履行职责职能，狠抓各项工作落实，全省老龄事业发展成效显著，一些重点工作有特色有亮点。如：建立健全政策法规、制度机制，统筹推进老年社会保障、社会服务、社会优待、社会参与和宜居环境等建设，强化老年人权益保障；加强基层老龄工作，深入开展老年文化、教育、体育等活动，广大老年人的获得感、幸福感明显增强；常态化开展系列宣传和走访慰问活动，尊老敬老扶老助老氛围日益浓厚；适时对老龄事业发展规划执行情况进行检查评估，强化工作督查落实，总体完成了“十二五”规划确定的各项目标任务。

这些成绩的取得，是党中央、国务院亲切关怀的结果，是省委、省政府正确领导的结果，是各级老龄工作机构及其成员单位共同努力的结果，是社会各界大力支持的结果。在此，我代表省人民政府和省老龄委，向关心、支持、参与老龄事业发展的各级各部门各界人士表示衷心感谢！下面，我讲几点意见。

一、进一步增强做好老龄工作的责任感、使命感和紧迫感

（一）要深刻理解党中央、国务院和省委、省政府关于应对人口老龄化的部署要求。去年10月，习近平总书记就人口老龄化问题作出重要指示，明确指出“有效应对我国人口老龄化，事关国家发展全局，事关亿万百姓福祉。要立足当前、着眼长远，加强顶层设计，完善生育、就业、养老等重大政策和制度，做到及早应对、科学应对、综合应对。此事要提上重要议事日程，‘十三五’期间要抓好部署、落实”。李克强总理作出重要批示，强调要“围绕科学应对人口老龄化问题，结合‘十三五’规划编制实施，抓紧研究提出相关政策建议，并注重可操作性”。李纪恒书记、陈豪省长高度重视，就贯彻落实中央领导同志重要指示批示精神专门作出安排部署，对落实重点工作提出了明确要求。党中央、国务院和省委、省政府领导同志的重要指示批示，为我们进一步推进老龄事业发展指明了方向，提出了新的更高要求。家家有老人、人人都会老。老同志的今天就是我们的明天。我们要深刻领会、准确把握，认真抓好落实，齐心协力把老龄工作做好，造福更多老年人。

（二）要深刻认识人口老龄化形势及其带来的深刻影响。人口老龄化，是当今世界多数国家共同面对的重大课题，是当前和今后一个时期经济社会发展面临的一个不可回避的重大国情。截至2015年底，全国60岁及以上老年人口达2.22亿人，占总人口的16.1%；全省达560.4万人，占总人口11.82%，比全国平均水平略低。预计，全国老年人口到2025年将达3亿人、2033年突破4亿人、2053年前后达到峰值4.87亿人；全省到2020年将达606.9万人。我省人口老龄化已进入快速发展新阶段，老年人口呈数量规模大、增长速度快、空巢和失能占比高、“未富先老”“不备先老”等特点。人口老龄化程度不断加深，将改变劳动力供给结构，提高经济运行成本，降低国民储备率和人力资本积累；老年人口规模持续扩大，将加大养老保障压力，加重医疗卫生服务的负担，扩大社会养老服务需求，增加社会服务管理难度。农村人口老龄化，对解决“三农”问题、统筹城乡协调发展构成巨大挑战。

（三）要牢固树立应对人口老龄化的“窗口期”意识。党的十八届五中全会把推进老龄事业改革发展纳入经济社会发展全局，把应对人口老龄化问题、发展老龄事业确立为国家战略任务，作为保障改善民生、全面建成小康社会的国家行动。人口老龄化增速短期放缓，为应对人口老龄化提供难得的“窗口期”。改革开放以来，经济发展的长期积累和未来基本面向好，为老龄事业改革发展提供了物质条件，特别是党的十八大以来，老龄事业的全面进步为加快推进老龄事业改革发展奠定了良好基础。我们要倍加珍惜这难得的“窗口期”，按照党中央、国务院和省委、省政府的决策部署，及时应对、科学应对、综合应对，将挑战和压力转化为动力，搞好顶层设计、形成整体合力，将机遇和潜力转化为现实，全力推动全省老龄事业创新发展。

（四）要清醒认识我省应对人口老龄化存在的薄弱环节。与人口老龄化形势和有效应对要求相比，我们对老龄化问题的严重性和紧迫性认识仍不足，养老机构设施总量不足、缺口大、欠账多，养老保障、养老服务体系建设亟待进一步健全完善。老年服务产品单一、市场挖潜乏力、服务人才匮乏，服务供给严重不足，服务供给水平不高。社会参与不充分，市场化水平低下，养老产业发展进展缓慢。养老服务业与医疗卫生服务、与老年宜居环境建设、与养生旅游业发展融合不充分。老龄基层工作力量薄弱，政府、社会、家庭、个人等方面共同应对人口老龄化的合力尚未形成。尤其是农村大量青壮年进城务工后，留守、空巢老人增多；城市大部分青年就业后，主要精力都在工作上，也出现了城市留守、空巢老人，做好这些老年人的养老服务保障工作已经十分紧迫。

二、切实抓好当前和今后一个时期的重点工作

“十三五”时期，全省老龄工作的总体思路是：认真贯彻落实习近平总书记、李克强总理和李纪恒书记、陈豪省长的重要指示批示精神，紧紧围绕全面建成小康社会的目标要求，树立“创新、协调、绿色、开放、共享”发展理念，以改革创新为动力，以规划政策为引领，以重点领域和薄弱环节为着力点，统筹政府、市场、社会和家庭等各方资源和力量，全面提升老龄事业发展水平，充分发挥老龄事业在促进经济转型升级、维护社会和谐稳定中的重要作用。重点要抓好以下几项工作：

（一）要建立应对人口老龄化的支撑体系。结合贯彻国家系列文件精神，完善生育、就业、养老等重大政策制度，加强规划、法规、政策、标准体系的统筹和整合，注重制度之间的相互协调，健全保障老年人权益的各项制度，不断提高老年人生活品质和生命质量，保障老年群众老有所养、老有所医、老有所为、老有所学、老有所乐。

（二）要完善社会保障制度体系。树立共享意识，强化老年人社会保障和基本公共服务，提高老年人养老和医疗保障水平。建立完善普惠型和特困救助型相结合的救助保障制度，加大对困难老年人的社会救助和精准帮扶力度。鼓励发展商业养老保险和商业健康保险，逐步提高高龄津贴补助标准，发挥农村土地和集体经济养老保障作用，落实家庭赡养责任等措施，不断拓宽老年人经济保障渠道，编密织牢老年人特别是困难老年人民生安全网。

（三）要完善养老服务体系，发展养老服务产业。认真贯彻5月5日陈豪省长调研省民政厅时的重要指示精神，积极推进医养融合发展和健康养老服务供给侧改革，实现养老服务供给与老年人多元化需求精准对接。一方面，加强公益性养老服务供给，补齐养老服务设施不足、结构单一、水平偏低这个“短板”，认真落实特困人员供养政策，切实兜底保障好留守、空巢、困难等老年人。另一方面，发挥我省特殊的气候、自然、区位、人文等优势，强化财政、税费、土地、融资等方面的支持，充分调动市场、社会力量，打造一批高端的康体休闲、健康养老服务机构、基地，大力发展具有云南特色的养老服务产业。

（四）要全面扩大老年人社会参与。加强老年人力资源开发利用，建设老年人力资源信息服务平台，建立老年人才和专家信息数据库，鼓励老年人参与基层社会治理，加强基层老年协会规范化建设，促进老年文体教育工作发展，扩大老年人社会参与。

（五）要加强老年人宜居环境建设。牢固树立以人为本思想，把营建安全、便利、舒适的老年宜居环境、促进老年人全面发展作为老龄化社会治理的新理念，推动家庭和公共设施适老化建设，完善社会治安立体防控体系，推进绿色社区、美丽乡村建设，大力营造老年人安全生活环境、绿色生活环境、敬老助老社会环境。最近我到昆明调研了几次，昆明市在政府投入和动员利用社会资源建设养老机构、提供养老服务方面做得比较好，为老年人提供了适合养老生活的环境；我们还发现一大批年轻人中年人、一大批志愿者，热爱养老服务这个行业，在养老机构就业，尽心尽力为老年人服务，老龄、宣传等部门要加强对这些典型的宣传，给予必要的物质和精神鼓励。同时，要加强职业教育，培育培训人才，不断提高养老服务专业化水平。

2016年是“十三五”规划实施和全面建成小康社会决胜阶段的开局之年。一要加强政策法规和规划工作。省老龄办要主动与相关部门协调，加快推进老龄地方立法工作；抓紧制定出台社会力量参与养老服务、老年人长期护理保险、农村留守老年人关爱等制度；科学编制与省情相符、与发展相配、与国家相关专项规划和我省总体规划相衔接的全省老龄事业发展“十三五”规划。二要积极推进医疗服务和养老服务融合发展。医养融合发展是应对人口老龄的长久之计，也是服务之急。省卫生计生委要按照国务院的统一部署，坚持注重保基本、补短板、建机制、强功能、促互动的基本原则，尽快出台推进医疗卫生服务与养老服务相结合的政策文件，打破政策瓶颈和体制机制制约，打通老年人就医绿色通道，盘活现有公共卫生、养老服务资源，提高养老院入住率，减轻医院病床压力，降低医保负担。要加强基层医疗服务机构为老健康服务功能建设，改革服务方式，扩大服务功效，让更多老年人享受到便捷可及的基本公共服务。三要加快公办养老服务机构改革步伐。省民政厅要抓住供给侧结构性改革机遇，进一步明确公办养老机构的职能定位，优先保障特困、特需老年人服务需求，充分发挥托底作用；改革基础设施、强化管理服务、提高人员队伍素质、延伸服务范围、调控养老服务市场，增强机构服务功能；推进公建民营、民办公助、股份制合作运营方式，改变服务管理主体，实现以供给创新带动需求扩大、以结构优化推进品质提升、以发展加力保证老年人受益的改革目标。四要继续深入宣传贯彻老年人权益保障法。今年是第一部老年人权益保障法颁布实施20周年，要把老年法治宣传教育列入“七五”普法重点内容，组织开展系列法治宣传活动，让依法维护老年人权益在全社会蔚然成风。依法严厉打击侵害老年人合法权益的违法犯罪活动，重点关注高龄、空巢、困难、失能老年人和计划生育家庭老年人法律服务和法律援助工作。

三、切实加强组织领导

老龄事业发展面临新的形势，任务重、要求高、难度大。有关部门一定要从党和国家事业全局出发，把思想和行动统一到党中央、国务院和省委、省政府的决策部署上来，采取切实有效措施，进一步把老龄事业各项工作做实做好。

（一）要切实加强组织领导。各地、有关部门要把老龄工作摆上重要议事日程，主要领导要主动研究、亲自过问，及时解决老龄工作中遇到的新问题、新情况。省老龄委成员单位要结合自身职能，发挥部门优势，主动作为、通力合作，认真落实任务要求，保证工作进度和质量，每半年要将本部门工作进展、完成情况报送省老龄办。省老龄办要做好沟通协调、信息交流、情况通报等工作，发挥好牵头作用。

（二）要建立健全工作机制。省老龄办要牵头落实议事规则、协调联络、联合调研、监督检查等制度，加快完善上下贯通高效、部门协同有力的老龄工作机制。按照老龄工作机构职能定位，加强老龄工作部门自身建设，建立完善基层老龄工作组织网络，做到基层老龄工作有人管事、有钱办事、有地方议事。积极引导鼓励社会组织、企事业单位和个人参与老龄事业发展。

（三）要加强工作队伍建设。各级要把老龄工作队伍建设摆在突出位置，配置精干力量，着力打造一支知识化、专业化的老龄工作队伍。广大老龄工作人员要主动适应新形势、研究新情况、提出好建议，多为老年人办实事、解难事、做好事。

（四）要强化督促检查。省老龄委各成员单位要根据年度工作要点，建立责任清单，抓好各项工作落实。省老龄办、民政厅、发展改革委要加强老龄工作的督促检查和绩效考核，并适时通报工作进展和考核情况，确保各项工作按时按质按量完成。

老龄事业功在当代、利在千秋；老龄工作责任重大、使命光荣。我们要在省委、省政府的坚强领导下，以改革姿态、担当精神、务实作风，锐意进取、真抓实干，不断推进我省老龄事业发展再上新台阶，为谱写好“中国梦”云南篇章作出新的更大贡献。

陕西省省级领导关于加强老龄工作的批示及讲话

2016年6月29日，在陕西省老龄委第十一次全体会议上，副省长、省老龄委主任冯新柱在会上强调，要把老龄事业纳入经济社会发展全局，按照五个着力的要求，把事关百姓福祉的大事要事抓紧抓好。要坚持以需求为导向，完善居家养老服务网络，建立支持老龄产业发展的政策体系，繁荣养老服务消费市场，全面推动养老服务业和老龄产业协调发展。要坚持以可持续发展为目标，加强老龄问题研究，完善重点领域政策制度，加大宣传力度，确保各项政策落到实处。要坚持统筹安排、协调配合，着力构建大老龄工作格局，推动全省老龄事业可持续发展。

甘肃省省级领导关于加强老龄工作的批示

【省委常委、组织部长、省老龄委主任吴德刚批示】 3月30日，省委常委、组织部长、省老龄委主任吴德刚对老龄工作批示：我省老龄化、高龄化、空巢化发展迅速，各级老龄部门和各成员单位积极谋划、主动作为，老龄工作取得了显著成效。面对老龄工作新形势、新任务，要认真学习贯彻中央积极应对人口老龄化精神，做好顶层设计，编制好“十三五”规划，做好老龄事业法规制度和政策创制；整合资源，综合应对，合力做好老年人保障、服务、优待等工作，让我省老年人得到更多的实惠。

【省委常委、组织部长、省老龄委主任吴德刚批示】 5月27日，中共中央政治局就我国人口老龄化的形势和对策举行第三十二次集体学习，习近平总书记发表了重要讲话。5月30日，省委常委、组织部长、省老龄委主任吴德刚对老龄工作批示：习总书记重要讲话高屋建瓴，要抓好贯彻落实；省委常委、省政府副省长、省老龄委常务副主任杨子兴批示：请老龄委认真学习，抓好贯彻落实。

【省委常委、组织部长、省老龄委主任吴德刚批示】 9月26日，对省老龄办汇报的全省老龄工作情况作出批示：全省老龄工作总体上看，成效显著，各级老龄工作者付出了大量心血，基于存在的问题，适时咱们一起研究一次；对于下半年工作安排我都赞同。

【省委常委、省政府副省长、省老龄委常务副主任杨子兴批示】 9月29日，省老龄办向省委常委、省政府副省长、省老龄委常务副主任杨子兴汇报2016年全省“敬老月”活动安排，他批示：同意此方案。

在青海省老龄工作委员会第十一次全体会议上的讲话

青海省副省长 匡 湧

（2016 年 5 月 12 日）

同志们：

刚才，罗松达哇同志通报了“十二五”时期全省老龄工作情况和2016年工作安排建议，有关成员单位负责同志作了很好的发言，审议并原则通过了《“十三五”老龄事业发展规划（送审稿）》。会后，请省老龄办结合罗松达哇同志对2016年的工作安排，把重点工作分解细化到各成员单位，各成员单位要认真学习，抓好贯彻落实。下面，我就做好全省老龄工作讲三点意见。

一、肯定成绩，“十二五”时期全省老龄事业发展成效显著

“十二五”时期，省老龄委在省委、省政府的坚强领导下，认真落实有关部署要求，组织领导有力，工作措施到位，各项老龄工作呈现全面、快速发展的良好格局，实现全省老龄事业与经济社会协调发展，我感受较深的主要在以下五个方面：

一是规划目标任务基本完成。五年间，各地、各成员单位围绕《国民经济和社会发展“十二五”规划纲要》、《青海省老龄事业发展“十二五”规划》、《社会养老服务体系建设规划》确立的规划任务，积极落实了一系列配套政策，谋划实施了一批老年民生项目，社会养老服务体系建设投入约14.1亿元，全省参加城乡居民基本养老保险人数达233万人，参加城乡居民基本医疗保险人数超过455万人、参保率达98%以上，规划目标基本完成，有力推动了老龄事业发展，为“十三五”打下了良好基础。二是老龄法制建设得到加强。省委、省政府和相关成员单位围绕基本养老、基本医疗、社会救助、社会优待、无障碍建设、养老机构管理、高龄补贴、购买居家养老服务、农牧区代养试点等方面制定了一系列法规政策，政府工作报告也多次就老龄工作提出要求，大力推动了老龄政策的落实，通过法治手段维护了全省老年人权益，老龄事业发展的政策优化环境基本形成。三是养老服务业加快发展。各地、各成员单位围绕省政府在加快发展养老服务业、保障改善民生等方面的部署要求，坚持统筹规划，增加资金投入，初步建立了以居家为基础、社区为依托、机构为补充的养老服务体系，居家养老服务设施已覆盖90%的城镇社区和65%的农村，比“十一五”末有了较大发展。四是敬老爱老助老社会氛围日益浓厚。省政府常务会多次研究涉老工作，重点关注高龄、空巢、困难老人，推动全社会开展了“敬老月”、“扶老助残志愿服务”等一系列敬老爱老活动，大力营造尊老敬老社会氛围，促进了家庭和睦与社会和谐。五是老年人参与社会活动范围不断扩大。全省老年学校数量已达19所，在城镇社区和农村建立了3000多个老年协会，城镇社区覆盖率达77%，农村覆盖率达64%，并组织开展了银龄援农、银龄义诊、银龄义演等活动，老年人参与社会活动的渠道不断拓宽。

成绩来之不易，借此机会，我代表省老龄委，向大家表示衷心的感谢！

二、认清形势，切实增强老龄工作的责任感和紧迫感

据统计，我省已于2009年步入老龄化社会。截至2015年底，全省60周岁以上人口已近70万人，占全省总人口的11.9%。我省老龄化进程呈现四个显著特点：一是人口老龄化起步晚、进程快。2010年到2015年，全省老年人口从56.32万人迅速增加到69.77万余人，增长了23.9%。二是老年人口地域分布不均。西宁和海东市集中分布着超过50万老年人，占全省老年人口的71.9%。三是“未富先老”。生活在农村牧区的老年人口达39.76万人，占全省老年人总数的57%，这一群体经济基础比较薄弱，养老问题日益突出，呈现典型的“未富先老”特征。四是家庭规模日趋小型化。由于“四二一”家庭结构普遍，空巢家庭增多，造成家庭养老功能不断弱化，传统养老模式难以为继，对政府和社会提出了更高要求。

目前，全国老年人已经占总人口数的16.1%，我省与之相比，老龄化程度还不高，但人口老龄化是一个持续发展的过程，其影响也是一个逐渐显现的过程，应对人口老龄化的准备工作要未雨绸缪，及早谋划。据预测，到2020年，我省60岁以上人口将达到81.67万，约占全省总人口的13.4%。人口老龄化的持续加深，将改变劳动力供给结构，提高经济运行成本，降低国民储蓄率和资本积累；随着老年人口规模持续扩大，将加大养老保障压力，加重医疗卫生负担，增加社会养老服务需求，提高社会服务管理难度；由于与工业化、城镇化相伴随，与家庭小型化、少子化相叠加，与经济发展新常态和社会转型相交织，全省老龄工作形势日益严峻、老龄问题日益凸显，我们应对人口老龄化的难度逐步增加，任务异常艰巨。

三、突出重点，推进落实2016年全省老龄工作任务

2016年是“十三五”老龄事业的开局之年，做好今年老龄工作意义重大。各地、各成员单位和老龄工作机构要切实增强责任意识、忧患意识、机遇意识和进取意识，将挑战和压力转化为动力，将机遇和潜力转化为现实，主动作为，抓好落实。

（一）加强组织领导健全体制机制。各地、各成员单位要把老龄工作纳入重要议事日程，认真疏理当前和今后一个时期工作重点任务，及时研究解决遇到的新情况、新问题，制定工作方案，抓好贯彻落实。要注重加强各级老龄工作机构建设，健全完善制度，形成上下贯通、部门协同的工作机制，各级老龄办要切实履行综合协调职能，督促、沟通工作，确保各项工作有力有序推进。要把老龄工作队伍建设摆在突出位置，下大力气建设一支讲大局、懂事业、作风实、讲奉献的工作队伍，做到各级特别是基层老龄工作有人管事、有钱办事、有地方议事，各成员单位要把这三件事情作为今年的重点工作。要引导和鼓励社会组织、企事业单位和个人参与老龄工作，共同推进老龄事业发展。

（二）切实做好老年人保障服务工作。坚持从物质和精神两方面提高全省老年人生活质量。在基本生活保障方面，按照普惠和特惠相结合、一般性制度安排和专项制度安排相结合的原则，强化老年人社会保障和基本公共服务，加大对困难老年人的社会救助和精准帮扶力度，扎密织牢老年人特别是困难老年人的民生安全网，解决好他们生活中的突出困难和问题。要健全完善养老服务补贴、高龄补贴、计划生育家庭奖励和失独家庭抚慰金等政策制度，要不折不扣地把已有的各项涉老政策制度落实好，充分调动个人、家庭和社会各方面积极性，共同保障老年人养老服务需求。今年，省老龄办要对这些政策的落实情况组织一次督导调研，打通政策落实最后一公里。在老年人精神关爱方面，大力弘扬中华民族孝亲敬老传统美德，发挥家庭成员情感关爱、精神慰藉的基础作用，广泛开展老年文体教育活动，丰富老年人精神文化生活，重点针对独居、留守、失独、失能老人提供精神关爱和心理疏导。老龄工作者要不断加强学习，注重调查研究，提高能力素质，以严谨务实的作风把对老年人的关爱体现在实际行动上，落实在具体工作中，真心实意为老年人办实事、解难事、做好事，使老年人有获得感。

（三）加大力度推进养老服务业发展。加快养老服务业发展是保障和改善民生的重要举措，是激发市场活力和社会创造力的重要载体，也是培育经济增长新动力的重要支撑。要继续加快建设以居家为基础、社区为依托、机构为补充的社会养老服务体系，建立完善居家养老支持政策，健全居家养老服务网络平台，开展“互联网＋养老服务”行动，力争在城镇实现政府购买居家养老服务全覆盖，在农村开展代养服务试点和经验推广工作。要继续完善社会力量参与养老服务优惠扶持政策，鼓励政府和社会资本合作（PPP）模式，采用公建民营，民办公助等方式，引导社会力量参与，建立多样化的养老服务模式，满足不同人群的养老需求，这是今后养老业发展的趋势。加快建立医养融合发展的政策措施，满足老年人健康养老服务需求。探索建立养老护理员薪酬增长机制，提高人员专业水平，加强养老服务队伍建设。

（四）扎实推动落实老年人优待政策。老年人优待事关老年人民生福祉，社会关注，群众关心。去年，24个部门联合印发了我省《老年人优待工作实施意见》，各相关部门要高度重视，各司其职，将优待项目落实、将优待工作落地。要加强舆论宣传，发挥多种媒体作用，特别是要发挥好新媒体的作用，广泛宣传《老年优待意见》，扩大政策知晓度和影响力，推动各行各业积极参与老年优待工作，形成全社会敬老爱老助老的良好氛围。要加强督促检查，重点就交通出行、优待标识、窗口服务等方面开展监督检查工作，促进老年人公平共享社会发展成果。

（五）大力加强基层老龄组织建设。基层老年协会，既是老年人参与社区自治和互助服务的重要载体，也是老龄工作在基层的网络体系。要借助“乐龄工程”，制定实施基层老龄协会建设专项规划，合理编制实施方案，健全完善老年协会管理体制和运行机制，多方筹措资金，以多种方式引导和支持基层老年协会建设。发挥基层老年骨干特别是老党员和退休干部的积极作用，支持他们参与老年协会工作，以建设老年协会带动和发展好各种老年人自娱自乐、自我管理服务和反映老年人诉求的基层老年人组织。要重视发挥基层老龄组织的优势，及时处理各种赡养矛盾和纠纷，确保老年人能够颐养天年。

（六）积极推进老年人广泛参与社会活动。要坚持发展公益性文化事业作为保障老年人基本文化权益的主要途径，加快基层公共文化服务体系建设，增加基层老年公共文化产品供给。办好各类老年大学，支持基层老年群众组织广泛开展各类文体教育活动，丰富老年人的精神文化生活。继续开展“银龄行动”，为实现“老有所为”搭建平台。要在乡镇、街道广泛开展“老年宜居社区”创建活动和“敬老好儿女”评选活动，不断营造家庭和睦、代际和谐的良好社会环境。

同志们，老龄问题涉及政治、经济、社会、文化等诸多领域，是关系国计民生和国家长治久安的一个重大社会问题，面临的任务重、要求高、难度大，我们要按照省委、省政府的部署要求，改革创新，扎实工作，不断开创我省老龄事业发展的新局面。

在新疆维吾尔自治区老龄工作会议上的讲话

新疆维吾尔自治区党委常委　肖开提·依明

（2016 年 2 月 23 日）

同志们：

这次会议的主要任务是：深入学习贯彻自治区党委八届十次全委（扩大）会议等一系列重要会议精神，总结 2015 年我区老龄工作，安排部署 2016 年的工作，努力开创老龄工作新局面，为新疆社会稳定和长治久安作出贡献。

2015 年，在自治区党委的领导下，我区各级老龄工作部门紧紧围绕总目标，坚持“中央的要求就是我们的任务，自治区党委的部署就是我们的行动”，以开展好“适应发展稳定新常态、筑牢长治久安好基础”新春开局系列活动和落实好“善学习、讲法治、比团结、抓落实、重效果”要求为开端，锐意进取，开拓创新，有力推动了我区老龄事业的发展。一是加大社会养老保障体系建设力度，城市社区居家养老服务工作和农村老龄服务事业有了新的进展。二是加强对老年群团组织的指导，推进城乡社区老年协会建设，支持自治区老龄事业发展基金会和老年大学协会依照章程开展工作，推动了老年基层组织发展。三是认真落实《老年人权益保障法》，加强监督检查，在全区推进老年人意外伤害保险工作，切实保障了老年人合法权益。四是不断丰富老年人精神文化生活，组织开展了自治区第三届老年文化艺术节和敬老月系列活动，弘扬了中华民族尊老敬老传统美德。五是继续开展“银龄行动”、“敬老文明号”和“双关爱”等活动，营造了关心帮助老年人的良好氛围。六是启动了新疆老年大学建设项目。七是扎实开展“三严三实”专题教育，进一步提高了老龄干部队伍整体素质。这些成绩的取得，凝结着老龄系统全体干部职工和社会各界共同努力的心血与汗水。在此，我代表自治区党委、自治区人民政府，向为老龄事业发展作出贡献的同志们表示衷心的感谢！

2016 年，是“十三五”的开局之年。今年伊始，自治区党委就部署了“适应新常态、展现新作为”系列活动，提出了“新理念、新状态，讲看齐、严要求，强‘三力’、善作为”的要求。老龄工作部门要以新的精神状态、新的作风面貌，以高水平、高质量的工作和实实在在的业绩，为“十三五”开好局、起好步贡献力量。下面，我讲几点意见。

一、坚决把思想和行动统一到自治区党委八届十次全委（扩大）会议精神上来

自治区党委八届十次全委（扩大）会议是在深入推进社会稳定和长治久安、协调推进“四个全面”战略布局、夺取全面建成小康社会决胜阶段胜利的重要阶段召开的一次十分重要的会议。全会明确了“十三五”时期推进新疆经济社会发展的指导思想、主要目标、重点任务，提出了一系列新理念、新举措、新要求，具有十分重大的现实意义和深远的历史意义。各级老龄工作部门要把握自身特点，把会议精神落实到老龄工作各个环节，为全面建成小康社会作出贡献。

1. 坚持以“四个全面”战略布局统领老龄工作。党的十八大以来，以习近平同志为总书记的党中央从坚持和发展中国特色社会主义全局出发，提出并形成了全面建成小康社会、全面深化改革、全面依法治国、全面从严治党的“四个全面”战略布局。我们要深入理解和把握“四个全面”战略布局的重大意义、丰富内涵、内在联系和实践要求，自觉用这一战略布局统领、谋划、推动老龄工作。要以全面建成小康社会为指引，把握老龄工作方向，把老年群体同步进入小康社会作为发展老龄事业的出发点和落脚点。要以全面深化改革为动力，破解老龄事业发展难题，推动老龄事业不断发展。要按照全面依法治国要求，树立法治思维，不断提高老龄工作法治化水平。要严格落实全面从严治党，加强老龄工作部门和队伍建设，强化理想信念和宗旨意识，勤政廉政。

2. 坚持把“五大发展理念”落实到老龄工作中。张春贤书记提出，“十三五”时期，新疆经济社会发展必须坚持“创新、协调、绿色、开放、共享发展理念”这条主线。坚持“五大发展理念”，是关系发展全局的一场深刻变革。各级老龄工作部门要树立创新发展理念，破除安于现状的思想，树立奋勇争先、争创一流的意识；破除被动应付的思想，树立主动服务、优质服务的意识；破除墨守成规的思想，树立时效优先、超前发展的意识。坚持用正确的思想、开放的思维、审视的眼光研究发展过程中遇到的新情况、新问题、新矛盾，不断创新发展理念、思路、路径和模式，让创新贯穿老龄工作全过程。要树立协调发展理念，既下力气解决当前老龄事业发展中的突出问题，又着眼长远制定促进老龄事业发展的战略规划；既做好城市老龄工作，又统筹做好农村老龄工作；既巩固已取得的成绩，又在加强薄弱环节中增强发展后劲。要树立绿色发展理念，在发展老龄事业过程中科学布局生活空间、生态空间，搞好生态环境保护，让良好生态环境成为提高老年人生活质量的有效途径。要树立开放发展理念，通过"引进来、走出去"，实施应对人口老龄化的资源利用战略，建立为老服务联动机制和社会福利资源共享机制，为日益加剧的老龄化问题提供多种解决方案。要树立共享发展理念，着力提高老龄服务共建能力和共享水平，用心用情做好为老服务工作，把党和政府对老年人的各项优待政策落到实处，让老年群体与其他群体一起共享改革发展成果，使各族老年人有更多的参与感、获得感和幸福感。

3. 坚持以"三个引领"推进老龄工作。张春贤书记提出，新疆经济社会发展必须坚持理念引领、问题引领、实践引领。要坚持理念引领，用好理念这副良药，充分发挥理念的先导作用，坚持近年来自治区党委提出的一系列新理念，以新理念为核心，引领老龄事业发展。要坚持问题引领，围绕工作大局，针对突出问题，深入基层、深入到老年人当中，带着问题潜心研究，形成科学的工作思路，着力解决老龄事业发展的重大关键问题和各族老年群众反映强烈的突出问题。不仅要解决个别的、特定的矛盾，更重要的是要抓共性、抓普遍存在的问题，以解决问题推动老龄事业不断向前发展。要坚持实践引领，政策允许之内的抢着干，看准的事抓紧干，没有先例的探索干，想老年人所想、急老年人所需，全心全意为老年人服务，尽心竭力为老年人解难题，诚心诚意帮助老年人办实事、办好事、办成事，真正以老年人受益程度作为工作的"试金石"，以老年人的满意度作为衡量工作的"标尺"，以变化变革的生动实践引领推动老龄事业发展。

二、积极应对人口老龄化，进一步做好老龄工作

人口老龄化是我区的基本区情，积极应对人口老龄化的挑战，是一项长期的战略任务。要充分认识应对人口老龄化的重要性、复杂性和长期性，以更高的站位审视老龄问题，以更广阔的视野谋划老龄事业，以更有力的措施推进老龄工作，统筹安排"十三五"时期老龄工作的基本任务，促进我区老龄事业又好又快发展。

1. 完善多层次养老服务体系。保障制度建设是老龄工作的一项根本性建设，事关老龄工作的协调发展和长远发展。要高度重视制度之间的相互配套和衔接，防止相互重叠，逐步建立起体系完整、覆盖广泛、实在管用的老年社会保障制度。要在推进落实上下功夫。一个好的制度能不能真正发挥作用，关键是看能不能落到实处。要把推进制度落实作为关键来抓，通过抓制度落实，真正让老年人感受到党和政府的关怀，共享改革发展的成果。要注意挖掘总结基层的实践创新，善于把好的经验和做法用制度的形式固定下来、坚持下去，通过制度创新使老龄工作始终充满生机和活力，使工作与经济社会发展的形势相合拍，与老年人不断增长的物质和精神需求相适应。要下大力抓好为老服务体系建设，引导社会力量有序参与养老福利服务，完善扶持民办养老机构的政策措施。要大力发展居家养老服务，力争在较短时期内，建立多种形式的居家养老服务网络，充实完善社区居家养老服务内容和形式，努力为居家老年人提供高质量的生活照料、家政服务、康复护理和精神慰藉等服务。要通过扎扎实实的工作，逐步建立完善以政府养老机构为示范、社会养老机构为骨干、社区服务为依托、居家养老为基础的社会养老服务体系。

2. 切实保障老年人合法权益。我区各族老年人在十分艰苦的生活环境和工作条件下，扎根边疆，无私奉献，为自治区的建设、改革、发展做出了重要贡献。没有老年人过去的奉献，就没有我们今天的美好生活。做好新形势下的老龄工作，维护老年人合法权益，让各族老年群众共享改革开放和社会发展的成果，是尊重历史，尊重老年人曾经做出的贡献。老年人权益保障关系到社会的方方面面，必须引起重视。要认真执行涉老法律法规，广泛开展法律服务和法律援助进社区活动，建立完善科学有效的老年人利益协调机制、诉求表达机制、矛盾调处机制。要进一步强化宣传教育，通过加强法治和道德的宣传教育，让老年人权益保障法广为人知、家喻户晓、深入人心，在人们的思想中确立尊老敬老的法律、道德红线，防止侵害老年人权益的事件发生。要制定和完善对老年人的法律援助、司法救助和法律咨询服务措施，对侵害老年人合法权益的申诉、控告和诉讼要及时受理。对不尽赡养义务、虐待老人和侵害老年人合法权益的行为要依法惩处。要建立健全老年维权和老年人法律保障网络，就地就近为老年人提供维权服务。

3. 重视做好南疆老龄工作和贫困老年人工作。近期，自治区党委专门召开了南疆工作会议和扶贫开发会议。这两个会议都与老龄部门密切相关，做好这两项工作是老龄部门义不容辞的责任。"南疆是新疆工作的重点和难点。新疆一盘棋，南疆是'棋眼'"。南疆老龄工作基础比较薄弱。要根据南疆人口老龄化的发展趋势，不断加大对老龄事业的经费投入。要结合实际积极探索做好南疆老龄工作的方法，落实好已有的老龄政策，进一步推动出台适合南疆实际的涉老新政策新举措。要积极探索适合南疆特点的农村社会化养老保险制度，支持南疆乡镇和村建立老年大学或老年教育辅导站，提升老年人生活质量。要认真落实自治区党委扶贫开发工作会议精神，重视解决老年人贫困问题。要按照“精准扶贫、精准脱贫”基本方略，核准贫困老年人家庭基本情况，完善基础档案，做到“底数清”；核准贫困老年人脱贫门路、需要解决的主要困难，完善问题台账，做到“问题清”；核准以往扶持情况、扶持效果，提出具有针对性的帮扶措施，做到“对策清”；确定帮扶人员，实行定户定人定时定责帮扶，做到“责任清”，确保到2020年实现全部贫困老年人脱贫。

三、围绕新疆社会稳定与长治久安，充分发挥老年人的作用

社会稳定和长治久安是新疆工作的总目标，这是党中央对新疆工作的重大战略决策，也是当前和今后一个时期新疆一切工作的总指针、总遵循。老龄工作要紧紧围绕社会稳定和长治久安总目标，调动发挥老年人的作用。

1. 充分发挥老年人在维护社会稳定中的作用。当前，新疆社会大局总体稳定，向好因素不断增加，但稳中有变数、稳中有风险、稳中有忧虑，“三期叠加”的特点短期内难以改变，反恐维稳的基本面没有根本改变，反恐维稳形势依然严峻复杂。要认真贯彻落实自治区党委稳定工作会议精神，时刻保持清醒头脑，进一步增强政治意识、大局意识、责任意识和忧患意识，强化底线思维，狠抓工作落实。要把确保老年群体的稳定、发挥老年群体在维护社会稳定中的重要作用，作为老龄工作首要任务和基本立足点。要深入基层开展扎实细致的工作，真诚关心老年人的疾苦，及时倾听老年人的诉求，确保老年群体的稳定，真正做到守土有责、守土有方。要引导各族老年人把思想和行动统一到自治区党委的决策部署和要求上来，擦亮眼睛、明辨是非，充分认清暴恐分子反人类、反社会、反文明的本质，始终做到认识不含糊、态度不暧昧、行动不动摇，共同声讨暴恐分子的罪恶行径，齐心协力打好维护社会稳定这场硬仗。

2. 充分发挥老年人在增进民族团结中的作用。老龄工作要紧紧围绕促进团结、凝心聚力来展开，将心比心、以心换心、真心交心，引导各族老年人相互交流、加深感情。要从身边人、身边事和一点一滴做起，教育引导各族老年群众深刻认识团结稳定是福、分裂动乱是祸，在民族大团结的旗帜下，增强老年群体的凝聚力和向心力，团结带领广大老年人共同为增进民族团结作贡献。去年，自治区老龄办推广刀郎木卡姆健身操，通过老百姓喜欢的方式和载体，体现时代特色和地域特色，不仅满足了各族群众多种多样的审美要求和内心要求，而且让民族文化和现代文明交相辉映，可以说是以小活动做出了大文章、小活动服务了大群体、小活动发挥了大作用、小活动做出了大贡献。要不断丰富和拓展载体的形式，善于总结经验，促进各族老年人走动互动，将推动各民族交往交流交融不断引向深入。

3. 充分发挥老年人在“去极端化”、促进宗教和谐中的作用。当前我区最突出的问题是宗教极端思想渗透，最突出、最紧迫的工作是“去极端化”。各族各界都有一些有声望有影响的老年人，少数民族素来具有敬老的传统，家庭意识较为浓厚，普遍受到晚辈的爱护和尊敬，在家庭中仍占有重要的地位，他们在凝聚社会共识、引领社会风尚、弘扬正能量方面具有特殊作用。要充分发挥老龄工作优势，调动老年人的积极性与主动性，在“去极端化”、促进宗教和谐中发挥重要作用。对老年人的宣讲要符合实际情况，多用草根化、接地气的办法，既要有“大水漫灌”、面上推进、反复向老年人灌耳音，更要“细水滴灌”，增强教育的针对性和实效性，使广大老年人不断提高理性判断能力，参与到“去极端化”工作中，不断打牢与极端势力作斗争的群众基础。

四、切实加强党对老龄工作的领导

加强老龄工作，发展老龄事业，是各级党委、政府和全社会的共同责任。各地、各部门要从全局出发，切实加强领导，精心部署，狠抓落实，以更大的力度、更实的举措，努力把老龄工作提高到一个新水平。

1. 加强组织领导，完善老龄工作机制。做好老龄工作，党政主导是关键。各级党委、政府要切实加强对老龄工作的组织领导，把老龄工作作为加强社会管理和改善民生的重要内容，纳入整体工作部署和总体安排，确保认识到位、责任到位、措施到位、投入到位，切实抓紧、抓好，抓出成效。各级老龄委成员单位和有关部门要积极履行职责，充分发挥职能作用，把老龄问题纳入本部门工作规划，纳入所制定的政策法规中，纳入到具体工作部署之中去，明确目标任务，狠抓工作落实。要进一步加大宣传力度，不断提高全社会对老龄工作重要性的认识，进一步营造重视老龄工作、关心支持老龄事业发展的社会环境。

2. 认真编制老龄事业发展“十三五”规划。要用全面建设小康社会目标来倒推老龄事业“十三五”发展规划的任务、措施。要认真总结实施老龄事业发展“十二五”规划的成功经验，把这些成功的做法和经验吸收到“十三五”规划当中。要充分体现改革创新精神，认真分析制约老龄事业发展的问题和短板，提出的思路要“准”，确定的任务要“实”。要注重积极协调各有关方面广泛参与，切实抓住老年人关切的保障、医疗、服务和老龄产业等重点问题，深入研究，长远谋划。要因地制宜，量力而行，充分考虑当地经济社会发展水平、老年人的实际需求和老龄事业长远发展，各种指标尽可能量化，任务具体明确，措施切实可行，既规划老龄事业发展的常规目标，又突出老龄事业新的增长点。

3. 加强老龄工作干部队伍建设。按照“四强”“三力”

新疆特好干部的标准，培养和造就一支政治坚定、业务精通、作风过硬的老龄工作队伍，是做好老龄工作的前提和基础。各级老龄工作干部要树立很强的看齐意识，自觉看齐、主动看齐、经常看齐，坚定理想信念，坚决贯彻落实党中央和自治区党委的决策部署，严守党的政治纪律和政治规矩，切实做到政治上坚定自信、思想上同心同向、行动上高度自觉。要刻苦钻研业务知识，改进思想方法，提高工作能力，成为老龄工作的行家里手。要增强工作的责任感和使命感，把心思用在干事业上，把精力投入到抓落实中，努力做出实实在在的成绩。要巩固和扩大“三严三实”专题教育成果，加强党风廉政建设，把纪律和规矩挺在最前面，坚决反对腐败，进一步营造风清气正的良好环境。

同志们，做好老龄工作，责任重大、使命光荣。让我们在自治区党委的坚强领导下，牢牢把握社会稳定和长治久安这个着眼点和着力点，以强烈的政治担当、责任担当和历史担当，不断开创我区老龄事业发展新局面，为“建设美丽新疆、共圆祖国梦想”不懈奋斗。

在厦门市老龄委全体（扩大）会上的讲话

厦门市副市长　林锐

（2016 年 4 月 20 日）

同志们：

刚才，进春同志传达了中央领导和全国会议精神；玉辉同志代表市老龄办对去年老龄工作进行了总结，对今年工作作了安排，讲得很具体，我都同意，请大家认真抓好落实。下面我讲三点意见：

一、要继续巩固去年全市老龄工作取得的成绩

2015 年，我市老龄工作在市委、市政府的正确领导下，在老龄委各成员单位的共同努力下，取得了显著成效。全面建立了全民基本养老、基本医疗、最低生活保障、医疗救助、高龄补贴、意外伤害保障等相结合的老年社会保障体系；启动了市老年活动中心改扩建、厦门爱鹭老年养护中心等一批基础建设项目；开通了养老服务信息化平台暨 12349 养老服务专用号，成立“厦门市养老服务中心”，建成了一批社区居家养老服务站和农村幸福院，实现城区居家养老服务的全覆盖；推行“慢病先行，三师共管”分级诊疗体系，构建“15 分钟社区医疗服务圈”，老年人是最大的受益群体。举办全市老年文化艺术节、老年文艺调研和老年人体育健身展示，开展“助老上网”工程。开办《老年周报》、《夕阳红周刊》，开通“厦门银龄”微信和老龄工作短信平台。去年 12 月，全国部分省市“敬老文明号”经验交流会在我市召开，全国老龄办领导表扬“厦门老龄工作走在全国前列”、“敬老工作可为全国典范”。上个月，在全国老龄办主任会议上，我市作典型发言，是 8 个发言单位中唯一一个副省级城市。会议期间，《中国老年报》、《中国社会报》连续两天报道厦门的经验做法，产生了良好社会效应。这些成绩的取得，与各区、各部门的支持配合，与广大老龄工作者的长期努力是分不开的。在此，我代表市政府向各级各部门，向广大老龄工作者表示衷心的感谢和诚挚的问候！

二、要清醒认识老龄工作面临的机遇和挑战

展望“十三五”，我市老龄事业机遇和挑战并存。今年春节刚过，习近平总书记、李克强总理就对加强老龄工作作出重要指示，强调加强顶层设计。省委尤权书记强调要提高养老服务和完善养老设施。市委王蒙徽书记专门就加强老龄工作进一步提升老年人幸福指数提出了要求。回顾“十二五”期间，市政府每年都把为老惠老项目列入为民办实事项目。这些都说明了老龄工作越来越得到重视。

在看到机遇的同时，也要保持清醒头脑。作为人口净输入城市，近年来我市老年人口总量呈不断递增趋势。根据市发展研究中心预测，到 2020 年，全市老龄人口将达到 51.23 万人，其中常住非户籍老年人口就占了老龄总人口的四分之一多，比重较大。另一方面，随着家庭小型化和人口结构的变化，传统的家庭养老被社会化养老模式取代已是必然趋势，我市养老服务供给能力与社会需求之间的矛盾日益突出，特别是人口老龄化、高龄化、空巢化、失能化“四化叠加”，全市仅重度失能老人就有 2.19 万人，长期照护面临压力。因此，老龄工作所面临的形势比较严峻。如何有效改善这部分人的生活质量，切实提升困难失能老年群体的民生保障，是全面建设小康社会的重要内容，更是我们的应尽职责。

三、要切实抓好今年全市老龄工作

今年是“十三五”规划的开局之年。当前，首要的任务是全面贯彻落实全国老龄办主任会议部署的各项工作任务，抓好今年全市老龄工作。

（一）认真学习贯彻中央领导的批示指示精神。习近平总书记、李克强总理等关于加强老龄工作的重要指示，是我国积极应对人口老龄化的行动指南。各级有关部门要把学习贯彻习总书记重要指示精神，作为当前和今后一个时期首要的政治任务，认真学习，深刻领会，凝聚共识，推动发展。要把学习贯彻习近平总书记重要指示精神与谋划“十三五”工作、做好今年工作有机结合起来，切实改进作风，真抓实干，确保今年各项工作按质、按量、按时完成。要加强理论和战略研究，结合老年人的迫切需求，加快顶层设计，及时出台政策，让老年群众得到真正的实惠。市老龄办要主动对接，及时跟踪报道我市贯彻落实的具体措施，营造浓厚的舆论氛围。

（二）全面抓好“十三五”老龄规划的分解落实。近日市政府印发了《厦门市老龄事业发展“十三五”规划》和《厦门市养老服务发展规划（2016—2020 年）》。贯彻落实好“十三五”规划，各有关单位要各司其职，统筹推进。一是要树立“五个理念”，即“创新、协调、绿色、开放、共享”的发展理念，抓住老年人迫切关注的问题，进行研究谋划。二是要“精准落实”。“十三五”老龄规划涉及很多内容，各区、各部门既要全面落实，又要突出重点，厘清各时间节点必须完成的任务，不折不扣地落实到位，提升规划的权威性、严肃性和约束力。三是要定期评估。老龄办要定期会同有关部门做好“十三五”规划的指导、协调和检查，对发现的问题要及时研究，提出科学有效的应对之策，确保各项指标任务得以顺利完成。

（三）继续探索和完善惠老政策。一是要继续实施“厦门市老年人幸福安康险”。去年实施的幸福安康险，社会反响很好，受到老年人的欢迎，今年要继续抓好这项工作。据统计，截止今年 3 月底（也就是保险生效半年时间），保险公司已赔付 932 万，说明老年人出险率高，实施老年人意外伤害险很有必要。今年市老龄办应牵头认真做好评估工作，对幸福安康险方案重新修改完善。市、区财政对这件工作要给予积极支持，力争把实事办好。二是要特别关注困难老年群体的民生保障，对孤寡、贫困、病残、高龄、独居、空巢、失能的困难老年人，要在最低生活保障、五保供养、医疗救助等方面给予倾斜和重点照顾。对这些特殊人群，社区要登记在册进行一对一的关心和帮助，同时要探索建立“老年人长期护理保险制度”，使之惠及更多的群众。

（四）创新发展社会养老服务业。养老服务根在基层，重点对象是失能半失能老年群体，要扎实推进居家养老服务，解决这一迫切问题。要构建大社区养老格局，可以尝试把几个社区的资源整合起来，做大做强，通过改善硬件、增加人员等，提升服务能力和水平。要办好社区日间照料点和农村幸福院，推出符合老年人需求的服务项目。要大力推动社会养老产业发展，着力解决制约养老服务事业发展的用地、融资和人才吸纳这“三大瓶颈”，为多种经济成分迅速进入养老服务领域开辟通道。台湾的养老服务业发展比我们早，可以学习他们的管理理念和服务方法，提高我市养老服务业整体水平。鼓励符合条件的养老机构设置医务室或门诊部，走医养护结合的路子。

（五）积极推进老龄产业发展。随着全球老龄化浪潮的到来，老龄产业已经成为 21 世纪十大产业之一。我们要以新视界、高起点打造养老产业的新平台，在做好老年人社会保障服务的前提下，推动社会和老年群体的良性消费。今年 6 月，我市要举办“2016 海峡两岸老龄产业博览会”，希望相关部门密切配合，精心策划，最大限度地吸引国内外养老服务领域知名企业入驻参展，并以此为契机，发挥厦门旅游、会展等行业优势，带动老年融资贷款、老年医疗保险、老年房地产以及老年旅游等产业的推进，成为特区经济发展新引擎。

（六）大力引导老年人的社会参与。要深入开展老年教育工作，鼓励老年人接受多种形式的再教育。要大力倡导“积极老龄化”的理念，充分发挥基层老年协会的作用，鼓励老年人走出家门，在维护治安、青少年教育、协助调解民间纠纷和文明创建等方面发挥作用。今年的重点是开展争创全国志愿服务模范城长者先行活动；结合社区书院建设，通过举办“银龄梦想秀”、“银龄好声音”等文化活动，引导老人融入美丽厦门建设，在社会参与中增强获得感和幸福感。

同志们，老龄事业事关经济社会发展全局，体现社会文明进步。抓好老龄工作责任重大，使命光荣，希望各级各有关部门加强领导，履职尽责，狠抓工作落实，多办实事好事，以更新的举措努力开创我市老龄事业发展新局面，为厦门率先全面建成小康社会，争当“五大发展”示范市作出新成绩！

第三部分

法规、文件选编

中共中央办公厅、国务院办公厅印发《关于进一步加强和改进离退休干部工作的意见》

中办发〔2016〕3号

近日，中共中央办公厅、国务院办公厅印发了《关于进一步加强和改进离退休干部工作的意见》（以下简称《意见》），并发出通知，要求各地区各部门结合实际认真贯彻执行。

《意见》认真贯彻党的十八大和十八届三中、四中、五中全会精神，认真贯彻习近平总书记系列重要讲话精神，主动适应协调推进“四个全面”战略布局和人口老龄化的新形势新要求，积极应对离退休干部队伍在人员结构、思想观念、活动方式、服务管理等方面的新情况新问题，对做好新形势下离退休干部工作提出了要求，作出了部署。

《意见》指出，离退休干部工作是党的组织工作和人事工作的重要组成部分，承载着党中央关心爱护广大离退休干部的重要任务，具有特殊重要的地位。要按照党中央关于全面做好离退休干部工作的要求，牢牢把握为党和人民的事业增添正能量的价值取向，以充分体现离退休干部特点和优势、更好服务党和国家工作大局为方向，积极稳妥推进离退休干部工作转型发展，激励广大离退休干部为全面建成小康社会，实现“两个一百年”奋斗目标和中华民族伟大复兴的中国梦贡献智慧和力量。

《意见》要求，要更加注重加强教育引导工作，落实全面从严治党要求，教育引导广大离退休干部和党员始终保持公仆本色，始终牢记党员身份，始终坚定理想信念，始终保持对党忠诚的政治品格，自觉在思想上政治上行动上同以习近平同志为总书记的党中央保持高度一致。更加注重发挥离退休干部的独特优势，坚持不懈开展以“展示阳光心态、体验美好生活、畅谈发展变化”为主要内容的为党和人民的事业增添正能量活动。更加注重做好服务保障工作，坚持思想上关心、生活上照顾、精神上关怀，保持敬重之心、倾注关爱之情、多做务实之事。更加注重加强对离退休干部工作的领导，健全完善党委和政府统一领导，组织人事部门牵头抓总，离退休干部工作部门组织实施，有关职能部门各负其责，社会各方积极参与的工作机制。

《意见》提出，要加强离退休干部思想政治工作，引导离退休干部牢固树立纪律和规矩意识，始终严守政治纪律和政治规矩，严格用党章党规党纪规范自己的言行，在大是大非面前旗帜鲜明、立场坚定。要认真做好离休干部服务管理工作，进一步完善退休干部服务管理办法，加强离退休干部活动阵地、学习阵地建设，完善离退休干部困难帮扶机制，注意发挥家庭在养老中的基础性作用，教育引导家庭成员切实履行应尽义务。

《意见》强调，各地区各部门要把离退休干部工作摆到重要位置，加强领导，健全制度，完善职责，强化保障。党政主要负责同志要重视离退休干部工作，带头联系、经常走访离退休干部。离退休干部工作领导小组要充分发挥统筹协调、指导监督作用，研究解决工作中的重大问题。

（二）10月10日，中共中央组织部、财政部印发《关于为土地革命战争时期及以前参加革命工作的离休干部发放一次性补助的通知》（组通字〔2016〕47号）。

（三）11月28日，中共中央组织部、人力资源社会保障部、财政部印发《关于调整离休干部特需经费标准的通知》（人社部发〔2016〕116号）。

国务院办公厅关于印发老年教育发展规划（2016—2020年）的通知

全国老龄办发〔2016〕74号

各省、自治区、直辖市人民政府，国务院各部委、各直属机构：

《老年教育发展规划（2016—2020年）》已经国务院同意，现印发给你们，请结合实际认真贯彻执行。

国务院办公厅

2016年10月5日

老年教育发展规划（2016—2020年）

老年人是国家和社会的宝贵财富。老年教育是我国教育事业和老龄事业的重要组成部分。发展老年教育，是积极应对人口老龄化、实现教育现代化、建设学习型社会的重要举措，是满足老年人多样化学习需求、提升老年人生活品质、促进社会和谐的必然要求。为贯彻落实《中华人民共和国老年人权益保障法》、《国家中长期教育改革和发展规划纲要（2010—2020年）》，促进老年教育事业科学发展，制定本规划。

一、规划背景

当前我国已进入老龄化社会，2015年底我国60岁以上老年人口已经达到2.22亿，占总人口的16.1%，预计2020年老年人口将达到2.43亿，未来20年我国人口老龄化形势将更加严峻，“未富先老”的特征日益凸显，对我国社会主义现代化进程产生全面而深远影响，特别是老年人的精神文化和学习需求增长较快，发展老年教育的形势和任务更加紧迫。

世界上较早进入老龄化社会的国家和地区普遍出台终身教育、老年教育领域法律法规，并将老年教育政策作为重要的社会政策。许多国家通过兴办第三年龄大学、推动社区老年人互助学习、倡导老年人利用网络自主学习等多种形式发展老年教育。

党和国家高度重视老龄工作，积极推动老年教育事业发展。目前有700多万老年人在老年大学等机构学习，有上千万老年人通过社区教育、远程教育等各种形式参与学习，初步形成了多部门推动、多形式办学的老年教育发展格局。同时必须清醒地看到，我国老年教育还存在资源供给不足，城乡、区域间发展不平衡，保障机制不够健全，部门协调亟待加强，社会力量参与的深度和广度需进一步拓展等问题。解决这些问题，推动老年教育持续健康发展，是当前和今后一个时期积极应对人口老龄化、大力发展老龄服务事业和产业的迫切任务。

二、总体要求

（一）指导思想。

全面贯彻党的十八大及十八届三中、四中、五中全会精神和习近平总书记系列重要讲话精神，落实党中央、国务院决策部署，按照“五位一体”总体布局和“四个全面”战略布局，牢固树立和贯彻落实创新、协调、绿色、开放、共享的新发展理念，坚持“党委领导、政府主导、社会参与、全民行动”的老龄工作方针，以扩大老年教育供给为重点，以创新老年教育体制机制为关键，以提高老年人的生命和生活质量为目的，整合社会资源、激发社会活力，提升老年教育现代化水平，让老年人共享改革发展成果，进一步实现老有所教、老有所学、老有所为、老有所乐，努力形成具有中国特色的老年教育发展新格局。

（二）基本原则。

保障权益、机会均等。保障老年人受教育权利，努力让不同年龄层次、文化程度、收入水平、健康状况的老年人均有接受教育的机会。充分利用各种资源，统筹加强组织管理，实现资源共享和协调发展，提高老年教育的可及性，最大限度满足各类老年群体学习需求。

政府主导、市场调节。发挥政府在制定规划、营造环境、加大投入等方面的作用，统筹协调各部门老年教育工作。激发社会活力，继续探索和完善政府购买服务机制，引导社会力量积极参与，带动相关产业发展。

优化布局、面向基层。在办好现有老年教育的基础上，将老年教育的增量重点放在基层和农村，形成以基层需求为导向的老年教育供给结构，优化城乡老年教育布局，促进老年教育与经济社会协调发展。

开放便利、灵活多样。促进各类教育机构开放，运用互联网等科技手段开展老年教育，为全体老年人创造学习条件、提供学习机会、做好学习服务。畅通学习渠道，方便就近学习，办好家门口的老年教育。

因地制宜、特色发展。从区域发展不平衡的实际和多样化的学习需求出发，因地制宜开展老年教育。鼓励结合当地历史、人文资源和民俗民风等特点，推动老年教育特色发展。

（三）主要目标。

到2020年，基本形成覆盖广泛、灵活多样、特色鲜明、规范有序的老年教育新格局。老年教育法规制度逐步健全，职责明确、主体多元、平等参与、管办分离的管理体制和运行机制得到完善。老年教育基础能力有较大幅度提升，教育内容不断丰富，形式更加多样。各类老年教育机构服务能力进一步提升，全社会关注支持老年教育、参与举办老年教育的积极性显著提高。以各种形式经常性参与教育活动的老年人占老年人口总数的比例达到20%以上。

三、主要任务

（一）扩大老年教育资源供给。

优先发展城乡社区老年教育。完善基层社区老年教育服务体系，整合利用现有的社区教育机构、县级职教中心、乡镇成人文化技术学校等教育资源，以及群众艺术馆、文化馆、体育场、社区文化活动中心（文化活动室）、社区科普学校等，开展老年教育活动。建立健全“县（市、区）—乡镇（街道）—村（居委会）”三级社区老年教育网络，方便老年人就近学习。发展农村社区老年教育，有效整合乡村教育文化资源，以村民喜爱的形式开展适应农村老年人需求的教育活动。加强对农村散居、独居老人的教育服务。推进城乡老年教育对口支援，鼓励发达地区以建立分校或办学点、选送教师、配送学习资源、提供人员培训等方式，为边远地区和农村社区老年教育提供支援。

促进各级各类学校开展老年教育。推动各级各类学校向区域内老年人开放场地、图书馆、设施设备等资源，为他们便利化学习提供支持，积极接收有学习需求的老年人入校学习。探索院校利用自身教育资源举办老年教育（学校）的模式。推动普通高校和职业院校面向老年人提供课程资源，特别是艺术类、医药卫生类、师范类院校和开设有养生保健、文化艺术、信息技术、家政服务、社会工作、医疗护理、园艺花卉、传统工艺等专业的职业院校，应结合学校特色开发老年教育课程，为社区、老年教育机构及养老服务机构等积极提供支持服务，共享课程与教学资源。推动开放大学和广播电视大学举办“老年开放大学”或“网上老年大学”，并延伸至乡镇（街道）、城乡社区，建立老年学习网点。

推动老年大学面向社会办学。部门、行业企业、高校等举办的老年大学要树立新的办学理念，积极创造条件，采取多种形式，提高办学开放度，逐步从服务本单位、本系统离退休职工向服务社会老年人转变。省、市两级老年大学在开展教育教学工作的同时，要在办学模式示范、教学业务指导、课程资源开发等方面对区域内老年教育发挥带动和引领作用，将老年大学集聚的教育资源向基层和社区辐射。加强老年大学与社会教育机构的合作，组建老年教育联盟（集团）。

（二）拓展老年教育发展路径。

丰富老年教育内容和形式。积极开展老年人思想道德、科学文化、养生保健、心理健康、职业技能、法律法规、家庭理财、闲暇生活、代际沟通、生命尊严等方面的教育，帮助老年人提高生活品质，实现人生价值。创新教学方法，将课堂学习和各类文化活动相结合，积极探索体验式学习、远程学习、在线学习等模式，引导开展读书、讲座、参观、展演、游学、志愿服务等多种形式的老年教育活动。鼓励老年人自主学习，支持建立不同类型的学习团队。

探索养教结合新模式。整合利用社区居家养老资源，在社区老年人日间照料中心、托老所等各类社区居家养老场所内，开展形式多样的老年教育。积极探索在老年养护院、城市社会福利院、农村敬老院等养老服务机构中设立固定的学习场所，配备教学设施设备，通过开设课程、举办讲座、展示学习成果等形式，推进养教一体化，推动老年教育融入养老服务体系，丰富住养老人的精神文化生活。关注失能失智及盲聋等特殊老人群体，提供康复教育一体化服务。

积极开发老年人力资源。用好老年人这一宝贵财富，充分发挥老年人的智力优势、经验优势、技能优势，为其参与经济社会活动搭建平台、提供教育支持。发挥老年人在传承中华优秀传统文化、引导全社会特别是青少年培育和践行社会主义核心价值观等方面的积极作用，彰显长者风范。鼓励老年人利用所学所长，在科学普及、环境保护、社区服务、治安维稳等方面积极服务社会、奉献社会。

（三）加强老年教育支持服务。

运用信息技术服务老年教育。加强数字化学习资源跨区域、跨部门共建共享，开展对现有老年教育课程的数字化改造，开发适合老年人远程学习的数字化资源。通过互联网、数字电视等渠道，加强优质老年学习资源对农村、边远、贫困、民族地区的辐射。推动信息技术融入老年教育教学全过程，推进线上线下一体化教学，支持老年人网上学习。运用信息化手段，为老年人提供导学服务、个性化学习推荐等学习支持。

整合文化体育科技资源服务老年教育。推动美术馆、图书馆、文化馆（站、中心）、科技馆、博物馆、纪念馆、公共体育设施、爱国主义示范基地、科普教育基地等向老年人免费开放。鼓励有条件的地区发挥文化、教育、体育、科技等资源优势，结合区域实际，建设不同主题、富有特色的老年教育学习体验基地。充分发挥广播电视、报刊杂志、门户网站等媒体作用，开设贴近老年人生活的专栏专题。

（四）创新老年教育发展机制。

鼓励社会力量参与老年教育。充分激发市场活力，推进举办主体、资金筹措渠道的多元化，通过政府购买服务、项目合作等多种方式，支持和鼓励各类社会力量通过独资、合资、合作等形式举办或参与老年教育。运用市场机制调节供需关系，进一步优化老年教育的市场结构、内容和布局。加强规划指导和外部监管，营造平等参与、公平竞争的市场环境。充分发挥社会组织在老年教育中的作用，鼓励其通过提供师资、开发课程等方式支持开展老年教育。支持老年教育领域社会组织和老年志愿服务团队发展。

促进老年教育与相关产业联动。扩大老年教育消费，发掘与老年教育密切相关的养老服务、旅游、服装服饰、文化等产业价值，促进生活性服务业提档升级，拉动内需，推动投资增长和相关产业发展。

（五）促进老年教育可持续发展。

加强学科建设与人才培养培训。鼓励综合类高校、师范类院校、职业院校开设老年教育相关专业，其他高校也要加强老年教育相关专业建设。支持有条件的高校开展老年教育方向的研究生教育，加快培养老年教育教学、科研和管理人才。鼓励老年教育机构的专任教师和管理人员在职进修老年教育专业课程，攻读相关专业学位。

加强理论与政策研究。依托有关高校、科研院所、老年教育机构等建立若干个老年教育研究基地，开展老年教育基础理论研究、政策研究和应用研究，探讨和解决老年教育发展中的重大理论和实践问题。加强老年教育学术期刊建设，搭建优秀成果共享和推广平台。鼓励社会组织开展老年教育优秀研究成果交流活动。

加强国际交流合作。积极参与有关国际教育组织的活动，加强与国外老年教育机构的交流与合作，借鉴国外老年教育先进理念和做法，宣传推广我国发展老年教育的经验与成果，扩大我国老年教育的国际影响力。

四、重点推进计划

（一）社会主义核心价值观培育计划。将培育和践行社会主义核心价值观作为老年教育的重要内容，编写相关读本，设计形式多样的教育活动项目，将社会主义核心价值观融入老年人学习和活动之中。积极推进校园文化建设，培育优良校风、教风、学风，打造一批在培育和践行社会主义核心价值观方面具有示范作用的老年学校、老年学习团队。

（二）老年教育机构基础能力提升计划。整合资源，改善基层社区老年教育机构设施设备，建设一批在本区域发挥示范作用的乡镇（街道）社区老年人学习场所，建设好村（居委会）老年社区学习点。改善现有老年大学办学条件，提升其教学场所和设施的现代化、规范化水平，进一步增强其社会服务能力。到2020年，全国县级以上城市原则上至少应有一所老年大学，50%的乡镇（街道）建有老年学校，30%的行政村（居委会）建有老年学习点。探索“养、医、体、文”等场所与老年人学习场所的结合，推出一批创新老年教育办学模式的典型。各省（区、市）选取若干个养老服务机构，开展养教结合试点。

（三）学习资源建设整合计划。研究制定老年人学习发展指南，为不同年龄层次的老年人提供包括学习规划在内的咨询服务。探索建立老年教育通用课程教学大纲，促进资源建设规范化、多样化。遴选、开发一批通用型老年学习资源，整合一批优秀传统文化、非物质文化遗产、地方特色老年教育资源，推介一批科普知识和健康知识学习资源，引进一批国外优质学习资源，形成系列优质课程推荐目录。定期举办老年学习资源建设交流活动。到2020年，各省（区、市）都应初步建立起支撑区域内老年教育发展的老年学习资源库。

（四）远程老年教育推进计划。探索以开放大学和广播电视大学为主体建设老年开放大学，开发整合远程老年教育多媒体课程资源。支持国家开放大学率先建设在全国发挥示范作用的老年健康艺术教育体验基地。推动有条件的省（区、市）老年大学、开放大学和广播电视大学建设具有地方特色的示范性老年教育体验基地。到2020年，力争全国50%的县（市、区）可通过远程教育开展老年教育工作。

（五）老有所为行动计划。组织引导离退休老干部、老同志讲好中国故事、弘扬中国精神、传播中国好声音。积极搭建服务平台，建立由离退休干部、专业技术人员及其他有所专长的老同志组成的老年教育兼职教师队伍。推动各类老年社会团体与大中小学校合作，发挥老年人在教育引导青少年继承优良传统、培育科学精神等方面的积极作用。广泛开展老年志愿服务活动，到2020年，力争每个老年大学培育1—2支老年志愿者队伍，老年学校普遍建有志愿者服务组织。

五、保障措施

（一）加强组织实施。建立健全党委领导、政府统筹，教育、组织、民政、文化、老龄部门密切配合，其他相关部门共同参与的老年教育管理体制。各相关部门要按照职责分工，加强沟通协调，通过规划编制、政策制定、指导监督，共同研究解决老年教育发展中的重大问题。老年教育工作要纳入对各级政府相关部门绩效考评内容。各省（区、市）要把老年教育纳入本地区经济社会发展规划和教育事业发展规划，结合实际，提出落实本规划、加快发展老年教育的具体实施方案和举措，分阶段、分步骤组织实施。对各地区在实施本规划中好的做法和经验，要及时总结推广。

（二）推动法规制度建设。研究完善涉及老年教育的相关制度。支持鼓励有条件的地区通过制定相关地方法规促进老年教育事业规范健康发展。在老龄事业相关政策措施中重视支持发展老年教育。探索开展老年教育发展情况调查统计工作，支持社会组织等第三方开展老年教育发展状况评估和研究。

（三）加强队伍建设。鼓励普通高校、职业院校相关专业毕业生及相关行业优秀人才到老年教育机构工作。各级各类学校要鼓励教师参与老年教育相关工作，并纳入本校工作考核，支持教师到校外老年教育机构兼职任教或从事志愿服务。建立老年教育教师岗位培训制度，支持老年教育机构教师、技术和管理人员的专业发展。专职人员在薪酬福利、业务进修、职务（职称）评聘、绩效考核等方面享有同类学校工作人员的同等权利和待遇。鼓励专业社工等参与从事老年教育工作。建立老年教育师资库。加快培养一支结构合理、数量充足、素质优良，以专职人员为骨干、与兼职人员和志愿者相结合的教学和管理队伍。

（四）完善经费投入机制。各地区要采取多种方式努力增加对老年教育的投入，切实拓宽老年教育经费投入渠道，形成政府、市场、社会组织和学习者等多主体分担和筹措老年教育经费的机制。老年教育经费应主要用于老年教育公共服务。鼓励和支持行业企业、社会组织和个人设立老年教育发展基金，企业和个人对老年教育的公益性捐赠支出按照税收法律法规规定享受所得税税前扣除政策。

（五）营造良好氛围。各地区各部门要广泛宣传党和国家关于发展老年教育的方针政策，广泛宣传老年教育发展中的典型经验、案例、做法和成效，努力使全社会关心、支持和参与老年教育的氛围更加浓厚。要充分调动老年人参与学习的积极性和主动性，积极培育老年学习文化，使学习风尚融入老年人生活，使老年教育成为增进老年人福祉的重要内容。

全国老龄委关于印发《全国老龄工作委员会2016年工作要点》的通知

全国老龄委发〔2016〕2号

各省、自治区、直辖市老龄工作委员会，各计划单列市老龄工作委员会，新疆生产建设兵团老龄工作委员会，全国老龄工作委员会各成员单位：

现将《全国老龄工作委员会2016年工作要点》印发你们，望结合实际，认真贯彻落实。

全国老龄工作委员会

2016年3月28日

全国老龄工作委员会2016年工作要点

2016年，全国老龄工作委员会工作的总体思路是：全面贯彻党的十八大和十八届三中、四中、五中全会精神，以邓小平理论、“三个代表”重要思想和科学发展观为指导，深入贯彻习近平总书记系列重要讲话精神，紧紧围绕全面建成小康社会目标要求，把老龄事业纳入“五位一体”总体布局和“四个全面”战略布局，认真落实习近平总书记、李克强总理等中央领导同志重要批示，积极开展应对人口老龄化行动，统筹谋划，科学安排，精准发力，努力实现“十三五”时期老龄事业健康快速发展良好开局。

一、贯彻落实党的十八届五中全会精神，着力加强统筹谋划

召开全国老龄委十八次全会，深入贯彻党的十八届五中全会精神，研究制定贯彻落实方案，明确任务分工。（全国老龄委各成员单位按职责分工分别负责）

组织起草《关于进一步加强老龄工作的意见》。（全国老龄办、民政部、国家发展改革委、财政部、人力资源社会保障部）编制实施《中国老龄事业发展"十三五"规划》；筹备召开第四次全国老龄工作会议。（全国老龄办）组织起草应对人口老龄化的文件或规划。（国家发展改革委、民政部）推动研究解决老龄工作体制机制问题。（全国老龄办、中央组织部、国家发展改革委、民政部、财政部）

二、全面推进重点领域改革，着力加快制度创新

（一）重点领域改革。以更公平更可持续为目标，推进养老保险制度改革，制定渐进式延迟退休年龄等政策，全面推进实施全民参保计划。（人力资源社会保障部、财政部）推进养老服务业综合改革、公办养老机构改革、加大政府购买服务力度、深化以市场化方式发展养老服务产业等改革试点工作。（民政部、国家发展改革委、财政部、商务部、中国保监会）探索推进老龄工作创新试验区建设。（全国老龄办）

（二）重大制度建设。稳步推进整合城乡居民基本医疗保险制度工作，进一步深化医保支付方式改革。（人力资源社会保障部、国家卫生计生委、中国保监会）指导有条件的地方探索建立长期护理保险制度，推动建立长期护理保障体系，鼓励发展商业长期护理保险。（人力资源社会保障部、民政部、财政部、国家卫生计生委、中国保监会、全国老龄办按职责分工分别负责）建立健全老年福利制度。（民政部、财政部）研究建立老年人监护制度。（全国老龄办、公安部、民政部、司法部）建立养老机构分类管理、养老服务评估制度。（民政部、国家发展改革委、全国老龄办）完善老年人状况统计调查和发布制度。（国家统计局、全国老龄办）

（三）重要政策创制。制定老年人普惠性照顾服务政策。（全国老龄办、民政部）制定加强老年宜居环境建设的指导意见。（全国老龄委各成员单位按职责分工分别负责）颁布实施《老年教育发展规划（2016—2020年）》。（教育部、中央组织部、民政部、文化部、全国老龄办）推动各地建立健全经济困难的高龄、失能等老年人补贴制度。（民政部、财政部、全国老龄办）制定社区居家养老服务、家庭养老支持、老年社会工作、中医药健康养老服务等政策。（全国老龄委各成员单位按职责分工分别负责）制定推动老年旅游发展的意见。（国家旅游局、全国老龄办）制定扩大老年人社会参与的意见。（全国老龄办、中央组织部、中央宣传部、民政部、人力资源社会保障部、全国总工会、全国妇联）

三、加快提升公共服务水平，着力改善老年民生

（一）加强养老服务供给。实施养老服务体系建设工程，加快建设以居家为基础、社区为依托、机构为补充的多层次养老服务体系。（民政部、国家发展改革委、财政部、中国保监会、全国老龄办）加强特困人员供养服务机构建设，不断提高管理服务水平，充分发挥托底保障功能。（民政部、国家发展改革委、财政部）加强养老机构消防安全专项治理，推动在养老机构安装独立式感烟火灾探测报警器和简易喷淋装置。（公安部、民政部）进一步加大养老用地支持力度，指导各地落实好养老用地政策。（国土资源部、民政部）完善城市道路、交通工具等各类交通设施的规划建设和无障碍设置，加强老年旅游规范服务和安全监管，提高老年人出行安全。（交通部、住房城乡建设部、国家旅游局按各自职责分工分别负责）推动发展老年人商业综合养老保障计划，扩大老年人住房反向抵押养老保险试点范围。（中国保监会、民政部、全国老龄办）

（二）加强老年健康服务。推进健康中国建设，提升老年人健康素养。（国家卫生计生委）实施健康老龄化工程，启动国家级医养结合试点，建立健全医养结合政策体系及考核评估体系；大力促进医养结合机构发展。（国家卫生计生委、民政部、国家发展改革委、全国老龄办）进一步加强老年医疗卫生服务体系建设，做好老年人的健康管理和慢病防治工作；推动医疗卫生服务延伸至社区、家庭，提升社区居家健康养老服务水平。（国家卫生计生委）

（三）开展老年照顾服务。调整相关政策，提高老年人健康服务、交通出行服务、生活照顾服务水平，拓展老年教育服务、文体服务、金融照顾服务、专业社会工作服务覆盖面，加大老年旅游服务、法律援助服务力度。（全国老龄委各成员单位按职责分工分别负责）

（四）推进农村老年人脱贫解困。构建经济困难、空巢及农村留守老人等老年群体关爱服务体系，制定出台具体政策。（民政部、财政部、国家卫生计生委、全国老龄办）加强农村低保制度与城乡居民基本养老保险制度、扶贫开发政策有效衔接，切实为农村贫困老年人提供兜底保障。（民政部、人力资源社会保障部、财政部）推进重特大疾病医疗救助，全面实施临时救助。（民政部、财政部、国家卫生计生委）在推进农村危房改造工作中，切实帮助贫困老年人解决基本住房安全问题。（住房城乡建设部、财政部）

（五）开展"互联网＋"行动。发展数字家庭健康养老产业。支持运用互联网、物联网等技术手段创新居家健康养老服务模式，支持医养结合机构利用互联网技术拓展

服务范围。(工业和信息化部、国家发展改革委、民政部、国家卫生计生委、商务部、全国老龄办)

四、切实维护老年人合法权益，着力促进法制保障

(一)加强法制保障。依法严厉打击侵害老年人合法权益的违法犯罪活动。(公安部)强化对困难老年人群体合法权益的保障，健全老年人法律服务和法律援助网络，重点做好高龄、空巢、困难、失能老年人法律服务和法律援助工作。(司法部、公安部、民政部、国家卫生计生委、全国老龄办)把老年人法治宣传教育列入“七五”普法重要内容，组织老年人主题法治宣传活动。(司法部、中央宣传部、全国老龄办)开展全国老年法律维权工作先进集体评选表彰。(全国老龄办、公安部、民政部、人力资源社会保障部、司法部)

(二)支持老年人社会参与。探索“老有所为”新形式，开展年度“老有所为”人物推荐活动。(全国老龄办)进一步改善少数民族和民族地区老年人平等参与的社会环境。(国家民委牵头，全国老龄委各成员单位按职责分工分别负责)积极推进“乐龄工程”，实施基层老年协会能力提升工程；组织开展“银龄行动”，支持老年知识分子援助欠发达地区经济社会发展；探索开展老年人互助志愿服务，吸纳更多健康低龄老年人成为注册志愿者，组织开展力所能及的志愿活动。(民政部、全国老龄办)

五、广泛开展敬老养老助老活动，着力厚植社会风尚

(一)加强人口老龄化国情教育。发布中国老龄事业白皮书。(全国老龄办)积极开展人口老龄化国情教育和宣教活动。(中央组织部、中央宣传部、全国老龄办)与全国人大内司委联合召开纪念《老年人权益保障法》颁布实施二十周年座谈会。(司法部、中央宣传部、新闻出版广电总局、全国老龄办)

(二)弘扬孝亲敬老传统美德。在全社会广泛开展“敬老养老助老”主题教育活动，宣扬先进典型，营造良好风尚。(全国老龄办、中央宣传部、教育部、文化部、共青团中央)组织开展全国敬老爱老助老模范人物及第二届全国“敬老文明号”评选表彰工作，深入开展以孝老爱亲为主要内容的全国“最美家庭”、“好家风好家训”系列宣传展示活动。(全国妇联、全国老龄办)将尊老敬老教育内容融入大中小学教育教学活动，纳入学生行为规范，引导青少年自觉传承中华传统美德。(教育部、共青团中央)

(三)营造尊老敬老社会氛围。指导各类媒体广泛宣传报道老龄题材新闻，弘扬传统美德、传播正能量，提高全民老龄意识和营造尊老敬老的社会氛围。开展“敬老月”系列活动，广泛组织各类老年文化体育活动。举办第五届中国老年文化艺术节、第十八届中国老年合唱节以及重大节日慰问老年人示范性活动。策划实施一批面向老年人的文化惠民项目，推出一批优秀文艺作品。进一步完善推荐机制，深化向全国老年人推荐优秀出版物活动。鼓励以组织化和社会化动员相结合的方式，开展各类为老志愿服务活动。(中央宣传部、民政部、文化部、体育总局、新闻出版广电总局、共青团中央、全国老龄办按职责分工分别负责)

六、协同强化事业发展能力，着力加强基础建设

(一)组织开展基础课题和应用课题研究。开发利用第四次全国城乡老年人生活状况抽样调查和2015年全国1%人口抽样调查数据资料，组织开展应对人口老龄化基础课题研究。(国家统计局、国家发展改革委、全国老龄办)研究有针对性的税收扶持政策，支持老龄产业发展；研究个人税收递延型商业养老保险税收试点政策。(财政部、税务总局、中国保监会)加强科技对养老服务发展的支撑，突破一批关键技术、核心部件，加快成果转化，推动新技术、新产品的开发与应用。(科技部、工业和信息化部、国家卫生计生委)开展老年人住房反向抵押养老保险支持政策研究。(财政部、住房城乡建设部、中国保监会、全国老龄办)

(二)健全标准体系。完善老年日用品、健身器材、康复器械等用品、信息无障碍、智慧家庭、健康养老产品与服务规范等标准。(工业和信息化部)制定完善养老机构、社区日间照料中心、社区居家养老服务和养老服务需求评估等标准。(民政部)研究制订社区医疗卫生机构为居家老年人提供上门服务系列规范。(国家卫生计生委)修订《城镇养老设施规划规范》、《城市居住区规划设计规范》。(住房城乡建设部、民政部、全国老龄办)研究编制老年友好城市、老年宜居社区建设的相关指标体系。(全国老龄办、住房城乡建设部)编制老年人优待工作评估指标体系。(全国老龄办)

(三)加快专业人才队伍建设。实施为老服务专业队伍建设工程，加强养老服务行业技术技能人才培养和评价工作，健全激励机制。(民政部、人力资源社会保障部、财政部、全国老龄办按职责分工分别负责)加强涉老专业学科建设，鼓励高校开展以专业学位研究生教育为主的教学教改，设置老龄工作本科相关专业。(教育部)培育建立老年社会工作人才专业队伍。(民政部、教育部)

(四)推进老龄工作信息化建设。实施老龄信息化建设工程，建设老龄基础信息平台，探索老龄信息共享和信息化协同推进机制。(全国老龄办、财政部、工业和信息化部、人力资源社会保障部、国家卫生计生委、民政部、公安部、中国保监会)

(五)拓展国际及地区交流合作。推动我国改革完善人口领域政策与落实联合国2030年可持续发展议程相关目标有机对接。广泛开展应对人口老龄化的双边、多边国际交流合作。加强与联合国及国际老龄组织的交流合作。

加强与发达国家、"一带一路"国家及港澳台地区应对人口老龄化的交流合作。拓展与相关国家在应对人口老龄化的资金、技术、人力资源等领域的密切合作。组织承办联合国老龄问题第三次世界大会及创办老龄问题国际论坛的可行性论证，密切跟踪联合国制定老年人权利法律文书进程走向。（全国老龄办、外交部、中央宣传部、国家发展改革委、民政部、商务部、国家卫生计生委按职责分工分别负责）

（六）进一步加强履职能力建设。表彰全国老龄工作先进工作者和先进集体。（人力资源社会保障部、全国老龄委）强化全国老龄委组织协调、督促检查职能，形成各司其职、相互配合的工作责任体系。强化全国老龄委年度工作目标完成情况检查评估。加强成员单位联络员、信息员老龄业务培训。成立全国老龄委专家委员会。（全国老龄办）

全国老龄委关于印发《〈中国老龄事业发展"十二五"规划〉实施情况终期评估报告》的通知

全国老龄委发〔2016〕4号

各省、自治区、直辖市老龄工作委员会，各计划单列市老龄工作委员会，新疆生产建设兵团老龄工作委员会，全国老龄工作委员会各成员单位：

根据《国务院关于印发中国老龄事业发展"十二五"规划的通知》（国发〔2011〕28号）要求，全国老龄委对《中国老龄事业发展"十二五"规划》实施情况进行了终期检查评估。现将评估报告印发给你们，供参考。

全国老龄委

2016年4月28日

《中国老龄事业发展"十二五"规划》实施情况终期评估报告

根据《国务院关于印发中国老龄事业发展"十二五"规划的通知》（国发〔2011〕28号，以下简称《规划》）和《全国老龄委关于开展〈中国老龄事业发展"十二五"规划〉执行情况检查评估的通知》（全国老龄委发〔2015〕4号）要求，全国老龄工作委员会（以下简称"全国老龄委"）于2015年7—12月对除云南省、西藏自治区之外的29个省份老龄事业发展情况进行了专题调研和评估检查，并依据各地区、各成员单位的自查评估报告、评估指标以及第三方评估结果，综合形成《规划》实施情况的终期评估报告。

总体看，自2011年9月国务院颁布《规划》以来，各地区、各部门认真贯彻落实党中央国务院关于发展老龄事业的重大决策部署，创造性地开展工作，《规划》执行情况总体良好，主要指标基本实现，老年社会保障、老年健康支持、养老床位数等指标提前或超额完成，反映出《规划》的实施在积极开展应对人口老龄化行动、促进老龄事业与经济社会协调发展、弘扬社会主义核心价值观、不断增强老年群体获得感等方面，取得显著成效，但在老年社会保障体系扩面提标、养老服务业提质增效、农村老龄问题定向施策、老龄工作体制机制调整完善等方面仍然存在突出问题，需要在"十三五"及今后一个时期着力予以解决。

	类别	2015年底	预期目标	目标实现度（%）	评估结论
1	城镇职工基本养老保险参保人数（亿人）	3.54	3.57	99	低于预期
2	城乡居民基本养老保险参保人数（亿人）	5.05	4.5	112	提前完成
3	企业退休人员社区化管理比例（%）	81.1	80	101	好于预期

续表

	类别	2015年底	预期目标	目标实现度（%）	评估结论
4	城乡最低生活保障标准年均增长率（%）	15.1	10	151	提前完成
5	离退休人员养老金待遇年均增长率（%）	10.7	7	152	提前完成
6	农村五保供养平均标准年均增长率（%）	15.3	7	219	提前完成
7	城乡居民基本医疗保险参保人数（亿人）	13.3	13.2	101	好于预期
8	65岁以上老年人健康管理率（%）	86	70	123	提前完成
9	农村计划生育老人奖励扶助金标准年均增长率（%）	7.5	10	75	低于预期
10	每千名老人拥有养老床位数（张）	30.2	30	101	好于预期
11	城市社区综合服务设施覆盖率（%）	82.1	80	103	好于预期
12	农村社区综合服务设施覆盖率（%）	11（2014年底）	50	22	低于预期
13	基层老年法律援助覆盖面（%）	98	75	131	提前完成
14	老年协会城乡社区创建率（%）	81.9	87.5	94%	低于预期
15	老年教育参与率（%）	3.5	5	70	低于预期
16	老年志愿者占比（%）	10	10	100	达到预期
17	老龄专项规划颁布率（%）	96.9	90	108	提前完成
18	县级以上老龄机构覆盖率（%）	91.2（2014年8月底）	100	91	低于预期

一、《规划》实施取得的主要成就

（一）积极应对人口老龄化上升为国家战略，老龄事业法规政策体系更加完备。

“十二五”期间，我国60岁以上老年人口比“十一五”末增加4400万，达到2.22亿，老龄化水平达到16.1%，人口老龄化形势更加严峻（图1）。

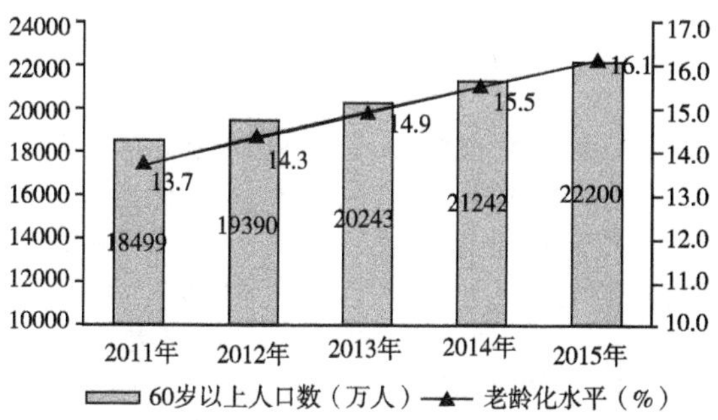

图1 “十二五”期间我国人口老龄化发展态势

党中央国务院高度重视老龄事业发展。特别是党的十八大以来，明确提出要积极应对人口老龄化、加快建立社会养老服务体系和发展老年服务产业、积极开展应对人口老龄化行动。习近平总书记、李克强总理等中央领导同志多次就应对人口老龄化作出批示、进行部署。2012年，十一届全国人大常委会审议通过的《中华人民共和国老年人权益保障法（修订草案）》（以下简称《老年人权益保障法》）明确规定：“积极应对人口老龄化是国家的一项长期战略任务”。努力构建应对人口老龄化战略体系，已经纳入党中央国务院的决策部署，成为“五位一体”总体布局、“四个全面”战略布局、全面建成小康社会的重要组成部分。

以《老年人权益保障法》为主体的老龄事业法规政策体系基本形成。新修订的《老年人权益保障法》共9章85条，从我国现阶段国情以及人口老龄化快速发展的趋势出发，进一步明确了家庭、政府和社会在老年人权益保障中的责任，充实完善了家庭赡养与扶养、社会保障、社会服务、社会优待、宜居环境、参与社会发展等与老年人权益息息相关的规定，强化了发展老龄事业、保障老年人权益的法律责任，为在人口老龄化背景下切实保障老年人权益作出了更具基础性、前瞻性的制度安排，是我国老龄事业发展史上重要的里程碑。

“十二五”期间，国务院颁布了《中国老龄事业发展“十二五”规划》，实施了人口、社会保障、养老服务业、健康服务业、城乡养老保险、无障碍环境建设、医养结合等重大政策；相关部门将老龄工作纳入了各自专项规划，协同推进了养老保障、老年健康、养老服务、鼓励民间资本进入养老服务领域等多领域改革创新，出台了近 200 件涉老法规政策；全国 31 个省份全部制定出台了推动本地区老龄事业发展的专项规划，相继出台养老服务政策近 300 个。吉林、江苏、山东、湖南、陕西、甘肃等 6 个省完成了《老年人权益保障法》地方性法规的修订工作，辽宁、广西等 6 个省（区）也已经列入了立法计划，北京、天津、浙江、江苏、山东出台了养老服务地方性法规。以《宪法》为核心，以《老年人权益保障法》为主体，包括有关法律、行政法规、地方性法规、国务院部门规章、地方政府规章和有关政策在内的老龄事业法规政策体系基本形成。

（二）老年社会保障制度日臻完善，老年群体的民生保障网更加密实。

“十二五”期间，国家逐步健全了以社会保险、社会救助、社会福利为基础，以基本养老、基本医疗、最低生活保障制度为重点，以公益慈善事业、商业保险为补充的社会保障体系。

城乡基本养老保险制度全面建立，《规划》任务超额完成。2014 年，国务院决定建立统一的城乡居民基本养老保险制度。截至 2015 年底，与“十一五”末相比，全国参加基本养老保险人数增加 5 亿人，增长了 139%；全国城乡居民基本养老金水平达到月人均 110 多元；连续五年调整企业退休人员基本养老金，月人均达到 2200 多元，增长了 66%；全国纳入社区管理的企业退休人员比例提高了 4.9%（图 2）。企业年金、职业年金稳步发展，商业养老保险规模增长迅速。目前我国有年金保险业务经营主体 72 家，开发在售年金保险产品数百个，共计覆盖 1.11 亿人次，为群众积累养老准备金达到 1.6 万亿元。上海、青岛等部分地方积极探索长期护理保险，取得了先行经验。20 余个省市开展养老机构责任保险，北京、上海、广州、武汉等四地开展了老年人住房反向抵押养老保险试点。

城乡基本医疗保险制度不断完善，《规划》主要指标提前完成。截至 2015 年底，城镇基本医疗保险参保人数 6.56 亿（图 3），新型农村合作医疗参合人员 6.7 亿，两项制度合并覆盖 95%以上的城乡居民。居民医疗保险门诊统筹普遍建立，城镇职工医疗保险和城镇居民医疗保险政策范围内住院医疗费用待遇水平平均达到 80%以上和 70%左右，新农合政策范围内报销比例达到 75%左右。全国 29 个省份建设了省内异地就医结算平台。积极发展商业健康保险。老年群体成为城乡基本医疗保险制度受益最多的群体。

老年社会救助力度持续加大，农村五保供养标准指标提前完成。“十二五”期间，颁布实施了《社会救助暂行办法》，符合低保条件的老年人实现“应保尽保”。截至 2015 年 11 月，全国共有 60 岁以上农村五保供养对象 446.4 万人（图 4），集中供养和分散供养标准分别为 5883 元/人·年和 4388 元/人·年，分别增长了 99.3%和 108.8%。全面开展重特大疾病医疗救助，并扩展到低收入家庭老年人。

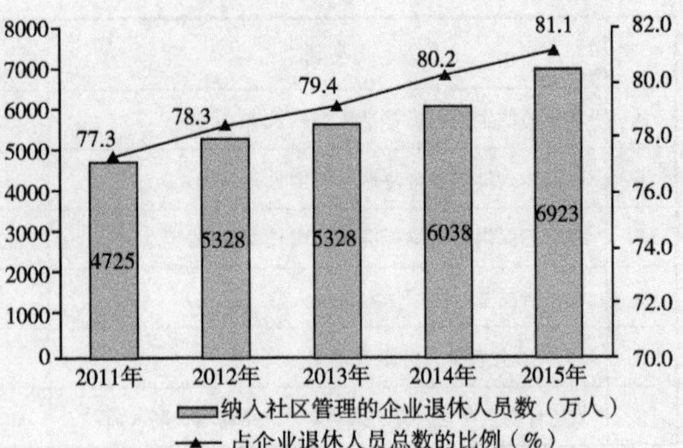

图 2　“十二五”期间我国纳入社区管理的企业退休人员变化情况

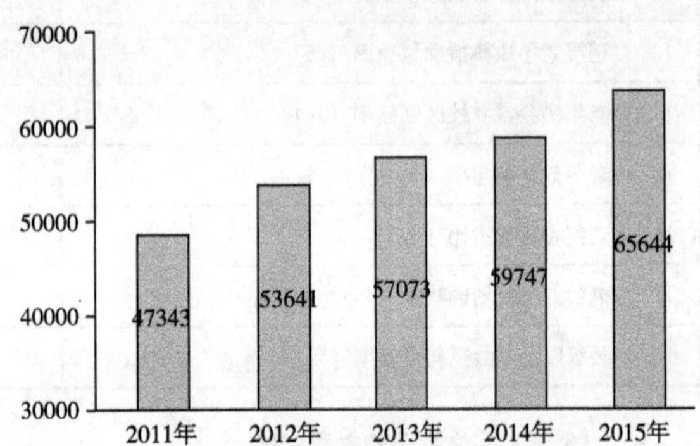

图 3　“十二五”期间我国参加城镇基本医疗保险人数增长情况（单位：万人）

老年福利制度建设稳步推进，养老服务补贴制度覆盖四分之三省份。截至 2015 年 9 月底，全国高龄津贴发放人数 2155 万人，护理补贴发放人数 109 万人，居家养老服务补贴享受人数达到 572 万，机构养老服务补贴享受人数达到 82.9 万。20 个省份建立了高龄津贴制度，23 个省份建立了经济困难老年人养老服务补贴制度，5 个省份建立了失能老年人护理补贴制度，20 个省份推广实施了老年人意外伤害保险制度。“十二五”期间，实施了农村部分计划生育家庭奖励扶助制度和计划生育家庭特别扶助制度，并建立了动态增长机制，奖扶标准从每人每月不低于 60 元提高到不低于 80 元。

（三）养老服务和医疗卫生服务能力明显提升，“老有

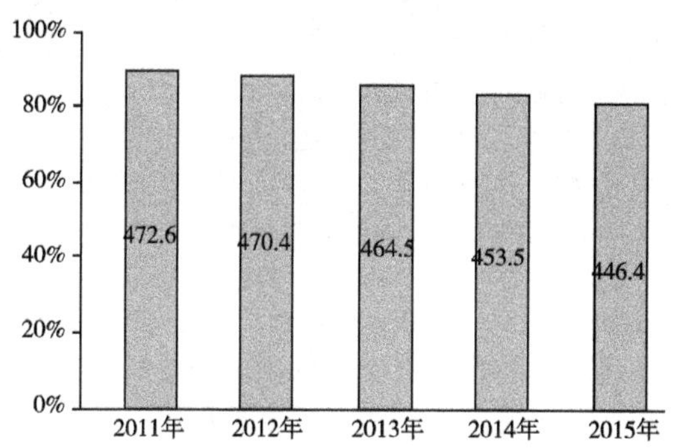

图 4　“十二五”期间我国农村 60 岁以上五保供养对象变化情况（单位：万人，%）

所养”、“病有所医”更加便捷。

社会养老服务体系加快建设步伐，养老床位数达到《规划》预期指标。“十二五”期间，中央和地方累计投入约 1000 亿元支持社会养老服务体系建设，42 个地区开展了养老服务业综合改革试点，全国养老床位数达到 669.8 万张，每千名老人拥有床位数达到 30.2 张，比“十一五”末分别增长了 112.7%和 70.2%（图 5）。全国居家养老服务设施已基本覆盖城市社区和 50%以上的农村社区；中央专项彩票公益金连续三年共投入 30 亿元支持农村互助幸福院建设，农村养老服务设施得到很大改观。全国商业保险计划投资金额 635 亿元（已投资金额 213 亿元），设计床位 39794 个。全国建有养老服务信息平台 840 个；8 个省份开展养老服务产业试点，15 个省份举办了不同类型的老龄产业博览会。全国开设老年服务与管理专业的高等职业学校招生人数持续增长，专业养老护理人员队伍不断扩大。河北、吉林、辽宁等地农村互助幸福养老经验得到推广。

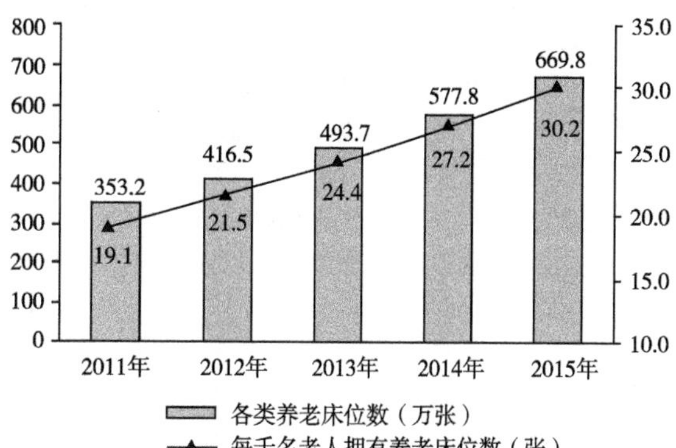

图 5　“十二五”期间我国养老床位变化情况

老年医疗卫生服务水平显著提升，《规划》主要目标提前完成。“十二五”期间，中央安排投资近 600 亿元发展医疗卫生服务网络，20 个省级新农合信息平台已与国家平台互联互通，方便老年人就近就医。与“十一五”末相比，全国护理院数增长了 242.20%，床位数增长了 296.49%；康复医院数增长了 107.48%，床位数增长了 97.03%；设立老年病专科的三级医院数增长了 16.26%（表 1）。基层医疗卫生机构对辖区内 65 岁以上常住居民每年免费进行健康管理服务。全国建有 265 个国家级、460 余个省级慢性病综合防控示范区，80.9%的县（区）启动了全民健康生活方式行动，有力推动了当地老年人慢性病防控和健康促进工作。

表 1　“十二五”期间我国护理院（站）、康复医院、设有老年病科三级医院增长情况

	护理院（站）		康复医院		设有老年病科三级医院	
	机构数（家）	床位数（张）	机构数（家）	床位数（张）	机构数（家）	床位数（张）
“十一五”末	109	7713	254	23148	855	880046
“十二五”末	373	30581	527	45609	994	1000747

医养结合工作启动实施，各地积极开展模式探索。“十二五”期间，出台了《关于推进医疗卫生与养老服务相结合的指导意见》，正式启动实施医养结合试点。截至 2015 年 9 月底，全国有 23.61%的养老机构内设有医院、医务室、护理站等医疗服务设施，全国护理型床位数达 152.7 万张，占床位总数的 23.32%。北京、天津、上海、四川、陕西的护理型床位比例超过 60%。

（四）依法保障老年人权益举措有力，老年人参与社会发展更加充分。

老年人权益保障机制进一步健全，《规划》工作推进顺利。“十二五”期间，积极推动法律援助工作向城市社区和农村乡镇、村居延伸，方便老年人就近申请法律援助。全国法律援助机构组织办理老年人法律援助案件 449261 件，解答老年人法律咨询 1397932 人次。全国共建立老年人法律援助工作站 2137 个，基层老年法律援助覆盖面达 98%。严厉打击侵害老年人合法权益的违法犯罪活动，电信、网络等新型违法犯罪涉老案件得到有效控制。全国 31 个省份普遍出台优待老年人政策，老年人就医、游园、乘坐公共交通实行免费或者优惠服务范围进一步拓展。各类景区加强了老年旅游服务设施建设。出台改进老龄驾驶人体检制度改革的措施，全国60周岁以上机动车驾驶人数增至754.2万。

老年人积极参与社会发展，老年志愿者比例基本完成《规划》预期指标。“十二五”期间，国家通过多种方式为老年人参与社会搭建平台。截至2015年底，全国基层老年协会已经发展到55.4万个，覆盖率达到81.9%。全国老年志愿者达2000万，占老年人口总数的10%，8个省份的老年志愿者占比超过15%（图6）。广泛开展了困难退休职工互助互济帮扶活动。组织开展了“银龄行动”、全国离退休干部“双先”表彰、全军老干部“三先”表彰、抗战老兵乘车方队参加纪念抗战胜利70周年阅兵、为党的事业增添正能量、“老有所为”先进人物宣传等活动。山东、浙江等省份建立了专门的老年人才信息资源平台。

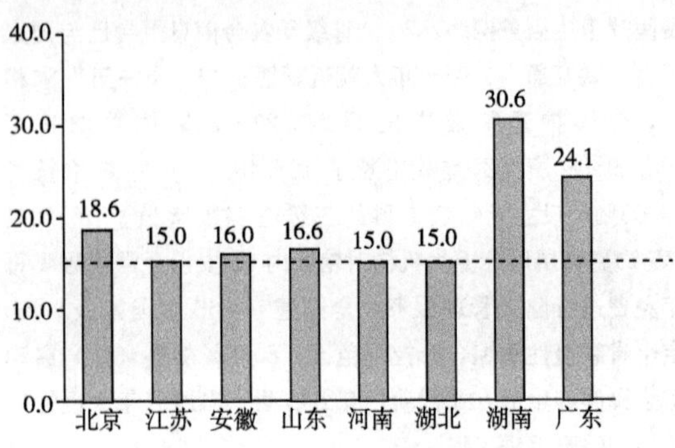

图6 “十二五”末部分省份老年人参与志愿活动情况（单位：%）

（五）老年宜居环境持续改善，代际和谐的社会氛围更加浓厚。

无障碍环境建设取得新进展。“十二五”期间，颁布了《无障碍环境建设条例》，涉老设施规划建设标准体系不断完善。推动和扶持了老年人家庭无障碍设施的改造，加快推进了坡道、电梯、公园绿地、健身活动场地等与老年人日常生活密切相关的公共设施改造，积极实施了农村老年人危房改造。全国650多个城市和1600多个县城参与“创建全国无障碍建设市县”活动。科技助老产品快速发展，成功研发了一批智能化、信息化的老年康复辅具。

老龄宣传教育工作持续加力。“十二五”期间，出台了《关于培育和践行社会主义核心价值观加强老龄宣传教育工作的通知》，明确了当前和今后一个时期加强老龄宣传教育工作的主要任务。老龄法制宣传不断深化，提高了老年人依法维权意识。各级各类媒体广泛宣传报道老龄题材新闻，弘扬传统美德，提高全社会老龄意识和营造尊老敬老的社会氛围。组织开展了“全国孝老爱亲最美家庭”、“最美老人”、“好家风好家训”等一系列宣传展示活动，充分发挥榜样的示范影响作用。

敬老助老社会活动更加广泛。“十二五”期间，全国有31个省份、24个行业部门、23万个创建单位参与“敬老文明号”创建活动。连续五年开展全国“敬老月”活动，2015年各地走访慰问高龄、空巢、失独、特困、残疾和功勋老年人665万人，发放慰问金和各类物品价值15.56亿元。积极开展青少年尊老敬老社会实践活动，依托各级青年志愿者协会和13万个志愿服务站（服务中心、服务基地），形成了比较健全的敬老为老志愿服务组织网络。

（六）老年教育文化体育事业蓬勃发展，老年人精神生活更加丰富。

老年教育工作扎实推进。截至2015年底，全国共有老年学校7.63万个，群众文化机构举办的老年大学705所。社区教育不断发展，全国目前建有180个国家级、500多个省级社区教育实验区、示范区，参与社区教育的群体60%以上是老年人。

老年文化工作丰富多彩。“十二五”期间，全国共有老年类报纸24种，老年类期刊24种；举办了三届中国老年文化艺术节和五届中国老年合唱节，服务老年人的公共文化设施网络进一步完善，各级各类公共文化设施基本实现了免费向老年人开放。各地群众文化机构为老年人组织专场文艺活动超过10万次，创作了一大批反映老年人生活的优秀作品。依托公共数字文化惠民工程，生产了一大批适合老年人的数字文化产品，总量超过1000TB（注：TB即万亿字节，1TB=1024GB）。

老年体育工作深入开展。“十二五”期间，国家从彩票公益金中累计投入2280万用于资助中西部、边疆、少数民族地区的基层老年人体育健身设施建设；投入1830万元组织开展各类全国性老年人体育活动。举办了两届全国老年人体育健身大会、三届全国老年人体育健身项目创新交流大会，展示了100余项老年人健身创新项目。经常参加体育健身的老年人数不断增多。

“十二五”期间，老龄科研和国际交流合作创新发展。国家财政累计安排经费16693万元，部署实施了一批养老服务重大科技项目。完成了应对人口老龄化战略研究，组织了第四次全国城乡老年人生活状况抽样调查。老龄领域双边、多边国际交流与合作不断扩大，很好地讲述了中国的“老龄故事”。

二、《规划》实施存在的主要问题

（一）全社会积极应对人口老龄化的行动仍需提气加力。

人口老龄化已经成为我国经济发展新常态的重要特

征。全社会虽然对于人口老龄化的严峻形势有所了解，但认识不够全面深刻，积极应对人口老龄化的行动缺乏战略性、统筹性、协调性。一些部门、一些地方在人口老龄化国情宣传教育方面引导不足，在规划制定、政策实施、资金保障等方面思想认识不高、投入力度不够，执行老龄法规政策缺乏自觉性，支持社会力量参与老龄事业和产业发展缺乏主动性。

（二）老年社会保障体系建设仍需扩面提标。

目前全国还有1亿多人没有参加基本养老保险，贫困老年人口仍然较多。老年人在享有基本养老保险、基本医疗保险关系跨地区、跨制度转移接续时，还存在不及时、不顺畅、城乡待遇差别大等问题，基本社会保险制度公平性、适应性、可持续性仍需加强。长期照护保障制度存在制度空白，对失能、失智老年人的照护日益成为家庭和社会的严重负担，国家层面缺乏顶层设计，各地试行的照护保险、护理补贴等政策不统一，容易引发制度碎片。老年社会福利和社会救助制度体系还不够健全，失能、失智老年人家庭支持政策尚不明确。

（三）养老服务业供给侧改革仍待提质增效。

一方面，养老服务业相关政策供给有待改善，居家养老、养老服务人才培养、适老化住宅建设等方面支持政策存在结构性短缺。另一方面，既有政策还存在“不落地”的情况，比如，土地、金融等政策刚性针对性不足，养老机构用水、电、气、暖等与居民同价政策仍未彻底执行，闲置场地置换为养老设施难度很大，民办养老机构的内设医疗机构纳入医疗定点的难度较大，居家养老基本服务补贴普遍范围小、标准低，养老机构发展不平衡、布局不合理、监管不到位，养老服务社会化、市场化程度不高，养老服务人才供给不足等，都亟需解决政策落实“最后一公里”问题。

（四）农村老龄问题亟需定向施策。

人口老龄化、新型城镇化、家庭小型化、农村空心化深刻影响着农村老龄问题的解决。目前，农村应对人口老龄化仍然面临诸多问题，比如，农村基本养老保障制度相对滞后、保障标准相对偏低，不少农村老年人养老储蓄不足，经济供养问题仍然突出；农村养老机构在经费、人员、场地等方面不同程度存在突出困难，失能、空巢、留守、困难老年人的养老服务更加短缺；农村老年人的精神文化生活仍较匮乏，基层老年群众组织的作用没有得到重视和发挥，部分地区基层老年人协会建立率与《规划》确定的目标差距较大，等等。

（五）老龄工作体制机制亟待调整完善。

一是老龄工作体制机制不完善，已经成为制约我国老龄事业发展和国家积极应对人口老龄化的瓶颈环节，老龄工作机构职能虚化、职责不清，部门之间职能交叉、配合不力，老龄领域社会组织发育不足、缺乏管理，老龄工作整体合力难以充分发挥。二是尚未建立适应人口老龄化国情的财政保障机制和资金增长机制。三是基层老龄工作机构力量薄弱，全国有15个省份的街道乡镇老龄工作人员配备率没有达到《规划》目标，个别省份仅为50%。

三、对编制实施老龄事业发展“十三五”规划的主要考虑

“十三五”时期是全面建成小康社会的决胜阶段，也是积极应对人口老龄化的关键时期。编制实施《中国老龄事业发展“十三五”规划》，对于发展老龄事业、提高全体老年人福祉、促进经济社会持续协调发展、助力全面实现小康社会，具有重大意义。

《中国老龄事业发展“十三五”规划》应深入贯彻落实习近平总书记、李克强总理对老龄工作的重要指示批示精神，根据党的十八届五中全会“积极开展应对人口老龄化行动”的要求，立足全局、谋划长远，以问题为导向，以改革为动力，增强系统思维，加强顶层设计，促进老龄事业持续健康发展。

编制实施《中国老龄事业发展“十三五”规划》过程中，应考虑：

第一，清晰规划编制思路。即：总体把握适应我国经济发展新常态，紧紧扭住全面建成小康社会总目标，全面贯彻“创新、协调、绿色、开放、共享”发展理念，把老龄事业纳入“五位一体”总体布局和“四个全面”战略布局，立足全局、谋划长远，坚持问题导向、弥补短板原则，统筹发挥政府、市场、社会、家庭、老年人等各方面积极作用，促进老龄事业更加健康发展，增进老年群众福祉，从思想、制度、服务、物质、精神、体制机制等各方面，为迎接人口老龄化高峰到来做好充分准备。

第二，设定规划总体目标。即：到2020年，老龄事业发展整体水平达到全面建成小康社会的新要求，积极应对人口老龄化的基础条件基本具备，全体老年人同步进入全面小康社会。

第三，明确规划基本原则。即：（1）统筹设计，注重平衡衔接。坚持从我国基本国情出发制定目标任务，重视总体思路和重点领域任务与国家经济社会发展总体规划相融合，与部委相关专项规划相衔接，重视指标体系设定与基层经济社会发展实际相匹配。（2）突出重点，力求精准施策。坚持目标导向和问题导向，着力加强老龄事业发展的重点领域和薄弱环节，针对“十二五”规划实施中存在的问题，重点在促进城乡区域协调发展、多支柱社会保障体系建设、巩固居家养老基础地位、促进养老服务业供给侧改革、加强老年人精神关爱、理顺老龄事业发展体制机制等方面精准发力。（3）以老年人为本，实现共建共享。尊重老年人的主体地位，畅通老年人社会参与渠道，建立不同社会主体共建共享机制，促进代际和谐共融。（4）立足当前，谋划长远举措。把破解当前老龄工作重点难点问题和长期应对人口老龄化的战略安排相结合，在老龄事业法规政策体系、养老服务基础设施建设、老年困难群众兜底保障等方面，谋划实施一批打基础、管长远、利发展、惠民生的重大举措，为应对即将到来的人口老龄化高峰夯实基础。（5）正确处理政府、市场、社会与老年人的关系。发挥好政府在老龄事业中的引导作用，市场在资源配置中的决定性作用，社会组织、家庭和老年人自身的积极作用，促进形成多方共同参与老龄事业和产业发展的良好局面。

第四，推进规划重点任务。即，以 2020 年实现老年人共建共享全面小康为目标，以完善老年人社会保障体系和社会养老服务体系为基础，从解决当前制约老龄事业发展的瓶颈性、紧迫性问题入手，突出加快农村和欠发达地区老龄事业发展、加强老年人精神关爱、巩固居家养老基础地位“三个重点”，建立长期护理保障制度、老年人监护制度、养老机构分类管理和养老服务评估制度以及老年人状况统计调查和发布制度等“四项制度”，实施老龄事业信息化建设、养老服务体系建设、老年宜居环境建设、专业队伍建设、基层老年协会能力提升等“五大工程”，开展贫困老年人脱贫和关爱行动、“互联网＋养老服务”行动、普法宣传行动、弘扬敬老养老助老社会风尚行动、老有所为行动、老年宜居环境建设示范行动等“六大行动”。

全国老龄工作委员会关于开展 2016 年全国“敬老月”活动的通知

全国老龄委发〔2016〕5 号

各省、自治区、直辖市老龄工作委员会，各计划单列市老龄工作委员会，新疆生产建设兵团老龄工作委员会，全国老龄工作委员会各成员单位：

为深入贯彻落实习近平总书记关于加强老龄工作的重要指示和在中央政治局第三十二次集体学习的重要讲话精神，根据全国老龄工作委员会第十八次全体会议部署，全国老龄工作委员会决定开展 2016 年全国“敬老月”活动，现将有关事项通知如下。

一、活动宗旨

深入贯彻党和国家老龄工作方针政策，进一步落实《中华人民共和国老年人权益保障法》，推动老龄事业全面协调可持续发展；开展人口老龄化国情教育、老龄政策法规教育，增强全社会积极应对人口老龄化意识；大力弘扬敬老爱老传统美德，积极培育和践行社会主义核心价值观，营造敬老爱老的社会氛围；组织动员各级党政机关、企事业单位、社会组织以及其他社会力量，为老年人办实事、做好事、解难事，切实增强老年人的获得感和幸福感。

二、活动主题和时间

活动主题：“敬老爱老，全民行动”。

活动时间：10 月 1 日至 10 月 31 日（10 月 9 日为老年节）。

三、活动内容

（一）广泛开展积极应对人口老龄化主题宣讲行动。以“积极应对人口老龄化”为主题，在全社会开展以人口老龄化国情、老龄政策法规为主要内容的主题宣讲活动，重点宣讲习近平总书记关于加强老龄工作的重要指示和在中央政治局第三十二次集体学习的重要讲话精神，宣讲我国人口老龄化严峻形势和积极应对人口老龄化的重要意义。积极推动各级党校、行政学院、社会主义学院、党委（党组）理论学习中心组把“积极应对人口老龄化”列为学习内容；组织开展“人口老龄化国情教育”进街道乡镇、进村居社区活动；各级老龄工作委员会领导以及成员单位领导要带头宣讲，带头在报刊上发展署名文章；要组织专家学者、老龄工作者开展宣讲，组织新闻媒体开展专题研讨宣传，增强全社会积极应对人口老龄化的思想观念。

（二）扎实开展惠老政策落实行动。要以维护老年人权益为重点，开展老年法律法规、老年优待政策贯彻落实情况的专项检查督导工作，及时解决老年人政策落实过程中的问题，切实把各项惠老政策落到实处，让老年人得到实实在在的实惠。要加强对老年群体的法制宣传教育，开展老年人法律维权、法律援助服务，严厉打击侵害老年人合法权益的行为。要重视老年人来信来访工作，及时反映老年人诉求。要充分发挥“老年维权示范岗”、“老年优待服务窗口”和“敬老文明号”的作用，为老年人提供优先优惠优质服务。

（三）积极开展为老志愿服务行动。要把为老志愿服务活动作为精神文明建设的一项重要内容，与“创建文明城市”、“讲文明树新风”、“学雷锋志愿服务”等活动有机结合起来。组织动员志愿者走进城乡社区、养老服务机构和老年人家庭，开展家政、照料、护理、信息咨询、心理疏导等志愿服务活动。组织动员志愿者与贫困、高龄、失能老人结成帮扶对子，开展“一对一”结对帮扶活动。要充分发挥老年群众组织和老年志愿者的作用，鼓励低龄健康老年人为高龄失能老年人提供志愿服务，鼓励邻里互助。

（四）大力开展文化惠老行动。要在国庆节、重阳节、敬老月期间，组织开展内容丰富、形式多样、隆重节俭的老年文化体育活动，丰富老年人精神文化生活。要充分发挥文化馆、图书馆、影剧院、博物馆、体育馆、展览馆等群众文化单位作用，增加面向老年人的特色文化服务项目。要组织有条件的文化企事业单位、社会组织开展送文化下乡惠老活动。要结合纪念中国共产党成立95周年和中国工农红军长征胜利80周年主题宣传教育活动，开展老年文化体育活动。

（五）全面开展敬老爱老主题教育行动。要把弘扬敬老爱老传统纳入社会主义核心价值观宣传教育，建设具有民族特色、时代特征的敬老爱老文化。继续开展“敬老爱老主题教育”活动，组织敬老爱老文化进机关、进学校、进社区、进企业系列宣传教育活动。要组织开展敬老爱老助老模范人物、敬老好儿女、敬老好家庭、“最美家庭”等评选表彰活动，教育引导人们自觉承担家庭责任，树立良好家风，巩固家庭养老基础地位。要引导全社会增强接纳、尊重、帮助老年人的关爱意识和老年人自尊、自立、自强的自爱意识。

（六）广泛开展走访慰问送温暖行动。要广泛组织党政领导和老龄工作委员会成员单位开展走访慰问活动，走进老年人家庭，走进老年人社区，走进养老机构，倾听老年人心声，关心老年人生活，帮助他们解决实际困难，要重点解决贫困、高龄、失能、空巢、失独和灾区老年人的生活困难。要广泛动员社会各界开展多种形式的送温暖献爱心活动，努力营造敬老爱老的良好社会氛围。

四、工作要求

（一）高度重视，精心组织。各级老龄工作委员会要充分认识开展今年“敬老月”活动的重要意义，高度重视，加强领导；各级老龄工作委员会成员单位要充分发挥职能优势，分工协作，密切配合；各级老龄工作委员会办公室要充分履行综合协调职能，精心组织，确保“敬老月”活动取得实效。

（二）面向基层，注重实效。各地区、各有关部门要把“敬老月”活动的着力点放在基层，面向社区，面向农村；要以老年人需求为导向，因地制宜，注重实效，不搞形式主义；要把活动重点放在为老年人办实事、做好事、解难事上，扎扎实实为老年人解决实际困难，真真切切让老年人感受到党和政府以及全社会的关怀和温暖。

（三）加大宣传，营造氛围。各地区、各有关部门要根据今年“敬老月”活动主题，制定宣传工作方案，抓好组织实施。要充分发挥主流媒体、老龄媒体和新兴媒体的作用，开设“敬老月”活动专题、专栏、专版，集中时间集中力量，掀起敬老宣传高潮，着力营造“敬老爱老、全民行动”的良好社会氛围。

各省（区、市）老龄办要在9月15日前、11月20日前分别将“敬老月”活动实施方案和活动总结报全国老龄办。

联系电话：全国老龄办宣传部 010－58122106

专用邮箱：jinglaoyue@cncaprc. gov. cn

全国老龄工作委员会

2016年7月20日

全国老龄工作委员会关于调整组成人员的通知

全国老龄委发〔2016〕7号

各省、自治区、直辖市老龄工作委员会，各计划单列市老龄工作委员会，新疆生产建设兵团老龄工作委员会，全国老龄工作委员会各成员单位：

根据人事变动情况和工作需要，现将全国老龄工作委员会调整后的组成人员名单通知如下：

主　任：王　勇　国务委员

副主任：黄树贤　民政部部长（兼任全国老龄办主任）

尹蔚民　人力资源社会保障部部长

陈　希　中央组织部副部长
孟　扬　国务院副秘书长
委　员：鲁　炜　中央宣传部副部长
李　勇　中直机关工委副书记
常大光　中央国家机关工委副书记
李保东　外交部副部长
王晓涛　发展改革委副主任
朱之文　教育部副部长
徐南平　科技部副部长
冯　飞　工业和信息化部副部长
陈改户　国家民委副主任
夏崇源　公安部政治部主任
高晓兵　民政部副部长
赵大程　司法部副部长
余蔚平　财政部副部长
游　钧　人力资源社会保障部副部长
王世元　国土资源部副部长
陆克华　住房城乡建设部副部长
刘小明　交通运输部副部长
房爱卿　商务部副部长
杨志今　文化部副部长
王培安　卫生计生委副主任
解学智　税务总局副局长
吴尚之　新闻出版广电总局副局长
冯建中　体育总局副局长
张为民　统计局副局长
魏洪涛　旅游局副局长
黄　洪　保监会副主席
杜恒岩　中央军委政治工作部副主任
焦开河　全国总工会副主席、书记处书记
汪鸿雁　共青团中央书记处书记
张晓兰　全国妇联副主席、书记处书记
王建军　中国老龄协会会长

全国老龄工作委员会
2016 年 12 月 30 日

全国老龄办关于通报表扬第四次中国城乡老年人生活状况抽样调查组织工作优秀单位的决定

全国老龄办发〔2016〕3 号

各省、自治区、直辖市及各计划单列市老龄办，新疆生产建设兵团老龄办：

为全面掌握新时期我国城乡老年人生活状况，科学制定积极应对人口老龄化政策，根据《中华人民共和国老年人权益保障法》和全国老龄委第十六次、第十七次全体会议精神，2015 年 1 月 15 日，全国老龄办、民政部、财政部联合下发了《关于开展第四次中国城乡老年人生活状况抽样调查的通知》（以下简称“第四次调查”），正式启动了第四次调查工作。

一年来，各地老龄、民政、财政等部门高度重视，认真组织，成立领导机构，安排专项经费，采取得力措施，全力做好人员培训、入户调查、调查督导、调查宣传等工作，有力地保证了第四次调查工作的顺利进行，确保了调查质量。目前，第四次调查问卷录入工作已经完成，正在进行数据清理汇总工作。从回收问卷的分析情况看，这次调查问卷整体质量较高，调查取得了成功。

为总结经验、激励先进，全国老龄办决定对组织工作优秀、问卷质量较高的北京、天津、内蒙古、辽宁、上海等十八个省（市、区）老龄办予以通报表扬。希望各地以先进单位为榜样，再接再厉、继续努力，扎实做好调查数据开发利用工作，为推动老龄事业科学发展做出新贡献。

附件：全国老龄办通报表扬第四次调查组织工作优秀单位名单

全国老龄办
2016 年 1 月 14 日

附件

全国老龄办通报表扬第四次调查

组织工作优秀单位名单
北京市老龄办
天津市老龄办
内蒙古自治区老龄办
辽宁省老龄办
上海市老龄办
浙江省老龄办
安徽省老龄办
福建省老龄办
江西省老龄办
山东省老龄办
湖北省老龄办
广东省老龄办
广西壮族自治区老龄办
重庆市老龄办
四川省老龄办
陕西省老龄办
甘肃省老龄办
新疆维吾尔自治区老龄办

全国老龄办关于公布2015年全国“老有所为”先进典型人物推选结果的通知

全国老龄办发〔2016〕13号

各省、自治区、直辖市老龄办，各计划单列市老龄办，新疆生产建设兵团老龄办；全国性老年社会组织：

为贯彻党的十八大精神，积极应对人口老龄化，提升老年人参与社会的积极性，充分开发利用老年人力资源，全国老龄办于2015年8月10日下发了《全国老龄办关于继续开展“老有所为”先进典型人物宣传活动的通知》。各省级老龄办及全国性老年社会组织，经层层择优推荐，共报送101位“老有所为”先进典型人物。全国老龄办根据报送材料，经会议研究，推选出王辉等9位同志和四川省乐山市老科协1个集体为2015年“全国老有所为楷模”，何佩伦等85位同志和北京市石头助老队等6个集体为2015年“全国老有所为先进典型人物”。

“全国老有所为楷模”和“全国老有所为先进典型人物”是“老有所为”的突出代表，他们积极参与社会、发挥余热、贡献才智，在平凡的岗位上做出了不平凡的业绩，在建设和谐社会、传承中华优秀传统文化、弘扬社会正能量、扶贫济困、提供志愿服务等方面发挥了积极作用，展现出了中国老年人的时代风采和精神风范。全国老龄办将继续向社会和新闻媒体广泛推荐宣传2015年“老有所为”先进典型人物的突出事迹和典型经验，以弘扬敬老养老助老社会新风尚，鼓励广大老年人“夕阳更红”，实现人生价值。

希望广大老年人以“全国老有所为楷模”和“全国老有所为先进典型人物”为榜样，立足实际、扎根社区、自立自强，积极参与社会，以多种形式实现“老有所为”，为推动经济社会发展做出新的更大贡献。

各级老龄办要创新方法手段，以多种方式大力宣传推广“全国老有所为楷模”及“全国老有所为先进典型人物”的先进事迹，加强引导、创造条件、搭建平台，优化“老有所为”的政策环境和舆论环境，充分调动广大老年人参与社会的积极性、主动性，推动“老有所为”工作深入开展。

附件：2015年“全国老有所为楷模”“全国老有所为先进典型人物”名单

全国老龄办
2016年2月25日

附件

2015年“全国老有所为楷模”“全国老有所为先进典型人物”名单

“全国老有所为楷模”

王辉　天津市社会科学院原院长

克力木·依莫拉洪　新疆生产建设兵团退休牧工

袁志发　北京市光明日报社原总编辑

苏秀琴　黑龙江省大庆市让胡路区乘风社区“爱心大姐工作室”创始人

王培华　江苏省扬州市邗江区卜桥社区红马甲党支部书记

李勤田　山东省淄博市周村区老年人体育协会主席

徐振邦　江西省新余市老科学技术工作者协会科技服务志愿团团长

刘运清　重庆市黔江区濯水镇老年协会会长

李相岑　河南省南阳市社区志愿者协会会长　四川省乐山市老科学技术工作者协会

“全国老有所为先进典型人物”

何佩伦　北京大学技术物理系退休教授

贾立先　北京市冶金建筑安装工程公司退休工人

赵大钊　北京市丰台区芳星园中学党支部原书记

缪礼寅　天津市第二教育局原局长

王文魁　燕山大学材料科学与工程学院退休教授

吴殿华　河北省衡水市冀州市市医院主任医师

杜丽星　山西省太原市园林科学研究所原副所长

杨金虎　山西省晋中市榆社县国土资源局原局长

邢学智　民革内蒙古自治区委员会退休干部

常永刚　武警呼和浩特指挥学校退休教授

陈松蒲　辽宁省沈阳松蒲博爱护养中心院长

张菊香　辽宁省金秋医院原党委书记、院长

金春燮　吉林省延边朝鲜族自治州汪清县人民代表大会常务委员会原副主任

仲维林　吉林省大安市政协原副主席

郭相声　黑龙江省哈尔滨市方正县方正镇农民

姬永发　黑龙江省齐齐哈尔市长跑爱心协会会长

唐秀芳　上海市金山区枫泾镇图书馆原图书采编员

殷友棵　上海市长宁区天山路街道老年协会会长

沈光吼　江苏省盐城市盐都区人民代表大会常务委员会原常务副主任

顾嘉禾　江苏省南通市政府原副市长

任明寅　浙江省嘉兴市海宁市副食品公司离休干部

林希才　浙江省台州市人民代表大会常务委员会原主任

李义文　安徽省巢湖市第二中学原校长

程家善　安徽省宿州市教育局原教研员

程晋荣　安徽省长丰县关心下一代工作委员会主任、老年协会会长

曾桥汉　福建省龙岩市武平县司法局岩前司法所退休干部

林益清　福建省建瓯市立医院原书记、院长

黄春生　福建省泉州市安溪县尚卿乡老年人协会会长

谭策铭　江西省九江市九江县林业局退休高级工程师

周长积　山东建筑大学艺术学院原院长

张继胜　河南省安阳市滑县县人民代表大会原主任

张振民　河南省鹤壁市第一汽车运输公司退休工人

张文生　河南省济源市农业委员会原主任

杨昌林　武汉大学退休教授

张玉义　湖北省孝感市孝昌县书画家协会名誉主席

彭　军　湖南省湘西自治州扶贫开发办原党组书记、主任

谢夺群　湖南省邵阳军分区原政委，邵阳市人民代表大会原副主任

崔同碧　广东省广州市越秀区海珠中路小学原副校长

梁凤琴　广西壮族自治区凭祥市友谊关义工团队队长

杨道华　广西壮族自治区科学院原党组副书记、常务副院长

杜元实　广西壮族自治区桂林市体操学校退休教师

韦如同　广西壮族自治区柳州市柳江县人民代表大会退休干部

林芝栋　海南省昌江黎族自治县政协原主席

王裕超　海南省琼海市委统战部原副部长

陈代碧　重庆医科大学附属第二医院党委原副书记

周举之　重庆市铜梁区铜梁县人民代表大会常务委员会原主任

刘图聆　四川省遂宁市卫生局党支部原书记

李淑彬　贵州省毕节市大方县六龙镇农民

杨　欢　贵州省遵义市金鼎山镇金川村老年协会会长

张先德　贵州省黔东南州剑河县革东镇教育辅导站原站长

谢　楚　云南省曲靖市教育局党委原书记、局长

次仁吉　西藏自治区妇联原副主席

巴登珠　西藏自治区地勘局地质二队退休高级工程师

梁增基　陕西省咸阳市长武县老科协副主席

张淑珍　陕西省商洛市商南县茶叶站原站长

蓝德明　甘肃省平凉市华亭县策底镇大南峪村党支部原书记

岳达昌　甘肃农业大学退休教授

高　翘　青海省西宁市政协原副主席

张本元　青海省德令哈市海西州建筑工程公司退休工人

姜丽娟　宁夏回族自治区银川市兴庆区西关社区居民

王兰花　宁夏回族自治区吴忠市吴忠镇裕民居委会居民

王桂珠　新疆维吾尔自治区阿勒泰地区布尔津县退休教师

阿布力克木·卡迪尔　新疆维吾尔自治区和田地区皮山县高级中学退休教师

蒋殿元　新疆维吾尔自治区林业厅退休干部

冯银燕　新疆维吾尔自治区伊宁市达达木图乡退休教师

罗元祥　新疆生产建设兵团四师六十二团加工厂退休工人

陈加兴　厦门市翔安区新店镇大宅社区退休教师

陈露德　厦门市思明区鹭江街道小学社区老人协会会长

王淑荣　大连市甘井子区辛寨子镇敬老院院长

金杏珠　宁波市鄞州区五乡镇逸夫小学退休教师

史云飞　宁波市镇海区庄市街道兴庄路社区老年人协会会长

宋乐玉　青岛市七彩华龄志愿服务团副团长

张默道　青岛大学医学院附属医院终身医学专家

刘学鹏　深圳市福田区香蜜湖街道老年协会会长

顾大公　深圳市华联集团退休高级经济师

万承奎　解放军第四军医大学退休教授

董天午　北京工业大学退休教授

吴宝璋　云南师范大学退休教授

邓德金　苏州市福星护理院院长

李久茹　天津市劲松护养院院长

刘村汉　广西师范大学方言研究所原所长

刘道群　四川省成都火炬制帽厂退休会计

周素琼　四川省成都市双流县人民代表大会常务委员会原副主任、副县长

贺云儒　辽宁省铁岭市人民代表大会常务委员会原副主任

周炳常　浙江省宁波市宁海县老年人体育协会主席

北京市西城区大栅栏街道石头社区助老服务队

内蒙古自治区包头市老年书画协会

山东省淄博市博山区八陡镇东顶社区老年志愿者服务队

广东省老科技工作者联合会科普团

大连市国际老年联谊交流服务中心

广东省广州市岭海老人大学

全国老龄办关于学习贯彻习近平总书记加强老龄工作重要指示精神的通知

全国老龄办发〔2016〕16号

各省、自治区、直辖市及计划单列市老龄办，新疆生产建设兵团老龄办：

近日，中共中央总书记、国家主席、中央军委主席习近平对加强老龄工作作出重要指示强调，有效应对我国人口老龄化，事关国家发展全局，事关亿万百姓福祉。要立足当前、着眼长远，加强顶层设计，完善生育、就业、养老等重大政策和制度，做到及时应对、科学应对、综合应对。此事要提上重要议事日程，“十三五”期间要抓好部署、落实。中共中央政治局常委、国务院总理李克强作出批示指出，要围绕科学应对人口老龄化问题，结合“十三五”规划编制实施，抓紧研究提出相关政策建议，并注重可操作性。2月23日，国务委员、全国老龄委主任王勇在全国老龄委第十八次全体会议上对学习贯彻习近平总书记重要指示精神作出了重要部署。为切实把习近平总书记、李克强总理重要指示批示精神学习好、贯彻好、落实好，现就有关工作通知如下：

一、深入学习，提高认识。习近平总书记、李克强总理等中央领导关于加强老龄工作的重要指示批示，是我国

积极应对人口老龄化的总要求、总纲领，是今后一个时期发展老龄事业、做好老龄工作的行动指南。习近平总书记的重要指示，站在党和国家发展全局的高度，明确了新形势下老龄工作发展的指导思想，指明了前进方向，充分体现了党中央对老龄工作的高度重视，对老龄事业发展的殷切期望，也是对全体老龄工作者的巨大鼓舞和鞭策。各级老龄部门要从全局和战略的高度充分认识学习贯彻习近平总书记重要指示精神的重大意义，要把学习贯彻习近平总书记重要指示精神作为老龄系统当前和今后一个时期首要的政治任务，增强政治意识、大局意识、核心意识、看齐意识，切实把学习贯彻工作抓在手上，放在心上，落实到实际行动中。

二、加强领导，精心组织。习近平总书记重要指示精神具有很强的全局性、前瞻性和针对性，对全面认识我国老龄事业发展形势、推动我国老龄事业健康发展具有重要的指导意义。学习贯彻习近平总书记重要指示精神，必须深刻领会其丰富内涵、准确把握其精神实质、全面理解其指导意义，切实做到以指示精神统一思想、凝聚共识、指引改革、推动发展。各级老龄工作部门要把学习贯彻习近平总书记重要指示精神作为中心组学习内容，制定具体学习方案，列出专题展开研讨，组织全体干部职工通过研讨会、培训班、报告会等多种形式，深刻领会习近平总书记重要指示精神的丰富内涵、精神实质和重大意义。各级老龄工作部门主要领导要带头学习，带头撰写学习体会，全国老龄办将适时举办专题学习研讨交流会。要充分发挥报纸、电视台、广播电台等新闻媒体的主流舆论阵地作用和微博、微信等新媒体的积极作用，在主流媒体上发表党政领导、老龄工作部门负责人学习体会文章，深入解读习近平总书记重要批示精神，老龄媒体要开辟学习交流专栏，集中时间，集中力量，形成规模、形成宣传声势。

三、联系实际，贯彻落实。今年是“十三五”规划的开局之年，也是学习贯彻中央领导同志重要指示批示精神的启动之年，各级老龄工作部门要根据全国老龄委第十八次全体会议要求，把学习贯彻习近平总书记重要指示精神与谋划“十三五”时期工作、做好今年工作有机结合起来，真正用习近平总书记重要指示精神武装头脑，指导实践，推动工作，把学习成果体现在推动老龄事业发展上。要围绕学习贯彻习近平总书记重要指示精神，认真加强调查研究，加强理论和战略研究，尽快形成一批有深度、有分量、针对性强的研究成果，为加强老龄工作、促进老龄事业发展提供决策参考。要按照协调推进“四个全面”战略布局的要求，坚持“创新、协调、绿色、开放、共享”理念，加快顶层设计，尽快完善制度，及时出台政策，编制实施好老龄事业发展“十三五”规划，让老年群众得到看得见、摸得着的实惠，切实增加获得感、幸福感。要按照“三严三实”要求，切实改进作风，勇于担当，真抓实干，务求实效，明确时间表、路线图、责任状，确保今年各项工作按质、按量、按时完成，实现“十三五”的良好开局。

四、请各省级老龄办将学习贯彻习近平总书记重要指示精神情况于 3 月 31 日前报全国老龄办宣传部。

附件：1. 习近平对加强老龄工作作出重要指示强调加强顶层设计完善重大政策制度及时科学综合应对人口老龄化李克强作出批示
2. 王勇在全国老龄委全体会议上强调深入学习贯彻习近平李克强等中央领导同志重要指示批示精神切实抓好老龄重点工作

全国老龄办
2016 年 3 月 4 日

附件

习近平对加强老龄工作作出重要指示强调加强顶层设计完善重大政策制度及时科学综合应对人口老龄化李克强作出批示

中共中央总书记、国家主席、中央军委主席习近平日前对加强老龄工作作出重要指示强调，有效应对我国人口老龄化，事关国家发展全局，事关亿万百姓福祉。要立足当前、着眼长远，加强顶层设计，完善生育、就业、养老等重大政策和制度，做到及时应对、科学应对、综合应对。此事要提上重要议事日程，“十三五”期间要抓好部署、落实。

中共中央政治局常委、国务院总理李克强作出批示指出，要围绕科学应对人口老龄化问题，结合“十三五”规划编制实施，抓紧研究提出相关政策建议，并注重可操作性。

全国老龄工作委员会第十八次全体会议23日在京举行。国务委员、全国老龄委主任王勇主持会议并讲话，他强调，要坚决贯彻落实习近平总书记的重要指示精神，各成员单位和有关部门要结合自身职能，抓住重点任务，明确完成时间表、路线图和责任状。要各司其职、协调配合，把工作做细、做实，确保各项工作按质、按量、按时落到实处。要着眼于解决老年群众最关心最直接最现实的利益问题，让老年群众得到看得见、摸得着的实惠，切实增加获得感、幸福感。

附件2

王勇在全国老龄委全体会议上强调深入学习贯彻习近平李克强等中央领导同志重要指示批示精神切实抓好老龄重点工作

2月23日，全国老龄工作委员会在京召开全体会议。国务委员、全国老龄工作委员会主任王勇在会上强调，要贯彻落实党的十八届五中全会精神，深刻领会习近平总书记、李克强总理等中央领导同志的重要指示批示精神，清醒认识老龄事业发展面临的新形势新任务新要求，切实增强责任感和紧迫感，进一步加强组织领导，把老龄事业这个事关国家发展、社会和谐、家庭幸福的大事抓紧抓好。

王勇指出，在党中央、国务院的正确领导下，在各级党委政府、各有关部门和老龄工作战线广大干部职工的共同努力下，“十二五”时期老龄事业发展取得显著成绩：规划目标任务基本完成，有力地推动了老龄事业发展；许多惠当前、利长远的重大制度改革深入推进；老年法制建设得到加强，12个省份地方性老年人权益保障法规修订完成，300多项配套法规和政策措施相继出台；养老服务业加快发展，全国养老床位数已达到669.8万张，每千名老人拥有养老床位数已达到30.2张，居家养老服务设施已基本覆盖城镇社区和50%以上的农村社区；老年人获得感明显增强，全国企业职工基本养老金平均水平从月人均1362元达到2270元，20个省份建立80周岁以上高龄老年人津贴制度，23个省份建立生活困难老年人养老服务补贴制度，5个省份建立失能老年人护理补贴制度；老年群众工作深入推进，城乡社区老年协会覆盖率达到81.9%，全国老年志愿者达到2000万。

王勇强调，2016年是“十三五”规划实施的第一年，也是全面建成小康社会决胜阶段的开局之年。当前和今后一个时期，老龄事业发展要按照中央“五位一体”总体布局和“四个全面”战略布局要求，紧紧围绕党和国家中心任务，认真贯彻落实党的十八届五中全会精神和习近平总书记、李克强总理的重要指示批示精神，切实抓好重点工作。一是认真做好应对人口老龄化，发展老龄事业的顶层设计。要进一步完善老龄事业法规政策体系，编制好老龄事业发展“十三五”规划，做好中央文件起草有关工作。二是加大力度扎实推进养老服务业发展。要着力加强居家养老服务，加快养老服务业综合改革和公办养老机构改革，着力推进医疗服务和养老服务相结合。三是切实做好老年人保障服务工作。要提高老年人养老保障水平，加强老年人精神关爱，扩大老年人社会参与。

王勇要求，进一步加强对老龄事业发展的领导协调。各地区、各有关部门一定要站在党和国家发展战略全局，把思想和行动统一到中央的决策部署和要求上来，本着对党和人民高度负责的精神，采取切实有效措施，进一步把工作基础夯实夯牢。要切实加强组织领导，健全老龄工作体制机制，加强老龄工作队伍建设，加强督促检查。

会上，国务院副秘书长孟扬传达了中央领导批示。会议审议通过了民政部部长、全国老龄工作委员会副主任李立国作的关于“十二五”老龄事业发展情况和2016年工作安排的报告。中组部、发展改革委、民政部、人力资源社会保障部、卫生计生委、全国妇联等部门分别发言。全国老龄工作委员会32个成员单位负责同志和联络员出席了会议。

关于印发《全国老龄工作委员会办公室2016年工作要点》的通知

全国老龄办发〔2016〕25号

各省、自治区、直辖市老龄办，各计划单列市老龄办，新疆生产建设兵团老龄办：

现将《全国老龄工作委员会办公室2016年工作要点》印发你们，请结合实际，参照执行。

全国老龄办
2016年3月24日

全国老龄工作委员会办公室二〇一六年工作要点

2016年是实施“十三五”发展规划、全面建成小康社会进入决胜阶段的开局之年。全国老龄工作委员会办公室要全面贯彻党的十八大和十八届三中、四中、五中全会精神，以深入贯彻落实习近平总书记关于加强老龄工作重要指示精神为主线，加强顶层设计，注重统筹协调，推进政策创制，突出工作重点，坚持党建与业务两手抓、两促进，奋力开创老龄事业发展新局面。

一、推进重点工作

（一）贯彻落实中央领导同志重要指示批示精神

习近平总书记、李克强总理等中央领导同志对加强老龄工作的重要指示批示精神，是发展老龄事业、做好老龄工作的指导思想和行动指南。做好学习贯彻落实工作，是老龄系统当前和今后一个时期首要的政治任务。召开全国老龄办主任会议进行部署安排，指导各地把学习贯彻工作落到实处，切实做到以指示精神统一思想、凝聚共识、指引改革、推动发展。

（二）做好中央文件起草工作

组织力量，按时完成中央《关于进一步加强老龄工作的意见》的研究起草工作。通过文件制定进一步完善体制机制，推进政策创新，对新形势下老龄事业发展作出顶层设计和制度安排。

（三）编制中国老龄事业发展“十三五”规划

组织编制中国老龄事业发展“十三五”规划，明确“十三五”时期我国老龄事业的重点任务、具体举措和实现路径；指导各地编制并实施本地区的老龄事业发展“十三五”规划。

（四）筹备第四次全国老龄工作会议

筹备第四次全国老龄工作会议，总结经验、部署下一步老龄工作，对全国老龄系统先进集体和先进工作者进行表彰。

二、抓好专项工作

（五）强化应对人口老龄化宣传

深入学习宣传习近平总书记重要指示精神，宣传党中央国务院关于应对人口老龄化的方针政策。组织好《老年人权益保障法》颁布实施20周年宣传活动。做好“十二五”发展成就和“十三五”规划宣传；组织开展老年人“获得感”系列宣传活动；落实敬老养老助老主题公益广告全国展播活动；开展好第七个“敬老月”活动。组织开展全国敬老爱老助老活动评选表彰工作。加强对外宣传，发布中国老龄事业发展白皮书，讲好“中国老龄”故事，传递“中国老龄”声音。

（六）推进老龄工作调研和政策创制

深入研究应对人口老龄化所面临的新情况、新问题，重点围绕老龄工作体制机制、农村老龄工作、长期照护保障制度、老年人脱贫、农村留守老年人关爱服务、老龄科技等领域开展专题调研。推动出台进一步提高老年人照顾服务水平的措施和办法；协调相关部门联合制定加强老年宜居环境建设的意见、扩大老年人社会参与的意见。研究制定老年旅游发展、老年维权等方面的指导性政策。

（七）做好老年人权益保障等工作

督促各地出台贯彻《老年人权益保障法》的地方性法规。全面了解各地各部门贯彻落实《老年人权益保障法》情况，掌握老年人权益保护工作面临的新形势、新特点。研究建立老年人优待工作评估指标体系。做好“全国老年法律维权工作先进集体”评选表彰相关工作。联合有关部门开展老年司法救助、法律援助活动。抓好基层老年协会规范发展和作用发挥。深入开展“银龄行动”，实施“乐龄工程”。做好第四次中国城乡老年人生活状况抽样调查数据管理与应用工作。

三、提升综合能力

（八）加强综合协调

按照全国老龄委第十八次全体会议精神，做好全国老龄委2016年工作要点的任务分解和督促落实。筹备成立全国老龄委专家咨询委员会，建立专家咨询联络制度。召开全国老龄联络工作会议，加强全国老龄委成员单位的工作联系与业务培训。

（九）强化机关建设

推进学习型、研究型、担当型机关建设。加强直属单位和代管社会组织规范管理，强化对直属单位财务、资产管理的指导监督。提高后勤保障能力。继续开展全国老龄系统干部业务培训。适时组织承办联合国重大老龄活动，推进老龄问题国际论坛创设。

四、加强党的建设

（十）扎实开展学习教育

深化习近平总书记系列重要讲话精神和中国特色社会主义理论体系学习，持续加强经常性政治理论学习。深入开展“两学一做”、“守纪律、讲规矩”等学习教育，深化“三严三实”专题教育成果，努力把机关党员干部奋发进取、干事创业的精气神激发出来，进一步增强政治意识、大局意识、核心意识、看齐意识，为老龄事业创新发展提供坚强保证。

（十一）落实全面从严治党要求

抓好《中共全国老龄办党组工作规则》和《全国老龄办贯彻落实全面从严治党要求实施意见》的实施。落实党建工作责任制，强化直属机关党建工作基础，统筹推进基层党组织建设。落实党组织联系基层、党员联系群众的“双联系”制度。进一步贯彻落实中央八项规定精神，加强作风建设和纪律约束，强化对党员干部的监督、管理和教育，不断夯实党风廉政建设工作基础。

全国老龄办、民政部、财政部、中国保监会关于开展老年人意外伤害保险工作的指导意见

全国老龄办发〔2016〕32号

各省、自治区、直辖市及计划单列市老龄办、民政厅（局）、财政厅（局），新疆生产建设兵团老龄办、民政局、财务局，各保监局：

根据《中华人民共和国老年人权益保障法》、《国务院关于加快发展养老服务业的若干意见（国发〔2013〕35号）》、《国务院关于加快发展现代保险服务业的若干意见（国发〔2014〕29号）》，以及全国老龄办等24部委《关于进一步加强老年人优待工作的意见》等政策要求，结合各地实践，现就开展老年人意外伤害保险工作，提出如下指导意见：

一、重要意义

老年人意外伤害保险是由投保人与保险人签订保险合同，在被保险人因遭受外来、突发、非本意、非疾病的事件直接导致老年人身体伤害或死亡时，依照合同约定，给付受益人保险金的一种商业保险。

开展老年人意外伤害保险工作，是应对人口老龄化带来的养老、医疗等方面社会风险，推进养老服务业和现代保险服务业融合发展的客观需要。目前，我国60岁及以上老年人口已超过2.22亿，占总人口的比例为16.1%，未来20年仍将以年均近千万的规模快速增长。老年人在日常生活中遭受意外伤害的风险远高于其他年龄群体，不但会增加基本医疗保险的支付压力，也会加重老年人及其家庭经济负担。开展老年人意外伤害保险工作，逐步建立和完善政府支持、社会捐助、个人自费投保相结合的老年人意外伤害保险制度，形成政府、社会、家庭和个人应对风险合力，既有利于发挥商业保险的补充作用，拓展金融保险业新领域，推动现代保险服务业发展，又有利于缓解社会保障压力，提高老年人及其家庭抗风险能力，减少因老年人意外伤害引发的矛盾和纠纷，促进社会和谐稳定。

目前，开展老年人意外伤害保险工作具备诸多有利条件。一方面，我国老年人口规模大、增速快，老年人意外伤害保险需求日趋旺盛，开展这项工作易得到老年人和社会的认同和支持，便于建立老年人意外伤害风险的社会分担机制，有助于形成低缴费、高效益的市场，对保险服务业拓展业务规模、降低运营成本十分有利。另一方面，我国部分省（区、市）目前已在老年人意外伤害保险工作方面进行了积极探索，积累了一定实践经验，取得了良好社会效益。各地要因时应势，适应老年人需求，充分认识开展老年人意外伤害保险工作的重要意义，在总结经验的基

础上，稳步推开老年人意外伤害保险工作。

二、基本原则

(一) 政府引导。积极发挥政府在政策优惠、市场培育及监管、舆论引导、资金投入等方面的应尽职责，营造踊跃投保的社会氛围，鼓励诚信守约、公平竞争的政策环境。

(二) 市场运作。遵循市场规律，打破行业垄断，充分调动保险业各类市场主体的积极性，形成平等参与、有序竞争、优胜劣汰的市场运行机制。

(三) 体现公益。承保保险公司应根据老年人优待相关政策，提供价格优惠、服务优质的保险产品，要兼顾企业效益与社会效益，实现合理利润与社会公益的平衡。

(四) 投保自愿。充分尊重老年人意愿，坚持老年人个人或家庭成员自愿投保，严禁从基础养老金、医疗保险个人账户、各类老年福利津贴补贴中扣取保费等各种违反老年人意愿的强制投保行为。

三、被保险人和保险责任范围

(一) 被保险人。60周岁及以上老年人均可成为老年人意外伤害保险的被保险人，原则上不设年龄上限。各地区可根据实际情况适当放宽被保险人年龄范围，但不应低于50周岁。

(二) 保险责任范围。老年人在生产、生活的各种场所，包括在居家生活、乘坐公共交通工具、参加公共场所活动、入住养老服务机构、外出旅游时发生的各种意外伤害事故，均应纳入意外伤害保险责任范围。保险产品的具体责任范围及履约要求，由承保保险公司和投保人共同约定。

四、工作要求

(一) 政策鼓励。鼓励有条件的地区根据实际情况，完善特殊困难群体和重点优抚对象等老年人购买意外伤害险统保的相关政策，完善针对保险公司的激励政策，鼓励保险公司开发更多适合老年人特点的意外伤害保险产品，加大保险缴费优惠力度，使意外伤害保险最大限度惠及广大老年人。

(二) 社会支持。倡导有条件的企事业单位为退休职工购买意外伤害保险，或对保费给予适当补助。发挥村(居)委会、基层老年协会对老年人意外伤害保险工作的推动和组织作用，鼓励社会组织、爱心人士等捐资为老年人购买意外伤害保险，发挥慈善事业对老年人意外伤害保险工作的支持作用。鼓励法律援助机构为老年人提供理赔维权服务，依法维护投保老年人的合法权益。

(三) 优化服务。承保保险公司应严格遵守《中华人民共和国保险法》、《人身意外伤害保险业务经营标准》等法律法规，恪守投保自愿、诚实守信的基本要求，不断优化保险产品设计，统筹配置资金，降低运营成本，力求保险责任范围更加全面、投保费用更加优惠、理赔服务更加便捷。要针对老年人特点，在保险方案设计、产品销售、合同订立、保单维护和理赔受理等各环节，充分运用现代服务手段和互联网技术，为老年人提供简便易行、高效优质的服务。鼓励承保保险公司在服务期内根据保险实际执行情况，适时增加优惠条款，积极开展老年人安全教育和事故防范等公益活动。

(四) 规范运作。发挥市场在资源配置中的决定性作用，加强保险产品开发，完善保险运作机制，实现保险与风险防范的有效对接。用集体资金、社会捐赠资金等为老年人购买意外伤害保险的，应尊重集体经济组织成员或捐赠人意愿，自觉接受社会监督，确保资金安全。特殊困难群体和重点优抚对象等老年人参加意外伤害保险的，可由老龄工作部门或民政部门统一组织或作为被保险人代表与承保保险公司签订投保合同。保险凭证要及时发放，确保老年人的知情权和受益权。

(五) 逐步推进。已开展老年人意外伤害保险工作的地区，要根据本指导意见和实际实施效果，进一步调整完善工作方案、总结提升。尚未开展的地区，应尽快进行试点，循序渐进，逐步推开。鼓励在省级层面统一制定投保指导意见。

五、保障措施

(一) 明确责任分工。各级老龄工作部门、民政部门、保险监管部门要各司其职、密切配合，制定完善工作方案，加强联合调查研究与沟通协调，必要时建立联席会议制度，推动将老年人意外伤害保险工作纳入政府为民办实事、办好事的内容。老龄工作部门要担负起牵头责任，提出改进保险服务、加强风险管理方面的意见建议，及时协调解决开展老年人意外伤害保险工作进程中出现的问题。民政部门负责推动落实特殊困难群体和重点优抚对象等老年人的意外伤害保险统保工作，老龄工作部门做好配合。保险监管部门负责加强对承保保险公司的指导和监管，建立健全信息通报制度，收集和通报承保保险公司的承保、理赔情况，指导保险公司进行产品和服务创新，增强为老服务意识，提升为老服务质量，确保老年人意外伤害保险工作积极稳妥推进。

(二) 加强依法监管。保险监管部门要对承保保险公司开展老年人意外伤害保险工作做好依法监督管理，老龄工作部门、民政部门做好配合，确保相关保险业务合法合规、健康发展。要建立第三方评估机制，对承保保险公司的保险产品、服务流程和服务质量等定期进行综合评价。加强评估结果的运用，形成奖惩机制。对评估结果满意度高的，给予表彰奖励；对老年人投诉率高的，积极督促整改；对评估结果不合格的，应建立退出机制。

(三) 加强舆论引导。充分利用各类媒体手段和城乡社区等各类宣传平台，面向全社会开展形式多样的老年人意外伤害保险宣传活动，普及保险知识，增强风险防范意识，引导社会公众特别是老年人正确认识意外伤害保险。广泛宣传老年人意外伤害保险的被保险人、保险责任范围、资金来源和投保流程等主要内容，使老年人意外伤害保险方案家喻户晓，提高全社会参与积极性。承保保险公司要加强保险产品的宣传推介，帮助老年人形成正确认识，确保投保老年人了解自身权责。

全国老龄办　民政部　财政部　中国保监会

2016年4月14日

全国老龄办关于表扬2015年全国“老龄新闻宣传好作品”和优秀组织单位的通报

全国老龄办发〔2016〕35号

各省、自治区、直辖市老龄办，各计划单列市老龄办，新疆生产建设兵团老龄办：

为进一步加强老龄宣传工作，营造老龄事业发展的良好社会环境，鼓励全国新闻工作者宣传老龄事业，2015年10月，全国老龄办下发《关于开展2015年全国“老龄新闻宣传好作品”评选活动的通知》，各地老龄办、新闻媒体对此项活动高度重视、积极参与，推荐了一大批涉老新闻宣传作品。经组委会评选，全国老龄办决定，对《＜民生三问＞系列报道（3篇）》等128件新闻好作品和山西省老龄工作委员会办公室等17家优秀组织单位予以通报表扬。

希望受到表扬的单位和个人珍惜荣誉，发扬成绩，继续提高舆论引导能力和新闻报道质量，创作出更多更好的具有时代特色的老龄新闻宣传精品，为促进老龄事业全面协调可持续发展、实现“全面建成小康社会”伟大目标做出新贡献。

附件：2015年全国“老龄新闻宣传好作品”和优秀组织单位通报表扬名单

全国老龄办

2016年4月29日

附件

2015年全国“老龄新闻宣传好作品”和优秀组织单位通报表扬名单

（排名不分先后）

特别奖（3件）

1.《＜民生三问＞系列报道（3篇）》

《人民日报》2015年7月14日、2015年8月3日、2015年11月18日

作者：潘跃

2.《“特别关注·中国式养老”系列报道（8篇）》

新华社2015年8月27日、28日

作者：华春雨　余晓洁　史竞男　罗宇凡　王珏玢　俞菀　陈灏　崔俐莎　霍小光　张晓松　吴小军　崔清新　张颖　孙铁翔　侯文坤　白丽萍　朱基钗　齐雷杰　刘潇　许雨婷　谭显彬

3.《＜全球养老调查＞＜上海养老调查＞系列报道（12集）》

上海电视台2015年10月2日—7日

作者：李怡　虞之青　邱旭黎　李姬芸

一等奖（10件）

1.《中国养老机构发展面临五方面问题》

中国新闻社2015年07月16日

作者：张希敏

2.《三部委联合调查全国老年人生活状况》

中央电视台2015年07月28日

作者：田晓佩

3.《养老三大难题以及解答》

中央人民广播电台 2015 年 7 月 20 日

作者：何源

4.《让敬老成为时代风尚——全国第六个“敬老月”活动综述》

《光明日报》2015 年 10 月 22 日

作者：梁捷

5.《要有物质帮助，更要精神关怀》

《经济日报》2015 年 10 月 21 日

作者：韩秉志

6.《中国开启最大规模的老龄国情调查》

《人民网》2015 年 7 月 31 日

作者：常红

7.《受访养老机构三成多亏损》

《中国青年报》2015 年 7 月 17 日

作者：王亦君

8.《深度专题片：失独之痛》

《新华网》2015 年 10 月 27 日

作者：刘潇　韩坤

9.《“天府之国”养老新生态》

《中国社会报》2015 年 7 月 2 日

作者：刘鹏程

10.《中国最帅大爷王德顺》

北京市人民广播电台《老年之友》2015 年 8 月 27 日

作者：芳华

二等奖（20 件）

1.《聚焦“高龄老人护理计划”系列报道（3 篇）》

《文汇报》2015 年 9 月 14 日、15 日、20 日

作者：钱蓓

2.《“长者照护之家”系列报道（2 篇）》

《解放日报》2015 年 6 月 23 日

作者：王海燕　张骏

3.《让失能老人活得有尊严》

《人民日报》2015 年 7 月 31 日

作者：姚雪青

4.《＜浙江省社会养老服务促进条例＞解读系列报道》

《浙江日报》2015 年 1 月 27 日

作者：袁艳

5.《民办民营将成未来养老机构主角》

《中国改革报》2015 年 7 月 20 日

作者：王健生

6.《愁缪暮年——山东如何应对老龄化的明天》

《山东画报》2015 年 20 期

作者：公晓慧　常晔　欧阳乾　张健　杨超

7.《我国 8 月 1 日将进行最大规模的老龄国情调查》

《中国网》2015 年 7 月 28 日视频中国

作者：戴凡

8.《人口大省破解养老困局——河北省养老机构改革纪实》

《中国财经报》2015 年 2 月 5 日

作者：李继学

9.《全民护理保险还有多远》

《健康报》2015 年 12 月 25 日

作者：甘贝贝

10.《长沙探索“医养结合”养老新模式医院与养老机构合作，医生每周巡诊一次，护理人员将获专业培训》

《长沙晚报》2015 年 9 月 28 日

作者：洪雷

11.《“银龄安康行动”破僵局》

《江门日报》2015 年 10 月 8 日

作者：周春峰　聂嘉成

12.《时隔 66 年，抗战老兵两次参加大阅兵》

《重庆日报》2015 年 9 月 16 日

作者：陈波

13.《把医院“搬”进养老院》

《晚霞报》2015 年 5 月 26 日

作者：陈正达

14.《李光厚 20 年的抗战歌谣情结》

黔东南州广播电视台 2015 年 9 月 16 日

作者：杨广龙　龙步烈　铁源　姜星伟

15.《社区管家俞复玲的工作日》

《人民日报》2015 年 1 月 9 日

作者：顾春

16.《从最后三公里到最后一米——四川省金堂县推行农村居家养老服务新模式》

《中国老年报》2015 年 9 月 1 日

作者：蓝青

17.《以享老的方式生活》

《乌鲁木齐市晚报》2015 年 11 月 5 日

作者：杨媛媛　姚芳

18.《4.5 亿元公益金助力南疆师团福利事业发展》

《兵团日报》2015 年 11 月 18 日

作者：李辉

19.《让老人在城市的温情中漫步——青岛整合社会资源应对人口老龄化的有益创新和实践》

《青岛日报》2015 年 12 月 4 日

作者：张晋

20.《花奶奶的精神花园》

《城市信报》2015 年 8 月 12 日

作者：吴璟

三等奖（40件）

1.《老人带孩子有多难?“偷看”日记怎么说》

《北京社区报》2015年8月19日

作者：邢军

2.《“寻找包头最后的抗战老兵”系列报道（26篇）》

《包头广播电视报》2015年8月17日－10月12日

作者：胡素敏　秦建斌　路虹　张凤枝　康向华　潘复生　范日宾　田凤丽　李毓顺　李践朴　张振华　李践朴　冯修　田维怡

3.《我国养老产业的挑战与趋势——从养老机构的发展现状谈起》

《中国妇女报》2015年8月11日

作者：代刚

4.《“蓬勃发展的龙江养老服务业”系列报道（10篇）》

《黑龙江日报》2015年9月23日—2015年12月12日

作者：郭铭华

5.《“聚焦养老模式”系列报道（3篇）》

《解放日报》2015年10月21日、23日、25日

作者：陈逸君　张骏　谈燕

6.《资金短缺、扶持不足、人才难招——一位养老院长的烦恼》

《浙江日报》2015年10月22日

作者：张丽

7.《政府花钱买服务居家养老开新局——安徽省合肥市经开区政府购买居家养老服务纪实》

《中国社会报》2015年12月4日

作者：李长龙　吴凤娟

8.《积极探索文化养老之路》

《环球老龄》2015年第12期

作者：韩治鹏

9.《新一代进城务工人员养老新农合托底待“升级”》

《皖西日报·大别山晨刊》2015年9月17日

作者：李振欣　邱杨

10.《金太阳:“互联网＋养老服务”的新突破》

《福建日报》2015年10月22日

作者：郑美清　许国英

11.《“百岁奶奶是我的掌中宝”》

《福鼎周刊》2015年4月22日

作者：林莹莹

12.《南昌“保姆奶奶”：七年，没有血缘的爱》

《江西新闻联播》2015年8月

作者：曾佳　胡刚

13.《医养结合，路在何方?》

《大众日报》2015年8月3日

作者：齐静

14.《老年大学念了30年94岁还能打太极》

《济南时报》2015年7月19日

作者：赵樱宁

15.《“互联网＋养老”，创造新的养老生态》

广播经济频道2015年9月20日

作者：周颢　张晶　米雪伟　杜鹏

16.《拥抱夕阳让晚霞更美》

《荆门日报》2015年11月13日

作者：周围

17.《孝感以“四孝”品牌建文化名城》

《人民网》2015年11月7日

作者：洪兵

18.《赤壁街道不断提升老年人服务专业化水平》

《黄冈日报黄州新闻》2015年11月3日

作者：陈艳　罗颖　阮惠　廖怡霖

19.《家门口的养老院——湖南省养老业探索发展之路》

《人民日报海外版》2015年12月10日

作者：吴桦源　周欣蕾

20.《小康路上夕阳红——解码湖南省养老服务业发展的路径选择和模式创新》

《中国社会报》2015年12月22日

作者：王铭

21.《“互联网＋”养老模式走进长沙城》

《三湘都市报》2015年11月4日

作者：杨昱

22.《他们在这里回到“18”岁》

《珠江商报》2015年11月27日

作者：叶芝婷　黄怡然

23.《社工进村来》

现代教育频道2015年10月23日

作者：郭泽武　王毅鹏　李景峰

24.《10分钟居家养老服务圈，方便!》

《江门日报》2015年10月22日

作者：梁绮华

25.《打造社区为老服务平台推进居家养老创新发展》

《广西日报》2015年12月22日

作者：梁业勇　肖建章

26.《让每一位失独老人安享晚年》

《南宁日报》2015年11月24日

作者：蓝彬彬

27.《丰都失能半失能老人供养实行城乡同等待遇》

《重庆日报》2015年1月5日

作者：陈波

28.《方凤富和他的雷锋班》

重庆电视台 2015 年 12 月 6 日

作者：高觅　李小白

29.《义务扫街他坚持了二十一年》

贵州电视台第 5 频道 2015 年 12 月 14 日

作者：杨猛

30.《三县福利院里暖意浓五保老人安享晚年“阳光”生活》

《拉萨新闻》2015 年 10 月 12 日

作者：赵普凡　苏晓燕

31.《秦州文化“掘金”老人二十载不辍的精神守望》

《兰州晨报》2015 年 1 月 19 日

作者：王兰芳

32.《为了让更多的城乡居民老有所养——民勤县建设养老服务体系侧记》

《甘肃日报》2015 年 1 月 9 日

作者：侍文元

33.《宁夏政策给力破解城乡养老难题》

《宁夏日报》2015 年 6 月 3 日

作者：李东梅

34.《从医有仁心到“银龄楷模”》

《乌鲁木齐市晚报》2015 年 10 月 22 日

作者：周志东

35.《哪里需要，爱就传到哪里》

《昌吉日报》2015 年 4 月 29 日

作者：马晓芳　陶杰

36.《他们比亲生父亲还亲》

《吐鲁番日报》2015 年 5 月 6 日

作者：叶娇

37.《浓浓助老情殷殷暖心田——146 名志愿者建立“孤老爱心公益 QQ 群”帮扶困难群体》

《生活晚报》2015 年 12 月 15 日

作者：朱放宁

38.《当居家养老与 e 时代“联姻”：青岛养老机构试水居家“智慧养老”服务》

《青岛财经日报》2015 年 2 月 4 日

作者：封满楼

39.《关注老年心理健康，在失去中找寻幸福、提升价值、享受生活》

《名医在线》2015 年 11 月 28 日

作者：王真

40.《我市涌现多家医养融合型医院》

《宁波日报》2015 年 5 月 20 日

作者：杨静雅

优秀奖（55 件）

1.《政府搭台社会力量参与开启我省居家养老新模式》

《辽宁老年报》2015 年 6 月 16 日

作者：高洋

2.《“递条子”“钻空子”统统不管用——“三人小组”助阵金山区养老服务需求评估，公平公正公开，保障最有需求老人享受优质养老服务》

《上海老年报》2015 年 5 月 19 日

作者：吴汝琴

3.《让“家族树”枝繁叶茂——八旬老人创建全省首家家庭数字档案馆》

《老年周报》2015 年 6 月 16 日

作者：龚贤

4.《莫道桑榆晚夕阳情更浓》

《贺州日报》2015 年 10 月 29 日

作者：潘彩琳　廖超文　叶青　梁树超

5.《带着社区爷爷奶奶“刷刷”朋友圈》

《芜湖日报》2015 年 7 月 24 日

作者：孟鸣

6.《英语角让芜湖老人接轨国际》

《大江晚报》2015 年 7 月 5 日

作者：叶荔　陈曼倩

7.《老将军挂念安居工程为 9100 多户残疾人圆“住房梦”》

《福建老年报》2015 年 3 月 19 日

作者：张巍

8.《我省老龄事业实现历史性跨越》

《大众日报》2015 年 5 月 29 日

作者：潘思兴　刘璐璐

9.《“联合党支部”让游击党员找到了家》

《晚霞报》2015 年 6 月 30 日

作者：袁玉华

10.《老人对着镜头说心里话》

《晚晴》杂志 2015 年 5 月 15 日

作者：杨艳

11.《基层老年协会的“贵州经验”》

《贵州老年报》2015 年 5 月 15 日

作者：龙艳

12.《省老教办积极应对“一座难求”》

《贵州老年报》2015 年 10 月 16 日

作者：杨平

13.《65 岁以上老人游景点门票全免》

《陕西日报》2015 年 7 月 16 日

作者：张端

14.《老龄国情调查督导组随行侧记》
《中国社会报》2015 年 8 月 13 日
作者：马丽萍
15.《可亲可敬的人民调解员——苏锦山》
同心县广播电视台 2015 年 5 月 13 日
作者：周淑娟　张岚　王文婧　丁红娟
16.《我区酝酿出新政破解失能老人养老困局》
《新消息报》2015 年 5 月 18 日
作者：李亮
17.《失智失能照料中心：政府为百姓解心忧》
《老年康乐报》2015 年 3 月 10 日
作者：王秋芳
18.《停不下来的科辅团》
《华龙网》2015 年 11 月 11 日
作者：李霁月　林楠
19.《“鞋垫奶奶”杨富荣：千双鞋垫送给“最可爱的人”》
石河子人民广播电台 2015 年 2 月 14 日
作者：赵永志　朱婷凤
20.《夕阳映的党旗红》
《绿原报》2015 年 6 月 19 日
作者：方翠琴
21.《“以老助老”提升独居老人生活品质》
《宁波日报》2015 年 7 月 9 日
作者：陈朝霞　毛一波
22.《“漂族老人”融入第二故乡美好生活》
《宁波日报》2015 年 3 月 7 日
作者：陈朝霞　张立　王瑾琛
23.《“喘息服务”让久病床前的孝子“喘口气”》
《北京社区报》2015 年 7 月 15 日
作者：刘妙妙
24.《创业老人引领万众创新退而不休开启华龄时代》
经济广播 2015 年 12 月 29 日
作者：陈沛　邓莉莉
25.《打造京津冀协同养老融合之家》
《中老年时报》2015 年 11 月 29 日
作者：刘震
26.《桑榆重晚晴》
阳泉综合广播 2015 年 06 月 24 日
作者：冯晋
27.《养老悄然走进“旅居时代”》
《大同日报》2015 年 11 月 26 日
作者：克芳双红
28.《史文英 40 年不离不弃呵护瘫痪丈夫》
《山西农民报》2015 年 04 月 24 日
作者：宋榜娟
29.《重阳节主题调查（4 篇）：陪伴，是最长情的告白；谦让，是尊老爱老的升华；敬老，最传统的美德；爱老，就给他们多点温暖》
《临汾晚报》2015 年 10 月 21 日
作者：韩晓芳　卢凯　杨全　苏亚兵　李静　杨杰
30.《东胜区探索现代社区组织发展新模式》
《鄂尔多斯日报》2015 年 11 月 9 日
作者：白洁
31.《80 岁编外清洁工每天扫街 10 公里》
《辽宁日报》2015 年 4 月 3 日
作者：陈锡武
32.《市老龄办打造服务孝敬老年人的“温馨港湾”》
《铁岭日报》2015 年 4 月 22 日
作者：张晓蒙
33.《百岁老人系列报道》
《长春日报》2014 年 9 月 3 日—2015 年 2 月 11 日
作者：胡敏　常立志　崔明子　毕春慧　吕品
34.《黑龙江省积极推进“养老＋N”模式破解老龄化难题》
人民网黑龙江频道 2015 年 10 月 20 日
作者：杨海全
35.《哈尔滨老年人大学招生首日排队现场堪比春运》
东北网 2015 年 1 月 7 日
作者：包海多
36.《郭相声的追寻与坚守》
哈尔滨电视台 2015 年 9 月 27 日
作者：王萃文　吴迪
37.《＜90 后建“家庭基金会”孝敬长辈＞系列报道（2 篇）》
《青年报》2015 年 3 月 18 日、19 日
作者：范彦萍
38.《花甲之年，归隐乎？出山乎?》
《文汇报》2015 年 8 月 15 日
作者：钱蓓
39.《社会力量参与居家养老服务，市区占比超过 80％——让老年人享受更多服务》
《南通日报》2015 年 6 月 16 日
作者：任溢斌
40.《看病窘途不应让老人独行》
《老年周报》2015 年 11 月 17 日
作者：顾泱
41.《苏州医养融合惠及高龄老人》
《苏州日报》2015 年 10 月 13 日
作者：苏民

42.《＜红色典藏＞浙江抗日老战士的烽火人生系列报道》

《浙江老年报》2015 年 6 月 17 日—8 月 12 日

作者：葛辉　俞琪　夏凌　吴琴峰　陈思伊

43.《3 年累计新建提升改造 62 家日间照料中心谁来管拱墅引人社会组织来托管为社区减负》

《杭州日报》2015 年 10 月 30 日

作者：孙磊　白燕

44.《老罗的难题和期待——中国养老模式的探索》

温州广播电视台 2015 年 3 月 9 日

作者：郑国健　卢明然　李聪　孙坚

45.《网络访谈：省民政厅领导作客浙江在线演播厅》

浙江在线 2015 年 2 月 28 日

作者：吴振宇　金斌

46.《合肥有个骑行牛人刘鸿》

《市场星报》2015 年 11 月 1 日

作者：胡志远

47.《护理院里的“桃姐们”》

《福建老年报》2015 年 7 月 18 日

作者：张文良

48.《失能老人呼唤养老春天》

《湖北日报》2015 年 6 月 2 日

作者：张泽文

49.《老年人“精神乐园”如何乐下去?》

《南宁晚报》2015 年 10 月 16 日

作者：龙博　廖欣　李奕乐

50.《但使满园桃李艳何愁两鬓雪霜添——钟山县“五老同行”关爱下一代》

《贺州日报》2015 年 3 月 23 日

作者：廖超文　钟庆秀

51.《“吹”起希望“吹”出快乐“吹”动梦想》

《华龙网》2015 年 4 月 3 日

作者：郑琬琰

52.《退休阿姨开“爱心抄手铺”老人娃娃免费吃》

《晚霞报》2015 年 1 月 8 日

作者：陈正达

53.《老人病逝留大爱无偿捐献全身器官》

《兰州晨报》2015 年 1 月 9 日

作者：赵汇

54.《好人张建民和他的“微信账单”》

《甘肃日报》2015 年 1 月 13 日

作者：齐兴福

55.《惟愿夕阳无限好》

《宁夏日报》2015 年 6 月 16 日

作者：李东梅　张文攀

优秀组织单位（17 个）

山西省老龄工作委员会办公室

黑龙江省老龄工作委员会办公室

上海市老龄工作委员会办公室

江苏省老龄工作委员会办公室

浙江省老龄工作委员会办公室

安徽省老龄工作委员会办公室

福建省老龄工作委员会办公室

山东省老龄工作委员会办公室

湖南省老龄工作委员会办公室

广西壮族自治区老龄工作委员会办公室

重庆市老龄工作委员会办公室

贵州省老龄工作委员会办公室

陕西省老龄工作委员会办公室

新疆维吾尔自治区老龄工作委员会办公室

新疆生产建设兵团老龄工作委员会办公室

青岛市老龄工作委员会办公室

宁波市老龄工作委员会办公室

全国老龄办、最高人民法院、最高人民检察院、公安部、民政部、司法部关于表彰“全国老年法律维权工作先进集体”的通报

全国老龄办发〔2016〕37 号

各省、自治区、直辖市老龄工作委员会办公室、高级人民法院、人民检察院、公安厅（局）、民政厅（局）、司法厅（局），新疆生产建设兵团老龄工作委员会办公室、新疆高院兵团分院、人民检察院、公安局、民政局、司法局：

近年来，在党中央、国务院正确领导下，各地区、各有关部门认真贯彻落实《中华人民共和国老年人权益保障法》，切实维护老年人合法权益，开展了大量卓有成效的工作，涌现出一批老年法律维权工作先进单位。为树立典型，弘扬正气，激励和动员全社会进一步推动老年人权益保护工作，全国老龄办、最高人民法院、最高人民检察院、公安部、民政部、司法部决定表彰北京市朝阳区人民检察院侦查监督二处等299个单位为“全国老年法律维权工作先进集体”。

希望受表彰的单位珍惜荣誉，发扬成绩，开拓创新，再接再厉，在老年法律维权工作中发挥更好的示范引领作用，创造新的业绩。各地区、各有关部门要以他们为榜样，认真学习贯彻习近平总书记、李克强总理等中央领导同志对加强老龄工作的重要指示批示精神，推进落实《中华人民共和国老年人权益保障法》，坚决执行党和国家关于老龄工作的方针政策，着眼于解决老年群众最关心最直接最现实的利益问题，不断加强老年人权益维护工作，推动老龄事业全面深入发展，为及时、科学、综合应对人口老龄化，努力实现“两个一百年”奋斗目标作出更大贡献。

附件：“全国老年法律维权工作先进集体”评选表彰单位名单

全国老龄办　最高人民法院　最高人民检察院

公安部　民政部　司法部

2016年5月4日

附件

“全国老年法律维权工作先进集体”评选表彰单位名单

北京市

1. 北京市朝阳区人民检察院侦查监督二处
2. 北京市司法局法律援助工作处
3. 北京市司法局基层工作处
4. 北京市大兴区人民法院
5. 北京市公安局人口管理总队常住人口管理大队
6. 北京市延庆区民政局
7. 北京市西城区律苑老年维权服务中心
8. 北京市丰台区老龄办

天津市

9. 天津市河东区人民法院民事审判第四庭
10. 天津市人民检察院老干部处
11. 天津市公安局法制总队三支队
12. 天津市东丽区养老中心
13. 天津市南开区法律援助中心
14. 天津市张盈律师事务所
15. 天津市南开区向阳路街昔阳里社区老年协会
16. 天津市河东区老龄办

河北省

17. 河北省石家庄市赵县民政局
18. 河北省承德市法律援助中心
19. 河北省张家口市人民检察院侦查监督一处
20. 河北省秦皇岛市海港区人民法院长城法庭
21. 河北省唐山市丰润区丰润镇端明法律服务所
22. 河北省保定市博野县民政局
23. 河北省沧州市任丘市老龄办
24. 河北省衡水市武强县老龄办
25. 河北省邯郸市公安局法制支队
26. 河北省定州市法律援助中心
27. 河北省法律援助中心

山西省

28. 山西省晋城市老年法律维权工作站
29. 山西省晋中市灵石县老龄委
30. 山西省临汾市襄汾县人民法院汾城法庭
31. 山西省晋中市左权县人民检察院
32. 山西省公安厅离退休人员管理处
33. 山西省太原市民政局
34. 山西省晋城市司法局
35. 山西省成诚律师事务所

内蒙古自治区

36. 内蒙古自治区呼伦贝尔市公安局治安支队
37. 内蒙古自治区巴彦淖尔市公安局
38. 内蒙古自治区包头市天泽公证处
39. 内蒙古自治区通辽市科尔沁区司法局霍林河司法所
40. 内蒙古自治区乌海市法律援助中心
41. 内蒙古自治区通辽市科尔沁左翼后旗人民检察院
42. 内蒙古自治区呼和浩特市人民检察院公诉处
43. 内蒙古自治区乌兰察布市四子王旗人民法院
44. 内蒙古自治区呼和浩特市中级人民法院民事审判第一庭

辽宁省

45. 辽宁省鞍山市铁东区人民法院
46. 辽宁省沈阳市大东区人民检察院侦查监督科
47. 辽宁省阜新市公安局太平公安分局建设派出所
48. 辽宁省沈阳市公安局大东分局大东门派出所
49. 辽宁省司法厅法律援助工作处
50. 辽宁省抚顺市法律援助中心
51. 辽宁省铁岭市民政局社会福利科
52. 辽宁省老龄办权益保障处
53. 辽宁省鞍山市老年法律志愿者协会

吉林省

54. 吉林省长春市宽城区老龄办
55. 吉林省长春市二道区人民法院执行局
56. 吉林省吉林市中级人民法院民事审判第一庭
57. 吉林省通化市梅河口市人民检察院
58. 吉林省四平市公安局治安管理支队
59. 吉林省长春市社会福利院
60. 吉林省法律援助中心
61. 吉林省钟言宇德律师事务所

黑龙江省

62. 黑龙江省哈尔滨市南岗区人民法院哈西人民法庭
63. 黑龙江省牡丹江市中级人民法院民事审判第一庭
64. 黑龙江省双鸭山市集贤县人民检察院
65. 黑龙江省大庆市公安局高新技术产业开发区分局
66. 黑龙江省养老服务指导中心
67. 黑龙江省牡丹江市宁安市法律援助中心
68. 黑龙江省佳木斯市公证处
69. 黑龙江省哈尔滨市老年法律救助中心

上海市

70. 上海市长宁区人民法院民事审判第四庭
71. 上海市第二中级人民法院民事审判第一庭
72. 上海市黄浦区人民检察院侦查监督科
73. 上海市松江区人民检察院侦查监督科
74. 上海市公安局治安总队基层指导处
75. 上海市公安局浦东分局刑侦支队
76. 上海市法律援助中心
77. 上海市老龄事业发展中心

江苏省

78. 江苏省南京市律师协会
79. 江苏省无锡市北塘区人民法院
80. 江苏省苏州市老龄办
81. 江苏省南通市如东县公安局
82. 江苏省连云港市法律援助中心
83. 江苏省淮安市司法局律师工作管理处
84. 江苏省盐城市法律援助中心
85. 江苏省镇江市司法局
86. 江苏省泰州市中级人民法院民事审判第四庭
87. 江苏省宿迁市人民检察院侦查监督处
88. 江苏省泰州市泰兴市民政局

浙江省

89. 浙江省金华市东阳市人民法院
90. 浙江省舟山市定海区人民法院岑港人民法庭
91. 浙江省杭州市上城区人民检察院侦查监督科
92. 浙江省杭州市公安局上城区分局清波派出所
93. 浙江省衢州市公安局衢江分局乌溪江派出所
94. 浙江省嘉兴市民政局
95. 浙江省杭州市社会福利中心
96. 浙江省法律援助中心
97. 浙江省杭州市法律援助中心
98. 浙江省台州市临海市老龄办

安徽省

99. 安徽省六安市老龄办
100. 安徽省滁州市全椒县老龄办
101. 安徽省亳州市中级人民法院民事审判第一庭
102. 安徽省黄山市歙县人民法院
103. 安徽省芜湖市鸠江区人民检察院
104. 安徽省亳州市利辛县人民检察院公诉科
105. 安徽省淮南市公安局治安管理支队
106. 安徽省淮北市公安局杜集分局刑警大队
107. 安徽省宿州市法律援助中心
108. 安徽省合肥市司法局
109. 安徽省蚌埠市民政局

福建省

110. 福建省福州市中级人民法院民事审判第一庭
111. 福建省漳州市龙文区人民法院
112. 福建省泉州市老龄办
113. 福建省三明市中级人民法院
114. 福建省莆田市法律援助中心
115. 福建省南平市法律援助中心
116. 福建省龙岩市武平县人民法院
117. 福建省宁德市民政局
118. 福建省福州市平潭县公安局流水派出所

江西省

119. 江西省赣州市中级人民法院民事审判第三庭
120. 江西省南昌市安义县人民法院刑事审判庭
121. 江西省上饶市信州区人民检察院
122. 江西省赣州市龙南县公安局龙南镇派出所
123. 江西省抚州市社会福利中心
124. 江西省南昌市社会福利院
125. 江西省景德镇市法律援助中心

126. 江西省上饶市余干县司法局
127. 江西省南昌市西湖区老龄办
128. 江西省吉安市永新县石桥镇白鹭村老年协会

山东省

129. 山东省老龄办老年人权益保障处
130. 山东省烟台市老龄办
131. 山东省济南市中级人民法院民事审判第五庭
132. 山东省潍坊市诸城市人民法院
133. 山东省烟台市芝罘区人民检察院
134. 山东省德州市齐河县人民检察院派驻宣章检察室
135. 山东省公安厅治安警察总队
136. 山东省济宁市邹城市公安局
137. 山东省烟台市老年福利服务中心
138. 山东省新亮律师事务所
139. 山东省济南市历城区法律援助中心
140. 山东省临沂市费县中心法律服务所

河南省

141. 河南省安阳市老龄办
142. 河南省焦作市中级人民法院民事审判第二庭
143. 河南省郑州市人民检察院侦查监督处
144. 河南省洛阳市人民检察院侦查监督局
145. 河南省郑州市新密市公安局苟堂派出所
146. 河南省洛阳市公安局治安和出入境管理支队
147. 河南省兰考县民政局
148. 河南省周口市民政局
149. 河南省神鹰律师事务所
150. 河南省法律援助中心

湖北省

151. 湖北省武汉市中级人民法院民事审判第一庭
152. 湖北省恩施土家族苗族自治州鹤峰县人民检察院
153. 湖北省武汉市公安局硚口区分局古田四路警务综合服务站
154. 湖北省十堰市公安局茅箭区分局武当路派出所
155. 湖北省武汉市武昌区民政事务管理委员会
156. 湖北省武汉市中星公证处
157. 湖北省孝感市云梦县法律援助中心
158. 湖北省咸宁市咸安区司法局向阳湖司法所
159. 湖北省鄂州市老龄办
160. 湖北省天门市皂市镇李场社区老年法律维权工作委员会

湖南省

161. 湖南省常德市中级人民法院
162. 湖南省邵阳市新宁县人民法院
163. 湖南省怀化市沅陵县社会福利院
164. 湖南省长沙市长沙县春华镇社区居委会
165. 湖南省长沙市老龄办
166. 湖南省长沙市公安局芙蓉分局荷花园派出所
167. 湖南省怀化市通道侗族自治县公安局双江派出所
168. 湖南省长沙市法律援助处
169. 湖南省司法厅法律援助工作处
170. 湖南省益阳市桃江县人民检察院公诉科
171. 湖南省娄底市人民检察院侦查监督处

广东省

172. 广东省广州市法律援助处
173. 广东省广州市中级人民法院立案第一庭
174. 广东省珠海市司法局
175. 广东省佛山市法律援助处
176. 广东省梅州市法律援助处
177. 广东省惠州市惠城区法律援助处
178. 广东省江门市蓬江区人民法院
179. 广东省茂名市法律援助处
180. 广东省肇庆市法律援助处
181. 广东省清远市中级人民法院

广西壮族自治区

182. 广西壮族自治区玉林市博白县亚山镇民富村老年协会
183. 广西壮族自治区贺州市八步区人民法院
184. 广西壮族自治区人民检察院控告申诉检察处
185. 广西壮族自治区钦州市公安局贵台派出所
186. 广西壮族自治区民政厅社会福利和慈善事业促进处
187. 广西壮族自治区柳州市法律援助中心
188. 广西壮族自治区河池市宜州市老龄办
189. 广西壮族自治区南宁市中级人民法院立案庭
190. 广西壮族自治区南宁市民政局
191. 广西壮族自治区贺州市八步区人民检察院侦查监督科

海南省

192. 海南省法律援助中心
193. 海南省海口市法律援助中心
194. 海南省海口市老龄办
195. 海南省海口市龙华区人民法院
196. 海南省三亚市公安局天涯分局三亚湾派出所
197. 海南省文昌市公安局清澜派出所
198. 海南省昌江黎族自治县民政局

重庆市

199. 重庆市大渡口区人民法院刑事审判庭
200. 重庆市渝中区人民检察院侦查监督科
201. 重庆市南川区公安局
202. 重庆市公安局南岸区分局南坪派出所
203. 重庆市丰都县民政局

204. 重庆市巴南区司法局
205. 重庆市长寿区法律援助中心
206. 重庆市劲源律师事务所

四川省

207. 四川省成都市法律援助中心
208. 四川省攀枝花市米易县人民法院老年维权审判庭
209. 四川省绵阳市法律援助中心
210. 四川省内江市资中县人民法院
211. 四川省乐山市老龄办
212. 四川省南充市公安局
213. 四川省广安市广安区司法局
214. 四川省达州市老龄办
215. 四川省巴中市巴州区西城法律服务所
216. 四川省眉山市中级人民法院
217. 四川省甘孜藏族自治州泸定县人民检察院公诉科

贵州省

218. 贵州省六盘水市钟山区人民法院
219. 贵州省安顺市西秀区人民法院民事审判第一庭
220. 贵州省毕节市七星关区老龄办
221. 贵州省司法厅法律援助工作处
222. 贵州省遵义市中心公证处
223. 贵州省遵义市公安局汇川分局上海路派出所
224. 贵州省六盘水市六枝特区公安局郎岱派出所
225. 贵州省安顺市人民检察院民事行政检察处
226. 贵州省六盘水市盘县人民检察院

云南省

227. 云南省曲靖市老龄办
228. 云南省红河哈尼族彝族自治州弥勒市老龄办协调管理科
229. 云南省公安厅治安总队一处
230. 云南省怒江傈僳族自治州法律援助中心
231. 云南省保山市腾冲市法律援助工作站
232. 云南省玉溪市法律援助中心
233. 云南省高级人民法院老干部工作办公室
234. 云南省昭通市镇雄县人民法院
235. 云南省文山壮族苗族自治州文山市人民检察院公诉科
236. 云南省临沧市临翔区人民检察院公诉科

西藏自治区

237. 西藏自治区人民检察院山南分院
238. 西藏自治区拉萨市老龄办
239. 西藏自治区拉萨市公安局经济犯罪侦查支队
240. 西藏自治区拉萨市城关区人民法院

陕西省

241. 陕西省渭南市老龄办
242. 陕西省西安市高陵区老龄委
243. 陕西省汉中市南郑县人民法院红庙人民法庭
244. 陕西省人民检察院侦查监督一处
245. 陕西省西安市人民检察院公诉二处
246. 陕西省商洛市洛南县公安局城关派出所
247. 陕西省延安市社会福利院
248. 陕西省西安市碑林区民政局
249. 陕西省西安市法律援助中心
250. 陕西省西安市长安区司法局韦曲司法所

甘肃省

251. 甘肃省天水市麦积区人民法院北道埠人民法庭
252. 甘肃省人民检察院政治部老干部处
253. 甘肃省嘉峪关市公安局经济犯罪侦查支队
254. 甘肃省庆阳市民政局
255. 甘肃省司法厅法律援助工作管理处
256. 甘肃省兰州市国信公证处
257. 甘肃省天秦律师事务所
258. 甘肃省天水市甘谷县老龄办

青海省

259. 青海省法律援助中心
260. 青海省果洛藏族自治州人民检察院侦查监督处
261. 青海省西宁市中级人民法院民事审判第一庭
262. 青海省西宁市大通回族土族自治县老龄办
263. 青海省西宁市城北区民政局
264. 青海省西宁市公安局城东公安分局

宁夏回族自治区

265. 宁夏回族自治区司法厅法律援助工作管理处
266. 宁夏回族自治区人民检察院控告申诉检察处
267. 宁夏回族自治区银川市兴庆区人民法院
268. 宁夏回族自治区银川市公安局经济犯罪侦查支队
269. 宁夏回族自治区石嘴山市公证处
270. 宁夏回族自治区吴忠市青铜峡市老龄办
271. 宁夏回族自治区固原市隆德县民政局
272. 宁夏回族自治区中卫市司法局法律援助中心

新疆维吾尔自治区

273. 新疆维吾尔自治区乌鲁木齐市老龄办维权调研科
274. 新疆维吾尔自治区昌吉回族自治州吉木萨尔县老龄办
275. 新疆维吾尔自治区阿克苏地区中级人民法院民事审判第一庭
276. 新疆维吾尔自治区乌鲁木齐市沙依巴克区人民法院民事审判第一庭
277. 新疆维吾尔自治区塔城地区沙湾县人民检察院
278. 新疆维吾尔自治区乌鲁木齐市公安局经侦支队
279. 新疆维吾尔自治区克拉玛依市民政局

280. 新疆维吾尔自治区阿克苏地区阿瓦提县司法局法律援助中心

281. 新疆维吾尔自治区博尔塔拉蒙古自治州博乐市博源公证处

新疆生产建设兵团

282. 新疆生产建设兵团石河子市人民法院

283. 新疆生产建设兵团第十三师老龄办

284. 新疆生产建设兵团第七师司法局一三七团司法所

大连市

285. 辽宁省大连市公安局治安管理支队社区警务处

286. 辽宁省大连市法律援助中心

宁波市

287. 浙江省宁波市司法局法制宣传教育处

288. 浙江省江东区民政局

厦门市

289. 福建省厦门市中级人民法院民事审判第一庭

290. 福建省厦门市鹭江公证处

青岛市

291. 山东省青岛市中级人民法院离退休干部处

292. 山东省青岛市老龄办权益保障处

深圳市

293. 广东省深圳市公安局反信息诈骗中心

294. 广东省深圳市南山区人民检察院公诉部

中央部门

295. 最高人民法院民事审判第一庭第二合议庭

296. 最高人民检察院离退休干部局二处

297. 公安部办公厅信访办公室

298. 民政部社会福利和慈善事业促进司老年人福利处

299. 司法部律师公证工作指导司律师业务指导处

全国老龄办关于开展全国敬老爱老助老评选表彰工作的通知

全国老龄办发〔2016〕42号

各省、自治区、直辖市老龄办，新疆生产建设兵团老龄办：

为深入贯彻落实党的十八大，十八届三中、四中、五中全会精神和习近平总书记、李克强总理等中央领导同志关于加强老龄工作的重要指示批示精神，弘扬敬老爱老助老社会风尚，树立典型，宣传先进，促进老龄事业创新发展，根据全国评比达标表彰工作协调小组批准的评选表彰项目，全国老龄办决定，开展全国敬老爱老助老评选表彰工作（以下简称“评选表彰工作”）。现将有关事项通知如下：

一、主办单位

评选表彰由全国老龄委主办，具体工作由全国老龄办承办。

二、设立奖项

设立全国“敬老文明号”、全国“敬老爱老助老模范人物”奖项。

三、评选范围

涉老部门、为老服务组织、公共服务窗口行业，包括经营、管理和服务等各类岗位的工作集体均可申报全国“敬老文明号”；18周岁以上的中华人民共和国公民，均可申报全国“敬老爱老助老模范人物”。

四、评选条件

（一）全国“敬老文明号”

1. 符合《全国“敬老文明号”创建和管理办法》（全国老龄委发〔2011〕6号）规定的五项基本条件。

2. 按《全国老龄办关于开展第二届全国“敬老文明号”创建活动的通知》（全国老龄办发〔2014〕20号）和《全国老龄办关于在全国“敬老文明号”创建活动中广泛开展“双关爱”活动的通知》（全国老龄办发〔2015〕48号）要求开展“敬老文明号”创建工作。

（二）全国“敬老爱老助老模范人物”

1. 热爱党、热爱祖国、热爱社会主义，政治立场坚定，坚持党的领导，坚决拥护党的路线方针政策，模范遵守国家法律法规。

2. 自觉践行社会主义核心价值观，敬老爱老助老事迹感人，群众赞扬，在为老服务岗位上工作勤恳，成绩突出，受到好评。

3. 热心老年公益事业或投身老年福利事业，体现中国传统敬老爱老助老社会风尚。

五、名额分配

按照各地常住老年人口数、市（地）级行政区划数分配（名额分配详见附件2）。

六、实施步骤

遵循“两审三公示”程序，即：省级评选表彰工作领导小组和全国评选表彰工作领导小组分别进行初审和复审，并在本单位、省（区、市）范围和全国范围进行公示。

1. 申报公示。拟申报单位及个人严格按照评选条件和要求进行申报，并在本单位公示。公示内容包括：拟推荐单位或人员名称、主要事迹、拟获荣誉名称。公示无异议的，逐级上报，汇总至省级评选表彰工作领导小组办公室。

2. 初审公示。省级评选表彰工作领导小组办公室就申报推荐程序的规范性、申报材料的真实性及推荐对象的基本情况、主要事迹等进行审查。省级评选表彰工作领导小组办公室对推荐对象进行公示。公示无异议的，报送正式推荐材料。

3. 复审公示。全国评选表彰工作领导小组办公室对各省（区、市）上报材料进行审核，评选产生全国“敬老文明号”、全国“敬老爱老助老模范人物”名单，在全国老龄办官网进行公示。

4. 审批表彰。全国老龄委根据评选公示结果，作出表彰决定。

七、组织领导

全国老龄办成立全国敬老爱老助老评选表彰工作领导小组，负责组织评选表彰工作。各省级老龄办成立评选表彰工作领导小组，设立办公室，做好本地区评选表彰的组织、指导和协调工作。

八、工作要求

（一）加强领导。各地要把全国敬老爱老助老评选表彰工作摆上重要位置，周密部署、精心组织，确保评选表彰工作扎实有序推进。

（二）严明纪律。评选表彰工作要严格标准，注重质量，严谨规范，要坚持公开、公平、公正原则，严格按照自下而上、逐级推荐、逐级审核的工作程序，严守公示制度和监督机制，确保评选表彰工作的权威性和公信力。

（三）面向基层。基层单位、窗口服务单位要占本地推荐全国“敬老文明号”总数的70%以上，各级党委政府、老龄工作机构和副司局级或者相当于副司局级及以上单位不参加评选。全国“敬老爱老助老模范人物”评选也要重点向基层倾斜，重点推荐普通群众，不评选副司局级或者相当于副司局级及以上干部。

（四）强化宣传。要把宣传引导贯穿评选表彰活动始终，充分发挥报纸、电台、电视台以及新兴媒体作用，大力宣传先进典型事迹，把组织评选与弘扬敬老爱老助老时代风尚的具体行动紧密结合起来，营造全社会关注、支持、参与老龄事业的浓厚氛围。

各地要根据《全国“敬老文明号”创建和管理办法》关于加强动态管理的相关规定，对第一届全国“敬老文明号”进行考核。符合条件的继续认定为“敬老文明号”；不符合条件的撤销“敬老文明号”称号并收回牌匾。

请各省级评选表彰工作领导小组将申报表、推荐汇总表及第一届全国“敬老文明号”考核情况表于2016年8月31日前统一报送全国评选表彰工作领导小组办公室（一式两份，附电子版，申报全国“敬老爱老助老模范人物”还需提供二寸免冠彩照一张）。逾期不报视为放弃。

联系人：彭捷、刘伟

地　址：北京市东城区安定门外大街甲57号100011

联系电话：010—58122095010—58122112

010—58122111（传真）

电子邮箱：jlwmh@cncaprc.gov.cn

附件：1. 全国敬老爱老助老评选表彰工作领导小组名单（略）

2. 全国敬老爱老助老评选表彰名额分配表（略）

3. 全国“敬老文明号”申报表（略）

4. 全国“敬老爱老助老模范人物”申报表（略）

5. 全国“敬老文明号”推荐汇总表（略）

6. 全国“敬老爱老助老模范人物”推荐汇总表(略)

7. 第一届全国“敬老文明号”考核情况表（略）

全国老龄办

2016年6月29日

全国老龄办关于开展2016年“老有所为”先进典型人物宣传活动的通知

全国老龄办发〔2016〕48号

各省、自治区、直辖市老龄办，各计划单列市老龄办，新疆生产建设兵团老龄办，全国性老年社会组织：

“老有所为”先进典型人物宣传活动，自2014年开展以来，先后有191位个人、11个集体被推荐为“老有所为”先进典型人物，在全社会产生了强烈反响。为着力发挥老年人积极作用，营造支持“老有所为”、参与“老有所为”、宣传“老有所为”的社会氛围，构建全民行动的老龄工作大格局，全国老龄办决定，开展2016年“老有所为”先进典型人物宣传活动。

一、活动宗旨

贯彻落实习近平总书记、李克强总理等中央领导同志关于加强老龄工作的重要指示批示以及习近平总书记在中央政治局第三十二次集体学习的重要讲话精神，进一步落实《中华人民共和国老年人权益保障法》，宣传老年群体参与社会、服务社会、奉献社会的良好形象，激励更多的老年人树立积极老龄观、人生观、价值观，发挥自身价值，传播正能量，为全面建成小康社会、实现“两个一百年”宏伟目标做出新贡献。

二、推荐条件

（一）重点推荐基层普通老年群众典型，年龄60周岁以上，品德高尚，有社会责任感和奉献精神。

（二）在老年社会组织、“银龄行动”、扶贫济困、文化教育、互助养老、维权维稳、保护环境、移风易俗、家庭和睦、关心下一代等领域取得突出成绩。

（三）事迹生动感人，受到社会广泛赞誉，有代表性和感召力。

三、活动内容

（一）推荐人选。各推荐单位按要求认真组织评选活动，确保质量。

（二）适时发布。在各地推荐的基础上，组织有关专家推选出“老有所为”先进典型人物，并向全社会发布先进事迹。

（三）集中宣传。组织中央、地方主流媒体和老龄媒体开展宣传活动，并在《中国老年报》、《中国老年》、《中国社会工作·老龄》、《中国人口报》、全国老龄办门户网站进行专题宣传。

（四）结集出版。将“老有所为”先进典型人物典型事迹编辑成册，出版发行，扩大社会影响。

四、具体要求

（一）各地老龄办、全国性老年社会组织要认真组织、严格把关、推荐优秀。

（二）各省、自治区、直辖市老龄办，各计划单列市老龄办，新疆生产建设兵团老龄办，全国性老年社会组织推荐“老有所为”先进典型人物名额为2个，可以是老年人个人或少量老年集体。

（三）已获得“最美老有所为人物”、“全国老有所为楷模”、“全国老有所为先进典型人物”荣誉称号的老年人及老年集体不在此次推荐范围内。

（四）需要报送材料。

1.2016年“老有所为”先进典型人物推荐表。推荐材料中主要事迹简述不超过500字，详细事迹不少于2000字，内容真实，重点突出，能够反映被推荐人的先进典型事迹。

2.被推荐人电子版高清活动照片5张（不同类型活动照片，像素不低于3M，并分别配文字说明）。电子版二寸照片1张（老年集体需全体成员各提供1张）。

（五）严格时限。9月26日前，各地老龄办、全国性老年社会组织报送推荐表、照片及汇总表电子版。10月3日前，报送纸质版文件，纸质版使用A4纸打印，一式3份。

邮政地址：北京市东城区安定门外大街甲57号

邮政编码：100011

电子邮箱：liuwei@cncaprc.gov.cn

电　话：010－5812211258122095

传　真：010－58122111

联系人：刘伟彭捷

附件：1.2016年“老有所为”先进典型人物推荐表（略）

2.2016年“老有所为”先进典型人物推荐汇总表（略）

全国老龄办

2016年7月18日

全国老龄办等 25 部门关于推进老年宜居环境建设的指导意见

全国老龄办发〔2016〕73 号

各省、自治区、直辖市及计划单列市、新疆生产建设兵团老龄办、发展改革委、教育厅（委、局）、科技厅（局）、工业和信息化主管部门、公安厅（局）、民政厅（局）、司法厅（局）、财政厅（局）、人力资源社会保障厅（局）、国土资源厅（局）、住房城乡建设厅（局）、交通运输厅（局、委）、商务主管部门、文化厅（局）、卫生计生委（局）、国家税务局、地方税务局、新闻出版广电局、体育局、旅游委（局）、保监局、总工会、团委、妇联、残联：

为改善老年人生活环境，提升老年人生活生命质量，增强老年人幸福感、获得感，根据《中华人民共和国老年人权益保障法》，现就加强老年宜居环境建设，提出如下指导意见。

一、重要意义

近年来，各地区、各有关部门在推进老年宜居环境建设，改善老年人居住、生活和社会文化环境等方面进行了积极探索，取得了明显成效，但在老年人居住、出行、就医、养老以及社会参与等方面依然存在着不适老、不宜居的问题。随着我国人口老龄化的快速发展和新型城镇化进程的不断加快，公共基础设施与老龄社会要求之间不适应的矛盾将日益凸显。推进老年宜居环境建设有利于增进老年民生福祉，有利于促进经济发展、增进社会和谐，有利于有效应对人口老龄化挑战，是开展积极应对人口老龄化行动的重要举措，也是扩大内需、拉动消费、促进经济增长的重要措施，对推动老龄事业全面协调可持续发展具有重要意义。

二、基本原则和发展目标

（一）基本原则

——理念引领，规划先行。在经济社会发展中，要综合考虑人口老龄化的影响，树立适老宜居新理念。将老年宜居环境建设纳入国民经济和社会发展规划、城乡规划及相关专项规划，加强前瞻性规划和安排，以规划带动老年宜居环境建设工作的全面开展。

——城乡统筹，突出重点。统筹兼顾，全面推进，促进城乡老年宜居环境建设协调发展。树立问题导向，聚焦城乡社区老年宜居环境建设的重点领域和薄弱环节，集合运用保障民生的各方面资源，创新供给方式，提升资源使用效率，优先解决老年人生活环境中存在的突出问题。

——多元参与，共建共享。引导市场、社会、家庭、个人多元参与，形成合力，发挥财政资金撬动功能，创新公共基础设施投融资体制，推广政府和社会资本合作模式。弘扬孝亲美德，塑造敬老风尚，促进代际和谐，使人人既是老年宜居环境建设工作的参与者，又是建设成果的受益者。

——改革创新，注重实效。既要加强顶层设计，又要尊重群众首创精神，积极推进老年宜居环境建设的理论创新、实践创新和制度创新。鼓励各地立足实际，创新实现方式，建立长效机制，形成地方特色。

（二）发展目标

到 2025 年，安全、便利、舒适的老年宜居环境体系基本建立，“住、行、医、养”等环境更加优化，敬老养老助老社会风尚更加浓厚。

——老年宜居环境理念普遍树立，老年群体的特性和需求得到充分考虑，形成人人关注、全民参与老年宜居环境建设的良好社会氛围。

——老年人保持健康、活力、独立的软硬件环境不断优化，适宜老年人的居住环境、安全保障、社区支持、家庭氛围、人文环境持续改善。

——老年人融入社会、参与社会的障碍不断消除，老年人信息交流、尊重与包容、自我价值实现的有利环境逐渐形成。

——各地普遍开展老年宜居环境建设工作，形成一批各具特色的老年友好城市、老年宜居社区。

三、重点任务

根据现阶段老年人在日常生活和社会参与等方面存在的不适老、不宜居的问题，今后一个时期老年宜居环境建设的重点任务是建设适老居住、出行、就医、养老等的物质环境和包容、支持老年人融入社会的文化环境。

（一）适老居住环境

1. 推进老年人住宅适老化改造。建立社区防火和紧急救援网络，完善老年人住宅防火和紧急救援救助功能，鼓励发展老年人紧急呼叫产品与服务，鼓励安装独立式感烟火灾探测报警器等设施设备。对老年人住宅室内设施中存在的安全隐患进行排查和改造，有条件的地方可对于特困老年人家庭的改造给予适当补助。引导老年人家庭对日常生活设施进行适老化改造。

2. 支持适老住宅建设。在城镇住房供应政策中，对开发老年公寓、老少同居的新社区和有适老功能的新型住宅提供相应政策扶持。鼓励发展通用住宅，注重住宅的通用性，满足各年龄段家庭成员，尤其是老年人对居住环境的必要需求。在推进老（旧）居住（小）区、棚户区、农村危房改造中，将符合条件的老年人优先纳入住房保障范围。加大对住宅小区消防安全保障设施建设力度，完善公共消防基础设施建设。

（二）适老出行环境

3. 强化住区无障碍通行。加强老年人住宅公共设施无障碍改造，重点对坡道、楼梯、电梯、扶手等公共建筑节点进行改造，满足老年人基本的安全通行需求。加强对《无障碍环境建设条例》的执法监督检查，新建住宅应严格执行无障碍设施建设相关标准，规范建设无障碍设施。

4. 构建社区步行路网。遵循安全便利原则，加强社区路网设施规划与建设，加强对社区道路系统、休憩设施、标识系统的综合性无障碍改造。清除步行道路障碍物，保持小区步行道路平整安全，严禁非法占用小区步行道。

5. 发展适老公共交通。加强城市道路、公共交通建筑、公共交通工具的无障碍建设与改造。继续落实老年人乘车优惠政策，不断扩大优惠覆盖范围和优惠力度，改善老年人乘车环境，按规定设置“老幼病残孕”专座，鼓励老年人错峰出行。完善公共交通标志标线，强化对老年人的安全提醒，重点对大型交叉路口的安全岛、隔离带及信号灯进行适老化改造。

6. 完善老年友好交通服务。有条件的地区，要在机场、火车站、汽车站、港口码头、旅游景区等人流密集场所为老年人设立等候区域和绿色通道，加大对老年人的服务力度，提供志愿服务，方便老年人出行。乘务和服务人员应为老年人提供礼貌友好服务。

（三）适老健康支持环境

7. 优化老年人就医环境。加强老年病医院、护理院、老年康复医院和综合医院老年科建设，推进基层老年医疗卫生服务网点建设，积极推进乡镇卫生院和村卫生室一体化管理，为老年人提供便利的就医环境。推进基层医疗卫生机构和医务人员与社区、居家养老结合，与老年人家庭建立签约服务关系，为老年人提供连续性的社区健康支持环境。鼓励医疗卫生机构与养老机构开展对口支援、合作共建，支持养老机构开展医疗服务，为入住老年人提供无缝对接的医疗服务环境。

8. 提升老年健康服务科技水平。开展智慧家庭健康养老示范应用，鼓励发挥地方积极性开展试点，调动各级医疗资源、基层组织以及相关养老服务机构、产业企业等方面力量，开展健康养老服务。研究制定鼓励性政策引导产业发展，鼓励运用云计算、大数据等技术搭建社区、家庭健康服务平台，提供实时监测、长期跟踪、健康指导、评估咨询等老年人健康管理服务。发展血糖、心率、脉搏监测等生物医学传感类可穿戴设备，开发适用于基层医疗卫生机构和社区家庭的各类诊疗终端和康复治疗设备。

（四）适老生活服务环境

9. 加快配套设施规划建设。在市政建设中，统筹考虑，统一规划，同步建设涉老公共服务设施，增强老年人生活的便利性。鼓励综合利用城乡社区中存量房产、设施、土地服务老年人，优化老年人居家养老的社区支持环境，养老机构、日间照料中心、老年人就餐点、老年人活动中心等各类生活服务设施与社区相关配套设施集约建设、资源共享。

10. 加强公共设施无障碍改造。按照无障碍设施工程建设相关标准和规范，加强对银行、商场、超市、便民网点、图书馆、影剧院、博物馆、公园、景区等与老年人日常生活密切相关的公共设施的无障碍设计与改造。鼓励公共场所提供老花镜、放大镜等方便老年人阅读的物品，有条件的可配备大字触屏读报系统，使公共设施更适合老年人使用。

11. 健全社区生活服务网络。扶持专业化居家养老服务组织，不断开发服务产品、提高服务质量。广泛发展睦邻互助养老服务。依托社区自治组织，发挥物业管理企业及驻区单位的积极作用，向有需求的老年人提供基本生活照料等多种服务。发挥各类志愿服务组织的积极作用，引导社会各界开展多种形式的助老惠老志愿服务活动。

12. 构建适老信息交流环境。进行信息无障碍改造，提升互联网网站等通信设施服务老年群体的能力和水平，全面促进和改善信息无障碍服务环境，消除老年人获取信息的障碍，缩小“数字鸿沟”。

13. 加强老年用品供给。着力开发老年用品市场，重点设计和研发老年人迫切需求的食品、医药用品、日用品、康复护理、服饰、辅助生活器具、老年科技文化产品。推进适宜老年人特点的通用产品及实用技术的研发和推广。严格老年用品规范标准，加强监督管理。

14. 大力发展老年教育。结合多层次养老服务体系建设，改善基层社区老年人的学习环境，完善老年人社区学习网络。建设一批在本区域发挥示范作用的乡镇（街道）老年人学习场所和老年大学，努力提高老年教育的参与率和满意度。

（五）敬老社会文化环境

15. 营造老年社会参与支持环境。树立积极老龄观，倡导老年人自尊自立自强，鼓励老年人自愿量力、依法依规参与经济社会发展，改善自身生活，实现自我价值。以积极的态度看待老年人，破解制约老年人参与经济社会发展的法规政策束缚和思想观念障碍，积极拓展老年人力资源开发的渠道，为广大老年人在更大程度、更宽领域参与经济社会发展搭建平台、提供便利。

16. 弘扬敬老、养老、助老社会风尚。全社会积极开展应对人口老龄化行动，弘扬敬老、养老、助老社会风尚。开展“敬老养老助老”主题教育活动，弘扬中华民族孝亲敬老传统美德。开展老龄法律法规普法宣传教育，增强全社会依法保护老年人合法权益的意识，反对和打击对老年人采取任何形式的歧视、侮辱、虐待、遗弃和家庭暴力，引导律师、公证、基层法律服务所和法律援助机构深入开展老年人法律服务和法律援助工作。

17. 倡导代际和谐社会文化。巩固经济供养、生活照料和精神慰藉的家庭养老功能，完善家庭支持政策。加强家庭美德教育，开展寻找“最美家庭”活动和“好家风好家训”宣传展示活动。引导全社会增强接纳、尊重、帮助老年人的关爱意识，增强不同代际间的文化融合和社会认同，统筹解决各年龄群体的责任分担、利益调处、资源共享等问题，实现家庭和睦、代际和顺、社会和谐，为老年人创造良好的生活氛围。

四、保障措施

(一) 加强组织领导。老年宜居环境建设是一项跨领域、跨部门的战略性系统工程。加强老年宜居环境建设，既关乎当前，又关乎长远。各地区、各有关部门要充分认识推进老年宜居环境建设的重要意义，加强组织领导，健全工作机制，强化部门协同，制定具体的实施方案，确立基本目标和主要任务，明确责任，切实抓好落实。

(二) 加强规划统筹。充分考虑人口老龄化发展因素，根据人口老龄化发展趋势、老年人口分布和老年人的特点，在制定城乡规划中综合考虑适合老年人的公共基础、公共安全、生活服务、养老服务、医疗卫生、教育服务、文化体育等设施建设，提高规划编制的科学性、前瞻性、适老性。

(三) 加强政策支持。各地区、各有关部门要运用更加灵活务实的财政政策，依法落实税收政策，统筹政府资金、社会资本、集体收入及产业基金等，鼓励社会资本参与老年宜居环境建设。鼓励金融机构面向老年宜居环境重点工程开发相关金融产品和服务。对免费或优惠向老年人开放的公共服务设施，按照有关规定给予财政补贴。加大养老用地政策落实力度，支持老年宜居环境建设。

(四) 加强示范引导。组织开展老年友好城市、老年宜居社区示范活动。鼓励有条件的地方结合本地实际，选择不同类型的城市（社区），积极稳妥地开展老年宜居环境建设示范工作。示范地区要制定具体的实施方案，明确工作分工，落实工作责任，合理配置资源，加大财力保障，营造良好政策环境，积极推进建设工作的落实。中央和国家机关有关部门要加强对地方老年宜居环境建设示范工作的指导，及时制定完善相关配套政策。条件成熟的示范城市，可纳入全球老年友好型城市网络平台。

(五) 加强宣传推广。要组织新闻媒体，加大宣传工作力度，宣传老年宜居环境建设的重要意义，宣传老年宜居环境建设的新理念，宣传老年宜居环境建设的优秀典型和先进经验，使老年宜居环境建设理念深入人心。积极利用全球老年友好型城市网络等平台，拓展与其他国家和相关国际组织的交流，开展老年友好型城市、老年宜居社区建设等多领域、多形式的交流合作。

全国老龄办　国家发展改革委　教育部
科技部　工业和信息化部　公安部
民政部　司法部　财政部
人力资源社会保障部　国土资源部　住房城乡建设部
交通运输部　商务部　文化部
卫生计生委　国家税务总局　新闻出版广电总局
国家体育总局　国家旅游局　中国保监会
全国总工会　共青团中央
全国妇联　中国残联
2016 年 9 月 29 日

全国老龄办关于开展2016年全国“十大老龄新闻”和“老龄新闻宣传好作品”推荐活动的通知

全国老龄办发〔2016〕80号

各省、自治区、直辖市老龄办，各计划单列市老龄办，新疆生产建设兵团老龄办：

为进一步加强老龄宣传教育工作，创新宣传形式，丰富宣传内容，努力营造老龄事业发展的良好社会环境，全国老龄工作委员会办公室决定开展2016年度全国“十大老龄新闻”和“老龄新闻宣传好作品”推荐活动。现将有关事项通知如下：

一、指导思想

坚持正确的政治方向和舆论导向，全面贯彻“党委领导、政府主导、社会参与、全民行动”的老龄工作方针，通过重大新闻事件评选、好新闻作品的通报表扬，树立典型，表彰先进，提升老龄工作的宣传水平，增强宣传效果，扩大老龄工作的社会影响力，促进社会和谐和老龄事业的发展。

二、推荐标准

（一）2016年度全国“十大老龄新闻”

1. 本年度发生的与老年人、老龄工作和老龄事业有关的引人注目的重要新闻事件；

2. 对老龄工作和老龄事业发展有重要的推动作用或开拓意义；

3. 在新闻媒体及公众中具有较高的社会关注度。

（二）2016年度全国“老龄新闻宣传好作品”

1. 本年度新闻媒体刊登的与老年人、老龄工作和老龄事业有关的新闻作品；

2. 作品导向正确、内容深刻、形式新颖，具有较强的教育作用和感召力；

3. 为社会公众或老年人所喜爱，读者印象深，读看率高。

三、推荐方式

由各省、自治区、直辖市老龄办，各计划单列市老龄办，新疆生产建设兵团老龄办，有关社会团体、老年群众组织和新闻媒体组织初评和推荐候选新闻事件、新闻作品；由活动办公室组织有关方面的人员和专家，选出“十大老龄新闻”和“老龄新闻宣传好作品”。

四、组织领导

（一）领导小组

组长：吴玉韶（全国老龄办副主任）

副组长：刁海峰（全国老龄办宣传部主任）

潘力（全国老龄办宣传部副主任）

（二）活动办公室

成员：钟长征、李伟旭

五、具体要求

（一）各地老龄办要把这次活动作为加强老龄宣传教育工作的重要方式，高度重视，精心组织，周密安排，及时把重大新闻事件和好新闻作品推荐上来，确保活动的顺利开展。

（二）坚持面向基层，面向基层新闻工作者，活动要与新闻单位“走转改”成果相结合，注意推荐来自基层的鲜活的一线新闻作品。

（三）各地要以此次活动为契机，结合自己的实际情况，大力开展有关老龄新闻事件的宣传，扩大社会影响，营造尊老、敬老的良好社会氛围，进一步促进老龄工作的开展。

（四）报送和推荐候选新闻事件发生时间和新闻作品发表的截止时间，统一为2016年12月31日，最终结果将于2017年3月前公布。

六、联系方式

联系人及电话：李伟旭 010－58122106（传真）

电子信箱：liweixu@cncaprc. gov. cn

通讯地址：北京市东城区安定门外大街甲57号

邮政编码：100011

附件：1. 2016年全国“十大老龄新闻”和“老龄新闻宣传好作品”推荐活动细则

2. 2016年全国“老龄新闻宣传好作品”登记表（略）

全国老龄办

2016年10月15日

附件 1

2016 年全国“十大老龄新闻”和“老龄新闻宣传好作品”推荐活动细则

为保证推荐工作更加规范有序，现提出如下注意事项：

一、关于 2016 年全国“十大老龄新闻”

对报送的候选新闻事件需形成 300 字的简要文字说明，介绍具体内容、背景及重大意义，电子版文件须发至活动指定电子信箱（liweixu@cncaprc. gov. cn）。

二、关于 2016 年全国“老龄新闻宣传好作品”

（一）作品必须为公开发表的报刊、通讯社、广播电台、电视台作品。体裁包括通讯、消息、评论、系列报道。图片、业务论文、宣传彩页、图册等不在推荐范围。

（二）推荐作品以省级为单位，统一报送，原则上不超过 20 件。

（三）报送单位须完整填写《2016 年全国“老龄新闻宣传好作品”登记表》（附件 2），注明报送单位联系人姓名、电话。登记表的纸质版和电子版均需报送。

（四）报刊社、通讯社类作品需提供以下材料：

1. 样报样刊或作品复印件 1 份；

2. 作品电子版。

（五）广播、电视类作品需提供以下材料：

1. 脚本或截图 1 份，附 300 字以内简要文字说明；

2. 脚本、截图、简要文字说明电子版。

（六）报送的电子版文件须发至活动指定电子信箱，纸质版资料统一用 A4 纸打印，于截止日期前邮寄或快递至活动办公室（以邮戳为凭），信封需注明“推荐 2016 年全国老龄新闻宣传好作品”字样。（邮寄地址：北京市东城区安定门外大街甲 57 号邮编：100011 李伟旭收）

（七）本通知和附件可直接到全国老龄办官网查询和下载。（点击“全国老龄办官网”首页→通知公告）

全国老龄办关于开展中国城乡老年人生活状况监测调查的通知

全国老龄办发〔2016〕88 号

各省、自治区、直辖市老龄办，各计划单列市老龄办，新疆生产建设兵团老龄办：

为全面掌握“十三五”期间全国城乡老年人生活状况和养老服务需求现状与变化情况，根据习近平总书记关于“建立老年人状况统计调查和发布制度”的指示和《全国老龄办、民政部、财政部关于开展第四次中国城乡老年人生活状况抽样调查的通知》（全国老龄办发〔2015〕2 号）文件要求，全国老龄办决定开展中国城乡老年人生活状况监测调查。现将有关事宜通知如下：

一、指导思想

开展中国城乡老年人生活状况监测调查（以下简称“监测调查”）是我国老龄统计调查工作的一项重要制度安排，此次调查要以邓小平理论、“三个代表”重要思想、科学发展观为指导，深入贯彻落实党的十八大和十八届三中、四中、五中、六中全会精神和习近平总书记关于老龄工作的指示精神，进一步摸清“十三五”期间中国老年人生活状况和养老服务需求现状与变化情况，加强老龄事业统计调查基础工作，为党中央、国务院和各级党委政府统筹制定应对人口老龄化战略、规划和政策提供科学支撑，为评估“十三五”老龄事业发展规划实施情况提供基础数据支持，为全面促进中国特色老龄事业发展打下坚实基础。

二、调查内容与调查方式

为了确保与第四次中国城乡老年人生活状况抽样调查（以下简称“第四次调查”）数据具有可对比性，本次监测调查所使用的调查问卷与第四次调查的问卷（短表）基本相同。本次监测调查采取入户访谈现场填写问卷的方式。

三、调查对象、范围与样本量

本次监测调查性质属于追踪调查，调查对象为曾参加过第四次调查、年满61周岁及以上的老年人。调查范围为全国31个省（自治区、直辖市），涉及241个县（区）（每个抽中的县（区）抽中4个乡镇（街道）），964个乡镇（街道）（每个抽中的乡镇（街道）抽中4个村（居）委会）、3856个村（居）委会（每个村（居）委会抽中6名老年人），本次监测调查的样本规模为2.3136万，即从曾参加过第四次调查的老年人中随机抽取约10%。各省市承担的监测调查样本量约为第四次调查样本量的10%。

四、调查时间安排

本次监测调查共持续2年时间，2016年组织实施调查，2017年整理公布主要数据和开展数据开发。以2016年12月20日零时为调查标准时间。调查工作主要分为三个阶段：

准备阶段（2016年10月10日—12月19日）：做好监测调查的各项基础准备工作，包括监测调查通知发放、印制调查问卷及调查员手册、召开监测调查全国培训会议等。

调查阶段（2016年12月20日—12月31日）：抽中村（居）委会开展入户调查工作。同时，全国老龄办将组织调查督导组赴各地进行调查督导工作。

分析阶段（2017年1月1日—2017年12月31日）：调查问卷回收、整理与录入、初步汇总主要数据，开展数据开发，编辑出版监测调查系列研究报告。

五、组织实施

本次监测调查在全国老龄办的领导下，由31个省级老龄办协助，中国老龄科学研究中心负责技术保障工作，被抽中的县（区）、乡镇（街道）、村（居）委会承担具体工作。

六、工作要求

（一）加强组织领导。各地老龄办要高度重视，加强领导，把这项工作摆上议事日程，认真做好本地的调查组织实施工作。

（二）保障调查经费。各地老龄办要根据调查工作需要，保证经费落实。

（三）做好调查培训工作。调查培训工作关系到调查质量，是调查成败的关键。各地老龄办务必认真选拔调查督导员、访问员，组织好调查培训工作。

（四）做好调查督导工作。调查督导工作是调查组织实施的关键，必须严把入户调查关口，现场及时发现并解决问题，使调查误差控制在最小范围内。

（五）做好调查联络工作。请各省级老龄办对抽样名单进行核对，无误后通知抽中地区做好调查准备工作，同时请各省级老龄办确定1名调查主管处室负责人为省级联络员，请抽中区县老龄办确定1名业务骨干为县级联络员。11月22日之前，将省级联络员信息（姓名、所在单位、职务、联系电话、联系地址、邮政编码、电子邮箱）报第四次调查领导小组办公室，县级联络员信息同步报省级老龄办。

第四次调查领导小组办公室联系人：翟德华

电话：010—5812223613701213650

附件：2016年中国城乡老年人生活状况监测调查抽中县（区）名单

全国老龄办

2016年11月18日

附件

2016年中国城乡老年人生活状况监测调查抽中县（区）名单

北京市（4个区县）

朝阳区、东城区、房山区、丰台区

天津市（2个区县）

南开区、武清区

河北省（12个区县）

高阳县（保定市）、竞秀区（保定市）、满城县（保定市）、清苑县（保定市）、涞源县（保定市）、河间市（沧州市）、承德县（承德市）、隆化县（承德市）、围场满族蒙古族自治县（承德市）、曲周县（邯郸市）、武安市（邯郸市）、昌黎县（秦皇岛市）

山西省（6个区县）

城区（长治市）、大同县（大同市）、阳高县（大同市）、洪洞县（临汾市）、文水县（吕梁市）、平鲁区（朔州市）

内蒙古自治区（4个区县）

临河区（巴彦淖尔市）、青山区（包头市）、宁城县（赤峰市）、回民区（呼和浩特市）

辽宁省（9个区县）

喀喇沁左翼蒙古族自治县（朝阳市）、兴城市（葫芦岛市）、凌河区（锦州市）、灯塔市（辽阳市）、辽阳县（辽阳市）、盘山县（盘锦市）、苏家屯区（沈阳市）、铁西区（沈阳市）、调兵山市（铁岭市）

吉林省（5个区县）

洮北区（白城市）、德惠市（长春市）、绿园区（长春市）、龙潭区（吉林市）、梨树县（四平市）

黑龙江省（6个区县）

宾县（哈尔滨市）、绥滨县（鹤岗市）、富锦市（佳木斯市）、克东县（齐齐哈尔市）、龙沙区（齐齐哈尔市）、依安县（齐齐哈尔市）

上海市（5个区县）

宝山区、崇明县、奉贤区、虹口区、黄浦区

江苏省（17个区县）

溧阳市（常州市）、淮阴区（淮安市）、金湖县（淮安市）、高淳区（南京市）、浦口区（南京市）、启东市（南通市）、如东县（南通市）、如皋市（南通市）、通州区（南通市）、昆山市（苏州市）、泗阳县（宿迁市）、兴化市（泰州市）、丰县（徐州市）、大丰市（盐城市）、东台市（盐城市）、亭湖区（盐城市）、江都区（扬州市）

浙江省（10个区县）

临安市（杭州市）、萧山区（杭州市）、兰溪市（金华市）、武义县（金华市）、慈溪市（宁波市）、宁海县（宁波市）、柯桥区（绍兴市）、上虞区（绍兴市）、椒江区（台州市）、常山县（衢州市）

安徽省（12个区县）

龙子湖区（蚌埠市）、天长市（滁州市）、临泉县（阜阳市）、太和县（阜阳市）、颍东区（阜阳市）、颍上县（阜阳市）、肥东县（合肥市）、瑶海区（合肥市）、金寨县（六安市）、裕安区（六安市）、埇桥区（宿州市）、砀山县（宿州市）

福建省（6个区县）

晋安区（福州市）、闽侯县（福州市）、台江区（福州市）、延平区（南平市）、涵江区（莆田市）、荔城区（莆田市）

江西省（7个区县）

南城县（抚州市）、赣县（赣州市）、吉水县（吉安市）、乐平市（景德镇市）、都昌县（九江市）、瑞昌市（九江市）、袁州区（宜春市）

山东省（19个区县）

滨城区（滨州市）、博兴县（滨州市）、惠民县（滨州市）、武城县（德州市）、东明县（菏泽市）、牡丹区（菏泽市）、嘉祥县（济宁市）、莱城区（莱芜市）、兰山区（临沂市）、郯城县（临沂市）、黄岛区（青岛市）、莒县（日照市）、新泰市（泰安市）、荣成市（威海市）、安丘市（潍坊市）、牟平区（烟台市）、蓬莱市（烟台市）、山亭区（枣庄市）、张店区（淄博市）

河南省（16个区县）

林州市（安阳市）、内黄县（安阳市）、修武县（焦作市）、洛龙区（洛阳市）、洛宁县（洛阳市）、邓州市（南阳市）、南召县（南阳市）、新野县（南阳市）、宝丰县（平顶山市）、柘城县（商丘市）、魏都区（许昌市）、许昌县（许昌市）、太康县（周口市）、西华县（周口市）、项城市（周口市）、确山县（驻马店市）

湖北省（10个区县）

大冶市（黄石市）、钟祥市（荆门市）、东西湖区（武汉市）、江岸区（武汉市）、武昌区（武汉市）、安陆市（孝感市）、大悟县（孝感市）、应城市（孝感市）、夷陵区（宜昌市）、宜都市（宜昌市）

湖南省（13个区县）

石门县（常德市）、桃源县（常德市）、澧县（常德市）、宁乡县（长沙市）、雨花区（长沙市）、岳麓区（长沙市）、桂阳县（郴州市）、永兴县（郴州市）、祁东县（衡阳市）、辰溪县（怀化市）、龙山县（湘西土家族苗族自治州）、汨罗市（岳阳市）、茶陵县（株洲市）

广东省（14个区县）

南海区（佛山市）、顺德区（佛山市）、番禺区（广州市）、台山市（江门市）、电白县（茂名市）、信宜市（茂名市）、大浦县（梅州市）、丰顺县（梅州市）、佛冈县（清远市）、连州市（清远市）、澄海区（汕头市）、阳西县（阳江市）、罗定市（云浮市）、新兴县（云浮市）

广西壮族自治区（9个区县）

德保县（百色市）、合浦县（北海市）、荔浦县（桂林市）、桂平市（贵港市）、平南县（贵港市）、钟山县（贺州市）、柳江县（柳州市）、鹿寨县（柳州市）、兴业县（玉林市）

海南省（2个区县）

澄迈县（省直辖县级行政区划）、乐东黎族自治县（省直辖县级行政区划）

重庆市（7个区县）

长寿区、丰都县、涪陵区、江津区、南岸区、铜梁县、潼南县

四川省（17个区县）

双流县（成都市）、温江区（成都市）、武侯区（成都市）、利州区（广元市）、峨眉山市（乐山市）、涪城区（绵阳市）、江油市（绵阳市）、三台县（绵阳市）、盐亭县

（绵阳市）、高坪区（南充市）、蓬安县（南充市）、阆中市（南充市）、仁和区（攀枝花市）、荥经县（雅安市）、兴文县（宜宾市）、安岳县（资阳市）、古蔺县（泸州市）

贵州省（6个区县）

息烽县（贵阳市）、三都水族自治县（黔南布衣族苗族自治州）、松桃苗族自治县（铜仁市）、印江土家族苗族自治县（铜仁市）、汇川区（遵义市）、仁怀市（遵义市）

云南省（7个区县）

弥渡县（大理白族自治州）、云龙县（大理白族自治州）、麒麟区（曲靖市）、广南县（文山壮族苗族自治州）、丘北县（文山壮族苗族自治州）、红塔区（玉溪市）、通海县（玉溪市）

西藏自治区（1个区县）

南木林县（日喀则地区）

陕西省（6个区县）

汉台区（汉中市）、未央区（西安市）、新城区（西安市）、乾县（咸阳市）、秦都区（咸阳市）、泾阳县（咸阳市）

甘肃省（4个区县）

礼县（陇南市）、正宁县（庆阳市）、甘谷县（天水市）、秦安县（天水市）

青海省（1个区县）

湟中县（西宁市）

宁夏回族自治区（1个区县）

沙坡头区（中卫市）

新疆维吾尔自治区（3个区县）

吐鲁番市（吐鲁番地区）、天山区（乌鲁木齐市）、莎车县（喀什地区）

说明：

1. 每个区县抽取的老年人数统一为96人。

2. 新疆生产建设兵团单独安排抽样（沙湾县（塔城地区））。

全国老龄办关于加强联络协调工作的指导意见

全国老龄办发〔2016〕101号

各省、自治区、直辖市老龄办，各计划单列市老龄办，新疆生产建设兵团老龄办：

为深入贯彻落实习近平总书记关于加强老龄工作的重要讲话和指示精神，推动构建老龄工作大格局，切实履行老龄办职能，现就加强联络协调工作提出以下意见：

一、总体要求

（一）指导思想

高举中国特色社会主义伟大旗帜，认真贯彻落实党的十八大和十八届三中、四中、五中、六中全会精神，深入学习贯彻习近平总书记系列重要讲话特别是关于加强老龄工作的重要讲话和指示精神，以充分发挥老龄办职能作用、全面加强联络协调工作、构建老龄工作大格局为目标，以发挥参谋助手作用、推动形成工作合力、搭建社会参与平台、发挥老年人作用为着力点，以全面提升联络协调工作能力为保障，努力推动形成党委领导、政府主导、社会参与、全民行动相结合的老龄工作新局面。

（二）基本原则

——坚持大格局理念。牢固树立积极应对人口老龄化意识，强化联络、联系、联动理念，注重统筹协调和整体推进，着力构建老龄工作大格局。

——坚持合力推进。优化整合各类资源，构建共享服务平台，动员社会力量参与，协同推进老龄事业和产业发展。

——坚持完善机制。规范老龄工作机构运行机制，创新老龄工作方式方法，探索建立贯通高效的联络协调工作网络，持续提升议事协调工作效能。

——坚持分类施策。立足实际，科学细化区分工作对象，定向实施工作方法，以解决突出问题为导向，抓住薄弱环节有序推进。

二、发挥参谋助手作用

要依法履职，主动作为，及时向当地党委、政府及老龄委汇报工作，争取党政领导的重视和支持，努力形成党委领导、政府主导老龄工作的新局面。要加强调查研究，掌握人口老龄化面临的新趋势、新情况和新特点，提出加强老龄工作和发展老龄事业的对策建议，为当地党委政府科学决策和施政提供有力支撑。要主动发挥综合协调作用，积极落实党委政府应对人口老龄化的决策部署，将老龄事业发展纳入当地经济社会发展规划，纳入基本公共服务的重点领域和重要民生工程，推动老龄事业全面协调可持续发展。

三、推动形成工作合力

积极争取人大、政协支持，主动加强与当地人大、政协及政府法制部门的沟通联系，推动出台《老年人权益保障法》地方性法规和政府规章，围绕《老年人权益保障法》落实情况、老龄事业发展规划执行情况和重点老龄工作，开展督促、督导、检查和调研，推动地方政府进一步重视和加强老龄工作。

强化与老龄委成员单位的联络协调，推动成员单位制定出台涉老政策，加强已有政策制度的有效衔接和整体融合，形成政策合力。要督促成员单位履职尽责，认真贯彻党中央、国务院的决策部署，在当地党委政府的统一领导下推进老龄工作，认真落实完成当地老龄委的重点工作任务。要充分利用春节、重阳节、老年节等重要节日，联合成员单位开展走访慰问、法律援助、文化体育、宣传教育等活动，营造尊老敬老、爱老助老的良好社会氛围。

加强老年人权益保障工作，发挥法院、检察院以及公安、司法行政部门在普法宣教、老年维权、老年信访、法律援助等方面的作用，强化全社会维护老年人合法权益的法律意识和老年人的自我保护意识，严厉打击侵害老年人合法权益的行为。

四、搭建社会参与平台

通过推动完善扶持优惠政策、政府购买服务、建立表彰激励机制等举措，引导社会慈善公益组织、行业协会组织积极参与涉老事务，多渠道、多形式地提供为老服务。重点帮助涉老社会组织提高能力水平，通过定向委托、合同管理、评估监督等运作模式，进一步发挥涉老社会组织在老龄事业和产业发展中的积极作用。加大对基层老年协会的扶持力度，有效发挥老年协会在开展老年人思想政治工作、维护老年人合法权益、组织开展为老服务和老年互助活动、倡导积极健康老龄理念、组织老年人参与社会建设和管理等方面的积极作用。

通过政策引导、宣传教育、氛围营造等方式，推动企事业单位开拓养老服务市场，为老年人提供更加多样化的产品和服务。要鼓励企事业单位的生活服务和文化体育设施免费向老年人开放，引导家政、餐饮、物业等服务企业参与居家和社区养老服务。

充分利用高校、科研院所，特别是老龄科研机构的智库作用，指导科研机构开展老龄领域的应用型研究、基础性研究、前沿性研究、技术性研究和国际比较性研究，为老龄事业和产业发展提供决策参考和智力支撑。要通过联合调研、课题委托、承办项目等方式，加强与老龄科研机构的协作配合，推动老龄科研成果适时转化。

主动与新闻媒体建立长效合作机制，着力发挥主流媒体和新媒体优势，积极参与策划以人口老龄化国情、老龄政策法规教育为主要内容的专题宣传和重点报道，抓住重要时间节点加大老龄工作宣传力度，提升老龄工作地位。要支持和引导老年媒体在反映老龄工作最新动态、深化老龄问题研究、传播老龄先进理念等方面发挥主阵地作用，有条件的地方可将老年刊物作为工作指导刊物。

五、发挥老年人作用

借助基层老年协会、养老服务机构、老年大学等平台，深入做好老年人的思想政治工作，坚定广大老年人对中国特色社会主义的道路自信、理论自信、制度自信、文化自信，引导老年人自觉贯彻执行党的路线、方针、政策，讲好中国故事，弘扬中国精神，传播好中国声音。引导广大老年人树立自尊、自立、自强和自爱意识，发挥老年人优良品行在家庭教育中的潜移默化作用和对社会成员的言传身教作用，发挥老年人在化解社会矛盾、维护社会稳定中的经验和威望优势，发挥老年人对年轻人的传帮带作用，全方位搭建老年人才资源开发和利用的服务平台。

六、建立健全工作制度

（一）会议制度。贯彻落实老龄委全体会议制度和专题会议制度，推动全体会议每年至少召开一次，不定期召开专题会议研究、协调老龄工作中的重大问题，每年定期组织召开成员单位联络协调员（信息员）会议。

（二）调研制度。建立健全调研制度，围绕老龄工作主要任务和重点内容制定年度调研课题计划，与地方人大、政协，有关成员单位开展联合调研，推动调研成果及时转化。

（三）督查制度。落实老龄委督促检查职能，对成员单位完成当地老龄委年度工作要点、重要工作任务情况进行督办检查，督查结果报送当地老龄委及通报相关部门。

（四）报告制度。建立工作报告制度，向当地党委政府、老龄委和上级老龄办报送政策信息、重大活动、统计报表、工作总结等材料。

（五）信息公开制度。公开发布已制定出台的法规政策、规章制度和规范性文件及专项发展规划。有条件的地方要定期发布年度老龄事业发展状况和老年人口信息状况报告。

七、保障措施

（一）强化组织领导。充分认识加强联络协调工作对构建老龄工作大格局的重要意义，树立大老龄、大协调、大格局理念，加强组织领导，明确目标任务，抓好工作落实。

（二）加强能力建设。强化学习，深化培训，加强调研，改进作风，全面提高老龄干部队伍的政策理论、调查研究、沟通协调和社会活动能力。

（三）建立激励机制。建立联络协调工作目标责任制和绩效评估考核办法，责任到人、责任到岗，对在联络协调工作中表现突出的优秀集体和先进个人予以宣传和表彰。

全国老龄办

2016 年 12 月 28 日

全国老龄办、最高人民法院、最高人民检察院、公安部、民政部、司法部关于进一步加强老年法律维权工作的意见

全国老龄办发〔2016〕102号

各省、自治区、直辖市老龄工作委员会办公室、高级人民法院、人民检察院、公安厅（局）、民政厅（局）、司法厅（局），新疆生产建设兵团老龄工作委员会办公室、新疆高院兵团分院、人民检察院、公安局、民政局、司法局：

为贯彻落实党中央、国务院关于应对人口老龄化的决策部署，根据《中华人民共和国老年人权益保障法》（以下简称《老年人权益保障法》），为进一步加强老年法律维权工作，特提出本意见：

一、进一步加强老年法律维权工作的重要意义

党的十八大和十八届三中、四中、五中全会，以及国民经济和社会发展“十三五”规划纲要对应对人口老龄化提出明确要求。以习近平同志为核心的党中央对加强老龄工作、推动老龄事业发展作出一系列重要指示批示，对老年人权益保障工作提出了新的更高要求。截至2015年底，我国60岁以上老年人口达到2.22亿，占总人口的16.1%。到2020年，老年人口将达到2.55亿，占总人口的17.8%。随着老年人口不断增多，老年人利益诉求呈多元化趋势，依法维权意识愈发强烈。近年来，各地贯彻落实《老年人权益保障法》，老年法律维权工作取得显著成绩，同时，针对老年人的财产、赡养、婚姻、诈骗和非法集资等侵权案件时有发生，老年人合法权益保护工作仍需加强。面对新形势、新要求，进一步加强老年法律维权工作，是贯彻落实党中央、国务院决策部署的积极行动，是加强老龄工作的重要举措，是推进老龄事业全面协调可持续发展的有力保障，有利于提高老年人生活和生命质量，有利于促进家庭和睦社会和谐，有利于实现社会公平正义，对全面建成小康社会具有重要意义。

二、总体要求

（一）指导思想。深入贯彻党的十八大和十八届三中、四中、五中、六中全会精神，以马克思列宁主义、毛泽东思想、邓小平理论、“三个代表”重要思想、科学发展观为指导，全面落实习近平总书记关于加强老龄工作的重要指示和重要讲话精神，按照全面推进依法治国要求，弘扬社会主义法治精神，做好普法宣传教育，加强工作创新，加大老年人合法权益保护力度，努力开创老年法律维权工作新局面，促进老年人共享改革发展成果。

（二）基本原则。坚持以人为本，强化服务。围绕老年人广泛关注和亟待解决的财产、赡养、婚姻等问题，为老年人提供优先、及时、便利、高效的法律维权服务。坚持学用结合，普治并举。坚持法治宣传教育与依法治理有机结合，把法治宣传教育融入老年法律维权工作实践，引导司法人员依法维护老年人合法权益。坚持创新发展，注重实效。总结经验，把握规律，推动老年法律维权工作理念、机制和方式方法的创新，提高工作的针对性和实效性。

三、主要任务分工

（一）各级人民法院要为老年维权案件开辟绿色通道，对老年人因追索赡养费、扶养费、养老金、退休金、抚恤金、医疗费等提出的诉讼要通过繁简分流，严格遵守审限要求，缩短涉老案件审理时间，实行快立、快审、快结。加大对老年人的举证指导，积极提供帮助，提高老年人应诉、参诉能力。加强对经济困难老年人的司法救助，及时办理案件受理费的减、缓、免审批手续。对行动不便的老年人，提供预约立案、上门立案等服务，开展就近开庭、巡回审判等工作。在有条件的中基层人民法院设立“老年维权合议庭”，对老年人常见的婚姻、赡养、合同等纠纷，加大调解力度和教育引导，对于调解不成的，要在司法裁判中依法重点保护老年人合法权益。对虐待、遗弃老年人构成犯罪的，严格依法追究刑事责任。

（二）各级检察机关要在刑事、民事、行政检察工作中加强对老年人合法权益的保护，综合发挥惩治、预防、监督、教育、保护等职能作用。改进办案方式方法，对老年人控告、举报、申诉案件，要依法快速办理，缩短办理周期。进一步加大对侵害老年人合法权益的各类职务犯罪行为查办力度。贯彻宽严相济的刑事政策，在履行审查逮捕、审查起诉职能时，体现对老年人的特殊保护，做到依法少捕、慎诉、少羁押。依法保障老年犯罪嫌疑人的合法诉讼权利，逐步探索老年人强制辩护制度。积极发挥基层检察室作用，通过检察建议和纠正违法通知书等手段，督促派出法庭、派出所等加强老年法律维权工作。

（三）各级公安机关对老年人的申诉、报警和求助，要做到反映迅速、处置妥当。加大打击力度，依法惩处盗窃、诈骗、抢夺、敲诈勒索老年人财物和针对老年人的非法集资、电信网络诈骗、传销等违法犯罪行为。在交管、治安、户政、出入境等窗口单位完善老年人扶助举措，配置适老化设施设备，提供预约等照顾性服务。关注辖区内养老机构和服务设施，指导做好安全防范工作。依托基层派出所和警务室，大力宣传防火、防盗、防诈骗等常识，提高老年人风险防范意识和能力。

（四）各级民政部门要在社会救助体系和养老服务体系建设中逐步提高老年人保障水平。完善城乡最低生活保障、特困人员救助供养、医疗救助和临时救助制度，确保符合条件的老年人应保尽保、应养尽养、应救尽救。建立和完善老年人福利制度，全面建立针对经济困难高龄、失能老年人的补贴制度。加快建设居家为基础、社区为依托、机构为补充、医养相结合的多层次养老服务体系。建立健全养老机构分类管理和养老服务评估制度，规范养老服务收费项目和标准。大力发展老年社会工作，通过政府购买服务等方式，支持引导社会工作专业力量在老年法律维权工作中发挥积极作用。发展志愿服务组织，壮大志愿者队伍，在城乡社区建立志愿服务站点，开展面向老年人的志愿服务。

（五）各级司法行政机关要把老年人作为法律援助工作的重点人群，推动进一步降低门槛，扩大老年人法律援助事项范围，逐步将法律援助对象扩展到低收入、高龄、空巢、失能等老年人。完善法律援助便民服务机制，简化手续、程序，加快办理速度。建立健全老年人法律援助服务网络，加强基层老年人法律援助工作站、联络点建设。加强“12348”法律服务热线建设，有条件的地方开设针对老年人的维权热线，实行电话和网上预约、上门服务等，方便老年人咨询和申请法律援助。加强对律师事务所、公证处、基层法律服务所、司法鉴定机构的管理和业务指导，积极为老年人提供诉讼代理及法律咨询、代书、调解、公证、司法鉴定等诉讼和非诉讼法律服务。发挥人民调解化解民间纠纷的作用，组织、指导广大人民调解组织及时化解涉及老年人的婚姻、继承、赡养等矛盾纠纷。

（六）各级老龄工作机构要充分发挥综合协调职能，组织相关部门共同做好老年法律维权工作。要结合《老年人权益保障法》的实施，积极协调相关部门加快推动出台或修订地方性法规和配套政策。要深入调查研究，积极建言献策，加大政策创制力度。要会同有关部门做好入住医养机构和接受居家医养服务老年人的合法权益维护工作。要进一步加强老年人优待工作，依法维护老年人享受社会优待的权利，逐步拓展同等优待范围。要进一步规范基层老年协会建设，强化其自我管理、自我教育、自我服务功能，发挥基层老年协会在调处家庭赡养等涉老矛盾纠纷方面的积极作用。

四、保障措施

（一）注重宣传引导。要把老年法律维权相关内容融入到人口老龄化国情教育和普法宣传教育之中，大力弘扬敬老养老助老社会风尚。各级老龄工作机构、人民法院、检察机关、公安机关、民政部门、司法行政机关要结合自身职责，依托各类媒体平台加大老年法律维权宣传力度。在敬老月、老年节期间，要广泛开展老年人维权、法律援助服务等现场咨询或宣传活动。要重视宣传《老年人权益保障法》等法律法规、优待政策和典型案例，提高全民法治意识和广大老年人依法维权意识。

（二）深化协作配合。要加强联系沟通，建立健全信息交流和定期沟通机制，安排有关人员负责老年法律维权工作的信息联络，有条件的地方可以建立联席会议制度和重大事项会商制度。要聚焦工作难点，探索开展老年人监护工作，推动农村留守老年人关爱服务体系建设，研究加强农村留守老年人法律维权工作的有效机制，深入开展老年公益维权服务示范站创建活动。有条件的基层组织和单位要指定专人或设立专门小组负责老年法律维权工作。

（三）加强调查研究。要坚持问题导向，通过调查研究梳理老年人维护自身权益的合理诉求，排查盲区和薄弱环节，明晰工作目标，改进工作方式，提升工作成效。要关注老年人的现实需求，不断拓宽信息获取渠道，广泛了解社情民意，发现苗头性、倾向性问题，及时回应社会关切。

（四）强化监督检查。要建立定期督查制度，经常对本系统、本单位开展老年法律维权工作情况进行检查并提出改进措施。各级老龄工作机构要按照《老年人权益保障法》相关要求，协同相关部门做好本地区老年法律维权工作的指导、督促、检查工作。各级人民法院、检察机关、公安机关、民政部门、司法行政机关要全力配合，确保监督检查不走过场、产生实效。

（五）完善激励措施。国家和省一级老龄工作机构要积极协调，组织开展老年法律维权工作先进集体或先进个人评选表彰。发挥榜样模范的示范引领作用，树立为老年人提供法律服务、法律援助和开展法治宣传的先进典型，激发和调动司法行政干部和法律服务工作者参与老年法律维权工作的积极性、主动性，形成全社会关心老年人、尊重老年人、扶助老年人的良好氛围。

全国老龄办　最高人民法院　最高人民检察院
公安部　民政部　司法部
2016 年 12 月 28 日

人力资源社会保障部关于做好贯彻落实《国务院关于整合城乡居民基本医疗保险制度的意见》有关工作的通知

人社部发〔2016〕6号

各省、自治区、直辖市及新疆生产建设兵团人力资源社会保障厅（局）：

为贯彻落实《国务院关于整合城乡居民基本医疗保险制度的意见》（国发〔2016〕3号，以下简称《意见》）精神，做好整合城乡居民基本医疗保险制度工作，现就有关事项通知如下：

一、充分认识推进城乡居民医保制度整合的重要意义

（一）整合城乡居民基本医疗保险制度，对促进城乡经济社会协调发展、全面建成小康社会具有重要意义。各地要把思想认识统一到中央决策和《意见》精神上来，充分认识整合城乡居民医保制度的重大意义，着眼于健全全民医保体系、建立更加公平更可持续的社会保障制度和推进深化医药卫生体制改革全局，统筹谋划、精心组织、扎实推进。

（二）整合城乡居民基本医疗保险制度，有利于解决城乡医保制度分割产生的待遇不均衡、政策不协调、管理效率低、基金共济能力弱等突出问题；有利于实现协调、共享发展，增进人民福祉，使城乡居民更加公平享有基本医疗保障权益；有利于增强医保对医疗卫生服务的激励和制约作用，提升基金保障效能，更好发挥医保对医改的基础性作用；有利于统筹运用和发挥社会保障制度和政策，在医保脱贫方面综合施策，为消除因病致贫、因病返贫提供制度保障。

二、明确目标任务，做好统筹规划

（三）要按照建立统一的城乡基本医疗保险制度的要求，明确从政策入手，推进制度整合的任务。医保制度整合要努力实现保障更加公平、管理服务更加规范、医疗资源利用更加有效、全民医保体系持续健康发展的目标。同时，要立足当前，着眼长远，做好与职工基本医保和其他医疗保障制度、政策的衔接协调，为今后统一全民医疗保障制度体系奠定基础。

（四）各地要按照《意见》明确的总体要求和基本原则，在认真总结和借鉴先行整合地区的成功经验和做法的基础上，及时科学制定总体规划和实施方案。要将整合城乡居民医保制度作为建立统筹城乡更加公平更可持续的社会保障制度的重要内容，列入当地“十三五”人力资源社会保障事业发展规划。要在做好调查摸底、比对分析、研究论证和总结借鉴先行地区探索经验基础上，制定整合制度和推进工作的总体方案，明确任务分工、时间表和路线图。尚未整合的省（区、市）要确保在2016年6月底前完成总体规划和工作方案，统筹地区确保2016年底前出台具体实施方案，并同步做好参保登记、预算安排、费用征缴等实施准备工作，力争2017年启动实施。已经实施城乡居民医保统筹的地区，也要按照《意见》精神，进一步完善政策和管理措施。

三、准确把握政策要点，因地制宜制定整合方案

（五）要严格按照“六统一”要求，制定城乡居民基本医疗保险基本政策和管理办法。要立足于基本保障、促进公平的原则，合理确定筹资水平、保障标准、支付范围、就医平台，既能使城乡居民享受到改革的成果，又能够实现基金平衡、制度可持续发展。整合现行城乡居民基本医保制度，既要实现制度统一，又要针对存在的问题进行制度政策和管理机制的完善和探索。同时要注意妥善处理改革中遇到的特殊问题，做好政策衔接。

（六）完善管理机制，有效发挥好医保基础性作用，推进医疗、医保、医药三医联动。要完善支付方式，在全面实行和完善医保付费总额控制的基础上推进按病种、按人头等复合付费方式，建立健全谈判协商机制和风险分担机制，促进供方主动控制医疗服务成本。要完善就医管理，引导参保人员合理利用医疗服务，促进分级医疗体系和双向转诊制度的建立。要加强医疗服务监控，全面推进实时审核和智能监控，促进医疗机构推进规范化诊疗，控制不合理医疗费用，严厉打击欺诈行为。

（七）要探索理顺管理体制，优先整合经办资源，着力提高管理服务效能。要注重总结借鉴先行整合地方的经验做法，统筹推进制度、管理和经办整合，制定规范的移交程序，做好有关机构职能、编制、人员、基金、信息、资产等移交。妥善处理好体制、制度并轨期间的问题，缩短整合时间，针对整合过程中可能出现的问题制定应急处置预案，确保管理和经办队伍思想不散、队伍不乱、工作不断，城乡居民参保缴费和就医报销不受影响。

（八）要严格基金管理，加强基金使用的审计和监督，落实工作责任，严肃工作纪律，确保基金安全完整。要按照有关规定加强对制度整合工作和基金安全的审计和监督。完善内部、外部控制制度，实施组织机构、业务运行、基金财务和信息系统控制，加强基金管理。定期向社会公布城乡居民基本医疗保险基金收支和待遇享受情况，主动接受社会监督。社会保险工作人员要严格遵守国家有关法律法规，遵守《社会保险工作人员纪律规定》，廉洁自律，做好本职工作。

（九）着力构建统一规范、便民快捷的全民医保管理经办服务体系。要按照全民医保管理的新要求，充分利用社会保险现有经办服务资源，优化管理服务流程，创新医保管理方式，促进各项医疗保障制度的衔接，方便群众参保登记、缴费、就医结算、享受各项社会保险待遇和保险关系跨地区转移衔接，提升管理服务效能。

（十）推动信息系统整合，加强业务协同，提供便捷服务。按照标准统一、资源共享、服务延伸的要求，结合省集中系统建设，基于持卡人员基础信息库实现人员基础信息统一管理，升级改造社会保险信息系统，实现与城乡居民养老保险的数据共享，有条件的地区实现与城乡居民养老保险系统、现有医保结算功能的整合，支持业务统一经办、数据统一管理。推动社会保障卡在城乡居民参保缴费、即时结算等工作中的广泛应用。建立统一的全民参保人员、药品、诊疗项目、服务设施范围目录数据库。通过业务专网实现信息系统与所有经办机构、定点医药机构对接，统筹推进各级劳动保障平台信息网络建设。推广“互联网＋医保”益民服务。

四、加强组织领导，确保平稳有序推进

（十一）各地人力资源社会保障部门要认真按照《意见》要求和中央部署，在当地党委、政府的领导支持下，将整合工作列入全面深化改革的重点任务，切实履行职责，加强部门协调，勇于担当，主动作为，确保整合工作平稳有序进行，如期完成建立统一的城乡居民基本医疗保险制度的任务。各省要加强对统筹地区的分类指导，推动未开展制度整合的地区抓紧提出整合城乡居民医保工作的具体实施方案，鼓励有条件的地区整体突破，实现制度整合一步到位；指导已实现制度整合的地区进一步完善政策，提升管理服务效能。

（十二）要科学制定工作推进方案，做好整合工作的社会稳定风险评估，制定考核评估办法，从优化制度政策、提升管理服务水平、提高服务效能等方面对制度整合成效进行总结评估，对推进整合工作中出现的问题及时纠正调整。建立部省制度整合工作沟通协调机制，及时妥善处理整合工作中出现的问题，各地在推进整合的过程中遇重要情况和重大问题要及时报告人力资源社会保障部。同时，建立工作调度和定期通报制度，加强督促检查，推动整合工作顺利开展。

（十三）要坚持正确的舆论导向，广泛开展政策宣传，发挥典型示范引导作用，妥善回应群众关切，合理引导社会舆论，积极化解可能出现的矛盾，努力营造城乡居民医保制度整合的良好氛围。

人力资源社会保障部

2016年1月13日

人力资源社会保障部、国家卫生计生委、民政部、财政部、中国残联关于新增部分医疗康复项目纳入基本医疗保障支付范围的通知

人社部发〔2016〕23号

各省、自治区、直辖市及新疆生产建设兵团人力资源社会保障厅（局）、卫生计生委、民政厅（局）、财政厅（局）、残联：

2010年以来，各地积极贯彻落实《关于将部分医疗康复项目纳入基本医疗保障范围的通知》（卫农卫发〔2010〕80号）要求，将运动疗法等9项医疗康复项目纳入城镇基本医疗保险和新型农村合作医疗（以下统称基本医疗保险）支付范围，对于保障参保人员基本医疗康复需求起到了积极作用。当前，为进一步提高包括残疾人在内的广大参保人员医疗康复保障水平，按照《国务院关于加快推进残疾人小康进程的意见》（国发〔2015〕7号）精神，经组织专家遴选，决定进一步将部分医疗康复项目纳入基本医

疗保障支付范围。现就有关问题通知如下：

一、将康复综合评定等20项医疗康复项目（见附件）纳入基本医疗保险支付范围。对20项医疗康复项目的限定支付范围，各省（区、市）可根据当地实际，组织专家论证，进行适当调整。各省（区、市）原已纳入基本医疗保险支付范围的其他医疗康复项目应当继续保留，按规定予以支付。

二、本通知所列20项医疗康复项目，其名称、项目内涵、计价单位等参照《全国医疗服务价格项目规范（2012年版）》确定。各省（区、市）要按照“准入法”对这部分医疗康复项目进行管理，结合本地区医疗服务价格项目规范，做好项目调整和对应、信息系统数据库更新、医疗费用审核结算等工作。

三、各统筹地区要加强基金预算管理，结合付费方式改革，探索适应医疗康复的医保支付方式，鼓励医疗机构控制服务成本，提高服务质量。要加强对医疗康复项目的监管和费用审核管理，医保基金支付费用的医疗康复项目均应在具备相应资质的定点康复医疗机构或定点医疗机构康复科室、由取得康复医学专业技术资格的医师或康复医学治疗技术人员提供，并严格按照项目内涵、限定支付范围进行费用审核和支付，防止基金浪费和服务过度利用。

四、各级人力资源社会保障和卫生计生部门要积极协调相关部门，共同健全完善多层次医疗保障体系，保障参保人员权益。各级卫生计生部门要进一步加大医疗康复服务质量监管力度，规范医疗康复服务行为。各级民政部门要对符合救助条件的对象按照规定进行医疗救助，做好城乡医疗救助与基本医疗保险的衔接。各级财政部门对已经纳入基本医疗保障范围的医疗康复项目，可相应或逐步调整财政专项资助。各级残联要充分发挥保障残疾人权益的作用，协助政府有关部门贯彻落实医疗康复保障政策，了解、反映残疾人的医疗康复需求，加强并积极争取社会力量对残疾人实施康复救助。

各省（区、市）应在2016年6月30日前完成相关项目的调整对应以及信息系统更新等工作，及时支付费用，并在9月30日前将本通知落实情况分别报人力资源社会保障部医疗保险司和国家卫生计生委基层卫生司。

在文件落实过程中，各地要注重做好政策解释和宣传，遇有重大事项应及时向人力资源社会保障部、国家卫生计生委等部门报告。

附件：纳入基本医疗保障支付范围的医疗康复项目

人力资源社会保障部　国家卫生计生委

民政部　财政部　中国残联

2016年3月9日

人力资源社会保障部、财政部关于做好2016年城镇居民基本医疗保险工作的通知

人社部发〔2016〕43号

各省、自治区、直辖市及新疆生产建设兵团人力资源社会保障厅（局）、财政（务）厅（局）：

2016年是“十三五”规划开局之年，是全面深化改革的关键之年。根据党中央、国务院有关决策部署，为建立更加公平更可持续的基本医疗保障制度，健全全民医保体系，现就做好2016年城镇居民基本医疗保险（以下简称居民医保，包括人力资源社会保障部门负责的城乡居民基本医疗保险，下同）工作通知如下：

一、增加筹资，提高基金保障能力

（一）合理提高筹资标准。2016年各级财政对居民医保的补助标准在2015年的基础上提高40元，达到每人每年420元。其中，中央财政对120元基数部分按原有比例补助，对增加的300元按照西部地区80%、中部地区60%的比例补助，对东部地区各省份分别按一定比例补助。居民个人缴费在2015年人均不低于120元的基础上提高30元，达到人均不低于150元。

（二）探索完善筹资办法。各地要按照基金收支平衡的原则，科学确定当地居民医保实际筹资标准，合理确定财政补助与个人缴费分担比例。要结合整合城乡居民医保制度工作推进，实行城乡统一的筹资政策，并逐步均衡城乡居民筹资负担。结合巩固完善大病保险，合理确定大病保险筹资标准，加大资金支持力度。鼓励有条件地区探索建立个人缴费标准与居民收入相挂钩的动态调整机制，逐步提高个人缴费在筹资中的比重。

（三）确保资金拨付到位。各地要按规定及时拨付中央财政补助资金，省级财政要加大对困难地区的倾斜力

度，完善地方各级财政分担办法，确保各级财政补助资金在今年9月底前全部到位。统筹地区经办机构要加强个人缴费责任的宣传落实，做好居民医保基金征缴和大病保险资金划转工作，并与财政部门建立对账制度，及时上报各级财政补助资金到位情况。

二、保证待遇，实施精准给付政策

（四）引导稳定居民医保待遇预期。要稳定居民医保住院保障水平，将住院费用政策范围内支付比例保持在75%左右。同时，结合分级诊疗的施行，完善门诊保障机制，合理确定门诊保障水平。

（五）加快整合城乡居民医保制度。各省及统筹地区要抓紧制订总体规划和实施方案。要按照筹资待遇相关联、权利义务相对等原则，逐步均衡城乡待遇差异，实现新旧制度平稳过渡，并妥善处理特殊问题，做好不同制度政策衔接。

（六）巩固完善城乡居民大病保险。进一步巩固完善大病保险，重点是通过完善居民医保基金预算管理，平衡基本医保与大病保险支出需要，探索实施更加精准的待遇支付政策。各地要针对困难人员采取降低起付线、提高报销比例、取消封顶线等政策措施，加大倾斜力度。加强大病保险与医疗救助等制度的衔接，发挥保障合力，有效防止家庭灾难性医疗支出。同时，规范委托商保机构承办大病保险业务，加强监督管理，督促商保机构加强费用控制，保证基金合理使用。

三、强化管理，控制医疗费用过快增长

（七）深化医保支付方式改革。全面推行医保付费总额控制，并在付费总额控制下推进按病种、按人头等多种付费方式相结合的复合式付费方式，建立健全谈判协商机制和风险分担机制，促进供方主动控制医疗服务成本和医疗费用。要完善协议管理，建立定点服务协议考核评估体系与医保基金支付相挂钩的机制，进一步加强对定点机构的激励与约束作用。要结合药品及医疗服务价格改革，探索制定药品与医疗服务项目医保支付标准的途径和办法。

（八）全面加强医疗服务监管。依托定点服务协议的完善，进一步加强定点医药机构管理，逐步实现将监管对象从医药机构向医务人员医疗服务行为延伸。全面推进医疗保险智能监控管理，完善医疗服务信息监控指标设置，依托信息化监控手段，提高费用审核和监管效率。畅通举报投诉渠道，完善部门联动工作机制，加大对违约、违规医疗行为的查处力度。

（九）推进医改实现“三医联动”。各地要积极主动参与深化医药卫生体制改革，发挥全民医保在医改中的基础性作用，全面落实公立医疗机构控费责任，促进降低医疗成本、改善服务质量、提高管理效率。

四、做好宣传，合理引导群众预期

（十）做好政策宣传和风险评估。2016年居民医保、大病保险政策调整与整合制度等重大改革，涉及群众切身利益，关乎社会稳定。各级人力资源社会保障和财政部门要加强宣传引导，既要准确解读政策，又要合理引导预期，同时做好应对风险预案。各地在居民医保工作中遇到的重大问题要及时向人力资源社会保障部、财政部报告。

人力资源社会保障部财政部

2016年4月29日

人力资源社会保障部、全国老龄工作委员会关于评选全国老龄系统先进集体和先进工作者的通知

人社部函〔2016〕113号

各省、自治区、直辖市及新疆生产建设兵团人力资源社会保障厅（局）、老龄工作委员会，全国老龄工作委员会各成员单位：

近年来，在党中央、国务院的正确领导下，在地方各级党委、政府的大力支持下，全国老龄系统广大干部职工坚持以邓小平理论、“三个代表”重要思想、科学发展观为指导，深入贯彻习近平总书记系列重要讲话精神，按照“党政主导、社会参与、全民关怀”的老龄工作方针，认真贯彻落实《中华人民共和国老年人权益保障法》、《中国老龄事业发展“十二五”规划》，开拓进取，扎实工作，涌现出一大批成绩显著、贡献突出的先进集体和个人。为树立典型、弘扬先进，激励和调动广大老龄工作者的积极

性和创造性，进一步做好老龄工作，推动老龄事业科学发展，人力资源社会保障部、全国老龄工作委员会决定，2016年开展全国老龄系统先进集体和先进工作者的评选表彰工作。现将有关事项通知如下：

一、评选范围和评选名额

（一）评选范围

先进集体评选范围：省级（不含）以下老龄工作委员会、老龄工作委员会办公室及所属单位，主要面向基层。

先进工作者评选范围：全国老龄工作系统在职干部，主要面向基层，面向工作一线，向城乡社区倾斜。

（二）评选名额

全国老龄系统先进集体40个，全国老龄系统先进工作者35名。名额分配：各省（自治区、直辖市）40个先进集体、31名先进工作者，新疆生产建设兵团1名先进工作者，全国老龄工作委员会成员单位3名先进工作者。

此次表彰，实行差额评选，各省（自治区、直辖市）最多可推荐2个先进集体、2名先进工作者，新疆生产建设兵团最多可推荐2名先进工作者，全国老龄工作委员会各成员单位最多可推荐1名先进工作者。

二、推荐评选条件

（一）全国老龄系统先进集体评选条件。

认真学习邓小平理论、“三个代表”重要思想，深入贯彻落实习近平总书记系列讲话精神，围绕中心、服务大局，为经济社会科学发展作出重要贡献。领导班子团结协作、廉洁自律，工作队伍素质良好，工作制度完善，完成任务出色，得到党委、政府及有关部门的肯定和老年人称赞。近5年内未发生违法违纪等问题。在具备上述基本条件的基础上，同时具备下列条件之一者：

1. 老龄工作得到党委和政府高度重视，老龄事业纳入经济社会发展规划；

2. 老龄工作委员会组织健全，成员单位职责明确；老龄办编制、人员、经费、职责、办公场所五落实；基层老龄工作网络体系健全，工作扎实有力；

3. 老龄委成员单位落实老年法和老龄方针政策措施有力，为老年人办实事成绩突出，作用发挥充分，老龄事业全面协调发展，老年人合法权益得到保障；

4. 单位积极组织开展和参与老年公益事业，敬老、爱老、助老氛围浓厚。

（二）全国老龄系统先进工作者评选条件。

政治坚定，认真执行老龄工作的方针政策，自觉与党中央保持高度一致，连续从事老龄工作5年以上，未发生违法违纪等问题。在具备上述基本条件基础上，同时具备下列条件之一者：

1. 热爱老龄工作，弘扬尊老敬老的传统美德，具有强烈的事业心和责任感，竭诚为老年人服务；

2. 精通老龄工作政策和业务，具有很好的组织协调能力，具备良好的工作作风，密切联系老年人，踏实肯干，廉洁奉公，在本职工作岗位上取得突出业绩；

3. 积极维护老年人合法权益，成绩突出，受到老年人和社会的广泛赞誉；

4. 在老龄工作其他方面做出突出贡献的。

三、评选程序

全国老龄系统先进集体和先进工作者评选表彰坚持公开、公平、公正原则，严格按照自下而上、逐级推荐、差额评选、民主择优的方式进行，严格执行“两审三公示”制度。

（一）拟推荐的先进集体和先进工作者由所在单位按照评选条件，民主择优推荐，领导班子集体研究决定，并在本单位和地区公示5个工作日。公示内容包括评选条件、拟推荐对象基本情况、主要事迹。

（二）被推荐单位和人员，须经所在地县级以上人力资源社会保障部门和老龄工作委员会自下而上逐级推荐，经省级人力资源社会保障部门和老龄工作委员会共同审核后，报全国老龄系统先进集体和先进工作者评选表彰工作领导小组办公室初审。初审通过后，在本省（自治区、直辖市）范围内公示5个工作日。公示内容为推荐对象基本情况。公示无异议后正式向全国老龄系统先进集体和先进工作者评选表彰工作领导小组报送推荐材料。

（三）全国老龄系统先进集体和先进工作者评选表彰工作领导小组对各地、各部门推荐对象进行审核，确定拟表彰名单，并将通过新闻媒体在全国范围内公示5个工作日。公示无异议后，印发表彰决定。

中央和国家机关参照以上程序进行。

四、评选要求

（一）坚持评选标准，突出实际业绩。各省（自治区、直辖市）人力资源社会保障部门和老龄工作委员会及各有关单位负责本地区、本部门的推荐评选工作。评选推荐要以政治表现、工作业绩、贡献大小作为衡量标准，优中选优，同时充分考虑其一贯表现。推荐的先进集体和先进工作者要有突出的事迹，确保先进性、典型性和代表性，得到干部群众公认。被推荐人选为机关事业单位干部的，须经纪检监察、卫生计生等部门签署意见，并按干部管理权限征得组织人事部门同意（附件4）。被推荐集体为企业的，由各省级推荐评选机构征求企业所在地纪检（监察）、审计、工商、税务、环保、人力资源社会保障、安全生产、卫生计生等部门意见（附件5）。上述工作由推荐单位统一组织办理，不得由推荐人自行办理。凡违反国家政策、法律法规，发生安全生产事故和造成严重职业危害，拖欠职工工资，欠缴职工养老、工伤、医疗、失业、生育保险的企业不能参加评选。

（二）坚持面向基层，面向工作一线，向城乡社区倾斜。省级老龄办不参加评选，副司局级或者相当于副司局级以上单位和个人不参加评选。严格控制县处级干部参评数量，表彰的县处级干部不超过先进工作者评选总数的20%。各地、各部门推荐县处级干部时，须同时推荐等额的非处级干部。在事业单位担任领导职务、具有高级职称、长期从事并仍在老龄教学、科研等方面工作且作出突出贡献者，可按科研人员对待。

（三）严肃评选纪律，确保推荐质量。对伪造身份、事迹材料等骗取荣誉或未严格按照评选条件和规定程序推荐的单位和个人，经查实后撤销其评选资格，取消相应推荐名额，不予递补或重报。对在推荐评选和授予荣誉称号工作中有严重渎职或者弄虚作假、借机谋取私利、收受贿赂等违法违纪行为的人员，按照有关法律、规定严肃处理。对于已授予荣誉称号的表彰对象，如发生违法违纪行为，撤销荣誉称号，收回奖牌、奖章、证书，停止享受有关待遇。

（四）按时报送材料，确保工作进度。各省（自治区、直辖市）及有关部委须在2016年7月25日前报送初审材料（附电子版），初审材料包括：推荐工作报告、《推荐对象汇总表》（附件6，按推荐顺序填写）、推荐对象简要事迹材料（先进事迹要求真实准确、重点突出、文字精练，重点叙述具体事迹或重点成绩，不超过2000字），一式3份。正式推荐材料（附电子版）须在2016年8月30日前报送，以邮戳日期为准，逾期不报的将视为自动放弃资格。正式推荐材料包括：推荐工作正式报告、《推荐对象汇总表》、《全国老龄系统先进集体推荐审批表》（附件2）、《全国老龄系统先进工作者推荐审批表》（附件3）、《征求意见表》（附件4、5）及公示材料，一式5份，统一用A4纸上报。推荐的先进工作者需报送2寸彩色免冠近照5张。

推荐审批表可在全国老龄工作委员会办公室网站 http：//www.cncaprc.gov.cn下载。

五、奖励办法

坚持精神奖励和物质奖励相结合，以精神奖励为主的原则，由人力资源社会保障部、全国老龄工作委员会联合下发表彰决定，对评选出的先进集体授予“全国老龄系统先进集体”荣誉称号，颁发奖牌和证书；对评选出的先进个人授予“全国老龄系统先进工作者”荣誉称号，颁发奖章和证书，享受省部级先进工作者和劳动模范待遇。

六、组织领导

人力资源社会保障部、全国老龄工作委员会办公室联合组成全国老龄系统先进集体和先进工作者评选表彰工作领导小组（附件1），负责本次评选表彰活动的组织领导和评审工作。领导小组下设办公室，负责本次评选表彰活动的具体工作，办公室设在全国老龄办人事部（国际部）。各省（自治区、直辖市）及相关单位要切实加强领导，成立相应的评选工作机构，负责本地区本单位推荐和审核工作，请于2016年6月15日前将评选表彰工作机构、联系人、联系电话等报全国老龄系统先进集体和先进工作者评选表彰工作领导小组办公室。

联系方式

全国老龄办人事部（国际部）

电话：010－58122151　010－58122143

传真：010－58122140

通讯地址：北京市东城区安定门外大街甲57号人事部（国际部）

邮政编码：100011

电子邮箱：biaozhang@cncaprc.gov.cn

国家表彰奖励办公室

联系电话：010－84233499

传真：010－84233475

电子信箱：biaozhang@mohrss.gov.cn

通讯地址：北京市东城区和平里东街3号

邮政编码：100013

人力资源社会保障部　全国老龄工作委员会

2016年6月1日

人力资源社会保障部关于积极推动医疗、医保、医药联动改革的指导意见

人社部发〔2016〕56号

各省、自治区、直辖市及新疆生产建设兵团人力资源社会保障厅（局）：

党中央、国务院高度重视深化医药卫生体制改革，党的十八大以来，将深化医改放在党和国家事业全局更加重要的位置，作出了一系列决策部署。十八届五中全会明确提出，深化医药卫生体制改革，实行医疗、医保、医药联动（以下简称：三医联动），充分发挥医保在医改中的基础性作用，建立符合医疗行业特点的人事薪酬制度，是人力资源社会保障部门的重要职责，是深化医改攻坚阶段的重要配套措施。人力资源社会保障部门要坚决贯彻中央决策部署，按照四个全面战略布局，牢固树立五大发展理念，围绕大局，解放思想，主动作为。现就人力资源社会保障部门进一步推动三医联动改革，做好医改有关工作提出以下意见：

一、充分认识三医联动的重要意义

（一）高度重视三医联动改革。实行三医联动是深化医改的基本路径，是党中央、国务院对医改进入攻坚阶段提出的新要求，体现了中央对医改发展规律的整体把握，对于破解医改难题，推动医改向纵深发展具有重要意义。各地要把思想统一到中央决策部署上来，充分认识三医联动的重要意义，积极推动三医联动改革，着眼于全面深化医药卫生体制改革全局、健全全民医保体系和建立更加公平、更可持续的社会保障制度，整体设计，同步实施，协同推进，实现维护人民健康，推动医疗卫生事业进步，促进医药产业发展的共同目标。

（二）准确把握实行三医联动的指导思想。要深入贯彻党的十八大和十八届三中、四中、五中全会精神，贯彻落实习近平总书记系列重要讲话精神，认真落实党中央、国务院决策部署，立足解决群众看病就医问题，以医疗服务体系改革为重点，充分发挥医疗、医保、医药职能部门作用，加强协同合作，增强改革的整体性、系统性和协同性。实行三医联动，要坚持保基本、强基层、建机制，突出体制机制创新和管理创新；坚持处理好政府与市场的关系，使市场在资源配置中起决定性作用和更好发挥政府作用；坚持问题和目标双导向，聚焦改革重点，持续推进改革；坚持以人为本，维护人民健康，增强群众获得感和幸福感。

二、持续推进医药卫生体制重点改革

（三）以医疗服务体系改革为重点，全面深化医药卫生体制改革。要立足解决群众看病就医问题，着力解决医疗资源配置不合理，医疗服务总量不足和结构性失衡并存的矛盾。要以分级诊疗制度建设为突破口，配合有关部门加快医疗服务体系改革，推行家庭医生签约服务，提升基层医疗机构服务能力，稳步推进医疗卫生资源优化配置。要以建立现代医院管理制度为重点，配合有关部门加快推进公立医院综合改革，推进政事分开，管办分开，切实转变政府职能，加强医疗全行业管理和医疗质量监管，落实公立医院自主权。要把控制医疗费用不合理增长作为公立医院综合改革的重要内容，推动建立控制医疗费用过快增长的机制，切实提高群众的获得感。要加强联动协同，配合有关部门加快理顺药品和医疗服务价格。同步推进医保改革。

（四）支持地方结合实际改革创新。要在顶层设计和总体规划的前提下，尊重地方主体地位，尊重基层首创精神，允许地方先行先试，鼓励地方创新；同时加强分类指导，全面、客观、准确评估不同地方改革实践，总结积累经验，完善后逐步推开。要采取多种形式，鼓励社会公众、人大代表、政协委员以及利益相关方参与医改重大政策制定过程，提高决策的科学化、民主化水平。

三、积极探索发挥医保在医改中的基础性作用

（五）加快推进医保统筹，发挥医保的基础性作用。要按照建立更加公平、更可持续的社会保障制度的要求，加快推进医保城乡统筹、区域统筹、体系统筹、管理服务统筹。当前要按照国发〔2016〕3号文件要求，重点推进城乡医保统筹。要按照社会保险法的要求，坚持依法行政，发挥部门法定职能；要坚持社会保险统一管理，实现社会保险一体化运行，发挥社会保险的整体功能，促进各项社保制度之间的有效衔接；要尊重地方实践和客观规律，坚持发挥医保对医疗服务的外部制约作用，促进医疗、医药体制机制改革，增强医保对医疗服务行为的激励约束；要坚持医保一体化管理，依托现有资源，减少重复建设，降低公共管理成本，提高运行效率；要坚持维护社

会公平公正，促进城乡经济社会协调发展，增强群众的获得感。

（六）继续深化医保支付方式改革。要把支付方式改革放在医改的突出位置，发挥支付方式在规范医疗服务行为、控制医疗费用不合理增长方面的积极作用，加强与公立医院改革、价格改革等各方联动，同步推进医疗、医药领域的供给侧改革，为深化支付方式改革提供必要的条件。结合医保基金预算管理，全面推进付费总额控制，加快推进按病种、按人头等付费方式，积极推动按病种分组付费（DRGs）的应用，探索总额控制与点数法的结合应用，建立复合式付费方式，促进医疗机构之间良性竞争，激励医疗机构加强自我管理，发挥医保支付对医疗机构和医务人员的激励约束作用。

（七）加大医保管理机制创新。要适应市场经济需要，建立健全市场化的医疗服务购买机制，明确医保代表参保人利益和医疗服务购买者的角色定位，提高基金使用效率，切实维护参保人权益。要适应社会治理方式改革，转变理念，创新管理方式，建立健全医保与医疗机构、医药机构的谈判协商和风险共担机制，完善协议管理，加强双方平等协商；要积极参与医药和医疗服务价格改革，制定与价格改革相适应的药品和医疗服务医保支付标准，探索建立引导药品价格合理形成的机制，促进医疗机构主动降低采购价格，推动医药产业发展和技术创新；要探索建立医保用药准入和询价新机制，发挥医保对医疗资源配置的引导和调节作用，发挥医保对相关利益的调控和引导作用；要推动药品流通体制改革，促进医药分开，探索医疗服务和药品分别支付，从体制机制上消除公立医院以药养医的痼疾。要完善医保医师制度，建立医保医师库，推行医保医师约谈工作机制，加强医保对医疗服务行为事前、事中监管，逐步将医保对医疗机构服务的监管延伸到对医务人员医疗服务行为的监管。要适应信息化发展，大力挖掘和利用医保大数据，全面推广医保智能监控，强化医保经办机构能力建设，提升医保管理服务水平。

四、统筹推进医疗行业人事薪酬制度改革

（八）要建立符合医疗行业特点的人事薪酬制度。医务人员是医疗行业的核心资源。要尊重医务人员主体地位，促进医疗资源合理流动，增强人才活力，稳步推进和规范医师多点执业，推动公立医院实现公益性，按照国家统一部署，建立激励相容、灵活高效、符合医疗行业特点的人事薪酬制度。要配合有关部门建立健全公立医院改革绩效考核机制，把医保支付、医保医师管理、协议执行、人事管理、绩效工资等纳入考核范围，完善考核指标体系，强化考核的激励约束作用，考核结果与医保结算、绩效工资总量、医疗机构医保评级管理等直接挂钩，促进公立医院主动加强内部管理，控制医疗费用不合理增长，为参保人提供优质的医疗服务。要统筹优化人事、收入分配、专业技术人才评价、医保管理等各项职能，解放思想，主动作为，形成合力，发挥人力资源社会保障部门整体效应，形成推进医改的良好格局。

五、抓好综合医改试点工作

（九）高度重视综合医改试点。综合医改试点是国务院作出的重大改革部署，对于解决医改深层次矛盾和体制机制问题，推动医改向纵深发展具有重要意义。各地人力资源社会保障部门要高度重视综合医改试点工作，将综合医改试点作为一项重要改革内容，加强统筹，突出重点，知责明责、守责尽责，整体研究，深度参与，勇于担当，确保综合医改试点有序推进。没有列入综合医改试点的地区要因地制宜，积极探索，统筹推进各项改革。

（十）健全工作机制，加强组织领导。各地人力资源社会保障部门要在当地党委政府的领导下，在发挥医改领导小组和医改办统筹协调作用的同时，充分发挥部门职能作用，形成工作合力。要主动推动健全试点工作机制，完善议事规则，确保重大问题、重要事项和重大政策提交医改领导小组审议前充分协商，达成一致。建立部省试点沟通协调机制，各省在综合医改试点过程中遇到的重要情况、重大问题和重大事项要及时报告人力资源社会保障部。要加强指导评估，强化督促检查，建立试点工作调度和情况通报制度，总结交流各地经验做法。各地要健全省内试点工作机制，加强对省内试点工作的指导，加强与相关部门的沟通协调。

人力资源社会保障部

2016 年 6 月 29 日

人力资源社会保障部关于深入学习贯彻全国卫生与健康大会精神的通知

人社部发〔2016〕88号

各省、自治区、直辖市及新疆生产建设兵团人力资源社会保障厅（局）：

8月19日至20日，中共中央、国务院召开全国卫生与健康大会，习近平总书记、李克强总理和刘延东副总理作了重要讲话。会议提出了卫生与健康工作的指导思想、战略目标、工作方针和政策任务，必将开创我国卫生与健康事业发展的新时代。人力资源社会保障部门在健康中国建设中承担着重要职能，做好医疗保险、人事薪酬等工作，是人力资源社会保障部门的重要职责。各级人力资源社会保障部门要深入贯彻学习大会精神，特别是要深入学习贯彻习近平总书记重要讲话精神，努力开创人力资源社会保障系统推进健康中国建设新局面。现就有关事项通知如下：

一、深入学习贯彻全国卫生与健康大会精神

（一）要充分认识全国卫生与健康大会的重要意义，把思想和行动统一到中央的决策部署上来。全国卫生与健康大会是在我国全面建成小康社会决胜阶段的开局之年，在实现“两个一百年”奋斗目标的关键时期召开的一次重要会议，在我国卫生与健康事业发展历程中具有重要的里程碑意义。习近平总书记的重要讲话从党和国家事业全局的战略高度，全面总结了党领导卫生与健康事业取得的辉煌成就和基本经验，深刻阐述了推进健康中国建设的重大意义、指导思想、工作方针、目标任务和重大举措，是指导健康中国建设的纲领性文献。李克强总理就深化医改、加快发展健康产业等作出了系统部署，对卫生与健康事业的发展具有重要指导意义。各级人力资源社会保障部门要以高度的责任感和使命感，认真组织学习领会大会精神，把学习贯彻大会精神，特别是学习习近平总书记重要讲话精神，作为当前和今后一个时期的一项重要政治任务，切实把思想和行动统一到中央的决策部署上来。要把学习领会大会精神与学习习近平总书记系列重要讲话相结合，与“两学一做”学习教育相结合，与推进重点改革相结合。要采取集中学习、形势报告、专题辅导、理论研讨、系列访谈等多种形式，全面学习领会大会精神，努力做到思想认识有深化、工作思路有突破、推进改革有起色、政策举措有创新。

（二）要全面深刻领会大会精神，准确把握大会精神实质。一是深刻领会把握“把人民健康放在优先发展的战略地位”的重大思想。以普及健康生活、优化健康服务、完善健康保障、建设健康环境、发展健康产业等五个方面为重点，推进健康中国建设，努力全方位、全周期保障人民健康。二是深刻领会把握“坚持中国特色卫生与健康发展道路”的重大部署。正确把握好“四个重大问题”，坚持新时期卫生与健康工作方针，坚持基本医疗卫生事业的公益性，坚持提高医疗卫生服务质量和水平，坚持正确处理政府和市场关系。三是深刻领会把握“加快推进健康中国建设”的重大要求。坚持预防为主，全面提高人民健康水平；全面深化医药卫生体制改革，加快把党的十八届三中全会确定的医药卫生体制改革任务落到实处；加强党对卫生与健康工作的领导。

（三）要准确把握全民医保制度在健康中国建设中的地位和作用。建立更加公平更可持续的社会保障制度，是确保人民群众基本生活和医疗权益保障的重要制度安排。全民医保制度是社会保障制度的重要内容，其稳定可持续的筹资机制是中国特色基本医疗卫生制度的基础。要从落实人民健康优先发展战略高度，以公平可及和群众受益为目标，以医保促进健康为主线，扎实推进全民医保制度改革创新，夯实促进健康的基本制度基础，为广大人民群众追求健康生活消除后顾之忧。要落实卫生与健康工作方针，完善医保门诊保障政策，探索家庭医生和分级诊疗付费与激励机制，促进基层医疗机构服务利用和能力建设，促进社区健康管理和人民群众健康生活方式，促进形成大健康格局的政策措施和管理机制。要坚持质量优先和创新驱动，综合运用医保协议管理、智能监控、支付机制等，促进医疗机构质量管理和医药服务产业技术创新，为人民健康提供更优质的服务和技术。要发挥医保基础性作用，推进三医联动改革，破解阻碍健康中国建设的体制机制障碍。

二、聚焦重点领域和关键环节，努力开创人力资源社会保障部门推进健康中国建设的新局面

（四）加快推动城乡基本医保整合。要以公平可及和群众受益为目标，在实现覆盖范围、筹资政策、保障待遇、医保目录、定点管理、基金管理“六统一”基础上，加快整合基本医保管理机构，着力维护社会公平公正，提升城乡居民医疗服务利用水平和保障水平，提高群众的获得感和幸福感；着力提高公共服务效能，降低公共管理成本，依托现有资源，提供一体化服务，避免重复建设、重复参保、重复补贴；着力增强医保基金的互助共济能力，促进医保对医疗服务的外部激励约束作用，为三医联动改革提供坚实基础。各地要勇于担当，积极作为，努力实现年底前所有省（区、市）出台整合方案，2017年开始建立统一的城乡居民医保制度。

（五）健全医保支付机制。要把支付方式改革放在更加突出的位置，充分发挥支付方式在利益调节、资源配置、成本控制、激励创新等方面的功能。要健全利益调控机制，引导群众有序就诊，让医院有动力合理用药、控制成本，有动力合理收治和转诊患者，激发医疗机构规范行为、控制成本的内生动力。要结合医保基金预算管理，全面推行医保付费总额控制。要普遍建立适应不同人群、不同疾病或服务特点的多元复合式医保支付方式，加快推进按人头、按病种、按床日付费，鼓励开展按疾病诊断相关分组（DRGs）付费，探索符合中医药服务特点的支付方式。有条件的地区可将点数法与预算管理、按病种付费等相结合，促进医疗机构之间有序竞争和资源合理配置。今年综合医改试点省和所有公立医院综合改革试点城市都要实施按病种付费改革，覆盖病种不少于100个。要健全与支付方式相适应的机制和政策措施，建立健全医保与医药机构的谈判协商机制和风险共担机制，考核评价机制，激励约束机制。要完善医保协议管理，建立科学合理的医疗服务质量评价和指标体系。要完善医保医师制度，推行医保医师约谈工作机制，积极探索将医保监管延伸到医务人员医疗服务行为的有效方式。要全面推广医保智能监控，提升管理服务的科学化信息化水平。同时，加强与公立医院改革、价格改革等各方联动，为深化支付方式改革提供必要的条件。

（六）健全医保筹资和待遇调整机制。要逐步建立与经济社会发展水平、各方承受能力相适应的基本医保稳定可持续筹资机制。逐步建立城乡居民医保个人缴费标准与居民收入相挂钩的动态调整机制，使筹资标准、保障水平与经济发展水平相适应。合理划分政府与个人筹资责任，健全与筹资水平相适应的基本医保待遇调整机制，明确医保待遇确定和调整的政策权限、调整依据和决策程序，避免待遇调整的随意性，逐步缩小统筹地区的待遇差距。要坚持基本保障和责任分担原则，明确基本医保的保障边界，科学界定、动态调整待遇范围和水平。要遵循社会保险"大数法则"的规律，按照分级管理、责任共担、统筹调剂、预算考核的思路，加快提高医保基金统筹层次，到2020年建立医保基金调剂平衡机制，逐步实现医保省级统筹。

（七）完善城乡居民大病保险制度。要贯彻中央扶贫攻坚的战略部署，深入实施健康扶贫工程，树立底线思维，积极推进实施医保精准扶贫政策。要完善大病保险制度，探索向贫困群体适当倾斜的具体办法，聚焦建档立卡城乡贫困人口，实行倾斜性支付政策，采取降低起付线、提高报销比例等措施，提高大病保险制度托底保障的精准性，着力解决困难群体因病致贫、因病返贫等问题。同时，做好基本医疗保险、大病保险、医疗救助制度衔接，实现各项制度间的无缝对接，利用医保结算网络和社会保障卡建立"一站式"结算机制，为群众提供更加方便快捷的服务。

（八）确保完成基本医保全国联网和异地就医直接结算。要促进地区间制度衔接，加快推进基本医保全国联网和异地就医直接结算，满足群众合理的异地就医需求，减少群众"跑腿"、"垫支"。要按照三步走的思路，巩固市级统筹，完善省内联网结算，加快建立国家异地就医联网结算系统，实现国家异地就医联网结算系统与省级异地就医联网结算系统对接，确保明年开始基本实现跨省异地安置退休人员住院费用直接结算，2017年底，基本实现符合转诊规定的异地就医住院费用直接结算。同时，要进一步配合推进完善分级诊疗和转诊转院制度，完善医保异地就医管理，促进优化医疗卫生资源配置，形成合理的就医秩序。

（九）健全医保经办机制。要切实履行职责，积极转变观念，创新经办服务模式，推动形成多元化竞争格局，提高基本医保经办服务效率和质量。要在充分利用现有经办资源的基础上，积极探索政府购买服务的内容、方式和管理规范，充分引入社会力量参与医保经办。全面落实商业保险机构承办大病保险。要继续优化和简化经办服务流程，借助移动互联、大数据等信息技术，强化电子社保的应用，做好各项医保制度间的衔接，建立"一站式"结算机制，为群众提供更加方便快捷的服务。

（十）加快建立符合医疗行业特点的人事薪酬制度，调动医务人员积极性创造性。要充分考虑医疗行业人才培养周期长、职业风险高、技术难度大、责任担当重等特点，尊重医务人员劳动成果和辛苦付出，合理提高医务人员薪酬水平，体现多劳多得、优劳优酬。允许医疗卫生机构突破现行事业单位工资调控水平，对医疗卫生机构单独制定绩效工资总量核定办法。允许医疗服务收入扣除成本并按规定提取各项基金后主要用于人员奖励，在核定的绩效工资总量内合理提高人员奖励水平。医疗卫生机构要合理确定编外人员工资待遇，逐步实现同岗同薪同待遇，激发广大医务人员活力。要以知识价值为导向，加快建立符合医疗卫生行业特点的公立医院薪酬制度，国家将选择部分城市试点，有关地方要积极参与。要深化医疗行业人事制度改革，探索公立医院创新编制管理后的事业单位人事管理办法。研究合理设置医疗卫生机构特别是基层医疗卫生机构中高级岗位比例的具体办法，拓宽医务人员职业发展空间。要完善聘用制度，加强聘用合同管理，建立符合卫生行业特点的聘用制度和公开招聘制度。

（十一）创新医疗行业专业技术人才评价。要创新人才使用评价办法，完善基层卫生专业技术人员职称评定，提高基层医疗服务水平。各地要贯彻《人力资源社会保障部国家卫生计生委关于进一步改革完善基层卫生专业技术人员职称评审工作的指导意见》（人社部发〔2015〕94号），制定完善基层卫生专业技术人员职称评审的实施细则。深化卫生系列职称制度改革，拓展职称评价人员范围，畅通编制外专业技术人员职称申报渠道，科学界定、合理下放职称评审权限，发挥用人主体在职称评审中的主导作用，逐步推动符合条件的大型公立医院自主评审职称。

（十二）探索建立长期护理保险制度。要积极稳妥推进改革试点，探索长期护理保险的保障范围、参保缴费、待遇支付等政策体系，护理需求认定和等级评定等标准体系和管理办法，护理服务机构和护理人员服务质量评价、协议管理和费用结算等办法，长期护理保险管理服务规范和运行机制等。各试点地区要制定具体实施办法，围绕试点目标，细化工作措施，明确时间安排，及时报告工作进展情况，力争10月底前将试点方案报省厅批准，并报部里备案，确保年内启动实施。

（十三）扎实推进医疗、医保、医药“三医联动”改革。要支持分级诊疗制度建设，促进家庭医生签约服务，推动医师多点执业，发挥医保政策调节作用，将医疗机构落实诊疗职责和转诊情况与绩效考核和医保基金拨付挂钩，引导患者有序就医，促进基层首诊，引导双向转诊，优化医疗资源配置，提高医疗卫生服务体系整体运行效率。有条件的地方可探索结合门诊统筹建立基层首诊、按人头付费的改革，并与基本公共卫生有效衔接，通过购买服务与支付方式的有效结合，促进疾病预防和健康管理。要支持公立医院改革，规范和引导医疗服务行为，控制医疗费用过快增长，做好医疗服务价格调整与医保支付等的衔接，制定医疗服务医保支付标准，推动医疗服务价格结构性调整，促进公立医院建立新的运行机制。要支持药品供应保障制度建设，充分发挥买方优势，通过谈判机制调控医药价格，制定与价格改革相应的医保支付标准，探索建立引导药品价格合理形成的机制，推动药品流通秩序改革。要支持社会办医，落实在医保定点、职称评定等方面对所有医疗机构同等对待的政策措施。

三、加强领导，真抓实干，确保大会精神落到实处

（十四）加强组织领导。各地人力资源社会保障部门要坚决贯彻党中央、国务院决策部署，积极主动向当地党委、政府汇报相关工作，争取党委、政府的重视和支持，推动形成党委统一领导、党政齐抓共管、部门分工负责、齐心协力推进健康中国建设的工作格局。要将卫生与健康工作列入重要议事日程，主要负责同志亲自负责，加强力量配备和能力建设。要积极发挥部门职能，加强与相关部门的协调配合，共同推进健康中国建设。

（十五）强化任务落实。要全面梳理改革重点任务，明确责任分工，细化配套措施，加强分类指导，强化督查考核，确保中央决策部署落地生根。要因地制宜，进行差别化探索，及时总结经验，特别是总结城乡医保整合、推进支付方式改革、创新医保经办管理、深化公立医院人事薪酬制度、完善医疗行业专业技术人才评价等方面的做法，推出一批人力资源社会保障部门助力健康中国建设的先进典型，并互相学习借鉴。部里将在总结地方经验基础上，组织推广各地经过实践检验的可复制可推广的经验做法。

（十六）营造良好氛围。要借助传统媒体和新媒体平台，全面准确宣传大会精神。要大力宣传改革发展的新成效，最大限度地凝聚精气神，最大限度传递正能量。要遵循量力而行、尽力而为的原则，主动回应群众关切，积极引导社会预期，为推进健康中国建设创造良好的氛围。

人力资源社会保障部

2016年9月27日

人力资源社会保障部关于城镇企业职工基本养老保险关系转移接续若干问题的通知

人社部规〔2016〕5号

各省、自治区、直辖市及新疆生产建设兵团人力资源社会保障厅（局）：

国务院办公厅转发的人力资源社会保障部、财政部《城镇企业职工基本养老保险关系转移接续暂行办法》（国办发〔2009〕66号，以下简称《暂行办法》）实施以来，跨省流动就业人员的养老保险关系转移接续工作总体运行平稳，较好地保障了参保人员的养老保险权益。但在实施过程中，也出现了一些新情况和新问题，导致部分参保人员养老保险关系转移接续存在困难。为进一步做好城镇企业职工养老保险关系转移接续工作，现就有关问题通知如下：

一、关于视同缴费年限计算地问题。参保人员待遇领取地按照《暂行办法》第六条和第十二条执行，即，基本养老保险关系在户籍所在地的，由户籍所在地负责办理待遇领取手续；基本养老保险关系不在户籍所在地，而在其基本养老保险关系所在地累计缴费年限满10年的，在该地办理待遇领取手续；基本养老保险关系不在户籍所在地，且在其基本养老保险关系所在地累计缴费年限不满10年的，将其基本养老保险关系转回上一个缴费年限满10年的原参保地办理待遇领取手续；基本养老保险关系不在户籍所在地，且在每个参保地的累计缴费年限均不满10年的，将其基本养老保险关系及相应资金归集到户籍所在地，由户籍所在地按规定办理待遇领取手续。缴费年限，除另有特殊规定外，均包括视同缴费年限。

一地（以省、自治区、直辖市为单位）的累计缴费年限包括在本地的实际缴费年限和计算在本地的视同缴费年限。其中，曾经在机关事业单位和企业工作的视同缴费年限，计算为当时工作地的视同缴费年限；在多地有视同缴费年限的，分别计算为各地的视同缴费年限。

二、关于缴费信息历史遗留问题的处理。由于各地政策或建立个人账户时间不一致等客观原因，参保人员在跨省转移接续养老保险关系时，转出地无法按月提供1998年1月1日之前缴费信息或者提供的1998年1月1日之前缴费信息无法在转入地计发待遇的，转入地应根据转出地提供的缴费时间记录，结合档案记载将相应年度计为视同缴费年限。

三、关于临时基本养老保险缴费账户的管理。参保人员在建立临时基本养老保险缴费账户地按照社会保险法规定，缴纳建立临时基本养老保险缴费账户前应缴未缴的养老保险费的，其临时基本养老保险缴费账户性质不予改变，转移接续养老保险关系时按照临时基本养老保险缴费账户的规定全额转移。

参保人员在建立临时基本养老保险缴费账户期间再次跨省流动就业的，封存原临时基本养老保险缴费账户，待达到待遇领取条件时，由待遇领取地社会保险经办机构统一归集原临时养老保险关系。

四、关于一次性缴纳养老保险费的转移。跨省流动就业人员转移接续养老保险关系时，对于符合国家规定一次性缴纳养老保险费超过3年（含）的，转出地应向转入地提供人民法院、审计部门、实施劳动保障监察的行政部门或劳动争议仲裁委员会出具的具有法律效力证明一次性缴费期间存在劳动关系的相应文书。

五、关于重复领取基本养老金的处理。《暂行办法》实施之后重复领取基本养老金的参保人员，由本人与社会保险经办机构协商确定保留其中一个养老保险关系并继续领取待遇，其他的养老保险关系应予以清理，个人账户剩余部分一次性退还本人。

六、关于退役军人养老保险关系转移接续。军人退役基本养老保险关系转移至安置地后，安置地应为其办理登记手续并接续养老保险关系，退役养老保险补助年限计算为安置地的实际参保缴费年限。

退役军人跨省流动就业的，其在1998年1月1日至2005年12月31日间的退役养老保险补助，转出地应按11%计算转移资金，并相应调整个人账户记录，所需资金从统筹基金中列支。

七、关于城镇企业成建制跨省转移养老保险关系的处理。城镇企业成建制跨省转移，按照《暂行办法》的规定转移接续养老保险关系。在省级政府主导下的规模以上企业成建制转移，可根据两省协商，妥善转移接续养老保险关系。

八、关于户籍所在地社会保险经办机构归集责任。跨省流动就业人员未在户籍地参保，但按国家规定达到待遇领取条件时待遇领取地为户籍地的，户籍地社会保险经办机构应为参保人员办理登记手续并办理养老保险关系转移接续手续，将各地的养老保险关系归集至户籍地，并核发相应的养老保险待遇。

九、本通知从印发之日起执行。人力资源社会保障部《关于贯彻落实国务院办公厅转发城镇企业职工基本养老保险关系转移接续暂行办法的通知》（人社部发〔2009〕187号）、《关于印发城镇企业职工基本养老保险关系转移接续若干具体问题意见的通知》（人社部发〔2010〕70号）、《人力资源社会保障部办公厅关于职工基本养老保险关系转移接续有关问题的函》（人社厅函〔2013〕250号）与本通知不一致的，以本通知为准。参保人员已经按照原有规定办理退休手续的，不再予以调整。

人力资源社会保障部
2016年11月28日

人力资源社会保障部、财政部关于做好基本医疗保险跨省异地就医住院医疗费用直接结算工作的通知

人社部发〔2016〕120号

各省、自治区、直辖市及新疆生产建设兵团人力资源社会保障厅（局），财政（务）厅（局）：

为切实增强公平性、适应流动性、保证可持续性，加快推进基本医疗保险全国联网和异地就医住院医疗费用直接结算工作，更好保障人民群众基本医疗保险权益，按照党中央、国务院要求，根据《关于进一步做好基本医疗保险异地就医医疗费用结算工作的指导意见》（人社部发〔2014〕93号），现将有关事项通知如下：

一、目标任务

2016年底，基本实现全国联网，启动跨省异地安置退休人员住院医疗费用直接结算工作；2017年开始逐步解决跨省异地安置退休人员住院医疗费用直接结算，年底扩大到符合转诊规定人员的异地就医住院医疗费用直接结算。结合本地户籍和居住证制度改革，逐步将异地长期居住人员和常驻异地工作人员纳入异地就医住院医疗费用直接结算覆盖范围。

二、基本原则

（一）规范便捷。坚持为参保人员提供方便快捷的结算服务，参保人员只需支付按规定由个人承担的住院医疗费用，其他费用由就医地经办机构与定点医疗机构按协议约定审核后支付。

（二）循序渐进。坚持先省内后跨省、先住院后门诊、先异地安置后转诊转院、先基本医保后补充保险，结合各地信息系统建设实际情况，优先联通异地就医集中的地区，稳步全面推进直接结算工作。

（三）有序就医。坚持与整合城乡医疗保险制度相结合，与分级诊疗制度的推进相结合，建立合理的转诊就医机制，引导参保人员有序就医。

（四）统一管理。坚持基本医疗保险异地就医政策、流程、结算方式基本稳定，统一将异地就医纳入就医地经办机构与定点医疗机构的谈判协商、总额控制、智能监控、医保医生管理、医疗服务质量监督等各项管理服务范围。

三、规范异地就医流程

（五）规范转出流程。参保人员跨省异地就医前，应到参保地经办机构进行登记。参保地经办机构应根据本地规定为参保人员办理异地就医备案手续，建立异地就医备案人员库并实现动态管理。参保地经办机构将异地就医人员信息上报至人力资源社会保障部社会保险经办机构（以下简称部级经办机构），形成全国异地就医备案人员库，供就医地经办机构和定点医疗机构获取异地就医参保人员信息。

（六）规范结算流程。参保人员异地就医出院结算时，就医地经办机构根据全国统一的大类费用清单，将异地就医人员住院医疗费用等信息经国家异地就医结算系统实时传送至参保地经办机构，参保地经办机构根据大类费用按照当地规定进行计算，区分参保人员个人与各项医保基金应支付的金额，并将计算结果经国家异地就医结算系统回传至就医地定点医疗机构，用于定点医疗机构与参保人员直接结算。

（七）强化跨省综合协调。部级经办机构按照《基本医疗保险跨省异地就医住院医疗费用直接结算经办规程（试行）》（见附件，以下简称经办规程）负责协调和督促各省（区、市）按规定及时拨付资金。对无故拖延拨付资金的省份，部级经办机构可暂停该省份跨省异地就医直接

结算服务。各省级经办机构负责协调和督促统筹地区及时上缴跨省异地就医预付及清算资金。

四、加强异地就医管理服务

（八）实行就医地统一管理。就医地经办机构应将异地就医人员纳入本地统一管理，在定点医疗机构确定、医疗信息记录、医疗行为监控、医疗费用审核和稽核等方面提供与本地参保人相同的服务和管理，并在与定点医疗机构协议管理中予以明确。探索实行与就医地付费方式改革相一致的异地就医费用结算办法。

（九）规范待遇政策。跨省异地就医原则上执行就医地支付范围及有关规定（基本医疗保险药品目录、诊疗项目和医疗服务设施标准）。基本医疗保险统筹基金的起付标准、支付比例和最高支付限额原则上执行参保地政策。

（十）明确传输信息内容。参保人员直接结算时，就医地经办机构通过国家异地就医结算系统按照统一格式向参保地经办机构传输大类费用信息，医疗费用明细信息延后传输。

（十一）高起点、全兼容。根据需要为其他部门管理的新农合参合人员提供服务。新农合由其他部门管理的统筹地区，其参合人员需要到北京、上海、广东等已实现城乡居民基本医疗保险管理体制和制度整合的省份就医，统筹地区应预留社保信息系统接口，确定信息系统对接及相应业务流程，通过参保地系统对接为确有需要的参合人员一视同仁提供跨省异地就医直接结算服务。

五、强化异地就医资金管理

（十二）跨省异地就医费用医保基金支付部分在地区间实行先预付后清算。部级经办机构根据往年跨省异地就医医保基金支付金额核定预付金额度。预付金额度为可支付两个月资金。各省（区、市）可通过预收省内各统筹地区异地就医资金等方式实现资金的预付。预付金原则上来源于各统筹地区医疗保险基金。

跨省异地就医清算按照部级统一清分，省、市两级清算的方式，按月全额清算。跨省异地就医预付及清算资金由参保地省级财政专户与就医地省级财政专户进行划拨。各省级经办机构应将收到的预付及清算单于5个工作日内提交给同级财政部门。参保地省级财政部门在确认跨省异地就医资金全部缴入省级财政专户，对经办机构提交的预付及清算单和用款申请计划审核无误后，在10个工作日内向就医地省级财政部门划拨预付和清算资金。就医地省级财政部门依据预付及清算单收款。各省级财政部门在完成预付和清算资金划拨及收款后，5个工作日内将划拨及收款信息以书面形式反馈省级经办机构，省级经办机构据此进行会计核算，并将划拨及收款信息及时反馈部级经办机构。因费用审核发生的争议及纠纷，按经办规程规定妥善处理。

（十三）划拨跨省异地就医资金过程中发生的银行手续费、银行票据工本费不得在基金中列支。

（十四）预付金在就医地财政专户中产生的利息归就医地所有。

（十五）跨省异地就医医疗费用结算和清算过程中形成的预付款项和暂收款项按相关会计制度规定进行核算。

六、加快国家和省级异地就医结算平台建设

（十六）建设国家平台。部级经办机构承担制定并实施全国异地就医结算业务流程、标准规范，全国异地就医数据管理与应用，跨省异地就医资金预付和结算管理、对账费用清分、智能监控、运行监测，跨省业务协同和争议处理等职能。人力资源社会保障部统一规划，依托金保工程，建设和维护国家异地就医结算系统，推进跨省异地就医结算电子签章应用。

（十七）建设和完善省级异地就医平台。省级经办机构承担全国异地就医结算业务流程、标准规范在本辖区内的组织实施，本省异地就医业务数据管理，辖区内跨省异地就医直接结算、资金预付和清算、智能监控、运行监测、业务协同管理、争议处理等职能。各省（区、市）人力资源社会保障部门按人力资源社会保障部统一建设要求，建设和完善省级异地就医结算系统。

（十八）加快社会保障卡发行。各地要将社会保障卡作为参保人员跨省异地就医身份识别和直接结算的唯一凭证，对有异地就医需求的人员优先发卡，建立跨省用卡服务机制。要按照全国跨省用卡技术方案和统一接口规范，完成用卡环境改造，支持跨省用卡鉴权。

（十九）大力推进《社会保险药品分类与代码》等技术标准的应用，加快社会保险诊疗项目和社会保险医疗服务设施标准建设，首先在国家与省级平台应用，逐步完善统筹地区经办机构与定点医疗机构医疗服务类代码转换和规范，实现全国就医结算代码统一。

七、工作要求

（二十）加强组织领导。各级人力资源社会保障部门要将跨省异地就医直接结算工作作为深化医药卫生体制改革的重要任务，加强领导、统筹谋划、精心组织、协调推进、攻坚克难，纳入目标任务考核管理，确保按时完成任务。财政部门要按规定及时划拨跨省异地就医资金，合理安排经办机构工作经费，加强与经办机构对账管理，确保账账相符、账款相符。

（二十一）加快推进国家与省级系统联网对接。各地要按照年底前完成全国联网的要求，倒排时间，在完成省级异地就医结算系统改造后，主动开展与国家异地就医结算系统联调测试。已经开展省与省点对点直接结算的省份，可继续对接运行，并逐步向国家异地就医结算系统对接过渡。

（二十二）加强队伍建设。要加强国家和省级平台的队伍建设，特别是异地安置退休人员和转诊人员集中的统筹地区，应根据管理服务的需要，积极协调相关部门，加强机构、人员和办公条件保障，合理配置专业工作人员，保证服务质量，提高工作效率。

（二十三）做好宣传引导。各地要充分利用现有12333咨询服务电话和各地人力资源社会保障门户网站，拓展多种信息化服务渠道，引导合理有序就医，提供就医地定点医疗机构分布信息、参保地报销政策信息、跨统筹地区基本医疗保险业务经办指南、查询投诉等服务。

附件：基本医疗保险跨省异地就医住院医疗费用直接结算经办规程（试行）

人力资源社会保障部

财政部

2016年12月8日

附件

基本医疗保险跨省异地就医住院医疗费用直接结算经办规程

（试行）

第一章　总则

第一条　为推进参保人员异地就医住院医疗费用联网结算，加强异地就医管理，提高服务水平，根据《关于进一步做好基本医疗保险异地就医医疗费用结算工作的指导意见》（人社部发〔2014〕93号）等文件要求，制定本规程。

第二条　本规程所称跨省异地就医是指参保人员在省外定点医疗机构住院发生的诊疗行为。

第三条　本规程适用于基本医疗保险参保人员跨省异地就医直接结算经办管理服务工作。

第四条　跨省异地就医直接结算工作实行统一管理、分级负责。人力资源社会保障部社会保险经办机构（以下简称部级经办机构）负责统一组织、指导协调省际间异地就医管理服务工作，依托国家异地就医结算系统，为跨省异地就医管理服务和费用直接结算提供支撑；省级经办机构负责完善省级异地就医结算管理功能，统一组织协调并实施跨省异地就医管理服务工作；各统筹地区经办机构按国家和省级要求做好跨省异地就医经办工作。

第五条　跨省异地就医费用医保基金支付部分实行先预付后清算。预付金原则上来源于各统筹地区医疗保险基金。

第六条　各地要优化经办流程，实现跨省异地就医参保人员持卡就医结算。具备条件的，可将公务员医疗补助、补充医疗保险、城乡居民大病保险及城乡医疗救助等纳入“一单制”结算。

第二章　范围对象

第七条　参加基本医疗保险的下列人员，可以申请办理跨省异地就医住院医疗费用直接结算。

（一）异地安置退休人员：指退休后在异地定居并且户籍迁入定居地的人员。

（二）异地长期居住人员：指在异地居住生活且符合参保地规定的人员。

（三）常驻异地工作人员：指用人单位派驻异地工作且符合参保地规定的人员。

（四）异地转诊人员：指符合参保地转诊规定的人员。

第三章　登记备案

第八条　参保地经办机构按规定及时为参保人员办理登记备案手续，有条件的地区可以探索网站、手机等多种形式办理。

参保地经办机构收到异地安置退休人员、异地长期居住人员、常驻异地工作人员和异地转诊人员提交的跨省异地就医申请时，经办人员应即时审核确认，填写生成《________省（区、市）跨省异地就医登记备案表》（见附件1），该表一式两联，盖章后一联留存参保地经办机构，一联交予申请人签收。

第九条　跨省异地就医备案人员信息变更。

（一）已完成异地就医备案的人员，若异地居住地、定点医疗机构、联系电话等信息发生变更，或转诊人员在异地医疗期间如需再次转院或入院，直接向参保地经办机构申请变更，并经其审核确认。

（二）异地就医人员的待遇享受状况变更，如暂停、恢复、终止等，参保地经办机构必须及时办理。

第十条　参保地经办机构应将跨省异地就医参保人员备案信息实时上报至部级经办机构。

第四章　就医管理

第十一条　省级经办机构应按照合理分布、分步纳入的原则，在省内异地定点医疗机构范围内，选择确定跨省异地就医定点医疗机构，并报部级经办机构统一备案、统一公布。

跨省异地定点医疗机构发生中止医保服务、取消或新增定点等情形的，省级经办机构应及时上报部级经办机构，由部级经办机构统一公布。

第十二条　异地安置退休人员、异地长期居住人员、常驻异地工作人员，在办理异地就医备案手续时，应当在跨省异地定点医疗机构范围内自行选定就医地定点医疗机构。

第十三条　异地转诊人员办理异地就医备案手续时，应当按参保地规定在跨省异地定点医疗机构范围内确定转诊的定点医疗机构。

第十四条　异地就医人员应持社会保障卡就医，执行就医地医疗机构就医流程和服务规范。

第十五条　就医地经办机构应要求定点医疗机构对异地就医患者进行身份识别，确认相关信息，为异地就医人员提供优良的医疗服务。就医地经办机构负责医疗费用具体审核。

第五章　预付金管理

第十六条　预付金是参保地省级经办机构预付给就医地省级经办机构用于支付参保地异地就医人员医疗费用的资金，原则上按可支付上年两个月异地就医医疗费用的额度核定，按年清算。预付金在就医地财政专户中产生的利息归就医地所有。

第十七条　预付金建立之初由各省级经办机构上报预付金额度，部级经办机构汇总确认，生成《________省（区、市）跨省异地就医预付金付款通知书》（见附件2）、《________省（区、市）跨省异地就医预付金收款通知书》（见附件3），各省级经办机构在国家异地就医结算系统下载后按当地规定通知同级财政部门付款和收款。

第十八条　部级经办机构每年1月底前，根据上一年度各省跨省异地就医直接结算资金支出情况，核定各省级经办机构本年度应付、应收预付金，生成《全国跨省异地就医费用预付金明细表》（见附件4），出具预付金额度调整通知书（见附件4－1、附件4－2），通过国家异地就医结算系统进行发布。

第十九条　省级经办机构通过国家异地就医结算系统下载预付金额度调整通知书，5个工作日内提交同级财政部门。参保地省级财政部门在确认跨省异地就医资金全部缴入省级财政专户，对经办机构提交的预付单和用款申请计划审核无误后10个工作日内进行划款。各省应于每年2月底前完成预付金的收付工作。

第二十条　建立预付金预警和调增机制。预付金使用率为预警指标，是指异地就医月度清算资金占预付金的比例。预付金使用率达到70%，为黄色预警。预付金使用率达到90%及以上时，为红色预警，启动预付金紧急调增流程。

第二十一条　当预付金使用率出现红色预警时，就医地省级经办机构向部级经办机构报送预付金额度调增申请。部级经办机构收到申请后，对就医地提出调增的额度进行审核确认并向参保地省级经办机构下达《________省（区、市）跨省异地就医预付金额度紧急调增通知书》（见附件5）。

第二十二条　参保地省级经办机构接到部级经办机构下达预付金紧急调增通知书，5个工作日内，提交同级财政部门。省级财政部门在确认跨省异地就医资金全部缴入省级财政专户，对经办机构提交的预付单和用款申请计划审核无误后10个工作日内，完成预付金紧急调增资金的拨付。

第二十三条　省级财政部门在完成预付金额度及调增资金的付款和收款后，5个工作日内将拨付汇总表、收款汇总表以书面形式反馈到省级经办机构，省级经办机构同时向部级经办机构反馈到账信息。

第二十四条　就医地省级财政部门在规定期限内未收到参保地拨付的预付金或预付金紧急调增资金、清算资金，省级经办机构可向部级经办机构提出暂停参保地跨省异地就医直接结算的申请。部级经办机构负责协调和督促各省（区、市）按规定及时拨付资金。各省级经办机构负责协调和督促统筹地区及时上缴跨省异地就医预付及清算资金。

第六章　医疗费用结算

第二十五条　医疗费用对账是指就医地经办机构与定点医疗机构就住院医疗费用确认医保基金支付金额的行为。医疗费用结算是指就医地经办机构按协议或有关规定向定点医疗机构支付费用的行为。

第二十六条　异地就医人员直接结算的住院医疗费，原则上执行就医地规定的支付范围及有关规定（基本医疗保险药品目录、医疗服务设施和诊疗项目范围）。医保基金起付标准、支付比例、最高支付限额等执行参保地政策。

第二十七条　参保人员出院结算时，就医地经办机构将其住院费用明细信息转换为全国统一的大类费用信息，经国家、省异地就医结算系统传输至参保地，参保地按照当地政策规定计算参保人员个人以及各项医保基金应支付的金额，并将结果回传至就医地定点医疗机构。

第二十八条　参保人员出院时，按照医疗机构出具的《________省（区、市）跨省异地就医住院结算单》（见附件6）结清应由个人承担的费用；属于医保基金支付的费用，由就医地经办机构与定点医疗机构按协议结算。参保人员因故全额垫付医疗费用的，相关信息由医疗机构上传，医保基金支付的费用回参保地按规定报销。

第二十九条　国家异地就医结算系统每日自动生成日对账信息，实现参保地、就医地省级异地就医结算系统和国家异地就医结算系统的三方对账，做到数据相符。如出现对账信息不符的情况，省级经办机构应及时查明原因，必要时提请部级经办机构协调处理。

第三十条　就医地经办机构在参保人出院结算后5日内将医疗费用明细上传国家异地就医结算系统，参保地经办机构可通过国家异地就医结算系统查询和下载医疗费用及其明细项目。

第三十一条　就医地经办机构应当在次月20日前完成与异地定点医疗机构对账确认工作，并按协议约定，按时将确认的费用拨付给医疗机构。

第三十二条　就医地经办机构负责结算在本辖区发生的异地就医医疗费。其中，同属省本级和省会城市的定点医疗机构，其费用原则上由省本级经办机构负责结算，省本级不具备经办条件的，可由省会城市负责结算；同属地市级和县（市、区）的定点医疗机构，其费用原则上由地市级经办机构负责结算。

第七章　医疗费用清算

第三十三条　异地就医费用清算是指省级经办机构之间、省级经办机构与辖区内经办机构之间确认有关异地就医医疗费用的应收或应付额，据实划拨的过程。

第三十四条　部级经办机构于每月21日前，根据就医地经办机构与医疗机构对账确认后的医疗费用，生成《全国跨省异地就医费用清算表》（见附件7）、《________省（区、市）跨省异地就医应付医疗费用清算表》（见附件7－1）、《________省（区、市）跨省异地就医职工医保基金支付明细表》（见附件7－2）、《________省（区、市）跨省异地就医居民医保基金支付明细表》（见附件7－3）、《________省（区、市）跨省异地就医职工医保基金审核扣款明细表》（见附件7－4）、《________省（区、市）跨省异地就医居民医保基金审核扣款明细表》（见附件7－5）、《________省（区、市）跨省异地就医应收医疗费用清算表》（见附件7－6），各省级经办机构可通过国家异地就医结算系统精确查询本省内各统筹区的上述清算信息，于每月25日前确认上述内容。

第三十五条　部级经办机构于每月底前根据确认后的《全国跨省异地就医费用清算表》，生成《________省（区、市）跨省异地就医费用付款通知书》（见附件8）、《________省（区、市）跨省异地就医费用收款通知书》（见附件9），在国家异地就医结算系统发布。

第三十六条　各省级经办机构通过国家异地就医结算系统下载《________省（区、市）跨省异地就医费用收款通知书》、《________省（区、市）跨省异地就医费用付款通知书》后，于5个工作日内提交同级财政部门，财政部门在确认跨省异地就医资金全部缴入省级财政专户，对经办机构提交的清算单和用款申请计划审核无误后10个工作日内向就医地省级财政部门划拨资金。省级财政部门在完成清算资金拨付、收款后，在5个工作日内将划拨及收款信息以书面形式反馈到省级经办机构，省级经办机构向部级经办机构反馈到账信息。

第三十七条　省级经办机构之间完成清算后的5个工作日内，完成辖区内各统筹地区异地就医资金的上解或下拨。

第八章　稽核监督

第三十八条　异地就医医疗服务实行就医地管理。就医地经办机构要将异地就医工作纳入定点医疗机构协议管理范围，细化和完善协议条款，保障参保人员权益。

第三十九条　就医地经办机构应当建立异地就医人员的投诉渠道，及时受理投诉并将结果告知投诉人。对查实的重大违法违规行为按相关规定执行，并逐级上报部级经办机构。

第四十条　就医地经办机构发现异地就医人员有严重违规行为的，应暂停其直接结算，同时上报部级经办机构协调参保地经办机构，由参保地经办机构根据相关规定进行处理。

第四十一条　就医地经办机构对定点医疗机构违规行为涉及的医疗费用不予支付，已支付的违规费用予以扣除，用于冲减参保地异地就医结算费用。对定点医疗机构违背服务协议规定并处以违约金的，由就医地医疗保险经办机构按规定处理。

第四十二条　部级经办机构适时组织跨省异地就医联审互查，对就医地责任落实情况进行考评，协调处理因费用审核、资金拨付发生的争议及纠纷。

第四十三条　各级经办机构应加强异地就医费用稽核管理，建立异地就医结算运行监控制度，定期编报异地就医结算运行分析报告。

第九章 附则

第四十四条 省级经办机构对跨省异地就医医疗费用结算和清算过程中形成的预付款项和暂收款项按相关会计制度规定进行核算。

第四十五条 异地就医业务档案由参保地经办机构和就医地经办机构按其办理的业务分别保管。

第四十六条 各省级医疗保险经办机构可根据本规程，制定本地区异地就医直接结算实施细则。

第四十七条 本规程由人力资源社会保障部负责解释。

第四十八条 本规程自印发之日起实施。

人力资源社会保障部办公厅关于印发社会保险欺诈案件管理办法的通知

人社厅发〔2016〕61号

各省、自治区、直辖市及新疆生产建设兵团人力资源社会保障厅（局）：

为加强社会保险欺诈案件管理，规范执法办案行为，提高案件查办质量和效率，强化执法监督制约和控制，促进公正廉洁执法，现将《社会保险欺诈案件管理办法》印发给你们，请认真贯彻执行。

人力资源社会保障部办公厅

2016年4月28日

社会保险欺诈案件管理办法

第一章 总则

第一条 为加强社会保险欺诈案件管理，规范执法办案行为，提高案件查办质量和效率，促进公正廉洁执法，根据《社会保险法》、《行政处罚法》和《行政执法机关移送涉嫌犯罪案件的规定》等法律法规以及《人力资源社会保障部公安部关于加强社会保险欺诈案件查处和移送工作的通知》，结合工作实际，制定本办法。

第二条 社会保险行政部门应当建立规范、有效的社会保险欺诈案件管理制度，加强案件科学化、规范化、全程化、信息化管理。

第三条 社会保险行政部门对社会保险欺诈案件的管理活动适用本办法。

第四条 社会保险行政部门的基金监督机构具体负责社会保险欺诈案件归口管理工作。

上级社会保险行政部门应当加强对下级社会保险行政部门社会保险欺诈案件查办和案件管理工作的指导和监督。

第五条 社会保险行政部门应当制定统一、规范的社会保险欺诈案件执法办案流程和法律文书格式，实现执法办案活动程序化、标准化管理。

第六条 社会保险行政部门应当建立健全社会保险欺诈案件管理信息系统，实现执法办案活动信息化管理。

第七条 社会保险行政部门根据社会保险欺诈案件查办和管理工作需要，可以聘请专业人员和机构参与案件查办或者案件管理工作，提供专业咨询和技术支持。

第二章 记录管理和流程监控

第八条 社会保险行政部门应当建立社会保险欺诈案件管理台账，对社会保险欺诈案件进行统一登记、集中管理，对案件立案、调查、决定、执行、移送、结案、归档等执法办案全过程进行跟踪记录、监控和管理。

第九条 社会保险行政部门应当及时、准确地登记和记录案件全要素信息。

案件登记和记录内容包括：案件名称、编号、来源、立案时间、涉案对象和险种等案件基本信息情况，案件调查和检查、决定、执行、移送、结案和立卷归档情况，案件办理各环节法律文书签发和送达情况，办案人员情况以及其他需要登记和记录的案件信息。

第十条 社会保险行政部门应当建立案件流程监控制

度，对案件查办时限、程序和文书办理进行跟踪监控和督促。

第十一条　社会保险行政部门应当根据案件查办期限要求，合理设定执法办案各环节的控制时限，加强案件查办时限监控。

第十二条　社会保险行政部门应当根据案件查办程序规定，设定执法办案程序流转的顺序控制，上一环节未完成不得进行下一环节。

第十三条　社会保险行政部门应当根据案件查办文书使用管理规定，设定文书办理程序和格式控制，规范文书办理和使用行为。

第三章　立案和查处管理

第十四条　社会保险行政部门立案查处社会保险欺诈案件，应当遵循依法行政、严格执法的原则，坚持有案必查、违法必究，做到事实清楚、证据确凿、程序合法、法律法规规章适用准确适当、法律文书使用规范。

第十五条　社会保险欺诈案件由违法行为发生地社会保险行政部门管辖。

社会保险行政部门对社会保险欺诈案件管辖发生争议的，应当按照主要违法行为发生地或者社会保险基金主要受损地管辖原则协商解决。协商不成的，报请共同的上一级社会保险行政部门指定管辖。

第十六条　社会保险行政部门应当健全立案管理制度，对发现的社会保险欺诈违法违规行为，符合立案条件，属于本部门管辖的，应当按照规定及时立案查处。

第十七条　社会保险行政部门对于查处的重大社会保险欺诈案件，应当在立案后10个工作日内向上一级社会保险行政部门报告。

立案报告内容应当包括案件名称、编号、来源、立案时间、涉案对象、险种等案件基本信息情况以及基本案情等。

第十八条　社会保险行政部门立案查处社会保险欺诈案件，应当指定案件承办人。

指定的案件承办人应当具备执法办案资格条件，并符合回避规定。

第十九条　案件承办人应当严格按照规定的程序、方法、措施和时限，开展案件调查或者检查，收集、调取、封存和保存证据，制作和使用文书，提交案件调查或者检查报告。

第二十条　社会保险行政部门应当对案件调查或者检查结果进行审查，并根据违法行为的事实、性质、情节以及社会危害程度等不同情况，作出给予或者不予行政处理、处罚的决定。

社会保险行政部门在作出行政处罚决定前，应当按照规定履行事先告知程序，保障当事人依法行使陈述、申辩权以及要求听证的权利。

第二十一条　社会保险行政部门作出行政处理、处罚决定的，应当制作行政处理、处罚决定书，并按照规定期限和程序送达当事人。

社会保险行政部门应当定期查询行政处理、处罚决定执行情况，对于当事人逾期并经催告后仍不执行的，应当依法强制执行或者申请人民法院强制执行。

第二十二条　社会保险行政部门及其执法办案人员应当严格执行罚款决定和收缴分离制度，除依法可以当场收缴的罚款外，不得自行收缴罚款。

第二十三条　对于符合案件办结情形的社会保险欺诈案件，社会保险行政部门应当及时结案。

符合下列情形的，可以认定为案件办结：

（一）作出行政处理处罚决定并执行完毕的；

（二）作出不予行政处理、处罚决定的；

（三）涉嫌构成犯罪，依法移送司法机关并被立案的；

（四）法律法规规定的其他案件办结情形。

第二十四条　社会保险行政部门跨区域调查案件的，相关地区社会保险行政部门应当积极配合、协助调查。

第二十五条　社会保险行政部门应当健全部门行政执法协作机制，加强与审计、财政、价格、卫生计生、工商、税务、药品监管和金融监管等行政部门的协调配合，形成监督合力。

第四章　案件移送管理

第二十六条　社会保险行政部门应当健全社会保险欺诈案件移送制度，按照规定及时向公安机关移送涉嫌社会保险欺诈犯罪案件，不得以行政处罚代替案件移送。

社会保险行政部门在查处社会保险欺诈案件过程中，发现国家工作人员涉嫌违纪、犯罪线索的，应当根据案件的性质，向纪检监察机关或者人民检察院移送。

第二十七条　社会保险行政部门移送涉嫌社会保险欺诈犯罪案件，应当组成专案组，核实案情提出移送书面报告，报本部门负责人审批，作出批准或者不批准移送的决定。

作出批准移送决定的，应当制作涉嫌犯罪案件移送书，并附涉嫌社会保险欺诈犯罪案件调查报告、涉案的有关书证、物证及其他有关涉嫌犯罪的材料，在规定时间内向公安机关移送，并抄送同级人民检察院。在移送案件时已经作出行政处罚决定的，应当将行政处罚决定书一并抄送。

作出不批准移送决定的，应当将不批准的理由记录在案。

第二十八条　社会保险行政部门对于案情重大、复杂疑难，性质难以确定的案件，可以就刑事案件立案追诉标准、证据固定和保全等问题，咨询公安机关、人民检察院。

第二十九条 对于公安机关决定立案的社会保险欺诈案件，社会保险行政部门应当在接到立案通知书后及时将涉案物品以及与案件有关的其他材料移交公安机关，并办理交接手续。

第三十条 对于已移送公安机关的社会保险欺诈案件，社会保险行政部门应当定期向公安机关查询案件办理进展情况。

第三十一条 公安机关在查处社会保险欺诈案件过程中，需要社会保险行政部门协助查证、提供有关社会保险信息数据和证据材料或者就政策性、专业性问题进行咨询的，社会保险行政部门应当予以协助配合。

第三十二条 对于公安机关决定不予立案或者立案后撤销的案件，社会保险行政部门应当按照规定接收公安机关退回或者移送的案卷材料，并依法作出处理。

社会保险行政部门对于公安机关作出的不予立案决定有异议的，可以向作出决定的公安机关申请复议，也可以建议人民检察院进行立案监督。

第三十三条 社会保险行政部门应当与公安机关建立联席会议、案情通报、案件会商等工作机制，确保基金监督行政执法与刑事司法工作衔接顺畅，坚决克服有案不移、有案难移、以罚代刑现象。

第三十四条 社会保险行政部门应当与公安机关定期或者不定期召开联席会议，互通社会保险欺诈案件查处以及行政执法与刑事司法衔接工作情况，分析社会保险欺诈形势和任务，协调解决工作中存在的问题，研究提出加强预防和查处的措施。

第三十五条 社会保险行政部门应当按照规定与公安、检察机关实现基金监督行政执法与刑事司法信息的共享，实现社会保险欺诈案件移送等执法、司法信息互联互通。

第五章 重大案件督办

第三十六条 社会保险行政部门应当建立重大社会保险欺诈案件督办制度，加强辖区内重大社会保险欺诈案件查处工作的协调、指导和监督。

重大案件督办是指上级社会保险行政部门对下级社会保险行政部门查办重大案件的调查、违法行为的认定、法律法规的适用、办案程序、处罚及移送等环节实施协调、指导和监督。

第三十七条 上级社会保险行政部门可以根据案件性质、涉案金额、复杂程度、查处难度以及社会影响等情况，对辖区内发生的重大社会保险欺诈案件进行督办。

对跨越多个地区，案情特别复杂，本级社会保险行政部门查处确有困难的，可以报请上级社会保险行政部门进行督办。

第三十八条 案件涉及其他行政部门的，社会保险行政部门可以协调相关行政部门实施联合督办。

第三十九条 社会保险行政部门（以下简称督办单位）确定需要督办的案件后，应当向承办案件的下级社会保险行政部门（以下简称承办单位）发出重大案件督办函，同时抄报上级社会保险行政部门。

第四十条 承办单位收到督办单位重大案件督办函后，应当及时立案查处，并在立案后 10 个工作日内将立案情况报告督办单位。

第四十一条 承办单位应当每 30 个工作日向督办单位报告一次案件查处进展情况；重大案件督办函有确定报告时限的，按照确定报告时限报告。案件查处有重大进展的，应当及时报告。

第四十二条 督办单位应当对承办单位督办案件查处工作进行指导、协调和督促。

对于承办单位未按要求立案查处督办案件和报告案件查处进展情况的，督办单位应当及时询问情况，进行催办。

第四十三条 督办单位催办可以采取电话催办、发函催办、约谈催办的方式，必要时也可以采取现场督导催办方式。

第四十四条 对因督办案件情况发生变化，不需要继续督办的，督办单位可以撤销督办，并向承办单位发出重大案件撤销督办函。

第四十五条 承办单位应当在督办案件办结后，及时向督办单位报告结果。

办结报告内容应当包括案件名称、编号、来源、涉案对象和险种等基本信息情况、主要违法事实情况、案件调查或检查情况、行政处理处罚决定和执行情况以及案件移送情况等。

第六章 案件立卷归档

第四十六条 社会保险行政部门应当健全社会保险欺诈案件立卷归档管理制度，规范案卷管理行为。

第四十七条 社会保险欺诈案件办结后，社会保险行政部门应当及时收集、整理案件相关材料，进行立卷归档。

第四十八条 社会保险欺诈案件应当分别立卷，统一编号，一案一卷，做到目录清晰、资料齐全、分类规范、装订整齐、归档及时。

案卷可以立为正卷和副卷。正卷主要列入各类证据材料、法律文书等可以对外公开的材料；副卷主要列入案件讨论记录、法定秘密材料等不宜对外公开的材料。

第四十九条　装订成册的案卷应当由案卷封面、卷内文件材料目录、卷内文件材料、卷内文件材料备考表和封底组成。

第五十条　卷内文件材料应当按照以下规则组合排列：

（一）行政决定文书及其送达回证排列在最前面，其他文书材料按照工作流程顺序排列；

（二）证据材料按照所反映的问题特征分类，每类证据主证材料排列在前，旁证材料排列在后；

（三）其他文件材料按照取得或者形成的时间顺序，并结合重要程度进行排列。

第五十一条　社会保险行政部门应当按照国家规定确定案卷保管期限和保管案卷。

第五十二条　社会保险行政部门建立案件电子档案的，电子档案应当与纸质档案内容一致。

第七章　案件质量评查

第五十三条　社会保险行政部门应当健全社会保险欺诈案件质量评查制度，组织、实施、指导和监督本区域内社会保险欺诈案件质量评查工作，加强案件质量管理。

第五十四条　案件质量评查应当从证据采信、事实认定、法律适用、程序规范、文书使用和制作等方面进行，通过审阅案卷、实地调研等方式，对执法办案形成的案卷进行检查、评议，发现、解决案件质量问题，提高执法办案质量。

评查内容主要包括：

（一）执法办案主体是否合法，执法办案人员是否具有资格；

（二）当事人认定是否准确；

（三）认定事实是否清楚，证据是否充分、确凿；

（四）适用法律、法规和规章是否准确、适当；

（五）程序是否合法、规范；

（六）文书使用是否符合法定要求，记录内容是否清楚，格式是否规范；

（七）文书送达是否符合法定形式与要求；

（八）行政处理、处罚决定和执行是否符合法定形式与要求；

（九）文书和材料的立卷归档是否规范。

第五十五条　社会保险行政部门应当定期或者不定期开展案件质量评查。

案件质量评查可以采取集中评查、交叉评查、网上评查方式，采用重点抽查或者随机抽查方法。

第五十六条　社会保险行政部门应当合理确定案件质量评查标准，划分评查档次。

第五十七条社会保险行政部门开展案件质量评查，应当成立评查小组。

评查小组开展评查工作，应当实行一案一查一评，根据评查标准进行检查评议，形成评查结果。

第五十八条　评查工作结束后，社会保险行政部门应当将评查结果通报下级社会保险行政部门。

第八章　案件分析和报告

第五十九条　社会保险行政部门应当建立社会保险欺诈案件分析制度，定期对案件总体情况进行分析，对典型案例进行剖析，开展业务交流研讨，提高执法办案质量和能力。

第六十条　社会保险行政部门应当建立社会保险欺诈案件专项报告制度，定期对案件查处和移送情况进行汇总，报送上一级社会保险行政部门。

省级社会保险行政部门应当于半年和年度结束后 20 日内上报社会保险欺诈案件查处和移送情况报告，并附社会保险欺诈案件查处和移送情况表（见附表），与社会保险基金要情统计表同时报送（一式三份）。

专项报告内容主要包括：社会保险欺诈案件查处和移送情况及分析、重大案件和上级督办案件查处情况、案件查处和移送制度机制建设和执行情况以及案件管理工作情况。

第六十一条　社会保险行政部门应当建立社会保险欺诈案件情况通报制度，定期或者不定期通报本辖区内社会保险欺诈案件发生和查处情况。

通报社会保险欺诈案件情况，可以在本系统通报，也可以根据工作需要向社会公开通报。

对于重大社会保险欺诈案件可以进行专题通报。

第六十二条　社会保险行政部门应当健全社会保险欺诈案例指导制度，定期或者不定期收集、整理、印发社会保险欺诈典型案例，指导辖区内案件查处工作。

第六十三条　社会保险行政部门应当健全社会保险欺诈案件信息公开制度，依法公开已办结案件相关信息，接受社会监督。

第六十四条　社会保险行政部门查处社会保险欺诈案件，作出行政处罚决定的，应当在作出决定后 7 个工作日内，在社会保险行政部门门户网站进行公示。

第六十五条　社会保险行政部门应当完善单位和个人社会保险欺诈违法信息记录和使用机制，将欺诈违法信息纳入单位和个人诚信记录，加强失信惩戒，促进社会保险诚信建设。

第九章　监督检查

第六十六条　上级社会保险行政部门应当定期或者不

定期对下级社会保险行政部门社会保险欺诈案件查处和移送情况以及案件管理情况进行监督检查，加强行政层级执法监督。

第六十七条　社会保险行政部门应当健全执法办案责任制，明确执法办案职责，加强对执法办案活动的监督和问责。

第十章　附则

第六十八条　本办法自发布之日起施行。

第六十九条　本办法由人力资源社会保障部负责解释。

附表：________年（上半年）社会保险欺诈案件查处和移送情况表

人力资源社会保障部办公厅关于进一步扩大全民参保登记计划试点范围的通知

人社厅发〔2016〕67号

各省、自治区、直辖市及新疆生产建设兵团人力资源社会保障厅（局）：

为深入贯彻落实十八届五中全会和“十三五”规划纲要关于“实施全民参保计划，基本实现法定人员全覆盖”的工作要求，根据《人力资源社会保障部办公厅关于组织开展全民参保登记计划扩大试点地区申报工作的通知》（人社厅函〔2015〕356号）规定，经各省（自治区、直辖市）申报，现确定天津市等27个省（自治区、直辖市）及新疆生产建设兵团为全民参保登记计划扩大试点地区（见附件1）。现就有关事项通知如下：

一、充分认识做好扩大试点工作的重要意义

全民参保计划已纳入国民经济和社会发展“十三五”规划纲要，是今后几年必须完成的重要任务。为贯彻落实《人力资源社会保障部关于实施“全民参保登记计划”的通知》（人社部发〔2014〕40号）精神，持续推进全民参保登记工作开展，在已开展50个试点地区工作的基础上，将试点范围扩大到全国50%以上的地区。各级人社部门务必提高对扩大试点工作重要意义的认识，切实强化组织领导，认真总结前期试点经验，分析解决工作中存在的各类问题，确保试点工作平稳有序推进并取得预期效果。

二、明确试点工作的阶段性目标任务和工作要求

2016年底前，所有试点地区要完成已参保人群的数据比对和清理工作；明确需要开展入户调查的重点人群，拟定入户方案，力争基本完成辖区内全部目标人群的登记工作（见附件2），为全面实施创造有利条件。

各试点地区要把全民参保登记工作与扩大社保覆盖面有机衔接起来，在做好数据比对和信息采集的同时，通过完善相关参保政策、优化经办管理服务、加强政策宣传等措施，引导各类符合条件的人群参加社会保险。要以中小微企业就业人员和各类灵活就业人员为重点工作对象，紧紧依托基层劳动和社会保障服务机构开展入户调查和走访工作，提高工作的针对性和有效性。有条件的地区要将参保登记工作扩大到本地区的常住人口，实现参保登记的全覆盖。

三、强化试点工作的组织协调和基础保障

试点工作涉及部门多、工作量大、任务繁重。各试点地区要切实强化对试点工作的组织领导，加大工作协调力度。要积极争取建立政府领导牵头、相关职能部门联动的试点工作推动机制，定期沟通协调解决工作中的疑难问题。人社部门要主动与公安、卫生计生、民政、工商等多部门合作，开展信息采集整理和比对工作。要积极争取政府财政部门加大经费投入力度，为信息系统建设、开展工作宣传以及入户调查和信息采集等重点工作提供必要的资金支持。要充分借助智慧城市建设等相关活动，用好基层社区平台和各类社会组织及资源，为开展入户调查和信息采集工作提供组织保障。

四、加强试点工作的信息交流和督促检查

各地要加强对试点工作的指导，建立试点工作信息沟通和交流机制，确保如期完成试点工作任务。以全省（自治区、直辖市）为试点单位的，试点方案要报人力资源社会保障部备案。要总结推广试点经验，及时研究解决工作中出现的问题，加强工作调度，上报重要情况。部里将不定期通报各试点地区工作进展情况，同时深入试点地区，开展督导工作。为便于工作联系，请各地认真填报全民参保登记计划牵头单位联系表（见附件 3），并于 2016 年 6 月 10 日前反馈部社保中心。

联系人：吴蕊帆尹永纯
电话：010—89946645；010—89946642
传真：010—89946640

附件：1. 全民参保登记计划扩大试点地区名单
2. 全民参保登记表
3. 全民参保登记计划牵头单位联系表

人力资源社会保障部办公厅
2016 年 5 月 16 日

人力资源社会保障部办公厅关于开展长期护理保险制度试点的指导意见

人社厅发〔2016〕80 号

河北、吉林、黑龙江、上海、江苏、浙江、安徽、江西、山东、湖北、广东、重庆、四川省（市）人力资源社会保障厅（局），新疆生产建设兵团人力资源社会保障局：

探索建立长期护理保险制度，是应对人口老龄化、促进社会经济发展的战略举措，是实现共享发展改革成果的重大民生工程，是健全社会保障体系的重要制度安排。建立长期护理保险，有利于保障失能人员基本生活权益，提升他们体面和有尊严的生活质量，弘扬中国传统文化美德；有利于增进人民福祉，促进社会公平正义，维护社会稳定；有利于促进养老服务产业发展和拓展护理从业人员就业渠道。根据党的十八届五中全会精神和“十三五”规划纲要任务部署，现就开展长期护理保险制度试点，提出以下意见：

一、指导思想和原则

（一）指导思想。全面贯彻党的十八大和十八届三中、四中、五中全会精神，以邓小平理论、“三个代表”重要思想、科学发展观为指导，深入贯彻习近平总书记系列重要讲话精神，按照“五位一体”总体布局和“四个全面”战略布局，推动探索建立长期护理保险制度，进一步健全更加公平更可持续的社会保障体系，不断增加人民群众在共建共享发展中的获得感和幸福感。

（二）基本原则。坚持以人为本，着力解决失能人员长期护理保障问题，提高人民群众生活质量和人文关怀水平。坚持基本保障，根据当地经济发展水平和各方面承受能力，合理确定基本保障范围和待遇标准。坚持责任分担，遵循权利义务对等，多渠道筹资，合理划分筹资责任和保障责任。坚持因地制宜，各地根据长期护理保险制度目标任务和基本政策，结合地方实际，制定具体实施办法和政策标准。坚持机制创新，探索可持续发展的体制机制，提升保障绩效，提高管理水平。坚持统筹协调，做好各类社会保障制度的功能衔接，协同推进健康产业和服务体系的发展。

二、目标和任务

（三）试点目标。探索建立以社会互助共济方式筹集资金，为长期失能人员的基本生活照料和与基本生活密切相关的医疗护理提供资金或服务保障的社会保险制度。利用 1—2 年试点时间，积累经验，力争在“十三五”期间，基本形成适应我国社会主义市场经济体制的长期护理保险制度政策框架。

（四）主要任务。探索长期护理保险的保障范围、参保缴费、待遇支付等政策体系；探索护理需求认定和等级评定等标准体系和管理办法；探索各类长期护理服务机构和护理人员服务质量评价、协议管理和费用结算等办法；探索长期护理保险管理服务规范和运行机制。

三、基本政策

（五）保障范围。长期护理保险制度以长期处于失能状态的参保人群为保障对象，重点解决重度失能人员基本生活照料和与基本生活密切相关的医疗护理等所需费用。试点地区可根据基金承受能力，确定重点保障人群和具体保障内容，并随经济发展逐步调整保障范围和保障水平。

（六）参保范围。试点阶段，长期护理保险制度原则上主要覆盖职工基本医疗保险（以下简称职工医保）参保人群。试点地区可根据自身实际，随制度探索完善，综合平衡资金筹集和保障需要等因素，合理确定参保范围并逐步扩大。

（七）资金筹集。试点阶段，可通过优化职工医保统账结构、划转职工医保统筹基金结余、调剂职工医保费率等途径筹集资金，并逐步探索建立互助共济、责任共担的长期护理保险多渠道筹资机制。筹资标准根据当地经济发展水平、护理需求、护理服务成本以及保障范围和水平等因素，按照以收定支、收支平衡、略有结余的原则合理确定。建立与经济社会发展和保障水平相适应的动态筹资机制。

（八）待遇支付。长期护理保险基金按比例支付护理服务机构和护理人员为参保人提供的符合规定的护理服务所发生的费用。根据护理等级、服务提供方式等制定差别化的待遇保障政策，对符合规定的长期护理费用，基金支付水平总体上控制在70%左右。具体待遇享受条件和支付比例，由试点地区确定。

四、管理服务

（九）基金管理。长期护理保险基金参照现行社会保险基金有关管理制度执行。基金单独管理，专款专用。建立举报投诉、信息披露、内部控制、欺诈防范等风险管理制度。建立健全长期护理保险基金监管制度，确保基金安全有效。

（十）服务管理。建立健全对护理服务机构和从业人员的协议管理和监督稽核等制度。明确服务内涵、服务标准以及质量评价等技术管理规范，建立长期护理需求认定和等级评定标准体系，制定待遇申请和资格审定及变更等管理办法。探索引入第三方监管机制，加强对护理服务行为和护理费用使用情况的监管。加强费用控制，实行预算管理，探索适应的付费方式。

（十一）经办管理。加强长期护理保险经办管理服务能力建设，规范机构职能和设置，积极协调人力配备，加快信息系统建设。制定经办规程，优化服务流程，明确相关标准，创新管理服务机制。社会保险经办机构可以探索委托管理、购买以及定制护理服务和护理产品等多种实施路径、方法，在确保基金安全和有效监控前提下，积极发挥具有资质的商业保险机构等各类社会力量的作用，提高经办管理服务能力。加强信息网络系统建设，逐步实现与养老护理机构、医疗卫生机构以及其他行业领域信息平台的信息共享和互联互通。

五、配套措施

（十二）加强与其他保障制度之间的统筹衔接。做好与其他社会保险制度在筹资、待遇等方面的政策与管理衔接。应由已有社会保障制度和国家法律规定支付的护理项目和费用，长期护理保险基金不再给予支付，避免待遇重复享受。

（十三）协同推进长期护理服务体系建设和发展。积极推进长期护理服务体系建设，引导社会力量、社会组织参与长期护理服务，积极鼓励和支持长期护理服务机构和平台建设，促进长期护理服务产业发展。充分利用促进就业创业扶持政策和资金，鼓励各类人员到长期护理服务领域就业创业，对其中符合条件的，按规定落实相关补贴政策。加强护理服务从业人员队伍建设，加大护理服务从业人员职业培训力度，按规定落实职业培训补贴政策。逐步探索建立长期护理专业人才培养机制。充分运用费用支付政策对护理需求和服务供给资源配置的调节作用，引导保障对象优先利用居家和社区护理服务，鼓励机构服务向社区和家庭延伸。鼓励护理保障对象的亲属、邻居和社会志愿者提供护理服务。

（十四）探索建立多层次长期护理保障制度。积极引导发挥社会救助、商业保险、慈善事业等的有益补充，解决不同层面护理需求。鼓励探索老年护理补贴制度，保障特定贫困老年人长期护理需求。鼓励商业保险公司开发适销对路的保险产品和服务，发展与长期护理社会保险相衔接的商业护理保险，满足多样化、多层次的长期护理保障需求。

六、组织实施

（十五）组织领导。长期护理保险制度试点工作政策性强，涉及面广，各级人力资源社会保障部门要高度重视，加强部门协调，上下联动，共同推进试点工作有序开展。为积极稳妥推进试点，从2016年起确定在部分地区开展试点（名单附后）。试点地区人力资源社会保障部门要在当地政府领导下，加强工作力量配备，按照指导意见要求，研究制定和完善试点方案，周密计划部署，协调相关部门，推动工作落实。新开展试点的地区要抓紧制定试点方案，报省人力资源社会保障厅批准并报人力资源社会保障部备案后，确保年内启动实施。已开展试点的地区要按照本意见要求继续完善政策。

（十六）工作机制。试点原则上以地市为单位整体实施。要建立信息沟通机制，通过简报、情况专报、专题研讨等方式，交流地方探索情况，总结推广典型经验。要建立工作督导机制，试点地区应按季度报送工作进度和试点情况。部里定期组织督导调研，研究试点中出现的新问题、新情况。要建立协作咨询机制，方案制定过程中要广泛听取各方意见，成立专家团队等协作平台，组织和利用社会各界力量。要注重加强宣传工作，大力宣传建立长期护理保险制度的重要意义、制度功能和试点成效，充分调动广大人民群众参与试点的积极性和主动性，引导社会舆论，凝聚社会共识，为试点顺利推进构建良好的社会氛围。

试点中遇有重大事项，要及时向我部报告。

附件：长期护理保险制度试点城市名单

人力资源社会保障部办公厅

2016年6月27日

附件

长期护理保险制度试点城市名单

河北省承德市
吉林省长春市
黑龙江省齐齐哈尔市
上海市
江苏省南通市、苏州市
浙江省宁波市
安徽省安庆市
江西省上饶市
山东省青岛市
湖北省荆门市
广东省广州市
重庆市
四川省成都市
新疆生产建设兵团石河子市
吉林和山东两省作为国家试点的重点联系省份

人力资源社会保障部办公厅关于加快推进跨省异地就医结算系统建设的通知

人社厅发〔2016〕185号

各省、自治区、直辖市及新疆生产建设兵团人力资源社会保障厅（局）：

为贯彻落实党中央、国务院关于基本医疗保险全国联网和异地就医结算工作的精神，根据异地就医结算工作统一部署，按照“统一标准、部省系统、最小改造、一卡通行”的建设思路，部里组织建设跨省异地就医结算系统。现将有关事项通知如下：

一、跨省异地就医结算系统建设目标

部里遵循金保工程整体规划，依托部级数据中心和业务专网，建成国家异地就医结算系统，建立跨地区信息交换的渠道。2016年底前，实现大部分省级异地就医结算系统与国家异地就医结算系统对接，开始上线试运行；2017年上半年，实现所有省级异地就医结算系统与国家异地就医结算系统对接；2017年底前，实现所有统筹区全面对接，支持跨省异地安置退休人员和符合转诊规定人员的住院费用持社会保障卡直接结算。

二、完善省级异地就医结算系统

（一）加快省级异地就医结算系统改造。各省要按照部里制定的接口规范和地方系统改造要点，统筹推进省级异地就医结算系统改造工作，扩展跨省结算功能。已建省级异地就医结算系统或利用省级集中的业务系统实现省内异地就医的地区，要完善省级系统。尚未实现省内异地就医的地区，要抓紧建设省级异地就医结算系统。

（二）开展部省系统对接。各省完成省内系统改造任务后，向部里申请开展联调测试。省里要统筹安排省内各统筹区的测试进度，提前做好网络联通、密码设备安装、数字证书申请、域通信环境设置等准备工作。各省按照部里统一的接入流程和测试标准，开展交易及登录功能测试、社会保障卡业务测试、性能及可靠性测试。联调测试通过的省份，部里按照“成熟一个、接入一个”的原则，以地市为单位入网。

（三）实现系统运行监测。省级统一建设运行监测系统，支持对异地就医关联的重要系统进行网络、系统、应用等方面的运行监测，实时对省内系统运行的性能、事件和报警等信息进行采集、管理和监控。通过预防预警机制，做到“快速定位、及时处理”，确保业务平稳运行。已建运行监测系统的省份要与部级运行监测系统实现对接，开展全流程、全网络、全时段的运行监测，提高全网监控能力，确保业务连续不间断运行。

三、改造地市医保信息系统

（一）改造地市医保业务管理系统。各地要在保证市域范围内医疗费用直接结算的基础上，按照最小必须的原则，完成统筹区医保业务管理系统的改造任务。尽量减少调整定点医疗机构信息系统，确需调整的，需保证定点医疗机构信息系统的改造进度。部分尚未纳入省级异地就医结算系统的统筹区，要利用本次省内系统改造的契机，按照“省内全覆盖”的要求，一并完成与省级异地就医结算系统对接。有条件地区，充分利用医保业务管理系统，实现异地就医人员基本医疗保险、大病保险、医疗救助“一站式”结算服务。各地要积极推进城乡居民医保系统整合，制度尚未整合的地区要在医保业务管理系统中预留相关接口，为确有需要的参合人员提供跨省异地就医结算服务。

（二）实现对异地就医服务的智能监控。实现医疗服务智能监控系统建设全覆盖，尚未建设医疗服务智能监控系统的地区，要抓紧组织建设医疗服务智能监控系统。已经建设医疗服务智能监控系统的地区，要按照异地就医人员纳入就医地统一管理的要求，扩展对异地就医人员就医行为的监管功能，支持对结算费用的审核扣款，确保基金安全。有条件的省份，统一建设医疗服务智能监控系统，进行全省统一智能监控。

四、提升社会保障卡在异地就医中的支撑能力

（一）全面发行社会保障卡。加快社会保障卡发行进度，优先为跨省异地安置退休人员和符合转诊规定人员发卡，将社会保障卡作为参保人员跨省异地就医身份识别和直接结算的唯一凭证。各地要严格控制产品质量，保证社会保障卡的统一规范和全国通用，确保异地就医人员能够持卡直接结算。

（二）改造用卡环境。根据《社会保障卡跨省应用技术方案》全面完善跨省用卡环境。按照《社会保障卡读写终端接口规范》修改完善和更新社会保障卡读写终端动态库，结合具体业务场景重新封装和升级业务系统动态库。开展从社会保障卡读写终端、地市业务系统到异地就医结算系统、部社会保障卡持卡人员基础信息库（以下简称持卡库）的全链条联调测试。建立社会保障卡用卡环境的日常检查机制，确保规范性和安全性。

（三）加快省级持卡库建设。全面完成省级持卡库部署和上线。各地要按照《关于开展社会保障卡持卡人员基础信息库建设的通知》（人社部发〔2014〕36号）要求，加快持卡人员基础信息入库进度，切实保证已发卡人员的人员基础信息和社会保障卡基础信息入库，跨省异地安置退休人员和符合转诊规定人员要优先入库。社会保障卡管理系统在持卡库上线时须同步接入，实现人员卡应用状态变更的全国实时联动，确保持卡库对跨省异地就医用卡鉴权的支撑能力。

五、加强异地就医服务信息化建设

（一）提供多种信息服务。各地要基于现有人力资源社会保障公共服务体系，面向异地就医人群，提供高质量的信息服务，包括异地就医定点医疗服务机构、异地就医业务经办指南等公共类信息；提供精准化、个性化信息服务，包括出院结算单打印等服务内容，使异地就医人员能够更全面、更便捷地获悉异地就医相关的信息。

（二）多渠道支持备案服务。结合部分参保人员长期异地居住的特点，以及备案变更的需求，各地要为异地就医人员备案提供方便。探索利用人力资源社会保障公共服务信息平台，对接网站、12333电话、移动终端等渠道，有针对性地为异地就医人员提供备案服务。

（三）做好社会保障卡服务。各地要建立快速补换卡和发卡机制，进一步缩短发卡周期。提供远程邮寄、代理补换等服务，保证出省人员能够及时拿到卡片。提供异地社会保障卡检查、PIN修改、重置、解锁等服务，保证异地就医人员持卡结算。积极探索自助、网上等便利服务方式，探索挂失解挂等卡服务事项的异地协作机制。

六、夯实异地就医结算系统的基础设施环境

（一）拓宽网络带宽。遵循金保工程业务专网建设有关规范，各地应提供省市主备线路服务，并合理评估本地异地就医业务量，对原有省市线路带宽进行扩容，调整省市通信设备的配置，以满足实时性业务要求。结合本地实际，适当扩充省级或地市级数据中心互联网接入带宽，为互联网服务提供相应支撑。

（二）提升数据中心支撑能力。省里要统筹做好省级数据中心基础设施建设，按照业务支撑能力，合理增加硬件配置，保证实时、稳定、安全的服务能力。要同步建设异地就医结算应用级灾备系统，已经建设和规划建设容灾备份中心的省份，要将省级异地就医结算系统纳入其中，确保省级异地就医结算系统在遭遇故障和灾难时能迅速恢复并不间断运行。

（三）保障系统安全。省里要构建完善的信息安全保障体系，加快省级电子认证体系（省级RA）建设，提供基于数字证书的认证服务，配置加密机，有针对性地做好基础安全防护措施。建设省级集中的数据备份系统，强化数据安全保护。各地要完善相应工作机制，建立应急处理机制，制定应急预案、灾难恢复预案，定期进行灾难恢复演练，实现省级异地就医结算系统的安全可靠运行。

各地要高度重视，加强组织领导，全力保障跨省异地就医结算系统建设工作的顺利推进。人力资源社会保障信息化综合管理机构、医保行政部门、社会保险经办机构要通力协作，密切配合。以今年年底前与国家系统对接为时间节点，倒排时间表，尽快制定系统建设工作方案，确定工作任务、工作要求、计划安排，明确责任人。各地要积极与发展改革、财政等部门协调沟通，争取异地就医结算系统建设资金，并将系统运行和维护费用纳入年度预算。要加强信息化队伍建设，加大培训力度，提高系统建设人员的技术和管理水平，提高业务操作人员的专业操作能力。

人力资源社会保障部办公厅

2016年12月16日

人力资源社会保障部办公厅关于进一步加强基本医疗保险异地就医监管的通知

人社厅函〔2016〕488号

各省、自治区、直辖市及新疆生产建设兵团人力资源社会保障厅（局），福建省医保办：

近年来，全民医保体系不断健全，保障水平稳步提高，对于推进健康中国建设，保障和改善民生，维护社会公平正义，促进社会和谐稳定发挥了重要作用。但是，随着城乡居民基本医疗保险制度整合，人员流动性不断增强，确保基金安全尤为重要。为进一步加强基本医疗保险异地就医监管，更好地维护基金安全和参保人员合法权益，保障制度平稳有序运行，现就有关问题通知如下：

一、完善和落实异地就医管理制度及经办流程

各地要按照基本医疗保险相关法律法规和规章政策，结合医保基金专项审计和专项检查等反映的突出问题以及管理中存在的薄弱环节，不断健全医保异地就医管理制度，完善异地就医结算办法和经办流程。经办机构要完善内控制度，强化内部监督和制约，严格执行费用结算审核制度、流程和标准，以异地就医费用结算为审核重点加大监控力度。参保地经办机构要按照规定做好参保人员异地就医登记备案工作，引导参保人员合理有序就医。就医地经办机构要将异地就医人员纳入本地统一管理，进一步完善医疗保险智能监控系统，将异地就医费用纳入就医地监控范围。对于已实现城乡居民基本医疗保险制度整合地区，要按照城乡一体化的要求，统一和规范经办业务流程，加强基层经办审核能力建设，从源头上防范和控制各类违法违规使用医疗保险基金的行为，切实提高基金的使用效能。

二、大力推进异地就医直接结算

加快推进基本医保全国联网和异地就医结算工作，建立完善国家级异地就医结算系统，与各省异地就医结算系统实现对接，基本实现跨省异地安置退休人员住院费用直接结算。不断扩大纳入国家异地就医直接结算人群范围，逐步减少个人垫资和事后报销方式，从根本上遏制不法分子采用虚假票据骗取医保基金的违规行为。

三、进一步加强医疗机构协议管理

各统筹地区经办机构要将异地就医纳入医疗机构协议管理，纳入对医疗机构的考核指标，细化和完善协议条款，明确在医疗机构确定、医疗信息记录、医疗行为监控、医疗费用审核和稽核等方面提供与本地参保人员相同的服务和管理，保障异地就医人员权益。要指导和督促医疗机构按照协议要求，及时向经办机构传输参保人员就医、结算及其他相关信息，确保信息真实准确，不得篡改作假。

四、加快健全异地协作协查机制

参保地与就医地经办机构要积极建立健全异地就医经办管理协作机制，协同做好参保人员异地就医经办管理服务工作。就医地社会保险行政部门及经办机构要进一步明确和落实协查责任，主动支持配合参保地社会保险行政部门和经办机构开展异地就医核查或者案件调查，并督促相关医疗机构协助配合，共同做好医保违法违规违约行为查处工作。为加强对暂未实现异地就医直接结算人群的医疗服务监管，以异地就医人员持票据报销为核查重点，通过信息化手段，支持就医地和参保地定期交换就医费用信息，对异地就医费用进行核查。

五、加大各方联动打击医保违法违规行为力度

社会保险行政部门和经办机构要采取多种形式加强医保监督，依法依规依约查处发现的违法违规违约行为。对于违反协议规定的医疗机构和医务人员，经办机构要按照协议约定，根据违约情节轻重，采取约谈、拒付费用、暂停结算限期整改和终止协议等措施，并及时向社会保险行政部门报告。对于违法违规行为，社会保险行政部门和经办机构要在查清事实的基础上，依法依规作出行政处理处罚决定。对于涉嫌犯罪的，要依法依规及时移送公安机关，不得以行政处理处罚代替刑事处罚，坚决打击和遏制欺诈骗保等违法犯罪行为。各级社会保险行政部门要加快与公安机关建立联席会议制度，加强案情通报和信息共享，健全基金监督行政执法与刑事司法有效衔接机制，增强震慑力和强制力。要建立健全与审计、财政、卫生计生、药监、价格等部门执法协作机制，协调配合，形成合力。要加强宣传教育，适时公布查处的重大医保违法违规案件，发挥警示教育作用，引导参保人员、医疗机构及医务人员自觉遵守医保法律法规，鼓励支持社会各方面积极参与医保监督，共同维护基金安全。

各地要高度重视加强基本医疗保险异地就医监管工作，社会保险行政部门和信息综合管理机构、经办机构要健全内部协作机制，密切配合，分工协作，确保工作落到实处，取得实效。各地在工作中遇有重要情况要及时报告，并认真研究，妥善解决，保证工作顺利推进。

人力资源社会保障部办公厅
2016年12月19日

国家卫生计生委等22部门关于加强心理健康服务的指导意见

国卫疾控发〔2016〕77号

各省、自治区、直辖市卫生计生委、党委宣传部、综治办、发展改革委、教育厅（委、局）、科技厅（委）、公安厅（局）、民政厅（局）、司法厅（局）、财政厅（局）、人力资源社会保障厅（局）、文化厅（局）、工商局、新闻出版广电局、科学院、中医药局、工会、共青团省委、妇联、科协、残联、老龄办，新疆生产建设兵团卫生局、党委宣传部、综治办、发展改革委、教育局、科技局、公安局、民政局、司法局、财政局、人力资源社会保障局、文化局、工商局、新闻出版广电局、工会、共青团团委、妇联、科协、残联、老龄办；教育部各直属高校：

心理健康是影响经济社会发展的重大公共卫生问题和社会问题。为深入贯彻落实党的十八届五中全会和习近平总书记在全国卫生与健康大会上关于加强心理健康服务的要求，根据《精神卫生法》《“健康中国2030”规划纲要》和相关政策，现就加强心理健康服务、健全社会心理服务体系提出如下指导意见。

一、充分认识加强心理健康服务的重要意义

心理健康是人在成长和发展过程中，认知合理、情绪稳定、行为适当、人际和谐、适应变化的一种完好状态。心理健康服务是运用心理学及医学的理论和方法，预防或减少各类心理行为问题，促进心理健康，提高生活质量，主要包括心理健康宣传教育、心理咨询、心理疾病治疗、心理危机干预等。心理健康是健康的重要组成部分，关系广大人民群众幸福安康、影响社会和谐发展。加强心理健康服务、健全社会心理服务体系是改善公众心理健康水平、促进社会心态稳定和人际和谐、提升公众幸福感的关键措施，是培养良好道德风尚、促进经济社会协调发展、培育和践行社会主义核心价值观的基本要求，是实现国家长治久安的一项源头性、基础性工作。

党中央、国务院高度重视心理健康服务和社会心理服务体系建设工作。习近平总书记在2016年全国卫生与健康大会上提出，要加大心理健康问题基础性研究，做好心理健康知识和心理疾病科普工作，规范发展心理治疗、心理咨询等心理健康服务。《国民经济和社会发展第十三个五年规划纲要》明确提出要加强心理健康服务。《“健康中国2030”规划纲要》要求加强心理健康服务体系建设和规范化管理。近年来，各地区各部门结合各自实际情况，从健全心理健康服务体系、搭建心理关爱服务平台、拓展心理健康服务领域、开展社会心理疏导和危机干预、建立专业化心理健康服务队伍等方面进行了积极探索，取得了一定成效，为进一步做好加强心理健康服务、健全社会心理服务体系工作奠定了基础。

当前，我国正处于经济社会快速转型期，人们的生活节奏明显加快，竞争压力不断加剧，个体心理行为问题及其引发的社会问题日益凸显，引起社会各界广泛关注。一方面，心理行为异常和常见精神障碍人数逐年增多，个人极端情绪引发的恶性案（事）件时有发生，成为影响社会稳定和公共安全的危险因素。另一方面，心理健康服务体系不健全，政策法规不完善，社会心理疏导工作机制尚未建立，服务和管理能力严重滞后。现有的心理健康服务状况远远不能满足人民群众的需求及经济建设的需要。加强心理健康服务、健全社会心理服务体系迫在眉睫。

加强心理健康服务，开展社会心理疏导，是维护和增进人民群众身心健康的重要内容，是社会主义核心价值观内化于心、外化于行的重要途径，是全面推进依法治国、促进社会和谐稳定的必然要求。各地区各部门要认真贯彻落实中央决策部署，从深化健康中国建设的战略高度，充分认识加强心理健康服务、健全社会心理服务体系的重要意义，坚持问题导向，增强责任意识，自觉履行促进群众心理健康责任，加强制度机制建设，为实现“两个一百年”奋斗目标和中华民族伟大复兴中国梦作出积极贡献。

二、总体要求

1. 指导思想

全面贯彻党的十八大和十八届三中、四中、五中、六

中全会精神，深入学习贯彻习近平总书记系列重要讲话精神和治国理政新理念、新思想、新战略，按照《精神卫生法》《国民经济和社会发展第十三个五年规划纲要》等法律政策要求，落实健康中国建设战略部署，强化政府领导，明确部门职责，完善心理健康服务网络，加强心理健康人才队伍建设。加强重点人群心理健康服务，培育心理健康意识，最大限度满足人民群众心理健康服务需求，形成自尊自信、理性平和、积极向上的社会心态。

2. 基本原则

——预防为主，以人为本。全面普及和传播心理健康知识，强化心理健康自我管理意识，加强人文关怀和生命教育，消除对心理问题的偏见与歧视，预防和减少个人极端案（事）件发生。

——党政领导，共同参与。进一步强化党委政府加强心理健康服务、健全社会心理服务体系的领导责任，加强部门协调配合，促进全社会广泛参与，单位、家庭、个人尽力尽责。

——立足国情，循序渐进。从我国基本国情和各地实际出发，将满足群众需求与长远制度建设相结合，逐步建立健全心理健康和社会心理服务体系。

——分类指导，规范发展。坚持全民心理健康素养提高和个体心理疏导相结合，满足不同群体心理健康服务需求，促进心理健康服务科学、规范、有序发展。

3. 基本目标

到2020年，全民心理健康意识明显提高。各领域各行业普遍开展心理健康教育及心理健康促进工作，加快建设心理健康服务网络，服务能力得到有效提升，心理健康服务纳入城乡基本公共服务体系，重点人群心理健康问题得到关注和及时疏导，社会心理服务体系初步建成。

到2030年，全民心理健康素养普遍提升。符合国情的心理健康服务体系基本健全，心理健康服务网络覆盖城乡，心理健康服务能力和规范化水平进一步提高，常见精神障碍防治和心理行为问题识别、干预水平显著提高，心理相关疾病发生的上升势头得到缓解。

三、大力发展各类心理健康服务

4. 全面开展心理健康促进与教育。各地要结合培育和践行社会主义核心价值观，将提高公民心理健康素养作为精神文明建设的重要内容，充分发挥我国优秀传统文化对促进心理健康的积极作用。结合“世界精神卫生日”及心理健康相关主题活动等，广泛开展心理健康科普宣传。各级宣传和新闻出版广播电视部门要充分利用广播、电视、书刊、影视、动漫等传播形式，组织创作、播出心理健康宣传教育精品和公益广告，利用影视、综艺和娱乐节目的优势传播自尊自信、乐观向上的现代文明理念和心理健康意识。各地基层文化组织要采用群众喜闻乐见的形式，将心理健康知识融入群众文化生活。创新宣传方式，广泛运用门户网站、微信、微博、手机客户端等平台，传播心理健康知识，倡导健康生活方式，提升全民心理健康素养，培育良好社会心态。各类媒体要树立正确的舆论导向，在传播心理健康知识与相关事件报导中要注重科学性、适度性和稳定性，营造健康向上的社会心理氛围。倡导“每个人是自己心理健康第一责任人”的理念，引导公民在日常生活中有意识地营造积极心态，预防不良心态，学会调适情绪困扰与心理压力，积极自助。（国家卫生计生委、中宣部、文化部、新闻出版广电总局按职责分工负责）

5. 积极推动心理咨询和心理治疗服务。充分发挥心理健康专业人员的引导和支持作用，帮助公民促进个性发展和人格完善，更好地进行人生选择，发展自身潜能，解决生活、学习、职业发展、婚姻、亲子、人际交往等方面的心理困扰，预防心理问题演变为心理疾病，促进和谐生活，提升幸福感。

倡导大众科学认识心理行为问题和心理疾病对健康的影响，将提高心理健康意识贯穿终生，逐步消除公众对心理疾病的病耻感，引导心理异常人群积极寻求专业心理咨询和治疗。各级各类医疗机构和专业心理健康服务机构要主动发现心理疾病患者，提供规范的心理疾病诊疗服务，减轻患者心理痛苦，促进患者康复。（国家卫生计生委、国家中医药局按职责分工负责）

6. 重视心理危机干预和心理援助工作。建立和完善心理健康教育、心理热线服务、心理评估、心理咨询、心理治疗、精神科治疗等衔接递进、密切合作的心理危机干预和心理援助服务模式，重视和发挥社会组织和社会工作者的作用。将心理危机干预和心理援助纳入各类突发事件应急预案和技术方案，加强心理危机干预和援助队伍的专业化、系统化建设，定期开展培训和演练。在突发事件发生时，立即开展有序、高效的个体危机干预和群体危机管理，重视自杀预防。在事件善后和恢复重建过程中，依托各地心理援助专业机构、社会工作服务机构、志愿服务组织和心理援助热线，对高危人群持续开展心理援助服务。（国家卫生计生委牵头，中央综治办、民政部等相关部门按职责分工负责）

四、加强重点人群心理健康服务

7. 普遍开展职业人群心理健康服务。各机关、企事业和其他用人单位要把心理健康教育融入员工思想政治工作，制定实施员工心理援助计划，为员工提供健康宣传、心理评估、教育培训、咨询辅导等服务，传授情绪管理、压力管理等自我心理调适方法和抑郁、焦虑等常见心理行为问题的识别方法，为员工主动寻求心理健康服务创造条件。对处于特定时期、特定岗位、经历特殊突发事件的员工，及时进行心理疏导和援助。（各部门分别负责）

8. 全面加强儿童青少年心理健康教育。学前教育机构应当关注和满足儿童心理发展需要，保持儿童积极的情绪状态，让儿童感受到尊重和接纳。特殊教育机构要针对学生身心特点开展心理健康教育，注重培养学生自尊、自信、自强、自立的心理品质。中小学校要重视学生的心理健康教育，培养积极乐观、健康向上的心理品质，促进学生身心可持续发展。高等院校要积极开设心理健康教育课程，开展心理健康教育活动；重视提升大学生的心理调适能力，保持良好的适应能力，重视自杀预防，开展心理危机干预。共青团等组织要与学校、家庭、社会携手，开展“培育积极的心理品质，培养良好的行为习惯”的心理健康促进活动，提高学生自我情绪调适能力，尤其要关心留守儿童、流动儿童心理健康，为遭受学生欺凌和校园暴力、家庭暴力、性侵犯等儿童青少年提供及时的心理创伤干预。（教育部牵头，民政部、共青团中央、中国残联按职责分工负责）

9. 关注老年人、妇女、儿童和残疾人心理健康。各级政府及有关部门尤其是老龄办、妇联、残联和基层组织要将老年人、妇女、儿童和残疾人心理健康服务作为工作重点。充分利用老年大学、老年活动中心、基层老年协会、妇女之家、残疾人康复机构、有资质的社会组织等宣传心理健康知识。通过培训专兼职社会工作者和心理工作者、引入社会力量等多种途径，为空巢、丧偶、失能、失智、留守老年人、妇女、儿童、残疾人和计划生育特殊家庭提供心理辅导、情绪疏解、悲伤抚慰、家庭关系调适等心理健康服务。鼓励有条件的地区适当扩展老年活动场所，组织开展健康有益的老年文体活动，丰富广大老年人精神文化生活，在老年人生病住院、家庭出现重大变故时及时关心看望。加强对孕产期、更年期等特定时期妇女的心理关怀，对遭受性侵犯、家庭暴力等妇女及时提供心理援助。加强对流动、留守妇女和儿童的心理健康服务。鼓励婚姻登记机构、婚姻家庭纠纷调解组织等积极开展婚姻家庭辅导服务。发挥残疾人社区康复协调员、助残社会组织作用，依托城乡社区综合服务设施，广泛宣传心理健康知识，为残疾儿童家长、残疾人及其亲友提供心理疏导、康复经验交流等服务。通过开展“志愿助残阳光行动”、“邻里守望”等群众性助残活动，为残疾人提供心理帮助。护理院、养老机构、残疾人福利机构、康复机构要积极引入社会工作者、心理咨询师等力量开展心理健康服务。（民政部、全国妇联、中国残联、全国老龄办按职责分工负责）

10. 重视特殊人群心理健康服务。健全政府、社会、家庭“三位一体”的帮扶体系，加强人文关怀和心理疏导，消除对特殊人群的歧视，帮助特殊人群融入社会。各地综治、公安、司法行政、民政、卫生计生等部门要高度关注流浪乞讨人员、服刑人员、刑满释放人员、强制隔离戒毒人员、社区矫正人员、社会吸毒人员、易肇事肇祸严重精神障碍患者等特殊人群的心理健康。加强心理疏导和危机干预，提高其承受挫折、适应环境能力，预防和减少极端案（事）件的发生。（中央综治办牵头，公安部、民政部、司法部、国家卫生计生委、中国残联按职责分工负责）

11. 加强严重精神障碍患者服务。各级综治、公安、民政、司法行政、卫生计生、残联等单位建立精神卫生综合管理小组，多渠道开展患者日常发现、登记、随访、危险性评估、服药指导等服务。动员社区组织、患者家属参与居家患者管理服务。做好基本医疗保险、城乡居民大病保险、医疗救助、疾病应急救助等制度的衔接，逐步提高患者医疗保障水平。做好贫困患者的社会救助工作。建立健全精神障碍社区康复服务体系，大力推广“社会化、综合性、开放式”的精神障碍康复模式，做好医疗康复和社区康复的有效衔接。（中央综治办、公安部、民政部、司法部、人力资源社会保障部、国家卫生计生委、中国残联按职责分工负责）

五、建立健全心理健康服务体系

12. 建立健全各部门各行业心理健康服务网络。各级机关和企事业单位依托本单位工会、共青团、妇联、人力资源部门、卫生室（或计生办），普遍设立心理健康辅导室，培养心理健康服务骨干队伍，配备专（兼）职心理健康辅导人员。教育系统要进一步完善学生心理健康服务体系，提高心理健康教育与咨询服务的专业化水平。每所高等院校均设立心理健康教育与咨询中心（室），按照师生比不少于 1：4000 配备从事心理辅导与咨询服务的专业教师。中小学校设立心理辅导室，并配备专职或兼职教师。学前教育和特殊教育机构要配备专（兼）职心理健康工作人员。公安、司法行政等部门要根据行业特点普遍设立心理服务机构，配备专业人员，成立危机干预专家组，对系统内人员和工作对象开展心理健康教育、心理健康评估和心理训练等服务。（各部门分别负责）

13. 搭建基层心理健康服务平台。将心理健康服务作为城乡社区服务的重要内容，依托城乡社区综合服务设施或基层综治中心建立心理咨询（辅导）室或社会工作室（站），配备心理辅导人员或社会工作者，协调组织志愿者，对社区居民开展心理健康宣传教育和心理疏导。各级政府及有关部门要发挥社会组织和社会工作者在婚姻家庭、邻里关系、矫治帮扶、心理疏导等服务方面的优势，进一步完善社区、社会组织、社会工作者三社联动机制，通过购买服务等形式引导社会组织、社会工作者、志愿者积极参与心理健康服务，为贫困弱势群体和经历重大生活变故群体提供心理健康服务，确保社区心理健康服务工作

有场地、有设施、有保障。（中央综治办、民政部、国家卫生计生委按职责分工负责）

14. 鼓励培育社会化的心理健康服务机构。鼓励心理咨询专业人员创办社会心理健康服务机构。各级政府有关部门要积极支持培育专业化、规范化的心理咨询、辅导机构，通过购买社会心理机构的服务等形式，向各类机关、企事业单位和其他用人单位、基层组织及社区群众提供心理咨询服务，逐步扩大服务覆盖面，并为弱势群体提供公益性服务。社会心理咨询服务机构要加大服务技能和伦理道德的培训，提升服务能力和常见心理疾病的识别能力。（国家卫生计生委、民政部、工商总局按职责分工负责）

15. 加强医疗机构心理健康服务能力。卫生计生等部门要整合现有资源，进一步加强心理健康服务体系建设，支持省、市、县三级精神卫生专业机构提升心理健康服务能力，鼓励和引导综合医院开设精神（心理）科。基层医疗卫生机构普遍配备专职或兼职精神卫生防治人员。各级各类医疗机构在诊疗服务中加强人文关怀，普及心理咨询、治疗技术在临床诊疗中的应用。精神卫生专业机构要充分发挥引领示范作用，对各类临床科室医务人员开展心理健康知识和技能培训，注重提高抑郁、焦虑、老年痴呆、孤独症等心理行为问题和常见精神障碍的筛查识别、处置能力。要建立多学科心理和躯体疾病联络会诊制度，与高等院校和社会心理服务机构建立协作机制，实现双向转诊。妇幼保健机构要为妇女儿童开展心理健康教育，提供心理健康咨询与指导、心理疾病的筛查与转诊服务。各地要充分发挥中医药在心理健康服务中的作用，加强中医院相关科室建设和人才培养，促进中医心理学发展。基层医疗卫生机构和全科医师要大力开展心理健康宣传和服务工作，在专业机构指导下，探索为社区居民提供心理评估服务和心理咨询服务，逐步将儿童常见心理行为问题干预纳入儿童保健服务。监管场所和强制隔离戒毒场所的医疗机构应当根据需要积极创造条件，为被监管人员和强制隔离戒毒人员提供心理治疗、心理咨询和心理健康指导。（国家卫生计生委牵头，教育部、公安部、司法部、国家中医药局按职责分工负责）

六、加强心理健康人才队伍建设

16. 加强心理健康专业人才培养。教育部门要加大应用型心理健康专业人才培养力度，完善临床与咨询心理学、应用心理学等相关专业的学科建设，逐步形成学历教育、毕业后教育、继续教育相结合的心理健康专业人才培养制度。鼓励有条件的高等院校开设临床与咨询心理学相关专业，建设一批实践教学基地，探索符合我国特色的人才培养模式和教学方法。医学、教育、康复、社会工作等相关专业要加强心理学理论教学和实践技能培养，促进学生理论素养和实践技能的全面提升。依托具有资质和良好声誉的医疗机构、高等院校、科研院所及社会心理健康服务机构建立实践督导体系。（教育部牵头，民政部、国家卫生计生委、中科院配合）

17. 促进心理健康服务人才有序发展。人力资源社会保障部门要加强心理咨询师资格鉴定的规范管理，进一步完善全国统一的心理咨询师国家职业标准。加强对心理咨询师培训的管理，改进鉴定考核方式，加强实践操作技能考核。对理论知识考试和实践操作技能考核都合格的考生核发职业资格证书，并将其信息登记上网，向社会提供查询服务，加强监督管理。（人力资源社会保障部牵头）

卫生计生部门要进一步加强心理健康专业人员培养和使用的制度建设。各级各类医疗机构要重视心理健康专业人才培养，鼓励医疗机构引进临床与咨询心理、社会工作专业的人才，加强精神科医师、护士、心理治疗师、心理咨询师、康复师、医务社会工作者等综合服务团队建设。积极培育医务社会工作者队伍，充分发挥其在医患沟通、心理疏导、社会支持等方面优势，强化医疗服务中的人文关怀。（国家卫生计生委牵头）

各部门、各行业对所属心理健康服务机构和人员加强培训、继续教育及规范管理，制定本部门本行业心理健康服务标准和工作规范，明确岗位工作要求，定期进行考评。（各部门分别负责）

18. 完善心理健康服务人才激励机制。各有关部门要积极设立心理健康服务岗位，完善人才激励机制，逐步将心理健康服务人才纳入专业技术岗位设置与管理体系，畅通职业发展渠道，根据行业特点分类制定人才激励和保障政策。在医疗服务价格改革中，要注重体现心理治疗服务的技术劳务价值。要加大专业人才的培训和继续教育工作力度，帮助专业人才实现自我成长和能力提升。鼓励具有相关专业背景并热心大众心理健康服务的组织和个人，积极参加心理健康知识宣传普及等志愿服务。（国家发展改革委、民政部、财政部、人力资源社会保障部、国家卫生计生委按职责分工负责）

19. 发挥心理健康服务行业组织作用。在卫生计生行政部门指导下，建立跨专业、跨部门的国家心理健康服务专家组，充分发挥心理健康服务行业组织作用，对各部门各领域开展心理健康服务提供技术支持和指导。依托专家组和行业组织，制订心理健康服务机构和人员登记、评价、信息公开等工作制度，建立国家和区域心理健康服务机构和人员信息管理体系，将相关信息纳入国家企业信用信息公示系统和国家统一的信用信息共享交换平台。对各类心理健康机构服务情况适时向社会公布，逐步形成“优胜劣汰”的良性运行机制。要建设一批心理健康服务示范单位。心理健康服务行业组织要充分发挥桥梁纽带作用，协助政府部门制定行业技术标准和规范，建立行规行约和行业自律制度，向行业主管部门提出违规者惩戒和退出建议。要开展心理健康服务机构管理者和从业人员的继续教育，不断提升心理健康服务行业整体服务水平。发挥心理健康相关协会、学会等社团组织作用，加强心理健康学术交流、培训、科学研究等工作，促进心理健康服务规范发展。（国家卫生计生委牵头，民政部、科协、中科院等相关部门配合）

七、加强组织领导和工作保障

20. 加强组织领导。各级党委、政府要将加强心理健康服务、健全社会心理服务体系作为健康中国建设重要内容，纳入当地经济和社会发展规划，并作为政府目标管理和绩效考核的重要内容。要建立健全党政领导、卫生计生牵头、综治协调、部门各负其责、各方积极配合的心理健康服务和社会心理服务体系建设工作机制和目标责任制，推动形成部门齐抓共管、社会力量积极参与、单位家庭个人尽力尽责的工作格局。要把心理健康教育作为各级各类领导干部教育培训的重要内容，把良好的心理素质作为衡量干部综合能力的重要方面，全面提升党员领导干部的心理素质。（各相关部门按职责分工负责）

21. 明确部门职责。各部门各行业要做好本部门本行业内人员的心理健康教育和心理疏导等工作。卫生计生部门牵头心理健康服务相关工作，制订行业发展相关政策和服务规范，指导行业组织开展工作，并会同有关部门研究心理健康服务相关法律及制度建设问题。综治机构做好社会心理服务疏导和危机干预，并将其纳入综治（平安建设）考评内容。宣传、文化、新闻出版广播电视部门负责协调新闻媒体、各类文化组织开展心理健康宣传教育。发展改革部门负责将心理健康服务、社会心理服务体系建设纳入国民经济和社会发展规划，完善心理健康服务项目价格政策。教育部门负责完善心理健康相关学科建设，加强专业人才培养，健全各级教育机构心理健康服务体系，组织各级各类学校开展学生心理健康服务工作。科技部门加大对心理健康服务相关科学技术研究的支持力度，并加强科技成果转化。公安、司法行政部门负责完善系统内心理健康服务体系建设，建立重大警务任务前后心理危机干预机制，组织开展被监管人员和强制隔离戒毒人员的心理健康相关工作。民政部门负责引导与管理城乡社区组织、社会组织、社会工作者参与心理健康服务，推动心理健康领域社会工作专业人才队伍建设。财政部门加大心理健康服务投入并监督使用。人力资源社会保障部门负责心理咨询师职业资格鉴定工作的规范管理。工商部门对未经许可擅自从事心理咨询和心理治疗的机构，依有关主管部门提请，依法予以吊销营业执照。中医药管理部门负责指导中医医疗机构做好心理健康服务相关工作。工会、共青团、妇联、残联、老龄办等组织负责职业人群和儿童青少年、妇女、残疾人、老年人等特定工作对象的心理健康服务工作。各相关部门要根据本指导意见制定实施方案。（各相关部门按职责分工负责）

22. 完善法规政策。不断完善心理健康服务的规范管理，研究心理健康服务相关法律问题，探索将心理健康专业人员和机构纳入法制化管理轨道，加快心理健康服务法制化建设。各地各部门要认真贯彻执行《精神卫生法》，并根据工作需要，及时制定加强心理健康服务、健全社会心理服务体系的相关制度和管理办法。鼓励各地结合本地实际情况，建立心理健康服务综合试点，充分发挥先行先试优势，不断改革创新，将实践探索得来的好经验好方法通过地方性法规、规章制度、政策等形式固化下来，为其他地区加强心理健康服务、健全社会心理服务体系提供示范引导。（国家卫生计生委牵头，相关部门配合）

23. 强化基础保障。要积极落实基层组织开展心理健康服务和健全社会心理服务体系的相关政策，加大政府购买社会工作服务力度，完善政府购买社会工作服务成本核算制度与标准规范。要建立多元化资金筹措机制，积极开拓心理健康服务公益性事业投融资渠道。鼓励社会资本投入心理健康服务领域。（民政部、财政部、国家卫生计生委按职责分工负责）

24. 加强行业监管。以规范心理健康服务行为、提高服务质量和提升服务水平为核心，完善心理健康服务监督机制，创新监管方式，推行属地化管理，规范心理健康服务机构从业行为，强化服务质量监管和日常监管。心理健康服务行业组织要定期对心理健康服务机构进行评估，将评估结果作为示范单位、实践基地建设和承接政府购买服务项目的重要依据。加强对心理健康数据安全的保护意识，建立健全数据安全保护机制，防范因违反伦理、安全意识不足等造成的信息泄露，保护个人隐私。（国家卫生计生委牵头，相关部门配合）

25. 加强心理健康相关科学研究。大力开展心理健康相关的基础和应用研究，开展本土化心理健康基础理论的研究和成果转化及应用。针对重点人群的心理行为问题和危害人民群众健康的重点心理疾病，开展生物、心理、社会因素综合研究和心理健康问题的早期识别与干预研究，推广应用效果明确的心理干预技术和方法；鼓励开展以中国传统文化、中医药为基础的心理健康相关理论和技术的实证研究，逐步形成有中国文化特色的心理学理论和临床服务规范。加强心理健康服务相关法律与政策等软科学研究，为政策法规制订实施提供科学依据。鼓励开展基于互联网技术的心理健康服务相关设备和产品研发，完善基础数据采集和平台建设。加强国际交流与合作，吸收借鉴国际先进科学技术及成功经验。（科技部牵头，教育部、国

家卫生计生委、中科院、国家中医药局等相关部门配合）

国家卫生计生委　中宣部　中央综治办　国家发展改革委
教育部　科技部　公安部　民政部　司法部　财政部
人力资源社会保障部　文化部　工商总局
新闻出版广电总局　中科院　国家中医药局
全国总工会　共青团中央　全国妇联　中国科协
中国残联　全国老龄办
2016 年 12 月 30 日

司法部关于 2016 年全国“敬老月”期间深入开展老年人法律服务和法律援助活动的通知

司发通〔2016〕96 号

各省、自治区、直辖市司法厅（局），新疆生产建设兵团司法局：

为深入贯彻落实习近平总书记关于加强老龄工作的重要指示和在中央政治局第三十二次集体学习的重要讲话精神，根据全国老龄工作委员会第十八次会议部署和《全国老龄工作委员会关于开展 2016 年全国“敬老月”活动的通知》（全国老龄委发〔2016〕5 号），司法部决定在 2016 年全国“敬老月”期间开展有关敬老爱老活动。现将有关事项通知如下：

一、活动宗旨

深入贯彻落实党和国家老龄工作方针政策，进一步落实《中华人民共和国老年人权益保障法》，贯彻落实中共中央、国务院转发的《中央宣传部、司法部关于在公民中开展法治宣传教育的第七个五年规划（2016—2020 年）》和全国人大常委会关于开展第七个五年法治宣传教育的决议，深入开展老年人法治宣传、法律服务、法律援助和人民调解工作，切实保障老年人合法权益，着力营造敬老爱老的社会氛围，不断增强老年人的获得感和幸福感。

二、活动时间

活动时间：10 月 1 日至 10 月 31 日（10 月 9 日为老年节）。

三、活动要求

（一）深入开展老年人法治宣传教育。各级司法行政部门要将保障老年人合法权益法治宣传列为“七五”普法启动实施的重要内容，投入必要的人力、物力、财力，加大老年人法治宣传教育力度。要紧密结合法律进机关、进乡村、进社区、进学校、进企业、进单位的“法律六进”主题活动，通过播放普法公益广告、提供法律咨询、散发宣传品、举办法律知识竞赛等多种形式，开展丰富多样的法治宣传教育活动，注重把老年人法治宣传融入健康养生、文体活动等日常生活中，推动老年人法治文化产品创作，引导老年人学习法律知识，依法维护自身合法权益，努力在全社会营造关爱老年人、保障老年人合法权益的良好法治氛围。

（二）健全完善老年人法律服务工作措施。组织引导广大律师、公证、基层法律服务所参与涉及老年人合法权益的诉讼、调解、仲裁和法律咨询等活动。围绕老年人最关心、最直接、最现实的法律问题，积极在医疗、保险、救助、赡养、婚姻、财产继承和监护等领域开展法律服务。根据各地实际，倡导律师事务所、公证处、基层法律服务所对经济困难但不符合法律援助条件的老年人减免法律服务收费，对无固定生活来源的老年人追索赡养费案件，予以费用减免；对 80 岁以上的老年人办理遗嘱公证免费。要充分发挥“老年维权示范岗”作用，搭建服务平台，健全服务网络，在老年人较为集中的场所，集中开展服务活动，方便老年人进行法律咨询和寻求法律服务，努力为老年人提供适应其群体特点的法律服务，切实维护老年人合法权益。推动律师事务所、公证处、基层法律服务所与当地老龄工作机构签订法律服务协议，在老龄委派专职律师、公证员、基层法律服务工作者，免费为老年人提供法律服务，有效维护老年人合法权益。

（三）进一步加强老年人法律援助工作。结合本地实际，推动扩大老年人法律援助范围，进一步放宽经济困难标准，降低老年人法律援助的门槛，把民生领域与老年人权益保护密切相关的事项纳入法律援助范围，最大限度满足老年人法律援助需求。对高龄、“三无”（无劳动能力、无生活来源、无赡养人和抚养人）、失能半失能、空巢、享受低保待遇、特困供养待遇，以及有特殊困难的老人，一律免予经济困难审查，开辟法律援助“绿色通道”。不断优化服务方式，对老年人申请法律援助实行优先受理、优先审查、优先指派，并快速办理。对 80 岁以上高龄、患病、失能等行动不便的老年人一律实行电话和网上预约、上门服务。推动有条件的地方在法律援助机构接待窗口设立老年人接待专区，为老年人接受法律服务或法律援助提供便利。加强“12348”法律服务热线建设，鼓励有条件的地方开设老年人维权专线，为老年人提供法律咨询。

（四）认真做好涉及老年人矛盾纠纷人民调解工作。组织动员广大人民调解组织和人民调解员，充分发挥人民调解优势特点，有针对性地开展涉及老年人的矛盾纠纷排查化解工作。要重点排查涉及老年人的婚姻、继承、赡养等常见多发的矛盾纠纷，建立工作台账，做到底数清，情况明。对排查发现的矛盾纠纷，要立足抓早抓小抓苗头，采取便民利民、灵活多样的方式及时就地化解，切实维护老年人的合法权益。要注重在调解过程中宣传老龄政策法规，弘扬敬老爱老传统美德，大力营造关爱老年人的良好社会氛围和舆论导向。

四、工作要求

（一）高度重视，精心组织。各级司法行政机关要充分认识开展今年“敬老月”活动的重要意义，高度重视，精心组织，周密部署，紧密结合实际，制定具体实施方案，细化工作措施。要进一步加强与当地老龄部门的沟通联系，紧密配合，通力协作，建立健全信息交流和定期沟通机制，不断提升服务老龄工作的针对性、实效性，充分发挥司法行政在服务老龄工作中的职能作用。

（二）面向基层，注重实效。各级司法行政机关要把“敬老月”活动的着力点放在基层，面向社区，面向农村；要以老年人法律服务、法律援助和人民调解需求为导向，因地制宜，注重实效，不搞形式主义；要把活动重点放在为老年人办实事、做好事、解难事上，扎扎实实为老年人解决实际困难，真真切切让老年人感受到沐浴法治阳光的温暖。

（三）加大宣传，营造氛围。各级司法行政机关要根据今年“敬老月”活动主题，制定宣传工作方案，抓好组织实施。要充分发挥网络、报刊、影视等媒体的作用，开设“敬老月”活动专题、专栏、专版，集中时间集中力量，大力宣传为老服务的先进事迹和优秀典型，展示司法行政服务老龄的良好形象和风貌，着力营造“敬老月”活动的良好社会氛围。

各地贯彻本《通知》情况，请及时报部。

国家新闻出版广电总局、全国老龄工作委员会办公室关于联合举办2016年全国敬老养老助老公益广告作品征集暨展播活动的通知

新广电发〔2016〕98号

各省、自治区、直辖市及新疆生产建设兵团新闻出版广电局、老龄工作委员会办公室，计划单列市老龄工作委员会办公室，中央三台，电影频道节目中心，中国教育电视台：

近年来，我国公益广告发展取得显著成绩，涌现出一批主题突出、社会效应好、群众认可度高的优秀作品，受到社会各界广泛好评。为充分利用好公益广告这一载体，发挥其形象化、可视性、传播快等特点，深入宣传贯彻党的十八届五中全会精神，推进社会主义核心价值体系建设，培育知荣辱、讲正气、作奉献、促和谐的良好风尚，弘扬敬老养老助老的中华民族传统美德，国家新闻出版广电总局、全国老龄工作委员会办公室决定联合开展2016年全国敬老养老助老主题公益广告作品征集暨展播活动。现将有关事宜通知如下：

一、总体要求

以弘扬敬老养老助老社会风尚为主题，活动采取向社会公开征集的方式进行，引导提升敬老公益广告设计创作水平，推出一批导向正确、创意新颖、表现丰富、群众接受度高的优秀敬老广播电视公益广告作品。获奖作品组织在全国进行展播，以弘扬正风正气，推动各地更加重视老龄工作，推动全社会更加孝亲敬老，关爱老年人，促进代际和谐与家庭和睦，为积极开展应对人口老龄化行动，促进老龄事业持续健康发展营造良好社会氛围。

二、宣传主题

要充分落实和体现党的十八届五中全会关于积极开展应对人口老龄化行动的总要求，挖掘和阐发中华优秀传统文化讲仁爱、重民本、守诚信、崇正义、尚和合、求大同的时代价值，大力凸现敬老养老助老的主要内涵、实践要求、行为方式，引导全社会自觉敬重老年人，传承中华文化，使敬老养老助老成为社会风尚。大力凸现中华民族传统家庭美德，引导人们注重家庭、注重家教、注重家风，

弘扬中华孝道，使社会主义核心价值观在家庭亲情里生根开花。大力凸现助人为乐、团结友善、济困帮贫的价值追求，引导助老志愿服务，给予老年人更多生活上的帮助和精神上的安慰，让老年人有更多温暖感、获得感，使所有的老年人都能安享幸福晚年。

三、活动时间

全国敬老养老助老主题公益广告作品征集评选时间：2016年5月至2016年9月。

全国敬老养老助老主题公益广告优秀作品展播时间：2016年10月至2017年9月。

四、活动组织

（一）本次活动由国家新闻出版广电总局和全国老龄办联合主办。其中，国家新闻出版广电总局负责活动宣传报道、组织播出机构参与创作、协调优秀作品展播等工作；全国老龄办负责协调落实活动资金，组织各级老龄办和社会各界力量创作公益广告等工作。此外，各级新闻出版广电部门和老龄办参照上述分工，分别负责本辖区内有关工作。

（二）本次活动由中国传媒大学全国公益广告创新基地承办。整个征集活动（包括初选、复选、网络投票评选等活动）的策划与执行工作，负责联合有关机构与同业人士共同完成上述工作。

五、参加方式

（一）参加对象：面向全国各级老龄部门及社会各界征集优秀敬老公益广告作品，电台、电视台、影视制作机构、高等院校及个人均可报名参加，鼓励各级老龄部门与电台、电视台联合制作老龄公益广告作品。

（二）报名方式：参加本次作品征集活动人员需认真填写活动报名表，连同作品的音视频光盘、设计说明一同寄到组委会进行报名，同时将以上资料电子版发送至组委会指定邮箱，邮件标题格式为“全国敬老养老助老主题公益广告征集活动作品－作者名－作品名”。报名截止时间为2016年7月31日。

组委会联系人（收件人）：和群坡，刘林清，010－65783234、13801318145、18500298052；报名邮寄地址：北京市朝阳区定福庄东街1号中国传媒大学广告学院（全国公益广告创新研究基地），邮编：100024；邮箱：ssgygg2016@163.com

国家新闻出版广电总局联系人：许旭，010－86098540。

全国老龄办联系人：李伟旭，010－58122106。

国家新闻出版广电总局　全国老龄工作委员会办公室

2016年5月20日

国家新闻出版广电总局办公厅、全国老龄办综合部关于开展2016年向全国老年人推荐优秀出版物活动的通知

新广出办发〔2016〕71号

各省、自治区、直辖市新闻出版广电局、老龄工作委员会办公室，新疆生产建设兵团新闻出版广电局、老龄工作委员会办公室，中央军委政治工作部宣传局，中央和国家机关各部委、各民主党派、各人民团体出版单位主管部门，中国出版集团公司，中国教育出版传媒集团有限公司，中国科技出版传媒集团有限公司：

为深入贯彻落实党的十八大和十八届三中、四中、五中全会精神，深入学习贯彻习近平总书记系列重要讲话精神，用中国特色社会主义理论和中国梦凝聚思想共识，持续深入推进社会主义核心价值观建设，推动全民阅读活动更加广泛和深入开展，实现“老有所养、老有所医、老有所为、老有所学、老有所乐”的老龄社会目标，国家新闻出版广电总局与全国老龄工作委员会办公室决定开展2016年向全国老年人推荐优秀出版物活动，以满足老年人多样化、个性化的精神文化需求，让广大老年人共享经济社会文化发展成果，安度晚年幸福生活，营造尊老敬老的社会氛围。现就有关事项通知如下：

一、组织申报工作

各地新闻出版广电行政部门和中央出版单位主管部门，要以高度的责任感，周密部署，精心组织，充分调动出版单位的积极性，加强对所属、所辖出版单位申报优秀出版物工作的指导，认真审核各出版单位报送的样本和材料，并集中报送。

二、申报重点和范围

申报范围为2015年1月以来出版发行的优秀出版物，包括图书、音像制品和电子出版物。每家出版单位报送数

量不超过5种。

报送出版物要反映时代风貌，贴近百姓生活，符合老年人的阅读特点。在内容上要覆盖老年人生活的医、食、住、用、行、娱等各个方面，注重思想性、艺术性、可读性相统一，有利于加强中国梦和社会主义核心价值观宣传教育活动，有利于弘扬中华民族优秀文化和传统美德，有利于丰富老年人的阅读和文化精神生活，有利于引导老年人树立积极老龄化、健康老龄化的理念，有利于倡导老年人终身学习、奉献社会、自尊自爱的时代风尚。在形式上要便于老年人阅读，提倡大字号本、有声读物。

三、申报程序和时间

出版单位申报需要填报《向全国老年人推荐优秀出版物申报表》（见附件），并提供样本每种3册（盘）。各出版单位的申报材料由各地新闻出版广电行政部门或中央出版单位主管部门汇总审核、盖章后，于2016年9月10日前统一邮寄、报送至华龄出版社（地址：北京市朝阳区东大桥斜街4号；邮编：100020；联系人：李梦娇、阎禛圆；电话：010－58124205或010－58124211；传真：010－58124204。申报表及电子版文件于9月10日前发至邮箱：yzy01986@163.com。

总局和全国老龄办将组织有关专家对各出版单位报送的出版物进行评议，向全国老年人推荐一批优秀出版物，并将在10月份“敬老月”期间组织开展主题阅读活动。相关部门要充分发挥中央和地方各级党报、党刊、电台、电视台及网络媒体的宣传作用，开设活动专题和专栏，宣传推介优秀出版物，引领老年人阅读风尚。

国家新闻出版广电总局办公厅
全国老龄工作委员会办公室综合部
2016年8月17日

国家新闻出版广电总局办公厅、全国老龄办综合部关于公布2016年向全国老年人推荐优秀出版物的通知

新广出办发〔2016〕79号

各省、自治区、直辖市新闻出版广电局、老龄工作委员会办公室，新疆生产建设兵团新闻出版广电局、老龄工作委员会办公室，中央军委政治工作部宣传局，中央和国家机关各部委、各民主党派、各人民团体出版单位主管部门，中国出版集团公司，中国教育出版传媒集团有限公司，中国科技出版传媒集团有限公司：

为全面贯彻落实党的十八大和十八届三中、四中、五中全会精神，深入学习贯彻习近平总书记系列重要讲话精神，推动全民阅读活动更加广泛深入开展，满足老年人日益增长的精神文化需求，国家新闻出版广电总局与全国老龄工作委员会办公室联合开展了2016年向全国老年人推荐优秀出版物活动。全国出版单位共报送参评出版物1300余种。经分类遴选、专家论证、质量检查等程序，决定向全国老年人推荐50种优秀出版物。现就有关事项通知如下：

一、切实加强宣传推广。

各省级新闻出版广电局和老龄工作委员会办公室要积极向广大老龄读者宣传推介入选的优秀老年人出版物，组织新闻媒体开辟专题、专栏，做好优秀老年人出版物的宣传推广工作，并将这批优秀出版物纳入农家书屋、社区书屋目录，充分发挥引领示范作用。

二、广泛举办展示展销。

各省级新闻出版广电局要组织出版单位、发行单位认真做好入选出版物的展示展销工作。在重阳节和“敬老月”期间，中心城市新华书店和书城以及各网络书店要设立专柜、专架，集中展示展销这批优秀出版物。各相关单位要切实做好优秀老年人出版物的出版、供货等工作，以优质的服务、优惠的价格向广大老龄读者提供更好更多的优秀出版物。

三、深入开展阅读活动。

各省级新闻出版广电局和老龄工作委员会办公室要结合全民阅读活动、“敬老月”活动以及其他部门组织的敬老助老活动，充分利用向老年人推荐的优秀出版物，开展多种形式的阅读活动，吸引老龄读者积极参与，帮助老龄读者快乐阅读，不断丰富老年人的精神文化生活。

四、认真做好总结工作。

国家新闻出版广电总局和全国老龄工作委员会办公室将颁发入选证书，对入选出版物的出版单位予以表扬。各省级新闻出版广电局和中央出版单位主管部门也要认真总

结本地区本部门的推荐工作，表扬在此次活动中表现突出的出版单位。各相关出版单位要认真学习借鉴这批优秀出版物的出版经验，重视和加强老龄读物出版工作，为营造敬老养老助老的和谐社会风尚贡献力量。

附：2016 年向全国老年人推荐优秀出版物名单

国家新闻出版广电总局办公厅
全国老龄工作委员会办公室综合部
2016 年 9 月 28 日

附：2016 年向全国老年人推荐优秀出版物名单

序号	书名	作者	出版单位
文化类			
1	习近平总书记系列重要讲话读本（2016 年版）	中共中央宣传部　编	学习出版社 人民出版社
2	全面小康热点面对面——理论热点面对面·2016	中共中央宣传部理论局　编	学习出版社 人民出版社
3	红军长征热点面对面	石仲泉　著	广东教育出版社
4	根据地——中国共产党人不能忘却的记忆	李延国、李庆华　著	泰山出版社
5	毛泽东怎样写文章	梁衡　著	北京联合出版公司
6	陈云手迹故事	孙东升、蒋永清　主编	重庆出版集团
7	董必武家书	董必武　著，董绍壬　编选	生活·读书·新知三联书店 生活书店
8	中国文化的根本精神	楼宇烈　著	中华书局
9	大写西域	高洪雷　著	人民文学出版社
10	“图说史记”系列丛书	强尚龙等　编译	西安交通大学出版社
11	小书馆：文言浅说	瞿蜕园、周紫宜　著　当代中国出版社	
12	中国速度：中国高速铁路发展纪实	王雄　著	外文出版社
13	读享世界——花甲背包客眼中的各国文化性格	张广柱、王钟津　著	华龄出版社
健康类			
1	中国居民膳食指南（2016 科普片）	中国营养学会　编著	人民卫生出版社
2	“上海市老年教育普及教材”系列丛书	孙文钟、董文哲、博华、程云、朱明德等　编著	复旦大学出版社 科学出版社
3	让好呼吸随时在身边：清嗓护肺金效御方	苏全新　编著	中国中医药出版社
4	冠心病专家解读 300 问	乔树宾　主编	中国协和医科大学出版社
5	漫画脑卒中	缪中荣　著	人民卫生出版社
6	老年痴呆症的预防与陪护指南	（日）浦上克哉 著，奥蓝格、韩族译	
7	老年人家庭保健与照护指南	王培安 主编	中国人口出版社
8	老有所医：老龄社会之居家养老与医养结合丛书	张贵闵、蔡爽旻、应岗、桑德春等 编	北京科学技术出版社
9	“名院名医谈健康”系列丛书	文利平等 编著	中国人口出版社

续表

10	让我们与健康同行——科学保健实用手册	长沙市卫生和计划生育委员会、长沙市健康促进与教育协会 编	湖南科学技术出版社
文艺类			
1	去年天气旧亭台	叶广岑 著	北京十月文艺出版社
2	雪窗帘	迟子建 著	百花洲文艺出版社
3	血梅花	胡学文 著	山东文艺出版社
4	生活从六十岁开始	（法）奥利维埃·伯纳德著，杨起 译	浙江大学出版社
5	最好的时光	简平 著	海豚出版社
6	历代名家碑帖集字大观	黄志安 主编	广西美术出版社
7	中国画入门	梅若等 著	上海书画出版社
8	标准草书·第十一次本	于右任 主编	上海辞书出版社
9	世界艺术史	（法）艾黎·福尔 著，张延风、张泽乾 译	中国财政经济出版社
10	中国艺术史九讲	方闻 著	上海书画出版社
生活类			
1	中国老年人避险与自救指南	全国老龄工作委员会办公室、民政部 编	华龄出版社
2	生活艺术化十讲	宋生贵 著	人民出版社
3	中外名人长寿录	耿洪森 主编	黄山书社
4	老年人权益保护	刘玉民 主编	中国民主法制出版社
5	“十万个为什么（老年版）”系列丛书	上海科普教育促进中心 编	复旦大学出版社 上海科学技术出版社 上海科学普及出版社
6	茶史漫话	俞鸣 著	上海古籍出版社
7	秘境——中国玉器市场见闻录	白描 著	北京十月文艺出版社
8	快乐老年	袁志发 著	中国文联出版社
9	种菜书	吴当 著	湖北科学技术出版社
10	草木民间食经	唐不悲 著	广东人民出版社
11	细说二十四节气	金传达 编著	气象出版社
音像电子类			
1	暖流	DVD	红星电子音像出版社
2	永远的焦裕禄	DVD	黄河音像出版社
3	我的名字叫建国	DVD	吉林音像出版社
4	大抗战	DVD	学习出版社
5	中华诗韵	DVD	人民教育电子音像出版社

中国残联等13部门关于印发《无障碍环境建设“十三五”实施方案》的通知

残联发〔2016〕50号

各省、自治区、直辖市及计划单列市残联、住房和城乡建设、教育、公安、民政、交通运输、工业和信息化、新闻出版广电、网信办、旅游、民航、老龄厅（局、委、办）、各铁路局，新疆生产建设兵团残联、建设局、教育局、公安局、民政局、交通局、工业和信息化委员会、网信办、文化广电局、出版局：

为做好“十三五”期间无障碍环境建设工作，根据国务院印发的《“十三五”加快残疾人小康进程规划纲要（2016－2020年）》，中国残联、住房和城乡建设部、教育部、公安部、民政部、交通运输部、工业和信息化部、国家新闻出版广电总局、国家互联网信息办公室、中国铁路总公司、国家旅游局、中国民航局、全国老龄工作委员会办公室联合制定了《无障碍环境建设“十三五”实施方案》，现印发给你们，请认真贯彻执行。

中国残联　住房和城乡建设部　教育部　公安部
民政部　交通运输部　工业和信息化部
国家新闻出版广电总局　国家互联网信息办公室
中国铁路总公司　国家旅游局　中国民航局
全国老龄工作委员会办公室
2016年9月21日

无障碍环境建设“十三五”实施方案

一、背景

“十二五”期间，国务院颁布实施《无障碍环境建设条例》，为城乡无障碍环境建设开展提供法规保障。住房城乡建设、交通运输（民航、铁路）、工业和信息化、广播电视、金融、公安、教育、旅游等部门出台实施了一系列推进无障碍环境建设的政策措施、标准。住房和城乡建设部、工业和信息化部、民政部、中国残联、全国老龄办开展了创建全国无障碍环境市县工作，50个市县获选全国无障碍建设示范市县，143个市县获选全国无障碍建设创建市县。各地积极采取措施，推进残疾人、老年人家庭无障碍改造工作。城乡无障碍环境建设水平进一步提升，残疾人、老年人和全体社会成员参与社会生活的环境更加便利。

我国无障碍环境建设仍存在一些亟待解决的困难和问题，主要有：全社会无障碍意识有待进一步提高；一些新建无障碍设施不规范、不系统，无障碍建设相关技术标准尚未得到有效执行；部分城市已建设施未进行无障碍改造；无障碍设施管理亟待加强；信息交流无障碍建设、残疾人、老年人家庭无障碍改造、农村无障碍建设等较为滞后。

为进一步推进无障碍环境建设，依据国务院印发的《“十三五”加快残疾人小康进程规划纲要（2016－2020年）》，制定本方案。

二、任务目标

——以解决残疾人、老年人无障碍日常出行、获取信息为重点，全面提升城乡无障碍环境建设水平。落实《无障碍环境建设条例》和《国家新型城镇化规划（2014－2020年）》，推进无障碍设施规范化、系统化建设，加快推进政府机关、学校、社区、旅游景区、社会福利、公共交通等公共场所和设施的无障碍改造，深入开展信息交流无障碍建设，稳步推进农村地区无障碍环境建设。

——完善无障碍环境建设相关政策标准，促进基本公共服务均等化。在交通、教育、金融、旅游、食品药品、信息网络、紧急避险和应急疏散等行业和领域出台一系列无障碍环境建设的政策、标准，健全无障碍基本公共服务，为残疾人参与社会生活、获得公共服务创造更好条件。

——解决影响残疾人、老年人日常起居、基本生活的家庭环境障碍，为残疾人实现全面小康奠定物质基础。切实加大贫困重度残疾人家庭无障碍改造工作力度，通过多种措施，推动各地全面开展残疾人、老年人家庭无障碍改造。

三、主要措施

（一）依法开展无障碍环境建设。

切实贯彻《无障碍环境建设条例》，依法加强无障碍环境建设、管理。住房城乡建设部、工业和信息化部、中国残联等部门加强《无障碍环境建设条例》的宣传和实施情况监督检查。

各地应依据《无障碍环境建设条例》，结合地方实际，加快制定、修订条例地方实施办法，争取在“十三五”末完成，进一步完善相关规划，并采取措施促进实施。

（二）健全无障碍建设工作机制。

各地要将无障碍建设纳入经济社会发展规划和城乡规划，制定无障碍建设改造专项规划和“十三五”实施方案，切实采取措施，加强领导，创新方式，推广无障碍通用设计理念。

县级以上地方建立政府统一领导、相关部门参加的无障碍建设组织协调机构，建立、完善相关工作机制。

积极引导社会力量参与无障碍建设，进一步加强对无障碍建设的社会监督。有条件的地方成立无障碍发展促进会。建立由人大代表、政协委员以及残疾人、老年人、媒体代表等参与的无障碍监督员队伍。相关部门应为促进会和无障碍监督员队伍开展工作创造条件。

（三）完善无障碍环境建设相关政策、标准。

进一步修订完善与无障碍环境建设相关的城市公共设施建设规划，鼓励制定促进社会资本投入无障碍环境建设的优惠激励政策，出台加强学校无障碍改造、加强政府和社会公共服务网站无障碍改造、食品药品信息无障碍识别、金融无障碍、残疾人紧急避险和应急疏散等政策，推动制定盲人、聋人信息消费支持政策。

制定铁道客车及动车组无障碍设施通用技术条件、无障碍客运船舶、移动互联网终端无障碍、导盲犬驯养管理等无障碍国家、行业标准，推进信息无障碍国际标准化工作，完善无障碍建设标准体系和评价体系，为无障碍环境建设提供技术支持。

（四）开展无障碍环境市、县、村镇创建工作。

落实《国家新型城镇化规划（2014—2020年）》，巩固创建全国无障碍环境市县工作的成果，开展无障碍环境建设城市复检复评。住房和城乡建设部、工业和信息化部、民政部、中国残联、全国老龄办等有关部门完善全国无障碍环境市县创建工作协调领导机制，组织有关部门、专家完善实施创建工作标准，组织指导地方开展创建全国无障碍环境市、县工作，同时将无障碍环境建设融入文明城市、智慧城市创建内容，全面推进我国城市无障碍化建设。

切实将无障碍环境建设纳入新农村建设、村庄环境整治内容，探索总结村镇无障碍环境建设工作经验，开展无障碍村镇创建工作，逐步推广农村地区无障碍环境建设。

（五）加大无障碍建设与改造力度。

按照无障碍设施工程建设相关标准和规范要求，对新建、改建设施的规划、设计、施工、验收严格监管，进一步提高无障碍设施系统化、规范化、标准化和质量。

制定计划，提高改造比例，提供资金保障，加快推进政府机关、学校、社区、旅游景区、社会福利、公共交通等公共场所和设施的无障碍改造。完善无障碍设施相关使用信息或指示标志。

航空、铁路、城市公共交通、医疗卫生、文化、体育、金融、邮政、商业、旅游等切实将无障碍建设纳入各相关行业建设内容，与行业公共服务设施建设同步推进。

加强无障碍设施日常维护与管理，纳入城市管理内容，建立城市无障碍设施电子数据库，加大对占用、破坏无障碍设施等违法行为的处罚力度，确保无障碍设施发挥功能。

（六）发展信息交流无障碍。

进一步将无障碍信息交流建设纳入信息化建设规划，设区市以上政府新闻发布会逐步增加手语服务，推进影像制品、电视栏目加配字幕，鼓励有条件的电视台电视节目加配手语解说，各部委、各省、设区市政府网站和主要社会公共服务机构网站无障碍服务能力达到基本水平，加快推进食品药品信息识别无障碍。推广在公共服务机构和公共场所为残疾人提供语音和文字提示、手语、盲文等信息交流服务。加强信息无障碍通用产品、技术的研发、推广、应用。推进聋人手机短信服务平台建设。图书和声像资源数字化建设实现信息无障碍。推进社区选举无障碍。全面实施方便聋人短信报警服务。

（七）广泛开展残疾人、老年人家庭无障碍改造。

规范家庭无障碍改造内容，推广残疾人、老年人家居无障碍设计，在城市保障房建设和农村危房改造中考虑残疾人、老年人家庭无障碍建设内容，通过政府购买服务、动员社会力量支持等多种形式，切实加大贫困重度残疾人家庭无障碍改造工作力度，解决残疾人、老年人家庭生活障碍，为残疾人实现全面小康奠定物质基础。

（八）开展无障碍建设研究、宣传。

支持高等院校、科研机构成立相关研究机构，开设无障碍相关课程，开展无障碍建设研究，培养专门人才。

组织开展无障碍环境建设带动当地经济社会发展衡量指标、不同类型城市无障碍设施建设特点、视障群体行为特点和对盲道需求、城市标识体系与无障碍标识体系整合等方面的课题研究，发挥全国无障碍环境建设专家委员会作用，为“十三五”无障碍工作开展提供智力支持。

对无障碍环境规划、设计、施工、建设、管理、监督等人员开展无障碍知识培训，增强执行规范和开展无障碍监督的自觉性和能力。

多种形式、多种载体开展无障碍建设的宣传，发挥互联网作用，进一步普及无障碍知识，创新无障碍品牌，提高无障碍意识，扩大无障碍效应，营造全社会关心、支持、参与无障碍建设的良好氛围。

四、检查评估

（一）各相关部门于2018年对本方案实施情况进行中期检查，2020年进行全面总结验收。适时组织全国无障碍环境建设专家委员会和残疾人组织及代表、智库研究机构等进行第三方评估。

（二）住房和城乡建设部、工业和信息化部、民政部、中国残联、全国老龄办根据国家有关规定，对创建无障碍环境市、县、村镇进行评比表彰。

北京市人民政府关于印发《北京市“十三五”时期老龄事业发展规划》的通知

京政发〔2016〕59号

各区人民政府，市政府各委、办、局，各市属机构：

现将《北京市“十三五”时期老龄事业发展规划》印发给你们，请认真贯彻实施。

北京市人民政府

2016年12月15日

北京市“十三五”时期老龄事业发展规划

序言

老龄事业是党和政府的一项重要社会事业。认真编制和实施《北京市“十三五”时期老龄事业发展规划》，对于及时、科学、综合应对人口老龄化挑战，促进首都经济社会全面、协调、可持续发展具有重要意义。

本规划紧紧围绕“四个全面”战略布局，着眼于首都城市功能定位和京津冀协同发展，以让全市老年人有更多获得感为目标，提出“十三五”时期的战略目标、主要任务和保障措施，是首都老龄事业的发展蓝图和行动纲领。

本规划依据《中华人民共和国老年人权益保障法》、《北京市居家养老服务条例》、《北京市国民经济和社会发展第十三个五年规划纲要》以及与北京市老龄工作相关的其他法律、法规、政策等编制。

本规划规划期限为2016年—2020年。

第一部　分规划背景

一、发展现状

“十二五”期间，北京市坚持“党政主导、社会参与、全民关怀”的老龄工作方针，立足首都功能定位和人口老龄化发展趋势，深化改革创新、强化政策支持、完善体制机制、巩固基层基础，养老服务和保障水平显著提升。

——顶层制度设计更加科学。围绕“9064”养老工作整体布局，适时调整老龄事业战略重点，加大政策法规支持力度，颁布全国首部居家养老地方法规《北京市居家养老服务条例》，出台《北京市人民政府关于加快推进养老服务业发展的意见》（京政发〔2013〕32号），制定实施养老照料中心建设、养老助餐服务、医养结合、养老护理队伍建设等配套政策，弥补居家养老服务短板，培育发展养老服务产业，初步形成以居家为基础、社区为依托、机构为补充的养老服务格局。

——福利保障水平显著提高。根据首都经济发展水平，逐年提高养老保障标准，企业离退休人员平均养老金、城乡居民基础养老金、城乡居民福利养老金年均增长10%以上，老年医疗保障、社会救助、高龄津贴、计划生育家庭奖励扶助补贴、老年优待等制度日益完善，在重点保障特殊困难老年人基础上，逐步惠及全体老年人，让所有老年人共享经济社会发展成果。

——养老服务需求有效满足。全面实施居家养老（助残）服务“九养”政策，建立居家养老（助残）服务补贴制度，发展社区老年餐桌和托老所。建设154个街道（乡镇）养老照料中心，辐射社区居家养老服务。完善落实床位建设运营补贴、税收减免等优惠政策，扶持社会力量创办养老机构，实施公办养老机构社会化改革，大幅提升机构养老服务效能。成立市老龄产业协会、养老行业协会、社区服务协会等一批专业化社会组织，引导企事业单位和社会组织参与养老服务，社会力量投入养老行业热情高涨。积极发展老年人文化、体育和教育事业，广泛开展精神关怀公益服务，老年人精神文化生活更加丰富。“十二五”期间，全市养老床位数由7万张增加到12万张，养老机构70%实现社会化运营，发展养老服务单位1.5万家，切实满足老年人多样化服务需求。

——事业发展基础更加坚实。完善市老龄委工作制度，强化对全市养老工作的组织领导和统筹协调。市政府设立养老服务专项资金，五年来共投入50多亿元支持养老服务业发展。出台《北京市养老服务设施专项规划》、《北京市居住公共服务设施配置指标实施意见》，科学布局、标准配置养老服务设施。搭建养老服务信息平台，推进养老助残券更换为“北京通—养老助残卡”，全面掌握老年人需求和消费信息，为科学决策和完善服务提供支撑。大力弘扬尊老敬老优良传统，以市政府名义命名“孝星”4.5万名，全社会老龄意识明显增强，爱老助老社会氛围日益浓厚，老年人权益得到切实保障。

二、面临形势

“十三五”时期是我国全面建成小康社会的决胜阶段。党和政府、社会各界高度重视人口老龄化问题，老龄事业发展迎来难得机遇，同时也面临着重大挑战。

（一）人口老龄化形势

本市正处于中度老龄化阶段，人口老龄化体现以下突出特点：一是规模大。截至2015年底，全市60岁及以上户籍老年人口约313.3万，占户籍总人口的23.4%，户籍人口老龄化程度居全国第二位；全市常住老年人口340.5万，占常住人口总数的15.7%。二是增速快。全市平均每天净增500余名60岁及以上老年人，净增120余名80岁及以上高龄老年人。预计到2020年，全市户籍老年人口将超过380万，常住老年人口将超过400万。三是不均衡。城六区户籍老年人口占全市户籍老年人口的2/3，老龄化程度（24.7%）高于郊区（21.1%）。

（二）人口老龄化挑战

人口老龄化对经济发展、社会保障、社会服务等各方面产生深远影响。一是劳动适龄人口比重下降，影响劳动力有效供给。常住人口老年抚养比持续上升，从2010年的15.9%增长到2015年的21.1%，加重了劳动年龄人口负担。二是由于社会保险扩面征缴空间收窄、享受待遇人群增加、待遇刚性增长和人口老龄化加剧等原因，社会保障基金支撑能力面临严峻考验。三是家庭规模小型化，高龄、失能、失智、失独等特殊困难老年人逐年增加，给家庭和社会带来巨大的养老压力。

（三）老龄事业发展机遇

党和政府高度重视老龄事业发展，提出要及时、科学、综合应对人口老龄化，老龄事业迎来重要发展机遇期。一是北京作为首都，发展优势更加明显、前景更加广阔、转型升级发展的潜力巨大，为老龄事业发展提供了更加有力支撑。二是“十三五”时期本市仍处于中度老龄化阶段，劳动力供给相对充足，社会负担相对较轻，为开展老龄工作提供了宝贵的缓冲期。三是随着社会保障制度逐步完善，老年人收入水平稳步增长，消费能力日益提升，养老服务业正成为拉动内需、扩大就业、推动经济转型升级、促进首都服务业发展新的增长点。

第二部分　指导思想、基本原则和发展目标

一、指导思想

深入贯彻落实习近平总书记系列重要讲话和对北京重要指示精神，按照“五位一体”总体布局和“四个全面”战略布局，落实“创新、协调、绿色、开放、共享”的发展理念，紧紧围绕及时、科学、综合应对人口老龄化要求，适应本市人口老龄化发展新形势、新变化，调整体制、创新机制，加强统筹、整合力量，完善养老重大政策和制度，加大基本养老保障力度，实施居家养老幸福工程，全面放开养老服务市场，构建具有首都特色的养老服务和保障体系，增进老年群众福祉，让首都老年人有更多获得感。

二、基本原则

——坚持政府主导，社会主体。政府承担制定政策标准、建设基础设施、提供土地和资金支持、加强行业监管等职能。全面放开养老服务市场，充分发挥社会主体作用，激发市场活力，动员全社会广泛参与，形成共同推进老龄事业发展的合力。

——坚持保障基本，适度普惠。在重点保障经济困难、高龄、失能、失智、失独等特殊困难老年群体基础上，推进养老保障和养老服务适度普惠与均等化，建立健全老年人分类保障和服务制度，依法维护全体老年人的合法权益。

——坚持创新驱动，综合施策。坚持需求导向和社会化、产业化发展方向，创新工作理念、思路和方法，支持各区因地制宜、突出重点、试点先行，改进养老服务供给方式，改革养老服务管理机制，创新养老服务形式，多措并举推进老龄事业创新发展。

——坚持厚植发展，补齐短板。厚植本市养老政策、资源和环境等发展优势，破解医养结合、城乡均等、京津冀区域协同、体制机制等难题，重点做实居家养老、农村

养老、失智失能老年人照护等工作，优化养老服务空间布局，补齐养老服务体系短板。

三、发展目标

到2020年，适应建设国际一流的和谐宜居之都要求，努力实现本市养老工作理念和模式更加先进，养老保障和服务体系更加健全，管理体制机制运转更加高效，社会参与意识和能力显著增强，形成具有首都特色的养老模式，老年人民生福祉和生活品质实现跨越提升。

——社会养老保障体系更加完善。五项社会保险基金收缴率保持98%以上，城乡基本社会保险实现应保尽保。老年人养老保障和医疗保障待遇逐年提高，老年人社会福利和社会优待制度更加完善，老年人身心更加健康，消费能力逐步增强，生活水平不断提高。

——社会养老服务体系丰富多样。养老服务实现社会化、产业化、体系化、信息化发展，服务内容更加丰富，服务供给相对充足。《北京市居家养老服务条例》深入落实，社区养老服务日趋成熟，居家养老幸福工程初具规模。养老机构服务能力显著提升，实现老年人按需住得进、住得起。养老服务市场全面放开，京津冀养老服务协同发展取得实效，养老服务业成为首都服务业的重要内容。

——老龄社会管理体系共建共享。老龄工作体制机制更加顺畅，工作力量逐步加强。政府支持各类市场主体增加养老服务和产品供给的机制更加成熟，管理监督机制更加完善。养老服务企业和社会组织发展壮大，家庭养老功能得到增强。

——老龄政策法规体系更加完备。完成首都科学应对人口老龄化战略研究，养老政策措施更加健全，养老与经济、社会、文化等领域的政策有序衔接，体系化的制度安排初步形成，老龄政策法规体系基本完备。

“十三五”期间老龄事业发展主要指标

序号	指标	目标	属性
1	五项社会保险基金收缴率（%）	≥98	约束性
2	人均期望寿命（岁）	>82.4	预期性
3	每千名户籍老年人养老机构床位数（张）	40	预期性
4	护养型养老床位比例（%）	>70	约束性
5	养老机构床位使用率（%）	≥80	预期性
6	街道（乡镇）养老照料中心（个）	208	约束性
7	社区养老服务驿站（个）	≥1000	预期性
8	社区养老服务设施建设	基本实现全覆盖	预期性
9	“北京通—养老助残卡”依申请发卡率（%）	100	预期性
10	老年人参加老年人协会率（%）	>50	预期性
11	区级和街道（乡镇）具有独立法人资格的老年人协会覆盖率	基本实现全覆盖	预期性
12	万名老年人拥有养老护理员数（人）	>50	预期性

第三部分 主要任务

一、健全养老保障服务体系

适应人口老龄化发展趋势，加快健全养老保障、养老服务、老龄工作和老龄政策体系，全面推进本市老龄事业发展。

（一）完善社会养老保障体系

建立完善更加公平、可持续的社会保障制度，切实保障老年人基本生活，稳步增加老年人收入，提高老年人福利和优待水平。

1. 提高老年人养老保障水平

深化养老保障制度改革，建立多层次养老保险体系。完善职工养老保险个人账户制度，健全多缴多得激励机制。根据社会经济发展水平和物价增长情况，健全机关事业单位和企业离退休人员基本养老金合理调整机制，适度提高城乡居民基础养老金和福利养老金水平，逐步缩小不同群体之间的待遇保障差距。落实国家渐进式延迟退休年龄政策，积极探索建立计划生育家庭的养老保障制度，大力发展职业年金、企业年金、商业养老保险。完善基本医疗保险和城乡居民大病保险制度，推进建立统一的城乡居民医疗保险制度，不断提高老年人医疗保障水平。

2. 加大老年人社会救助力度

完善低保人群分类救助制度，建立科学调整机制，适度提高老年人救助系数。规范老年人专项救助和临时救助制度，提升城市特困、农村五保和城乡残疾老年人的救助水平。支持老年慈善事业发展，广泛动员社会力量参与老年人社会救济、社会互助和志愿服务活动。

3. 完善老年人福利和优待制度

完善高龄津贴、高龄特困老年人补贴、居家养老服务补贴、老年人意外伤害保险等制度，研究建立各项津贴、补贴标准科学调整机制。根据城乡经济社会发展实际情况，兼顾不同年龄群体的利益诉求，分年龄、分层次确定老年人社会优待范围、优待对象和优待标准。优先考虑经济困难、高龄、失能、失智、失独等特殊困难老年群体需要，逐步发展面向所有老年人的普惠性优待项目，提高老年人社会优待水平。健全优待服务保障措施，建立经费保障、绩效考核、行政监察、社会监督机制。

（二）健全社会养老服务体系

健全以居家为基础、社区为依托、机构为补充、医养相结合的养老服务体系，满足老年人多层次、多样化的养老服务需求。

1. 大力发展居家养老服务

落实《北京市居家养老服务条例》，建立政府提供基本公共服务，企业和社会组织提供专业化服务，基层群众组织和志愿者提供公益互助服务的居家养老服务模式，满足老年人居家养老服务需求。瞄准老年人生活照料、医疗护理和便利服务等迫切需求，健全“三网一卡”居家养老服务网络，推进“养”、“医”与“服务”融合发展。明确定位、统筹资源，建设区级养老服务指导中心、街道（乡镇）养老照料中心和社区养老服务驿站，构建市级指导、区级统筹、街道（乡镇）落实、社区参与的居家养老服务四级网络；健全医疗卫生服务网络，构建以大型医疗机构、专业老年病医院、基层卫生服务中心（站）为主干的医疗护理服务体系，将医护服务延伸至居民家庭，实现老年人就近就医、就近护理；开放养老服务市场，加快构建以社区服务中心和“幸福彩虹”专营店为平台、以养老服务商为主体、以“北京通—养老助残卡”为支撑的居家养老服务供给体系，为老年人提供便捷、优惠的购物、家政等服务。

2. 加强社区养老服务设施建设

落实《北京市居住公共服务设施配置指标》，制定建设标准和考核办法，完成社区养老服务设施配建任务，到2020年，实现社区托老设施（含社区养老服务驿站等）每千人用地面积130平方米、老年活动场站每千人用地面积25平方米，各街道（乡镇）、社区养老服务设施建设基本达到标准要求。通过购置、置换、租赁、闲置资产收回等方式，加快解决养老服务设施配置不足问题。无偿或微利为专业的养老企业和社会组织提供公共养老服务设施。引导市属国有企业配建的公益性社区公共服务网点，以及机关企事业单位疏解腾退的厂房、校舍、培训中心等设施，优先用于养老服务。开展存量养老服务机构和服务设施管理运营综合评估，制定扶持措施，投入引导资金，支持社会化、专业化、连锁化运营，提高管理水平和服务能力。

3. 提升机构养老服务能力

合理规划养老机构建设。按照“提升存量、保证增量”的思路，通过新建、现状挖潜和利用其他设施等方式，扩大机构养老服务总量供给。到2020年，每千名户籍老年人养老机构床位数动态保持在40张，为失能老年人等服务的护养型床位超过总床位的70%，全市养老机构床位使用率不低于80%。适应非首都功能疏解和京津冀协同发展要求，优化养老机构资源配置，分区域确定设施规划目标和发展策略，缓解养老机构在区域分布、公办和民办、照料型和护养型等方面的结构性矛盾。开展跨地区购买养老服务试点，实现“养老扶持政策跟随户籍老年人走”。将各类养老服务设施建设用地纳入城镇土地利用总体规划和年度用地计划，合理安排用地需求，将闲置的公益性用地调整为养老服务用地。统筹规划养老机构内设医疗机构建设，鼓励养老机构开设医疗机构，或采取协议合作方式，提升养老机构医疗服务水平。到2020年，力争实现所有养老机构开展医疗服务全覆盖。

深化公办养老机构改革。落实《北京市人民政府办公厅印发〈关于深化公办养老机构管理体制改革的意见〉的通知》（京政办发〔2015〕8号），强化公办养老机构托底保障功能，增强对居家社区养老服务的辐射和带动作用。启动街道（乡镇）公办养老机构设施改造和功能提升工程。培育一批品牌化经营、带动力强的公办养老机构，发挥其示范引领、功能试验、专业培训、品牌推广等作用。到2020年，建立形成功能明确、运行高效、权责明晰、监管有力的公办养老机构管理服务体系。

落实社会办养老机构支持政策。支持采取股份制、股份合作制、政府和社会资本合作等模式发展社会办养老机构。支持中央在京单位和本市机关、企事业单位将所属的度假村、培训中心、招待所、疗养院等转型为养老机构，除承担本系统离退休人员养老之外，面向社会开放。通过规划调整、财政补贴等政策支持，鼓励民间资本对企业厂房、商业设施及其他可利用的社会资源进行整合和改造，用于养老服务。调整养老机构建设与运营资助政策，探索开展营利性养老机构运营补贴等政策试点。调整优化现有养老服务扶持政策集中于非营利性养老服务组织的现状，细分养老服务主体类型，明确功能定位，制定适度差异化的扶持政策。给予慈善类养老服务组织政策支持，适度扩大对一般类非营利性养老服务组织的扶持项目和内容。落实国家有关养老机构税收减免政策。加大对社会办养老机构投资方、运营团队、管理人员的培训力度，提高养老机构经营能力、服务能力。出台针对品牌化、连锁化养老机构的扶持奖励政策，加大对专业团队运营、社会效益突出的养老机构扶持力度，推动养老机构品牌化、连锁化发展，鼓励养老机构跨区联合、资源共享，推动形成一批具有较强竞争力的养老机构，实现服务技术和品牌输出。

加强养老机构运营管理。推进养老机构规范化建设，完善管理服务标准体系，深化服务质量星级评定，提升养老机构服务管理水平。严格落实消防安全责任，规范消防安全管理标准，强化消防安全技防物防措施，加强养老机构消防安全验收、防灾宣传、隐患排查、可燃物清理和应急演练，杜绝重大安全事故发生。研究制定对会员制管理养老机构的监管措施，规范养老机构许可管理，严厉打击无证经营、虚假广告等违规行为。探索进行养老服务供给侧结构性改革，开展老年人入住养老机构服务需求调查研究，以老年人需求为中心，全面推进养老机构建设管理和服务机制改革。

4. 营造老年宜居环境

推进公共基础设施无障碍建设。探索出台适老化住宅和公共建筑标准，规划建设适合老年人的生活服务、商业网点、医疗卫生、文化教育、休闲旅游等公共基础设施，为老年人居住、出行、生活、交往等提供便利，努力将首都建设成老年友好型城市。推进无障碍交通设施与服务体系建设，在公交站、地铁站、火车站、机场等交通枢纽设置老年人等候专区，保障老年人优先通行。鼓励社会力量按照老年人住宅相关标准设计、开发适老化社区，配套建设医院、老年活动中心等公共服务设施，提供适老化物业服务，为老年人集中养老提供方便。在老旧小区改造中对老年人集中居住的社区，就地探索形成适老化社区。

5. 增强家庭养老保障能力

弘扬尊老、养老、助老传统美德。加强家庭成员养老伦理道德宣传教育，督促老年人子女及其他依法负有赡养扶助、扶养义务的家庭成员履行对老年人经济上供养、生活上照料和精神上慰藉的义务。完善职工带薪休假制度，鼓励用人单位在老年节、员工家中老年人生日及需要康复服务、临终关怀服务时给予安排休假等关怀和支持。支持家庭成员通过信息化网络技术及时掌握家中老年人的身体状况，满足老年人的生活需求。

支持家庭发挥养老基础性作用。开展老年家庭长期照护者关爱行动，通过政府购买服务方式，为长期照护者提供短期休整机会。有计划地培训家庭长期照护者，提升其照护失能老年人的能力。研究制定经济困难居家养老家庭子女护理补贴政策，鼓励家庭成员与老年人共同生活。按照整合资源、完善服务、统一标准的思路，制定全市统一的住房反向抵押养老保险房屋抵押登记合同范本，建立抵押登记绿色通道，支持开展老年人住房反向抵押试点。

6. 提高老年人社会参与度

重视老年人才资源开发和利用。创建本市老年人才信息库，充分发挥有劳动能力和就业愿望的退休人员在经验、技能、专业等方面的优势特点，引导、鼓励其参与养老服务领域内的劳动就业。组织和动员退休老年人按照自愿量力的原则，参与教育、科技开发、信息服务、维护社会治安、参与社区建设等公益活动。倡导和支持老年人广泛开展自助、互助和志愿活动，探索利用时间储蓄方式，组织和培训低龄、健康老年人为高龄、病残老年人提供服务。

支持社区老年社会组织发展。为社区老年社会组织开展自我管理、自我发展、自我服务和服务社会活动，提供场地、经费、组织运作、人才队伍等方面支持。到2020年，各区和街道（乡镇）均成立具有独立法人资格的老年协会；居（村）委会按照试点先行、典型示范、逐步推广的原则，成立老年协会，实现老年人自愿入会率达到50%以上。扶持建设老年人文化、教育、体育、志愿服务等社会组织。扶持各区和街道（乡镇）组织建设内容充实、艺术水平较高、具有发展潜力的基层老年文教体专业团队和活动基地，培育优秀基层老年文教体活动骨干。

7. 丰富老年人精神文化生活

积极开展老年人文化活动。健全为老文化服务工作机制，丰富老年人公共文化产品和服务，为老年人提供图书借阅、文化演出、文化辅导和文化培训等配送服务。建设文化养老平台，为老年人提供更多的活动场所和设施。开展符合老年人特点、适应老年人需求的汇演、比赛、讲座、展览等文化活动。培育老年品牌文艺团队，支持老年文化作品创作，组织老年文化专业人才和业余爱好者创作老年题材节目，展示老年人文化建设成果。

大力发展老年教育事业。理顺老年教育发展的管理体制，将老年教育纳入全民终身教育体系，实现老年教育系统化发展。鼓励各区至少建立一所老年大学。根据老年人特点，有针对性地开展健康知识教育。鼓励创办老年大学或老年学校，为老年人提供学习机会。创新老年教育载体，整合社会信息资源，积极发展数字化远程教育，就近便捷满足老年人的学习教育需求。

加强老年人体育健身工作。开展全民健身活动，加强老年人体育设施建设，完善老年人体育组织网络，加大财政支持的公共体育场馆对老年人健身活动的优惠力度。广泛动员社会力量参与，推进老年人体育工作社会化进程，开发、推广符合老年人生活习惯和生理、心理特点的健身活动项目。组建社区体育协会和社会体育指导员协会，充分发挥老年体育组织作用，培训发展老年体育指导员，为老年人健身活动提供科学指导。

（三）构建老龄社会管理体系

坚持党委领导、政府主导、社会参与、全民行动相结合，发挥政府、社会、家庭各方作用，构建“人人参与、人人尽力、人人享有”的老龄社会管理新格局。

1. 完善老龄工作体制机制

强化市级老龄工作机构统筹作用。完善市老龄委定期会议、职能协同、部门述职、绩效考核等制度，发挥其研究、解决老龄事业发展重大问题，监督、检查老年法律法规贯彻落实等职能，将老龄事业发展目标和工作任务落实到各成员单位，形成老龄事业发展合力。适时调整市老龄委成员单位，修订涉老职责任务。强化市老龄办组织、协调、指导、督促职能，重点加强联络成员单位、指导区级和基层工作、社会动员等职能，发挥其为党委政府决策服务、为社会各界参与发展老龄事业服务、为广大老年群众服务的作用。

规范区级老龄工作机构设置。根据各区老年人口总量和工作任务，整合管理资源，理顺隶属和工作关系，加强经费和人员保障。街道办事处（乡镇政府）要建立正常的经费保障机制，明确老龄工作科室及人员。居（村）委会和社区服务站设立专职或兼职工作人员负责老龄工作。优化老龄工作队伍结构，加强老龄工作人员业务培训，增强履职能力，提升管理服务水平。

2. 构建老年人权益维护社会网络

认真学习宣传和贯彻落实《中华人民共和国老年人权益保障法》，将老年人权益保障宣传纳入公民普法的重要内容，利用各级各类媒体开展老年人权益保障法律知识宣传教育。深入开展“法律六进”活动，鼓励和支持围绕敬老爱幼、赡养扶养等家庭美德主题的法治作品创作。健全老年维权网络和工作机制，完善市、区、街道（乡镇）、社区（村）四级维护老年人权益服务网络。利用集中法律咨询、法律服务村居行、以案释法等多种形式，为老年人提供优质法律服务。对维护老年人权益工作先进典型予以表彰和奖励。加大执法检查力度，重点查处侵犯老年人合法权益的案件。

加大老年人法律援助力度。贯彻落实《北京市法律援助条例》，简化老年人申请法律援助程序，对符合法律援助条件且行动不便的老年人，上门提供法律援助。发挥“12348”法律服务热线、法律援助中心、法律援助工作站作用，为老年人免费提供法律咨询。在有条件的养老机构设立法律援助联系点。广泛开展老年人法律援助志愿服务，组织法官、律师等专业人员到社区养老服务驿站等老年人比较集中的场所开展法律服务。

3. 加大社会宣传力度

贯彻落实《公民道德建设实施纲要》，利用春节、重阳节等节目和社会重大活动开展敬老慰问活动。组织开展特色鲜明的“老年节”系列活动，打造老年人的专属节日。做好全国“敬老文明号”创建工作，发掘更多在敬老、助老方面做出突出贡献的组织和单位。创新“孝星”命名和“孝星榜样”评选活动，发现孝举，传播孝行．营造尊老、敬老、爱老、助老、孝老的社会氛围。

加强人口老龄化国情市情教育。充分发挥电视、广播、报刊、网络等各类媒体的作用，通过相关节目或开设专门栏目及拍摄系列公益微电影等形式，加大对老龄化形势、老龄工作和为老服务典型人物及事迹等的宣传报道，提高社会各界对老年人和老龄化问题的认识，主动适应、应对老年期和老龄化社会。

加强老龄事业合作与交流。加强与国际老龄组织、友好国家和地区老龄机构的联络，拓宽老龄工作多边交流和国际合作渠道，不断提升对外交流层次。大力开展老龄工作领域专业化、系统化的国际性培训，学习和借鉴国内外老龄工作的成功经验和先进理念。

（四）健全老龄政策体系

针对老龄事业发展面临的重点、难点和热点问题，积极开展老龄政策研究，做好应对人口老龄化的前瞻性、体系化制度设计和安排。

1. 开展应对人口老龄化战略研究

立足本市实际，开展战略性、前瞻性研究，提出及时、科学、综合应对人口老龄化的指导思想、战略目标、战略任务、战略重点和战略措施，为发展老龄事业提供科学依据，努力形成符合本市市情的老龄政策理论体系。借助首都智力资源优势，成立市老龄委专家委员会。为党委政府决策提供智力支持。鼓励有关高等院校和科研院所开展老年学和老龄事业相关专业学历教育，加强老龄事业人才培养。加大老龄事业科研经费投入，建立首都老龄事业科研基地，完善老龄工作部门和科研单位的合作机制。开展城乡老年人口生活状况抽样调查，系统分析老年人生活状况和服务需求，开发和应用老年人消费、出行、能力评估等数据，为老龄事业发展提供支持。建立养老服务业统计制度，统计监测老龄事业和老龄产业发展。

2. 注重养老与相关领域政策衔接

加强养老与经济收入、医疗服务、社会发展、文化教育、家庭发展等相关领域工作衔接。整合经济收入政策，完善老年人收入保障、社会救济、福利待遇等方面政策。整合医疗服务政策，完善老年人疾病预防、治疗、康复及健康照料等方面的政策。整合社会发展政策，完善老年人社会劳动、社会交往等促进老年人社会参与的政策。整合文化教育政策，完善丰富老年人文化教育、体育活动和精神生活等方面的政策。整合家庭政策，支持子女照料老年人，完善鼓励子女和老年人共同或就近居住等政策。整合养老助残政策，促进老年人与残疾人等相关群体的福利政策衔接配套。

3. 推进养老服务标准化建设

围绕养老服务工作各个领域和环节，逐步建立健全与国家标准、行业标准相协调，符合首都特点的科学合理、层次分明、全面配套、功能完备的养老服务标准体系。完善养老服务通用基础、服务技能、服务机构管理、居家养老服务、社区养老服务、老年产品用品等标准。研究制定小微型养老机构设置标准、社会福利机构安全生产等级评定技术规范。鼓励具备相应能力的社会组织和产业技术联盟，协调相关市场主体，共同制定满足市场和创新需要的标准。鼓励企业制定高于国家标准、行业标准、地方标准的具有竞争力的企业标准，建立企业产品和服务标准自我声明公开和监督制度，逐步落实企业标准化主体责任。鼓励标准化专业机构对企业公开的标准开展比对和评价，强化社会监督。充分发挥行业组织和企业在标准需求、投入、制定和应用中的积极作用，鼓励和引导其加大标准化工作投入，逐步形成政府资助、多方投入的经费保障机制。加大养老服务标准宣传力度，推进养老服务安全保障、市场监管强制性标准的制定和贯彻实施。开展标准化工作试点示范，争取通过 2 至 3 年时间，形成具有辐射和推广价值的引领示范项目，将养老服务标准落实到行业管理和服务的各个环节。

二、实施居家养老幸福工程

落实政府责任，加大政策扶持和资金投入力度，引导社会力量参与，加强资源整合，支持家庭履行养老义务，共同推进居家养老服务，让社区居家老年人生活更幸福。

（一）打造养老助残服务“金卡”

大力推进“北京通—养老助残卡”项目，逐步为全市 60 周岁及以上老年人发放，增强社会福利、优待服务、消费优惠、记录消费痕迹等功能．实现对老年人服务情况的智能分析和精准管理，将“北京通—养老助残卡”打造成为老年人的专属“金卡”。依托专用支付终端设备，及时掌握老年人出行、活动、消费和养老服务商类型及区域分布等情况，为完善养老服务政策、精准发放和管理养老津贴补贴、丰富养老产品和服务提供信息支撑。

（二）完善养老助餐服务体系

支持餐饮企业、养老机构、养老照料中心、社区养老服务驿站、专业送餐机构和单位内部食堂，通过开设老年餐桌、“中央厨房配送＋社区配送＋集中就餐”等方式，为社区居家老年人提供餐饮服务。引导、鼓励现有已形成一定规模的市场配送企业参与养老助餐配送服务。在老年人有需求、村委会有意愿、经济条件允许的村开办老年餐桌。通过政府购买服务方式，为餐饮服务单位和基层社区（村）提供设施改造、设备购置、送餐服务等补助；为经济困难老年人提供餐食和送餐服务补助。开展老年营养膳食研究和干预行动。开展具有清真饮食习惯的少数民族养老助餐服务。到 2020 年，全市建立起形式多样、机制灵活的养老助餐体系，老年人就餐难题得到缓解。

（三）提升养老照料中心辐射能力

采取政府和社会资本合作方式，在老年人口相对集中的区域建设街道（乡镇）养老照料中心，实现区域内机构、社区和居家三类养老服务相互依托、资源共享、协调发展。落实街道（乡镇）养老照料中心建设三年行动计划，建成 208 个养老照料中心。健全养老照料中心一次性建设支持和完善功能补助政策，通过政府购买服务等方式，按项目开展情况给予资助和奖励，着力引导其就近为辖区内老年人提供形式多样的养老服务。强化养老照料中心居家助老、社区托老、服务派送、技能培训、服务管理等方面功能，发挥其综合性为老服务枢纽平台作用，辐射社区和居家养老服务。鼓励养老照料中心采取合营、承包、协作等方式，整合区域内托老设施、专业服务机构和服务团队等，共同组成居家养老服务联合体，在辖区内为老年人提供辐射服务。

（四）做实社区养老服务驿站

研究出台关于加强社区养老服务驿站建设的相关意见，充分利用社区设施资源，规划建设社区养老服务驿站，让老年人就近享受方便快捷的为老服务供给。综合考虑地区人口密度、老年人口分布、服务需求、服务半径等因素，统筹规划社区养老服务驿站的选址和布局。通过整合、调整、新建、购置、租赁等方式，由政府无偿提供服务设施，解决社区养老服务驿站用房问题。完善一次性建设补助、设备购置补助等政策，采取连锁运营、单体运营、联盟运营、PPP 运营等多种形式，鼓励引导社会力量参与养老服务驿站建设运营。制定社区养老服务驿站建设标准，实行名称、功能、标识“三统一”，完善与街道（乡镇）养老照料中心的功能分级和服务衔接。到 2020 年，建设 1000 个具有日间照料、呼叫服务、助餐服务、健康指导、文化娱乐、心理慰藉等功能的社区养老服务驿站。

（五）提升农村养老服务水平

加强农村地区养老机构、养老照料中心、养老服务驿站、老年活动中心、自助式或互助式农村幸福院等设施建设，建立长效运行机制，为周边老年人提供临时短期托养、日间托老、文化娱乐、助餐助浴等养老服务。探索建立驿站服务、邻里互助、老年扶助、协会合作等适合农村老年人的养老服务模式。研究出台相关补助政策，对面向农村老年人开展志愿服务、互助服务的个人和社会组织给予支持。开展养老服务下乡入户工作，鼓励有运输条件、服务能力的养老服务运营商，为农村偏远地区老年人送商品、送服务。研究制定农村困难、鳏寡、留守、独居老年人关爱措施，通过政府购买服务等方式，建立应急处置和评估帮扶机制，关注老年人的生活、出行、心理、安全等问题。推进农村老年协会建设，发挥其在了解反映老年人需求、组织为老服务、管理养老服务设施、维护老年人权益、举办老年人文体娱乐活动、开展互帮互助和结对帮扶空巢老人等方面的作用。研究土地规划、医养结合、贷款贴息等扶持政策，试点盘活农村闲置资产用于建设农村养老社区，推进城市老年人到农村进行季节性养老、旅游休闲养老。

（六）关爱老年人身心健康

加强老年人身心健康关爱服务工作，引导、组织专业心理慰藉机构在街道（乡镇）建立心理服务站，在社区（村）设立心理咨询室，培训基层社区心理辅导员。建立基层为老服务志愿者队伍，开展邻里互助、结对帮扶和日常救急等志愿服务。建立居家老年人定期探访制度，动员居（村）委会、志愿服务组织、社区养老服务驿站等机构，定期开展巡视探访。鼓励邻里交往和互助，动员和组织城乡社区（村）志愿者，为老年人提供读书看报、亲情陪伴等志愿服务。为失能、高龄、独居老年人家庭配备灭火器、安装紧急医疗救援呼叫器和燃气报警器，建立老年人家庭、基层社区（村）、专业救援机构快速响应机制。试点开展失智老年人照护服务，为失智老年人配发防走失手环。推广应用“一按灵”紧急救援服务，实现社区养老服务驿站与居家老年人保持24小时互联互通。

（七）开展社区和家庭适老化设施改造

根据老年人特点和需求，对新建和老旧小区布局结构、住宅建筑、生活服务设施、公共活动场地等进行适老化设计和改造。支持有条件的老旧多层住宅加装电梯。对老年人家庭设施进行适老化改造，制定改造计划及财政补助政策，重点保障经济困难、高龄、失能、失智、失独等特殊困难老年人家庭实施改造，实现改造内容层次化、适老产品系列化、服务功能体系化、服务支持智能化、服务团队专业化，提升居家老年人的自理能力和生活品质。

（八）开展经济困难的失能和高龄老年人居家养老服务工作

建立完善老年人能力评估和需求调查制度，开展经济困难的失能和高龄老年人居家养老服务工作。针对失能、高龄老年人的长期居家照护需求，建立以家庭承担主要照护责任、政府承担基本保障责任、社会主体广泛参与的保障模式。根据本市医疗服务收费项目调整，适时将符合规定的护理类和康复类医疗服务项目纳入基本医疗保险支付范围。

（九）探索建立长期照护保险制度

积极探索长期照护社会保险、长期照护商业性保险、大众互助保险等多种老年照护保险模式。开展政策性长期照护保险试点，鼓励商业保险企业开发经营长期照护保险产品，借助其市场运作优势，为失能老年人提供长期照护保障。根据国家相关政策，在政策性长期照护保险试点基础上，采取政府补贴、单位补助、个人缴纳、企业运营的方式，建立起本市长期照护保险制度。

（十）实施关爱老年人“五个一”工程

开通一个老年广播电台，创建一个老年电视频道，拍摄一部关爱老年人的电影作品，发行一份老年报纸，建设一个“流金岁月”老年博物馆，搭建老年人公共文化平台，丰富老年人精神文化生活。

三、推进老龄事业重点工作

坚持重点突破，大力推进“医养结合”、“互联网+”养老服务、养老服务队伍建设和老龄产业发展，破解养老体系建设难点问题。

（一）深入推进“医养结合”

落实国务院及本市关于推进医疗卫生与养老服务相结合的政策措施，加强顶层设计，建立完善体制机制和政策法规体系，构建养老、医疗、照护、康复、临终关怀服务相互衔接的服务模式，实现医疗和养老资源利用效益的最大化。

1. 形成医疗服务支持社区和居家养老格局

落实本市社区卫生服务机构支持居家养老服务的指导意见，加强社区医疗卫生机构建设，出台激励政策，稳定队伍，充实力量，推动医务人员为居家老年人开展健康服务，不断提高服务能力和水平。完善基本医疗保险社区用药报销政策和基层用药制度，将老年人常见病医保范围内各类药品纳入社区卫生药品目录，保证社区卫生服务机构药品配备，方便老年人就近取药。拓展家庭病床的适应病症，稳定增加上门诊疗的内容，为老年人在社区或居家治疗常见病、慢性病提供方便。研究康复医院、护理院建设扶持政策，推动部分基层医疗机构向护理康复职能转型。发挥中医对健康养老养生的支持作用，鼓励有条件的中医院和社区卫生服务中心（站）开展中医健康养老服务，将中医文化融入到老年人的健康教育、康复指导、疾病防治及家庭照料等方面。

2. 提升养老机构医疗服务能力

鼓励和支持养老机构与周边医疗卫生服务机构签订合作协议，充分利用现有医疗资源，为机构老年人就医建立绿色通道，提供优质医疗服务。制定养老机构配备医护人员的标准，适度提高医护人员薪酬待遇水平，建立养老机构护理人员和医疗机构医护人员学习交流机制。支持医疗机构设立养老机构，满足长期患病、术后照护、残障等老年人的康复护理服务需求，逐步为社区居家老年人提供护理服务。推动建设临终关怀服务医院和护理院、康复院。鼓励中医医疗机构与养老机构合作，提供中医医疗、保健、康复、护理等综合服务。

3. 完善老年人护理服务体系

合理规划居家社区、医疗康复、集中护理三大类护理设施，统筹家庭康复护理、居家专业护理、社区短期护理、养老机构护理、医疗机构护理等各类护理资源，构建养老护理完整链条。从资金支持、设施建设、人力资源服务、宣传推介以及入户服务补贴等方面，对养老护理服务企业予以扶持。对家庭成员、居家护理员和社区养老服务驿站护理人员的护理技能培训给予政策支持。

（二）创新发展“互联网＋”养老服务

借助国家推进“互联网＋”、“宽带中国”战略的有利契机，推动互联网、物联网、云计算、大数据等信息技术在养老服务领域广泛应用，提高养老服务能力。

1. 建立养老服务信息管理平台

整合养老服务信息平台资源，建立全市统一的养老服务业务管理平台，为政府提供决策参考、为市场提供方向引导、为社会提供咨询、为老年人提供信息服务。开展老年人能力和需求评估以及养老服务项目登记工作，建立老年人口数据库，推进政务信息资源共享，推动实现民政、公安、卫生计生、社保等系统老年人口数据对接。建设开通“首都老龄之窗”网站。

2. 开展智慧型养老社区建设

以智慧社区建设为核心，运用信息化手段，建立居民、家庭、社会组织、社区活动电子档案，完善社区服务设施、技术、网络环境，形成互联互通共享的养老信息服务系统。支持运用云计算、大数据、移动互联等信息技术和智能健康检测、健康评估、康复理疗等软硬件设施，建立集医疗、养老、健康服务于一体的智能化养老服务指导机构。鼓励开发和推广养老信息化相关智能终端产品，利用移动信息技术，开展远程医疗、健康监测及居家护理等服务。

3. 推进智能养老产业发展

培育发展智能养老科技产业，构建“互联网＋”与养老服务融合发展的智能养老创新平台。开发养老服务新技术、新产品，发展养老服务新模式和新业态，提升产业发展水平，增强养老行业创新能力。改善老年服务设施设备和方法技术，支持老年辅具、康复用具研发和产业化，提高舒适性、可及性，让老年人共享科技创新成果。建设养老产业综合服务平台，通过构建居家养老“养平台”和“医平台”，利用信息网络技术，推进医养结合，实现老年人就近享受医疗和养老服务。支持建设面向老年消费群体的养老服务和老年用品电子商务网站。

（三）加强养老服务队伍建设

将养老服务队伍建设纳入本市人才教育培训规划，推进养老服务队伍的职业化、专业化发展，培养具有职业素质、专业知识和技能的养老服务人才。

1. 开展养老服务职业化教育

开展职业院校养老服务类示范专业点遴选和建设，围绕本市养老服务发展需求，深化专业课程改革，完善教材体系，强化师资队伍和实训基地建设，规范教学管理，创新人才培养模式，充分发挥示范引领作用，带动相关职业院校养老服务类专业点建设。挂牌建设5所养老护理员培训学校，制定养老护理教材改革方案和标准化题库，提升教育培训能力。引入老年医学、康复、护理、营养、心理和社会工作等专业师资，支持职业学校增设养老服务和管理专业。

2. 加强养老服务从业人员职业建设

建立和完善养老服务从业人员职业痕迹记录，完善培训补贴制度，探索建立从业人员入职、一线岗位激励制度，加大工资福利等综合保障力度。对养老护理员实行统一管理，探索建立养老护理师制度，在养老服务业综合改革试点区开展养老护理师试点，畅通由护理员到初级、中级和高级护理师的职业晋升渠道。到2020年，每万名老年人拥有养老护理员数量不低于50人。

3. 基本形成居家养老护理培训体系

通过政府购买服务等方式，为养老服务机构管理人员、服务人员和护理人员提供职业培训、职业教育和继续教育，为家庭照护者、为老服务志愿者提供相关技能培训，完善养老服务专业人才评价和激励机制，建设一支养老服务人员、社会工作者、志愿者相结合的养老服务队伍。

（四）促进养老产业发展

制定关于进一步促进养老服务业发展的实施意见，全面放开养老服务市场，深化养老服务供给侧结构性改革，构建公平竞争的市场环境．支持各类市场主体增加养老服务和产品供给，更好满足老年人的养老服务需求。

1. 多渠道筹集养老产业发展资金

通过市政府投资引导基金设立养老服务业发展投资基金，采取股权、债权等投资方式，对符合产业发展方向的产品、服务和项目进行重点投资；符合有关条件的，政府投资基金出资人可以向社会出资人合理让利。引导金融机构设立养老产业基金或并购基金，重点支持一批可市场化运作的养老服务项目。引导私募股权投资基金、创业投资基金等进入养老服务领域，支持创新型中小养老企业和社会组织发展。鼓励银行业金融机构使用政府购买服务协议、知识产权等无形资产，对养老企业和社会组织开展质押贷款。支持有条件的养老企业进入资本市场，通过股票上市、项目融资、产权置换等方式筹措资金，扩大直接融资规模。

2. 鼓励引导涉老企业发展壮大

制定扶持政策，鼓励竞争力强、有实力的养老服务企业走产业集团化发展道路，提高养老产业集约化经营水平。鼓励社会资本通过兼并、联合、重组及输出服务技术和品牌等形式，实现跨区联合、资源共享和集团化、规模化、连锁化、品牌化发展。制定优秀品牌服务单位奖励扶持办法，通过以奖代补方式，支持培育品牌发展，形成一批有影响力的养老服务品牌。支持老年产品研发营销企业发展，推动建立老年用品网络商城，提供上门配送服务，拓展老年用品市场渠道。试点建设集展示、体验和销售等功能于一体的老年用品展示中心。加大对中小型养老服务企业的扶持力度，营造有利于其发展的市场环境，鼓励创新服务，开展多种方式的养老服务经营活动。

3. 积极培育养老服务社会组织

坚持政府主导、自主运作，积极发展养老产业、老年金融、老年旅游、老年文化、养老服务培训和咨询等养老中介服务组织。通过政府购买服务方式，支持老龄产业协会、养老行业协会等社会组织开展养老服务调查研究、行业标准制定、服务质量评估、服务行为监督及专业职称评定等事务，促进行业自律。支持建立担保托管中心，开展计划生育特殊困难家庭老年人入住养老机构担保、老年人以房反向抵押贷款担保、养老服务机构银行贷款担保、养老服务机构土地租赁托管等服务。支持建立养老护理人才管理服务中介机构，向本市养老服务机构和社区托养机构推介养老服务人才。扶持建立养老机构管理单位，专门从事养老机构日常运营和管理服务，鼓励开展连锁经营。支持非营利性养老服务社会组织直接登记，支持民办非企业单位跨区多点开展养老服务。加大养老中介服务组织政策支持力度，对经认定的中介组织及其开展的服务，给予项目资金支持。

4. 促进京津冀养老服务协同发展

发挥京津冀三地各自优势，加强产业协作和资源整合，打造养老产业完整产业链。制定优惠扶持政策，引导养老服务业向交通、环境、空间、劳动力等支撑条件优越的地区转移发展。鼓励竞争力强、有实力的养老服务企业在京津冀区域实现连锁经营。开展京津冀社保对接试点，探索推动医保缴费年限互认，满足京津冀区域内老年人“旅游养老”、“候鸟式养老”等服务需求。

第四部分　保障措施

一、加强组织领导

各区政府和市有关部门、单位要充分认识应对人口老龄化的重要性和紧迫性，高度重视并切实加强老龄工作，把老龄事业发展纳入国民经济和社会发展规划及年度工作计划，纳入政府工作目标管理。各级老龄委及其办公室要及时部署工作任务，研究解决有关重要问题，定期通报发展情况，督促相关法规政策落实；建立成员单位目标责任制，细化量化工作任务，建立健全考评机制，确保本市“十三五”时期老龄事业发展规划全面落实。

二、加强制度保障

围绕资金、人才和土地等关键要素，建立健全老龄工作保障制度。建立老龄事业经费分类统计制度，完善经费市、区分级分担机制，不断加大各级财政投入力度，强化资金监管，提高资金使用效益。充分落实各项促进就业政策，引导帮扶城乡劳动者进入养老服务领域就业。将养老服务产业用地纳入城乡土地利用规划和年度建设用地计划，并优先予以保证。

三、加强督促检查

市老龄办要会同有关部门定期对本规划执行情况进行检查，对重点领域和资金投入等重要环节，通过专业机构评估、群众评议等形式进行监督，并及时发布相关报告。

各区政府要结合实际，制定“十三五”时期老龄事业发展规划；市有关部门和单位要结合职责，制定具体支持措施。

北京市老龄工作委员会关于印发北京市支持居家养老服务发展十条政策的通知

京老龄委发〔2016〕7号

市老龄委成员单位、各区老龄委：

现将《北京市支持居家养老服务发展十条政策》印发给你们，请各单位加强领导，明确责任，积极协调配合，切实抓好贯彻落实工作。

北京市老龄工作委员会
2016年5月3日

北京市支持居家养老服务发展十条政策

为及时科学综合应对人口老龄化，逐步满足居家老年人日益增长的社会化养老服务需求，增进老年群众福祉，提高老年生活品质，构建具有首都特色的居家养老服务体系，让全市老年人有更多的获得感、幸福感，根据《中华人民共和国老年人权益保障法》、《北京市居家养老服务条例》等法律法规，结合本市实际情况，制定支持居家养老服务发展的十项措施（简称“养十条”政策）。

第一条　建设社区养老服务驿站。制定社区养老服务驿站建设标准和保障措施，各区政府通过资源整合、置换、新建、购买、租赁等方式无偿提供服务设施，因地制宜地给予一次性开办相关支持，委托社会力量低偿运营，在城乡社区（村）规划建设一批具有日间照料、呼叫服务、助餐服务、健康指导、文化娱乐、心理慰藉等功能的社区养老服务驿站，实现名称、功能、标识“三统一”。2016年，在城六区试点建设150个社区养老服务驿站；2020年，实现社区养老服务驿站科学布局、城乡社区居家养老服务全覆盖。

第二条　健全基本养老服务制度。政府为困难老年人养老进行基本保障，缓解老年人居家养老压力。优化经济困难、失能、失独等特殊困难老年人和劳动年龄段无业无稳定收入残疾人等困境服务对象入住社会福利机构扶持政策，各区政府自主确定具体扶持方式，市级财政通过转移支付对符合条件的困境服务对象分类给予按月定额补助并由各区财政统筹安排。制定政府办养老机构接收享受优待的计划生育特殊困难家庭老年人实施办法，确定管理服务标准、设施配置标准。建立老年人能力评估制度，对符合条件的经济困难的高龄、失能、失独等特殊困难老年人给予居家养老服务补贴。

第三条　实施经济困难老年人家庭适老化改造。对本市户籍有需求的经济困难、失能、失独等特殊困难老年人家庭的通道、居室、卫生间等生活场所进行通行、助浴、如厕等适老化改造，缓解老年人因生理机能变化导致的生活不适应，增强老年人居家生活的安全性、便利性、科学性。2016年对5000户老年人家庭实施改造，“十三五”期间覆盖全部经济困难老年人家庭，并引导其他有需求的家庭自主进行改造。为符合条件的经济困难、失能、失独等特殊困难老年人配备生活辅助器具给予支持。支持社会力量建设老年产品用品展销、体验、适配服务中心。

第四条　建立“幸福彩虹”配送服务网络。在全市范围内推广建设“幸福彩虹”社区特供店，为周边居家老年人提供价格优惠的特供产品和配送服务，方便老年人持“北京通—养老助残卡”消费。2016年完成600至1000个“幸福彩虹”社区特供店的建设、发展和挂牌工作，并逐步实现服务人群需求全覆盖。完善居家配送服务网络，为边远山区老年人提供订单服务，定期以订单形式预定，利用邮政配送体系将产品配送入户；为农村老年人提供大篷车特供产品服务。

第五条　构建居家养老助餐服务体系。支持餐饮企业、养老机构（含养老照料中心）、社区养老服务驿站、专业送餐机构和单位内部食堂，通过开设老年餐桌、“中央厨房＋社区配送”等方式，为社区居家老年人提供优质便利的餐饮服务。鼓励大众餐饮企业、主食加工企业在社区、楼宇新建连锁店铺、主食售卖网点、智慧型餐饮自提柜等设施，面向老年人开展助餐、配餐和送餐服务。

第六条　支持医疗卫生与养老服务融合发展。加大医养结合服务机构建设扶持力度，支持医疗机构设立养老机构，推动医疗机构康复功能转型。加强医疗机构与养老机构合作，提供医疗、保健、康复、护理等综合服务。推进中医健康养老社区建设，在社区卫生服务中心（站）、养老照料中心、养老服务驿站开辟中医药健康养老服务专区，开展中医药预防保健服务，培养中医养老技术服务人员。开展政策性长期护理商业保险试点，鼓励商业保险企业开发经营长期护理保险产品，加快建立长期护理保险制度，为失能老年人提供长期护理保障。

第七条　增强社区居家医药卫生服务能力。完善基本医疗保险社区用药报销政策和基层用药制度，促进医院与社区卫生服务机构药品衔接，将老年人常见病医保范围各类药品纳入社区卫生药品目录，保证社区卫生服务机构药品配备。老年患者在社区享受高血压等慢性疾病稳定期常用药品的长处方便利。社区卫生服务机构在现有基本医疗健康服务的基础上，为出行不便的失能、高龄老年人提供低风险上门医疗、护理、送药及家庭病床等服务，为居家老年人提供健康宣教、疾病防治、健康管理、签约服务。

第八条　开展居家老年人紧急救援服务。通过政府购买服务方式，为有需求的失智老年人免费配备防走失手环，提供实时定位、紧急呼叫、运动轨迹、安全区域等辅助服务，保障失智老年人出行安全。为独居老年人家庭安装紧急医疗救援呼叫器（连接到999急救中心或120急救中心提供医疗救助）、烟感报警器（火灾预警和紧急救援）等紧急救援服务设施，保障独居老年人居家生活安全。

第九条　拓展基层公办养老机构居家养老服务功能。融合深化推进公办养老机构管理体制改革，明确发展基层公办养老机构特别是农村乡镇敬老院的职能定位，完善现有机构的建设审批手续，由政府固定资产投资和财政资金给予新建、改扩建项目建设支持和完善功能支持，全面改善硬件设施、服务环境，提高社会化运营能力，辐射周边城乡社区开展居家养老服务，更好满足农村老年人居家养老服务需求。

第十条　实施“北京养老”品牌战略。发布“北京养老”品牌，鼓励并支持全市养老机构、养老照料中心、社区养老服务驿站等养老服务设施统一使用推广。免费向65周岁及以上老年人家庭发放《北京养老服务指南》，实现养老政策、养老服务与老年人需求对接、精准落地，2016年完成向城六区65周岁及以上老年人家庭发放工作。推进“北京通—养老助残卡”项目，增强其社会福利、优待服务、优惠消费、精准管理等功能，2016年开展老年人优待卡更换养老助残卡工作，2017年实现60岁老年人“今天退休，明天领卡”。

本办法自印发之日起施行，由各区政府负责组织实施，由市民政局、市老龄办负责解释。

北京市老龄工作委员会印发《关于开展社区养老服务驿站建设的意见》的通知

京老龄委发〔2016〕8号

市老龄委成员单位、各区老龄委：

为深入落实《北京市居家养老服务条例》和《北京市养老服务设施专项规划（2015—2020年）》，结合《社区养老服务设施设计标准》，我们研究制定了《关于开展社区养老服务驿站建设的意见》。现印发给你们，请结合各自职责，认真抓好贯彻落实。

北京市老龄工作委员会

2016年5月14日

关于开展社区养老服务驿站建设的意见

为深入落实《北京市居家养老服务条例》和《北京市养老服务设施专项规划（2015－2020年）》，经研究决定，从2016年开始，在本市社区层面展开社区养老服务驿站建设，进一步完善养老服务体系、加快养老服务业发展、更好满足群众多样化养老服务需求。为做好社区养老服务驿站建设工作，现提出如下意见：

一、建设社区养老服务驿站的重要性

社区养老服务驿站是充分利用社区资源，就近为有需求的居家老年人提供生活照料、陪伴护理、心理支持、社会交流等服务，由法人或具有法人资质的专业团队运营的为老服务机构。驿站是街道（乡镇）养老照料中心功能的延伸下沉，作为居家养老服务的基础，是政府为社区老年人提供基本养老服务的重要载体和主要途径，是社区老年人家门口的“服务管家”。加快建设社区养老服务驿站，使老年人不离社区就近享受方便快捷的为老服务供给，具有十分重要意义。

（一）社区养老服务驿站建设是构建四级养老服务体系的基层基础。构建市、区、街道（乡镇）、社区（村）四级养老服务体系，既是落实《北京市居家养老服务条例》的具体体现，也是全面建成“以居家养老为基础、社区为依托、机构为补充”的多层次养老服务体系的有力保障。作为四级体系的基础和居家社区养老服务的最基层载体，社区养老服务驿站是街道（乡镇）养老照料中心周边服务的延伸，是老年人身边服务、床边服务的直接提供者。建设社区养老服务驿站，通过建立“广覆盖、贴需求、惠民众、可触及”的社区养老服务网络，将直接推动形成四级养老服务体系，实现城乡社区养老服务全覆盖。

（二）社区养老服务驿站建设是满足群众养老服务需求的暖心工程。随着失能失智、独居和高龄虚弱老人增多，社会群众对日间照料、医疗卫生、文化娱乐、助餐服务等方面居家养老服务需求日益增长。建设社区养老服务驿站，搭建养老服务供需对接平台，及时响应居家老年人的服务需求，切实将社区养老服务驿站打造成为老年人的暖心工程、幸福工程，打造成为直接为老年人提供居家养老服务的服务平台，让社会群众看得见、摸得着、感受得到、具有获得感。

（三）社区养老服务驿站建设是加快养老服务业发展的重要举措。开展社区养老服务驿站建设，由政府给予土地、设施、政策、资金等方面的优惠措施和扶助支持，广泛动员社会各界力量积极参与，大力推行驿站连锁化、品牌化运营，有利于充分发挥市场在养老服务资源配置中的基础性作用，"放水养鱼"、壮大居家养老服务商，促使社会力量成为养老服务业的主体，营造平等参与、公平竞争的市场环境，推动首都养老服务业快速发展。

二、建设社区养老服务驿站的指导思想、目标任务

（一）指导思想。全面落实《中华人民共和国老年人权益保障法》、《北京市居家养老服务条例》和市委、市政府关于加快养老服务业发展重要决策部署，及时、科学、综合应对人口老龄化，按照"设施政府无偿提供、运营商低偿运营"思路，由政府无偿将公有设施提供给社会组织和企业，充分发挥政府、市场各自作用，积极构建市、区、街道（乡镇）、社区（村）四级养老服务体系，加快发展养老服务业，不断满足人民群众日益增长的多层次、多样化养老服务需求。

（二）目标任务。到2020年，四级养老服务体系基础得到夯实，基本形成功能有别、层次分明的四级养老服务体系；社区养老服务驿站科学布局，实现城乡社区居家养老服务全覆盖；养老服务品牌化、连锁化运营大力推进，形成一批养老服务知名品牌；政府养老服务职能有效发挥，养老服务市场充分发育，群众居家养老服务需求及时响应和有效满足。

三、社区养老服务驿站的功能定位

社区养老服务驿站应当具备以下基本功能：

（一）日间照料。利用驿站现有设施和资源，重点为社区内空巢或有需求的老年人提供日间托养，实施专业照护，针对有特殊服务需求的老年人开展短期全托，推介和转送需长期托养的老年人到附近的养老机构（含街道、乡镇养老照料中心）接受全托服务。

（二）呼叫服务。响应老年人通过互联网、物联网等网络手段或电话、可视网络等电子设备终端提出的养老服务需求，整合、联系社会专业服务机构、服务资源和社区志愿者，为居家老年人提供专业化养老服务。

（三）助餐服务。依托专业餐饮服务机构或街道（乡镇）养老照料中心，为托养老年人和居家老年人开展助餐服务。具备条件的，可直接开展供餐服务。

（四）健康指导。具备条件的，可在驿站内同步设置社区护理站，配备相应医务人员，为老年人提供医疗卫生服务。不具备条件的，依托周边社区卫生服务机构开展健康服务，可与社区卫生服务机构家庭病床的设置与管理相结合，将驿站内从事护理等服务的人员纳入社区卫生家庭保健员和养老护理员培训范围。引入社会化专业机构，提供健康服务支持。

（五）文化娱乐。为居家社区老年人提供活动场所，搭建活动平台，开展老年人喜闻乐见的文化活动，丰富老年人精神文化生活。

（六）心理慰藉。通过开展以陪同聊天、情绪安抚为主要内容的关爱活动，满足老人情感慰藉和心灵交流需求。

在此基础上，可以根据自身设施条件和周边资源供给情况，拓展开展康复护理、心理咨询、法律咨询等延伸性功能。提倡社会慈善组织、社工、社区志愿者和低龄健康老年人到社区养老服务驿站提供志愿服务、老年人互助服务。

四、社区养老服务驿站的规划建设

（一）布局设置。

1. 社区养老服务驿站设置要综合考虑地区人口密度、老年人口分布状况、服务需求、服务半径等因素，统筹规划社区养老服务驿站的选址和布局。城市地区，社区养老服务驿站原则上以"一刻钟服务圈"进行服务范围测算，依据老年人口密度和社区公共服务设施千人指标，同时参考街道（乡镇）养老照料中心分布，进行规划设置。农村地区，统筹规划驿站和其他公共服务设施建设，原则上按照村委会设置，在村委会所在地建立驿站，在发挥养老服务功能同时，将困境儿童、残疾人纳入重点服务对象，实行综合服务。社区养老服务驿站应在街道办事处、乡镇政府的统筹协调下，与街道（乡镇）养老照料中心建立合作机制，实现与照料中心的功能分级和有效衔接。

2. 社区养老服务驿站实行名称、功能、标识全市"三统一"，色彩明快，标识新颖，便于识别，并设有二维码、服务热线、网站等可供群众了解相关内容的信息服务窗口。

3. 社区养老服务驿站建筑应为低层建筑或设置于建筑物底层，耐火等级不低于2级，其疏散距离及宽度应符合相关建筑设计防火疏散要求。供老年人使用的房间不应设置在地下室及半地下室。要按照消防法规和国家工程建设消防技术标准，安装配备消防安全设施设备。

（二）建设资质。

1. 无房产证的驿站建设项目。对于社区内尚未取得房产证、与城乡规划未有矛盾的设施用于社区养老服务驿站建设的，运营主体要根据开展的服务项目，提供具有资质的社会专业机构出具的房屋安全检测报告、消防安全检测报告；设施归属方或所在区民政、老龄部门要出具设施归属的证明材料。

2. 整体建筑的局部设施用于建设驿站。属于整体建筑的部分设施用于社区养老服务驿站建设，要有房产证复印件或街道、乡镇政府出具的证明材料，以及整体建筑物归属方同意驿站建设的证明材料；对于尚未取得房产证的项目还应按照有关要求提供相应材料。

（三）设施来源。

1. 社区未配套建有养老服务设施。各区政府应购买、租赁其他设施，作为社区养老服务设施，无偿交给企业和社会组织运营。

2. 已有社区养老服务设施。新建居住区、现有居住区配套的养老服务设施，应当无偿用于社区养老服务驿站运营（用于养老机构建设设施除外）。已经交给其他单位运营使用的，应当收回并无偿交给企业和社会组织使用。现有已开展服务的托老所或日间照料中心，应当改造提升为驿站。

3. 社区其他公共服务设施。统筹集约使用现有的社区服务设施、社区卫生服务设施、残疾人服务设施等公共服务设施，实行资源共享，双向开放，合作共建。有条件的残疾人温馨家园，可承接社区养老服务驿站职能。

4. 企事业单位职工集中居住区设施。对于企事业单位职工居住集中的社区，鼓励企事业单位拿出设施为本单位职工开展养老。

5. 农村闲置设施。可以利用农村个人或集体闲置房屋及闲置公共服务资源，用于建设驿站。

（四）运营资质。社区养老服务驿站须由具有法人资质的专业团队运营管理。

1. 企业法人。社区养老服务驿站可以在工商部门注册登记为企业法人。对采用多址运营的，由属地街道、乡镇确定1个登记注册的法人企业进行驿站登记，并明确加盟服务点的全部运营场所。

2. 非企业法人。社区养老服务驿站可到区民政部门申报登记为民办非企业，遵循“统一法人、统一章程、统一财务、统一管理体系”原则，在登记地所在的区级行政区划范围内，多点开展服务。

（五）建设标准。社区养老服务驿站依据《北京市养老服务设施专项规划》、《社区养老服务设施设计标准》有关标准进行建设，可采取“主体服务区＋加盟服务点”建设模式。单体运营模式参照主体服务区的建筑面积建设。按照建筑规模、设备配置、人员配备、服务功能不同，社区养老服务驿站可分为A型驿站、B型驿站和C型驿站。

1. A型驿站。主体服务区建筑面积原则上在400m² 以上，每个加盟服务点建筑面积原则上不少于60m²，总建筑面积控制在1000m² 以内；可设置床位15张以上，配备相应的管理人员、财务人员、医疗保健人员、养老护理员、工勤人员、社工、专职护士和应急支持人员；除具备基本服务功能外，应组织开展康复护理、心理咨询、法律咨询等延伸性服务，并根据老年人需求提供专业护理等个性化服务。

2. B型驿站。主体服务区建筑面积原则上在200m²－400m²，每个加盟服务点建筑面积原则上不少于60m²，总建筑面积500m² 左右；可设置床位10－15张，设置康复区域、洗涤区域，配备一定比例的管理人员、社工、养老护理员、工勤人员和必要的应急支持人员；除具备基本服务功能外，根据实际需求开展康复护理、心理咨询、法律咨询等延伸性服务。

3. C型驿站。主体服务区建筑面积一般在100－200m²，每个加盟服务点建筑面积原则上不少于60m²，总建筑面积300m² 左右；可设置床位10张以下；设有老年人生活区域、活动区域，配备一定的管理人员、社工、养老护理员和必要的应急支持人员；具备日间照料、呼叫服务、助餐服务、健康指导、文化娱乐、心理慰藉等六项基本服务功能。

（六）运营模式。社区养老服务驿站运营方式主要有连锁运营、单体运营、联盟运营和PPP运营等四种方式，鼓励各区探索实施其他运营模式。

1. 连锁运营。具有法人资质、实力雄厚的品牌社会组织或企业，对区级行政区域内多家驿站实行连锁式运营，推动社区养老服务驿站连锁化、品牌化。提倡街道（乡镇）养老照料中心承接服务区域内社区养老服务驿站的建设运营。

2. 单体运营。独立社会组织、企业利用设施开展单家社区养老服务驿站运营。

3. 联盟运营。多家社会组织、企业或个体工商户通过加盟协议方式共同运营一家驿站，其主体服务区应由具有法人资质的社会组织或企业运营，并代表驿站承担对其他加盟服务点的指导和牵头协作，实现分工合作。

4. PPP运营。政府提供土地，交由社会组织或企业新建驿站；约定运营周期后，无偿移交给政府。

五、社区养老服务驿站扶持及管理

（一）扶持政策。根据社区养老服务驿站的建设规模、服务能力，给予补助。补助标准和方式另行通知。

（二）风险管理。社区养老服务驿站运营方应缴纳风险保障金，具体数额由设施提供方和驿站运营方双方参照《北京市养老机构公建民营实施办法》有关规定商定，防止和降低因运营方经营不善对老年人利益的影响。风险保障金的缴纳、管理办法由市民政局另行制定。驿站运营方可通过投保等方式降低运营风险。

（三）退出机制。各级政府及相关部门要加大对社区养老服务驿站建设和运营的监管，建立政府、社会组织、市民等多方参与的监管体系，建立定期核查机制和退出机制。社区养老服务驿站的管理者、使用者擅自改变政府投资或资助建设、配置的养老服务设施功能和用途的，由民政部门责令限期改正，并责令退赔补贴资金和有关费用；逾期不改正的，收回管理权、使用权。社区养老服务驿站运营方应与设施提供方签订协议，明确双方权利义务。

六、社区养老服务驿站的建设程序

（一）确定运营主体。各区要通过招投标、品牌机构连锁运营等方式选取社区养老服务驿站项目运营方，共同规划建设。

（二）履行规定程序。属于政府财政投资建设的驿站项目，在招投标程序上可以按照《关于加强本市养老机构和养老照料中心建设工程招标投标管理工作的意见》（京民福发〔2014〕265号）有关要求实施，在设备购置上要严格履行政府采购程序。

（三）规范工程设计。项目单位对涉及老年人照料床位和室内活动的场所，须由具备资质的设计公司出具工程设计图纸。对于主体服务区之外的加盟服务点，提供简易图纸进行说明。

（四）按区整体申报。各区和运营主体做好老年人需求调查以及现有设施情况调查，完成设点选址、需求调查、可行性分析等工作，确定建设运营方案。各区汇总填报社区养老服务驿站建设项目申报表，由区民政局、区财政局统一上报市民政局、市老龄办。

（五）实施综合评审。市民政局、市财政局、市老龄办等部门以及相关领域专家组成项目评审组，对各区申报拟建驿站项目进行评审，择优确定市级支持的社区养老服务驿站名单。特殊情况由评审组通过“一事一议”方式解决。根据评审情况，市财政局一次性向各驿站项目建设所属区下达市级补助经费。

（六）督导项目建设。市民政局、市财政局、市老龄办成立督导组，对项目建设进展情况进行督查，重点考核设施设计合理性、工程改造合规性、设备购置针对性以及服务功能设置情况。

（七）加强备案管理。对工程改造完成、具有明确运营方的建设项目，各区民政局、财政局、老龄办分别报市对口部门备案，并由市老龄办统一对社会进行公示。各区要加强对驿站的日常监督管理。

七、工作要求

（一）强化组织领导。各区政府要将驿站建设任务作为“十三五”时期养老服务的重点工作，切实加强组织领导，无偿将设施交给企业和社会组织，鼓励驿站连锁化、品牌化运营；严防将突击新建的临时建筑用于驿站建设。各区老龄委要加强统筹协调，组织民政、财政、卫生计生等部门合力推进驿站建设。老龄工作部门要认真抓好驿站选址、建设等具体实施工作，加强督促检查，并指导驿站开展好社区和居家养老服务。民政部门要做好驿站建设相关政策解读、培训和驿站资质评审工作。卫生计生部门要根据驿站内部设置医疗卫生机构的需求，提供医疗卫生机构审批服务；指导周边各类医疗卫生机构为驿站内设医疗卫生机构提供专业医疗护理康复服务指导，协力做好社区医养结合工作。财政部门要积极筹措安排专项资金对驿站建设给予支持，并对各区配套资金安排和使用给予指导。工商部门要便捷驿站工商注册程序，建立工商注册绿色通道，为驿站登记注册提供便捷服务。住建、消防、食品药品管理部门要从立足自身职责，加强对各区驿站建设和运营资质的指导与监管工作。市老龄委其他各成员单位要各司其职，在职责范畴内加强对驿站建设和运营的指导与支持工作。

（二）坚持试点先行。按照“试点先行、逐步推开”思路，有步骤、有计划地推进社区养老服务驿站建设。2016年，在城六区和部分郊区先行开展试点，重点探索城区、城乡结合区域驿站建设模式、服务功能搭建、设施设置标准、管理服务规范等制度措施。根据试点和设施普查情况，各区要制定本区域社区养老服务驿站建设行动计划。

（三）加强经费保障。各区要加强驿站建设经费保障，多渠道筹集资金，集中支持社区养老服务驿站建设。市财政将统筹考虑驿站服务能力、服务流量等因素，采取多种方式给予引导性支持。要加强对项目建设的督促、指导和监管，提高建设补助资金的使用效益，确保社区养老服务驿站建设任务稳步推进。

北京市老龄工作委员会关于印发《关于加强区级养老服务指导中心建设的意见》的通知

京老龄委发〔2016〕12号

各区老龄委、市老龄委各成员单位：

为深入落实《北京市居家养老服务条例》，进一步健全完善市、区、街道（乡镇）和社区（村）四级养老服务体系，我们研究制定了《关于加强区级养老服务指导中心建设的意见》。现印发给你们，请结合各自职责，认真抓好贯彻落实。

北京市老龄工作委员会

2016年9月5日

关于加强区级养老服务指导中心建设的意见

为及时、科学、综合应对人口老龄化，全方位、多层次满足群众日益增长的养老服务需求，市委市政府提出要建立市、区、街道（乡镇）和社区（村）四级养老服务体系。在区级层面，重点是要建设区级养老服务指导中心，发挥其在养老服务体系中的枢纽平台、统筹指导、承上启下功能，推动形成以居家为基础、社区为依托、机构为补充、医养相结合的养老服务体系。为加快区级养老服务指导中心建设，现提出以下意见：

一、总体要求

（一）指导思想

全面贯彻党的十八大和十八届三中、四中、五中全会精神和市委市政府关于加快发展养老服务业的决策部署，以构建市、区、街道（乡镇）、社区（村）四级养老服务体系为目标，充分发挥政府主导作用，进一步创新养老服务管理体制和工作机制，加强对养老服务工作的统筹协调和养老服务市场的规则制定，积极引导社会力量投身养老服务业，优化养老服务供给方式和服务效能，提升区域养老服务整体水平。

（二）基本原则

坚持政府主导。区级养老服务指导中心在区老龄办的具体指导下开展工作，在功能职责、管理运营、指导方式上实现与区老龄办工作的有效衔接。

坚持区域统筹。统筹整合区域养老服务资源，发挥区级养老服务指导中心对区域内从事养老服务的各类养老服务机构、社会组织和企业的整合使用、统筹指导、示范引领作用，推动形成运行顺畅、有效衔接的养老服务网络。

坚持因地制宜。各区可结合区域特点和设施情况，科学合理设计区级养老服务指导中心的建设规模、功能区划分、运营模式，积极构建具有本地特色的指导中心建设运营模式。

（三）目标任务

到2017年底前，16个区全部建成区级养老服务指导中心，推动形成区、街道（乡镇）、社区（村）三级养老服务体系，功能作用得到充分发挥，社会群众的养老服务需求能够得到快速响应和有效满足。

二、职能定位

区级养老服务指导中心是各区养老服务体系的运行枢纽和指挥平台，发挥统筹、协调、组织、指导作用，承担区域养老资源整合、养老信息综合平台、养老行业监管指导、养老服务示范引导等方面重要职能。

（一）区域养老资源整合。制定养老服务设施建设总体规划，实现区域养老机构、社区养老服务驿站科学布局。挖掘开发、整合利用政府现有各类可用于养老服务的政策资源、设施资源，统筹用于支持养老服务设施建设。加大政策扶持和购买服务力度，引导知名社会组织、企业进入养老行业，组合区域专业化资源，形成养老综合服务联合体，培育一批专业化、品牌化、连锁化的养老服务机构，扩大养老资源和养老产品供给。加强养老服务人才队伍建设管理，会同相关部门统筹调配使用区域内养老服务专业服务人才，最大限度提供专业化养老服务。合理调度区域资金和市场资源的利用，促进各类养老服务资源在区域内有序流动，将有限资金投入最需要的领域，最大限度发挥养老资源的效益作用。

（二）养老信息综合平台。利用现代科技手段，通过设立便民热线、网络信息系统等途径，构建起区、街道（乡镇）、社区（村）三级养老服务信息网络体系，及时汇总区域老年人分布状况、身体状况、家庭状况、服务需求状况，准确掌握区域养老服务机构运营管理情况，全面采集市场、社会组织、社区等各类层面反馈的养老服务相关资讯，建立区域养老信息的大数据库。加强养老信息数据的分析应用，提升信息数据的利用效益，为区政府及老龄委决策、管理、指导提供有力支持。整合联系养老服务机构、社会专业服务机构，搭建养老服务供给平台及养老服务商支撑体系，实现区域养老服务供给侧和需求端的高效对接。在此基础上，组织为老年人提供咨询服务、家政服务、便民服务等公益服务项目。

（三）养老行业监管指导。统筹规划全区养老服务标准规范的制定，指导辖区养老机构、街乡镇养老照料中心、社区养老服务驿站依法规范开展养老服务工作，并对各类非典型的、新型的涉老服务机构进行风险监管和权益维护，加强对养老行业政策标准实施、消防安全、服务质量、队伍建设、规范运营、失能老年人评估和为老服务项目等事项的监管指导。引导养老行业自律和规范管理，建立健全养老服务业信用体系，持续改进养老行业行风，推动区域养老服务业健康发展、良性运行。

（四）养老服务示范引导。建立养老服务人才实训基地，引进国内外优秀管理团队、优秀师资，开展养老服务人才培训，提升养老行业从业人员管理服务能力。建立康复辅具展示窗口，大力展示推介先进实用的康复辅具，同时根据基层和老年人对康复辅具使用的需求状况，及时通过制定政策、建立机制等方式加强推广使用，必要时集中为基层配备相应康复辅具，使更多的服务对象获得支持和服务。可通过社会化承包运营方式，依托养老机构建立养老服务生活照料区，为区域养老服务机构开展养老服务提供窗口示范和学习样板。积极开展品牌展示、培训宣传、创意研发、体制试验、技术创新、模式推广等工作，加大宣传力度，及时总结推广养老服务的创新模式、试验成果和经验做法，切实发挥在区域养老服务领域中的示范引导作用。

三、建设运营

（一）规划设计

区级养老服务指导中心根据功能设置情况，划分综合管理与服务、教育培训、康复辅具展示、生活照料等不同类型功能区，并根据功能设置合理规划建筑面积，保证功能的有效发挥。区老龄办可以与区级养老服务指导中心合署办公，进驻区级养老服务指导中心参与指导工作。

（二）设施来源

1. 利用现有公共服务设施。统筹使用现有的社区服务中心、社区文化活动中心、公办养老服务设施等公共服务设施，盘活存量资源，开展区级养老服务指导中心建设。

2. 购买租赁其他设施。通过购置、置换、租赁等方式开辟养老服务设施，完善设施功能，用于区级养老服务指导中心建设。

（三）运营模式

区级养老服务指导中心按照“政府主导、社会化运营、老龄办融入”的思路，开展运营管理。鼓励区级养老服务指导中心登记注册为民办非企业单位，负责养老资源整合、信息数据汇集应用和养老行业监管指导等职能。区老龄办融入指导中心，作为指导中心的核心力量，参与区级养老服务指导中心的统筹、协调、组织、指导工作。同时，引入专业化社会组织参与区级养老服务指导中心建设运营，承接实训基地、康复辅具展示、生活照料等功能区的日常运营管理，发挥养老服务示范引领作用。鼓励支持各区通过购买服务等方式，充实区级养老服务指导中心工作力量。

（四）运营扶持

对于区级养老服务指导中心内设的养老床位窗口示范功能区，根据其设置规模，有条件的可申报养老机构，参照养老机构（养老照料中心）有关现行规定享受公办民营养老机构运营补贴、困境家庭服务对象入住社会福利机构补助、水电气暖民用价格优惠、税收减免，以及居家社区养老辐射服务等相关优惠扶持政策。提倡通过购买服务的方式安排政府兜底保障的服务对象入住。

四、工作要求

（一）强化组织领导。各区要高度重视区级养老服务指导中心建设，将其纳入政府重要议事日程，在场地提供、设施租赁、购买服务等方面予以保障。老龄部门要发挥统筹协调作用，进一步强化工作协调机制，科学谋划区级养老服务指导中心的功能定位，厘清区级养老服务指导中心与区民政局、区老龄办等相关单位职责关系，及时解决建设运营中出现的问题，推动区级养老服务指导中心建设稳步推进。

（二）强化支持保障。各区要做实区级养老服务指导中心，确保有必要的工作人员、有充足的经费保障、有相应的运营场所。民政部门要发挥业务指导职责，制定相关扶持政策，积极引导品牌社会组织参与建设运营。财政部门按照本区财政预算管理体制和相关资金保障渠道，结合本区养老服务指导中心建设和运营管理的实际需求，积极与本区民政、老龄部门协调配合，统筹做好资金保障工作。

（三）强化督促检查。各区要按照本意见要求，结合实际抓紧制定具体实施方案，明确建设选址、建设进度、功能设计，细化责任分工，加强督促检查，加快推进区级养老服务指导中心建设。市民政局和市老龄办要对各区规划和建设落实情况实行定期督导检查，确保区级养老服务指导中心的顺利建设和发挥积极效能。

北京市老龄工作委员会印发《关于加强老年人分类保障的指导意见》的通知

京老龄委发〔2016〕14号

市老龄委成员单位、各区老龄委：

为及时、科学、综合应对人口老龄化，进一步增强养老政策的针对性和实效性，提高政府资源和社会资源的利用效益，我们研究制定了《关于加强老年人分类保障的指导意见》。现印发给你们，请结合各自职责，认真抓好贯彻落实。

北京市老龄工作委员会

2016年10月17日

关于加强老年人分类保障的指导意见

为及时、科学、综合应对人口老龄化，进一步增强养老政策的针对性和实效性，切实提高政府和社会资源的利用效益，根据《中华人民共和国老年人权益保障法》、《北京市居家养老服务条例》和本市有关规定，结合养老工作实际，现就加强老年人分类保障提出如下意见：

一、必要性

加强老年人分类保障，是科学应对老龄化社会、有效满足老年群众基本养老服务需求的客观要求。实施分类保障政策，有利于进一步明确政府养老工作重点服务保障对象以及优先顺序，避免平均发力，让真正有需求的老年人具有更多的获得感；有利于精准定位服务群体，有针对性地了解需求侧，便于供给侧改革的顺利推进；有利于集中政府资源，更加高效地提供基本公共服务，提高资源利用效率，推动形成政府托底、多元发展的社会养老服务体系；有利于进一步健全完善与经济发展水平相适应、与本市人口老龄化程度相一致的社会福利制度体系。

二、总体要求

（一）指导思想。立足当前，着眼长远，以满足老年人多元化的养老服务需求为目标，加强顶层设计，全面实施老年人分类管理、分类保障，推进养老服务供给侧改革，更好履行政府“兜底线、保基本、建机制、强监管”职责，分层分类，有序精准开展养老服务，确保老年人共享到更多的改革发展成果，具有更多的获得感、幸福感。

（二）基本原则

坚持政府主导。加强统筹协调，整合利用现有养老服务政策、设施、资金等养老资源，进一步完善老年人家庭赡养和扶养、社会救助、社会福利、社会优待、宜居环境、社会参与等政策，健全养老服务网络，建立监管体系，将政府资源合理调配、科学配置到不同类别的老年群体，全方位、多层次满足群众多元化养老服务需求。

坚持保障基本。着眼于满足老年人的基本养老服务需求，积极构建基本公共养老服务体系，重点为城乡特困老年人，经济困难的失能、孤寡、高龄老年人，计划生育特殊困难家庭老年人及为社会作出重要贡献的失能、高龄老年人等特殊群体提供基本养老服务，履行好政府托底保障职能，让老年人享受到看得见、摸得着、感受得到的基本养老服务。

坚持精准帮扶。注重养老服务工作的针对性、聚焦性和有效性，针对不同类别的老年人群体，进一步创新分类筛查、分层排序的工作体制机制，因地制宜、量力而行，采取不同的保障政策和帮扶措施，找准对象、找准需求、精准发力，真正把有限的资源用在刀刃上，实现精准施策、精准帮扶。

（三）总体目标。通过加强老年人分类保障，充分发挥政府托底保障职能，完善社会养老服务体系，使不同类型的老年人能够得到精准帮扶，服务需求得到积极响应和有效满足，提升老年人的生活和生命质量。

三、人群分类

综合考虑经济状况、生理心理、家庭结构、社会优待、社会身份等因素，对于其中面临多重复合型困难老年人，依综合困难程度划分政府保障优先顺序，将老年人划分为四类人群：

（一）托底保障群体。托底保障群体主要是指具有本市户籍的城市特困人员（原城市“三无”人员）和农村特困人员（原农村五保供养对象）等城乡特困老年人。

（二）困境保障群体。困境保障群体指具有本市户籍的低保或低收入等经济困难家庭中失能、孤寡或高龄的老年人。

（三）重点保障群体。重点保障群体是指具有本市户籍的全部或部分丧失自理能力的老年人，以及其他面临困难、市场和社会家庭难以独立解决的老年人。主要包括失能老年人、失智老年人、残疾老年人、独居老年人、高龄老年人。其中享受市级及以上劳动模范待遇人员、因公致残人员或见义勇为伤残人士等为社会作出突出贡献人员，以及计划生育特殊困难家庭老年人，应给予优先保障。

（四）一般保障群体。一般保障群体主要是指上述三类群体外的常住老年人。

四、分类保障

（一）托底保障群体。对于完全或部分丧失生活自理能力的城乡特困老年人，政府要安排入住公办养老机构、公建民营养老机构，或者通过购买服务方式安排入住社会办养老机构。具备生活自理能力的城乡特困老年人，既可以入住公办养老机构，也可以在家分散供养。鼓励支持具备生活自理能力的城乡特困老年人到公办养老机构、公建民营养老机构集中供养。对于在家分散供养的老人，政府可通过购买服务方式委托其亲友或村（居）民委员会、供养服务机构、社会组织、社工服务机构等提供日常看护、生活照料、精神关怀、住院陪护等服务；也可以无偿为他们提供基本照料服务，确保其“平日有人照料、生病有人看护”。

（二）困境保障群体。对于困境保障群体，要在保障其基本生活的同时，优先安排入住公办养老机构、公建民营养老机构；依据不同的失能等级，给予经济困难的高龄和失能老年人服务补贴，免费或优惠配备生活辅助器具，依托街乡镇养老照料中心、社区养老服务驿站为其提供低偿的社区居家养老服务。对长期照护失能老人的子女亲属，可以提供免费的专业护理知识培训和低偿的喘息服务，符合条件的还可给予适当生活津贴。

（三）重点保障群体。对于重点保障群体，公办养老机构、公建民营养老机构优先接收。同时，根据不同类别特点，依据本市相关政策，给予养老助残补贴、高龄津贴、医疗补助、护理补贴。依托街乡镇养老照料中心、社区养老服务驿站，提供日间照料、呼叫服务、助餐服务、健康指导、文化娱乐、心理慰藉等居家养老服务。通过家庭医生签约服务，在试点基础上，逐步推行为高龄、失能和半失能老年人提供上门巡诊、家庭病床、居家康复护理等基本服务。要建立主动发现机制和关爱帮扶机制，提供必要的帮扶救助和安全救援服务。

（四）一般保障群体。对于一般保障群体，按照有关规定提供政务服务、卫生保健、交通出行、文化休闲、商业服务、维权服务等方面的老年人优待，依托养老机构（含街乡镇养老照料中心）、社区养老服务驿站提供支持性服务。通过政策扶持，引导社会力量为他们提供养老服务，同时推进无障碍设施建设、养老服务标准化，建立养老服务商准入机制，加强养老服务行业监管评估，营造公平诚信的养老服务市场环境。引导市场和社会在为老年人提供膳食服务中，更加注重营养膳食平衡。发挥社会工作者和志愿者的作用，为有需求的保障对象提供社会化、专业化的养老服务。

五、保障措施

（一）加强组织领导。各区要高度重视老年人分类保障工作，广泛开展调查摸底，全面掌握不同因素困难老年人的具体数据，针对不同保障群体的数量分布、家庭状况、失能状况和服务需求，建立托底保障、困境保障、重点保障三类群体信息档案，做到“一人一档”、“一户一档”。制定本区老年人分类保障政策，推进养老工作的分类管理、精准管理。整合各类养老信息资源，利用大数据为精准分类保障提供科学依据。民政部门要积极会同卫生计生、人力社保、教育、公安、财政等部门加强对老年人精准帮扶、家庭养老支持、社区医养结合、人才队伍建设等方面政策研究，统筹运用养老政策和资源，集聚政府、社会、市场、家庭等各方力量做好养老服务，保证老年人事情有人管、老年人困难有人帮。

（二）强化精准分类。各区要根据经济状况、生理心理、家庭结构、社会优待、社会身份等因素，对各类保障人群的困难问题进行细致和针对性研究。经济状况维度要考虑城乡特困、低保、低收入等不同因素；生理心理维度可划分为残疾、失能两类人群，残疾人群还要区分精神残疾，以及肢体、目盲、聋哑等残疾，失能人群区分失智、部分及全部身体失能；家庭结构维度要考虑子女重残或无民事行为能力、无子女、多人残疾、丧偶等不同状况；社会优待维度可区分优抚、见义勇为、因公伤残、失独、劳动模范等；社会身份维度考虑农村、少数民族、征地超转、地退、外埠常住等因素。根据不同维度各类困难特殊因素以及困难复合的情况，进一步明确每类人群的优先顺序，并对政府提供的养老服务进行细致的分层分类，分层次满足不同群体的服务需求，切实加强对老年人的分类保障、分类服务。

（三）用足用好现有政策。全面梳理现有养老服务政策制度，针对不同类型群体，加强政府部门之间涉老政策的集成、整合和衔接。按照“就高不就低”思路，妥善处理好社会福利与社会救助、老年人与残疾人相关政策，以及各类补贴津贴标准、长期护理保险制度的统筹衔接，确保现有政策充分发挥效用。要将实施老年人分类保障政策与正在开展的失能老年人评估工作结合，科学评估老年人生活自理能力，并依据评估数据，结合各类困难因素，对老年人进行科学组合、精细分类，统筹制定不同的帮扶政策措施。

北京市民政局、北京市老龄工作委员会办公室关于印发《北京市老年人家庭适老化改造需求评估与改造实施管理办法（试行）》的通知

京民老龄发〔2016〕374 号

各区民政局、老龄办：

现将《北京市老年人家庭适老化改造需求评估与改造实施管理办法（试行）》印发给你们，请认真贯彻落实，积极做好老年人家庭适老化改造的需求评估和实施管理工作。

北京市民政局、北京市老龄工作委员会办公室

2106 年 9 月 12 日

北京市老年人家庭适老化改造需求评估与改造实施管理办法（试行）

第一章　总则

第一条　为规范北京市老年人家庭适老化改造服务工作，保障适老化改造需求评估与改造工作的科学精准、专业高效，根据北京市老年人家庭适老化改造工作要求，特制定本办法。

第二条　本办法所指的适老化改造，是指通过施工改造、设施配备、辅具适配等方式，改善老年人的居家生活环境，对老年人缺失的生活能力进行补偿或代偿，缓解老年人因生理机能变化导致的生活不适应，提升居家生活品质。本办法所指的服务需求评估与实施管理，指的是各区民政局依本区老年人申请，组织专业评估服务组织对老年人家庭的适老化改造需求进行评估、对改造方案进行设计，并按照评估结果组织服务商进行改造实施的过程。

第三条　各区民政局要按政府采购要求通过公开招标方式，确定为本区提供适老化改造需求评估与方案设计的专业评估服务组织和改造服务商，保证评估服务的公平、公正、公开，接受社会监督。原则上，各区评估服务组织与改造服务商数量均不低于两家。

第四条　评估服务组织和改造服务商需独立采购、分开管理，均需具备企业、事业或社团法人资格和相应服务资质，具有从事适老化改造和养老服务的专业经验，具备与评估服务量、改造施工量相匹配的服务能力和良好的社会诚信。服务人员需具备相应的服务资质，掌握相应的适老化改造知识技能，最近一年内未在服务工作中因严重失职、弄虚作假等原因受过处罚。

第五条　各区中标的服务组织与服务商，需将具体服务方案、收费标准、供货目录、商品信息等具体内容按要求录入适老化改造信息管理系统进行信息全面公开，形成基本改造目录菜单，接受老年人自主选择，接受监督审查。

第六条　服务商供货商品类型与价格，应该包含政府保障类型与价格、自费类型与价格两大类，各类商品类型数量不低于两种。

第二章　申请与评估

第七条　有改造需求的老年人，向所在区民政局提出申请，填写《北京市老年人家庭适老化改造申请表》（见附件 1），并提交以下申请材料：

1. 老年人、申请人的身份、户籍信息；
2. 申请资质信息（如经济困难类型、独居类型等）；
3. 改造居所信息（如房产信息等）。

区民政局对申请材料进行资质审核，审核通过后联系

评估服务组织进行需求评估和方案设计，形成评估确认表（见附件2），并将评估结果录入信息管理系统。

第八条　评估原则

适老化改造需求评估应有科学专业的评估工具与评估方法，保障评估的质量与效果，并遵循以下原则：

综合性原则：要全面掌握老年人生活照料、起居行走、康复护理等全面需求，将老年人生活能力、居家环境、康复辅具需求、家庭能力等方面综合评估、有机结合，形成整体化需求。

时效性原则：要充分考虑当前需求的时效，满足老年人当前及较长一段时间内的可持续性、发展性需求。

第九条　评估内容

适老化改造需求评估主要包括下列内容：

1. 身体状况评估

（1）日常生活能力评估：包括进食、修饰、穿衣、洗浴、如厕、机体活动能力评估等内容；

（2）感知觉评估：包括视力、听力方面评估等内容；

（3）精神状态评估：包括认知能力、攻击行为、抑郁症状评估等内容；

（4）已确诊疾病及意外事件评估：包括现病史（含皮肤状况）、既往病史、跌倒、噎食评估等内容；

（5）行为习惯：包括兴趣爱好、锻炼活动、社会交往意愿及能力评估等内容；

老年人近期内做过的身体状况评估结果，可供参考。

2. 康复辅助器具需求评估

包括助餐辅助、助行辅助、如厕辅助、洗浴辅助、感知辅助、康复辅助、照护辅助等辅具需求情况评估等内容。

3. 居室环境评估

包括玄关、客厅、卧室、厨房、卫生间、书房、阳台区域评估等内容，确定居室环境是否具备改造施工条件。

4. 家庭成员评估

包括家庭成员状态评估、有无照护者、照护内容、照护时间等内容，确定相关改造项目是否适宜于家庭使用。同时还要征求家庭意愿，包括老年人本人及其家庭成员的主观意愿、客观意愿等内容，确定是否选择相关改造项目。

5. 政策评估

包括老年人当年应享受的养老政策类型、已享受的养老政策等内容，重点评估在适老化改造中应该享受的政策补贴类型与标准。

第三章　方案设计

第十条　评估组织要根据老年人需求评估结果形成改造设计方案，方案设计要充分考虑老年人及其家庭环境的可行性、安全性、便利性、舒适性，并遵循以下原则：

实现性原则：应立足于当前改造目录可满足的需求，保证设计内容的可实现、可执行。

适用性原则：应该在保持科学性、专业性的基础上对评估人及其家庭适合、适应、适度、适用，对老年人生活具备一定的指导意义与参考价值。

第十一条　老年人可按照设计方案在政府采购目录中选择相应的改造项目与产品类型，结合政策要求与个人意愿形成改造项目与改造费用，交由评估组织形成评估结果与设计方案报告，作为改造实施依据。

第十二条　评估组织需建立完整的评估管理档案，留存完整、详尽的评估记录与设计方案，报区民政局备案审查，并按要求将评估结果录入信息管理系统，接受社会监督。

第四章　改造目录管理

第十三条　各区要明确本区各类老年人享受适老化改造的补贴范围与补贴标准，根据本区老年人需求，通过政府采购建立适老化改造项目目录，明确各层次、各类别改造项目的规格性能、质量标准和采购价格等详细产品信息，录入适老化改造信息管理系统，供老年人选择。

第十四条　采购方须对改造目录中每项内容确定政府采购的规格性能、质量标准和采购价格，由服务商提供不低于采购规格性能和质量标准，在采购价格以内的多类产品供老年人选择，允许服务商在保障基本采购目录的基础上提供高于采购规格性能、质量标准和采购价格的商品。

第十五条　老年人按评估结果与自身需求从改造目录中选择改造项目，生成老年人的个人改造目录。在政策允许范围内，老年人可在目录中选择本区多个服务商的产品，由不同的服务商提供不同内容的改造实施。

第十六条　服务商可在不降低采购标准的前提下，根据市场与需求变化定期进行政府采购项目供货商品目录更新。更新商品须经采购方报备审查通过，新商品的规格性能、质量标准不能低于原投标商品要求，更新的价格不能高于原投标价格。更新商品要录入信息管理系统，向社会公开。

第十七条　老年人可以根据自身需求在基本采购目录的基础上，选择服务商提供的高于采购规格性能、质量标准和价格的产品，超出政府采购价格的部分由老年人自付。

第五章　改造实施与验收

第十八条　区民政局根据老年人需求评估与方案设计结果，组织服务商严格按照方案设计结果实施改造，任何人与任何组织不得擅自更改。

第十九条　改造实施后，老年人家庭应与服务商签署设施维护维修和安全使用协议，明确改造各方的权责利关系。服务商建立完整的改造档案，留存完整的改造信息，有清晰的改造前后图片资料，并按要求将安装成果说明与竣工图录入信息管理系统，接受监督审查。

第二十条 区民政局联系评估组织对改造实施情况与改造结果进行审核验收，形成审核验收表（见附件3），根据验收结果进行费用结算，并及时将相关审核验收情况录入信息管理系统。

第六章 法律责任

第二十一条 要在采购合同中明确适老化改造服务提供过程中的各方须承担的法律责任，明确权责利关系，依法、依约对各方的行为进行监督，对违法、违约情况追究相关责任。

第二十二条 各区适老化改造组织部门及其工作人员，出现违规情形的，按照相关规定追究其行政责任。涉嫌犯罪的，依法移送司法机关追究刑事责任。

第二十三条 公民、法人或者其他组织认为各相关机构、工作人员及改造申请人在适老化的申请、评估、审核、施工等过程中有违法行为的，可以向北京市民政局举报。

第二十四条 本办法自公布之日起实施，由北京市民政局负责解释。

附件：1. 北京市老年人家庭适老化改造申请表
2. 北京市老年人家庭适老化改造评估确认表
3. 北京市老年人家庭适老化改造审核验收表

附件1

北京市老年人家庭适老化改造资质申请表

________区________街道（乡镇）________居（村）委会

老人姓名		性别		户籍所在地	
身份证号					
申请改造家庭住址	（详细地址）				
联系方式	手机： 座机：				
家庭联系人			联系方式		
身份特征	经济困难老人： 城市特困□ 农村五保□ 低保□ 低收入□ 独居老人： 无赡养人□ 赡养人无赡养能力□（请注明原因：________） 失智老人□ （请注明失智原因或病因：________） 其他□（请详细备注：________） （在所选项后□内划“√”，并附相关证明材料）				
申请改造项目	建筑硬件改造□ 家具家装改造□ 康复辅助器具适配□ 智能化助老服务设施配备□ 申请人签字： 年月日				
资质审核意见	审核部门： （盖章） 审核人签字： 年月日				

附件 2

北京市老年人家庭适老化改造评估确认表

区：________________　评估组织：________________

<table>
<tr><td>老人姓名</td><td colspan="2"></td><td>联系方式</td><td></td></tr>
<tr><td>身份证号</td><td colspan="4"></td></tr>
<tr><td>改造住址</td><td colspan="4"></td></tr>
<tr><td>身体状况
评估结果</td><td colspan="4"></td></tr>
<tr><td>康复辅助器具
需求评估结果</td><td colspan="4"></td></tr>
<tr><td>居家环境
评估结果</td><td colspan="4"></td></tr>
<tr><td>家庭成员
评估结果</td><td colspan="4"></td></tr>
<tr><td>政策评估结果</td><td colspan="4"></td></tr>
<tr><td rowspan="10">改造方案设计</td><td>改造项目</td><td>改造内容</td><td>选择目录
（编号、名称）</td><td>费用
（元）</td></tr>
<tr><td rowspan="2">建筑硬件改造</td><td></td><td></td><td></td></tr>
<tr><td colspan="3"></td></tr>
<tr><td rowspan="2">家具家装改造</td><td></td><td></td><td></td></tr>
<tr><td colspan="3"></td></tr>
<tr><td rowspan="2">康复辅助器具适配</td><td></td><td></td><td></td></tr>
<tr><td colspan="3"></td></tr>
<tr><td rowspan="2">智能化助老服务设施配备</td><td></td><td></td><td></td></tr>
<tr><td colspan="3"></td></tr>
<tr><td>费用合计</td><td colspan="3">________________元
（其中政府补贴：元、自付元）</td></tr>
<tr><td rowspan="2">结果
确认</td><td colspan="4">本人及本组织承诺对以上评估结果负责，愿意承担因评估不当产生的一切不良后果。
评估人：　　　　（签字）
评估组织：　　　　（盖章）　年　月　日</td></tr>
<tr><td colspan="4">本人（是□/否□）认同上述评估结果，确认按评估结果进行施工改造，愿意承担因施工改造产生的影响。
老年人（监护人）签字：
年　月　日
共同居住家庭成员签字：
年　月　日</td></tr>
<tr><td>审核
意见</td><td colspan="4">审核部门：　　　　（盖章）
审核人：　　　　（签字）
年　月　日</td></tr>
</table>

附件 3

北京市老年人家庭适老化改造审核验收表

区：__________

<table>
<tr><td>老人姓名</td><td colspan="2"></td><td>联系方式</td><td></td></tr>
<tr><td>身份证号</td><td colspan="4"></td></tr>
<tr><td>改造住址</td><td colspan="4"></td></tr>
<tr><td rowspan="5">改造情况</td><td>改造目录（编号、名称）</td><td>改造服务商</td><td>改造时间</td><td>施工人员（签字）</td></tr>
<tr><td></td><td></td><td></td><td></td></tr>
<tr><td></td><td></td><td></td><td></td></tr>
<tr><td></td><td></td><td></td><td></td></tr>
<tr><td></td><td></td><td></td><td></td></tr>
<tr><td>验收
结果</td><td colspan="4">合格□　不合格□（审核方组织重新改造）
本人及本组织承诺对验收结果负责，愿意承担因施工改造不当产生的一切不良后果。
验收人：（签字）
验收服务组织：（盖章）
年　月　日</td></tr>
<tr><td>结果
确认</td><td colspan="4">本人（是□/否□）认同上述施工改造结果，确认按评估结果完成施工改造，签订相关服务协议。
老年人（监护人）签字：
年　月　日</td></tr>
<tr><td>审核
意见</td><td colspan="4">审核部门：（盖章）
审核人：（签字）
年　月　日</td></tr>
</table>

北京市老龄工作委员会办公室关于进一步加强老年人维权服务的通知

京老办发〔2016〕7 号

各区老龄办：

为深入贯彻落实《中华人民共和国老年人权益保障法》和《北京市居家养老服务条例》、《北京市法律援助条例》，建立和完善老年人维权服务体系，切实维护老年人合法权益，市老龄办于 2016 年启动老年维权服务，通过社会化运营方式为老年人提供更加便捷、高效、专业的维权服务，面向全市老年人深入开展法律援助、法律咨询、法律培训、普法宣传等服务，不断增强老年人的维权意识和维权能力。具体内容如下：

一、加强普法宣传，提升权益保护意识

一是广泛开展普法宣传。紧密围绕《中华人民共和国老年人权益保障法》、《北京市居家养老服务条例》、《北京市法律援助条例》等涉及老年人权益保护的重要法律法规，开展普法宣传。2016年市老龄办委托专业维权服务组织开展专项普法宣传活动，向老年人印制发放老年维权手册，开设“老年权利在线”微信公众号，举办专题老年普法咨询等各类宣传活动，提升全社会维护老年人合法权益的法制意识。

二是加大普法培训。组织各级老龄工作部门、各类老年人协会组织、各类养老服务机构及相关老龄从业人员开展普法培训。内容包括：养老服务行业以及老年人权益维护的相关法律法规政策；老年维权服务内容；老年人法律援助的范围及申请程序；涉及老年人的常见法律问题及纠纷处理技巧等。培训将采取集中培训和分散培训相结合的方式，由市老龄办委托专业维权服务组织根据培训需求组织专场培训，并根据需求派出专家团队赴各区、各街道（乡镇）、各社区开展相关普法培训。

二、畅通维权渠道，建立维权服务网络

一是开通维权服务热线。为加强老年人权益保护，2016年市老龄办委托专业维权服务组织开设了老年维权服务咨询热线：010－83811699。热线咨询时间为周一至周日8：30至17：00（国家法定节假日除外），有需求的市民可直接拨打维权热线进行咨询。同时，法律咨询热线还与“96156”社区服务热线进行对接，市民可直接拨打“96156”咨询涉及老年人的案件，由96156进行人工转接，由律师提供法律咨询。

二是设置接待来访固定场所。为方便老年人维权，2016年，市老龄办委托专业律师事务所，接待涉及老年人的案件当事人来访咨询，接待时间为周一至周五8：30至17：00，咨询地址：北京市丰台区丰台路口东里198号致诚公益楼。对于60周岁及以上行动不便的老年人，可以预约律师上门提供法律咨询服务。

三是壮大维权服务队伍。为提升老年人权益保障工作水平，2016年市老龄办委托专业维权服务组织为老年人提供法律保护服务，派出专业律师为有需求的老年人开展有针对性的服务，提升办案的效率与水平，加大对各类老年人权益侵害案件的关注、跟踪和研究，加强预防。

四是巩固维权网络。加强全市老年人维权资源统筹，积极发挥市中心、区中心、街道（乡镇）工作站、社区（村）联系点四级一体的法律援助机构服务体系的作用，将各类养老服务组织和机构纳入老年人维权服务网络中，在条件成熟的社区、养老服务驿站、养老照料中心、养老机构等老年人比较集中的场所建立联系点，设立联系人，加强对基层服务组织与服务人员的维权工作指导与培训，及时了解老年人法律需求，为他们提供方便快捷的法律维权服务，不断提升老年人维权服务能力与水平。

三、扩大法律援助范围，维护老年人合法权益

一是扩大法律援助服务对象。在司法行政部门法律援助服务的基础上扩大援助服务对象，为更多处于困境的老年人提供法律援助，援助对象包括：

1. 本市户籍的经济困难老年人，包括城市特困人员、农村“五保”对象、城乡最低生活保障待遇人员、低收入人员。

2. 本市户籍无赡养人和扶养人，或赡养人和扶养人无赡养、扶养能力的独居老年人。

3. 因权益被侵害处于临时困境的本市常住老年人（已在本市办理暂住证或居住证6个月以上的外埠老年人）。

4. 为促进京津冀一体化发展，在上述情况下，当事人若为天津、河北户籍老年人，且北京法院有管辖权的案件，也可免费提供法律援助。

二是扩展法律援助服务内容。法律援助服务内容包括指派律师代理涉老案件（一审、二审）、主持和参与老年人争议调解、代理老年人提起劳动仲裁、代理老年人申请案件执行。援助案件范围包括：

1. 离婚、赡养、扶助、继承、未婚同居、虐待、遗弃、干涉婚姻自由等婚姻家庭类案件；

2. 老年人涉嫌犯罪的刑事案件；

3. 老年人为刑事案件受害人的刑事附带民事诉讼案件；

4. 债权债务、侵占、诈骗等财产类案件；

5. 侵犯名誉权、隐私权、肖像权等人格权案件；

6. 交通、医疗、产品质量事故、意外伤害等侵权损害赔偿案件；

7. 涉及老年人优待优抚、劳动保障的案件；

8. 因赡养协议、赠与协议、遗赠扶养协议、养老服务协议等引发的合同纠纷案件；

9. 宣告失踪或宣告死亡、认定老年人无民事行为能力、指定老年监护权等特别程序案件；

10. 其他特殊情况亟需援助的老年人案件。

四、拓展服务内容，解决老年人实际困难

针对老年人实际困难与需求拓展服务内容，逐步扩大服务范围，通过引入各类为老服务社会组织和公益项目，逐步加大对特殊困难老年群体的权益维护力度，着重做好因权益被侵害而陷入临时困境的老年人的法律援助与困境帮扶工作，通过养老服务政策与服务资源的整合帮助特殊困难老年人走出困境。2016年重点做好无赡养人和扶养人，或赡养人和扶养人无赡养、扶养能力的独居老年人的权益维护工作，提供基本的困境帮扶、家庭支持、遗嘱继承、老年监护等权益维护服务。

五、加强区域统筹，夯实基础工作

老年维权工作直接涉及老年人及其家庭的切身利益。各区老龄部门要充分认识老年维权工作对于维护社会稳定、积极人口老龄化的重要意义，将这项养老服务的基础性工作落到实处，支持老年维权服务的深入广泛开展，重点做好以下几方面工作：

一是做好政策宣传。及时将维权服务内容向本区宣传推广，向相关部门和辖区老人做好政策解读与告知，将维权服务内容宣传到各维权站点和各社区。

二是畅通本区内的法律援助服务渠道。建设好本区内的街道（乡镇）、社区、社会组织的维权站点，及时了解老年人需求，畅通服务渠道，保证有需求的老年人及时得到法律援助服务。

三是积极组织和参加培训，提升维权服务水平。2016年，市老龄办将全面开展普法培训，重点加强基层维权工作能力，提升老年维权工作人员业务水平。各区要深入了解基层老年维权工作情况，了解培训需求，积极组织参加培训。

市老龄办将于7月初举办第一批普法培训（时间地点另行通知），培训对象为各区老龄办老年维权部门负责人与工作人员，各区涉及老年维权益工作的各类社会组织、养老机构，维权站（岗）工作人员等。请各区老龄办确定一名本区老年维权工作负责人，并于6月28日前将联系人情况和培训报名表（详见附件）报市老龄办委托的维权服务组织。

2016年市老龄办委托维权服务组织：北京致诚律师事务所

联系人：刘晓颖

联系方式：8381169913810870048

传真：63835279

工作地址：北京市丰台区丰台路口东里198号致诚公益楼

电子邮箱：lnwqzx@163.com

附件：2016年老年人维权服务首次培训报名表

北京市老龄工作委员会办公室

2016年6月17日

附件

2016年老年人维权服务首次培训报名表

＿＿＿＿＿＿＿＿区老龄办

<table>
<tr><td colspan="2">维权工作负责人</td><td colspan="3"></td></tr>
<tr><td colspan="2" rowspan="3">联系方式</td><td colspan="3">地址：</td></tr>
<tr><td colspan="3">电话：</td></tr>
<tr><td colspan="2">电子邮箱：</td><td>传真：</td></tr>
<tr><td colspan="5">参加首次普法培训人员名单</td></tr>
<tr><td>姓名</td><td>单位名称</td><td>职务</td><td>联系电话</td><td>电子邮箱</td></tr>
<tr><td></td><td></td><td></td><td></td><td></td></tr>
<tr><td></td><td></td><td></td><td></td><td></td></tr>
<tr><td></td><td></td><td></td><td></td><td></td></tr>
<tr><td></td><td></td><td></td><td></td><td></td></tr>
<tr><td></td><td></td><td></td><td></td><td></td></tr>
<tr><td></td><td></td><td></td><td></td><td></td></tr>
</table>

填报人：　　　　　　　　　　　　　　　　　　　　　　年　月　日

河北省居家养老服务条例

（2016 年 12 月 2 日河北省第十二届人民代表大会常务委员会第二十四次会议通过）

第一条　为了促进居家养老服务社会化发展，满足居家老年人的养老服务需求，根据《中华人民共和国老年人权益保障法》等有关法律、行政法规，结合本省实际，制定本条例。

第二条　本条例适用于本省行政区域内的居家养老服务及其相关活动。

第三条　本条例所称居家养老服务，是指在政府主导下，以家庭为基础，以社区（村）为依托，以社会保障制度为支撑，由政府提供基本公共服务，企业事业单位、社会组织提供专业化服务，居（村）民委员会和志愿者提供公益互助服务，满足居住在家老年人社会化服务需求的养老服务模式。

本条例所称居家养老服务机构，包括社区居家养老服务中心（站）、日间照料中心、虚拟养老院和农村幸福院等。

第四条　居家养老服务应当以居住在家老年人的服务需求为导向，坚持政府主导、保障基本、社会参与、市场运作、自愿选择、就近便利的原则。

第五条　居家养老服务主要包括以下内容：

（一）为老年人提供生活照料、餐饮配送、保洁、助浴、辅助出行等家政服务；

（二）为老年人提供健康体检、家庭病床、医疗康复和护理等医疗卫生服务；

（三）为老年人提供关怀访视、生活陪伴、心理咨询、不良情绪干预、临终关怀等精神慰藉服务；

（四）为老年人提供安全指导、紧急救援服务；

（五）为老年人提供法律咨询和法律援助服务；

（六）开展有益于老年人身心健康的文化娱乐、体育健身、休闲养生等活动。

第六条　老年人的子女及其他依法负有赡养、扶养义务的人，应当履行对老年人经济上供养、生活上照料和精神上慰藉的义务。需要由社会提供服务的，老年人家庭应当承担相应费用。

政府有关部门应当将履行赡养、扶养义务纳入个人诚信平台。用人单位应当按照有关规定保障赡养人、扶养人探亲休假和请假照护老年人的权利。

第七条　县级以上人民政府在居家养老服务中应当履行下列职责：

（一）将居家养老服务工作纳入国民经济和社会发展规划及年度计划；

（二）建立与老年人口增长和经济社会发展水平相适应的财政保障机制，将居家养老服务经费列入财政预算；

（三）完善与居家养老服务相关的社会保障制度；

（四）将居家养老服务设施建设用地纳入城乡土地利用总体规划，统筹规划、按标准设置社区养老服务设施；

（五）制定对从事居家养老服务的企业、社会组织和个人给予补贴的政策；

（六）制定居家养老服务规范、标准，加强养老服务市场监管和养老服务信息化、智能化建设；

（七）加强对居家养老服务工作的统筹协调，明确各部门的职责，完善工作机制，加强监督检查；

（八）建立养老服务评估制度，对老年人的家庭经济情况、身体状况、养老服务需求进行评估，对符合条件的高龄、失能、失独、残独等特殊困难老年人给予补贴。

第八条　县级以上人民政府民政部门负责居家养老服务的指导、规范、监督和管理工作。

县级以上人民政府发展改革、教育、公安、司法、财政、人力资源社会保障、税务、国土资源、住房城乡建设、商务、工商、文化、卫生和计划生育、工业和信息化、食品药品监管、体育等部门，应当按照各自职责做好居家养老服务工作。

第九条　乡、镇人民政府和街道办事处负责具体组织实施下列居家养老服务工作：

（一）按照养老服务规划，建设居家养老服务设施；

（二）具体落实政府购买服务、经费补贴等扶持政策措施；

（三）组织、指导居（村）民委员会、企业事业单位、社会组织和个人参与居家养老服务，并做好监督管理工作；

（四）在社区推行为老年人服务志愿者登记制度，建立为老年人志愿服务时间储蓄和激励机制。

第十条　居（村）民委员会应当协助乡、镇人民政府、街道办事处做好购买居家养老服务项目的相关工作；协助对辖区内老年人的健康状况、家庭情况和服务需求等进行调查；组织老年人开展文体娱乐、社会交往、互助养老、志愿服务等活动。

第十一条　县级以上人民政府每年应当安排一定比例的福利彩票公益金用于居家养老服务。

第十二条　城市养老服务设施应当统筹规划发展，在制定城市总体规划、控制性详细规划时，必须按照标准设置养老服务设施。

新建居住区应当按照养老服务规划，以每百户不低于三十平方米的标准，配套建设养老服务设施，与住宅同步规划、同步建设、同步验收、同步交付，由街道办事处或者乡、镇人民政府统筹安排使用。老旧小区没有养老服务设施或者现有设施未达到配套建设指标的，按照每百户不低于二十平方米的标准，由所在地人民政府通过购置、置换、租赁等方式逐步进行配置。所有权、使用权属于政府的养老服务设施不得改变用途。

第十三条　农村居家养老可以依托行政村、较大自然村，利用闲置的村集体土地、房屋、农家院等场所，根据实际情况建设农村幸福院等养老服务设施；农村五保供养服务机构在满足农村五保对象集中供养需求的前提下，可以逐步向社会开放，加快改革转型升级，提升其社会化运营能力和辐射带动周边农村社区居家养老服务的水平，使之成为区域性居家养老服务中心。

支持农村居家养老服务机构利用农村剩余劳动力资源，培养农村养老护理人才，开展农村居家养老服务；鼓励发展农村居民间的养老互助服务。

第十四条　政府投资建设的居家养老服务设施可以引入家政、物业等社会力量，通过委托运营、公开招标等方式运营。

第十五条　住房城乡建设等部门应当制定计划，推进老旧小区的坡道、楼梯扶手、电梯等适老生活服务设施的改造和安装。失能、半失能老年人家庭内需要进行无障碍设施改造或者配置基本生活辅助器具的，由县级以上人民政府按照规定给予补贴。

第十六条　县级以上人民政府应当将养老服务人才队伍建设纳入人才教育培训规划，推进养老服务人才队伍的职业化、专业化建设，培养具有职业素质、专业知识和技能的养老服务工作者。

在中等职业学校、技工学校就读养老服务专业的学生，按照国家规定标准减免学费；按照规定对从事养老服务业的大中专毕业生给予补贴。

人力资源社会保障部门应当会同民政、卫生和计划生育等部门有计划地组织开展免费职业技能培训。

第十七条　鼓励和引导商业保险机构开发长期护理保险，为居家老年人提供长期护理保障。

第十八条　人力资源社会保障、卫生和计划生育等部门应当完善基本医疗保险政策，按照基层医疗机构的服务功能完善基层用药及报销制度，保障社区（村）卫生服务机构药物供应，为老年人在社区（村）治疗常见病、慢性病用药提供方便。

第十九条　社区（村）卫生服务机构应当为居家老年人提供下列服务：

（一）为六十五周岁以上的老年人建立健康档案，按照有关规定提供定期免费体检服务以及疾病预防、伤害预防、自救、自我保健等健康指导；

（二）开展社区（村）家庭医生签约式服务，对老年人常见病、慢性病进行综合管理，开展医疗、护理、康复服务指导；

（三）提供优先就诊和与其他医疗机构之间的双向转诊等服务；

（四）根据需要与居家养老服务组织开展合作，为老年人提供医疗卫生服务。

第二十条　鼓励企业事业单位、社会组织和个人依法举办居家养老服务机构或者以投资、捐赠、捐助等方式支持居家养老服务。

鼓励养老服务机构利用自身资源优势，为周边的老年人提供居家养老服务。

鼓励居家养老服务机构与周边的医疗卫生机构开展多种形式的合作，为老年人提供一体化的健康和养老服务；鼓励社会力量按照医养结合的原则兴办护理机构，支持居家养老服务机构设置医务室、护理站，开展医疗服务，提高其提供基本医疗服务的能力。

鼓励单位和个人将居住区附近闲置的场所、设施，用于开展居家养老服务；鼓励机关、团体、企业事业单位开放所属场所，为附近社区的老年人提供服务。

第二十一条　鼓励企业及社会组织借助云计算、互联网、物联网等技术，构建、运用居家养老服务信息平台、老年人居家呼叫服务系统和应急救援网络，集成养老服务资源，为居家生活的老年人提供紧急呼叫、远程健康监护、紧急援助、居家安防、家政预约、健康咨询、物品代购、服务缴费、线上线下等服务项目。

第二十二条　居家养老服务机构从事居家养老服务可以低价或者无偿使用政府提供的场所、设施，也可以自行建设居家养老服务设施。

居家养老服务机构用水、电、暖、燃气执行居民生活用户价格。

居家养老服务机构依法享受税费优惠政策。

第二十三条　居家养老服务机构应当建立服务档案，公开服务项目、服务内容以及收费标准等，接受社会公众的监督。

第二十四条　鼓励居家养老服务机构投保养老机构综合责任保险，县级以上人民政府对投保的居家养老服务机构给予适当保费补贴。

政府应当支持保险公司发展农民养老健康保险、农村小额人身保险等普惠保险业务。

鼓励企业事业单位、社会组织和老年人家庭成员等为老年人购买意外伤害保险。

第二十五条　县级以上人民政府民政、工商部门应当加强对居家养老服务机构的监督管理，定期公布和更新居家养老服务机构的名录，并提供查询服务；对经过考核评估达不到服务标准的居家养老服务机构应当从名录中删除或者予以注销，并及时向社会公布。

第二十六条　县级以上人民政府应当对相关部门和下级人民政府履行居家养老服务工作职责的情况进行监督检查。

不履行保护老年人合法权益职责的部门或者组织，其上级主管部门应当给予批评教育，责令改正。

国家工作人员违法失职，致使老年人合法权益受到损害的，由其所在单位或者上级机关责令改正，或者依法给予处分；构成犯罪的，依法追究刑事责任。

第二十七条　违反本条例第十二条第二款规定，未按照标准配套建设养老服务设施的，由住房城乡建设部门责令限期修建，并处应建面积所需费用总额的罚款。

擅自改变政府投资或者资助建设、配置的养老服务设施用途的，由民政部门责令限期改正；逾期不改正的，责令退赔补贴资金和有关费用，并处五万元以上十五万元以下的罚款，情节严重的处十五万元以上三十万元以下的罚款；造成损失的，依法承担民事责任。

第二十八条　居家养老服务机构及其从业人员侵害老年人合法权益，造成居家老年人人身伤害或者财产损失情节严重的，由民政部门对居家养老服务机构处三万元以下的罚款；构成犯罪的，依法追究刑事责任。

第二十九条　依法注册或者登记的社会养老机构开展社会养老服务，参照本条例执行。

第三十条　本条例自 2017 年 1 月 1 日起施行。

山西省实施《中华人民共和国老年人权益保障法》办法

（2003 年 5 月 22 日山西省第十届人民代表大会常务委员会第四次会议通过
2016 年 9 月 30 日山西省第十二届人民代表大会常务委员会第二十九次会议修订）

第一章　总　则

第一条　为了实施《中华人民共和国老年人权益保障法》，结合本省实际，制定本办法。

第二条　本办法所称老年人是指六十周岁以上的公民。

第三条　老年人权益保障工作坚持政府主导、社会参与、家庭关爱的原则。

第四条　县级以上人民政府应当加强对老年人权益保障工作的领导，根据国家老龄事业发展规划，制定本行政区域的老龄事业发展规划和年度计划，建立健全保障老年人权益和优待老年人的政策措施，并将老龄工作纳入目标责任考核。

第五条　县级以上人民政府应当将老龄事业经费列入本级财政预算，建立与人口老龄化和社会发展水平相适应的稳定的经费保障机制。

省、设区的市两级福利彩票公益金每年留存部分，应当按照不低于百分之五十的比例用于支持发展养老服务业。

第六条　县级以上人民政府负责老龄工作的机构，负责组织、协调、指导、督促有关部门依法做好老年人权益保障工作。

乡（镇）人民政府、街道办事处应当确定人员具体负责老年人权益保障工作。

乡（镇）人民政府、街道办事处应当定期组织城乡社区开展老年人预防诈骗知识宣传等活动，及时制止和举报针对老年人的恶意推销保健品、食品、药品、器材等行为，维护老年人的合法权益，为老年人服务。

第七条　县级以上人民政府统计、公安、民政、人力资源社会保障、卫生计生等相关部门应当配合负责老龄工作的机构，做好老年人状况统计调查工作。

第二章　家庭赡养

第八条　赡养人应当依法履行赡养义务，不得以放弃继承权、老年人离婚或者再婚以及其他理由，拒绝履行赡养义务。

赡养人的配偶以及其他家庭成员应当支持、协助赡养人履行赡养义务，尊重、关心和照料老年人。

第九条　赡养人应当尊重老年人与配偶共同生活的意愿，不得强行分开赡养。

第十条　赡养人委托他人或者养老机构等照料老年人，所需费用老年人无力承担的，由赡养人承担。

第十一条　赡养人以及其他家庭成员应当关心老年人的精神需求，尊重老年人健康有益的生活方式，尽量满足老年人精神文化生活需要。

鼓励赡养人所在单位在老年节、老年人生日以及生病住院时，为赡养人探望老年人提供便利。

第十二条　赡养人以及其他家庭成员应当尊重老年人的婚姻自由，不得以任何方式干涉。

提倡再婚老年人对婚前个人财产和婚姻关系存续期间所得财产进行公证或者书面约定。

第十三条　老年人依法立遗嘱处分个人财产或者签订遗赠扶养协议的，赡养人以及其他家庭成员不得干涉。

有独立生活能力的成年子女，要求老年人给予资助的，老年人可以拒绝。

第十四条　老年人自有或者承租的住房，子女和其他亲属不得侵占，不得强迫、欺骗老年人抵押、改变产权或者租赁关系。

老年人与子女或者其他亲属共同购买、建造的房屋，按出资比例或者约定，依法享有相应的物权；共有房屋调换、拆迁、改建、出租后，老年人依法享有的权益应当予以保障。

老年人原来承租或者居住的唯一住房，由其子女或者其他亲属出资购买后，老年人仍有继续居住的权利。

第十五条　赡养人不履行赡养义务，经劝导、调解拒不改正的，县级以上人民政府负责老龄工作的机构可以帮助老年人申请法律援助，还可以向赡养人所在单位通报。

第十六条　任何单位和个人发现老年人遭受家庭暴力的，有权予以劝阻，经劝阻无效的，及时向公安机关报案。

第三章　社会保障

第十七条　县级以上人民政府应当整合各类救助资源和救助资金，统筹安排救助生活困难的老年人。符合最低生活保障、特困人员供养条件的，应当纳入救助范围。

第十八条　享受最低生活保障、特困人员供养和符合条件的低收入家庭中的老年人，参加城乡居民基本医疗保险的个人缴费部分，由老年人户籍所在地县级人民政府给予补贴。

第十九条　县级人民政府应当对最低生活保障家庭中的失能老年人，按照本省有关标准发放补贴。

第二十条　鼓励县级以上人民政府逐步建立八十周岁以上老年人高龄补贴制度。

县级人民政府对一百周岁以上的老年人，应当按照本省有关规定发放补贴。

第二十一条　各级人民政府和有关部门对流浪乞讨、遭受遗弃的老年人，给予临时食宿、急病救治、协助返回等救助。

任何人不得胁迫、诱骗或者利用老年人乞讨。

第二十二条　县级以上人民政府在实施城镇保障性安居工程和农村危房改造时，对符合条件的老年人应当优先安排。

第四章　养老服务

第二十三条　各级人民政府应当建立和完善以居家为基础、社区为依托、机构为补充、医养相结合，功能完善、规模适度、覆盖城乡的养老服务体系。

第二十四条　县级人民政府和有关部门、乡（镇）人民政府、街道办事处应当建立居家养老服务网络，引导、支持养老服务企业和社会组织上门为居家老年人提供助餐、助浴、助洁、助急、助医等服务。

第二十五条　县级人民政府和有关部门、乡（镇）人民政府、街道办事处应当完善城乡社区养老服务，引导、支持养老服务企业和社会组织在城乡社区开办日间照料中心、老年餐桌等养老服务项目，为老年人提供餐饮服务、生活照料、文化娱乐、精神慰藉、医疗康复、交通接送等服务。

第二十六条　县级以上人民政府应当通过多种形式加强公办养老机构建设，优先保障经济困难的孤寡、高龄、失能以及独生子女伤残或者死亡的老年人的养老服务需求。

县级以上人民政府应当加大投入，采取民办公助、财政贴息、运营补贴、建设补助、信贷支持、以奖代补等措施，支持社会力量兴办养老机构。

第二十七条　县级以上人民政府规划部门编制城市总体规划、控制性详细规划、养老设施布局专项规划，应当按照人均用地不少于0．1平方米的标准，分区分级规划设置养老服务设施。

未经法定程序，不得擅自拆除养老服务设施或者改变用途；经法定程序拆除或者改变用途的，应当按照不低于原有规模和面积的标准补建。

第二十八条　社会力量兴办的公益性养老机构与政府兴办的养老机构享有相同的土地使用政策，可以依法使用国有划拨土地或者农民集体所有的土地。

对经营性养老机构建设用地，按照国家对经营性用地依法办理有偿用地手续的规定，优先保障土地供应。

第二十九条　养老机构的建设和运营依法享受税收优惠。

除法律、行政法规另有规定外，公益性养老机构建设免征有关行政事业性收费，对经营性养老机构建设减半征收有关行政事业性收费。养老机构用水、用电、用气、用热按居民生活类价格执行，使用电信、邮政、广播电视有线传输业务应当给予优惠。

第三十条　养老机构应当建立健全安全、消防、卫生、财务、应急、值班、档案管理等制度，保障老年人的生命财产安全。

养老机构应当在醒目位置公示服务项目、收费依据和标准。

第三十一条　养老机构应当规范和加强对养老服务从业人员的管理和培训，提高职业道德素养和业务技术水平。

养老机构应当改善养老服务从业人员工作条件，加强劳动保护和职业防护，依法缴纳社会保险费。

第三十二条　养老机构应当与接受服务的老年人或者其代理人签订服务协议，按照国家有关标准和协议约定，提供生活照料、康复护理、精神慰藉、文化娱乐等服务。

养老机构及其工作人员不得以歧视、侮辱、虐待或者遗弃等行为侵犯老年人的合法权益。

第三十三条　县级以上人民政府和有关部门应当推进医疗卫生与养老服务融合发展，支持医疗机构依托自身优势兴办养老机构，支持有条件的养老机构设置医疗机构。

第三十四条　鼓励、支持慈善组织、志愿服务组织和志愿者为老年人提供慈善救助和志愿服务。

提倡结对帮扶、邻里互助，关心、帮助有困难的老年人。

第三十五条　鼓励商业保险公司开展针对老年人的长期护理保险、人身健康保险、意外伤害保险等相关业务。

第五章　社会优待

第三十六条　老年人享受下列优待：

（一）进入本省国有及国有控股的旅游景区免头道门票，进入其他旅游景区享受头道门票半价优惠；

（二）免费进入公园、公共图书馆、文化馆、博物馆、美术馆、科技馆、纪念馆、纪念性陵园等公共文化设施；

（三）优先购买车票、船票、飞机票，优先托运行李、物品；

（四）在各类医疗机构优先就诊、化验、检查、交费、取药、住院；

（五）免除乡村公益事业的劳务和出资义务；

（六）免费使用公共厕所；

（七）其他优待事项。

第三十七条　六十五周岁以上的老年人享受下列优待：

（一）免费进入旅游景区；

（二）免收普通门诊挂号费；

（三）免费乘坐市内公共汽（电）车和市内轨道交通，具体办法由设区的市人民政府制定。

第三十八条　基层医疗卫生机构应当为辖区内六十五周岁以上常住老年人免费建立健康档案，每年至少提供一次免费体格检查和健康指导，开展健康管理服务。

第三十九条　旅游景区、医疗卫生机构、车站、机场和不实行对号入座的公共交通工具等为老年人提供优待服务的场所，应当设置老年人优待窗口、等候专区、老年人专座等助老设施，设置明显的优待服务标识，公示优待服务内容。

第四十条　各级人民政府和有关部门办理老年人的房屋所有权、土地承包经营权、宅基地使用权、知识产权等权属转移、变更登记时，应当核实是否为老年人真实意愿，依法优先办理。

第四十一条　老年人持身份证或者其他有效证件享受优待服务。

第六章　法律责任

第四十二条　违反本办法规定，《中华人民共和国老年人权益保障法》以及其他有关法律、行政法规已有法律责任规定的，从其规定。

第四十三条　违反本办法规定，有关部门对老年人的合法权益受到侵害查处不力的，同级人民政府负责老龄工作的机构有权督促；情节严重的，由同级人民政府予以通报，并对主管人员和直接责任人员给予处分。

第四十四条　违反本办法规定，有下列行为之一的，由所在地人民政府责令限期恢复或者补建，并对主管人员和直接责任人员给予处分：

（一）未经法定程序，擅自拆除养老服务设施、改变用途；

（二）经过法定程序拆除、改变用途后未按规定补建的。

第四十五条　违反本办法规定，养老机构未按规定在醒目位置公示服务项目、收费依据和标准的，由实施许可的民政部门责令改正；拒不改正的，处以一千元以上三千元以下罚款。

第四十六条　违反本办法规定，养老机构未与老年人或者其代理人签订服务协议，或者未按照国家有关标准和规定提供服务的，养老机构依法承担相应的民事责任；情节严重的，由实施许可的民政部门责令改正，并处以一万元以上三万元以下罚款。

第四十七条　违反本办法第三十六条、第三十七条规定，未提供优待服务的，由主管部门责令改正；拒不改正的，追究主管人员和直接责任人员的责任。

第七章　附　则

第四十八条　本办法第十九条、第二十条、第三十六条、第三十七条规定的老年人社会保障、社会优待措施，有条件的地方可以根据当地经济社会发展状况，扩大范围、提高标准。

第四十九条　本办法自2017年1月1日起施行。

辽宁省老年人权益保障条例

（2016年11月11日辽宁省第十二届人民代表大会常务委员会第二十九次会议通过）

第一章 总则

第一条 为保障老年人的合法权益，发展老龄事业，积极有效应对人口老龄化，弘扬中华民族敬老、养老、助老的美德，根据《中华人民共和国老年人权益保障法》和有关法律、法规，结合本省实际，制定本条例。

第二条 本省行政区域内老年人权益保障以及相关工作，适用本条例。

第三条 本条例所称老年人是指六十周岁以上的公民。

第四条 老年人的合法权益受法律保护，任何个人和组织不得侵犯。

老年人有从国家和社会获得物质帮助的权利，有享受社会服务和社会优待的权利，有参与社会发展和共享发展成果的权利。

禁止歧视、侮辱、虐待或者遗弃老年人。

老年人应当依法行使权利、履行义务。

第五条 省、市、县（含县级市、区，下同）人民政府应当建立健全保障老年人权益的各项制度，逐步改善老年人生活、健康、安全以及参与社会发展的条件，关心老年人的精神文化需求，实现老有所养、老有所医、老有所为、老有所学、老有所乐。

第六条 省、市、县人民政府应当将老龄事业纳入国民经济和社会发展规划，制定本行政区域的老龄事业发展规划和年度计划。将老龄事业经费纳入财政预算，并建立稳定的经费保障机制。培育养老服务产业，完善扶持政策，引导、鼓励企业和社会组织开展养老服务。鼓励社会各方面投入，使老龄事业与经济、社会协调发展。

省、市用于社会福利事业的彩票公益金中应当有50%以上的资金用于支持养老服务业发展，并随着老年人口的增加逐步提高投入比例；在省、市留成的体育彩票公益金中，应当有一定比例用于对老年体育和健康事业的投入。

第七条 省、市、县人民政府应当加强对老年人权益保障工作的领导。

省、市、县老龄工作机构，负责组织、协调、指导、督促有关部门做好老年人权益保障工作。

省、市、县人民政府各有关部门应当按照各自职责，共同做好老年人权益保障工作。

乡镇人民政府、街道办事处负责指导、组织基层群众性自治组织、社区服务中心（站）及专职养老工作者为老年人服务等具体老年人权益保障工作。

第八条 国家机关、社会团体、企业事业单位和其他组织应当重视、参与、支持、做好老年人权益保障工作。

居民委员会、村民委员会应当组织开展老年人信息登记，了解反映老年人的服务需求；协助政府对本区域内的养老设施及其他养老服务项目的情况进行监督、评议；组织开展互助养老和以老年人为对象的志愿服务和文化娱乐、体育活动；依法成立老年协会，反映老年人的要求，调解老年人纠纷，维护老年人合法权益。

青少年组织、学校和幼儿园应当对青少年和儿童进行敬老、养老、助老的道德教育。

广播、电影、电视、报刊、网络等应当开办老年人专题节目或者栏目，开展维护老年人合法权益的宣传，弘扬敬老、养老、助老的传统美德。

第九条 省、市、县人民政府和有关部门对维护老年人合法权益和敬老、养老、助老成绩显著的组织、家庭或者个人，对参与社会发展做出突出贡献的老年人，应当按照有关规定给予表彰或者奖励。

第二章 家庭赡养与扶养

第十条 老年人养老以居家为基础，家庭成员应当尊重、关心和照料老年人。老年人的赡养人、扶养人应当依法履行赡养和扶养义务。

第十一条 赡养人应当履行对老年人经济上供养、生活上照料和精神上慰藉的义务。

赡养人应当在经济上供养老年人，保证老年人的正常生活需求，照顾老年人的特殊需要。

赡养人应当在生活上照顾老年人，对患病、生活不能自理的老年人，赡养人应当履行护理、照料责任。

赡养人应当履行对老年人的精神慰藉义务，与老年人不在一起居住的，应当经常问候、看望。

赡养人不得以放弃继承权、老年人婚姻关系变化等理由，拒绝履行赡养义务。

第十二条 赡养人所在单位、居民委员会、村民委员会或者老年人组织发现赡养人不履行赡养义务的，应当给予批评教育，督促改正；情节严重的，应当及时向有关部门反映情况；老年人提起诉讼的，应当为老年人提供帮助。

第十三条 子女应当尊重老年人的婚姻自由。

赡养人及其家庭成员、亲属不得以老年人的婚姻关系发生变化为由，强占、分割、隐匿、损毁属于老年人的房屋及其他财产，或者限制老年人对其所有财产的占有、使用、收益、处分。

提倡再婚老年人对婚前财产按法律程序进行书面约定或者公证。

第十四条 老年人与配偶有相互扶养的义务。

由兄、姐扶养的弟、妹成年后，有负担能力的，对年老无赡养人的兄、姐有扶养义务。

第十五条 禁止对老年人实施家庭暴力。

居民委员会、村民委员会、老年人组织和老年人所在单位发现对老年人实施家庭暴力的，应当及时通报公安机关，并予以劝阻、制止、调解或者采取临时庇护等其他措施，保护老年人的人身安全。

第十六条 鼓励开发老年宜居住宅和亲情住宅，鼓励家庭成员与老年人共同生活或者就近居住，为老年人随扶养人或者赡养人迁徙提供条件，为家庭成员照料老年人提供帮助。

居民委员会、村民委员会应当建立老年人家庭访问制度，定期走访老年人，了解老年人生活现状，为老年人提供帮助。

第三章 社会保障

第十七条 本省通过职工基本养老保险和城乡居民基本养老保险等制度，依法保障老年人的基本生活。

省、市、县人民政府应当确保为参加养老保险的老年人按时足额发放养老金。

第十八条 本省通过职工基本医疗保险和城乡居民基本医疗保险等制度，依法保障老年人的基本医疗需求。人力资源和社会保障、卫生计生部门制定城乡医疗保障办法时，应当充分考虑老年人的实际情况，给予老年人适当照顾。

享受最低生活保障的老年人和符合条件的低收入家庭中的老年人参加城乡居民基本医疗保险所需个人缴费部分，由政府给予补贴。

第十九条 省、市、县人民政府应当健全和完善社会救助制度，依法对老年人给予基本生活、医疗、居住或者其他救助。

第二十条 省、市、县人民政府应当建立老年人长期护理保障制度，对独生子女伤残死亡家庭的老年人和生活不能自理、经济困难的老年人，根据其失能程度给予护理补贴或者为其购买服务。

居民委员会、村民委员会针对所在社区独生子女死亡家庭、无子女家庭，定期进行心理疏导和情感慰藉。

省、市、县人民政府应当组织开展免费培训，普及照料失能、失智等老年人的护理知识和技能。

省、市、县人民政府应当制定政策，支持、引导和鼓励商业保险企业开展针对老年人的人身健康保险、长期护理保险、人身意外伤害保险等相关业务。

第二十一条 省、市、县人民政府对八十至八十九周岁低收入老年人按月发放高龄津贴，并根据当地经济社会发展水平，逐步放宽发放范围、提高发放标准。

县级人民政府对九十周岁以上老年人按月发放高龄津贴，并根据当地经济社会发展水平，逐步提高发放标准。

对经济困难的老年人，省、市、县人民政府应当逐步给予养老服务补贴，并根据经济社会发展水平适时调整补贴标准。

第二十二条 市、县人民政府和住房城乡建设等有关部门在实施公共租赁住房等住房保障制度时，应当优先保障符合条件的老年人；进行危房改造时，应当优先帮助符合条件的老年人。

省、市、县人民政府应当按照有关规定，对符合条件的老年人承担取暖面积内的供热费用。

老年人的产权房被征收、征用，需要安置的，相关单位应当照顾其优先选择楼层。

第二十三条 省、市、县人民政府应当建立和完善计划生育家庭老年人扶助制度。符合农村计划生育家庭奖励扶助和计划生育家庭特别扶助条件的老年人应当全部纳入扶助范围。

对独生子女死亡或者伤残的老年人家庭，在特别扶助金发放上应当予以照顾；对生活不能自理的农村计划生育家庭老年人，应当按照规定提供适当补助。

第二十四条 市、县人民政府应当为符合下列条件并具有我省户籍的老年人免费提供基本殡葬服务：

（一）享受定期定量抚恤和生活补助待遇的优抚对象；

（二）享受特困人员救助供养的；

（三）享受最低生活保障的；

（四）属于计划生育特殊家庭的。

市、县人民政府可以根据本地区经济社会发展水平，不断扩大老年人基本殡葬免费服务对象和服务项目。

第四章 社会服务

第二十五条 省、市、县人民政府应当制定基本养老服务体系建设规划，建立养老服务业多元投入机制，建立和完善以居家为基础、社区为依托、机构为补充、医养相结合的养老服务体系。应当将基本养老服务纳入基本公共服务体系，完善政策措施，扶持社会力量提供公益性养老服务，支持企业提供市场化养老服务，建立、完善养老服务规范。

第二十六条　省、市、县人民政府和有关部门应当加强居家养老服务网络建设，完善居家养老服务体系。制定扶持政策措施，积极培育居家养老服务企业和机构为居家老年人提供生活照料、紧急救援、医疗护理、精神慰藉、心理咨询等服务。

市、县人民政府和有关部门应当支持社区建立健全居家养老服务网点，鼓励和支持社会组织和家政、物业等企业兴办或者运营老年餐桌、社区日间照料、托老所、老年活动中心等养老服务设施。

第二十七条　省、市、县人民政府民政部门应当加强对养老机构的监督和管理。

对提供托养、助餐、医疗等服务的养老机构，民政、卫生计生、食药监等有关部门应当依法履行监督管理职责。

第二十八条　政府投资兴办的养老机构应当优先保障孤老优抚对象、特困供养人员、计划生育特殊家庭和经济困难的高龄、失能等老年人的养老服务需求。在满足上述老年人养老服务需求的前提下，可以有偿为其他有养老服务需求的老年人提供服务。

政府投资兴办的养老机构，可以采取公办民营、公建民营、委托管理、购买服务等多种形式，通过公开招投标选定专业化的机构负责运营。鼓励社会资本本着回报社会、造福老人、诚信经营、服务为本的原则，兴办、运营养老机构和参与公办养老机构改革，发展社会资本参股或者控股的混合所有制养老机构。

第二十九条　省、市、县人民政府应当按照国家规定采取发放床位建设运营补贴、购买服务等方式，支持社会资本兴办养老服务机构。

第三十条　省、市、县人民政府应当将各类养老服务设施建设用地纳入土地利用总体规划和年度用地计划，合理安排用地需求。

民间资本举办的公益性养老机构和政府举办的养老机构可以依法使用国有划拨土地或者农民集体所有的土地。

养老服务设施用地，非经法定程序不得改变用途。

第三十一条　按照国家有关规定，对非营利性养老机构建设全额免征行政事业性收费，对营利性养老机构建设减半征收有关行政事业性收费，对养老机构提供的养老服务应当按照标准下限征收行政事业性收费。养老机构用水、用电、用气、用热按照居民缴费标准执行，安装电话、有线（数字）电视、宽带互联网按照普通住宅用户收费标准执行。

第三十二条　省、市、县人民政府和民政等有关部门应当建立养老服务业风险分担机制，推进实施养老机构责任保险。

第三十三条　省、市、县人民政府应当将老年医疗保健纳入基层医疗卫生服务体系。

人力资源和社会保障、卫生计生等部门应当完善基层医疗卫生服务网络，健全城乡社区老年医疗保健设施，保证基层医疗机构药品配备，完善基本医疗保险基层用药报销政策，建立慢性病患者长处方等机制，满足老年人常见病、慢性病的基本用药需求。

鼓励三甲医院进入社区，为老年人提供医疗卫生服务。有条件的二级以上综合医院应当开设老年病科，增加老年病床数量，做好老年慢性病防治和康复护理。

基层医疗机构应当开展老年医疗保健服务，逐步提高家庭签约医生的覆盖面和服务水平。通过发展家庭医生、家庭病床，采取定点、巡回、上门等多种服务形式，为老年人提供预防、医疗、保健、护理、康复、心理咨询、临终关怀等服务。

基层医疗机构应当按照规定为区域内常住老年人建立健康档案，进行健康指导和每年一次免费常规体检。

第三十四条　鼓励社会力量举办提供医养结合服务的机构，符合条件的应当按照规定纳入城乡基本医疗保险定点范围，入住的参保老年人按照规定享受相应待遇。

支持开展面向养老机构的远程医疗服务。

第三十五条　省、市、县人民政府应当将养老服务人才队伍建设纳入人才教育培训规划，完善养老服务专业人才的评价和激励机制。支持高等院校和中等职业技术院校开展养老服务学历教育，增设养老服务相关专业和课程，加快培养老年医学、康复、护理、营养、心理和社会工作等方面的专门人才。鼓励有条件的院校开展继续教育和远程教育。

省、市人民政府应当采取补贴的方式，加强对养老护理人员的培训，推进养老服务人才队伍的职业化、专业化建设。

第三十六条　省、市、县人民政府和有关部门应当按照国家扶持行业目录，制定发展老龄产业的扶持政策，鼓励社会资本参与老龄产业发展，引导企业研发、生产、经营适合老年人需求的产品和提供相关的服务。

第三十七条　省、市、县人民政府和工商、食药监、质监等有关部门应当加强监督管理，营造安全、便利、诚信的老年人消费环境，及时处理侵害老年人消费权益的举报投诉。

第三十八条　鼓励发展为老年人提供服务的慈善组织，引导其参与建设养老机构、开发养老产品、提供养老服务。

倡导社会爱心人士参与养老服务志愿活动，提倡建立健康老年人参与志愿互助服务。

第五章　社会优待

第三十九条　省、市、县人民政府应当根据本地区的实际情况和老年人的特殊需要，逐步完善优待政策，扩大优待范围，提高优待水平。

对常住在本省行政区域内的外埠老年人给予同等优待。

第四十条　老年人凭老龄工作机构统一制作并免费发放的《老年证》、《老年优待证》，在全省范围内享受以下优惠或者优待：

（一）老年人到公立医疗机构就诊免收普通门诊挂号费；对未参加城乡基本医疗保险的七十周岁以上享受城乡居民最低生活保障待遇的老年人，住院期间的手术费、普通床位费、单项单价（基准价）百元以上的检查费，按不超过70%的价格收取。提倡其他医疗机构对老年人就医给予优惠和照顾；

（二）未满七十周岁的老年人，乘坐城市公共交通工具享受半价优惠，七十周岁以上的老年人享受免费优待；

（三）收费的公共文化、教育、科技、体育设施和公园、园林、旅游景点等公共场所，应当为不满七十周岁的老年人优惠开放，为七十周岁以上的老年人免费开放；

（四）省、市、县人民政府规定的其他优待。

对老年人实行优惠优待所减收的费用，由省、市、县级人民政府财政部门给予保障。具体办法由省人民政府另行规定。

第四十一条　医疗、交通、金融等公共服务机构和各类公共服务场所，应当为老年人设置优待服务窗口和通道，或者采取其他优待服务措施。

鼓励、倡导社会服务窗口对失能、半失能老年人提供上门服务。

第六章　宜居环境

第四十二条　省、市、县人民政府在制定城乡总体规划和控制性详细规划时，应当按照老年人口数量和分布情况，将养老服务设施纳入城乡社区配套设施建设规划，统筹布局适合老年人的公共基础设施、生活服务设施、医疗卫生设施和文化体育设施，推进宜居环境建设。应当按照人均用地不少于0.1平方米的标准，分区分级规划设置养老服务设施，为老年人提供安全、便利、舒适的环境。

第四十三条　新建城区和新建居住区，应当按标准配套建设养老服务设施，并与住宅同步规划、同步建设、同步验收、同步交付使用。

老城区和已建成的居住区无养老服务设施或者现有设施未达到规定要求的，应当限期开辟养老服务设施。养老服务设施不得挪作他用。市、县人民政府应当通过购置、置换、租赁等方式配置养老服务设施。

第四十四条　支持老年人人数较多的社区和村建设互助性养老服务设施。

第四十五条　省、市、县人民政府应当整合社会资源，鼓励机关、企业事业单位、其他组织和个人提供所属场所和设施为老年人服务。

第四十六条　市、县人民政府和住房城乡建设等有关部门应当按照国家无障碍设施工程建设标准，实施居住区缘石坡道、轮椅坡道、人行通道，以及建筑公共出入口、公共走道、地面、楼梯、电梯候梯厅及轿厢等与老年人日常生活密切相关的公共服务设施的改造。

新建、改建、扩建公共建筑和其他公共场所，应当建设无障碍设施，配有轮椅坡道、座椅、扶手等，方便老年人生活和活动。

无障碍设施的所有人和管理人应当保障无障碍设施正常使用。

第七章　参与社会发展

第四十七条　全社会应当重视、珍惜老年人的知识、技能、经验和优良品德，发挥老年人的专长和作用，保障老年人参与经济、政治、文化和社会生活。

省、市、县人民政府应当建立老年人专业人才库，为老年人参与社会发展创造条件。

第四十八条　鼓励老年人依法从事优良传统教育、传授文化科技知识、调解民间纠纷、科技开发应用、咨询服务、生产经营、社会公益等活动。老年人参加劳动的合法收入受法律保护。

第四十九条　省、市、县人民政府应当加大对老年教育的投入，建立健全老年继续教育机制，加强老年教育设施、师资力量、课程开发等方面建设，把老年教育纳入教育发展规划。

省、市、县应当开办老年大学，乡镇、街道和居民委员会、村民委员会可以根据实际情况开办老年学校或者老年课堂。教育部门以及有关机构、学校应当利用现代信息技术，发展远程教育，建设网络学习平台，开发网络学习资源，设置适合老年人学习的课程。

第五十条　市、县人民政府应当根据本行政区域内老年人口的分布状况，合理设置老年活动室等文体娱乐场所。

各级人民政府和文化、体育、旅游等部门以及居民委员会、村民委员会、老年人组织应当组织开展适合老年人的群众性文化、体育、旅游、娱乐活动，丰富老年人的精神文化生活。

第八章　法律责任

第五十一条　擅自改变公共养老设施用途的，由有关主管部门或者所在地人民政府责令改正。擅自拆除公共养老设施的，由有关主管部门或者所在地人民政府责令限期恢复。

第五十二条 违反本条例规定，不履行优待老年人义务的，由市、县教育、科技、民政、交通、文化、卫生计生、体育、旅游、老龄等部门按照各自职责责令改正。

第五十三条 国家工作人员违反本条例规定，致使老年人合法权益受到损害的，由其所在单位或者上级机关责令改正，并给予行政处分；构成犯罪的，依法追究刑事责任。

第五十四条 违反本条例规定，《中华人民共和国老年人权益保障法》以及其他有关法律、法规已有处理规定的，从其规定。

第九章 附则

第五十五条 本条例自2017年3月1日起施行。2008年8月1日辽宁省第十一届人民代表大会常务委员会第三次会议审议通过的《辽宁省老年人权益保障条例》同时废止。

吉林省人民政府办公厅关于推进医疗卫生与养老服务融合发展的实施意见

吉政办发〔2016〕52号

各市（州）人民政府，长白山管委会，各县（市）人民政府，省政府各厅委办、各直属机构：

全面推进医疗卫生和养老服务融合发展，是全面建成小康社会的基础工程，是积极应对人口老龄化的重要举措，也是实现广大老年人老有所养、病有所医的必要条件。为深入贯彻落实《国务院办公厅转发卫生计生委等部门关于推进医疗卫生与养老服务相结合指导意见的通知》（国办发〔2015〕84号）精神，科学合理统筹卫生和养老两方面资源，更好地满足广大老年人的医疗服务需求，经省政府同意，现就我省全面推进医疗卫生与养老服务融合发展提出如下实施意见：

一、总体要求

（一）基本原则。

政府引导、社会参与。发挥政府在规划设计、政策制定、监督管理等方面的主导作用，统筹各部门职能，形成各负其责、紧密配合、运行高效的工作机制；以需求为导向，发挥市场在资源配置中的决定性作用，引导社会力量参与社会养老和医养结合服务事业，构建政府主导、部门协作、社会参与多位一体的发展格局。

科学规划、合理布局。立足当前医疗和养老服务的实际情况，着眼医疗、养老需求及其发展趋势，科学制定医养结合服务体系建设规划。根据医疗卫生机构和养老机构分布，结合区域内老年人状况，统筹规划医养结合机构布局。

资源共享、优势互补。加强医疗机构与养老机构的衔接，实现医疗卫生和养老服务资源共享，提高资源的使用效益。依托城乡社区和基层医疗卫生信息服务平台，实现服务对象信息、健康信息和服务信息共享。加强医疗机构和养老机构的合作，完善医疗和养老机构的医养结合功能。

（二）发展目标。以构建健康吉林，保障老年人基本健康养老需求为目标，加强医疗卫生与养老资源有机整合，实现设施布局、服务管理、队伍建设、政策扶持的医养结合，实现病前疾病预防、病中便捷就医和病后康复护理有效衔接，实现治疗期住院、康复期护理、稳定期生活照料以及临终关怀一体化的健康和养老服务。

到2017年，实现医疗、养老资源的充分融合，建立健全养老机构与社区卫生服务中心（包括乡镇卫生院）或其他医疗机构签约服务机制，50%以上的养老机构能够以不同形式为入住老年人提供医疗卫生服务，80%以上的医疗机构开设为老年人提供优先挂号、优先就医等便利服务的绿色通道，建成一批兼具医疗卫生和养老服务资质和能力的医疗卫生机构或养老机构（以下统称医养结合机构）。

到2020年，全省老年医疗机构基础设施和服务网络更加合理，各类养老服务机构（护理院）医疗服务功能更加完善，与医疗机构合作更加紧密，医养融合模式更加成熟，医疗护理水平逐步提高。所有医疗机构开设为老年人提供挂号、就医等便利服务的绿色通道，所有养老机构能够以不同形式为入住老年人提供医疗卫生服务，基本适应老年人健康养老服务需求。

二、主要任务

（三）加快发展为老年人服务的专业医疗机构。支持老年病医院、康复医院、护理院、综合医院老年病科等机构建设，在基层医疗卫生机构增设康复、护理床位。鼓励社会资本举办康复医院、护理院和老年健康管理中心，最大限度放宽设置规划。充分利用现有医疗服务资源，创办老年康复中心、老年医院、护理院等主要针对高龄、病残老年人的康复护理专业服务机构。鼓励乡镇卫生院、社区卫生服务中心发展老年医疗护理服务特色科室，鼓励有条件的企事业单位职工医院、门诊部向以老年康复为主的社区卫生服务机构转型，方便老年人就医。支持部分闲置床位较多的一、二级医院和专科医院发挥专业技术和人才优势，积极稳妥地转型为康复、老年护理等接续性医疗机构。到2017年，试点市要至少建立一所医养结合机构。到2020年，每个市（州）、县（市）至少要有1所医养结合机构。（省卫生计生委牵头，省民政厅、省发展改革委配合）

（四）提高医疗机构支持养老服务能力。全省各级各类医疗机构要全面落实老年医疗服务优待政策，对老年人看病就医实行优先照顾，开通绿色通道，在挂号、就诊、收费、取药、住院等窗口设置“老年人优先”标志。全省二级以上综合医院应开设老年病科，鼓励医疗机构与周边养老机构开展医疗合作，提供医疗护理服务。到2020年，各县（市）至少有一所具备老年疾病专科特色的二级以上医疗机构。充分发挥医院志愿者服务作用，为行动不便的老年人提供门诊、住院陪同服务，在医疗服务中体现爱老、敬老的良好风尚。（省卫生计生委牵头，省民政厅、省老龄办配合）

（五）提高养老机构医疗服务水平。养老机构可根据服务需求和自身能力，按相关规定申请开办老年病医院、康复医院、中医医院、临终关怀机构、护理院、医务室或护理站等，各级卫生计生和中医药管理部门应加大政策规划支持和技术指导力度，提高养老机构的基本医疗服务能力。鼓励、支持床位数在200张以上的养老服务机构设置相应的医疗机构；床位数100—200张的养老服务机构内设卫生室、医务室等卫生设施；床位数在100张以内的养老机构就近与医疗服务机构签订合作协议，有条件的可设立医务室，为老年人提供优质便捷的医疗服务。探索建立护理转移机制，支持养老机构内设的具备条件的医疗机构作为医院（含中医医院）收治老年人的后期康复护理场所。（省民政厅牵头，省卫生计生委配合）

（六）推动医疗卫生服务延伸至社区、家庭。各地要做好对社区、居家老人的健康养老服务，依托社区卫生服务中心和卫生计生基层网络，加强与城市社区老年人日间照料中心、居家养老服务中心、农村养老服务大院和农村社会福利服务中心等养老机构的合作，通过签订“医养融合”服务协议，与有意愿的老年人家庭建立医疗服务关系（优先满足65岁以上老年居民和社区高龄、重病、失能、半失能以及计划生育特殊家庭的老年人），为居家老人提供健康档案管理、健康教育、家庭病床、社区护理等基本医疗卫生服务。到2016年年底，试点市城市家庭医生签约服务覆盖率达到15%以上，重点人群签约覆盖率达到30%以上。到2017年，家庭医生签约服务覆盖率达到30%以上，重点人群签约覆盖率达到60%以上。到2020年，力争将签约服务扩大到全社会，形成长期稳定的契约服务关系，基本实现家庭医生签约服务制度的全覆盖。（省卫生计生委牵头，省民政厅配合）？

（七）积极推进老年人康复服务。鼓励各类养老机构配备康复设备，全面开展康复服务。鼓励床位数在100张以下的养老机构设立康复区，床位数在100张以上的养老机构设立康复中心，配备专业的康复人员或引入专业的康复机构，开展专业化的康复服务。基层医疗卫生机构要为老年人提供基本卫生服务中的康复服务项目，有条件的城市社区日间照料中心、居家养老服务中心和农村养老服务大院可单独设置康复功能区，配备康复设备，在医疗机构和康复机构指导下开展服务。到2020年，50%的城市社区和有条件的农村要设立适合老年人的康复场所，有条件的地方可为经济困难的失能、半失能老年人配备康复辅助器具。（省民政厅牵头，省老龄办、省卫生计生委配合）

（八）大力发展中医药健康养老服务。充分发挥中医药的预防保健特色优势，坚持养老与养生相结合，将中医药养生保健和“治未病”理念融入养老全过程，利用中医药技术方法全面提升老年人身心健康和生活质量。加快县级中医医院中医药特色老年健康中心建设，推动中医医院与养老机构合作，为养老机构提供中医药技术、专业人员等服务支撑。支持长春市、吉林市、公主岭市、乾安县、集安市等地开展中医药健康服务与养老服务相融合的医养服务新模式试点。鼓励中医医疗机构举办养老康复机构，探索发展以中医药健康养老为主的养老机构。在养老机构开展融合中医药健康管理理念的老年人医疗、护理、养生、康复服务。发展社区和居家中医药健康养老服务，引导中医医疗和预防保健机构延伸提供社区和居家养老服务。到2020年，30%以上的养老机构设立以老年病、慢性病防治为主的中医诊疗机构或与中医机构建立合作关系，50%以上的社区养老服务机构可以便捷获取中医药健康服务，全面提升老年人身心健康和生活质量。大力开发中医药健康养老服务包。允许离退休中医药人员在公立医院注册执业的同时，开办只提供传统中医药服务的中医诊所。（省中医药管理局牵头，省卫生计生委、省民政厅配合）

（九）探索完善基本医疗保险保障。对养老机构内设的医疗机构（诊所、卫生室、医务室）以及兴办的护理院、康复医院等，符合条件的可按规定纳入城乡基本医疗保险定点范围，医疗保险经办机构按规定与养老机构内设的医疗机构等协商谈判，签订服务协议，明确双方的责任、权利和义务。参加城乡基本医疗保险的老年人，入住养老机构内设的城乡基本医疗保险定点医疗机构发生的符合政策范围的医疗费用，按照相关规定报销结算。落实好偏瘫肢体综合训练、认知知觉功能康复训练、日常生活能力评定等医疗康复项目纳入基本医疗保障范围的政策，为失能、半失能老年人治疗性康复提供相应保障。规范基层医疗机构为养老机构、居家老年人提供上门服务的医疗和护理服务项目，将符合规定的医疗费用纳入医保支付范围。完善医保报销制度，切实解决老年人异地就医结算问题。（省人力资源社会保障厅、省民政厅、省卫生计生委按部门职责分别负责）

三、政策措施

（十）完善投融资和财税价格政策。对符合条件的医养结合机构，按规定落实好相关支持政策。拓宽市场化融资渠道，探索政府和社会资本合作（PPP）的投融资模式。鼓励和引导各类金融机构创新金融产品和服务方式，加大金融对医养结合领域的支持力度。有条件的地区可通过由金融和产业资本共同筹资的健康产业投资基金支持医养结合发展。用于社会福利事业的彩票公益金要适当支持开展医养结合服务。积极推进政府购买基本健康养老服务，各类经营主体平等参与，逐步扩大购买服务范围，完善购买服务内容。（省发展改革委牵头，省财政厅、省物价局、省民政厅、省卫生计生委配合）

（十一）完善规划布局和用地保障政策。各地政府要在土地利用总体规划和城乡建设规划中统筹考虑医养结合机构发展需要，做好用地规划布局。对非营利性医养结合机构，可采取划拨方式，优先保障用地；对营利性医养结合机构，应当以租赁、出让等有偿方式保障用地，养老机构设置医疗机构的，可将在项目中配套建设医疗服务设施相关要求作为土地出让条件，并明确不得分割转让。依法需招标拍卖挂牌出让土地的，应当采取招标拍卖挂牌出让方式。（省国土资源厅牵头，省住房城乡建设厅、省民政厅、省卫生计生委配合）

（十二）完善财政补贴扶持政策。各地政府要多渠道筹措资金，对符合养老机构设立条件的医养结合机构给予适当支持。社会力量兴建的老年型医疗机构，享受社会资本办医的优惠扶持政策。单独设置康复功能的城市社区日间照料中心、居家养老服务中心、农村养老服务大院和农村社会福利服务中心视情况给予适当资助。（省财政厅牵头，省民政厅、省卫生计生委配合）

（十三）加强医养结合人才队伍建设。研究制定养老机构医护人员的定向培养、合作培养和针对性培养政策，不断加强医养结合发展的人才保障。养老机构医护人员在资格认定、职称评定、继续教育和推荐评优等方面纳入卫生计生部门统一管理，通过完善薪酬、职称评定等激励机制，鼓励医护人员到医养结合机构执业。建立医养结合从业人员轮训机制，将老年医学、康复、护理人才作为急需紧缺人才纳入卫生计生人员培训范围。加强专业技能培训，推进养老护理员等职业技能鉴定工作。支持高等院校和中等职业学校增设相关专业和课程，加快培养老年医学、康复、护理、营养、心理和社会工作等方面专业人才。（省人力资源社会保障厅、省民政厅、省卫生计生委、省教育厅按部门职责分别负责）

（十四）探索建立多层次长期照护保障体系。总结推广长春市经验，在全省范围内推广医疗照护保险（即长期护理保险），发挥医保基金作用，缓解失能老人护理费支出压力。到2020年，每个县（市、区）至少有2个失能养老医疗照护保险定点单位。鼓励有条件的地区探索建立长期护理保险制度，积极探索多元化的保险筹资模式，保障老年人长期护理服务需求。进一步开发包括长期商业护理保险在内的多种老年护理保险产品，鼓励老年人投保长期护理保险产品。建立健全长期照护项目内涵、服务标准以及质量评价等行业规范和体制机制，探索建立从居家、社区到专业机构等比较健全的专业照护服务提供体系。（省人力资源社会保障厅牵头，吉林保监局、省民政厅、省卫生计生委配合）

（十五）强化健康养老信息支撑。积极开展养老服务和社区服务信息惠民试点，利用老年人基本信息档案、电子健康档案、电子病历等，推动社区养老服务信息平台与区域人口健康信息平台对接，整合信息资源，实现信息共享，为开展医养结合服务提供信息和技术支撑。组织医疗机构开展面向养老机构的远程医疗服务，鼓励各地探索基于互联网的医养结合服务新模式，提高服务的便捷性和针对性。（省卫生计生委牵头，省发展改革委、省工业信息化厅、省民政厅、省老龄办配合）

四、组织实施

（十六）加强组织领导。各地、各有关部门要高度重视，把推进医养结合工作纳入深化医药卫生体制改革和促进养老、健康服务业发展的总体部署。要结合实际及时制定出台推进医养结合的政策措施、规划制度和具体方案。

（十七）明确部门职责。各相关部门要加强协同配合，落实和完善相关优惠扶持政策，共同支持医养融合发展。发展改革部门要将推动医养结合纳入国民经济和社会发展规划；财政部门要落实相关投入政策，积极支持医养结合发展；国土资源部门要切实保障医养结合机构的土地供应；城乡规划主管部门要统筹规划医养结合机构的用地布局；老龄工作部门要做好入住医养结合机构和接受居家医养服务老年人合法权益的保障工作；卫生计生部门要积极发挥作用，积极推动医疗机构开展医养结合服务，推进医养结合服务社区化；民政部门要把医养结合纳入到社会养老服务体系发展规划中，并会同有关部门制订完善医养结合型养老机构的建设和服务标准，探索建立相应的政策体系和管理标准；人力资源社会保障部门要探索建立长期护理保险制度，扎实推进试点工作，不断完善符合医养结合机构特点的医保协议内容，加强监督管理，及时查处违规行为，支持养老服务人才的教育培训；中医药管理部门要制订中医药相关服务标准规范并加强监管，大力推广中医药适宜技术和中医药保健服务产品，加强中医药健康养老人才培养，做好中医药健康养老工作。

（十八）抓好试点示范。根据医养结合主要任务，确定长春市、通化市为我省医养结合综合试点城市，其他市（州）、县（市、区）要结合实际积极探索推动护理、康复、临终关怀等延伸服务的医养结合形式，积累经验、逐步推开。省卫生计生委、省民政厅要会同相关部门密切跟踪各地进展，帮助解决试点中的重大问题，及时总结推广好的经验和做法，完善相关政策措施。

（十九）加强考核督查。各市（州）、各有关部门要建立以落实医养结合政策情况、医养结合服务覆盖率、医疗卫生机构和养老机构无缝对接程度、老年人护理服务质量、老年人满意度等为主要指标的考核评估体系，加强绩效考核。各级卫生计生、民政部门要会同相关部门加强对医养结合工作的督查，定期通报地方工作进展情况，确保各项政策措施落到实处。

吉林省人民政府办公厅
2016年7月7日

吉林省人民政府办公厅关于整合城乡居民基本医疗保险制度的实施意见

吉政办发〔2016〕84号

各市（州）人民政府，长白山管委会，各县（市）人民政府，省政府各厅委办、各直属机构：

为深入贯彻全国卫生与健康大会精神，加快落实《国务院关于整合城乡居民基本医疗保险制度的意见》（国发〔2016〕3号）要求，结合我省实际，提出以下意见：

一、总体要求

深入贯彻落实习近平总书记系列重要讲话和全国卫生与健康大会精神，牢固树立大健康发展理念，持续深化医药卫生体制改革，加快推进全民医保体系建设，整合城镇居民基本医疗保险和新型农村合作医疗两项制度（以下简称城乡居民医保）。突出医保、医药、医疗三医联动，加快理顺医保管理体制，协调推进相关领域改革，逐步建立起保障公平、管理规范、服务高效的全民医保制度，不断促进全民医保体系持续健康发展，更加有效维护全省人民公平享有基本医疗保障权益。

二、基本原则

（一）统筹规划，保障公平。把城乡居民医保制度整合纳入全民医保体系发展和深化医改全局，强化顶层设计，统筹制定保障政策，加强基本医保、大病保险、医疗救助、疾病应急救助、商业健康保险等制度衔接，逐步缩小城乡差距、地区差异，促进人民群众基本医保权利公平和机会公平。

（二）先易后难，循序渐进。从整合城镇居民基本医疗保险（以下简称城镇居民医保）和新型农村合作医疗（以下简称新农合）基本制度政策入手，尊重城乡差异，加强分类指导，在实现覆盖范围、筹资政策、保障待遇、医保目录、定点管理、基金管理“六统一”基础上，加快理顺管理体制。

（三）改革创新，三医联动。用改革思维统筹和指导医保制度整合，强化制度的系统性、整体性、协同性。加强医保、医疗、医药“三医联动”，整体推进医保各相关领域综合配套改革。坚持管办分开，落实政府责任，完善管理运行机制。

（四）平稳实施，有序过渡。加强政策调研、宣传动员和风险评估，充分考虑社会、个人和基金承受能力，科学制定统筹地区实施方案。充分发挥医改领导小组组织领导、统筹协调作用，全面加强整合期间基金运行和经办服务监管，确保医保基金安全、政策衔接有序，人员队伍不乱、经办服务不断，保障对象满意、社会反响稳定。

三、加快实现城乡居民医保基本制度政策“六统一”

优先整合城镇居民医保和新农合两项制度，加快实现城乡居民医保覆盖范围、筹资政策、保障待遇、医保目录、定点管理、基金管理“六统一”。对城乡差距较大、一步到位存在难度的整合项目，设置2年过渡期，循序渐进，实现平稳过渡。

（一）统一覆盖范围。城乡居民医保覆盖范围包括城镇居民医保应参保人员和新农合应参合人员。城乡居民以个人或家庭为单位参保，在校学生以所在学校为单位参保，城乡困难群众按规定享受参保补偿政策。农民工和灵活就业人员依法参加城镇职工医保。各市州要按照我省“六统一”实施方案要求，完善参保方式，调整工作流程，推行便民措施，实现应保尽保。同时，加强信息共享，严格筛查管理，避免重复参保。

（二）统一筹资政策。采取个人缴费和政府补助相结合的筹资方式，鼓励集体、单位或其他社会经济组织给予扶持或资助。以整合后城乡居民医保实际人均筹资和个人缴费不低于现有标准为原则，合理划分政府与个人的筹资责任。按照分担比例，将政府补助纳入同级财政年度预算安排，并确保及时、足额拨付到位。完善筹资动态调整机制，在提高政府补助标准的同时，适当提高个人缴费比重，逐步建立个人缴费标准与城乡居民人均可支配收入相衔接的机制。

全省统一实行按自然年度缴费制度。统一政府补助标准，统一个人缴费时段，过渡期内逐步统一城乡居民个人缴费标准。2017 年起，按照“就高不就低”原则，采取“两档制”办法，差额确定城乡居民个人缴费标准。在不降低现行城镇居民个人缴费标准基础上，适度加快提高农村居民个人缴费标准。对全省建档立卡贫困人口、特困供养对象和城乡低保对象的个人缴费部分，执行现行资助政策不变。

（三）统一保障待遇。参保人按规定连续缴纳基本医疗保险费，享受相应的医疗保险待遇。政策范围内住院费用支付比例不低于75%，逐步缩小政策范围内支付比例与实际支付比例间的差距。按照保障适度、收支平衡、循序渐进、平稳过渡原则，在过渡期内，逐步统一保障范围和支付标准，确保整合后城乡居民医保总体待遇水平不降低。妥善处理整合前的特殊保障政策，做好政策过渡与保障衔接。

积极推进统一全省门诊待遇政策，过渡期内实现全省门诊统筹政策统一，逐步提高门诊保障水平；统一政策范围内住院费用最高支付限额计算方法，逐步统一城乡参保人员享有的最高支付标准。适当调整居民医保和新农合大病保险起付标准和分段支付比例，逐步执行城乡统一的大病保险支付政策。

（四）统一医保目录。按照国家基本医保用药管理和基本药物制度有关规定，遵循临床必需、安全有效、价格合理、技术适宜、基金可承受的原则，在现有城镇职工、城镇居民医保和新农合目录的基础上，适当考虑参保人员需求变化进行调整，制定全省统一的城镇职工、城乡居民医保药品目录、诊疗项目目录、医用耗材目录和医疗服务设施范围目录，做到有增有减、有控有扩、种类基本齐全、结构总体合理。

（五）统一定点管理。按照“先纳入、后规范”原则，先将现有城镇居民医保和新农合定点机构（含村卫生室）合并，整体纳入城乡居民医保定点机构范围。统一全省城乡居民基本医保定点机构协议管理办法，建立健全考核评价机制和动态准入退出机制。全面加强医保管理机构对各级各类医保定点机构的指导与监督。对非公立医疗机构与公立医疗机构实行同等的定点管理政策。

（六）统一基金管理。城乡居民医保执行国家统一的基金财务制度、会计制度和基金预决算管理制度。根据政府补助资金分担层次和个人缴费归集管理等规定，分别纳入市、县两级财政专户，实行“收支两条线”管理。基金独立核算，任何单位和个人不得挤占挪用。结合基金预算管理全面推进付费总额控制。基金使用遵循以收定支、收支平衡、略有结余的原则，确保应支付费用及时足额拨付，合理控制基金当年结余率和累计结余率。建立健全基金运行风险预警机制，防范基金风险，提高使用效率。强化基金内部审计和外部监督，坚持基金收支运行情况信息公开和参保人员就医结算信息公示制度，加强社会监督、民主监督和舆论监督。具体办法由省财政厅会同相关部门共同制定。

整合期间，城镇居民医保基金和新农合基金当期出现缺口的，由原统筹地政府负责解决，不得在城镇居民医保基金和新农合基金之间进行调剂。

四、加快理顺医保管理体制

按照《中共吉林省委吉林省人民政府关于贯彻落实全国卫生与健康大会精神加快卫生与健康事业改革发展的实施意见》（吉发〔2016〕32 号）要求，在实现城乡居民医保“六统一”基础上加快理顺管理体制，在管理体制未整合前，保持现有城镇居民医保和新农合管理经办服务体制不变。城镇居民医保仍由人力资源社会保障部门统筹管理，各级社会医疗保险管理局经办管理服务；新农合仍由卫生计生行政部门统筹管理，各级新农合管理办公室经办管理服务。相关职能部门和各级经办管理服务机构应主动配合基本制度政策整合，积极完善管理办法、调整经办规程、发挥应有功能。在充分调研、论证和借鉴其他省份经验的基础上，加快推进管理体制整合。

五、加快提升管理服务效能

（一）完善支付方式。规范城乡居民医保支付政策，提高基金绩效和管理效率。系统推进按人头付费、按病种付费、按床日付费、总额预付等多种付费方式相结合的复合式支付方式改革。建立健全医保经办机构与医疗机构及药品供应商的谈判协商机制和风险分担机制，推动形成合理的医保支付标准，引导定点医疗机构规范服务行为，控制医疗费用不合理增长。支持参保人员与基层医疗机构及家庭医生开展签约服务，推进分级诊疗制度建设，逐步形成基层首诊、双向转诊、急慢分治、上下联动的就医新秩序。

（二）整合信息系统。加强基本医保信息系统的升级改造，建立起全省统一的基本医保参保人员数据库和药品、诊疗项目、服务设施范围目录数据库，实现与定点医疗机构、大病保险承办机构、医疗救助管理机构互联互通。推行城乡居民医保“一卡通”，推进医保信息数据平台建设，实现与基层医保服务平台和定点机构互联互通。实行全省统一的异地就医即时结算政策，建立省、市两级结算平台和异地就医结算周转金制度，做好医疗保险关系的转移接续工作，加快实现医疗保险省内异地就医即时结算和全国异地就医联网结算。

（三）强化综合监管。完善城乡居民医保服务监管办法，充分运用协议管理，强化对医疗服务的监控作用。医疗保险管理部门要加强医疗保险基金监督监管，确保基金安全运行，发挥外部制约和约束作用，引导医疗机构主动控制成本，保障城乡医疗保险参保人员权益。医疗保险经办机构要强化医疗服务协议管理，充分发挥全省医疗保险医疗服务监督管理体系作用，运用医保智能审核、实时监控系统的大数据挖掘和分析优势，加强城乡医疗保险对医疗服务行为事前事中监管预警，事后筛查审核追溯，促进合理诊疗、合理用药，延伸对定点医疗机构的监管到医务人员，规范其诊疗行为。建立反欺诈联动机制，对定点医疗机构、医务人员、参保人员和其他人员等骗取基金的行为，依法予以处罚。

六、进度安排

（一）2016年12月初，省医改办会同省人力资源社会保障厅、省卫生计生委、省财政厅等相关部门共同制定出台全省“六统一”实施方案。

（二）2016年12月15日前，各市（州）、县（市、区）制定出台“六统一”工作方案，做好启动前各项准备工作。

（三）自2017年1月1日起，全省同步推行城乡居民医保“六统一”基本制度政策。

七、组织实施

（一）加强领导。各地、各部门要高度重视城乡居民基本医保制度整合工作，纳入2017年全面深化改革工作要点和政府年度目标，按照规定时限完成整合任务。省医改领导小组负责统筹推进全省城乡居民基本医保制度整合工作，各市（州）、县（市）医改领导小组负责抓好具体实施工作。

（二）落实责任。省医改办负责会同省人力资源社会保障厅、省卫生计生委、省财政厅研究制定全省城乡居民医保“六统一”政策及实施方案。各级人力资源社会保障、卫生计生、财政部门按照“六统一”责任分工，立足本职、密切配合，加快落实各项整合任务。各级医保、新农合经办机构要发挥主力军作用，做到整合、服务“两不误”。

（三）有序推进。各地、各有关部门要针对整合风险因素，建立健全应急预案，及时回应群众和社会关注，妥善处理整合期间出现的风险苗头和突发事件。加强正面宣传和舆论引导，及时准确解读政策，宣传经验亮点，合理引导社会预期，努力营造整合城乡居民基本医疗保险制度政策的良好氛围。

吉林省人民政府办公厅

2016年12月15日

吉林省人民政府办公厅关于以市场化方式发展养老服务产业的实施意见

吉政办发〔2016〕85号

各市（州）人民政府，长白山管委会，各县（市）人民政府，省政府各厅委办、各直属机构：

近年来，我省养老服务产业快速发展，以居家为基础、社区为依托、机构为支撑的养老服务体系初步建立，老年消费市场初步形成，老龄事业发展取得显著成就。但总体上看，养老服务和产品供给不足、市场发育不健全、城乡区域发展不平衡等问题还十分突出。当前，我省已经进入人口老龄化快速发展阶段，并具有老龄人口比重大，老龄人口增速快，农村人口老龄化程度高，高龄、失能老人比重较大的特点。探索以市场化方式发展养老服务产业，有利于创造消费新热点，有利于扩大消费群体数量和消费规模，有利于提高市场效率，调节产业结构，促进我省经济转型，具有较强的经济效益和社会效益。为加快以市场化方式发展养老服务产业，经省政府同意，结合我省实际，现提出以下实施意见：

一、总体要求

（一）指导思想。

以不断满足老年人日益增长的养老服务需求为出发点

和落脚点，按照“打造平台、引领投人、市场运作、融合发展”的思路，充分发挥政府引领作用，坚持保障基本，注重统筹发展，创新体制机制；着力提升市场配置资源的决定性作用，采取政府资金引导，企业共同出资，依托吉林省养老服务产业基金，重点支持居家养老、社区养老、机构养老等面向大众的养老服务产业，探索市场化、社会化、商业化的养老服务产业发展道路。

（二）基本原则。

——政府引导，坚持市场化运作。充分发挥服务型政府作用，通过搭建平台、完善政策、体制创新、规划引导和有效监管等措施，吸引社会资本投人，激发社会活力，逐步使社会力量成为发展养老服务业的主体，不断满足养老服务多样化、多层次的需求，在创造有利于养老服务业发展政策环境的同时，建立起以市场化方式发展养老服务业的长效机制。

——发挥优势，促进养老服务产业融合发展。发挥我省现有产业基础、医疗资源和生态人文环境等独特优势，大力发展主体多样化、服务特色化的养老服务体系，延伸产业链条，着力推动养老服务产业内部融合及其与金融、旅游、文化、医疗、信息等关联行业的融合，带动养老服务产业与上、下游产业链共同发展。

——开发开放，融合传统服务业发展。立足省情和本地特色，充分利用我省良好气候条件与生态环境资源，着力发展异地养老、候鸟式养老和旅游养老，形成独具特色的吉林省养老服务产业；利用地缘优势，以开放的态度开发养老服务产业市场。

（三）发展目标。

到2020年，初步建成以市场化方式发展养老服务产业体系，提升居家养老服务质量，增强社区养老服务供给能力与辅助功能，充分运用市场机制促进养老机构发展，培育符合我省特色并可提供差异性、多元化养老服务的龙头企业。利用市场化方式建构起以居家为基础、社区为依托、机构为支撑，功能完善、规模适度、覆盖城乡的社会养老服务体系，形成具有吉林特色的养老服务格局；建立以社会力量为主体，市场机制相对完善，服务和产品齐全，各类资源互动发展的养老服务运营体系，依托吉林医疗、教育、生态等优势，推动养老服务事业与产业协调发展；充分运用吉林省养老服务产业基金，吸引财政资金4倍以上的民间资本投人养老服务产业，发展多种混合所有制养老企业，初步建立起以市场化方式发展养老服务产业的长效机制。

二、科学布局全域养老服务产业发展

（一）促进居家养老服务多元化发展。

建立健全居家养老服务网络，积极培育和引导社会组织以及家政、物业等企业，兴办或运营社区居家养老服务设施，为居家老人上门提供日间照料、医疗保健、精神慰藉、法律咨询等形式多样的养老服务项目。重点支持有实力且运作规范的家政服务企业承担居家养老服务任务，为有需求的老年人提供助餐、助浴、助洁、助急、助医等定制服务，完善居家养老服务体系。（省民政厅牵头，省发展改革委、省商务厅、省卫生计生委配合）

（二）促进社区养老服务便利化发展。

依托社区综合服务设施，整合社区服务资源，按照有关标准建设社区生活综合服务中心、老年人日间照料中心和老年人活动中心等社区养老服务设施。创建一批服务设施完善、信息网络健全、管理服务规范的养老服务示范社区。实现城市社区养老服务设施全覆盖，95%以上的乡镇和60%以上的行政村或自然屯建设养老服务设施和站点。鼓励并扶持家政服务企业参与社区养老服务体系建设，丰富养老服务内容，拓展养老服务项目，增强社区养老服务功能，提供便捷养老服务。（省民政厅牵头，省发展改革委、省商务厅配合）

（三）促进机构养老服务特色化发展。

鼓励各类市场主体针对养老服务需求，通过市场化运作方式，参与机构养老服务体系建设。支持民办养老服务机构发展，全面推进养老机构向社会延伸服务，形成康复、养生、休闲、娱乐、健身等各具特色的机构养老服务模式，带动相关产业融合发展。（省民政厅牵头，省发展改革委、省商务厅配合）

（四）推动养老服务与医疗、健康产业融合发展。

推进医养融合，构建居家养老与医疗相互融合的服务模式，鼓励有条件的医疗机构为患有疾病的老年人提供上门服务，支持有条件的医院派出医护人员走进社区。引导养老机构和医疗机构合作，提高老年人健康管理服务水平。建立养老机构与医疗机构、国医堂馆、养生机构长期合作关系。通过调整卫生资源配置，利用技术设备，为老年人提供日常医疗保健和咨询服务。（省卫生计生委牵头，省发展改革委、省民政厅、省商务厅配合）

（五）推动养老服务与教育融合发展。

支持在具备条件的高等院校和中等职业学校开设养老服务相关专业和课程，加快培养老年医学、康复、护理、营养、心理和社会工作等方面的专业人才，开展养老服务人员培训教育，培养高层次的养老服务人才。整合改造现有设施，挖掘社会闲置的教育机构及场所，通过购置、置换等方式建设老年大学，发展“教育养老”模式。鼓励社会力量兴办培训机构，提供人才保障。（省教育厅、省人力资源社会保障厅、省民政厅、省商务厅按部门职责分别负责）

（六）推动养老服务与信息产业融合发展。

着力打造“智慧养老”的养老模式，依托已建成的家政服务网络中心等现有信息服务资源，建立全省统一的养老服务信息平台。全面调查老年人基本现状和养老服务需求，规范收集养老服务行业基础数据；按照“分类建档、分层服务”的原则，为每位老年人建立个人服务需求档案；提供养老服务信息咨询服务，对接老年人服务需求和各类社会主体服务供给，有条件的地方要为高龄老人、低收入失能老人免费配置电子呼叫设备，完善紧急呼叫监控服务设施，提高服务的便捷化和可及性。支持养老机构建立包括采集老年人信息、服务缴费、日常管理在内的信息系统，鼓励养老服务企业加强信息管理系统建设，提升养老服务能力。（省商务厅牵头，省民政厅配合）

三、着力创新养老服务产业模式

（一）居家社区机构养老融合发展模式。

结合居家、社区、机构养老的特点和优势，依托现代养老制度，积极调动各方面社会力量，通过协调合作，构建可持续发展的、适合城市老年居民的综合性养老服务模式。综合性养老服务坚持以居家为核心，以社区为依托，以专业化的养老服务机构为载体，通过上门、日托等形式，为居家老人提供生活照料、康复护理等服务。通过发展社区生活综合服务中心、老年人日间照料室、社区老年人助餐点等，解决部分社区老人的日间服务和助餐服务需求；依托养老机构、服务网点等服务资源，拓展“助餐、助行、助医、助急”等菜单式、组合式服务内容。通过养老服务企业的业务多元化发展，推进养老产业内部混业经营，逐渐实现养老产业外部混业经营，形成养老产业链、产业集群。（省民政厅牵头，省发展改革委、省商务厅配合）

（二）医养融合模式。

利用我省现有独特的医疗资源优势，加快医疗机构进入养老服务产业领域。（省卫生计生委牵头，省发展改革委、省民政厅、省商务厅配合）

1. 鼓励现有大型综合性医疗机构提供看病就医的绿色通道，实施老年人健康体检的优惠政策。

2. 支持在有条件的二级以上综合医院开设老年病科，支持医疗机构整体转型为医护型养老机构，提高医护型养老床位占养老机构总床位的比重。

3. 鼓励医疗机构与养老机构开展医疗服务合作，加快推进面向养老机构的远程医疗服务试点，探索建立三级甲等医院与养老机构互联互通的远程会诊平台，协同做好老年人慢性病管理与康复护理工作。

4. 加强养老机构与老年病医院、老年护理院、康复疗养机构等机构之间的合作，为老年人提供多方面的医疗服务。

5. 完善社区健康养老服务功能，为老年人提供健康管理、日常护理、药膳指导、慢性病预防与治疗等方面的服务，逐步扩大为老健康服务内容及服务目标群体范围。

6. 针对不同身体状况的老年人提供差异性服务。针对身体健康的老年人，利用基层医疗卫生机构为老年人建立健康档案，组建全科医生服务团队，与老年人家庭建立相对固定的医疗服务关系，按照服务范围主动为老年人提供预约门诊、上门诊视、健康指导等服务；针对患有慢性病的老年人，充分发挥社区医院的作用，积极开展老年人免费体检、保健咨询、家庭病房等服务；针对半失能与失能老人，鼓励养老机构在符合医疗机构设置标准的前提下，内设门诊、医院等医疗机构，发展具有“医疗照护”功能的养老机构，分担医疗机构对此类老年人提供护理及康复等服务工作的压力。

（三）“互联网＋养老”模式。

充分发挥我省优势，借助城市网络基础设施建设，依托民生领域等重点智慧项目，在养老服务产业发展过程中着力发挥电子商务在养老服务产业中的重要作用，支持企业和机构运用互联网等技术手段发展老年电子商务，推动“互联网＋养老”模式发展。（省商务厅牵头，省发展改革委、省民政厅配合）

1. “互联网＋养老”模式行动计划。以智能设备为依托，打造各类养老服务信息平台，实现养老服务信息化。整合电子商务企业资源，研究制定适合吉林省养老服务产业发展的“互联网＋养老”行动计划，依托社区建立养老服务网点。力争在2020年前，建立全省统一的养老服务数据库，设立养老服务云信息平台。

2. 开发养老智能设备与应用软件。鼓励企业开发养老智能设备，借助于可穿戴设备、智能家居设备、“一键呼叫设备”、体征自动检测设备等，实现养老服务信息化、实时化、透明化和便利化。鼓励企业重点开发便民家政服务、健康保健与精神文化等方面的为老服务软件，完善养老服务应用软件类别，实现养老服务线上与线下的有机结合。

3. 搭建养老服务信息平台。建设综合性养老服务信息平台，坚持以老年人的养老服务需求为导向，提供紧急呼叫、家政预约、健康咨询、物品代购、服务缴费等适合老年人的养老服务项目，促进养老服务信息平台与社区养老服务中心、养老机构、医疗机构进行对接，实现资源优化与共享。

四、强化养老服务产业发展支撑

（一）强化养老服务人才培训。

加强养老服务人才培训提升养老服务质量，促进养老服务产业市场化、持续化、标准化与高质化发展。（省人力资源社会保障厅牵头，省商务厅、省民政厅配合）

1. 建立健全养老服务培训标准。制订养老服务培训机构及养老服务培训标准，加大标准宣传力度。研究制订养老服务培训大纲，编制培训教材，完善培训流程，强化培训管理，加强管理人员培训，提高企业管理水平。

2. 完善养老服务培训流程。坚持将培训工作与职业技能鉴定工作相结合，鼓励和支持服务人员参加国家职业技能鉴定考试，切实提高从业人员技能水平。建立养老服务对象和企业、从业人员的评估指标体系，形成科学合理的评价标准。利用信息系统进行跟踪回访，加强对企业和从业人员服务质量的监管和考核力度。

（二）培育龙头示范企业。

坚持养老服务产业的市场化、标准化、产业化、社会化运作，加快培育规范化的养老服务企业品牌效应，增强养老服务保障和调控市场能力，在全省打造“养老服务十大名牌”。鼓励养老服务企业提高专业化、产业化程度，形成一批有影响力的大型养老服务企业集团。鼓励养老服务企业利用现代科技手段，提升养老服务产业发展水平。依托大型养老服务企业，建立从业人员信用档案，完善企业信息采集、利用、查询、披露制度。鼓励开展质量管理体系认证与上市融资，开展商标、专利注册和保护工作。鼓励建立服务人员供应保障基地，增强人员的保障能力，推动养老服务龙头企业发展连锁经营。培育连锁养老服务企业，按照标准化模式运作，在从业人员培训、服务质量监管、配餐送餐、涉老用品采购、便利设施建设等方面进行统一管理，实现科学分布，合力发展，切实增强龙头企业与养老服务品牌的可持续发展能力。（省商务厅牵头，省发展改革委、省民政厅配合）

（三）丰富服务内容。

鼓励家政服务企业积极承担居家养老、社区养老和集中养老服务，推动家庭自主养老、完善居家和社区养老、充分利用机构养老、鼓励社会志愿者参与养老、倡导社区内互助养老，形成以家政服务企业为主体、其他社会力量广泛参与、政府协助的养老服务体系。（省商务厅牵头，省民政厅、省卫生计生委配合）

1. 保障日常生活服务。为居家老人提供日常生活照料、购物、家政、家庭理财等服务。

2. 提供医疗保健服务。为老年人提供疾病防治、康复护理、心理卫生、健康教育、应急救助、体育健身等服务。

3. 丰富精神生活服务。为老年人提供精神抚慰、知识讲座、学习培训、娱乐活动等服务。

4. 开展相关法律服务。为老年人提供法律咨询、代写法律文书、代理参加调解、仲裁、诉讼等法律服务，对符合条件的老年人提供法律援助。

5. 开发养老服务产品和拓展服务形式。加强与实力强、品牌优、信誉好的企业合作，为老年人提供功能多、效果好、价格优的老年食品、老年用品、医疗保健产品等；鼓励开发适合老年人居住的休闲养老公寓、保健项目和老年生活设施；鼓励商场、超市、批发市场设立老年用品专区专柜，切实为老年人提供更多更好的服务。

（四）打造特色养老产业集中区。

根据全省各地特色和优势，着力在长春市、吉林市、延边州发展养老产业带，充分发挥市（州）、县（市）积极性和区域资源优势，围绕一带一路和长吉图开发开放先导区战略，支持建设一批功能突出、特色鲜明、辐射面广、带动性强的养老服务产业园区，以市场化方式促进养老服务业与相关产业的互动发展。在全省范围内具有地理优势与环境特色的长春、吉林、延吉等地打造特色园区。（省商务厅牵头，省发展改革委、省民政厅配合）

1. 利用长春市先进的医疗、信息技术、资金、教育、旅游等资源优势。开展“医养结合养老”“智慧养老”“教育养老”，打造“高新信息养老园区”“长春净月休闲养老园区”“长春莲花山养老园区”“长春颐乐老年康复园区”。

2. 利用吉林市温泉、松花湖等旅游资源，发展“旅游养老”“休闲养老”，建设“万昌温泉保健养老园区”。

3. 利用延边地区生态资源、民族特色文化、边境区位优势，发展“生态养老”“文化养老”“跨境养老”，建设“延边民族风情养老园区”。

同时利用其他地区优势。建设“长白山养老园区”“抚松休闲养老园区”“通化生态养生园”“双阳养生园区”。通过各具特色的养老服务产业园区建设，吸引省内外、国内外养老服务知名企业入驻，增强上下游企业聚集，形成一批产业链长、覆盖领域广、带动就业能力强的养老服务产业集群。

五、加强组织保障

（一）完善体制机制，确保规范化运行。

进一步深化养老服务管理体制和运行机制改革，完善部门协作工作机制，定期研究以市场化方式发展养老服务产业的重大问题，形成齐抓共管、整体推进的工作格局；建立有效的基金管理激励约束机制，提高基金使用绩效；建立养老服务业市场化定价机制，规范养老服务收费行为；量化养老服务业发展目标，建立绩效考核机制；强化责任追究制度和风险防控制度，保障老年人消费权益；完善统计制度，建立需求评估体系。

（二）加大政策扶持力度，制定产业标准。

制定市场化发展养老服务产业有关政策，规范市场环境，构建多样化多方位的支持政策体系，充分发挥政策资源的聚集效应。以我省养老服务产业基金为引领，通过土地与用房供应政策、财政投入政策、政府采购服务优惠政策、税费优惠政策、投融资政策等多个方面，为养老服务产业的健康可持续发展提供综合性的政策支持体系。

（三）搭建信息化平台，建立健全信息服务系统。

鼓励在县以上层级建立管理信息系统，掌握区域内老年人口、养老服务设施数量和分布等基础数据；在社区层级建立服务信息系统，建立养老服务老年人口数据库和养老服务机构数据库，建立大数据库动态管理；研发并应用全省养老机构管理服务综合平台，利用信息化手段为推进养老服务业的市场化发展提供科技支撑。

（四）加强产业监管，健全运营评估体系。

健全养老服务行业准人、退出、监管和运营评估制度，指导养老机构规范管理、改善服务，及时查处侵害老年人人身财产权益的违法行为和安全生产责任事故。按照市场化原则，根据有利于产业发展的绩效评价制度，由省财政厅、省商务厅共同对我省养老服务产业基金投向、投资配置等进行监管，定期对基金政策目标、政策效果、资产情况、产业发展情况等进行绩效评估考核。

（五）加强人才培养，提升服务能力。

鼓励大专院校，加快培养养老护理、老年服务管理、医疗保健、护理、康复、药膳指导、健康养生、心理咨询等专业人才，大力开展岗位培训和职业培训。鼓励民间资本兴办老年人护理培训机构，研究制定全省养老服务培训大纲，编制培训教材，完善培训流程，加强培训管理，培养合格的养老服务人员。加强志愿者队伍建设，免费对志愿者进行养老护理、老年服务等有关培训，力争使城乡养老服务志愿者逐步占到养老服务队伍人数的30%以上。

（六）积极宣传引导，营造良好氛围。

进一步加大养老宣传，强化公民尊老、爱老、助老的社会意识，转变老人及子女观念，倡导尊老敬老社会新风尚。引导老年人树立健康的养老观念、社会化及市场化养老服务的消费理念。紧抓国家以市场化方式发展养老服务产业试点机遇，加大对我省养老服务产业的宣传力度，将养老服务宣传与文明社区、文明家庭创建活动结合起来，运用广播、电视、互联网、微信等多种传媒方式，大力开展主题突出、内容丰富、形式多样的养老服务宣传报道活动，营造良好社会氛围。

吉林省人民政府办公厅

2016年12月16日

吉林省老龄工作委员会办公室、吉林省民政厅、吉林省财政厅、中国保险监督管理委员会吉林监管局关于开展老年人意外伤害保险工作的实施意见

吉老龄办发〔2016〕43号

各市（州）老龄办、民政局、财政局，长白山管委会社会办、财政局，扩权强县试点市老龄办、民政局、财政局：

为积极应对人口老龄化，加强老年人社会保障工作，努力构建多层次、多元化的老年社会保障体系，根据《国务院关于加快发展养老服务业的若干意见》（国发〔2013〕35号）、《国务院关于加快发展现代保险服务业的若干意见》（国发〔2014〕29号），按照全国老龄办、民政部、财政部、中国保险监督管理委员会《关于开展老年人意外伤害保险工作的指导意见》（全国老龄办〔2016〕32号）的要求，结合我省实际，现就开展老年人意外伤害保险工作，提出如下实施意见：

一、充分认识开展老年人意外伤害保险的重要意义

截至2015年底，全省60周岁以上老年人已达499万，占户籍人口总数的18.1%。根据科学研究和调查结果显示，老年人由于身体机能下降、腿脚不便等因素，日常生活中遭受意外伤害的风险概率大大高于其他年龄群体，由此产生的费用支出，不仅给基本社会保障带来压力，也增加了家庭经济负担，影响到老年人的身心健康和生活质量。

老年人意外伤害保险是由投保人与保险人签订保险合同，在被保险人因遭受外来、突发、非本意、非疾病的事件直接导致老年人身体伤害或死亡时，依据合同约定，给付受益人保险金的一种商业保险。开展老年人意外伤害保险工作，发挥商业保险在养老保障中的作用，是积极应对人口老龄化的需要，有利于减轻政府和个人负担，提高老年人的生活质量，促进社会和谐稳定；是满足老年人意外伤害保险日趋旺盛的需求，也是落实《吉林省老年人权益保障条例》的重要举措。各市（州）老龄办、民政局、财政局等部门要充分认识运用商业保险建立老年人意外伤害风险的社会分担机制的重要意义、结合各地实践，稳步推进老年人意外伤害保险工作。

二、认真把握实施工作的基本原则

（一）政府引导。积极发挥政府在政策优惠、宣传推广、引导服务、规范市场、保障权益等方面的主导作用，营造踊跃投保的社会氛围。鼓励保险公司诚信守约，开发

适合老年人的意外伤害保险产品。鼓励各地对经济特别困难的高龄老年人购买意外伤害险给予适当资助。

（二）市场运作。遵循市场规律，充分调动保险业各类市场主体的积极性，形成平等参与、有序竞争、市场运行机制，充分满足老年人对意外伤害保险的多层次、多样化需求。

（三）体现公益。承保保险公司应根据老年人特点，设计专门适合老年人的意外伤害保险产品，在老年人的参保年龄、参保费用、理赔幅度等方面给予优惠，要兼顾企业效益与社会效益，实现合理利润与社会公益的平衡，最大限度地优惠老年人。

（四）投保自愿。充分尊重老年人意愿，坚持老年人个人或者家庭成员自愿投保，严禁从基础养老金、医疗保险个人账户、各类老年福利津贴中扣取保费等各种违反老年人意愿的强制投保行为。各级老龄、民政部门应积极争取当地政府为特殊困难老年人，包括享受城乡最低生活保障待遇的人员、城镇“三无”人员、农村“五保”对象、重点优抚对象、失独老人等购买保险产品。鼓励企事业单位、社会组织、村集体或爱心人士为老年人投保。

三、明确被保险人和保险责任范围

（一）被保险人。60周岁以上老年人均可成为老年人意外伤害保险的被保险人。各地可根据本地情况适当放宽被保险人年龄范围，但不应低于50周岁。

（二）保险责任范围。老年人在生产、生活的各种场所，包括在居家生活、乘坐公共交通工具、参加公共场所活动、入住养老服务机构、外出旅游时发生的各种意外伤害事故，均应纳入意外伤害保险责任范围。各地承保保险公司可根据本地实际设计多款适合老年人的意外伤害保险产品，充分满足不同老年人的不同需求。

四、几点工作要求

（一）出台鼓励政策。鼓励有条件的地方政府根据本地实际，完善特殊困难群体和重点优抚对象等老年人购买意外伤害保险的政策，鼓励保险公司开发更多适合老年人特点的意外伤害保险产品，加大保险缴费优惠力度，使意外伤害保险更大限度惠及广大老年人。

（二）争取社会支持。倡导有条件的企事业单位为退休职工购买意外伤害险，或对保费给予适当补助。发挥村（居）委会、基层老年协会对老年人意外伤害保险工作的推动和组织作用，鼓励社会组织、爱心人士等捐资为老年人购买意外保险，发挥慈善事业对老年人意外伤害保险工作的支持作用。鼓励法律援助机构为老年人提供理赔维权服务，依法维护投保老年人的合法权益。

（三）提供优惠服务。承保保险公司要针对老年人特点，在保险方案设计、产品销售、合同订立、保单维护和理赔受理，充分运用现代服务手段和网络技术，为老年人提供简便易行、高效优质的服务。同时，在产品开发及服务开发上，鼓励面向农村户籍、城镇享受最低生活保障的低收入群体、优抚对象以及无城镇户籍的进城务工人员中的老年人开办具有“保费低廉、保障适度、保单通俗、核保理赔简单”等特点的小额人身意外伤害保险业务，防止因意外伤害致贫返贫。鼓励承保的保险公司在服务期内根据保险实际执行情况，适时增加优惠条款，积极开展老年人安全教育和事故等公益活动。

五、组织实施

（一）加强领导，明确责任。各市（州），县（市、区）老龄办负责牵头，协调民政等部门研究制定本地开展老年人意外伤害保险工作方案，统筹推进此项工作。老龄工作部门要发挥好牵头作用，负责协调解决开展老年人意外伤害保险工作进程中出现的问题、完善相关政策、提出改进工作的建议。民政部门负责推动落实特殊困难群体和重点优抚对象等老年人意外伤害保险的统保工作。保险监管部门负责对承保保险公司开展老年人意外伤害保险工作进行依法监管，对违反自愿投保原则进行强制投保的行为以及其他违反有关保险法律法规的行为依法进行查处，维护好老年人的合法权益。

（二）纳入计划，规范运作。各级老龄办要把此项工作纳入工作计划，争取列入“政府为民办实事、办好事”的重要内容。鼓励具有社会信誉好、机构覆盖全、服务能力强、专业经验丰富等条件的保险公司承办老年人意外伤害保险。承保公司要完善保险运作机制，实现保险与风险防范的有效对接。用集体资金、社会捐赠资金等为老年人购买意外伤害保险的，应尊重集体经济组织成员或捐赠人意愿，自觉接受社会监督，确保资金安全。特殊困难群体和重点优抚对象等老年人参加意外伤害保险的，可由老龄工作部门或者民政部门统一组织或者作为被保险人代表与承保保险公司签订投保合同。保险凭证要及时发放，确保老年人的知情权。

（三）多方投入，逐步推进。要采取多种措施，开展好老年人意外伤害保险工作，逐步实现保险服务向基层延伸，更好地为基层特别是广大农村老年人提供保险服务。要注重发挥村（居）委会、基层老年协会的指导作用，除鼓励政府统保和个人自愿购买以外，倡导有条件的企事业单位、社会组织和爱心人士为老年人购买意外伤害保险，鼓励家庭成员为自家老人购买老年人意外伤害保险。争取利用3至5年的时间，逐步建立和完善政府支持、个人自费、社会捐助投保相结合的老年人意外伤害保险制度。

吉林省老龄工作委员会办公室　吉林省财政厅

吉林省民政厅　中国保险监督管理委员会吉林监管局

2016年9月23日

上海市老年人权益保障条例

（2016 年 1 月 29 日上海市第十四届人民代表大会第四次会议通过）

第一章　总则

第一条　为了保障老年人合法权益，发展老龄事业，积极应对人口老龄化，弘扬中华民族敬老、养老、助老的美德，根据《中华人民共和国老年人权益保障法》和其他法律、行政法规，结合本市实际，制定本条例。

第二条　本市行政区域内老年人权益保障以及相关工作，适用本条例。

第三条　本市依法保障老年人享有的人身、财产等权益，从国家和社会获得物质帮助的权利，享受社会服务和社会优待的权利，参与社会发展和共享发展成果的权利。

老年人应当遵纪守法，履行法律规定的各项义务。

第四条　全社会应当重视、珍惜老年人的知识、技能、经验和优良品德，发挥老年人的专长和作用，保障老年人参与经济、政治、文化和社会生活。

第五条　积极应对老龄化是促进本市经济社会协调发展的一项长期战略任务。

本市建立健全保障老年人权益的各项制度，逐步改善保障老年人生活、健康、安全以及参与社会发展的条件，关心老年人的精神文化需求，实现老有所养、老有所医、老有所为、老有所学、老有所乐。

本市建立和完善以居家为基础、社区为依托、机构为支撑、医养相结合的社会养老服务体系。政府将基本养老服务纳入基本公共服务体系；完善政策措施，扶持社会力量提供公益性养老服务，支持企业提供市场化养老服务。

第六条　各级人民政府应当将老龄事业纳入国民经济和社会发展规划，将老龄事业经费列入财政预算，建立与经济社会发展水平和老龄化程度相适应的稳定的经费保障机制，并鼓励社会各方面投入，使老龄事业与经济社会协调发展。

市和区、县人民政府应当根据国家老龄事业发展规划，制定本行政区域内的老龄事业发展规划和年度计划，并将老龄工作纳入政府部门考核机制。

市和区、县老龄工作委员会负责组织、协调、指导、督促有关部门做好本行政区域内的老年人权益保障工作，其办事机构设在同级民政部门，配备必要的工作人员，提供工作经费。

乡、镇人民政府和街道办事处应当确定专门人员负责本辖区内的老年人权益保障工作，并提供必要的工作经费和条件。

第七条　民政、发展改革、财政、人力资源社会保障、卫生计生、规划国土资源、住房城乡建设、经济信息化、交通、商务、绿化市容、公安、司法行政、教育、文广影视、新闻出版、体育等部门应当按照各自职责，共同做好老年人权益保障工作。

第八条　老年人养老以居家为基础，家庭成员应当尊重、关心和照料老年人。

老年人的子女以及其他依法负有赡养义务的人（以下简称赡养人）、扶养人应当依法履行赡养和扶养义务。

第九条　保障老年人合法权益是全社会的共同责任，倡导全社会优待老年人。禁止歧视、侮辱、虐待或者遗弃老年人。

工会、共产主义青年团、妇女联合会应当协助、支持各级人民政府做好老年人权益保障工作。

企业事业单位、社会组织应当依法履行保障老年人权益的相关义务。

居民委员会、村民委员会和依法设立的老年人组织应当反映老年人的要求，维护老年人合法权益，组织开展为老年人服务活动。

青少年组织、学校和幼儿园应当对青少年和儿童进行敬老、养老、助老的道德教育和维护老年人合法权益的法制教育。

广播、电影、电视、报刊、网络等应当开展维护老年人合法权益的宣传，弘扬敬老、养老、助老的传统美德。

本市鼓励发展老年慈善事业，提倡为老年人提供志愿服务。

第十条　本市支持开展应对人口老龄化战略研究和老龄科学研究，支持老年医学研究。

本市实行老年人口状况和老龄事业发展情况的年度监测统计与信息发布制度。

第二章　家庭赡养与扶养

第十一条　赡养人应当履行对老年人经济上供养、生活上照料和精神上慰藉的义务，保证老年人的基本生活需求，照顾老年人的特殊需要。

赡养人的配偶应当协助赡养人履行赡养义务。

赡养人不得以放弃继承权、老年人离婚或者再婚等理由，拒绝履行赡养义务。

赡养人不得要求老年人承担力不能及的劳动。

赡养人不履行赡养义务的，老年人有要求赡养人给付赡养费的权利。

第十二条　经老年人同意，赡养人之间可以就履行赡养义务签订协议。赡养协议的内容不得违反法律的规定和老年人的意愿。

第十三条　赡养人应当使患病的老年人及时得到治疗和护理；对经济困难的老年人，应当提供医疗费用。

对生活不能自理的老年人，赡养人应当承担照料责任；不能亲自照料的，可以按照老年人的意愿委托他人或者养老机构等照料。

第十四条　老年人的家庭成员应当关心老年人的精神需求，给予精神上的慰藉，营造和睦关爱的家庭氛围，不得忽视、冷落老年人。

与老年人分开居住的家庭成员，应当经常看望、问候老年人。

对入住养老机构的老年人，家庭成员应当经常探望；对较长时间未探望老年人的家庭成员，养老机构可以提出建议，督促其前往探望。

第十五条　老年人的婚姻自由受法律保护。子女或者其他亲属不得干涉老年人离婚、再婚以及婚后的生活。

赡养人不得因老年人离婚、再婚而索取、隐匿、扣押老年人的合法财产或者有关证件，不得限制老年人的合法居住权利。

第十六条　老年人依法享有占有、使用、收益和处分个人财产，继承遗产和接受赠与的权利。子女或者其他亲属不得干涉或者侵犯老年人的财产权益。

有独立生活能力的成年子女或者其他亲属要求老年人经济资助的，老年人有权拒绝。成年子女或者其他亲属不得以无业或者其他理由，强行索取、克扣老年人的财物。

老年人依法订立遗嘱处分个人财产或者与他人签订遗赠扶养协议，受法律保护，子女或者其他亲属不得干涉。

第十七条　赡养人应当妥善安排老年人的住房，不得强迫老年人居住或者迁居条件低劣的房屋；对老年人自有的住房，负有维修的义务。

老年人自有或者承租的住房，子女或者其他亲属不得侵占，不得擅自改变产权关系或者租赁关系。

老年人与子女或者其他亲属共同出资购买的住房，老年人依法享有相应的房屋所有权和居住权。子女或者其他亲属出资购买老年人原来承租或者居住的唯一住房，应当保证老年人继续居住的权利。

子女或者其他亲属经老年人同意，借用老年人房屋的，到约定归还期限应当及时归还，不得无故拖延。

居住在老年人自有住房中的成年子女或者其他亲属，老年人不同意其继续居住的，应当及时迁出。

征收老年人享有份额的住房，应当依法保障老年人的权利。

第十八条　具备完全民事行为能力的老年人，可以在近亲属或者其他与自己关系密切、愿意承担监护责任的个人、组织中协商确定自己的监护人，并通过公证等方式予以明确。

老年人未事先确定监护人的，其丧失或者部分丧失民事行为能力时，依照有关法律的规定确定监护人。

第十九条　老年人与配偶有相互扶养的义务。

由兄、姐扶养的弟、妹成年后，有负担能力的，对年老无赡养人的兄、姐有扶养的义务。

第二十条　本市弘扬孝亲敬老传统美德，制定完善家庭养老支持政策，为家庭成员照料老年人提供帮助，鼓励家庭成员与老年人共同生活或者就近居住。

第二十一条　赡养人、扶养人不履行赡养、扶养义务的，基层群众性自治组织、老年人组织或者赡养人、扶养人所在单位应当督促其履行。

第三章　社会保障

第二十二条　本市通过职工基本养老保险和城乡居民基本养老保险等制度，依法保障老年人的基本生活。

本市建立基本养老金正常调整机制。根据国家有关规定和本市经济发展、职工平均工资增长、物价上涨等情况，适时提高基本养老保险待遇水平。

第二十三条　本市通过职工基本医疗保险和城乡居民基本医疗保险等制度，依法保障老年人的基本医疗需求。

人力资源社会保障、卫生计生部门应当按照国家和本市有关规定，逐步扩大老年人常用药品和医疗康复项目的基本医疗保险支付范围，减轻老年人的医疗康复负担；完善社区用药政策，建立慢性病患者长处方等机制，满足老年人常见病、慢性病的基本用药需求。

第二十四条　发展改革、人力资源社会保障、民政、卫生计生、财政、金融等部门应当完善老年护理筹资、评估、支付、服务、监管等体系，探索建立符合本市实际的老年人长期护理保险制度，保障老年人的长期照料护理需求。

第二十五条　本市建立与经济社会发展水平相适应的统一的老年综合津贴制度，对符合条件的老年人，按照不同年龄段提供涵盖高龄营养、交通出行等方面需求的津贴，逐步提高老年人的社会福利水平。

第二十六条　对最低生活保障家庭中的老年人，由民政部门给予生活救助。

对无劳动能力、无生活来源且无法定赡养、扶养义务人，或者其法定赡养、扶养义务人无赡养、扶养能力的老年人，由民政部门给予特困人员供养。

本市不断完善临时救助、综合帮扶等社会救助制度，对因灾、因病或者遭遇其他特殊困难的老年人家庭给予生活救助。

第二十七条　对下列老年人，由民政部门按照国家和本市有关规定给予医疗救助，保障其获得基本医疗卫生服务：

（一）最低生活保障家庭成员；

（二）特困供养人员；

（三）低收入困难家庭成员；

（四）市和区、县人民政府规定的其他特殊困难人员。

第二十八条　住房城乡建设部门应当及时为符合条件的老年人家庭配租、配售廉租住房或者共有产权保障住房，并在选房、配房等方面给予帮助；对符合条件的无子女老年人家庭，应当优先配租廉租住房。

区、县和乡、镇人民政府在实施农村危旧房屋改造时，应当优先帮助符合条件的老年人家庭进行改造。

第二十九条　卫生计生、民政、财政、人力资源社会保障、住房城乡建设等部门应当按照国家和本市有关规定，在生活保障、养老服务、医疗服务、住房保障、精神慰藉等方面，对符合条件的独生子女伤残死亡且未再生育或者收养子女的老年人给予特别扶助。

第四章　社会服务

第三十条　本市建立老年照料护理需求评估制度。对具有照料护理需求且符合规定条件的老年人，按照全市统一的标准对其失能程度、疾病状况、照护情况等进行评估，以确定照料护理等级，作为其享受相应照料护理服务的依据；对其中高龄、无子女的老年人予以优先保障，对经济困难的老年人给予适当补贴。

全市统一的老年照料护理需求评估标准以及相应的申请条件、办理程序、监管措施，由市卫生计生、民政、人力资源社会保障等部门制定。

第三十一条　本市各级人民政府及其民政、发展改革、财政、卫生计生等有关部门应当采取措施，扶持养老服务设施和老年护理机构的建设，支持和引导社会力量参与养老服务设施和老年护理机构的建设、运营，提供适应老年人需要的相关服务。

第三十二条　市民政部门会同市规划国土资源部门根据本市人口、公共服务资源、养老服务需求状况等因素，组织编制全市养老服务设施布局专项规划，合理布局各类养老服务设施，经市人民政府批准后，纳入相应的城乡规划。区、县人民政府负责养老服务设施布局专项规划在本地区的推进落实。

各级人民政府应当将养老服务设施建设用地纳入土地利用总体规划和土地利用年度计划，合理安排用地需求；在符合规划、环保等要求的前提下，可以将闲置的公益性用地优先调整为养老服务设施用地。

第三十三条　新建居住区应当按照规划要求和建设标准，配套建设相应的养老服务设施；配套建设的养老服务设施，应当与住宅同步规划、同步建设、同步验收、同步交付使用。已建成居住区的养老服务设施未达到规划要求或者建设标准的，应当予以补充和完善。

企业事业单位和社会组织可以通过整合或者改造企业厂房、商业设施和其他社会资源，建设符合标准的养老服务设施。

第三十四条　从事社区养老服务设施建设、运营的企业事业单位、社会组织或者个人应当遵守国家和本市有关养老服务设施建设标准、社区养老服务规范；符合规定条件的，享受相应的税费减免和建设补助、运营补贴等优惠政策。

社区养老服务设施使用水、电、燃气、电话，按照居民生活类价格标准收费；使用有线电视，按照本市有关规定享受付费优惠；需要缴纳的供电配套工程收费、燃气配套工程收费、有线电视配套工程收费，按照本市有关规定享受优惠。

第三十五条　各级人民政府应当通过购买服务、委托运营等方式，发展社区养老服务，扶持专业服务机构以及其他组织和个人，为居家的老年人提供生活照料、紧急救援、医疗护理、精神慰藉、心理咨询等多种形式的服务。

乡、镇人民政府和街道办事处应当整合社区服务资源，通过社区综合为老服务平台，促进服务与需求信息的对接，方便老年人就近获取多样化的社区综合服务。

乡、镇人民政府应当扶持发展互助式养老等适合农村特点的养老模式。农村集体经济组织可以利用集体所有的房屋、设施等，为村民就近提供养老服务。

养老机构可以利用自身设施和服务资源，为社区老年人就近提供生活照料、生活护理、精神慰藉等服务，为老年人的家庭成员或者家政服务人员提供生活照料、生活护理等技能培训，向社区居民传授为老年人服务的专业知识。

第三十六条　民政等部门应当加强对社区养老服务机构以及其他相关组织的管理和服务。

社区养老服务机构提供托养、助餐、医疗等服务的，应当遵守国家和本市消防、食品安全、医疗卫生、环保等法律法规的规定，相关行业主管部门应当依法履行监督管理职责。

物价、民政等部门应当对社区养老服务的收费项目和标准等予以规范，加强监督管理。民政部门应当定期将社区养老服务机构名单向社会公布，接受社会监督。

第三十七条 乡、镇人民政府、街道办事处和民政等部门应当依托养老机构、社区老年人托养机构以及其他社会专业机构，为失能老年人的家庭照顾者提供下列服务：

（一）临时或者短期的托养照顾；

（二）生活照料、生活护理等技能培训；

（三）辅助器具租赁；

（四）其他有助于提升其家庭照顾能力或者改善其生活质量的服务。

第三十八条 市和区、县人民政府应当在政策体系、设施布局、人才培养、合作机制等方面推动医疗卫生和养老服务相结合，保障老年人的基本健康养老服务需求。

区、县人民政府应当以社区卫生服务机构为平台，整合各类医疗卫生和社会资源，与社区老年人托养机构、养老机构开展合作，为居家、社区与机构养老的老年人提供基本医疗护理服务。

第三十九条 社区卫生服务机构应当按照国家和本市有关规定，开展老年人健康管理和常见病预防工作，为辖区内符合条件的老年人提供下列服务：

（一）建立健康档案、定期免费体检等基本公共卫生服务；

（二）健康指导、保健咨询、慢性病管理等家庭医生服务；

（三）为符合相关医疗指征的老年人提供上门诊视、设立家庭病床、居家护理等服务。

第四十条 卫生计生等部门应当支持在养老机构内设置医疗机构，指导符合条件的养老机构设置老年护理床位。在养老机构内设置的医疗机构和老年护理床位，按照规定纳入医疗保险支付范围，并与医保联网结算。鼓励其他各类医疗机构为养老机构提供医疗支持。

有条件的二级以上综合医疗机构应当开设老年病科；社区卫生服务机构、二级综合医疗机构应当根据需求和规划设置老年护理床位，设置临终关怀病区或者床位。

鼓励社会力量举办提供医养结合服务的机构，满足老年人多层次、多样化的健康养老服务需求。

第四十一条 市民政部门应当建立统一的养老服务信息平台，提供养老服务信息查询、政策咨询、网上办事等服务，接受投诉、举报。

本市鼓励发展智慧养老，支持社会力量运用互联网、物联网等技术，对接老年人服务需求和各类社会养老服务供给，为老年人提供各类信息产品和服务。

第四十二条 乡、镇人民政府、街道办事处和民政部门应当采取相应的激励措施，支持社区低龄老年志愿者开展与高龄老年人的结对关爱活动。

鼓励为高龄、无子女老年人提供经常问候、居家安全检查等志愿服务。

鼓励社会工作机构、社会工作者根据老年人的需求，运用社会工作专业知识、方法和技能，为老年人提供专业化的社会服务。

第四十三条 市人力资源社会保障、发展改革、民政、卫生计生、教育、财政等部门应当制定养老服务人员队伍建设专项规划，区、县人民政府应当根据专项规划制定本地区养老服务人员队伍建设的工作计划和实施方案。

本市建立健全养老服务人员培养、使用、评价和激励机制，促进养老服务从业人员劳动报酬合理增长。

教育部门应当将养老服务专业人才培养纳入现代职业教育体系规划，将养老服务相关专业列入重点领域导向专业目录。

本市鼓励职业学校和培训机构开展养老服务职业技能培训。参加养老服务职业技能培训和鉴定的从业人员，按照本市有关规定，享受相应的补贴。

第四十四条 发展改革、民政、财政、经济信息化、商务、金融等部门应当制定支持老龄产业发展的相关政策，扶持和引导企业研发、生产、经营适合老年人需求的家居、康复辅助等产品，开发养老服务项目。

本市鼓励商业保险机构创新养老保险产品服务，为不同老年人群体提供多样化的养老保障。

第五章 社会优待

第四十五条 市和区、县人民政府应当根据本地区经济社会发展状况和老年人的特殊需求，不断完善优待政策，逐步提高优待水平。

第四十六条 各级人民政府和有关部门所属的服务窗口、社区事务受理服务机构应当为老年人办理相关事项提供咨询引导、操作指导、优先办理等服务。

房地产登记机构或者公安机关在办理老年人自有或者承租的住房转移、抵押、变更等房地产登记和更改户主、户口迁入等涉及老年人权益的重大事项时，应当核实老年人的真实意思表示；未经核实改变老年人的房屋产权、租赁关系或者更改户主、迁入户口的，老年人投诉后，经查证属实的，房地产登记机构、公安机关应当及时依法纠正。

公安机关为老年人办理居民身份证时，对行动不便的老年人，应当提供上门采集指纹、拍照、送证等便利服务。

第四十七条 医疗机构应当通过完善挂号和诊疗系统、开设专用窗口或者快速通道、提供导医服务等方式，为老年人就医提供方便和优先服务。

鼓励医疗机构减免老年人普通门诊挂号费和经济困难老年人的诊疗费。

鼓励医疗机构和医务工作志愿者为老年人提供义诊服务。

第四十八条　公共交通运营单位应当为老年人乘坐公共交通工具提供便利服务，在公共交通场所和站点设置老年人优先标志，在有条件的地方设立老年人等候专区，对无人陪同、行动不便的老年人给予照顾；根据实际需要配置方便老年人出行的无障碍公共交通工具。

第四十九条　供水、供电、燃气、通信、邮政等单位应当为老年人提供优先和便利服务，并在服务网点或者场所设置明显的优待标志、标识。

金融机构应当为老年人办理业务提供便利，设置老年人优先窗口，并提供引导服务；对办理转账、汇款等业务或者购买金融产品的老年人，应当提示相应风险。

商业银行应当按照国家有关规定，减免养老金异地取现手续费。

第五十条　实行政府定价或者政府指导价管理的公园、旅游景点等游览参观点的门票价格应当对老年人实行优惠；鼓励实行市场调节价的游览参观点参照执行。

博物馆、美术馆、科技馆、纪念馆、图书馆、文化馆、群艺馆、影剧院、体育场馆等公共文化体育设施，应当向老年人免费或者优惠开放，并提供便利服务。

公共体育场馆应当设置适合老年人体育健身活动的设施，设立安全警示标志，并采取相应的安全防护措施；实行收费的体育健身项目，应当给予老年人价格优惠。

第五十一条　老年人因其合法权益受到侵害提起诉讼，交纳诉讼费确有困难的，可以依法缓交、减交或者免交。

人民法院应当在立案、庭审、执行等环节，为老年人提供便利和优先服务；对高龄、失能等行动不便的老年人，可以上门立案。

老年人需要获得律师帮助，但无力支付律师费用的，可以依法获得法律援助。司法行政部门应当完善老年人法律援助服务网络，简化申请程序，为老年人就近申请和获得法律援助提供便利。

鼓励律师事务所、公证机构、司法鉴定机构、基层法律服务所等法律服务机构为经济困难的老年人提供免费或者优惠服务。

第六章　宜居环境

第五十二条　本市在城市规划、建设和管理中，应当适应老龄化社会的需求，为老年人提供安全、便利和舒适的环境；通过制定老年宜居社区标准，推进宜居社区建设。

第五十三条　新建、改建和扩建道路、公共建筑、公共交通设施、居住建筑、居住区，应当符合无障碍设施工程建设标准。

各级人民政府、住房城乡建设等部门应当按照国家无障碍设施工程建设标准，优先推进与老年人日常生活密切相关的公共服务设施的改造。

无障碍设施的所有人和管理人负责对无障碍设施进行维护，保证其正常使用。

第五十四条　老年公寓等专门为老年人设计的居住建筑，应当符合老年人居住建筑设计标准，满足老年人对居住场所的安全、卫生、便利、舒适等基本要求。

本市支持居民开展既有居住建筑适老性改造，方便老年人生活和出行。

本市推动老年人家庭无障碍设施改造。符合条件的经济困难老年人进行家庭无障碍设施改造的，由市和区、县人民政府给予适当补贴。

第七章　参与社会发展

第五十五条　本市加强老年人才资源开发，为老年人发挥专业知识技能创造条件。

第五十六条　乡、镇人民政府和街道办事处应当培育和扶持基层老年协会等老年人组织，加强老年人组织规范化建设，推动老年人自我管理、自我教育、自我服务，促进老年人参与社会发展。

第五十七条　本市为老年人在自愿和量力的情况下，依法参与各类社会活动创造条件、提供便利。

本市制定法规、规章和公共政策涉及老年人权益重大问题的，应当听取老年人和老年人组织的意见。

第五十八条　各级人民政府应当加大对老年教育的投入，发展老年教育。

教育部门应当将老年教育列入教育发展规划和终身教育体系，加强老年教育设施、师资力量、课程开发等方面建设，均衡配置各类老年学校和学习点，促进老年教育资源向城乡老年人公平开放；鼓励社会力量举办老年教育机构。

教育部门以及有关机构、学校应当利用现代信息技术，发展老年远程教育，建设网络学习平台，开发网络学习资源，设置适合老年人学习的课程，为老年人接受终身教育创造条件。

第五十九条　区、县以及乡、镇人民政府和街道办事处应当根据本行政区域内老年人口的分布状况，按照方便老年人的原则，合理设置老年活动室等文体娱乐场所。

绿化市容等部门应当加强公园绿地的建设和管理，为老年人提供户外交流、健身、娱乐等活动场所。

各级人民政府和文广影视、体育等部门以及居民委员会、村民委员会、老年人组织应当组织开展适合老年人的群众性文化、体育、旅游、娱乐活动，丰富老年人的精神文化生活。

社区文化活动中心、公共体育场馆等公共文化体育设施应当根据老年人的特殊需求，提供有针对性的公共文化体育服务。

第八章 法律责任

第六十条 违反本条例规定的行为，《中华人民共和国老年人权益保障法》以及其他有关法律、行政法规已有处理规定的，从其规定。

第六十一条 拒绝履行赡养、扶养老年人义务的，侮辱、虐待、遗弃老年人的，干涉老年人婚姻自由的，由行为人所在单位、基层群众性自治组织或者老年人组织给予批评教育；构成违反治安管理行为的，依法给予治安管理处罚；构成犯罪的，依法追究刑事责任。

第六十二条 违反本条例第三十四条第一款规定，建设、运营社区养老服务设施的企业事业单位、社会组织或者个人未按照国家和本市有关养老服务设施建设标准、社区养老服务规范的要求，建设社区养老服务设施或者提供社区养老服务的，由民政部门责令改正；享受政府税费减免或者建设补助、运营补贴等优惠政策的，有关部门可以中止优惠政策；情节严重的，收回已经减免的税费和发放的补助、补贴。

第六十三条 有关部门或者组织未依法履行老年人权益保障职责的，由其上级主管部门给予批评教育，责令改正。

国家工作人员未依法履行职责，损害老年人合法权益的，由其所在单位或者上级主管部门对直接负责的主管人员和其他直接责任人员依法给予处分；构成犯罪的，依法追究刑事责任。

第九章 附则

第六十四条 本条例自2016年5月1日起施行。1998年8月18日上海市第十一届人民代表大会常务委员会第四次会议通过、2010年9月17日上海市第十三届人民代表大会常务委员会第二十一次会议修正的《上海市老年人权益保障条例》同时废止。

上海市人民政府关于建立老年综合津贴制度的通知

沪府发〔2016〕24号

各区、县人民政府，市政府各委、办、局：

为贯彻《老年人权益保障法》和《上海市老年人权益保障条例》，切实增加老年人社会福利，从今年5月1日起，本市建立与经济社会发展水平相适应，统一的老年综合津贴制度。现就有关事项作如下通知：

一、发放对象

具有本市户籍且年满65周岁的老年人，可以享受老年综合津贴。

二、发放标准

老年综合津贴标准按照年龄段共分为五档，具体如下：

（一）65—69岁，每人每月75元。

（二）70—79岁，每人每月150元。

（三）80—89岁，每人每月180元。

（四）90—99岁，每人每月350元。

（五）100岁及以上，每人每月600元。

今后，老年综合津贴标准的调整，将根据本市经济社会发展水平统筹研究确定。

三、申请和审定程序

（一）申请受理

按照自愿申请原则，由符合条件的老年人或其委托代理人向街道办事处、乡镇政府提出书面申请，并提交相关证明材料。街道办事处、乡镇政府依托社区事务受理服务中心，对申请进行受理。

老年综合津贴制度建立后，安排集中受理阶段，采取行政委托方式由居（村）委会协助并开展申请受理工作。

（二）核对审定

区县民政部门通过本市人口信息系统核对确认老年人的身份信息，按照老年人户籍审定老年综合津贴发放清单。

四、发放形式

老年综合津贴发放采取按季度预拨的方式，于每年1月、4月、7月和10月分别发放。新增对象或适用发放标准调整的对象，从老年人符合条件的当月开始根据适用标准按月计算。老年综合津贴制度设立一定年限的追溯期，具体办法另行规定。

老年综合津贴通过“上海市敬老卡”发放。敬老卡制作、发放和管理具体事项，由市民政局、市公安局联合制定管理办法。

五、职责分工

市民政局是老年综合津贴制度的主管部门。区县民政部门具体负责本行政区域内对象资格审定、津贴发放、监督管理等工作。街道办事处和乡镇政府负责老年综合津贴发放的具体组织实施工作。各级财政部门负责加强资金保障，落实老年综合津贴资金及工作经费。市和区县相关部门按照各自职能分工，协助做好管理服务工作。

六、政策衔接

（一）老年综合津贴制度实施后，本市不再实行70周岁以上户籍老年人免费交通制度，原社会保障卡副卡（敬老服务专用）的使用期截止到2016年6月25日。

（二）老年综合津贴制度实施后，各区县高龄老人货币化营养补贴不再发放；区县、街道乡镇对老年人一次性节日慰问和实物补贴等可继续保留。

（三）在认定低保、低收入困难家庭等困难对象时，老年综合津贴免于计人家庭可支配收入。

七、工作要求

（一）加强组织领导。各区县、部门和单位要充分认识建立老年综合津贴制度的重要性，将其作为提高老年人福利水平、促进老年人共享改革发展成果的重要任务，建立健全相应的工作机制，充实基层工作力量，确保老年综合津贴制度落实到位。

（二）加强资金保障。老年综合津贴所需资金列人财政预算，由市与区县财政按照1∶1比例承担。实施老年综合津贴制度所需工作经费纳入区县财政预算，由区县财政部门统筹安排。区县民政部门应设立银行账户，用于老年综合津贴发放，专款专用，单独核算。区县财政部门应将资金及时足额拨付至区县民政部门，由区县民政部门负责发放。

（三）加强监督管理。各区县、各有关部门要切实加强津贴资金管理，组织开展专项检查和抽查，杜绝出现挤占、挪用、截留和套取，确保津贴及时足额发放到位。要建立统一的老年综合津贴管理信息平台，加强信息交互，实现老年人口信息的实时比对和动态管理，提高工作效率。

（四）加强宣传引导。要充分利用多种媒介，宣传老年综合津贴制度，营造良好舆论氛围，引导全社会更加关心、关爱老年人。采取多种形式，对制度进行宣传解读，及时做好相应的解释工作，确保老年人及其家属知晓制度内容，了解基本申领程序和要求。

上海市人民政府
2016年4月7日

上海市政府关于印发《上海市老龄事业发展“十三五”规划》的通知

沪府发〔2016〕85号

各区、县人民政府，市政府各委、办、局：

现将《上海市老龄事业发展“十三五”规划》印发给你们，请认真按照执行。

附件：上海市老龄事业发展“十三五”规划

上海市人民政府
2016年9月30日

上海市老龄事业发展“十三五”规划

为积极应对上海人口深度老龄化，加快推动老龄事业持续健康发展，根据《中华人民共和国老年人权益保障法》《上海市老年人权益保障条例》《上海市国民经济和社会发展第十三个五年规划纲要》，制定本规划。

一、上海老龄事业发展现状

“十二五”期间，本市坚持“党政主导、社会参与、全民关怀”的老龄工作方针，加快设施建设、加强政策创制、加大投入力度，全面完成老龄事业发展“十二五”规划确定的目标任务，老有所养、老有所医、老有所为、老有所学、老有所乐等各项工作取得长足发展，为本市老龄事业新发展奠定了坚实的基础。

一是养老社会保障制度更加完善。城乡养老保障体系统等发展，新农保和城乡居保制度并轨，形成城乡居民基本养老保险制度，并与城镇职保制度之问实现转移衔接。

基本养老金逐步形成与经济社会发展相适应的调整机制，城镇职工平均养老金比“十一五”末增加80%，企业退休人员平均养老金达到每月3315元，城乡居保基础养老金标准提高至每月660元。城乡特困供养人员供养标准不断提高，比“十一五”末增加80%以上。老年居民基本医疗及重特大疾病保障水平稳步提高。医养结合探索初显成效，老年护理床位达到2.6万张，189家养老机构设置了医疗机构，高龄老人医疗护理计划试点工作稳步推进，不断扩大覆盖面。社区卫生服务网络优先满足老年人的医疗服务需求，家庭医生制度将老年人作为签约服务的重点对象，家庭病床达到5.27万张。

二是社会养老服务体系建设加快推进。以居家为基础、社区为依托、机构为支撑的“9073”养老服务格局进一步完善。养老床位数量持续增长，全市共有养老机构699家，养老床位总数达到12.6万张，比“十一五”末增长25%。积极探索社区嵌入式养老服务模式，建成长者照护之家22家。深化发展社区居家养老服务，全市累计建成社区老年人日间照料中心442家，社区老年人助餐服务点634个；社区居家养老服务人数达到30万人以上，其中13万困难老年人享受居家养老服务补贴，补贴标准不断提高；在全市100个社区开展老年宜居社区建设试点；开展“老伙伴”计划、护老者培训、困难家庭居家“适老性”改造等各类家庭养老支持项目。启动实施老年照护统一需求评估。不断加强养老服务队伍建设。举办第6－10届中国国际养老及康复医疗博览会暨国际老龄产业论坛，首创并举办4届中国老年福祉产品设计大赛，助推老龄产业发展。

三是老年人精神文化生活更加丰富。基本形成“就近、便捷、快乐”的老年教育服务体系。全市共有老年教育机构291个、街道（乡镇）（社区）老年学校220所、示范性老年社会教育基地102个；老年学习团队达到1.26万个；建设居（村）委老年人标准化学习点3027个；全市共有远程老年大学集中收视点5486个。开通“银龄宝典”老年电视专栏、老年广播专栏，普及老年居家护理知识。推进公共体育设施建设，全市新建社区健身苑（点）3300个，新建或改建社区公共运动场66处，满足老年人体育健身需求。建成社区老年活动室6296家，实现居（村）委全覆盖。推动居（村）委综合文化活动室标准化发展，依托216个社区文化活动中心等各类公共文化设施，开展老年文化服务活动。举办了第6－9届老年文化艺术节。

四是制度保障更加完备。老龄事业相关的法规、规章、政策、标准体系不断完善。《上海市养老机构条例》在全国率先出台，《上海市老年人权益保障条例》完成修订。出台《上海市人民政府关于加快发展养老服务业推进社会养老服务体系建设的实施意见》，对整个养老服务体系建设进行顶层设计。编制了《上海市养老设施布局专项规划》《上海市养老护理人员队伍建设（专项）规划（2015－2020年）》等规划。出台了推进“十二五”期间养老机构建设的意见，调整完善了养老服务补贴政策，制定了非营利性养老机构“以奖代补”、养老机构收费管理、推进医养结合、养老服务机构用餐安全等方面的政策文件。发布了《老年友好城市建设导则》《老年照护等级评估要求》《养老机构设施与服务要求》《养老机构服务应用标识规范》《老年宜居社区建设细则》《社区居家养老服务实施细则》等地方标准和细则。

五是敬老助老社会氛围更加浓厚。宣传尊老敬老传统美德，持续开展“老年节”“敬老月”“敬老文明号”“孝亲敬老之星”等品牌活动。加强老年优待，拓展社会尊老服务一条龙。老年人社会参与度更广，组织第9－13期沪疆“银龄行动”，拓展老年优秀志愿项目、团队，老年志愿者注册人数达到30.38万人。老年人获得维权服务更加便捷，形成了四级法律援助服务网络，街道（乡镇）老年法律服务点覆盖率达到100%，老年人来信来访来电调处率达到98%以上。

二、“十三五”老龄事业发展面临的形势

（一）人口老龄化持续发展的态势，成为上海经济社会发展的重要特征。“十三五”期间，上海户籍人口深度老龄化将作为一种社会常态，伴随着经济社会快速发展。低龄老年人口快速增加，高龄人口平稳增长，老龄人口比重持续加大；独生子女父母成为老年人群主体，纯老家庭、独居老年人不断增加；非户籍常住老年人口逐渐增加。从2016年到2020年，预计本市户籍人口中60岁及以上老年人口平均每年增加约20万，到2018年预计突破500万，2020年预计超过540万，占本市户籍人口比重将超过36%；80岁及以上高龄老年人口增幅趋缓，但数量仍将持续攀升，高龄化的态势依然严峻。“十三五”期间，庞大的老年群体以及由此产生的养老服务需求，给产业结构、经济结构、劳动力结构、社会结构等带来机遇和挑战，对上海经济社会发展必将产生全面长期深远的影响。

（二）上海建成“四个中心”和社会主义现代化国际大都市、建成更高水平小康社会的战略目标，为老龄事业发展注入新的活力。“十三五”期间，上海为实现战略目标，将集聚更多的资源和机遇，有效促进多方协同发展老龄事业，提升老年人力资源社会保障水平，满足老年群体日益增长的养老服务需求和共享经济社会发展成果的要求，推动老龄事业城乡一体、均衡发展。上海科创中心建设、智慧城市建设和绿色低碳、宜居宜业的城市发展战略，将积极助推现代科学和互联网技术在养老服务业的有效运用，提升为老服务的科技含量和养老服务业的能力和水平，进一步提升老年宜居社区建设整体水平，推动建设“代际和睦、和谐发展”的老年友好城市。

（三）全面依法行政和创新社会治理，为老龄事业发展提供了新的动力。老年人权益保障法及其配套政策进一步健全，有利于政府职责的进一步明晰，政府在老龄事业发展的主导作用和提供基本养老服务的责任将进一步强化，政府部门之间资源将更有效衔接和融合。创新社会治理体制，有利于更好地发挥家庭、社会和市场的多元主体作用，对家庭养老责任和家庭功能维护、为老服务社会组织培育发展、养老服务专业水平提升将起到积极的作用。激发市场活力，创新社会养老服务供给方式，将有利于完善养老服务供给结构，形成合理完整的养老服务梯度，有效解决养老服务供给不足和结构失衡的问题，促进老龄产业规模发展和形成完整的产业链，满足老年人日益增长的多层次、多样化的养老服务需求。

三、指导思想、基本原则和总体目标

（一）指导思想

按照协调推进“四个全面”战略布局和新发展理念的要求，坚持党委领导、政府主导、社会参与、全民行动相结合，从上海深度老龄化的现实要求出发，把积极应对老龄化作为一项长期战略任务，以老年人为本，全面加强老年人权益保障，完善为老服务和保障体系，弘扬敬老、养老、助老社会风尚，促进老龄事业产业与上海经济社会协调发展，让老年人的生活更加幸福和谐，在更大范围、更高水平上实现老有所养、老有所医、老有所学、老有所为、老有所乐。

（二）基本原则

1. 坚持政府职责与家庭社会责任各尽其能。加强政策指导、资金支持、市场培育和监督管理，发挥政府保障基本养老服务和引导社会参与的作用。注重发挥家庭和社区功能，完善社区居家养老服务和社区工作体系，支持家庭自主照顾。营造平等参与、公平竞争的市场环境，激发各类主体的活力，逐步使社会力量成为发展老龄事业和产业的重要支撑。

2. 坚持“保基本、兜底线”。重点加强对失智失能、高龄独居老年人的基本养老服务供给，对其中经济困难的老年人，加大社会救助、服务补贴等力度，保证其同样享有社会经济发展成果。在“保基本、兜底线”的基础上，着眼老年群体的基本需求，按照抬高底部、扩大受益面的要求，逐步实施普惠型的老年社会福利政策，增强全体老年人的获得感。

3. 坚持老龄服务事业与产业双轮驱动。促进公益性养老服务和市场化养老服务同步发展。推进老年人社会保障、医疗卫生、养老服务、文化教育等各项社会事业深入发展。按照稳增长、调结构、促转型、惠民生、防风险的要求，加快发展养老服务业。聚焦老龄产业发展短板，全面放开养老服务市场，通过购买服务、股权合作等方式支持各类市场主体增加养老服务和产品供给，满足老年人多层次、多样化的养老服务需求。

4. 坚持顶层设计和实践创新相结合。立足当前、着眼长远、综合施策，统筹各类老龄服务、社会资源和政策保障，促进城乡、区域、行业老龄事业的均衡化发展。完善老龄工作体制、机制、法制，树立讲成本、重效益、可持续的考核导向，促进老龄工作创新，促进服务供给方式创新、养老保障制度创新、监管方式创新。尊重基层和群众的首创精神，因地制宜地开展老龄工作、发展老龄事业。

（三）总体目标

到2020年，形成与全面建成小康社会和社会主义现代化国际大都市目标相协调，与上海人口老龄化、高龄化相适应的现代老龄事业发展体系。老年人家庭赡养、社会保障、社会服务、社会优待、社会参与等各项权益保障得到全面加强，以居家为基础、社区为依托、机构为支撑、医养相结合的养老服务格局进一步完善，涵盖服务供给、服务保障、政策支撑、需求评估、行业监管“五位一体”的社会养老服务体系基本建成，基本养老服务实现应保尽保，老年友好城市和老年宜居社区建设富有成效。在四个方面取得新突破：

——“积极老龄”。以老年保障、健康、参与水平提升为目标，城乡基本养老保险水平稳步提高，居民基本医疗保险制度实现城乡统一，长期护理保险制度初步建立；老年医疗卫生服务体系进一步健全，人均期望寿命与健康期望寿命逐步提高；社会养老服务丰富完善，基本养老服务应保尽保；老年人的自主意识不断增强，社会参与度和贡献度明显提高。

——“法治老龄”。贯彻《中华人民共和国老年人权益保障法》的相关地方立法更加完善，老年执法工作不断加强，老年维权四级网络进一步健全，涉老案件办案效率不断提高，全社会维护老年人合法权益的意识普遍增强。与老龄事业和产业发展相配套的各类规划、政策、标准等形成制度体系，监管机制更加完善，服务质量明显提高。

——“科技老龄”。应用现代科技信息技术提高为老服务能力和水平，弥补老年人群和青年人群的“数字鸿沟”。全市综合为老服务信息化建设形成“两级平台、三级网络”的架构，“互联网＋”智慧养老工程建设初显成效。一批科技助老龙头企业和产业集群初具规模，老龄产业蓬勃发展。

——“和谐老龄”。全社会积极应对老龄化意识显著增强，老年宜居环境建设取得明显成效，全市街道（乡镇）层面普遍开展老年宜居社区建设。老年人优待水平进一步提高，老年文体教育活动进一步丰富，老年志愿服务和助老志愿服务队伍进一步壮大，老年群体社会治理能力进一步提升，社会代际关系进一步融洽，敬老养老助老的社会氛围进一步浓厚。

（四）规划指标

类别	序号	项目	2020年末达到指标	指标类型
（一）老年社会保障	1	城镇职工和城乡居民养老保险制度覆盖率（%）	100	预期性
	2	城乡居民医疗保险政策范围内住院报销比例（%）	75	约束性
（二）基本养老服务	3	养老机构床位数（万张）	15.9	约束性
	4	社区托养机构新增数（家）	⩾500	预期性
	5	社区综合为老服务中心建成数（家）	200	预期性
	6	全市养老护理人员新增数（万人）	7.8	预期性
（三）医养结合服务	7	全市老年护理床位达到户籍老年人口数的比例（%）	1.5	预期性
	8	家庭医生1+1+1签约老年人有效服务率（%）	⩾70	预期性
	9	医疗卫生服务机构与养老服务机构签约覆盖率（%）	100	预期性
	10	有一定规模的养老机构设置医疗机构的覆盖率（%）	100	约束性
（四）老年精神文化生活	11	新增老年人学习场所数（个）	300	预期性
	12	老年人参与学校教育总人数（万人次）	120	预期性
	13	标准化社区老年活动室居（村）委覆盖率（%）	100	约束性
	14	区、街道（乡镇）和居（村）委的老年人体育组织覆盖率（%）	100	预期性
（五）宜居环境建设	15	开展老年宜居社区建设街道（乡镇）覆盖率（%）	100左右	预期性
	16	示范型社区睦邻点建成数（家）	2000	预期性
	17	为困难老年人家庭居室实施适老性改造数（户）	⩾5000	预期性
	18	新建、扩建和改建的公共建筑无障碍设施建设率（%）	100	约束性
	19	老年志愿者注册人数（万人）	50	预期性

四、主要任务

（一）完善养老社会保障体系，增强老年人经济保障能力。整合与完善城乡养老保障制度，扩大各类社会保险的参保人数，实现城镇职工基本养老保险制度和城乡居民基本养老保险制度全覆盖。综合考虑物价上涨情况、工资增长幅度等因素，稳步提高基本养老保障水平，力争本市城镇职工和城乡居民平均养老金水平保持全国前列。发展多层次养老保险体系，支持推进个人参加商业保险。

统筹发展城乡居民基本医疗保障制度，统一城镇居民和农村居民在筹资标准、报销比例和就医管理等方面政策，实行职工医保、城乡居民医保统一规划、统一管理，实现新农合与居民医保的制度并轨。提高城乡居民基本医疗保险住院报销水平，参保人员政策范围内住院费用报销比例达75%。完善居家医疗护理的医保支付政策，扩大高龄老人医疗护理计划覆盖面，在此基础上探索建立长期护理保险制度，提高老年人的支付能力。

完善老年人社会福利。本市建立与经济社会发展水平相适应的统一的老年综合津贴制度，对符合条件的老年人，按照不同年龄段，提供涵盖高龄营养、交通出行等方面需求的津贴，逐步提高老年人的社会福利水平。

完善对各类困难和特殊老年群体的救助帮困制度。进一步提高低保家庭中老人的生活保障、医疗救助等各类救助标准和特困供养对象的供养水平，以及对计划生育特殊困难家庭等特殊老年群体的补助标准。加大医疗救助等专项救助、临时救助、支出型贫困救助和社区综合帮扶的力度。做好流浪乞讨老年人的救助安置工作。鼓励社会力量加强对老年人开展各类慈善帮扶。

（二）完善老年医疗卫生服务体系，提高老年人健康水平。加快老年医学发展，逐步形成市、区、社区层面相衔接的老年医疗护理体系。建成上海市老年医学中心等1－3家集“医、教、研、防”为一体的老年医学中心和若干老年医学重点学科临床基地。推进老年医疗中心建设，鼓励三级医院发展老年医学专科，支持部分二级医院向区域老年医疗中心转型，有条件的医院开设老年病专科。

加强老年基本医疗与公共卫生服务，深入推进家庭医生制度，优先覆盖老年人“1+1+1”医疗机构组合签约需求（1家社区卫生服务中心、1家区级医院、1家市级医院），为签约老年人建立健康档案，为符合条件的社区患者设立家庭病床，提供便捷、安全的诊疗服务与针对性的健康管理服务，继续开展65岁以上老年人免费体检等政策，到“十三五”末，签约老年人有效服务率（签约年度内接受过诊疗或健康管理服务）达到70%。

加强老年健康管理，依托上海健康信息网建设上海健康云平台，推进落实社区卫生服务中心、综合性医疗机构和公共卫生专业机构“三位一体”的老年慢性病健康管理。开展居民健康期望寿命评价，探索提高居民健康寿命的策略和途径。推进健康城市建设，积极发展社区健康自我管理小组，帮助社区老年人群学习掌握健康知识和技能，养成健康生活方式。加强老年康复和中医药服务，发挥中医药在护理康复、养老服务等领域中的作用。发展老年舒缓疗护服务。通过上海市心理危机干预平台及心理服务网络等途径，关注老年人心理健康，加强老年精神疾病的预防和治疗。

（三）健全社会养老服务体系，提升老年人生活质量。持续扩大养老服务供给。到2020年，全市养老机构床位数达到15.9万张。优化养老机构的功能结构，重点发展面向失能失智老年人的照料护理服务。按照户籍老年人口数1.5%的标准推进老年护理床位建设，其中医疗机构和养老机构各占0.75%。社区居家养老服务设施按照建筑面积40平方米/千人、兼顾15分钟服务圈的规划要求，实现城镇社区和农村社区全覆盖。发展社区托养机构，全市新增400家老年人日间服务中心，长者照护之家实现街道（乡镇）全覆盖。引导社区托养机构向嵌入式、小规模、多功能方向发展，促进居家、社区、机构养老服务相互依托、融合发展。发展非正式照料体系，继续开展家庭照料者培训、“老伙伴”计划、喘息服务、辅具用具租赁等家庭养老支持服务项目，减轻家庭照顾压力，倡导社区邻里互助。

完善养老服务保障体系。全面推进医养结合，让老年人得到连续、适宜、规范、便捷的基本医疗服务。鼓励医疗机构与养老服务设施邻近设置或整合设置，到2017年实现有一定规模的养老机构均设置医疗机构。以社区卫生服务中心为载体，吸引和利用社会力量参与，支撑养老机构、社区托养机构的基本医疗服务，实现签约服务全覆盖。形成一批社会办社区老年照护机构（护理站、照护站），提供医疗护理、生活照护专业化服务。加强养老护理员队伍建设，在专业设置、职业发展、技能培训、薪酬激励等方面形成有针对性的措施，扩大队伍总量，提升人员素质。

强化养老服务的政策支撑。明晰和优化基本养老服务内容和项目清单，满足失能失智、高龄老年人基本养老服务需求，为市场留出发展空间。研究政府与社会资源合作的多种方式，推进养老服务社会化、品牌连锁化发展。扶持发展市场化、专业化的居家养老服务组织，探索物业服务企业开展社区居家养老服务新模式。建立基本养老服务合格供应商制度，完善基本公共服务项目的定价机制、政府购买为老服务目录和办法等制度，逐步实现保障对象自主选择服务主体，促进公共服务资源的公平合理分配。完善对基本养老服务补需方与补供方相结合的财政补贴机制，推动养老服务政策向社区居家养老倾斜。加大各级财力对基本养老服务的建设补助、运营补贴、购买服务力度，引导养老服务及管理模式创新。推动落实养老服务设施和组织在税费、土地、融资等方面的优惠政策，建立完善养老服务机构责任保险机制，为社会力量营造平等参与的制度环境。

全面实施老年照护统一需求评估。按照统一的评估标准，整合社区居家老年照护、机构老年照护等养老服务资源，引导生活照料服务和医疗护理服务之间梯度衔接和有序转介，促进养老服务供需公平有效对接。全市新增基本养老服务需求，依申请进行评估，根据评估等级提供相应的基本养老服务。到“十三五”期末，对经过老年照护统一需求评估、符合条件的老年人，人人享有基本养老服务。其中，符合条件的困难老年人，养老服务补贴实现“应补尽补”。

加强养老服务行业监管。进一步依法依规加强准入管理，推进养老服务机构分类管理，明确各类养老设施的定位。完善基本养老服务标准和规范，推进服务质量规范达标。加强对合格供应商的服务质量监管，建立准入、退出、考核等办法。注重加强事中事后监管，通过诚信管理、信息公开、审计、行业自律等方式，规范养老服务机构行为。加强养老服务设施及运营的安全管理，重点加强消防、食品安全等方面的监管。加大对财政补贴的监管力度，通过联网、公示、收入核对系统等机制，加强资金使用监管。加强消防、环保、卫生、食品药品监管、人力资源社会保障、教育、文化、体育、保险等涉老部门的行业监管。

（四）发展老年人文教体娱，丰富老年人精神文化生活。提升老年教育的服务能力和社会活力，将老年教育列入教育发展规划和终身教育体系，制定《上海老年教育事业发展“十三五”规划》。优化老年教育结构体系，提升老年教育服务能力，创设现代老年教育学习环境，鼓励社会各方参与老年教育，加强老年教育展示与宣传，基本形成覆盖广泛、社会参与、资源融通、灵活多样、优质均衡、充满活力的现代老年教育体系，促进老年教育资源向城乡老年人公平开放。到2020年，实现参与学校教育总人数达到120万人次，在线教育学员总数达到80万人。实施老年人学习场所倍增项目、老年教育师资分类培训项目、老年学习资源配送项目、老年人学习组织培育项目、信息化促进项目、老年志愿培训项目，实现老年教育参与人数、老年教育机构总数、老年教育学习资源、老年人学习组织数量分别翻一番。

加快构建现代公共文化服务体系，推动社区老年活动室标准化建设，做到居（村）委全覆盖，并增加市点。继续办好“银龄宝典”等电视栏目、老年广播，依托上海市民文化节平台，丰富老年群体的文化生活。创新公共文化配送服务模式，进一步做好图书馆、文化馆、社区文化活动中心等公共文化服务机构为老年人文化服务工作，鼓励和引导更多的老年人参与文化活动。

进一步完善老年人公共体育服务体系。全面推进以社区体育设施为主的公共体育设施建设，加快建设受老年人欢迎的健身步道、健身广场等场地以及社区小型体育设施，落实各类体育健身服务设施向老年人开放。培育老年人体育组织和健身团队，“十三五”时期在区、街道（乡镇）和居（村）委实现老年人体育组织和团队全覆盖，参加体育锻炼的老年人人口数量有明显增长。广泛开展老年人体育健身赛事活动，完善老年人体育竞赛体系，广泛组织发动老年人参加本市和全国各项老年体育竞赛活动，继续举办上海市老年人运动会，在市民体育大联赛中专设老年人健身系列赛事。丰富老年人体育服务产品，提升老年人健身专项化水平。加强科学健身指导、宣传和配送，鼓励老年人参加体质测试，积极开展老年人慢性病的运动干预，大力开展老年人文明健身宣传。

（五）加速发展老龄产业，满足老年人多样化需求。支持开发适合老年人衣、食、住、行、医、文化娱乐等需要的各类老年产品，尤其是适老化的康复辅具、智能化无障碍产品、远程居家照护、服务型机器人等研发，发展适合老人需求的辅助产品产业。鼓励发展老龄产业中小企业，扶持发展龙头企业，实施品牌战略，形成一批产业链长，覆盖养老护理服务、康复保健、文化娱乐、金融保险、住宅家居、老年教育、咨询服务等领域，经济社会效益显著的老龄产业集群。鼓励与国外先进的养老服务产业机构开展合作合资，探索社会化发展养老服务产业的新途径。逐步扩大老龄产业规模，增加老年消费，提高老龄产业在国内生产总值中的比重。促进养老服务业全面发展，增加就业岗位，提升养老服务业增加值在生活性服务业中的比重。

制定老龄产业发展专项规划，出台推动老龄产业发展的相关政策。开展为老服务科技示范工程，探索老龄产业孵化机制，推进为老服务科技成果转化与应用。推动成立上海老龄产业协会。科学设定为老服务科技产品引导目录，指导企业有序进入为老服务产品市场。继续举办国际养老及康复医疗博览会、老年福祉产品设计大赛、老龄产业高峰论坛。

积极拓展老龄产业市场化融资渠道，鼓励创新金融产品和服务方式，增加对为老服务企业及其建设项目的信贷投入。充分发挥商业保险对基本养老保险的补充作用，加快发展与本市基本医疗保险和老年长期护理保险制度相衔接的多层次保险体系，支持和鼓励保险公司开发各类老年意外、医疗、健康、养老等保险产品，探索和完善商业性长期护理保险、住房反向抵押养老保险、个人税收递延型养老保险、“银发无忧”保险等老年保险项目。

大力推进智慧养老。进一步推进智慧社区建设，促进人工智能与社区居家养老服务相结合，鼓励支持企业及社会组织借助云计算、物联网、移动互联网等技术，开展老年人远程健康监护、紧急援助、居家安防、学习教育等应用，让老年人获得“触手可及”的服务保障。鼓励企业研发各类适合老年人使用的智能终端和设施设备，满足老年人个性化和多样化的需求。促进为老服务行业的“互联网+”发展，加强老年远程教育网、老年健康服务网、康复辅具服务网等网站建设，促进互联互通。深入推进信息无障碍建设，方便老年人获取信息。

（六）创建适老宜居的社区环境，提升老年人的幸福感。根据老年人生活需要和体现代际融合的全龄化发展要求，加强对城市适老环境建设的宏观研究和总体规划。推进与老年人生活密切相关的公共设施和家庭的无障碍改造，实施扶手工程、电梯改装等为老辅助设施建设。通过政府支持、社会参与、家庭自助等方式，为有需求的老年人家庭环境实施居室适老性改造，“十三五”时期，为符合条件的困难老年人家庭环境实施居室适老性改造完成5000户。新建、扩建和改建的各类政府对外服务窗口、轨道交通站点、公园绿地、环卫公共厕所、医疗康复、体育文化、商业服务建筑等公共建筑无障碍设施建设率达到100%。已建各类公共建筑、居住小区等的无障碍设施改造率达到国家标准要求，为老年人创造无障碍生活环境。完善老年人综合风险保障机制，为老年人出行、参与文体活动等提供风险保障，提高老年人抵御意外风险的能力。

营造舆论引导环境，树立积极老龄化观念。在全社会开展人口老龄化国情市情教育、老龄政策法规教育，增强全社会接纳、尊重、帮助老年人的关爱意识和老年人自尊、自立、自强的自爱意识。结合培育和践行社会主义核心价值观宣传教育，发挥各类媒体作用，扩大老龄工作社会影响，推出适合老年人的文化产品，形成一批老龄工作宣传新品牌，提高老年人的参与度、知晓度和满意度。

倡导社会各界关爱老年人群体，利用各大节日，广泛开展“敬老文明号”“孝亲敬老文明单位”等评选表彰，培育和树立敬老、养老、爱老、助老、孝老的先进典型，对有突出贡献和事迹的先进人物，将其纳入时代楷模、感动人物等年度人物评选范围，大力弘扬尊老敬老爱老的中华优秀传统美德，形成良好的社会氛围。

（七）加强老年维权和优待，提高老年人社会地位。加大老年法制宣传，积极利用各种宣传渠道，深入社区，广泛宣传修订后的《中华人民共和国老年人权益保障法》和《上海市老年人权益保障条例》，以及相关法律、政策、典型案例，增强老年群体的维权意识，保障老年人的合法权益。

增强老年维权力度，完善老年维权四级网络建设，简化老年维权程序和手续，继续提高老年人来信来访来电调处率，提高老年维权服务质量。建立和完善涉老纠纷的多元化纠纷解决机制，鼓励和支持各方共同参与涉老纠纷的化解工作。积极推动各方利用互联网、热线等服务平台，为老年人提供法律咨询等服务。进一步完善无民事行为能力或限制民事行为能力老年人的协议监护制度。积极推动高等院校、律师、志愿者有效参与老年维权，进一步拓展维权服务内涵和外延，及时处理涉老案件，提高办案效率，依法为困难老年人实施法律援助。

进一步完善老年优待政策，拓展老年人优待项目，提高优待水平，扩大覆盖面，逐步向常住老年人延伸覆盖。政府在制定社会公共政策中，兼顾不同老年群体的需求，针对特殊贡献老年人、特殊困难老年人等群体，研究制定优先、优惠及优待的措施。

（八）鼓励老年人参与社会，发挥老年人的社会价值。鼓励老年人参与社会活动，建立老年人专业人才库，为老年人发挥专业知识技能创造条件，鼓励老年人参与优良传统教育、文化和科技知识传授、科技开发与应用、邻里纠纷和家庭矛盾调解、社区自治管理和服务、社会公益事业发展等活动。继续发挥“银龄行动”老年知识分子智力援助服务平台的作用，打造老龄工作品牌。加快培育老龄工作志愿者队伍，建立为老志愿服务登记制度，到“十三五”期末，本市老年志愿者注册人员总量达到50万人。

培育和扶持基层老年协会等老年人组织，加强规范化建设，推动老年人自我管理、自我教育、自我服务，实现居（村）委全覆盖。发挥农村老年协会作用，督促家庭成员履行对老年人的经济供养、生活照料和精神慰藉等赡养义务，开展志愿居家养老服务，帮助空巢、失独、经济困难老年人解决生活困难。鼓励老年人通过老年人组织对社会管理和社会服务建言献策。鼓励为老服务社会组织发展，搭建服务平台，为老年群体排忧解难，让老年人快乐地参与社会。

五、重点项目

（一）社区为老服务设施均衡布局项目。根据老年人活动半径，分层次、分区域合理布点社区为老服务设施，形成覆盖城乡、以“五圈”为主要特征的“一站多点”设施网络。一是街道（乡镇）综合服务圈。全市在街道（乡镇）层面建设社区综合为老服务中心200家以上，将社区内各类为老服务设施相对集中设置，并依托信息化管理平台，统筹为老服务资源，提供“一站式”服务，方便群众办事；二是社区托养服务圈。全市力争建成老年人日间服务中心、长者照护之家等社区托养机构1000家，强化对失能失智、高龄老年人的照护功能，并加强医养结合、拓展社区助餐服务功能，扩大受益面。三是居村活动圈。每村每居至少建设一家标准化老年活动室，全市建成6000家以上；四是邻里互助圈。在小区、村民小组层面鼓励和扶持利用居民自有住宅、闲置房屋，建立若干个社区睦邻点，推动老年人互助式养老。其中培育示范睦邻点2000家；五是居家生活圈。通过居室适老性改造及楼梯、小区公共环境设施改造，让老年人获得安全、无障碍的居住环境。

（二）养老机构服务能力提升项目。全面提升养老服务设施服务和安全能力。以养老机构消防安全为重点，推进全市养老机构消防设施改造升级，实现消防喷淋设施和漏电保护装置等安装全覆盖。加快推进养老机构设施城乡一体化建设，用三年时间完成乡镇薄弱养老机构改造。加强养老服务机构评估，依托第三方组织，对养老服务机构的人员配备、设施配备、管理水平、服务质量、社会信誉等进行综合评估，探索建立等级评定、督导制度，探索建立养老服务人员登记和诚信管理机制，全面提升养老机构管理水平和服务能力。

（三）长期护理保险制度试点项目。在国家政策框架下，结合上海实际，启动本市长期护理保险试点，建立长期护理的筹资、评估、支付、服务、监管等体系，构建从覆盖本市城乡老年人起步的长期护理保险制度，重点解决长期失能人员基本生活照料和与基本生活密切相关的医疗护理等所需费用。支持和鼓励商业保险公司大力开发商业性长期护理保险产品，形成多层次的长期护理保障体系。

（四）养老护理员队伍能力提升项目。推进养老护理人员队伍建设规划落地，到2020年，新增养老护理人员7.8万人。在国家职业资格体系框架内，完善涵盖和衔接生活照料、医疗护理等内容的养老护理员鉴定评价工作。加大职业培训力度，组织开展养老护理人员国家职业资格培训3.1万人。建设一批公共实训基地，提升养老护理人员实际操作能力。建立完善养老护理人员待遇提升的市场调节机制和激励机制。积极鼓励养老服务行业吸纳本市劳动力就业。推进养老护理从业人员信息库建设。

（五）老年宜居社区全面建设项目。“十三五”期间上海将全面建成老年友好城市、全面建设老年宜居社区，使老年人生活的社区在环境优美、居住舒适、设施齐全、服务完善、文明和谐五个方面得到有效提升。到2020年，老年宜居社区建设实现所有街道（乡镇）全覆盖，让各类不同需求的老年人都能获得就近、便捷、适宜的为老服务。老年宜居社区建设将着力打造一个枢纽型的社区综合为老服务中心（综合体）、搭建一个综合为老服务信息化网络、推出一批适配性强的为老服务项目、培育一批专业化的为老服务组织和队伍、营造浓厚的敬老爱老社会氛围，努力推动服务设施网点化、服务资源集约化、服务方式智能化、服务主体多元化、服务项目特色化，让老年人在“没有围墙的养老院”安享幸福晚年。

（六）科技助老信息平台建设项目。推进为老服务信息化、智能化发展，建立全市统一的综合为老服务信息化平台，形成“两级平台”（市、区），“三级网络”（市、区、街道（乡镇）），支撑老年人群全覆盖、为老服务全方位、服务管理全过程、服务响应全天候的智慧养老体系。在市级层面，建成面向全体市民的为老服务网络门户，方便市民网上办事，发布为老服务信息。推进信息化平台与公安、卫生、人力资源社会保障等各有关部门、残联等社会组织、各区业务对接，建立涵盖服务需求、服务项目、服务队伍、服务设施和养老政策等的“综合为老服务数据库”，对全市的为老服务信息进行数据共享、决策分析和监督管理。在区级层面，统筹政府部门及社会机构的各类养老服务信息资源，实现统一需求评估、服务分派、监管管理等功能，建立区级为老服务数据库。在街道（乡镇）层面，延伸信息网络，实现咨询、受理、社区层面资源调配、服务质量监管、需求调查等功能。同时，鼓励社会企业充分运用互联网、物联网技术，为老年人提供养老信息服务。

（七）社会尊老“一条龙”优待项目。“十三五”期间，对老年人的社会优待项目进行全面梳理，优化优惠、优先、优待措施，在政务服务、文体休闲、维权服务、交通出行、卫生保健、商业服务等方面实现全覆盖。全市各类公共文化体育设施、游览参观点等对老年人实现不同程度的优待优惠。公共交通对老年人提供出行等方面的优先和便利。鼓励医疗机构减免老年人普通门诊挂号费和经济困难老年人的诊疗费，鼓励医疗机构和医务工作志愿者为老年人提供义诊服务。老年人因其合法权益受到侵害提起诉讼，依法减免诉讼费。政府、社会服务机构提供的所有公共服务考虑老年人的特点和需求，为老年人提供各种形式的优先、优惠及便利，并在服务场所显著位置予以标识。

（八）老龄产业“百家品牌”培育项目。鼓励发展老龄产业中小企业，扶持发展龙头企业以及各类为老服务社会组织，实施“百家为老服务品牌战略”，助推老龄产业发展。在养老护理服务、康复保健、文化娱乐、金融保险、住宅家具、老年教育、咨询服务等为老服务领域培育一批产业链长、创新力强、品质优良的具有全国影响力的“为老服务优质品牌”，在老龄产业发展中发挥示范引领和带动效应。

六、保障措施

（一）加强组织保障。加强各级党委和政府对老龄工作的领导，建立健全与上海人口老龄化状况和经济社会发展相适应的老龄工作体制，强化各级老龄工作机构整合资源和综合协调能力。充分发挥各级老龄委及老龄办的组织、协调、指导、监督作用，配备必要的工作人员，提供工作经费。市老龄委内设社会保障、老年教育、老年维权、养老服务、老龄宣传等工作小组，由相关委员单位牵头，统筹推进相关工作。乡镇政府和街道办事处有专门人员负责老年人权益保障工作，按照老年人口比例配置工作力量，提供必要的工作经费和条件。落实区的属地化责任，推动本区域老龄事业的全面发展。加强专业社会工作者队伍、基层老龄工作者队伍、养老服务专业技术人才和经营管理人才队伍建设。

（二）增加经费投入。进一步建立健全与人口老龄化状况、经济社会发展水平相适应的老龄事业经费保障机制，逐步加大财政投入力度。鼓励各区根据人口老龄化程度，增加资金投入，聚焦老龄事业发展短板，促进区域内各项老龄事业均衡发展。积极引导社会资本投入老龄事业，形成民间资本、慈善基金、彩票公益金等多元投入机制。

（三）完善制度保障。贯彻《中华人民共和国老年人权益保障法》《上海市老年人权益保障条例》《上海市养老机构条例》等涉老法规，制定本市社区居家养老服务、老年人优待等法规政策，进一步明确老年人权益保障。出台落实《关于加快发展养老服务业推进社会养老服务体系建设的实施意见》配套政策，完善基本养老服务改革、促进社会力量参与等措施，探索建立发挥市场作用的政策支撑体系。健全老年人状况统计调查和发布制度。研究制定老龄事业和养老服务业的相关地方标准和规范。

（四）强化规划评估。建立本市老龄事业发展和老龄工作评估指标体系，老龄委负责开展对本规划的年度评估、中期评估、终期评估，监督重大项目的执行情况，向社会公布评估结果。各区根据市老龄事业发展规划，制定本行政区域内的老龄事业发展规划和年度计划，并将老龄工作纳入政府部门绩效考核。各成员单位把老龄工作纳入本地区、本部门的规划，并对规划实施情况进行监测评估和跟踪检查。

上海市人民政府关于印发《上海市长期护理保险试点办法》的通知

沪府发〔2016〕110 号

各区、县人民政府，市政府各委、办、局：

现将《上海市长期护理保险试点办法》印发给你们，请认真按照执行。

上海市人民政府

2016 年 12 月 29 日

上海市长期护理保险试点办法

第一条（目的和依据）

为积极应对人口老龄化，健全本市社会保障制度体系，探索建立长期护理保险制度，保障失能人员基本护理需求，根据《人力资源社会保障部办公厅关于开展长期护理保险制度试点的指导意见》（人社厅发〔2016〕80 号）和《上海市老年人权益保护条例》的有关规定，制定本办法。

第二条（定义）

本办法所称的长期护理保险制度，是指以社会互助共济方式筹集资金，对经评估达到一定护理需求等级的长期失能人员，为其基本生活照料和与基本生活密切相关的医疗护理提供服务或资金保障的社会保险制度。

第三条（适用对象）

符合下列条件之一的人员，应当参加长期护理保险：

（一）参加本市职工基本医疗保险（简称“职工医保”）的人员（以下简称“第一类人员”）；

（二）参加本市城乡居民基本医疗保险（简称“居民医保”）的 60 周岁及以上的人员（以下简称“第二类人员”）。

第四条（部门责任）

市人力资源社会保障局（市医保办）是本市长期护理保险的行政主管部门，负责本市长期护理保险的政策制定和统一管理，以及长期护理保险基金的监督管理工作。区人力资源社会保障局（区医保办）负责本辖区内长期护理保险的管理工作。

市发展改革委负责长期护理保险试点工作的政策协调。

市民政局负责养老服务机构开展长期护理服务的行业管理，统筹配置养老服务资源。市民政局和市卫生计生委共同制定长期护理保险服务规范。市民政局会同市发展改革委、市卫生计生委、市人力资源社会保障局（市医保办）、市财政局协同推进老年照护统一需求评估工作。

市卫生计生委负责医疗机构开展长期护理服务的行业管理，加强对长期护理保险中各类护理服务的技术指导，推进落实本市医疗机构中的护理性床位与治疗性床位分类登记；负责评估机构的行业管理，实施评估人员的培训和评估质控管理。同时，市卫生计生委、市民政局会同市人力资源社会保障局（市医保办）等相关部门，制定和修订老年照护统一需求评估标准。

市财政局按照规定，做好长期护理保险相关资金保障和基金监督管理等工作。

各区政府要在组织实施、经费投入、人员配置等方面，对长期护理保险工作给予积极支持。

本市社会保险经办机构负责长期护理保险费的征缴工作。

市医疗保险事业管理中心（以下简称“市医保中心”）和区医疗保险事务中心（以下简称“区医保中心”）是本市长期护理保险经办机构。市医保中心负责长期护理保险的费用结算和拨付、相关信息系统建立和维护等管理工作。区医保中心负责本辖区内长期护理保险的具体经办业务。

市医疗保险监督检查所（以下简称“市医保监督检查所”）受市人力资源社会保障局委托，具体实施长期护理保险监督检查等行政执法工作。

第五条（登记缴费）

长期护理保险的登记缴费，应当由第一类人员和第二类人员分别按照现行的本市职工医保和居民医保有关登记征缴的规定，办理登记缴费手续。

第六条（资金筹集）

长期护理保险筹资水平，按照“以收定支、收支平衡、略有结余”的原则合理确定，并根据本市经济社会发展和基金实际运行情况，及时进行调整。

第一类人员，由用人单位按照本单位职工医保缴费基数之和1%的比例，缴纳长期护理保险费；在职职工个人按照其本人职工医保费基数0.1%的比例，缴纳长期护理保险费，试点阶段个人部分暂予减免。退休人员个人不缴费。

第二类人员，按照略低于第一类人员的人均筹资水平确定其人均筹资标准，个人缴费部分占总筹资额的15%左右。其余部分，由市、区财政按照1∶1比例分担。具体筹资标准，由市人力资源社会保障局（市医保办）、市财政局等相关部门商订，报市政府批准后公布执行。

第七条（基金管理）

长期护理保险基金的管理，参照国家和本市社会保险基金管理的有关规定执行。长期护理保险基金纳入社会保障基金财政专户，实行统一管理、专款专用，经办机构按照第一类人员和第二类人员分账核算。分账部分支付不足时，需要财政部门予以补贴的，报市政府批准后执行。长期护理保险基金按照规定，接受财政、审计部门的监督。

第八条（评估认定）

有关老年照护统一需求评估工作，按照市政府办公厅印发的《关于全面推进老年照护统一需求评估体系建设的意见》（沪府办〔2016〕104号）执行。

符合条件的评估机构可以提出申请，与市医保中心签订服务协议，成为长期护理保险定点评估机构（以下简称“定点评估机构”）。

第一类人员中60周岁及以上且已按照规定办理申领城镇职工基本养老金手续的人员和第二类人员，应当按照本市老年照护统一需求评估的有关规定，提出需求评估申请，由定点评估机构对其自理能力、疾病状况等进行综合评估后，确定不同的老年照护统一需求评估等级（以下简称“评估等级”）。

第九条（定点护理服务机构）

依法成立具有法人资质、能开展长期护理服务的养老机构、社区养老服务机构以及医疗机构（如护理站等），可以提出申请，经评估后与市医保中心签订服务协议，成为长期护理保险定点护理服务机构（以下简称“定点护理服务机构”）。

试点阶段，承担老年护理服务的本市基本医疗保险定点医疗机构，可以视作定点护理服务机构。

定点护理服务机构应当依法与护理服务人员签订劳动合同或协议。

第十条（护理服务人员）

提供长期护理保险服务的人员，应当是执业护士，或参加养老护理员（医疗照护）、养老护理员、健康照护等职业培训并考核合格的人员，以及其他符合条件的人员。

第十一条（服务形式）

（一）社区居家照护是指社区养老服务机构，以及护理站、门诊部、社区卫生服务中心、护理院等基层医疗卫生机构，为居家的参保人员，通过上门或社区照护等形式，提供基本生活照料和与基本生活密切相关的医疗护理服务。

（二）养老机构照护是指养老机构为入住其机构内的参保人员，提供基本生活照料和与基本生活密切相关的医疗护理服务。

（三）住院医疗护理是指护理院、社区卫生服务中心等基层医疗卫生机构和部分承担老年护理服务的二级医疗机构，为入住在其机构内护理性床位的参保人员提供医疗护理服务。

第十二条（服务内容）

长期护理保险的社区居家照护、养老机构照护的服务内容及规范，由市民政局、市人力资源社会保障局、市卫生计生委另行制定。

住院医疗护理的服务内容，参照职工医保的诊疗项目、医疗服务设施和用药范围执行。

第十三条（待遇享受条件）

试点阶段，暂定为60周岁及以上、经评估失能程度达到评估等级二至六级且在评估有效期内的参保人员，可以享受长期护理保险待遇。第一类人员还需已按照规定，办理申领城镇职工基本养老金手续。

第一类人员和第二类人员的长期护理保险年度，分别跟从其职工医保年度或居民医保年度。

第十四条（社区居家照护待遇）

（一）评估等级为二至六级的参保人员，可以享受社区居家照护。试点阶段，每周上门服务的时间和频次为：评估等级为二级或三级的，每周上门服务3次；评估等级为四级的，每周上门服务5次；评估等级为五级或六级的，每周上门服务7次；每次上门服务时间为1小时。

（二）为体现鼓励居家养老的原则，对于评估等级为五级或六级接受居家照护服务的参保人员，连续接受居家照护服务1个月以上6个月（含）以下的，由其自主选择，在规定的每周7小时服务时间的基础上，每月增加1小时的服务时间，或者获得40元现金补助；连续接受居家照护服务6个月以上的，由其自主选择，在规定的每周7小时服务时间的基础上，每月增加2小时的服务时间，或者获得80元现金补助。

（三）市医保中心按照规定，与定点护理服务机构通过服务协议，约定社区居家照护服务的协议价格和长期护理保险支付标准。

（四）对参保人员在评估有效期内发生的社区居家照护的服务费用，长期护理保险基金的支付水平为90%。

第十五条（养老机构照护待遇）

（一）评估等级为二至六级的参保人员，可以享受养老机构照护。保基本类养老机构的准入条件，按照相关规定执行。

（二）市医保中心按照规定，与定点护理服务机构通过服务协议，约定养老机构照护服务的长期护理保险支付标准。

（三）对参保人员在评估有效期内发生的符合规定的养老机构照护的服务费用，长期护理保险基金的支付水平为85%。

第十六条（住院医疗护理待遇）

参保人员在住院医疗护理期间发生的符合规定的费用，其待遇按照其本人所参加的本市职工医保或居民医保的相关规定执行。

住院医疗护理的收费标准，按照本市现行医疗机构医疗服务项目和价格汇编等的相关规定执行。

试点阶段，逐步推进参保人员经由老年照护统一需求评估后享受住院医疗护理。

第十七条（待遇调整）

市人力资源社会保障局（市医保办）可以根据长期护理服务供给能力、基金收支情况等因素，会同有关部门适时调整社区居家照护、养老机构照护的待遇，报市政府批准后公布执行。

第十八条（不予支付范围）

下列长期护理服务费用，不纳入长期护理保险基金支付范围：

（一）应当从工伤保险基金中支付的；

（二）应当由第三人负担的；

（三）应当由公共卫生负担的；

（四）在境外发生的长期护理服务费用。

第十九条（费用记账和支付）

参保人员在本市定点护理服务机构发生的服务费用，属于长期护理保险基金支付范围的，由定点护理服务机构记账，长期护理保险基金按照规定支付；其余部分由个人自付。

定点护理服务机构为参保人员提供服务，所发生的不符合长期护理保险规定的服务费用，应当向参保人员收取。

第二十条（费用清算）

对参保人员在护理院、社区卫生服务中心等基层医疗卫生机构（少数治疗性床位除外）和部分承担老年护理服务的二级医疗机构内发生的符合长期护理保险规定的住院费用，由长期护理保险基金支付；一年内在部分一级、二级定点医疗机构累计住院90天及以上的，未接受手术或其他特殊治疗的参保人员，其所发生的符合长期护理保险规定的住院费用，由长期护理保险基金支付。

上述服务费用，除个人自负部分外，由基本医疗保险基金先行垫付，年底由职工医保基金和居民医保基金分别与长期护理保险基金进行清算。

第二十一条（长期护理保险服务管理）

（一）参保人员在申请、接受评估、接受护理服务、结算时，应当出示其社会保障卡，作为享受长期护理保险服务的凭证。受理机构、定点评估机构和定点护理服务机构应当对参保人员出示的社会保障卡进行核验。任何个人不得冒用、伪造、变造、出借社会保障卡。

（二）定点护理服务机构应当按照服务协议，落实相关管理要求。在向参保人员提供社区居家照护和养老机构照护前，应根据评估报告，按照规定的支付时间，结合护理服务对象的实际，制定服务计划，再安排护理服务人员按照服务计划提供相应的护理服务。

（三）市医保中心应当按照服务协议，加强对定点护理服务机构的日常管理。市医保监督检查所开展长期护理保险日常监督检查和专项监督检查工作，对定点评估机构和定点护理服务机构进行过程监管。

第二十二条（信息管理）

建立长期护理保险信息系统，实现与定点评估机构和定点护理服务机构的连接互通，实现长期护理保险评估、经办、服务、结算的信息化。建立基于移动网络和智能终端为基础的社区居家照护子系统，实现上门服务过程中的服务内容派送、服务时间监控、服务结果评价和风险预警呼叫等，并实现与行业管理部门相关信息系统互联互通、信息共享。

定点护理服务机构应当据实将服务对象的服务内容、服务时间、服务费用，上传长期护理保险信息系统。

第二十三条（风险防控）

定点护理服务机构应当购买第三方责任保险。商业保险公司遵循市场规律，依法提供相关保险，用于定点护理服务机构及其护理服务人员在提供服务时因发生意外和事故应当承担的赔偿。

定点护理服务机构应当加强内部管理，提高护理服务人员的风险意识和应急能力。

第二十四条（责任处理）

（一）定点评估机构、定点护理服务机构在提供长期护理保险需求评估、护理服务过程中，存在违法违规行为，造成长期护理保险基金损失的，市人力资源社会保障局（市医保办）应当责令其整改，追回相关费用；情节严重的，应当暂停其开展长期护理保险相关业务，直至终止相关服务协议；构成犯罪的，依法追究其刑事责任。

（二）参保人员或其他人员在接受需求评估、享受长期护理保险服务过程中，存在骗取长期护理保险待遇及其他违法违规行为，造成长期护理保险基金损失的，市人力资源社会保障局（市医保办）应当向其追回相关费用；构成犯罪的，依法追究其刑事责任。

（三）经办机构及其工作人员有下列行为之一的，由市人力资源社会保障局（市医保办）责令改正；给长期护理保险基金、用人单位或者个人造成损失的，责令依法承担赔偿责任；对直接负责的主管人员和其他直接责任人员依法给予处分：

1. 未履行长期护理保险法定职责的；

2. 未将长期护理保险基金存入财政专户的；

3. 克扣或者拒不按时支付长期护理保险待遇的；

4. 丢失或者篡改缴费记录、享受长期护理保险待遇记录等长期护理保险数据、个人权益记录的；

5. 有违反法律、法规的其他行为的。

第二十五条（其他）

对第二类人员中享受本市城乡居民最低生活保障的家庭成员、以及高龄老人、职工老年遗属和重残人员的个人缴费部分，由政府按照规定给予补贴。

对长期护理保险和养老服务补贴的衔接政策，由市民政局、市财政局会同相关部门另行制定。

第三方商业保险机构可以利用老年照护统一需求评估结果，提供长期护理商业保险产品服务。鼓励长期护理保险参保人购买商业补充长期护理保险。积极发挥具有资质的商业保险机构等各类社会力量的作用，提高经办管理服务能力。

第二十六条（先行试点）

按照“分步实施”的原则，本市长期护理保险制度在徐汇、普陀、金山三个区先行试点，时间为1年左右，择期扩大到全市范围。

先行试点期间，长期护理保险基金在市医保中心的医疗保障专项资金账户下开设子账户进行核算，并按照试点启动当月职工医保基金中单位缴费的1%，由职工医保财政专户结余划转至长期护理保险财政专户，用于支付先行试点期间符合长期护理保险规定的费用；先行试点期间资金不足时，按照上述规定另行申请划转；先行试点结束后，划转结余至长期护理保险财政专户第一类人员子账户。先行试点期间，暂不执行第六条有关资金筹资的规定。

本办法自2017年1月1日起施行，有效期至2018年12月31日。

上海市人民政府办公厅转发市民政局、市工商局关于本市养老服务业企业登记管理实施意见的通知

沪府办〔2016〕39号

各区、县人民政府，市政府有关委、办、局：

市民政局、市工商局《关于本市养老服务业企业登记管理的实施意见》已经市政府同意，现转发给你们，请认真按照执行。

上海市人民政府办公厅

2016年4月28日

关于本市养老服务业企业登记管理的实施意见

为贯彻《中华人民共和国老年人权益保障法》《上海市老年人权益保障条例》，进一步鼓励社会力量参与养老服务业，推进养老服务业企业登记规范化和便利化，根据国家和本市有关规定，现就本市养老服务业企业登记管理提出如下实施意见：

一、基本原则

（一）放开市场。充分发挥市场在资源配置中的决定性作用，鼓励符合条件的各类社会主体参与养老服务业发展，形成充满活力、公平竞争的市场环境。

（二）规范管理。明确部门职责，规范登记管理要求，

推动本市养老服务业企业依法尽责经营，促进养老服务业持续健康发展。

（三）简化操作。以企业为本，推进养老服务业企业登记注册便利化，构建法治化、便利化的营商环境。

二、登记范围和管辖

自然人、法人和其他组织设立从事为老年人提供生活照料和护理服务，满足老年人生活需求和精神需求的经营性养老服务业企业（以下简称“养老服务企业”），可以依法向所在地工商行政管理部门（以下称“登记机关”）提出登记申请。

境外投资者设立养老服务企业，应当按照国家相关规定，报商务主管部门批准后，依法进行登记。

三、登记规范

养老服务企业名称应当符合国家和本市有关规定，依次由字号、行业或者经营特点、组织形式等部分组成。其中，行业或者经营特点体现两类识别度，一是服务对象识别度，与老年人、老年、长者相关；二是服务内容识别度，与养老服务、为老服务相关。

养老服务企业可以采用公司制企业（有限责任公司、股份有限公司）、非公司制企业、合伙企业、个人独资企业等组织形式（农民专业合作社、个体工商户除外），并具备相应的投资人、注册资本等条件。

养老服务企业在申请办理经营范围登记时，应当遵守国家和本市法律法规的规定。依法须经批准的项目，经相关部门批准后，方可开展经营活动。

四、登记内容

（一）养老机构企业。养老机构企业是指从事为老年人提供集中居住和照料护理服务活动的经营性养老机构。登记为养老机构企业的，实行专营管理。其名称行业表述可以为“养老院”“养护院”“颐养院”等，经营范围统一核定为“养老机构业务”。按照“先照后证”的要求，企业持营业执照到民政部门办理养老机构设立许可证。许可业务范围与执照经营范围表述不一致的，可持许可证件到登记机关申请变更经营范围。登记机关应当在统一核定用语后，用括号加注许可业务内容，如“养老机构业务（为老年人提供集中居住和照料护理等服务）”。

（二）社区养老服务企业。社区养老服务企业是指从事为居家老年人提供生活照料、康复护理、精神慰藉、紧急救援等活动的经营性社区养老服务机构以及其他相关组织。登记为社区养老服务企业的，其名称行业表述可以含有“社区”字样，如“社区养老服务”“社区老年照护服务”等。经营范围核定为“为老年人提供社区托养、居家照护等社区养老服务”。

（三）综合养老服务企业。综合养老服务企业是指同时从事养老机构业务、社区养老服务等活动的养老服务机构。其名称行业表述可以更为宽泛，如“养老服务”“为老服务”“老年服务”等。经营范围核定为“养老机构业务，为老年人提供社区托养、居家照护等社区养老服务”。涉及其他经营项目的，企业登记机关根据企业的章程、合伙协议或者申请，参照《国民经济行业分类》及有关政策文件、行业习惯或者专业文献登记。综合养老服务企业从事养老机构业务，应当单独设立分公司或分支机构实行专营管理，其登记与审批的要求及流程按照上述规定执行。

五、管理服务事项

（一）部门职责。各级民政部门依法指导养老服务企业按照相关行业规范经营。各级登记机关依法开展登记工作并向养老服务企业提供咨询登记等便利服务。养老服务企业提供托养、助餐、医疗等业务的，应当遵守国家和本市消防、食品安全、医疗卫生、环保等法律法规的规定。

（二）扶持措施。按照简政放权、优化服务、放管结合的要求，进一步完善制度、规范流程、加大政策支持力度，为养老服务企业登记和经营提供便利。养老服务企业依法享受税费优惠、产业扶持等政策。各相关部门扶持发展养老服务企业，推进专业化、品牌化发展，鼓励养老服务企业设立分公司或分支机构，实现连锁化经营，为老年人提供多层次的养老服务。

（三）工作机制。建立健全政府部门间的沟通协调机制，加强事中、事后联合监管。各级登记机关要按照政务信息共享、数据互联互通的要求，通过上海市法人信息共享与应用系统、企业信用信息公示系统等多种途径，将登记信息及时告知民政部门及相关审批部门，并向社会公示。同时，告知投资者、经营者等主体及时办理行政审批手续，以便相关部门依法履行管理职责。

本实施意见自2016年5月1日起实施，有效期至2021年4月30日。

上海市民政局
上海市工商行政管理局
2016年4月6日

上海市政府办公厅印发《关于推进本市“十三五”期间养老服务设施建设的实施意见》的通知

沪府办〔2016〕70号

各区、县人民政府，市政府有关委、办、局：

经市政府同意，现将《关于推进本市“十三五”期间养老服务设施建设的实施意见》印发给你们，请认真按照执行。

上海市人民政府办公厅

2016年8月18日

关于推进本市“十三五”期间养老服务设施建设的实施意见

为深入贯彻《上海市老年人权益保障条例》《上海市养老机构条例》和《上海市人民政府关于加快发展养老服务业推进社会养老服务体系建设的实施意见》（沪府发〔2014〕28号）精神，加快推进养老服务设施建设，满足多层次养老服务需求，现就推进本市“十三五”期间养老服务设施建设提出如下实施意见：

一、基本原则

（一）确保总量，扩大供给。推动市、区两级养老设施布局专项规划落地，继续加快养老机构、社区养老服务设施建设，消除设施空白，弥补设施缺口，满足社会养老基本公共服务需求。

（二）提升功能，优化结构。提高养老服务机构的专业照护水平，重点发展面向失能失智老年人的专业照护、康复服务。大力发展社区嵌入式、延伸型、小规模、多功能养老服务机构。优化养老服务设施区域布局，促进城乡养老基本公共服务均等化。

（三）完善机制，提高效率。完善养老服务设施建设精准补贴机制，实施以奖代补、补贴与服务挂钩、补贴与考核结合的政策，提高财政投人的使用效率。

（四）多元参与，激发活力。全面放开养老服务市场，鼓励社会力量积极参与养老服务设施建设，促进养老服务专业化、品牌化、连锁化发展，形成养老服务机构公平竞争、老年人自主选择的市场环境。

二、主要目标

到2020年底，本市将建成丰富多样、布局均衡、功能完善的各类养老服务设施。

（一）养老机构

全市养老机构床位不少于15.9万张，综合考虑老年人口峰值，按照17.8万张床位总量进行用地管控。

各区按照市、区两级养老设施布局专项规划要求，完成养老机构床位建设任务。其中，保基本养老床位数不低于区域户籍老年人口的2%。保基本养老机构主要由政府投资举办，在供给不足时，可通过购买服务等方式予以实现。

（二）社区养老服务设施

全面推进社区养老服务设施建设，重点加强以下三类设施建设：

1. 街镇综合服务类。全市街镇层面建成社区综合为老服务中心200家。

2. 社区托养服务类。长者照护之家，到2017年底实现在中心城区和郊区城市化地区的街镇全覆盖，到2020年底根据实际需求在全市普及设置；老年人日间照护机构在中心城区和郊区城市化地区按照15分钟服务圈要求布点，在农村行政村地区加快设立延伸服务点或具有日间照料功能的场所，“十三五”期间全市新增社区老年人日间照护机构400家、新增社区老年人助餐服务点200家。

3. 农村养老服务类。重点在农村地区推广睦邻互助式养老，全市培育示范睦邻点2000家。

以上养老机构和社区养老服务设施的各区建设任务，由业务主管部门结合各区养老服务设施建设年度行动计划，逐年分解下达。

三、扶持政策

（一）养老机构

1. 加大对新增养老机构床位补贴力度

“十三五”期间，对政府投资新建或改造并形成产权的保基本养老机构，以及社会投资举办并形成产权的保基本养老机构，由市级建设财力给予相应补助。具体要求详见附后的《关于本市“十三五”期间保基本养老机构市级建设财力补助政策实施方案》。

对社会投资改造并形成产权的保基本养老机构，由市级福利彩票公益金按照每床2万元的标准予以补贴，各区按照不低于1∶1配比，已由市级建设财力补助的项目不再享受市级福利彩票公益金补贴。

对其他非营利性养老机构，由市级福利彩票公益金按照每床1万元的标准予以补贴，区级按照不低于1∶1配比。

鼓励各区根据实际情况，制定对养老机构开办、日常运营维护等方面的扶持政策。

2. 支持存量养老机构整体提升

“十三五”期间，按照“区级主导、市级支持”原则，开展存量养老机构整体提升计划，重点包括：对全市存量养老机构开展消防安全、食品卫生安全和日常运营管理安全等方面的设施改造，2016年为300家存量养老机构安装自动喷水灭火系统；用三年时间，完成郊区镇、村办养老机构基础设施达标改造；支持保基本养老机构设置护理床位，配置用于服务失能、失智老年人的专业设施设备。

对存量养老机构整体提升，由各区根据实际情况制定年度行动计划和配套扶持政策，具体办法另行制定。

（二）社区养老服务设施

1. 社区综合为老服务中心。对符合条件的社区综合为老服务中心，由市级福利彩票公益金给予每家60万元的一次性补贴。

2. 长者照护之家。按照市民政局、市财政局出台的《关于加快推进本市长者照护之家建设的通知》执行。

3. 老年人日间照护机构。对不同规模的老年人日间照护机构，由市级福利彩票公益金给予每家15－60万元的一次性补贴，各区按照不少于1∶1的比例配比。

4. 社区老年人助餐点。对不同类型的社区老年人助餐点，由市级福利彩票公益金给予每家20万元以内的差别化一次性补贴，各区按照不少于1∶1的比例配比。对由社会餐饮单位、机关企事业单位食堂等稳定持续提供社区老年人助餐服务的网点，由市级福利彩票公益金按照网点服务规模，给予一次性补贴。

5. 社区睦邻点。对符合条件的社区睦邻点，由市级福利彩票公益金按照每个睦邻点1万元的标准给予一次性补贴。

以上社区养老服务设施补贴细则另行公布。鼓励区级财力给予运营补贴。

（三）医养结合设施

对符合条件的社区养老服务机构和社会组织设置的护理站，参照市民政局、市财政局出台的《关于对本市非营利性养老机构实施“以奖代补”扶持政策的通知》，由市级福利彩票公益金给予每个护理站10万元的一次性补贴。

四、具体要求

（一）加强组织领导

各区县政府是本市养老服务发展和养老设施建设的责任主体，要强化责任意识，切实发挥社会养老服务体系领导小组作用，根据本市“十三五”社会养老服务体系建设总体目标和年度工作目标，制定具体行动计划，明确时间节点，强化工作职责，确保各项任务目标按时完成。

（二）强化考核机制

将养老服务设施建设任务完成情况与养老基本公共服务应保尽保、社会养老服务体系建设重大改革发展任务的完成情况结合起来，纳入区级政府和各部门绩效考核，采取年度目标考核与五年规划综合考核相结合的方式，建立过程管理机制，确保各项目标完成。

一是落实规划要求。各区要对照市、区两级养老设施布局专项规划，制定养老机构年度建设计划，确保项目落地。社区养老服务设施按照建筑面积40平方米/千人、兼顾15分钟服务圈的规划要求配置。市、区控制性详细规划要与专项规划充分对接，各级民政、规划国土资源、住房城乡建设管理等相关部门做好养老服务设施建设发展指导工作。未完成养老床位建设任务的区，按照每床55万元上缴统筹建设资金；未完成社区养老服务设施实事项目建设任务的区，参照设施建设补贴标准上缴统筹建设资金。

二是推进重大改革发展任务。根据本市社会养老服务体系建设要求，确定年度重大改革发展任务，作为该区申请养老服务设施各项补贴资金的前置条件。对经考核，未完成上一年度重大改革发展任务的区，不再发放当年各项市级福利彩票公益金补贴。2016年，各区要将全面实施老年照护统一需求评估作为工作重点。

三是确保养老基本公共服务应保尽保。经老年照护统一需求评估达到相应照护等级的基本养老保障对象，由户籍所在区按照“应保尽保”原则提供相应的基本养老公共服务。经考核，当年未能完成养老基本公共服务“应保尽保”的区，按照服务保障缺口，等比例扣除当年养老服务设施建设各项市级福利彩票公益金补贴资金。

相关考核办法，由市级牵头部门会同有关部门、单位研究制订，报市政府同意后实施。

（三）加强行业监管

依法加强养老服务机构监管，完善事中事后监管、行业自律、舆论监督相结合的监管机制。对接受政府资金补贴的非营利性养老服务机构，建立财务监管和审计制度。

建立全市统一的养老服务机构信息平台，对养老服务机构、组织、人员等运营状况、诚信情况、奖惩情况等进行信息公开，促进养老服务业健康有序发展。

本实施意见自 2016 年 1 月 1 日起施行，有效期至 2020 年 12 月 31 日。

附件：上海市“十三五”期间保基本养老机构市级建设财力补助政策实施方案

附件

上海市“十三五”期间保基本养老机构市级建设财力补助政策实施方案

为了深入贯彻落实《上海市人民政府关于加快发展养老服务业推进社会养老服务体系建设的实施意见》（沪府发〔2014〕28 号），加强保基本养老机构市级建设财力补助资金的管理，特制订以下实施方案。

一、基本原则

（一）坚持主体责任。各区县政府是组织实施养老基本公共服务设施建设与服务供给的责任主体，区级财力应当优先保障养老基本公共服务的需求。

（二）坚持改革导向。发挥好市级建设财力对养老基本公共服务改革的引导作用，鼓励各区进一步深化养老基本公共服务改革，鼓励社会力量积极参与本市养老服务体系建设。

（三）坚持精准施策。根据不同区的财力和人口导入情况，结合公办、社会养老机构建设实际，进一步聚焦补助重点，细化补助标准，优化补助申请和资金拨付流程。

二、财力补助对象及时限

市级建设财力补助对象为提供养老基本公共服务的养老机构，养老机构获得建设补助，应当同时具备以下条件：

（一）符合各区养老服务设施布局专项规划；

（二）属于公办或民办非营利性机构；

（三）保障对象为经本市老年照护统一需求评估达到相应照护等级的户籍老年人，以及符合本市优待优抚政策规定的户籍老年人；

（四）机构设施和服务达到养老基本公共服务合格供应商相关标准；

（五）收费按照本市保基本养老机构收费有关规定执行。

补助时限为：2016 年－2020 年（2020 年内完成项目可行性研究报告或项目核准报告的批复）。

三、补助标准

根据《上海市养老设施布局专项规划（2013 年－2020 年）》（沪府〔2014〕73 号）及各区报市政府批复的养老设施布局专项规划，“十三五”期间，全市养老床位规模增量约 3.4 万－4.4 万张。经核算，需要新建纳入基本公共服务的床位约 2.3 万－2.9 万张，其中，社会投资举办约 0.5 万张。市级建设财力补助标准具体如下：

（一）政府投资新建并形成产权的养老机构补助标准

1. 大型居住社区内养老机构补助标准。市级建设财力按每床建设资金的 75％给予支持（不含土地费用）。按照核定的每平方米 4600 元床均建设成本折算，市级建设财力给予每平方米 3450 元补助，每张床位补助上限为 12 万元。

2. 大型居住社区外养老机构补助标准。根据区财力情况，实行分类补助。对郊区和普陀、虹口、杨浦在本区域内建设的养老床位，按照核定的每平方米 4600 元床均建设成本折算，市级建设财力给予每平方米 2300 元补助，每张床位补助上限为 8 万元。对黄浦、静安、长宁、徐汇在本区域内建设的养老床位，每床由市级建设财力按照 2 万元的标准予以补助。

纳入养老基本公共服务管理的养老机构要按照集约节约用地的原则进行建设，实用适用，不得铺张豪华。

（二）社会投资举办并形成产权的养老机构补助标准

对社会投资举办并形成产权的非营利性养老机构，在土地性质锁定、机构性质锁定（民办非企业）且签订纳入养老基本公共服务管理协议的前提下，按照核定的每平方米 4600 元床均建设成本折算，市级建设财力对其承诺提供的保基本床位给予每平方米 2300 元补助，每张保基本床位补助上限为 8 万元。

协议应当明确受助机构承诺提供的保基本床位数量、保基本床位的入住程序、服务价格的制定和管理办法、政府监管办法以及受助机构无法履约的罚则等内容。

市级建设财力补助资金通过区政府确定的出资人代表投入。政府出资人代表以参与养老服务机构理事会等方式，行使出资人对投资、预算、高管任免等重大事项的决策权，确保其履行养老基本公共服务职责。

（三）利用存量资源实施改扩建形成产权的养老机构补助标准

对区级政府利用存量资源实施改扩建新增的养老机构，市级建设财力对于改造投入（不含存量购置费用）给予投资补助，投资补助按实计算，不超过改造投资的50%，补助上限按照各区相应的新建养老机构补助标准控制。

四、项目审批（核准）及资金下达

（一）各区要统筹安排养老机构建设。由区发展改革委会同民政局等部门按照经审批的区养老设施布局专项规划，编制下一年度养老机构建设计划，于每年8月底前报市发展改革委、市民政局。2016年度建设计划于6月底前上报。

（二）按照年度建设计划和基本建设程序，各区发展改革委负责养老机构新建或购置房产改建项目的审批（核准），协调推进项目建设。项目信息应当录入全市固定资产投资信息系统。

（三）申请补助的项目可行性研究报告或核准报告获得批复后，由区发展改革委向市发展改革委报送项目资金申请。市发展改革委通过下达投资计划的方式一并完成补助资金的审核和安排，不再单独审批资金申请。

（四）项目资金申请包括以下要件：1. 申请补助项目表；2. 每个项目的可行性报告批复或核准批复；3. 项目法人证书复印件、组织机构代码证复印件；4. 项目选址意见书或规划设计要求文件、建设用地预审意见或自有土地的房地产权证；5. 环评批复文件。相关要件必须齐备合规。

社会投资举办并形成产权的养老机构项目，除上述材料外，应当附送区政府确定的出资人代表情况说明，受助机构、出资人代表签订的补助协议、受助机构章程及申请建设补助的保基本养老床位数。

利用存量资源实施改扩建项目，除上述5项外，应当附送房产购置合同、规划调整文件。

（五）市级建设财力补助资金分两个阶段拨付。项目可行性研究报告批复后，拨付补助资金的80%；项目获得养老机构设立许可后，拨付补助资金的20%。区级财力、项目法人自有资金拨付进度不得低于市级建设财力的拨付进度。

五、工作要求

各区完成市政府部署的年度改革任务，是获得下一年度市级建设财力补助的前提条件。对未完成上一年度改革任务的区，市发展改革委暂停下达市级建设财力投资补助。

市发展改革委、市民政局要会同有关部门研究提出与财力补助挂钩的面上改革任务，经报市政府同意后确定。年度改革任务的验收标准，由市级牵头推进部门会同有关单位研究制订，报市政府同意后实施。

项目法人单位实行专款专用、单独建帐、单独核算，市发展改革委将同步对补助项目的“四制”（项目法人制、招投标制、项目合同制、监理制）落实情况、项目进度、概算执行、档案管理、保障对象收住等情况进行稽察。

关于市级建设财力养老床位补助资金协议提纲要点建议、年度养老机构建设计划、区保基本养老机构建设申请市级建设财力补助项目表由市发展改革委另行制定。

上海市人民政府办公厅印发关于全面推进老年照护统一需求评估体系建设意见的通知

沪府办〔2016〕104号

各区、县人民政府，市政府有关委、办、局：

经市政府同意，现将《关于全面推进老年照护统一需求评估体系建设的意见》印发给你们，请认真按照执行。

上海市人民政府办公厅

2016年12月29日

关于全面推进老年照护统一需求评估体系建设的意见

老年照护统一需求评估体系是本市“五位一体”社会养老服务体系的重点，也是本市建立长期护理保险制度的基础。经市政府同意，现就全面推进老年照护统一需求评估体系建设提出如下意见：

一、工作目标

到2017年底，本市老年照护统一需求评估体系基本健全，评估标准逐步完善，第三方评估机制不断优化，老年照护统一需求评估发挥长期护理保险的“守门人”作用，养老服务资源配置的效率和透明度明显提高。

到2020年底，随着长期护理保险制度的建立，老年照护统一需求评估体系充分发挥作用，促进养老基本公共服务“应保尽保”，满足各类基本老年照护需求。

二、基本原则

（一）以人为本，保障基本。立足老年人养老基本公共服务需求，聚焦失能失智，构建与老年人实际需求相适应、与养老基本公共服务供给能力相匹配、与长期护理保险制度相衔接的需求评估体系。

（二）统一公开，高效透明。实现申请人“通过一次申请，采用一份表格，完成一次评估，做出评估结论”。建立信息公开制度和统一轮候制度，保障养老基本公共服务资源公平分配。

（三）供需对应，分级分类。统筹老年照护服务资源，加强家庭自我照顾、社区居家老年照护、养老机构、老年护理机构等老年照护服务间的有机衔接，形成合理保障梯度。

三、适用对象

60周岁及以上具有本市户籍的老年人，以及本市长期护理保险参保人员，均可申请老年照护统一需求评估。

四、主要任务

（一）完善老年照护统一需求评估标准

市卫生计生委、市民政局会同市人力资源社会保障局等部门研究制订《老年照护统一需求评估标准（试行）》，并根据统一需求评估过程中积累的相关数据，及时分析评估标准在实践运用中的问题，不断研究修正评估参数、权重占比、计算公式，优化统一需求评估标准。制定“评估指南”，细化明确每一个评估项目的评估方式和评判标准，为评估员实施评估提供具体指导。

（二）建设老年照护统一需求评估信息管理系统

由市民政局牵头建设市级老年照护统一需求评估信息管理系统，作为市级管理平台。各区可运用市级系统，也可单独开发本区老年照护统一需求评估信息管理系统，形成区级管理平台。市管理平台应与人力资源社会保障等部门建立的长期护理保险相关系统、各区级管理平台实现互联互通，形成全市统一的老年照护需求数据库，并对统一需求评估各环节进行实时管理。

（三）培育第三方评估机构和评估员队伍

由市卫生计生委、市民政局牵头，研究制订老年照护统一需求评估机构与评估员相关管理办法。老年照护统一需求评估环节由第三方评估机构实施。各区要培育和组建专业评估机构，以政府购买服务等方式，委托其开展评估，确保评估的客观性、公正性、科学性。

市级层面组建统一需求评估管理机构，承担全市评估机构和评估员管理、质量控制、评估争议处理以及参与评估标准的修订等工作。市级评估管理机构要定期向社会公布合格评估机构名单和日常运行情况，加强对评估机构的业务指导。

加强评估员队伍建设，建立评估员上岗培训、在职培训和日常考核制度，提升评估员队伍专业化水平。

（四）优化老年照护统一需求评估流程

1. 申请和受理。各区要结合实际情况，依托社区事务受理服务中心、社区综合为老服务中心等实体受理窗口，或者利用现有热线电话、开设网上受理、手机APP应用等多样化方式，建立统一的受理渠道，受理老年人的需求评估申请，由街镇初审后转至区级管理平台。人户分离老年人的申请受理在居住地、户籍地均可，照护等级评估由居住地组织开展，服务分派可由户籍地组织进行，信息通过后台传输，相关费用后台结算解决。

2. 照护等级评估。区级管理平台对老年人的申请进行资格审核后，委托第三方评估机构安排评估团队上门开展评估，形成评估报告和服务建议，反馈至区级管理平台，由区级管理平台安排告知申请人。对评估结果有异议的，可以在收到评估结果之日起30个工作日内申请复核评估，复核评估由区级管理平台委托第三方评估机构安排不同的评估团队实施。对复核评估结果仍有异议的，可以申请终核评估，终核评估由市级评估管理机构指定其他第三方评估机构实施。

原则上，评估结果有效期最长为2年。对于社区居家照护、入住养老机构或者老年护理机构的老年人，在评估结果有效期内，如身体情况发生变化，可以由申请人（或其法定代理人）或其所在机构提出重新评估申请。

3. 经济状况核对。对于申请享受政府养老基本公共服务补贴的对象，还要通过居民家庭经济状况核对系统等渠道，进行经济状况核对。

4. 服务分派。区级管理平台依据评估结果，结合老年人的自主选择，组织进行养老服务分派，梯度提供社区居家老年照护、养老机构、护理院等老年照护服务。养老机构、护理院等老年照护服务提供要形成轮候机制。各类型老年照护服务间由区级管理平台转介。

5. 监督管理。区级管理平台要通过抽查、问卷调查、第三方暗访等方式，对需求评估情况、轮候转介情况以及服务提供情况等加强监管，确保统一需求评估运行规范有序。市民政、卫生计生、人力资源社会保障、财政等部门依托市级系统，加强对各区平台运作情况进行抽查和监督。

（五）鼓励社会力量发展各种社区老年照护机构

满足老年人多层次、多样化养老服务需求，鼓励发展具备医疗资质的护理站和非医疗资质的生活照护站。加强对老年照护机构的引导扶持和监督管理，优化设置标准、审批流程，大力提高社区及居家老年照护服务的供给能力。

五、具体要求

（一）加强组织领导。本市老年照护统一需求评估体系建设工作由市社会养老服务体系建设领导小组办公室（市民政局）牵头统筹推进。各区要结合社会养老服务体系建设，明确领导机构，建立工作机制，全力以赴加以推进。

（二）明确职责分工。市发展改革委负责统一需求评估体系建设管理体制机制研究、政策协调和工作评估；市卫生计生委、市民政局负责评估标准的制（修）订、技术指导以及评估机构和评估员的业务管理工作；市人力资源社会保障局（市医保办）负责长期护理保险需求评估协议化管理及相关经办管理等工作，参与修订评估标准；市财政局要加大资金支持力度，按照“事权和支出责任相匹配”的原则，落实老年照护统一需求评估体系建设相关经费。

老年照护统一需求评估费用，由个人和各区财政共同承担。对符合经济困难条件老年人的评估费用，由各区按照规定予以减免。

（三）强化监督管理。各区、各部门、各单位要加强对老年照护统一需求评估各项工作的监督管理，通过信息管理系统实现信息互通，形成监管合力。各部门对工作中发现的问题要及时研究解决和完善，确保各项工作平稳有序进行。本意见自 2017 年 1 月 1 日起执行，有效期至 2018 年 12 月 31 日。

附件：上海市老年照护统一需求评估标准（试行）

附件

上海市老年照护统一需求评估标准（试行）

第一条（目的）

为了加强社区居家照护、养老机构、老年护理机构等老年照护服务的有机衔接，科学确定老年人的照护需求，保障老年人合法权益，制定本标准。

第二条（依据）

本标准在整合现行的上海市老年照护等级评估、上海市高龄老人医疗护理服务需求评估以及上海市老年护理医院出入院标准的基础上统一制定。

第三条（评估结果）

采用国际通用的分类拟合工具（线性判断法和支持向量机法），将评估结果分为：正常、照护一级、照护二级、照护三级、照护四级、照护五级、照护六级、建议二级及以上医疗机构就诊。

第四条（分级维度）

（一）自理能力维度

自理能力维度包含三个方面：日常生活活动能力、工具性日常生活活动能力、认知能力，对应的权重分别为 85%、10%、5%。

1. 日常生活活动能力包括：大便是否失禁、小便是否失禁、洗脸/洗手、梳头/化妆、使用厕所、进食、坐立位起身、坐凳椅、平地步行（移动）、穿/脱上衣、穿/脱裤子、上下楼、洗浴等 13 项。

2. 工具性日常生活活动能力包括：搭乘公共交通、现金和银行账户的管理等 2 项。

3. 认知能力包括：时间定向、空间定向、瞬间记忆、短期记忆等 4 项。

（二）疾病轻重维度

主要包括当前老年人群患病率比较高的 10 种疾病：慢性阻塞性肺病、肺炎、帕金森病、糖尿病、脑出血、高血压、晚期肿瘤、冠状动脉粥样硬化性心脏病、脑梗塞、下肢骨折。每种疾病分成局部症状、体征、辅助检查、并发症 4 个分项，对应的权重分别为 30%、30%、30%、10%。其中，每一个分项包括若干子项，每一个子项有若干选择项及分值，全部分项的得分值相加为该种疾病的得分。

第五条（级别划分）

评估等级由自理能力和疾病轻重两个维度的得分值决定，分值范围为0～100分，分值越高表示所需的照护等级越高。

（一）疾病维度得分小于或等于30分的，根据自理能力维度得分的大小，从低到高划分为：正常、照护一级、照护二级、照护三级、照护四级、照护五级。

（二）疾病维度得分大于30分且小于或等于70分的，根据自理能力维度得分的大小，从低到高划分为：正常、照护一级、照护二级、照护三级、照护四级、照护五级、照护六级。

（三）疾病维度得分大于70分的，建议二级及以上医疗机构就诊。

第六条（评估指南）

根据本标准另行制定老年照护统一需求评估指南，指导评估员开展评估工作。

上海市教育委员会上海市老龄工作委员会办公室关于印发《上海市老年教育发展“十三五”规划》的通知

沪教委终〔2016〕16号

各区县教育局、各区县老龄办：

现将《上海市老年教育发展“十三五”规划》印发给你们，请认真学习并贯彻执行。

上海市教育委员会
上海市老龄工作委员会办公室
2016年10月13日

附件：上海市老年教育发展“十三五”规划

附件

上海市老年教育发展“十三五”规划

为深入贯彻落实党的十八大和十八届三中、四中和五中全会精神以及习近平总书记系列重要讲话精神，积极应对上海人口深度老龄化的趋势，根据《国务院办公厅关于印发老年教育发展规划（2016－2020年）的通知》（国办发〔2016〕74号）、《教育部等七部门关于推进学习型城市建设的意见》《上海中长期教育改革和发展规划纲要（2010－2020年）》《上海市教育改革和发展“十三五”规划》的要求，特制定本规划。

一、“十二五”回顾与面临的形势

（一）上海老年教育“十二五”取得的成就

“十二五”期间，本市围绕“办让老年人满意的教育”，坚持老年教育“统筹性、公益性、普惠性”原则，注重规划引领，夯实办学基础，建立和完善老年教育支持服务体系，全面完成老年教育“十二五”规划确定的目标和任务，基本形成了“就近、便捷、快乐”的老年教育特色，营造了老年人广泛参与终身学习的良好局面。

1. 基本形成协同推进的老年教育格局

政府主导、多方协同、社会参与的工作格局基本形成。“十二五”期间，本市加大了市、区（县）、街（镇）财政对老年教育的投入，市、区二级财政投入增加157%；进一步发挥部门资源优势，依托宣传、文广、科技等部门的优质公共文化和科技资源，开展了形式多样的专项学习活动；激发社会活力，鼓励和支持金融、卫生、消保等行业系统参与老年教育，呈现出“多方协同、共同推进”的有利局面。目前，全市各级各类老年教育机构291个，居村委学习点5139个，示范性老年人社会学习场所102个，远程老年大学收视点5486个，养教结合学习点335个，行业企业老年人学习场所众多，促进了学校教育、远程教育、社会教育有机融合，覆盖全市、层次清晰、融合开放的老年教育办学格局基本形成。

2. 建立完善老年教育支持服务体系

构建老年教育支持服务体系，促进老年教育内涵发展。依托高校、市级老年大学、区县教育局和社会组织，组建了理论研究、素质教育、信息中心等 11 个老年教育支持服务指导中心；启动了市老年教育师资库建设，构建“市级骨干教师、区级专业教师、校级专兼职教师和志愿者”三级网络，共计 639 位教师信息入库，7000 多人参加培训；开发“上海老年教育普及教材”100 本，形成纸质书、电子书、网上课堂和无线终端移动课堂“四位一体”的教材模式，出版国内第一套成规模的、正式的老年教育电子读物，推出国内第一款正式上线的老年教育资源展示 APP 学习平台，以提升能力、内涵发展为核心的老年教育体系进一步完善。

3. 高效完成老年教育机构能力提升工程

开展市、区（县）、街（镇）老年教育机构标准化建设，老年教育机构的办学能力得到有效提升。完成上海老年大学“东西南北中”均衡布局计划，建设了浦东、徐汇、普陀、宝山、黄浦等五所分校，实现了学校建筑面积、功能专用教室、开设课程、在校学员数四个翻一番；扶持 17 个区县老年大学开展标准化建设，总面积增加 5801 平方米，招生人数增加 38%；制定发布全国首个《上海市老年学校建设指导标准》，高质量完成 197 所街（镇）老年学校标准化建设，功能教室增加至 1589 个，招生人数增加 15 万，增长率达 49%，社会满意度名列前茅。

4. 创新拓展灵活便捷的老年教育形式

创新老年教育形式载体，开拓灵活便捷的学习途径，打造丰富多样的学习资源。推动以培育团队领衔人为重点的工作坊、以典型示范为要求的优秀团队、以自主学习为特征的学习团队建设，全市近 30 万老年人组成 1.2 万余个不同类型的老年学习团队；依托学习场所凝聚老年人，开展学习互动吸引老年人。拓宽基层老年学习途径，培育了一批“名家坊、乐龄讲堂、睦邻学习点、网络学习圈、村民周周会、乡村宅基课堂、百姓学习中心户”等基层学习组织；倡导“学乐有为”鼓励老年人参加社会服务，成立上海社区教育志愿服务总队老年教育志愿服务分队，下设 38 个工作站、231 个服务点，招募 4000 多名志愿者，开展市（区）级老年教育志愿服务活动 1500 多场，老年人学习需求得到不断满足。

（二）上海老年教育“十三五”面临的形势与挑战

1. 上海城市人口深度老龄化趋势日益突出

上海已经率先进入深度老龄化阶段。截至 2015 年底，60 岁及以上老年人口已达到 435.95 万，占户籍人口比例首次突破百分之三十，达到 30.2%。预计到 2020 年将达 36%。人口的深度老龄化带来老年人精神文化需求的快速增长，对老年教育的资源供给能力提出重大挑战。

2. 老年群体多元化的学习需求日趋旺盛

老年学习逐渐呈现出多元化、多层次的需求特征，不同学历水平、不同年龄层次老年人的学习需求呈现出差异化的特点。老年教育提供的学习内容、学习方式、学习渠道与老年人旺盛的学习需求之间还存在着一定距离，特别是对师资队伍的规模和专业化程度提出了更高要求，加快社会各方共同参与的机制建设迫在眉睫。

3. 改善民生与社会治理的需求日渐紧迫

十八届三中全会提出了“紧紧围绕更好保障和改善民生、促进社会公平正义深化社会体制改革”，“加快形成科学有效的社会治理体制”的目标要求，对老年教育工作融入社会治理赋予了新的时代意义。新形势下，如何用改善民生、促进社会治理的理念推进老年教育的发展，建立由政府、社会、市场、个人参与的多元化的老年教育模式显得尤为重要。

4. 互联网对老年教育发展的作用日臻显现

上海老年教育在信息系统覆盖、数字化教学与资源管理等方面仍有不足。运用互联网思维，创新上海老年教育的形式、内容、方法、手段，完善信息化学习环境，提升信息化管理水平，为老年群体提供多样化、个性化和无处不在的优质教育服务，是上海老年教育未来几年亟待解决的新课题。

（三）上海老年教育“十三五”面临的新挑战

面对新形势，需要客观分析工作现状，主动把握发展新方向，认真谋划今后一个时期的工作。目前，上海老年教育还存在一些薄弱环节，如：老年教育供给能力不够，教育服务能力有待进一步提高；师资队伍数量不足，专业化程度需要进一步增强，社会力量参与老年教育的渠道不够畅通，学校教育对老年教育支持力度有待提升；运用互联网思维谋划老年教育事业的发展还有很大的提升空间，这些都对上海老年教育发展提出了新挑战。

“十三五”期间，上海老年教育必须进一步深化改革和创新发展，以更加有效务实的作风，采取更加开明睿智的工作策略，切实推动老年教育事业更好更快发展。

二、指导思想、原则与目标

（一）指导思想

贯彻习近平总书记“四个全面”战略布局的重要精神，本着“创新、协调、开放、绿色、共享”的发展理念，全面落实国家和《上海市中长期教育改革和发展规划纲要（2010—2020 年）》《上海市老龄事业发展“十三五”规划》等要求，积极应对人口深度老龄化趋势，培育社会主义核心价值观，全面推进老年教育内涵发展，提升老年教育服务能力；坚持社会多方参与，提升老年教育发展的社会活力；倡导“在学习中养老”的理念，提升老年教育学习品质，让更多老年人享受高质量教育服务，进一步提高老年人的生命质量与幸福指数，促进社会和谐与文明进步。

（二）基本原则

1. 坚持以人为本。从老年人根本利益出发，遵循老年教育规律，努力让不同年龄层次、不同文化程度、不同收入水平、不同健康状况的老年人，享有教育的机会和权利。

2. 坚持按需施教。加强对老年教育的教学理论研究和规律探索，增强老年教育的针对性、有效性和吸引力，提高老年教育质量和水平，满足老年人多元化、多层次的学习需求。

3. 坚持协同推进。建立有效机制，推动全社会共同参与老年教育，激发社会活力，发挥各类社会资源优势，扩大老年群体的学习空间。

（三）总体目标

到2020年，基本形成覆盖广泛、社会参与、资源融通、灵活多样、优质均衡、充满活力的现代老年教育体系，实现参与老年教育的人口达到全市老年人口总数的40%。

——老年教育参与人数翻一番。老年学校学习总人数达到120万；远程教育学员人数达到80万；老年教育志愿者人数达到5—10万。

——老年教育机构总数翻一番。新增老年人“社会学习点”300个；在实现老年学习点全覆盖的基础上，培育老年学习示范点500个。

——老年人学习组织数量翻一番。新增老年人参与学习团队、网上学习圈等各类学习组织10000个。

——老年教育学习资源翻一番。建设老年教育在线开放课程平台，构建上海老年教育普及教材四位一体模式，开发老年教育微学网站，拓展微课、微讲座、微学堂、微视频、微杂志等网上学习空间。

三、发展任务

（一）优化老年教育体系结构

进一步完善各级各类老年教育机构的功能定位，提升市级老年大学的示范引领作用，加强区级老年大学的服务指导功能，拓展街镇老年学校对促进社区文化繁荣、文明建设的功能，夯实居村委学习点的基层资源汇聚与服务能力；推动城乡老年教育均衡发展，鼓励以结对方式促进市区与郊区老年教育机构的交流合作，做实做强上海老年大学教育联盟，扩大联盟资源共享与经验推广，探索老年教育集团化合作模式；完善老年教育支持服务体系，提升各老年教育指导中心的专业化水平和服务能力。

（二）提升老年教育优质服务能力

丰富老年教育内容，坚持“适需性”课程与“引领性”课程的有机融合，开发适合各年龄段老年人需求的老年教育课程体系，制定课程、教材等各类学习资源标准，建立老年教育资源库，鼓励多元主体共建共享老年教育学习资源；创新老年教育形式，增强老年人学习的自主性和选择性，推动网上学习、移动学习、团队学习、体验学习等多种学习形式，培育网上学习圈、移动学习群等各类新型学习组织，加强对不同学习形式的指导和研究，提高学习效果。

（三）完善老年教育信息化学习环境

依托互联网的优势，提升老年教育信息化水平。利用现代信息技术为老年人提供多元化学习途径和学习体验。提升老年人信息技术应用能力，共享老年教育数字资源的成果；建立数字化老年教育资源库，依托社区学习地图，拓展老年教育的信息化服务功能，搭建老年教育成果网上展示平台；提升老年教育信息化管理水平，推进全市老年教育管理机构和教学机构的信息化管理系统建设，实现教育教学资源的数字化管理，加快老年教育工作的信息化进程。

（四）鼓励社会各方参与老年教育

积极推动各级各类公共教育机构服务老年教育，鼓励普通高校、职业院校以不同形式参与老年教育，推进中小学校舍和场地资源向社区开放，鼓励学校教师和学生参与老年教育的志愿服务；鼓励社会力量参与老年教育，鼓励各类社会培训机构为老年人提供教育服务，制定相关政策措施，鼓励个人、社会组织兴办老年教育机构，鼓励企事业单位兴办具有特色的老年教育；促进公共教育资源为老年教育服务，鼓励和推动博物馆、体育场馆、图书馆、文化中心等社会公共设施参与老年教育，为老年人提供更多更好的学习场所。

（五）加强老年教育展示与宣传

注重老年教育品牌塑造，形成具有区域特点的老年教育特色项目，加强社会宣传；以“树长者风范”为抓手，进一步开展老年素质教育工作，塑造新时代老人；建立各级各类老年教育机构的合作展示平台，遴选并推广优秀老年教育课程、团队、项目，促进老年教育成果的展示、共享与交流，促进全市老年教育的协同、均衡发展；促进宣传平台建设，依托全民终身学习活动周、老年教育艺术节等重大活动，在各类新闻媒体上，扩大老年教育的宣传力度，拓展微博、微信公众号等新媒体的宣传途径，营造全社会重视和关心老年教育事业的浓厚氛围。

四、重大项目

（一）老年人学习场所倍增项目

以高校、楼宇、企业、社会组织为依托，培育建设300个彰显特点的老年人社会学习点，实现学习场所数量翻一番；打造集学习指导、资源提供、团队活动等功能于一体的老年学习集聚中心，在实现老年学习点全覆盖基础上，培育500个居村委学习示范点；普遍开展养教结合工作，在区养老机构中新增100个养教结合学习点，100个标准化学习点；探索开展社区老年人日间照料中心的养教结合工作。

（二）老年教育师资分层培训项目

开展“老年教育名师孵化工程”，发挥名师孵化作用，形成一批名师资、名团队；开展“百名教学骨干、千名专职教师培训计划”，依托高校加大对教学骨干的培养力度，培育一批老年教育的专业骨干，通过市区联手，开展专职教师的专业化培训，提高教师的教育教学能力；开展“万名助学志愿者培育计划”，鼓励、招募各类退休专业技术人员，特别是老学者、老专家、老教师、老艺术家志愿服务老年教育，加强老年教育学员“师生转化”，提高助学志愿者的服务能力。

（三）老年学习资源配送项目

建立“线上线下学习资源配送体系”，根据不同学习需求，为全市各类老年教育机构提供师资、课程、学习活动等资源配送服务，资源配送覆盖率达到95%；提供“线上资源配送服务”，开展菜单式的资源推介与配送，提升网上学习资源的使用率和共享率，加强老年教育课程学习需求的信息采集、分析和反馈。建设“老年教育师资库”，功能包括老年教育师资信息储备、查询、配送与反馈，加强专、兼职老师包括老年教育管理者之间的工作信息流通，搭建优质教师资源集聚和共享平台。

（四）老年人学习组织培育项目

打造“星级老年学习团队”，在现有老年学习团队的基础上，不断提升团队的规模与质量，培育500个五星级优质学习团队，促进老年学习团队向特色化方向发展；培育“千个新型学习组织”，依托现有老年学校班、团、组，利用移动终端、上海学习网等信息化平台，孵化1000个老年人网上学习圈、移动学习群等新型学习组织；培育“万名团队领袖”，探索老年学习团队的培育规律，培育10000名具有较强凝聚力、有一定影响力的学习团队领袖，进一步增强老年学习团队的自主学习和管理水平。

（五）信息化促进项目

建设“上海老年教育在线开放课程平台”，拓宽“上海学习网”与“上海老年人学习网”的功能作用，集聚社会资源优势，打造一批老年人优质网上学习资源，开发老年教育系列教材和四位一体配套学习资源，培育一批老年教育数字化精品课程，加大“指尖上的老年教育”“老辰光——老年教育微杂志”等移动终端建设的推进力度，构建起集信息传播、数据存储、行政办公、教务管理于一体的老年教育信息服务管理系统。

（六）老年教育志愿者培育项目

推动老年教育志愿者队伍建设，招募各类退休专业技术人员，特别是老学者、老专家、老教师、老艺术家志愿服务老年教育，至2020年实现老年教育志愿者超过5万—10万人；培育一批品牌老年志愿服务项目，鼓励老年教育机构学员学有所为、学有所用，参加社区助学志愿服务，向社区居民普及终身学习理念，提高公民素养，在社区治理、居民自治中发挥积极作用；搭建各类老年教育志愿服务平台，培育“老专家志愿者团队”，引导“老教授协会”“老年科学工作者协会”等各类团队或个人参与老年教育课程开发、团队指导、专业建设等各项服务。

五、保障措施

（一）制度保障

继续将老年教育事业列入经济社会发展规划和教育发展规划，明确制定老年教育工作的年度目标和重点任务；充分发挥上海老年教育工作小组办公室、老年教育协会以及各老年教育支持服务指导中心的作用，加强老年教育相关部门的协调与资源整合，推进老年教育发展科学化和规范化；完善老年教育相关制度，建立和完善老年教育的表彰奖励制度，建立老年教育机构评估制度等。

（二）机制保障

建立老年教育机构的评估机制，开展特色型老年大学和老年学校的评估；发挥优质、特色老年学校的示范引领作用和名师的孵化作用，提升老年教育课程质量；建立健全老年教育督导机制，对全市老年教育机构、人员、经费、质量、成效进行督导；扩大老年教育宣传力度，挖掘老年教育工作新突破、新特点、新发展、新成效，宣传先进典型、先进经验、先进事迹，做好老年教育的社会宣传工作。

（三）队伍保障

制定人才激励制度，探索老年教育人才职业发展平台，吸引更多优秀人才从事老年教育工作；建立老年教育教师继续教育与培训体系，支持相关人员在职进修培训，不断提高业务水平、服务能力和创新能力，推动老年教育教师的专业化发展。

（四）理论保障

加强理论研究，依托上海老年大学和上海市教科院，组建上海老年教育研究院，开展老年教育研究，联合相关高校和科研机构，开展重大决策咨询研究；鼓励有条件的高校开展老年教育学科建设与人才培养，建立国内外老年教育交流与合作的机制，促进本市老年大学与国际“第三年龄大学”之间的沟通交流。

江苏省政府办公厅关于印发江苏省“十三五”养老服务业发展规划的通知

苏政办发〔2016〕99号

各市、县（市、区）人民政府，省各委办厅局，省各直属单位：

《江苏省“十三五”养老服务业发展规划》已经省人民政府同意，现印发给你们，请认真贯彻实施。

江苏省人民政府办公厅

2016年9月8日

江苏省“十三五”养老服务业发展规划

为积极应对人口老龄化，切实保障老年人合法权益，建立健全覆盖城乡的养老服务体系，促进养老服务业的健康发展，依据《中华人民共和国国民经济和社会发展第十三个五年规划纲要》《江苏省国民经济和社会发展第十三个五年规划纲要》和《江苏省养老服务条例》，制定本规划。

一、背景

（一）“十二五”取得的主要成绩。

“十二五”以来，全省大力推进民生幸福工程，坚持把发展养老服务业作为保障和改善民生的重要内容，不断完善社会养老服务体系，加快推进养老服务业发展，全省老年人的幸福感和满意度不断提升。

一是政策体系初步形成。积极发挥政府的主导作用，颁布了《江苏省老年人权益保障条例》和《江苏省养老服务条例》，出台了《省政府关于加快构建社会养老服务体系的实施意见》《省政府关于加快发展养老服务业完善养老服务体系的实施意见》等一系列法规、政策文件，形成了相互衔接、互为支撑的养老服务法规政策体系。二是服务能力不断提高。在加大各级财政投入的同时，充分调动社会力量的积极性，推动养老服务多元化发展。截至2015年底，全省共有各类养老床位58万张（其中养老机构床位44.5万张），按户籍人口测算，千名老年人拥有养老床位数达到35.2张。全省共建成城乡社区居家养老服务中心1.9万多家，实现城市社区居家养老服务中心基本全覆盖，苏南、苏中、苏北农村社区居家养老服务中心覆盖率分别达到90%、80%和70%。三是发展水平稳步提升。全面实施了城乡特困老人供养标准自然增长机制。政府购买养老服务工作有序开展。各类投资主体兴办的、以护理型床位为主的养老机构补助政策逐步统一。养老与医疗卫生融合发展加快推进。所有市、县（市、区）均建成1所以上政府举办的示范性养老机构。全省所有农村五保供养服务机构基本完成了提档升级改造。免费培训养老护理员3万余名，养老护理员持证上岗率达到80%。四是产业进程加速推进。注重发挥市场机制作用，推动养老服务产业化进程，促进养老服务产业质态提升。社会力量投资养老服务的积极性高涨，众多国内外知名企业、服务组织进入养老服务业。截至2015年底，建成省级健康养老服务业集聚区1个，在证交所挂牌养老服务企业5家，投资建成20亿元以上的养老服务项目5个。五是行业运行逐步规范。坚持硬件建设和软件提升相结合，完善各类养老服务机构硬件设施规划建设标准，加强对养老服务设施建设质量的监管，制定了生活照料、康复护理、医疗保健、教育培训和心理关爱等方面的服务标准，开展了示范性养老机构（基地）的评定，养老机构消防安全、食品安全、卫生防疫等方面的监督管理得到加强。

（二）“十三五”面临的形势与挑战。

江苏是全国最早进入老龄化的省份，也是全国老龄化程度最高的省份。2015年底，全省60周岁以上户籍老年人口达到1648.3万人，占户籍人口的21.36%，比全国高出5个百分点，其中65周岁以上老年人口1115万人，占全省户籍人口的14.45%；80周岁以上老年人口254.96万人，占老年人口总数的15.47%。目前，江苏老年人口呈现基数大、增速快、寿龄高、空巢和失能比例高的特点。预计到2020年，全省60岁以上老年人口将达到1950万人，占总人口的比例将达到25%，到2030年将超过30%。老年人口的持续增长，对我省经济社会的发展进程、发展方式必将产生广泛而深远的影响。全省城乡老年人的数量，特别是高龄、失能半失能和空巢独居老年人等养老服务重点对象的持续增加，产生的养老服务需求更加旺盛、更加多样、更加迫切。与此同时，全省城乡居民收入增长、消费结构升级及养老观念改变，促使养老服务消费逐渐从生存型、物质型消费向发展型、服务型消费转变。这些都为我省"十三五"养老服务业的持续健康发展提供了巨大空间。

我省养老服务业尽管在"十二五"期间取得了长足进展，但仍存在社会力量参与度整体不高，社区居家养老基础性地位不突出，民办养老机构融资难、用地难、运营难，民办、公办养老机构资源分配不均，医养融合度不高，城乡、区域发展水平差距较大，从业人员专业化水平不高，养老服务监管机制不健全等问题。"十三五"是我省率先全面建成小康社会的决胜阶段和积极探索开启基本实现现代化建设新征程的重要阶段。省委、省政府把构建多层次的养老服务体系作为贯彻共享发展理念、深入实施民生幸福工程的重要内容。"十三五"期间，要积极顺应养老服务需求的新变化，针对关键领域、薄弱环节进一步完善政策体系，在加大供给、释放需求等方面出台更为精准的政策举措，进一步厘清政府、市场、社会与家庭的职能定位，深化体制改革，完善市场机制，注重统筹发展，推动全省养老服务业迈上新台阶。

二、指导思想和基本原则

（一）指导思想。

全面贯彻党的十八大和十八届三中、四中、五中全会精神，深入贯彻习近平总书记系列重要讲话特别是视察江苏重要讲话精神，牢固树立并自觉践行新发展理念，以推进供给侧结构性改革为主线，坚持党委领导、政府主导、社会参与、全民行动相结合，坚持应对人口老龄化和促进经济社会发展相结合，坚持满足老年人需求和解决人口老龄化问题相结合，努力挖掘人口老龄化给我省发展带来的活力和机遇，建立健全与江苏老龄化发展形势相适应、与经济社会发展水平相协调的养老服务体系，推动我省养老服务业发展保持在全国前列，为"迈上新台阶，建设新江苏"作出积极贡献。

（二）基本原则。

坚持深化改革，创新发展。运用改革思维、创新举措解决养老服务业发展中遇到的矛盾和问题。加快转变政府职能，引入社会力量推进养老服务业供给侧改革。支持各地从实际出发，因地制宜，先行先试，努力营造公平、公正和开放的养老服务市场环境。

坚持保障基本，共享发展。强化政府兜底保障功能，确保人人享有基本养老服务。加大对基本养老服务的投入，不断扩大保障范围、增加服务内容、提升服务水平。加强资源的引导和调控，提高基本养老服务均等化水平。

坚持统筹兼顾，协调发展。强化社区居家养老的基础性地位，促进居家养老、社区服务和机构养老的协调发展。优化资源配置，促进城乡之间、区域之间养老服务的协调发展。着力推动设施建设的标准化、养老服务运行管理的规范化、从业人员的专业化、服务主体的社会化，实现养老服务业硬件和软件建设同步提升。

坚持多元参与，聚力发展。充分发挥党委的领导作用、政府的主导作用、社会的主体作用、市场的决定作用、家庭的基础作用，推动养老服务业多元发展。推进公民、法人和其他组织全方位、深层次地参与养老服务业。做好舆论引导，凝聚社会共识，形成推动养老服务业发展的强大合力。

坚持因地制宜，特色发展。鼓励各地因地制宜，创建一批富有地域特色的品牌，明确品牌内容、服务流程和服务标准。积极推进常州市健康养老服务业集聚区、苏州市医养融合、无锡市公建民营、南京市社区居家养老等建设和发展，探索建设一批具有地方特色的县级老年服务园区及乡镇级老年服务街区。

三、发展目标

到"十三五"末，全面建成以居家为基础、社区为依托、机构为补充、医养深度融合，功能完善、服务优良、监管到位、覆盖城乡的养老服务体系。市场有效配置养老服务资源，社会力量成为养老服务业发展主体。一批具有较强竞争力、行业影响力的养老服务企业（组织）、产业集群发展壮大，养老服务供给能力显著增强。全省老年人在共建共享中有更多获得感、幸福感，全社会对养老服务的满意度不断提升。养老服务体系建设和养老服务业发展整体水平走在全国前列。

服务网络更加健全。大力推进城乡社区居家养老服务设施建设，优先满足老年人的助餐等基本服务需求。加强街道老年人日间照料中心建设，重点为高龄、空巢、独居、半失能老人提供日间照料和短期托养服务。到2020年，城乡社区居家养老服务基本实现全覆盖，城市街道开展日间照料服务，城市社区提供助餐服务，城乡标准化社区居家养老服务中心建成率分别达到80%、40%以上，以县（市、区）为单位居家呼叫服务和应急救援服务信息网络实现全覆盖。千名老年人拥有养老床位数达到40张以上。社会力量举办或经营床位数占总床位的比例达到70%以上。生活照料、医疗护理、精神慰藉和紧急救援等养老服务覆盖城乡所有有需要的老年人。

医养资源深度融合。基层医疗卫生机构与社区居家养老机构实现紧密结合，以家庭医生签约服务方式为行动不便的居家老年人提供上门的健康管理和康复护理，符合规定的费用逐步纳入医疗保险和长期护理保险基金支付范围。养老机构实现医疗卫生服务全覆盖，为机构内老年人提供更加完善的医疗、康复护理服务。所有医疗卫生机构开设老年人挂号、就医等绿色通道。到“十三五”末，每个县（市、区）建有1所以上老年护理院或老年康复医院，全省老年护理院达到200所以上，护理型床位占养老机构床位总数50%以上。50%的城市社区和有条件的农村社区设立老年人康复活动场所。探索建立长期护理保险制度。

服务队伍更加专业。养老服务专业人才培养制度全面建立。从业人员的考核、评定制度日益完善。到2020年，养老护理人员岗前培训率达到95%以上、持证上岗率达到90%以上。养老护理员入职补贴制度落实到位。养老护理人员劳动报酬的合理增长机制初步形成，经济待遇和社会地位得到提升。

产业规模显著扩大。以老年生活照料、老年医疗护理、老年产品用品、老年健康养生、老年体育文化、老年精神娱乐、老年金融服务、老年旅游等为主要内容的养老服务业全面发展。“十三五”期间，全省培育10个省级健康养老服务业集聚区、20个省级养老服务业综合发展示范基地以及30家省级养老服务创新示范企业（机构），养老服务提供的就业岗位达到80万个以上。

四、主要任务

（一）大力发展社区居家养老服务。

实现服务供给与老人需求的精准对接。大力推进城乡社区居家养老服务设施建设，有序开展适老住区建设和改造，积极探索“居住宜老、设施为老、活动便老、服务助老、和谐敬老”的方式和路径。依托社区嵌入式养老机构，通过设立助餐点、活动中心等，为有需求的居家老年人提供配餐、送餐、助浴等助老服务。在满足老年人的助餐、日间照料的基础上，逐步向其他服务拓展，实现养老服务供给与老年人需求的精准对接。依托养老综合体，加强街道老年人日间照料中心建设，通过建立中央厨房、日间照料中心等，重点为高龄、空巢、独居、半失能老人提供日间照料和短期托养服务。大力培育发展居家养老服务企业和机构，为社区居家养老提供专业服务支撑。到2020年，城乡社区居家养老服务实现全覆盖。

做好居家重点人群的养老服务。社区居家养老服务重点关注城市“三无”老人、农村五保老人和经济困难的高龄、独居、空巢、失能、失智等老年人群体。以老年人基本需求为中心，从满足助餐、助浴、康复护理等刚性需求开始，根据经济社会发展条件逐步向更高层次的需求拓展，做到物质保障、精神关爱相兼顾。

推进社区居家养老与机构养老融合。打破社区居家养老和机构养老的边界，实现优势互补、融合发展。打开养老机构的“围墙”，将机构内的助餐、助浴、康复护理等各种专业化服务延伸到周边社区有需求的老年人，充分发挥专业资源的最大效用。在社区内大力发展嵌入式养老机构，就近就便为社区老年人提供家庭病床、康复护理、精神关爱等专业化服务，实现机构养老专业化与居家养老亲情化的结合。在街道层面建立养老服务综合体，承担日间照料中心、托老所、养老机构和护理院以及中央厨房的功能。以养老综合体、嵌入式养老机构等为老服务组织为中心，构建10分钟左右的服务圈半径，让老年人就近就便地得到养老服务。

促进线上平台和线下服务共同发展。加强养老服务信息系统建设与应用，2016年底，全省依托省级民政云平台，建立全省统一的养老服务信息平台，实现“一个平台、服务全省”。各地以“智慧社区”为依托，利用互联网、物联网技术，进一步挖掘、提升基层养老服务信息系统的功能。在充分利用现有养老服务机构、企业和社会组织的同时，培育整合更多的线下服务实体，注重运营模式创新，不断完善实体服务的内容和方式，把线上的信息流有效转变成线下的专业化服务。

对家庭养老给予政策支持。各级人民政府组织开展护理知识免费进家庭活动，向家庭成员提供免费的照料、护理、关爱老年人等技能培训。制定子女与老人共同或相邻居住亲情养老模式的配套政策。对于承担主要养老责任的在职家庭成员，其所在单位应在工作内容、工作地点、工作时间和休假等方面给予便利和照顾。居（村）委会等基层组织应当引导、督促和协助家庭成员照料、关爱老年人。老年人家庭进行生活设施无障碍改造的，政府相关部门应当给予指导，对经济困难的家庭应当给予资金补助。

鼓励和推广互助养老。鼓励邻里互助养老和老年人之间的互助服务，鼓励低龄健康老年人为高龄、独居、空巢老年人服务。鼓励在街道内探索推广“志愿型”“储蓄型”和“市场型”相结合的互助养老模式。

（二）深入推进医养融合发展。

推动医疗卫生资源向社区、家庭流动延伸。基层医疗卫生机构要与社区居家老年人家庭建立签约服务关系，为老年人提供连续性的健康管理服务和医疗服务。基层医疗卫生机构要为失能半失能或行动不便的老年人，提供定期体检、上门巡诊、上门护理和家庭病床等服务，将符合条件的医疗护理费用纳入医疗保险基金支付范围。基层医疗卫生机构应为辖区内老年人提供健康管理服务，免费建立健康档案，免费为65岁以上老年人提供一般体格检查和健康指导。

强化基层医疗卫生机构的医疗康复功能。基层医疗卫生机构积极为老年人提供高质量的医疗服务，与养老服务机构、日间照料中心、“老年关爱之家”等养老服务组织建立紧密协作关系，为老年人提供医疗康复服务。基层医疗卫生机构要逐步提高康复、护理床位比例，并根据服务需求增设老年养护、临终关怀病床。

提高养老机构的医疗服务能力。养老机构应当配置医疗器械、康复器具及专业医护人员，就地便捷地开展医疗卫生服务。对内设医疗卫生机构存在困难的，应通过医护人员定期上门巡诊、建立就诊绿色通道等方式为入住老人提供及时便捷的医疗服务。医疗卫生机构应协助养老机构做好老年人慢性病管理、康复护理和中医保健等服务。支持通过建立养老医疗联合体等方式，整合养老、医疗、康复和护理资源，为老年人提供一体化的医疗、健康和养老服务。

鼓励发展医养融合型养老机构。加强老年医学专业特色医院、康复医院、护理院建设，有条件的医疗卫生机构可以托管、运营公办养老机构，有条件的养老机构也可托管医疗卫生机构。鼓励新建以中医药健康养老为主的护理院、疗养院。新建或改建的康复医院、护理院纳入当地医疗机构设置规划。对转型为康复医院、护理院且符合养老机构设立条件的专业医疗卫生机构，给予护理型养老机构标准的建设和运营补贴。

探索建立老年人长期护理保险制度。有条件的地区探索建立政府、社会、单位和个人多方筹资，符合当地实际的长期护理保险制度，着力解决失能半失能的老年人长期护理保障问题。按照收支平衡、可持续发展的要求，建立长期护理需求等级评估标准和使用规范。

（三）强化政府托底保障职责。

优化基本养老服务供给。针对特困老年人以及城乡经济困难的重点老年群体，各级人民政府须履行好托底保障职责。托底保障水平要与当地经济社会发展总体水平相适应。要强化服务理念，创新基本养老服务的供给方式，逐步扩大基本养老服务覆盖的人群范围，丰富服务内容，提升服务水平，实现物质保障与日常照料、康复护理、精神抚慰、心理疏导等非物质保障相结合。

推进基本养老服务均等化。各地要加大财政投入，加快养老服务设施建设，积极为有养老服务需求的所有老年人提供均等化的基本养老服务。通过直接供养、政府购买服务、老年人补贴制度等方式，重点做好对城乡老年特困人员的供养，以及经济困难的高龄、独居、空巢、失能、失智等重点老年人群的基本养老服务保障工作。省级财政要加大对经济薄弱地区的基本养老服务支持力度，建立苏南、苏北设区市间养老服务的结对帮扶制度，促进城市向农村延伸，逐步缩小省内区域之间、城乡之间基本养老服务的差距。

健全重点困难老人保障关爱制度。全面落实城市“三无”老人、农村五保老人供养标准自然增长机制。对分散供养的老年特困人员，落实好关爱服务制度。对失能、高龄、空巢、独居和失独老人给予关爱照料。到 2017 年底，每个县（市、区）建立 1 所以上满足城乡失能半失能特困老人集中供养的护理型养老机构，在确保失能半失能特困老人 80%集中供养的基础上，逐步扩大到经济困难的失能半失能老人。

（四）充分发挥社会力量的主体作用。

引导更多的社会力量进入养老服务领域。建立统一、开放的市场环境及公开、透明的政策环境，促进各类主体公平竞争、有序发展，最大限度激发市场活力。进一步降低社会力量举办养老机构的准入门槛，取消法律、行政法规未设定的所有前置许可和审批手续，简化手续、强化服务，并在土地供应、购买服务、税收、公用事业收费、融资等方面给予支持。

统一不同社会主体兴办的养老服务机构补贴待遇。完善以实际入住人数、护理级别为主要标准的养老机构运营补贴制度。对不同社会主体投资兴办的护理院和护理型养老机构，实施同等的建设补贴、运营补贴、医保定点等政策。

推动政府购买养老服务。全面建立政府购买养老服务制度，重点解决好城市“三无”老人、农村五保老人以及城乡经济困难老年人的基本养老服务需求。各地要为经济困难的失能、高龄等老年人入住养老机构、接受社区居家养老服务提供无偿或低收费的服务。鼓励更多的养老机构、为老服务组织、家政、餐饮、物业等相关企业和社会组织上门为居家养老重点人群等提供方便快捷、价格合理的助餐、助浴、助行、助洁、助购、助医、助急及日间照料、康复护理、心理疏导等服务。到 2020 年，享受政府购买服务的老年人占老年人总数 10%以上。

鼓励养老服务对外交流合作。积极引进境外养老服务的品牌、专业人才、管理模式和经营理念，鼓励境外投资者在我省独资或合资、合作举办设立营利性养老服务机构及养老服务企业总部。境外办机构在政策允许范围内可享有与省内营利性养老机构同等的土地政策、税收优惠、财政支持等待遇。鼓励引进外资开发、生产老年用品产品。鼓励国内养老服务提供者投资参与境外养老服务业，到境外创办养老服务机构和养老产品用品生产企业。

（五）全面推进养老服务产业发展。

发展养老特色园区（街区）。按照集中、集聚、集约发展的要求，合理规划布局养老服务业集聚区和特色产业基地。积极推进常州市健康养老服务业集聚区建设。因地制宜，培育打造一批主导产业突出、产业链条完整、服务功能完善的养老服务业园区。总结推广我省现有的从产品到服务、从线上到线下、从健康到失能到临终，集生活照料、健康管理、精神关爱为一体的养老服务管理经验，探索建设一批县（市、区）级老年服务园区及乡镇（街道）老年服务街区。

培育一批创新型养老服务企业。加快培育一批创新能力强、信息化应用水平高、品牌知名度广、辐射示范性大的创新型养老服务企业，开展省级养老服务创新示范企业评选认定，鼓励企业向经营方式灵活化、服务品种多样化、服务形式特色化、服务质量精细化的方向发展。引导传统养老服务企业通过创新经营模式、拓展业务渠道、优化服务内涵，加快转型升级。

加强老年用品的研发、生产与流通。提高老年生活用品用具、康复护理辅具、医疗器械、保健用品、保健食品等涉老产品的设计、研发水平，加快发展高附加值的生产型服务业。加强老年用品的商贸流通体系建设，建设一批具有区域影响力、以老年用品为主的大型交易市场，构建覆盖全省城乡的老年用品仓储、配送和分销网络，重点做好农村地区的连锁化零售网点建设。

培育养老服务连锁品牌。“十三五”期间，每个设区市培育连锁5家养老机构、10家社区居家养老服务中心的品牌各1个以上，每个县（市）培育连锁3家养老机构、5家社区居家养老服务的品牌各1个以上。积极扶持以龙头骨干机构为引领、品牌优势明显的养老服务企业和组织的发展，通过规模发展、连锁经营，发挥其对养老服务业的带动作用。

满足多样化养老消费需求。引导社会力量全面开展适合不同老年人群体的文化娱乐、体育健身、教育培训、金融理财、休闲旅游、健康服务、精神慰藉、法律援助等服务，重在细分服务需求、提升服务质量、打造服务品牌。以满足多样化养老消费需求为出发点，以互联网、物联网和大数据等技术手段为支撑，提高养老服务供给的多元化、智能化和精准化水平。

推进养老服务业与其它产业融合发展。支持养老服务业与其它产业相互渗透、交叉，鼓励通过收购、兼并、股权投资等资本运作，实现养老服务业与制造业、金融业、地产业、软件和信息业、商贸流通业、文化产业、旅游产业等融合发展，提高资源要素的配置效率，放大资源要素的整体效能。

（六）推进公办养老机构改革。

推进公办养老机构运营机制改革。积极推进公办养老机构“公建民营”“公办民营”，在确保服务质量的前提下，以总体承包、分部承包、委托运营、合资合作等方式，依法合规地委托给社会组织、企业或有能力的个人进行运营。“十三五”期间，苏南、苏中、苏北政府举办的养老机构（包括农村养老服务中心）公建民营比例分别达到60%、50%、40%以上。在推进公建民营过程中，要突出社会效益，淡化经济指标。公办养老机构在完成基本保障职能的基础上，应面向社会开展多样化服务，公平参与市场竞争。鼓励社会资本与政府开展合作，参与公办养老机构的建设、运营。

实现公办和民办养老机构价格接轨。公办养老机构应根据服务对象、服务内容的不同，执行差别化的收费标准。对于非基本养老服务，实行市场定价。入住公办养老机构并享受基本养老服务的对象，应经过以经济状况、身体状况为重点的评估审核及公示程序。推动公办养老机构非托底保障性服务与社会力量办养老机构同类服务进行价格接轨。公建民营、公办民营养老机构承担基本养老服务可享受运营补贴和政府购买服务。由公办养老机构提供无偿或低偿托底保障服务的对象，可通过政府购买服务的方式委托给民办养老机构供养。

（七）加快提升农村养老服务水平。

加大农村养老服务供给。建立广覆盖、保基本、多层次的农村养老服务供给体系，满足广大农村老年人尤其是经济困难老年人的养老服务需求。按照城乡一体化要求，加速推进城镇与农村之间养老服务资源和要素的流动。充分利用集体土地、林地流转租赁等方式，发展农村养老服务设施。充分利用农村闲置的学校、村“两委”用房、医院用房等资源，开展“老年关爱之家”等互助式养老机构建设，使农村老年人离家不离村、就近得到居家养老服务。

推动农村五保供养服务机构转型升级。统筹推进农村五保供养服务机构发展，不断满足广大农村老年人尤其是经济困难失能、半失能老年人的养老服务需求。农村五保供养服务机构挂牌养老服务中心，在保障供养五保对象的基础上，积极面向社会老年人开展养老服务，发展成为区域性养老服务中心。农村养老服务中心要向“老年关爱之家”等基层机构提供专业培训和指导。到2020年，苏南、苏中、苏北农村养老服务中心的床位使用率力争达到80%、70%和60%。

加大农村养老服务支持力度。进一步落实《中华人民共和国老年人权益保障法》中有关农村可以将未承包的集体所有的部分土地、山林、水面、滩涂等作为养老基地，收益供老年人养老的要求。各级人民政府用于养老服务的财政性资金应重点向农村倾斜。城市公办养老机构与农村五保供养机构建立长期稳定的对口支援和帮扶关系，采取人员培训、技术指导、设备支援等方式，帮助其提高服务能力。

（八）构建养老服务人才培养激励机制。

加强养老服务人才教育培养。鼓励高等院校和职业院校增设老年服务管理、社会工作、医疗保健、护理康复、营养配餐、心理咨询等涉老专业学科点。对养老护理专业的在校学生，给予专业学习相关扶持政策。将符合条件的高校和职业院校毕业生纳入现行就业服务和就业政策扶持范围。积极开展多样化的学历和非学历继续教育。鼓励学校通过订单培养、共建实训基地等方式，实现教学与就业的无缝对接，提高学生的实际操作能力和自我发展能力。

继续实施养老护理员免费培训。各地要积极支持引导养老护理员参加养老护理职业技能培训，在继续免费培训初、中、高和技师级养老护理员的同时，加强营养配餐师和保健按摩师等专业人才培训，以及各类养老机构、社区居家养老服务负责人培训，确保到2020年，全省养老护理人员持证上岗率达到90%以上，所有养老服务机构（组织）负责人轮训一遍。对参加培训取得国家资格证书的养老护理员，按省规定给予一次性补贴。

建立专业技术人员激励制度。以满足养老服务业对高素质人力资源需求为导向，加强养老服务从业队伍建设，改善养老服务人才结构。鼓励专业对口毕业生从事养老服务业，对在养老护理岗位连续工作满五年的高等学校、中等职业学校毕业生，给予一次性入职奖励。对在养老机构内设医疗机构就业的专业技术人员，实行与医疗机构、福利机构相同的执业资格、注册考核制度。鼓励各地建立养老护理员特殊岗位津贴制度，对养老护理员按照养老服务工龄和职级每月给予岗位补贴。

加大宣传和表彰力度。引导社会舆论增强对养老服务工作的理解与认同，正面宣传、表彰养老服务工作方面的先进典型事迹，利用宣传媒体为养老服务业人员营造良好的从业环境。各地定期开展“优秀养老护理员”“优秀养老院长”和养老服务先进（示范）单位等评选创建活动。

（九）构建老年人福利服务体系。

倡导积极老龄化。鼓励老年人树立自尊、自信、自强的健康心态，积极安排老年生活。发挥老年人优良品行在家庭教育中的潜移默化作用和对社会成员的言传身教作用，发挥老年人在化解社会矛盾、维护社会稳定中的经验优势和威望优势，发挥老年人对年轻人的传帮带作用。要为老年人发挥作用创造条件，引导老年人保持老骥伏枥、老当益壮的健康心态和进取精神，发挥正能量，作出新贡献。引导全社会正确认识老年人的社会价值，让老年人老有所为，成为家庭和社会的宝贵资源。

构建全方位养老保障制度体系。加强顶层设计，不断完善老年人家庭赡养和扶养、社会救助、社会福利、社会优待、宜居环境、社会参与等政策，增强政策制度的针对性、协调性、系统性。要进一步完善基本养老保险、基本医疗保险、最低生活保障、特困救助、医疗救助、临时生活救助等养老保障制度，建立与经济社会发展水平相一致的保障标准增长机制，做好与高龄津贴、养老服务补贴、护理补贴等制度的衔接，构建立体式、全方位、多层次的养老保障制度体系。

提高老年人优待服务水平。根据经济社会发展情况，从老年群体的实际需求出发，建立健全老年人优待制度，分年龄、分层次确定优待范围、优待内容和优待标准，按照循序渐进、适度普惠的原则，逐步扩大范围、提升标准。重点落实医疗卫生服务、公共交通出行、外埠户口安置、免费进入公园、法律维权和尊老金等优待政策。

（十）提高养老服务规范化水平。

推进养老服务业标准化。制定出台居家、社区、机构等各类养老服务标准，不断完善养老服务标准体系。结合养老服务发展需要，不断细化、规范养老服务补贴、政府购买服务、政府供养对象核定及公办养老机构入住资格确定等方面的流程和操作规范。

建立养老服务评估制度。全面建立科学化、专业化、制度化的评估机制，通过对标准规范的准确引用、第三方力量的引入和评估专家库的建立，确保政府购买服务、养老服务补贴、托底养老服务对象核定、养老服务质量评价、绩效考核、等级划分评定等工作更具公正性、客观性。

净化老年消费市场环境。规范养老服务、涉老产品的广告及相关信息发布行为，严厉打击虚假商业宣传和不实报道。引导市场主体诚信经营，构建公平竞争的市场秩序，建立保护老年人消费权益的绿色通道，为全省老年人打造放心的市场消费环境。

确保养老服务设施安全运营。养老服务设施的新建、改建、扩建必须严格遵循国家、行业的标准和规范要求。已建成投入使用的养老服务设施不符合安全要求的，要在落实临时性防范措施的基础上，加紧改造，确保安全；对于许可手续不全的，要加快补办，确保合法。养老服务应牢固树立安全生产意识，建立完善的消防安全、卫生安全、食品安全、医疗安全、设备安全、保卫安全、职业健康安全等内部制度，强化责任约束，建立安全隐患排查机制，做好各种突发安全事故的应急预案，定期开展演练，提高对各类安全事故的防范和控制能力。各级人民政府要建立安全工作督导制度，重点对安全制度执行情况、责任人员教育培训情况进行考核，强化人防与技防的结合。

五、重点工程

立足全省养老服务业的发展基础和比较优势，根据养老服务业发展需要，组织实施养老服务人才培养工程等十大工程，推动行业加速发展、转型发展和创新发展。

（一）养老服务人才培养工程。

大力推行学历教育，加快培养老年医学、康复、护理、营养、心理、社会工作等专业人才。高等院校、中等职业学校要围绕社会对养老服务人才的需求，设置养老服务相关专业，加大培养力度，满足社会需求。教育部门按照国家专业设置要求，进一步明确设置标准、培养目标和内容，加快开发相关课程体系，加强师资队伍建设。高等院校要对养老服务业专业学生给予减免学费、奖励奖学金倾斜等优惠照顾。鼓励医护人员到医养结合机构执业，促进人才有序流动。继续开展养老服务专业人才、管理人员免费培训。组织省内养老从业人员赴省外境外学习培训。推行养老服务管理人员持证上岗，制定康复、护理人员服务标准，设立与报酬挂钩的职能技能级别。

（二）失能失智老人照料工程。

针对失能失智老人的特殊服务需求，构建以长期照护服务为重点的养老服务补贴制度，完善长期医疗护理制度，增加养老机构中失能失智老人的护理床位比例，提升康复护理专业化水平。各个养老机构都应配备与其服务规模相适应的康复护理设备、器具。为经济困难的失能失智老人家庭免费提供康复护理设备，免费开展护理技能培训，普及护理知识，并为符合条件家庭的无障碍设施改造提供资助。将经济困难家庭的失能失智老人的护理纳入养老服务补贴和护理补贴的重点发放范围和政府购买服务内容。支持各地探索建立失能失智老人长期照护体系。

（三）适老环境改造工程。

鼓励采用新建、改造等方式，按照硬件完备、服务便捷、邻里守望相助的评价标准，加快推进社区的整体适老化改造，重点做好老旧小区内坡道、电梯、健身器材、照明系统以及路牌标示系统的适老化改造。建立适老设施建设和改造补贴制度，让更多老年人享有安全、便利、舒适的社区居家生活。到“十三五”末，全省新建和现有社区适老化改造项目力争达到100个以上。

（四）住区养老服务用房配套工程。

把养老服务功能的机构布点纳入到当地城乡养老服务设施建设的发展规划中。新建住宅区，按每百户20平方米以上标准配套建设养老服务用房，并与住宅同步规划、同步建设、同步验收、同步交付使用；已建成住宅区无养老用房或没有达到每百户15平方米以上要求的，要通过购置、置换、租赁等方式提供养老服务用房。

（五）智慧养老服务工程。

以“一键化、一体化、综合化”为目标，提升养老信息服务平台的软硬件建设水平，不断拓展服务功能，扩大服务范围。依托养老信息服务平台，整合家政预约、医疗保健、商品代购、信息提示、紧急救助等线上、线下服务资源，建立老年人、家庭成员、街道社区和各类服务机构的多方联动机制，不断充实“互联网＋养老服务业”的发展内涵。加快推行“虚拟养老院”和居家养老服务智能化，努力构建以居家社区养老服务为重点的信息支持系统。到2020年底，全面实现养老服务信息平台的多级互通互联和全天候、全方位覆盖。

（六）居家老年人助餐工程。

采取“政府引导、社会参与、市场运作”的模式，为居家老年人提供配餐服务，构建“街道中央厨房＋社区助餐点＋送餐到老年人”的助餐体系。重点推动城市街道、大型社区和人口密集乡镇，依托现有养老机构和为老服务组织建立“中央厨房”，在社区依托嵌入式养老机构和社区居家养老服务中心设立助餐点，为居家老年人提供集中和上门供餐。支持人口较为集中的农村地区开办社区食堂，推进区域养老助餐服务的便捷化。支持鼓励社会餐饮企业、企事业单位食堂承担中央厨房功能和为有需求的老年人提供送餐服务。有条件的地区可对老年人助餐服务提供补贴。到2020年，全省城市社区养老助餐服务基本实现全覆盖，有条件的农村地区的五保、独居、高龄、空巢、失能和失智等重点老人能享受到助餐服务。

（七）老年人精神关爱工程。

积极开展“老年精神关爱行动”，重点开展一批针对不同地区、不同年龄段、不同层次的老年人群体的老年精神关爱项目。定期对经济困难的高龄、独居、空巢、失能、失智和失独等重点老年人开展心理关爱服务。借助社会力量大力开展适合老年人群体参与的教育、文化和体育活动。各地进一步扩大老年大学的办学规模，以丰富生活、陶冶情操、促进健康为目的，不断丰富教学内容、增强针对性和适用性。所有乡镇（街道）、村（居）都要为老年人提供安全可靠、环境适宜、相对固定的室内外活动场所，并建立一批覆盖面广、号召力强的老年群众文体组织，使经常参加文体活动的老年人达到老年人总数的60%以上。广泛建立老年人精神关爱服务组织，加强老年人生活和思想交流，开展心理讲座和培训，提供专业化的心理咨询、辅导和康复服务。

（八）养老服务安全工程。

建立民政、公安消防、食品药品、卫生计生和市场监管等部门的联查联治、隐患抄告、信息共享等机制，共同强化对养老服务的监督管理。落实安全管理责任制、服务机构主体责任、行业安全监管职责和安全管理工作考核奖惩制度。加强标准化建设，制定服务标准和工作流程。加强养老服务机构安全设施建设。建立评估制度，定期组织或委托第三方对养老服务机构进行综合评估。强化干部职工安全意识和自觉性。加大社会监督力度，促进提高安全管理水平。

（九）重大项目推进工程。

发挥重大项目的引领示范效应，加快推进重大项目建设。以养老服务业重大产业项目为着力点，壮大产业规模，促进产业集聚。建立省、市两级的重大养老服务业项目储备库，并采用年度调整、滚动管理的模式，分级申报、择优支持。重点支持养老服务连锁型、品牌化发展，将具有一定规模连锁经营的养老服务单位列入重大项目进行培育和推进。各地要对重点项目的规划、建设、运营等进行跟踪、分析、评估。健全督查督办机制和奖惩激励机制，加大监督检查，强化问责问效，确保各重大项目建设顺利推进。

（十）养老服务改革试点工程。

继续推进南京、无锡两市开展全国养老服务业综合改革试点，创造一批各具特色的典型经验和先进做法，出台一批可持续、可复制的政策措施和体制机制创新成果，形成一批竞争力强、经济社会效益显著的服务机构和产业集群，为全国养老服务业发展提供示范经验。支持苏州、南通等市开展全国医养结合工作试点，先行先试，积极探索，率先构建起覆盖城乡、规模适宜、功能合理的医养结合服务网络，探索建立符合省情的医养结合体制机制，创新医养结合管理机制和服务模式，为全国医养结合工作提供示范经验。

六、保障措施

（一）加强组织领导。各级人民政府要高度重视养老服务业发展，及时研究解决养老服务业发展中遇到的重大问题。建立由政府牵头，民政、发展改革、财政、卫生计生、人力资源社会保障、住房城乡建设、国土资源、公安消防、商务、统计、物价和市场监督管理等相关部门参加的联席会议制度，加强重要事项的沟通协调，推动重点任务、重点项目的落实。各市、县（市、区）人民政府要从实际出发，对标本规划提出的各项目标，找准“十三五”工作的切入点，制定实施方案和专题规划及年度工作计划，抓好督促检查，推动当地养老服务业持续健康发展。乡镇（街道）具体负责组织实施本区域范围内的养老服务有关工作，指导村民委员会、居民委员会和养老服务组织等开展养老服务。

（二）编制布点规划。各市、县（市）应根据当地“十三五”养老服务业的目标和任务，编制“十三五”养老服务设施布点规划。设施布点要与各地城乡总体规划、土地利用规划，以及未来一个阶段的城镇化发展、经济社会发展相衔接。着眼长远、科学谋划，做好养老服务设施与现有养老服务资源以及区域内医疗卫生、公共交通、生活配套等资源的整合利用。

（三）加大资金投入。县级以上地方人民政府应当将养老服务发展资金列入同级财政预算，并根据本行政区域老年人口自然增长情况等因素，建立自然增长机制。各地要发挥财政资金引导作用，通过贷款贴息、直接融资补贴、融资担保和风险补偿等办法，发挥引导放大效应，撬动更多信贷资金和社会资金投向养老服务业。支持和鼓励建立养老产业专项引导基金，实行市场化运作、专业化管理。银行业金融机构要加大养老服务业信贷投入，改变单一的政府担保模式，拓宽信贷抵押担保物内容和范围，加大对中小养老服务机构的信贷支持，不断增加养老服务贷款额。落实福利彩票公益金50%以上用于养老服务的规定。利用体育彩票公益金，为本地区老年人提供康复健身器材。

（四）提高队伍能力。加快培养和引进养老服务业发展亟需的各类专业人才，加强岗前培训和继续教育，不断提高队伍的理论水平和实际操作能力。提高养老服务人员社会地位，完善薪酬、职称评定等激励机制，全面落实特殊岗位津贴和入职补贴政策。动员广大社会成员参与养老公益组织，开展志愿者服务，建立为老年人志愿服务记录制度。建立社区义工激励机制，引导社区义工参与社区内的帮扶活动，不断壮大为老服务志愿者队伍，形成管理人才、专业人才、技能人才和志愿者相结合的养老服务业发展人力支撑。

（五）保障土地供应。根据各地人民政府确定的养老服务体系建设任务，按照养老服务设施用地标准，安排养老服务设施用地，实现应保尽保。民间资本举办非营利性养老机构与政府举办的养老机构享受同等土地使用政策，可以依法使用国有划拨土地和农村集体所有土地。调剂解决养老服务用房时涉及土地性质、房屋用途等问题的，民政、规划、国土资源等相关部门应积极予以支持。积极探索以租赁或先租后让方式保障营利性养老机构建设土地需求，降低养老机构建设成本。鼓励以配建方式建设养老设施。利用现有空闲厂房、学校、社区用房等兴办养老服务机构，经规划批准临时改变建筑使用功能从事非营利性养老服务且连续经营1年以上的，5年以内可不增收土地年租金或土地收益差价，土地使用性质也可暂不做变更。

（六）注重督促检查。各市、县（市、区）人民政府要将本规划目标纳入当地经济社会发展目标，列入各级人民政府绩效考核体系，分解责任、强化考核、定期督办，切实将养老服务业发展任务落到实处。省民政厅和省发展改革委要抓好本规划的督促检查工作，每年对规划实施情况进行监测统计和考核评估，推动本规划的全面落实。2018年，对规划实施情况进行中期评估。2020年，对本规划的执行情况进行全面评估。对落实有力、成效显著的地区或部门予以表彰，对推进工作不力的地区或部门，督促整改落实。

附件：江苏省“十三五”养老服务业主要发展指标

附件

江苏省“十三五”养老服务业主要发展指标

分类	指标	2020年目标	指标属性
社区居家养老	城乡社区居家养老服务覆盖率（%）	95以上	约束性
	街道开展日间照料服务占比（%）	90以上	约束性
	城市社区开展助餐服务占比（%）	90以上	约束性
	城乡标准化社区居家养老服务中心建成率（%）	城市80以上、农村40以上	约束性
	养老服务信息系统覆盖率（%）	95以上	约束性
养老床位	千名老人拥有各类养老床位数（张）（按户籍人口测算）	40以上	约束性
	社会力量举办或经营的养老床位占养老总床位比例（%）	70以上	约束性
医养融合	护理型床位数占养老机构床位总数比例（%）	50以上	约束性
	养老机构医疗卫生服务覆盖率（%）	95以上	约束性
	居家老人医疗卫生服务（建立健康档案、65岁免费体检、家庭医生签约服务、失能老人上门康复护理等）覆盖率（%）	90以上	约束性
	每个县（市、区）老年护理院个数（个）	1个以上	约束性
关爱服务	分散供养特困老年人关爱服务覆盖率（%）	95以上	约束性
	独居老年人关爱服务覆盖率（%）	95以上	约束性
政府保障	失能、半失能特困老年人集中供养比率（%）	80以上	约束性
	政府补助的养老机构综合责任险、老年人意外伤害险覆盖率（%）	95以上	约束性
	符合条件对象养老服务补贴和护理补贴发放到位率（%）	95以上	约束性
人员培训	养老护理员持证上岗率（%）	90以上	约束性
	养老护理人员岗前培训率（%）	95以上	约束性
养老产业	省级健康养老服务业集聚区（个）	10	预期性
	省级养老服务业综合发展示范基地（个）	20	预期性
	省级养老服务创新示范企业和机构（个）	30	预期性
	养老服务就业岗位（个）	80万以上	预期性

部分指标解释 1. 城乡社区居家养老服务覆盖率。是指辖区范围内社区居家养老服务中心（设施）、承担居家养老服务功能的机构或社会组织提供的养老服务覆盖的城乡社区所占比率。

2. 街道开展日间照料服务占比。是指辖区范围内老年人日间照料中心（设施）、承担老年人日间照料中心功能的机构或社会组织提供的养老服务覆盖的城市街道所占比率。

3. 城市社区开展助餐服务占比。是指能为老年人提供助餐服务的城市社区所占比率。

4. 城乡标准化社区居家养老服务中心建成率。是指符合我省标准化要求的城乡社区居家养老服务中心所占比率。

5. 养老服务信息系统覆盖率。是指居家养老服务信息系统所覆盖的城乡社区所占比率。

6. 养老机构医疗卫生服务覆盖率。是指能提供与其运营规模相匹配的医疗卫生服务的养老机构所占比率。

7. 分散供养特困老年人关爱服务覆盖率。是指享受到政府提供的物质和精神等关爱服务的分散供养特困老年人所占比率。

江苏省民政厅、省老龄办关于进一步加强重点空巢独居老人关爱工作的通知

苏民老龄〔2016〕3号

各设区市民政局、老龄办，昆山市、泰兴市、沭阳县民政局、老龄办：

为深入贯彻《江苏省老年人权益保障条例》、《江苏省养老服务条例》，及时、科学、综合、精准应对人口老龄化，加快建立重点空巢独居老人关爱服务工作体系，保障老年人合法权益，决定进一步加强重点空巢独居老人关爱工作。现就有关事项通知如下：

一、摸清重点空巢独居老人底数。重点空巢独居老人是指没有子女或与子女不在同一设区市主城区或同一县（市）居住的老人，主要包括以下两类：80周岁以上的空巢独居老人；60—79周岁之间低保家庭中失能半失能的空巢独居老人。各地乡镇（街道）民政办负责牵头，由社区组织专人或者通过购买服务方式对本地区重点空巢独居老人进行详细摸底和评估。全面掌握这部分重点老人的居民身份、经济来源、生活起居、健康状况、家庭构成等基本信息，摸清其在生活照料、应急救助、精神慰藉、健康保健、法律援助、文体活动等方面的实际需求。各地要依托民政综合业务信息平台，对重点空巢独居老人情况进行分类统计，9月30日前完成基础数据的录入，并做到实时更新、动态管理。

二、督促落实家庭关爱责任。根据《江苏省老年人权益保障条例》、《江苏省养老服务条例》，家庭成员应当尊重、关心和照料老年人，子女应当履行对老年人经济供养、生活照料、健康关心和精神慰藉等法定义务，照顾老年人的特殊需要。积极引导、督促无法和老人共同生活或就近居住的子女"常回家看看"或者经常电话联系；督促无法经常回家探望的子女确定一名近邻亲属或志愿者作为联系人，及时了解老人状况，联系人信息要在社区登记备案；老人需要购买养老服务的，子女应当给予经济上的支持。

三、深化社区关爱服务。各地由乡镇（街道）民政办、一名社区工作者、一个近邻亲属或志愿者、一个重点空巢独居老人签订关爱服务协议，开展关爱服务。协议要明确四方的责任和要求，乡镇（街道）民政办负责协议的签订、落实和监管。社区工作者每周至少上门或电话联系2次，了解重点空巢独居老人的日常生活和身体状况；近邻亲属或志愿者每天至少上门或电话联系1次，及时帮助或协调解决重点空巢独居老人实际困难和需求。老人身体不适、严寒酷暑、极端气候等特殊情况要主动增加联系和看望次数，并及时反映异常情况，做到关爱守望无死角、无遗漏。要开展应急援助服务，依托12349民政热线、社区居家养老服务信息平台（虚拟养老院）建立老年人"一键通"应急求助信息系统，确保重点空巢独居老人的应急性需求得到及时应答。要整合各类养老服务资源，依托社区居家养老服务中心、助餐点、日间照料中心、农村敬老院等养老服务平台，为重点空巢独居老人提供助餐、日间照料等服务。要开展健康管理服务，加强居家养老服务组织与基层医疗卫生机构的合作，建立良性协作机制，为重点空巢独居老人提供健康管理、上门医护等服务。要开展精神关爱服务，引导重点空巢独居老人走出家门，融入社区，参加有益身心健康的文体活动。利用社区公共服务资源，邀请专业人员，组织志愿者定期上门为老人提供精神慰藉等服务。

四、强化政府主导作用。各地要切实落实《省财政厅、省民政厅、省老龄办关于建立经济困难的高龄失能等老年人补贴制度的通知》，对符合条件的重点空巢独居老人通过政府购买服务的方式给予养老服务补贴、护理补贴等。要建立多元投入机制，对重点空巢独居老人购买养老服务的所需经费由财政预算或福彩公益金留存部分安排，积极鼓励社会资金、慈善捐赠关爱重点空巢独居老人。要加快培育养老服务市场，加大政策支持和引导力度，激发社会活力，推动社会力量为重点空巢独居老人提供养老服务。要探索制定家庭养老支持政策，通过家庭设施适老化改造补贴政策、子女护理技能免费培训和补贴政策、子女照料失能老年父母的带薪休假制度等，鼓励家庭成员更好地赡养老人。要高度关注重点空巢独居老人的生命安全，加强排查和监管，落实相关责任，编密织牢关爱重点空巢独居老人安全网。

五、营造关爱氛围。各地要充分发挥报刊、广播、电视、网络等媒体的作用，大力宣传尊老、敬老、爱老、助老的中华民族传统美德，推动形成尊老爱幼、互爱互敬、

宽容和睦的家庭文明新风，引导全社会关心关爱重点空巢独居老人。对关爱重点空巢独居老人表现突出的相关单位和组织，要大力宣传其好经验、好做法，在敬老爱老助老主题教育活动、“敬老文明号”、和谐社区等创建评比中予以优先考虑；对表现突出的子女和个人，要大力宣传其感人事迹，优先推荐为孝亲敬老先进个人。对辖区内发生重点空巢独居老人意外情况造成严重社会影响、冲击道德底线的，在上述创建评比中予以一票否决；子女未尽赡养和扶养责任，造成严重社会影响的，事发地乡镇（街道）民政办可以将情况通报子女所在单位组织人事部门。

浙江省民政厅关于推进养老机构公建民营规范化的指导意见

浙民福〔2016〕26号

各市、县（市、区）民政局：

为贯彻落实《浙江省人民政府关于加快发展养老服务业的实施意见》（浙政发〔2014〕13号）和《浙江省人民政府关于加快发展民办养老产业的若干意见》（浙政发〔2014〕16号），鼓励引导社会力量参与发展养老服务事业，激发公办养老机构活力，现就规范养老机构公建（包括公办，下同）民营工作提出如下意见：

一、公建民营定义和范围

1. 本意见所称的养老机构公建民营是指由政府出资兴建并拥有所有权的养老机构，委托给具有一定资质的社会力量进行整体性的运营和管理。

2、PPP项目，以及公办机构对部分项目实行委托管理或服务等不适用于本意见。

二、公建民营后机构定性

公建民营养老机构应该履行公办机构保基本、兜底线的政府保障职责，确保面向广大普通老年人的公益性。

三、公建民营的原则

1. 积极稳妥。公建民营目的是为了提高公办机构资源绩效和服务品质，各地要根据实际情况，选择适宜机构；既要积极行动，探索创新，又要慎重研究，稳妥施行。

2. 公开公正。要遵循和依据政府采购法以及国家、省政府有关政府购买养老服务的有关规定，做到公开透明，方式、程序公正、规范。

3. 管办分离。推行公建民营，要根据“谁主管谁负责”的原则，实行主管部门主管，其他有关部门协助的方式。

4. 持续发展。要本着改善管理和提升服务品质，提高床位利用率以及机构可持续发展的目的，充分调研，多方论证，科学设计招标方案，严格遴选运营主体。

四、社会主体遴选

1. 社会主体资格要求

（1）具有独立承担民事责任能力的企业、社会组织或个人；

（2）具有一定的养老服务或医疗、健康服务业从业经历和经验；

（3）拥有专业的管理和服务团队；

（4）具有一定的经济实力；

（5）各地认为需要明确的其他条件。

2. 遴选方式

采取公开招标方式。特殊情况确有必要的，经有关部门同意，可采用符合规定的其他方式。

3. 招标文件

确定实施公建民营的机构后，当地民政部门要会同有关部门制定具体招标方案，发布招标文书。招标文书应当明确招标项目、投标人的资格要求、风险保证金额度、前置条件、评分标准以及约束性条款等内容。

标书应当明确公建民营后中标人应承诺的前置条件：

（1）不能挂靠投标；

（2）中标后不得转让、转包；

（3）明确用于城乡特困人员、养老服务补贴对象等政府需要提供服务的对象的床位数及保障措施。

4. 遴选标准

在综合评估社会主体资信基础上，应突出经营思路和能力要求，体现养老服务机构及养老服务需求的特性，避免成为单纯的招商引资项目。

5. 招标程序

（1）确定适宜实施公建民营的目标机构，编制经严格、科学论证的委托方案，依法实行招标投标。

（2）项目委托前，应按照国有资产管理程序进行审批。

（3）招标评审时，除按招标评分标准进行打分外，鉴于养老机构管理的特殊性，可商招标管理部门增设面对面问询环节。

（4）新建机构，可采用设计、运营同时招标，以便运营方提前协同参与养老机构设计、建设及后期装修等，确保设施设计、功能布局的合理性和针对性。

6. 风险保证金和设施使用费的规定

为确保入住老年人的权益和国有资产的安全，中标的社会主体原则上应交纳一定数额的运营管理风险保证金和设施使用费。

测算设施使用费，应当考虑以下因素：

（1）机构规模，主要是床位数量；

（2）政府保障对象接收情况；

（3）使用年限，年限较长的应当明确逐年递增方式和比例；

（4）机构登记性质，登记为民非或企业，数额应有区别；

（5）新建和已运营机构；

（6）社会主体初期投入；

（7）社会主体适宜的经营回报；

（8）本项目其他应当考虑的因素。

设施使用费主要用于本机构设施改造提升项目、本机构及老年人服务改善项目等，专款专用，实行项目评估制度。

五、合同管理

项目委托方和社会主体应签订合同，明确双方（或三方，即监管方）的权利和义务，明确机构服务定位及作为公有机构保障基本、兜底线的职责，明晰国有资产、社会资本的归属和管理，明确运营主体应承担的职责和合同期内应达到的目标，明确服务监管主体、方式及要求，明确退出机制等。

1. 委托方、运营方、监管方的名称及权利义务。其中市、县（市、区）社会福利机构、乡镇（含街道，下同）敬老院等为委托方。运营方独立承担运营过程中的债权债务和经济、安全、法律等责任；社会福利机构、乡镇敬老院原主管部门为监管方，履行监管职责，配合做好机构招标、合同审查、运营监督等工作，确保国有资产不流失。

2. 明确委托项目的产权性质、功能定位、经营范围、服务内容等。其中产权性质应当且只能规定为国家或集体所有，经营范围应当且只能规定为开展养老服务，机构定位为设施配建标准适宜实用、面向广大普通老年人的护理型为主、助养型为辅的机构，服务内容应当为老年人提供生活照护、康复护理、精神慰藉、文化娱乐等服务。

3. 价格管理。政府保障对象按照公办机构收费管理有关规定执行，其他社会老人根据机构登记性质，按省物价局、省民政厅有关收费管理规定执行。

4. 合同期限及设施使用费、保证金的数额、支付方式。其中合同期应根据项目实际运营年限、运营方前期投入、项目规模等具体情况来确定，最长不得超过20年。

5. 政府供养或补贴对象的保障。根据政府保障对象变动情况预留一定数量的政府保障床位，应保证将当地财政拨付的供养经费、补贴经费落实到这些对象中，实行专账管理，不得挪用。

机构不得向政府保障的特困对象收取任何其他费用。

6. 明确风险责任分担机制、评价机制、监督机制、争端解决机制。

7. 登记为企业的养老机构还需明确投入责任、利润分配等。

六、运营管理

1. 资产管理。在项目委托前，应委托有资质的第三方机构对国有资产进行评估，监管方应当督促并指导委托方对机构的全部资产进行清产核资、造册登记。运营方在合同期内负责日常耗损性设施、设备的维护和修缮，不得擅自出租、出借、处置国有资产，不得以国有资产进行抵押、融资、贷款等。

2. 机构资质及性质选择。如原无许可，委托方应依法取得整体委托经营管理机构的《养老机构设立许可证》，并严格按照《养老机构管理办法》的规定执行。

运营方可按合同约定，选择登记为企业法人或民办非企业法人。具体登记性质的选择，应考虑当地基本保障床位是否已满足需要等具体情况。

3. 监管主体。按照“谁主管谁负责”的原则，实行主管部门主管，其他有关部门协助的方式。其中市、县（市、区）社会福利机构由同级民政部门主管，乡镇敬老院原则上由同级乡镇政府主管。

4. 日常管理。运营方应当及时向监管方、委托方报告重大情况。每年3月31日前，向实施许可的民政部门提交上一年度的工作报告。年度工作报告内容包括服务范围、服务对象、服务质量、运营管理、经营收支等有关情况。

5. 定期考核。民政部门要会同有关部门，每年对机构的管理、经费投入、收费标准、工作人员待遇、养老服务质量、公众评议等内容开展考核。

七、退出机制和违约责任追究

1. 项目运营过程中，如遇到不可抗拒或违约事件导致项目提前终止时，民政等有关部门应指导、督促委托方及时做好机构交接工作，保障机构正常运营或入住老人妥善安置。合同期满，要按照合同约定的移交时间、移交内容和要求妥善做好项目移交工作，由政府组织有关部门对其资产、财务等进行审计，并向社会公示。同时，提前开展新一轮委托招标工作，做好服务衔接。

2. 对具有下列情形之一的运营方，委托方和监管方有权责令其限期整改；情节严重的，应当解除合同，并依法移交有关部门追究责任。

（1）未经委托方同意，擅自变更法人代表或运营方的；

（2）擅自改变经营范围；

（3）损毁设施或改变设施用途的，无法保障养老机构设施、设备正常运转的；

（4）违反有关规定乱收费的；

（5）发布虚假广告的；

（6）造成重大安全事故的；

（7）歧视、侮辱、虐待老年人的；

（8）入住老年人以及社会公众满意度测评不合格的；

（9）违反国家法律法规的其他情形；

（10）违反合同约定的解约条款。

八、机构评估和准入退出联动

1. 开展机构评估工作。鼓励各地以公建民营养老机构为试点，开展养老机构评估，编制养老机构评估标准，确定评估等级、标准以及评估结果奖惩机制等，加强公建民营养老机构监管和绩效评估。

2. 探索实施养老机构评估结果和公建民营委托联动机制。根据评估结果，确立承接公建民营养老机构的进入门槛，以及作为优先委托及自动续约的条件。

九、政策保障

1. 政府要保障机构基本设施需要。新建养老机构应有较完整的基本设施，保证入住老年人的基本服务所需；已运营机构交由社会力量运营的，也要保证设施的完整，以减轻社会力量进入养老服务领域的负担。机构运营后，为保证基本养老服务所需的大宗维修所需经费，经委托方、监管方审核，可给予相应的专项建设资金补助。

2. 公建民营养老机构按规定享受政府制定的有关民办养老机构税费减免、运营补贴、政府购买服务、投融资、人才队伍保障等扶持政策。

3. 公建民营养老机构不享受省级床位建设补助；在委托运营期间，由社会力量出资扩建、兴建的新增床位，按民办养老机构床位建设补助政策享受补助。各地可根据项目实际情况，确定是否给予建设补助。

4. 公建民营养老机构收住特困人员、养老服务补贴对象的，当地财政应当将其供养经费、补贴经费转入接收机构，用于支付这些对象的生活、照护服务等所需费用。

浙江省民政厅

2016 年 2 月 25 日

浙江省民政厅、浙江省老龄工作委员会办公室关于印发《浙江省社区居家养老服务机构综合保险试点方案》的通知

浙民福〔2016〕45 号

各市民政局、老龄办：

为贯彻落实国务院关于养老服务业发展的部署，深化完善社会养老服务体系建设，发挥商业保险的重要补充作用，降低社区居家养老服务机构运营风险，根据国家有关文件和《浙江省社会养老服务促进条例》、《浙江省人民政府关于加快发展养老服务业的实施意见》（浙政发〔2014〕13 号）精神，决定在我省社区居家养老服务机构开展综合保险试点工作，并制订了《浙江省社区居家养老服务机构综合保险试点方案》（以下简称《方案》）。现发给你们，请认真做好各项组织工作。

一、统一思想，认真组织

社区居家养老服务机构综合保险是省委、省政府为民办实事工程，各地要统一思想，提高认识。各级民政部门要积极支持社区参与居家养老服务机构保险工作，与承办保险公司建立联系、沟通机制，协助做好保险产品的宣传推广。

二、大力宣传，营造氛围

各地要充分发挥新闻媒体、网络、信息公示栏、宣传资料等载体作用，采取多种形式，广泛宣传社区养老服务机构保险知识，普及老年人意外事故防范的方法和措施，使广大干部、群众和老年人充分认识开展社区居家养老服务机构保

险工作的重要意义，增强社区居家养老服务机构的风险防范意识和保险意识，逐步建立起机构与保险良性互动机制，为全面开展社区居家养老服务机构保险工作营造良好的氛围。

三、加强指导，稳步推进

各级相关部门要加强对社区居家养老服务机构保险工作的指导，省民政厅牵头成立省级社区居家养老服务机构保险工作小组，保监、老龄办等部门参与，统筹协调推进社区居家养老服务机构综合保险试点工作。各地要坚持政府引导、稳步推进的原则，成立相应的工作协调小组，确保此项工作顺利推进。

四、加强监管，严肃纪律

各级民政部门和老龄部门要加强对居家养老服务机构的监督，将年度理赔次数纳入到居家养老服务机构评级考核内容。任何单位或个人弄虚作假，承诺给予或非法获取保险合同约定以外的保险费回扣或者其他利益，将依据情节轻重予以查处，构成犯罪的移交司法机关，依法追究刑事责任。

请各市于2016年3月31日前，将试点县（市、区）名单（每市一个）报省民政厅。试点中遇有问题，请及时向省有关部门反映。

联系人：韦金莲电话：0571—87050244

浙江省民政厅、浙江省老龄工作委员会办公室

2016年3月18日

浙江省社区居家养老服务机构综合保险试点方案

为深化完善社会养老服务体系建设，降低社区居家养老服务机构运营风险，发挥商业保险的重要补充作用，根据《浙江省社会养老服务促进条例》和《浙江省人民政府关于加快发展养老服务业的实施意见》（浙政发〔2014〕13号）精神，现就社区居家养老服务机构综合保险试点工作，提出以下方案。

一、总体目标

以党的十八大和十八届三中、四中全会精神为指导，以维护老年人合法权益为出发点，坚持政策引导、市场运作、基本保障、广泛覆盖、保本微利的原则，通过试点推进社区居家养老服务机构综合保险，探索我省多层次、可持续的养老服务保险体系，不断增强社区居家养老服务机构的抗风险能力。

二、保险对象

社区居家养老服务机构综合保险是指以社区养老服务机构作为被保险人，对其在从事养老服务过程中，因被保险人疏忽或过失导致老年人人身损害的，保险机构按保险合同约定赔偿。保险对象包括：我省辖区内社区居家养老服务照料中心、服务和管理较为规范的居家养老服务站；县级以上老年活动中心、管理和服务较为规范的乡镇（街道）老年活动中心（室）等。

三、承保主体

根据社区居家养老服务机构综合保险运营需要，遵循“试点先行、稳妥推进”的原则。经省民政厅公开招标，试点期间中标单位阳光财产保险股份有限公司浙江省分公司为保险主体，各市选择1个县（市、区）开展试点工作。在试点数据积累较为完整，赔付标准逐步成熟后向全省推广，并按照政府购买服务相关程序确定承办主体。

四、投保及理赔

（一）各地民政部门协助保险公司组织开展社区居家养老服务机构综合保险工作，以社区居家养老服务机构为投保主体，与承办保险公司签订保险协议并支付保费。

（二）保险公司服务力量延伸至县域和部分重点乡镇，为社区居家养老服务机构做好保险服务工作。

（三）每个保险周期为一年，自起保日的次日零时起至期满日的二十四时止。保费标准根据城镇居家养老服务设施用房分级以及养老机构评级，分三档执行：机构服务面积200m^2以下的800元/年，200m^2—400m^2的900元/年，400m^2以上的1000元/年。

（四）每一投保单位每次事故最高赔偿限额为60万元，每人每次最高赔偿限额为15万元，每家居家养老服务机构累计赔偿最高限额为120万元，每次事故免赔额为100元。根据每人每次事故赔偿限额及伤残程度分级：轻微伤赔偿最高限额的10%，轻伤赔偿最高限额的30%，重伤赔偿最高限额的70%，死亡赔偿最高限额的100%。

（五）建立奖优罚劣的价格调整机制，在以后年度承保时根据投保对象的风险状况和管理水平进行上下浮动。

（六）保险公司针对社区居家养老服务机构的大面积突发重大意外事故风险，设立专项保障基金，逐年按当年保费盈余的一定比例计提金额累积，提高应对居家养老服务机构服务过程中发生紧急、突发、重大意外保险事故的抗风险能力。

五、实施步骤

根据居家养老服务机构综合保险试点工作实际，分以下三步实施：

（一）准备阶段（2016年4月份）。各市民政局按照社

区居家养老服务机构老年人利益最大化的原则，选择有条件、有意愿的1个县（市、区）作为试点单位，并报省民政厅备案。试点县（市、区）民政局可与承保保险公司签订协议，根据实际明确双方权利和义务，也可参照省民政厅与承保保险公司签订的试点合作协议开展试点工作。

（二）动员阶段（2016年5月份）。各试点单位做好试点宣传发动工作，组织人员协助保险公司开展保险业务培训。

（三）推进阶段（2016年6月至2017年5月）。开展居家养老服务机构综合保险业务，做好投保、理赔服务工作。

附件：浙江省社区居家养老服务机构综合保险试点合作协议

附件

浙江省社区居家养老服务机构综合保险试点合作协议

甲方：浙江省民政厅

乙方：阳光财产保险股份有限公司浙江省分公司

为贯彻落实国务院关于养老服务业发展的部署，深化完善社会养老服务体系建设，发挥商业保险的补充作用，降低社区居家养老服务机构运营风险，根据《浙江省社会养老服务促进条例》和《浙江省人民政府关于加快发展养老服务业的实施意见》（浙政发〔2014〕13号）精神，甲方会同省保监局、省老龄办设立政策性居家养老服务机构综合保险。通过公开招标，乙方为试点期间中标方。经甲乙双方协商，达成以下协议：

一、甲方应配合乙方做好宣传、服务工作。在全省范围内以政府文件将此项目通知到各市及试点县（市、区）民政局，积极与阳光保险公司建立联系、沟通机制，协助做好保险产品的宣传推广。

二、甲方成立各级社区居家养老服务机构综合保险仲裁小组，协调省保监局、省老龄办等部门参与，组织各级民政部门配合乙方推进社区居家养老服务机构综合保险试点工作。

三、甲方被保险人在得知保险事故发生后应立即向保险公司报案（95510），同时积极采取措施组织施救，减少损失。

四、甲方被保险人应积极配合保险公司调查取证，及时提供有关的证明材料及理赔单证，根据理赔需要，主要包括：

1. 相关部门出具的与确认保险事故的性质、原因、伤害程度等有关的证明和资料；

2. 门诊病历；

3. 门诊医疗费用收据原件；

4. 住院病历（包括病案首页、入院记录、体格检查、CT扫描报告单、手术记录单、出院记录/出院小结、医嘱单等）；

5. 住院医疗费用收据原件及清单明细；

6. 医院抢救记录原件、医学死亡证明原件或法医鉴定书原件；

7. 户口注销证明原件；

8. 丧葬火化证明原件；

9. 残疾鉴定报告；

10. 受益人身份证明（户口本和身份证复印件，若为未成年人提供户口本复印件）。

五、甲方被保险人收到赔款后，应出具收款收据或权益转让书。

六、乙方承保范围与责任。

1. 乙方承保由甲方确定的县（市、区）辖区内的社区居家养老服务照料中心、居家养老服务站，县级以上老年活动中心，乡镇（街道）老年活动中心（室）等对象。

2. 保险责任：在保险期间或保险合同载明的追溯期内，被保险人在保险单中列明的区域范围内依法从事养老服务活动时，因过失导致意外事故，造成养老人员或第三者人身损害，由受害人或其代理人在保险期间内向被保险人提出损害赔偿请求，依照中华人民共和国法律（不包括港澳台地区法律）应由被保险人承担的经济赔偿责任，保险人按照本保险合同的约定负责赔偿。

七、乙方投保方式及服务承诺。

1. 一站式投保服务。

由投保人填写投保单，确认无误后将保险人留存联（暂代收据）给投保人，收取相应的保费，回公司后进行系统录单生成保单和正式发票，在承保清单上逐笔登记后将保单、发票统一寄送到相关组织单位。

2. 保费及理赔标准。

根据居家养老服务机构设施用房面积或星级，分三档价目表执行，保费分别为800元、900元、1000元。

价目档次	机构星级	用房面积（平方米）	累计赔偿限额（万元）	每次事故赔偿限额（万元）	每人赔偿限额（万元）	每次事故免赔额（元）	保费（元）
1档	五星级	200以下	120	60	15	100	800
2档	四星级	200至400	120	60	15	100	900
3档	三星级及以下	400以上	120	60	15	100	1000

注：机构星级与用房面积，保费两选一。

3. 全年全天候接报案。

乙方提供365天无休日，24小时报案服务及保险理赔咨询服务。在系统内部特设案件分派系统，并匹配理赔专家，以高效简洁的流程服务于投保人单位，并将投保人单位列入“理赔快速通道”客户名单，较一般案件减少单证需求并简化环节。

4. 接报案当即反应。

接到投保人的电话或书面报案通知后，立即答复是否需要保留现场。如需要，乙方专责理赔人员须在一小时以内（不可抗力除外）赶到现场进行查勘。

5. 专人保障。

乙方设立专项服务工作小组，做好五星级式的管家服务工作，配备由省公司集中统一培训并印制居家养老机构服务标识名片的居家养老机构责任险专职管家服务专员，负责与各地区居家养老服务网点接洽相关事宜，进行保险知识的宣导与讲解，以及安全意识、防灾检查等细节工作。

6. 理赔程序。

理赔指引：对于居家养老服务的保险项目，乙方简化理赔流程，发生保险事故之时按照下图所示进入。

接案查勘：接报案后1小时内按排有关人员进行查勘，查明事故原因，确定损失情况，出具检验报告。

调查取证：对事故的前因后果进行调查，收集证据；损失理算：对被保险人提交的索赔单证进行审核，并根据查勘情况及保单条款对损失进行理算。

保险赔付：对于保险单责任范围内的损失依保险条款向被保险人支付赔款，以适合居家养老的特殊性，设定快捷的处理方案。

7、限时赔付：理赔单证齐全、赔偿金额达成一致后。

（1）赔偿金额确定在3万元以下，1个工作日内支付赔款；

（2）赔偿金额确定在5万元以下（含），3个工作日内支付赔款；

（3）赔偿金额确定在5万元以上，5个工作日内支付赔款。

八、甲乙双方就以下事项达成一致。

1. 赔偿范围问题。本方案只赔偿跟这次意外事故发生的相关赔偿，只赔偿死亡与伤残，不设固定医药费赔偿，但包含这次意外事故发生的相关交通费，护理费、医疗等相关费用（由其他疾病引起的相关医药费除外）。

2. 伤残等级划分。伤残等级划分按照司法部发布的《人体损伤程度鉴定标准》评定，分为轻微伤、轻伤、重伤，三类程度分级。

3. 赔偿限额问题。根据每个人每次事故赔偿限额、伤残程度分级设轻微伤最高赔偿限额的10%，轻伤最高赔偿限额的30%，重伤最高赔偿限额的70%，死亡最高赔偿限额的100%。

4. 居家养老服务机构综合责任险赔款支付。由机构出具权益转让书，赔偿金直接支付给相关受害人。

5、设立保险保障基金。乙方把全年度保费的15%作为保险保障基金，逐年累积，便于处理重大突发事故及疑难案件处理。

九、争议解决办法。甲方被保险人与乙方之间因履行本保险合同发生争议的，由当事双方协商解决；协商不成，提交县（市、区）民政部门仲裁小组进行裁定。

争议处理适用中华人民共和国法律。

十、本项目的谈判文件，乙方的计划书及谈判记录、书面承诺均作为签订本协议的依据与组成部分，与本协议具有同等效力，若有歧义，以有利于甲方、投保方的原则进行解释。

十一、其他未尽事宜，由甲乙双方协商确定。

十二、本协议一式肆份，甲乙双方各执贰份，由双方法定代表人或其授权代表签字、盖公章后生效，至2017年6月31日终止。

浙江省住房和城乡建设厅等 9 部门关于开展既有住宅加装电梯试点工作的指导意见

浙建〔2016〕6号

各市建委（建设局）、规划局、发改委（局）、公安局、民政局、财政局、国土局、环保局、质监局、机关事务管理局，绍兴市建管局：

为适应经济社会发展和人口老龄化的需要，进一步完善我省既有住宅使用功能，提高居住品质，方便居民生活，根据《中华人民共和国物权法》、《国务院关于加快发展养老服务业的若干意见》（国发〔2013〕35号）、《浙江省社会养老服务促进条例》、《浙江省人民政府关于加快发展养老服务业的实施意见》（浙政发〔2014〕13号）等法律、法规、政策，现就开展既有住宅加装电梯试点工作提出如下指导意见：

一、基本原则

开展既有住宅加装电梯试点工作应当坚持“政府引导、业主自主，因地制宜、统筹兼顾，保障安全、简化手续，试点先行、有序推进”的原则。既要发挥政府的协调服务职能，树立正确的舆论导向，形成全社会关心、支持既有住宅加装电梯的良好氛围；更要发挥住宅业主作为物权所有人的主体作用，充分尊重业主意愿，依法通过民主协商形成合理可行且兼顾各方利益的改造方案。要通过既有住宅加装电梯试点，积极探索建立科学、简便、有效的管理与服务机制。

二、组织实施

既有住宅加装电梯可以以住宅小区、幢或单元为单位提出申请。以小区为单位申请加装电梯的，申请人为该小区业主委员会；以幢或单元为单位申请加装电梯的，申请人为该幢或单元业主。申请人可以推荐业主代表组织实施，或者自主选择其他单位作为代理人组织实施。

（一）申请条件。申请加装电梯的既有住宅应当具有合法的房屋权属证明，满足建筑物结构安全、消防安全等有关规范要求，且未列入房屋征收范围和计划。

（二）签订协议。加装电梯的服务范围内产权所有人应当自主或者委托社区组织主持，依照《物权法》第七十六条规定就加装电梯方案和电梯维护管理等有关问题进行充分协商，经专有部分占建筑物总面积三分之二以上的业主且占总人数三分之二以上的业主同意并签订协议，同时妥善处理好住宅周边相邻关系。加装电梯拟占用业主专有部分的，还应当征得该专有部分的业主同意。

（三）专项设计。既有住宅加装电梯应当委托原建筑设计单位或者具有相应资质的建筑设计单位进行专项设计。专项设计方案应当符合日照、结构安全、消防安全、环保、应急救援和电梯等相关标准、安全技术规范的规定。

（四）资金筹集。既有住宅加装电梯及维护管理所需要的资金由业主承担，业主可以申请使用房屋所有权人及其配偶名下的住房公积金。街道及社区组织可根据当地实际，提出经费分摊指导意见。

（五）联合审查。申请加装电梯的代理人应当持加装电梯专项设计施工图和总平面图、加装电梯协议等相关书面材料到当地规划部门办理加装电梯手续。由规划部门召集建设、国土、消防、质监、环保、园林、城管执法等部门和图审机构进行联合审查，签署审查意见；当场无法确认意见的，有关部门应当在会后7日内向规划部门反馈书面意见。联合审查通过后规划部门正式启动行政许可程序，并将经联合审查通过的设计文件在改造电梯小区范围内进行公示。经公示无异议的，核发建设工程规划许可证。

（六）施工许可。按《建筑工程施工许可管理办法》规定需要办理施工许可的加装电梯工程取得建设工程规划许可后，代理人应持经审查合格的加装电梯专项设计施工图、施工与监理方案到当地建设部门办理建设工程施工许可手续。电梯安装单位应按《特种设备安全法》相关规定办理施工告知，申请电梯安装监督检验。

（七）竣工验收。电梯正式投入使用前，应当依法组织竣工验收，向建设等相关部门申请竣工验收备案。

（八）使用登记。申请人或代理人应当落实电梯使用管理者，由电梯使用管理者与具有相应资质的电梯维护保养单位签订合同，并在电梯使用前或投入使用后30日内，向负责特种设备安全监督管理的部门办理使用登记，取得使用登记证书。

三、政策措施

（一）明确政策。在原有小区用地范围内加装电梯的，加装电梯后新增面积为加装范围内全体业主共有，不予按房屋办理不动产登记，容积率增加部分不再征收地价款，免于补缴市政基础设施配套费及其他相关行政事业性收费。有条件的地方可根据地方财力对特殊困难家庭给予适当补助。

（二）优化服务。规划、建设、国土、质监等相关部门应根据职能分工，按照简化、便民、高效的原则，优化办理流程，简化办事手续，切实做好电梯加装试点工作的指导和服务。街道和社区组织要积极做好居民的政策宣传和协调工作。原房屋开发企业、业主委员会、物业服务企业对既有住宅的加装电梯试点工作应予以协助、支持。

（三）健全管理。电梯改造服务范围内全体产权所有人应当遵守特种设备监管部门制定的电梯使用、维护和管理办法。受委托的物业服务企业应配备持证电梯安全管理人员，确保电梯的使用安全。

本指导意见自2016年5月1日起实施。

附件：关于开展既有住宅加装电梯试点工作的指导意见

浙江省住房和城乡建设厅　浙江省发展和改革委员会
浙江省公安厅　浙江省民政厅
浙江省财政厅　浙江省国土资源厅
浙江省环境保护厅　浙江省质量技术监督局
浙江省机关事务管理局
2016年4月14日

安徽省实施《中华人民共和国老年人权益保障法》办法

（2001年7月28日安徽省第九届人民代表大会常务委员会第二十四次会议通过，2016年1月15日安徽省第十二届人民代表大会常务委员会第二十六次会议修订）

第一章　总则

第一条　根据《中华人民共和国老年人权益保障法》和有关法律、行政法规的规定，结合本省实际，制定本办法。

第二条　本办法所称老年人是指六十周岁以上的公民。

第三条　保障老年人合法权益是政府和全社会的共同责任。

各级人民政府应当采取措施，完善保障老年人权益制度，实现老有所养、老有所医、老有所为、老有所学、老有所乐。

国家机关、社会团体、企业事业单位、居民委员会、村民委员会和城乡社区以及其他组织，应当依照各自职责做好老年人权益保障工作。

倡导全社会优待老年人。鼓励义务为老年人服务。发展老年慈善事业。

第四条　各级人民政府应当将老龄事业纳入国民经济和社会发展规划，将老龄事业经费列入财政预算，建立与人口老龄化和经济社会发展水平相适应的稳定的经费保障机制。

县级以上人民政府应当将基本养老服务纳入基本公共服务体系，提供养老保障公共服务。扶持各类社会组织提供公益性养老服务，支持和规范企业提供市场化养老服务，满足老年人养老服务需求。

第五条　各级人民政府领导老年人权益保障工作，健全老龄工作体制，加强老龄工作者队伍建设。

县级以上人民政府负责老龄工作的机构，负责组织、协调、指导、督促有关部门做好老年人权益保障工作。

县级以上人民政府有关部门，按照各自职责，做好老年人权益保障工作。

乡、民族乡、镇（以下简称乡镇）人民政府、街道办事处应当确定专人负责老年人权益保障工作。

第六条　各级人民政府应当进行人口老龄化国情、省情宣传教育，增强全社会积极应对人口老龄化意识。

全社会应当弘扬中华民族传统美德，开展敬老、养老、助老宣传教育，树立尊重、关心、帮助老年人的社会风尚。

青少年组织应当开展敬老、助老志愿服务和公益活动。学校和幼儿园应当在教学、活动和游戏中对青少年和儿童进行敬老、养老、助老的道德教育和维护老年人合法权益的法治宣传教育。

报刊、广播、电影、电视、网络等应当以多种形式开展维护老年人合法权益的公益宣传。

第七条　县级以上人民政府和相关部门应当支持老龄科学研究，加强老年人权益保障问题研究，为制定老龄政策提供决策依据。

县级以上人民政府应当按照国家规定将老年人状况纳入调查统计项目，建立信息发布制度。

第八条 各级人民政府和有关部门应当将老年人权益保障工作纳入经济社会发展和精神文明建设目标考核内容，对维护老年人合法权益和敬老、养老、助老成绩显著的组织、家庭或者个人，对参与社会发展做出突出贡献的老年人，按照国家和省有关规定给予表彰或者奖励。

第九条 老年人应当遵纪守法，履行法律、法规规定的义务，维护社会公德。

第十条 每年农历九月初九老年节，国家机关、社会团体、企业事业单位、居民委员会、村民委员会、城乡社区以及其他组织应当开展敬老、助老活动。

第二章 家庭赡养与扶养

第十一条 老年人养老以居家为基础，家庭成员应当尊重、关心和照料老年人。

赡养人应当履行对老年人经济供养、生活照料、精神慰藉的义务，照顾老年人的特殊需要，保障老年人的生活水平不低于家庭成员的平均水平。

赡养人应当关心老年人的健康，保证患病的老年人得到及时治疗，不得要求老年人承担力不能及或者有损健康的劳动。

赡养人不得违背老年人意愿将老年人与其配偶分开生活。

第十二条 经老年人同意，赡养人之间可以就履行赡养义务签订家庭赡养协议。赡养协议的内容不得违反法律、法规的规定和老年人的意愿。

第十三条 老年人与配偶有相互扶养的义务。有扶养能力的一方不履行扶养义务时，需要扶养的一方有要求对方履行扶养的权利。

由兄、姐扶养的弟、妹成年后，有负担能力的，对年老无赡养人的兄、姐有扶养义务。弟、妹不履行扶养义务时，需要扶养的兄、姐，有要求其履行扶养的权利。

第十四条 与老年人分开居住的家庭成员，应当经常看望或者以电话、网络、书信等方式问候老年人。

赡养人应当定期探望入住养老机构的老年人。老年人向养老机构提出探望要求的，养老机构可以联系、督促赡养人探望，或者向赡养人所在的工作单位、居民委员会、村民委员会和城乡社区反映。

用人单位应当按照国家有关规定保障赡养人探亲休假的权利。

第十五条 县级以上人民政府应当制定家庭养老支持政策，鼓励开发老年宜居住宅和代际亲情住宅，鼓励家庭成员与老年人共同生活或者就近居住，为老年人随配偶或者赡养人迁徙提供条件，为家庭成员照料老年人提供帮助。

第十六条 有独立生活能力的成年子女或者其他亲属要求老年人经济资助的，老年人有权拒绝。

第十七条 赡养人、扶养人不履行赡养、扶养义务的，居民委员会、村民委员会和城乡社区、老年人组织或者赡养人、扶养人所在单位应当督促其履行。

第三章 社会保障

第十八条 省人民政府及其有关部门按照国家有关规定建立基本养老金正常调整机制。根据本省经济发展、职工平均工资增长、物价上涨等情况，提高基本养老保险待遇水平。

第十九条 享受最低生活保障的老年人和符合条件的低收入家庭中的老年人参加城乡居民基本医疗保险所需个人缴费部分，由政府给予补贴。

鼓励有条件的企业为职工办理补充医疗保险。

第二十条 县级以上人民政府民政部门应当将留成的福利彩票公益金百分之五十以上的资金用于支持养老服务业。

第二十一条 设区的市、县级人民政府住房保障部门在分配保障性住房时，应当优先保障符合条件的享受最低生活保障的老年人和经济困难的孤寡老年人。

进行危房改造时，应当优先帮助符合条件的老年人进行危房改造。

老年人的产权房被征收、征用，需要安置的，相关单位应当照顾其优先选择楼层。

第二十二条 县级以上人民政府应当建立长期护理保障制度，逐步开展长期护理保障工作；对生活长期不能自理、经济困难的老年人，根据其失能程度给予护理补贴或者为其购买服务。

第二十三条 设区的市、县级人民政府应当为八十周岁以上老年人发放高龄津贴，对一百周岁以上老年人予以特殊照顾。高龄津贴应当以现金形式发放。

具体办法和发放标准由设区的市、县级人民政府制定。

第二十四条 县级以上人民政府社会救助管理部门应当按照国家和省有关规定，对经济困难的老年人提供基本生活、医疗、居住或者其他救助。

对符合城乡居民最低生活保障条件家庭的老年人，给予城乡居民最低生活保障；对流浪、乞讨的老年人，给予临时食宿、急病救治、协助返回等救助。

对无劳动能力、无生活来源且无法定赡养、扶养义务人，或者其法定赡养、扶养义务人无赡养、扶养能力的老年人，给予特困人员供养。县级以上人民政府应当建立供养标准增长机制，将供养经费纳入财政预算，保障供养标准不低于当地居民平均生活水平。

第二十五条　县级以上人民政府应当建立和完善计划生育家庭老年人扶助制度。

符合农村计划生育家庭奖励扶助和计划生育家庭特别扶助条件的老年人应当全部纳入扶助范围。

对独生子女死亡或者伤残的老年人家庭，在特别扶助金发放上应当予以照顾；对生活不能自理的农村计划生育家庭老年人，应当按照规定提供适当补助。

第二十六条　设区的市、县级人民政府应当为符合下列条件的老年人免费提供殡葬基本公共服务：

（一）属于重点优抚对象的；

（二）享受特困人员供养的；

（三）享受最低生活保障的；

（四）属于计划生育特殊困难家庭的。

设区的市、县级人民政府可以根据本地区经济社会发展水平，扩大殡葬基本公共服务免费对象和项目范围。

第二十七条　禁止对老年人实施家庭暴力。居民委员会、村民委员会、城乡社区、老年人组织和老年人所在单位发现对老年人实施家庭暴力的，应当及时劝阻、制止、调解或者采取临时庇护等其他措施，保护老年人的人身安全；公民有权向有关机关和组织举报。

家庭暴力受害人及其法定代理人、近亲属可以向公安机关报案或者依法向人民法院起诉。当事人因遭受家庭暴力或者面临家庭暴力的现实危险，向人民法院申请人身安全保护令的，人民法院应当受理。

第四章　社会服务

第二十八条　县级以上人民政府应当制定基本养老服务体系建设规划，建立养老服务业多元投入机制，完善以居家为基础、社区为依托、机构为补充，功能完备、规模适度、覆盖城乡的多层次养老服务体系。

第二十九条　各级人民政府和有关部门、居民委员会、村民委员会和城乡社区，应当建立适应老年人需要的生活照料、紧急救援、医疗护理、精神慰藉、心理咨询和文体娱乐等服务设施和网点，就近为老年人提供服务。

鼓励居家养老服务企业和社会组织上门为居家老年人提供定制服务。

第三十条　各级人民政府应当通过购买服务等方式，发展城乡社区养老服务，为居家的老年人提供多种形式的养老服务。

乡镇人民政府和街道办事处应当整合城乡社区服务资源，通过城乡社区综合服务平台，促进服务与需求信息的对接，方便老年人就近获取多样化的社区综合服务。

居民委员会、村民委员会和城乡社区应当将居家养老服务照料中心与公共服务设施的功能相衔接，组织开展适合老年人的文化娱乐活动，为老年人联系提供及时、便捷的预防保健和基本医疗服务。

居民委员会、村民委员会和城乡社区可以在自治章程中对敬老、养老、助老行为进行规范。

第三十一条　县级以上人民政府民政部门应当完善养老服务评估机制，加强对城乡社区养老服务机构的监督、管理和服务。

城乡社区养老服务机构提供托养、助餐、医疗等服务的，应当遵守法律法规的规定，有关部门应当依法履行监督管理职责。

第三十二条　设区的市、县级人民政府应当推进城乡居家养老服务信息化建设，支持企业和社会组织运用互联网、物联网等发展老年电子商务，建设居家养老服务网络平台，创新居家养老服务模式。鼓励社会资本建立覆盖本区域的养老服务信息化平台，为居家老年人提供紧急呼叫、家政服务、生活照料、康复护理、健康咨询、精神慰藉、文体娱乐、物品代购、服务缴费、申请政府补贴和法律咨询等服务。

第三十三条　居民委员会、村民委员会和城乡社区应当建立日常联系、巡访制度，及时了解老年人特别是困难家庭和单独居住老年人的生活状况，并给予必要的帮助。

第三十四条　政府投资兴办的养老机构应当优先保障孤老优抚对象、特困供养人员、计划生育特殊困难家庭老年人和经济困难的高龄、失能等老年人的养老服务需求。在满足上述老年人养老服务需求的前提下，可以有偿接受其他有养老服务需求的老年人。

政府投资兴办的养老机构，可以采取公建民营、委托管理、购买服务等多种方式，通过公开招投标选定专业化的机构负责运营。鼓励社会资本参与公办养老机构改组改制，发展社会资本参股或者控股的混合所有制养老机构。

第三十五条　各级人民政府和有关部门应当采取减免行政事业性收费、发放床位建设补贴和床位运营补贴、购买服务、提供贷款贴息等方式，支持社会资本兴办老年公寓、老年康复中心、日间照料中心、老年护理院等养老服务机构。

第三十六条　养老机构不得有下列行为：

（一）未与老年人或者其代理人签订服务协议，或者协议不符合规定的；

（二）未按照国家和省有关标准和规定开展服务的；

（三）配备人员的资格不符合规定的；

（四）向负责监督检查的民政部门隐瞒有关情况、提供虚假材料或者拒绝提供反映其活动情况的真实材料的；

（五）利用养老机构的房屋、场地、设施开展与养老服务宗旨无关的活动的；

（六）歧视、侮辱、虐待或者遗弃老年人以及其他侵犯老年人合法权益的；

（七）擅自暂停或者终止服务的。

第三十七条　县级以上人民政府应当将老年医疗保健纳入基层医疗卫生服务体系。

县级以上人民政府人力资源社会保障、卫生计生等部门应当健全城乡社区老年医疗保健设施，保证基层医疗机构药品配备，完善基本医疗保险基层用药报销政策，建立慢性病患者长处方等机制，满足老年人常见病、慢性病的基本用药需求。

有条件的二级以上综合医院应当开设老年病科，增加老年病床数量，做好老年慢性病防治和康复护理。

基层医疗机构应当开展老年医疗保健服务，发展家庭病床，采取定点、巡回、上门等多种服务形式，为老年人提供预防、医疗、保健、护理、康复、心理咨询、临终关怀等服务。

基层医疗机构应当按照规定为区域内常住老年人建立健康档案，为六十五周岁以上常住老年人进行健康指导和每年一次免费常规体检。

第三十八条　县级以上人民政府及其有关部门应当综合考虑本地区养老服务需求规划医疗机构布局。

支持医疗机构开办养老机构。支持有条件的养老机构设置医疗机构，符合条件的可以按照规定纳入城乡基本医疗保险定点范围，入住的参保老年人按照规定享受相应待遇。

支持开展面向养老机构的远程医疗服务。

第三十九条　县级以上人民政府应当将养老服务设施建设用地纳入城乡建设规划、土地利用总体规划和年度用地计划，依法采取划拨、租赁、出让等方式，优先保障供应。在农村兴办的福利性和非营利性养老机构建设用地，依法获批后可以使用农村集体建设用地。支持利用存量用地建设养老服务设施。

养老服务设施因城市建设需要被依法征收、征用，需要安置的，应当就近、优先安排不低于同等面积、适合运营的养老服务设施。

养老服务设施用地用途和容积率，非经法定程序不得改变。

第四十条　鼓励企业事业单位和社会组织通过整合或者改造企业厂房、商业设施、学校和其他社会资源，建设养老服务设施，为老年人提供服务。

第四十一条　养老机构使用电、水、气、热按居民生活类价格执行；有线电视收视维护费、电话、宽带网络使用费减半收取，有线电视、供电、供水建安价格和安装材料按成本价收取。对非营利性养老机构的建设项目免征有关行政事业性收费，对营利性养老机构的建设项目减半征收有关行政事业性收费。

第四十二条　政府出资的融资担保机构可以为城乡社区养老公共服务设施建设、福利性和非营利性养老机构建设提供信贷担保服务。

加强养老机构信用体系建设，支持非营利性养老机构资产抵押和优质企业信用贷款。

支持有条件的养老服务企业上市融资、发行企业债券。

第四十三条　县级以上人民政府应当把养老服务人才培养纳入人才培养规划，鼓励和支持高等院校、中等职业学校和职业培训机构设置相关专业或者培训项目。

第四十四条　县级以上人民政府人力资源社会保障部门应当制定优惠政策，鼓励城乡就业人员从事养老服务工作。对符合条件的养老服务从业人员，应当实行就业创业扶持。

从事老年人管理服务的工作人员，符合条件的可以纳入政府开发的公益性岗位给予补贴。

第四十五条　县级以上人民政府民政部门应当培育和发展为老服务社会组织、社会工作服务机构和志愿者队伍，建立完善志愿服务记录制度、志愿者表彰和回馈制度。

鼓励社会组织和个人为老年人提供志愿服务，认捐、认助、认养孤寡或者贫困老年人。

支持城乡社区关爱生活不能自理且赡养人不在同地居住的老年人，组织开展老年人互助服务。

第四十六条　县级以上人民政府和有关部门应当按照国家扶持行业目录，制定发展老龄产业的扶持政策，放开养老服务市场，鼓励社会资本参与养老产业发展，引导企业研发、生产、经营适合老年人需求的产品和提供相关的服务。

第四十七条　工商行政、食品药品监督、质量技术监督等部门应当加强监督管理工作，营造安全、便利、诚信的老年人消费环境，及时处理侵害老年人消费权益的举报投诉。

公安机关应当及时受理、依法查处针对老年人的传销、诈骗和非法集资等行为，保障老年人人身和财产安全。

第五章　社会优待

第四十八条　县级以上人民政府应当根据本地区经济社会发展情况和老年人的特殊需要，逐步完善优待政策，扩大优待范围，提高优待水平。

公共服务场所、设施和窗口应当设置醒目的优待老年人标识，公布优待内容。工作人员在提供服务时应当向老年人告知相关优待规定。

第四十九条 各级人民政府和有关部门的服务窗口、城乡社区为民服务机构应当为老年人提供咨询引导、操作指导、优先办理等服务。

各级人民政府和有关部门应当为老年人及时、便利地领取养老金、结算医疗费和享受其他物质帮助提供条件。

公安机关应当为七十周岁以上以及行动不便、患病残疾的老年人，提供上门人像采集、送证等便利服务。老年人随赡养人异地居住的，可以将户口关系迁入赡养人户口所在地。公安机关应当按规定办理户口迁移手续。

设区的市、县级人民政府有关部门在办理房屋权属关系变更等涉及老年人权益的重大事项时，应当就办理事项是否为老年人的真实意愿进行询问。其代理人代为办理的，应当严格审查其代理资格。

第五十条 人民调解委员会应当优先受理老年人的调解申请。

老年人为追索赡养费、扶养费、抚恤金、退休金、养老金、最低生活保障金、医疗费等向人民法院起诉，交纳诉讼费用有困难的，人民法院应当按照国家规定免收、减收或者缓收诉讼费用。

法律援助机构应当按照有关规定为老年人提供法律援助。对享受最低生活保障、特困供养的老年人免除经济困难审查。对老年人符合条件的申请实行当日受理，并快速审查、办理。

鼓励律师事务所、公证处、司法鉴定机构、基层法律服务所对经济困难的老年人减免法律服务收费，对八十周岁以上的老年人办理遗嘱公证予以免费，对七十周岁以上以及行动不便、患病残疾的老年人实行电话和网上预约、上门服务。

老年人主张合法权益有困难的，可以向其所在的乡镇人民政府、街道办事处、居民委员会、村民委员会和城乡社区请求帮助。

第五十一条 医疗机构应当通过完善挂号和诊疗系统、开设专用窗口或者快速通道、提供导医服务等方式，为老年人特别是高龄、重病、失能、残疾老年人挂号（退换号）、就诊、转诊、综合诊疗提供优先服务。鼓励医疗机构减免享受最低生活保障的老年人和符合条件的低收入家庭中的老年人就医诊察费，为老年人提供义诊、上门医疗等服务。

提倡医疗机构设立志愿者服务岗位，为行动不便的老年人就医提供方便。

第五十二条 公共交通运营企业应当为老年人出行提供便利服务。公共交通工具应当设立老年人专座。七十周岁以上老年人免费乘坐城市公共交通工具。不满七十周岁的老年人免费或者优惠乘坐城市公共交通工具，实行公交城乡一体化地区的老年人乘坐农村公共汽车的优惠政策，由市、县人民政府根据当地实际情况规定。

老年人优先购买车船票、飞机票，优先上下车船、飞机，优先托运行李、物品。火车站、汽车站、港口、机场等客运站点应当设置老年人优先窗口和等候专区。

公共厕所应当配备便于老年人使用的无障碍设施，并对老年人实行免费。

第五十三条 商贸、餐饮、维修、供水、供电、供热、燃气、有线电视、通讯、电信、邮政、快递等各类服务行业，应当为老年人提供便利服务并给予优待。

金融机构应当设置老年人优先窗口，为老年人办理业务提供便捷服务。对办理大额转账、汇款业务或者购买大额金融产品的老年人，应当明确提示可能发生的风险。

第五十四条 老年人享受以下文体休闲优待：

（一）老年人免费进入公园、公共博物馆（院）、公共图书馆、文化馆（站）、美术馆、科技馆、纪念馆（纪念陵园）、名人故居等；

（二）依托公共资源建设、实施政府定价或者政府指导价管理的旅游景区、景点，六十五周岁以上老年人免票，不满六十五周岁的老年人享受半价优惠。鼓励其他旅游景区、景点对老年人实行优惠票价或者免票；

（三）政府兴办或者集体投资兴办的各类老年人活动场所，不得向老年人收取费用；

（四）文化部门应当组织群众文化工作者免费指导老年人开展文化娱乐活动。公共文化场所应当为老年人文艺团体开展活动免费或者低收费提供场地；

（五）体育部门应当组织社会体育指导员免费指导老年人开展体育健身活动。公共体育场馆应当为老年人免费或者低收费提供活动场地。体育部门应当将留成的体育彩票公益金安排适当资金用于开展老年人体育活动。

第五十五条 农村老年人不承担兴办公益事业的筹劳义务。

农村特困老年人由本人提出申请，经村民会议或者村民代表会议通过，可以减免筹资任务。

第六章 宜居环境

第五十六条 县级以上人民政府在制定城市总体规划和控制性详细规划时，应当按照老年人口数量和分布情况，将养老服务设施纳入城乡社区配套设施建设规划，统筹布局适合老年人的公共基础设施、生活服务设施、医疗卫生设施和文化体育设施，推进宜居环境建设。按照人均用地不少于0.2平方米的标准，分区分级规划设置养老服务设施，为老年人提供安全、便利、舒适的环境。

第五十七条 城区新建小区开发建设和旧城改造应当将城乡社区养老服务设施同步规划、同步建设、同步验收、同步交付使用。对于城乡社区居家养老服务用房，应当按照新建的住宅小区每百户二十至三十平方米、已建成的住宅小区每百户十五至二十平方米的标准配套建设。

已建成的居住区没有养老服务设施的，市、县人民政府应当通过购置、置换、租赁等方式配置养老服务设施，并不得挪作他用。

第五十八条　县级以上人民政府在制定乡村规划时，应当统筹考虑适合老年人的公共基础设施、生活服务设施、医疗卫生设施、文化体育设施和学习活动场所，支持人数较多的村建设互助性养老服务设施和公共文化体育设施。

第五十九条　各级人民政府和有关部门应当按照国家和省无障碍设施工程建设标准，实施居住区缘石坡道、轮椅坡道、人行通道，以及建筑公共出入口、公共走道、地面、楼梯、电梯候梯厅及轿厢等与老年人日常生活密切相关的公共服务设施的改造和老年人家庭无障碍设施改造。

新建、改建、扩建公共建筑和其他公共场所，应当建设无障碍设施，配有轮椅坡道、座椅、扶手等，方便老年人生活和活动。

第七章　参与社会发展

第六十条　县级以上人民政府和有关部门应当注重老年人力资源开发，建立老年人专业人才库，为老年人参与社会发展创造条件。

老年人参加劳动的合法收入受法律保护，任何单位和个人不得因老年人参加其他社会活动获得报酬，而扣减其养老金或者福利待遇。

第六十一条　各级人民政府、有关社会组织，应当鼓励老年人自愿、量力参加社会公益活动。

制定地方性法规、政府规章和公共政策涉及老年人权益重大问题的，应当听取老年人和老年人组织的意见。

第六十二条　各级人民政府应当培育基层老年人协会等老年人组织，推动老年人自我管理、自我教育、自我服务，促进老年人参与社会发展。

第六十三条　县级以上人民政府应当把老年教育纳入终身教育体系和教育发展规划，加大投入，鼓励和支持社会力量兴办老年教育，促进老年大学等老年教育机构规范建设，为老有所学提供条件。

鼓励高等院校向老年人开放网络课程和注册旁听课程，供老年人免费学习。

第八章　法律责任

第六十四条　老年人的合法权益受到侵害时，被侵害人或者其代理人有权要求居民委员会、村民委员会和城乡社区、乡镇人民政府、街道办事处、公安机关以及其他有关部门处理，或者依法向人民法院提起诉讼。有关组织、部门和人民法院应当依法及时处理，不得推诿、拖延。

第六十五条　违反本办法规定，对老年人负有赡养、扶养义务而拒绝赡养、扶养的，居民委员会、村民委员会、城乡社区、老年人组织或者赡养人、扶养人所在单位责令其履行赡养、扶养协议或者责成其交纳赡养费。

违反本办法规定，虐待老年人或者对老年人实施家庭暴力的，由有关单位给予批评教育；构成违反治安管理行为的，依法给予治安管理处罚；构成犯罪的，依法追究刑事责任。

第六十六条　养老机构违反本办法第三十六条规定的，由实施许可的民政部门责令改正；情节严重的，处以五千元以上三万元以下的罚款；构成犯罪的，依法追究刑事责任。

养老机构未与老年人或者其代理人签订服务协议、协议不符合规定或者不履行协议的，应当承担相应的民事责任。

第六十七条　供电、供水、供气、供热、有线电视、电信等相关企业违反本办法第四十一条规定的，由县级以上价格行政主管部门依照价格管理法律、法规的规定予以处罚。

第六十八条　政府有关部门或者组织未依法履行职责的，县级以上人民政府老龄工作机构应当督促其依法履行；拒不履行的，可以建议有关机关对其主要负责人和直接责任人员依法给予行政处分。

第六十九条　国家机关工作人员未依法履行职责，对侵害老年人权益的行为未及时制止或者未依法给予被侵害老年人必要帮助的，由其所在单位或者上级机关责令改正，依法对直接负责的主管人员和其他直接责任人员给予行政处分；构成犯罪的，依法追究刑事责任。

第七十条　违反本办法规定，不按规定履行优待老年人义务或者不明示优待服务内容的，由其主管部门责令改正；拒不改正的，由县级以上人民政府老龄工作机构建议有关主管部门追究其主要负责人和其他直接责任人员的责任。

第九章　附则

第七十一条　本办法自2016年3月1日起施行。

安徽省人民政府办公厅转发省卫生计生委等部门关于推进医疗卫生与养老服务相结合的实施意见

（皖政办〔2016〕19号）

各市、县人民政府，省政府各部门、各直属机构：

省卫生计生委、省民政厅、省发展改革委、省财政厅、省人力资源社会保障厅、省国土资源厅、省住房城乡建设厅、省商务厅、省老龄办、省中医药管理局《关于推进医疗卫生与养老服务相结合的实施意见》已经省政府同意，现转发给你们，请认真贯彻执行。

2016年5月20日

关于推进医疗卫生与养老服务相结合的实施意见

省卫生计生委 省民政厅 省发展改革委 省财政厅
省人力资源社会保障厅 省国土资源厅 省住房城乡建设厅 省商务厅
省老龄办 省中医药管理局

为认真贯彻落实《国务院办公厅转发卫生计生委等部门关于推进医疗卫生与养老服务相结合指导意见的通知》（国办发〔2015〕84号）要求，进一步推进医疗卫生与养老服务相结合，满足老年人日益增长的健康养老需求，结合我省实际，提出如下实施意见：

一、总体要求

深入贯彻落实党的十八大和十八届三中、四中、五中全会精神，认真学习贯彻习近平总书记系列重要讲话特别是视察安徽时的重要讲话精神，按照“保障基本、统筹发展，政府引导、市场驱动，深化改革、创新机制”的基本原则，把保障老年人基本健康养老需求放在突出位置，加快推进医疗卫生与养老服务相结合，推动普遍性服务和个性化服务协同发展，满足多层次、多样化的健康养老需求。发挥政府在制定规划、出台政策、引导投入、规范市场、营造环境等方面的引导作用，充分发挥市场在资源配置中的决定性作用，充分调动社会力量的积极性和创造性。创新服务供给和资金保障方式，积极推进政府购买服务，激发各类服务主体潜力和活力，促进医养融合发展。

到2017年底，全省医养结合政策体系、标准规范和管理制度初步建立，符合需求的专业化医养结合人才培养制度基本形成，建成一批兼具医疗卫生和养老服务资质和能力的医疗卫生机构或养老机构（以下统称医养结合机构），逐步提升基层医疗卫生机构为居家老年人提供上门服务的能力，80%以上的医疗机构开设为老年人提供挂号、就医等便利服务绿色通道，50%以上的养老机构能够以不同形式为入住老年人提供医疗卫生服务，65周岁以上老年人健康管理率达到70%以上，老年人健康养老服务可及性明显提升。

到2020年，符合省情的医养结合体制机制和政策体系基本建立，医疗卫生和养老服务资源实现有序共享，覆盖城乡、规模适宜、功能合理、综合连续的医养结合服务网络基本形成。所有医疗机构开设为老年人提供挂号、就医等便利服务的绿色通道，基层医疗卫生机构为自愿签约的居家老年人提供上门服务的能力明显提升，65周岁以上老年人健康管理率力争达到80%以上。所有养老机构能够以不同形式为入住老年人提供医疗卫生服务，基本适应老年人健康养老服务需求。

二、主要任务

（一）建立健全医疗卫生机构与养老机构合作机制。推进各类养老机构与各级医疗机构建立协议合作关系。按照就近就便、互利互惠的原则，各类养老机构根据医疗康复的实际需求，与周边医疗机构签订长期合作协议，明确双方责任。医疗卫生机构为养老机构开通预约就诊绿色通道，为入住老年人提供巡诊、健康管理、保健咨询、预约就诊、急诊急救、中医养生保健等服务，确保入住老年人得到及时有效的医疗服务。养老机构内设具备条件的医疗机构可作为医院（含中医医院）收治老年人康复期、稳定期的护理场所。鼓励二级以上综合医院（含中医医院，下同）与养老机构开展对口支援、合作共建。通过建设医疗养老联合体等多种方式，整合医疗、康复、养老和护理资源，为老年人提供治疗期住院、康复期护理、稳定期生活照料以及临终关怀一体化的健康和养老服务。

（二）积极推进养老机构开展医疗服务。养老机构可根据自身能力和服务需求，按相关规定申请开办老年病医院、康复医院、护理院、中医医院、临终关怀机构等，也可内设医务室、护理站等。养老机构内设医疗机构的，应及时纳入当地医疗机构规划布局。150 张床位以上的养老机构须设医务室或护理站，150 张床位以下的养老机构鼓励设立医务室或护理站。推进有条件的公办养老机构设置专护区，优先保障政府供养对象中的失能失智老年人和老年残疾人集中养护需求。卫生计生行政部门负责做好医疗执业活动的日常监管工作，组织开展医务人员培训，提高医务人员诊疗康复服务能力。鼓励执业医师到养老机构设置的医疗机构多点执业，支持有相关专业特长的医师及专业人员在养老机构规范开展疾病预防、营养、中医调理养生等非诊疗行为的健康服务。

（三）全面推进老年人社区健康管理服务。依托社区卫生服务中心、乡镇卫生院做好健康养老基本公共卫生服务项目，建立健全健康管理服务制度，加强老年人健康档案信息动态管理。对辖区内 65 周岁以上老年人和 60 周岁以上的计生特困家庭老人，每年免费提供一次生活方式健康状况评估、体格检查、健康指导等健康管理服务。加强社区卫生服务中心、乡镇卫生院的医疗康复功能建设，为小型养老机构、居家养老服务中心和社区老年人提供基本医疗卫生服务。建立家庭医生制度，推行家庭医生签约服务，为辖区内自愿签约的高龄、重病、失能、部分失能的居家老年人提供家庭出诊、家庭护理、家庭病床等上门服务，规范为居家老年人提供的医疗和护理服务项目，对符合规定的医疗费用纳入医保支付范围。各地开展政府购买基本卫生公共服务和基本养老服务时，要把老年人健康管理服务纳入购买内容，各级各类基层卫生医疗机构可以作为承接主体。

（四）鼓励社会力量举办医养结合机构。鼓励社会力量通过市场化运作方式，举办医养结合机构以及老年康复、老年护理等专业医疗机构。在制定医疗卫生和养老相关规划时，要给社会力量举办医养结合机构留出空间。按照“非禁即入”原则，对符合规划条件和准入资质的，简化审批程序，不得以任何理由加以限制。对社会资本举办的医养结合机构，在各级预算内投资补助上，享受与公办医养结合机构同等政策。支持社会力量通过特许经营、公建民营、民办公助等模式，举办非营利性医养结合机构。深入推进市场化养老服务产业试点省建设，积极推广运用政府和社会资本合作（PPP）的建设和运营管理模式，鼓励发展混合所有制医养结合机构。着力培育第三方的老年人能力评估、健康养老服务评价、市场调查和咨询服务等社会组织。

（五）鼓励医疗卫生机构与养老服务融合发展。充分利用现有医疗卫生服务资源，创办老年康复中心、老年医院、护理院等主要针对高龄、病残老年人的康复护理专业服务机构。有条件的二级以上综合医院要开设老年病科、老年病门诊，增加老年病床数量。支持部分闲置床位较多的一、二级医院和专科医院发挥专业技术和人才优势，转型为老年人护理院。引导部分乡镇卫生院、敬老院设立养护型老年医疗护理服务特色科室，开设护理型床位或病区。各类医疗机构举办的养老机构，享受民办养老机构相同的扶持优惠政策。

（六）完善基本医疗保险管理制度。养老机构内设的医疗机构，自愿向统筹地区医疗保险经办机构提出申请，按规定进行评估后，可与医疗保险经办机构签订服务协议，明确双方权利和义务。参加基本医疗保险的老年人，入住协议护理型定点养老机构内设医疗机构发生的符合规定的医疗费用，纳入基本医疗保险支付范围。探索建立基本医疗保险、大病保险、医疗救助相衔接的医疗费用结算机制，实现医疗救助与基本医疗保险同步结算。

（七）发展互联网移动医疗。探索基于互联网的医养结合服务新模式，积极利用互联网为老年人提供在线预约诊疗、候诊提醒、划价缴费、诊疗报告查询、药品配送等便捷服务。鼓励引导省内力量雄厚的大型医院与基层医疗机构、医养结合服务机构通过组成医疗服务共同体等方式建立远程医疗会诊合作关系，推动远程医学影像、远程监护、远程会诊等医疗服务。健全完善省内远程医疗平台，扩大远程医疗服务平台的覆盖范围，向乡镇卫生院、各类养老机构和社区延伸，拓展更多的医疗服务功能。

（八）大力发展中医药健康养老服务。鼓励新建以中医药健康养老为特色的护理院、疗养院。鼓励有条件的养老机构设置以老年病、慢性病防治为主的中医诊室。支持社区卫生服务中心开展中医药健康养老服务。鼓励中医医院采取自建、托管或与养老机构开展技术协作等形式，探索建立中医药养老服务模式。鼓励二级甲等以上中医院在养老机构设立老年病区，支持二级以上中医医院开展老年病、慢性病中医药防治与研究。支持养老机构开展融合中医健康管理的老年人养生保健、医疗、康复、护理服务。鼓励有条件的中医医院与老年人家庭签订医疗契约服务，开展中医健康教育。充分发挥中医药预防保健特色优势，大力开发中医药与养老服务相结合的系列服务产品。

支持中医医疗机构参与医养融合发展示范区（机构）

建设。将中医药健康养老产业纳入养老服务产业发展规划，支持引导相关企业开发针对老年人的中医药养老养生保健产品，着力打造一批融中医药养生保健、健身休闲、文化旅游为一体的养老养生旅游基地。

（九）大力发展健康养老产业。以推进市场化养老服务产业试点省建设为契机，加大对健康养老产业的技术、资金、人才、土地等要素的支持力度，大力支持以基金等方式发展市场化的居家、社区和大众化的健康养老服务，积极开发安全有效的食品药品、康复辅具、日常照护、文化娱乐等老年人用品用具和服务产品。支持数字化健康养老服务产品和适用于个人及家庭的健康检测、监测与健康养老物联网等产品的研发，打造一批医养结合数据服务中心、产品用品研发中心、标准制订中心。鼓励企业开发适合老年人特点的可穿戴移动医疗设备，为老年人提供在线健康管理服务。鼓励各地结合本地实际，合理定位，科学规划，结合中医药、旅游、文化、养生等特色优势，打造健康养老服务产业集群。培育发展适老化的养老地产，拓展房地产业态，促进居家养老与社区服务相结合。支持企业、保险资金和其他社会资本在皖建设具有示范意义的健康养老服务综合体、老年宜居社区。

三、保障措施

（一）完善投融资和财税价格政策。创新财政资金使用方式，对符合条件的医养结合机构，按规定落实好相关支持政策。国有投资机构、政府注资担保机构、政府专项债券要积极为医养结合机构、健康养老服务企业提供融资支持。鼓励和引导各类金融机构创新金融产品和服务方式，加大金融对医养结合领域的支持力度。允许医养结合机构利用有偿取得的土地使用权、产权清晰的房产等固定资产办理抵押贷款。积极开展融资租赁，引导融资租赁公司加大对中小微医养结合机构的融资支持力度。有条件的地方可通过由金融和产业资本共同筹资的健康产业投资基金支持医养结合发展。用于社会福利事业的彩票公益金要对养老机构内设的医疗机构，按照不同类别给予一定的资金支持。

（二）加强规划布局和用地保障。各级政府要在土地利用总体规划和城乡规划中统筹考虑医养结合机构发展需要，编制医疗卫生设施和养老服务设施专项规划，做好用地规划和设施布局。对非营利性医养结合机构，可采取划拨方式，优先保障用地；对营利性医养结合机构，应当以租赁、出让等有偿方式保障用地，养老机构设置医疗机构，可将在项目中配套建设医疗服务设施相关要求作为土地出让条件，并明确不得分割转让。依法需招标拍卖挂牌出让土地的，应当采取招标拍卖挂牌出让方式。纳入国家、省级示范试点的医养结合机构，符合省预留建设用地计划指标使用条件的，优先安排用地计划指标。

（三）探索建立多层次、多形式长期照护保障体系。进一步开发包括长期商业护理保险在内的多种老年护理保险产品，鼓励有条件的地方探索建立长期护理保险制度，积极探索多元化的保险筹资模式，保障老年人长期护理服务需求。建立健全长期照护项目内涵、服务标准以及质量评价等行业规范和体制机制，探索建立从居家、社区到专业机构等比较健全的专业照护服务提供体系。

落实好将偏瘫肢体综合训练、认知知觉功能康复训练、日常生活能力评定等医疗康复项目纳入基本医疗保障范围的政策，为失能、部分失能老年人治疗性康复提供相应保障。

（四）加强医养结合人才队伍建设。研究制定养老机构医护人员的定向培养、合作培养和针对性培养政策，不断加强医养结合发展的人才保障。完善培养机制，加强专业技能培训，推进养老护理员等职业技能鉴定工作。将老年医学、康复、护理人才作为急需人才纳入卫生技术人员培训规划和临床骨干医师培训项目。鼓励高等学校、中等职业学校、技工院校设置护理专业，加快养老服务行业技术技能型人才的培养。支持养老服务机构开展职工技能提升培训，符合条件的按规定给予养老服务机构提升培训补贴。劳动者参加养老服务相关工种（项目）就业技能培训的，按规定给予培训补贴，对通过初次职业技能鉴定并取得职业资格证书或专项职业能力证书的，给予职业技能鉴定补贴。鼓励大中专院校和护士专科学校毕业生到养老服务机构和社区从事养老服务工作。

在养老机构内设的医疗机构中从事医护工作的专业技术人员在申报、评定职称时，与医疗机构医护人员同等对待，统一执行安徽省卫生系列高级专业技术职务任职资格评审标准，并按照所聘专业技术岗位执行相应的工资待遇。医疗卫生机构医护人员在养老机构内设的医疗机构从事的专业技术工作可计入总工作量，所取得的与本专业相关的业绩成果予以认可。

（五）强化信息化支撑。整合现有资源，实现养老服务、社区服务和健康服务的信息共享，推进医养结合信息平台数据标准化，实现跨部门、跨区域的业务协同和信息资源共享，建立统一的数据交换共享指标体系。

四、组织实施

（一）加强组织领导。各地各有关部门要把推进医养结合工作摆在重要位置，建立政府主导、部门参与的医养结合联席会议制度，及时制定出台推进医养结合的政策法规、规划制度和实施方案。有关部门要加强协同配合，落实和完善财政、金融、土地、人才培养、基本医疗保险等方面的支持政策。发展改革部门将推动医养结合纳入国民经济和社会发展规划。卫生计生、民政部门要会同相关部门制定完善医养结合养老机构的建设、管理、服务标准，制定完善养老机构内设医疗机构的准入、管理及为居家老年人提供医疗卫生和养老服务的标准规范并加强监管。卫生计生、人力资源社会保障部门要不断完善符合医养结合机构特点的医保协议内容，加强监督管理。财政部门要加大资金投入，积极支持医养结合发展。国土资源部门要切实保障医养结合机构的土地供应。城乡规划主管部门要统筹规划医养结合机构用地布局。商务部门要做好养老产业基金投资项目建设协调、服务、监管工作，探索市场化健康养老体制机制和有效模式。老龄工作部门要做好入住医养结合机构和接受居家养老服务老年人合法权益的保障工作。中医药管理部门要制定完善中医药相关服务标准规范并加强监管，加强中医药健康养老人才培养。

（二）抓好试点示范。开展医养结合发展示范区（机构）建设试点，细化完善医养结合机构建设标准、服务规范等。“十三五”期间，全省建立6个省级医养结合综合示范区、20个医养结合示范基地（园区）、100个医养结合示范项目、300个社区医养结合示范中心。省级养老服务产业发展基金应积极支持医养结合项目。各市要积极探索医养结合有效形式，抓好一批市级示范项目，总结经验并逐步推广。省卫生计生委、省民政厅要会同相关部门密切跟踪示范试点地区进展，帮助解决试点中的重大问题，完善相关政策措施。

（三）加强考核监督。各地、各有关部门要建立以服务质量、老年人满意度为主要指标的考核评估体系，加强对医养结合工作绩效考核。卫生计生、民政部门要会同相关部门加强对医养结合工作的督查，定期通报工作进展情况，确保各项政策措施落到实处。

江西省实施《中华人民共和国老年人权益保障法》办法

（2016年9月22日江西省第十二届
人民代表大会常务委员会第二十八次会议通过）

第一章　总则

第一条　为了保障老年人合法权益，发展老龄事业，弘扬中华民族敬老、养老、助老的传统美德，积极应对人口老龄化，促进社会和谐发展，根据《中华人民共和国老年人权益保障法》和其他有关法律、法规，结合本省实际，制定本办法。

第二条　本办法所称老年人是指六十周岁以上的公民。

第三条　依法保障老年人享有的人身、财产等权益，从国家和社会获得物质帮助的权利，享受社会服务和社会优待的权利，参与社会发展和共享发展成果的权利。

老年人应当遵纪守法，履行法律规定的各项义务。

第四条　本省建立健全以社会保险、社会救助、社会福利为基础的老年人社会保障体系和以居家为基础、社区为依托、机构为补充、医养相结合、功能完备、规模适度、覆盖城乡、适应老年群体不同需求的多层次的养老服务体系，逐步改善保障老年人生活、健康、安全以及参与社会发展的条件，实现老有所养、老有所医、老有所为、老有所学、老有所乐。

县级以上人民政府应当将基本养老服务纳入基本公共服务体系，扶持社会力量提供公益性养老服务，支持企业提供市场化养老服务。

第五条　各级人民政府应当加强对老年人权益保障工作的领导和组织协调，将老龄事业纳入国民经济和社会发展规划，将老龄事业经费列入财政预算，建立稳定的经费保障机制，推广政府购买服务等方式，提供养老保障公共服务，并鼓励社会各方面投入，使老龄事业与经济、社会协调发展。

县级以上人民政府本级留成的福利彩票公益金每年应当安排不低于百分之五十用于发展养老服务业，体育彩票公益金每年应当安排一定比例用于老年人体育事业。

县级以上人民政府及有关部门应当将老年人权益保障工作纳入政府工作和精神文明建设考核内容。对维护老年人合法权益和敬老、养老、助老成绩显著的组织、家庭或者个人，对参与社会发展做出突出贡献的老年人，按照国家和省有关规定给予表彰或者奖励。

第六条　县级以上人民政府设立的老龄工作议事协调机构履行下列职责：

（一）宣传、贯彻有关老年人权益保障工作的法律、法规以及政策；

（二）拟制并协调实施老龄事业发展规划和年度计划；

（三）组织、指导、协调、检查、督促有关单位做好老年人权益保障工作；

（四）开展老龄工作的调查研究、统计分析，参与制定涉及老年人权益的政策措施；

（五）负责对老年人组织的指导工作。

县级以上人民政府老龄工作机构下设的办事机构具体负责老年人权益保障工作的日常事务。

乡镇人民政府、街道办事处应当确定专（兼）职人员具体负责老年人权益保障工作。

国家机关、社会团体、企业事业单位和其他组织应当按照各自职责，做好老年人权益保障工作。

第七条　村（居）民委员会应当安排专（兼）职人员，负责老年人服务管理工作，符合条件的，纳入政府公益性岗位范围给予补贴。

村（居）民委员会应当建立老年人信息档案和日常联络制度，联合老年人组织、为老年人服务组织、社会团体共同建立老年人保护机制，及时了解老年人特别是困难家庭和单独居住老年人的生活状况，帮助老年人应对突发事件，维护老年人合法权益。

老年协会等老年人组织，应当结合老年人自身特点、健康状况，组织开展有益于老年人身心健康的活动。

第八条　各级人民政府应当把弘扬孝亲敬老纳入社会主义核心价值观宣传教育，在全社会开展人口老龄化国情教育、老龄法律法规和政策教育，引导全社会增强接纳、尊重、帮助老年人的关爱意识。

广播、电影、电视、报刊、网络等媒体应当反映老年人生活，开展维护老年人合法权益的宣传，为老年人服务。倡导开设适合老年人的节目或者栏目，出版老年书刊。

鼓励文艺团体创作、演出尊老、敬老、爱老的文艺作品。

鼓励发展老年慈善事业，提倡为老年人提供志愿服务。

第九条　每年农历九月初九为老年节，老年节所在月为本省敬老活动月。

敬老活动月期间，国家机关、社会团体、企业事业单位和其他组织应当开展敬老、助老活动。

第二章　家庭赡养与扶养

第十条　赡养人应当履行对老年人经济上供养、生活上照料和精神上慰藉的义务，照顾老年人的特殊需要。赡养人不得以放弃继承权、一次性给付赡养费、老年人婚姻关系变化、老年人在赡养人未成年时未履行或者未完全履行抚养义务或者其他理由，拒绝履行赡养义务。

第十一条　赡养人应当保障老年人的衣、食、住、医、行等基本生活需求。对无经济收入或者收入低微并与赡养人分开生活的老年人，赡养人应当按期给付赡养费，提供必需的生活物品，保证老年人的生活水平不低于其家庭成员的平均水平。

第十二条　对患病或者生活不能自理的老年人，赡养人应当及时送医并提供医疗费用和承担护理、照料的责任。赡养人护理、照料确有困难的，可以按照老年人的意愿委托他人或者养老机构代为护理、照料，并及时支付所需费用。

县级以上人民政府应当对有需求的家庭成员有计划地开展老年人护理知识和技能的培训。

第十三条　家庭成员应当尊重老年人的生活方式，关心老年人的精神需求，满足老年人合理的精神文化生活需要，不得忽视、冷落老年人，不得阻碍老年人参与健康向上的社会活动。

与老年人分开居住的家庭成员，应当经常看望或者通过电话、网络、书信等方式关心、问候老年人，妥善安排老年人生活。

赡养人应当定期探望入住养老机构的老年人。老年人要求赡养人探望的，养老机构可以协助老年人联系，或者向赡养人所在的工作单位、村（居）民委员会反映。

用人单位应当按照国家有关规定保障赡养人探亲休假的权利。

第十四条　赡养人之间可以就赡养义务的分担进行协商，经征得老年人同意后签订赡养协议。村（居）民委员会、赡养人所在单位或者基层老年人组织应当监督协议的履行，并在协议履行发生争议时进行调解。

第十五条　老年人的婚姻自由受法律保护。老年人子女或者其他亲属不得以索取、隐匿、扣押老年人合法财产、有关证件或者以威胁、恐吓、刁难等方式干涉老年人离婚、再婚及婚后生活。

老年人有与配偶共同生活的权利。赡养人应当尊重老年人意愿，不得强迫老年人与其配偶分开生活。

提倡再婚老年人对婚前财产签订书面协议并依法办理公证。

第十六条　老年人与子女或者其他亲属共同购买、建造的房屋，以及拆迁、改建住房含老年人份额的，老年人依法享有相应的所有权。调换、拆迁、改建共有房屋时，应当优先满足老年人选择住房的合理要求。

居住老年人房屋的成年子女以及其他亲属自租、自购房屋后，老年人不同意其继续和自己居住的，应当迁出。

第十七条　赡养人有义务耕种或者委托他人耕种老年人承包的田地，照管或者委托他人照管老年人的林木和牲畜等，收益归老年人所有。

依法属于老年人的土地承包经营权流转收益，任何单位和个人不得擅自截留、扣缴。

赡养人应当将其代为领取的政府拨付的属于老年人的各种补贴及时交付老年人。

第十八条　老年人与配偶有相互扶养的义务。

由兄、姐扶养的弟、妹成年后，有负担能力的，对年老无赡养人的兄、姐有扶养的义务。

第十九条　禁止对老年人实施家庭暴力。村（居）民委员会、老年人组织、医疗机构、社会工作服务机构、救助管理机构、福利机构和老年人所属单位及其工作人员发现老年人遭受或者疑似遭受家庭暴力的，应当及时报告公安机关，并视情况予以劝阻、制止、调解或者采取临时庇护等措施，保护老年人的人身安全。

第三章　社会保障

第二十条　本省建立健全基本养老保险制度，保障老年人的基本生活。

省人民政府按照国家有关规定建立基本养老金正常调整机制。根据本省经济发展、职工平均工资增长、物价上涨等情况，提高基本养老保险待遇水平。

第二十一条　本省建立健全职工基本医疗保险和城乡居民基本医疗保险等制度，依法保障老年人的基本医疗需求。

省人民政府人力资源和社会保障部门、卫生计生部门应当按照国家和本省有关规定，逐步扩大老年人常用药品和医疗康复项目的基本医疗保险支付范围，减轻老年人的医疗康复负担；建立慢性病患者长处方等机制，满足老年人常见病、慢性病的基本用药需求。

享受最低生活保障的老年人、特困供养的老年人和符合条件的低收入家庭中的老年人参加城乡居民基本医疗保险所需个人缴费部分，由政府给予全额补贴。

第二十二条　本省建立长期护理保障制度，逐步开展长期护理保障工作。对生活长期不能自理、经济困难的老年人，各级人民政府应当根据其经济状况和失能程度等情况给予护理补贴或者为其购买服务。

有条件的地方应当探索建立长期护理保险制度。保险公司可以结合市场需求针对老年人开发并提供长期护理保险、人身健康保险、人身意外伤害保险等相关业务。

第二十三条　县级以上人民政府民政部门对符合最低生活保障条件的老年人给予最低生活保障，对因灾、因病或者遭遇其他特殊困难的老年人家庭给予临时救助。

对无劳动能力、无生活来源、无赡养和扶养人，或者其赡养、扶养人确无赡养、扶养能力的老年人，由县级以上人民政府民政部门给予特困人员供养或者救助。

卫生计生部门应当将符合条件的老年人全部纳入计划生育家庭奖励扶助和独生子女伤残死亡家庭特别扶助范围，给予扶助。

第二十四条　本省应当建立和完善八十周岁以上老年人高龄津贴制度，发放高龄津贴的具体办法和标准由设区的市人民政府制定。

第二十五条　县级以上人民政府应当逐步建立和完善政府支持、社会捐助、个人自费投保相结合的老年人人身意外伤害保险制度，为属于特殊困难群体和重点优抚对象等的老年人购买人身意外伤害保险。

倡导有条件的企业事业单位为退休职工购买人身意外伤害保险，鼓励社会组织和个人捐资为老年人购买人身意外伤害保险。提倡老年人个人或者其家庭成员自愿投保人身意外伤害保险。

第二十六条　县级以上人民政府实施公共租赁住房保障制度时，应当照顾符合条件的老年人，优先分配适于其居住的楼层；在农村进行危旧房屋改造时，对符合条件的老年人，应当优先安排改造。

第四章　社会服务

第二十七条　县级以上人民政府应当编制养老服务设施建设规划，将养老服务设施建设纳入城乡规划和土地利用总体规划，实现养老服务设施均衡布局。县级以上人民政府在制定城市（镇）总体规划与控制性详细规划时，应当按照人均用地不少于0.1平方米的标准，分区分级规划设置养老服务设施。

新建城区和新建居住（小）区，按照每百户二十平方米以上的标准要求配套建设养老服务设施，与住宅同步规划、同步建设、同步验收、同步交付使用。老城区和已建成居住（小）区由所在的县级以上人民政府，通过购置、置换、租赁等方式，按照每百户十五平方米以上的标准配置养老服务设施。

各级人民政府及其有关部门应当盘活现有的国有、集体资产，将闲置的医院、厂房、学校、农村集体房屋以及各类公办培训中心、活动中心等改造用于养老服务设施。

第二十八条　各级人民政府和有关部门、村（居）民委员会和城乡社区，应当建立适应老年人需要的生活照料、紧急救援、医疗护理、精神慰藉、心理咨询和文体娱乐等居家养老服务设施和网点，就近为老年人提供服务。

各级人民政府应当通过购买服务、委托管理等方式，推进老年人居家养老服务的市场化、社会化，引入社会力量和家政、物业等企业，兴办或者运营老年人助餐点、日间照料、全托半托、老年人活动中心等形式多样的养老服务项目，开展老年人居家养老服务。

城乡社区中政府出资建设的为老年人服务的各类设施，应当向老年人免费或者优惠开放。

第二十九条　县级以上人民政府及其有关部门应当培育和发展为老年人服务社会组织、社会工作服务机构和志愿者队伍，建立完善志愿服务记录制度、志愿者表彰和回馈制度。

鼓励单位和个人为老年人提供志愿服务，认捐、认助、认养孤寡或者贫困老年人。

发扬邻里互助的传统，提倡邻里间关心、帮助有困难的老年人。倡导老年人互助服务。

第三十条 政府投资兴办的养老机构应当优先保障经济困难的孤寡、失能、高龄等老年人的服务需求，为其提供无偿或者低收费的供养、护理等服务。

政府投资兴办的养老机构，可以采取公建民营、委托管理、购买服务、合同外包等多种方式，通过公开招投标选定专业化的机构负责运营。鼓励社会资本参与公办养老机构改组改制，发展社会资本参股或者控股的混合所有制养老机构。

第三十一条 县级以上人民政府应当推进城乡居家养老服务信息化建设，建设开放式居家养老服务综合信息平台，实现养老服务信息和数据库的共建共享、互联互通。支持企业和社会组织运用互联网、物联网等开发适合老年人电子商务等应用技术和服务。

鼓励社会资本建立多种类型的养老服务信息化平台，为居家老年人提供紧急呼叫、家政服务、生活照料、康复护理、健康咨询、精神慰藉、文体娱乐、物品代购、服务缴费、申请政府补贴和法律咨询等服务。

第三十二条 县级以上人民政府卫生计生等部门应当健全城乡社区老年医疗保健设施，保障基层医疗机构药品配备。

有条件的医疗机构可以在城乡社区居家养老服务中心、养老机构设立医疗服务场所，方便老年人就医。

社区医疗卫生机构应当开展老年人健康管理服务，为辖区内六十五周岁以上老年人每年至少提供一次免费体格检查和健康指导，定期对老年人进行健康状况评估，为老年人建立健康档案，通过智能终端、互联网和大数据平台逐步实现信息共享。优先为老年人设立家庭病床，提供巡回医疗、保健、护理、康复等服务。

第三十三条 各级人民政府应当发展多种形式的养老服务，推进医养融合，引导、支持有条件的地方和社会力量建设或者提供医养融合服务的机构，满足老年人不同的生活、健康需求。

鼓励医疗机构与本地养老服务机构（设施）建立合作关系，协同做好老年人慢性病管理和康复护理，为其收住的老年人上门提供基本医疗服务，并可以开展互联网远程医疗服务。发生的医疗费用，按照省基本医疗保险的规定结算。医疗机构应当为养老机构开通预约就诊绿色通道，养老机构内设的医疗机构可以作为医院康复护理场所。

具备条件的医疗机构、养老机构可以为老年人开展长期医护服务。

鼓励社会力量兴办医养结合机构，支持养老机构按照规定开办老年病医院、康复医院、护理院、中医医院和临终关怀机构等。支持医疗资源丰富地区将公立医院转为康复、老年护理等机构。推进基层医疗机构与社区、居家养老结合，为老年人家庭提供签约医疗服务。

第三十四条 县级以上人民政府及其有关部门应当按照国家扶持行业目录，制定发展老龄产业的扶持政策，放开养老服务市场，引导、鼓励社会资本投资养老服务业和参与老龄产业发展，引导企业研发、生产、经营适合老年人需求的产品和提供相关的服务。

有条件的人民政府应当培育发展新兴养老产业，利用本行政区域的生态环境优势，打造集居住、养生、休闲、保健、医疗于一体的健康养老基地，探索异地养老、分时度假养老等新业态。

鼓励、支持企业开发、生产、经营安全有效的老年产品，鼓励设立老年用品专柜、专卖店和举办老年产品展示会，促进老年消费市场健康发展。

第三十五条 县级以上人民政府应当采取减免行政事业性收费、发放床位建设补贴和床位运营补贴、购买服务、提供贷款贴息等方式，支持社会资本兴办养老机构。建立民办养老机构、居家养老服务中心建设、运营奖补制度。

鼓励、支持养老机构投保综合责任保险、保险公司承保责任险。县级以上人民政府可以通过补贴保险费等方式给予支持。

县级以上人民政府财政、民政部门应当加强对支持养老机构资金的监管。

第三十六条 县级以上人民政府和有关部门应当依照国家法律有关规定，对养老机构的建设和运营以及企业事业单位、社会组织和个人向公益性养老机构的捐赠，给予相关税收优惠。

公益性养老机构在建设和运营方面按照国家和本省有关规定享受以下费用减免：

（一）免收有关行政事业性收费；

（二）免征市政公用设施配套费、施工管理费等建设配套费用以及城市煤气和供水增容费；

（三）按最低限减半收取有关经营性服务收费；

（四）水、电、气、有线电视、固定电话、互联网等费用按居民生活类价格标准收取，免收或者减半收取有关初装费；

（五）国家和本省规定的其他减免费用。

经营性的养老机构按照国家和本省有关规定，享受本条前款第四项规定的费用减免，享受减半征收有关行政事业性收费，享受按最低限收取有关经营性服务收费。

第三十七条 公益性养老服务设施建设用地，可以依法使用国有划拨土地或者农村集体经济组织所有的土地；对经营性养老服务设施建设用地，按照国家对经营性用地依法办理有偿用地手续的规定，优先保障供应。

养老服务设施非经法定程序不得改变用途或者拆除；因国家建设需要，经法定程序批准改变用途或者拆除的，应当由当地政府予以补建，补建的规模和标准不得低于原有规模和标准。

公益性养老机构，经有关部门认定同意变更为经营性养老机构的，其养老服务设施原国有划拨建设用地经有关人民政府批准后，可以办理协议出让、租赁土地手续，补缴土地出让金、租金，法律、法规另有规定的除外。

第三十八条 政府出资的融资担保机构可以为城乡社区居家养老服务设施建设和公益性养老机构建设提供信贷担保服务。

加强养老机构信用体系建设，吸引更多信贷资金和社会资本对养老机构投资，支持公益性养老机构资产抵押和优质企业信用贷款。

县级以上人民政府应当帮助养老机构和其他养老服务组织拓展融资渠道，支持有条件的养老服务企业上市融资、发行企业债券。

第三十九条 县级以上人民政府应当制定优惠政策，采取措施鼓励城乡劳动者从事养老服务工作。对符合条件的养老服务从业人员，按照规定实行就业创业扶持和相关补贴。

县级以上人民政府民政部门应当会同人力资源和社会保障部门建立健全养老服务人才培养、使用、评价和激励机制，依法规范养老服务用工。

养老机构就业的专业技术人员与公立医疗机构、公办福利机构专业技术人员享受相同的执业资格、注册考核、职称评审等待遇。

养老机构应当改善养老服务从业人员工作条件，加强劳动保护和职业防护，依法缴纳养老、医疗、工伤等社会保险，提高养老服务从业人员的工资福利待遇。从事老年人公益服务的管理人员，符合条件的，由用人单位向县级人民政府人力资源和社会保障部门申请政府公益性岗位补贴。

第四十条 县级以上人民政府应当把养老服务从业人员技能培训纳入城乡就业培训范围，实行职业培训和技能鉴定补助政策。

县级以上人民政府应当支持高等院校、职业院校开设养老服务专业和课程，培育养老服务专业型人才，依托高等院校、职业院校和大型养老机构设立养老护理员培训基地。养老机构和社区养老服务单位应当建立健全专业培训制度，对养老服务人员进行职业道德教育和专业技能培训，提高其职业道德素养和服务能力。

第四十一条 县级以上人民政府民政部门应当建立养老服务质量评估制度，定期组织专家或者委托第三方专业机构，对养老机构和其他养老服务组织的人员配备、设施设备条件、管理水平、服务质量等进行综合评估。根据养老服务质量评估结果，确定养老机构和其他养老服务组织的等级、类型以及补贴标准，并向社会公开。

第四十二条 养老机构应当与接受服务的老年人或者其代理人签订服务协议，明确双方的权利、义务。

养老机构不得有下列行为：

（一）不与老年人或者其代理人签订服务协议，或者协议不符合国家和本省有关规定的；

（二）不按照国家和省有关标准和规定开展养老服务的；

（三）向县级以上人民政府民政、公安消防、食品药品监督等部门隐瞒有关情况、提供虚假材料或者拒绝提供真实材料的；

（四）利用养老机构的房屋、场地、设施开展与养老服务宗旨无关的活动的；

（五）擅自暂停或者终止养老服务的；

（六）歧视、侮辱、虐待或者遗弃老年人以及其他侵犯老年人合法权益的；

（七）其他侵害老年人权益的行为。

第四十三条 禁止以欺骗方式诱导老年人消费。

金融机构对办理转账、汇款业务或者购买金融产品等业务的老年人，应当提示相应风险。

县级以上人民政府卫生计生、工商行政管理、食品药品监督、质量技术监督等部门应当加强针对老年人消费领域的监督管理工作，营造安全、便利、诚信的老年人消费环境，及时处理侵害老年人消费权益的举报投诉。消费者权益保护委员会依法保护老年消费者合法权益。

县级以上人民政府公安、工商行政管理等有关部门和金融监督管理机构应当依法查处针对老年人的传销、诈骗和非法集资行为，及时受理老年人的报警、控告、检举，保障老年人人身和财产安全。

第五章 社会优待

第四十四条 老年人持老年人优待证或者居民身份证等有效证件，在本省范围内享受下列优待：

（一）优先购买车票、船票、飞机票，优先上下车船、飞机，优先托运行李、物品，优先优惠乘坐景区内的观光车、缆车等代步工具；

（二）优先办理金融、供电、供水、供气、电信等业务，对有特殊困难、行动不便的老年人，有关单位应当提供特需服务或者上门服务；

（三）免费使用收费公共厕所；

（四）免费进入政府兴办或者给予资金支持的公园；

（五）进入体育馆、影剧院等公共文体娱乐休闲场所票价优惠。

六十五周岁以上老年人除享受前款规定的优待外，还可以在本省范围内享受下列优待：

（一）免费进入景区景点；

（二）免费乘坐城市公共汽车、地铁和轻轨。

县级以上人民政府根据本地条件，可以扩大老年人享受优惠待遇的范围。

按照相关规定给予老年人免费或者优惠服务的场所和设施，应当在醒目处设置优待标志，有关工作人员或者服务人员在提供服务时应当主动告知老年人。

第四十五条　火车、汽车、地铁、港口、机场、银行、医院等公共服务场所应当设置老年人座椅，车（船）上设置一定数量的老年人座席。

公共文化场所应当为老年人文艺团体开展活动免费或者低收费提供场地，公共体育场馆应当为老年人免费或者低收费提供活动场地。

国家机关、事业单位、国有企业所属的文化体育设施或者场地，具备条件的，可以在固定时段对老年人免费开放。

第四十六条　各级人民政府和有关部门的服务窗口、城乡社区为民服务机构应当为老年人提供咨询引导、操作指导、优先办理等服务。

县级以上人民政府公安机关为七十周岁以上以及行动不便、患病残疾的老年人办理居民身份证等证件时，应当提供上门人像采集、送证等便利服务。老年人随赡养人异地居住符合户口迁移规定的，可以将户口关系迁入赡养人户口所在地，县级以上人民政府公安机关应当按规定办理户口迁移手续。设区的市、县级人民政府不动产登记等有关部门在办理房屋权属关系变更等涉及老年人权益的重大事项时，应当就办理事项是否为老年人的真实意愿进行询问。其代理人代为办理的，应当严格依法审查其代理资格。

未经核实改变老年人的房屋产权、租赁关系或者更改户主、迁入户口的，老年人投诉后，县级以上人民政府不动产登记部门、公安机关应当及时查证并依法更正。

第四十七条　对贫困老年人追索赡养费、扶养费、抚恤金、养老金、最低生活保障金、医疗费等的法律援助申请，法律援助机构应当按照相关规定放宽标准和范围，简化程序，优先受理、审核和指派人员办理。

对行动不便的老年人因合法权益受到侵害而投诉或者求助的，县级以上人民政府司法行政、人力资源和社会保障等有关部门应当上门或者采取其他方便的形式调查处理。

鼓励律师事务所、公证处、司法鉴定机构、基层法律服务所对经济困难的老年人减免法律服务收费，对八十周岁以上的老年人办理遗嘱公证予以免费，对七十周岁以上以及行动不便、患病残疾的老年人实行电话和网上预约、上门服务。

人民调解委员会应当优先受理老年人的调解申请。

第四十八条　县级以上人民政府及其人力资源和社会保障、卫生计生等有关部门应当制定具体办法，为老年人异地就医即时结算提供便利条件。

医疗机构通过完善挂号、诊疗系统管理，开设专用窗口或快速通道、提供导医服务等方式，为高龄、重病、失能老年人挂号（退换号）、就诊、转诊、综合诊疗和化验、检查、交费、取药等提供便利条件。对老年人实行优先就诊，需要住院治疗的优先安排床位。

第四十九条　为老年人提供社会优待服务单位的主管部门应当建立投诉处理机制，依法及时受理和解决老年人举报和投诉。主管部门不受理或者不及时处理的，老年人或者老年人组织可以向同级老龄工作机构和行政监察机关投诉。

第六章　宜居环境

第五十条　县级以上人民政府及其有关部门在城市规划建设管理中，应当适应老龄化社会的需求，推进老年宜居环境建设，统筹规划适宜老年人的生活、卫生、文化、体育、教育、娱乐设施建设，完善老年服务设施建设标准，为老年人提供安全、便利和舒适的生活环境。

有条件的地方适时推进老年宜居社区建设。引导开发老年宜居住宅和代际亲情住宅，鼓励家庭成员与老年人共同生活或者就近居住。

第五十一条　新建、改建、扩建道路、公共建筑、公共交通设施、居住建筑、居住区，应当配建配备适于老年人生活使用的设施设备，所建设施应当符合国家无障碍设施工程建设标准，所配设备应当符合国家有关设备、安全辅具质量标准要求。

设区的市、县级人民政府应当推进老旧住宅区的坡道、楼梯扶手、电梯等与老年人日常生活密切相关的公共服务设施的改造。鼓励、支持已经建成的多层住宅加装电梯。

第五十二条　专门为老年人建设的居住建筑或者居住社区，应当符合老年人居住建筑设计标准，满足老年人对居住环境的安全、卫生、便利、舒适等基本要求。

第七章　参与社会发展

第五十三条　各级人民政府应当采取措施，加强老年人才资源开发，为老年人发挥特长、参与社会活动创造条件，研究制定老年人才资源利用、开发政策，建立老年人才资源供给与社会需求对接平台。

县级以上人民政府人力资源和社会保障部门以及其他相关部门应当为有专长的老年人建立人才信息库。

第五十四条 各级人民政府应当培育和扶持老年协会发展。村（居）民委员会应当加强对村（社区）老年协会的支持。

鼓励和支持老年协会、老年人体育协会、老科学技术工作者协会等老年人组织依法开展有益老年人身心健康的活动，反映老年人的意见和诉求，维护老年人合法权益，发挥老年人在经济、政治、文化、社会、生态建设中的作用。

第五十五条 制定法规、规章和公共政策，涉及老年人权益重大问题的，应当听取老年人和老年人组织的意见。县级以上人民代表大会及其常务委员会在对涉及老年人权益的法律法规的实施情况进行执法检查时，应当邀请老年人组织和老年人权益保障领域专家学者参与。

第五十六条 鼓励、支持有专业知识、技术、技能的老年人开展创新创业活动。

老年人愿意为社会创造财富的，聘用单位或者个人应当为其创造条件，并签订劳务协议，保障其合法权益。

老年人因工伤亡的，用人单位应当依法参照工伤保险赔偿标准对其承担人身损害赔偿责任。

老年人参加社会活动取得的合法收入不影响其依法所享受的待遇。

第五十七条 老年人有继续受教育的权利，老年教育资源应当对城乡老年人开放。

各级人民政府及其有关部门应当重视和加强对老年教育的组织领导和统筹规划，把老年教育纳入终身教育体系，加强老年教育设施建设，促进老年教育规范化。

支持和引导社会力量兴办各类老年大学（学校）等老年教育机构，开展各种形式的老年教育，满足老年人的精神文化需求。

鼓励高等院校向老年人开放网络课程和注册旁听课程，供老年人免费学习。

第五十八条 各级人民政府及其相关部门应当指导、帮助老年人组织、村（居）民委员会和养老服务机构开展适合老年人健康有益的文化、教育、体育、娱乐活动，丰富老年人的精神文化生活。

国家机关、社会团体、企业事业单位应当根据各自条件，开辟老年人活动场所，组织老年人参加文化、体育等各类活动，为老年人生活、保健提供服务。

第八章 法律责任

第五十九条 违反本办法第十九条规定，村（居）民委员会、老年人组织、医疗机构、社会工作服务机构、救助管理机构、福利机构和老年人所属单位及其工作人员发现老年人遭受或者疑似遭受家庭暴力未及时报告，造成严重后果的，由上级主管部门或者本单位对直接负责的主管人员和其他直接责任人员依法给予处分。

第六十条 违反本办法第三十七条第二款规定，擅自改变养老服务设施用途或者拆除的，由县级以上人民政府民政部门责令限期改正；逾期不改正的，责令退赔补贴资金和有关费用，并依法给予处罚。

第六十一条 养老机构违反本办法第四十二条第二款第五项规定未经批准擅自暂停或者终止养老服务的，由县级以上人民政府民政部门责令改正；情节严重的，处五千元以上三万元以下的罚款；构成犯罪的，依法追究刑事责任。

养老机构未与老年人或者其代理人签订服务协议、协议不符合国家和本省有关规定或者不履行协议的，应当承担相应的民事责任。

第六十二条 赡养人、扶养人不履行赡养、扶养义务，虐待、遗弃老年人或者对老年人实施家庭暴力的，由有关单位给予批评教育；构成违反治安管理行为的，依法给予治安管理处罚；构成犯罪的，依法追究刑事责任。

国家工作人员不承担赡养、扶养老年人的义务，虐待、遗弃老年人或者对老年人实施家庭暴力的，给予警告、记过或者记大过处分；情节较重的，给予降级或者撤职处分；情节严重的，给予开除处分。

第六十三条 违反本办法规定，不履行优待老年人义务的，由县级以上人民政府民政、公安、住房和城乡建设、旅游发展、文化、卫生计生、交通运输等部门和老龄工作机构按照各自职责责令改正。拒不改正的，依法给予处分。主管部门不履行管理和监督职责的，由县级以上人民政府老龄工作机构或者行政监察机关督促其履行职责。

第九章 附则

第六十四条 本办法自2017年1月1日起施行。

山东省人民政府办公厅
关于印发山东省养老服务业转型升级实施方案的通知

鲁政办字〔2016〕22号

各市人民政府，各县（市、区）人民政府，省政府各部门、各直属机构，各大企业，各高等院校：

《山东省养老服务业转型升级实施方案》已经省政府同意，现印发给你们，请认真贯彻落实。

山东省人民政府办公厅

2016年2月25日

山东省养老服务业转型升级实施方案

为贯彻落实省政府养老服务业转型升级座谈会精神，加快推动全省养老服务业转型升级，特制定本实施方案。

一、总体思路目标

（一）总体思路。围绕满足老年人多样式、多层次、个性化的养老服务需求，以“把养老服务业培育成一个强大的服务产业”为目标，创新体制机制，优化政策环境，打造“孝润齐鲁·安养山东”品牌，统筹城乡区域发展，大力推进市场化、产业化、社会化，提升居家养老、医养结合、人才培养、基本养老水平，壮大产业规模，优化产业结构，使养老服务业真正成为我省经济转方式、调结构、稳增长的新动力、新优势和新的增长点。

（二）发展目标。到2017年，基本建成以居家为基础、社区为依托、机构为补充的养老服务体系，民办养老机构占比突破50%，每千名老年人拥有养老床位35张以上；提供就业岗位50万个以上；养老产品用品供给不断丰富，服务内容日益多元，服务模式更加多样。到2020年，全面建成以居家为基础、社区为依托、机构为补充，功能完善、规模适度、覆盖城乡的养老服务体系，民办和公建民营养老机构占比达到85%以上，每千名老年人拥有养老床位40张以上；提供就业岗位100万个以上。

二、重点工作任务

（一）打造一个品牌。

加强品牌创建。围绕“机构和居家相融合的社区养老、医疗和养生养护相融合的健康养老、数据和服务相融合的智慧养老、基本养老和产业养老相融合的幸福养老”，打造“孝润齐鲁·安养山东”服务品牌。鼓励各地因地制宜，创建一批富有地域特色的子品牌，明确品牌内容、服务流程和服务标准，满足省内外老年人不同层次的养老服务需求。

（二）搞好两个统筹。

1. 统筹区域发展。科学编制全省养老服务业“十三五”发展规划，明确养老服务业定位和发展思路、产业重点、空间布局，引领社会资本和土地、技术、人才等生产要素向养老服务领域有序流动，推动东、中、西部地区养老服务业协调发展。各地加快编制“十三五”养老服务业发展规划，并根据本地老年人数量、结构和服务需求等，编制养老设施建设专项规划，明确养老设施建设的位置、规模、种类、数量和功能，推动养老设施合理布局。同时，要根据相关规划和老年人需求变化，对发展规划和专项规划进行动态调整。

2. 统筹城乡发展。推进“多镇一院”“一县一院”“中心敬老院”等敬老院建设模式，优化农村敬老院布局。创新管理服务模式，通过公建民营、民办公助、购买服务等方式，在保障五保老年人基本养老服务基础上，向全社会老年人开放，打造农村区域性养老服务中心。整合有关涉农政策和资金，推进农村幸福院建设，到2020年农村幸福院或日间照料设施服务功能覆盖全部农村社区。落实农村扶贫开发部署，加大对中西部贫困地区养老设施建设支持力度，建立城乡、区域交流合作机制。

（三）坚持“三化”发展。

1. 推进市场化发展。加快公办养老机构改革，到2020年全省80%以上的公办养老机构转制为企业、社会组织或实现公建民营，面向社会经营的公办养老机构要考虑政府投入、社会捐赠等服务成本，实行全成本核算，按照不低于当地相当等级养老机构市场收费价格的原则，合理确定收费标准；保留公办形式的养老机构也要实行严格的财务预算，促进各类养老机构公平竞争、有序发展。没有社会保险收入或社会保险收入不足以缴纳成本性费用的“三无”、五保等困难老年人，申请入住改革后养老机构，由政府通过购买服务方式代为支付；其他经济困难老年人尤其是高龄、失能老年人，积极利用居民养老保险、最低生活保障、高龄津贴和护理补贴、政府购买养老服务等现有保障措施，以及加快建立长期护理保险制度，多种方式支持入住养老机构。鼓励民间资本通过参资入股、收购、委托管理、公建民营等方式，建设和管理运营公办养老机构。利用公办养老机构现有土地资源和房屋设施，采取政府和社会资本合作模式，引导社会力量参与公办养老机构改扩建和运营管理。放宽民非类养老机构资产管理政策，允许民非类养老机构出资者拥有对投入资产的所有权，并按不高于同期银行1年期贷款基准利率2倍的标准提取盈余收益。

2. 推进产业化发展。加快养老与房地产、医疗、保险、旅游等融合步伐，大力发展候鸟式养老、旅游养老、农家养老、以房养老、会员制养老等新兴业态，拉长产业链条，提高产业聚集度。以老年人服务需求为导向，搭建供需对接平台，支持康复辅具、食品药品、服装服饰等老年用品用具和老年旅游、老年保险等服务产品的研发、生产和销售。对接黄金海岸养老健康文化旅游服务产业集聚带发展规划，引导社会力量投资休闲健康养生养老基地，开发老年住宅、老年公寓，建设能够满足老年人教育、健身、娱乐、保健、医疗、康复、护理等多种需求的老年社区和大型养老综合体。支持各级成立养老产业协会，发挥行业协会在信息咨询、行业自律、标准制定、产业发展等方面的作用。

3. 推进社会化发展。推动养老服务由补缺型向普惠型转变，由重点保障特殊困难老年人向为全体老年人服务。到2020年年底，生活照料、医疗护理、精神慰藉、紧急救援等基本养老服务覆盖所有居家老年人。完善落实优惠扶持政策，吸引社会力量建设运营养老机构、社区日间照料中心、养老服务信息平台等养老设施和服务组织，推动社会力量成为养老服务业市场主体，打造低端有保障、中端有市场、高端有选择的多层次养老服务格局。到2020年年底，全省各类养老床位达到88万张，城市社区老年人日间照料设施达到5500处以上，农村幸福院、日间照料设施达到1.2万处以上。

（四）突出四个重点。

1. 突出居家养老。推进社区居家养老一体发展，健全以企业和社会组织为主体、社区为纽带、信息平台为手段、满足老年人各种养老服务需求的社区居家养老服务网络。提高社区日间照料中心、农村幸福院的覆盖率，完善提升日间照料、失能老年人托养、居家养老服务等功能，开展“助餐、助浴、助洁、助行、助医、助急”等养老服务，打造社区养老服务中心。鼓励个人和家庭兴办小微养老机构和服务组织，依托热心老年人家庭建设邻里互助养老点。支持社会力量独立举办或者以承包、合资、合作方式发展专业化社区居家养老服务组织，纳入家政服务业、扶持社会组织等政府政策扶持范围。各类营利性和非营利性社区居家养老服务组织、小型养老机构，同等享受鲁政发〔2015〕21号文件规定的小微企业税费减免、创业补贴、投融资支持等优惠扶持政策。扶持竞争力强、有实力的大型养老机构和社区居家养老服务组织走集团化发展道路，发挥人才、管理、品牌和技术优势，跨地区、跨行业、规模化、品牌化经营。建设养老服务信息平台，整合社区养老热线、紧急救援系统、老人健康档案等服务资源和养老服务组织，打造没有围墙的养老院。到2017年，依托省电子政务公共服务云平台，在省级部署完成全省统一的养老服务信息平台建设。

2. 突出医养结合。把保障老年人基本健康养老需求放在首位，对有需求的失能、部分失能老年人，以机构为依托，做好康复护理服务，着力保障特殊困难老年人的健康养老服务需求；对多数老年人，以居家和社区养老为主，通过医养有机融合，确保人人享有基本健康养老服务。建立健全医疗卫生机构与养老机构合作机制，医疗卫生机构要为养老机构开通预约就诊绿色通道，为入住老年人提供医疗巡诊、健康管理、保健咨询、预约就诊、急诊急救、中医养生保健等服务，鼓励二级以上综合医院（含中医医院）与养老机构开展对口支援、合作共建，公立医院资源丰富的地区可积极稳妥地将部分公立医院转为康复、老年护理等接续性医疗机构，提高基层医疗卫生机构康复、护理床位占比，鼓励其根据服务需求增设老年养护、临终关怀病床。提高养老机构提供基本医疗服务的能力，支持养老机构根据需求和能力开办老年病医院、康复护理院和分支医疗机构，具备条件的可作为医院（含中医医院）收治老年人的后期康复护理场所，符合条件的可按规定纳入基本医疗保险定点范围，对养老机构和医疗卫生机构中的医护人员同等对待。推动医疗卫生服务向社区、家庭延伸，鼓励社区养老机构与周边医疗卫生机构建立业务协作机制，实现无缝对接，提高基层卫生机构为居家老年人提供上门服务的能力，规范为居家老年人提供的医疗和护理服务项目，将符合规定的医疗费用纳入医保支付范围。支持社会力量举办医养结合机构，按照“非禁即入”原则，凡符合规划条件和准入资质的，不得以任何理由加以限制。鼓励开发包括长期商业护理保险在内的多种老年护理保险产品，加快建立完善长期护理保险制度，积极探索多元化的保险筹资模式，保障老年人长期护理服务需求。到2020年，护理型床位达到26.4万张，占养老床位总数的30%以上；65岁以上老年人健康管理率达到70%以上；所有医疗机构开设为老年人提供挂号、就医等便利服务的绿色通道，所有养老机构能够以不同形式为入住老年人提供医疗卫生服务，基本适应老年人健康养老服务需求。

3. 突出人才培养。大力推行学历教育，加快培养老年医学、康复、护理、营养、心理、社会工作等专业人才。高等院校、中等职业院校（含技工院校）要围绕社会对养老服务领域专门人才的需求，设置养老服务相关专业，加大培养力度，满足社会需求。"十三五"期间，全省设立养老服务相关专业的高等院校、职业学校（含技工院校）达到30处。教育部门按照国家专业设置要求，进一步明确设置标准、培养目标和内容，加快开发相关课程体系，加强师资队伍建设和双师型人才使用。高等院校可对养老服务业专业学生给予减免学费、奖励奖学金倾斜等优惠照顾。鼓励医护人员到医养结合机构执业，促进人才有序流动。积极开展养老服务专业人才、管理人员在职培训。坚持"走出去、引进来"，组织省内养老从业人员赴省外境外学习培训。推行养老服务管理人员持证上岗，制定康复、护理人员服务标准，设立与报酬挂钩的职能技能级别。

4. 突出基本养老。按照"保基本、兜底线"原则，完善基本养老保障制度，逐步提高养老金待遇水平。完善特困老年人供养制度，加强对"三无"和五保老年人的服务保障，确保其生活不低于当地平均生活水平。建立困难老年人养老服务补贴制度，统筹整合老年人高龄津贴、护理补贴、服务补贴等老年人补贴项目，统一归并政府补贴政策和标准，积极采取政府购买养老服务等方式，为广大老年人提供基本养老服务。鼓励和支持积极养老，编制《山东省老年教育规划》，依托城乡社区和有条件的养老机构，利用闲置房产资源，大力发展老年教育，为老有所学、老有所为、老有所乐创造良好条件，提高老年人生活质量。

三、完善政策措施

（一）强化规划约束。把养老服务业发展纳入经济社会发展规划和土地利用总体规划，在编制实施城乡规划、土地利用总体规划、新农村建设规划和基本公共服务规划时，充分考虑养老服务发展需要。制定城市总体规划、控制性详细规划，必须按照人均用地不少于0.2平方米的标准，分区分级规划设置养老服务设施。新建小区按每百户不少于20平方米的标准，配套建设养老服务设施，在规划条件和开发项目建设条件意见书中予以载明，并列入土地出让合同，与住宅同步规划、同步建设、同步验收、同步交付使用，未按要求配建、不能同步交付使用的住宅小区，住房城乡建设部门不予办理竣工综合验收备案。老旧小区通过购置、置换、租赁等方式，按每百户不少于15平方米的标准调剂解决。

（二）保障土地供应。"十三五"期间，根据省政府确定的养老服务体系建设任务，按照每张床位50平方米的标准，安排养老服务设施专项用地指标，应保尽保。民间资本举办非营利性养老机构与政府举办的养老机构享受同等土地使用政策，可以依法使用国有划拨土地和农村集体所有土地。积极探索以租赁或先租后让方式保障营利性养老机构建设土地需求，明确出租标准、权利义务，降低养老机构建设成本，减少投资者现金压力。对依法以协议价格取得养老服务设施用地，基准地价已覆盖地区，按不低于出让地块所在级别相同用途基准地价的70%比例且不得低于成本价确定土地出让底价；基准地价未覆盖地区，按不低于新增建设用地有偿使用费、征地（拆迁）补偿费及国家规定应缴纳的有关费用之和确定土地出让底价。对采取招拍挂方式出让的，可探索通过双向竞价、综合评标等方式合理控制地价。支持利用农村闲置土地、房屋建设养老服务设施。引导未开发房地产用地重点向老年住宅、老年社区等用地转型，鼓励市场存量房产和过剩房源通过租赁、改造等方式，转为养老地产、养老机构、日间照料中心等养老设施，符合条件的可同等享受政府有关扶持政策。养老服务设施用地在办理供地手续和土地登记时，土地用途确定为医卫慈善用地，土地使用权取得人须提交养老服务设施用地承诺书，严禁改变建设用地用途、容积率等土地使用条件，变相搞房地产开发。民政、国土资源、规划部门通过养老机构年检、核发建设用地划拨决定书、签订出让和租赁合同、规划变更审批等，依法加强对养老用地使用情况的监督管理。

（三）加大财政补助力度。"十三五"期间，省级每年安排10亿元支持养老服务业发展，重点面向社区、居家和农村养老倾斜。继续按鲁政发〔2014〕11号文件规定对养老机构建设、城市社区日间照料中心和农村幸福院建设开办、养老服务业人才培养等给予扶持，并自2016年起调整完善以下财政补助政策：

1. 创新政府对养老机构扶持方式，设立养老服务业发展股权投资引导基金，引导社会资本投资发展各类养老服务机构。股权引导基金设立运行方案，由省民政厅会同省财政厅、省金融办按照鲁政办发〔2014〕44号文件另行制订，报省政府研究同意后实施。

2. 加大护理型（医养结合型）养老机构扶持力度，在现行养老机构建设补助标准基础上，将新建、改扩建护理型养老机构建设补助标准提高20%。护理型养老机构具体扶持条件由省民政厅另行制定。

3. 提高符合条件的民办和公建民营养老机构运营补贴标准，根据入住机构的自理、半自理、完全不能自理的老年人数进行补贴，从每人每年360元、600元、720元分别提高为600元、1200元、2400元。

4. 调整养老服务信息平台建设和补助政策，集中资源和资金，依托省级政务云平台，建立全省统一的养老服务信息平台，实现“一个平台、服务全省”，不再以市或县为单位建设养老服务信息平台；对服务效果好、入网老年人比例高的平台运营机构给予一定经费奖补，具体政策由省民政厅、财政厅另行研究制定。

5. 加大对社区居家养老的支持力度。推动社区日间照料中心向社区养老服务中心转型发展，对具备日间照料、失能老年人托护、居家养老服务功能，由专业机构和服务组织托管运营的社区日间照料中心、农村幸福院，经当地民政部门或其委托的第三方专业机构评估确认，给予一定经费奖补。开展社区治理暨养老服务创新实验，省级对每个实验区给予一定资金补助，聚焦社区居家养老，探索可复制可推广的实践经验，发挥示范引领作用。

6. 对本科、专科毕业生从事养老服务工作给予奖励，与符合条件的养老服务机构签订5年以上劳动合同，实际工作满3年后分别给予2万元和1.5万元的一次性补助。技工学院、高级技工学校毕业生享受专科毕业生补助政策。延长设立养老服务专业奖补政策至2020年。

（四）创新投融资支持方式。鼓励金融机构创新金融服务，通过贷款贴息、小额贷款、上市融资，以及推进应收账款质押、预期收益权质押、动产抵押等抵质押贷款业务，拓展投融资渠道，破解融资难题。探索开展养老产业债券发行工作，对相关手续齐备、偿债保障措施完善的养老产业发债申请项目，适当放宽审核政策及准入条件；对具有稳定偿债资金来源的养老产业项目，可按照融资—投资建设—回收资金封闭运行的模式，开展项目收益债券试点。探索开展以房养老试点。探索将政府支持社会力量建设养老服务设施的优惠土地和补助资金作价记账，政府不参与养老机构运营管理、收益分红和债务承担，对改变养老用途的，由政府及有关部门依法进行追偿和处置。

四、加强组织领导

（一）健全工作机制。健全工作协调机制，强化部门协同，形成工作合力。民政部门要切实履行监督管理、行业规范、业务指导职责，发挥牵头协调作用。发展改革部门要将养老服务业发展纳入经济社会发展规划、专项规划和区域规划，支持养老服务业发展。财政部门要加大财政投入力度，优化资金补助结构和使用效益。教育、公安消防、卫生计生、国土资源、住房城乡建设、人力资源社会保障、商务、环保、税务、统计、工商、质检、金融、价格、老龄、银监、保监等部门要各司其职，及时解决工作中遇到的问题，形成齐抓共管、整体推进的工作格局。

（二）加强行业监管。实施“互联网＋养老”工程，依托省级政务云平台，建设全省养老管理平台、养老服务平台和山东养老信息网，打造互联互通的行政管理、服务提供和宣传推介平台。制定全省养老服务业标准化发展规划，出台一批养老服务业发展急需的地方标准。建立养老服务业统计制度，完善养老服务统计指标体系。建立养老机构、组织信用评价体系，完善养老服务举报和投诉等制度，依托各级养老服务协会、家政协会定期对养老机构、组织运营情况进行调查评价，形成政府指导、行业自律、社会监督相结合的监管体系。积极妥善解决老旧养老服务设施的消防、环保、卫生防疫等问题，对因年代久远或其他客观原因无法办理建设、施工、规划许可、土地证明等消防许可、环保等前置证明的，由县级人民政府协调出具土地性质、房屋权属等相关证明文件，住房城乡建设部门协调专业机构进行房屋质量检测，环保部门协调完善环保手续，消防部门办理消防设计审核、消防验收或备案手续。

（三）加大宣传力度。依托山东养老服务信息网，充分利用各种宣传媒体，加强对“孝润齐鲁·安养山东”养老服务品牌宣传推介，扩大品牌效应，使“孝润齐鲁·安养山东”养老服务品牌深入人心、家喻户晓，成为传承齐鲁孝文化、引领养老服务业发展的强大动力。大力弘扬敬老、养老、爱老、助老、孝老传统美德，广泛宣传养老服务业的重要意义及各级扶持政策，总结推广各地经验做法，表彰奖励优秀养老服务品牌、养老服务项目和养老服务人员，形成敬老、为老、助老的良好社会氛围。

（四）加强督导检查。将养老服务业纳入省政府重点督查事项，重点督导发展养老服务业部门任务分工以及养老设施资金扶持、用地保障、价格优惠、税费减免等有关政策落实情况，清理不合理行政事业性收费，解决养老设施项目“落地难”问题。各地要根据本方案要求，结合实际抓紧制定具体实施方案。民政和老龄部门要加强对本方案执行情况的监督检查，及时向省政府报告。

山东省人民政府办公厅转发省卫生计生委等部门关于加快推进医养结合工作的实施意见的通知

鲁政办发〔2016〕56号

各市人民政府，各县（市、区）人民政府，省政府各部门、各直属机构，各大企业，各高等院校：

省卫生计生委、省民政厅、省发展改革委、省财政厅、省人力资源社会保障厅、省国土资源厅、省住房城乡建设厅、省旅游发展委、省老龄办、省中医药管理局《关于加快推进医养结合工作的实施意见》已经省政府同意，现转发给你们，请认真贯彻执行。

山东省人民政府办公厅
2016年12月19日

关于加快推进医养结合工作的实施意见

为贯彻落实《国务院办公厅转发卫生计生委等部门关于推进医疗卫生与养老服务相结合指导意见的通知》（国办发〔2015〕84号）精神，进一步推进医养结合工作，现提出以下实施意见：

一、总体要求

到2017年，全面落实《医疗养老结合基本服务规范》（山东省地方标准DB37），促进医养结合服务制度化、规范化。二级以上医院为入住养老机构老年人提供医疗服务、开通就医绿色通道，基层医疗卫生机构为入住养老机构和居家老年人提供健康管理服务，老年人健康养老服务可及性明显提升。探索发展面向基层及偏远地区的在线远程诊疗系统，形成规模适宜、功能互补、安全便捷的健康养老服务网络。

到2020年，随着以居家为基础、社区为依托、机构为补充、医养相结合的养老服务体系全面建成，医养结合政策法规体系基本建立，服务网络基本形成。各地医养结合机构建设基本满足本地失能老年人入住需求。所有医疗卫生机构为老年人就医开辟绿色通道，所有养老机构能够以不同形式为入住老年人提供医疗护理服务。基层医疗卫生机构的服务能力稳步提升，面向居家养老老年人广泛开展医疗护理服务。

二、主要工作任务

（一）建立医养融合发展的运行机制和服务模式。按照就近就便、互利互惠的原则，推进二级以上医院与养老机构建立合作机制，签订长期合作协议，明确双方责任，建立完善可持续的运行机制和服务模式。医院可通过整合内部资源，为老年人提供治疗期住院、康复期护理、稳定期生活照料以及临终关怀一体化的健康养老服务。医院可通过协议合作等形式为入住养老机构的老年人提供医疗、护理、保健等服务，建立康复病床、双向转诊、急诊急救等医疗救治绿色通道，确保老年人能够得到及时有效的医疗救治；承担养老机构医务人员培训任务，提高养老机构医务人员诊疗康复服务能力。

（二）支持有条件的养老机构内设医疗卫生机构。大力推动养老机构提高医疗护理服务能力。养老机构可根据服务需求和自身能力，按相关规定申请开办医疗卫生机构。养老机构内设医疗卫生机构为门诊部、诊所、医务室、护理站的，养老机构应当向当地县级卫生计生行政部门申请设置和执业登记，卫生计生部门应当在受理设置申请后10个工作日内给予是否同意设置的批复，符合条件的优先办理。对无力设置医疗卫生机构的养老机构，医院可采取主办、协办、托管等形式参与养老机构内设医疗卫生机构的经营管理。

（三）鼓励各级医疗卫生机构开展养老服务。医疗卫生机构面向老年人开展集中居住和照料服务的，应当按照《养老机构设立许可办法》规定，申请养老机构设立许可，民政部门予以优先受理。符合设立条件的，自受理设立申请后10个工作日内颁发养老机构设立许可证。对于无内设养老机构，但具有养老服务需求的医疗卫生机构，民政部门应当指导其与养老机构建立协作机制，开展一体化的健康和养老服务。鼓励二级及以下医院等医疗卫生机构转型为针对高龄、重病、失能、部分失能老年人康复护理服务需求的医养结合机构。按照“非禁即入”原则，鼓励社会力量兴办医养结合机构，并按规定享受国家、省有关优惠政策。鼓励有资质的个人依托医疗卫生机构在养老机构执业。公立医院资源丰富的区域可积极稳妥地将部分公立医院转为康复、老年护理等接续性医疗卫生机构。支持发展康复护理、老年护理、家庭护理等适应不同人群需要的护理服务，提高规范化服务水平。

（四）加强基层医疗卫生养老服务能力建设。基层医疗卫生机构要依托国家基本公共卫生服务项目，为辖区老年人建立健全健康管理服务制度，做好老年人免费体检、保健咨询、健康指标监测和健康信息管理等服务。推行签约服务，与有意愿的老年人建立契约服务关系，提供连续性的健康管理服务和基本医疗服务。对65岁以上老年人每年免费提供一次生活方式和健康状况评估、体检、健康指导等健康管理服务。加强社区卫生服务中心、乡镇卫生院的医疗康复功能建设，发展老年康复护理、临终关怀等特色科室，方便老年人就近获得康复疗养等服务，满足老年人基本健康养老需求。

（五）进一步发挥中医药在健康养老中的作用。鼓励中医院与养老机构建立合作关系，把中医诊疗、中医治未病、中医药养生保健、中医药康复医疗融入健康养老全过程，全面提升老年人身心健康和生活质量。加强中医医院老年病诊疗能力建设，鼓励二级以上中医医院设立老年病科，逐步增加老年病床位。基层医疗卫生机构要开展社区和居家中医药健康养老服务。鼓励社会资本新建以中医药健康养老为主的护理院、疗养院。支持养老机构开展融合中医药健康管理理念的老年人医疗、护理、养生、康复服务。加快发展中医药健康养老产业。针对老年人慢病防治、养生保健、饮食起居、临床诊疗、康复护理、心理干预等需求，加快研发中医产品。

（六）推进“互联网＋”智慧健康养老产业发展。大力发展以互联网为载体的信息技术在健康养老服务中的应用。加强医养结合服务体系智能化建设，为居家养老、机构养老的老年人提供移动医疗服务。依托社区卫生服务中心签约的家庭医生实时在线系统，每日更新老年人健康管理档案信息，随时监控居家老年人的身体健康状况，进行高血压、糖尿病、心脏功能监测，对突发心脑血管疾病实施紧急救援和转诊服务。整合资源，实现老年人生活信息和医疗信息共享利用，为老年人提供远程健康管理、健康指导等服务，做到急症早发现、早救治。组织医疗卫生机构开展面向养老机构的远程视频诊疗服务，探索可持续运营的业务模式和商业模式，促进智慧健康养老产业发展。

（七）推进旅游养老和医疗保健养生服务相结合。推动生态避暑、休闲度假、养生旅游等精品旅游线路的集中居住点与二级以上医院建立紧密合作机制，为旅居老年人提供急诊急救、特色康复保健、中医养生体验、中医药健康服务等健康旅游养生服务。利用我省各地温泉等独特优势，结合区位医疗资源，推出中医针灸、按摩、理疗相结合的特色旅游线路和服务项目，打造特色医疗、慢性病防治、疗养康复、美容保健、中医药养生、中医药疗养康复等健康旅游居住品牌产品。加强旅游市场宣传推广，将我省健康旅游特色产品纳入旅游项目推广计划。到2020年，全省建设50家省级康养旅游示范基地。创新服务模式，推进医疗保健、中医药健康服务等多种方法综合干预，提高休闲旅游居住对老年人的吸引力。鼓励旅行社积极发展特色医疗康复保健、中医药健康旅游项目，推出中医药健康旅游主题线路。

三、保障措施

（一）加大政策扶持力度。对取得养老机构许可证的医养结合机构，按照有关规定给予扶持。要将符合条件的养老机构的内设医疗卫生机构纳入城乡基本医疗保险定点范围。探索建立长期护理保险制度和多元化的保险筹资模式，保障老年人长期护理服务需求。鼓励金融机构创新金融服务，通过贴息贷款、小额贷款、上市融资，以及推进应收账款质押、预期收益权质押、动产抵押等贷款业务，拓展融资渠道，推动医养结合机构建设和工作发展。引导商业银行、保险公司、证券公司等金融机构开发适合老年人的理财、信贷、保险等产品。支持发展医养结合机构责任保险、老年人意外伤害保险、长期护理保险、养老保险等，提升个人养老能力，降低机构经营风险。充分发挥社区物业作用，引导、鼓励小区物业服务企业积极拓宽物业服务领域，开展居家养老、社区养老服务，满足老年人个性化服务需求。

（二）切实保障医养结合机构用地需求。各市在编制各类规划时要统筹考虑医疗卫生和养老服务设施建设发展需求，做好用地规划布局。对非营利性医养结合机构，可采取划拨方式，优先保障用地。对营利性医养结合机构，应当以租赁、出让等有偿方式保障用地。养老机构设置医疗卫生机构，可将在项目中配套建设医疗服务设施相关要求作为土地出让条件，并明确不得分割转让；在土地成交后，由医养结合机构业务主管部门要求土地使用权取得人提交项目用地产业发展承诺书，作为国土资源部门签订土地供应合同的前提条件。医养结合机构业务主管部门应对承诺书的履行进行监督，并适时通报国土资源部门。项目竣工达不到约定要求的，各相关部门应按职能分工依法依约进行处置。对于医卫慈善用地，严禁擅自改变建设用地用途、容积率等土地使用条件，严禁变相搞房地产开发。民间资本举办非营利性医养结合机构与政府举办的养老机构享受同等土地使用政策，可以依法使用国有划拨土地和农村集体所有土地。

（三）完善人才培养机制，为推进医养结合提供人才保障。全面加强医养结合专业人才队伍建设，建立岗前教育、岗中培养、继续教育的培养体系，加大对各类养老机构专业医生、执业护士、管理人员和养老护理员的培训力度，打造一支素质高、专业强的养老服务队伍。支持高、中等职业卫生类学校和技工院校增设相关专业课程，加快培养老年医学、康复、护理、营养、心理和社会工作等方面专业人才。鼓励大中专院校护理及相关专业毕业生到养老服务机构和社区从事养老服务工作。鼓励引导各级各类职业培训机构和医养结合机构，按照政府购买职业培训成果新机制，建立养老护理人员培训基地。将老年医学、康复、护理人才作为急需人才纳入卫生技术人员培训规划和临床骨干医师培训项目。对符合条件的参加养老护理职业技能培训和职业技能鉴定的人员，按规定给予职业培训补贴和职业技能鉴定补贴。

鼓励医护人员到医养结合机构执业。在养老机构从事医护工作的专业技术人员，在申报职称时，与医疗卫生机构医护人员同等对待，统一执行我省相关标准，其在养老机构从事的卫生专业技术工作可计算入总工作量中，对所取得的与本专业相关的业绩成果予以认可，并执行所聘专业技术岗位相应的工资待遇。医疗卫生机构在分配绩效工资时，对到养老机构中轮岗服务的职业医师和职业护士给予适当倾斜。建立医疗卫生机构与医养结合机构人员进修、轮训、轮岗服务机制，促进人才有序流动。

（四）加强信息化建设，为医养结合提供有力支撑。推进医养结合信息平台数据标准化和信息共享，建立统一的数据交换共享指标体系，实现跨部门、跨区域的业务协同和信息资源共享。利用老年人基本信息档案、电子健康档案、电子病历等，推动社区养老服务信息平台与区域人口健康信息平台对接。积极推广使用居民健康卡，促进居民电子健康信息动态实时更新，强化个人健康与疾病监测管理。探索以社会保障卡作为医养结合金融信息服务的有机载体，推进高龄津贴、失能补贴、特困老年人生活补贴（不含向低保、五保对象中老年人发放的低保金、五保金）、抚恤优待金等社会保障性资金领取“一卡通”。鼓励引导我省三级甲等综合医院与基层医疗卫生机构、医养结合机构通过组成医疗服务联合体等方式，建立远程医疗会诊合作关系。积极与国家远程医疗平台进行互联，全面加强域外名医名院合作，共享国内优质医疗资源；扩大省内远程医疗服务平台覆盖范围，向乡镇卫生院等基层医疗卫生机构下移，向各类养老机构和社区纵深扩展更多应用。推动远程医学影像、远程监护、远程会诊等医疗服务。

（五）积极推进试点工作。卫生计生、民政等部门要密切协作，在推动青岛、烟台、威海等市开展国家级医养结合试点工作的基础上，根据国办发〔2015〕84号文件要求，开展省级医养结合试点工作，加强政策扶持和资金补助，力争建成一批特色鲜明、示范性强的医养结合试点项目。要加强对各市试点工作的督促指导，帮助解决工作中的难点问题，及时总结推广好的经验和做法，完善相关政策措施。各市要联系实际积极开展试点工作，并适时推广成功经验，走出适合本市实际的医养结合发展之路。

四、组织实施

（一）加强领导。各市、各有关部门要充分认识医养结合在深化医改、发展养老服务业以及应对人口老龄化等工作中的重要意义，切实把推进医养结合工作摆在重要位置，加强组织领导，精准分解目标任务，全面落实工作责任。

（二）明确部门职责。各有关部门要认真履行职责，加强协作，形成推进医养结合工作发展的合力。卫生计生部门要积极引导社会力量开办老年康复医院、护理院和临终关怀医院等医疗卫生机构；积极推动医疗卫生机构开展医养结合服务，推进医养结合服务社区化、家庭化，做好养老机构内设医疗卫生机构执业活动的日常监管和医务人员培训工作，提高医务人员诊疗能力。民政部门要把医养结合纳入到养老服务体系发展规划，做好医疗卫生机构内设养老机构的准入和管理工作，会同有关部门制定完善医养结合型养老机构的建设和服务标准，探索建立相应的政策体系，督导相关扶持政策的落实。发展改革部门要将推动医疗卫生与养老服务相结合纳入国民经济和社会发展规划。卫生计生、民政和发展改革部门要做好养老机构、社区服务机构和医疗卫生机构建设的规划衔接，加强在规划和审批等环节的合作，制定完善医养结合机构及为居家老年人提供医疗卫生和养老服务的标准规范并加强监管。财政部门要落实相关投入政策，积极支持医养结合发展。人力资源社会保障部门要将符合条件的医养结合机构纳入城乡基本医疗保险定点范围，建立支持医养结合长期发展的保险制度，加强监督管理，及时查处违规行为，支持养老服务人才的教育培训。国土资源部门要切实保障医养结合机构的土地供应。城乡规划部门要统筹规划医养结合机构的用地布局。旅游发展部门要将健康旅游特色产品纳入旅游项目推广计划。老龄工作部门要做好入住医养结合机构和接受居家医养服务老年人的合法权益保障工作。中医药管理部门要研究制定中医药相关服务标准规范并加强监管，加强中医药适宜技术和服务产品推广，加强中医药健康养老人才培养，做好中医药健康养老工作。

（三）强化督导考核。各市、各有关部门要将医养结合工作纳入重要事项督查范围，建立以落实医养结合政策情况、医养结合服务覆盖率、医疗卫生机构和养老机构无缝对接程度、老年人护理服务质量、老年人满意度等为主要指标的工作评估体系。卫生计生、民政等有关部门要依据本实施意见，结合部门职责，制定具体实施办法，并纳入本部门年度重点工作进行考核。要加强对医养结合工作的日常监督管理，适时开展工作督查，定期通报进展情况，针对发现问题及时采取整改措施，不断完善相关政策，促进医养结合健康发展。

抄送：省委各部门，省人大常委会办公厅，省政协办公厅，省法院，省检察院。各民主党派省委。

山东省人民政府办公厅
2016年12月19日印发

山东省民政厅等11部门关于推进公办养老机构改革的指导意见

鲁民〔2016〕86号

为增强公办养老机构发展活力、建立公平竞争有序的养老服务市场环境，根据《山东省人民政府关于加快发展养老服务业的意见》（鲁政办发〔2014〕11号）、《山东省人民政府办公厅关于印发山东省养老服务业转型升级实施方案的通知》（鲁政办字〔2016〕22号）精神，现就推进我省公办养老机构改革提出如下意见。

一、重要意义

随着人口老龄化快速发展，多元化、多层次社会养老服务需求持续扩大，养老服务供需结构性矛盾日益突出，必须坚持政府引导、社会主办、市场运作，加快推进养老服务市场化、产业化、社会化，转变政府职能，吸引社会参与，激发市场活力，增强有效供给，推动社会力量成为发展养老服务业的主体，促进养老服务业转型升级。公办养老机构是政府履行兜底养老职责的主要载体，也是养老服务体系的重要组成部分。近年来，全省各级持续加大投入，建设了一批公办养老服务设施，在集中供养特困老人、发挥示范引导方面起到了重要作用。但也存在发展活力不够、服务能力不强、资源闲置浪费等问题，尤其是为高龄、失能老年人提供护理服务的能力欠缺，部分面向社会开放的公办养老机构未实行全成本核算。推进公办养老机构改革，破除体制机制障碍，有利于公办养老机构激发活力、提升能力，更好地履行政府兜底养老责任；有利于公办养老机构向社会开放，盘活存量资源，扩大有效供给；有利于建立公平有序竞争的市场环境，扩大社会参与，把养老服务业做大做强。

二、工作目标和推进原则

（一）工作目标

围绕满足老年人多元化、多层次养老服务需求，以“把养老服务业培育成一个强大的服务产业”为目标，按照国家和省分类推进事业单位改革的要求，完善公办养老机构管理体制和运营机制，提升公办养老机构服务水平和自我发展能力，促进公办养老机构向社会开放和公共服务资源综合有效利用，建立以市场为导向的价格生成机制和各类养老服务主体公平有序竞争的市场环境，充分发挥公办养老机构在养老服务体系中的兜底作用、示范作用和调节作用。力争2020年底，全省80%以上的公办养老机构实现公建民营或转制为企业、社会服务机构，初步形成功能完善、运行高效、权责明晰、监管有力的公办养老机构管理服务体系。

（二）推进原则

1. 提高效益，保障公益。坚持以需求为导向，按照社会化、市场化方式运营，增强机构自我发展能力。坚持公益属性，履行社会责任，承担政府兜底养老和公益性养老服务功能。

2. 完善功能，盘活资源。坚持以提升服务能力尤其是高龄、失能老年人护理服务能力为核心，创新体制机制，引入社会资源，盘活闲置资源，向社会开放。

3. 统筹谋划，突出重点。坚持以社会福利院、社会福利中心为先导，以乡镇敬老院为重点，分类施策，统筹推进，确保城乡养老服务体系均衡协调发展。

4. 实事求是，有序推进。坚持从实际出发，试点先行，分类分步推进，不搞一刀切、一个模式，不一哄而上，因地制宜、结合实际优化公办养老机构运营机制。

5. 公开公正，规范透明。坚持依法合规推进改革，程序公开透明，实体公平公正，保障社会资源平等参与，维护各方合法权益，改革过程及结果依法及时向社会公开。

三、重点改革任务

（一）完善功能定位

1. 履行兜底责任。优先保障完全或者部分丧失生活自理能力的孤老优抚对象，特困老年人、残疾人和其他符合政府集中供养条件的人员。在此基础上，利用空余床位为其他老年人提供社会化养老服务。

2. 发挥示范作用。积极推进养老服务专业化、标准化、信息化，加强专业培训、品牌建设、安全管理，拓展社区居家养老服务，支持大型公办养老机构发起成立行业协会，引领行业发展和行业自律。

3. 调节服务市场。适时、合理、规范调控养老市场，妥善有效化解民办养老机构因暂停或终止服务导致的老年人安置风险。

（二）提升服务能力

1. 引入社会力量。通过招投标引入管理经验丰富、经营业绩突出、社会信誉良好、品牌影响力广泛的企业或社会服务机构运营管理公办养老机构。鼓励公办养老机构利用自身资源开展对外合作，引进社会力量参与公办养老机构改扩建和运营管理。支持公办公营养老机构以服务外包等方式，购买配餐送餐、卫生保洁、医疗护理、物业管理等社会化服务。

2. 推进医养结合。采取内设医疗机构、引入外部医疗资源、与医疗卫生机构协作等方式，提升公办养老机构的医疗服务水平。养老机构内设老年病医院、康复医院护理院和分支医疗机构，具备条件的可作为医院收治老年人的后期康复护理场所，符合条件的可按规定纳入基本医疗保险定点，对养老机构和医疗卫生机构中的医护人员同等对待。

3. 完善内部治理。完善公办养老机构法人治理机构，加强成本核算和绩效考核，科学设置岗位，吸纳专业人才，加强职业培训，合理确定薪酬待遇，建立能上能下、充满活力的选人用人机制，提高从业人员的职业归属感。

（三）优化运营机制

1. 推行公建民营。通过委托运营、联合经营等方式，引入有资质的企业或社会服务机构运营。民政部门要与运营方签订合同，明晰权责关系，细化双方权利义务、产权性质、经营范围、运营时限、租金支付、退出机制、风险分担、争端解决、中止条款等内容，确保国有资产不流失、养老用途不改变、服务水平明显提高。

2. 探索机构改制。积极稳妥地把主要面向社会提供经营性服务的公办养老机构转制成企业、社会服务机构。转制为企业的，执行当地事业单位转企改制有关政策；转制为国有企业的，由同级国有资产监管机构实施统一监管；转制为社会服务机构的，由民政部门监管。

3. 实行“一院两制”。暂不具备公建民营或机构改制的公办养老机构，可继续实行公建公营。实行公建公营的，要加强工作探索，积极推行“一院两制”，实行分区管理，在保障基本养老服务基础上，积极向社会老年人开放。支持乡镇敬老院托管运营农村幸福院，向区域性养老服务中心转型发展。

（四）建立市场价格机制

1. 实行全成本核算。公办养老机构要综合考虑政府投入、资产折旧、社会捐赠等因素，实行全成本核算，合理定价，面向社会收费标准原则上不低于当地相当等级养老机构市场收费价格。

2. 加强价格监管。面向社会服务的公办养老机构实行明码标价，公开服务项目、服务标准、收费价格，由服务对象自愿选择。价格主管部门要加强监管，查处不正当价格行为。

（五）健全行业监管机制

1. 建立评估机制。以老年人经济状况和身体状况评估为重点，对申请入住公办养老机构的老年人进行评估，建立健全社会评议和公示制度，增加老年人入住公办养老机构的公开透明性。评估工作可采取购买第三方服务方式开展。

2. 强化日常监管。认真落实《养老机构设立许可办法》《养老机构管理办法》，建立健全公办养老机构准入、评估、退出机制。加强对公建民营养老机构的监督管理，合理统筹各方利益，定期对公建民营运营方履行合同、管理服务情况进行调查评价，开展国有资产统计、评估和管理工作，并将结果作为表彰奖励、政策扶持、履行合同的主要依据。公建（办）民营、改制养老机构按规定享受养老机构运营补贴政策。

3. 加强风险防控。鼓励养老机构参加综合责任保险，认真落实省民政厅等 7 部门《关于做好养老机构设立许可和管理工作的通知》（鲁民〔2015〕106 号），限期解决老旧公办养老机构的消防、环保、卫生防疫等问题，对因年代久远或其他客观原因无法办理建设、施工、规划许可、土地证明等消防许可、环保等前置证明的，由县级人民政府协调出具土地性质、规划批准、房屋权属等证明其合法性的相关证明文件，住房城乡建设部门协调专业机构进行房屋质量检测，环保部门协调完善环保手续，消防部门办理消防设计审核、消防验收或备案手续。确实达不到养老机构设立许可条件的，要采取稳妥措施撤并关停。

（六）妥善解决相关问题

1. 妥善安置工作人员。使用事业编制的公办养老机构改制为企业后，原在编工作人员执行当地事业单位转企改制有关政策。对其他人员，按照有关法律规定办理，鼓励运营方留用。

2. 严格管理国有资产。公办养老机构实行公建民营或改制前，必须进行清产核资，并委托具备资质的资产评估机构进行评估，国有资产的核定结果（必要时应核定资产的即时价值）应以资产明细表的方式写入有关合同。运营方不得私自处理国有资产，不得以国有资产进行抵押、融资、贷款；公建民营合同解除前，应进行资产、财务审计，做好交接工作，并向社会公示。

3. 做好说明解释工作。公办养老机构运营方发生变化的，要向已入住老年人和申请入住老年人做好说明，特别是实行全成本核算后收费价格发生变化的，要耐心细致说明原因，公示服务项目和收费标准，取得服务对象理解支持。

各地各有关部门要加强协同配合，紧密结合本地实际，细化实施方案，完善政策措施，加强宣传引导，扎实有序推进公办养老机构改革。贯彻落实本意见的情况和问题，及时报告省有关部门。

山东省民政厅 山东省机构编制委员会办公室
山东省发展和改革委员会 山东省公安厅
山东省财政厅 山东省人力资源和社会保障厅
山东省住房和城乡建设厅 山东省卫生和计划生育委员会
山东省环境保护厅 山东省国有资产监督管理委员会
山东省物价局
2016 年 11 月 4 日

河南省人民政府办公厅转发省卫生计生委等部门关于推进医疗卫生与养老服务相结合实施意见的通知

豫政办〔2016〕133 号

各省辖市、省直管县（市）人民政府，省人民政府各部门：

省卫生计生委、民政厅、发展改革委、财政厅、人力资源社会保障厅、国土资源厅、住房城乡建设厅、教育厅、老龄办、中医管理局制定的《关于推进医疗卫生与养老服务相结合的实施意见》已经省政府同意，现转发给你们，请认真贯彻落实。

河南省人民政府办公厅
2016 年 8 月 2 日

关于推进医疗卫生与养老服务相结合的实施意见

省卫生计生委 省民政厅 省发展改革委
省财政厅 省人力资源社会保障厅 省国土资源厅 省住房城乡建设厅
省教育厅 省老龄办 省中医管理局

（2016 年 6 月 28 日）

为贯彻落实《国务院关于加快发展养老服务业的若干意见》（国发〔2013〕35 号）、《国务院关于促进健康服务业发展的若干意见》（国发〔2013〕40 号）和《国务院办公厅转发卫生计生委等部门关于推进医疗卫生与养老服务相结合指导意见的通知》（国办发〔2015〕84 号）等文件精神，进一步推进我省医疗卫生与养老服务相结合，结合我省实际，制定本实施意见。

一、总体要求

（一）指导思想。以党的十八大和十八届三中、四中、五中全会精神为指导，以推进健康中原建设和满足城乡老年人基本医疗养老服务需求为目标，充分发挥政府引导、社会参与和市场驱动作用，统筹全省医疗卫生和养老服务等各方资源，创新体制机制，加强部门协同配合，打通医养结合政策通道，加快推进医疗卫生和养老服务衔接融合，实现资源共享、功能互补，逐步建立覆盖城乡、规模适宜、功能合理、综合连续、高效便捷的医养结合服务网络，实现人人享有基本健康养老服务的目标。

（二）发展目标。

1. 2016 年，郑州市、洛阳市、濮阳市、兰考县、长垣县、临颍县、汤阴县、商城县在全市（县）范围开展医养结合试点，其他省辖市结合实际至少选择 1 个县（市、区）开展试点，每个试点省辖市、县（市、区）选择 1—2 家符合条件的城市二级医院开展医养结合试点。到 2017 年，各省辖市 50%以上的县（市、区）和一半以上的省直管县（市）开展医养结合试点。医养结合政策体系、标准规范和管理制度初步建立，符合需求的专业化医养结合人才培养制度基本形成，建成一批兼具医疗卫生和养老服务资质和能力的医疗卫生机构和养老机构，逐步提升基层医疗卫生机构为居家老年人提供上门服务能力。全省 80%以上的医疗机构开设为老年人提供挂号、导诊、就医等便利服务的绿色通道；50%以上的养老机构能够以不同形式为入住老年人提供医疗卫生服务，老年人医疗养老服务可及性明显提升。护理型床位占养老床位的比例达到 10%左右。

2. 到 2018 年年底，全省所有县（市、区）开展医养结合试点。基层医疗卫生机构基本具备为入住养老机构（含居家养老和社区养老）老年人提供健康管理服务的能力，养老服务机构医疗服务功能更加完善，与医疗机构合作更加紧密，医养结合模式更加成熟。到 2020 年，基本建立符合我省实际的医养结合体制机制和政策法规体系，医疗卫生和养老服务资源实现有序共享，覆盖城乡、规模适宜、功能合理、综合连续、高效便捷的医养结合服务网络基本形成，基层医疗卫生机构为居家老年人提供上门服务的能力明显提升，基本实现居家老年人人手一张居民健康卡。所有医疗机构开设为老年人提供挂号、就医等便利服务的绿色通道，所有养老机构能够以不同形式为入住老年人提供基本医疗卫生服务，护理型床位占养老床位的比例达到 30%—40%，基本适应我省老年人口养老医疗服务需求。老年医疗护理人才培养机制进一步健全，人才队伍得到持续保障。

二、重点任务

（一）统筹加强城乡医养结合服务体系建设。各地要结合国家和我省医疗卫生、养老服务等相关发展规划，合理编制医养结合机构设置规划和空间布局专项规划，合理布局医疗卫生和养老服务资源。鼓励和引导各级政府、社会资本结合城乡规划对闲置的学校、企业厂房、商业设施、农村集体房屋及其他可利用的社会资源进行整合和改造，用于医疗养老机构建设。新建养老社区、养老机构要严格按照城市规划相关规范要求，配套建设医疗卫生等服务设施。

统筹全省医疗卫生与养老服务资源，积极推动老年医疗服务体系建设，重点加强中西医老年病医院、康复医院、护理院、临终关怀机构建设，公立医疗资源丰富的地方可积极稳妥地将部分闲置床位较多的公立医院、国有企事业单位所属医疗机构优先转型为康复、老年护理等接续性医疗卫生机构，为慢性病、老年病、大病恢复期、肿瘤、心脑血管疾病等老年患者提供接续性医疗服务，逐步建成以老年基本医疗卫生服务体系为基础的多层次医疗养老服务体系。提高医疗机构为老年患者服务的能力，鼓励和引导有条件的二级以上医疗机构（含中医医院，下同）开设老年病科，增设老年医疗养护床位，做好老年慢性病防治和康复护理等相关工作。

支持乡镇卫生院、社区卫生服务中心和具备条件的县级、乡镇计划生育技术服务机构发展康复、护理、临终关怀等老年医疗护理服务特色科室，鼓励其根据服务需求增设老年养护、康复、临终关怀病床，逐步提高基层医疗卫生机构康复、护理床位占比。进一步加强基层医疗卫生机构人才、设备、技术等服务能力建设，逐步提升其预防、诊治老年病、慢性病的服务能力，满足老年患者医疗卫生服务需求。

医疗机构面向老年人开展集中居住和照料服务的，应当按照《养老机构设立许可办法》（民政部令第 48 号）规定，申请养老机构设立许可，民政部门予以优先受理。符合设立条件的，自受理设立申请后 10 个工作日内颁发养老机构设立许可证。

（二）建立健全医疗卫生机构与养老机构合作机制。鼓励和引导养老机构与周边医疗卫生机构签订协议，结为定点对口服务单位或医养联合体，建立健全协作机制，本着互利互惠原则，明确双方责任义务，开展多种形式的合作。鼓励医疗卫生机构利用专业的医护团队和设施设备为签订协议的养老机构提供持续、综合的医疗康复护理服务。大力支持各地通过建设医养联合体等多种方式，整合医疗、康复、护理和养老资源，为老年人提供治疗期住院、康复期护理、稳定期生活照料以及临终关怀一体化的医疗卫生和养老服务。

医疗卫生机构为养老机构开通预约就诊绿色通道，为入住老年人提供医疗巡诊、健康管理、健康咨询、预约就诊、急诊急救、中医养生保健等服务，确保入住老年人能够得到及时有效的医疗卫生服务。将医疗机构为老年人开通预约就诊绿色通道情况纳入我省大型医院巡查和各地卫生计生委日常考核内容。养老机构内设的具备条件的医疗机构可纳入全省分级诊疗体系，作为医院收治老年人的后期康复护理场所。医院恢复期需要康复护理的病人或慢性病病人按规定可转诊到符合条件的医养结合机构。鼓励二级以上医院与养老机构开展对口支援、合作共建。

落实我省医疗卫生系统“以病人为中心”优质服务 60 条措施，医疗机构门诊设置老年人服务专用窗口，为老年患者提供轮椅、陪诊、陪检和代交费、取药等服务，免费为老年患者测量血压、体温、脉搏和提供饮用水等服务。

（三）支持养老机构开展医疗服务。养老机构根据服务需求和自身能力，按相关规定申请开办的老年病医院、康复医院、护理院、中医医院、临终关怀等医疗机构，优先纳入《河南省医疗卫生服务体系规划（2016—2020年）》和当地区域卫生规划，优先予以审核批准，并加大政策支持和技术指导力度。养老机构内设医疗机构为门诊部、诊所、医务室、护理站的，养老机构应当向当地县级卫生计生部门申请设置和执业登记。卫生计生部门应当在受理设置申请后10个工作日内给予是否同意设置的批复。养老机构内设置的医疗机构要符合法律、法规和卫生计生部门、中医管理部门的有关规定，符合医疗机构基本标准，并按规定由相关部门实施准入和管理，依法依规开展医疗卫生服务。养老机构设置的医疗机构符合条件的，可按规定纳入城乡基本医疗保险定点范围，并根据其执业地点及机构级别等确定城乡医保补偿级别。

鼓励符合条件的医师及专业人员，特别是有专业特长的离退休医师依法在养老机构内开办个体诊所。鼓励执业医师到医养结合机构内设的医疗机构多点执业，支持有相关专业特长的医师及专业人员在医养结合机构规范开展营养、疾病预防、中医调理养生等非诊疗行为的健康服务。鼓励二级及以上医疗机构与医养结合机构在平等协商的基础上，通过托管、对口支援、纳入医联体等多种方式帮扶医养结合机构中的医疗机构，定期选派技术骨干和管理团队，帮助提高其技术水平和管理水平。将养老机构内具备条件的医疗机构纳入全省城乡医院对口支援帮扶计划。

（四）推动医疗卫生服务延伸至社区、家庭。充分依托社区各类服务和信息网络平台，实现基层医疗卫生机构与社区养老服务机构的无缝对接。发挥卫生计生系统服务网络优势，结合基本公共卫生服务的开展为老年人建立健康档案，并为65岁以上老年人提供健康管理服务，到2020年，65岁以上老年人健康管理率达到70%以上。推进基层医疗卫生机构和医务人员与社区、居家养老结合，与老年人家庭签订服务协议，建立契约式服务关系，为老年人提供连续性、便捷高效的健康管理服务和医疗卫生服务。鼓励为社区高龄、重病、失能、部分失能以及计划生育特殊家庭等行动不便或确有困难的老年人，提供定期体检、上门巡诊、家庭病床、社区护理、健康管理、中医保健等服务。

提高基层医疗卫生机构为居家老年人提供家庭出诊、家庭护理、家庭病床等上门服务的能力，发展改革（价格）、卫生计生、民政、人力资源社会保障等有关部门要研究制定失能老人居家医疗、护理服务目录和收费标准，规范为居家老年人提供医疗和护理服务项目，经城乡医保部门评审、评估后，将符合规定的医疗服务项目和医疗费用纳入城乡医保支付范围。鼓励志愿者为行动不便的老年人提供门诊、住院陪同服务。

（五）支持养老机构优先开展中医药健康服务。充分发挥我省中医药资源优势，大力发展具有中医药特色的养老机构，推动中医医院与老年病医院、护理院、康复疗养机构等合作协作，鼓励有条件的养老机构设置以老年病、慢性病防治为主的中医诊室。鼓励二级以上中医医院开设老年病科，增加老年病床数量，开展老年病、慢性病防治和康复护理，为老年人就医提供优先优惠服务。支持中医医院与养老机构深层次合作，在养老机构积极开展融合中医特色健康管理的老年人医疗、康复、护理、养生保健等服务。支持有条件的中医医院（含中医诊所）与老年人建立契约服务关系，开展上门诊视、健康查体、保健咨询等服务。充分发挥中医药“治未病”和养生保健优势，为老年人提供养生保健、体质辨识、中药调护、保健品消费指导等服务。开发中医药与养老服务相结合的系列服务产品，支持养老机构开设中医药文化科普专栏，普及中医养生保健知识。

（六）鼓励社会力量兴办新型医养结合机构。各地要认真贯彻落实《河南省人民政府关于进一步完善社会办医支持政策的意见》（豫政〔2014〕54号）和《河南省人民政府办公厅关于进一步促进社会办医加快发展的意见》（豫政办〔2016〕29号）。在制定医疗卫生和养老相关规划时，给社会力量举办医养结合机构留出空间。按照“非禁即入”原则，凡符合规划条件和具有准入资质的，不得以任何理由限制，凡是法律、法规没有明令禁入的，都要向社会资本开放。支持各地采用政府和社会资本合作（PPP）模式举办各类医养结合机构，鼓励企业、慈善机构、基金会、商业保险机构等社会力量针对老年人健康养老需求，通过市场化运作方式，举办医养结合机构以及老年康复、老年护理等专业医疗机构，通过特许经营、公建民营、民办公助等模式，优先支持社会资本举办非营利性医养结合机构和专业医疗机构。将社会办医养结合机构和专业医疗机构优先纳入省级高成长服务业（健康服务业）专项引导资金扶持项目。整合审批环节，明确并缩短审批时限，鼓励有条件的地方提供一站式便捷服务。对社会资本举办的医养结合机构的基本建设项目一律实行备案制。

支持各地规划建设医疗养老社区，重点引进国内外优质医疗养老资源或大型企业集团、战略投资者，发展具有优质服务、先进管理模式的高端医疗养老机构。引导社会办医养结合机构向高水平、规模化、网络化、品牌化、连锁化方向发展，发展专业性医疗养老管理集团。支持各地依据城乡规划建设医疗养老产业园区，融合发展老年医疗康复辅具、老年健康食品用品、保健理疗等研发、生产和加工企业。支持企业围绕老年人的预防保健、医疗卫生、康复护理、生活照料、精神慰藉等方面需求，积极开发安全有效的食品药品、康复辅具、理疗、日常照护、文化娱乐等老年人用品用具和服务产品。鼓励企业开发符合老年人需求的智能化、低成本的结构替代、功能代偿、技能训练等康复辅具。

三、支持政策和保障措施

（一）加强规划布局，落实用地保障。各级政府要在城市总体规划、土地利用总体规划和城乡规划中统筹考虑医养结合机构发展需要，优化用地规划布局，扩大用地供给，优先保障非营利性医养结合机构用地。在新、旧城区老年人集中居住区域按比例规划医养结合机构建设用地。2016年年底前各试点地区完成医养结合服务设施空间布局规划编制。各地要制定出台社区医疗卫生和养老设施产权移交管理办法，新建小区开发建设和旧城改造小区要将医养结合设施优先纳入公建配套方案同步规划、同步建设、同步验收、同步交付使用。

乡镇、村公益性医养结合机构的建设用地，经依法批准，可使用集体所有土地。在符合规划的前提下，各地可将依法处置后政府收回的城市闲置工业用地和社会公益用地，优先安排用于医养结合项目，对使用存量建设用地的医养结合项目，优先予以办理供地手续。对非营利性医养结合机构，可采取划拨方式，优先保障用地；对营利性医养结合机构，应当以租赁、出让等有偿方式保障用地，养老机构设置医疗机构，可将在项目中配套建设医疗服务设施相关要求作为土地出让条件，并明确不得分割转让。依法需招标拍卖挂牌出让土地的，应当采取招标拍卖挂牌出让方式。加强对医养结合设施建设用地的监管，严禁改变用途。

（二）加强人才队伍建设。将老年医学、康复、护理、中医等急需紧缺人才纳入全省卫生人才发展规划和全省基层卫生人才工程，进一步加大引进培养和在职培训力度。探索建立省、市两级老年医学、康复、护理、中医等实训基地，加强相关人才培训工作。做好职称评定、专业技术培训和继续医学教育等方面的制度衔接工作，对医养结合机构中的医务人员同等对待。完善薪酬、职称评定等激励机制和医师多点执业政策，鼓励医护人员和相关专业技术人员到养老机构内设的医疗机构工作、轮岗服务或多点执业。建立医疗卫生机构与医养结合机构人员进修轮训机制，促进人才有序流动。医养结合机构的医护人员在资格认定、职称评定、评先评优等方面，与其他医疗卫生机构同等对待。积极探索创新养老护理人员培养机制和培养模式，研究制定定向培养、合作培养和针对性培养政策，加强专业技能培训，全面提高养老护理人员专业技能，大力推进养老护理员等职业技能鉴定工作。推进院校医学教育与医养结合需求的紧密衔接，教育部门要大力支持高等院校和中等职业学校增设相关专业课程，加快培养老年医学、康复、护理、中医、营养、心理和社会工作等方面专业人才。有关就业补贴政策要向医养结合岗位倾斜。

（三）完善城乡医疗保障政策，探索建立多层次长期照护保障体系。进一步开发包括长期商业护理保险在内的多种老年护理保险产品，鼓励有条件的地方探索建立长期护理保险制度，积极探索多元化的保险筹资模式，保障老年人长期护理服务需求。鼓励商业保险机构开发包括长期商业护理保险在内的多种老年护理保险产品。建立健全长期照护项目内涵、服务标准以及质量评价等行业规范和体制机制，探索建立从居家、社区到专业机构等比较健全的专业照护服务提供体系。

逐步完善城乡医保支付政策，落实将偏瘫肢体综合训练、认知知觉功能康复训练、日常生活能力评定等医疗康复项目纳入基本医疗保障范围的政策，为失能、部分失能老年人治疗性康复提供相应保障。探索逐步提高城乡基本医保统筹层次。在省内就医异地直接结算的基础上，探索老年人跨省异地就医费用直接结算，为老年人异地就医提供方便。各地要尽快出台具体支持政策，积极探索开展居家医疗养老服务、家庭病床等保险服务，鼓励和引导商业保险机构积极参与，保费由政府补助、彩票公益金资助、服务机构和个人交费等多方共担，切实保障基层医疗卫生养老机构等服务组织和服务人员的合法权益。

（四）完善投融资、财税和价格支持政策。逐步完善促进医养结合服务发展的多层次金融组织体系，鼓励金融机构按照风险可控、商业可持续原则加大对医养结合机构的支持力度，创新适合医养结合机构特点的金融产品、信贷产品和服务。积极拓宽有利于医养结合服务发展的多元化融资渠道，支持符合条件的医养结合机构上市融资和发行债券。支持政策性担保机构为医养结合机构融资进行担保。鼓励医养结合机构利用境外直接投资、国际组织和外国政府优惠贷款、国际商业贷款，大力引进专业管理人才和管理模式。对连锁经营的营利性医养结合服务企业实行企业总部统一办理工商注册登记手续。

鼓励各地建立医疗养老产业发展基金，用于医疗养老产业项目的种子资金、股权投资等方面。研究出台医养结合机构融资贴息、倒贷周转金、非营利性医疗养老资本退出等政策。支持有条件的地方积极探索通过由金融和产业资本共同筹资的健康产业投资基金支持医养结合服务发展。积极推进政府购买基本医疗养老服务，逐步扩大购买服务范围，完善购买服务内容，各类经营主体平等参与。加大社会福利彩票公益金对医养结合服务的支持力度，省、市、县级政府用于社会福利事业的彩票公益金要优先支持建设医疗养老机构和发展医疗养老服务。医养结合机构用水、用电、用气、用热按居民生活类价格政策执行，实行阶梯收费的按最低标准执行，实行水、电、气、热转供的按相关标准单独计费核算。公立医养结合机构的医疗服务价格按国家和我省有关规定执行，非公立医养结合机构的医疗服务价格实行市场调节价。

（五）强化信息支撑。各地要将医养结合信息化服务纳入当地智慧城市、信息惠民工程，加快居民健康卡普及应用，以居民健康卡为媒介，以信息化建设为依托，实现跨部门、跨区域业务协同和信息资源共享。整合卫生计生、民政等部门信息资源，加强顶层设计，统一标准规范，依托人口健康云平台和12349居家养老信息服务平台，利用老年人基本信息档案、电子健康档案、电子病历等，推动社区养老服务信息平台与区域人口健康信息平台对接，实现互联互通和信息共享，为开展医养结合服务提供信息和技术支撑。推进信息平台与养老服务机构有效连接，为居家或社区老年人提供紧急呼叫、康复护理指导、健康咨询、健康管理、健康监测等服务。加快发展数字化医院，建设全省远程医疗和健康监护系统，支持医疗机构开展面向养老机构的远程医疗服务，鼓励二、三级医疗机构向医养结合机构内设医疗机构提供远程会诊、远程病理诊断、远程影像诊断等服务。鼓励各地探索开展基于互联网的医养结合服务新模式，提高服务的便捷性和针对性。

四、组织实施

（一）加强组织领导。各地、各有关部门要高度重视，把推进医养结合工作摆在重要位置，纳入当地经济社会发展规划、深化医药卫生体制改革和促进养老、健康服务业发展的总体部署，及时制定出台推进医养结合的政策措施、规划制度和具体方案。各相关部门要加强协同配合，落实和完善相关优惠扶持政策，共同支持医养结合发展。各地发展改革部门（价格部门）要将推动医疗卫生与养老服务相结合纳入当地国民经济和社会发展规划，抓紧完善医养结合相关的价格体系和政策，合理核定有关价格，落实医养结合机构用水、气、电、热按居民生活类价格执行政策。各地卫生计生（中医管理）、民政和发展改革部门要加强养老机构和医疗卫生机构建设的规划衔接，加强在规划和审批等环节的合作，制定完善医养结合机构和为居家老年人提供医疗卫生、养老服务的标准规范并加强监管。各地财政部门要落实相关投入政策，积极支持医养结合发展。各地人力资源社会保障、卫生计生部门要将符合条件的医养结合机构和服务纳入城乡基本医疗保险定点范围和基金支付范围。各地卫生计生（中医管理）部门要会同有关部门研究制定居家医疗服务、家庭病床等标准、规范和医疗纠纷处理办法。各地国土资源部门要切实保障医养结合机构的土地供应。各地城乡规划主管部门要统筹规划医养结合服务设施的用地布局。各地老龄工作部门要做好入住医养结合机构和接受居家医养服务老年人的合法权益保障工作。中医管理部门要研究制定中医相关服务标准规范并加强监管，加强中医适宜技术推广，加强中医药健康养老人才培养，做好中医药健康养老工作。

（二）抓好试点示范。各试点地区要积极开展医养结合试点，结合实际积极探索促进医养结合的有效形式，规划建设一批特色鲜明、示范性强的医养结合试点项目，积累经验、逐步推开，省直有关部门要结合各自职能对各地特色鲜明、示范性强的医养结合试点项目给予政策扶持。省卫生计生（中医管理）、民政部门要会同相关部门密切跟踪各地进展，细化有关标准，帮助解决试点中的重大问题，及时总结推广好的经验和做法，完善相关政策措施。

（三）加强考核督查。省卫生计生、民政部门要会同有关部门建立以落实医养结合政策情况、医养结合服务覆盖率、医疗卫生机构和养老机构无缝对接程度、老年人护理服务质量、老年人满意度等为主要指标的考核评估体系，加强绩效考核，确保如期实现工作目标。2016年10月底前，各试点地区要按照本实施意见精神，制订具体实施方案，落实牵头部门，明确时间表、路线图，积极稳妥实施。省卫生计生、民政部门要会同相关部门要加强对医养结合工作的督查，定期通报各地工作进展情况，确保各项政策措施落到实处。

附件：医养结合工作重点任务分工方案

附件

医养结合工作重点任务分工方案

序号	工作任务	负责单位
1	重点加强中西医老年病医院、康复医院、护理院、临终关怀机构建设，公立医疗资源丰富的地方可积极稳妥地将部分闲置床位较多的公立医院、国有企事业单位所属医疗机构转型为康复、老年护理等接续性医疗卫生机构，为慢性病、老年病、大病恢复期、肿瘤、心脑血管疾病等老年患者提供接续性医疗服务，逐步建成以老年基本医疗卫生服务体系为基础的多层次医疗养老服务体系。	省民政厅、卫生计生委、中医管理局牵头，省发展改革委、财政厅、国土资源厅、住房城乡建设厅和各省辖市、省直管县（市）政府配合。
2	提高医疗机构为老年患者服务的能力，鼓励和引导有条件的二级以上医疗机构（含中医医院，下同）开设老年病科，增设老年医疗养护床位，做好老年慢性病防治和康复护理等相关工作。	省卫生计生委、中医管理局牵头，省民政厅配合。
3	支持乡镇卫生院、社区卫生服务中心和具备条件的县级、乡镇计划生育技术服务机构等发展康复、护理、临终关怀等老年医疗护理服务特色科室，鼓励其根据服务需求增设老年养护、康复、临终关怀病床，逐步提高基层医疗卫生机构康复、护理床位占比。	省卫生计生委、民政厅、中医管理局分别负责。
4	医疗机构面向老年人开展集中居住和照料服务的，应当按照《养老机构设立许可办法》（民政部令第48号）规定，申请养老机构设立许可，民政部门予以优先受理。符合设立条件的，自受理设立申请后10个工作日内颁发养老机构设立许可证。	省民政厅负责，省卫生计生委配合。
5	鼓励和引导养老机构与周边医疗卫生机构签订协议，结为定点对口服务单位或医养联合体，建立健全协作机制，本着互利互惠原则，明确双方责任义务，开展多种形式的合作。大力支持各地通过建设医养联合体等多种方式，整合医疗、康复、护理和养老资源，为老年人提供治疗期住院、康复期护理、稳定期生活照料以及临终关怀一体化的医疗卫生和养老服务。	省民政厅、卫生计生委、中医管理局和各省辖市、省直管县（市）政府分别负责。
6	医疗卫生机构为养老机构开通预约就诊绿色通道，为入住老年人提供医疗巡诊、健康管理、健康咨询、预约就诊、急诊急救、中医养生保健等服务，确保入住老年人能够得到及时有效的医疗卫生服务。	省卫生计生委、中医管理局牵头，省民政厅配合。
7	养老机构内设的具备条件的医疗机构可纳入全省分级诊疗体系，作为医院收治老年人的后期康复护理场所。医院恢复期需要康复护理的病人或慢性病病人按规定可转诊到符合条件的医养结合机构。	省民政厅、卫生计生委、中医管理局分别负责。
8	养老机构可根据服务需求和自身能力，按相关规定申请开办老年病医院、康复医院、护理院、中医医院和临终关怀机构，优先纳入《河南省医疗卫生服务体系规划（2016—2020年）》和当地区域卫生规划，优先予以审核批准，并加大政策支持和技术指导力度。养老机构内设医疗机构为门诊部、诊所、医务室、护理站的，养老机构应当向当地县级卫生计生部门申请设置和执业登记。卫生计生部门应当在受理设置申请后10个工作日内给予是否同意设置的批复。将养老机构内具备条件的医疗机构纳入全省城乡医院对口支援帮扶计划。	省民政厅、卫生计生委、中医管理局分别负责，各省辖市、省直管县（市）政府配合。

续表

序号	工作任务	负责单位
9	充分依托社区各类服务和信息网络平台，实现基层医疗卫生机构与社区养老服务机构的无缝对接。发挥卫生计生系统服务网络优势，结合基本公共卫生服务的开展为老年人建立健康档案，并为65岁以上老年人提供健康管理服务，到2020年，65岁以上老年人健康管理率达到70%以上。	省卫生计生委、民政厅、中医管理局分别负责，各省辖市、省直管县（市）政府配合。
10	推进基层医疗卫生机构和医务人员与社区、居家养老结合，与老年人家庭签订签约服务协议，建立契约式服务关系，为老年人提供连续性、便捷高效的健康管理服务和医疗卫生服务。鼓励为社区高龄、重病、失能、部分失能以及计划生育特殊家庭等行动不便或确有困难的老年人，提供定期体检、上门巡诊、家庭病床、社区护理、健康管理、中医保健等服务。	省卫生计生委、中医管理局牵头，省民政厅和各省辖市、省直管县（市）政府配合。
11	提高基层医疗卫生机构为居家老年人提供家庭出诊、家庭护理、家庭病床等上门服务的能力，研究制定失能老人居家医疗、护理服务目录和收费标准，规范为居家老年人提供医疗和护理服务项目，经城乡医保部门评审、评估后，将符合规定的医疗服务项目和医疗费用纳入城乡医保支付范围。	省发展改革委、人力资源社会保障厅、民政厅、卫生计生委、中医管理局分别负责。
12	充分发挥我省中医药资源优势，大力发展具有中医药特色的养老机构，推动中医医院与老年病医院、护理院、康复疗养机构等合作协作，鼓励有条件的养老机构设置以老年病、慢性病防治为主的中医诊室。鼓励二级以上中医医院开设老年病科，增加老年病床数量，开展老年病、慢性病防治和康复护理，为老年人就医提供优先优惠服务。	省中医管理局、民政厅分别负责。
13	支持各地采用政府和社会资本合作（PPP）模式举办各类医养结合机构，鼓励企业、慈善机构、基金会、商业保险机构等社会力量针对老年人健康养老需求，通过市场化运作方式，举办医养结合机构以及老年康复、老年护理等专业医疗机构，通过特许经营、公建民营、民办公助等模式，优先支持社会资本举办非营利性医养结合机构和专业医疗机构。将社会办医养结合机构和专业医疗机构优先纳入省级高成长服务业（健康服务业）专项引导资金扶持项目。对社会资本举办的医养结合机构的基本建设项目一律实行备案制。	各省辖市、省直管县（市）政府和省发展改革委、财政厅、民政厅、卫生计生委、中医管理局分别负责，省国土资源厅、住房城乡建设厅配合。
14	引导社会办医养结合机构向高水平、规模化、网络化、品牌化、连锁化方向发展，发展专业性医疗养老管理集团。支持各地规划建设医疗养老社区，重点引进国内外优质医疗养老资源或大型企业集团、战略投资者，发展具有优质服务、先进管理模式的高端医疗养老机构。支持各地依据城乡规划建设医疗养老产业园区，融合发展老年医疗康复辅具、老年健康食品用品、保健理疗等研发、生产和加工企业。支持企业围绕老年人的预防保健、医疗卫生、康复护理、生活照料、精神慰藉等方面需求，积极开发安全有效的食品药品、康复辅具、理疗、日常照护、文化娱乐等老年人用品用具和服务产品。鼓励企业开发符合老年人需求的智能化、低成本的结构替代、功能代偿、技能训练等康复辅具。	各省辖市、省直管县（市）政府和省发展改革委、财政厅、工业和信息化委、科技厅、食品药品监管局、国土资源厅、住房城乡建设厅、民政厅、卫生计生委、中医管理局分别负责。
15	各地结合国家和我省医疗卫生、养老服务等相关发展规划，合理编制医养结合机构设置规划和空间布局专项规划，合理布局医疗卫生和养老服务资源。各省辖市、省直管县	（市）政府牵头，省民政厅、卫生计生委、住房城乡建设厅、发展改革委配合。

续表

序号	工作任务	负责单位
16	各级政府要在城市总体规划、土地利用总体规划和城乡规划中统筹考虑医养结合机构发展需要，优化用地规划布局，扩大用地供给，优先保障非营利性医养结合机构用地。在新、旧城区老年人集中居住区域按比例规划医养结合机构建设用地。2016年年底前各试点地区完成医养结合服务设施空间布局规划编制。	各省辖市、省直管县（市）政府和省发展改革委、住房城乡建设厅、国土资源厅分别负责，省民政厅、卫生计生委配合。
17	各地要制定出台社区医疗卫生和养老设施产权移交管理办法，新建小区开发建设和旧城改造小区要将医养结合设施优先纳入公建配套方案同步规划、同步建设、同步验收、同步交付使用。	各省辖市、省直管县（市）政府和省住房城乡建设厅分别负责，省民政厅、卫生计生委配合。
18	乡镇、村公益性医养结合机构的建设用地，经依法批准，可使用集体所有土地。在符合规划的前提下，各地可将依法处置后政府收回的城市闲置工业用地和社会公益用地，优先安排用于医养结合项目，对使用存量建设用地的医养结合项目，优先予以办理供地手续。	各省辖市、省直管县（市）政府和省国土资源厅、住房城乡建设厅分别负责，省民政厅、卫生计生委配合。
19	对非营利性医养结合机构，可采取划拨方式，优先保障用地；对营利性医养结合机构，应当以租赁、出让等有偿方式保障用地，养老机构设置医疗机构，可将在项目中配套建设医疗服务设施相关要求作为土地出让条件，并明确不得分割转让。依法需招标拍卖挂牌出让土地的，应当采取招标拍卖挂牌出让方式。加强对医养结合设施建设用地的监管，严禁改变用途。	各省辖市、省直管县（市）政府和省国土资源厅、住房建设厅分别负责，省民政厅、卫生计生委配合。
20	将老年医学、康复、护理、中医等急需紧缺人才纳入全省基层卫生人才工程，进一步加大引进培养和在职培训力度。探索建立省、市两级老年医学、康复、护理、中医等实训基地，加强相关人才培训工作。	省发展改革委、财政厅、人力资源社会保障厅、卫生计生委、民政厅、中医管理局分别负责。
21	做好职称评定、专业技术培训和继续医学教育等方面的制度衔接工作，对医养结合机构中的医务人员同等对待。完善薪酬、职称评定等激励机制和医师多点执业政策，鼓励医护人员和相关专业技术人员到养老机构内设立的医疗机构工作、轮岗服务或多点执业。建立医疗卫生机构与医养结合机构人员进修轮训机制，促进人才有序流动。医养结合机构的医护人员在资格认定、职称评定、评先评优等方面，与其他医疗卫生机构同等对待。	省人力资源社会保障厅、卫生计生委、民政厅、中医管理局分别负责，各省辖市、省直管县（市）政府配合。
22	积极探索创新养老护理人员培养机制和培养模式，研究制定定向培养、合作培养和针对性培养政策，加强专业技能培训，全面提高养老护理人员专业技能，大力推进养老护理员等职业技能鉴定工作。推进院校医学教育与医养结合需求的紧密衔接，教育部门要大力支持高等院校和中等职业学校增设相关专业课程，加快培养老年医学、康复、护理、中医、营养、心理和社会工作等方面专业人才。有关就业补贴政策要向医养结合岗位倾斜。	省人力资源社会保障厅、财政厅、教育厅、民政厅、卫生计生委、中医管理局分别负责，各省辖市、省直管县（市）政府配合。
23	逐步完善城乡医保支付政策，落实好将偏瘫肢体综合训练、认知知觉功能康复训练、日常生活能力评定等医疗康复项目纳入基本医疗保障范围的政策，为失能、部分失能老年人治疗性康复提供相应保障。探索逐步提高城乡基本医保统筹层次。在省内就医异地直接结算的基础上，探索老年人跨省异地就医费用直接结算，为老年人异地就医提供方便。	省人力资源社会保障厅、卫生计生委分别负责。

续表

序号	工作任务	负责单位
24	进一步开发包括长期商业护理保险在内的多种老年护理保险产品，鼓励有条件的地方探索建立长期护理保险制度，积极探索多元化的保险筹资模式，保障老年人长期护理服务需求。鼓励商业保险机构开发包括长期商业护理保险在内的多种老年护理保险产品。	省人力资源社会保障厅牵头，省财政厅、民政厅、卫生计生委、河南保监局和各省辖市、省直管县（市）政府配合。
25	建立健全长期照护项目内涵、服务标准以及质量评价等行业规范和体制机制，探索建立从居家、社区到专业机构等比较健全的专业照护服务提供体系。	省人力资源社会保障厅、卫生计生委、民政厅分别负责。
26	各地要尽快出台具体支持政策，积极探索开展居家医疗养老服务、家庭病床等保险服务，鼓励和引导商业保险机构积极参与，保费由政府补助、彩票公益金资助、服务机构和个人交费等多方共担，切实保障基层医疗卫生养老机构等服务组织和服务人员的合法权益。	各省辖市、省直管县（市）政府和省财政厅、人力资源社会保障厅、民政厅、卫生计生委、中医管理局分别负责。
27	养老机构设置的医疗机构，符合条件的可按规定纳入城乡基本医疗保险定点范围，并根据其执业地点及机构级别等确定城乡医保补偿级别。	省人力资源社会保障厅、卫生计生委牵头，省民政厅配合。
28	支持各地采用政府和社会资本合作（PPP）模式举办各类医养结合机构，鼓励企业、慈善机构、基金会、商业保险机构等社会力量针对老年人健康养老需求，通过市场化运作方式，举办医养结合机构以及老年康复、老年护理等专业医疗机构，优先支持社会资本举办非营利性医养结合机构和专业医疗机构。	省财政厅、民政厅、卫生计生委和各省辖市、省直管县（市）政府分别负责。
29	逐步完善促进医养结合服务发展的多层次金融组织体系，鼓励金融机构按照风险可控、商业可持续原则加大对医养结合机构的支持力度，创新适合医养结合机构特点的金融产品、信贷产品和服务。积极拓宽有利于医养结合服务发展的多元化融资渠道，支持符合条件的医养结合机构上市融资和发行债券。支持政策性担保机构为医养结合机构融资进行担保。鼓励医养结合机构利用境外直接投资、国际组织和外国政府优惠贷款、国际商业贷款，大力引进专业管理人才和管理模式。对连锁经营的营利性医养结合服务企业实行企业总部统一办理工商注册登记手续。	人行郑州中心支行、河南银监局、证监局、保监局、省工商局分别负责。
30	“鼓励各地建立医疗养老产业发展基金，用于医疗养老产业项目的种子资金、股权投资等方面。研究出台医养结合机构融资贴息、倒贷周转金、非营利性医疗养老资本退出等政策。支持有条件的地方积极探索通过由金融和产业资本共同筹资的健康产业投资基金支持医养结合服务发展。”	省财政厅、各省辖市、省直管县（市）政府分别负责，省民政厅、卫生计生委配合。
31	积极推进政府购买基本医疗养老服务，逐步扩大购买服务范围，完善购买服务内容，各类经营主体平等参与。	省财政厅、发展改革委、民政厅、卫生计生委分别负责。
32	加大社会福利彩票公益金对医养结合服务的支持力度，省、市、县级政府用于社会福利事业的彩票公益金要优先支持医疗养老机构建设和发展医疗养老服务。	省财政厅、民政厅和各省辖市、省直管县（市）政府分别负责。
33	医养结合机构用水、用电、用气、用热按居民生活类价格政策执行，实行阶梯收费的按最低标准执行，实行水、电、气、热转供的按相关标准单独计费核算。公立医养结合机构的医疗服务价格按国家和我省有关规定执行，非公立医养结合机构的医疗服务价格实行市场调节价。	省发展改革委牵头，省民政厅、卫生计生委配合。

续表

序号	工作任务	负责单位
34	各地要将医养结合信息化服务纳入当地智慧城市、信息惠民工程中，加快居民健康卡普及应用，以居民健康卡为媒介，以信息化建设为依托，实现跨部门、跨区域业务协同和信息资源共享。整合卫生计生、民政等部门信息资源，加强顶层设计，统一标准规范，依托人口健康云平台和12349居家养老信息服务平台，利用老年人基本信息档案、电子健康档案、电子病历等，推动社区养老服务信息平台与区域人口健康信息平台对接，实现互联互通和信息共享，为开展医养结合服务提供信息和技术支撑。推进信息平台与养老服务机构有效连接，为居家或社区老年人提供紧急呼叫、康复护理指导、健康咨询、健康管理、健康监测等服务。2020年实现居家老年人人手一张居民健康卡。鼓励各地探索开展基于互联网的医养结合服务新模式，提高服务的便捷性和针对性。	省工业和信息化委、民政厅、卫生计生委和各省辖市、省直管县（市）政府牵头，省发展改革委、人力资源社会保障厅、老龄办、中医管理局配合。
35	加快发展数字化医院，建设全省远程医疗和健康监护系统，支持医疗机构开展面向养老机构的远程医疗服务，鼓励二、三级医疗机构向医养结合机构内设医疗机构提供远程会诊、远程病理诊断、远程影像诊断等服务。	省工业和信息化委、民政厅、卫生计生委和各省辖市、省直管县（市）政府牵头，省发展改革委、人力资源社会保障厅、老龄办、中医管理局配合。
36	各试点地区要积极开展医养结合试点，结合实际积极探索促进医养结合的有效形式，规划建设一批特色鲜明、示范性强的医养结合试点项目，积累经验、逐步推开。2016年10月底前，各试点地区要制订具体实施方案，落实牵头部门，明确时间表、路线图，积极稳妥实施，确保各项政策措施落到实处。	各试点地政府负责。
37	省直有关部门要结合各自职能对各地特色鲜明、示范性强的医养结合试点项目给予政策扶持。	省财政厅、发展改革委、民政厅、卫生计生委、人力资源社会保障厅、国土资源厅、住房城乡建设厅、中医管理局分别负责。
38	建立以落实医养结合政策情况、医养结合服务覆盖率、医疗卫生机构和养老机构无缝对接程度、老年人护理服务质量、老年人满意度等为主要指标的考核评估体系，加强绩效考核，确保如期完成工作目标。将医疗机构为老年人开通预约就诊绿色通道情况纳入我省大型医院巡查和各地卫生计生委日常考核内容。	省卫生计生委、民政厅牵头，省发展改革委、财政厅、人力资源社会保障厅、国土资源厅、住房城乡建设厅、中医管理局配合。
39	加强对医养结合工作的督查，定期通报各地工作进展情况，确保各项政策措施落到实处。	省卫生计生委、民政厅牵头，省发展改革委、财政厅、人力资源社会保障厅、国土资源厅、住房城乡建设厅、中医管理局配合。
40	加强对医养结合工作的宣传、政策解读等。	省卫生计生委、民政厅、新闻出版广电局、中医管理局分别负责。

湖北省人民政府办公厅转发省卫生计生委等部门关于推进医疗卫生与养老服务相结合实施意见的通知

各市、州、县人民政府，省政府各部门：

省卫生计生委、省民政厅、省发展改革委、省财政厅、省人社厅、省国土资源厅、省住建厅、省老龄办《关于推进医疗卫生与养老服务相结合的实施意见》已经省人民政府同意，现转发给你们，请认真贯彻执行。

2016年5月23日

关于推进医疗卫生与养老服务相结合的实施意见

省卫生计生委　省民政厅　省发展改革委　省财政厅
省人社厅　省国土资源厅　省住建厅　省老龄办

为贯彻落实《国务院办公厅转发卫生计生委等部门关于推进医疗卫生与养老服务相结合指导意见的通知》（国办发〔2015〕84号）精神，进一步推进医疗卫生和养老服务相结合，满足人民群众日益增长的健康养老需求，结合我省实际，制定本实施意见。

一、总体要求

（一）指导思想。深入贯彻落实党的十八大和十八届三中、四中、五中全会精神，立足全省人口老龄化的客观实际，统筹医疗卫生和养老服务资源，通过创新体制机制、优化结构调整、转变服务模式、完善保障政策等措施，促进医疗卫生与养老服务的有机结合、有效融合、资源共享、优势互补，满足老年人不断增长的医疗卫生服务需求，提升老年人健康水平。

（二）基本原则。保障基本，统筹发展。把保障老年人基本健康养老需求放在首位，对有需求的失能、部分失能老年人，以机构为依托，做好康复护理服务，着力保障特殊困难老年人的健康养老服务需求；对多数老年人，以社区和居家养老为主，通过医养有机融合，确保人人享有基本健康养老服务。推动普遍性服务和个性化服务协同发展，满足多层次、多样化的健康养老需求。

政府引导，市场驱动。发挥政府在规划设计、政策制定、引导投入、监督管理等方面的引导作用，统筹各方资源，形成各负其责、紧密配合、运行高效的工作机制。发挥市场在资源配置中的决定性作用，引导社会力量参与医养结合工作，营造平等参与、公平竞争的市场环境。

科学规划，合理布局。立足当前养老和医疗服务的实际，着眼未来养老、医疗需求及发展趋势，科学制定医养结合服务体系发展建设规划。根据养老、医疗服务资源分布，结合区域内老年人状况，合理规划医养结合布局，调整规模和功能，提高资源利用效率。

因地制宜，统筹发展。各地根据实际情况，统筹推进医疗卫生与养老服务融合，不可盲目发展，一哄而起。医养结合的模式和方式要因地制宜，不能千篇一律，贪大求全。坚持先行试点，以点带面，在试点工作成熟的基础上逐步推开。

资源共享，优势互补。加强养老与医疗机构的衔接，实现养老与医疗康复资源共享，提高资源使用效益。依托城乡社区和基层医疗卫生服务信息平台，实现服务对象信息、健康信息和服务信息共享。加强养老与医疗机构合作，实现优势互补，完善医养结合功能。

深化改革，创新机制。加快政府职能转变，创新服务供给和资金保障方式，积极推进政府购买服务，激发各类服务主体潜力和活力，提高医养结合服务水平和效率。加强部门协作，提升政策引导、服务监管等工作的系统性和协同性，促进行业融合。

（三）总体目标。到2017年，医养结合政策体系、标准规范和管理制度初步建立；通过资源整合等方式，全省建成一批兼具医疗卫生与养老服务资质和能力的医疗卫生机构或养老机构（以下统称医养结合机构）；医疗机构内设健康养老专科建设得到加强，为老年人开展健康养老的服务功能明显增强；80%以上的医疗机构开设为老年人提供挂号、就医、取药等便利服务的绿色通道；逐步提高基层医疗卫生机构为居家老年人提供上门服务的能力，65岁以上老年人健康管理率达到70%以上；50%以上的养老机构能够以不同形式为入住老年人提供医疗卫生服务，老年健康养老服务的可及性明显提升；符合需求的专业化医养结合人才培养制度基本形成。

到2020年，医养结合体制机制和政策法规体系基本建立；医养结合机构基础设施和服务网络更加完善，服务能力稳步增强；所有医疗机构开设为老年人提供挂号、就医、取药等便利服务的绿色通道；基层医疗卫生机构为居家老年人提供上门服务的能力明显提升，65岁以上老年人健康管理率达到80%以上；各类养老机构医疗服务能力更加完善，与医疗机构合作更加紧密，医养融合模式更加成熟，医疗护理水平逐步提高；养老机构与社区卫生服务中心或其他医疗机构签约服务机制更加成熟，所有养老机构能够以不同形式为入住老年人提供医疗卫生服务，基本适应老年人健康养老需求；老年医疗护理人才培养机制健全，人才队伍得到保障。

二、重点任务

（一）加快发展为老年人服务的专业医疗机构。充分利用现有医疗服务资源，创办老年康复中心、老年医院、护理院等主要针对高龄、病残老年人的康复护理专业服务机构。二级以上综合医院、中医医院要开设老年病科、老年门诊，增加老年病床数量。部分闲置床位较多的一、二级医院和专科医院，要发挥专业技术和人才优势，转型为老年护理院。鼓励基层医疗卫生机构发展康复、临终关怀等老年护理服务特色科室，增设老年养护、临终关怀床位，提高康复、护理床位占比。引导部分非建制乡镇卫生院转型为护理院。

（二）积极推进养老机构开展医疗服务。支持200张床位以上规模的各类养老机构设置医疗康复机构，开展康复、医学护理、临终关怀等服务。对不具备设置条件的，依据规模和实际需求，可内设医务室、护理站等，为入住老年人提供优质的医疗卫生服务。对养老机构申请设置康复医疗机构的，各级卫生计生行政部门要按规定优先审批，符合条件的可按规定纳入城乡基本医疗保险协议管理范围。鼓励执业医师到养老机构设置的医疗机构开展多点执业，支持有相关专业特长的医师及专业人员在养老机构规范开展疾病预防、营养、中医调理养生等非诊疗行为的健康服务。

（三）建立医疗机构与养老机构合作新模式。支持养老机构与周边的医疗卫生机构开展多种形式的协议合作，形成医疗养老联合体。鼓励二级以上综合医院（含中医医院，下同）与养老机构开展对口支援、合作共建。养老机构根据医疗康复的实际需求，本着就近就便、互利互惠原则，与二级以上综合医院签订长期合作协议，明确双方责任、权利和义务等事宜。医疗机构为养老机构开通预约就诊绿色通道，为入住老年人提供医疗巡诊、健康管理、保健咨询、预约就诊、急诊急救、中医养生保健等服务，确保入住老年人能够得到及时有效的医疗救治。养老机构设置的医疗机构，具备条件的可作为医院（含中医医院）收治老年人的后期康复护理场所。

（四）全面推进老年人社区健康管理服务。依托基层医疗卫生机构做好健康养老基本公共卫生服务项目。对辖区内老年人建立健康管理服务制度，加强老年人健康档案信息动态管理，对65岁以上老年人每年免费提供一次生活方式、健康状况评估、体格检查、健康指导等健康管理服务，实现基层医疗卫生机构与养老机构之间的无缝对接。鼓励为社区高龄、重病、失能、部分失能以及计划生育特殊家庭等行动不便或确有困难的老年人，提供定期体检、上门巡诊、家庭病床、社区护理、健康管理等基本服务。推进基层医疗卫生机构和医务人员与社区、居家养老结合，与老年人家庭建立签约服务关系，为老年人提供连续性的健康管理服务和医疗服务。提高基层医疗卫生机构为居家老年人提供上门服务的能力，规范为居家老年人提供的医疗和护理服务项目，将符合规定的医疗费用纳入医保支付范围。

（五）鼓励社会力量举办医养结合机构。鼓励社会力量针对老年人健康养老需求，通过市场化运作方式，举办医养结合机构以及老年康复、老年护理等专业医疗机构，引导其向规模化、优质化、品牌化方向发展。在制定医疗卫生和养老规划时，要给社会力量举办医养结合机构留出空间。按照“非禁即入”原则，凡符合规划条件和准入资质的，不得以任何理由加以限制。整合审批环节，缩短审批时限，鼓励有条件的地方提供一站式便捷服务。通过特许经营、公建民营、民办公助等模式，支持社会力量举办非营利性医养结合专业机构。对经民政部门许可、符合相关条件的非营利性社会办养老机构，可享受现行的养老床位补贴扶持政策。支持企业围绕老年人的预防保健、医疗卫生、康复护理、生活照料、精神慰藉等方面需求，积极开发安全有效的食品药品、康复辅具、日常照护、文化娱乐等老年人用品用具和服务产品。

（六）充分发挥中医药在健康养老中的作用。坚持养老与养生相结合，将中医治未病理念、中医养生保健、中医药康复医疗融入健康养老全过程，利用中医药技术方法全面提升老年人身心健康和生活质量。健全中医医院老年病科，增加老年床位，提供形式多样、内容丰富的中医药健康养老服务。推动中医医院与养老机构之间深层次合作，积极发展养生保健、康复服务。在养老机构开展融合中医药健康管理理念的老年人医疗、护理、养生、康复服务，有条件的可以设立以老年病、慢性病防治为主的中医药诊室。发展社区和居家中医药健康养老服务，引导中医医疗和预防保健机构延伸到社区和家庭提供养老服务。建立中医药养老服务实训基地，加强养老护理人员中医药技能培训，鼓励开发、推广中医药健康养老产品，普及中医药健康养老知识。

（七）全面落实老年医疗服务优待政策。全省各级各类医疗机构对老年人看病就医实行优先照顾，开通绿色通道，在挂号、就诊、化验、检查、交费、取药、住院等窗口明显位置要设置“老年人优先”标志，70周岁以上老年人免收普通门诊挂号费。充分发挥医院志愿者服务作用，为行动不便的老年人提供门诊导医、出院随访、义诊等服务，在医疗服务中充分体现爱老、敬老的良好风尚。

三、保障措施

（一）完善投融资和财税价格政策。对符合条件的医养结合机构，按规定落实好相关支持政策。拓宽市场化融资渠道，探索政府和社会资本合作（PPP）的投融资模式。鼓励和引导各类金融机构创新金融产品和服务方式，加大金融对医养结合领域的支持力度。有条件的地方可通过由金融和产业资本共同筹资的健康产业投资基金支持医养结合开展。用于社会福利事业的彩票公益金要适当支持开展医养结合服务。积极推进政府购买基本健康养老服务，逐步扩大购买服务范围，完善购买服务内容，各类经营主体平等参与。鼓励各地探索建立经济困难、失能等老年人的护理补贴制度。

（二）加强规划布局和用地保障。城乡规划部门在编制城市总体规划、控制性详细规划时，要统筹考虑医养结合机构发展需要，做好用地规划布局，将项目中配套建设医疗服务设施的相关要求纳入用地规划，并明确不得分割转让。对非营利性医养结合机构，可采取划拨方式，优先保障用地；对营利性医养结合机构，应当以租赁、出让等有偿方式保障用地。需要招标拍卖挂牌出让土地的，应当依法采取招标拍卖挂牌出让方式。

（三）完善基本医疗保险政策。对养老机构内设的医疗机构，符合城乡基本医疗保险定点医疗机构准入条件的，可按规定纳入城乡医保协议管理范围。医疗保险经办机构要按照有关规定与其签订基本医疗保险服务范围、项目、服务质量、结算办法等内容的协议，明确双方的责任、权利和义务。参加城乡基本医疗保险的老年人，入住城乡医保协议管理医养结合机构发生的符合医保政策规定的医疗费用，城乡医保基金按规定予以支付。

（四）探索建立多层次长期照护保障体系。进一步开发包括长期商业护理保险在内的多种老年护理保险产品，鼓励和支持各地探索建立长期护理保险制度，积极探索多元化的保险筹资模式，保障老年人长期护理服务需求。鼓励老年人投保长期护理保险。建立健全长期护理照护项目内涵、服务标准、质量评价等行业规范和体制机制，探索建立从居家、社区到专业机构等比较健全的专业照护服务提供体系。落实好将偏瘫综合训练、认知知觉功能康复训练、日常生活能力评定等医疗康复项目纳入基本医疗保障范围的政策，为失能、部分失能老年人治疗性康复提供相应保障。探索将特定老年人的护理费用纳入长期护理保险的有效途径。探索研究医养结合服务包的办法。

（五）加强人才队伍建设。完善养老专业人员培养机制，建立岗前教育、岗中培训、继续教育的培训体系，将老年医学、康复、护理人才作为急需人才纳入卫生技术人员培养规划。鼓励大中专院校和护士专科毕业生到养老服务机构和社区从事养老服务工作。建立养老服务从业人员职业技能培训和鉴定制度，鼓励养老服务机构和从业人员共同参与相关职业、等级的各类职业培训，提高其职业能力水平和综合素质。完善医护人员政策，在养老机构从事医护工作的专业技术人员在申报、评定职称时，与医疗卫生机构医护人员同等对待，并按有关规定落实相关待遇。

（六）强化信息支撑。积极开展养老服务和社区服务信息惠民试点，利用老年人基本信息档案、电子健康档案、电子病历等，推动社区养老服务信息平台与区域人口健康信息平台、社会保险管理信息系统对接，整合信息资源，实现信息共享，为开展医养结合服务提供信息技术支撑。组织有条件的医疗机构开展面向养老机构的远程医疗服务。鼓励各地探索基于互联网的医养结合新模式，提高服务的便捷性和针对性。

四、组织实施

（一）加强组织领导。各地、各有关部门要高度重视医养结合工作，将其纳入深化医药卫生体制改革和促进养老、健康服务业发展的总体部署。各地要及时制定出台推进医养结合的总体规划、具体方案和政策措施。各有关部门要加强协同配合，落实和完善相关扶持政策，共同支持医养结合发展。发展改革部门要将推动医疗卫生和养老服务相结合纳入国民经济和社会发展规划，支持医养结合机构建设与发展。卫生计生、民政、发展改革和老龄工作部门要做好养老机构与医疗卫生机构建设的规划衔接，加强规划和审批等环节的合作，制定完善医养结合机构及为居家老年人提供医疗卫生和养老服务的标准规范并加强监管。财政部门要落实相关投入政策，积极支持医养结合发展。人力资源社会保障部门要将符合条件的医养结合机构纳入城乡基本医疗保险协议管理范围。国土资源部门要切实保障医养结合机构的土地供应。城乡规划主管部门要统筹规划医养结合机构的用地布局。老龄工作部门要做好入住医养结合机构和接受居家医养服务老年人的合法权益保障工作。

（二）抓好试点推广。依托省荣军医院建设省级医养康复中心，将武汉市、荆门市、咸宁市、随州市作为医养结合省级试点。各地要结合实际积极探索促进医养结合的有效形式，每个市（州）至少设1个试点地方，积累经验，逐步推开。省级卫生计生、民政部门要会同相关部门密切跟踪各地进展，帮助解决试点中的重大问题，及时总结推广好的经验和做法。

（三）加强考核监督。建立以服务质量、老年人满意度为主要指标的考核评估体系，加强对医养结合工作绩效考核。卫生计生、民政部门要会同相关部门加强对医养结合工作的督查，定期通报地方工作进展情况，及时发现问题并采取有效措施给予改进，进一步完善相关政策措施，确保医养结合工作落实到位。

广东省民政厅、广东省财政厅、广东省老龄工作办公室关于建立经济困难的高龄、失能等老年人补贴制度的实施意见

粤民发〔2016〕57号

各地级以上市民政局、财政局、老龄办，佛山市顺德区民政和人力资源社会保障局、财税局、老龄办：

为认真贯彻《财政部 民政部 全国老龄工作委员会办公室关于建立健全经济困难的高龄 失能等老年人补贴制度的通知》（财社〔2014〕113号）、《广东省人民政府关于加快发展养老服务业的实施意见》（粤府〔2015〕25号）精神，切实解决经济困难的高龄、失能等老年人的后顾之忧，推动实现基本养老服务均等化发展，决定在全省建立经济困难的高龄、失能等老年人补贴制度，结合我省实际，提出如下实施意见：

一、重要意义

上世纪九十年代，我省已进入老龄化社会。截至目前，全省60周岁及以上户籍老年人口为1193．9万，占人口总数的13．4%。其中，城乡低保家庭老年人为47．4万，农村五保供养老年人24．1万，80周岁以上高龄老年人为187万。老年人群体呈现基数大、增长快、高龄化、空巢化的趋势，失能、半失能老人照料服务矛盾日渐突出，迫切需要社会提供多样化、多层次的养老服务。建立高龄、失能等老年人补贴制度，能够有效地减轻经济困难的高龄、失能等老年人的养老负担，帮助他们提高养老支付能力，是保障基本民生的重要举措，是惠及百姓的民心工程，对于保障经济困难老年人共享发展成果，维护社会公平正义，促进社会和谐稳定，具有十分重要的作用。

二、基本原则和主要目标

（一）基本原则

——保基本、可持续发展原则。各地要根据经济社会发展水平，注重补贴范围、标准与其他保障制度相衔接，优先保障经济困难的高龄、失能等老年人的养老服务需求，逐步惠及全体老年人。

——属地管理原则。高龄、失能等老年人补贴对象以户籍为基础，实行属地化管理，资金由同级财政保障。

——公开、公平、公正原则。建立公开透明的管理制度，规范操作、严格审批、加强监管，接受社会监督。

（二）主要目标

到2020年底，全省以县（市、区）为单位，在建立健全养老服务评估制度的基础上，全面建立经济困难的高龄、失能等老年人补贴制度。

三、补贴对象

各地要根据《关于开展养老服务评估工作的实施意见》（粤民发〔2016〕43号），通过对老年人的经济状况、身体状况和能力等级等评估，确定以下补贴对象：

（一）无劳动能力、无生活来源且无法定赡养、抚养、扶养义务人，或者其法定赡养、抚养、扶养义务人无赡养、抚养、扶养能力的特困人员（以下简称特困人员）中60周岁及以上的失能老年人；

（二）低保家庭中60周岁及以上的失能老人；

（三）特困人员和低保家庭中80周岁及以上的高龄老年人；

（四）低收入家庭（低保标准1．5倍以内）中60周岁及以上的失能老人。

各地可结合实际，适当扩大与当地经济社会发展水平相适应的补贴对象范围。

四、补贴内容和标准

（一）补贴内容。主要用于经济困难的高龄、失能等老年人的养老护理、服务补贴。经济困难的老年人的生活，原则上通过基本养老保险、城乡低保制度、社会救助

制度和临时救助制度等社会保障制度解决。

（二）补贴标准

各地可根据当地经济发展水平、物价变动情况、财力状况和高龄、失能等老年人的能力等级自主确定，原则上：

1. 特困人员和低保家庭中的60周岁及以上轻度失能老人按不低于100元/月·人、中度失能按不低于150元/月·人、重度失能按不低于200元/月·人的标准给予补贴；

2. 特困人员和低保家庭中80周岁及以上的高龄老年人，按不低于60元/月·人的标准给予补贴；

3. 低收入家庭（低保标准1.5倍以内）中60周岁及以上的失能老人，按不低于60元/月·人的标准给予补贴。

同时符合上述条件的老年人和已享受重残护理补贴或特殊困难残疾人护理、康复、服务等补助的老年人，按照就高的原则，不重复享受。通过政府购买服务享受到养老护理、服务补贴的，不再重复享受对个人发放的护理、服务补贴。

有条件的地级以上市可制定统一的补贴标准，也可由县（市、区）根据实际情况确定。

五、申办程序和补贴方式

（一）申办程序

1. 申请。由老年人本人（申请人）或由与其共同生活的家庭成员向申请人户籍所在地的乡镇人民政府（街道办事处）提出申请，提交《老年人补贴申请表》（附件）。本人或其家庭成员申请有困难的，可以委托村（居）民委员会代为提出申请。

2. 初审。乡镇人民政府（街道办事处）自受理申请后5个工作日内，对申请人的身份特征、身体状况、经济状况等进行调查核实（如有必要，可将核查结果通过申请人户籍所在地的村（居）民委员会在村（居）务公开栏公示，公示期为5天）。调查核实后提出初审意见报县级人民政府民政部门。

3. 审核。县级人民政府民政部门自收到乡镇人民政府（街道办事处）的初审意见后，应根据《关于开展养老服务评估工作的实施意见》（粤民发〔2016〕43号），在15个工作日内组织人员或委托第三方评估机构，对申请人的补贴资格和养老服务需求进行评估。经审核评估，对拟享受补贴的申请人的名单通过乡镇人民政府（街道办事处），在申请人户籍所在地的村（居）务公开栏公示，公示期为5天，必要时公示期可延长为7天。公示期满后，应当将享受补贴的申请人名单通过网站、公告栏等一定形式予以长期公开；对不予享受补贴的，应通过乡镇人民政府（街道办事处）书面告知申请人或其代理人并说明理由。

补贴对象因故亡、户口迁移、已不符合补贴条件以及其他原因等不能享受补贴的，应及时更新公开的名单。

（二）补贴方式

各地原则上可通过政府购买服务或采取发放服务券（代金券、代金卡）等方式，为符合条件的老年人入住养老机构、接受社区居家养老服务或者签约委托亲友（配偶、子女除外）、邻里服务提供支持。

根据老年人或其家庭意愿，到养老机构接受服务的，其补贴可由当地民政部门支付给相应的养老机构；居家接受服务的，可支付给政府委托提供服务的居家养老服务机构或组织；委托亲友、邻里提供服务的，根据政府或其委托的基层养老服务组织、老年人（或其代理人）和服务提供人三方签定的协议，支付给提供服务的对象。

具体补贴办法和支付方式，各地可根据当地实际自行制定。

六、保障措施

（一）加强组织领导。各地要高度重视高龄、失能等老年人补贴制度建设的组织工作，建立由民政部门牵头，财政、老龄工作部门分工协作的工作机制，并协调卫生计生、人力资源社会保障等相关部门共同做好高龄、失能等老年人补贴工作。

（二）落实资金保障。各地民政、老龄工作部门要按照《关于开展养老服务评估工作的实施意见》（粤民发〔2016〕43号）要求，切实抓紧抓好评估工作，尽快摸清底数，建立完整的统计台账和档案，建立健全养老服务评估机制。按照事权与支出责任相匹配的原则，经济困难的高龄、失能等老年人的养老服务补贴经费由地方财政负担。各地财政部门应准确测算经济困难的高龄、失能老年人补贴所需资金，列入年度财政预算。

（三）健全管理制度。各级财政、民政、老龄工作部门应将建立健全高龄、失能等老年人补贴制度纳入工作考评，建立科学的绩效评估体系，强化资金管理，不断提高资金使用效益，确保补贴政策落实到位，补贴资金使用规范、安全、有效。各地民政部门要建立统计报告制度和公示制度，及时报送补贴对象及补贴资金使用情况，并用适当方式定期向社会公布。

（四）营造社会氛围。各地要围绕建设社会主义核心价值体系，大力弘扬中华民族传统美德，在全社会深入开展敬老、爱老、助老教育。充分运用各类新闻媒体，加大政策宣传力度，公布高龄、失能等老年人补贴的发放范围、标准和申办程序，使这一优待政策家喻户晓，使老年人享受到实实在在的福祉。

各地要根据本实施意见精神，结合当地实际，制定具体实施办法。本实施意见自2016年5月20日起施行，有效期5年。

附件：老年人补贴申请表

广西养老服务业综合改革试验区规划（2016—2020年）

第一章　发展条件

一、广西养老服务业发展现状

经过多年的努力，全区城乡养老服务体系建设进展顺利，初步建立起了以居家为基础、社区为依托、机构为支撑的社会养老服务体系。截至2014年底，全区共建成养老机构1497个，拥有养老服务床位14.48万张，每千名老年人拥有床位18.54张；建成社区居家养老服务中心（站）、日间照料中心共814家，南宁、柳州、桂林、梧州等市的居家养老服务网络信息平台试点建设工作全面开展。农村养老服务不断改善，全区共建有1181个乡镇敬老院、9328个五保村、2688个幸福院，新建示范性村级老年协会838个。全区城市社区居家养老服务覆盖率55%，农村居家养老服务覆盖率20%。

各地以长寿健康产业、养生休闲旅游、老年产品用品、民族医疗保健等为代表的特色养老产业取得长足发展。在巴马养生品牌引领下，长寿健康养生休闲产业成为带动全区养老产业发展的新引擎。桂林、北海等市建设了一批集医疗、康复、休闲、旅游为一体的养老服务机构，大力发展山水休闲型、滨海疗养型、长寿健康型等“候鸟式”养老服务模式，养生休闲旅游业发展迅速。以中草药、绿色长寿等资源为基础的药品制造业、食品加工业快速发展，老年康复辅具产业形成一定规模。以壮医药为特色的民族医疗保健业发展势头良好，在老年人机体功能康复、慢性病治疗等领域开发出一批显著效果的民族医药产品和疗法。

二、机遇和挑战

专栏1　广西养老服务业发展的SWOT分析表

优势	山清水秀生态优美。气候温暖，空气富含负氧离子，森林覆盖率高，环境质量状况总体保持良好水平。 区位优越交通便利。沿海、沿江、沿边，地处华南、西南与东盟经济圈，立体交通网络发达。 长寿文化底蕴深厚。获认定的“中国长寿之乡”达25个，为全国最多。 特色医药资源丰富。壮瑶医药等民族医药产业特色鲜明。现有中草药物种4623种，全国第二。 绿色食品安全丰富。是我国水稻主产区、南亚热带水果基地和南菜北运基地。 旅游资源独具特色。拥有桂林山水、北部湾浪漫滨海、神秘中越边关、巴马长寿养生等知名品牌。 人文资源丰富独特。集合海洋、农耕、民族、华侨文化，与东盟国家有地缘、语缘、亲缘优势。	机遇	养老服务市场空间广阔。人口老龄化带来巨大需求，居民收入增长提升消费能力。 政策叠加优势明显。国家和自治区密集出台支持政策。 区域合作开发开放。全面实施“双核驱动、三区统筹”战略，推进广西北部湾经济区、西江经济带、左右江革命老区统筹发展，与广东共同推进珠江—西江经济带上升为国家战略，泛珠三角合作深入推进。大力建设东兴国家重点开发开放试验区和凭祥国家重点开发开放试验区，积极推进泛北部湾、大湄公河次区域、南宁—新加坡经济走廊、中越“两廊一圈”、中国·印尼境外经贸合作区等区域合作。
劣势	医疗卫生条件落后。优质医疗资源不足，基层医疗条件差，不能满足休闲养生和候鸟式养老需求。 基础设施建设滞后。生态地区交通条件差，公路等级低，高铁、机场建设需要加强。 产业集聚水平不高。养老产业发展处于初级阶段。缺乏龙头企业，难以有效整合资源、形成整体品牌和拳头产品。 产业集聚水平不高。养老服务产业的区域辐射和产业带动效应较低，尚未成为全区养老服务业的强力支撑。	挑战	经济环境严峻复杂。经济发展进入新常态。全区经济转型升级日益紧迫，可能出现工业与养老服务业争夺资金、资源等矛盾。 人口深度老龄化。全区老年人口基数大、增速快、高龄化趋势明显，“未富先老”、“未备而老”特征突出，加重了养老、医疗等多种社会服务和设施的财政负担。 资源约束市场竞争。土地、资金、人才等制约因素突出，各地对养老服务市场和资源的争夺激烈。

第二章 总体思路

一、指导思想

全面贯彻党的十八大和十八届三中、四中、五中全会精神，主动适应和引领经济发展新常态，加快推进“双核驱动、三区统筹”发展战略，积极统筹生态文明、美丽广西乡村建设，依托我区资源禀赋，以改革创新为动力，以融合发展为手段，以重大项目为载体，以“休闲养生健康养老”为发展主题，以综合改革试验区建设为牵引，创新发展模式、夯实发展基础，优化空间布局、完善配套政策，加快发展特色养老产业，争创全国养老服务业综合改革试验区，为促进全区社会和谐安宁和经济社会持续健康发展提供新保障。

二、基本原则

坚持改革创新、融合发展。推进体制机制改革和制度创新，着力营造良好的发展环境。创新养老服务业发展模式，探索养老服务业及相关产业协调融合发展的模式和路径。

坚持规划引领、政策推动。根据各地优势与现状基础，突出重点，超前规划、长远布局，打造重点区域和特色项目，充分发挥政策推动作用，推动试验区建设和发展。

坚持政府引导、市场运作。厘清政府与市场的定位和关系，明确政府职责，加强养老服务业发展的政府引导作用；充分发挥市场在资源配置中的决定性作用，营造平等参与、公平竞争的市场环境，实现市场主导产业发展。

坚持优化布局、集聚发展。科学布局，充分发挥各区域的比较优势，注重分工合作；加快养老服务业重点集聚区建设，带动形成配置合理、功能清晰的养老服务业集聚形态和集约发展模式。

坚持因地制宜、差异发展。鼓励各地依托本地产业基础和资源特色，发挥比较优势，因地制宜布局相关养老服务业态，规划重点区域和特色项目，满足老年人多样化、多层次养老服务需求，实现养老服务业优化配置与差异化发展。

三、战略定位

全国养老服务业综合改革试验区。深化改革，完善养老服务业发展政策，优化市场环境，创新发展模式和服务供给方式，完善养老服务体系，培育养老服务产业集群，把我区建成全国养老服务业综合改革试验区。

国家养老服务产业基地。充分发挥我区山清水秀生态美的资源优势，多业态发展养老服务产业。规划建设养老产业园区，引入重大健康养老项目，打造众多现代老年人宜居社区，发展老年用品相关产业，形成竞争力强、辐射面广、产业链长、融合度高的健康养老产业集群，把我区打造成为国内一流的养老服务产业基地。

国际休闲养生健康养老胜地。依托我区生态环境和长寿资源优势，深度挖掘文化内涵，开发特色健康养老和旅游产品，创建“休闲养生天堂、健康养老胜地”品牌，提升国际知名度和美誉度，把我区培育成为国际一流的休闲养生健康养老胜地。

健康养老服务业国际合作区。充分利用我区建设面向东盟的国际大通道、西南中南地区开放发展新的战略支点、“一带一路”有机衔接的重要门户的三大战略定位优势，积极推动养老服务国际合作，跨区域、多领域开展养老服务技术交流和合作，共同打造现代健康养老服务业，提升养老服务业国际化水平。

四、改革方向

转变政府职能，进一步简政放权，使市场在资源配置中起决定作用，不断增强养老产业发展动力和活力。全面深化养老服务改革，创新养老服务方式，推进养老服务技术创新，促进养老服务与乡村建设、生态旅游、健康养生等相关领域融合发展。在财政、金融、用地、税费、人才、技术及服务模式等方面进行探索创新，先行先试，完善体制机制和政策措施。

五、发展目标

到2020年，基本建成功能完善、覆盖城乡的养老服务体系，符合标准的社区居家养老服务中心基本覆盖城镇社区，每千名老年人拥有养老床位35张，其中护理型床位超过15张；健康养老服务业及相关产业增加值达2000亿元，建成15个左右规模较大、功能完善的养老服务业集聚区。探索出一批特色鲜明、效益显著的养老服务业发展模式，出台一批可持续、可推广的政策措施，扶持一批满足多元需求、质量过硬的养老服务产品，涌现一批带动力强的健康养老龙头企业和大批富有创新活力的中小企业，培育一批知名品牌，打造一批竞争力强、辐射面广、产业链长、融合度高的健康养老产业集群，形成特色突出、优势互补、功能完善、布局合理的养老服务业区域发展格局。

六、建设时序

(一) 近期建设任务（2016—2018年）。

社区居家养老服务中心覆盖90%城市社区和30%农村社区，建成80个养老示范中心，引进一批知名度高、带动作用强的社会养老机构。集中打造“一核四区”养老服务主体功能区域，建设完成10个左右健康养老服务集聚区，培育年营业收入超亿元龙头企业30个、超10亿元龙头企业15个。加快形成安排科学、层次分明、推进有序的全国养老服务业综合改革试验区发展格局。

养老服务业综合改革和发展主要目标

主要指标	2018 年	2020 年	
服务体系	千名老人拥有养老床位（张）	30	35
	千名老人拥有护理型养老床位（张）	15	18
	社区居家养老服务中心	覆盖 90%城市社区和 30%农村社区	基本覆盖所有城镇和 2/3 农村社区
	养老示范中心个数（个）	80	100
产业规模	养老服务及相关产业增加值（亿元）	1000	2000
	健康养老服务业集聚区个数（个）	10	15
	年营业收入超 10 亿元的健康养老产业园	15	30
	年营业收入超 5 亿元的健康养老龙头企业	15	30
	年营业收入超亿元的健康养老龙头企业	30	60
发展环境	入境异地养老人数（万人）	50	100
	森林覆盖率（%）	62.5%	63%
	城镇污水处理率（%）	87%	90%

（二）远期建设任务（2019—2020 年）。

社区居家养老服务中心基本覆盖所有城镇和 2/3 农村社区，建成 100 个养老示范中心；建成 15 个左右健康养老服务集聚区，培育年营业收入超亿元的龙头企业 60 个、超 10 亿元的龙头企业 30 个。以“一核四区”为主体，以产业新业态培育、优势领域升级、做大做强品牌、产业融合发展为重点，推动养老服务业及相关产业向高层次发展，形成规划布局合理、产业重点突出、集聚效益明显、辐射带动较强的休闲养生健康养老服务业发展体系。

第三章　空间布局

一、发展模式

（一）改造转型。

按照“以居家为基础、社区为依托、机构为支撑”的原则，对现有的养老服务机构进行标准化改造，完善服务设施，利用先进的管理和信息化进行改造，提高服务水平；推动机关、企事业单位将所属的度假村、培训中心、招待所、疗养院等转型为养老机构；支持民间资本对企业厂房、商业设施及其他可利用的社会资源进行整合改造，用于养老服务。加快住宅、社区的适老化改造。

（二）培育引导。

积极培育引导、努力填补空白。针对我区社会养老服务体系薄弱环节，重点引进、培育养老服务集团和龙头企业，发展养老连锁服务模式，实现养老服务品牌化、标准化、规模化，以龙头企业带动养老服务业集聚发展。积极培育具有发展速度快、潜力大、空间集聚趋势明显的集聚区，进一步加快集约发展，显著提高综合竞争力。

（三）规划新建。

规划新建一批养老示范中心、专业性养护机构、区域性农村养老服务中心、社区养老服务中心，夯实社会养老服务体系。规划新建一批基础设施完善，龙头企业带动明显，集老年护理、人才开发、养老服务用品研发生产的健康养老服务产业园和集聚区。

二、空间布局重点和方向

（一）提高基本养老服务的可及性。

综合考虑各地养老服务需求的变化趋势与现有养老服务设施的供应能力，根据服务半径、服务人口、发展目标等关键指标，采取提升改造、规划新建等多种方式，因地制宜完善城乡养老服务网络，打造层次分明、功能完善、规模适度、覆盖城乡的基本养老服务体系，提高基本养老服务的公平性与可及性，满足广大人民群众基本养老服务需求。

（二）增强健康养老产业的竞争力。

南宁、河池、桂林、北海、梧州、柳州、贺州等市按照产业集聚与高端引领的发展思路，积极引进和大力扶持一批健康养老知名企业，在适宜地区集聚建设健康养老相关产业园区；各地结合“美丽广西乡村建设”，发挥乡村生态文明优势，将生态乡村、宜居乡村作为异地养老的重点发展区域；各地根据发展基础与市场需求整合健康养老产业资源，合理布局休闲养生、民族医药、老年用品、养老地产等优势产业，打造一批各具特色的多元化健康养老产业集群，形成互动循环、优势明显的区域性健康养老产业板块，整体提升健康养老产业竞争力，打造国内一流的养老产业基地与国际性的休闲养生健康养老胜地。

三、空间布局安排

（一）“一核四区”的总体布局。

南宁养老服务业综合改革核心区。以南宁市为依托，辐射崇左市等周边地区。按照民政部、国家发展改革委对南宁市开展全国养老服务业综合改革试点工作的要求，积极推进居家、社区、机构养老服务改革，促进医养结合，探索建立制度完善、快捷便民、服务良好的现代城市养老服务体系，建设养老服务示范园区，并在政策创新、产业发展模式、规模以上企业发展、养老与相关产业融合发展等方面先行先试，为全区养老产业发展和养老服务体系建设探索成功模式，发挥典型示范作用。

桂西养生养老长寿产业示范区。以盘阳河流域长寿带为核心区域，包括百色市、河池市等地区。依托巴马长寿养生国际旅游区，以长寿养生文化为主题，大力发展以休闲养生、康体健身、文化体验、旅游度假为特色的养生养老产业和产品，重点建设巴马国际长寿养生养老服务集聚区。根据城乡规划布局建设“候鸟式”养老群落、养老城镇和一批健康养老产业综合体等各类养老设施。推广现代养生理念、中医药壮瑶医药养生方法，发展养生度假、生态度假、乡村度假等休闲养生度假旅游产品；依托“绿色食品”生产基地、畜牧养殖和农产品加工基地建设，重点扶持一批健康长寿食品、天然优质饮用水、护理用品、民族医药等老年产品产业，打造一批重点产业园区，带动周边农副产品深度开发。

桂北休闲旅游养生养老产业示范区。以漓江、柳江、贺江流域等休闲旅游度假区为核心，涵盖桂林市、柳州市、贺州市等地区。重点发展休闲旅游、养生度假及异地居住等养老产业，形成以生态农业为基础、以健康服务业为龙头、以保健长寿产品制造业为支撑的养生养老健康产业链；依托旅游名村名镇、生态农业示范区与旅游集镇，重点发展生态农业、保健食品加工、医药与医疗器械制造、养生养老地产、健康旅游、医疗康复与养生保健、健康职业教育培训等产业，建设若干集生活照料、医疗康复、老年人托管护理于一体的大型综合性养老项目。

北部湾国际滨海健康养老产业示范区。包括北海市、钦州市、防城港市等地区，利用广西北部湾经济区建设国际区域经济合作区的商贸、物流、信息交流、国际旅游线路等基础设施和重大项目建设的有利条件，发挥亚热带滨海旅游资源优势，发展具有滨海旅游和跨国旅游特色的养老服务业，开展养老服务与地产项目融合发展试点，规划一批沿海疗养、康乐和度假型重大养老项目，引导发展“候鸟型”老年人宜居社区等项目，打造国际滨海健康养老产业基地。

西江生态养老产业带示范区。包括梧州市、贵港市、玉林市、来宾市等地区。依托西江“千里绿色生态走廊”，挖掘金秀、蒙山、容县、岑溪等长寿之乡发展潜力，推动健康养老服务、森林生态疗养服务、中医药医疗保健服务等特色健康服务业多元化发展；依托玉林“南方药都”、梧州创新药研发基地、贵港养生保健酒研发基地，充分发挥民族医药特色，开发特色药品、保健产品和服务；建设一批老年病医疗、康复疗养机构，构建功能齐全的健康养老服务网络，打造辐射粤港澳的西江流域健康养老产业集聚区。

专栏2　广西养老服务业综合改革试验区重大工程

工程名称	主要建设内容	建设地点
养老服务设施建设工程	建设规模适度、运营良好、可持续发展的养老服务体系，重点按照发展目标建设社区老年人日间照料中心、老年养护院、养老院和医养结合服务设施、农村养老服务设施等4类基础设施	全区各市。
休闲养生健康养老产业园区培育工程	培育发展医养结合服务产业园、老年用品产业园、健康养生养老旅游综合体、养老城镇等一批养老服务及其与相关产业融合发展的专业园区，打造若干养老示范基地，重点建设中国—东盟（南宁）健康产业城、巴马国际长寿养生养老服务集聚区、玉林国际健康城、老年康复辅助器具产业园等养老产业集聚区。	南宁、河池、玉林、桂林、北海、柳州等市。
大型养生养老项目引进工程	引进一批提供多样化、专业性养生养老服务的重大项目，加快建设广西太和自在城、中国（崇左）乐养城、中脉巴马国际长寿养生都会、桂林国际智慧健康产业园、北部湾国际滨海养生健康服务基地、梧州市岭南生态养生城、贺州市生态健康产业示范区等大型养生养老项目。	南宁、崇左、河池、桂林、北海、梧州、贺州等市。
中医药与民族医药产业提升工程	加快发展中药民族药制造业、中药材种植业、医药物流业、养生长寿健康业、诊疗保健设备制造业等相关产业，重点建设以南宁生物国家高技术产业基地、广西现代医药物流中心、柳州医药产业基地、桂林国家高新区生物医药产业园、梧州医药产业基地、玉林健康产业园等为依托的中医药与民族医药产业集群。	南宁、柳州、桂林、梧州、玉林等市。
智慧健康养老服务平台建设工程	利用云计算、大数据等技术搭建“互联网＋养老”服务数据管理平台和养老产业数据平台，重点推进中国—东盟信息港等相关项目建设。	全区各市。

（二）各市发展重点和方向。

南宁市。充分发挥全国养老服务业综合改革试点城市以及首府城市教育、医疗、经济等方面的综合优势，建设多个养老服务业示范社区与养老服务示范中心，打造西南地区老年康辅器具生产基地与全国养老服务业人才培训基地。扶持发展品牌龙头企业，形成一批产业链长、覆盖领域广、经济社会效益显著的养老产业集群，努力打造成为面向全国、辐射东南亚的独具特色的国际化养老服务基地。

柳州市。突出“百里柳江”都市休闲与“百里风情”民族特色，以“山水桂林风情柳州”为主题，联动发展休闲旅游、养生长寿、生态农业、生物制药等养生养老产业。

桂林市。发挥国家旅游综合改革试验区、国家社会化养老试点、国家服务业综合改革试点的政策优势，突出“漓水青山养生桂林”品牌，发挥桂林国际旅游胜地的核心竞争力，整合推进休闲旅游、养生长寿、医疗康复、研发制造、健康食品于一体的养生养老产业发展。

梧州市。突出临近粤港澳的区位优势，较好的中医药发展基础以及优美的山水资源禀赋，以南广高铁沿线为重点，建设以生态疗养、康复医疗、中医药养生保健、特色食品为主要特色的区域性生态养生养老服务中心。

北海市。充分利用丰富的“滩、岛、线、城、林、湖”资源优势，以北海银滩和涠洲岛为双核，以国际化、标准化、品牌化、特色化为导向，突出滨海特色，打造以避寒养生、滨海度假、海洋运动、康复疗养、特色农业为重点的区域性国际化养生养老基地。

防城港市。以东兴滨海长寿之乡为品牌，突出“滨海、门户、生态”资源优势，大力发展跨境旅游、滨海养生、长寿食品、康复疗养等特色养生养老产业，致力打造国际滨海休闲养生基地和国家高端养老示范基地；加快建设防城港国际滨海休闲养生基地集聚区、东兴国际综合性服务集聚区。

钦州市。突出“最美内海城市”品牌，发展滨海休闲度假、海上运动休闲、生物医药等养生养老产业，打造国际滨海休闲养生基地和国家高端养老示范基地。

贵港市。突出历史宗教文化资源丰厚和地理生态自然资源奇特的有利条件，以红色经典、佛教胜地为特色，发展生态疗养、养生保健等特色养老服务业。

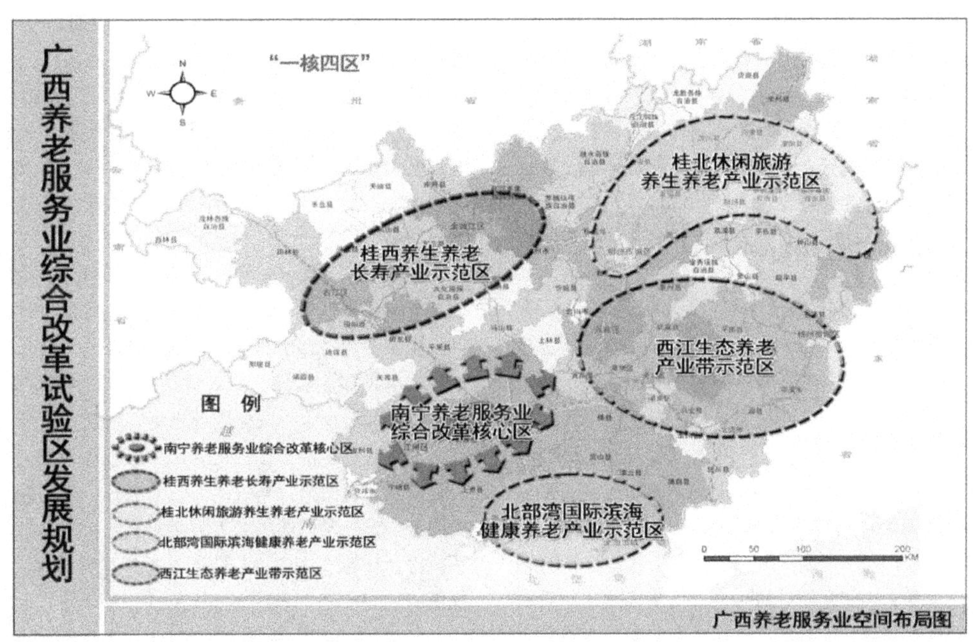

广西养老服务业空间布局图

玉林市。以“中国长寿之乡”容县为核心，突出中国第三大中药材集散地和“南方药都”的品牌优势，发展以中医药产业和生态养老相结合，以民族医药、休闲养生、健康食品、康复医疗为重点的养生养老产业。

百色市。突出红色旅游、边关风情、长寿养生资源和品牌，重点发展长寿养生度假产业和健康食品加工业，积极打造中国西南“中草药材之都”，形成从田阳县—右江区—凌云县—乐业县连接至巴马县的国际长寿养生产业带。

贺州市。以生态休闲旅游为特色，重点发展休闲度假、康体运动、民族医药、生态农业等养生养老产业，打造面向粤港澳等华南地区的旅游休闲养生养老胜地。

河池市。以“世界长寿之乡”巴马为中心，以“长寿圣地、养生天堂”为品牌，重点推进候鸟式养老、养生保健、长寿食品、生物医药等特色优势产业，整合带动桂西养生养老产业发展，打造国际养生长寿目的地。

来宾市。以“天下来宾美随心动”为品牌，以“中国长寿之乡”金秀为核心，发展生态旅游、长寿养生、瑶医瑶药、生态农业等特色产业。

崇左市。突出沿边境、连东盟的区位优势，以“中国长寿之乡”大新、天等、龙州和边关文化旅游城市凭祥为核心，促进老年宜居养生、旅游观光、休闲度假和生态农业融合发展，打造以养生休闲、康体健身、文化体验为主要特色的面向东南亚的养老服务基地。

第四章　重点任务

一、深化养老服务综合改革

(一) 加快养老机构改革。

全面推进公办民营、公建民营、民办公助、政府购买服务等养老服务改革。创新公办养老机构的管理机制，鼓励公办养老机构引入社会化的专业团队，采取委托管理、购买服务等多种方式，提高服务能力和专业化管理水平。建立和完善养老服务机构准入、竞争和退出机制，引导公益慈善组织参与养老服务；鼓励引导社会资本包括外资，以独资、合资、合作、联营、参股等方式，兴建养老设施和提供养老服务。构建养老服务机构等级评价体系，建立健全养老服务对象分级分类评估制度，科学界定公立养老机构服务惠及范围，确保公办养老机构实现政府保障社会基本养老服务兜底职能。

(二) 推进养老服务创新。

创新养老服务方式。促进养老服务与旅游、健康养生、医药、保险、教育、家政等领域融合发展。依托健康养生、旅游等资源，探索适合长期居住的养生养老模式和适合短期居住的旅游养老模式。依托教育、家政等资源，培育建设养老护理培训和服务基地。依托医药产业资源，积极发展康辅器具产业和中医药民族医药产业。依托保险、地产等资源，创新发展养生长寿住宅模式。在适宜地区开展以健康养老功能为核心的养老城镇建设试点，吸引和鼓励社会性投资参与建设。鼓励养老机构为周边社区老年人提供居家养老服务。

养老服务技术创新。鼓励养老机构服务功能向社区延伸，运用现代科技手段，促进养老与家政、保险、教育、健身等互动发展。强化互联网思维，开展养老服务业“互联网+”行动，鼓励信息技术、人工智能与养老服务的深度融合，创新养老服务业态，提升养老服务信息化水平。发展健康养老服务大数据产业，为养老服务业发展提供支撑。加强社区居家养老服务网络平台建设，以信息化手段为老年人提供家政服务、生活照料、助餐服务、康复护理、医疗保健、精神慰藉、文化娱乐、安全援助和转介等综合性服务。

老年人社会参与方式创新。探索推行低龄健康老人服务高龄、失能老人等互助模式，拓展老年体育健身文化娱乐服务，开展老年大学等多层次老年教育服务。

二、完善覆盖城乡的养老服务体系

(一) 夯实居家和社区养老服务基础。

完善依托社区的居家养老服务设施建设，编制实施城乡社区养老服务设施建设规划，建设集养老护理、日间照料、居家养老、文化娱乐等功能于一体的社区养老服务中心。采取建设补贴、设施设备购置补贴、运营资助、政府购买服务等方式，在康复辅助器具配备、适老化环境改建等方面扩大对居家和社区养老的支持。在社区居家养老中心和社区养老院增设医疗床、护理床、护理设备、康复性活动器材、日常医疗设备、辅助性医疗康复设施以及文娱活动设施设备。将适老化设施设备纳入新建社区和住宅区的竣工验收指标；逐步完善现有社区特别是老城区的适老化改造和无障碍设施建设。

通过政府购买、协调指导、评估认证等方式，鼓励支持各类民间组织、机构和个人从事居家和社区养老服务，培育一批规模化、品牌化和连锁化经营的龙头企业和社会组织。统筹社区范围内的各类养老服务机构、为老服务组织、社区卫生服务中心（站）以及家政、餐饮等各类服务性企业，为老年人提供就近、实惠、快捷的养老服务。

丰富居家和社区养老服务内容，增加基本医疗护理、辅助生活器具提供、家庭病床等服务。以提升社区卫生服务机构服务能力和培养全科医生人才队伍为重点，为社区老年人提供专业和规范的日常护理、慢性病管理、康复、健康教育和咨询、中医保健等服务，提高居家养老医疗服务专业化水平。推行智能化居家养老服务系统，为居家老人提供实时、便捷、高效、优质的服务。建立健全基层老年协会，充分发挥基层老年协会的养老互助作用。到2020年，符合标准的社区居家养老服务中心基本覆盖城镇社区。

(二) 多层次发展机构养老。

满足社会养老服务多元化需求，发展颐养型、养护型和护理型养老服务机构，加快养老机构转型升级步伐。大力推行“医养结合、康护一体”模式，重点发展专业护理型养老机构，在重点区域规划建设老年康复护理院。鼓励和支持有条件的医院建设集医疗、保健、康复、护理、养老为一体的老年护理院。鼓励社会力量举办规模化、连锁化的养老机构；推动养老机构跨区联合、资源共享，鼓励发达地区与欠发达地区开展养老服务异地互动，加大对综合实力较强的国内外养老服务领军企业的招商力度，吸引投资建设一批具有较强竞争力的养老机构。发展以养生为特色的养老服务，鼓励在生态养生区域建设中高端休闲养老服务综合体。

（三）统筹城乡养老服务发展。

加快农村养老服务基础设施建设，加大财政对农村专业化养老服务的支持力度，鼓励农村探索互助式养老服务机制，逐步将互助性养老服务设施纳入村级综合服务设施的统一规划建设。

加大乡镇敬老院改造力度，在集中供养的前提下，支持乡镇敬老院向社会开放；鼓励农村养老服务中心与乡镇卫生院融合发展，争取将40%的乡镇敬老院建设成为集供养、寄养、社区照料和居家养老服务组织管理及其他社会福利功能于一体的农村区域性养老服务中心。

增强城市养老服务资源向农村地区的辐射带动作用。鼓励城市公办养老机构与乡镇敬老院、互助性养老服务机构、农村区域性养老服务中心等，建立长期稳定的对口支援和合作机制，采取人员培训、技术指导、设备支援等方式，帮助其提高专业化服务能力。

专栏3 广西基本养老服务体系的重点建设任务

整合各方资源，集中财力实施“1521养老服务示范工程”。每年打造15个养老示范中心。即自治区本级建成1所1000张床位以上的综合性养老示范机构；各设区市建成1所500张床位以上的专业性养护机构；每年每个县（市）建成1所200张床位以上的综合性社会福利机构；每个乡镇改造或者新建1所100张床位以上辐射周边的区域性农村养老服务中心，确保到2020年城市社区建有符合标准的日间照料中心、老年活动中心等服务设施；90%以上乡镇和60%以上的农村社区建立包括养老服务在内的社区综合服务设施和站点；全区社会养老床位数达到每千名老年人35张以上，其中护理型床位数占养老床位总数的50%以上，养老护理人员岗前培训率达到100%、持证上岗率达到90%以上。

三、着力发展特色养老产业

（一）大力发展休闲养生健康养老产业。

依托生态和资源优势，综合建设一批滨海型、山水型、森林型、气候型、温泉型、生态型等养生、疗养、康复基地。在桂林旅游景区、北部湾沿海地区、巴马长寿之乡等区域，兴办一批高水平的养生养老机构，建设一批养生保健特色酒店，打造一批集休闲、养生、保健、疗养和旅游功能于一体的健康养老产业集聚区。长寿之乡、乡村休闲旅游和生态农业示范基地积极开发适合老年人的多样化休闲养生旅游产品，拓展康复理疗、中医食疗、休闲养生等服务项目。

面向粤港澳、东南亚和国内多层次消费需求，在南宁、北海、梧州、桂林、贺州市等地区，重点开发老年人宜居社区，鼓励养老地产建设；在自然条件优越的地区，重点开发以中小户型为主的养生老年公寓，打造养老群落、养老社区；在景点周边、长寿村屯发展农家旅馆，为“候鸟式”老年人群提供养老服务；在长寿之乡重点打造集养生养老、医疗保健、休闲旅游等为一体的服务综合体。加强规划引导、科学论证选址、合理确定规模，吸引和鼓励社会投资参与建设，在适宜地区开展以健康养老功能为核心的养老城镇建设试点。

（二）创新发展旅游养老业。

创新发展“候鸟式”旅游养老模式，充分利用我区既宜居又宜游的特色，积极推进养老和旅游融合发展。在桂林国际旅游胜地、北部湾国际旅游度假区、巴马长寿养生国际旅游区、边关风情旅游带等旅游风景重点区域以及25个“中国长寿之乡”，多元化多层次打造一批养生、保健、疗养和旅游基地，开发适合老年消费者的中医药特色养生游、健康体检游、绿色生态游等多样化旅游产品和服务，发展养生度假、生态度假、乡村度假等各种休闲养生度假旅游产品；依托长寿乡村，特色旅游名村名镇，在发展乡村休闲旅游的同时，注重开发面向“银发市场”长寿养生旅游产品，吸引国内外老年人分时养老和旅游度假。

（三）发展多业态养生养老服务产业。

推进养老服务业与民族医药产业融合发展。充分利用丰富的中医药材自然资源以及玉林、靖西中药材大市场，大力发展以壮瑶医药为特色的一批服务于养生养老的医药产品、诊疗保健疗法、海洋生物制药。鼓励现有的民族医药医疗机构发展医养融合特色养老服务，鼓励广西药用植物园及其国家工程实验室、广西中医药科学实验中心等科研机构联合企业研发生产养生保健医药产品，逐步形成特色养老新业态。推进养老服务业与绿色农业融合发展。着力发展绿色有机健康养生农产品，培育富硒等微量元素的粮油果蔬茶等绿色有机健康农产品，加强有机、绿色、无公害农产品认证；积极发展适老健康食品加工产业，大力打造绿色、健康、安全的“吃健康”品牌，提供更多适合老年人需求的农副产品。利用绿色农业生产基地和森林资源，开发一批集合旅游观光、休闲娱乐、农业观光和农产品生产等多种元素的健康养生养老产品。

推进养老服务业与文教体产业融合发展。依托广西传统文化和民族文化，积极发展演艺娱乐、绘画摄影等老年文化创意产业，发展具有老年特色的艺术品加工产业和乡村传统手工艺品生产基地，鼓励开发吸引老年人参与的文化产品与运动休闲体育项目，丰富拓展养老服务业态。推广老年大学，鼓励发展多种形式的老年教育。

推进养老服务业与家政服务业融合发展。鼓励家政服务公司开展专业化居家养老服务业，为老年人提供助餐、助浴、助洁、助行、助医、助急等多样化居家服务。

（四）大力发展老年健康管理服务业。

建立健全服务老年人健康管理制度，推动老年健康管理专业化，建设一批老年健康管理服务机构，引入专业服务团队，提供特色老年养生健康服务。支持医疗卫生服务系统、健康管理机构发展“智慧健康养生服务”、“个性化健康养生服务”等新型服务业态。开发和推广健康服务信息系统，推进医疗、预防、保健及管理等大数据的采集、存储和共享技术的研发。发展个人全程全方位的健康管理模式。加快发展集咨询预防、医疗服务、保健养生、健康教育、康复疗养为一体，专业化、多元化的健康管理服务产业。

（五）重点建设健康养老产业园区。

在重点区域规划建设养老机构、医疗机构、养老用品和保健食品加工、养生养老地产、健康职业教育培训机构集中规模发展的综合性养老产业园区，培育一批医养结合服务产业园、老年用品产业园、健康养生养老旅游综合体、养老城镇等与相关产业融合发展的养老服务专业园区，打造若干养老示范基地，重点建设中国—东盟（南宁）健康产业城、巴马国际长寿养生养老服务集聚区、玉林国际健康城、老年康复辅助器具产业园等养老产业集聚区。引进一批提供多样化、专业性养生养老服务的重大项目，加快建设广西太和自在城、中国（崇左）乐养城、中脉巴马国际长寿养生都会、桂林国际智慧健康产业园、北部湾国际滨海养生健康服务基地、梧州市岭南生态养生城、贺州市生态健康产业示范区等大型养生养老项目。

专栏4　特色养老产业重点项目

——重点在25个长寿之乡，统一规划设计“长寿之乡邀您来”养生居住基地，开发建设一批家庭旅馆、养老群落，开发农家式养生养老模式。重点打造一批集养生养老、医疗保健、休闲旅游等为一体的综合体。

——重点在南宁、桂林、北海、河池等地建设15个健康养老服务集聚区，重点建设中国—东盟（南宁）健康产业城、广西太和自在城、中脉巴马国际长寿养生都会、桂林国际智慧健康产业园、北部湾国际滨海养生健康服务基地、梧州市岭南生态养生城、贺州市生态健康产业示范区、巴马国际长寿养生养老服务集聚区、玉林国际健康城、老年康复辅助器具产业园等30个养老产业园区。

——重点发展养老服务业与民族医药、绿色农业、文化体育、家政服务等产业融合的新型业态，重点建设盘阳河流域长寿养生、长寿文化产业带，发展大明山、姑婆山、大桂山、十万大山、大容山、六万大山、天堂山、大瑶山等生态旅游养生带。重点发展钦州、北海、防城港滨海休闲度假养生产业带。

——重点建设智慧健康养老服务平台。依托中国—东盟信息港的建设，利用云计算、大数据等技术搭建“互联网＋养老”服务数据管理平台和养老产业数据平台，建设一批老年健康管理服务机构。

四、加强养老服务业发展的区域合作

（一）加强区域合作。

深化与粤港澳台的开放合作。更加充分利用《内地与港澳关于建立更紧密经贸关系的安排》（CEPA）各项先行先试政策，依托粤桂合作特别试验区、粤桂县域经济产业合作示范区等跨省（区）合作平台，积极拓展我区养老服务业发展空间，不断充实和提升面向粤港澳台的合作内容与水平，吸引粤港澳台有实力企业赴桂投资养老服务业，加快引进一批带动性强、影响力大的重点养老企业和重大养老产业项目。

推动省际养老服务合作交流。整合区内养老服务行业企业和旅行企业资源，打造广西异地养老联盟，以产业联盟战略合作为纽带，应用分时度假模式，组织北方省（区）“候鸟式”老人到我区养老养生、旅游健身、休闲度假，形成我区与北京、黑龙江、内蒙古、吉林等省（区、市）的跨省以及跨境异地养老养生热线，建立多边异地养老战略合作机制。做好联盟间养老机构与旅行社的对接服务，协调规范异地养老养生管理，积极参与并适时推进建立覆盖全国的“候鸟式”养生养老产业网络。

（二）打造面向东盟区域性国际养老服务中心。

提升我区养老服务业面向东盟国家的集聚辐射能力。紧紧把握“一带一路”国家战略机遇，把东盟国家开拓为广西养老服务业重要客源市场。开发特色旅游养老养生产品，吸引东盟国家老年人来广西开展老年健康体检、旅游休闲、养生保健、文化交流等活动。面向东盟国家中高端需求，开发养生保健公寓、养老旅游度假村等项目。根据东盟国家消费习惯，积极引进按摩、理疗技术和专业人员，丰富老年保健康复服务。依托南宁市的中国—东盟信息港等平台，合作发展养老服务大数据产业，共同开发养老服务先进技术，提升全区养老服务业开放水平。

加强我区养老服务业产品对外营销推广。建立立体化营销体系，与中央主流媒体和驻外办事机构合作，利用媒体资源加强面向东盟国家宣传介绍，积极展现我区养老资源优势。定期组织“广西国际健康长寿养生养老产业博览会”，将我区特色养老服务优质产品推向东盟及其他国际市场。依托中国—东盟传统医药交流合作中心平台，加大中医药民族医药文化健康产业和壮瑶医预防保健服务对外推广力度。

第五章 支撑体系

一、智力人才支撑

（一）加强养老服务人才队伍建设。

在政府指导下，建立以养老服务机构为主体、市场为导向的养老养生产学研战略联盟和高层次养老养生人才培养基地，通过共建科技创新平台、开展合作教育、共同实施重大项目等方式，培养高层次、职业化养老养生人才队伍。探索养老机构与医疗机构间的人才合作机制。指导区内高等院校加强养老养生相关学科建设，支持医科院校扩大护理专业招生规模；引导和鼓励职业院校增设老年服务与管理、康复治疗技术、健康管理等养老服务相关专业，鼓励社会资本兴办养老服务类职业院校；加大财政对开设养老服务专业院校基础设施和学科建设的支持力度。加强与国内外科研院校的合作，引进培养一批掌握健康养老服务产业先进技术的科技人才，逐步完善包括专业化服务人员、志愿者队伍的养老服务人力资源保障体系。

（二）提高专业人才和从业人员服务能力。

依托职业院校和养老机构重点建设一批养老服务实训基地，鼓励院校与养老机构、行业企业对接，提高对口专业毕业生工作能力。加强养老服务职业教育师资队伍建设，鼓励职业院校聘请养老机构和行业企业实践经验丰富的技术人员、管理人员作为校外导师。依托相关职业院校、培训机构，开展多样化的学历教育、职业技能培训，对符合条件参加培训的人员按规定给予职业培训补贴，并对取得养老护理员职业资格证书的人员按规定给予职业技能鉴定补贴，提升养老服务业从业人员整体素质。同时，对建档立卡贫困户从业人员，按规定实行劳动力短期技能培训以奖代补。

（三）制定养老服务业从业优惠政策。

对取得国家养老护理员初级工、中级工、高级工、技师职业资格证书，并在养老机构护理岗位连续从业两年以上的人员，分别给予每人500元、1000元、2000元、3000元的一次性从业奖励。做好养老护理员工资指导价位发布工作，指导民办养老机构和组织，合理确定养老护理员劳动报酬。将养老机构内设医疗机构及其医护人员纳入卫生计生行政部门统一指导，在人才培养、培训进修、资格认定、职称评定、技术准入和推荐评优等方面，与其他医疗机构同等对待。

二、信息网络支撑

（一）提升养老服务信息管理能力。

打造与信息技术、人工智能深度融合的养老服务体系。加快养老服务信息化平台建设，实现养老服务信息管理系统全区覆盖。依托互联网、物联网、云计算等技术，探索建立养老服务业大数据平台，推动养老服务、医疗保障、健康管理等信息共享，为我区养老服务业全产业链升级积蓄技术优势。建立具备紧急呼叫、家政预约、健康咨询、物品代购、服务缴费等服务功能的居家养老服务平台。

（二）加快打造“互联网＋”养老服务商业生态系统。

推动全区休闲养生、健康养老和旅游资源信息化，加强基础信息资源建设和旅游门户网站建设。推动互联网技术和养老服务商业的互促嵌入，利用国内主要互联网平台和微博、微信等新媒体平台，开展健康养老资源对外宣传推介。提高网络营销与服务水平，与国内知名线上旅游平台合作，推广我区健康养生养老产品。鼓励养老服务企业与国内主要网络交易平台合作，推进特色养老产品交易信息化。在积累一定的养老服务业“互联网＋”商业实践经验基础上，积极推动支付、物流等配套平台建设，整合区内相关资源，打造广西养老综合型电子商务综合网络平台。

（三）依托智慧城市打造“智能养老”。

将智慧养老服务纳入智慧城市建设。依托智慧城市网络建设，利用现有医疗保险系统的相关信息数据、网络设施和医疗服务平台，建立和完善老年人终身健康档案管理信息系统，提升老年病、慢性病的健康管理、健康干预能力。重点打造南宁、柳州、桂林、梧州、钦州等区域性养老服务信息平台，加强养老服务信息的实践应用环节，试点建设若干智慧养老社区、智能老年公寓等。

（四）构建信息化宣传体系。

通过报刊、广播、电视等传统媒体与数字杂志、数字报纸、数字广播、手机短信、微信、移动电视、网站等新媒体，大力宣传广西养老养生的气候、生态、区位优势。聘请专业团队，设计先进策划创意、探索与国内外媒体合作崭新模式，综合利用专题片、广告片、影视剧广告植入、代言人等多种手段，全方位推广广西养老服务业综合改革试验区“健康养生休闲养老”的发展理念，塑造“休闲养生天堂、健康养老胜地”的品牌形象。

三、生态环境支撑

（一）建立可持续性资源保护体系。

坚持“在保护中开发、在开发中保护”的方针，按生态功能区定位，对资源开发实行统筹规划、合理布局，加强自然资源的合理开发利用和保护，积极推进资源由粗放利用向集约和节约利用的转变，提高资源利用效率和综合利用水平。加强与云南、贵州、湖南、广东等周边地区的生态协作，强化水资源保护，解决跨地区水环境问题。加强森林资源保护，保持森林资源总量持续增长。加强北部湾海洋生态保护，合理开发利用海岛资源。强化气候资源、清洁能源和可再生资源的合理开发利用。加快养老服务园区、重点服务项目的配套生活污水、垃圾处理设施建设，统一纳入布局规划和用地保障。加大环境综合整治力度，完善生态环境监测和预报预警体系建设，实时发布环境质量信息。

（二）建立生态宜居环境。

统筹人与环境的协调发展，完善城镇规划体系，优化城市功能区域布局，对城镇的建设规模、用地布局、开发方式进行科学安排，形成合理的城镇发展空间形态。布局建设各具特色的生态城市、生态集镇和生态社区，为老年人提供便利、舒适、优美和有益于健康的人居环境。科学规划乡村体系，因地制宜建设实用合理、体现民族特色和区域风情、风格多样美观的村庄，承载乡村养老服务业发展。加强生态文明教育，培育生态文明观，强化生态环境意识，倡导全社会崇尚环境友好的生产、生活方式和资源节约的消费方式，打造适宜养老养生的生态文化体系。

四、基础配套设施支撑

（一）加强城乡基础设施建设。

完善城镇规划，优化城镇布局，加强城镇管理，加快完善城镇基础设施，并配套建设无障碍设施，保障老年人通行安全和使用便利。加快完善养老养生基地周边的道路交通、市政设施、餐饮购物场所，推广为老、助老的市政公共服务设施建设，在路面盲道、楼宇坡道、公共交通、园林绿化、公共场所扶手等多方面，为老年人营造方便宜居的公共环境氛围。结合“美丽广西”乡村建设，加快以路、水、能源为重点的农村基础设施建设，明显改善农村生产生活环境和条件，建立完善农村社区服务体系和配套设施，实现村庄环境秀美、生活甜美、乡村和美。

（二）完善交通体系。

围绕着“一核四区”总体布局，加大综合交通基础设施建设。建设北部湾区域性国际航运中心、西江—珠江黄金水道，打造紧密协作的水运网络；加快建设以高铁、高速公路为骨干、普通铁路和公路为补充，并与城市轨道、城市路网、机场、港口相衔接的交通网络。依托自治区综合交通网络，综合提升养老服务重点区域和产业集聚区的流通速度。加强重点旅游休闲养生区域、长寿之乡、特色旅游名县交通基础设施建设，提升交通保障能力。

第六章　政策措施

一、优化发展环境

（一）放宽社会资本市场准入条件。

积极支持社会资本进入养老服务、医疗服务、中医药保健等领域，发展养老服务业及相关支撑产业。按照逐步开放、风险可控的原则，鼓励社会资本开办医养结合服务机构。允许境外资本独资举办康复护理、老年护理、家庭护理等服务机构。对社会资本投资的养老服务业项目，按照国家产业政策和行业准入条件进行审批、核准和备案；属鼓励类的，国土资源、规划、环境保护、工商、质监、消防等部门依法优先办理相关手续，并落实现行支持养老服务业的税收优惠政策。

（二）为养老服务机构连锁经营提供便利条件。

放开养老服务民办非企业单位设立分支机构限制，向拟设立分支机构所在地民政机关申请登记后，由分支机构所在地登记管理机关对分支机构活动进行依法监管，并报原登记管理机关备案。所属分支机构不具有法人资格的，养老服务民办非企业单位可在企业章程规定范围内，授权其开展养老服务类活动，其法律责任由养老服务民办非企业单位承担。适时允许跨地区设立分支机构，进一步促进养老服务机构连锁发展。

（三）完善养老服务业信用体系。

建立和完善广西养老服务业行业标准体系。规范老年人生活照料、膳食服务、护理服务、精神慰藉等服务行为。加强养老服务业信用体系建设。建立养老机构等级评定机制、不良执业记录制度、失信惩戒以及强制退出机制，将养老机构服务质量、信誉状况等情况纳入信用体系建设。开展养老服务机构的行业自律和社会监督。

（四）健全养老服务行业自律约束制度。

培育和发展养老服务相关行业协会，充分发挥行业协会在自我服务、自我管理、自我发展的作用；发挥政府与全区养老服务行业协会和社会养老机构间的桥梁和纽带作用，配合相关部门做好政策推进、宣传教育、合作交流和行业建设。加强行业自律体系建设，建立健全养老服务业行业自律规约和行业职业道德准则。推动形成政府、社会组织、养老服务实体三者结合的管理机制。

（五）促进慈善力量参与养老服务。

进一步挖掘社会慈善潜力，积极培育为老服务公益慈善组织。建立为老志愿服务记录制度，统一志愿服务计算和质量评价标准，建设服务记录查询和认证网络平台。创新完善志愿服务回馈激励机制，探索“为老爱心时间银行”等养老服务储蓄模式。鼓励社会慈善力量广泛发展各类专业慈善组织，完善扶老助老的慈善服务体系。

二、强化养老服务业用地保障

（一）合理确定人均养老用地标准。

适当提高全区养老服务业人均用地标准。在制定城市总体规划、控制性详细规划时，要按照人均用地不低于0.12平方米的标准，其中桂林、钦州、梧州、北海、防城港等市和永福、巴马、金秀等县，养老服务设施人均用地保障标准不低于0.15平米，保障养老服务设施合理布局和建设标准。

（二）确保养老服务业重点项目的土地供给。

各地将养老服务设施建设项目用地纳入年度建设用地

供应计划。新建养老床位800张以上的养老服务项目，可列入自治区层面统筹推进重大项目；新建养老床位500张以上的养老服务项目，可列入设区市重点项目；新建养老床位200张以上的养老服务项目，可列入县（市、区）重点项目。根据《广西壮族自治区建设用地年度计划指标管理办法（试行）》的有关规定，列入自治区、市、县重大项目的养老服务项目，将由自治区、市、县分级优先安排用地指标。

（三）妥善解决社区居家养老服务中心用地问题。

对于老旧小区，指导整合社区民政、卫生、文化、体育等公共服务资源，充分利用街道、社区的闲置用房，进一步挖掘社区公共服务中心的现有服务潜能，集中建设具有养老服务等功能的社区公共服务综合平台。对于城乡新规划社区，比照非营利性养老机构，优先安排城乡社区居家养老服务中心及服务设施建设用地。

（四）整合利用现有存量土地资源。

鼓励社会资本对企业厂房、商业设施、疗养院及其他可利用土地资源进行整合和改造，用于养老服务。对利用城镇现有空闲的厂房、学校、社区用房等进行改造和利用，举办养老服务机构的，经规划批准临时改变建筑使用功能从事非营利性养老服务且连续经营一年以上的，五年内可不增收土地年租金或土地收益差价，土地使用性质也可暂不作变更；建设营利性养老服务设施的，或者涉及划拨建设用地使用权出让（租赁）或转让的，在原土地用途符合规划的前提下，可不改变土地用途，允许补缴土地出让金（租金），办理协议出让或租赁手续。

（五）创新养老服务供地方式。

非营利性养老服务设施建设项目用地可采取划拨方式供地，营利性养老服务设施用地应以出让、租赁等有偿方式提供。鼓励在住宅、商业等用地中配套建设养老服务设施用房并分摊相应的土地面积，使企业通过住宅、商业等多元化项目开发消化一部分养老服务设施建设投资压力。探索扩大养老用地功能范围，养老服务设施用地内建设的老年公寓、宿舍等居住用房，可参照公共租赁住房套型建筑面积标准，限定在40平方米以内。充分利用农村土地流转政策，积极发展乡村异地养老。

三、加大财政保障力度

（一）加大福彩公益金对养老服务业支持力度。

县级以上人民政府用于社会福利事业的彩票公益金，60%以上投入养老服务业发展，并根据本地常住老年人口的增加逐步提高投入比例，其中支持民办养老服务发展的资金不得低于养老服务业总投资资金的30%。

（二）合理安排财政补助资金支出结构。

自治区、市、县（市、区）要加快出台养老机构护理型床位新增和运营管理办法，进一步修改和完善对公办和民办养老机构护理床位的财政补助标准。对于医疗机构新设护理型床位或者举办护理院的，按标准予以补助。加强财政资金对重点领域的重点支持作用，自治区服务业发展专项资金要对公共服务和创新发展项目以及养老产业的关键领域和薄弱环节，予以适当支持。

（三）建立对经济困难的高龄、失能老人补贴办法。

在全区建立起经济困难的高龄、失能等老年人的补贴制度。各地根据本规划，结合当地经济社会发展水平，尽快研究制定具体实施方案，确保经济困难的高龄、失能等老年人补贴制度落地。

（四）建立政府购买居家养老服务机制。

依托社区服务网络，对居家“五类”弱势老人（城镇“三无”人员、农村“五保”人员，低保及低保边缘的老人，经济困难的失能、半失能老人，70周岁及以上的计生特扶老人，百岁老人），提供以解决日常生活困难为主的社会化服务。

四、建立健全现代养老服务业投融资机制

（一）探索养老服务业政府投资新模式。

自治区设立健康养老产业投资基金，对养老服务机构、设施和服务网络，养生养老健康产业链等重点领域和项目提供直接支持。各地可结合实际，采用股权投资方式运用财政支持资金，实现政府投资与金融资本有机结合。建立健康养老产业投资基金退出机制，基金投资项目平稳运行并实现盈利后，将所持有股份以市场化方式转让，投资回报继续进入基金滚存使用，不得挪作他用。

在养老服务项目大力推广政府和社会资本合作（PPP）模式，改革养老服务供给机制，提升养老服务供给质量和效率。对收入不能补偿成本，但社会效益较好的项目，各级人民政府可给予适当补贴，实现政府、企业、社会多方共赢。建立规范的养老PPP项目管理机制，做好项目评估工作，明确采购、融资、项目监管和绩效考评流程，降低项目运营风险。

通过公益创投方式，资助社会组织有创新性和发展潜力的为老服务项目，引入更多社会资源鼓励养老服务公益创新，切实缓解小微社会组织发展资金困难。

（二）加强对养老企业的融资帮扶。

鼓励支持区内养老服务业领军企业在新三板、创业板和A股主板上市。对申请上市企业遇到的政策问题和流程障碍，及时帮助企业与证券行业管理部门沟通对接，寻求指导和帮助。加大利用企业债券融资支持养老产业的力度，帮助养老服务业重点企业和重点项目申请发行企业债，鼓励区内有资质金融机构承销债券，培育壮大产业平台。制定支持养老服务业发展的金融扶持办法，运用贷款贴息、直接融资补贴、融资担保、风险补偿、再贴息和再贷款等办法，支持社会资本扩大养老服务业投资规模。

（三）鼓励保险资金投资养老服务业。

鼓励和支持引入保险资金参与广西养老服务综合改革试验区建设。积极与人保寿险、国寿投资、平安养老等国内主要的保险投资公司、养老金公司等保险金融机构对接，支持保险机构在广西投资建设老年宜居社区和老年护理院。探索与国际上有实力的健康保险基金开展合作，推动广西有实力的健康养老机构成为其在中国及东南亚的签约机构。

（四）丰富养老保险产品形式。

支持区内保险机构开发养老年金保险、老年人意外险、商业长期护理保险、住房反向抵押养老保险、养老机构责任险等养老保险产品。根据经济社会发展水平和医疗保险基金平衡情况，在参考国内其他省（区、市）经验基础上，适时建立强制性的长期护理保险，作为基本医疗保险制度的补充。

第七章　实施机制

一、完善组织机制

广西养老服务业综合改革试验区联席会议办公室负责统筹规划实施，分解细化规划任务和有关事项，制定年度建设计划。自治区各部门按职责分工认真配合，根据任务分工制定具体实施方案，并负责指导各市县实施。各市、县（市、区）要切实履行主体责任，将发展养老服务业纳入国民经济和社会发展总体规划和相关专项规划，组织实施好重大项目；定期组织规划评估，跟踪监测指标完成情况，确保各项目标和重点任务按期完成。

在自治区层面成立养老服务业综合改革试验区建设专家咨询委员会，与国内养老服务业研究水平较高的大学、科研院所开展常态化合作，为发展战略规划、政策论证、产业定向、项目筛选、园区建设等重大问题提供咨询意见和建议。

二、建立统筹协调机制

建立推进养老服务业发展政策协调和保障机制。优化试验区建设规划布局，各地编制出台养老服务业设施建设和产业布局规划，并纳入城市总体规划、土地利用总体规划和控制性详细规划。从土地利用、控制性设置、功能区划等方面理顺规划间关系，确保规划内容有序衔接，养老服务业产业布局、重点设施建设项目与城市总体规划、土地利用总体规划的冲突基本解决。

加快建立全区养老服务业统计调查方法和指标体系，健全相关信息发布制度，强化统计监测。建立生产要素供应保障机制。建立和完善发展目标评价机制，将养老服务业发展的主要指标分解、细化。建立基础设施共建共享、联合投资开发等协调机制，推进养老服务业稳定持续发展。

三、加强工作落实和监督检查

加强工作绩效考核。全区各级人民政府结合实际制定实施方案，将完善医养融合、投融资、税费优惠、用地、人才等扶持政策落到实处。自治区各相关部门要根据部门职责，尽快出台具体政策措施和办法。各市各相关部门要在每年1月10日和7月10日前，将上年全年和当年上半年推进养老服务业发展情况报自治区人民政府。广西养老服务业综合改革试验区联席会议办公室要建立信息通报制度，发现问题要及时报告。自治区人民政府适时开展专项督查，推动广西养老服务业综合改革试验区建设顺利推进。

附件：广西养老服务业特色产业重大建设项目库指导目录

附件

广西养老服务业特色产业重大建设项目库指导目录

序号	项目名称	建设地点	建设规模和内容	总投资（万元）	开工时间	计划完工时间	建设主体
	合计			13015325.7			
	一、南宁市			2390000			
1	广西清平湖老年养生大学城	宾阳县	建设老年疗养保健院、护理学院、老人大学、老人公寓楼、老年养生等，项目占地3340亩。	150000	2017	2020	广西恒信建发投资有限公司

续表

序号	项目名称	建设地点	建设规模和内容	总投资（万元）	开工时间	计划完工时间	建设主体
2	广西生态田园文化老年大健康产业项目	宾阳县	集养生、生态田园文化、民俗风情、老年公益产业、医疗保健、休闲度假、观光游览、新型社区等为一体的综合性开发项目。项目总占地面积 100000m²，总建筑面积 590000m²。	300000		2020	广西文喆旅游开发有限公司
3	广西“太和·自在城”	广西一东盟经济技术开发区	总规划用地规模 6500 亩，分“养老、养生、养心”三大功能区，集养老养生、生活护理、医疗康复、老年教育、休闲娱乐等功能于一体的特色产业综合体。	1070000	2013	2020	广西太和投资股份有限公司
4	万达医养城	上林县	建设酒店、老年公寓、中医养生馆、游客接待中心、民族风情商业街、民族风情旅游文化广场、住宅、学校等核心功能区。项目建设用地面积约 500 亩。	500000	2017	2020	万达集团公司
5	南宁市第二社会福利院	南宁市	规划建设 2000 张以上床位，总建筑面积达 91840 平方米的养老服务综合体。项目占地 243.63 亩。	45000	2016	2020	南宁市政府与社会资本合作“PPP”项目
6	南宁合众人寿健康社区项目	南宁市	合众南宁“健康谷”项目定位为华南地区高端健康养生服务基地。项目一期建设：五星级休闲度假酒店、东盟国际论坛、中医院、医疗康复、老年大学、康体中心、CCRC 社区、活跃成人社区。项目二期建设：购物中心、商业街、娱乐中心、健康管理中心。	270000	2014	2016	合众人寿保险股份有限公司
7	广西体育产业城健身休闲秀廊	南宁市	项目位于南宁市五象新区五象大道与良庆大道交汇处，占地面积约 64 亩，主要建设总建筑面积约 13 万平方米。主要建设国际休闲体育交流中心、全国体育产业中小企业创意中心、健身秀广场、“休闲排球”广西推广示范基地、中国一东盟汽车拉力主题酒店等内容。	55000	2016	2018	珠海市速度体育发展有限公司
	二、柳州市		84136				
1	柳州市白云颐养中心（市级养老集中区）	鱼峰区	建设颐养公寓以及休闲、保健、娱乐等配套设施，建筑面积 149508 平方米。	53000	2014	2018	柳州市投控公司
2	柳州市河东老人公寓	城中区	建设颐养公寓以及休闲、保健、娱乐等配套设施，床位数 300 张，建筑面积 13000 平方米。	8136	2015	2017	柳州市城中区民政局

续表

序号	项目名称	建设地点	建设规模和内容	总投资（万元）	开工时间	计划完工时间	建设主体
3	鹿寨颐养中心	鹿寨县	建设颐养公寓、综合楼（含食堂、护理中心等）以及配套文化娱乐中心，建筑面积26066平方米。	10000	2016	2019	柳州鹿源水利投资有限责任公司
4	广西三江湾文化养生综合体	三江县	养老养生公寓，建筑面积34684平方米。	13000	2017	2018	广西金池三江湾文化旅游有限责任公司
	三、桂林市		418293				
1	信和信·桂林国际智慧健康旅游产业园一期	临桂区	建设广西生命与健康职业学院、桂林信和信康复医院、名医诊疗中心（含国外名医馆）、特色（中、壮、藏、瑶、苗）医馆、桃花江旅游景区接待配套等相关设施，建筑面积172700平方米。	112488	2014	2016	信和信集团·桂林市超前房地产开发有限公司
2	自治区总工会桂林工人疗养院提升改造工程	象山区	建设养生医技馆、生态养生疗养楼、自治区总工会桂林康复医院大楼，建筑面积30963平方米。	15000	2014	2016	自治区总工会桂林工人疗养院
3	桂林市琴潭“栖息式”社会化养老服务创新示范项目	秀峰区	建设养老居住区、功能配套区、综合商业配套区，建筑面积177400平方米。	82900	2015	2018	秀峰区经济建设投资有限责任公司
4	桂林仙源健康产业园项目	象山区	建设用地330亩，在广西桂林冶金疗养院和桂林夕阳红养生养老中心的基础上投入资金建设完善养生养老、康复养老、中医养生、休闲度假等基础设施，将养老床位增至5000张，建设成为全国一流的养生养老机构，打造广西第一个以养老产业为主的上市公司。	100000	2016	2020	桂林仙源健康产业股份有限公司
5	桂林中医药文化街	桂林市	总建筑面积40000平米，其中一期建筑面积20960平方米，打造集中医文化、医疗、养生、康复、休闲、旅游、商务、贸易于一体的具有鲜明桂林地域特色的中医文化街区，形成浓厚的中医药养生文化氛围，全方位展示中医养生文化的魅力，成为国家中医药文化名街和引领国内中医药智慧养生的标杆。建设中医传统文化传承区（中医传统文化传承区包括国学堂（崇华中医讲习所）和中医药传统文化项目培训）；名医馆区（分设名医医馆、民族医馆、特色医馆三大功能区）；中医药特色养生区；中医药商业区。	36905	2015	2016	桂林信和信健康养老产业投资有限公司

续表

序号	项目名称	建设地点	建设规模和内容	总投资（万元）	开工时间	计划完工时间	建设主体
6	桂林荔浦桂北疗养中心建设项目	荔浦县	总建筑面积43000平米，其中一期建筑面积25000平方米，主要建设：老年栖息式养生中心、老年人日间照料中心、老年康复护理中心、老年运动休闲娱乐文化中心、健康服务培训、老年营养食堂、洗衣房、太阳能游泳池及及配套建设安防、道路、停车场、采暖通风、给排水、供电照明、通讯、网络、消防、绿化等工程。设置500个床位。	21000	2014	2015	桂林荔浦桂北疗养中心
7	魅力瑶都养生养老园	荔浦县	占地约3000亩，瑶药茶种植及向贫困户定向收购；敬老爱老助老公益活动；青少年孝老敬亲学习教育基地；青少年民族团结学习教育基地；中华孝文化主题森林公园；瑶医药森林康复中心；中华书画创作基地。	50000	2015	2017	荔浦县百利新村建设发展有限公司
	四、梧州市		669200				
1	梧州市人民医院养老护理康复中心	万秀区	改扩建旧人民医院，建筑面积23000平方米。	12000	2016	2020	梧州市人民医院
2	苍海新区养生（养老）中心基地	龙圩区	建设全市休闲养生（养老）产业发展的集散、培训、会务、医疗、康体、娱乐等的综合服务枢纽。	60000	2016	2020	梧州市苍海新区管委会
3	粤桂区域合作养老中心	万秀区	建设吸引粤桂两地老人到梧州旅游、度假、养老的服务中心。	100000	2018	2025	粤桂合作特别试验区投资开发有限公司
4	茂圣养生养老基地	万秀区	建设为失能、半失能老年人提供生活照料、健康护理等服务的老年人养护院等专业养老服务设施，建筑面积20000平方米。	8200	2017	2020	广西茂圣旅游文化发展有限公司
5	蒙山·国际青春谷	蒙山县	建设蒙山新天地（入口集散区）、国际养生综合体（养生度假区）、湖光山色度假小镇（山水养生区）、神秘瑶乡（文化养生区）（占地约1200亩、建筑面积约400000平方米）。	190000	2017	2022	深圳永安恒通投资有限公司
6	万秀茶花园养生（养老）基地	万秀区	依托万秀茶花园及周边环境优势，重点发展养生养老房产业。	109000	2017	2022	梧州华冠投资开发有限公司
7	蒙山长坪瑶族健康养老度假基地	蒙山县	建设休闲娱乐项目，配套旅游餐饮、度假等服务设施。	5000	2015	2017	蒙山县长坪乡政府

续表

序号	项目名称	建设地点	建设规模和内容	总投资（万元）	开工时间	计划完工时间	建设主体
8	藤县石表山健康养老度假基地	藤县	主要依托石表山景区及周边山水格局、特色村落，配套旅游餐饮、度假等养服养老养生服务设施项目。	20000	2016	2020	梧州市石表山休闲旅游风景区发展有限公司
9	岑溪市天龙顶山地休闲旅游度假养老基地	岑溪市	以天龙顶山地公园、石庙山景区、白霜涧景区等为核心，打造集康体、娱乐、宗教、养老为一体等的养生基地。	165000	2016	2020	岑溪市三江口旅游发展有限公司
	五、北海市		302200				
1	广西北海感恩健康与养老中心	北海市	项目建设用地：面积约为300亩。总建筑面积40万平方米，计划建设全护理养老床位2000张，半护理养老床位3000张，居家养老床位5000张；酒店式公寓床位2000张。	200000	2015	2020	北海市三豪房地产开发有限公司
2	合浦县昌和养老服务中心	合浦县	建设办公、医疗、娱乐、食堂、宿舍等设施，建筑面积35000平方米。	12000	2016	2018	合浦县昌和大酒店有限公司
3	北海南珠滨海养老产业服务中心	北海市合浦县	养老、医疗康复、休闲娱乐运动、老年学校，建筑面积50000平方米。	35000	2017	2020	广西北海安信实业有限公司
4	北海大王岭滨海健康养老基地	北海铁山港区	建设养老公寓，以及医疗健身、文化娱乐等配套设施，建筑面积30000平方米。	5200	2017	2018	北海大王岭民俗文化旅游开发有限公司
5	北海国际旅游养生岛	北海铁山港区	建设养老公寓，以及医疗健身、文化娱乐等配套设施，建筑面积100000平方米。	50000	2017	2020	北海曼哈顿酒店管理有限公司
	六、防城港市		574605				
1	广西东兴市百寿养生园	东兴市	酒店公寓区、会所养生区、老年大学区、疗养区、健身活动区、垂钓区、风情园、生态公园，配套道路、水电、绿化相关设施，建筑面积170000平方米。	140105	2016	2020	广西东兴宏达投资有限公司
2	防城港金岛·九久国际养生城	东兴市	建设养老住宅区、公寓式酒店区、康体疗养区、休闲养生区以及相关配套设施，建筑面积4.9万平方米。	20000	2015	2018	防城港中新房地产开发有限公司
3	防城港半岛·九久国际养生城	防城区	建设综合性居家养老、保健、文化、商务、休闲餐旅等服务中心以及相关配套设施，建筑面积20万平方米。	80000	2018	2020	防城港中新房地产开发有限公司

续表

序号	项目名称	建设地点	建设规模和内容	总投资（万元）	开工时间	计划完工时间	建设主体
4	防城港市广桦养生城	防城区	建设养老公寓、医院、老年大学、养护楼、室内健身、室外运动场、餐饮服务、康复中心、保健中心、关怀中心、康乐中心、养生别墅、养生公寓、四星级宾馆等，建筑面积28万平方米。	200000	2017	2022	防城港森湖旅游渡假区有限公司
5	防城港市港口区养老服务基地项目	港口区	老年养护院、养老院及配套设施，项目用地122亩。	20000	2017	2019	港口区城投公司
6	防城港市以老养老银族创新工程	港口区	“银族长者工程学院”、“银族养生园区”、“银族互助社区”、“银族康复医院”等“以老养老”房产及相关设施，逐步形成安排2万老人的规模。	86500	2015年	2018年	广西银族投资有限公司
7	十万大山药用植物种植及中医药养生园	防城港市	以药用植物种植，并集资源保护、引种驯化、研发生产、科普教育、疗养保生、休闲观光等于一体的大型药用植物园及中医养生园。	28000	2015	2017	广东圣保堂健康集团
	七、钦州市		548529				
1	广西北部湾滨海养老中心	钦州市	占地面积498亩，建筑面积350000平方米，设置床位8000张，建设护理型养老区、休闲型养生区，具有普惠型、休闲型、医养结合型的示范性综合体。	120000	2016	2020	广西社会福利服务中心
2	钦州市北部湾老年公寓	钦南区	建设公寓式老年服务楼、高级老年公寓、老年商务度假中心、医疗康复中心等设施，建筑面积150000平方米。	26500	2017	2020	钦州市民政局
3	浦北县越州医护型养老护理院	浦北县	改造老年寝室、康复中心、健身房、活动室等，建设老人公寓楼，建筑面积90000平方米。	20000	2015	2018	浦北县紫旭服务有限公司
4	钦州市三娘湾休闲养老康复中心	三娘湾旅游管理区	建设老年公寓楼、老年商务度假中心等，建筑面积890126平方米。	50000	2017	2020	三娘湾开发投资有限公司
5	钦州市麻蓝岛健康养老旅游产业园	三娘湾旅游管理区	建设老年公寓楼、老年商务度假中心、养老单元式住宅、配套医院、老年活动中心、养老地产等，建筑面积549310平方米。	332029	2016	2025	钦州没动投资置业有限责任公司
	八、贵港市		33855.7				
1	桂平西山泉国际养生旅游文化综合区	桂平市	养生养老公寓及健康养老服务设施等，建筑面积56000平方米。	22000	2016	2017	桂平大藤峡谷文化旅游有限责任公司

续表

序号	项目名称	建设地点	建设规模和内容	总投资（万元）	开工时间	计划完工时间	建设主体
2	桂平黎明养老康复中心建设项目	桂平市	养老综合楼、康复楼及配套设施等，建筑面积49786平方米。	6855.7	2016	2018	桂平黎明医院
3	贵港市社会福利中心园区建设项目	港北区	扩建贵港市社会福利中心园区，建设集养老、医疗、康复、儿童福利院为一体的多功能民政福利服务园区。	5000	2012	2018	贵港市民政局
	九、玉林市		1882748				
1	玉林市养老服务中心	玉东新区	建设老年人居家、养老、康复医疗及休闲等设施，建筑面积167000平方米。	31748	2016	2018	广西玉林龙翔建设实业有限公司
2	玉林市兴业县天外天健康养生园	兴业县	建设老年活动中心、康复理疗保健中心、老年公寓楼及相关配套设施，建筑面积20000平方米。	8000	2017	2020	兴业县民政局
3	玉林市瑞东康复养老中心	玉州区	建设康复养老用房及相关附属设施，建筑面积151393平方米。	25000	2017	2019	玉林市瑞东医院
4	中国一东盟康美玉林中药产业园项目	玉林市	占地500亩，主要进行中药饮片的物流和年产30万吨中药饮片的加工生产。	200000	2015	2017	康美药业股份有限公司
5	玉林国际健康城项目	玉林市	按照功能划分为健康生态度假区、观光旅游商业区、教育科研文化区、运动休闲娱乐区、康复养生保健区等五大主题片区，占地面积333公顷，涵盖购物、疗养、度假、教育、文化、娱乐、体育等多种功能。	1600000	2017	2020	玉林健康产业发展投资有限公司
6	玉林市医疗集团养老康复中心	玉林市	主要建设1000床规模的养老康复中心，建筑面积50000m^2，占地100亩。	18000	2017	2019	玉林市医疗集团
	十、百色市		1708359				
1	中国一东盟国际旅游医疗养老合作区（田东）项目	田东县	建设传统医疗中心、国际生命建康测试中心、国际新能量医学研究中心、基金绿色健康创新园、国际康复理疗中心（高端全入住、全生命健康管理养生酒店）、养老养生配套项目等，建筑面积160000平方米。	1600000	2016	2025	田东县旅游局
2	田东巴马智能化综合健康养生养老基地	田东、巴马县	建设颐养公寓以及休闲、保健、娱乐等配套设施，建筑面积100000平方米。	100000	2016	2020	田东县旅游局

续表

序号	项目名称	建设地点	建设规模和内容	总投资（万元）	开工时间	计划完工时间	建设主体
3	田东县民政社会福利园项目	田东县	建设田东县养老服务中心养护楼、田东县社区老年人日间照料中心、田东县家庭寄养式公寓、田东县医疗康复中心，建筑面积42426平方米。	8359	2015	2020	田东县民政局
	十一、贺州市		1454700				
1	广西贺州凤凰山健康养生养老基地	贺州生态产业园	建设养老基地、康复中心、老年大学、医院、老年社区以及度假休闲等配套设施，建筑面积17万平方米。	150000	2016	2018	广西贺州生态产业园管理委员会
2	华南养老养生示范区基地	平桂区	建设综合服务中心、中医养生馆、老年护理中心、体育中心、健康会馆、老年大学、中央景观公园、文化活动中心、养生度假别墅、养老度假公寓，用地面积2000亩。	200000	2016	2018	贺州市生态新城管委会
3	广西贺州南国仙山国际颐养城	平桂区	建设佛教养老区、温泉休闲养生区以及公共商业服务区，建筑面积138700平方米。	120000	2016	2018	广西贺州南国仙山旅游投资有限公司
4	贺州市健康晚年颐养社区	八步区	建设养老院、康复中心、老年大学、医院、老年社区以及度假休闲等配套设施，占地约190亩。	84000	2016	2018	贺州市城投公司
5	贺州市水月宫苑休养中心	平桂区	建设高端养老康复中心及其他疗养、文化、运动健身等配套设施，建筑面积40415平方米。	21000	2015	2017	贺州市颐养休闲公寓
6	贺州市天合安悦生态健康养生园项目	平桂区	建设养老公寓、岭南风情小镇、主体温泉宾馆、苏州园林、休闲康体区、生态农业体验区、停机坪等，用地约1000亩。	100000	2016	2019	广西贺州市天合投资股份有限公司
7	昭平县黄姚孔明乡村养生休闲度假区	昭平县	养生度假酒店、老人康体度假公寓、汽车营地溶洞观光。	29700	2014	2016	广西寿乡黄姚文化旅游有限公司
8	翡翠湖国际旅游养疗度假区基础设施建设项目	八步区	渡假区面积约4000亩；渡假区所在的沙冲水库森林资源丰富，植物品种繁多，森林覆盖率在90%以上。拟建设森林公园、湖湾酒店群、特色商业街区、湖湾游船码头、亲子乐园、养生寓所等丰富多样的旅游养生度假设施，用地面积约200亩。	600000	2016	2018	贺州市翡翠群岛湖投资开发有限公司

续表

序号	项目名称	建设地点	建设规模和内容	总投资（万元）	开工时间	计划完工时间	建设主体
9	华南民族医疗康复中心	贺州市	总建筑面积39.4万平方米，主要建设800张病床三级康复医院、民族医药、特色健康体检中心与健康管理中心、高端康复中心等，建筑面积约12万平方米，主要建设休闲度假、文化体验、运动健身、疗养中心、酒店式公寓，总建筑面积约10万平方米；建设康复大楼、疗养中心等配套设施。	150000	2015	2018	贺州市中医院
	十二、河池市		2469500				
1	河池市第一人民医院老年护理院	宜州市	建设一个配套齐全、功能完善的养老养生护理院，建筑面积38000平方米。	23000	2016	2018	河池市第一人民医院
2	东兰县民族医药健康养生体验中心	东兰县	建设中医疗养、预防医疗、健康咨询、康复疗养、养老养生保健中心、健康产品研发中心等项目，建筑面积66000平方米。	9500	2017	2020	东兰县卫计委、广西河丰药业
3	都安红水河老年养生护理园	都安县	建设健身运动设施、农业观光采摘、老年养生饮食服务、老年设施等，建筑面积16000平方米。	7000	2016	2020	都安县民政局
4	广西武阳江医养文化园（罗城）	罗城县	建设南国相思·红豆谷体验养生基地、广西武阳江医养文化园以及怀群剑江风情园、元蒙农家乐等配套基础设施，建筑面积38000平方米。	210000	2016	2020	罗城县民政局
5	广西九万山原始森林健康养生体验基地	罗城县	建设养生基地、旅游设施建设、观景地等，建筑面积28600平方米。	150000	2016	2020	罗城县旅游局
6	广西罗城仫佬族医药健康养生体验中心	罗城县	建设生态健康养生服务园、养生度假区、养生养老服务园区、健康长寿食品加工区等，建筑面积28200平方米。	60000	2016	2020	罗城县卫计委
7	凤凰旅游度假养老服务中心	凤山县	建设养生、养老公寓以及康复配套设施等，占地140000平方米。	100000	2015	2017	凤山县新芒果企业有限公司

续表

序号	项目名称	建设地点	建设规模和内容	总投资（万元）	开工时间	计划完工时间	建设主体
8	赐福湖国际长寿养生度假小镇	巴马县	占地面积约10000平方米，包括儒礼桃花源、仁寿山庄、诗画田园三个部分，包括生态观光、养生度假、休闲康体、商务会议、农耕体验等功能，建设具有当地少数民族特色及广西民居风格特色的生态养生社区、星级酒店集群、旅游商业配套设施、农耕体验专区等内容，与国内最高水平的养生研究团队合作，配套中医调理、道修、禅修、食疗等国际养生服务内容，形成国内高端主动养生旅游休闲之典范。	50000	2014	2017	广西旅游发展集团
9	凤山县健康养生产业园	凤山县	巴烈健康长寿食品加工区主要建设长寿食品（药品）加工厂房、办公楼、旅游商品纪念品研发中心、生产车间、停车场、仓库等。	250000	2015	2020	凤山县人民政府、凤山县润达制药有限公司
10	巴马百魔洞国际养生度假区项目	巴马县	占地2250亩，其中建设用地900亩，主要建设五星级功能酒店及高档会所、景区路网建设、中心广场等。	300000	2013	2020	广西巴马华昱投资有限公司
11	凤山国际长寿养生旅游开发项目	凤山县	1. 三门海景区：新建国际康体养生科学研究中心、集体养生中心、游客接待中心、文化创作基地及配套商贸服务设施。总建筑面积560000平方米。2. 鸳鸯泉景区：建设旅客接待中心及配套服务设施，建筑面积95000平方米。3. 穿龙岩景区：穿龙岩国际养生养老服务园区建设养生会所、民俗购物街、五星级酒店、度假式养生公寓、长寿养生疗养咨询中心等设施。4. 凤山巴烈健康长寿食品加工区及其他配套设施等，总建筑面积50000平方米。	280000	2014	2018	深圳华昱集团、凤山县旅游局
12	巴马中脉国际养生都会	巴马县	占地550亩，主要建设五星级养生酒店、3000套养生公寓、会员专属万福洞洞穴疗养中心、养生会所、假日酒店、106米跨盘阳河大桥及连接村屯公路1.2公里。	200000	2014	2018	中脉投资公司

续表

序号	项目名称	建设地点	建设规模和内容	总投资（万元）	开工时间	计划完工时间	建设主体
13	广西月亮河长寿村旅游度假景区	河池市	建设景区游客服务中心1200平方米、旅游厕所400平方米、生态停车场8000平方米、游览步道12公里、观景台3000平方米、游乐及长寿体验设施20000平方米、民族文化表演舞台200平方米、景区环境整治100000平方米、垃圾及污水处理设施、村屯绿化亮化等。	60000	2013	2020	广西月亮河长寿村集团
14	巴马丽琅养生度假小镇	巴马县	全部项目总投资77亿元，以高端，生态，可持续发展的复合开发为主题，创造国家级的旅游休闲度假区，小镇内6大产品体系，14个项目组团，43个重点项目，占地3600亩，建设用地700亩，打造成广西的“香格里拉”。	770000	2017	2027	广西巴马丽琅饮料有限公司
	十三、来宾市		358200				
1	合山市老年养生养老基地	合山市	建设老年服务中心、老年休闲中心及相关配套设施，建筑面积11000平方米。	11000	2016	2020	合山市民政局
2	象州县民政社会服务集中区	象州县	建设中高档休闲养生养老服务区以及中心敬老院、联合五保村、流浪未成年人保护中心、老年活动中心、光荣院综合楼、老年养护楼、老年公寓等基本养老服务区，建筑面积70000平方米。	50000	2015	2018	象州县民政局
3	盘王谷养生度假景区	金秀县	占地约2671亩，分三期建设：一期“盘王谷深航度假酒店”已经完成，二期“生命之谷”正在筹备建设，三期“云顶生态主题乐园”。最终建设包含生态、文化、旅游、度假、养老、养生为一体的生态养生度假综合体。	280000	2010	2020	金秀县圣景旅游产业开发有限公司
4	亿草丰茂瑶药公司瑶药保健品及瑶药体验基地项目（桐木）	金秀县	建年产8000吨盘王百草汤生产、瑶药保健品及瑶药体验基地。建设总用地面积100亩，其中盘王百草汤生产车间8000平方米、瑶药保健品生产车间4000平方米、原料仓库1000平方米、成品仓库1000平方米、冷冻库400平方米、中转库2000平方米、办公楼400平方米、科研楼400平方米。	4200	2015	2018	亿草丰茂瑶药公司

续表

序号	项目名称	建设地点	建设规模和内容	总投资（万元）	开工时间	计划完工时间	建设主体
5	金秀瑶医药养生基地	金秀县	建设规模：13500 平方米，疗养保健康复。	13000	2015	2016	金秀县瑶医院
	十四、崇左市		121000				
1	崇左大新县明仕养生养老生态园	大新县	大新县明仕田园风景区，建设集生活照料、医疗康复、老年人托管护理于一体“候鸟式”养老基地，建筑面积 15000 平方米。	5000	2016	2017	大新县广航电业有限公司
2	中国．乐养城	扶绥县	建设休闲养生、健康养老、旅游度假等服务设施，建筑面积 184600 平方米。	80000	2014	2017	扶绥乐养资产经营管理有限公司
3	龙州上金养老养生城	龙州县	以优美的山水风光和优良的自然生态环境为依托，以“山水美景环抱的黄金海岸”为特色，以商务会展、游艇度假为主导功能，融康体休闲、运动健身、养生度假、游憩体验、美食购物、乡村游憩等功能于一体的旅游度假区。	36000	2016	2018	龙州县人民政府

广西壮族自治区人民政府办公厅关于推进医疗卫生与养老服务相结合的实施意见

桂政办发〔2016〕82 号

各市、县人民政府，自治区人民政府各组成部门、各直属机构：

为贯彻落实《国务院办公厅转发卫生计生委等部门关于推进医疗卫生与养老服务相结合指导意见的通知》（国办发〔2015〕84 号）和《广西壮族自治区人民政府关于建设养老服务综合改革试验区的意见》（桂政发〔2015〕33 号）精神，进一步推进全区医疗卫生与养老服务相结合，经自治区人民政府同意，现提出以下意见。

一、总体思路

深入贯彻党的十八大和十八届三中、四中、五中全会精神，建立政府引导、社会参与、市场推动的医养融合发展模式，促进医疗卫生资源与养老服务的有效对接，以满足老年人多层次、多样化的医疗护理服务需求，提升健康养老质量，做到老有所养、病有所医。按照“保障基本、统筹发展，政府引导、市场驱动，深化改革、创新机制，突出特色、资源共享”的原则，发挥政府在制定规划、出台政策、引导投入、规范市场等方面的作用，加强部门协作，统筹社会各方面资源，营造平等参与、公平竞争的市场环境。依托我区生态、气候、区位和长寿品牌特色优势，充分发挥市场在资源配置中的决定性作用，优化和盘活医疗与养老资源，激发社会各类服务主体潜力和活力，加快建设养老服务业综合改革试验区，促进健康老龄化。

二、发展目标

到 2017 年，争取医养结合政策体系、标准规范和管理制度初步建立，符合需求的专业化医养结合人才培养制度基本形成，建设一批兼具医疗卫生与养老服务资质和能力的医疗卫生机构或养老机构（以下统称医养结合机构），逐步提升基层医疗卫生机构为居家老年人提供上门服务的能力，二级以上综合医院（含中医医院，下同）开设为老年人提供优先挂号、优先就医等便利服务的绿色通道，50%以上的养老机构能够以不同形式为入住老年人提供医疗卫生服务，老年人健康养老服务可及性明显提升。

到2020年，我区基本建成覆盖城乡、功能齐全、布局合理的医养结合服务网络。结合广西养老服务业综合改革试验区规划，培养一批医养结合知名品牌，打造一批竞争力强、满足多元需求的医养结合产业集群。基层医疗卫生机构为居家老年人提供上门服务的能力明显提升，所有医疗机构开设为老年人提供优先挂号、优先就医等便利服务的绿色通道，所有养老机构能够以不同形式为入住老年人提供医疗卫生服务。

三、重点任务

（一）建立医疗卫生机构与养老机构长效合作机制。按照互利互惠、方便快捷的原则，鼓励养老机构与周边的医疗卫生机构开展多种形式的协议合作，建立健全协作机制，明确双方责任义务。医疗卫生机构为养老机构开通预约就诊绿色通道，为入住老年人提供医疗巡诊、健康管理、保健咨询、预约就诊、急诊急救、中医养生保健等便捷医疗卫生服务。养老机构内设的具备条件的医疗机构可作为医院收治老年人的后期康复护理场所。推动二级以上综合医院与养老机构开展对口支援、合作共建。通过建设医疗养老联合体等多种方式，整合医疗、康复、养老和护理资源，为老年人提供治疗期住院、康复期护理、稳定期生活照料以及临终关怀一体化的健康和养老服务。

（二）推动养老机构开展医疗服务。加大政策规划支持和技术指导力度，优化审批手续，推进养老机构按照国家有关规定和医疗机构基本标准内设医务室或护理站。支持有条件的养老机构申请开办老年病医院、康复医院、护理院、中医医院、临终关怀机构等。新建、改扩建养老机构时，应按具备医养结合服务条件进行规划建设，并按照康复型养老机构模式进行运营管理。鼓励城乡养老服务中心与基层医疗卫生机构融合发展。到2020年，所有养老机构内设医疗机构或与周边医疗卫生机构签订合作协议，具备医疗服务能力。养老机构内设医疗机构，属于社会办医范畴的，按照相关规定，享受政策扶持。养老机构设置的医疗机构，符合条件的可按规定自愿向统筹地区或所在地社会保险经办机构提出承担定点医疗机构服务申请，通过组织评估、谈判协商、签订服务协议等环节，实行协议管理，纳入城乡基本医疗保险定点范围。鼓励执业医师、护士、技师等专业人员到养老机构多点执业，开展疾病预防、营养保健、中医调理养生等健康服务。推动养老机构开展康复服务，100张床位以下的养老机构，有条件的应设立康复区；100张床位以上的养老机构，有条件的应设立康复中心。

（三）建立基层医疗卫生机构与居家老人签约服务机制。充分依托卫生计生系统服务网络，结合基本公共卫生服务，为老年人建立健康档案，为65岁以上老年人提供健康管理服务，到2020年65岁以上老年人健康管理率达到70%以上。优先为社区高龄、重病、失能、部分失能以及计划生育特殊家庭等行动不便或确有困难的老年人，提供定期体检、上门巡诊、家庭病床、社区护理、健康管理等基本服务。推进基层医疗卫生机构和医务人员与社区、居家养老结合，与老年人家庭建立签约服务关系，提供连续性的健康管理服务和医疗服务。提高基层医疗卫生机构为居家老年人提供上门服务的能力，规范为居家老年人提供的医疗和护理服务项目，将符合规定的医疗费用纳入医保支付范围。按照基本医疗保险政策规定，符合住院条件的参保人员，因住院治疗有困难而又适合在家庭治疗的，由本人书面申请家庭病床，经具备开设家庭病床资格的定点医疗机构和社会保险经办机构审核后纳入服务协议管理，符合基本医疗保险支付范围的家庭病床医疗费用，由基本医疗保险基金按住院医疗待遇规定比例支出。

（四）推进医疗卫生机构与养老服务融合发展。统筹医疗卫生与养老服务资源布局，重点加强老年病医院、康复医院、护理院、临终关怀机构建设，公立医院资源丰富的地区可根据需求有计划地将部分公立医院转为康复、老年护理等接续性医疗机构。鼓励和支持有条件的地区规划建设集医疗、保健、康复、护理、养老为一体的老年护理院。支持有条件的医院规划建设老年护理机构。引导二级以下医院、基层医疗卫生机构和机关、企事业单位闲置医疗资源，兴办或转型为护理院、康复医院、临终关怀机构。基层医疗卫生机构和二级医院申请养老机构设立许可，民政部门予以优先受理，符合条件的内设养老机构，享受养老机构相关建设补贴、运营补贴和其他政策扶持。推进二级以上综合医院开设老年病科，做好老年慢性病防治和康复护理等工作。提高基层医疗卫生机构康复、护理床位占比，逐步增设老年养护、临终关怀病床。鼓励医疗卫生机构增设家庭病床，为失能、部分失能老人提供长期护理服务。医疗卫生机构要全面落实老年医疗服务优待政策，为老年人特别是高龄、重病、失能及部分失能老年人提供挂号、就诊、转诊、取药、收费、综合诊疗等就医便利服务。有条件的医疗卫生机构可以通过多种形式、依法依规开展养老服务。鼓励各级医疗卫生机构和医务工作志愿者定期为老年人开展义诊。

（五）大力发展中医药壮瑶医药健康养老服务。充分发挥中医药壮瑶医药的预防保健特色优势，把中医药壮瑶医药健康服务全面纳入养老服务业发展战略当中，做大做强中医药壮瑶医药养生长寿健康产业。鼓励新建以中医药壮瑶医药健康养老为主的护理院、疗养院。支持有条件的养老机构申请开办中医医院、壮瑶医医院、康复医院，或设置以老年病、慢性病防治为主的中医、壮瑶医诊室。整合中医药壮瑶医药医疗、康复等资源，推动有条件的中医医院开展社区和居家中医药壮瑶医药健康养老服务。

（六）着力发展特色医养结合产业。依托医疗卫生服务平台，结合我区生态、气候、区位优势和特色资源，按照我区养老服务业综合改革试验区“一核四区”（南宁养老服务业综合改革核心区、桂西养生养老长寿产业示范区、桂北休闲旅游养生养老产业示范区、北部湾国际滨海健康养老产业示范区、西江生态养老产业带示范区）的布局，建设一批集咨询预防、救治诊疗、康复疗养、保健养生等功能于一体的医养结合服务机构，打造老年医养结合服务管理产业链。开发地方特色老年康复和养生保健服务产品，满足老年人未病防治和就近就医需求，开展科学健身指导，提供特色老年养生健康服务。

（七）支持社会力量兴办医养结合机构。鼓励引导社会资本以独资、合资、合作、联营、参股等方式，特别是充分利用政府和社会资本合作（PPP）项目投融资模式，针对老年人健康养老需求，通过市场化运作，举办老年康复医院、老年护理院、临终关怀等医养结合机构。将社会力量举办医养结合机构纳入医疗卫生和养老相关规划，按照“非禁即入”原则，凡符合规划条件和准入资质的，不得以任何理由加以限制。整合审批环节，缩短审批时限，鼓励有条件的地方提供一站式便捷服务。支持社会力量通过特许经营、公建民营、民办公助等模式，举办非营利性医养结合机构。支持企业围绕老年人预防保健、医疗卫生、康复护理、生活照料、精神慰藉等需求，积极开发安全有效的食品药品、康复辅具、日常照护、文化娱乐等老年人用品用具和服务产品。

四、保障措施

（一）完善投融资和财税价格政策。拓宽市场化融资渠道，探索 PPP 投融资模式。鼓励和引导各类金融机构创新金融产品和服务方式，加大金融对医养结合领域的支持力度。通过由金融和产业资本共同筹资的健康产业投资基金支持医养结合发展。自治区设立健康养老发展基金，对医养结合机构、设施和服务网络等重点项目提供支持。用于社会福利事业的彩票公益金要适当支持开展医养结合服务。积极推进政府购买基本健康养老服务，逐步扩大购买服务范围，完善购买服务内容，实现各类经营主体平等参与。

（二）做好规划布局和用地保障。各级政府要在土地利用总体规划和城乡规划中统筹考虑医养结合机构发展需要，做好用地规划布局。对非营利性医养结合机构，可采取划拨方式，优先保障用地；对营利性医养结合机构，应当以租赁、出让等有偿方式保障用地，养老机构设置医疗机构，可将在项目中配套建设医疗服务设施相关要求作为土地出让条件，并明确不得分割转让。依法需招标拍卖挂牌出让土地的，应当采取招标拍卖挂牌出让方式。新建居住小区和社区按规定保障医养结合相关设施配套。新规划二级以上综合医院应在周边相应预留养老机构建设用地。鼓励整合社区卫生、民政、文化、体育等公共服务资源，通过新建、购置、置换、改造等形式，集中建设涵盖医养结合服务等功能的社区公共服务综合平台。

（三）探索建立养老机构医疗费用医保联网结算机制。积极推动符合条件的养老机构内设的医疗机构按规定纳入城镇职工基本医疗保险、城镇居民基本医疗保险和新型农村合作医疗定点范围，完善监管机制，为入住的参保老年人提供高效、便捷的医疗服务。探索运用多种结算方式，加快搭建我区与其他省市间的医保异地就医结算平台。

（四）逐步建立多层次长期照护保障体系。按照国家统一部署，建立长期护理保险制度，积极探索多元化的保险筹资模式。允许商业保险机构进一步开发包括长期护理保险在内的多种老年护理保险产品，鼓励老年人投保长期护理商业保险产品，为失能、部分失能老人提供制度保障。建立健全长期照护项目内涵、服务标准以及质量评价等行业规范和体制机制，探索建立从居家、社区到专业机构等比较健全的专业照护服务提供体系。

落实好将偏瘫肢体综合训练、认知知觉功能康复训练、日常生活能力评定等医疗康复项目纳入基本医疗保障范围的政策，为失能、部分失能老年人治疗性康复提供相应保障。

（五）加强人才队伍建设。扩大医养结合服务领域人才培养规模。做好职称评定、专业技术培训和继续医学教育等方面的制度衔接，同等对待养老机构和医疗卫生机构的医务人员。完善薪酬、职称评定等激励机制，鼓励医护人员到医养结合机构执业。建立医疗卫生机构与医养结合机构人员进修轮训机制。将老年医学、康复、护理人才作为急需紧缺人才纳入卫生计生人员培训规划。加强专业技能培训，大力推进养老护理员等职业技能鉴定工作。支持高等院校和中等职业学校增设相关专业课程，加快培养老年医学、康复、护理、营养、心理和社会工作等方面的专业人才，满足社会和行业需求。

（六）强化信息支撑。充分利用云计算、大数据等技术搭建信息共享平台，实现自治区、市、县、乡四级互联互通，将老年人基本信息档案、电子健康档案、电子病历、医疗保险等数据信息进行整合共享，推动社区养老服务信息平台与区域人口健康信息平台对接，为开展医养结合服务提供信息和技术支撑。组织医疗机构开展面向养老机构的远程医疗服务。探索基于互联网的医养结合服务新模式，提高服务的便捷性和针对性。

五、组织实施

（一）加强组织领导。各地要高度重视，把推进医养结合工作摆在重要位置，纳入深化医药卫生体制改革和促进养老、健康服务业发展的总体部署，及时制定出台推进医养结合的政策措施、规划制度和具体方案。积极发挥政府的引导作用，统筹各方资源，推动形成互利共赢的发展格局。创新服务供给和资金保障方式，积极推进政府购买服务，激发各类服务主体潜力和活力，提高医养结合服务水平和效率。

（二）明确部门职责。各相关部门要加强协同配合，落实和完善相关优惠扶持政策，共同支持医养结合发展。发展改革部门要将推动医疗卫生与养老服务相结合纳入国民经济和社会发展规划。卫生计生、民政和发展改革部门要做好养老机构和医疗卫生机构建设的规划衔接，加强在规划和审批等环节的合作，制定完善医养结合机构及为居家老年人提供医疗卫生和养老服务的标准规范并加强监管。财政部门要落实相关投入政策，积极支持医养结合发展。人力资源社会保障、卫生计生部门要将符合条件的医养结合机构纳入城乡基本医疗保险定点范围。国土资源部门要切实保障医养结合机构的土地供应。城乡规划主管部门要统筹规划医养结合机构的用地布局。老龄工作部门要做好入住医养结合机构和接受居家医养服务老年人的合法权益保障工作。中医药管理部门要研究制定中医药壮瑶医药相关服务标准规范并加强监管，加强中医药壮瑶医药适宜技术推广，做好中医药壮瑶医药健康养老工作。保险监督管理部门要加强对老年人长期护理保险制度的推动和管理。教育部门要加强对高等院校和中等职业学校医养结合相关专业课程的增加设置。科技部门要协同推进医养结合新技术的研究开发与应用示范。工业和信息化部门要协同推进医养结合信息化建设。食品药品监督管理部门要加强老年人用品用具和服务产品的监督管理。

（三）抓好试点示范。南宁市、贺州市作为第一批国家级医养结合试点单位，要统筹各方资源，规划建设一批特色鲜明、示范性强的医养结合试点项目。其余设区市要设立试点示范县（市、区），积极探索促进医养结合的有效形式，积累经验，逐步推开。卫生计生、民政部门要会同相关部门密切跟踪本辖区的试点工作进展情况，帮助解决试点中的重大问题，及时总结推广好的经验和做法，完善相关政策措施。

（四）加强考核督查。各地、各相关部门要建立考核评估体系，以落实医养结合政策情况、医养结合服务覆盖率、医疗卫生机构和养老机构无缝对接程度、老年人护理服务质量、老年人满意度等为主要指标，加强绩效考核。卫生计生、民政部门要会同相关部门加强对医养结合工作的督查，定期通报工作进展情况，确保各项政策措施落到实处。

附件：医养结合工作重点任务分工方案

2016 年 7 月 15 日

附件

医养结合工作重点任务分工方案

序号	工作任务	负责单位
1	按照互利互惠、方便快捷的原则，鼓励养老机构与周边的医疗卫生机构开展多种形式的协议合作，建立健全协作机制，明确双方责任义务。	民政厅牵头，自治区卫生计生委、中医药管理局配合。
2	医疗卫生机构为养老机构开通预约就诊绿色通道，为入住老年人提供医疗巡诊、健康管理、保健咨询、预约就诊、急诊急救、中医养生保健等便捷医疗卫生服务。	自治区卫生计生委、中医药管理局牵头，民政厅配合。
3	养老机构内设的具备条件的医疗机构可作为医院收治老年人的后期康复护理场所。	自治区民政厅、卫生计生委、中医药管理局分别负责。
4	推动二级以上综合医院与养老机构开展对口支援、合作共建。通过建设医疗养老联合体等多种方式，整合医疗、康复、养老和护理资源，为老年人提供治疗期住院、康复期护理、稳定期生活照料以及临终关怀一体化的健康和养老服务。	自治区卫生计生委、中医药管理局、民政厅分别负责。

续表

序号	工作任务	负责单位
5	加大政策规划支持和技术指导力度，优化审批手续，推进养老机构按照国家有关规定和医疗机构基本标准内设医务室或护理站。支持有条件的养老机构申请开办老年病医院、康复医院、护理院、中医医院、临终关怀机构等。新建、改扩建养老机构时，应按具备医养结合服务条件进行规划建设，并按照康复型养老机构模式进行运营管理。	自治区民政厅、卫生计生委、中医药管理局分别负责。
6	养老机构设置的医疗机构，符合条件的可按规定自愿向统筹地区或所在地社会保险经办机构提出承担定点医疗机构服务申请，通过组织评估、谈判协商、签订服务协议等环节，实行协议管理，纳入城乡基本医疗保险定点范围。	自治区人力资源社会保障厅、卫生计生委牵头，民政厅配合。
7	鼓励执业医师、护士、技师等专业人员到养老机构多点执业，开展疾病预防、营养保健、中医调理养生等健康服务。	自治区卫生计生委、中医药管理局牵头，民政厅配合。
8	充分依托卫生计生系统服务网络，结合基本公共卫生服务，为老年人建立健康档案，为65岁以上老年人提供健康管理服务，到2020年65岁以上老年人健康管理率达到70%以上。	自治区卫生计生委、中医药管理局负责。
9	优先为社区高龄、重病、失能、部分失能以及计划生育特殊家庭等行动不便或确有困难的老年人，提供定期体检、上门巡诊、家庭病床、社区护理、健康管理等基本服务。推进基层医疗卫生机构和医务人员与社区、居家养老结合，与老年人家庭建立签约服务关系，提供连续性的健康管理服务和医疗服务。	自治区卫生计生委、中医药管理局负责。
10	提高基层医疗卫生机构为居家老年人提供上门服务的能力，规范为居家老年人提供的医疗和护理服务项目，将符合规定的医疗费用纳入医保支付范围。	自治区卫生计生委、人力资源社会保障厅、中医药管理局分别负责。
11	统筹医疗卫生与养老服务资源布局，重点加强老年病医院、康复医院、护理院、临终关怀机构建设，公立医院资源丰富的地区可根据需求有计划地将部分公立医院转为康复、老年护理等接续性医疗机构。鼓励和支持有条件的地区规划建设集医疗、保健、康复、护理、养老为一体的老年护理院。支持有条件的医院规划建设老年护理机构。	自治区民政厅、卫生计生委、中医药管理局牵头，自治区发展改革委、财政厅、国土资源厅、住房城乡建设厅配合。
12	推进二级以上综合医院开设老年病科，做好老年慢性病防治和康复护理等工作。	自治区卫生计生委、中医药管理局负责。
13	提高基层医疗卫生机构康复、护理床位占比，逐步增设老年养护、临终关怀病床。	自治区卫生计生委、中医药管理局负责。
14	医疗卫生机构要全面落实老年医疗服务优待政策，为老年人特别是高龄、重病、失能及部分失能老年人提供挂号、就诊、转诊、取药、收费、综合诊疗等就医便利服务。	自治区卫生计生委、中医药管理局负责。
15	有条件的医疗卫生机构可以通过多种形式、依法依规开展养老服务。	自治区卫生计生委、民政厅、中医药管理局分别负责。
16	充分发挥中医药壮瑶医药的预防保健特色优势，把中医药壮瑶医药健康服务全面纳入养老服务业发展战略当中，做大做强中医药壮瑶医药养生长寿健康产业。	自治区中医药管理局牵头，科技厅、民政厅配合。
17	依托医疗卫生服务平台，结合我区生态、气候、区位优势和特色资源，按照我区养老服务业综合改革试验区“一核四区”的布局，建设一批集咨询预防、救治诊疗、康复疗养、保健养生等功能于一体的医养结合服务机构，打造老年医养结合服务管理产业链。	自治区发展改革委、民政厅牵头，自治区卫生计生委、人力资源社会保障厅、中医药管理局配合。

续表

序号	工作任务	负责单位
18	将社会力量举办医养结合机构纳入医疗卫生和养老相关规划，按照“非禁即入”原则，凡符合规划条件和准入资质的，不得以任何理由加以限制。	自治区民政厅、卫生计生委牵头，自治区发展改革委、国土资源厅、住房城乡建设厅、中医药管理局配合。
19	整合审批环节，缩短审批时限，鼓励有条件的地方提供一站式便捷服务。支持社会力量通过特许经营、公建民营、民办公助等模式，举办非营利性医养结合机构。	自治区卫生计生委、民政厅、中医药管理局牵头，自治区发展改革委、财政厅、国土资源厅、住房城乡建设厅配合。
20	支持企业围绕老年人预防保健、医疗卫生、康复护理、生活照料、精神慰藉等需求，积极开发安全有效的食品药品、康复辅具、日常照护、文化娱乐等老年人用品用具和服务产品。	自治区发展改革委、工业和信息化委、科技厅、卫生计生委、民政厅、食品药品监管局、中医药管理局分别负责。
21	拓宽市场化融资渠道，探索政府和社会资本合作（PPP）的投融资模式。鼓励和引导各类金融机构创新金融产品和服务方式，加大金融对医养结合领域的支持力度。通过由金融和产业资本共同筹资的健康产业投资基金支持医养结合发展。	自治区财政厅、卫生计生委、广西银监局、国家开发银行广西分行分别负责。
22	用于社会福利事业的彩票公益金要适当支持开展医养结合服务。	财政厅、民政厅分别负责。
23	积极推进政府购买基本健康养老服务，逐步扩大购买服务范围，完善购买服务内容，实现各类经营主体平等参与。	自治区财政厅、发展改革委、民政厅、卫生计生委分别负责。
24	要在土地利用总体规划和城乡规划中统筹考虑医养结合机构发展需要，做好用地规划布局。对非营利性医养结合机构，可采取划拨方式，优先保障用地；对营利性医养结合机构，应当以租赁、出让等有偿方式保障用地，养老机构设置医疗机构，可将在项目中配套建设医疗服务设施相关要求作为土地出让条件，并明确不得分割转让。依法需招标拍卖挂牌出让土地的，应当采取招标拍卖挂牌出让方式。	国土资源厅、住房城乡建设厅分别负责。
25	积极推动符合条件的养老机构内设的医疗机构，按规定纳入城镇职工基本医疗保险、城镇居民基本医疗保险和新型农村合作医疗定点范围，完善监管机制，为入住的参保老年人提供高效、便捷的医疗服务。探索运用多种结算方式，加快搭建我区与其他省市间的医保异地就医结算平台。	自治区人力资源社会保障厅、卫生计生委牵头，民政厅配合。
26	按照国家统一部署，建立长期护理保险制度，积极探索多元化的保险筹资模式。允许商业保险机构进一步开发包括长期护理保险在内的多种老年护理保险产品，鼓励老年人投保长期护理商业保险产品，为失能、部分失能老人提供制度保障。	人力资源社会保障厅牵头，自治区财政厅、民政厅、卫生计生委、广西保监局配合。
27	建立健全长期照护项目内涵、服务标准以及质量评价等行业规范和体制机制，探索建立从居家、社区到专业机构等比较健全的专业照护服务提供体系。	自治区人力资源社会保障厅、卫生计生委、民政厅分别负责。
28	落实好将偏瘫肢体综合训练、认知知觉功能康复训练、日常生活能力评定等医疗康复项目纳入基本医疗保障范围的政策，为失能、部分失能老年人治疗性康复提供相应保障。	自治区人力资源社会保障厅、卫生计生委分别负责。
29	扩大医养结合服务领域人才培养规模。做好职称评定、专业技术培训和继续医学教育等方面的制度衔接，同等对待养老机构和医疗卫生机构的医务人员。完善薪酬、职称评定等激励机制，鼓励医护人员到医养结合机构执业。	自治区卫生计生委、人力资源社会保障厅、民政厅分别负责。
30	建立医疗卫生机构与医养结合机构人员进修轮训机制。将老年医学、康复、护理人才作为急需紧缺人才纳入卫生计生人员培训规划。	自治区卫生计生委、民政厅、中医药管理局分别负责。
31	加强专业技能培训，大力推进养老护理员等职业技能鉴定工作。	自治区民政厅、卫生计生委、人力资源社会保障厅分别负责。

续表

序号	工作任务	负责单位
32	支持高等院校和中等职业学校增设相关专业课程，加快培养老年医学、康复、护理、营养、心理和社会工作等方面专业人才。	自治区教育厅、卫生计生委、中医药管理局分别负责。
33	充分利用云计算、大数据等技术搭建信息共享平台，实现自治区、市、县、乡四级互联互通，将老年人基本信息档案、电子健康档案、电子病历、医疗保险等数据信息进行整合共享，推动社区养老服务信息平台与区域人口健康信息平台对接，为开展医养结合服务提供信息和技术支撑。	自治区工业和信息化委、民政厅、卫生计生委牵头，自治区发展改革委、人力资源社会保障委、老龄办、中医药管理局配合。
34	组织医疗机构开展面向养老机构的远程医疗服务。探索基于互联网的医养结合服务新模式，提高服务的便捷性和针对性。	自治区发展改革委、工业和信息化委、民政厅、卫生计生委、中医药管理局分别负责。
35	规划建设一批特色鲜明、示范性强的医养结合试点项目。	自治区卫生计生委、民政厅牵头，自治区财政厅、发展改革委、人力资源社会保障厅、工业和信息化委、中医药管理局配合。
36	做好入住医养结合机构和接受居家医养服务老年人的合法权益保障工作。	自治区老龄办牵头，自治区卫生计生委、民政厅、人力资源社会保障厅配合。
37	要建立考核评估体系，以落实医养结合政策情况、医养结合服务覆盖率、医疗卫生机构和养老机构无缝对接程度、老年人护理服务质量、老年人满意度等为主要指标，加强绩效考核。加强对医养结合工作的督查，定期通报地方工作进展情况，确保各项政策措施落到实处。	自治区卫生计生委、民政厅牵头，自治区发展改革委、财政厅、人力资源社会保障厅、国土资源厅、住房城乡建设厅、老龄办、中医药管理局配合。
38	医养结合工作的宣传、政策解读等工作。	自治区卫生计生委、民政厅、新闻出版广电局、中医药管理局分别负责。

广西壮族自治区民政厅关于印发《广西老年人能力评估管理暂行办法》的通知

桂民发〔2016〕34号

各市、县（市、区）民政局、各养老机构：

现将《广西老年人能力评估管理暂行办法》印发给你们，请认真贯彻落实。

广西壮族自治区民政厅
2016年7月11日

广西老年人能力评估管理暂行办法

第一条 为进一步规范老年人能力评估工作，根据自治区人民政府《关于促进养老服务业加快发展的实施意见》（桂政发〔2014〕58号）和《关于建设养老服务业综合改革试验区的意见》（桂政发〔2015〕33号）精神，结合中华人民共和国民政行业标准《老年人能力评估》（MZ/T039－2013）和我区实际，制定本办法。

第二条 本办法适用于入住本自治区养老机构老年人的能力等级评估。

第三条 老年人入住养老机构时，养老机构应当对其进行首次评估，每年进行一次常规评估。老年人自理能力发生变化时，养老机构应即时进行评估。

有条件的地方，民政部门可以委托第三方评估机构进行老年人能力评估。

第四条 评估员应具有医学或护理学学历背景，或获得社会工作者资格证书，或获得中级养老护理员资格证书，经自治区民政部门统一培训，并取得合格证书。

评估员合格证书有效期三年，期满后评估员应当参加自治区民政部门统一组织的续职培训考核。

第五条 养老机构一般应配备2名（含）以上评估员，负责对入住本养老机构的老年人开展能力评估工作。无评估员的养老机构，可以委托本养老机构以外的评估员进行评估。

第六条 老年人能力评估环境应安静、整洁、光线明亮、空气清新、温度适宜。评估现场要求至少有3把椅子和1张诊桌、1张检查床、4至5个台阶，以供评估使用。台阶的踏步宽度不小于0.30m，踏步高度0.13m至0.15m，台阶有效宽度不小于0.9m。

第七条 老年人能力评估的内容分为日常生活活动评估、精神状态评估、感知觉与沟通评估和社会参与评估等。

第八条 实施老年人能力评估时，应有2名评估员在场，依照下列程序进行：

（一）向评估对象出示评估证件。

（二）评估员依据《广西壮族自治区老年人能力评估表》设定的评估指标，对评估对象或主要照顾者进行询问，逐项评估后，得出评估对象在日常生活活动、精神状态、感知觉与沟通、社会参与等四个方面的相应分值，并确定评估对象的能力等级。

（三）评估结果经2名评估员签名后，由监护人签名确认生效、存档。

（四）评估员填写“老年人能力评估表”，并录入全区养老机构信息管理系统。

第九条 老年人能力评估结果作为养老机构对入住老年人进行分类管理和申请政府补贴的重要依据。

第十条 各级民政部门是老年人能力评估工作的管理部门，在各自的职责范围内做好老年人能力评估的指导、管理和监督工作，负责评估争议处理。

自治区民政厅委托广西社会福利服务中心开展全区评估人员的业务培训，颁发合格证书，组建全区评估员资源库、并负责自治区本级的评估争议处理。

第十一条 民政部门要以定期检查和随机抽查等方式对评估指标、评估结果等进行检查。对评估不规范的机构和人员，予以纠正并向社会公开，情节严重的，停发该养老机构政策性补贴。

第十二条 养老机构、评估对象或其监护人对评估结果有异议时，可以自收到评估结果告知书之日起10个工作日内，向养老机构的同级主管民政部门申请复核评定，养老机构和评估员应当主动告知其申请复核的渠道。民政部门收到申请后应当及时组织复核，复核评定结果为本次评估的最终结论。

第十三条 评估员有下列情形之一者，由发证机关取消评估员合格证书。

（一）续职考核未通过。

（二）一年内错评率超过其评估总量10%的。

（三）转岗、脱岗，未从事评估工作累计1年以上。

（四）评估员有违法行为，或在评估时违反职业道德行为。

第十四条 接受社区、居家养老服务的老年人的能力等级评估参照本办法执行。

第十五条 本暂行办法自发布之日起实施，试行3年，由自治区民政厅负责解释。

广西壮族自治区民政厅、财政厅、物价局关于印发广西壮族自治区养老设施公建民营实施办法的通知

桂民发〔2016〕40号

各市、县（市、区）民政局、财政局、物价局：

现将广西壮族自治区养老设施公建民营实施办法印发给你们，请认真贯彻落实。

广西壮族自治区民政厅　广西壮族自治区财政厅

广西壮族自治区物价局

2016年7月26日

广西壮族自治区养老设施公建民营实施办法（试行）

第一条　为规范养老设施公建民营工作，加快推进养老服务社会化，根据《中华人民共和国政府采购法》、《中华人民共和国招投标法》、《中华人民共和国合同法》和《国务院关于加快发展养老服务业的若干意见》（国发〔2013〕35号）、《广西壮族自治区人民政府关于建设养老服务业综合改革试验区的意见》（桂政发〔2015〕33号）精神，结合本自治区实际，制定本办法。

第二条　本办法适用于政府全额或部分投资兴建的福利院、老年公寓、老年养护楼、老年护理院、乡镇敬老院、五保村、社区养老服务中心、日间照料中心等养老设施。

第三条　本办法所称公建民营，是指通过合同协议的方式，将政府投资兴办的养老设施的运营权交由企业和社会组织运营的模式。

有条件的已经运营的公办养老设施可以参照本办法实行。

第四条　养老设施实行公建民营，必须确保其公益性，发挥兜底保障和社会服务作用；确保养老用途不改变，为老年人提供更加优质、完善、安全的服务。

已经投入运营的公办养老设施实行公建民营后，运营方应确保集中供养老年人的供养水平、服务质量、居住环境、康乐设施不低于公建民营前的水平。

第五条　养老设施实行公建民营，必须依法进行清产核资，造册登记，做到产权清晰，保持土地、设施设备等国有资产性质。不得以养老设施资产进行抵押、融资、贷款等活动，确保国有资产保值增值。

第六条　养老设施实行公建民营，应当优先选择具备养老服务管理经验、具有专业服务团队和医疗服务资源、资金雄厚的运营方。运营方一般应当具备以下条件：

（一）具有独立法人资格；

（二）具有医疗康复或养老服务行业资质；

（三）直接服务于服务对象的工作人员符合相关规定的配备标准；

（四）有不少于30万元人民币的注册资金；

（五）最近3年内无违法违规记录。

第七条　公建民营养老设施产权方（以下简称产权方）对养老设施实行公建民营，应当进行需求分析和可行性论证，制定实施方案，按照自治区重大行政决策规定的有关程序，报经批准后实施。

第八条　产权方通过招投标、委托运营等竞争性方式确定公建民营养老设施的运营方（以下简称运营方）。应当对投标方的资质进行评估和审查。投标方不能挂靠投标，中标后不得转让、转包。

第九条　产权方应与运营方签订运营合同。运营合同应明确产权人和运营方的权利、义务、安全和违约责任，并约定以下内容：

（一）根据养老设施的规模、前期投入等因素合理确定合同期限。

（二）根据政府兜底保障的需要，双方应协定足够比例的床位用于接收政府基本养老服务保障对象。其他床位

应优先满足本辖区内的孤寡、失能、高龄的社会老年人。

（三）运营方独立承担运营过程中发生的债权债务和经济、安全、法律责任，不得以产权方名义运营。

（四）签订运营合同前，产权方应与运营方确定原工作人员的安置方案，在同等条件下优先录用。

（五）运营方接收政府基本养老服务保障对象的基本养老服务收费项目标准，按照保障对象分类收费原则，由产权方与运营方协议确定。对于政府基本养老服务保障对象，运营方必须确保其供养条件和待遇不降低，不得以任何理由扣减供养费或挪作它用。接收其他社会老年人实行市场调节价管理。

（六）运营方应按国家相关标准和规定对养老设施进行日常管理维护（修），确保国有资产安全。运营方不得从事养老服务以外的经营活动，不得出租、出借、处置养老设施资产，不得将养老设施资产进行对外投资。

第十条合同期未满运营方退出的，需提前6个月向产权方提出申请，由产权方组织有关部门对其资产、财务等进行审计，符合有关要求的，办理解除合同等有关手续。合同期满，双方应在合同终止3个月前，正式向实施设立许可的民政部门提交入住对象安置方案，确保老年人已得到妥善的安置后方能实施。合同双方共同委托专业会计师事务所进行资产清算，妥善做好资产和账目交接。

第十一条 合同期内运营良好、社会反映好且有意续签的运营方，应在合同期满前6个月提出续签申请，在同等的招标条件下原运营方可优先续签。

第十二条 县级以上民政部门和产权方应当加强对运营方的监督管理，通过委托养老服务行业协会等方式建立第三方评估制度，定期对养老设施的人员、设施、服务、管理、信誉等情况进行综合评价，评估结果每年向社会公布一次。对运营期间发生责任事故、管理服务、安全管理等问题，限期整改，整改仍不合格的，解除合同。

第十三条 产权方要制定运营方异常退出时的风险防控应急预案，确保妥善安置入住对象，并做好善后事宜，并启动对运营方追责的法律程序。

第十四条 运营方上交的养老设施使用费须依照财政相关规定，按要求及时足额缴入国库。

第十五条 本办法所称政府基本养老服务保障对象是指：特困供养对象中部分或全部失能失智的老年人；低保家庭中失能或高龄的老年人；计划生育特殊困难家庭中失独、失能的老年人。

第十六条 本办法施行前已签订公建民营合同（协议）的，仍按合同（协议）执行，但合同双方要根据法律法规、国家政策及本办法在一年内予以调整规范。

第十七条 本办法自发布之日起实施，有效期三年。

广西壮族自治区民政厅关于印发《广西养老机构星级评定管理暂行办法》和《广西养老机构星级评定细则（试行）》的通知

桂民发〔2016〕43号

各市、县（市、区）民政局：

现将《广西养老机构星级评定管理暂行办法》和《广西养老机构星级评定细则（试行）》印发给你们，请认真贯彻落实。

广西壮族自治区民政厅

2016年8月25日

广西养老机构星级评定管理暂行办法

第一条 为加强我区养老机构的规范化和标准化管理，推动养老机构转型升级，全面提升养老机构管理水平和服务能力，发挥星级养老机构的示范引领作用，根据民政部《养老机构管理办法》、《养老机构基本规范》（GB/T29353－2012）等相关规定，结合我区实际，制定本办法。

第二条　本办法适用于本自治区范围内取得《养老机构设立许可证》，同时取得《工商营业执照》或《民办非企业单位登记证书》或《事业单位登记证书》，并运营一年以上的养老机构。

第三条　养老机构星级评定工作依照自治区相关标准和《广西养老机构星级评定细则（试行）》开展，星级等级从低到高分为一星级、二星级、三星级、四星级、五星级等五个等级。

符合本办法第二条规定的养老机构，直接认定为一星级，不授证书和牌匾；经申报和评定的养老机构，可获得二星级（含）以上等级。

第四条　自治区、设区市民政部门成立养老机构星级评定工作领导小组（以下简称评定小组）。自治区级评定小组负责四星级、五星级养老机构的评定工作；设区市级评定小组负责本辖区二星级、三星级养老机构的评定工作。

第五条　广西社会福利服务中心负责协助指导和检查全区养老机构星级评定工作，组建全区养老机构评审员资源库，组织开展全区养老机构评审员（以下简称评审员）的培训、考核、发证和备案工作。

第六条　养老机构星级评定程序依次为：养老机构申报、材料评审、各级评定小组评定、评定结果公示、授予星级评定证书和牌匾。

第七条　广西社会福利服务中心承担四星级、五星级养老机构的评审工作；各设区市级评定小组负责二星级、三星级养老机构的评审工作。

有条件的地方，可以委托第三方机构承担评审工作，评审员应从全区养老机构评审员资源库中抽取。

第八条　具备医疗、护理、社工、行政、建筑、膳食等专业大专（含）以上学历或中级（含）以上职称并从事该专业工作满二年，经广西社会福利服务中心组织培训并取得合格证书的，可以成为评审员。

第九条　各级评定小组应从全区养老机构评审员资源库中分类抽取评审员开展评审工作。开展二星级、三星级养老机构的评审，评审员应不少于3人（原则上从资源库中抽取当地的评审员进行评审）；开展四星级、五星级养老机构的评审，评审员应不少于5人。

第十条　养老机构申请星级等级评定，需递交以下申报材料（一式两份）：

（一）广西养老机构星级评定申请书。

（二）广西养老机构星级评定申请表。

（三）养老机构星级评定自评报告。

（四）评审规定提交的其他材料。

第十一条　申请二星级、三星级评定的养老机构，应将申报材料报设区市级评定小组进行评定，评定结果由设区市级评定小组报广西社会福利服务中心备案。

申请四星级、五星级评定的养老机构，应将申报材料（一式两份）送设区市级评定小组进行初审，初审合格后由设区市级评定小组将审核意见和申报材料报广西社会福利服务中心评审。广西社会福利服务中心负责组织评审员实地评分，将评审结果报自治区级评定小组评定。

第十二条　养老机构星级评定结果由各级评定小组向社会公示，公示期一般为7个工作日，公示无异议的，由自治区民政厅统一授予星级评定证书和牌匾，并向社会公布。

第十三条　养老机构星级评定每年集中开展一次，有效期为三年（自颁发证书之日起计算）。有效期内，养老机构可申请晋级评定，晋级评定程序与首次评定相同。

第十四条　各级民政部门应建立健全评审档案，妥善保管、备查。

第十五条　各级民政部门应当加强对养老机构星级评定工作的监督管理，确保做到公平、公正评审，使评审结论具有社会公信力。

第十六条　养老机构在评审过程中有下列情形之一的，应终止评审：

（一）存在重大安全责任事故行为的。

（二）提供虚假评审资料，有伪造、涂改有关档案资料等弄虚作假行为的。

（三）违反评审纪律，干扰评审工作的行为。

（四）法律、法规、规章规定的其他违法行为。

第十七条　养老机构在星级评定有效期内，违反《养老机构管理办法》相关规定的，由自治区民政厅取消评定星级，收回证书和牌匾并向社会公布，取消星级的养老机构，两年内不得申请星级评定。

第十八条　本办法由自治区民政厅负责解释。

第十九条　本办法自发布之日起施行。

广西养老机构星级评定细则（试行）
二星级养老机构评定标准

（满分400＋20分，星级达标线320分）

评审必要条件：机构床位达10张以上，床位年均入住5人以上。

评定项目	一级指标	序号	二级指标内容	评分标准	分值	自评分	专家评分	评定方法
1. 环境建筑与设施建设135分	建筑布局20分	1	10张床位以上。机构外观整洁无破损。	1. 达到10张床位得5分，每增加满20张床位加1分，满分7分。 2. 有破损、明显污迹扣3分。	10			1. 根据《养老机构设立许可证》核定床位数量； 2. 现场核查。
		2	起居室单人间不低于$10m^2$，双人间不低于$14m^2$，三人间不低于$18m^2$，多人间每张床位不低于$5m^2$，床间距离不少于1米。	1. 各抽查一间，每间不符要求扣2分。 2. 床间隔距离不够扣2分。	10			1. 查看建筑平面图； 2. 现场核查。
	住宿环境35分	3	卫浴间配备坐便椅、淋浴器，设安全扶手，地板使用防滑材料或铺设防滑垫。	未达要求的，缺一项扣1分。	5			现场抽查5间房。
		4	房间窗户与地面面积比例不小于1/9。	比例低于要求的，每间房扣1分。	5			现场抽查5间房，各种房型至少抽查1间。
		5	居住空间应自然通风，保证室内空气质量。	室内空气闷浊的，每间房扣1分。	5			现场抽查5间房，各种房型至少抽查1间。
		6	室内配有电扇/空调/取暖器等基本冷暖调节设备。	未配备的，每间房扣2分。	10			现场抽查5间房，各种房型至少抽查1间。
		7	起居室装有紧急呼叫设备。	未按要求配备此项不得分。	5			现场查看。
		8	配备电视机。（大厅或娱乐室）	未按要求配备此项不得分。	5			现场查看。

续表

评定项目	一级指标	序号	二级指内容	评分标准	分值	自评分	专家评分	评定方法
1. 环境建筑与设施建设135分	膳食环境30分	9	食堂分别设置厨房、餐厅、库房；安装灭蚊灯、挡鼠板、纱窗、防盗网；总使用面积不小于60m²；无明显苍蝇、老鼠、蟑螂和其他害虫现象。	1. 未按要求设置食堂扣3分； 2. 未按要求安装灭蚊灯等设施扣3分； 3. 面积未达到60m² 扣2分； 4. 出现苍蝇、老鼠、蟑螂或其他害虫现象扣4分。	10			1. 查看建筑平面图； 2. 现场核查面积、查看设置、设施及卫生状况。
		10	厨房有充足通畅的排烟和排风设备。	无设备此项不得分。	5			现场查看。
		11	有冷冻冷藏和储藏设备，生熟食品分开存放。	1. 无设备扣3分； 2. 食品未分类存放扣2分。	5			现场查看。
		12	厨房配备排污设施；有垃圾分类设施并保持其密闭。	1. 无排污设施扣2分； 2. 无垃圾分类设施扣2分，设施未保持密闭扣1分。	5			现场查看。
		13	就餐区总餐位数与自理老人就餐相适应。	未能合理设置总餐位数此项不得分。	5			餐位数与自理老人数比大于1∶1。
	医疗环境10分	14	有合作定点医疗机构；合作机构具备及时诊断和救治养老机构内各种老年人常见病、突发疾病的能力。	未签订合作协议此项不得分。	5			查看协议。
		15	配备常用外伤包扎物品、消毒用品、体温表、血压计、非处方急救药品（如救心丸、云南白药、藿香正气水等）。	每缺一项扣1分。	5			现场查看。
	公共区域40分	16	设有老年人能力评估室，评估室按老年人能力评估管理办法配置，提供文字介绍。	没有评估室不得分，评估室不按要求配置扣1分，没有文字介绍扣1分。	5			现场查看有明显标志。
		17	公共场所应清洁整齐；应设座椅、照明、男女卫生间等公共基础服务设施以及轮椅斜坡、安全扶手等无障碍设施；应配备灭火器等消防器材。	1. 公共场所不整洁扣2分； 2. 每缺一项设施扣1分，扣完5分为止； 3. 无消防器材或不合格扣3分。	10			现场查看。

续表

评定项目	一级指标	序号	二级指内容	评分标准	分值	自评分	专家评分	评定方法
1. 环境建筑与设施建设135分	公共区域40分	18	设置阅览室，订阅报纸、刊物3种以上，图书不少于100册。	1. 未设置阅览室此项不得分； 2. 报纸、刊物未达要求扣2分； 3. 图书未达要求扣3分。	5			现场查看。
		19	设置棋牌室及健身康复活动场所；活动场所总使用面积不低于50m²。	1. 未设置棋牌室或健身康复活动场所，每项扣1分； 2. 面积未达50m²扣2分。	5			1. 查看建筑平面图； 2. 现场核查。
		20	洗衣房面积不小于20m²，布局合理，污净分开；地面采取防滑措施；配有洗衣机和浸泡池消毒设施。	1. 面积未达20m²扣1分； 2. 未做到污净分开扣1分； 3. 无防滑措施扣1分； 4. 无洗衣机或浸泡池消毒设施各扣1分。	5			1. 查看建筑平面图； 2. 现场核查； 3. 外包洗涤，查看协议。
		21	设有消防安全电子报警器，所有安全疏散通道和出口均设消防安全指示标志，并保持通畅；走廊、房间醒目处有区域消防疏散示意图，有灭火和应急疏散预案。	每缺一项扣2分。	10			现场查看。
2. 机构管理130分	行政、人事管理35分	22	有组织机构图和岗位职责说明。	1. 未设置组织机构扣2分； 2. 无岗位职责说明扣3分。	5			查看档案资料。
		23	合理配备人员，行政管理人员不得超过职工总数的10%。	未按要求配备人员此项不得分。	5			查看员工花名册、上季度每月交纳社保人员名单。
		24	有工作人员职业道德准则并落实。	1. 无准则不得分； 2. 工作人员考核不合格，每人扣1分。	5			1. 查看准则； 2. 现场抽3名工作人员口答。
		25	有规范的行政管理、财务管理、档案管理、医疗护理管理、后勤保障等规章制度及考核办法。	每缺一项扣2分。	10			查看管理制度。
		26	制定绩效激励制度。	无制度此项不得分。	5			查看制度。
		27	有工作人员选聘、培训、考核、任免、奖惩等管理制度。	每缺一项扣1分。	5			查看管理制度。

续表

评定项目	一级指标	序号	二级指内容	评分标准	分值	自评分	专家评分	评定方法
2. 机构管理130分	业务管理30分	28	制定服务流程、各类风险应急预案、处理程序，责任到人。	每缺一项扣3分。	10			查看资料。
		29	工作人员熟悉工作流程，管理人员严格开展考评并有记录，有不合格工作的整改措施。	1. 无工作流程扣2分； 2. 无改进制度扣1分； 3. 抽查考核不合格，每人扣1分。	5			1. 查看资料； 2. 现场抽2名工作人员口答考核。
		30	收费项目及标准公开，工作制度、流程上墙。	1. 收费不公开扣3分； 2. 制度、流程不上墙扣2分。	5			现场查看。
		31	建立在院老人档案管理库，包括入院老人健康评估、能力评估报告、身份证明、协议、监护人联系方式等相关资料。老人出院或死亡7天后档案入库。	1. 未建立信息管理库此项不得分； 2. 抽查资料不合格，每份扣2分。	10			抽查3份在院，2份出院记录。
	安全管理15分	32	制定消防安全规章制度，开展相关安全教育和操作培训；配备至少1名持证上岗的兼职消防工作人员。	1. 无制度此项不得分； 2. 无教育培训资料扣2分； 3. 现场操作不达标扣3分； 4. 未按要求配备消防工作人员扣5分。	10			1. 查看制度、培训资料； 2. 现场抽查1名工作人员演示灭火器材的使用。
		33	食物中毒发生率为0。	未达要求此项不得分	5			1. 查看医疗相关记录； 2. 当地卫生监督主管部门证明； 3. 询问当地卫生监督部门。
	质量管理50分	34	按护理级别内容提供护理服务完成率100%。	抽查一人不达要求扣1分。	5			现场抽5名老人检查各项服务落实情况（不能自理老人2名、半自理老人2名、自理老人1名）。
		35	实行分级护理，有护理级别内容。	不分级护理扣3分，没有护理级别内容扣2分。	5			查看分级护理资料。
		36	至少每周交班一次并有记录。	无交班记录不得分，记录栏不完整扣2分。	5			查看交班记录
		37	各种医疗仪器设备的完好率80%以上。	未达要求此项不得分。	5			现场查看仪器设备。

续表

评定项目	一级指标	序号	二级指内容	评分标准	分值	自评分	专家评分	评定方法
2. 机构管理130分	质量管理50分	38	检查当月内养老机构内群发感染性腹泻、发热、疥疮为0。	出现其中一项扣2分，扣完为止。	5			查看相关资料。
		39	护理人员持本专业培训证书（市级以上）达30%以上。	未达要求此项不得分。	5			查看证件原件、上季度每月交纳社保人员名单。
		40	护理区域有工作人员一览表。	无一览表此项不得分。	5			现场查看。
		41	护理区域有老人信息一览表，有护理级别标识。	无一览表此项不得分。无护理级别标识扣3分。	5			现场查看。
		42	护理人员与老人比例为1：10（老人自带保姆不计入护理人员总数）。生活不能自理老人占入住老人总数30%以上时，养老护理员总数上浮10%，自理老人总数达50%以上时，养老护理员总数下调10%。	未按要求配备护理人员或不对老人进行能力评估，此项不得分。	10			1. 查看入住老人和护理员人员名册，计算比例； 2. 查看老年人能力评估报告。
3. 服务提供95分	生活护理服务40分	43	护理人员实行24小时值班制度。	未达到要求此项不得分。	5			1. 查看护理员排班表； 2. 现场询问3名老人。
		44	责任护理员知道所管辖的每位老人姓名、生活护理级别、个人爱好、饮食习惯、疾病、心理情况、家庭情况。（七知道）	抽查护理员回答不完善每人扣1分。	5			现场抽5名护理人员提问。
		45	每天清洁居室卫生1次；室内物品摆放整齐有序，无障碍物；墙壁、门窗清洁无灰尘，桌面、地面清洁无垃圾；空气无异味。	未达要求的，每个房间扣1分。	5			现场抽查5间房。
		46	每月卫生检查1次，有记录；每季度灭“四害”1次，有记录。	1. 无卫生检查记录扣3分； 2. 无灭四害记录扣2分。	5			查看工作记录。
		47	老人干净整齐，保持老人衣着、皮肤、头发、口腔、手脚、会阴清洁，身上无异味。（六洁）；保持老人头发短、胡子短、指甲短（三短）。	抽查老人不达要求的，每人扣1分。	5			现场抽查5名老人。
		48	床上用品（床单、被套、枕套）清洁无异味，老人离床立即折叠整齐。	不达要求的，每张床扣1分。	5			现场抽查5张床。

续表

评定项目	一级指标	序号	二级指内容	评分标准	分值	自评分	专家评分	评定方法
3. 服务提供95分	生活护理服务40分	49	护理员着装整洁，佩戴胸牌上岗，举止文明，微笑服务。	1. 不达要求的，每人扣1分； 2. 发现有与老人或家属吵架现象的，生活护理服务项目扣50分； 3. 发现有虐待老人现象且查证属实的，取消评级资格。	5			1. 现场抽查5名护理员。 2. 现场询问3名老人或家属，如有虐待老人的投诉评审员做好记录，必要时录音。
		50	生活照料有记录，包括老人的饮食、排泄、睡眠、卫生、安全。（五关心）	抽查老人记录不完善的，每人扣1分。	5			现场抽查5名老人的记录。
	膳食服务25分	51	食堂必须取得餐饮许可证；厨师和其他餐饮人员持职业证书、有效健康证上岗及食品安全培训合格证，每年体检合格率达100%。	1. 未取得餐饮许可证，厨师、餐饮人员无健康证或健康证过期此项不得分； 2. 厨师无厨师证扣2分； 3. 无食品安全培训合格证扣3分。	5			查看许可证、体检证明、上季度每月交纳社保人员名单。
		52	合理配餐，体现不同老年人饮食习惯的区别，实现多样化，提供流食、半流质食物、普食、营养餐，并对食品留样48小时。	1. 食谱品种未体现搭配合理、多样化此项不得分； 2. 一周食谱相同扣2分； 3. 未按要求对食品留样扣3分。	5			现场查看食谱、饭菜、食品留样。
		53	每周有食谱，食谱上墙接受监督。	1. 无食谱扣3分。 2. 食谱不上墙扣2分。	5			现场查看食谱及上墙情况。
		54	为失能或半失能老人提供送餐服务。	无送餐服务此项不得分。	5			现场询问3名老人。
		55	设有意见箱听取老人和家属意见，并做好整改措施和记录。	1. 不设意见箱此项不得分； 2. 无整改措施和记录扣3分。	5			1. 现场查看意见箱； 2. 查看整改记录。

续表

评定项目	一级指标	序号	二级指内容	评分标准	分值	自评分	专家评分	评定方法
3. 服务提供95分	文体娱乐服务15分	56	服务者具备一定文体娱乐服务经验，至少配备1名具有助理社会工作师资格以上兼/专职人员或1名文体娱乐服务人员。	不按要求配备此项不得分。	5			查看证件原件、上季度每月交纳社保人员名单。
		57	制订周、月、季度、年度活动计划，计划实施后有小结或总结。	每缺一项扣1分。	5			查看计划资料及活动小结、总结。
		58	组织和引导老年人开展小型文体娱乐活动不少于每周1次，每季度不少于1次大型文体娱乐活动，丰富精神文化生活；每月活动有图文记录。	1. 未达要求，每少一次活动扣1分，扣完4分为止。 2. 活动无记录扣1分。	5			查看活动图文资料。（小型活动人数10人以下，大型活动人数20人以上）
	医疗康复服务15分	59	有与合法的医疗机构签订诊治协议。	未签订合作协议此项不得分。	5			查看协议。
		60	开展老年人能力评估，实行动态评估（入住评估、常规评估、即时评估），每年为在院老人检查身体一次，并记录存档。	不达要求的，每份扣1分。	5			抽查5份在院老人健康档案。
		61	合作医疗机构每星期诊疗1次有记录，老人病情变化根据实际情况及时转诊。	诊疗次数不达要求扣3分，没有转诊记录扣2分。	5			查看诊疗、转诊记录。
4. 运营情况及机构发展能力40分	运营情况35分	62	入住率60%以上。	未达要求此项不得分。	5			查看入住老人花名册、档案。
		63	财务状况正常。	未达要求此项不得分。	10			查看上一年度财务审计报告。
		64	制定满意度测评制度，每半年实施一次。	1. 无服务满意度测评制度扣5分； 2. 有制度但未能每年开展两次扣5分； 3. 服务满意度低于90%此项不得分。	10			查看服务满意度测评资料，并现场发放调查表。
		65	上级主管部门评价。	对运营管理、诚信建设、信息公开、服务政府、服务社会等方面的评价。分三个等级评分：优8—10分，良3—7分，差0—2分。	10			主管部门评分材料。

续表

评定项目	一级指标	序号	二级指内容	评分标准	分值	自评分	专家评分	评定方法
4. 运营情况及机构发展能力40分	发展能力5分	66	制定3—5年的业务发展规划。年初制定工作计划，年末有工作总结。	1. 无发展规划扣1分； 2. 无年初工作计划扣2分； 3. 无年末工作总结扣2分。	5			查看资料。
5. 加分项目20分		67	获得外部机构各类奖评（个人或单位）。	1. 获得市级奖项加3分； 2. 获得省级奖项加5分； 3. 获得国家级奖项加10分。	10			查看奖项原件，此项累计不超过10分。
		68	配备救护车。	配备救护车得分。	5			查看相关证明材料。
		69	医保定点单位或设立类似护理院规模的独立医疗区域。	满足一项即可得分。	5			查看相关证明材料。
合计					400+20			

广西壮族自治区民政厅、广西壮族自治区财政厅关于印发广西壮族自治区民办养老机构补贴暂行办法的通知

桂民发〔2016〕63号

各市、县（市、区）民政局、财政局：

现将《广西壮族自治区民办养老机构补贴暂行办法》印发给你们，请认真贯彻落实。

广西壮族自治区民政厅、广西壮族自治区财政厅

2016年11月14日

广西壮族自治区民办养老机构补贴暂行办法

第一条　为鼓励和支持社会力量举办养老机构，推进养老服务社会化，根据《广西壮族自治区人民政府关于建设养老服务业综合改革试验区的意见》（桂政发〔2015〕33号）精神，结合我区实际，制定本办法。

第二条　本办法适用于本自治区行政区域内同时取得《养老机构设立许可证》、《民办非企业单位登记证书》或《企业法人营业执照》的民办养老机构（以下简称民办养老机构）。

第三条　民办养老机构补贴分为建设补贴和运营补贴。

第四条　具备下列条件的民办养老机构，可以申请补贴：

（一）运行和管理符合国家《养老机构基本规范》（GB/T29353－2012）的相关标准；

（二）取得房屋产权证明或签订5年（含）以上《房屋租赁合同》，或签订《公建民营运营合同》；

（三）与入住老年人签订6个月以上的服务协议。

第五条 民办养老机构新增床位经民政部门核定后，按照下列标准给予建设补贴：

（一）属于自建或购置并取得产权证明的养老设施，按核定的新增床位数给予每张床位5000元补贴。

（二）属于租赁且租期5年（含）以上的养老设施，按核定的新增床位数给予每张床位3000元补贴。

（三）采取公建民营模式经营管理的养老设施，装修及设施设备全部由运营方投资的，按核定新增床位数给予每张床位3000元补贴。

第六条 建设补贴为一次性补贴，分两次拨付。养老机构自运营之日起，当新增床位收住轻度失能（及以上）老年人的平均收住率（平均收住率＝每天实际收住轻度失能及以上的老年人累计数/新增床位数×实际运营天数）达25%时，给予50%的建设补贴金额；当新增床位收住轻度失能（及以上）老年人的平均收住率达50%时，给予余下的建设补贴。

第七条 民办养老机构收住60周岁（含）以上老年人，根据《广西养老机构星级评定管理暂行办法》（桂民发〔2016〕43号）、《广西老年人能力评估管理暂行办法》（桂民发〔2016〕34号）的评定结果，按照下列标准给予运营补贴。

入住老年人能力等级 / 养老机构星级	轻度失能	中度失能	重度失能	备注
一星级	60	90	120	单位：元/人·月
二星级	70	100	130	
三星级	80	110	140	
四星级	90	120	150	
五星级	100	130	160	

第八条 补贴资金从自治区本级福利彩票公益金中安排解决。建设补贴主要用于养老服务设施的配置及维修改造；运营补贴主要用于养老机构服务条件的改善及护理人员的薪酬补贴等。

第九条 申请民办养老机构建设补贴和运营补贴以一年为一个周期（上年7月1日至当年6月30日）。民办养老机构应于当年7月15日前向实施设立许可的民政部门提出申请，并提交以下材料：

（一）《补贴申请表》（见附件）；

（二）房屋产权证明，或5年（含）以上《房屋租赁合同》及租金支付凭证，或《公建民营运营合同》；

（三）养老机构设立许可证；

（四）民办非企业单位登记证书或企业法人登记证书。

第十条 民政部门收到申请材料后，应当实地核查本级养老机构新增床位数和入住老年人情况等基础信息，并对基础信息的准确性和真实性负责。核实完毕后，县级民政部门汇总补贴资金金额逐级上报。自治区民政部门负责汇总、审核全区补贴资金金额，并将所需资金列入下一年度民政厅部门预算。自治区人大批复部门预算后60日内，自治区下达补贴资金，设区市、县级民政部门负责将补贴资金及时拨付养老机构。

第十一条 各级民政部门应当建立定期检查机制和第三方评估机制，定期对养老机构的人员、设施、服务、管理、信誉等情况进行检查和综合评估，及时向社会公布评估结果及补贴情况，接受社会监督。

第十二条 各级民政部门要会同财政部门定期对养老机构补贴资金申报和使用情况进行专项检查，对骗取、冒领、截留、挪用补贴资金的，取消补贴资格，依法追缴已经拨付的补贴资金，并依法追究法律责任。

第十三条 本办法实施前已经按照广西壮族自治区民政厅《关于扶持我区民办养老服务机构发展的通知》（桂民发〔2007〕162号）获得资助的养老服务设施的床位不再给予建设补贴；申请资助但尚未足额领取的，按原标准一次性补足。

第十四条 本办法由民政厅会同财政厅负责解释，自发布之日起实施，试行3年。民政厅2007年公布的桂民发〔2007〕162号文件同时废止。

附件：1. 建设补贴申请表

2. 运营补贴申请表

附件 1

建设补贴申请表

<table>
<tr><td>机构名称</td><td></td><td>法定代表人
（负责人）</td><td></td></tr>
<tr><td>详细地址</td><td></td><td>联系电话</td><td></td></tr>
<tr><td>开户行、账号</td><td colspan="3"></td></tr>
<tr><td>养老机构设立
许可证书编号</td><td></td><td>民办非企业单位登记证书
或企业法人营业执照编号</td><td></td></tr>
<tr><td>占地面积</td><td></td><td>建筑面积</td><td></td></tr>
<tr><td>从业人员总数</td><td></td><td>正式运营时间</td><td></td></tr>
<tr><td>管理人员</td><td></td><td>房屋使用形式</td><td>自建 购买 租赁
公建民营</td></tr>
<tr><td>护理人员</td><td></td><td>核定总床位数</td><td></td></tr>
<tr><td>医务人员</td><td></td><td>核定新增床位数</td><td></td></tr>
<tr><td colspan="4">本机构保证以上信息完全真实，并严格遵守使用规定，否则自愿承担相关责任。现申请新增床位建设补贴________元。
床×________元/床=________元
法定代表人（负责人）：
（机构盖章）
年　月　日</td></tr>
<tr><td>设立许可民政部门
实地核查意见</td><td colspan="3">核查人员：　　（单位盖章）
年　月　日</td></tr>
<tr><td>市级民政部门审核意见</td><td colspan="3">（单位盖章）
年　月　日</td></tr>
<tr><td>备注</td><td colspan="3"></td></tr>
</table>

附件 2

运营补贴申请表

<table>
<tr><td colspan="2">机构名称</td><td></td><td>法定代表人
（负责人）</td><td></td></tr>
<tr><td colspan="2">详细地址</td><td></td><td>联系电话</td><td></td></tr>
<tr><td colspan="2">开户行、账号</td><td colspan="3"></td></tr>
<tr><td colspan="2">养老机构设立
许可证书编号</td><td></td><td>民办非企业单位登记证书或
企业法人营业执照编号</td><td></td></tr>
<tr><td colspan="2">占地面积</td><td></td><td>建筑面积</td><td></td></tr>
<tr><td colspan="2">从业人员总数</td><td></td><td>管理人员</td><td></td></tr>
<tr><td colspan="2">医务人员</td><td></td><td>护理人员</td><td></td></tr>
<tr><td colspan="2">正式运营时间</td><td></td><td>核定总床位数</td><td></td></tr>
<tr><td colspan="2">机构星级</td><td></td><td>房屋使用形式</td><td>自建 购买 租赁
公建民营</td></tr>
<tr><td rowspan="2">入住老年人总数</td><td rowspan="2"></td><td>轻度失能</td><td>中度失能</td><td>重度失能</td></tr>
<tr><td></td><td></td><td></td></tr>
<tr><td colspan="5">本机构保证以上信息完全真实，严格遵守补贴资金使用规定，否则自愿承担相关责任。现申请运营补贴________元。
轻 度 失 能：________人×________元/人．月×________个月＝________元
中 度 失 能：________人×________元/人．月×________个月＝________元
重 度 失 能：________人×________元/人．月×________个月＝________元
法定代表人（负责人）：

（机构盖章）
年 月 日</td></tr>
<tr><td colspan="2">设立许可民政部门
实地核查意见</td><td colspan="3">核查人员： （单位盖章）
年 月 日</td></tr>
<tr><td colspan="2">市级民政部门
审核意见</td><td colspan="3">（单位盖章）
年 月 日</td></tr>
<tr><td colspan="2">备注</td><td colspan="3"></td></tr>
</table>

注：月四舍五入保留至小数点后两位，金额四舍五入取整。

广西壮族自治区卫生计生委办公室关于印发医养结合重点任务分工方案的通知

桂卫办发〔2016〕128号

各市卫生计生委，委机关各处（室、局）、委直属相关单位：

为贯彻《国务院办公厅转发卫生计生委等部门关于推进医疗卫生与养老服务相结合指导意见的通知》（国办发〔2015〕84号）和《广西壮族自治区人民政府办公厅关于推进医疗卫生与养老服务相结合的实施意见》（桂政办发〔2016〕82号）精神，确保各项重点任务落到实处，现将《医养结合工作重点任务分工方案》印发你们，请遵照执行。

附件：医养结合工作重点任务分工方案

广西壮族自治区卫生和计划生育委员会办公室
2016年9月2日

附件

医养结合工作重点任务分工方案

序号	工作任务	负责单位	委内负责处室
1	按照互利互惠、方便快捷的原则，鼓励养老机构与周边的医疗卫生机构开展多种形式的协议合作，建立健全协作机制，明确双方责任义务。	民政厅牵头，自治区卫生计生委、中医药管理局配合。	医政医管处、基层卫生处、中医药发展处、中医民族医医疗处
2	医疗卫生机构为养老机构开通预约就诊绿色通道，为入住老年人提供医疗巡诊、健康管理、保健咨询、预约就诊、急诊急救、中医养生保健等便捷医疗卫生服务。	自治区卫生计生委、中医药管理局牵头，民政厅配合。	医政医管处、基层卫生处、中医药发展处、中医民族医医疗处
3	养老机构内设的具备条件的医疗机构可作为医院收治老年人的后期康复护理场所。	自治区民政厅、卫生计生委、中医药管理局分别负责。	医政医管处、基层卫生处、中医药发展处、中医民族医医疗处
4	推动二级以上综合医院与养老机构开展对口支援、合作共建。通过建设医疗养老联合体等多种方式，整合医疗、康复、养老和护理资源，为老年人提供治疗期住院、康复期护理、稳定期生活照料以及临终关怀一体化的健康和养老服务。	自治区卫生计生委、中医药管理局、民政厅分别负责。	医政医管处、基层卫生处、中医药发展处、中医民族医医疗处
5	加大政策规划支持和技术指导力度，优化审批手续，推进养老机构按照国家有关规定和医疗机构基本标准内设医务室或护理站。支持有条件的养老机构申请开办老年病医院、康复医院、护理院、中医医院、临终关怀机构等。新建、改扩建养老机构时，应按具备医养结合服务条件进行规划建设，并按照康复型养老机构模式进行运营管理。	自治区民政厅、卫生计生委、中医药管理局分别负责。	医政医管处、规划和信息处、中医药发展处、中医民族医医疗处、行政审批办

续表

序号	工作任务	负责单位	委内负责处室
6	养老机构设置的医疗机构，符合条件的可按规定自愿向统筹地区或所在地社会保险经办机构提出承担定点医疗机构服务申请，通过组织评估、谈判协商、签订服务协议等环节，实行协议管理，纳入城乡基本医疗保险定点范围。	自治区人力资源社会保障厅、卫生计生委牵头，民政厅配合。	基层卫生处、医政医管处
7	鼓励执业医师、护士、技师等专业人员到养老机构多点执业，开展疾病预防、营养保健、中医调理养生等健康服务。	自治区卫生计生委、中医药管理局牵头，民政厅配合。	医政医管处、基层卫生处、中医药发展处、中医民族医医疗处
8	充分依托卫生计生系统服务网络，结合基本公共卫生服务，为老年人建立健康档案，为65岁以上老年人提供健康管理服务，到2020年65岁以上老年人健康管理率达到70%以上。	自治区卫生计生委、中医药管理局负责。	基层卫生处、中医药发展处、中医民族医医疗处
9	优先为社区高龄、重病、失能、部分失能以及计划生育特殊家庭等行动不便或确有困难的老年人，提供定期体检、上门巡诊、家庭病床、社区护理、健康管理等基本服务。推进基层医疗卫生机构和医务人员与社区、居家养老结合，与老年人家庭建立签约服务关系，提供连续性的健康管理服务和医疗服务。	自治区卫生计生委、中医药管理局负责。	基层卫生处、中医药发展处、中医民族医医疗处
10	提高基层医疗卫生机构为居家老年人提供上门服务的能力，规范为居家老年人提供的医疗和护理服务项目，将符合规定的医疗费用纳入医保支付范围。	自治区卫生计生委、人力资源社会保障厅、中医药管理局分别负责。	基层卫生处、医政医管处、家庭发展处、中医药发展处、中医民族医医疗处
11	统筹医疗卫生与养老服务资源布局，重点加强老年病医院、康复医院、护理院、临终关怀机构建设，公立医院资源丰富的地区可根据需求有计划地将部分公立医院转为康复、老年护理等接续性医疗机构。鼓励和支持有条件的地区规划建设集医疗、保健、康复、护理、养老为一体的老年护理院。支持有条件的医院规划建设老年护理机构。	自治区民政厅、卫生计生委、中医药管理局牵头，自治区发展改革委、财政厅、国土资源厅、住房城乡建设厅配合。	规划和信息处、体制改革处、医政医管处、财务处、中医药发展处、中医民族医医疗处
12	推进二级以上综合医院开设老年病科，做好老年慢性病防治和康复护理等工作。	自治区卫生计生委、中医药管理局负责。	医政医管处、疾控处、中医药发展处、中医民族医医疗处
13	提高基层医疗卫生机构康复、护理床位占比，逐步增设老年养护、临终关怀病床。	自治区卫生计生委、中医药管理局负责。	基层卫生处、医政医管处、规划和信息处、中医药发展处、中医民族医医疗处
14	医疗卫生机构要全面落实老年医疗服务优待政策，为老年人特别是高龄、重病、失能及部分失能老年人提供挂号、就诊、转诊、取药、收费、综合诊疗等就医便利服务。	自治区卫生计生委、中医药管理局负责。	医政医管处、基层卫生处、中医药发展处、中医民族医医疗处
15	有条件的医疗卫生机构可以通过多种形式、依法依规开展养老服务。	自治区卫生计生委、民政厅、中医药管理局分别负责。	医政医管处、中医药发展处、中医民族医医疗处

续表

序号	工作任务	负责单位	委内负责处室
16	充分发挥中医药壮瑶医药的预防保健特色优势，把中医药壮瑶医药健康服务全面纳入养老服务业发展战略当中，做大做强中医药壮瑶医药养生长寿健康产业。	自治区中医药管理局牵头，科技厅、民政厅配合。	中医药发展处、中医民族医医疗处
17	依托医疗卫生服务平台，结合我区生态、气候、区位优势和特色资源，按照我区养老服务业综合改革试验区“一核四区”的布局，建设一批集咨询预防、救治诊疗、康复疗养、保健养生等功能于一体的医养结合服务机构，打造老年医养结合服务管理产业链。	自治区发展改革委、民政厅牵头，自治区卫生计生委、人力资源社会保障厅、中医药管理局配合。	规划和信息处、家庭发展处、医政医管处、基层卫生处、中医药发展处、中医民族医医疗处
18	将社会力量举办医养结合机构纳入医疗卫生和养老相关规划，按照“非禁即入”原则，凡符合规划条件和准入资质的，不得以任何理由加以限制。	自治区民政厅、卫生计生委牵头，自治区发展改革委、国土资源厅、住房城乡建设厅、中医药管理局配合。	医政医管处、规划和信息处、中医药发展处、中医民族医医疗处
19	整合审批环节，缩短审批时限，鼓励有条件的地方提供一站式便捷服务。支持社会力量通过特许经营、公建民营、民办公助等模式，举办非营利性医养结合机构。	自治区卫生计生委、民政厅、中医药管理局牵头，自治区发展改革委、财政厅、国土资源厅、住房城乡建设厅配合。	医政医管处、法制处、体制改革处、中医药发展处、中医民族医医疗处、行政审批办
20	支持企业围绕老年人预防保健、医疗卫生、康复护理、生活照料、精神慰藉等需求，积极开发安全有效的食品药品、康复辅具、日常照护、文化娱乐等老年人用品用具和服务产品。	自治区发展改革委、工业和信息化委、科技厅、卫生计生委、民政厅、食品药品监管局、中医药管理局分别负责。	科教处、疾控处、食品安全评估处
21	拓宽市场化融资渠道，探索政府和社会资本合作（PPP）的投融资模式。鼓励和引导各类金融机构创新金融产品和服务方式，加大金融对医养结合领域的支持力度。通过由金融和产业资本共同筹资的健康产业投资基金支持医养结合发展。	自治区财政厅、卫生计生委、广西银监局、国家开发银行广西分行分别负责。	家庭发展处、财务处、规划和信息处
22	用于社会福利事业的彩票公益金要适当支持开展医养结合服务。	财政厅、民政厅分别负责。	
23	积极推进政府购买基本健康养老服务，逐步扩大购买服务范围，完善购买服务内容，实现各类经营主体平等参与。	自治区财政厅、发展改革委、民政厅、卫生计生委分别负责。	家庭发展处、财务处、医政医管处、基层卫生处
24	要在土地利用总体规划和城乡规划中统筹考虑医养结合机构发展需要，做好用地规划布局。对非营利性医养结合机构，可采取划拨方式，优先保障用地；对营利性医养结合机构，应当以租赁、出让等有偿方式保障用地，养老机构设置医疗机构，可将在项目中配套建设医疗服务设施相关要求作为土地出让条件，并明确不得分割转让。依法需招标拍卖挂牌出让土地的，应当采取招标拍卖挂牌出让方式。	国土资源厅、住房城乡建设厅分别负责。	

续表

序号	工作任务	负责单位	委内负责处室
25	积极推动符合条件的养老机构内设的医疗机构，按规定纳入城镇职工基本医疗保险、城镇居民基本医疗保险和新型农村合作医疗定点范围，完善监管机制，为入住的参保老年人提供高效、便捷的医疗服务。探索运用多种结算方式，加快搭建我区与其他省市间的医保异地就医结算平台。	自治区人力资源社会保障厅、卫生计生委牵头，民政厅配合。	医政医管处、基层卫生处、家庭发展处、中医药发展处、中医民族医医疗处
26	按照国家统一部署，建立长期护理保险制度，积极探索多元化的保险筹资模式。允许商业保险机构进一步开发包括长期护理保险在内的多种老年护理保险产品，鼓励老年人投保长期护理商业保险产品，为失能、部分失能老人提供制度保障。	人力资源社会保障厅牵头，自治区财政厅、民政厅、卫生计生委、广西保监局配合。	家庭发展处、医政医管处、财务处
27	建立健全长期照护项目内涵、服务标准以及质量评价等行业规范和体制机制，探索建立从居家、社区到专业机构等比较健全的专业照护服务提供体系。	自治区人力资源社会保障厅、卫生计生委、民政厅分别负责。	医政医管处、基层卫生处、家庭发展处
28	落实好将偏瘫肢体综合训练、认知知觉功能康复训练、日常生活能力评定等医疗康复项目纳入基本医疗保障范围的政策，为失能、部分失能老年人治疗性康复提供相应保障。	自治区人力资源社会保障厅、卫生计生委分别负责。	基层卫生处、医政医管处、
29	扩大医养结合服务领域人才培养规模。做好职称评定、专业技术培训和继续医学教育等方面的制度衔接，同等对待养老机构和医疗卫生机构的医务人员。完善薪酬、职称评定等激励机制，鼓励医护人员到医养结合机构执业。	自治区卫生计生委、人力资源社会保障厅、民政厅分别负责。	人事处、科教处、医政医管处
30	建立医疗卫生机构与医养结合机构人员进修轮训机制。将老年医学、康复、护理人才作为急需紧缺人才纳入卫生计生人员培训规划。	自治区卫生计生委、民政厅、中医药管理局分别负责。	科教处、人事处、医政医管处、中医药发展处、中医民族医医疗处
31	加强专业技能培训，大力推进养老护理员等职业技能鉴定工作。	自治区民政厅、卫生计生委、人力资源社会保障厅分别负责。	科教处、人事处、医政医管处
32	支持高等院校和中等职业学校增设相关专业课程，加快培养老年医学、康复、护理、营养、心理和社会工作等方面专业人才。	自治区教育厅、卫生计生委、中医药管理局分别负责。	科教处、医政医管处、家庭发展处、中医药发展处、中医民族医医疗处
33	充分利用云计算、大数据等技术搭建信息共享平台，实现自治区、市、县、乡四级互联互通，将老年人基本信息档案、电子健康档案、电子病历、医疗保险等数据信息进行整合共享，推动社区养老服务信息平台与区域人口健康信息平台对接，为开展医养结合服务提供信息和技术支撑。	自治区工业和信息化委、民政厅、卫生计生委牵头，自治区发展改革委、人力资源社会保障委、老龄办、中医药管理局配合。	规划和信息处、基层卫生处、中医药发展处、中医民族医医疗处
34	组织医疗机构开展面向养老机构的远程医疗服务。探索基于互联网的医养结合服务新模式，提高服务的便捷性和针对性。	自治区发展改革委、工业和信息化委、民政厅、卫生计生委、中医药管理局分别负责。	医政医管处、中医药发展处、中医民族医医疗处
35	规划建设一批特色鲜明、示范性强的医养结合试点项目。	自治区卫生计生委、民政厅牵头，自治区财政厅、发展改革委、人力资源社会保障厅、工业和信息化委、中医药管理局配合。	家庭发展处、规划和信息处、财务处、体制改革处、医政医管处、中医药发展处、中医民族医医疗处

续表

序号	工作任务	负责单位	委内负责处室
36	做好入住医养结合机构和接受居家医养服务老年人的合法权益保障工作。	自治区老龄办牵头，自治区卫生计生委、民政厅、人力资源社会保障厅配合。	家庭发展处
37	要建立考核评估体系，以落实医养结合政策情况、医养结合服务覆盖率、医疗卫生机构和养老机构无缝对接程度、老年人护理服务质量、老年人满意度等为主要指标，加强绩效考核。加强对医养结合工作的督查，定期通报地方工作进展情况，确保各项政策措施落到实处。	自治区卫生计生委、民政厅牵头，自治区发展改革委、财政厅、人力资源社会保障厅、国土资源厅、住房城乡建设厅、老龄办、中医药管理局配合。	家庭发展处、办公室、规划和信息处、财务处、法制处、体制改革处医政医管处、基层卫生处、综合监督处、科教处、中医药发展处、中医民族医医疗处
38	医养结合工作的宣传、政策解读等工作。	自治区卫生计生委、民政厅、新闻出版广电局、中医药管理局分别负责。	宣传处、家庭发展处、中医药发展处、中医民族医医疗处

海南省人民政府办公厅关于印发海南省养老服务业发展十三五规划的通知

琼府办〔2016〕52号

各市、县、自治县人民政府，省政府直属各单位：

《海南省养老服务业发展“十三五”规划》已经省政府同意，现印发给你们，请认真贯彻执行。

海南省人民政府办公厅

2016年3月7日

海南省养老服务业发展“十三五”规划

为积极应对人口老龄化，加快推进海南省养老服务业发展，努力构建与全面建成小康社会相适应，与海南省经济社会发展“新常态”相协调的养老服务体系，根据《中国老龄事业发展“十三五”规划》、《养老服务体系建设“十三五”规划》和《海南省国民经济和社会发展第十三个五年规划纲要》，制定本规划。

一、发展现状及面临的形势

（一）发展现状。

“十二五”时期，在省委、省政府的正确领导下，在各有关方面共同努力下，我省养老服务业取得了较快发展。

1. 养老服务业发展的政策体系基本建立。“十二五”期间，我省加强了养老服务业政策创制工作。2010年省政府办公厅印发《关于加快推进养老服务体系建设的意见》（琼府办〔2010〕160号），明确了我省养老服务体系建设的目标、任务、要求及保障措施。2011年省政府批准实施《海南省老龄事业发展“十二五”规划》，2012年省政府印发《关于支持社会力量兴办非营利性养老服务机构若干政策的通知》（琼府〔2012〕15号），明确了支持和鼓励社会力量兴办非营利性养老机构的16条优惠政策。2014年5月省人大审议通过《海南省养老机构管理条例》，2014年6月省政府出台《关于加快发展养老服务业的实施意见》（琼府〔2014〕32号），对我省发展养老服务业提供了全方位的政策支撑。

2. 机构养老服务保障能力明显增强。按照“政府主导、社会参与，公办民办并举”的发展思路，支持和鼓励养老服务机构发展，养老机构的数量及床位数大幅度增加，机构养老保障能力明显增强。一是加大公办养老机构建设力度。2011年以来，我省规划建设省、市县中心养老院14个，投入资金5亿多元，建筑面积10万平方米，床位2588张。2010年以来，省委、省政府连续5年将农村敬老院建设纳入为民办实事项目，累计投入建设资金2.35亿元，新建、改（扩）建农村敬老院120所。二是鼓励和支持社会力量兴办养老机构。2012年省政府印发《关于支持社会力量兴办非营利性养老服务机构若干政策的通知》，明确了土地、税收、信贷、财政等16个方面的优惠政策，引导社会力量举办养老服务机构，海口恭和苑、琼海天来泉等一批高端养老服务机构陆续落户海南。截至2015年10月，全省共有各类养老服务机构213家、养老床位数33586张，其中公办养老机构177家、床位数17074张，民办养老服务机构36家、床位数16512张。各类养老机构床位总数比2010年增加28949张，增长624.3%。全省平均每千位老年人拥有养老床位数达到26.7张。三是提高养老机构安全运行水平。对养老机构安全进行经常性检查督察，着力解决各类安全隐患，确保了养老服务机构的安全运行。2015年7月，省民政厅联合省公安消防总队对全省养老机构安全隐患进行了逐一排查，制定了《海南省民政服务机构消防安全隐患排查整改方案》，向18个市县政府下发了整改通知书，下拨农村敬老院消防改造资金900万元。目前，全省农村敬老院消防设施设备配备不足、电路老化失修等问题已基本解决。

3. 大力推进社区居家养老服务。一是建成覆盖全省的居家养老服务网络信息平台。2013年9月，我省社区居家养老服务网络信息平台建成，开通“12349”呼叫热线，在全国率先实现养老服务信息网络全覆盖。3年来，省居家养老服务信息平台大力拓展养老服务加盟商，已在海口、三亚、琼海等市县签约了396家连锁加盟服务商，扩展服务站点260余个，涵盖家政服务、医药配送、维修服务和精神关爱等服务内容，签约自费购买服务老年人7036名，每名签约老年人获赠老年人意外伤害保险1份。二是积极开展社区居家养老服务试点工作。以保障高龄、独居、空巢、失能和低收入老人为重点，借助专业化养老服务组织，形成了提供生活照料、家政服务、康复护理、医疗保健等服务的居家养老服务模式。截至2015年10月，全省18个市县全部开展了社区居家养老服务试点，试点社区数达421个，占全省城镇社区总数78%。享受政府购买服务老年人数1.2万人。海口、三亚、琼海等8个市县实现了主城区社区居家养老服务全覆盖。三是努力提升社区养老服务保障能力。“十二五”期间，全省举办初级养老护理员职业技能鉴定培训班17期，培养初级养老护理员1210名，先后组建养老服务队伍50支，为开展社区居家养老服务工作奠定了坚实基础。同时，加大社区老年人服务设施建设力度，进一步提升城乡社区为老年人服务保障能力，目前全省共有社区卫生服务站108个、老人日间照料中心56个、农村互助幸福院768家。

4. 建立健全老年人优待长效机制。一是完善城镇“三无”和农村五保供养制度。贯彻落实国务院《农村五保供养工作条例》，针对我省农村敬老院建设相对滞后，农村五保集中供养率比较低的特点，各市县结合实际，进一步细化有关规定，形成了当地特困人员供养细则，在五保供养服务机构的规划与建设、服务对象、供养内容、内部管理、人员和经费保障以及相关法律责任等方面进行了明确的规定。截至2015年10月，我省农村五保供养对象集中和分散供养标准分别为每人每月464元和380元。二是统筹建立高龄补贴制度。2006年我省率先在全国建立了百岁以上老年人长寿补贴制度，优待标准为每人每月300元。目前全省共有百周岁以上老年人1936人，省级财政年发放长寿补助金697万元。2014年以来，各市县又相继建立80岁及以上老年人高龄补贴制度。截至目前，全省共有19.02万人享受高龄补贴，2014年全省发放高龄补贴金2.4亿元。三是建立居家养老服务补贴制度。为进一步鼓励老年人接受社区居家养老服务，从2013年起，省财政每年安排216万元居家养老补贴，2014年海口、三亚、儋州、琼海等13个市县建立了居家养老服务补贴制度，财政资金补贴范围由城市“三无”老年人、低保对象老年人起步，逐步向其他老年人拓展。2014年共发放社区居家养老服务补贴资金1239.28万元。

5. 推进医养融合发展。根据我省国际旅游岛建设和现代服务业发展规划的要求，积极推进养老服务与医疗健康服务融合发展，打造具有海南特色的养老服务产业。一是注重政策引领。《海南省养老机构管理条例》、《海南省现代服务业发展规划》、《海南省人民政府关于加快发展养老服务业的实施意见》等法规政策对我省医养融合发展作出了安排和部署，要求200张床位以上的养老服务机构应设立老年病专科医院；200张床位以下的要就近与医疗机构合作建立医疗站、定期为老年人体检、诊疗。二是推动政策的实施。如海口恭和苑、天来泉国际养生社区以及省托老院等条件较好、规模较大的养老机构都设立了老年专科医院，并被纳入医疗保险结账范围；各市县中心养老院、乡镇敬老院等基层养老机构，或内设医疗诊室或与当地医疗机构合作，对在院老年人进行健康检查，开设值班诊室，开展远程诊疗等服务；利用公共医疗机构和养老机构内设医疗机构对老年人进行健康管理，2014年全省健康管理65岁以上老年人46.6万人，健康管理率67.3%，达到国家“十二五”规划老年人健康管理率目标。

“十二五”期间，我省养老服务业发展取得了显著成绩。但与我省人口老龄化的形势要求以及广大老年人的养老服务需求相比，仍存在很大差距。主要表现为：一是养老服务基础设施建设滞后。全省养老服务基础设施建设总体投入不足，城乡社区为老年人服务设施数量少、条件差的问题仍比较突出，特别是老城区和已建成的居住区，养老服务设施难以达到人均用地不少于0.1平方米的标准，还需进一步加大投入力度。二是养老机构结构不合理，高中档次和休闲度假式养老床位较多，介护类和医护型养老床位不足，无法满足本地失能半失能老年人的医疗、康复和照护需求。三是社区居家养老的基础作用未能充分发挥，社区居家养老覆盖面窄，服务内容单一。四是部分市县农村敬老院管理经费不落实，养老服务水平低，导致床位空置率较高。五是养老护理员专业技能培训有待进一步加强。六是部分市县扶持养老服务业发展优惠政策落实不到位等。

（二）面临的形势。

我省于2001年进入人口老龄化社会。截至2014年末，全省户籍人口中60周岁及以上老年人口为125.52万，占户籍人口的13.7%。据省统计局预测，“十三五”时期，我省老年人口将进入一个快速增长期，到2020年，60周岁以上户籍老年人口将达到168万，占户籍人口的16.4%；80周岁以上人口将达到29万，占户籍老年人口的17.3%。人口老龄化加速发展将成为未来一个时期基本的省情特征之一。随着近年来工业化和城镇化的加速推进，大量青壮年劳动人口从农村流入城市，提高了农村实际老龄化程度。老龄化进程与家庭小型化、空巢化相伴随，与经济社会转型期各类矛盾相交织。老年人生活照料、康复护理、医疗保健、精神文化等养老服务需求将急剧增加。同时，云计算、物联网、移动互联网、大数据等信息化技术的快速发展，为优化服务流程、提高服务效率提供了条件，必将推动养老服务模式和管理模式的深刻转变。

二、指导思想、基本原则和总体目标

“十三五”期间海南养老服务将遵循以人为本、政府主导、以市场为主体、以服务本地老年人为主的指导原则，养老服务业发展逐步实现三个转变，即从注重特殊老年人群向全体老年人群的转变，从以中心城区为主向城乡一体均衡发展的转变，从政府为主向社会多方参与和助推产业发展的转变。

（一）指导思想。

全面贯彻党的十八大、十八届三中、四中、五中全会精神和习近平总书记系列重要讲话精神，以邓小平理论、“三个代表”重要思想、科学发展观为指导，以建设国际旅游岛为总抓手，以不断满足老年人日益增长的服务需求为出发点和落脚点，通过体制机制改革和制度政策创新，充分调动市场主体、社会力量提供养老服务的积极性，加快养老事业和产业的发展，积极利用战略机遇期，使发展养老服务业成为积极应对人口老龄化、保障和改善民生的重要举措，成为扩大内需、增加就业、推动经济转型升级的重要力量，使老年人共享社会经济改革与发展的红利。

（二）基本原则。

坚持养老服务业与经济社会协调发展，促进养老服务业健康、有序、持续发展；坚持与国际旅游岛总体定位相协调，把海南养老服务业作为体现海南开放之岛、绿色之岛、文明之岛、和谐之岛的重要窗口；坚持多元发展、合力推动，进一步激发市场活力，形成政府、企业、社会和公民的动力机制；坚持以人为本、服务为先，推进老年人基本公共服务体系建设；坚持城乡统筹、分步实施，加大对农村的政策支持力度，突出重点，促进基本养老服务均衡发展；坚持改革创新，注重体制机制创新和法规制度建设。

“十三五”期间海南省养老服务业发展主要指标

项目	主要指标	2015年	2020年	增长率
机构养老	养老机构床位总数	33586张	43900张	30.7%
	护理型床位数	1500张	4400张	193.3%
	社会力量兴办或经营的养老机构构床位数占比	50.8%	60%	18.1%
社区居家	城市社区居家养老服务覆盖率	78%	100%	28.2%
	农村社区居家养老服务覆盖率	0.89%	30%	3270%
养老服务	养老护理员培训率	87.8%	100%	13.89%
	养老护理员持证上岗率	87.8%	90%以上	2.5%
供养率	农村五保集中供养率	8%	30%	275%
敬老院入住率	农村敬老院入住率	43%	80%	86%

（三）总体目标。

到2020年基本建成以居家为基础、社区为依托、机构为补充的制度完善、规模适度、结构优化、布局合理、监管到位、覆盖城乡的养老服务体系，新增各类养老床位

1.03万张，全省机构养老床位数达到4.39万张，其中，康复护理床位数达到4400张，占机构床位数的10%。加强和改进农村敬老院和公办养老机构管理，进一步提升养老服务保障水平，提高入住率。扶持和培育一批带动力强的龙头企业和大批富有创新活力的中小企业，形成养老服务产业集群。实现养老服务与医疗康复、旅游休闲、文化教育、家庭服务、金融保险等相关领域互动发展，互补互促的养老服务新业态。

三、主要任务

（一）提高基本养老公共服务水平。

1. 统筹养老服务设施规划和建设。立足于国际旅游岛战略定位，统筹谋划养老设施发展布局，编制本省养老服务设施布局专项规划，按照人均用地不少于0.1平方米的标准，根据老年人口数量和服务半径，分区分级规划设置养老服务设施。力争每个市县建设1所以护理为主、床位不低于200张的综合性社会养老服务中心。"十三五"期间，新增各类养老床位1.03万张。

2. 强化公办养老机构服务供给。强化公办保障性养老机构托底保障功能，继续加强托底保障性养老机构建设，不断提高服务保障水平。对城乡"三无"人员、孤老重点优抚对象实行政府供养，对低收入和失独老年人提供低偿的养护服务。有条件的公办养老机构应设置专护区，优先保障政府供养对象中的失能失智老年人和老年残疾人集中养护需求。

3. 健全居家养老服务网络。建立健全市县（区）、乡镇（街道）、村（社区）三级服务网络，城市街道和社区基本实现居家养老服务网络全覆盖；90%以上的乡镇和60%以上的农村社区建立老龄服务设施和站点。进一步完善居家养老服务信息平台建设，研发新的服务功能和信息功能包，完善上门服务质量监控机制。加快居家养老服务网络系统建设，通过政府补助、购买服务、协调指导、评估认证等方式，鼓励社会力量举办社区居家养老服务专业机构和企业，加盟社区居家养老服务网络。支持有条件的社区因地制宜地开设老年人日间照料、助餐配餐、康复保健及健康咨询与心理疏导、结对帮扶等服务项目。

4. 加强农村养老公共服务设施建设。通过改造设施、提升功能，推进已建的农村居家养老服务站、"星光老年之家"转型升级为社区居家养老服务照料中心，农村敬老院转型升级为养老服务中心。在满足农村五保供养对象集中供养需求的前提下，可通过改善设施条件、增强护理功能为其他老年人提供有偿养老服务，使之成为区域性养老服务中心。支持行政村、较大自然村建设互助性养老服务设施。鼓励整合利用农村社区服务中心、党建活动室、医疗卫生机构、文化教育单位等公共资源，增加为老服务功能。

5. 开展家庭照料服务。实施家庭照料者培训项目，依托专业医疗机构、社区内的养老机构、助老服务社等专业社会组织，为照顾老人的家庭成员或家政人员提供培训，提高其专业照护能力。探索建立家庭照顾者支持计划，有条件的市县可给予家庭照顾者适当的照顾补贴。充分发挥社区日间照料中心的作用，鼓励部分床位供给充裕的养老机构提供老年人短期人住床位，为照顾老人的家庭成员提供助理服务、暂托服务（喘息服务）等支持性服务。创新人口迁移政策和出台相关优惠政策，鼓励儿女就近务工居住，巩固家庭成员赡养功能。

6. 建立健全老年人福利制度。健全高龄津贴制度，进一步增强高龄老年人的养老保障能力。鼓励各市县按照机构投保、保险公司运作、政府支持的原则，建立养老机构综合责任保险和老年人意外伤害保险制度，对符合条件的养老机构投保养老机构综合责任险，地方财政要给予一定补贴。为60周岁以上的老年人投保老年人意外伤害险。

7. 推进专业化的养老服务队伍建设。建立完善老年人护理员培训和评价机制，明确老年护理人员职业化、专业化的职业发展路径。推进省托老院、市县中心养老服务实训基地建设，为养老护理员提供岗位培训，对满足条件的参加养老护理职业培训和职业技能鉴定的从业人员给予相关补贴。开展"十佳最美护理员"的评选，营造良好氛围。

（二）充分发挥社会力量主体作用。

1. 加快推进政府购买养老服务。制定购买服务目录和实施办法，创新资金投入方式，提高资金使用效益，支持社会组织参与养老机构和社区养老服务的运营管理。对承接城乡"三无"人员、孤老优抚对象、低收入老年人、失独老年人养老服务的民办养老机构和居家养老服务企业、组织，按规定给予政府购买服务补助。有条件的市县，可将养老服务补助范围扩大到重点优抚对象和中低收入家庭中的失能半失能老人以及空巢、高龄老人。

2. 鼓励社会力量兴办养老机构。抓好重大民办养老服务机构建设。进一步降低门槛、简化手续，落实土地、税费、信贷、购买服务等优惠政策，引导社会力量兴办养老机构。鼓励社会资本通过合作、租赁和购买的方式，对闲置的企业厂房、学校校舍、商业设施等进行改造，用于养老服务。支持国外、境外的企业、非政府组织和个人独资或者合资在我省举办养老机构，并享受同等待遇。进一步加大对养老机构的扶持力度，适当提高建设和运营补贴标准。到2020年，社会力量举办或经营的养老机构床位数占比达到60%以上。

3. 统筹利用各类社会养老资源。加强养老服务与其他社区和公共服务设施的功能衔接，发挥综合效益。盘活闲置的职工疗养院、干部培训中心等存量设施，鼓励其开展养老服务。农村集体所有的部分建设用地和未承包的部分土地、山林、水面、滩涂等，可以作为养老基地，依法开展流转经营，收益供当地老年人养老。建立跨地区养老服务协作机制，鼓励城市支援农村、发达地区支援欠发达地区。

（三）积极推进养老服务与医疗卫生结合发展。

1. 大力促进医养结合。支持养老机构内设医疗机构发展，养老服务床位数达到100张以上的可以内设卫生所、200张以上的可以内设老年病专科医疗机构，制定实施养老机构内设医疗机构设置标准和服务规范，适当增加诊疗护理服务许可项目和用药类别。加强规划引导，统筹设置医疗设施与养老设施，推动老年人医疗护理和生活护理的有机衔接。在建立激励补偿机制的基础上，社区卫生服务机构与所在市县养老机构建立合作机制，为养老机构收住的老年人上门提供基本医疗服务。到2020年底，公办养老机构床位总数中至少有25%将转化为护理床位，养老机构附设护理机构作为本省老年护理院的新类型，鼓励和支持养老机构积极申办，明确其设置标准、服务要求和管理规范。

2. 探索建立长期护理保障制度。逐步提高失能护理床位在社会养老床位总量中的比重，基本满足全省高龄、失能老年人的刚性需求。公办养老机构要发挥托底作用，重点为城乡“三无”老人、低收入老人、失独老人、经济困难的失能、半失能老人提供无偿或低偿的护理服务。建立贫困失能和半失能老年人护理补贴制度，并根据经济社会发展和居民消费水平的变化适时调整补贴标准。探索建立养老护理员特殊岗位补贴制度，切实提高养老护理员工资福利待遇。推行养老护理员职业资格考试认证与人才培训制度，并按规定给予职业培训补贴。

3. 增加老年人护理服务资源供给。鼓励各市县整合和扩增辖区内老年人医疗、康复和护理资源，成立区域老年人护理中心。2020年底，本省老年人护理床位总数按照60岁及以上老年人户籍人口数的0.35%整体规划设置。鼓励社会力量参与举办老年人护理机构。规划新建的老年人护理院，优先考虑由社会资本兴办。

（四）加快推动养老服务的信息化发展。

1. 发展智能化养老服务供给模式。依托已建的居家养老网络服务平台，整合社会养老服务资源，建立标准统一、互联互通、高效便捷的信息化养老服务网络。养老服务信息管理系统实现省、市、县（市、区）三级互联互通。更新技术、提高服务手段，通过信息服务系统，为老年人提供网上和电话预约挂号、家政预约、健康咨询、物品代购、服务缴费等针对性服务项目。全面调查老年人基本现状和养老服务需求，规范收集养老服务行业基础数据；按照“分类建档、分层服务”的原则，为每位老年人建立个人服务需求档案；提供养老服务信息咨询服务，对接老年人服务需求和各类社会主体服务供给。

2. 推广使用高智能化信息技术仪器。重点支持老年人呼叫服务系统建设，推广使用具有紧急救援、自动报警等功能的养老服务信息呼叫终端，充分运用云计算、物联网、移动互联网、大数据等现代信息技术，实现对老年人的主要生命体征等情况进行远程监测，为有服务需求的老年人提供应急呼叫服务。到2020年，高龄老人信息呼叫生命监护终端覆盖率达到40%。

（五）大力推动养老服务业创新发展。

1. 培育发展养老服务产业。重点鼓励开发多功能瘫痪护理病床、医疗床等老年人家用护理设备，智能电动轮椅、智能拐杖、智能助听器与麦克风等老年人辅助器具。开发老年旅游休闲、健康、养生、文化、教育、消费养老、特殊用品等市场，参与养老护理业、社区老年服务业和老龄产业人力资源培训。开发和建设功能配套的养老示范社区，面向国内外市场建立高端的综合性“国际休闲养老专属区”。鼓励、支持举办老年用品展销会，开办养老论坛，培育和发展老年消费市场。着力打造“生态养生”、“民族风情”、“温泉保健”、“休闲度假”等特色养老服务产业园区，吸引省内外、国内外养老服务业知名企业入驻，形成一批产业链长、覆盖领域广、带动就业能力强的养老服务产业集群。

2. 发展健康养老服务。以我省获得“世界长寿岛”称号为契机，实施“世界长寿岛”品牌战略，大力发展养老健康养生服务业，鼓励建设一批具海南特色的现代养老、康复、康体、美体、养生产业群，打造一批有海南特色的康复康体养生项目；探索建立养老健康服务业产学研基地、世界新型医疗与健康组织常驻地和国际论坛。

3. 发展养老养生中医中药康复用品和服务。结合我省南药产地优势，积极开发老年医疗药品、绿色食品、保健药品、海洋产品、医疗康复器材辅具等，充分发挥中医中药在老年预防保健方面的优势作用，挖掘针灸、推拿、按摩、中医康复、中药养生技术，支持中医药公司研发适用于老年人的中医药成品，提高传统医药在老年健康业中的地位。建设海南中医药康复、疗养基地，发展以老年人、急慢性疾病康复期患者为主的健康管理、乐活休闲、康复促进、生活支援、医疗护理等服务，拓展老龄旅游、老龄社区、老龄保险等服务领域。

四、重点项目

“十三五”期间，我省要紧抓发展健康服务产业的机遇，进一步加大公共财政投入，吸引社会资本投入，新建一批养老服务重点项目，优化布局，进一步完善养老服务基础设施，为广大老年人提供更优质的养老服务保障。

（一）改扩建农村敬老院50所。预计投资1亿元，改扩建总规模40000平方米。进一步改善养老服务设施。

(二) 建设150个社区老年人日间照料中心。计划每年建设30个，预计投入3亿元。

(三) 建设250个农村互助幸福院。计划每年建50个，每个投资10万元，预计投入2500万元。

(四) 社会养老服务指导中心项目建设。新建海口市福利院、儋州白马井、东方、保亭等5所社会养老服务指导中心。到2020年末，所有市县（三沙除外）各建成1所拥有床位200张以上的综合性社会养老服务指导中心。为失能、失智老年人提供长期照护服务，项目由市县（区）政府负责规划和建设。

五、保障措施

(一) 加强组织领导。

各级政府应充分认识加强养老服务业发展的意义，将养老服务业发展纳入国民经济和社会发展规划，加强责任考核。进一步加强沟通协调，完善工作机制，形成民政、财政、发展改革和老龄部门牵头，教育、公安消防、卫生计生、国土资源、住房城乡建设、人力资源和社会保障、商务、税务、金融、质检、工商、食品药品监管等部门参与的工作机制，定期梳理养老服务业发展、社会养老服务体系建设情况和存在问题，研究推进加快养老服务业发展和社会养老服务体系建设的相关政策措施，加强对规划实施的督促检查，确保规划落实。充分发挥全省各级政府的组织和协调作用，加强对不同市县、不同项目、不同服务的分类指导工作。

(二) 完善政策法规体系。

坚持问题导向，着力解决影响和制约全省养老服务业发展的突出问题和瓶颈因素，为养老服务业快速健康发展提供政策支撑。适时出台《海南省老年人权益保障条例》、《海南省老年人优待办法》，进一步规范老年人优待政策的施行；制订支持养老服务业发展的土地政策，加快出台我省养老服务设施建设用地指导意见，保障养老服务设施建设用地供应；研究出台困难家庭高龄失能老人养老服务补贴和重度残疾人护理补贴制度，解决特殊困难群体养老服务难题；落实国家对养老服务业发展的各项税收优惠政策和行政性收费减免政策等。

(三) 建立经费保障机制。

建立人口老龄化状况与社会经济发展水平相适应的省级和市县养老服务业投入机制，进一步加大公共财政的投入。探索通过事权的划分和根据区域经济状况，科学建立和完善养老服务业投入机制。建立养老服务业经费增长机制，民政本级彩票公益金和全省各级政府用于社会福利事业的彩票公益金，要将50%以上的资金用于支持发展养老服务业。根据当年户籍老年人口的增量，各市县应从财政预算中足额安排农村敬老院建设和管理资金。积极引导社会资金投入共同发展养老事业，形成民间资本、慈善基金、彩票收益等多元财力投入机制。

(四) 深化体制机制改革。

创新社会养老服务管理体制和运行机制。转变政府职能，减少行政干预，深化事业单位改革，吸引社会力量参与，逐步使社会力量成为养老服务业的主体。营造平等参与、公平竞争的市场环境，满足养老服务多样化、多层次的需求。推进公办养老机构改制工作。研究制定关于推进公办养老机构管理服务体制改革的意见，明确公办养老机构的功能定位、服务对象和改革思路。稳妥开展公办养老机构的改革试点工作，探索转企改制等方式，激发公办养老机构的发展活力和内在动力。在公立资源丰富的地区，鼓励社会资本通过独资、合资、合作、联营、参股、租赁等途径，采取政府和社会资本合作（PPP）等方式，参与医疗、养老设施建设和公立机构改革。创新公办养老机构社会化运营管理，通过品牌连锁运营，或者单项服务外包、专项服务合作等方式推进社会化运营。

(五) 加强市场监管评估。

健全养老服务准入、退出、监管制度，及时查处侵害老年人人身财产权益的违法行为和安全生产责任事故。加快制定覆盖全面、重点突出、结构合理的养老服务地方标准体系，引导各市县按标准组织实施。建立养老服务评估制度，科学确定老年人服务需求类型、照料护理等级和养老服务补贴领取资格，加快实现养老服务评估科学化、常态化和专业化。所有政府补助的服务项目和补助对象都必须进行服务质量和养老需求评估。建立和完善养老服务业监测统计制度。

(六) 加强督促检查。

各市县、各部门要加强工作绩效考核，确保责任到位、任务落实。各市县政府要根据本规划，结合实际抓紧本市县养老服务业发展规划。明确市县政府在养老服务业发展中的主体责任和任务目标，建立区域养老服务考核评价指标体系，将保障基本养老服务纳入政府绩效考核，将整合区域养老服务资源、满足多样化养老服务需求纳入社会评价体系。省发展改革委、省民政厅和省老龄办要加强对本规划执行情况的监督检查，及时向省政府报告，由省政府适时组织专项督查。

建立养老服务业指标评估体系，采取自查、督查、社会第三方评估并举的方式，开展年度和规划中期评估检查，做到公平公正公开，并向社会公布评估结果及报告，鼓励表扬成绩突出的先进单位和个人。

附件：海南省养老服务业“十三五”建设项目表

附件 1

海南省养老服务业“十三五”建设项目表

单位：万元

序号	项目名称	项目业主	建设内容和规模	建设地点	建设年限	总投资	预计到2015年底完成投资	“十三五”计划投资	进展情况	预计开工时间	预计完工时间	项目效益	项目提出主要依据	备注
1	农村敬老院改扩建项目	省民政厅救助局	改扩建50所农村敬老院，总面积40000平方米	全省	5年	10000		10000		2016年	2020年	进一步改善养老服务设施。	上世纪80年代建设，年久失修，急需改建	
2	社区老年人日间照料中心项目	省民政厅老龄办	在全省建设150个社区老年人日间照料中心	全省	5年	30000		30000	每年建设30个	2016年	2020年	加强社区养老服务业建设。	根据国家发展改革委、民政部中央预算内投资支持社会养老服务体系建设开展项目申报	
3	农村互助幸福院项目	省民政厅	建设250个农村互助幸福院，每个投资10万元	全省	5年	2500		2500	每年建50个			进一步解决农村老人，特别是留守、独居老人生活和养老问题。	接续项目，省财政预算内投资支持社会养老服务体系建设开展项目申报	
4	市县（区）社会养老服务指导中心项目	民政厅	新建海口市福利院、儋州白马井、东方、保亭等5所社会养老服务指导中心	海口、儋州、东方、保亭等市县	5年				项目由市县（区）政府负责规划和建设			实现到2020年末，所有市县（三沙除外）各建成1所拥有床位200张以上的综合性社会养老服务指导中心。为失能、失智老年人提供长期照顾服务。	根据国家发展改革委、民政部中央预算内投资支持社会养老服务体系建设开展项目申报	
5	海口市养老服务指导中心项目（市社会福利院整体改造工程）	海口市民政局	建设1幢8层的养老服务指导中心大楼及配套设施。内设600张养老床位，医疗中心、图书阅览、老年活动中心和老年学校等	海口市	5年	10000		10000	项目规划、项目选址	2017年	2020年	满足日益增长的老年人养老服务需求，促进社会和谐稳定。	《海南省人民政府关于加快发展养老服务业的实施意见》（琼府办〔2014〕32号）	

续表

序号	项目名称	项目业主	建设内容和规模	建设地点	建设年限	总投资	预计到2015年底完成投资	“十三五”计划投资	进展情况	预计开工时间	预计完工时间	项目效益	项目提出主要依据	备注
6	儋州市白马井福利中心项目	儋州市民政局	建设综合大楼、养老院、儿童福利院、疗养院、食堂、活动场所、绿化带等	儋州市白马井镇	5年	5250		5250	项目规划、项目选址	2016年	2020年	满足日益增长的老年人养老服务需求，促进社会和谐稳定。	《海南省人民政府关于加快发展养老服务业的实施意见》（琼府办〔2014〕32号）	
7	保亭黎族苗族自治县中心养老服务机构项目	保亭黎族苗族自治县民政局	建设综合大楼、养老院、疗养院、食堂、活动场所、绿化带等，内设200张养老床位	保亭黎族苗族自治县	5年	3500		3500	项目规划、项目选址	2017年	2019年	满足日益增长的老年人养老服务需求，促进社会和谐稳定。	《海南省人民政府关于加快发展养老服务业的实施意见》（琼府办〔2014〕32号）	
8	东方市养老服务指导中心项目	东方市政府	总面积99亩，总投资16197.67万元(1.62亿)。中央支持资金9720万元，省级资助3888万，市财政配套资金2592万元	东方市	5年	16200	996	15204	已完成建议书批复、项目选址意见、初步设计图、概算的编制及可研批复，并通过专家评审一次。99亩建设用地的四周范围已砌墙，土地性质改变审批正在办理中	2017年	2021年	项目建成后，将有效缓解东方市老年人养老问题。	已列入东方市民政事业发展“十三五”规划	
9	三亚市老年服务中心	三亚市民政局	建设一个拥有标准套间、单人间、双人间，可容纳1000位老人的新型养老服务机构，为老年人提供生活照料、医疗护理、精神慰籍、体育健身、文化娱乐等全方位的保障，努力打造成为一流的养老服务基地	三亚市	5年	12500		12500	项目规划、项目选址	2018年	2023年	满足日益增长的老年人养老服务需求，促进社会和谐稳定。	已列入三亚市民政事业发展“十三五”规划	
合计	89950													

海南省人民政府办公厅关于印发海南省推进医疗卫生与养老服务结合发展实施意见的通知

琼府办〔2016〕277号

各市、县、自治县人民政府，省政府直属各单位：

《海南省推进医疗卫生与养老服务结合发展的实施意见》已经省政府同意，现印发给你们，请认真贯彻执行。

海南省人民政府办公厅

2016年11月7日

海南省推进医疗卫生与养老服务结合发展的实施意见

为科学统筹养老和卫生两方面资源，推进医疗卫生资源进养老机构、进社区、进家庭，更好地满足广大老年人的医疗服务需求，提升老年人的生活质量，根据《国务院办公厅转发卫生计生委等部门关于推进医疗卫生与养老服务相结合指导意见的通知》（国办发〔2015〕84号）要求，结合我省实际，制定本实施意见。

一、指导思想

全面贯彻党的十八大及其全会和习近平总书记系列重要讲话精神，立足我省人口老龄化的客观实际，坚持“保障基本、统筹发展、政府引导、市场驱动，深化改革、创新机制、资源共享、优势互补”的原则，把保障老年人基本健康养老需求放在首位，按照“以居家养老为基础，以社区养老为依托，以机构养老为补充”的思路，通过促进医疗卫生与养老服务的紧密对接和资源整合，激发各类服务主体的潜力和活力，健全医疗卫生与养老服务相结合的体制机制，推动医养融合发展，满足老年群众多层次、多样化的健康养老服务需求，保障人人享有适宜的、综合的、连续的健康养老服务，实现老有所养、病有所医，切实提高医疗卫生和养老机构的服务水平。

二、基本原则

（一）保障基本，统筹发展。把保障老年人基本健康养老需求放在首位，对有需求的失能、部分失能老年人，以机构为依托，做好康复护理服务，着力保障特殊困难老年人的健康养老服务需求；对多数老年人，以社区和居家养老为主，通过医养有机融合，确保人人享有基本健康养老服务。推动普遍性服务和个性化服务协同发展，满足多层次、多样化的健康养老需求。

（二）政府引导，市场驱动。发挥政府在制定规划、出台政策、引导投入、规范市场、营造环境等方面的引导作用，统筹各方资源，推动形成互利共赢的发展格局。充分发挥市场在资源配置中的决定性作用，营造平等参与、公平竞争的市场环境，充分调动社会力量的积极性和创造性。

（三）深化改革，创新机制。加快政府职能转变，创新服务供给和资金保障方式，积极推进政府购买服务，激发各类服务主体潜力和活力，提高医养结合服务水平和效率。加强部门协作，提升政策引导、服务监管等工作的系统性和协同性，促进行业融合发展。

（四）资源共享，优势互补。加强养老机构与医疗机构的衔接，实现养老和医疗康复资源共享，提高资源的使用效益。依托城乡社区和基层医疗卫生信息服务平台，实现服务对象信息、健康信息和服务信息共享。加强养老机构和医疗机构的合作，完善养老和医疗机构的医养结合功能。

三、总体目标

到2017年年底，初步建成一批兼具医疗卫生、养老服务资质和能力的医疗卫生机构或养老机构（以下统称医养结合机构），实现医疗和养老资源的有效融合。建立健全养老机构与社区卫生服务中心（包括乡镇卫生院，下同）或其他医疗机构签约服务机制，50%以上的养老机构能够以不同形式为入住老年人提供医疗卫生服务；80%以上的医疗机构开设为老年人提供优先挂号、优先就医、康复护理等便利服务的绿色通道；逐步提升基层医疗机构为居家老年人提供上门服务的能力，65岁以上老年人健康管理率达到65%以上。

到2020年，全面建成以居家为基础、社区为依托、机构为支撑，功能完善、规模适度、覆盖城乡的养老服务体系。全省老年医疗机构基础设施和服务网络更加合理完善，所有医疗机构开设为老年人提供优先挂号、优先就医、康复护理等便利服务的绿色通道。基层医疗机构为居家老年人提供上门服务的能力明显提升，65岁以上老年人健康管理率达到75%以上，老年医疗护理人才培养机制健全，人才队伍得到保障。各类养老服务机构医疗服务功能更加完善，与医疗机构合作更加紧密，医养融合模式更加成熟，医疗护理水平逐步提高。养老机构与社区卫生服务中心或其他医疗机构签约服务机制更加成熟，所有养老机构能够以不同形式为入住老年人提供医疗卫生服务，基本适应老年人健康养老服务需求。

四、主要任务

（一）加强医疗卫生与养老服务结合发展。各市县要整合基层医疗卫生资源，为社区养老提供支持服务。支持部分闲置床位较多的一、二级医院和专科医院发挥专业技术和人才优势，转型为老年人护理院。引导部分乡镇卫生院设立养护型老年医疗护理服务特色科室，开设护理型床位或病区。基层社区卫生服务中心做好健康养老基本公共卫生服务项目，实现基层医疗卫生机构与社区养老服务机构无缝对接。对辖区内的机构养老、居家养老的老年人建立健康档案，到2020年，能够对60岁以上失独、75%以上的65岁以上老年人提供免费体检。免费提供国家基本公共卫生服务范畴内的老年人保健，为行动不便的老年人提供上门诊视、家庭病床等有偿服务。推动家庭医生签约责任制，大力发展家庭医生、家庭护士、家庭护理人员队伍，积极开展对社区居家老年人、慢性病人、残疾病人进行家庭签约服务，实现社区家庭医生、家庭护理人员为老年人、慢性病人、残疾病人提供连续性的健康管理服务和医疗服务。鼓励采用政府购买服务或服务补贴等形式，对低收入的高龄、失能、半失能老年人以及计划生育特殊家庭中行动不便或确有困难的老年人提供上门医疗、家庭病床等医疗服务。各医疗卫生机构应当为老年人提供优先、优待服务，包括优先挂号、就诊、交费、取药等。有条件的二级以上综合医院应开设老年病科，增加老年病床数量，提供老年慢性病防治、康复、长期护理和临终关怀等服务。

（二）支持有条件的养老机构内设医疗机构。加强规划引导，统筹设置医疗设施与养老设施，推动老年人医疗护理和生活护理的有机衔接。卫生计生部门协调民政部门制定实施养老机构内设医疗机构的设置标准和服务规范，适当增加诊疗护理服务许可项目和用药类别。按照“卫生计生准入、民政扶持、医保定点”的方式，支持200张床位以上规模的养老机构申请开办老年病医院、康复医院、护理院、中医院、临终关怀机构等；养老机构养老服务床位数达到100张以上的内设卫生所；对不具备设置条件的养老机构，依据规模和实际需求，内设医务室、护理室等。到2020年年底，公办、民办养老机构床位总数中力争不少于25%为护理床位，养老机构附设护理机构作为本省老年护理院的新类型。

（三）完善医疗机构与养老机构合作机制。进一步加强养老机构与医疗机构的合作，加大对养老机构医疗卫生服务的支持力度。鼓励有条件的综合医院和社区卫生服务中心按照有关规定就近在符合条件的养老机构内设医务室。鼓励引导省内力量雄厚的大型医院与基层医疗机构、医养结合机构通过组成医疗服务共同体等方式建立远程医疗会诊合作关系，推动远程医学影像、远程监护、远程会诊等医疗服务。健全完善省内远程医疗平台，扩大远程医疗服务平台的覆盖范围，向乡镇卫生院、各类养老机构和社区延伸，拓展更多的医疗服务功能。推动二级以上医院与老年病医院、老年护理院、康复疗养机构等之间的转诊与合作。完善养老机构与医疗机构业务协作网络。养老机构要与周边医院、基层医疗卫生机构建立急救、转诊等合作机制，鼓励以签约合作的形式确定与医疗机构（优先与已纳入城乡基本医疗保险定点管理范围的医疗机构签约）的服务项目、服务方式，以及责任与义务等事项，为养老机构开通预约就诊绿色通道，为入住老年人提供医疗巡诊、健康管理、保健咨询、预约就诊、急诊急救、中医养生保健等服务，缓解老年医疗护理供需矛盾。在建立激励补偿机制的基础上，为养老机构收住的老年人上门提供基本医疗服务。允许公立医疗机构在保证基本医疗的前提下开设养老机构和护理机构等，增加全社会健康养老服务供应量。

（四）加快建设为老年人服务的专业医疗机构。加快发展为老年人服务的专业医疗机构，重点加强老年病医院、康复医院、护理院、临终关怀机构建设。合理规划布局，逐步形成涵盖老年病医院、康复医院和综合医院老年病科等在内的多层次健康养老服务体系，有条件的医疗机构可通过多种形式、依法依规开展养老服务。在充分利用现有医疗资源基础上，逐步形成有梯度的老年医疗护理体系；充分发挥社区卫生服务中心等基层医疗机构的作用，积极开展机构护理、社区护理、居家护理等服务。支持企业围绕老年人预防保健、医疗卫生、康复护理、生活照料、精神慰藉等需求，积极开发安全有效的食品药品、康复辅具、日常照护、文化娱乐等老年人用品用具和服务产品。

（五）支持社会力量兴办医养结合机构。支持社会力量针对老年人健康养老需求，通过市场化运作方式，开办医养结合机构。支持社会力量通过特许经营、公建民营、民办公助等模式，举办非营利性医养结合机构。按照逐步开放、风险可控的原则，在符合区域医疗机构设置规划和进行外资投资风险评估的基础上，逐步放宽中外合资、合作办医养结合机构条件。依照有关规定允许外资设立非营利性医养结合机构，提供基本医疗卫生养老服务。围绕生态岛、健康岛、长寿岛建设，坚持“创新、协调、绿色、开放、共享”五大发展理念，充分发挥海南世界长寿岛的优势，调动社会力量，大力发展养老健康服务业，建设一批具有海南特色的现代养老、康复、康体、美体、养生产业群，打造一批有海南特色的医养结合机构。力争到2020年，全省机构养老床位数达到4万张以上（内含康复护理床位），使健康养老服务产业成为推动经济社会发展的重要力量。

（六）充分发挥中医药在健康养老中的作用。鼓励新建以中医药健康养老为特色的护理院、疗养院，健全中医医院老年病科，增加老年病床位，提供形式多样、内容丰富的中医药健康养老服务。鼓励中医医院采取自建、托管或与养老机构开展技术协作等多种形式，探索中医药与养老服务相结合的模式。支持二级以上中医医院设立老年病科，开展老年病、慢性病中医药防治工作，并与老年病医院、老年护理院、康复疗养机构加强转诊与合作。鼓励有条件的养老机构设置以老年病、慢性病防治为主的中医诊室，在养老机构开展融合中医药健康管理理念的老年人医疗、护理、养生、康复服务。支持社区卫生服务中心开展中医药健康养老服务，鼓励有条件的中医医院与老年人家庭签订医疗契约服务关系，发展社区和居家中医药健康养老服务。结合我省南药产地优势，积极开发老年医疗药品、绿色食品、保健药品、海洋产品等，充分发挥中医中药在老年病预防保健方面的优势作用，挖掘针灸、推拿、按摩、中医康复、中药养生技术，支持中医药公司研发适用于老年人的中医药成品，提高传统医药在老年健康业中的地位。力争到2020年，全省综合性医院、80%的养老机构、所有的乡镇卫生院和社区卫生服务机构能够提供中医药服务。

（七）加强医养结合人才队伍建设。研究制定养老机构医护人员的定向培养、合作培养和针对性培养政策，不断加强医养结合发展的人才保障。养老机构医护人员纳入卫生计生部门统一管理。完善薪酬、职称评定等激励机制，鼓励医护人员到医养结合机构执业。建立医养结合人才队伍的轮训机制，将老年医学、康复、护理人才作为急需紧缺人才纳入卫生计生人员培训规划。加强专业技能培训，推进养老护理员等职业技能鉴定工作。支持医学类高等学校和中等医学职业学校增设相关专业课程，加快培养老年医学、康复、护理、营养、心理和社会工作等方面专业人才。

（八）健全照护保障体系。探索建立全方位、多层次长期照护保障体系。进一步开发包括长期商业护理保险在内的多种老年护理保险产品，鼓励有条件的地方探索建立长期护理保险制度，积极探索多元化的保险筹资模式，保障老年人长期护理服务需求。建立健全长期照护项目内涵、服务标准，以及质量评价等行业规范和体制机制，探索建立从家居、社区到专业机构等比较健全的专业照护服务体系。落实好将偏瘫肢体综合训练、认知知觉功能康复训练、日常生活能力评定等医疗康复项目纳入基本医疗保障范围的政策。

（九）强化信息服务。充分利用社区老年人基本信息档案、电子健康档案、电子病历等，推动社区养老服务信息平台与区域人口健康信息平台对接，整合信息资源，实现信息共享，为开展医养结合服务提供信息和技术支撑。组织有条件的医疗机构开展面向养老机构的远程医疗服务。以居民健康卡、社会保障卡作为医养结合金融信息服务的有机载体，推进养老保险金、高龄津贴、失能补贴、特困老人生活补贴、抚恤优待金等社会保障性资金的领取实行“一卡通”；实现老年人就医、购药、医疗项目记录、医疗处方记录、实时医疗费用联网结算在线服务功能，节省社会投资，提高工作效率，推动“医养结合”信息化、社会化服务。

（十）建立医疗护理和养老服务转接评估机制，加强出入院评估标准管理。从事医养结合服务的医疗机构、养老机构要建立评估机制，由内设的评估小组对出入院前后的老年人进行医疗护理、生活护理评估，给出评估意见，并形成完整的文书档案。

五、政策扶持

（一）医疗保险政策支持。医养结合机构符合城镇职工（居民）基本医疗保险和新型农村合作医疗定点条件的，可按照医保有关政策规定申请纳入医保定点医疗机构协议管理范围。社会保险经办机构要优先纳入医保定点医疗机构管理范围。医养结合机构执行与同级公立医疗机构相同的报销政策。探索建立将养老机构全护理型床位和家庭病床纳入医保报销制度。

（二）社会办医政策支持。社会力量兴办医养结合机构属社会办医范畴，要按照国务院和本省关于支持和引导社会办医放宽准入条件、拓宽投融资渠道、促进医疗资源和信息共享、优化和改善社会办医执业环境等相关规定，享受政策扶持。

（三）医疗机构内设养老机构政策支持。医疗机构面向老年人开展集中居住和照料服务的，申请养老机构设置许可，民政部门依法优先予以审核审批。经民政部门审查符合养老机构设立条件的医养结合机构新增养老床位，可享受现行的养老扶持政策。基层医疗机构和二级医院内设养老机构符合条件的，享受养老机构相关建设补贴、运营补贴和其他政策补贴。

（四）人才激励政策支持。开展医养结合服务的医疗机构，加强护理人员养老护理职业技能培训和职业技能鉴定，符合国家和本省有关规定的，享受培训和鉴定补贴。在养老机构内设医疗机构服务具有执业资格的医护人员，在职称评聘、专业技术培训和继续医学教育等方面，享有与医疗机构医护人员同等待遇。

（五）投融资和财税价格政策支持。有条件的市县可通过由金融和产业资本共同筹资的健康产业投资基金支持医养结合发展。积极推进政府购买基本健康养老服务，逐步扩大购买服务范围，完善购买服务内容，实现各类经营主体平等参与。用于社会福利事业的彩票公益金要适当支持开展医养结合服务。

（六）规划布局和用地供给政策支持。卫生计生部门要完善医疗机构设置规划，支持有条件的养老机构开设医疗机构，把医养结合机构纳入医疗机构设置规划和区域卫生规划，优先予以审核审批。全省各级政府要在土地利用规划、城乡规划和《海南省总体规划》中统筹考虑医养结合机构发展需要，做好用地规划布局。对非营利性医养结合机构，可采取划拨方式优先保障用地；对营利性医养结合机构，应以租赁、出让等有偿方式保障用地，养老机构设置医疗机构，可将在项目中配套建设医疗服务设施相关要求作为土地出让条件，并明确不得分割转让。依法需招标拍卖挂牌出让土地的，采取招标拍卖挂牌出让方式。

六、组织实施

（一）加强组织领导。各市县政府要从尊老敬老、保障民生、促进社会和谐、拉动产业发展的高度，充分认识发展医养结合的重要意义，把推进医养结合工作摆在重要位置，纳入深化医药卫生体制改革和促进养老、健康服务业发展的总体部署，及时制定出台推进医养结合的政策措施、规划制度和实施方案。有关部门要加强协同配合，落实和完善相关优惠扶持政策，共同支持医养结合发展。要切实建立政府主导、部门协作的领导机制，加强组织领导，落实相关部门的工作职责，把医养结合作为发展养老服务业的重要内容抓实、抓好、抓出成效。

（二）明确相关部门工作职责。发展改革部门要将推动医疗卫生与养老服务相结合纳入国民经济和社会发展规划。卫生计生部门要摸清医疗卫生机构需进行医养结合的底数，统筹医疗卫生与养老服务资源，加强老年病医院、康复医院、护理院、临终关怀机构建设，做好医疗卫生机构需开设老年科、基层医疗卫生机构设立老年养护和临终关怀病床的工作，指导医疗卫生机构与养老机构进行合作，推动医疗卫生机构开展医养结合服务，推进医养结合服务社区化。负责做好养老机构内设医疗机构医疗执业活动的日常监管和医务人员培训，提高医务人员诊疗康复服务能力。民政部门要摸清辖区养老机构需内设医疗机构或需与卫生医疗机构合作的底数，把医养结合纳入到社会养老服务体系发展规划中，做好养老机构内设医疗机构的规划、建设及管理工作，指导养老机构与周边的医疗卫生机构进行合作，积极推动养老机构开展医养结合服务。财政部门要落实相关投入政策，积极支持医养结合发展。社会保险经办机构要按规定将符合条件的医养结合机构纳入城乡基本医疗保险定点医疗机构协议范围，将符合规定的居家老年人提供的医疗和护理服务项目医疗费用纳入医保支付范围。不断完善符合医养结合机构特点的医保协议内容，加强监督管理，及时查处违规行为，支持养老服务人才的教育培训。国土资源部门要切实保障医养结合机构的土地供应。城乡规划主管部门要统筹规划医养结合机构的用地布局。老龄工作部门要做好入住医养结合机构和接受居家医养服务老年人的合法权益保障工作。中医药管理局要完善制定中医药方面的老年服务标准规范并加强监管，加强中医药适宜技术和服务产品推广，加强中医药健康养老的人才培养，做好中医药健康养老工作。卫生计生、民政和发展改革部门要做好养老机构和医疗卫生机构建设规划衔接，加强在规划、审批、信息资源共享等环节的合作，制定完善医养结合机构及为居家老年人提供医疗卫生和养老服务的标准规范并加强监管。

（三）抓好试点示范。确定海口市、三亚市、儋州市作为首批试点示范市，规划建设一批特色鲜明、示范性强的医养结合试点项目。其他市县要积极探索促进医养结合的有效形式，选择有条件、有代表性的1至2家养老机构和医疗卫生机构作为首批开展医养结合试点单位，积累经验、逐步推开。省卫生计生、民政和人力资源社会保障部门要密切协调，共同筛选并确定一批全省医养结合机构试点名单，通过政策扶持和资金补助支持其开展试点，适时总结经验并向全省推广。同时，省卫生计生、民政部门要会同相关部门密切跟踪各地工作进展，帮助解决试点中的重大问题，及时总结推广好的经验和做法，完善相关政策措施。

（四）加强考核督查。各市县政府、各有关部门要建立以落实医养结合政策情况、医养结合服务覆盖率、医疗卫生机构和养老机构无缝对接程度、老年人护理服务质量、老年人满意度等为主要指标的考核评估体系，作为各级政府的绩效考核依据，确保如期完成工作目标。省卫生计生、民政部门要会同相关部门加强对医养结合工作的督查，定期通报各市县工作进展情况，确保各项政策措施落实。

重庆市人民政府办公厅转发市卫生计生委等部门关于推进医疗卫生与养老服务相结合实施意见的通知

渝府办发〔2016〕153号

各区县（自治县）人民政府，市政府各部门，有关单位：

市卫生计生委、市民政局、市发展改革委、市财政局、市城乡建委、市人力社保局、市国土房管局、市规划局、市老龄委办《关于推进医疗卫生与养老服务相结合的实施意见》已经市政府同意，现转发给你们，请认真贯彻执行。

重庆市人民政府办公厅
2016年8月8日

关于推进医疗卫生与养老服务相结合的实施意见

市卫生计生委 市民政局 市发展改革委 市财政局 市城乡建委
市人力社保局 市国土房管局 市规划局 市老龄委办

为贯彻落实《国务院办公厅转发卫生计生委等部门关于推进医疗卫生与养老服务相结合指导意见的通知》（国办发〔2015〕84号）精神，结合我市实际，现提出以下实施意见。

一、充分认识推进医疗卫生与养老服务相结合的重要性

当前，重庆市正处于人口老龄化快速发展期。截至2015年底，60岁及以上户籍老年人口677.41万，占总人口的20.09%，80岁以上高龄老年人占老年人口13.76%，失能、部分失能老年人占老年人口8.86%。随着老龄化速度加快，老年人健康问题日益突出，目前有限的医疗卫生和养老服务资源以及彼此相对独立的服务体系远远不能满足老年人健康养老需求，迫切需要为老年人提供医疗卫生与养老服务相结合（以下简称医养结合）的服务。推进医养结合，是积极应对人口老龄化的长久之计，是实现健康老龄化的重要途径，有利于满足人民群众日益增长的多层次、多样化健康养老服务需求，对持续改善民生、推动经济结构战略调整、全面深化改革、落实“四个全面”战略布局具有重要意义。

二、总体思路和发展目标

（一）总体思路。

把保障老年人基本健康养老需求放在首位，结合五大功能区域发展战略实施，通过政府引导，发挥民政养老、卫生计生医疗服务、人力社保社会保险合力作用，统筹各部门职能，深度整合已有医疗卫生和养老资源，充分调动社会力量积极参与，推进医疗卫生与养老服务深度融合发展。对有需求的失能、部分失能老年人，以机构为依托，做好康复护理服务，着力保障特殊困难老年人的健康养老服务需求；对多数老年人，以社区和居家养老为主，通过医疗卫生与养老服务有机融合，确保人人享有基本健康养老服务。

（二）发展目标。

到2017年，医养结合政策体系、标准规范和管理制度初步建立，符合需求的专业化医养结合人才培养制度基本形成，建成一批兼具医疗卫生和养老服务资质及能力的医疗卫生机构或养老机构（以下统称医养结合机构），逐步提升基层医疗卫生机构为居家老年人提供上门服务的能力，80%以上的医疗机构开设为老年人提供挂号、就医等便利服务的绿色通道，50%以上的养老机构能够以不同形式为入住老年人提供医疗卫生服务，康复、护理型养老床位占比明显提高，老年人健康养老服务可及性明显提升。

到2020年，符合我市市情的医养结合体制机制和政策法规体系基本建立，医疗卫生和养老服务资源实现有序共享，覆盖城乡、规模适宜、功能合理、综合连续的医养结合服务网络基本形成，基层医疗卫生机构为居家老年人提供上门服务的能力明显提升，65岁以上老年人健康管理率达到70%以上，所有医疗机构开设为老年人提供挂号、就医等便利服务的绿色通道，所有养老机构能够以不同形式为入住老年人提供医疗卫生服务，基本适应老年人健康养老服务需求。

三、重点任务

（三）不断健全医疗卫生机构与养老机构合作机制。

建立健全长效合作机制。医疗卫生机构与养老机构通过协议合作、转诊合作、对口支援、合作共建、建立医疗养老联合体等多种方式进行合作。鼓励养老机构与周边医疗机构签约、医疗机构到养老机构设立医疗点等多种方式开展协议合作。推动二级以上医院与老年病医院、老年护理院、康复疗养机构开展转诊合作。鼓励二级以上综合医院（含中医医院）与养老机构开展对口支援、合作共建。通过建设医疗养老联合体，使专业医疗机构提供的专业护理与养老机构提供的院内护理实现有机融合。

逐步规范完善合作内容。医疗卫生机构为养老机构开通预约就诊绿色通道，为老年人提供医疗巡诊、健康管理、保健咨询、预约就诊、急诊急救、中医养生保健等服务，确保老年人能够得到及时有效的医疗救治。通过整合医疗、康复、养老和护理资源，为老年人提供治疗期住院、康复期护理、稳定期生活照料以及临终关怀一体化的健康养老服务。养老机构内设的具备条件的医疗机构可以作为医院（含中医医院）收治老年人的后期康复护理场所。

统筹医疗养老设施布局。立足五大功能区定位，合理布局养老机构与老年病医院、康复医院、护理院，临近设置养老机构与医疗机构，促进区县（自治县）医疗养老机构特色发展、差异发展，实现区域优势互补，形成规模适宜、功能互补、安全便捷的健康养老服务网络。

（四）大力支持养老机构开展医疗服务。

在机构设置上予以支持。养老机构可根据服务需求和自身能力，按相关规定申请开办老年病医院、康复医院、护理院、中医医院、临终关怀机构等，也可内设门诊部、医务室或护理站，提高养老机构提供基本医疗服务的能力。卫生计生行政部门对符合条件的养老机构内设医疗机构按照有关规定发放医疗机构执业许可。

在能力建设上予以支持。卫生计生行政部门要加大政策支持和技术指导力度，加强对养老机构内设医疗卫生机构类别、诊疗科目、床位等审核、管理和监督指导，确保其执业范围与服务能力相适应，按照核准的诊疗科目和技术准入范围依法依规开展医疗卫生服务。

在队伍建设上予以支持。鼓励执业医师到养老机构设置的医疗机构多点执业，支持有相关专业特长的医师及专业人员在养老机构规范开展疾病预防、营养、中医调理养生等非诊疗行为的健康服务，支持养老机构的医护人员到医疗机构进修、培训。

（五）积极推动医疗卫生机构与养老服务融合发展。

逐步完善健康养老服务制度。制定老年病医院基本标准，逐步建立老年人入住医养结合机构健康评估制度，完善居家、社区、机构健康养老服务内容，进一步推进医养结合服务标准化、规范化建设，切实加大监管力度，促进医养结合工作健康稳定发展。

稳步推进医疗机构与养老服务融合发展。支持社区卫生服务中心、乡镇卫生院和其他一级医院加强护理、康复能力建设，鼓励其根据服务需求增设老年养护、临终关怀病床，收治需要照护的失能、部分失能老人；有条件的二级及以上综合医院要开设老年病科，做好老年病、慢性病防治和康复护理；加强老年病医院、康复医院、护理院、临终关怀病床建设，结合资源配置情况和实际需求，公立医院资源丰富的地区可积极稳妥地将部分公立医院转型为康复、老年护理等接续性医疗机构，主要接收失能、失智、重病老人。

全面发展中医健康养老。将中医治未病理念、中医药养生保健、中医药康复医疗融入健康养老全过程，发挥中医药在老年疾病预防、康复、养生等方面的作用，提升老年人身心健康和生活质量。在二级以上中医医院开设老年病科和“治未病”科，开展老年病、慢性病和康复护理服务。社区卫生服务中心、乡镇卫生院中医馆开展中医健康养老，提供中医药综合服务。以打造养生示范基地为载体，不断探索中医药特色养生、养老新模式。

认真落实敬老优待政策。全市各级各类医疗卫生机构认真落实为老年人提供优先挂号、优先就诊、优先取药、优先住院服务。通过完善挂号、诊疗系统管理，为特殊老年人（危重病、失能、无监护人）开设专用窗口或者快速通道，并提供相应导医服务。在转诊、会诊、综合治疗等方面为老年人提供便利条件。提倡为老年人开展多种形式的义诊。加强慢性病、老年病等方面的健康教育以及急救处理等技能的培训。

（六）着力推进社区和居家医养结合发展。

推进基层医疗卫生机构与社区养老机构合作。鼓励基层医疗卫生机构与社区养老机构签约，结合自身服务能力和资源配置情况，为入住社区养老机构的老年人开展巡诊、健康教育、定期体检、慢性病管理、健康管理等基本医疗和基本公共卫生服务，实现基层医疗卫生机构与社区养老服务机构的无缝对接。通过基层医疗卫生机构与社区养老机构合作，满足老年人生活照顾、家政服务、心理咨询、康复服务、紧急救援等健康养老服务需求。

推进社区健康养老服务。依托社区卫生服务中心、乡镇卫生院，结合基本公共卫生服务的开展，对辖区内养老机构、社区及居家养老的65岁以上老年人建立健康档案，每年免费提供1次健康管理服务，包括生活方式和健康状况评估、体格检查、辅助检查、健康指导、中医体质辨识和中医药保健指导。逐步建立政府购买社区健康养老服务机制，重点选取社区居家老年人在生活照料、康复护理、养老服务评估和上门巡诊等方面开展政府购买服务工作。

推进家庭医生签约服务。建立基层医疗卫生机构与老年人家庭医生签约服务关系，优先满足社区高龄、重病、失能、部分失能以及计划生育特殊家庭老年人签约服务需求，结合基本医疗和转诊服务以及家庭健康指导，为老年人提供健康档案管理、健康教育、上门巡诊、家庭病床、社区护理等基本医疗和基本公共卫生服务。提高基层医疗卫生机构及康复院、护理院等机构为居家老年人提供上门服务的能力。

（七）切实鼓励社会力量兴办医养结合机构。

鼓励社会力量兴办医养结合机构。充分发挥市场在资源配置中的决定性作用，鼓励社会力量举办医养结合机构以及老年康复、老年护理等专业医疗机构。在制定医疗卫生和养老服务相关规划时，要给社会力量举办医养结合机构留出空间，按照“非禁即入”原则，凡符合规划条件和准入资质的，不得以任何理由加以限制。支持社会力量通过特许经营、公建民营、民办公助等模式举办非营利性医养结合机构，在准入、许可方面给予政策支持，优化审批流程，提供便捷服务。

推动社会力量开展医养结合服务。推动健康养老普遍性服务和个性化服务协同发展，支持社会力量围绕老年人在预防保健、医疗卫生、康复护理、生活照料、精神慰藉等方面的需求，积极开发安全有效的食品药品、康复辅具、日常照护、文化娱乐等老年人用品用具和服务产品。

四、保障措施

（八）完善投融资和财税价格政策。

拓宽市场化融资渠道，探索政府和社会资本合作（PPP）的投融资模式。鼓励和引导各类金融机构创新金融产品和服务方式，加大金融对医养结合领域的支持力度。有条件的地方可通过由金融和产业资本共同筹资的健康产业投资基金支持医养结合发展。市和区县（自治县）要将医养结合服务项目纳入福利彩票公益金资助范围。积极推进政府购买基本健康养老服务，逐步扩大购买服务范围，完善购买服务内容，各类经营主体平等参与。对开展医养结合的非公立医疗机构用水、用电、用气实行与公立医疗机构同价政策。对开展医养结合的非营利性医疗机构建设免予征收有关行政事业性收费，对开展医养结合的营利性医疗机构建设减半征收有关行政事业性收费。

（九）完善基本医疗保险体系。

落实国家将医疗康复项目纳入基本医疗保险支付范围的政策，保障老年人获得康复医疗保险服务。将符合条件的医养结合医疗机构纳入医疗保险定点服务机构并按协议管理，参加医疗保险的老年人在定点医养结合医疗机构发生的医疗费用，按规定享受医疗保险待遇。规范为居家老年人提供的医疗和护理服务项目。

（十）完善医养结合配套措施。

构建协调的政策支持体系，统筹做好养老机构和医疗卫生机构建设的规划衔接，对于符合条件的医疗卫生机构和养老机构，在准入、管理和享受政策补贴方面同等对待，对建成通过验收且依法登记投入运营的各类医养结合机构，享受《重庆市人民政府关于加快推进养老服务业发展的意见》（渝府发〔2014〕16号）规定的建设补贴。为鼓励医养结合机构发展，提高康复、护理床位占比，研究完善医养结合政策。

（十一）加强规划布局和用地保障。

各区县（自治县）人民政府要在土地利用总体规划和城乡规划中统筹考虑医养结合机构发展需要，做好规划布局。在规划医疗卫生用地和社会福利用地中，应注意保障医养结合机构用地。对非营利性医养结合机构，可采取划拨方式，优先保障用地；对营利性医养结合机构，应当以租赁、出让等有偿方式保障用地，养老机构设置医疗机构的，地块不得分割转让。依法需招标拍卖挂牌出让土地的，应当采取招标拍卖挂牌出让方式。

（十二）加强长期照护保障体系建设。

探索建立社会保险性质为主的长期护理保险制度以及多层次的长期照护保障体系。进一步开发包括长期商业护理保险在内的多种老年护理保险产品，保障老年人长期护理需求。探索建立稳定的、社会互助共济的多元化社会保险筹资机制，将必要的老年人照护项目纳入长期护理保险制度保障范围，明确项目内涵，确定保障标准。对“五保”、“三无”、低保对象中失能老年人，探索通过政府为其购买长期护理保险，保障其长期护理需求。

（十三）加强人才队伍建设。

继续做好职称评定、专业技术培训和继续医学教育等方面的制度衔接，对养老机构和医疗卫生机构中的医务人员同等对待。建立医疗卫生机构与医养结合机构人员进修轮训机制，促进人才有序流动。完善薪酬、职称评定等激励机制，鼓励医护人员到医养结合机构执业。将老年医学、康复人才作为急需紧缺人才纳入卫生计生人员培训规划。采取长短结合的形式，加强专业技能培训，推动养老护理行业职业技能鉴定工作。支持高等院校和中等职业学校增设医养结合有关专业课程，鼓励民办培训机构和技工院校开设有关专业，加快培养老年医学、康复、营养、心理和社会工作等方面专业人才。继续实施基层医疗卫生机构全科医生“定向评价、定向使用”制度，加强全科医生、公共卫生人才队伍建设，为健康养老提供人才保障。

（十四）加强信息化建设。

积极开展养老服务和社区服务信息惠民试点，利用老年人基本信息档案、电子健康档案、电子病历等，推动社区养老服务信息平台与区域人口健康信息平台对接，逐步建立起医养结合信息系统，为开展医养结合服务提供信息和技术支撑。建立以智能养老为核心、信息中心为平台、医疗机构为支撑的社区居家医养结合网络，为社区居家老年人提供健康咨询、医疗服务、精神慰藉等便捷高效的居家养老服务。鼓励有条件的区县（自治县）发展基于“互联网+”的医疗卫生服务，组织医疗机构开展面向养老机构的远程医疗服务，满足老年人医疗服务需求。

五、组织实施

（十五）强化组织领导和部门协同。

各区县（自治县）人民政府要高度重视，把推进医养结合工作摆在重要位置，纳入深化医药卫生体制改革和促进养老、健康服务业发展的总体部署，牵头组织开展本地区医养结合工作，建立医养结合工作联席会议制度，及时制定出台推进医养结合的政策措施、规划制度和具体方案。市政府有关部门和有关单位要加强协同配合，落实和完善有关优惠扶持政策，共同支持医养结合发展。发展改革部门要将推动医养结合发展纳入国民经济和社会发展规划。卫生计生、民政和发展改革部门要做好养老机构和医疗卫生机构建设的规划衔接，加强在规划和审批等环节的合作，制定完善医养结合机构及为老年人提供医疗卫生和养老服务的标准规范并加强监管。财政部门要落实相关投入政策，积极支持医养结合发展。人力社保部门要依托建立长期护理保险制度完善医疗保险政策，对符合条件的医养结合机构纳入城乡基本医疗保险定点范围，签订相关医疗服务协议，加强监督管理。国土资源部门要切实保障医养结合机构建设的土地供应。规划部门要统筹规划医养结合机构的用地布局。老龄工作部门要做好入住医养结合机构和接受居家医养结合服务老年人的合法权益保障工作。卫生计生部门要研究制定中医有关服务标准规范并加强监管，加强中医适宜技术和服务产品推广，加强中医健康养老人才培养，做好中医健康养老工作。

（十六）强化试点示范作用。

坚持试点先行、示范带动，选择有一定医养结合工作基础，有代表性的2至3个区县进行医养结合试点，通过政策扶持、资金补助、现场指导支持其开展试点工作，充分发挥试点区县的示范带动作用。各试点区县要立足改革创新，加快政府职能转变，加强供给侧结构性改革，激发各类服务主体潜力和活力，提高医养结合服务水平和效率。市卫生计生委、市民政局会同市政府有关部门密切跟踪各地区进展，及时总结经验，完善政策措施，创新体制机制，在全市范围内加以推广，促进全市医养结合工作。

（十七）强化考核督促检查。

各区县（自治县）人民政府要建立以落实医养结合政策情况、医养结合服务覆盖率、医疗卫生机构和养老机构无缝对接程度、老年人护理服务质量、老年人满意度等为主要指标的考核评估体系，加强绩效考核。市卫生计生委、市民政局、市人力社保局要加强对全市医养结合工作的日常监督，确保各项政策措施落到实处。

四川省人民政府关于进一步促进民间投资健康发展的意见

（川府发〔2016〕38号）

各市（州）、县（市、区）人民政府，省政府各部门、各直属机构，有关单位：

促进民间投资健康发展，既利当前又惠长远，对稳增长、促就业具有重要意义，也是推进供给侧结构性改革的重要内容。为深入贯彻党中央国务院和省委的决策部署，充分挖掘民间投资潜力、提振信心、激发活力，推动我省经济持续健康发展，现提出如下意见。

一、进一步放宽民间投资市场准入

开展市场准入限制专项清理，坚决取消针对民间投资设置的歧视性附加条件和隐性条款，确保民间投资在市场准入条件、资源要素配置、政府管理服务等方面享有平等待遇。对照国家政策要求，坚持一视同仁，积极推进市场准入负面清单制度。〔责任单位：省发展改革委、省经济和信息化委、省工商局、财政厅、国土资源厅、省地税局，市（州）人民政府〕

推进省属国有企业混合所有制改革，在新增配电网、加油站、页岩气勘探开发、天然气管道建设与运营、地方铁路、通用机场等领域开展混合所有制改革试点。（责任

单位：省国资委、省发展改革委、省能源局）

在交通、水利、市政公用事业等领域，坚持存量调整、增量放开，鼓励民间资本参与投资运营。〔责任单位：交通运输厅、水利厅、环境保护厅、住房城乡建设厅、财政厅、省发展改革委，市（州）人民政府〕

在教育、卫生、养老、科技、文化、体育等社会事业领域，着力解决土地使用、财税支持、资质条件等方面问题，消除对民营企业的不合理规定，鼓励民间资本投资运营公共服务设施和建立新型研发机构。〔责任单位：教育厅、省卫生计生委、民政厅、科技厅、文化厅、省体育局、国土资源厅、财政厅、省地税局，市（州）人民政府〕

二、大力推动政府和民间资本合作

鼓励民间资本参与生态环保、工业企业环境污染治理、农林水利、污水垃圾处理、地下管廊、社会事业、旅游业等重点领域建设，政府通过投资补助、基金注资、融资贴息、股权投资等方式，支持民间投资项目。吸引民间资本广泛参与贫困地区水利、交通等基础设施建设和特色优势产业发展，推进脱贫攻坚。〔责任单位：林业厅、农业厅、水利厅、环境保护厅、住房城乡建设厅、教育厅、民政厅、文化厅、省卫生计生委、省旅游发展委、交通运输厅、财政厅、省发展改革委、省经济和信息化委，市（州）人民政府〕

建立合理投资回报机制和健全公共服务价格调整机制，实行价格和补贴动态调整，完善资本退出等配套政策，吸引更多民间投资参与公共服务领域建设。在交通、市政、水利、能源、教育、卫生、养老、文化等行业，分批推出政府和社会资本合作（PPP）试点项目。鼓励各地选择部分领域优先向民间资本开放。统筹用好各级政府和企业设立的 PPP 发展引导基金，加强 PPP 项目库建设，加大对民间资本的推介力度，提高民间资本在 PPP 项目中的比重。〔责任单位：财政厅、省发展改革委、省经济和信息化委、交通运输厅、住房城乡建设厅、水利厅、省能源局、教育厅、省卫生计生委、民政厅、文化厅，市（州）人民政府〕

三、充分发挥政府对民间投资的引导带动作用

用好四川省中小企业发展专项资金，从科技创新、能力提升、服务体系建设等方面支持民营中小企业发展。实施好促进小微企业贷款增量奖补、小微企业信用贷款风险补贴、鼓励直接融资等财金互动政策，定向引导金融资本支持民间投资。〔责任单位：财政厅、省政府金融办、人行成都分行、四川银监局，市（州）人民政府〕

发展壮大政府产业投资引导基金，用好用活现有的多支股权投资基金，在军民融合、科技成果转化、新兴产业、农业产业、体育产业等方面再组建一批投资引导基金，充分发挥政府性基金杠杆和引导作用，撬动更多民间投资。（责任单位：财政厅、省发展改革委、省经济和信息化委、科技厅、农业厅、省体育局）

扎实做好国家专项建设基金支持省级政策性担保机构试点工作，切实帮助民营企业解决融资担保问题。帮助指导民营企业推进项目前期工作，争取更多民营企业项目获得国家专项建设基金支持。〔责任单位：省发展改革委、省经济和信息化委，市（州）人民政府〕

完善企业应急转贷资金，落实信贷风险补偿政策，增强政策性融资担保机构资本实力，多渠道、多层次增强民营企业融资可获得性。加大对民营企业技术创新的支持力度，搭建民间资本与科技计划成果的信息对接平台。〔责任单位：财政厅、省政府金融办、科技厅，市（州）人民政府〕

四、进一步降低民间投资要素成本

全面落实好西部大开发、“一带一路”和“长江经济带”建设等方面的促进和优惠政策，进一步降低民间投资要素成本，激发民间投资活力。深化油气、电力价格改革，推进非居民用电市场化交易，加快理顺天然气价格，开展四川电网输配电价改革试点，运用市场化手段促进四川丰水期富余水电消纳，降低用电用气成本。〔责任单位：省发展改革委、省经济和信息化委、财政厅、省地税局、省能源局，市（州）人民政府〕

阶段性降低“五险一金”费率，将全省企业职工基本养老保险单位缴费比例统一降低至 19%，将全省失业保险总费率降低至 1%。增加企业职工培训补贴支出，鼓励各类职业院校、培训机构免费为企业提供培训场所、设施和师资，降低企业职工培训成本。规范和阶段性适当降低企业住房公积金缴存比例，住房公积金缴存比例不得超过 12%。〔责任单位：人力资源社会保障厅、财政厅、住房城乡建设厅，市（州）人民政府〕

全面清理和规范涉企收费项目，对国家规定收费标准有浮动幅度的行政事业性收费项目，按标准下限执行，到 2018 年底，省定涉企行政事业性收费实现“零收费”。对新办工业企业、小微企业实行事权范围内“零收费”政策。对建筑企业在工程建设中需缴纳的保证金，除依法依规设立的投标保证金、履约保证金、工程质量保证金、农民工工资保证金外，其他保证金一律取消。〔责任单位：省发展改革委、财政厅、住房城乡建设厅，市（州）人民政府〕

在符合规划的前提下，对重点发展的新产业，优先安排用地供应。鼓励以租赁、先租后让、租让结合等多种方式向小微企业供应土地。鼓励小微企业入驻工业园区，租赁使用标准厂房。列入省级重点项目名单的民间投资项目，优先安排新增建设用地计划指标。对省政府确定的优先发展产业的工业项目，符合相关规定的，可按其所在地土地等别相对应工业用地出让最低价标准的70%确定出让底价。工业用地使用者可在规定期限内按合同约定分期缴纳土地出让价款。〔责任单位：国土资源厅、省发展改革委、省经济和信息化委，市（州）人民政府〕

五、着力缓解民营企业融资难融资贵问题

充分受理企业反映金融机构不合理不合法收费的各项诉求，依法及时核实查处。规范部门和中介机构在企业融资过程中的担保、评估、登记、审计、保险等收费行为，实现企业融资的担保、评估、登记等费用在融资成本中明显降低。〔责任单位：省发展改革委、财政厅、省政府金融办、四川银监局，市（州）人民政府〕

加大信贷支持力度，充分运用支小再贷款、再贴现等货币政策工具，引导金融机构加大对中小微企业定向支持力度。支持企业直接融资。鼓励金融机构在有效控制风险的前提下，创新金融产品和贷款担保抵押方式，开展知识产权、排污权、收费权、特许经营权、购买服务协议预期收益、出口退税等创新类贷款业务。积极推行“税易贷”等信用产品，对纳税信用记录良好的小微企业发放无抵押贷款。(责任单位：省政府金融办、人行成都分行、四川银监局、四川证监局)

推动银行与保险公司合作，引入贷款保证保险机制。进一步完善信贷担保体系和银政担风险分担机制，鼓励有条件的市（州）整合地方政府出资的担保基金，组建小微企业担保公司，按相关规定给予补贴，增强担保机构为民间投资担保的能力。鼓励金融机构优化信贷管理，通过开展循环贷款、年审制贷款等流动资产贷款产品和服务模式创新，进一步降低民营企业融资成本。〔责任单位：财政厅、四川保监局、四川银监局、省政府金融办，市（州）人民政府〕

六、深入推进“放管服”改革

进一步创优政务服务环境，为民间投资提供更加高效便捷的政务服务。做好国家取消下放事项的承接落实，及时修订我省政府核准的企业投资项目目录，最大程度缩小核准范围、下放核准权限。清理规范投资项目报建审批事项，进一步减少环节、简化手续。加快推进投资项目在线审批监管平台运行，通过平台办理投资项目行政审批事项。〔责任单位：省发展改革委、省经济和信息化委、省政务服务和资源交易服务中心，市（州）人民政府〕

开展企业投资项目承诺制和报建手续先建后验试点，逐步建立“多评合一”“统一评审”新模式，推行联合勘验、会商会审。加强事中事后监管，全面推行和细化“双随机、一公开”监管模式。非国家投资工程建设项目由建设单位依法自主决定是否招标发包，推行招投标事后备案制。〔责任单位：省政务服务管理办、省政务服务和资源交易服务中心、省发展改革委、国土资源厅、环境保护厅、住房城乡建设厅、水利厅，市（州）人民政府〕

进一步完善省政府民营经济政策信息发布平台，及时公开发布国家产业政策、财税政策、发展建设规划、行业市场准入标准、国内外行业动态，以及促进民间投资的政策文件、办事指南等。〔责任单位：省工商局，市（州）人民政府〕

七、营造民间投资发展良好环境

发挥舆论宣传的导向作用，及时解读国家和省促进民间投资的政策措施，总结推广促进民间投资的好做法、好经验，积极宣传民间投资在促进经济发展、调整产业结构和扩大社会就业等方面的积极作用。〔责任单位：省政府新闻办、省发展改革委、省经济和信息化委、省工商局，市（州）人民政府〕

定期组织评选并表彰依法经营、诚实守信、认真履行社会责任的优秀民营企业家，激发企业家干事创业热情。建立民营企业投诉举报机制，在省工商局设立全省统一的民营企业投诉热线，对阻碍民间投资、不执行有关政策的投诉，及时核查处理。更好发挥各级工商联企业维权中心作用。加强和改进服务，鼓励和引导民营企业推进产权制度改革和现代企业制度建设。〔责任单位：省工商局、省工商联，市（州）人民政府〕

加快推进四川省社会信用信息平台建设，实现部门和地区间信用信息的互通共享，在投融资、用地、招投标、资质审核等方面对民营企业依法依规实施守信激励和失信惩戒。〔责任单位：省发展改革委、省工商局、省质监局、公安厅，市（州）人民政府〕

规范中介服务，编制公布全省各级保留的行政审批中介服务事项清单，进一步精简行政审批中介服务事项和申报材料；加快中介组织与审批部门脱钩改革，制定行政审批中介服务管理办法。〔责任单位：省政务服务管理办、省政务服务和资源交易服务中心，市（州）人民政府〕

加强行业协（商）会建设并充分发挥行业协（商）会作用，建立各级政府领导联系行业协（商）会制度，畅通与民营企业的交流沟通渠道。建立容错、纠错机制，鼓励干部理直气壮地为民营企业服务。积极开展投资促进工作，扩大民间投资增量。完善政府守信践诺机制，严格履行承诺，切实遵守在招商引资活动中与企业、投资人签订的各类合同协议，建立政府责任追究制。〔责任单位：省工商局、监察厅、省发展改革委、省经济和信息化委、省工商联、民政厅、省投资促进局，市（州）人民政府〕

八、加强民间投资促进工作考核督查

各市（州）人民政府、各有关部门要切实履行主体责任，主要负责同志负总责，分管负责同志具体抓督促落实。完善考核办法，加强对民间投资增长情况、提高民间投资比重的考核。强化督促检查，定期组织针对促进民间投资健康发展政策落实情况的专项检查，对执行政策不力、落实政策不到位的地区和部门进行通报。开展政府拖欠工程款专项督查。开展民间投资促进工作第三方评估。完善民间投资统计体系，加强民营经济与民间投资统计监测预测，特别是要适应新经济发展形势，加强对轻资产领域的投资统计工作。〔责任单位：省政府督查室、省工商局、省发展改革委、省经济和信息化委、财政厅、住房城乡建设厅、省统计局、省工商联，市（州）人民政府〕

各市（州）人民政府、省直有关部门要把推动民间投资工作摆在重要位置，进一步解放思想、改革创新，要根据本意见要求，对照任务分工，加强协调配合，抓紧研究制定具体措施，形成政策落实、工作有力、反馈及时的民间投资工作机制，实现我省民间投资持续健康发展。

四川省人民政府

2016年9月2日

四川省人民政府关于做好城乡居民基本保险制度整合工作的实施意见

（川府发〔2016〕61号）

各市（州）人民政府，省政府各部门、各直属机构，有关单位：

根据《国务院关于整合城乡居民基本医疗保险制度的意见》（国发〔2016〕3号）精神和《四川省深化医药卫生体制综合改革试点方案》部署，为推进我省城镇居民基本医疗保险（以下简称城镇居民医保）、新型农村合作医疗（以下简称新农合）两项制度整合，建立统一的城乡居民基本医疗保险制度（以下简称城乡居民基本医保），现制定本实施意见。

一、总体要求与基本原则

（一）总体要求

全面落实国家和我省关于深化医药卫生体制改革的要求，按照全覆盖、保基本、多层次、可持续的方针，加强统筹协调，突出医保、医疗、医药三医联动，遵循城乡统筹、平稳过渡、先易后难、循序渐进的路径，统一政策、完善制度、理顺体制、整合资源、强化管理、提升服务，逐步建立全省统一的城乡居民基本医保制度，推动保障更加公平、管理服务更加规范、医疗资源利用更加有效，促进全民医保体系持续健康发展，有效保障全省人民健康。

（二）基本原则

1. 统筹规划，三医联动。把城乡居民基本医保整合纳入全民医保体系发展和深化医药卫生体制改革全局，坚持中西医并重，统筹安排，合理规划，推动医保、医疗、医药有效联动，加强基本医保、大病保险、医疗救助、疾病应急救助、商业健康保险等制度衔接，强化制度的系统性、整体性、协同性。

2. 立足基本，保障公平。强化城乡居民基本医保定位，科学设计，立足经济社会发展水平、城乡居民负担和基金承受能力、医疗服务水平，充分考虑并逐步缩小城乡差距、地区差异，保障城乡居民公平享有基本医保待遇，实现城乡居民医保制度可持续发展。

3. 分类指导，有序推进。做好整合前后的衔接，认真组织实施，采取有力措施确保制度顺畅接续、有序平稳过渡，逐步整合城镇居民医保和新农合现有行政管理和经办服务资源，妥善处理制度整合和管理经办体系调整期间的有关问题，确保群众基本医保待遇不受影响，确保医保基金安全和制度运行平稳。

4. 创新机制，提升效能。落实政府责任，完善管理运行机制，探索管办分开，深入推进支付方式改革，提升医保资金使用效率和经办管理服务效能。充分发挥市场机制作用，调动社会力量参与基本医保经办服务，激发经办活力。

二、整合基本制度政策

（一）统一覆盖范围

到2016年12月底，各市（州）制定出台统一的覆盖城乡居民的政策措施。城乡居民基本医保的参保范围覆盖统筹区域内除职工基本医疗保险应参保人员以外的其他所有城乡居民。农民工和灵活就业人员依法参加职工基本医疗保险，有困难的可按照当地规定参加城乡居民基本医保。参保居民不再区分农村和城镇居民，不受城乡户籍限制。各地要完善参保方式，实施全民参保登记，在乡镇（街道）、行政村、社区服务中心和学校提供便民参保服务，做到应保尽保。管理体制未归口统一管理的市（州），城镇居民医保、新农合管理部门要加强协调，采取通过参保（合）数据比对等措施避免重复参保。

（二）统一筹资政策

到2016年12月底，各市（州）制定出台统筹区域内城乡居民基本医保统一的个人筹资和财政补助办法。城乡居民基本医保继续实行个人缴费与政府补助相结合为主的筹资方式，合理划分政府与个人的筹资责任，逐步建立个人缴费标准与城乡居民人均可支配收入相衔接的机制。鼓励有条件的地区适当提高财政补助标准，并纳入同级政府财政预算安排，鼓励集体、单位或其他社会经济组织给予扶持或资助。统筹考虑城乡居民基本医保与大病保险保障需求，按照基金收支平衡的原则合理确定筹资标准，实际人均筹资和个人缴费不得低于现有水平。现有城镇居民医保和新农合个人缴费标准差距较大的地区，可采取差别缴费的办法，力争用两年时间过渡持平。全省逐步实行统一的城乡居民基本医保筹资标准。

（三）统一保障待遇

到2016年12月底，各市（州）制定出台统一城乡居民医保待遇的政策措施。遵循保障适度、收支平衡的原则，逐步统一保障范围和支付标准。在确保整合后城乡居民基本医保现有待遇不降低的前提下，合理确定门诊和住院起付标准、最高支付限额和支付比例。调整完善不同级别医疗机构的差异化支付政策，适当提高基层医疗卫生机构和中医药服务医保支付比例。稳定住院保障水平，政策范围内住院费用支付比例保持在75%左右。逐步缩小政策范围内支付比例与实际支付比例间的差距。进一步完善门诊统筹，城乡居民实行统一的门诊政策待遇，逐步提高门诊保障水平。妥善处理整合前的特殊保障政策，做好平稳过渡与紧密衔接。

（四）统一医保目录

2016年12月底前，管理体制已归口统一管理的市（州），先行制定出台市（州）统一的城乡居民基本医保药品目录和医疗服务项目目录；管理体制未归口统一管理的市（州），暂按原城镇居民医保目录和原新农合目录执行。各地制定城乡居民基本医保药品目录和医疗服务项目，应按照国家和省基本医保用药管理和基本药物制度有关规定，遵循临床必需、安全有效、价格合理、技术适宜、基金可承受的原则，在现有城镇居民医保和新农合目录的基础上进行调整，做到种类基本齐全、结构总体合理，确保满足基本医疗需求。不断完善医保目录管理办法，结合临床用药和诊疗实际需求，实行城乡居民基本医保药品动态调整。

（五）统一定点管理

到2016年12月底，管理体制已归口统一管理的市（州），先行制定出台市（州）统一的城乡居民医保定点机构管理办法；管理体制未归口统一管理的市（州），暂按原有规定执行。按照先纳入、后规范的原则，将现有城镇居民医保和新农合定点机构整体纳入城乡居民基本医保定点范围。强化定点服务协议管理，建立健全考核评价机制和动态的准入退出机制。为推进基层首诊，优先将基层医疗机构纳入定点范围。对非公立医疗机构与公立医疗机构实行同等的定点管理政策。原则上由统筹地区管理机构负责定点机构的准入、退出和监管，省级管理机构负责制订定点机构的准入原则和管理办法，并重点加强对统筹区域外的省、市（州）级定点医疗机构的协议管理。

（六）统一基金管理

城乡居民基本医保执行国家统一的基金财务制度、会计制度和基金预决算管理制度。城乡居民医保基金纳入财政专户，实行“收支两条线”管理，基金独立核算、专户管理，任何单位和个人不得挤占挪用。在管理体制未统一归口的市（州），分别由卫生计生、人力资源和社会保障部门管理城乡居民基本医保基金。

基金使用遵循以收定支、收支平衡、略有结余原则，确保应支付费用及时足额拨付给定点机构，合理控制基金当年结余率和累计结余率。制度整合期间，城镇居民医保基金和新农合基金出现累计结余亏空的，由原统筹地人民政府负责解决，不得在城镇居民医保基金和新农合基金之间进行调剂。建立健全基金运行风险预警机制，防范基金风险，提高使用效率。

强化基金内部审计和外部监督，坚持基金收支运行情况信息公开和参保人员就医结算信息公示制度。基金管理和使用接受财政、审计、监察和社会监督。

三、理顺管理体制

鼓励各市（州）理顺基本医保管理体制、统一行政管理职能、整合经办机构、实行归口管理。充分利用城镇居民医保和新农合的现有资源，将城乡居民基本医保管理职能、机构、编制、人员、基金、资产、文书档案、数据资料、信息系统等，整体移交一个部门或机构统一负责管理经办。整合过渡期间原经办机构要做好农村和城镇居民的参保、费用征收、报销、结算和支付等工作，参保（合）人员医疗费用结算按照原渠道、原标准执行。进一步改进管理办法和服务手段，加强培训和绩效考核，优化经办流程和服务，完善经办机构内外部监督制约机制，为城乡居民提供一体化的经办服务。

条件成熟的市（州）在确保基金安全和有效监管的前提下，要积极探索以政府购买服务的方式委托具有资质的商业保险机构等社会力量参与城乡居民基本医保的经办服务。

四、提升服务效能

（一）提高统筹层次

城乡居民医保制度应实行市（州）级统筹，各地要围绕统一待遇政策、基金管理、信息系统、就医结算和管理流程等重点工作稳步推进。做好医保关系转移接续和异地就医结算服务。根据统筹地区内各县（市、区）的经济发展和医疗服务水平，实行基金分级管理，充分调动县级政府、经办管理机构基金管理的积极性和主动性。2016年底实现省内异地就医即时结算，积极开展跨省就医结报。

（二）完善信息系统

按照标准统一、资源共享、服务延伸的要求，整合现有信息系统并升级改造，逐步建立覆盖城乡基本医疗保险的管理信息系统，为城乡居民基本医保制度运行和功能拓展提供支撑。城乡居民基本医保制度整合期间，原城镇居民医保信息系统和新农合信息系统同时运行，同时补充、核实和规范基础数据，并健全医保信息系统数据标准和运行规范，为信息系统的整合做好准备。推动城乡居民基本医保信息系统与定点医疗机构、医疗救助信息系统的业务协同和信息共享。支持业务统一经办、数据统一管理。在安全可控的前提下，做好城乡居民基本医保信息系统与参与经办服务的商业保险机构信息系统必要的信息交换和数据共享。强化信息安全和患者信息隐私保护。推行“互联网＋医保”益民服务，方便群众参保登记、缴费和就医结算，提高参保人员就医便利化程度。

在管理体制未统一归口的市（州），卫生计生、人力资源和社会保障部门要改造现有信息系统，实现系统之间数据交换和共享。

（三）完善支付方式

在全面实行和完善医保付费总额控制的基础上推进按人头付费、按病种付费、按床日付费、按疾病诊断分组（DRGS）付费等多种付费方式相结合的复合支付方式改革，建立健全医保经办机构与医疗机构及药品供应商的谈判协商机制和风险分担机制，推动形成合理的医保支付标准，引导定点医疗机构规范服务行为，控制医疗费用不合理增长。

通过支持参保居民与基层医疗机构及全科医师开展签约服务、制定差别化的支付政策等措施，引导参保居民到基层医疗卫生机构就医，推进公立医院改革、医疗服务价格调整、药品价格改革、医保支付标准等医改政策落实，促进分级诊疗制度建设，加快形成基层首诊、双向转诊、急慢分治、上下联动的就医新秩序。

（四）加强医疗服务监管

完善城乡居民基本医保服务监管办法，充分运用协议管理和法律手段，强化对医疗服务的监控作用。各级医保经办机构要利用信息化手段，加强医保智能监控系统建设，推进医保智能审核和实时监控，促进合理诊疗、合理用药。卫生计生行政部门要加强医疗服务监管，规范医疗服务行为。

五、组织实施

（一）加强组织领导

整合城乡居民基本医保制度是深化医改的一项重点任务，各级人民政府要高度重视，将整合城乡居民基本医保制度纳入全面深化改革总体部署，加强组织领导，统筹协调推进。各级医改领导小组要切实负起责任，及时研究解决整合过程中的问题，确保整合工作平稳有序推进。

（二）明确工作责任

各市（州）要于2016年12月底前出台具体实施方案，2017年起开始实施。各地人力资源社会保障、卫生计生部门要完善相关政策措施，加强城乡居民基本医保制度整合前后的衔接；财政部门要完善基金财务会计制度，会同相关部门做好基金监管工作；保险监管部门要加强对参与经办服务的商业保险机构的从业资格审查、服务质和市场行为监管；发展改革部门要将城乡居民医保制度整合纳入国民经济和社会发展规划；编制管理部门要在经办资源和管理体制整合工作中发挥职能作用；医改办要协调相关部门做好跟踪评价、经验总结和推广工作。

（三）注重宣传引导

坚持正确的舆论导向，大力宣传整合城乡居民基本医保的重要意义和整合后的具体政策，合理引导社会预期。要认真做好相关工作，积极化解可能出现的矛盾，确保整合工作顺利推进。

四川省人民政府

2016年12月27日

四川省人民政府办公厅转发省卫生计生委等部门关于加快推进医疗卫生与养老服务相结合实施意见的通知

（川办发〔2016〕57号）

各市（州）、县（市、区）人民政府，省政府各部门、各直属机构，有关单位：

省卫生计生委、民政厅、省发展改革委、财政厅、人力资源社会保障厅、国土资源厅、住房城乡建设厅、省老龄办、省中医药局《关于加快推进医疗卫生与养老服务相结合的实施意见》已经省政府同意，现转发给你们，请结合实际认真贯彻执行。

四川省人民政府办公厅

2016年8月4日

关于加快推进医疗卫生与养老服务相结合的实施意见

为贯彻落实《国务院办公厅转发卫生计生委等部门关于推进医疗卫生与养老服务相结合指导意见的通知》（国办发〔2015〕84号）精神，按照《四川省人民政府关于加快发展养老服务业的实施意见》（川府发〔2014〕8号）、《四川省人民政府关于印发促进健康服务业发展实施方案的通知》（川府发〔2014〕14号）等文件要求，科学统筹全省医疗卫生和养老资源，推动我省医疗卫生与养老服务融合发展，现结合我省实际，提出如下实施意见。

一、发展目标

遵循保障基本、统筹发展、政府引导、市场驱动、深化改革、创新机制的原则，大力推动医疗卫生与养老服务体系建设，推进医疗卫生与养老服务有机融合，满足全省老年人的基本医疗卫生与养老服务需求，提升老年人健康水平；推广老年人健康管理和中医“治未病”理念，保障人人享有适宜的、综合的、连续的医疗卫生与养老服务，实现老有所养、病有所医。

到2017年，实现医疗卫生与养老服务初步融合。建立健全政策保障、标准体系和管理制度，加强人才队伍建设，提升医养服务能力，科学统筹资源布局。实现80%以上的医疗机构开设为老年人提供挂号、就医等便利服务的绿色通道，50%以上的养老机构能够以不同形式为入住老年人提供医疗卫生服务，老年人健康养老服务可及性明显提升。

到2020年，实现医疗卫生与养老服务深度融合。全面建成以居家为基础、社区为依托、机构为补充的功能完善、规模适度、覆盖城乡的养老服务体系，以及与经济社会发展水平相适应、与居民健康需求相匹配的分工明确、功能互补、协同发展的医疗卫生服务体系。统筹医疗服务与养老服务资源，加强养老机构与医疗机构的衔接，逐步形成布局合理、功能完善、安全便捷的健康养老服务网络。实现所有医疗机构开设为老年人提供挂号、就医等便利服务的绿色通道，所有养老机构能够以不同形式为入住老年人提供医疗卫生服务，基本适应老年人健康养老服务需求。

二、主要任务

（一）建立医疗机构与养老机构合作机制。支持养老机构和医疗机构按分级诊疗原则组建多种形式的医疗养老联合体，鼓励各级各类医疗机构按照就近就地、安全便捷的原则与养老机构建立合作关系，每所三级医院至少与2—3所养老机构建立合作关系，每所二级甲等医院至少与1—2所养老机构建立合作关系，每所乡镇卫生院（社区卫生服务中心）与当地养老机构建立合作关系。县级以上医院（含中医医院）要设立老年人挂号、诊疗服务、急诊急救绿色通道，建立与老年病专科医院、老年护理院以及养老机构内设医疗机构间的双向转诊与合作关系，有条件的医疗机构为老年人提供住院、康复、护理、生活照料及临终关怀等一体化健康与养老服务，与相关部门共同打造“预防、养生、医疗、养老”深度融合的健康养老服务平台。〔责任单位：省卫生计生委、省中医药局、民政厅，各市（州）人民政府〕

（二）支持养老机构开展医疗卫生服务。支持有条件的养老机构开办（或内设）医疗机构，提高养老机构基本医疗服务能力。对养老机构开展医疗服务申报实行“一次性告知、一站式服务”管理模式，简化审批手续。养老机构内设医疗机构纳入统一管理，在资格认定、职称评定、专业技术培训、继续医学教育、技术准入和评先评优等方面，与公立医疗机构享有同等待遇。养老机构内设医疗机构符合条件的，可纳入基本医疗保险定点医疗机构协议管理范围。〔责任单位：民政厅、省卫生计生委、省中医药局、人力资源社会保障厅，各市（州）人民政府〕

（三）鼓励医疗机构提供健康养老服务。支持医疗机构通过多种形式开展养老服务。统筹医疗机构与养老机构的规划衔接，完善医疗养老资源布局规划，盘活存量，整合资源，推动医疗机构与养老机构均衡发展。推进老年康复医院、老年病医院、老年护理院、临终关怀医院等医疗机构建设。支持有条件的二级以上医院开设老年病科，开展老年慢性病防治和康复护理工作，支持有条件的二级以上综合医院和中医医院开设老年康养护理院，开展失能、半失能老年人养护工作。全面落实老年医疗服务优待政策，有条件另辟场所提供养老服务符合民政准入条件的医疗机构，结合地方实际情况，享受养老床位补贴等相关优惠政策。〔责任单位：省卫生计生委、省中医药局、民政厅、省发展改革委、住房城乡建设厅、财政厅，各市（州）人民政府〕

（四）统筹医疗与养老服务深度融合。加强社区卫生服务中心（乡镇卫生院）与社区日间照料中心、托老所、居家养老服务站点等社区养老服务机构的合作，探索为失能、半失能老年人设立“家庭病床”，与老年人家庭建立签约服务关系，提供连续的健康管理与医疗服务。鼓励执业医师到养老机构设置的医疗机构多点执业，促进医疗资源向养老机构、社区和家庭下沉，提升老年人日常护理、慢病管理、健康教育等基本医疗服务能力，规范医疗和护理服务项目，将符合规定的医疗费用纳入医保支付范围，推进全省医保异地就医即时结算。发挥卫生计生系统服务网络优势，结合基本公共卫生服务的开展为老年人建立健康档案，并为65岁以上老年人提供健康管理服务，到2020年，65岁以上老年人健康管理率达到70%以上。〔责任单位：省卫生计生委、民政厅、省发展改革委、人力资源社会保障厅、省中医药局，各市（州）人民政府〕

（五）鼓励社会力量兴办“医养结合”机构。鼓励社会资本投资健康养老服务领域，支持社会力量举办“医养结合”机构及老年康复、老年护理等专业医疗机构，逐步实现政府引导、社会参与、市场驱动的健康养老发展格局。通过特许经营、公建民营、民办公助等模式，支持社会力量举办非营利性医养结合机构。支持企业围绕老年人的预防保健、医疗卫生、康复护理、生活照料、精神慰藉等方面需求，积极开发安全有效的食品药品、康复辅具、日常照护、文化娱乐等老年人用品用具和服务产品。民政和卫生计生部门要加强协作，优化审批流程，缩短办理时限，提供一站式便捷服务。〔责任单位：省卫生计生委、民政厅、省中医药局、省发展改革委、科技厅，各市（州）人民政府〕

（六）大力发展中医药健康养老服务。开展中医药与养老服务结合试点，支持有条件的中医医疗机构开展中医医养服务，鼓励基层医疗机构拓展社区和居家中医药健康养老服务。加强中医医疗机构与养老机构间的合作，支持有条件的养老机构开设以老年病、慢性病防治为主的中医药诊室。鼓励社会资本建设中医药医养服务机构，建设中医药特色健康养老服务示范基地，促进中医医养结合服务集团或连锁机构发展。建立中医药养老服务实训基地，加强养老照护人员的中医药技能培训，开展中医健康体检、健康评估、健康干预及中医药、治未病、药膳食疗等科普活动，推广太极拳、健身气功、导引等中医传统运动，普及中医药健康养老知识。坚持养老与养生相结合，将中医药“治未病”理念、中医药养生保健、中医药康复医疗融入健康养老全过程，提升老年人身心健康和生活质量。〔责任单位：省中医药局、民政厅，各市（州）人民政府〕

三、保障措施

（一）加强组织领导，形成部门合力。各地、各有关部门要提高认识、加强领导、密切协作，将推动医疗卫生与养老服务相结合纳入国民经济和社会发展规划。各地要科学谋划，制定推动医疗卫生与养老服务相结合的实施方案。各有关部门要各司其职，充分发挥职能作用，主动履行相关职责，积极推进医养结合发展。建立政府主导、部门配合的有效运行机制，确保各项工作措施落到实处。

（二）强化政策保障，加大扶持力度。大力完善多层次金融服务组织体系，创新金融产品和服务方式，拓宽多元化融资渠道，着力提高金融服务能力和水平。加强金融政策与产业政策的协调配合，综合运用多种金融政策工具，引导金融资源向医养结合领域倾斜。地方各级人民政府要将医养结合用地，纳入土地利用总体规划和城乡规划。对非营利性医养结合机构，可采取划拨方式优先保障用地；对营利性医养结合机构，应当以租赁、出让等有偿方式保障用地，养老机构设置医疗机构，可将在项目中配套建设医疗服务设施相关要求作为土地出让条件，并明确不得分割转让。依法需招标拍卖挂牌出让土地的，应当采取招标拍卖挂牌出让方式。积极推进政府购买基本健康养老服务，逐步扩大购买服务范围，完善购买服务内容，各类经营主体平等参与。用于社会福利事业的彩票公益金要适当支持开展医养结合服务。保险机构要进一步开发包括长期商业护理保险在内的多种老年护理保险产品，助推养老、康复、医疗、护理等服务有机结合。探索建立长期护理保险制度，积极探索多元化保险筹资模式，保障老年人长期护理服务需求。落实好将偏瘫肢体综合训练、认知知觉功能康复训练、日常生活能力评定等医疗康复项目纳入基本医疗保障范围的政策，为失能、部分失能老年人治疗性康复提供相应保障。〔责任单位：省卫生计生委、民政厅、财政厅、国土资源厅、人力资源社会保障厅、住房城乡建设厅、省政府金融办、省发展改革委、人行成都分行、四川银监局、四川保监局，各市（州）人民政府〕

（三）加强队伍建设，提供人才保障。完善薪酬、职称评定等激励机制，鼓励医护人员到医养结合机构执业。加强专业技能培训，大力推进养老护理员等职业技能鉴定工作。对养老照护人员进行分类分层设计，统一纳入行业规范管理，制定相应岗位标准及薪酬、专业、技能政策。大力支持养老服务技能培训，对符合相关规定且培训合格并通过技能鉴定取得初级以上国家养老护理员职业资格证书的，给予培训补贴。鼓励职业院校开设老年医疗护理相关专业，为老年照护行业培养后备人员，促进老年照护行业队伍的专业化、年轻化。指导督促高校及职业院校做好老年医疗护理相关专业设置规划，加强中医药健康养老人才培养。〔责任单位：教育厅、人力资源社会保障厅、民政厅、省卫生计生委、省中医药局，各市（州）人民政府〕

（四）构建信息平台，实现资源共享。推动县级养老信息服务平台与人口健康平台对接，实现信息共享。鼓励医疗机构开展远程医疗服务，覆盖周边养老机构，为老年人提供健康体检、预约挂号、网上健康咨询等远程医疗服务。加快县级养老服务信息平台建设，鼓励探索跨社区、跨城区医养结合服务新模式，发展“互联网+”健康养老服务。〔责任单位：民政厅、人力资源社会保障厅、省卫生计生委、科技厅、四川保监局，各市（州）人民政府〕

（五）开展城市试点，推广经验做法。制定医养结合城市试点标准，筛选2—3个政策保障措施有力、社会经济基础良好、行业发展具有引领示范作用的市（州），作为全省医养结合的试点城市，给予政策扶持和财政资金补助，鼓励探索医养结合发展的路径和模式。各市（州）人民政府按照标准向省政府进行申报，由省政府确定具体试点城市及试点城市数量。卫生计生和民政部门要会同有关部门密切跟踪各地进展，帮助解决推进中的重大问题，适时总结经验和好的做法，向全省推广。〔责任单位：省卫生计生委、民政厅、省发展改革委、财政厅、人力资源社会保障厅、省中医药局，各市（州）人民政府〕

（六）加强督导考核，确保服务质量。制定医养结合机构提供医疗和养老服务的标准规范，建立以服务质量、老年人满意度为主要指标的考核评估体系，加强医养结合工作绩效考核。加强对医养结合工作的日常监督，适时开展现场督查，确保工作落实到位。〔责任单位：省卫生计生委、民政厅、财政厅、教育厅、人力资源社会保障厅、省中医药局、省发展改革委、省政府督查室，各市（州）人民政府〕

四川省人民政府办公厅关于印发四川省中医药健康服务发展规划（2016—2020年）的通知

（川办发〔2016〕69号）

各市（州）、县（市、区）人民政府，省政府各部门、各直属机构，有关单位：

《四川省中医药健康服务发展规划（2016—2020年）》已经省政府同意，现印发给你们，请认真贯彻执行。

四川省人民政府办公厅

2016年9月9日

四川省中医药健康服务发展规划（2016—2020年）

四川素有“中医之乡、中药之库”的美誉，中医药健康服务有较好的基础和发展前景。中医药（含民族医药，下同）健康服务是运用中医药理念、方法、技术维护和增进人民群众身心健康的活动，主要包括养生保健、中医医疗、特色康复服务，涉及健康养老、中医药文化、健康旅游等服务和相关支撑产业。为更好地发挥四川中医药特色优势，满足人民群众日益增长的健康服务需求，尽快将资源优势转化为产业优势，实现从中医药大省向中医药强省转变，根据《国务院办公厅关于印发中医药健康服务发展规划（2015—2020年）的通知》（国办发〔2015〕32号）和《四川省人民政府关于印发促进健康服务业发展实施方案的通知》（川府发〔2014〕14号），结合我省实际，特制定本规划。

一、总体要求

（一）指导思想。以邓小平理论、“三个代表”重要思想、科学发展观为指导，深入贯彻党的十八大和十八届三中、四中、五中全会以及习近平总书记系列重要讲话精神，落实“四个全面”战略布局，牢固树立创新、协调、绿色、开放、共享发展理念，紧紧围绕省委、省政府关于加快发展新兴先导型服务业的战略部署，充分激发四川中医药健康服务潜能，继承和发展中医药的绿色健康理念、天人合一的整体观念、辨证施治和综合施治的诊疗模式、运用自然的防治手段，为人民群众提供全生命周期的健康服务，构建四川中医药健康服务新体系，推动四川经济社会发展。

（二）基本原则。坚持“政府引导、市场驱动、医药互动、弘扬特色、创新发展、服务群众”的原则。强化政府在规划引领、政策引导、制度建设和行业监管等方面的作用，营造良好发展环境。发挥市场在资源配置中决定性作用，完善市场体系，增加市场供给，满足多元需求，提高质量和效率。充分发挥中医药特色优势和资源优势，以中医医疗服务为基础，拓展中医养生保健、养老康复等服务业，带动中医药相关产业发展。加快中医药传承创新与科技转化，拓展服务范围，创新服务模式，建立可持续的中医药健康服务发展体制机制，为提升全省城乡居民的健康水平和经济社会转型发展注入新的动力。

（三）发展目标。到2020年，全省基本建立具有四川特色的中医药健康服务体系，中医药健康服务水平显著提高，实现人人基本享有中医药服务。大力推进中医药服务和产品国际化，在国内外具有较强影响力，成为我省健康服务业的重要组成部分和促进四川经济社会发展的重要力量，实现从中医药大省向中医药强省转变。

——形成多元化中医基本服务格局。到2020年，建成以公立医疗服务为主体，社会办中医服务为补充，民族医疗服务为特色，县级全覆盖的中医药健康服务格局。基层中医服务量达到45%。

——提升中医健康服务能力。到2020年，构建集中医养生、医疗、康复、养老、文化、旅游融合发展的新理念和新模式。中医药健康服务人员素质明显提升。中医药健康服务技术手段不断创新。一批有品牌、有实力的中医药健康服务知名企业（机构）实现规模化发展。形成以“互联网+”信息技术为支撑，融合远程医疗和个体化治疗的市场化服务新业态。

——做大做强中医药健康服务相关产业。到2020年，构建以中医药科技创新为引领，以中医药服务贸易为平台，以川产道地中药材、优势资源和中成药大品种为龙头，以中药材种植、中药饮片、中成药、医院制剂、保健食品、中医药文化产品和中医康养旅游为基础的中医药健康服务产业体系，中药工业总产值占医药工业总产值比例达到50%左右。

——提升中医药服务贸易能力。到2020年，构建中医药服务贸易平台，形成一批具有国际竞争力的中医药产品、服务品牌和企业。精准融入国家“一带一路”战略发展，立足国内市场，开拓国际市场，促进中医药对外交流。

——优化中医药健康服务发展环境。到2020年，中医药健康服务产业政策基本健全，行业规范和标准体系完善，中医药服务型人力资源优势更加突出，形成地方特色鲜明、文化氛围浓、创新活力强、行业自律好、政府监管有效的发展环境。

二、重点任务

（一）大力发展中医养生保健服务。

大力发展中医养生保健机构。支持公立中医医疗机构发挥资源优势，与社会资本联合举办以中医养生保健为主的养生中心、疗养院等。鼓励社会力量举办规范性中医养生保健机构，培育一批技术成熟、信誉良好的知名中医养生保健服务集团或连锁机构。

拓展中医养生保健服务内涵。二级以上中医医院均设置或明确治未病科。推动各级各类医疗机构以治未病理念为核心，以慢性病管理为重点，提供中医体质辨识、亚健康调理、季节养生和预防保健等特色服务。鼓励中医医院、中医医师为中医养生保健机构提供保健咨询、调理和药膳等技术支持。

开展中医特色健康体检和健康管理。建立全省中医健康管理信息平台，指导健康体检机构规范开展中医健康管理业务。推动制定中医养生保健服务类规范和标准，制定个性化中医健康干预方案或指南（服务包）。鼓励保险公司开发中医药养生保健、治未病保险以及各类医疗保险、疾病保险、护理保险和失能收入损失保险等商业健康保险产品，通过中医健康风险评估、风险干预等方式，提供与商业健康保险产品相结合的疾病预防、健康维护、慢性病管理等中医特色健康管理服务。

专栏1　中医养生保健服务建设项目

治未病服务能力建设项目

推动四川省治未病中心、四川省亚健康防治中心服务能力建设。在目前尚未开展的10个市（州）开展中医治未病服务能力建设。在二级以上中医医疗机构和有条件的综合医院、妇幼保健机构设立或明确、完善治未病科。在社区卫生服务机构、乡镇卫生院和70%的村卫生室开展中医药治未病服务。

中医特色健康管理合作试点项目

建立治未病服务信息平台、健康管理专家数据库和中医健康管理商务平台，在50个以上社区开展试点。

中医药养生保健服务示范建设项目

遴选建设10个以上市、县（市、区）中医药养生保健服务示范区，50个全省示范性中医药养生保健服务机构。建设中医药（民族医药）健康服务产业化推进县。

（二）加快发展中医医疗服务。

推进优质医疗服务。依托省、市、县三级的三级中医医院，大力实施名院、名科、名医战略。合理布局全省区域中医（专科）医疗中心。支持区域内医疗机构通过帮扶和合作方式，开展连锁经营或组建联合体。

强化基层中医服务。实施基层中医药服务能力提升工程“十三五”行动计划，鼓励全省各地积极开展基层中医药工作先进单位创建。加强县级公立中医医院建设，80%的县级中医医院达到二级中医医院标准，80万人口以上县（市、区）达到三级中医医院标准。支持乡镇卫生院、社区卫生服务中心开展中医馆建设，村卫生室、社区卫生服务站开展中医角建设，85%的基层医疗机构能提供中医药服务。鼓励各地开展中医药县乡一体化管理。

发展民族医疗服务。支持藏医院建设，推动甘孜州、阿坝州藏医院达到三级民族医医院标准，县级民族医医院中达到二级民族医医院标准比例达到80%以上。推动民族地区重点专科（专病）建设，鼓励民族地区基层医疗机构推广使用民族医药特色技术。支持社会力量提供中医医疗服务。鼓励社会资本与公立医院通过医院管理集团等多种形式，在明确责权关系的前提下，探索业务合作的有效形式和具体途径。支持社会资本举办专科性质中医医院。加快发展个体中医诊所和中医坐堂医诊所，在市场准入、医疗保险等方面给予同等政策对待。

创新中医医疗服务模式。推动三级甲等中医医院与基层医疗机构组建医联体，优化就医流程，为群众提供养生、保健、预防、治疗、康复等个性化和远程医疗服务。健全中医医师多点执业制度，鼓励中医执业医师有序流动。大力发展中医远程医疗、移动医疗、智慧医疗等新型医疗服务模式。构建集医学影像、检验报告等健康档案于一体的医疗信息共享服务体系，逐步建立跨医院的中医医疗数据共享交换标准体系。

专栏2　中医医疗服务建设项目

四川特色中医医疗服务重点建设项目

建设全国中医运动医学中心、四川藏医院、四川国医堂（馆）等四川特色中医医疗服务项目。

支持省级中医医疗机构（含中医、中西医）在城市新区、郊区、偏远地区和优质资源匮乏的中心城区建设分院或专科。在川北、川南、川东、川西、攀西地区和天府新区各遴选一所三级中医医院重点建设区域性中医医疗服务中心。

基层中医药服务能力提升工程

实施县级中医医院和乡镇卫生院综合服务能力建设项目，县医院、妇幼保健院等中医药服务能力建设项目，村、社中医服务推广项目。推动10所中医医院开展中医诊疗服务模式创新试点和20个县（市、区）开展县乡一体化探索和实践。

社会办中医建设项目

引导社会资本举办肛肠、骨伤、妇科、儿科等非营利性中医专科医院。鼓励社会资本举办传统中医诊所。

民族医特色建设项目

扶持藏、彝、羌等民族地区县级民族医疗机构建设，乡镇卫生院设置民族医科室，推广使用民族医药适宜技术。

四川“互联网+中医医疗”创新工程

以大型中医医院为主体，实施“互联网+中医医疗”创新工程。建设省级中医药“互联网+”信息服务平台和中医药移动医疗平台，开发中医药健康服务应用软件，鼓励网络中医医院建设。

探索互联网延伸医嘱、电子处方等网络中医医疗服务应用。利用移动互联网等信息技术提供在线预约诊疗、候诊提醒、划价缴费、诊疗报告查询、药品配送等便捷服务。

（三）切实发展中医特色康复服务。

加强中医特色康复服务机构建设。以省级中医医疗机构、专科医院康复科为基础，建设省级中医康复中心。三级中医医院均设置规范的康复门诊、康复功能治疗区和独立的康复病房。二级中医医院均设置或明确康复科。支持康复医院设置中医药科室，加强中医康复专业技术人员配备。鼓励社会资本建设一批具有中医特色的康复医院、康养机构。

提升中医特色康复服务能力。促进中医技术与康复医学融合，完善康复服务标准及规范。推动各级各类医疗机构开展中医特色康复医疗、训练指导、知识普及、康复护理、辅具服务。建立多层次中医医院、社区康复机构的帮扶和双向转诊机制。推广适宜中医康复技术，提升社区康复服务能力。

专栏3 中医特色康复服务能力建设项目

中医特色康复服务能力建设

建设省级中医康复中心，加强二级以上中医医院康复科和其他医疗机构中医特色康复科建设。鼓励各级中医医院、社区卫生服务中心、乡镇卫生院、残疾人康复中心、工伤康复中心、民政康复机构、特教学校等机构，开展具有中医特色的社区康复服务。

（四）积极发展中医药健康养老服务。

推动中医药与养老服务融合发展。推进各级中医药管理部门与民政部门、老龄工作机构建立合作机制。支持有条件的中医医疗机构开展中医医养服务。鼓励基层医疗机构拓展社区和居家中医药健康养老服务。加强中医医疗机构与养老机构间合作，建立健全康养协作机制，运用中医药技术开展医养服务。运用互联网信息技术开展基于中医药的新型智慧医养结合模式研究。坚持养老与养生相结合，将中医药治未病理念、中医药养生保健、中医药康复医疗融入健康养老全过程。

发展中医药特色养老机构。支持有条件的中医类医疗机构开设老年病科和老年病房，70%以上县级中医医院开设老年病科。

支持有条件的养老机构开设以老年病、慢性病防治为主的中医药诊室。鼓励社会资本建设以中医药健康养老为主的护理院、疗养院等医养服务机构。培育中医医养融合服务集团或连锁机构，建设中医药特色健康养老服务示范基地。鼓励中医医疗机构面向老年人群开展上门诊视、健康查体、保健咨询等服务。鼓励中医医师在养老机构提供保健咨询和调理服务。

专栏4 中医药健康养老服务建设项目

中医药与养老服务结合试点

开展中医药与养老服务结合试点，从机构、人员、技术、产品等多方面，探索中医药与养老服务结合的主要模式和内容。鼓励新建以中医药健康养老为特色的护理院、疗养院，在老年大学中开设中医药健康等课程。发展养老服务新业态。支持国家、省级老年病重点中医专科建设。推动老年病专病诊疗方案应用示范研究。实施中医医院老年病科服务能力提升工程。

（五）培育发展中医药文化、运动健身和健康旅游产业。

发展川派中医药文化产业。集中整理和出版一批川派中医药文化特色专著。实施全省濒危中医诊疗和中药炮制技术等非物质文化遗产保护。创作一批川派中医药文化典故、中医药健康教育科普作品等文化产品。依据《中国公民中医养生保健素养》，开展中医药健康科普活动、健康知识讲座等形式多样的健康教育。推进中小学开展中医药启蒙教育。创建国家级和省级中医药文化宣传科普教育基地，融合社会文化资源打造川派中医文化，提升中医药强省的文化软实力。

发展中医传统运动健身休闲产业。抢救、挖掘和推广具有四川特色的传统运动健身项目。推动以增强体质、促进健康、祛病延年为主题的健身培训、咨询等服务。普及和推广具有地方特色的民族传统体育项目。促进太极拳、健身气功（八段锦、五禽戏等）、导引等传统运动与文化、旅游融合发展。

发展中医药健康旅游产业。充分发挥四川旅游资源优势，加快推进旅游业与中医药健康服务业融合发展的新理念和新模式，重点发展中医药养生体验旅游、中医药文化体验旅游、中医药生态旅游、中医药资源科考旅游、中医药观光旅游等。加强中医药文化旅游商品开发生产。面向国内国际市场，开发以提供高端中医医疗服务为主要内容的中医药医疗旅游产品。加强中医药健康旅游品牌建设，打造集中医体质辨识、中医医疗和中医养生于一体的中医药健康旅游品牌。鼓励旅行社开发中医药健康旅游并推出主题线路。发挥中医药文化底蕴突出的中医医疗机构、中医养生保健机构、中药材种植基地、药用植物园、养生保健产品生产企业、中华老字号名店等的优势，培育特色鲜明、优势明显的中医药健康旅游基地和旅游综合体。加强中医药健康旅游市场宣传推广，支持举办中医药健康旅游展览、会议和论坛。

专栏5 中医药文化和健康旅游产业发展项目

川派中医药文化产业项目

系统整理一批当代川籍全国知名中医药专家学术思想，编写《川派中医药名家》系列丛书。

编写《川派中医药源流与发展》《中华医药史话—诗情画意墨韵》《彝族医药大典》和《中国藏药》。应用中药资源普查成果，撰写出版中药资源普查系列丛书。支持四川省中医药科普教育基地、四川省中医药特色街区、四川省“中医之乡、中药之库”科技产业园、中医药文化产业园建设。培育川派中医药文化产品、品牌和企业，发展数字出版、移动多媒体、动漫等新兴文化业态，逐步形成我省中医药文化产业链。

中医传统运动健身休闲产业项目

抢救、挖掘和推广具有四川特色的传统运动健身项目。遴选建设省级中医传统运动健身休闲基地。

中医药健康旅游产业项目

建设以中医药养生保健服务为核心，融中药材种植、中医医疗服务、中医药健康养老服务为一体的中医药健康旅游示范区（基地）。打造一批中医药文化主题酒店、主题公园、名街、名镇、产业园、度假区。培育峨眉山、彭山、青城山、海螺沟、七里坪、玉屏山、鹤鸣山、彭州宝山等健康养生基地。开发食疗养生、森林康养、禅道养生、阳光养生等精品旅游线路。

（六）积极促进中医药健康服务相关支撑产业发展。

促进中药资源可持续发展。开展中药资源普查工作。建设四川省中药资源动态监测信息服务体系和中药材追溯系统。利用普查成果为经济社会服务，遴选建设中药材保护和发展示范县。

推动中药材优良品种培育。发展林下中药材生态种植（养殖）业。推动在现有动植物保护区开展珍稀濒危野生药用动植物保护、繁育、可持续采集管理、野生变家种和寻找替代品等研究工作。集成省内外产、学、研、用协同创新各种平台，打造川产道地中药品牌。

实施中药材规范化种植、加工、生产、流通、使用全产业链开发，培育川产道地中药材大品种。

加快中医药及相关衍生品研制和应用。鼓励中医药技术、人才、资本、实验室等多要素、多样化合作，推广以企业为主导的产、学、研合作模式。加强中药传统饮片的传承与发展，突破中药新型饮片、提取物的关键共性技术。鼓励中药饮片、提取物的系统研究和协同创新。以市场和疗效为导向，推动中药创新药物的研发和转化。支持对临床需求量大、疗效显著的中成药大品种进行新剂型、新标准与适应症的二次开发。鼓励开展中医诊疗设备及器材的研制、评价及应用。支持亚健康检测、干预及保健产品的研制、开发、评价及应用。大力支持中医药保健食品、养生食品（药膳）、功能型化妆品、日化产品等中医药健康衍生品发展。

大力发展中医药健康相关服务产业。以中医经典名方、名老中医长期临床实践的验方为基础，研发医疗机构中药制剂。制定院内制剂省内调剂使用政策，依托省、市两级的三级中医医院建设区域中药制剂配制中心，促进疗效独特的院内制剂在省内调剂使用。在二级以上医院建设或明确以药膳为主的营养膳食科。支持有条件的医院、企业开展药膳（食疗）标准方案与应用研究及推广示范，打造中医药药膳餐饮连锁企业。推动中医药大健康产业园建设。建立中医药健康产业服务创新团队5—10个。

大力发展第三方服务。开展第三方质量和安全检验、检测、认证、评估等服务，建立和完善中医药检验检测体系。发展研发设计服务和成果转化服务。支持健康服务专业孵化器和创新型产业孵化器建设。鼓励科研、企业资源共享，推进要素集聚，打造中药材研制、生产、销售等“一站式”服务平台。发展中医药电子商务。

加强中医药创新平台建设。构建四川中医药与生物医药技术创新公共服务平台、中医药云健康服务信息平台。促进中医药科研成果转化与应用。支持现代中药新药创制中心、亚健康科技产业中心建设。继续扶持各级中医药重点实验室、工程技术研究中心、研究室等建设。

专栏6　中医药健康服务相关支撑产业重点项目

中药资源保护与可持续发展项目

开展中药资源普查工作，建设国家中药种质资源库、中药材种子种苗繁育基地、四川省中药资源动态监测和信息服务体系。实施野生中药材可持续采集管理示范项目。开展川产道地药材综合开发与区域发展项目，实施川产道地药材品质评价与认证标准研究。全力打造“川产道地中药”品牌，推动川附子、川贝母、川牛膝、川芎、川天麻、厚朴、冬虫夏草、姜黄、黄柏、黄连等中药材的全产业链发展。

中医药及相关衍生品研制和应用项目

进一步开展中药饮片炮制工艺规范化和质量标准提升研究。开展中药饮片新剂型、新技术、新设备等研究。开展有市场前景的提取物研究。支持5—8个临床前研究和候选药物研究。选择3—5个中成药大品种进行二次开发。培育和开发四川优势菌类药材冬虫夏草、银耳、灵芝、木耳以及鱼腥草、波棱瓜子、变叶海棠、沙棘、乌梅、党参、雪梨、天麻等特色资源的保健食品等相关产品。

第三方平台建设

扶持发展第三方服务机构，开展质量检测、服务认证、健康市场调查和咨询服务。支持中医药技术转移机构开展科技成果转化。建设中医药电子商务交易平台、中医药产业公共服务平台和中医药健康管理服务平台。

中医药创新平台建设项目

建设四川省国际中医药转化医学基地、中药资源系统研究与开发利用省部共建国家重点实验室培育基地。继续推进国家中医药管理局重点研究室和国家中医临床研究（糖尿病）基地建设。

（七）大力推进中医药服务贸易。

推进中医药健康服务“走出去”。构建四川省中医药服务贸易体系，培育具有国际竞争力的企业，提高出口产品和服务品质。拓展国际中医药健康旅游。推进“一带一路”沿线地区中医药合作，探索建设一批中医药海外中心。推进多层次的中医药国际教育合作、科研合作。

推动中医药健康服务“引进来”。整合中医药优势资源，依托高校、研究中心和中医医疗机构，发展境内提供远程医疗、会诊服务，为境外来华人群开展中医医疗、康复、健康养生等中医药保健服务。吸引外国留学生来川接受相关培训和临床实习。以省内中医药产业和专业市场为依托，举办中医药现代化国际科技大会等符合健康需求的展览和会议，提高我省中医药国际化水平。

专栏 7　中医药服务贸易发展重点项目

中医药服务贸易先行先试

扶持中医药服务贸易重点项目，推动建设中医药服务贸易骨干企业，鼓励发展中医药医疗保健、教育培训、科技研发等服务贸易。支持中医药企业境外注册产品发展，设立企业的办事机构，开展国际营销，扩大国际市场。

中医药服务“一带一路”项目

重点推进“一带一路”沿线地区的中医药合作项目。筹建中医药国际医疗保健服务平台。鼓励有条件的中医药机构依法依规到境外开办中医医院、诊所、学校等中医药服务机构。开展东盟区域中医药专项培训等项目。

中医药服务贸易平台建设项目

建设四川省中医药服务贸易平台、中药材专业市场。依托现有中医药产业和专业市场，举办中医药现代化国际科技大会和四川中医药健康产业宣传推广、国际展览、高端论坛等活动。

三、政策措施

（一）放宽市场准入。按照“非禁即入”原则，不断扩大开放领域。允许取得乡村医生执业证书的中医药一技之长人员，在乡镇和村开办只提供经核准的传统中医诊疗服务的传统中医诊所。香港、澳门和台湾服务提供者在我省地级以上城市可设立独资中医类医院，进一步放宽中外合资、合作办中医条件，允许社会办中医医疗机构与境外资本通过股权变更、股权收购等形式变更为中外合资、合作医疗机构。全面清理、取消不合理的前置审批事项和互为前置等的审批环节，不得新设前置审批事项或提高审批条件，不得限制社会办中医医疗机构的经营性质。除中外合资、合作医疗机构和港、澳、台独资医疗机构外，对社会办中医医疗机构设置审批实行属地化管理，床位在 100 张以上的中医医院、中西医结合医院、民族医医院以及中医专科医院（含美容中医医疗机构）、疗养院、康复医院等的设置审批由市（州）中医药管理部门负责，其他医疗机构的设置审批由县（市、区）卫生计生行政部门负责。

（二）完善财税价格政策。鼓励各地探索建立对社会办非营利性中医医疗机构举办者的激励机制。符合条件、提供基本医疗卫生服务的非公立中医医疗机构承担公共卫生服务任务，可以按规定获得财政补助，其专科建设、设备购置、人员培训可由同级政府给予支持。加大科技支持力度，引导关键技术开发及产业化。

企业、个人通过公益性社会团体或者县级以上人民政府及其部门向非营利性中医医疗机构的捐赠，按照税法及相关税收政策规定在税前扣除。完善中医药价格形成机制，非公立中医医疗机构医疗服务价格实行市场调节价。

（三）完善中医药保障政策。省财政安排专项资金支持符合条件的中医药健康服务发展项目，各级财政应安排专项资金发展中医药健康服务。在规范中医非药物诊疗技术的基础上，逐步扩大纳入医保支付的医疗机构中药制剂、针灸、治疗性推拿等中医非药物诊疗技术范围。在省级医保、城乡居民医保和药品目录调整时，同等条件下，将我省符合规定的新药、独家品种和大品种优先纳入，并支持纳入国家基本医疗保险药品目录和国家基本药物目录。完善中医医院院内中药制剂调剂使用、中医人员执业、中医药服务人员职业资格认证管理、中医预防保健等相关政策和规定。

（四）加强用地保障。加强中医药健康服务发展规划与土地利用总体规划、城镇规划衔接，优先保障非营利性中医药健康服务机构用地。对闲置土地依法处置后由政府收回的，符合规划用途的可优先用于中医药健康服务发展。经主管部门认定的非营利性社会办医项目用地，可采取划拨方式供地。按相关规定配置中医药健康服务场所和设施。支持利用以划拨方式取得的存量房产和原有土地兴办中医药健康服务机构，对连续经营 1 年以上、符合划拨用地目录的中医药健康服务项目，可根据规定划拨土地办理用地手续；对不符合划拨用地条件的，可采取协议出让方式办理用地手续。

（五）加大投融资引导力度。政府引导、推动设立由金融和产业资本共同筹资的健康产业投资基金，统筹支持中医药健康服务项目。支持社会资本通过特许经营、公建民营、民办公助等模式经营、投资和运营中医药健康服务项目，新增项目优先考虑社会资本。鼓励社会资本和公立医疗机构联合发展中医药服务，并健全法人治理结构，建立现代医院管理制度。鼓励符合条件的中医药健康服务企业以股权融资、项目融资、非金融企业债务融资等方式，利用多种融资工具进行融资。支持政策性担保机构为中医药健康服务融资进行担保。鼓励中医药健康服务利用境外直接投资、国际组织和外国政府优惠贷款、国际商业贷款，大力引进境外专业人才、管理技术和经营模式。扶持发展中医药健康服务创业投资企业，规范发展股权投资企业。加大对中医药服务贸易的外汇管理支持力度，促进海关通关便利化。鼓励各类创业投资机构和融资担保机构对中医药健康服务领域创新型新业态、小微企业开展业务。鼓励金融机构按照风险可控、商业可持续原则加大对中医药健康服务业的支持力度，创新适合中医药健康服务特点的金融产品和服务方式，扩大业务规模。

四、保障措施

（一）加强组织领导。在省推进中医药强省建设工作领导小组和中医药产业发展推进小组的领导下，及时解决中医药健康服务发展中的重大问题，推进和落实《国务院办公厅关于印发中医药健康服务发展规划（2015—2020 年）的通知》（国办发〔2015〕32 号）确定的各项工作任务。省中医药局要牵头制定本规划实施方案，会同各有关部门（单位）及时研究解决规划实施中的重要问题，加强规划实施监测评估。省发展改革委、科技厅、民政厅、财政厅、人力资源社会保障厅、商务厅、文化厅、省卫生计生委、省旅游发展委、省食品药品监管局、省统计局等部门各司其职，扎实推动落实本规划。各地要依据本规划，结合实际，制定本地区中医药健康服务发展规划，细化政策措施，认真抓好落实。各地、各有关部门（单位）要高度重视，把发展中医药健康服务摆在重要位置，统筹协调，加大投入，创造良好的发展环境。

（二）完善标准和监管。成立中医药标准化技术委员会，促进中医药健康服务规范、标准的制定完善和推广应用。完善中医药服务贸易统计调查制度。引入认证制度，通过发展规范化、专业化的第三方认证，推进中医药健康服务标准应用。对暂不能实行标准化的领域，制定并落实服务承诺、公约、规范。建立健全中医药健康服务监管机制，推行属地化管理，重点监管服务质量，严肃查处违法行为。加强中医药健康服务监管机构和队伍建设，提升监管能力和水平。加强中医医疗、养生保健、中医中药广告等中医药健康服务市场监管。建立不良执业记录制度，将中医药健康服务机构及其从业人员诚信经营和执业情况纳入统一信用信息平台，引导行业自律。

专栏8　中医药健康服务标准化项目

中医药标准化建设项目

加快建立中医药健康服务分类标准及制定治未病服务、中医健康管理与保健服务、亚健康调理服务、养生保健服务等专业领域机构、人员、技术、服务、产品等系列规范及标准。推动制定中医药基础、临床、服务、产业等方面关键技术地方标准。建立中医药健康服务标准公告制度，加强监测信息定期报告、评价和发布，加强中医药健康服务标准应用推广。采取多种形式开展面向专业技术人员的中医药标准应用推广培训，推动中医药标准的有效实施。

中医药服务贸易统计制度建设

制订符合我省中医药服务贸易特点的统计方式和统计制度，完善统计信息报送。

（三）加快人才培养。

加大中医药健康服务拔尖人才培养。培养推荐国医大师候选人，集中力量培养推荐包括两院院士在内的中医药学术技术引领型人才，打造出一批以国医大师为首、省名中医领军的在全省乃至全国学术思想和临床诊疗水平有突出优势及较高影响力的中医药高层次人才队伍，不断提高四川中医药在全国学术界的影响力。

加强中医药健康服务人才队伍建设。建立人才培训机制，着力培养中医药健康服务人才。培养具有国际视野与思维能力的中医药健康管理、科普宣传、贸易等复合型人才。培育中医药健康产业企业家。

强化中医药健康服务职业培训。促进在川有条件的高校按照国家新修订的专业目录，设立中医养生保健、中医康复技术等相关专业并编写教材。加快发展中医药现代职业教育，强化学科专业、师资队伍和实训基地建设，改革人才培养模式。鼓励中高职院校之间开展合作和联合办学，设立中医养生康复、中医健康管理、中医老年医学、中医药健康旅游等新专业以适应中医药健康服务发展需要。着力培养中药栽培、鉴定、炮制等从业人员。扩大中医药健康服务人员的技能培训与认证鉴定规模。

专栏9　中医药健康服务人力资源建设项目

中医药健康服务业人才培训项目

建立中医药健康服务人才培养机制。建设3个中医药健康服务类示范专业，打造10门中医药健康类精品课程。组建中医药职业教育集团，以订单定向模式培养中医药健康服务产业技术技能型人才。整合全省中医药专科专病优势资源，在全省范围内遴选5个中医药专科专病开展培训，提升中医药健康服务能力。

中医药职业技能培训鉴定体系建设

拓宽中医药健康服务技术技能型人才岗位设置。按照国家制定的中医药行业特有工种职业标准组织开展岗位培训。根据国家部属，推动符合条件的行业协会、学会有序承接中医药健康服务水平评价类职业资格认定工作。

（四）营造良好氛围。加强宣传引导，实施中医药健康素养提升工程，营造全社会尊重和保护中医药传统知识、重视和促进健康的良好氛围。支持各种传统媒体和数字智能终端、移动终端等新型载体，开办专门节目栏目和版面，开展中医药文化宣传和知识普及活动，加大川派中医药文化宣传力度。弘扬大医精诚理念，加强职业道德建设，提升从业人员的职业素质。持续开展中医中药进乡村、进社区、进家庭、进军营、进景区、进校园活动，充分发挥社会组织作用，形成全社会“信中医、爱中医、用中医”的浓厚氛围。依法严厉打击非法行医和虚假宣传中药、保健食品、医疗机构等违法违规行为。

贵州省老年人权益保障条例

（2016年11月24日贵州省第十二届人民代表大会常务委员会第二十五次会议通过）

第一章　总　则

第一条　为了保障老年人合法权益，发展老龄事业，弘扬中华民族敬老、养老、助老的美德，促进社会和谐，根据《中华人民共和国老年人权益保障法》等法律法规的规定，结合本省实际，制定本条例。

第二条　本条例所称老年人是指60周岁以上的公民。

第三条　老年人权益受法律保护，任何组织和个人不得侵犯。

禁止歧视、侮辱、虐待或者遗弃老年人。

第四条　各级人民政府应当将老龄事业纳入国民经济和社会发展规划，将老龄事业经费列入同级财政预算，建立健全以居家为基础、社区为依托、机构为补充、医养相结合的养老服务体系，大力发展养老事业，保障老龄事业与经济社会协调发展。

第五条　县级以上人民政府老龄工作机构负责组织、协调、指导、督促有关部门做好老年人权益保障工作。发展和改革、民政、人力资源和社会保障、卫生计生、司法行政等部门按照各自职责，做好老年人权益保障工作。

工会、共青团、妇联等团体和企业事业单位应当按照各自职责，做好老年人权益保障工作。

乡镇人民政府、街道办事处（社区）应当明确人员负责老年人权益保障工作，并提供必要的工作经费和条件。

居民委员会、村民委员会和依法设立的老年人组织应当及时了解老年人生活、健康等状况，维护老年人合法权益，组织开展有益于老年人身心健康的活动。

第六条　县级以上人民政府应当在老年人状况统计、老年人优待维权、养老服务业发展、养老信息化等领域开展大数据应用，支持老龄科学研究，优化公共资源配置，提升老年人公共服务水平。

第七条　各级人民政府及有关部门应当开展人口老龄化国情教育和敬老、养老、助老宣传教育活动，引导全社会树立尊重、关心、帮助老年人的风尚。

青少年组织、学校和幼儿园应当对青少年和儿童进行敬老、养老、助老的道德教育和维护老年人合法权益的法制教育。

广播、电视、报刊、网站等应当开展维护老年人合法权益的宣传报道，为老年人服务。

鼓励志愿者为老年人提供帮助和服务。

第八条　各级人民政府和有关部门对维护老年人合法权益、发展老龄事业和敬老、养老、助老成绩显著的组织、家庭或者个人，对参与社会发展做出突出贡献的老年人，按照国家和省的有关规定给予表彰或者奖励。

第九条　鼓励单位和个人开展经常性的敬老、养老、助老活动。

老年节期间，有关国家机关、社会团体、企业事业单位和其他组织应当开展形式多样的敬老、养老、助老活动。

第十条　老年人应当遵纪守法，遵守社会公德、家庭美德，依法行使权利。

第二章　家庭保障和社会保障

第十一条　家庭成员应当尊重、关心和照料老年人。

赡养人应当履行下列义务：

（一）对老年人经济上供养、生活上照料和精神上慰藉；

（二）不得强行将老年夫妻分开赡养；

（三）给患病的老年人及时治疗和护理，为经济困难的老年人提供医疗费用；

（四）法律、法规规定的其他义务。

赡养人因外出务工等原因不能亲自履行赡养义务的，应当委托亲属等其他有能力的人代为照顾并妥善安排老年人生活。

赡养人不得以放弃继承权、老年人离婚或者再婚等为由，拒绝履行赡养义务。

老年人可以要求赡养人作出书面赡养保证或者赡养人之间就履行赡养义务签订协议。

赡养人的配偶以及其他家庭成员应当支持、协助赡养人履行赡养义务。

第十二条　有负担能力的孙子女、外孙子女，对于子女已经死亡或者子女无力赡养的祖父母、外祖父母，有赡养的义务。

第十三条　与老年人分开居住的赡养人及家庭成员，应当经常看望、问候老年人。

赡养人应当经常探望入住养老机构的老年人；较长时间未探望的，养老机构可以向赡养人居住地的居民委员会、村民委员会或者赡养人所在单位提出建议，督促其前往探望。

用人单位应当按照国家和省的有关规定保障赡养人探亲休假的权利。

第十四条　老年人依法订立遗嘱处分个人财产或者与他人签订遗赠扶养协议，子女或者其他亲属不得干涉。

有负担能力的子女要求老年人抚养、照料孙子女、外孙子女的，老年人可以拒绝。

有独立生活能力的成年子女要求老年人经济资助的，老年人可以拒绝。

第十五条　县级人民政府应当对符合条件的贫困老年人给予最低生活保障。对享受最低生活保障后生活仍有困难的，增发特殊困难补助金。

对无劳动能力、无生活来源且无法定赡养、扶养义务人，或者其法定赡养、扶养义务人无赡养、扶养能力的特困老年人，各级人民政府应当给予供养或者救助。

第十六条　县级以上人民政府应当将老年人纳入基本医疗保险保障范围，在老年人医疗保险待遇方面给予倾斜，并为医疗保险异地就医结算提供便利。

享受最低生活保障的老年人和符合条件的低收入家庭中的老年人，参加城乡居民基本医疗保险所需个人缴费部分，由县级以上人民政府给予补贴。

第十七条　享受最低生活保障的老年人和符合条件的低收入家庭中的老年人，以及特困供养的老年人，由县级以上人民政府给予医疗救助。

第十八条　县级以上人民政府应当逐步建立老年人长期护理保障制度，通过发放护理补贴或者采取政府购买服务等方式，为经济困难、生活长期不能自理的老年人提供必要的护理保障。

第十九条　县级以上人民政府应当建立80周岁以上老年人高龄津贴制度，并根据经济社会发展状况适时调整津贴标准。

第三章　社会服务

第二十条　县级以上人民政府应当统筹医疗卫生与养老服务资源布局，推进医疗卫生与养老服务融合发展，发展健康养老产业。

鼓励和引导社会力量参与发展老龄事业。

第二十一条　县级以上人民政府用于社会福利事业的彩票公益金和省级福利彩票公益金，50%以上的资金应当用于支持发展养老服务业，并随老年人口的增加逐步提高投入比例。

第二十二条　县级以上人民政府在制定城市总体规划、控制性详细规划时，应当按照人均用地不少于0．1平方米的标准，分区域和级别规划设置养老服务设施。

新建居住区应当按照规划要求和建设标准，同步建成相应的养老服务设施；老城区和已建成居住区无养老服务设施或者现有设施达不到规划和建设指标要求的，应当通过购置、置换、租赁等方式建设养老服务设施。

第二十三条　各级人民政府应当采取措施，鼓励、引导、支持企业开发、生产、经营适应老年人需要的文化、体育、生活等产品和服务。

第二十四条　县级以上人民政府应当在公益性岗位控制规模内，根据实际需要合理开发养老服务辅助性岗位，鼓励就业困难人员和高校毕业生到养老服务业就业、创业。

第二十五条　各级人民政府应当通过购买服务、委托运营、以奖代补等方式，鼓励和引导医疗机构、专业服务机构、企业和社会组织发展社区居家养老服务，为居家的老年人提供生活照料、紧急救援、医疗护理、精神慰藉、心理咨询等服务。

鼓励医疗机构与养老机构合作，符合条件的养老机构可以设置医疗机构，为养老机构收住的老年人提供基本医疗服务，发生的医疗费用，按照基本医疗保险的规定结算。

第二十六条　满足特困供养对象集中供养需求的农村敬老院，可以收取适当费用向农村留守老年人开放，对经济困难的失能、半失能农村留守老年人提供低收费或者免费照料服务。

满足前款规定的人群需求后，仍可收住老年人的农村敬老院，可以收取适当费用向农村其他老年人开放。

第二十七条　政府投资兴办的养老机构，应当优先保障孤老优抚对象和经济困难的孤寡、高龄、失能、半失能等老年人的服务需求。鼓励、支持企业事业单位、社会组织或者个人兴办、运营养老机构。

养老机构变更或者终止的，应当妥善安置收住的老年人。

第二十八条　养老机构应当按照国家、行业、地方标准和服务协议为收住的老年人提供生活照料、康复护理、精神慰藉、文化娱乐等服务。

养老机构可以为居家养老和社区养老的老年人提供生活照料、精神慰藉等服务。

养老机构及其工作人员不得以任何方式侵害老年人的权益。

第四章　社会优待

第二十九条　提供公共服务、公共产品的政府部门、企业事业单位和其他组织，应当为老年人办理相关事项提供咨询引导、操作指导、优先办理等服务。鼓励为有特殊困难、行动不便的老年人提供特别服务或者上门服务。

享受特困供养、最低生活保障以及重点优抚对象的老年人死亡，由当地县级人民政府民政部门承担其基本丧葬费用。

第三十条　医疗机构应当为老年人就医提供方便和优先服务。

基层医疗卫生机构应当为 65 周岁以上常住老年人免费建立健康档案，提供免费体格检查。对辖区内 90 周岁以上常住老年人，开展上门健康巡诊。

鼓励基层医疗卫生机构为辖区内高龄、重病、失能、半失能的老年人提供上门巡诊、家庭病床、社区护理、健康管理等服务。

鼓励医疗机构为经济困难的老年人减免诊疗费。

第三十一条　城市公共交通和公路、铁路、水路、航空客运等企业应当为老年人提供便利服务。车站、码头、机场等客运站点应当设置老年人优先标志，设立老年人等候专区，对无人陪同、行动不便的老年人给予照顾。

70 周岁以上老年人免费乘坐城市公共汽车，鼓励有条件的地方对 65 周岁以上的老年人乘坐城市公共汽车实行减免费。县级以上人民政府应当对执行老年人优惠乘车规定的城市公共汽车客运经营者予以补偿。

第三十二条　老年人凭有效证件免费优先进入政府投资的旅游景区、公园、动物园、植物园、纪念馆、科技馆、文化馆、图书馆、美术馆、博物馆、体育场馆等场所，80 周岁以上老年人可以有 1 名陪护人员免费进入。鼓励非政府投资的相关场所对老年人实行免费。

鼓励旅游景区内实行收费的游览场所、交通工具等对老年人免费或者优惠。

第三十三条　供水、供电、供暖、燃气、通信、邮政、金融等服务行业应当在其服务场所设置老年人优先窗口，并提供优先、优惠服务。

鼓励商业保险公司开展老年人长期护理保险、人身健康保险、意外伤害保险和住房反向抵押养老保险等相关业务。

第三十四条　老年人合法权益受到侵害的，被侵害人或者其代理人有权要求有关部门处理，有关部门应当依法及时处理，不得推诿、拖延。

对因合法权益受到侵害提起诉讼，缴纳诉讼费确有困难的老年人，人民法院应当按照规定准予缓交、减交或者免交诉讼费。

法律援助机构应当按照规定，对申请法律援助的无固定生活来源的老年人免除经济困难审查。鼓励有条件的法律援助机构开辟快速通道，为老年人提供便利。

鼓励律师事务所、公证处、基层法律服务所和其他法律服务机构为经济困难的老年人提供免费或者优惠服务。

第五章　参与社会发展

第三十五条　县级以上人民政府应当为老年人参与社会发展创造条件。

鼓励老年人在自愿和量力的情况下依法从事关心下一代、传授文化和科技知识、提供咨询服务、参与科技开发和应用、协助调解民间纠纷等社会活动。

第三十六条　各级人民政府和居民委员会、村民委员会可以采取多种方式，征求老年人对本地经济、社会发展的意见。

乡镇人民政府和街道办事处应当培育和扶持基层老年人协会、老年人体育协会等老年人组织，促进老年人参与社会发展。

第三十七条　县级以上人民政府应当加大投入，发展老年教育事业，将老年教育列入教育发展规划和终身教育体系，均衡配置各类老年教育资源，优化老年教学课程设置，对经济困难的老年学员减免学费，为老年人接受终身教育创造条件。

鼓励高等院校、职业学校等教师到各类老年学校义务开展教学活动。

第三十八条　县级以上人民政府应当将老年文化体育设施建设纳入城市总体规划，建设与辖区老年人口规模相适应的老年文体活动场所。

文化、体育等相关部门应当采取措施，开展适合老年人的群众性文化、体育、娱乐活动，丰富老年人的精神文化生活。

鼓励老年人参与适宜的群众性文化、体育、娱乐活动。

第六章　法律责任

第三十九条　对不履行保障老年人权益职责的部门或者组织，由其上级主管部门给予批评教育，责令改正。

国家机关工作人员违法失职，致使老年人合法权益受到损害的，由其所在单位或者上级机关责令改正，或者依法给予处分。

第四十条　对老年人负有赡养、扶养义务而拒绝赡养、扶养，侮辱、虐待、遗弃老年人，干涉老年人婚姻自由，尚不构成犯罪的，由行为人所在单位、居民委员会、村民委员会或者相关组织给予批评教育；违反治安管理规定的，依法给予处罚。

第四十一条　养老机构有下列行为之一的，有关部门或者单位应当中止扶持、优惠措施；情节严重的，追回已经发放的补助、补贴和减免的费用，并依照相关法律法规予以处罚：

（一）未与老年人或者其代理人签订服务协议，或者协议严重损害老年人合法权益的；

（二）利用养老机构的场地、建筑物、设施，开展与养老服务无关活动的；

（三）未按照国家、行业、地方强制性标准开展服务的；

（四）歧视、侮辱、虐待或者遗弃老年人以及其他侵犯老年人合法权益行为的；

（五）擅自停止或者终止服务的；

（六）向民政部门隐瞒有关情况、提供虚假材料或者拒绝提供反映其活动情况真实材料的。

第七章　附　则

第四十二条　本条例自2017年1月1日起施行。1990年5月12日贵州省第七届人民代表大会常务委员会第十三次会议通过的《贵州省老年人保护条例》同时废止。

陕西省人民政府办公厅关于推进医疗卫生与养老服务相结合实施意见

陕政办发〔2016〕63号

各市、县、区人民政府，省人民政府各工作部门、各直属机构：

为贯彻落实《国务院办公厅转发卫生计生委等部门关于推进医疗卫生与养老服务相结合指导意见的通知》（国办发〔2015〕84号）精神，进一步推进医疗卫生与养老服务相结合，满足群众日益增长的健康养老需求，经省政府同意，制定本实施意见。

一、指导思想和总体目标

（一）指导思想。深入贯彻党的十八大和十八届三中、四中、五中全会精神，坚持“创新、协调、绿色、开放、共享”发展理念，以建立政府主导、社会参与、市场推动的养老服务业为导向，推进医疗卫生与养老服务有机结合，建成一批兼具医疗卫生和养老服务资质和能力的医疗机构或养老机构（以下统称医养结合机构），缓解老年人医疗护理床位紧张、看病住院困难等问题，满足全省老年人医疗护理服务需求，保障人人享有适宜的健康养老服务，实现老有所养、老有所医。

（二）总体目标。到2020年，基本建立符合我省实际的医养结合体制机制和政策法规体系，医疗卫生和养老服务资源实现有序共享，基本形成覆盖城乡、规模适宜、功能合理、综合连续的医养结合服务网络。社区（村）卫生服务机构全面建立家庭医生签约服务制度，为老年人提供医疗服务的能力明显提升，65岁以上老年人健康管理率达到95%以上。所有医疗机构开设为老年人提供挂号、就医等便利服务的绿色通道，二级以上医疗机构开设老年病门诊，所有养老机构能够以不同形式为入住老年人提供医疗卫生服务，基本适应老年人健康养老服务需求。

二、重点任务

（三）推进医疗卫生服务与养老服务融合发展。强化医疗卫生服务对养老服务的支撑作用，建立健全医疗卫生机构与养老机构之间的业务协作机制。医疗机构为60岁以上老年人特别是高龄、重病老年人开设就医绿色通道。提高基层医疗卫生机构康复、护理床位占比，鼓励其根据服务需求增设老年养护、临终关怀病床。有条件的二级以上医疗机构要设立老年病科和老年病床，对本区域内的养老机构实行医疗托管，为入住老年人提供预约就诊、急诊救治、中医保健等服务。科学统筹医疗卫生与养老服务资源布局，重点加强老年病医院、康复医院、护理院、临终关怀机构建设，公立医院资源丰富的地区可积极稳妥地将部分公立医院转型为康复、护理等接续性治疗机构。鼓励引导省内大型医院与基层医疗机构、医养结合服务机构通过医疗养老联合体等方式，建立远程医疗、急诊病人转院、术后康复巡诊、预约就诊等协作关系。提倡三甲医院在就近的社区卫生服务中心设立专家门诊，由本院老年常见病专家定期巡视，缓解三甲医院的门诊压力。有条件的医疗卫生机构可以通过多种形式、依法依规开展养老服务。鼓励各级医疗卫生机构医务人员和志愿者定期为老年人开展义诊。

（四）大力发展养老机构医疗保健服务能力。鼓励养老机构根据服务需求和自身能力，按相关规定申请开办老年病院、康复医院、护理院、中医医院和临终关怀机构等，也可内设医务室或护理站，为入住老年人提供基本的医疗服务。养老机构内设的具备条件的医疗机构，可作为医院（含中医医院）收治老年人的后期康复护理场所。养老机构内设的医疗卫生服务机构要严格按照医疗卫生机构设置标准，经卫生计生行政部门审批后规范执业，并接受协作医院及同级卫生计生行政部门的业务指导。不具备开办医疗卫生服务机构条件的养老机构要按照就近、方便的原则，与相关医疗服务机构建立协作关系，切实保障入住老年人的医疗保健服务。鼓励执业医师到养老机构设置的医疗机构多点执业，支持有相关特长的医师和专业人员在养老机构规范开展疾病预防、营养、中医调理养生等非诊疗行为的健康服务。

（五）推动基层医疗卫生服务延伸到社区和家庭。加强社区卫生服务中心建设，建立家庭医生上门服务制度，为慢性老年病患者设立家庭病床。鼓励基层医疗机构为社区高龄、重病、失能、部分失能以及计划生育特殊家庭等行动不便或确有困难的老年人，提供定期体检、上门巡诊、家庭病床、保健护理、健康管理等基本服务。结合基本公共卫生服务项目的实施，为65岁以上老年人提供免费体检，开展慢性病管理、康复、理疗、健康教育咨询和医疗保健工作。发展日间照料、全托、半托等多种形式的老年人照料服务，积极开展心理健康疏导、文体娱乐、生活照料等老年服务。鼓励民间资本开展健康养老服务，通过政府购买服务的方式大力发展社区卫生和养老服务。依托社区服务网络信息平台和人口信息平台，整合各类信息资源，实现信息共享，为开展医养结合服务提供信息和技术支撑。

（六）加快推进医养结合机构建设。规划新建的养老机构，根据条件和需求预留开办医疗卫生服务机构所需的房屋设施，配备专业技术人员及诊疗设备。在制定医疗卫生和养老相关规划时，要给社会力量举办医养结合机构留出空间。按照“非禁即入”的原则，鼓励社会力量针对老年人健康养老需求，通过市场化运作方式，举办老年康复、老年护理、临终关怀等医养结合机构。通过特许经营、公建民营、民办公助等模式，支持社会力量举办非营利性医养结合机构。在土地供给、医保定点、税收优惠、资金扶持等方面按规定给予优先优惠待遇。通过转制、购买服务等方式，推进单位内设医院、干部休养病房等闲置资源向老年病院、老年康复护理医院等医养结合机构转型。

（七）积极发展中医药健康养老服务。发展中医药特色养老机构。鼓励新建以中医药健康养老为主的护理院、疗养院。有条件的养老机构设置以老年病、慢性病防治为主的中医诊室。推动中医医院与老年护理院、康复疗养院等养老机构开展合作，将中医治未病理念、中医药养生保健、中医药康复医疗融入健康养老。二级以上中医医院开设老年病科，增加老年病床数量，开展老年病、慢性病防治和康复护理，为老年人就医提供优先优惠服务。支持养老机构开展融合中医特色健康管理的老年人养生保健、医疗、康复、护理服务。有条件的中医医院开展社区和居家中医药健康养老服务，为老年人建立健康档案，建立医疗契约服务关系，开展上门诊视、健康查体、保健咨询等服务。

（八）提高老年人医疗及康复护理保障水平。积极完善城镇职工、城乡居民基本医保制度，提高老年人医疗保险报销比例，逐步探索将符合规定的医疗、康复和护理费用纳入医保支付范围。养老机构内设医疗机构（含医养结合机构）符合基本医保定点机构条件的，要按规定纳入定点范围。积极推进医保异地结算，逐步实现异地养老人群医疗、康复和护理费用异地结算。鼓励商业保险公司积极开展长期护理保险、特殊大病保险以及与健康管理、养老服务相关的商业保险业务，积极探索多元化的保险筹资模式，保障老年人长期护理服务需求。落实将偏瘫肢体综合训练、认知知觉功能康复训练、日常生活能力评定等医疗康复项目纳入基本医保范围的政策，为失能、失智、部分失能老年人治疗和康复提供相应保障。

（九）加强老年人医疗康复专业技术人才培养。把养老机构内设医疗机构（医养结合机构）及其医护人员纳入卫生计生行政部门统一指导管理，做好职称评定、专业技术培训和继续医学教育等方面的制度衔接，对养老机构内设医疗机构（医养结合机构）中的医务人员在资格认定、职称评定、技术准入、推荐评优等方面同其他医疗机构技术人员同等对待。完善养老专业人才培养机制，建立岗前教育、岗中培养、继续教育的培养体系，建立医疗卫生机构与医养结合机构人员进修轮训机制，促进人才有序流动。鼓励大中专院校和护士专科学校毕业生到医养结合服务机构工作。将老年医学、康复、护理人才作为急需紧缺人才纳入卫生计生人员培训规划，建立养老服务从业人员职业技能培训和鉴定制度，支持省内高校和中等职业学校开设老年健康、护理及照料等相关专业学科，加快培养老年医学、康复护理、营养咨询、心理干预和社会工作等方面专业人才。加强养老护理人员中医药技能培训，鼓励开发、推广中医药健康养老产品，普及中医药健康养老知识。

三、保障措施

（十）加强组织领导。各地、各有关部门要高度重视，把推进医养结合工作摆在重要位置，纳入深化医药卫生体制改革和促进养老、健康服务业发展的总体部署，结合本地区实际和本部门职责制定出台推进医养结合的政策措施、规划制度和具体方案，细化工作任务，明确时限要求，确保按时完成各项任务。要加强对医养结合工作的组织领导和统筹协调，建立政府主导、部门协作的领导机制。

（十一）明确部门职责。卫生计生部门要引导鼓励社会资本举办具有养老服务资质和能力的医疗机构，积极推动医疗机构开展医养结合服务，做好养老机构内设医疗机构执业活动监管和医务人员培训。民政部门要把医养结合工作纳入到社会养老服务体系建设规划，加强基层社区养老服务机构能力建设，完善养老服务信息平台，做好医疗卫生与养老服务的对接。发展改革部门要将推动医养结合纳入国民经济和社会发展规划。卫生计生、民政和发展改革部门要做好养老机构和医疗机构建设的规划衔接，加强在规划和审批等环节的合作，制定完善医养结合机构及为居家老年人提供医疗卫生和养老服务的标准规范并加强监管。财政部门要落实相关投入政策，积极支持医养结合发展。人力资源社会保障、卫生计生部门要将符合条件的医养结合机构纳入城乡基本医疗保险定点范围。中医药管理部门要加强中医药适宜技术和服务产品推广，加强中医药健康养老人才培养，做好中医药健康养老工作。老龄工作部门要做好入住医养结合机构、接受居家医养服务老年人合法权益保障工作，协调有关部门落实老年人优待政策。

（十二）加强用地保障。城乡规划主管部门在编制城乡规划时，要统筹考虑医养结合机构的发展需要，规划好医养结合机构的用地布局。国土资源部门在编制土地利用总体规划时，要切实保障医养结合机构的土地供应。对非营利性医养结合机构，可采取划拨方式，优先保障用地；对营利性医养结合机构，应当以租赁、出让等有偿方式保障用地，养老机构设置医疗机构，可将在项目中配套建设医疗服务设施相关要求作为土地出让条件，并明确不得分割转让。依法需要招标拍卖挂牌出让土地的，应当采取招标拍卖挂牌方式出让。

（十三）加大扶持力度。各地、各部门要加大资金投入力度，支持医养结合机构实施改扩建、维修和改造等建设项目。对符合条件的医养结合机构，按规定落实好相关支持政策。拓宽市场化融资渠道，探索政府和社会资本合作（PPP）的投融资模式。鼓励和引导各类金融机构创新金融产品和服务方式，加大金融对医养结合领域的支持力度。有条件的地方可通过由金融和产业资本共同筹资的健康产业投资基金支持医养结合发展。用于社会福利事业的彩票公益金要支持开展医养结合服务。积极推进政府购买基本健康养老服务，逐步扩大购买服务范围，完善购买服务内容，各类经营主体平等参与。

（十四）推进典型示范。积极推广生态养老、健康养老，开展医养结合示范市建设，支持建立全省医养结合示范基地。规划建设一批特色鲜明、示范性强的医养结合试点项目，通过政策扶持和以奖代补等方式支持医养结合示范市和示范基地建设，适时总结经验并向全省推广。各市（区）也要结合各自实际开展医养结合工作试点。卫生计生、民政部门要会同相关部门密切跟踪各地进展，帮助解决试点中的重大问题，及时总结推广好的经验和做法，完善相关政策措施。

（十五）加强考核监督。建立以服务质量、老年人满意度为主要指标的考核评估体系，加强对医养结合工作绩效考核。各市（区）要依据本意见制订具体实施办法，加强对医养结合工作的监督考核，适时开展工作检查，及时发现问题，采取有效措施予以改进，进一步完善相关政策，确保医养结合工作落实到位，促进医养结合健康、顺利发展，保障老年人健康养老服务需求。

陕西省人民政府办公厅
2016 年 7 月 14 日

青海省老龄工作委员会关于印发《青海省老龄事业发展“十三五”规划》的通知

青老龄委〔2016〕3 号

各市、州老龄委，省老龄委各成员单位：

《青海省老龄事业发展“十三五”规划》已经省老龄工作委员会第十一次全体会议审议通过，现印发给你们，请结合各自实际，认真贯彻执行。

青海省老龄工作委员会
2016 年 5 月 30 日

青海省老龄事业发展“十三五”规划

序 言

“十三五”时期（2016—2020年），是我省积极应对人口老龄化、全面建成小康社会的决胜阶段，也是全面深化改革和实施“三区”战略取得决定性成果的关键时期。深入贯彻落实党的十八届四中、五中全会精神，科学制定和实施《青海省老龄事业发展“十三五”规划》（以下简称《规划》），对于青海老龄事业立足新起点、抢抓新机遇、实现新跨越，具有十分重要的意义。

《规划》坚持以科学发展观为统领，依据新修订的《中华人民共和国老年人权益保障法》、《青海省国民经济和社会发展第十三个五年规划纲要》和中国老龄事业发展“十三五”规划编制思路，以应对我省人口老龄化挑战、加快老龄事业发展、构建社会主义和谐社会为目的，提出了“十三五”期间我省老龄事业的发展目标、主要任务和保障措施，是推进“十三五”时期全省老龄事业发展的重要依据和基本遵循。

第一章 发展基础和发展环境

第一节 发展基础

“十二五”期间，在省委省政府的高度重视和全国老龄办的指导监督下，我省各级政府、各涉老部门认真贯彻落实《中国老龄事业发展“十二五”规划》和《青海省老龄事业发展“十二五”规划》，始终围绕实现“老有所养、老有所医、老有所为、老有所学、老有所乐”的老龄工作目标，齐心协力、扎实工作，目标任务基本完成，老龄事业取得了显著成效。

一、政策制度建设取得突破，老龄事业发展环境优化

“十二五”时期，相继出台了《中共青海省委青海省人民政府关于进一步加强老龄工作的意见》、《省卫生厅关于印发青海省城乡65岁及以上老年人健康体检实施方案的通知》、《省住建厅关于加强全省在建工程无障碍设施建设管理的通知》、《省人社厅关于青海省贯彻落实〈城乡养老保险衔接办法〉的实施意见》、《省人民政府关于加快发展养老服务业的实施意见》、《省民政厅省财政厅关于政府向社会力量购买养老服务实施办法的通知》、《省民政厅等五部门关于加快推进医疗卫生与养老服务业融合发展的实施意见》、《省民政厅等四部门关于政府向社会力量购买老年人意外伤害保险实施办法的通知》、《省老龄办等24部门关于青海省进一步加强老年人优待工作的实施意见》等一批政策制度，初步形成了积极应对人口老龄化的工作机制和政策体系，为我省老龄事业进一步发展指明了方向、注入了活力、提供了遵循。

二、养老保障制度不断完善，老年福祉得到持续提升

以加快养老保险制度改革、完善社会保障体系建设为重点，按照“兜底线、补短板、促水平”的原则，加大工作力度，基本建立了养老保险制度体系。截至“十二五”末，全省城镇职工基本养老保险参保人数达到100万人，其中离退休人员30.1万人，连续调整提高企业退休人员养老金标准，月人均达到3060元；启动了新型农牧区社会养老保险和城镇居民社会养老保险试点工作并覆盖全省各地，2014年将新型农牧区社会养老保险和城镇居民社会养老保险合并实施，建立了统一的城乡居民基本养老保险制度；2012年以来，连续三次提高了城乡居民基本养老金标准，达到每人每月125元，全省城乡居民养老保险参保人数达到233万人，其中领取待遇48万人，参保率为96. 2%。

三、医疗保障制度日益健全，老有所医目标基本实现

全省基本医疗保险参保人数稳步增长，参保覆盖面持续扩大，城镇职工和城乡居民医保参保人数分别达到95.59万人和455.18万人，参保率均达到98%以上，比“十一五”末的381.04万人增加169.73万人；2015年，城乡居民医保筹资标准提高到550元，财政补助水平达到人均466元，位居中西部地区前列；2013年起将全省城镇居民与新农合参保人员三、二、一级医疗机构住院医疗费用政策范围内报销比例调整为70%、80%、90%，城镇职工住院政策范围内报销比例提高到85%；2012、2013年分别建立了城乡居民和城镇职工大病医疗保险制度，并实现全省覆盖，个人自付合规医疗费用大病报销比例分别达到80%、85%；2011年启动了对65周岁以上老年人进行每年一次免费健康体检及健康危险因素评估工作，健康体检补助标准达到每人每年130元。

四、养老服务体系建设稳步推进，为老服务能力不断提高

“十二五”期间，基本建成了以居家为基础、社区为依托、机构为补充的养老服务体系，社会养老服务格局呈现多元化，基础设施建设力度加大，服务能力明显提高。五年来，全省社会养老服务体系建设投入资金超过14.1

亿元，共建有社会福利机构 61 个（其中建成 1 所省级、8 所市州级、34 所县级社会福利院，18 所县级养护楼），农村互助幸福院 1404 个，社区老年日间照料中心 154 个，全省老年福利设施达到 1890 个，养老床位数达到 21036 张，比 2010 年增加 17240 张，每千名老年人拥有养老床位数由“十一五”末的 9.75 张增长到 30 张；建立了社会养老服务补贴制度，开展了城镇居家养老购买服务和农牧区代养服务试点工作；制定了老年人意外伤害保险和养老机构综合责任保险政策。

五、社会救助力度持续加大，老年人生活质量明显改善

全面建立了覆盖城乡的社会救助制度体系，将符合条件的老年人全部纳入城乡低保并实行分类施保、重点救助，城乡低保实现了“按标施保，应保尽保”。健全完善了社会救助和保障标准与物价上涨挂钩的联动机制，城镇低保标准从“十一五”末的 200 元/月提高到 370 元/月，城镇低保老人每人每月增发 20—40 元的分类施保金，农村低保标准由 1200 元/年提高到 2400 元/年，农村低保老人每人每年增发 200 元的分类施保金；建立了五保标准随当地群众收入水平同步提高的自然增长机制，分散供养标准从“十一五”末的人均 2180 元/年提高到人均 5092 元/年，集中供养标准人均达到 5826 元/年；建立了主动发现机制，加大困难老年人临时救助力度，救助上限由 3000 元提高到 3 万元；建立了特大疾病医疗救助制度，对符合条件的老年人依据政策及时给予医疗救助。

六、老年维权工作扎实有效，参与社会环境不断优化

全省共建立县级以上法律援助机构 56 个，各类法律援助工作站（点）962 个，基本建成老年人法律援助服务网络体系；通过建立青海省法律援助网站、发放“法律援助联系卡”、公示“12348”法律援助咨询电话、为老年人提供上门服务、组织律师与老年人签订“法律助老”协议等多种渠道，将涉老法律援助活动制度化；针对特殊困难老年人，简化法律援助程序，降低法律援助门槛，开展优先接待、优先受理、优先审查、优先指派等服务，对 70 周岁以上高龄老年人给予免审查，做到了应援必援。2011 年以来，全省各级法律援助机构共办理老年人法律援助案件近 1781 件，接待咨询约 4468 人次，切实维护了老年人的合法权益。

七、涉老优待制度渐趋完善，老年人共享改革发展成果

健全完善高龄补贴制度，五年来，全省累计发放高龄补贴资金达 6.7 亿元，近 29.6 万名老年人享受到这一惠民政策，实现了全覆盖；为切实做好我省老年人优待工作，立足省情和经济社会发展现状，针对老年人的特殊需求，在医、食、住、用、行、娱等方面，积极为老年人提供多种形式的优先优惠和便利服务，2015 年，制定出台了《青海省关于进一步加强老年人优待工作的实施意见》，在政务服务、卫生保健、交通出行、商业服务、文体休闲、维权服务等六个方面提出相关优待优惠政策，老年人优待制度进一步完善。

八、老年人广泛参与社会发展，精神文化生活更加充实

目前，全省老年学校已发展到 19 所，在校老年学生达 6000 人（次），并建立了“青海省老年大学网站”；全省已建成约 337 个乡镇综合文化站电子阅览室，成立“青海省老年网上俱乐部”，为老年人获取文化知识、信息化学习提供便利；城乡基层老年协会已建有 3000 余个，城镇社区覆盖率为 77%，农村社区覆盖率为 64%，2014 年起实施村级老年协会“乐龄工程”建设项目，截至目前，共实施了 142 个项目；积极鼓励老年人参与社区建设和社会发展，五年来，全省累计组织老专家 2542 人（次），开展“银龄行动”289 次，4 人获得全国“老有所为”先进典型人物称号。

九、老龄创建活动富有成效，敬老爱老氛围日益浓厚

通过广泛开展“敬老月”、“敬老文明号”等系列评选创建活动，评选出一批孝亲敬老之星、孝亲敬老楷模、敬老模范单位等老龄工作先进个人和集体，在全社会积极发挥了敬老爱老示范带头作用；启动了“贴心保姆”扶老助残志愿服务行动，全省各级团组织、青年志愿者组织以社区老年人、残疾人为服务对象开展志愿服务行动，共举办助老助残志愿服务活动 2000 余次，参与志愿者 4 万余人，全省敬老爱老助老社会风尚日益浓厚。

第二节 发展环境

截至“十二五”末，我省 60 周岁以上的老年人为 69.77 万，比“十一五”末增加了 13.45 万，平均每年增长 2.69 万，占全省总人口的 11.86%，人口老龄化进程较快。据预测，2020 年 60 周岁以上人口将达到 81.67 万，约占总人口的 13.41%。“十三五”时期，积极开展应对人口老龄化行动，加快老龄事业改革发展，既面临重大机遇，又面临严峻挑战。

一、发展机遇

——党的十八届五中全会将推进老龄事业改革发展纳入经济社会发展全局，对积极应对人口老龄化做出重大决策部署；国民经济和社会发展“十三五”规划纲要对发展老龄事业做出具体安排；如期全面建成小康社会对保障和改善全体老年人生活提出更高要求。

——我省加快实施“三区”建设战略，为老龄事业加快发展提供了新契机；省委、省政府高度重视改善民生为重点的社会建设，并将完善社会保障制度、提高全民健康水平、加快养老服务体系建设等项目列入民生实事工程，

为发展老龄事业提供了广阔的发展空间。

——随着政府职能的加快转变，公共支出结构不断优化，各级党委、政府将更加注重推进基本公共服务均等化，需要进一步动员和依靠更多的社会力量参与老龄工作、提供公共服务产品，实现各项工作的提质增效和全面发展，为老龄事业的社会化发展提供良好机遇。

二、面临挑战

——受经济社会发展相对滞后、区域发展不平衡的客观因素影响，全省老龄事业城乡和区域发展差距依然较大，基层老龄服务资源整合不充分，社会化养老服务的供需矛盾突出，推进基本公共服务均等化难度较大。

——我省老年人所占比重逐年增加，进一步加剧高龄化、空巢化、失能化，传统意义上的家庭养老功能弱化，社会养老保障、医疗卫生保障和养老服务等方面的政策措施和资金支持更为亟需。

——全省老龄工作基础依然滞后，老年社会管理工作较为薄弱，相关政策法规建设相对滞后，基层老龄工作队伍编制不足、经费短缺，老龄工作体制机制亟待理顺创新。

综合判断，"十三五"时期是我省老龄事业改革发展的关键阶段和重要战略机遇期，必须按照全面建成小康社会目标要求，紧紧抓住有效窗口期，坚定信心、开拓进取，不断推动老龄事业取得新突破、实现新发展。

第二章　发展思路

第一节　指导思想

高举中国特色社会主义伟大旗帜，全面贯彻党的十八大、十八届三中、四中、五中全会精神和省委十二届十次、十一次全会和省十二届人大五次会议精神，以马列主义、毛泽东思想、邓小平理论、"三个代表"重要思想和科学发展观为指导，深入贯彻习近平总书记系列重要讲话精神，按照"五位一体"总体布局和"四个全面"战略布局，紧紧围绕实现"一个同步"、奋力建设"三区"和"党政主导、社会参与、全民关怀"的老龄工作方针，将"创新、协调、绿色、开放、共享"的理念融入老龄事业发展全局，突出"发展、保障、健康、参与、和谐"等工作导向，基本实现"老有所养、老有所医、老有所为、老有所学、老有所乐"的老龄工作目标，全面提升老龄事业发展水平，确保到2020年全省老年人同步进入全面小康，为积极应对人口老龄化做好充分准备，为全面建设富裕、文明、和谐新青海做出积极贡献。

第二节　基本原则

——以人为本，共建共享。尊重全体老年人的社会主体地位，建立健全老年人全面共建共享机制，确保全体老年人依法享有从国家和社会获得物质帮助的权利、享受社会服务和社会优待的权利、参与社会发展和共享发展成果的权利，增强全体老年人的获得感，促进社会公平正义。

——围绕重心，服务大局。紧紧围绕省委省政府中心任务，结合"三区"战略，把老龄事业发展融入经济社会发展全局，加强顶层设计和制度衔接，找准老龄事业发展的切入点和着力点，充分发挥老龄事业在促进经济转型升级、社会和谐稳定中的重要作用。

——政府主导，社会参与。强化政府在老龄事业发展中的规划引领、政策调控、资金投入、督促检查等方面的职能，充分发挥市场机制在资源配置上的决定性作用，广泛调动全社会关心、支持、参与老龄事业发展的积极性，形成推动老龄事业发展的强大合力。

——深化改革，创新驱动。以改革为动力，充分发挥市场在老龄事业资源配置中的决定性作用，破解制约老龄事业科学发展的体制机制障碍。以创新为引领，全面推动老龄事业发展的理论、制度、科技、文化创新，为老龄事业发展增添活力。

——精准发力，协调推进。坚持目标导向和问题导向相统一，突出重点，补齐短板，着力加强老龄事业发展的重点领域和薄弱环节，促进城乡、区域协调发展；着力加强老年人文体娱乐和精神关爱，促进老年人物质保障和精神生活协调发展。

第三节　总体目标

到2020年，全省老龄事业发展整体水平达到全面建成小康社会的新要求，积极应对人口老龄化的基础条件基本具备，全体老年人同步进入全面小康社会。

——老年人社会保障体系更加完善，生活保障水平稳步提高；

——老年人服务保障体系更加健全，为老服务能力不断提升；

——老年人社会参与渠道更加通畅，精神文化生活更加丰富；

——老年人生活环境明显改善，敬老爱老助老风尚日益浓厚；

——老龄工作体制机制更加顺畅，老龄事业发展合力增强。

第三章　主要任务

第一节　提高老年社会保障水平

一、健全完善城乡养老保险制度

进一步推进机关事业单位养老保险制度改革，健全完善城镇企业职工和城乡居民基本养老保险制度，建立基本养老金合理调整机制，逐步提高养老保险待遇水平，城乡居民基本养老保险参保率达到98%以上；进一步完善职工养老保险基金省级统筹制度；继续完善养老保险关系转移衔接办法；大力推进和发展职业年金、企业年金、商业养老保险；对符合条件的农牧区计划生育家庭老年人，继续落实奖励扶助政策。

二、提升老年人医疗保障待遇

健全城乡居民医疗保险筹资机制，在提高财政补助标准的同时，增加城乡居民个人缴费，适当提高人均筹资标准；进一步健全完善城乡居民和城镇职工基本医疗保险和大病医疗保险制度，城镇职工和城乡居民基本医疗保险参保率达到98%以上；做好医疗保险关系转移接续和异地就医结算服务，全面实现省内异地即时结算，推进跨省即时结算；引入商业保险机构参与城乡居民基本医疗保险经办服务。

三、加强对老年人的精准救助

坚持托底线、救急难、可持续的原则，健全社会救助体系，高度关注城乡困难老年群体，保障老年人基本生活。力争城乡低保对象中的老年人最低生活保障标准年均增长率达到10%，农村最低生活保障标准与扶贫标准“两线合一”；农牧区五保供养标准要与经济社会发展同步提高，集中供养能力超过50%；加大对低收入家庭老年人重特大疾病医疗救助力度，重点对象医疗救助政策范围内住院自付费用救助比率达到85%；健全自然灾害救助制度，优先安排受灾老年人的生活救助和贫困老年人的危房改造，改善低收入老年人住房条件；进一步完善临时救助制度，加大对老年人的临时救助力度；积极发挥社会慈善和志愿服务在老年人扶贫济困中的补充作用。

专栏1：老年社会保障水平提升计划

1. 城乡居民基本养老保险参保率达到98%以上

2. 城镇职工和城乡居民基本医疗保险参保率达到98%以上

3. 城乡最低生活保障标准年均增长率达到10%，农村最低生活保障标准与扶贫标准“两线合一”

4. 进一步建立健全老年人临时救助制度和重特大疾病医疗救助制度

第二节 加快为老服务创新发展

一、大力推进养老服务业发展

建成具有青海特色的以居家为基础、社区为依托、机构为补充的医养融合式健康养老服务体系。加强养老服务设施规划建设，健全养老服务网络，达到标准的养老服务设施覆盖所有城市社区、90%以上乡镇和60%以上村，每千名老年人拥有养老床位38张以上，护理型床位占养老服务机构总床位比例达到20%；大力发展居家养老服务，统筹社区范围内的各类养老服务机构、医疗卫生服务机构、社工服务机构、志愿服务组织和服务性企业，打造“一刻钟养老服务圈”；加大政府购买养老服务力度，健全完善农牧区老年人代养服务机制；健全高龄补贴、养老服务补贴政策，建立完善生活不能自理困难老年人护理补贴制度；支持社会力量举办养老机构，推进养老服务与医疗卫生相结合，重点扶持面向失能、失智、高龄老年人的医养结合型养老机构和养护型、医护型养老床位。

大力拓展养老服务内容，促进服务内容从基本生活照料向紧急救援、家政预约、健康服务、文化娱乐、体育健身、休闲旅游、心理咨询、精神慰藉等方面延伸，提高服务的个性化、精细化水平，实现养老服务供给与老年人需求精准对接；建立健全养老机构分类管理和养老服务评估制度，制定完善养老机构等级划分与评定标准、老年护理机构服务评估标准、老年人养老服务需求评估标准及质量评价等行业规范和体制机制，实行分级、动态管理。

二、全面提升老年人医疗卫生服务质量

进一步推进老年患者就医优先制度，积极开展老年健康知识宣传教育活动，加强老年疾病预防和重大疾病防控工作，将老年人保健、慢性病患者管理等纳入政府购买基本公共卫生服务项目；继续做好65周岁以上老年人每年一次免费健康体检及健康危险因素评估工作，为老年人建立健康档案；发展老年病医院，加强老年护理院、老年康复医院建设，有条件的二级以上综合医院设立老年病科，增加老年病床数量，做好老年病防治和康复护理；大力推进社会办医，规范发展民营医院，优先支持社会资本举办护理院（站）、老年病医院、康复医院和提供临终关怀的医养融合式服务机构；根据国家统一部署，探索建立长期护理保险制度，建立从居家、社区到专业机构等较为健全的专业照护服务提供体系。

三、加强老年人优待服务和法律维权服务

完善老年人优待服务政策，实行优待项目适度统一，逐步实现常住老年人与户籍老年人享受同等优待，全面落实老年人在政务服务、卫生保健、交通出行、商业服务、文体休闲、维权服务等六个方面的相关优待优惠政策；建立健全党政主导、司法保障、社会参与的老年维权机制，充分发挥各级各类法律援助机构、基层党组织、群众性自治组织、老年群众组织在老年维权方面的作用；教育引导老年人依法反映诉求，畅通诉求表达渠道，科学设置基层法律援助站点，重点关注高龄、失能、半失能、贫困及空巢老人的法律援助需求；将老龄法律法规宣传教育纳入全省“七五”普法规划，深入开展老龄法律法规“七进”活动，推动老龄法制和敬老道德宣传教育相结合，在主流媒体开辟涉老法治专栏；认真处理老年人信访事项，加强执法监督检查，确保老年人合法权益得到广泛尊重和维护。

四、积极发展为老志愿服务

制定支持志愿服务组织发展的政策措施，加强志愿服务组织能力建设，健全为老志愿服务激励机制，发掘服务资源，壮大服务队伍，优化专业结构，加强服务技能培训，发挥专业社工引领作用；拓展服务内容，重点开展面向农村留守老年人、城市空巢家庭老年人、贫困家庭老年人的志愿服务；创新服务方式，拓宽服务途径，重点加强上门探访、电话慰问、结对帮扶等个性化为老志愿服务，鼓励机关、企事业单位组织到养老服务机构和社区集中开展为老志愿服务；继续组织全省各级团组织、青年志愿者组织以社区老年人、残疾人为重点服务对象，开展“贴心保姆”扶老助残志愿服务与3·5学雷锋日、12·5国际志愿者日等主题宣传活动；建立健全全省为老志愿服务队伍，促进志愿者与服务对象供求信息互通。

专栏2：为老服务能力提升计划

1. 新建10个全省示范性养老示范基地
2. 新建136个社区老年日间照料中心、93个街道（乡镇）养护院（养老服务中心），新建和改扩建13所敬老院，县（市）级以上城市专业性养老护理机构覆盖率达到80%
3. 建立完善生活不能自理困难老年人护理补贴制度，基本养老服务补贴覆盖率达到100%
4. 65周岁以上老年人健康管理率达到95%
5. 基层老年法律援助覆盖率达到95%，县（市）级老年人优待政策制定率达到90%

第三节　扩大老年社会参与范围

一、充分发挥老年人技术业务专长

树立老年人是社会财富的积极理念，统筹完善社会参与的相关政策措施；支持老年人参与科技开发和应用、开展咨询服务、从事经营和生产活动；加强老年人劳动权益保障，推动用人单位为受聘老年人购买人身意外伤害保险；鼓励老年人参加职业技能培训；各类人才市场、人才中介机构要把老年人力资源纳入服务范围，搭建老年人才与社会需求对接的服务平台；各级人民政府和有关部门要对参与社会发展做出突出贡献的老年人，按照国家有关规定给予表彰或者奖励。

二、鼓励老年人参与基层社会治理

加强基层老年协会规范化建设，鼓励和引导公益性、互助性、服务性老年社会组织健康有序发展，支持各类基层老年组织参与公共服务项目的组织实施；鼓励社会力量支持基层老年协会建设，加强基层老年协会骨干培训，实施“乐龄工程”项目；引导和鼓励低龄健康老年人按自愿和量力原则，根据自身特点和业务专长，深入开展“银龄行动”，广泛参与维护社会治安、环境保护、纠纷调解、邻里互助等志愿服务，从事农业技术指导、医疗卫生等方面社会公益活动，在弘扬传统文化、研究历史文化、传播社会主义核心价值观中发挥积极作用；继续推进离退休人员服务管理社会化，充分发挥离退休人员在社区治理创新中的积极作用，实现社区对离退休人员的服务管理与老年人服务社区双向互动。

三、促进老年人参与文体教育活动

通过新建、改建和整合等途径，增加老年活动设施和场所；继续推动各级各类博物馆、美术馆、科技馆、纪念馆、公共图书馆、文化馆（站）、体育馆等公共服务设施和资源，向老年人免费或优惠开放；加强老年大学硬件和网络建设，不断扩大老年教育覆盖面；鼓励各地成立老年人体育协会；积极创作老年人喜闻乐见的优秀文艺作品，增加老年公共文化产品供给；加强老年人文体活动骨干培训；鼓励社会力量参与发展老年文体教育事业；根据实际开展全省性及地方性老年体育运动会和老年文艺演出活动，丰富老年人精神文化生活。

专栏3：老年人参与社会发展提升计划

1. 老年协会城镇社区创建率达到95%以上，农村社区（行政村）创建率达到85%以上，实施500个城乡基层老年协会“乐龄工程”项目
2. 老年志愿者数量达到老年人口的15%以上
3. 企业退休人员社区化管理率达到90%
4. 基层体育健身设施覆盖率超过50%，老年体育人口占比达到50%
5. 新建7个市（州）级、20个县级老年活动中心（老年大学），老年教育参与率达到20%

第四节　营造老年宜居社会环境

一、推动家庭和公共设施无障碍建设

加强城乡基础设施和公共服务场所无障碍环境建设，严格落实相关强制性标准，在规划、设计、施工、监理、验收等各环节严格把关；对已建成并投入使用的城乡社区公共设施和涉老设施，要进行适老化改造；逐步推进老年人家庭和社区无障碍设施建设和改造工作，加大对居家和社区养老的康复辅助器具配备支持力度，优先支持贫困、残疾、失能、高龄、独居等特殊困难老年人家庭进行适老化改造；在全省继续开展全国无障碍市（县）创建活动。

二、营造老年安全绿色生活环境

加大法律监管力度，完善社会治安防控体系，严厉打击侵犯老年人人身安全和合法权益的违法犯罪行为；加强对养老机构、老年大学、老年活动中心等重点涉老场所和设施的安全隐患排查和监管；加强老年人安全知识和急救技能的宣传普及；推进老年人紧急救助、跟踪定位、健康监测等安全智能产品的创新和应用；全面开展老年人意外伤害保险和养老机构综合责任保险工作。推进高原美丽乡

村和美丽城镇建设，为老年人营造绿色宜居环境；完善社区便民服务体系，实现全省城镇社区服务设施全覆盖，农村社区服务设施覆盖率达到70%；在老年人中广泛开展生态文明教育，发挥老年人在推动形成绿色发展方式和生活方式中的重要作用。

三、营造敬老爱老助老社会氛围

在全社会广泛开展尊老、敬老、爱老、助老的道德教育，大力弘扬中华民族传统美德。机关、企事业单位和社会团体要把尊老、敬老、爱老、助老宣传教育作为干部职工思想道德建设的重要方面；教育部门要把尊老、敬老、爱老、助老作为中小学德育教育的重要内容；深入开展“敬老月”、“敬老文明号”、“敬老爱老助老”等主题教育实践宣传创建活动；办好老年刊物，鼓励各级广播电台、电视台、报刊等主流媒体开设敬老文化专题栏目和专题网页；各级人民政府及其有关部门对维护老年人合法权益和敬老、爱老、助老成绩显著的组织、家庭或个人，按照国家有关规定给予表彰或奖励，推动形成全社会尊重、关心、帮助老年人的风尚。

专栏4：老年宜居环境建设提升计划

1. 城镇新建公共设施和涉老设施无障碍率达到100%
2. 城镇社区服务设施覆盖率达到100%，农村社区服务设施覆盖率达到70%
3. 开展多领域、多形式的敬老爱老助老主题教育实践活动

第五节　强化老龄事业发展基础

一、推进老龄工作信息化建设

推动建立老年人生活状况统计调查制度，探索老龄信息共享和信息化建设协同推进机制，健全完善涵盖老年人口、为老志愿服务、老龄工作等主要内容的青海省老龄信息管理系统平台，加快建立全省养老服务信息平台，实现涉老信息的高效采集、有效整合和深化应用。

二、加强老龄科学研究与交流合作

县级以上人民政府及其有关部门应当开展人口老龄化省情调查和老龄事业发展研究，为制定老龄政策提供科学依据；着力扩大老龄事业省际交流，加强与全国老龄办和其他省市老龄机构以及有关涉老部门的沟通交流，尤其要加强与人口老龄化程度较深、应对人口老龄化任务较重地区的交流合作，借鉴先进经验，推动全省老龄事业健康发展。

三、完善老龄产业支持政策

引导和鼓励社会资本以独资、合资、合作等多种形式，投资老龄产业，支持相关行业积极开发适合老年人的衣、食、住、行、医、文、娱等产品用品，重点关注残疾、失能、失智、高龄老年人的特殊服务需求；引导商场、超市、批发市场设立老年用品专区专柜，繁荣养老服务消费市场；研究制定老龄服务和用品的质量标准，推进行业组织和行业规范建设，营造安全、便利、诚信的消费环境；发展西宁、海东等健康养老现代服务业集聚区。

专栏5：老龄事业发展基础提升计划

1. 健全完善老龄信息管理系统平台，加快建设养老服务信息平台
2. 加强老龄事业发展研究与省际交流合作
3. 发展西宁、海东等健康养老现代服务业集聚区

第四章　保障措施

第一节　强化组织领导

老龄工作是党政工作的重要组成部分。各级党委、政府要统一思想，提高认识，加强领导，尽快建立健全本地区老龄工作议事协调机构，把老龄工作列入日常工作议程，及时研究解决工作中出现的新情况和新问题；各级老龄工作机构要切实履行决策参谋、综合协调、组织实施、督促检查的职能，充分发挥各成员单位及涉老组织的作用，共同做好老龄工作。

第二节　创新投入机制

各级政府要根据本地区财力状况和老龄工作实际，充分依托现有资源，合理安排建设项目，逐步加大对老龄事业的经费投入，建立与积极应对人口老龄化需求、社会经济发展水平相适应的财政投入机制；充分发挥政府资金的引导作用，落实和完善投融资和税收优惠等政策，鼓励引导企业、公益慈善组织和其他社会力量投入老龄事业和产业发展，形成财政资金、民间资本、慈善基金等相结合的多元投入机制。

第三节　加快队伍建设

健全基层老龄工作体制机制，加强机构建设，充实干部队伍，提升依法履职能力；积极培养和引进老龄事业发展亟需的各类专业人才，加强专业社会工作者在为老服务中的应用，不断壮大为老服务志愿者队伍；切实提高养老护理员的职业待遇和社会地位；形成专职干部、专业人才、技能人才和志愿者相结合的老龄事业发展人力支撑。

第四节　加强督促检查

各地区、各部门要制定本规划实施方案，确定相关指标和进度安排，加强督促检查；省老龄委办公室要对本规划的执行情况进行跟踪检查和综合评估，建立第三方评估机制，适时向社会公布评估结果，加强绩效管理，推动本规划的全面落实。

“十三五”青海老龄事业重点领域发展指标体系

一级指标	二级指标	目标（值）
老年社会保障	1. 城乡居民基本养老保险参保率（%）	98
	2. 城镇职工和城乡居民基本医疗保险参保率（%）	98
	3. 城乡最低生活保障标准年均增长率（%）	10
为老服务保障	4. 县（市）级以上城市专业性养老护理机构覆盖率（%）	80
	5. 老年人养老服务设施人均面积（平方米）	0.1
	6. 基本养老服务补贴覆盖率（%）	100
	7. 每千名老年人拥有养老床位数（张）	38
	8.65 周岁及以上老年人健康管理率（%）	95
	9. 基层老年法律援助覆盖率（%）	95
	10. 县（市）级老年人优待政策制定率（%）	90
老年社会参与和管理	11. 城镇社区老年协会覆盖率（%）	95
	12. 农村社区（行政村）老年协会覆盖率（%）	85
	13. 老年志愿者占比（%）	15
	14. 企业退休人员社区化管理比例（%）	90
	15. 基层体育健身设施覆盖率（%）	50
	16. 老年体育人口占比（%）	50
	17. 老年教育参与率（%）	20
	18. 街道、乡（镇）老龄工作人员配备率（%）	95
老年宜居环境建设	19. 城镇新建公共设施和养老场所无障碍率（%）	100
	20. 城镇社区综合服务设施覆盖率（%）	100
	21. 农村社区综合服务设施覆盖率（%）	70

宁夏回族自治区养老服务促进条例

（2016 年 11 月 30 日宁夏回族自治区第十一届人民代表大会常务委员会第二十八次会议通过）

第一章 总则

第一条 为了促进养老服务事业健康发展，保障老年人生活、健康和安全，根据《中华人民共和国老年人权益保障法》和有关法律、行政法规的规定，结合自治区实际，制定本条例。

第二条 本条例适用于自治区行政区域内的养老服务及其监督管理工作。

本条例所称养老服务，是指为老年人提供生活照料、医疗护理、文化娱乐、精神慰藉、救援服务等活动。

第三条 养老服务坚持政府主导、社会参与、市场运作、统筹发展、保障基本、适度普惠的原则，推进以居家为基础、社区为依托、机构为补充、医养相结合的多层次养老服务体系建设。

第四条 县级以上人民政府应当将养老服务事业纳入国民经济和社会发展规划，制定专项规划和年度计划。

县级以上人民政府应当将养老服务事业经费列入本级财政预算，建立稳定经费保障机制。

县级以上人民政府应当建立养老服务工作协调机制，协调解决养老服务发展中的困难和问题。

第五条 县级以上人民政府民政部门负责养老服务的业务指导、行业规范、综合协调和监督管理。

发展改革、财政、人力资源社会保障、国土资源、住房城乡建设、卫生计生、环境保护、税务等主管部门，按照各自职责，做好养老服务相关工作。

乡（镇）人民政府、街道办事处负责本区域内的养老服务工作，指导村（居）民委员会和其他社会组织开展养老服务。

工会、共青团、妇联、残联等人民团体，养老服务行业协会、志愿者服务组织等，根据职责或者章程，参与相关养老服务工作。

第六条　新闻媒体应当加强敬老、养老、助老等公益性宣传，树立尊重、关心、帮助老年人的社会风尚。

第七条　家庭成员应当尊重、关心、照料老年人。子女有赡养、保护和照顾父母的义务。

不得歧视、侮辱、虐待或者遗弃老年人。

第八条　县级以上人民政府对在养老服务中作出显著成绩的单位和个人给予表彰和奖励。

第二章　规划与建设

第九条　民政部门应当会同发展改革、财政、住房城乡建设、国土资源、环境保护、卫生计生等主管部门，编制本地区养老服务设施布局规划，经本级人民政府批准后实施。

县级以上人民政府在制定城乡总体规划、控制性详细规划时，应当按照规定和标准，分区分级规划安排养老服务设施用地。

第十条　养老服务设施的规划和建设应当充分考虑老年人口数量、服务便利性和服务半径等因素，符合国家和自治区老年人设施建设规范和标准，满足环境保护、消防安全、卫生防疫、食品安全等要求。

第十一条　新建城区和居住（小）区应当按标准配套建设养老服务设施，并同步规划、同步建设、同步验收、同步交付使用。

老城区和已建成居住（小）区无养老服务设施或者现有设施不能满足老年人需要的，应当增建或者通过购置、置换、租赁等方式建设养老服务设施。

第十二条　县、乡（镇）人民政府应当依托行政村、较大自然村，建设老年人日间照料中心、农村幸福院、农村互助养老院等农村老年人服务设施。

第十三条　县级以上人民政府应当加强居住区、城市道路、商业网点、文化体育场馆、旅游景点、交通等公共场所的无障碍设施建设和改造。

第十四条　闲置的国有宾馆、招待所、培训中心、办公楼等适宜改造为养老服务设施的，财政、国有资产管理、国土资源等主管部门应当按照有关规定办理相关手续。

第十五条　任何组织和个人不得擅自改变养老服务设施建设用地用途或者养老服务设施使用性质，不得侵占、损坏养老服务设施。

第三章　养老服务

第十六条　县级人民政府应当建立养老服务评估制度，对老年人定期免费体检，建立健全老年人健康档案，实施分级分类管理和服务。

第十七条　县级以上人民政府应当建立健全居家养老扶持政策，支持社区老年人日间照料中心、老年人活动中心等开展养老活动，并通过签约、购买服务等方式为老年人提供生活照护等服务。

第十八条　支持各类养老服务组织为居家老年人提供生活照料、家政服务、餐饮配送、医疗护理、精神慰藉、应急救助等服务。

第十九条　鼓励有条件的单位和其他社会组织开放所属场所，为居家老年人提供就餐、文化、健身、娱乐等服务。

鼓励养老机构利用自身资源优势，为居家的老年人提供服务。

第二十条　县级以上人民政府应当推广便民信息网、远程监控、无线呼叫等智能化技术方式，方便居家养老。

鼓励、支持养老服务组织运用互联网、物联网等技术手段，为居家老年人提供紧急呼叫、家政预约、健康咨询、物品代购、服务缴费等服务项目。

第二十一条　村（居）民委员会应当教育和引导家庭成员履行赡养、扶养义务，并组织开展各类活动，丰富居家老年人的精神文化生活。

第二十二条　鼓励邻里互助养老和居家老年人互助服务。

第二十三条　养老机构应当依法设立。

养老机构因暂停或者终止养老服务的，应当提前六十日向民政部门提交老年人安置方案。民政部门、养老机构所在社区，应当协调监督做好相关事宜。

第二十四条　政府投资举办的养老机构应当保障特困供养人员的养老服务需求。

在保障特困供养老年人养老服务需求的前提下，政府投资举办的养老机构可以向社会开放，提供有偿养老服务。最低生活保障家庭中的失能、失智、高龄、独居以及高龄优抚对象、计划生育特殊家庭、劳动模范等有特殊困难的老年人，应当优先收住。

第二十五条　鼓励、支持企业、个人和其他社会组织投资建设养老机构，提供养老服务。

第二十六条　养老机构应当与收住的老年人或者其代理人订立养老服务合同，明确双方的权利和义务。

养老机构应当按照养老服务合同的约定和服务标准，为收住的老年人提供服务。

第二十七条　政府投资举办的养老机构的基本服务收费，按照国家和自治区有关规定实行政府指导价；其他养老机构的服务收费实行自主定价。

养老机构应当公示各类服务项目的收费标准和依据。

第二十八条　县级以上人民政府应当建立健全医疗卫生机构与养老机构医养结合工作机制，为老年人提供医疗服务。

第二十九条　养老机构可以与医疗机构签订合作协议，为入住老年人开通预约就诊绿色通道，提供医疗巡诊、健康管理、医疗护理、预约就诊、急诊急救、中医养生、精神慰藉等服务。

建立医疗机构、社区卫生服务机构与居家老年人开展家庭医生签约服务机制，为老年人提供上门巡诊和家庭病床等服务。

第三十条　养老机构可以依法设立内部医疗机构（诊所、卫生室、医疗室），符合基本医疗保险协议机构准入条件的，纳入基本医疗保险协议机构管理范围。

第四章　养老扶持

第三十一条　自治区财政应当每年统筹安排一定资金，用于养老服务设施建设和养老服务工作。

对符合条件的养老机构及其他养老服务组织，县级以上人民政府应当给予建设补贴和运营补贴。

县级以上人民政府本级福利彩票公益金的百分之五十以上应当用于发展养老服务业。

第三十二条　县级以上人民政府应当通过公建民营、合资合作等方式，支持社会力量运营政府投资建设的养老服务设施；或者通过民办公助、特许经营、购买服务、提供补贴等方式，鼓励和支持社会力量举办养老机构和老年康复医院、老年护理院等医养结合机构。

第三十三条　县级以上人民政府应当对生活长期不能自理、经济困难的老年人给予护理补贴。

县级以上人民政府应当对经济困难的老年人给予养老服务补贴。

对特困供养老年人和经济困难的高龄、失能、失智的居家老年人，由所在地县级人民政府依照有关规定给予救助。

鼓励养老机构投保责任保险，保险公司承保责任保险。

第三十四条　非营利性养老机构申请养老服务设施建设用地，可以依法划拨供应。

营利性养老机构申请建设用地，按照国家经营性用地有偿使用的规定，优先保障供应。

利用城乡空闲厂房、学校、社区用房等设施，投资兴办民营养老服务机构的，依法享受有关用地优惠政策。

国有公益性用地应当安排部分用地作为养老服务设施建设用地，并纳入国有建设用地供应计划。

第三十五条　养老机构等养老服务组织享受国家和自治区税费优惠政策。

企事业单位、社会团体和个人向非营利性养老机构的捐赠，符合相关规定的，在计算其应纳税所得额时，按税收法律、行政法规规定比例扣除。

养老机构建设和养老服务组织提供养老服务，应当免除行政事业性收费；养老机构用电、用水、用气、用热，应当执行居民生活类价格。

第三十六条　县级以上人民政府应当建立养老服务人才培养、使用、评价和激励机制，依法规范养老服务用工，促进养老服务从业人员劳动报酬合理增长。

第三十七条　支持高等学校、中等职业学校和培训机构，设置老年医学、康复、护理、社会工作等养老服务相关专业或者培训项目，在养老机构设立实习基地，培养养老服务专业人才。

鼓励养老机构、医疗卫生机构对养老护理人员进行免费职业技能培训。

第三十八条　专业养老护理人员应当参加职业技能培训和职业道德教育，提高业务能力和职业道德素养。

专业养老护理人员参加养老服务护理职业技能培训和职业技能鉴定的，按照自治区有关规定享受培训和鉴定补贴。

第三十九条　鼓励志愿者利用自己的时间、技能、体能、物质为邻居、社区、养老服务组织的老年人提供服务。

养老服务主管部门应当建立为老年人志愿服务时间储蓄制度，志愿者可以根据其志愿服务时间储蓄优先享受社会养老服务。

第四十条　鼓励社会组织和个人以捐赠、捐助等方式支持养老服务发展。

第五章　养老监管

第四十一条　自治区人民政府标准化主管部门应当会同民政部门，组织制定养老服务地方标准。鼓励养老机构制定高于地方标准的行业服务标准。

养老服务组织应当执行养老服务标准。

第四十二条　民政部门应当定期组织专家或者委托第三方专业机构，对养老机构进行综合评估，并将评估结果向社会公布。

第四十三条　民政部门应当建立养老机构诚信档案，向社会公开，接受社会查询和监督。

民政部门应当公开举报投诉电话、电子邮箱、网络平台等，受理对养老服务的举报和投诉，及时核实处理，并将处理结果告知举报人、投诉人。

第四十四条 民政、食品药品监督管理、公安消防等主管部门应当对养老服务组织举办者和服务人员进行安全教育，对养老服务组织食品加工、服务场所进行检查，督促消除安全隐患。

第四十五条 审计、财政部门应当按照国家有关规定，对政府投资设立或者接受政府补助、补贴的养老机构的资金使用情况进行监督，并依法向社会公布。

价格主管部门应当依法开展价格管理监督，查处价格违法行为。

第六章 法律责任

第四十六条 对养老机构负有管理和监督职责的部门及其工作人员滥用职权、玩忽职守、徇私舞弊的，对直接负责的主管人员和其他直接责任人员依法给予处分；构成犯罪的，依法追究刑事责任。

第四十七条 擅自改变养老服务设施使用性质的，由民政部门责令限期改正；逾期拒不改正的，责令退回政府建设补贴资金，处以一万元以上三万元以下的罚款。

第四十八条 单位或者个人骗取养老服务补贴的，由民政部门责令退回，并处骗取养老服务补贴数额二倍的罚款；构成犯罪的，依法追究刑事责任。

第四十九条 违反本条例规定，侵占、损坏养老服务设施的，由公安机关依法处罚；造成财产损失的，依法承担赔偿责任；构成犯罪的，依法追究刑事责任。

第五十条 歧视、侮辱、虐待或者遗弃老年人以及其他侵犯老年人合法权益的，由有关单位给予批评教育；违反治安管理处罚的，依法给予治安管理处罚；构成犯罪的，依法追究刑事责任。

第七章 附则

第五十一条 本条例下列用语的含义是指：

（一）养老服务组织，是指包括养老机构、社区养老护理服务机构、老年人日间照料中心、农村老年关爱之家、老年护理院、康复疗养机构，以及其他为老年人提供助餐、助浴、助行、助洁、助购、助医、助急等养老服务的组织。

（二）养老机构，是指经民政部门许可依法设立的为老年人提供集中饮食起居和照料护理等养老服务的机构。

（三）养老服务设施，是指专门为老年人提供生活照料、康复护理、文体娱乐、托养等服务的房屋和场地设施。

（四）特困供养老年人，是指经民政部门认定的无劳动能力、无生活来源、无赡养和扶养人，或者其赡养人和扶养人确无赡养能力或者扶养能力的，给予提供生活照料、疾病治疗等供养的老年人。

第五十二条 本条例自2017年1月1日起施行。

宁夏回族自治区人民政府办公厅转发自治区卫生计生委等部门关于加快推进医疗卫生与养老服务相结合的实施意见

宁政办发〔2016〕50号

各市、县（区）人民政府、自治区政府各部门、各直属机构：

自治区卫生计生委、民政厅、发展改革委、财政厅、人力资源社会保障厅、国土资源厅、住房城乡建设厅、老龄办《关于加快推进医疗卫生与养老服务相结合的实施意见》已经自治区人民政府同意，现转发给你们，请认真贯彻执行。

宁夏回族自治区人民政府办公厅

2016年3月29日

为贯彻落实《国务院关于加快发展养老服务业的若干意见》（国发〔2013〕35号）、《国务院关于促进健康服务业发展的若干意见》（国发〔2013〕40号）和《国务院办公厅转发卫生计生委等部门关于推进医疗卫生与养老服务相结合指导意见的通知》（国办发〔2015〕84号）等文件要求，加快推进医疗卫生与养老服务相结合，满足群众日益增长的健康养老需求，结合我区实际，制定如下实施意见。

一、指导思想

深入贯彻党的十八大和十八届三中、四中、五中全会精神，以满足老年人多层次、多样化的养老服务需求为目标，加强部门协作，加大投入力度，完善配套政策，加快推进医疗卫生与养老服务相结合，促进医疗卫生资源与养老服务的紧密对接，努力缓解医疗护理床位紧张和老人看病、住院的压力，有效提升老年人养老和医疗服务的效率、能力和质量，积极保障人人享有适宜的、综合的、连续的健康养老服务，实现老有所养、病有所医。

二、基本原则

（一）保障基本，统筹推进。把保障老年人基本健康养老需求放在首位，对有需求的失能、部分失能老年人，以机构为依托，做好康复护理服务，着力保障特殊困难老年人的健康养老服务需求；对多数老年人，以社区和居家养老为主，通过医养有机融合，确保人人享有基本健康养老服务。推动普遍性服务和个性化服务协同发展，满足多层次、多样化的健康养老需求。

（二）政府引导，市场驱动。发挥政府在制定规划、出台政策、引导投入、规范市场、营造环境等方面的引导作用，统筹各方资源，推动形成互利共赢的发展格局。充分发挥市场在资源配置中的决定性作用，营造平等参与、公平竞争的市场环境，充分调动社会力量的积极性和创造性。

（三）创新机制，协同发展。加快政府职能转变，创新服务供给和资金保障方式，积极推进政府购买服务，激发各类服务主体潜力和活力，提高医养结合服务水平和效率。加强部门协作，提升政策引导、服务监管等工作的系统性和协同性，促进行业融合发展。

三、总体目标

到 2017 年，全区医疗卫生机构与养老机构资源实现有效配置利用，建成一批兼具医疗卫生和养老服务资质和能力的医疗卫生机构或养老机构（以下统称医养结合机构），逐步提升基层医疗卫生机构为居家老年人提供上门服务的能力，80%以上的医疗机构开设为老年人提供挂号、就医等便利服务的绿色通道，50%以上的养老机构能够以不同形式为入住老年人提供医疗卫生服务，老年人健康养老服务可及性明显提升。

到 2020 年，符合区情的医养结合体制机制和政策法规体系基本建立，医疗卫生和养老服务资源实现有序共享，覆盖城乡、规模适宜、功能合理、综合连续的医养结合服务网络基本形成，各类养老服务机构医疗服务功能更加完善，与医疗机构合作更加紧密，医养融合模式更加成熟，医疗护理水平逐步提高。每个县（区）至少建成一所医养结合护理型养老机构，全区护理型养老床位占养老床位总数 30%以上，基层医疗卫生机构为居家老年人提供上门服务的能力明显提升。所有医疗机构开设为老年人提供挂号、就医等便利服务的绿色通道，所有养老机构能够以不同形式为入住老年人提供医疗卫生服务，基本适应老年人健康养老服务需求。

四、主要任务

（一）建立健全医养机构合作机制。鼓励各类养老机构与各级医疗卫生机构开展多种形式的协议合作，形成医疗养老联合体。建立健全协作机制，按照就近就便、互利互惠原则，各类养老机构根据医疗康复的实际需求，与二级以上医院签订长期合作协议，明确双方责任、权利和义务等事宜。医疗卫生机构为养老机构开通预约就诊绿色通道，为入住老年人提供医疗巡诊、健康管理、保健咨询、预约就诊、急诊急救、中医养生保健等服务，确保入住老年人能够得到及时有效的医疗救治。养老机构内设的具备条件的医疗机构可作为医院（含中医医院）收治老年人的后期康复护理场所。鼓励二级以上综合医院（含中医医院）与养老机构开展对口支援、合作共建。通过建设医疗养老联合体等多种方式，整合医疗、康复、养老和护理资源，为老年人提供治疗期住院、康复期护理、稳定期生活照料以及临终关怀一体化的健康和养老服务。

（二）全面推进老年人社区健康管理服务。依托基层医疗卫生机构，建立健全辖区内居家、社区、机构养老的老年人健康管理服务制度，加强老年人健康档案信息动态管理和健康小屋建设。到 2020 年，65 岁以上老年人健康管理率达到 70%以上，对 60 岁以上失独、65 岁以上老年人每年免费提供一次生活方式和健康状况评估、体格检查、健康指导等健康管理服务。建立家庭医生制度，对行动不便的老年人提供家庭出诊、家庭护理、家庭病床等上门服务，对有意愿的老年人建立契约服务关系，开展签约服务。加强社区卫生服务机构、乡（镇）卫生院医疗康复功能建设，为小型养老机构、社区日间照料中心、居家养老服务站和社区老年人提供基本医疗卫生服务。

（三）积极推进养老机构内设医疗康复机构。支持 200 张床位以上规模的养老机构按相关规定申请开办老年病医院、康复医院、临终关怀机构等。对不具备设置条件的，依据规模和实际需求，可内设医务室、护理站等，为入住老年人提供优质的医疗服务。各级卫生计生行政部门对符合设置标准的医疗机构，按照有关规定发放医疗机构执业许可，并负责做好医疗执业活动的日常监管和医务人员培训，提高医务人员诊疗康复服务能力。鼓励执业医师到养老机构设置的医疗机构多点执业，支持有相关专业特长的医师及专业人员在养老机构规范开展疾病预防、营养、中医调理养生等非诊疗的健康服务。

（四）加快发展为老年人服务的专业医疗机构。充分利用现有医疗服务资源，创办老年康复中心、老年病医院、护理院等康复护理专业服务机构。到 2020 年，全区二级以上综合医院、中医医院老年病科开设率达到 50%以上。支持部分闲置床位较多的一级、二级医院和专科医院发挥专业技术和人才优势，转型为老年人护理院。引导部分乡（镇）卫生院建立护理院，开设医疗护理型床位或病区，鼓励乡（镇）卫生院、社区卫生服务中心发展康复、临终关怀等老年医疗护理服务特色科室。鼓励引导区内力量雄厚的大型医院与基层医疗机构、医养结合服务机构，通过组成医疗服务共同体等方式建立远程医疗会诊合作关系，推动远程医学影像、远程监护、远程会诊等医疗服务。健全完善区内远程医疗平台，扩大远程医疗服务平台的覆盖范围，向乡（镇）卫生院、各类养老机构和社区延伸，拓展更多的医疗服务功能。

（五）不断提高基本医疗保障管理水平。对养老机构内设的医疗机构（诊所、卫生室、医务室），符合基本医疗保险定点机构准入条件的，经自愿申请，要及时纳入基本医疗保险协议管理范围。医保经办机构要按照基本医疗保险有关规定与其签订医疗保险服务协议，明确双方的权利、义务和责任，协议内容包括服务范围、服务内容、服务质量、费用结算、监督考核等。完善基本医疗保险、城乡居民大病保险、医疗救助、补充医疗保险和商业健康保险等多层次医疗保障体系。探索建立基本医疗保险、大病保险、医疗救助相衔接的医疗费用结算机制，实现医疗救助与基本医疗保险、城乡居民大病保险同步结算。完善老年人医疗救助、康复救助和重大疾病救助制度，逐步将老年慢性病纳入医疗救助范围，降低老年人医疗救助起付线。鼓励开展多种形式的慈善医疗救助、医疗互助活动。

建立多层次长期护理保险制度。鼓励有条件的地方探索建立长期护理保险制度，积极探索多元化的保险筹资模式，保障老年人长期护理服务需求。鼓励老年人投保长期护理保险产品。建立健全长期照护项目内涵、服务标准以及质量评价等行业规范和体制机制，探索建立从居家、社区到专业机构等比较健全的专业照护服务提供体系。

（六）大力推进失能、慢病老年人康复服务。各类养老服务机构都要配备康复设备，全面开展康复服务。床位数在100张以下的养老机构应设立康复区，100张床位以上的养老机构应设立康复中心，配备专业康复人员或引入专业的康复机构，开展专业化的康复服务。到2020年，依托城市社区卫生服务机构和乡（镇）卫生院，50%的城市社区和有条件的农村社区设立适合老年人的康复场所。全面落实老年医疗服务优待政策，医疗卫生机构要为老年人特别是高龄、重病、失能老人提供就医便利服务。充分发挥医疗机构志愿者服务作用，为行动不便的老年人提供门诊、住院陪同服务，在医疗服务中体现爱老、敬老的良好风尚。提倡多学科团队合作模式，规范开展老年常见慢性病诊治，满足老年人医疗和康复需求。

（七）鼓励支持社会力量兴建医养结合机构。通过特许经营、公建民营、民办公助等模式，支持社会力量举办老年医院、老年康复医院、老年护理院、老年健康管理中心等医养结合机构。在制定土地利用、医疗卫生和养老服务相关规划时，要给社会力量举办医养结合机构留出空间。按照“非禁即入”原则，对符合规划条件和准入资质的，简化审批程序，缩短审批时限，不得以任何理由加以限制。支持企业围绕老年人的预防保健、医疗卫生、康复护理、生活照料、精神慰藉等方面需求，积极开发安全有效的食品药品、康复辅具、日常照护、文化娱乐等老年人用品用具和服务产品。

（八）大力发展中医药健康养老服务。坚持养老与养生相结合，将中医治未病理念、中医药养生保健、中医药康复医疗融入健康养老全过程，利用中医药技术方法全面提升老年人身心健康和生活质量。鼓励新建以中医药健康养老为特色的护理院、疗养院。健全中医医院老年病科，增加老年病床位，提供形式多样、内容丰富的中医药健康养老服务。推动中医医院与养老机构之间的深层次合作，积极发展养生保健、康复服务。全区每所三级中医医院至少要与2—3所较大规模的养老机构建立合作关系，每所二级中医医院至少与1—2所养老机构建立合作关系。在养老机构开展融合中医药健康管理理念的老年人医疗、护理、保健咨询、调理和康复服务，有条件的可设立以老年病、慢性病防治为主的中医药诊室。积极发展社区和居家中医药健康养老服务，引导中医医疗和预防保健机构延伸提供上门诊视、健康查体、保健咨询等社区和居家养老服务。建立中医药养老服务实训基地，加强养老护理人员中医药技能培训，鼓励开发、推广中医药健康养老产品，普及中医药健康养老知识。

五、保障措施

（一）加大政策扶持力度。各市、县（区）要结合城镇化和城乡一体化的要求，制定医养结合机构建设规划，对符合条件的医养结合机构，按规定落实相关支持政策，加大对医养结合机构建设的投入力度。拓宽融资渠道，探索政府和社会资本合作（PPP）的投融资模式。鼓励和引导各类金融机构创新金融产品和服务方式，加大金融对医养结合领域的支持力度。有条件的地方可通过由金融和产业资本共同筹资的健康产业投资基金支持医养结合发展。积极推进政府购买基本健康养老服务，逐步扩大购买服务范围，完善购买服务内容，支持各类经营主体平等参与。

（二）加强用地规划布局。各市、县（区）要在土地利用总体规划和城乡规划中统筹考虑医养结合机构发展需要，做好用地规划布局。对非营利性医养结合机构，可采取划拨方式，优先保障用地；对营利性医养结合机构，应当以租赁、出让等有偿方式保障用地，养老机构设置医疗机构，可将在项目中配套建设医疗服务设施相关要求作为土地出让条件，并明确不得分割转让。依法需招标拍卖挂牌出让土地的，应当采取招标拍卖挂牌出让方式。

（三）推进典型示范。确定银川市、吴忠市作为首批试点市，开展医养结合试点，规划建设一批特色鲜明、示范性强的医养结合试点项目。其他市要积极探索促进医养结合的有效形式，至少设立1个首批试点县（市、区），积累经验，逐步推开。自治区卫生计生委、民政厅、人力资源社会保障厅要会同有关部门，细化完善医养结合机构的建设标准和服务规范，共同筛选并确定一批全区医养结合机构试点名单，通过政策扶持支持其开展试点。同时，密切跟踪各地工作进展，帮助解决试点中的重大问题，完善相关政策措施，及时总结经验并向全区推广。

（四）加强人才队伍建设。研究制定养老机构医护人员定向培养、合作培养和针对性培养政策，加大对各类养老机构专科医生、护士、管理人员和养老护理员的培训力度，将老年医学、康复、护理人才作为急需人才纳入卫生技术人员培训规划和临床骨干医师培训项目。鼓励医疗机构内优秀的执业医师和执业护士到养老机构中轮岗服务，在绩效工资中给予倾斜，医护人员在养老机构从事的专业技术工作可计入总工作量中，对所取得的与本专业相关的业绩成果予以认可。鼓励大中专院校和护士专科学校毕业生到养老服务机构和社区从事养老服务工作。做好职称评定、专业技术培训和继续医学教育等方面制度衔接，对养老机构和医疗卫生机构中的医务人员同等对待，并按照所聘专业技术岗位执行相应工资待遇。对符合条件的从业人员按相关规定给予职业培训补贴和职业从业补贴，提高其职业能力水平和综合素质。

（五）强化信息支撑。充分运用大数据、云计算、“互联网+”、物联网等信息技术，依托自治区政府云平台，在我区“卫生云”和“社保云”建设的基础上，汇集全区已退休和离休人员基本信息档案、电子健康档案、电子病历、养老保险、医疗保险等信息，以及各级医疗保险经办机构、定点医院和药店的相关信息，推动社区养老服务信息平台与区域人口健康信息平台对接，积极开展养老服务和社区服务信息惠民试点，实现医养结合信息平台数据标准化和信息共享。

以社会保障卡作为医养结合金融信息服务的有机载体，探索推进养老保险金、高龄津贴、特困老年人生活补贴等社会保障性资金领取“一卡通”，实现老年人就医、购药、医疗项目记录、医疗处方记录、实时医疗费用联网结算、金融机构联网在线金融服务等功能，推动“医养结合”信息化、社会化服务。

六、组织实施

（一）加强组织领导。各市、县（区）和各有关部门要从尊老敬老、保障民生、促进社会和谐、拉动产业发展的高度，切实把推进医养结合工作摆在重要位置，纳入深化医药卫生体制改革和促进养老、健康服务业发展的总体部署，及时制定出台推进医养结合的政策措施、规划制度和具体方案，落实和完善相关优惠扶持政策，把医养结合作为发展养老服务业的重要内容抓实、抓好、抓出成效。

（二）明确部门职责。各相关部门要加强协同配合，落实工作职责，共同推进医养结合的发展。发展改革部门要将推动医疗卫生与养老服务相结合纳入国民经济和社会发展规划。卫生计生、民政和发展改革部门要做好养老机构和医疗卫生机构建设的规划衔接，加强在规划和审批等环节的合作，制定完善医养结合机构及为居家老年人提供医疗卫生和养老服务的标准规范并加强监管。卫生计生部门要引导鼓励社会力量开办老年康复医院、护理院和临终关怀医院等医疗机构，积极推动医疗机构开展医养结合服务，推进医养结合服务社区化，负责做好养老机构内设医疗机构医疗执业活动的日常监管和医务人员培训。民政部门要把医养结合纳入社会养老服务体系发展规划中，科学规划辖区内的养老服务机构、社区居家养老服务机构建设，加快发展具备医疗服务能力的护理型养老机构，积极推动养老机构开展医养结合服务，做好养老机构内设医疗机构的管理工作，依法审批医疗机构开办养老机构。财政部门要落实相关投入政策，积极支持医养结合发展。人力资源社会保障部门要将符合医疗保险定点条件的医养结合机构纳入基本医疗保险定点范围，加强监督管理，并积极探索建立参保老年人长期护理保险制度。国土资源部门要切实保障医养结合机构的土地供应。住房城乡建设部门要统筹规划医养结合机构的用地布局。老龄工作部门要做好入住医养结合机构和接受居家医养服务老年人的合法权益保障工作。中医药管理部门要研究制定中医药相关服务标准规范并加强监管，加强中医药适宜技术和服务产品推广，加强中医药健康养老人才培养，做好中医药健康养老工作。

（三）加强考核监督。各市、县（区）和各有关部门要建立健全以落实医养结合政策情况、医养结合服务覆盖率、医疗卫生机构和养老机构无缝对接程度、老年人护理服务质量、老年人满意度等为主要指标的考核评估体系，层层加强绩效考核。自治区卫生计生委、民政厅会同相关部门加强对全区医养结合工作的督查考核，定期通报各地工作进展情况，确保各项政策措施落到实处、取得实效。

厦门市人民政府关于印发厦门市老龄事业发展“十三五”规划的通知

厦府〔2016〕115号

各区人民政府，市直各委、办、局，各开发区管委会，市直各大企业，各高等院校：

《厦门市老龄事业发展“十三五”规划（2016－2020）》已经市政府研究同意，现印发给你们，请认真组织实施，确保完成规划确定的发展目标和任务。

厦门市人民政府

2016年4月14日

厦门市老龄事业发展“十三五”规划（2016—2020年）

为积极应对人口老龄化，加快发展老龄事业，根据《中国老龄事业发展“十三五”规划》、《福建省老龄事业发展“十三五”规划》及厦门市委提出的《美丽厦门战略规划》，制定本规划。

一、背景

（一）“十二五”期间取得的主要成就

“十二五”期间，我市户籍老年人口从2010年底的21.98万人，增长到2015年底的29.22万人，占全市户籍总人口的比例从12.2%上升到14.05%，其中80岁及以上的高龄老年人由3.89万人上升到4.17万人。全市人口平均期望寿命从78.91岁提高到80.17岁，其中男性77.54岁，女性83.20岁。“十二五”期末，全民基本养老、基本医疗、最低生活保障、高龄补贴、医疗救助、意外伤害保障等相结合的老年社会保障体系已全面建立。全市职工基本养老保险参保人数达224.8万人，14.6万名退休人员进入社会化管理，社会化管理率达到99.51%，社区管理率达到100%。全市企业退休人员月人均基本养老金提高到3118元，被征地人员月人均退养金达1332元，年满60周岁以上但未享受任何养老待遇的城乡居民每月可领取245元的城乡居民基础养老金。城乡统一了最低生活保障标准并提高到每人每月550元。农村计划生育老人奖励扶助金标准也提高到每人每年1800元。高龄津贴制度得到进一步落实，市财政每月为百岁老人发放津贴，为90岁以上老人发放老年节过节费；各区财政每月为辖区高龄老人发放津贴；全市70岁以上的离退休人员也都获得高龄津贴。我市在全国率先建立城乡一体的全民医保，基本医疗保险加上补充医疗保险，城镇职工医疗保险每年可报销额度为50万元，城乡居民为45万元。65岁以上老年人健康管理率为80.68%。实行了基层首诊、双向转诊、急慢分治、上下联动的分级诊疗体制，方便老年人就医。实施厦门市老年人幸福安康险，提高了老年人抵御意外伤害风险的能力。免费乘车政策扩大到本市户籍的65岁以上老年人和本省70岁以上老年人。全市的养老服务机构有了较大的发展，共有养老服务机构37家，床位数达到8948张，老年人床位拥有率达31.86‰，“十二五”期间新增床位数3876张。养老设施用地面积45公顷，老年人人均用地1.19平方米。城镇居家养老服务普遍开展，并逐步向农村延伸，初步形成了以居家养老为基础、社区服务为依托、机构养老为补充的多层次养老服务体系。老年文化体育事业快速发展。各区、街（镇）、村（居）建立了一批具有一定规模的老年文化活动中心（室）。全市各级各类老年大学（学校）379所，在校老年学员占全市老年人口总数的18%。市、区两级老年活动中心用地面积7.76万平方米，建筑面积3.89万平方米。老年体育人口占比60.02%（含常住非本市户籍老年人口）。老年人权益的保障力度进一步加大。全市建立了各级老年人法律援助站，老年法制宣传和敬老道德教育力度不断加大，全社会尊老、养老、助老的氛围日益浓厚。老年志愿者服务队伍不断壮大，老年人参与经济和社会建设的积极性逐步提高。

（二）“十三五”时期面临的严峻形势

我市处于老年人口快速增长期。根据市发展研究中心预测，2020年，全市常住人口为450万人，老年人口数为51.23万人，常住人口老龄化程度为11.38%。户籍总人口约为247.70万人，户籍老年人口数约为38.16万人，户籍总人口老龄化程度为15.41%。人口老龄化、高龄化以及家庭小型化、纯老住户增多的趋势日益突出，社会的人口老龄化意识还不够强，社会养老保障制度还不够完善，养老服务设施和网络建设相对滞后，老龄产业和老年服务市场发展较慢，养老资源有待进一步有效整合。

（三）“十三五”时期面临的良好发展机遇

一是党中央、国务院高度重视老龄事业，积极应对人口老龄化的挑战。习近平总书记在阐述我国经济新常态特征时，把“人口老龄化日趋发展”作为特征之一。全国“两会”，李克强总理所作的政府工作报告14次提及“养老”改革提速。十八大以来，多项养老领域的重大改革相继“破冰”，新农保和城居保正式合并，企退人员养老金实现十一连涨，存在近20年的养老金双轨制终结，多项基本民生保障制度日趋完善，这都是改革开放红利由包括广大老年群体在内的全体人民共享的具体表现。二是全国人大新修订《老年人权益保障法》，国务院近年来陆续出台《关于加快发展养老服务业的若干意见》、《关于促进健康服务业发展的若干意见》、《关于加快发展现代保险服务业的若干意见》等一系列决策部署。《中共中央关于制定国民经济和社会发展第十三个五年规划的建议》明确提出，“积极开展应对人口老龄化行动，弘扬敬老、养老、助老社会风尚，建设以居家养老为基础、社区为依托、机构为补充的多层次养老服务体系，推动医疗卫生和养老服务相结合，探索建立长期护理保险制度。全面开放养老服务市场，通过购买服务、股权合作等方式支持各类市场主体增加养老服务和产品供给”，为加快养老事业发展明确了方向，提供了坚实的政策保障。三是我市经济社会持续快速发展为做好老龄工作奠定了坚实的物质基础。随着我市被列入自由贸易实验区试点和“一带一路”海丝核心区重要枢纽城市，并致力打造国际一流营商环境，厦门有条件、有能力投入更多的人力、物力、财力，为推动老龄事业发展提供坚强有力的物质保障。四是我市具有对台区位优势。在厦台养老护理转诊合作；推进两地养老护理员职业资格互认；建立“厦台养老人才实训基地”；着力建设海峡两岸养老产业合作开发示范基地，促进对台养老服务业、制造业、房地产业、金融与保险业等领域发展方面都可率先探索，先行先试。五是多年的工作实践，使全社会老龄意识逐步增强，孝亲敬老氛围日益浓厚。这些为做好老龄工作奠定了坚实的工作基础，营造了良好的社会氛围。积极应对人口老龄问题已成为党委政府高度重视，全社会高度关注，老年群体热切期盼解决的重大民生问题。

二、指导思想、总体目标和基本原则

（一）指导思想

以党的十八大及十八届三中、四中、五中全会精神为指导，按照“四个全面”的战略部署，贯彻落实《中华人民共和国老年人权益保障法》，主动融入美丽厦门战略规划，发展老龄事业，提高老年人福祉，不断满足老年人过上幸福美好生活的新期待，促进经济社会持续协调发展，助力全面实现小康社会。

（二）总体目标

“十三五”期间，着力推进老龄事业全面发展，努力形成公平可持续的老年社会保障制度；舒适便利的老年生活环境；专业规范的社会养老服务体系；健全完善的老年权利保障机制；代际和谐的良好社会氛围。

到2020年，实现基本养老保障、基本医疗保障、意外伤害保障覆盖全市60岁以上户籍老年人，高龄津贴制度覆盖全市80岁以上户籍老年人，农村幸福院覆盖全市农村居家养老服务网络。全市企业退休人员社区管理率达到100%，社区居家养老服务中心覆盖率100%，养老机构主要负责人资格培训率100%，养老护理员持证上岗率100%，城乡老年体育组织覆盖率达100%，老年活动中心街道覆盖率达100%。

（三）基本原则

一是更加突出统筹和融合的原则。分类指导，平衡城乡之间和各区之间养老事业发展，注意满足各年龄段老年人需求，在统筹和融合各方面工作上提高层次和水平；二是更加突出市场在资源配置中起决定作用的原则。理清政府职责，充分发挥市场的调节作用，激发市场活力，推动老龄事业和老年产业共同发展；三是更加突出发挥科技作用的原则。将大数据、云计算、“互联网+”等科技手段运用于养老服务业，用智能科技的方法满足居家老年人的养老服务需求；四是更加突出老年群体主体作用的原则。按照“积极老龄化”的要求，把老年人作为积极应对人口老龄化的主体，注重创造条件，为老年人发挥作用搭建平台。

三、主要任务

厦门市老龄事业发展“十三五”规划的主要任务，是以实施《厦门市幸福晚年行动计划》为抓手，聚焦重点，全面深化，提升老年人晚年生活的幸福指数。

（一）幸福晚年——老年社会福利水平提升行动

不断提高养老保障水平。建立和完善企业退休人员基本养老金的正常调整机制，形成基本养老保险、职业年金、企业年金有机结合的多层次养老保险体系，提高城乡居民养老保险水平，实现城乡居民养老保险全覆盖。关注困难、高龄、空巢、失独等老年群体，完善社会救助体系，逐步提高困难老人的救助水平。

制定高龄津贴发放政策。建立全市统一的与社会经济整体发展相适应的80周岁以上（含80周岁）高龄老人津贴标准，提高高龄老人的生活质量。“十三五”期末，实现高龄津贴制度覆盖全市80岁以上的户籍老人。

开发适合老年人的保险产品。充分发挥商业保险的重要补充作用，采用“政府主导、商业保险经办、社会化参与”的模式，开发适合老年人的保险产品。“十三五”期间，探索建立长期护理保险制度，完善针对老年人意外伤害的险种“厦门市老年人幸福安康险”，推动老年人投保健康保险，为老年人提供更好的养老保障。

逐步扩大老年优待政策范围。各级人民政府及其相关部门，根据经济社会发展情况和老年人的特殊需要，逐步完善老年人优待政策，提高优待水平。鼓励有条件的单位对常住在本行政区域内的外埠老年人给予同等优待。提倡与老年人日常生活密切相关的服务行业结合“敬老文明号”创建活动，为老年人提供优先、优惠服务。公共文化服务场所设老人专座和服务专区。铁路系统对老人网购卧铺票优先安排下铺。

（二）幸福晚年——养老设施建设提升行动

到2020年，全市养老床位数达20000张，每千名老年人床位数达38.7张（其中每千名户籍老年人40张，每千名非户籍老年人35张）。

加大养老机构建设力度。“十三五”期末，完成“一市一区一中心”的公办养老机构基本布局，新建改扩建20个规模大、质量高、设施全的养老设施项目，新增机构床位数8000张（公办1200张、民办6800张）。不断完善已建立的“养老项目库”清单，明确项目地址、阶段性目标和责任单位等，不仅市级新建（拟建、改扩建或在建）的项目要纳入项目库，各区级项目（含拟建的社区托老场所等）也要一并纳入社会化养老项目库。积极探索集中社会化养老模式，在海沧区试点实施“乐龄公寓”项目，视效果在全市范围内推广实施。

实施社区日间照料项目。制定符合我市实际的老年日间照料中心建设标准，开展社区（村）老年人日间照料中心项目试点建设工作，在社区（村）为空巢、独居、失能老年人提供日间照料，着力解决居家养老有困难，但又不便到机构养老的老年人养老问题。“十三五”期末，建成全市37个街（镇）级老年人日间照料中心，日间照料床位1110张。

推进农村幸福院建设。在农村推广“幸福院”项目，由村民委员会主办和管理“幸福院”，为农村高龄独居、空巢、五保、优抚、特困老人提供就餐服务、生活照顾、午间休息、休闲娱乐等综合性日间照料公益服务。条件成熟的，管理经费可采用政府购买服务的形式给予一定的补助。“十三五”期末，全面建成151个农村幸福院（含老年活动中心），日间照料床位1510张，并覆盖全市农村居家养老服务工作网络。

调剂公房用于养老设施项目。盘点可用于养老服务设施建设的公房，在开展相关调剂改造可行性调研工作的基础上，制定公房调剂用于养老设施建设的租金标准。“十三五”期间，每年改造1－2处闲置公房，用于养老机构或老年人日间照料设施建设。对改造作为养老设施的场所，要严格把关，也要加大支持力度，让更多项目确实惠及老年人。

扶持老年活动场所建设项目。加强对老年活动场所的规划建设，将老年活动场所建设纳入城市公共设施总体规划，尤其要在新区建设、旧城改造中，统一规划和布局。“十三五”期间，推进市老年活动中心二期项目立项，争取完成市老年活动中心改扩建项目；各区新建一批老年活动场所。

（三）幸福晚年——养老服务水平提升行动

建设养老服务信息平台。将大数据、“互联网＋”等科技手段运用于养老服务业，打造好12349养老服务平台，建立标准统一、互联互通、高效便捷的智能化养老服务网络，形成设备集群、呼叫中心、线下服务集群，涵盖紧急救助、健康管理、远程医疗、家政服务、主动关爱、智能定位等多种服务项目。“十三五”期末，逐步将全市各区养老服务供需资源并入市级平台，形成岛内外一体化、城乡一体化的养老服务信息网络与社会服务网络，努力打造“无围墙”全市智慧养老院。

提升养老服务队伍整体水平。推进老年护理专业教育培训，在厦门医学院等中高职院校中增设养老服务相关专业和课程，加快培养老年医学、康复、护理、营养、心理等养老服务专业人才。积极探索养老护理培训补助办法，研究出台养老护理员定向培养补贴政策，探索养老从业人员工资待遇与专业技能等挂钩制度。建立养老服务机构护理员最低工资保障制度，探索制定养老护理人员职称评聘办法，逐步提高社会地位。开展养老护理员技能大赛，提高养老服务整体水平。建立养老护理人员评选表彰机制，增强养老护理员的责任感与荣誉感。到2020年，全市养老机构主要负责人资格培训率达100％，养老护理员持证上岗率达100％。

推动厦台养老服务合作与交流。放宽对台养老服务业市场准入。允许台湾同胞以独资、合资、合作等方式在厦门兴办养老服务机构；允许台湾同胞参与厦门市公建养老服务机构的承包经营。对台资在厦兴办非营利性养老机构实施优惠政策，台湾同胞在厦兴办的非营利性养老服务机构可享受床位建设、床位运营、床位综合责任险的补贴和水、电、管道燃气的价格优惠。

普及“爱心老年餐桌”。充分利用社区老年人日间照料中心，农村幸福院、养老机构等为老年人提供就餐服务。“十三五”期间，探索推进政府“午餐工程”进社区工作，让老年人在社区便利店就能买到放心的午晚餐。

老年人家庭关爱行动。倡导家庭成员尊重、关心和照料老年人；提倡邻里互助，实施“老伙伴计划”，鼓励低龄健康老人与高龄老人结对，开展邻里互助帮扶。充分发挥志愿者作用，关爱帮扶农村留守老人和城镇孤寡老人。

推动老年人宜居环境建设。积极推进老年人聚集居住区的适老性环境改造。区、街道应把老旧楼房的适老性改造列入“美丽厦门共同缔造”行动规划中，试点加装老旧无电梯楼房楼道扶手，设置楼梯踏步蓄光标识，支持社区居家养老服务站提供轮椅、推送爬楼机等助行工具的租赁服务。继续支持有条件的老旧楼房改装电梯，试点安装座椅电梯，方便老年人上下楼。

（四）幸福晚年——医疗健康管理提升行动

提升养老机构医养结合水平。大力发展养护型、医护型养老机构，提升养老机构的医疗服务功能。鼓励支持规模较大、有条件的养老机构内设医疗机构。支持养老机构按规定开办老年病、康复、中医医院和临终关怀机构。鼓励有条件的公立医院转为康复、老年护理等机构。积极推进二级以上医疗机构与附近规模较小的养老机构签订合作协议，开辟就诊就医的绿色通道，方便老年人就近就医，解决入住养老机构老年人的看病刷卡和医疗费报销问题，切实为老年人提供方便和优待。加快制定“医养结合”养老服务业优待政策，各区试行完善老年人入住养老机构补助办法。鼓励有条件的社区卫生服务中心设立“养护病房”或“康复病房”，为居家养老提供医疗服务。“十三五”期末，医养护结合机构占全部养老机构的比例达50%，每个区有1所以上护理型养老服务机构，解决院内老年人“看病难”问题。

提高老年医疗服务质量。增加老年病专科医疗资源，加强老年人慢性病健康管理。鼓励社会资本兴办护理院、老年病医疗、护理、康复、临床关怀等为老年人服务的专门医疗机构。“十三五”期间，继续深化慢性病一体化管理，以糖尿病、高血压病等老年人最常见的慢性病为突破口，以纳入“糖友网”、“高友网”等入网签约服务为手段，开展慢性病精细化管理，推动建立具有我市特色的“慢病先行，三师共管”分级诊疗体系。推行家庭医生基层签约服务，为老年人提供上门诊视、健康检查和保健咨询，为符合条件的居家老年人建立家庭病床，形成“基层首诊、双向转诊、急慢分治、上下联动”的新格局。“十三五”期末，65岁以上老年人的健康管理率保持在80%以上。

关爱困难失能老人。促进老年人照护及相关服务产业发展，为失能老年人提供生活和医疗护理保障。结合全国“老年希望工程”公益活动，开展关爱失能老年人行动。鼓励养老机构和居家养老服务组织为长期卧病在床的失能老人提供临时性替代护理服务。鼓励低龄健康老人开展上门照顾居家老人的钟点服务，帮助解决照顾失能老人的困难。市老年基金会继续为困难失能老人发放护理补助金，资助专用护理床、护理床垫、轮椅、助行器等护理用品；资助民办养老机构部分护理用品和护理设施。

（五）幸福晚年——精神文化生活提升行动

实施老年人健身行动。充分认识和发挥好老年体育应对老龄化社会的重要作用。加强老年人体育基层组织建设，改善老年人体育健身设施，继续办好四年一届的市、区老年健身运动会。抓好创建“老年人健身康乐家园”工作，到2020年底全市“老年人健身康乐家园”创建率达80%以上，“老年人健身康乐家园示范点”达40%以上。同时，努力建立一支推广、创新、普及体育健身项目、服务老年人体育的辅导员和志愿者队伍。“十三五”期间，力争每年培训老年体育健身辅导员300人，区一级培训人数不少于100人。“十三五”期末，力争全市城乡老年体育组织覆盖率达100%；老年人体育健身设施得到极大改善，100%街道和95%的镇建成老年活动中心，具备两场一室（气排球、羽毛球、门球场等任选两场和老年活动室），90%社区和70%的村建有一场一室；城乡老年人体育健身活动更加广泛开展，老年人健身辅导员体系更加完善，社会体育辅导员占老年人总人口的2.5‰，其中城市3‰，农村2‰；采取措施，力争老年人体育健身人口比例达到70%以上。进一步提升老年人的健康幸福指数。

丰富老年人精神文化生活。加强对老年文艺团体的建设与指导。举办好每三年一届的“厦门市老年文化艺术节”。大力开展适合老年人参与的社区文化活动。有计划地组织老年文艺汇演，书画、摄影、集邮、收藏、手工品制作展览等活动。定期举办老年文化活动，推广广场舞、秧歌、腰鼓等形式多样的老年人喜爱的活动项目，举办历史文化等适合老年人特点的讲座，开展两岸老年文化交流。进一步推动政府举办的各级公共图书馆、博物馆、文化馆、纪念馆、工人文化宫、科技馆等公共文化服务机构的基本公共文化服务项目向老年人免费开放。

推动老年旅游产业发展。积极开发多层次、多样化的适合老年人身心特点的旅游休闲养生度假产品，鼓励规范建设以接待老年游客为主的老年旅游公寓。规划引导各类景区加强老年旅游服务设施建设。倡导老年人旅游休闲观念，宣传和鼓励老年人参与旅游活动。充分发挥“厦门市美丽夕阳老年服务中心”的作用，建立异地老年旅游联盟，为老年品质旅游建立平台和纽带，提供全方位的旅游休闲服务，不断提高老年人旅游休闲满意度。

（六）幸福晚年——老年自身素质提升行动

解决老年大学（学校）办学场所不足的问题。切实贯彻《福建省人民政府关于加快发展养老服务业的实施意见》和中共福建省委组织部等17个部门《关于进一步加强老年文化建设的实施意见》。各区积极争取扩建老年大学校舍。利用清理收回的公园会所和经营场所改建老同志学习和活动的场所，解决老年教育“一座难求”的问题。“十三五”期间，新增思明区和翔安区老年大学综合楼。

推动老年教育教学内容和教学手段的改革创新。适应时代发展和社会变化，加强思想政治教育工作；各级老年大学（学校）根据老年人的需求，既要设置传统课程，也要设置现代信息化课程，还要适当推出特色课程，逐步健全和完善老年教育精品课程建设，从而全面提高教学质量。多措并举推动“老年教育云课堂”和远程老年教育的发展，以优秀的师资、优质的课程、便捷的形式、低廉的成本，解决基层老年学校师资、教材匮乏的困难，让老年人就近就地享受远程优质的教育。

不断提升全市老年大学的办学质量。以创建省、市级示范校为抓手，依托市委提出的社区书院建设，改善各级老年学校办学条件，加强学校建设，提高教学质量，提升发展层次，保持我市老年教育持续健康发展。要继续开展示范校的评估和回访，巩固和深化创建成果。省、市级示范校和省、市级精品课程每3年评一次，省一级示范校每5年评一次，以质的提高带动基层老年学校量的发展。

组织开展志愿服务。积极组织低龄老人组建为老志愿者服务队，广泛开展为老志愿服务，特别是关注高龄、空巢、失独、失能、困难等老年人群体，帮助解决实际困难。充分发挥老年人的优势和特长，鼓励和支持老年人参与社会治理实践活动，营造“老有所为”的社会环境。支持发展老年人才市场，建立老年人才资源信息库，搭建服务平台，拓宽老年人参与社会的渠道。发挥市老年志愿者协会作用，广泛开展老年志愿服务活动。继续办好幸福老人乐园、“美丽夕阳”文化点，组织老年文化团体，以文艺表演、书画创作等形式，展示闽南文化，展现厦门老年人的风采。

倡导老年人争当文明带头人。联合媒体开展“寻找身边最美老人”等公益活动，开展纠正不文明行为大讨论，树立文明典型，引导老年人改正不文明的陋习，争做让人尊重的文明老人，为“美丽厦门”增光添彩。

（七）幸福晚年——敬老助老氛围提升行动

开展敬老养老助老主题教育活动。围绕“美丽厦门”建设，开展孝心进社区、进学校活动，加强孝道文化教育。通过“敬老文明号”创建等形式，大力宣传敬老养老助老先进典型，传承孝亲敬老的优良文化传统，弘扬助人为乐的道德情操，促进家庭和睦和代际和谐，进一步推动社会主义和谐社会的建设。

重要节日期间开展尊老助老系列活动。根据全国老龄委的统一部署，老年节期间，发动全社会开展“敬老月”系列活动，通过向全社会征集惠老项目，动员全社会关注老龄问题，为老年人办实事办好事。元旦、春节期间，组织慰问高龄困难老人，邀请困难老年人围炉，弘扬敬老美德，营造敬老氛围。

联合主流媒体开设专栏专刊。发挥《厦门晚报　老年周报》、《海西晨报　夕阳红周刊》、《鹭江银潮》等纸媒体的宣传作用，宣传老龄化形势，宣传老龄工作方针、政策和动态，策划老年人关注的话题并开展讨论，以提高全社会对老龄工作的关注和重视，倡导老年人积极向上的生活方式。运用网站、短信、微信等新媒体开展宣传，通过厦门老龄网、厦门银龄微信平台，发布政策法规信息、活动信息、服务信息、学习信息以及办事指南，让老年人通过互联网获得更多的信息。

借助公共设施开展公益宣传。充分利用公交车车载移动电视、市政人行天桥LED视频宣传栏、交通红绿灯柱、路名牌等，在公共场所宣传敬老口号。“敬老月”期间群发孝敬长辈的温馨提示短信。动员星级宾馆、酒店、银行等商家，在公共场所悬挂、张贴、播放老龄工作的宣传标语，营造浓厚的敬老氛围。

（八）幸福晚年——老年人社会化管理提升行动

推进退休人员社会化管理服务。进一步健全市、区、街（镇）、社区（村）四级退休人员社会化管理体制。探索机关事业单位退休人员逐步实行社会化管理服务办法，不断完善退休人员社会化管理服务机制，推动城乡居民退养人员纳入社会化管理。推进退休人员人事档案数字化建设。开展退休人员、遗属抚恤人员领取社会保险待遇资格认证工作。重视离退休人员的精神文化生活，做好困难、重病离退休人员的慰问、救助工作。到“十三五”期末，企业退休人员社会化管理率保持在99%以上，社区管理率达到100%。

积极培育和发展老年群众组织。加强对老年群团组织的管理，充分发挥群团组织联系群众、引导、管理和服务社会的职能，整合资源、整体联动，以开展帮扶慰问困难老人和开展积极向上的文体活动为抓手，推动老龄事业的发展。关注外来老年人群体，帮助他们融入厦门新生活，引导来自全国各地的银发群体广泛参与社区建设。总结集美区康城社区组织外来老年人参与“八方银龄共缔造”活动的经验，打造“八方银龄荟”品牌，并在全市推广，为构建和谐社会，缔造美丽厦门做出贡献。到“十三五”期末全市社区（村）普遍成立基层老年协会。

四、保障措施

（一）把老龄事业纳入经济社会发展规划。各级党委、政府要把老龄工作列入重要议事日程，列入年度工作目标考核内容。各区、各老龄委成员单位及相关部门要按照工作分工，把老龄规划融进本区、本部门的“十三五”规划中，认真落实。各级政府要建立老龄事业发展资金保障机制，将老龄事业经费纳入年度财政预算。从市级福利彩票公益金、体育彩票公益金中安排适当资金，专项用于老龄事业。

（二）加大养老服务业体制机制创新。不断完善体制机制和政策措施，在财政、金融、用地、税费、人才、技术及服务模式等方面进行探索创新，为民办养老服务业提供与公办养老服务业公平的竞争平台。做好养老用地规划，落实养老服务业的税收优惠政策，积极开展公办养老机构改制试点，鼓励民间资本运营公有产权的养老服务设施。创新养老服务供给方式，通过政府补助、购买服务、评估等方式，推行第三方社会组织提供养老服务、管理和需求评估。培育发展公益慈善组织，将政府部分养老工作职能转移给慈善公益组织。

（三）创新投融资方式。加大对养老服务业信贷支持力度，金融机构要拓宽信贷抵押担保物范围，合理利率定价，满足养老服务业的信贷需求。积极利用财政贴息、小额贷款等方式，加大对养老服务业的有效信贷投入。鼓励银行等金融机构开发适合民办养老服务业发展需求的金融产品和担保方式。鼓励和支持保险资金投资养老服务领域。推动政府资金与社会资本的深度融合，促进建立多元有效的投融资体制，共同支持养老服务产业健康发展。市、区政府用于养老服务的财政性资金应重点向农村倾斜。

（四）加强行业监管力度。制定和完善社区居家养老、机构养老服务管理的相关标准，建立养老机构等级评定、老年人入院评估、养老服务需求评估等制度。大力发展专业性中介机构，鼓励中介机构参与社会养老服务，提供评估、咨询和第三方认证等服务。完善收费和定价机制，依法确定适用政府定价、政府指导价范围，科学合理制定收费标准，规范养老服务收费行为。完善监管体系，加强对社会力量投资建设养老服务设施的监管，促进养老服务规范化发展。各区要按照属地化监管原则，强化对本区养老机构的服务范围、服务质量和收支情况的日常监督。建立全市统一的养老服务业统计体系。

（五）整合资源共同为老服务。加大基本公共服务设施建设力度，以发展基本公共服务业带动养老服务业的发展，充分利用社区卫生服务中心、社区活动中心、市民学校、社区服务网点，共同构建为老服务网络，让老年人就近就地获得便利服务。

（六）创新老龄工作思路。加强老龄事业发展综合统计和信息采集、整理、反馈及交流工作，建立老龄事业发展基础数据报备制度。针对老龄工作的难点、热点问题开展调查研究，学习借鉴国内、国外先进经验，不断开拓创新，积极应对人口老龄化。

（七）加强督查评估工作。各区、各部门要根据本规划的要求，结合实际，制定实施方案，抓好落实。市老龄委办公室会同有关部门对规划的实施情况进行分类指导、督促检查。2018 年将进行中期评估，2020 年进行全面评估。

厦门市人民政府关于印发厦门市养老服务发展规划（2016—2020 年）的通知

厦府〔2016〕116 号

各区人民政府，市直各委、办、局，各开发区管委会，市直各大企业，各高等院校：

《厦门市养老服务发展规划（2016－2020 年）》已经市政府研究同意，现印发给你们，请认真组织实施，确保完成规划确定的发展目标和任务。

厦门市人民政府

2016 年 4 月 15 日

厦门市养老服务发展规划（2016－2020 年）

一、厦门养老服务发展现状

（一）老年人口情况

国际上通常看法是，当一个国家或地区 60 岁以上老年人口占人口总数的 10％，或 65 岁以上老年人口占人口总数的 7％，即意味着这个国家或地区的人口处于老龄化社会。

我市早在1994年就已跨人人口老龄化城市的行列。截止2015年12月31日，全市户籍人口211.1465万人，其中60周岁以上的老年人29.8405万人，老龄化水平为14.132%；80周岁以上的老年人共4.3768万人，占老年人口比例为14.667%；其中90周岁—99周岁的老年人5468人，100周岁以上的老年人103人。全市人口平均期望寿命80.17岁，其中男性77.54岁，女性83.20岁。

我市人口结构呈现老年人口基数大、增长快、高龄化、家庭小型化和“空巢”化比例大的特点。“六普”资料显示，厦门市单身老人户2.09万户，同“五普”相比，增加0.98万户；单身老人户占有65岁及以上老年人的家庭户比重从“五普”的13.53%提高到17.08%。只有一对老年夫妇的户1.86万户，同“五普”相比，增加1.00万户；只有一对老年夫妇的户占有65岁及以上老年人的家庭户比重从“五普”的10.45%提高到15.16%。

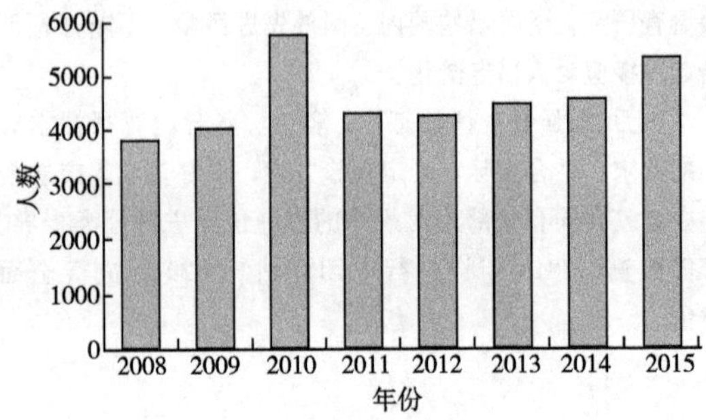

图1 2015年厦门老年人口占户籍人口比例图

（二）养老服务发展情况

近年来，我市不断健全和完善社会养老服务体系，加大政府扶持力度，大力推进居家养老服务、社区养老服务、机构养老服务，养老服务发展迈上新台阶，2014年获批全国养老服务业综合改革试点城市。

1. 政府扶持力度不断加大

政策体系不断完善。相继出台《关于推进居家养老服务工作的实施意见》、《关于支持社会力量兴办养老服务机构的实施意见》、《关于加快社会养老服务体系建设的实施意见》、《关于加快发展养老服务业的实施意见》、《关于加强养老服务机构医疗服务的实施意见》、《厦门市幸福晚年行动计划》等多个文件，推动我市养老服务步入制度化、规范化轨道。

公共财政补贴力度加大。2015年市、区财政共投入资金5223.17万元，其中：市财政投入资金2722.28万元；各区财政投入资金2500.89万元（用于居家养老服务补贴发放1328.89万元、政府购买社区养老服务1172万元）；不断加大对非营利性养老机构的政策扶持，由财政从市本级福彩公益金给予开办补助和运营补贴等，资助总额522.27万元。

养老保障体系逐步健全。逐步建立全民基本养老、全民基本医疗、最低生活保障和医疗救助等相结合的老年社会保障体系，推出“厦门市老年人幸福安康险”，引导和促进适合我市老年人需求的商业保险产品开发。

2. 居家养老服务实现全覆盖

依托镇（街）社区服务中心、家庭服务中心、社区卫生服务中心（站）和星光老年之家、老年大学、老年活动中心等现有公益性服务设施和资源，建设居家养老服务平台，因地制宜开展安全保障、生活照料、医疗保健、文化娱乐、精神慰藉等服务。截至2015年12月底，全市已建成居家养老服务站366个，其中，思明区98个，湖里区52个，集美区60个，海沧区25个，同安区48个，翔安区83个。实现了城区居家养老服务的全覆盖，农村居家养老服务的基本覆盖。岛外四个区着力抓好养老服务站和农村幸福院的建设，2015年全市已完成43个农村幸福院试点项目建设，丰富和充实我市农村老年人托养、就餐和文化娱乐等养老服务内容。

推进社区互助养老服务。充分发挥社区居家养老服务站的作用，逐步聚集和整合了老年人活动室、老年学校、社区卫生服务站、日间照料室、老年人应急呼叫系统或服务热线等社区服务资源，因地制宜开展了安全保障、生活照料、医疗保健、文化娱乐、精神慰藉等五大类服务。充分整合养老服务资源，鼓励志愿服务，为社区老年人提供上门服务，对空巢、高龄、失能或生活困难老年人，提供“一帮一”、“多帮一”盯人式的帮扶服务。

推进社区老年人日间照料中心项目试点工作。2015年立项建设社区老年人日间照料中心项目6个。

3. 养老机构建设加快推进

按照“一市一区一中心”的基本布局，加快推进市、区社会福利中心建设，建设一批规模大、质量高、设施全的公办养老机构，满足特殊困难老人养老的需要。市及各区福利中心成为集老人收托养于一体、功能设施完备的新型公办社会福利机构。

鼓励社会资本兴办养老机构。自2010年起至2015年底，社会力量兴办和改建9所养老机构，新增床位2884张。积极推进市老年活动中心改扩建项目、市爱心护理院改扩建、厦门慈心颐养院项目和爱鹭老年养护中心等重大老年设施建设。

截至2015年底，全市共有养老服务机构32家，拥有各类养老床位数共计9759张（详见表1），每千名老人的养老床位数达到32.7张。

表 1　厦门市养老服务设施一览表

名称	合计	性质	数量	床位数（张）	服务对象
养老机构	32	公办	6	1828	城区“三无”老人
		民办	26	6452	社会自费老人
农村敬老院	7	公办	7	145	农村“五保”老人
农村幸福院		公办	43	430	农村老年人
社区日间照料中心		公办		407	社区内需照料的老人
居家养老服务站		公办		497	社区内需照料的老人

4. 医养护结合稳步推进

出台《关于加强养老服务机构医疗服务的实施意见》，实现医保刷卡服务，支付范围涵盖养老人员的入住床位费及在医务室看病就医的费用。到 2015 年底，全市共有 15 所养老服务机构内设医疗机构，占养老服务机构 46.87%；护理型床位 4078 张，占养老服务机构总床位 49.25%。

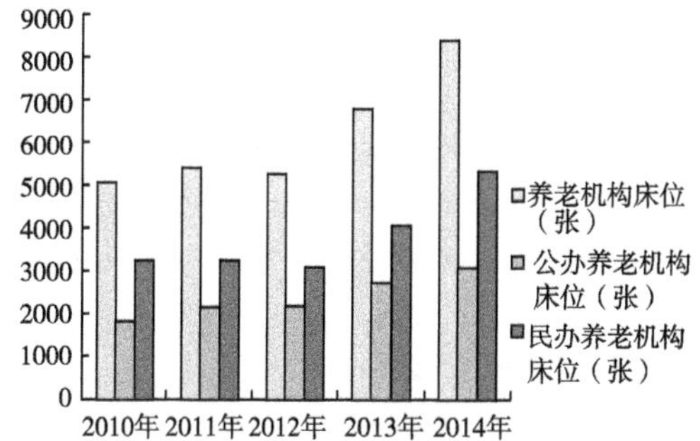

图 2　厦门市养老机构床位情况图（截至 2014 年底）

鼓励兴办护理型养老服务机构。提高护理型床位的比例，优先保障失能、失智等困难老年人服务需求，提供长期的照顾、护理、康复和保健等服务，加大护理型养老服务机构的建设。有 3 家养老机构获准设立护理院（莲花长寿村护理院、爱欣老年公寓、鼓浪屿爱心护理院）。

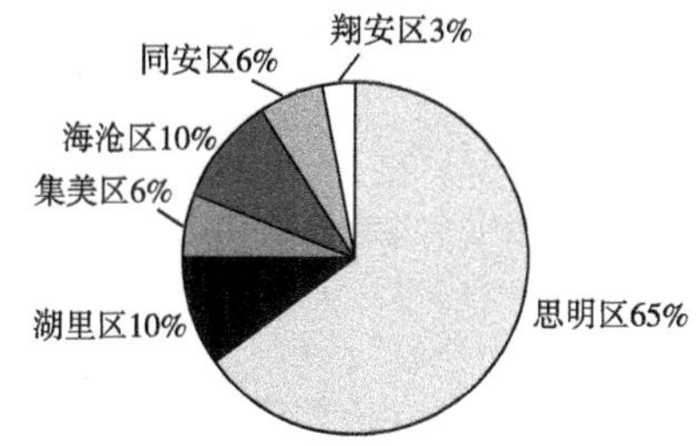

图 3　民办养老服务机构分布情况表

5. 养老服务模式逐步创新

探索政府购买养老服务。依托专业社工机构对社区开展居家养老紧急救助、走失定位、健康管理、心理慰藉、文体活动等方面的保障服务，探索政府购买社会服务试点方案。改革政府补贴方式，将政府购买服务由暗补改为明补，直接补助给本市户籍老年人。建立高龄补贴制度，将全市 80 周岁以上老年人纳入补贴范围。

探索养老公寓试点建设。由政府划拨土地，财政投资，国有企业代建，并按照养老机构建设标准兴建后，通过公开招标方式，承租给具有一定资质社会力量以公建民营的模式经营管理，为老年人提供集中居住和照料服务的机构。公寓优先满足城市“三无”、农村“五保”（特困供养人员）、低收入、失能、失独、高龄和特殊困难的老年人服务需求，实行“管办分离”。

推出多种形式的养老服务方式。推出“无围墙无门槛型志愿服务模式”，通过“贴吧”方式搭建平台，引导小社区、大社会的广大志愿者为老年人提供“多对一”专业性的贴心服务，满足老年人多层次、多样性的需求。不断推出居家养老家政、医疗、小额医药补助、“爱心老年餐桌”、“三无老人免费送夏商营养餐”、智能“居家宝”等创新服务项目与品牌。

6. 养老服务信息化步伐加快

努力推进全市养老服务信息化建设，启用全国统一的养老公益养老服务专用电话号码“12349”，努力探索建立市级统一的养老信息化平台。建设“厦门市智慧养老服务中心”硬件平台，积极探索养老服务供需资源对接。

（三）养老服务发展存在的问题

1. 养老服务设施建设不健全

养老服务配套设施发展相对滞后与社会化养老实际需求日益增长的矛盾仍然比较突出。养老服务机构少，护理型床位不足，全市每千名老年人口养老床位数为 32.7 张，与国内先进城市相比尚存差距。

养老硬件设施不够完善，不同程度存在社区老年活动设施欠缺或改造未完成等现象；已投入使用的民办养老服务机构大多为规模小、设施落后、服务水平较低的供养型机构，养护型和护理型的中高端养老机构占比例很小；养老设施简陋，养老医疗护理少，入住机构老人“看病难”；养老院经营成本高、收费偏高，对普通工薪阶层压力较大，老人入住意愿不强，均造成一定程度养老资源浪费。

养老服务信息化、市场化程度不高，服务供求间对接不及时，服务项目少、质量不高，难以满足各层次老年人多样化、个性化的养老服务需求。

2. 养老服务人员队伍建设薄弱

养老服务专业护理、管理人才缺乏，从业人员素质和服务管理水平不高、专业化程度不高，相当部分人员没有经过系统的专业培训。现全市养老护理人员共有1130人，目前经厦门市职业技能鉴定取得养老护理员职业资格证书有648人（占养老护理人员的57.35%）。民办养老服务机构普遍存在招工难问题。养老护理人员劳动强度高、待遇低，一方面人员流失严重，另一方面招新工很难，极大影响养老服务质量的提升。养老志愿者队伍规模未成气候，人员素质还不能满足需要，社会组织的力量未能充分发挥。

3. 养老服务经费保障有待加强

尚未完全建立养老公共服务财政投入的动态保障机制。各区对社区居家养老服务站后续运作经费的投入不平衡，许多社区经费不足。工作经费使用不够合理、及时。有的街道工作经费下拨不够及时，资金积压较多；个别单位把工作经费作为生活补助直接发放；个别单位聘请人员不专职、不专业，影响服务质量和工作开展。

4. 社会力量兴办养老机构困难重重

供求保障未到位。目前市、区社会福利中心已配置到位，但未推出营利性养老机构建设用地，我市民办养老服务机构发展与日益增长的养老服务需求之间的矛盾突显。

经营场所不稳定。全市大多数民办养老服务机构以租用民房改造为主，设计建造时未能考虑到养老服务的特点，存在房屋结构不合理、设施简陋、居住拥挤、周边环境差、缺乏活动场所、管理不规范等问题，导致部分中低档、规模小、配套不全的养老院入住率不高。

5. 医养结合有待进一步深化

目前入住养老机构的老年人3520人，其中：生活完全不能自理或半自理，患有各种慢性疾病的老年人需护理的有2885人，占81.96%，出现养老服务机构内设医疗护理床位紧缺。加上部分失能、伤残障人士的需求，养老机构的护理床位缺口更大，医疗、定点护理资源远远不能满足养老机构入住老人医疗护理看病难的需求，医养结合的覆盖面亟需进一步扩大。

6. 政策支持有待进一步落实

近年来，我市在土地供应、资金补助、税费减免等方面出台了一系列扶持社会力量兴办养老机构或参与养老产业发展的优惠政策，但由于未将这些政策具体化，缺少相应的配套实施机制，导致土地供应、规划建设、税费减免等优惠政策在一些地方难以落实，未能充分发挥政策的激励效应。缺乏对区、镇（街道）、村（社区）三级养老服务机构的规划布局，在数量、规模上达到何种标准尚未明确。由于缺乏整体的规划和具体的保障措施，政府在土地出让和城市化建设中很难兼顾养老服务机构发展的需求。

二、厦门养老服务发展面临的形势分析

（一）国际环境

1. 养老服务趋向多元化

西方发达国家较早进入老龄化社会，养老服务也较为成熟，社会保障制度相对完善，养老服务趋向于多元化，居家养老、社会养老、互助养老、社区养老等养老服务模式已经成熟；日本、新加坡等国在吸取西方社会养老特点的基础上，继承传统家庭养老的特征，注重人文关怀，致力于开发家庭养老。当前国际养老服务呈现去机构化、私人化和个性化发展趋势。

2. 养老服务模式不断创新

国际养老服务模式主要有托养式机构养老、会员式社区互助、援助式居家养老等，服务提供以社会力量为主，通过政府购买服务给予支持。养老保险制度亦不断创新，建立了社会保险模式和商业保险模式，老年人享受的各类养老服务都由长期护理保险和商业保险机构支付；以房养老模式在澳大利亚、美国、新加坡等发达国家已推行多年。新加坡政府推出一系列通过住房套现的措施，以房养老成为最普及的养老模式。发达国家养老服务的运作模式、服务内容、操作规范的不断探索和创新，为我市创新养老服务提供了有益的尝试。

3. 养老服务业已具规模

发达国家老龄产业已成功地走向市场，老龄长期照料项目、老年旅游业、老年房地产业和老年金融理财业发展迅速。老年人的公共支出是年轻人的3倍，老年产业已成为占第三产业比重很大的产业。如美国养老产业产值（包含健康服务业）占国内生产总值的比例达17%以上。

（二）国内环境

1. 我国人口老龄化的速度加快

我国自1999年就已步入老龄化社会，人口老龄化加速发展，正以每年1000万的速度增加。截至2015年底，全国老龄人口接近2.21亿人，约占全国总人口的16%；预计2020年将达到2.43亿人，约占总人口的18%。到2050年，我国老年人口将达到峰值4.8亿人左右，分别占亚洲老年人口的2/5和全球老年人口的1/4。

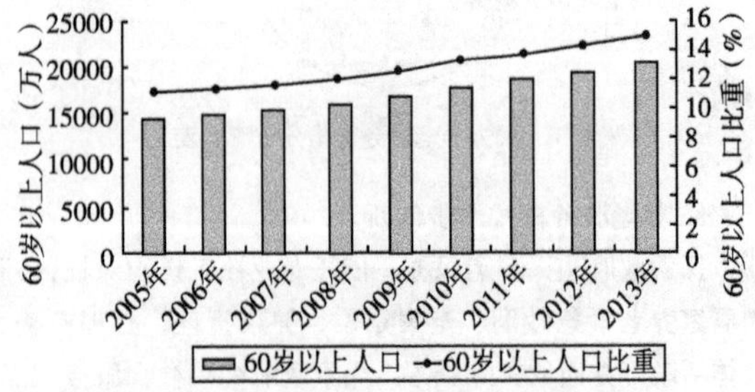

图4 我国60岁以上人口变化趋势

资料来源：民政部《2013年社会服务发展统计公报》

2. 社会养老服务需求与日俱增

长期以来，我国实行以家庭养老为主的养老模式，但随着计划生育基本国策的实施，以及经济社会的转型，家庭规模日趋小型化，“4－2－1”家庭结构日益普遍，空巢家庭不断增多。家庭规模的缩小和结构变化使其养老功能不断弱化，对专业化养老机构和社区服务的需求与日俱增。同时随着人口老龄化、高龄化的加剧，失能、半失能老年人的数量还将持续增长，照料和护理问题日益突出；由于现代社会竞争激烈和生活节奏加快，中青年一代正面临着工作和生活的双重压力，照护失能、半失能老年人力不从心，迫切需要通过发展社会养老服务来解决。急速增长的国内养老服务需求为我市养老服务业发展创造了巨大空间和机遇。

3. 国家政策支持力度不断加强

党中央、国务院高度重视养老服务业发展，2014 年李克强总理提出要继续巩固和扩大基本社会保障，要提高基本养老金的标准，整合城乡医保，推进养老失业并轨，统筹城乡医疗保障的要求。国务院及有关部门陆续出台《社会养老服务体系建设规划（2011－2015 年）》、《关于推进养老服务评估工作的指导意见》、《关于加快发展养老服务业的若干意见》、《关于促进健康服务业发展的若干意见》、《关于推进城镇养老服务设施建设工作的通知》、《关于鼓励民间资本参与养老服务业发展的实施意见》等一系列文件，持续推动养老服务业发展，也为我市养老服务发展奠定了坚实的政策基础。

（三）厦门养老服务需求趋势

1. 到 2020 年全市常住人口老龄化情况

（1）2020 年全市户籍与非户籍人口数

——户籍人口数

近 11 年，全市户籍人口保持稳步增长，从 2004 年 146.77 万人增至 2014 年 203.4393 万人，共增加 56.6693 万人，年均增加 5.66 万人，年均增长率为 3.33%。从图 5 户籍总人口和年增长率两个序列的对比可以看出，户籍人口稳步增长未发生不正常起伏或波动。为此，采取综合增长率法预测户籍总人口 2020 年的数值，方法较为可行。

综合增长率法模型公式为：$P=P_0(1+K)^n$

其中 P 是预测年的人口数，P_0 为城市现状的人口规模，K 为人口规模综合增长率。根据厦门市 2004 年至 2014 年的户籍总人口数据，在这里取厦门市 2004 年至 2014 年的年平均增长率作为综合增长率，即

$$K= \sqrt{P_3}^{1}$$

其中 P_{14} 为 2014 年的户籍总人口规模，P_3 为 2003 年的户籍总人口规模，计算 K 为 0.033352，代入公式，取 n 为 6，P0 为 2014 年的户籍人口 203.4393 万人，可以得出 2020 年的户籍总人口规模约为 247.70 万人。

——非户籍人口数

根据《厦门市城市总体规划（2010－2020）》（修订）显示，到 2020 年，厦门常住人口将达到 450 万，为此，至 2020 年非户籍人口规模为 202.3 万人。

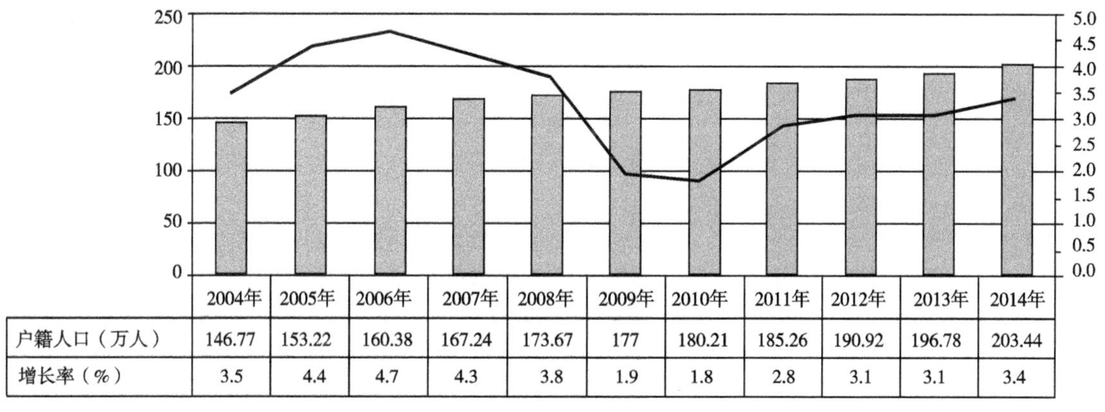

	2004年	2005年	2006年	2007年	2008年	2009年	2010年	2011年	2012年	2013年	2014年
户籍人口（万人）	146.77	153.22	160.38	167.24	173.67	177	180.21	185.26	190.92	196.78	203.44
增长率（%）	3.5	4.4	4.7	4.3	3.8	1.9	1.8	2.8	3.1	3.1	3.4

图 5　2004－2014 年厦门户籍总人口数和增长率

资料来源：厦门经济特区年鉴和厦门市国民经济和社会发展统计公报

（2）2020 年全市常住人口老龄人口数

——户籍老龄人口数

根据权威机构预测，至 2020 年全国老年人口年均增长率为 3%，鉴于厦门作为中心城市，吸引力逐年增强，人口迁入数逐年增加，厦门老年人口年均增长率应高于全国平均水平；另一方面，对比同类型城市深圳，根据《深圳养老设施专项规划》预测，至 2020 年深圳老年人口数达到 76 万，“十三五”期间老年人口年均增长率为 9%左右。为此，初步考虑厦门至 2020 年老年人口年均增长率取其二者中位数 6%。考虑到厦门“十二五”期间老年人

口年均增长率为3%左右，且户籍政策进一步收紧等因素，综上，至2020年厦门户籍老年人口年均增长率预计为5%，户籍老年人口数为38.16万。

——非户籍老龄人口数

根据厦门市第六次人口普查数据资料，2010年，全市常住人口312.1778万人，其中户籍人口180.2060万人，非户籍人口131.9718万人。60岁以上老龄人口数为24.49万人，其中户籍人口老龄人口数为18.6万人，非户籍人口老龄人口数为5.89万人，非户籍人口老龄化程度为4.46%。考虑到非户籍人口流动性大且相对年轻，按照每五年老龄化程度提高1%测算，至2020年全市非户籍老龄人口数为13.07万人。

(3) 2020年全市老龄化程度

根据以上推算，2020年，全市常住人口为450万人，老龄人口数为51.23万人，常住人口老龄化程度为11.384%。

其中，2020年，户籍总人口约为247.70万人，户籍老年人口数约为38.16万人，户籍人口老龄化程度为15.406%。

2. 养老服务需求趋势

(1) 总体趋势

厦门有独特的自然条件、社会历史和人文发展环境，环境优美，城市文明，文化底蕴深厚，吸引了很多外来养老之人。同时随着厦门经济发展水平的逐渐提高，居民可支配财富不断增多，社会保障力度不断加大，老龄用品的要求和品质也不断提高，养老服务需求的种类和精细化程度也随之提高，厦门养老产业发展潜力十分巨大，市场广阔。当然，由于城市化的快速发展，物价上涨、投资成本升高、投资回报率低、运营难度大、专业服务人员短缺等因素，亦使厦门养老服务发展面临着巨大的挑战。

(2) 需求特点

据调查显示，厦门本地90%的老人选择居家养老模式，6%的老人（主要是空巢老人）选择社区养老，4%的老人选择机构养老模式。

机构养老的入住老年人有70%的老年人需要助餐、助行服务和需要医疗护理服务，20%的老年人需要专人护理服务，10%的老年人可以自理，不需要护理服务。其中，10%的老年人可以接受每月2000元到2500元的收费标准，70%的老年人可以接受每月2200元到3000元的收费标准，20%的老年人可以接受每月3000元到4500元以上的收费标准。

按照护理人员与自理老年人比例不低于1∶10，与半护理老年人比例不低于1∶6，与全护理老年人比例不低于1∶4，结合厦门养老服务需求状况和养老人员增长速度，到2020年，我市需配备养老护理人员2592人，按现有专业护理人员648人（其中初级193人、中级224人、高级230人、技师1人）计算，尚缺口1944人。（详见附件2）

居家养老是我市今后最主要的养老方式。据初步测算，至2020年厦门户籍老年人共有38.16万人，其中：居家养老34.344万人，需要社区照料2.2896万人，需要机构养老1.5264万人。拥有自有房产或退休金收入较高的老人群体更注重精神文化方面的享受，更愿意入住养老服务机构集中养老，对文化活动、健康护理、兴趣培训和聊天解闷的需求较迫切，而对于送菜、洗衣、买菜、法律援助等需求不是很强烈。

而对于纳入政府保障的农村“五保”老人，纳入最低生活保障的城市“三无老人”，重点优抚对象老年人对于送餐、洗衣、日间照料等日常生活服务的需求程度高，更希望政府能为他们提供保障性或救助性的养老服务。全市高龄老年人群体基本上都缺乏生活自理能力，需要政府或社会提供养护型和护理型的集中养老服务。

三、厦门养老服务发展的基本思路

（一）发展思路

以党的十八大及十八届三中、四中、五中全会精神为指导，按照“四个全面”的战略部署，从厦门老龄化的实际出发，贯彻落实国家和福建省加快发展养老服务业意见精神，充分发挥政府在保障基本养老服务需求方面的主导作用，通过体制机制改革和制度政策创新，激发市场活力，构建“政府托底、社会主体、市场导向、产业支撑、家庭尽责、老人互助、制度保障”的社会养老服务体系，适度发展健康旅游结合的高端养老服务业，努力使养老服务发展成为积极应对我市人口老龄化、保障和服务本市老年人的重要举措。

（二）发展原则

政府主导，统筹规划。坚持政府主导，将养老服务业发展纳入全市国民经济和社会发展整体规划，以规划引领养老服务发展，完善政策、健全机制、加强监管。

社会参与，市场运作。发挥市场在养老服务资源配置中的决定性作用，激发市场活力，促进社会力量成为我市养老服务的主体，拓展养老市场，丰富养老服务内容，完善养老服务体系。

城乡并进，均衡发展。合理配置和整合社会养老资源，推进我市养老服务城乡一体化，岛内外一体化，扩大社会化养老服务覆盖面，提高本市农村老年人的受惠率，加快推进养老公共服务均等化。

改革创新，循序渐进。加快养老服务体制机制创新，鼓励创新养老服务模式创新，大力推进公办养老服务机构的改革，推进民办公助、公建民营、PPP模式等养老机构发展，逐步形成多方参与、相互配合、互助共赢的养老服务业发展新格局。

（三）发展目标

到2020年，基本建成以居家为基础、社区为依托、机构为支撑的覆盖城乡的社会养老服务体系，养老服务产业健康发展，市场机制不断健全，实现养老与医疗、家政、保险、教育、健身、旅游等相关领域互动发展，让全市老年人安享晚年，共享经济社会发展成果，加快落实美丽厦门战略规划之健康生活行动计划，全面推进健康城市建设。

到2020年，全市每千名老年人养老床位数达38.7张（其中每千名户籍老年人40张，每千名非户籍老年人35张），养老服务逐步覆盖全市常住人口。全市医养护结合机构占全部养老机构的比例达到70%。全市养老机构主要负责人资格培训率达100%，养老护理员资格培训率达100%，全面提升养老服务专业化水平。

2016—2020年，全市养老床位需求数约为20000张，拟新增养老服务床位约为10520张（测算依据见附件），其中新增机构床位数8000张（公办1200张、民办6800张），分布在思明区1080张（民办）、湖里区1350张（公办700张、民办650张）、海沧区1000张（公办500张、民办500张）、集美区1000张（民办）、同安区1570张（民办）、翔安区2000张（民办）；新增农村日间照料床位1080张；新增社区日间照料床位930张；新增居家养老服务站照料床位592张。

到2020年，全面建成具有布局合理、设施配套、功能完善、管理规范的以提供“三无”、“五保”老人供养服务为主，社会养老、社会救助为辅的市、区两级社会福利中心。

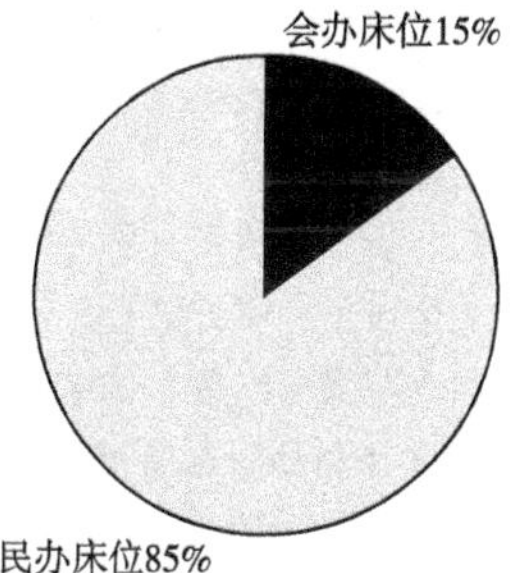

图6　“十三五”期间新增养老机构床位公办、民办结构图

四、厦门养老服务发展的主要任务

（一）加强规划引导，统筹协调养老服务发展

将养老服务业发展纳入国民经济和社会发展规划，列为我市服务业发展领域，制定和组织实施养老服务业发展专项规划，并与经济社会发展水平、人口老龄化发展水平相衔接，注重统筹资源，合理布局。

按照人均用地不少于0.1平方米的标准，分区分级规划设置养老服务设施。新建保障房项目计容建筑面积在10万平方米以上的应配建养老服务设施，计容建筑面积在10万平方米以下根据实际情况统筹考虑。项目用地3公顷以上的商品住房用地在“招拍挂”出让中应根据片区需求考虑划出用地配套建设养老服务设施，并结合供地的实际情况与住宅同步规划、同步建设、同步验收、同步交付使用。凡老城区和已建成居住（小）区无养老服务设施或现有设施没有达到规划和建设指标要求的，市、区政府要限期通过购置、置换、租赁等方式开辟养老服务设施，不得挪作他用。

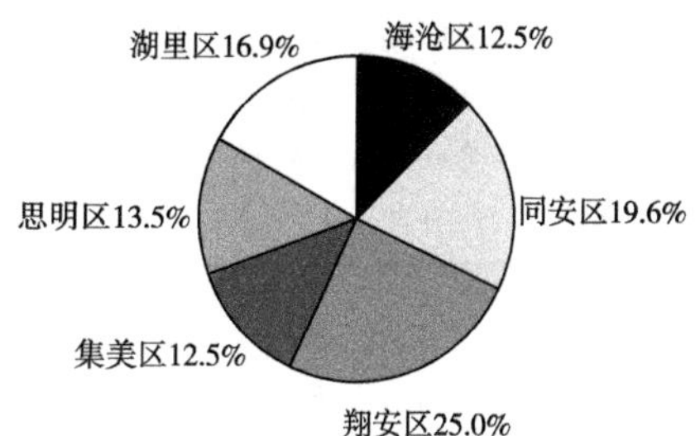

图7　“十三五”期间新增养老机构床位各区分布图

（二）强化政府托底，切实保障基本养老服务

确立基本养老服务的民生定位，强化政府托底保障职责，完善基本养老服务制度。充分发挥公办养老机构的托底作用，对“三无”老人、“五保”老人，实行政府集中供养；对失能、半失能、失独、高龄和特殊困难老年人，由市、区政府给予相应的福利保障，提供无偿或低收费的供养、护理服务。

根据我市经济社会发展水平和职工平均工资增长、物价上涨等情况，稳步提高老年人基本养老、基本医疗、基本生活等保障水平。逐步扩大老年人优待政策范围，提高老年人优待水平。完善并落实高龄津贴、养老服务补贴、失能护理补贴。以解决失去生活自理能力的老年人护理为重点，以基层医疗机构和老年护理机构为依托，探索建立长期护理保险制度。

（三）以居家为基础，大力发展居家养老服务

以居住在家老年人的服务需求为导向，坚持自愿选择、就近便利、安全优质、价格合理的原则，为老年人提供社区用餐、医疗卫生服务、家庭护理、紧急救援、家政、精神慰藉、生活陪伴、文化娱乐等服务。

整合社会资源，建立和完善居家养老服务网络。以居家养老服务中心（站）为平台，整合社区卫生服务中心、社会中介组织、家政服务企业、物业服务企业等资源，为老年人提供方便快捷服务；制定鼓励政策，引导企业事业单位和个人将居住区附近闲置的场所和设施，用于开展居家养老服务。引导机关、团体、企业事业单位开放所属场所，为附近社区的老年人提供服务。

鼓励设立居家养老服务公司。支持社区引入社会组织和家政、餐饮、物业等企业，通过政府补助、购买服务、评估认证等方式，参与或运营老年家政服务、供餐、日间照料、老年活动中心等养老服务项目。

强化家庭养老作用。老年人的子女及其他依法负有赡养扶助、扶养义务的人，应当履行对老年人经济上供养、生活上照料和精神上慰藉的义务，发挥照护老年人的基础性作用。

建立居家养老服务需求评估体系。对老年人的家庭经济情况、健康状况、养老服务需求进行评估，为社区居家养老服务工作和政策制定提供依据。

（四）以社区为依托，建设社区日间照料中心

按照民政部《社区老年人日间照料中心建设标准》，规范和推进全市各区日间照料中心建设，为需要日托的老年人提供膳食供应、个人照顾、保健康复、娱乐和交通接送等日间服务。每年建设6个街（镇）级社区老年人日间照料中心，2015年完成全市6个区各有1所街（镇）级老年人日间照料中心。继续推进落实公房等闲置场所调剂用于养老设施，力争每年改造1－2处用于养老机构或老年人日间照料设施建设，逐步解决养老设施场所困难问题。到“十三五”期末，完成全市37个街（镇）级老年人日间照料中心。

完善社区养老服务设施建设。加强社区服务中心（站）及社区卫生、文化、体育等公共服务设施为老年人服务设施的功能衔接，提高使用效率和综合效益。按照无障碍设施工程建设相关标准和规范，推动现有老旧小区的适老化改造，加快推进坡道、加装电梯等项目建设。开展无障碍社区试点建设。

（五）以机构为支撑，推动养老服务社会化

加大推进公办养老机构改革。公办养老机构应立足基本养老服务需求，做到实用适用，并逐步转型为以护理功能为主。鼓励引导社会资本投资运营公办养老机构，进一步提高公办养老机构服务质量和效益。各级公办养老机构实行分级保障，在承担好托底保障任务的基础上，富余床位可推向市场，其定价机制与市场接轨，实行优质优价。

创新养老机构运营模式。积极支持“公建民营”、“民办公助”、“PPP（政府和民间资本合作）”等多种方式兴办养老服务机构或参与居家和社区养老服务，促进社会力量成为养老服务业主体。鼓励养老机构社区化、小型化、连锁化发展，鼓励养老机构升级为区域性综合养老服务中心，向居家老年人延伸送餐、康复等服务，推进“家院互融”。

鼓励境外投资者进入养老服务业市场。允许包括港澳台在内的境外投资者以独资、合资、合作等方式兴办、运营养老服务机构，支持港澳台专业养老机构参与整合、经营困难的小型民办养老院、护理院，并享受相应的优惠政策。鼓励其通过新设或并购等渠道，设立营利性养老服务机构面向经济条件好的老年群体提供中高端养老服务。支持各区政府在对外招商中，把发展养老服务业作为本区服务领域利用外资的重要项目来推介。

（六）建设农村幸福院，完善农村养老服务体系

全面推进农村幸福院建设。农村养老服务设施要纳入农村公共服务设施统一规划、优先建设，依托行政村、较大自然村，利用农家大院、闲置校舍等，以农村幸福院建设项目为重点，全面推进农村老年人日间照料中心、托老所、老年灶、老年人活动中心等互助养老服务设施建设。支持和引导村民自治组织发挥主导作用，建设农村幸福院，每年安排建设30个农村幸福院（含老年活动中心），到2020年，全面建成151个农村幸福院（含老年活动中心）并覆盖全市农村居家养老服务工作网络。

加强街镇敬老院管理，提高农村养老服务水平。将敬老院管理运行经费纳入财政预算。农村五保供养做到应保尽保，将所有符合条件的对象纳入保障，并按照不低于当地农村居民家庭上年度的人均生活消费支出的70%确定五保供养标准。积极推进敬老院通过总体承包、分部承包、委托运营、合资合作等公建（办）民营方式，转给社会组织、企业或有能力的个人运营。

（七）发展养老服务产业，繁荣养老消费市场

着力推动横跨一二三产业的养老产业集群发展，发展养生度假、养生休闲旅游、养生产品精深加工、养老器械设备研发制造、医疗康复服务、养老专业人才培训、健康管理、医学支持平台等，推动养老与休闲、旅游、文化、体育、传媒等领域相结合，拓展养老服务新业态，着力打造独具魅力的、具有资源和要素配置能力的我国东南沿海高端健康养老产业。

开发老年特色产品。鼓励和引导相关行业积极拓展适合老年人特点的文化娱乐、体育健身、休闲旅游、健康服务、精神慰藉、家政等服务产品，支持企业积极开发安全有效的康复辅具、食品药品、服装服饰等老年用品用具；引导商场、超市、批发市场设立老年用品专区专柜；开发老年住宅、老年公寓等老年生活设施；引导和规范商业银行、保险公司、证券公司等金融机构开发适合老年人的理财、信贷、保险等产品。推动老年人投保健康保险、长期护理保险、意外伤害保险等人身保险产品。

培育养老产业集群。培育一批产业链长、覆盖领域广、经济效益显著的养老产业集群。建设养老产业孵化中心，打造养老产品的展销示范区，促进形成一批带动力强的龙头企业和大批富有创新活力的养老企业，培育2－5个规模较大的养老服务集团和连锁服务机构。

拓展高端养老项目。对接医疗资源，开发社区式养老

公寓项目，融入多元的养生文化、全方位的照护服务、居家体验和教育培训等理念和服务，打造集老年人居住、医疗、文化、生活、娱乐等功能于一体的现代养老综合体，引领国内高端养老示范性项目建设。

（八）强化医疗服务，积极推进医养融合

推进机构医养融合。支持医疗卫生资源进入养老机构，继续推进符合条件的养老服务机构设置医务室或门诊部，2015 年全市 50％的养老机构医疗服务纳入医保范围，到 2020 年力争全市 70％的养老机构实现医养护融合，解决养老机构老年人“看病难”问题。

创新社区医养融合。有效整合社区照料中心和社区卫生服务中心（站）资源，加强合作，推进医养服务社区化。社区医疗卫生服务机构全科医生签约服务要落实到入住养老服务机构的老人，为老年人提供上门诊视、健康检查和保健咨询等服务。支持社区卫生服务机构为符合条件的居家老年人建立家庭病床。

发展护理院。鼓励社会力量举办护理院，为长期卧床、晚期姑息治疗、患慢性病、生活不能自理以及其他需要长期护理服务的老年人提供医疗护理、康复促进、临终关怀等服务。有条件的医院应当开设老年病科。护理院可按规定申请成为基本医疗保险定点医疗机构。

（九）运用信息技术手段，打造智慧养老服务体系

探索建立“互联网＋养老”模式。充分利用信息手段和互联网技术，依托 12349 养老服务平台，建立标准统一、互联互通、高效便捷的智能化养老服务网络，形成终端设备集群、呼叫中心、线下服务集群，服务涵盖紧急救助、健康管理、远程医疗、家政服务、主动关爱、智能定位等多种项目，高效便捷满足老年人服务需求。

建立全市城乡老年人数字化健康档案，发展面向养老机构的远程医疗服务，推广远程健康监测，推进养老、保健、医疗服务一体化发展。整合卫生、民政、医疗保险等部门的信息网络，加快建立集医疗、养老、体育健身、居家照料等为一体的市级健康服务综合信息网，逐步将全市各区养老服务供需资源并入市级统一平台；建立健全医疗机构与养老机构之间的业务协作机制，畅通养老机构与医疗机构之间信息共享、双向转诊（住）的渠道，形成岛内外一体化、城乡一体化的养老服务信息网络与社会服务网络，努力打造“无围墙”的全市智慧养老院。

（十）积极先行先试，推动厦台养老服务合作与交流

放宽对台养老服务业市场准入。加快引进台湾养老服务人才、资金、技术，允许台湾同胞以独资、合资、合作等方式在厦门兴办养老服务机构，允许台湾同胞参与厦门市公建养老服务机构的承包经营。对台资在厦兴办非营利性养老机构实施优惠政策，台湾同胞在厦兴办的非营利性养老服务机构可享受床位建设、床位运营、床位综合责任险补贴和水、电、管道燃气的价格优惠。鼓励台湾同胞来厦养老，引进高端养老人群，带动我市高端养老市场发育。

建立厦台养老机构交流合作的有效平台和长效机制。加强厦台养老护理转诊合作，推进两地养老护理员职业资格互认。聘请台湾养老服务专业人才和培训机构来我市授课、开设讲座和论坛，建立“厦台养老人才实训基地”。着力建设海峡两岸养老产业合作开发示范基地，促进对台养老服务业发展。

五、厦门养老服务重大项目建设与布局

（一）重大项目建设

做好中高端养老机构规划布局，在岛外新城的公园和医院周边适合地点划定养老区域，提供公平竞争的环境，允许多家社会化养老机构入驻。

2016—2020 年，全市新建 20 个养老设施项目，新建 108 个农村幸福院、老人活动中心项目，新建 31 个社区老年人日间照料中心项目。具体如下：

1. 养老设施

新增集中养老机构 20 处，可建设养老床位约 10000 床，其中 8000 床针对本市老年人口需求，2000 床作为高端养老项目规划预留。

——湖里区：市慈善总会爱鹭老年养护中心建设养老床位 650 张；

——海沧区：①海沧区翁角路与霞光路交叉口东北侧地块建设养老床位 500 张；②海沧区新阳居住区保障性安居工程地块建设养老床位 250 张；③海沧天竺山风景区南侧地块建设养老床位 500 张；

——集美区：①集美区侨英片区地块建设养老床位 750 张；②集美区苎溪东侧地块选址建设养老床位 500 张；③集美区 324 国道与双桥路交叉口东南侧地块建设养老床位 500 张；④集美区集美大道与明珠路交叉口西南侧地块建设养老床位 500 张；⑤集美区后溪片区地块建设养老床位 540 张；⑥集美区杏林片区选址（地块）建设养老床位 450 张；

——同安区：①同安区滨海新城选址（地块）建设养老床位 750 张；②同安区 12－05 祥平片区凤岭路与二环西路交叉口西北侧地块选址建设养老床位 500 张；③同安区 12－07 片区同新路北侧地块选址建设养老床位 500 张；④同安区西湖片区选址建设养老床位 190 张；⑤同安区城东片区选址建设养老床位 650 张；

——翔安区：①翔安区南部新城选址（地块）建设养老床位 450 张；②翔安区医疗院东南侧地块选址建设养老床位 500 张；③翔安区溪尾村南侧地块选址建设养老床位 500 张；④翔安区洋塘保障房选址（地块）建设养老床位 250 张；⑤翔安区洪钟大道与琼湖路交叉口西南侧地块选

址建设养老床位300张。

以上20个养老建设项目如期完成可新增养老床位约10000张，有力地推动养老项目建设，惠及更多的老年人。

2. 农村幸福院

建设农村幸福院（含老人活动中心）151个（其中扣除2015年已建设完成43个农村幸福院床位430张），2016年至2019年新建农村幸福院108个，新增农村日间照料床位1080张。其中：2016年至2018年，每年新建农村幸福院（含老人活动中心）30个，新增农村日间照料床位900张；2019年新建农村幸福院（含老人活动中心）18个，新增农村日间照料床位180张；有效解决农村老年人养老问题。

3. 社区老年人日间照料中心

新建37个项目，新增日间照料床位1110张。其中：2015年建设完成社区老年人日间照料中心6个床位180张；2016年至2019年，每年新建社区老年人日间照料中心6个项目，每年新增社区日间照料床位180张；2020年，新建社区老年人日间照料中心7个项目，新增社区日间照料床位210张，有效完善和解决社区养老服务需要。

（二）项目布局及图示

建设以居家为基础、社区为依托、机构为支撑的养老服务体系，建成规模适度、布局合理、覆盖城乡、满足多元需求的养老服务设施。至2020年，养老服务设施覆盖全市社区、90%以上街镇和60%以上村，主城区居家养老服务设施实现15分钟步行服务圈；每千名老人拥有养老床位数38.7张，护理型床位占养老服务机构总床位比例达到50%以上；每个区有1所以上护理型养老服务机构。

表4 2016年至2020年厦门养老服务设施情况

序号	项目名称	主要建设内容	备注
1	养老设施	新增养老床位8000张	
2	农村幸福院	新建108个项目，新增床位1080张	2015年已建43个项目床位430张
3	日间照料中心	新建31个项目，新增日间照料床位930张	2015年已建6个项目床位180张
4	居家养老服务站	新增居家养老服务站照料床位592张	2015年已有床位497张

1. 布局原则

(1) 适度超前

综合考虑我市经济社会发展水平、未来人口规模和养老需求、社会福利事业长远发展需要等因素，处理好规划的前瞻性与可操作性、当前与长远、局部与整体的关系。

(2) 节约集约

注重集约高效，加强土地综合利用，完善养老设施与教育、医疗、旅游、体育、社区服务设施的有机结合，充分发挥各自资源优势。鼓励利用社会其他闲置设施及存量土地，兴办服务设施齐全、具有可持续发展能力的养老设施。

(3) 整合资源

从实际出发，对现有养老资源进行挖掘、整合、通过改扩建等形式，充分挖掘现有养老设施的潜力，提高现有养老设施的服务能力和服务水平；根据需求对新建养老设施进行统筹规划，高标准建设养老设施，满足未来发展需求。

2. 项目布局

2016—2020年，全市共新增床位约为10520张（含机构床位数8000张、农村日间照料床位1080张、社区老年人日间照料中心养老床位930张、居家养老服务站照料床位592张），总养老床位数约为20000张。每个基层社区服务中心设置一处社区居家养老服务中心，实现全市社区居家养老服务中心100%全覆盖，居住用地覆盖率达到90%，为全市老人提供就近的社区居家养老服务。

养老设施布局于老年人较为集聚、养老需求较为集中的城镇社区；尽量选择交通方便可达的地段，方便子女探望；远离污染源、噪声源、污水处理厂、垃圾焚烧厂及危险品生产及储运用地，尽量选择绿化条件较好、空气清新等环境优良的地段；考虑医养结合，邻近医疗卫生设施设置，方便老人就医。

六、厦门养老服务发展的政策措施

（一）加大体制机制创新

开展综合改革试点。在财政、金融、用地、税费、人才、技术及服务模式等方面进行探索创新，先行先试；积极开展公办养老机构改制试点，完善法人治理结构。制定社会资本运营公有产权养老服务设施监管办法，对现有的政府办养老机构，通过委托管理等方式，开展民间资本运营公有产权养老服务设施试点，由政府直接经营向公办民营、民办公助、民办民营为主转变。鼓励有条件的国有企业参与经营养老服务，通过股份制、兼并重组等形式进入养老服务行业。

创新养老服务供给方式。通过政府补助、购买服务、评估认证等方式，推行第三方社会组织提供养老服务、管理和需求评估。培育发展公益慈善组织，促进政府部分养老工作职能转移给慈善公益组织。探索社区养老服务“时间银行”、“储蓄服务”模式，鼓励70岁以下、身体较好的老人走进社区参与服务，累积积分，为将来“被服务”储蓄服务成本。

（二）完善投融资政策

加大信贷支持力度。拓宽信贷抵押保物范围，非营利性养老机构设施经审核认定后可以抵押。积极支持养老服务业的信贷需求。通过投入资本金、项目补贴、贷款贴息、融资担保、风险补偿等方式吸引信贷资源和社会资本投资养老服务业。

创新金融产品。鼓励银行等金融机构开发适合民办养老机构发展需求的金融产品和担保方式。逐步放宽限制，鼓励和支持保险资金投资养老服务领域。加强抵押担保方式创新，探索开展老年人住房反向抵押养老保险试点。建立养老服务保险制度，探索社会保险与商业保险相结合的筹资机制，鼓励商业保险机构参与社会养老金融服务。

探索建立老年产业引导基金。按照“政府引导、社会参与、市场运作”的原则，引导基金投向社会急需、项目发展前景好的老年产业项目，推动政府资金与社会资本的深度融合，建立多元有效的投融资体制。支持企业发行债券等融资方式，扩大养老产业投资资金规模。

（三）完善土地供应政策

确保养老用地指标。养老服务设施建设用地纳入经济社会发展规划、城乡规划、土地利用总体规划和年度用地计划，用地指标在分配上向养老服务相对滞后的岛外倾斜。做好养老服务用地储备，优先保障非营利性养老服务机构建设用地需求，积极支持营利性养老服务机构用地需求。

明确和落实供地方式。由民政部门认定的非营利性养老服务机构，可依法采取划拨方式供地；营利性养老服务机构，采取招拍挂方式出让土地。公开出让时不得设置要求竞买人具备相应资质、资格等影响公平、公正竞争的限制条件。探索政府以土地使用权作价入股，通过整合、置换或转变用途等方式，将闲置的医院、农村空置校舍、企业、农村集体闲置房屋以及各类公办培训中心、活动中心、养老院、小旅馆、小招待所等，改造用于养老机构。

加强养老服务机构用地的监管。养老服务机构项目用地不得改变土地用途。加强对社会力量投资建设养老服务设施监管，特别是行业监管。对民办养老机构用地，设计方案应经过规划部门和民政部门严格把关，建成后由民政部门加强用途管制，严禁以办养老服务机构为名变相进行房地产开发，严禁改变养老服务性质及服务设施用途。

（四）完善财税支持政策

进一步加大财政支持力度。建立逐年增加的财政保障机制和福利彩票公益金投入机制，逐年增加社会养老服务体系建设的专项资金。加大对居家养老服务投入力度，继续完善居家养老服务照料中心建设补贴制度，对新建的社区居家养老服务照料中心给予补助。充分利用服务业发展专项资金和引导资金，支持发展居家养老服务业。

创新政府养老服务补贴制度。探索政府补贴以服务券等形式直接发放给“三无”、农村“五保”、低收入、失能、失独、高龄和特殊困难的老年人，通过市场化手段满足各类养老服务需求；或对养老服务补贴加以配套，以政府购买服务、第三方监督方式，进行实质性服务。

落实国家和我市现行支持养老服务业的税收优惠政策。对各类养老机构用电、用水、用气、电视入网费、通信费实行优惠或减免政策。境内外资本举办养老机构享有同等的税费优惠政策。

（五）加强人才培养和就业

加强养老专业人才队伍建设。在厦门医学院等院校中增设养老服务相关专业和课程，建立老年护理轮训基地，实施养老医护学生定向培养奖励补助制度，加快培养老年医学、康复、护理、营养、心理和社会工作等专门服务人才。

开展职业技能培训。鼓励和支持参加厦门市职业技能培训定点机构养老护理员培训，按政策给予经鉴定技能合格人员相应的培训、鉴定补贴。

培育壮大养老服务就业队伍。鼓励和吸引专业社会工作者和社工专业的高等院校毕业生从事养老服务工作。支持养老服务机构吸纳失业人员、零就业家庭人员、城乡低保人员、农村富余劳动力及其他就业困难人员从事养老服务。

培育养老服务志愿者队伍。积极推行志愿者注册制度，动员、组织和引导企事业单位、社会团体、慈善组织和广大市民为有需求的老年人提供各种公益性服务。开展“空巢老人志愿服务行动”，探索实施“义工银行”、“劳务储蓄”等自助互助服务活动，鼓励低龄、健康老人为高龄老人服务。建立爱心企业与养老服务机构挂钩联系帮扶制度。

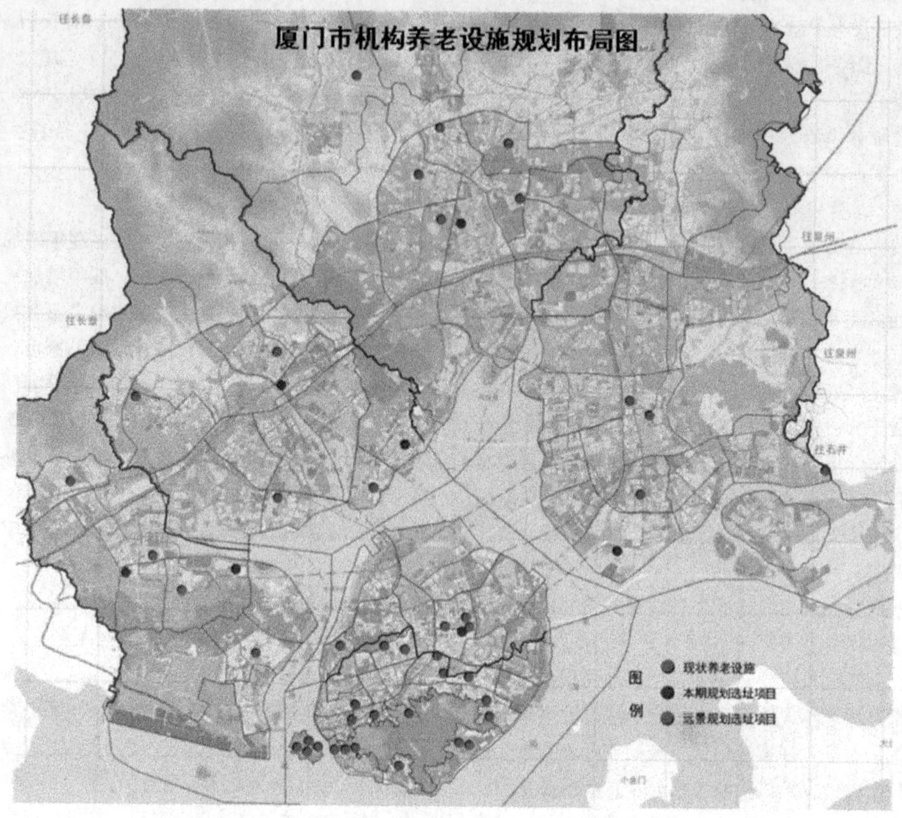

□ 项目选址分布

□ 选址一：翔安南部新城养老院地块（较成熟）

□ 选址二：新店中学东侧地块（较成熟）

□ 选址三：翔安溪尾村南侧地块

□ 选址四：同安新城养老院地块（较成熟）

□ 选址五：集美苎溪东侧地块

□ 选址六：集美区 324国道与双桥路交叉口东南侧地块（较成熟）

□ 选址七：侨英片区养老院地块

□ 选址八：集美后溪 324国道北侧地块（需协调）

□ 选址九：海沧中央党校东侧地块（较成熟）

□ 选址十：海沧天竺山地块（较成熟）

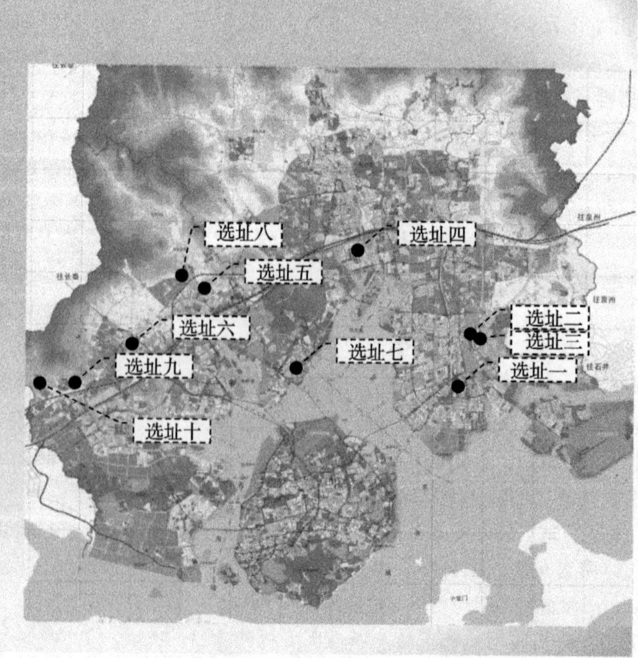

（六）加大行业监管力度

建立完善政府领导、民政牵头、相关部门参与的工作机制。充分发挥已建立的各类养老服务议事协调机构的作用，加强政策协调，建立联席会议制度，明确各部门工作职责。

民政部门要切实履行监督管理、行业规范、业务指导职责，推动公办养老机构改革；发展改革部门要将养老服务业纳入经济社会发展规划，支持养老服务体系建设，建立健全价格管理和调控机制；国土、建设和规划部门要制订养老服务设施建设标准，组织编制养老服务设施专项规划，研究社会化养老机构土地挂牌约定，形成一套制度，并落实监管工作；人社、卫生等部门应当完善基本医疗保险政策和基层医疗卫生服务网络；科技和信息部门要加快推进养老服务信息化建设；消防部门要对养老服务机构的消防安全加强指导。

建立养老服务行业准入和退出机制。制定和完善社区居家养老、机构养老服务管理的相关标准，建立相应的认证体系，建立养老机构等级评定制度。严格准入条件和程序，依法核发养老机构设立许可证。加强对养老机构依法登记后的监督管理，坚持事前审批与事后监管相结合，督促和指导养老机构规范服务内容、强化内部管理、接受监督检查，对不符合标准的机构坚决予以关停。

完善收费和定价机制。价格主管部门对政府投资举办的、公建民营的、社会力量兴办的非营利性及营利性等各类养老服务机构，依法确定适用政府定价、政府指导价范围，建立养老服务分级收费机制，科学合理制定收费标准，规范养老服务收费行为。

培育行业组织体系。培育社会养老服务行业组织，发挥其在行业自律、监督评估和沟通协调等方面的作用，推动形成政府、社会组织、养老服务实体三者相结合的管理机制。

附件：1. 到2020年全市老年人口和新增床位数预测

2. 厦门市养老服务机构2015年至2020年养老护理人员需求测算表

附件1

到2020年全市老年人口和新增床位数预测

一、全市常住人口老年人口数

至2020年，全市常住人口老年人口数为51.23万人。其中，户籍老年人口增长率预测值为5%，户籍老年人口数为38.16万人；非户籍老年人口数为13.07万人。

测算依据如下：

1. 根据权威机构预测，至2020年全国老年人口年均增长率为3%，鉴于厦门作为中心城市，吸引力逐年增强，人口迁入数逐年增加，厦门老年人口年均增长率应高于全国平均水平；另一方面，对比同类型城市深圳，根据《深圳养老设施专项规划》预测，至2020年深圳老年人口数达到76万，“十三五”期间老年人口年均增长率为9%左右。为此，初步考虑厦门至2020年老年人口年均增长率取其二者中位数6%。

2. 考虑到厦门“十二五”期间老年人口年均增长率为3%左右，且户籍政策进一步收紧等因素，综合考虑，至2020年厦门户籍老年人口年均增长率为5%。

3. 根据厦门市第六次人口普查数据资料，2010年，非户籍人口老龄人口数为5.89万人，非户籍人口老龄化程度为4.46%。考虑到非户籍人口流动性大且相对年轻，按照每五年老龄化程度提高1%测算，至2020年，全市非户籍老龄人口数为13.07万人。

二、全市新增床位数

2016—2020年，全市新增床位数约为10520张。

测算依据如下：

同类型城市至2020年每千人床位数情况一览表

城市	每千人床位数（张）	备注
宁波	50	
杭州	55	
广州	40	
深圳	40	至2015年数据
青岛	35—40	
大连	40	
全国	35—40	

1. 根据《国务院关于加快发展养老服务业的若干意见》提出，“至2020年全国社会养老床位数达到每千名老年人35—40张”。

2. 至2020年，全市户籍老年人口数为38.16万人，考虑到户籍老年人口为政府优先重点保障对象，每千名老年人按国家标准上限 40 张测算，则全市户籍老年人口养老床位数为 15264 张。

3. 至 2020 年，全市非户籍老年人口数为 13.07 万人，每千名老年人按国家标准下限 35 张测算，全市非户籍人口养老床位数为 4575 张。

综上，全市常住人口养老床位数约为 20000 张，扣减当前（2015 年）已有 9759 张，2016－2020 年，全市需新增床位数约为 10240 张。

附件 2

厦门市养老服务机构 2015 年至 2020 年养老护理人员需求测算表

年度	养老机构总数（所）	核定总床位数（张）	年度老人入住数				按现有老人入住数比例测算护理人员数			现有护理人员数			应配备持证护理人员数	现需配备证护理人员数
			总人数	自理老人数	半护理老人数	全护理老人数	自理老人需护理人员数	半护理老人需护理人员数	全护理老人需护理人员数	总人数	持证护理员数	未持证护理员数		
2015	40	9000	4000	900	950	2150	90	159	537		648		786	138
2016	43	10000	6000	1200	1500	3300	120	250	825		786		1195	409
2017	46	11500	8000	1500	2000	4500	150	334	1125		1195		1609	414
2018	49	12500	10000	2000	3000	5000	200	500	1250		1609		1950	341
2019	52	13500	12000	2500	3500	6000	250	584	1500		1950		2334	384
2020	55	15000	13500	3000	4000	6500	300	667	1625		2334		2592	258
合计	从 2015 年至 2020 年需培训配备持证护理人员													1944

备注：1. 本表中老年人入住人数，均为根据我市老年人入住养老机构变化的预测数；2. “应配备护理人员数”，根据厦门市人民政府令 146 号第十五条第一款“护理等级标准”，其中护理人员与自理老年人比例不低于 1∶10，与半护理老年人比例不低于 1∶6，与全护理老年人比例不低于 1∶4；3. “现需配备持证护理人员数”是根据“应配备持证护理人员数”除去“现有持证护理人员数”，等于需要增加配备的持证护理人员数。

厦门市老龄工作委员会关于统一发放老年人高龄津贴实施意见的通知

厦老龄委〔2016〕2 号

各区老龄办：

经市政府同意，现将《厦门市统一发放老年人高龄津贴实施意见》印发给你们，请结合实际，认真组织实施。

厦门市老龄工作委员会

2016 年 8 月 12 日

厦门市统一发放老年人高龄津贴实施意见

为进一步完善我市老年人社会保障体系，提高高龄老年人生活质量，推动老年社会福利由补缺型向适度普惠型发展，使老年人共享改革发展成果，根据《中华人民共和国老年人权益保障法》的要求，决定在我市建立统一的80周岁及以上高龄老人生活津贴发放制度（以下简称“高龄津贴”）。具体如下：

一、发放对象

具有厦门本市户籍的80周岁及以上的高龄老人。

二、发放标准

以年龄段划分为3个档次标准：

（一）80—89周岁老人，每人每月发放现金100元；

（二）90—99周岁老人，每人每月发放现金200元；

（三）100周岁及以上老人，每人每月发放现金1100元。

三、资金保障

高龄津贴所需资金由各区财政负担，原由市财政负担的部份作为基数下发各区。区、街道办事处（镇政府）两级财政的负担办法由各区自定。

四、发放办法

高龄津贴由各街道办事处（镇政府）或社区居委会（村委会）通过银行转账的方式发放到以高龄老人姓名开户的银行账号。原则上每个季度发放一次，有条件的可按月发放。具体发放程序及办法由各区按照方便老年人的原则自行制定。

五、监督管理

（一）享受高龄津贴待遇人员实行动态管理。街道办事处（镇政府）、社区居委会（村委会）要每半年复审一次，复审中发现问题要及时纠正，尤其要对领受人是否健在予以核实。

（二）各级、各部门须保证高龄津贴专款专用。

（三）高龄津贴应全额用于高龄老人本人，赡养人，其他人员不得占用和挪用，不得虚报高龄老人的人数，不得瞒报或迟报去世老人情况，违者将依法追究责任。

（四）从事高龄津贴审批和发放工作的人员有下列行为之一的，给予批评教育，依法给予行政处分并追回高龄津贴资金；构成犯罪的，依法追究刑事责任：

1. 对符合享受高龄津贴待遇条件的申请人提出的申请拒不签署同意享受高龄津贴待遇意见的，或者对不符合条件的申请人签署同意意见的；

2. 玩忽职守、徇私舞弊，或者贪污、挪用、扣压、故意拖欠高龄津贴的；

3. 采取虚报、隐瞒、伪造等非法手段，骗取高龄津贴的。

六、其他

本实施意见自印发当月起生效。

厦门市人民政府办公厅关于进一步做好社区居家养老服务工作的通知

厦府办〔2016〕174号

各区人民政府，市直各有关单位：

为贯彻落实党的十八大、十八届五中全会关于应对人口老龄化、加快建设社会养老服务体系、发展养老服务产业的部署要求，根据《福建省人民政府办公厅关于印发“十三五”社区居家养老服务补短板实施方案的通知》（闽政办〔2016〕125号）、《福建省人民政府办公厅关于加快推进城乡社区居家养老专业化服务的通知》（闽政办〔2016〕126号）和全省社区居家养老服务工作现场（视频）会议精神，进一步满足社区居家养老需求，提高老年人生活质量，现将有关事项通知如下：

一、工作目标

（一）2016年，“12349”市养老信息化平台功能基本完善，实现社区居家养老专业化服务落地。

（二）到2020年，90%以上城市社区建立符合标准的养老服务设施，新增日间照料床位1100张；60%以上农村社区建有农村幸福院（社区居家养老服务站、日间照料中心）等养老服务设施，新增日间照料床位1500张。65岁以上老年人健康管理率达到75%以上，60%城市社区和有条件的农村社区有适合老年人的康复场所，基层医疗卫生机构可为65%以上的居家老年人提供预约上门服务，所有医疗机构开设老年人绿色通道。养老护理人员轮训率达到100%，为老年人服务的志愿者达到15000人。

全市社区居家养老服务实现全覆盖，力争使紧急救援（应急救助）、生活照料、康复护理、精神慰藉等社区居家养老服务覆盖全体老年人，基本形成“低端有保障、中端有市场、高端有选择”的多层次养老服务格局，实现社区居家养老服务专业化、信息化、社会化、产业化目标。

二、工作要求

（一）创新养老服务模式

创新社区居家养老工作思路，整合各方资源，为老年人提供多样化养老服务。

1. 支持通过购买服务、公建民营、民办公助、股权合作等方式，鼓励社会力量管理运营居家和社区养老服务设施。对社区养老服务设施进行网格化布局、标准化建设，整合优化现有社区公共服务设施。

2. 培育养老服务龙头企业及其加盟服务商。根据老年人急需的救援、家政、医疗、保健等服务需求，挖掘和筛选养老服务相关企业和机构，通过建立健全加盟商准入和退出机制，实行标准化服务，培育打造一批品牌化、连锁化、规模化的龙头社会组织或机构、企业，使社会力量成为提供社区居家养老服务的主体。

3. 支持养老院等养老机构开展延伸服务，直接提供社区居家养老服务，或为社区居家养老服务设施提供技术支撑，为老年人提供多样化、个性化的养老服务。

（二）加快养老服务信息化建设

完善市养老信息化平台，统一使用“12349”全国养老专用号，各区不再重复建设类似平台，可根据实际需要在辖区设置养老信息服务情况展示屏。

1. 各区要加快推动社区居家养老信息服务工作，按照“统筹安排、科学规划、分步实施”的原则，推进社区居家养老信息化服务落地。2016年，在岛内大部分社区、岛外四区分别确定4个社区进行试点推广，并及时将试点推广社区的养老信息服务与全市养老信息化平台有效对接，鼓励在民政部门登记的社会组织积极参与社区居家养老服务；2017年，在岛内全域和岛外四区的城市社区落实养老信息化服务；到2020年，全市实现全覆盖。

2. 要充分利用好、使用好、宣传好全市养老信息化平台和“12349”全国养老专用号，通过“12349”养老专用号，为老人打造信息互通、资源共享、服务高效的养老信息化平台，逐步实现民政业务“一号通”。

3. 有条件的街（镇）要建立居家养老服务中心，依托政府公共服务信息平台，整合社区公共服务信息资源，以社区老年人基本信息数据库和养老服务信息数据库为基础，提供社区居家养老信息服务。

（三）建好养老服务队伍

各区政府要通过向社会组织购买服务的方式，在每个社区设置1～2个为老服务专业岗位，由社会组织派遣人员在岗提供服务，其服务人员（以下简称“助老员”）工资待遇由各区参照机关事业单位非在编人员标准确定；社区提供工作场所及必要的设备设施；各区落实每个社区居家养老服务站（农村幸福院）每年不低于2万元的运营补贴。

1. 助老员准入条件。助老员必须具有大专（含）以上学历，身体健康，年龄45周岁（含）以下，热爱老龄工作，具有良好的组织、沟通、协调能力。老年服务与管理等相关专业人员及社会工作者优先录用。

2. 助老员工作职责。助老员主要从事入户走访调查、建立老人健康档案、报送养老服务信息、协助社区提供老人紧急救援等社区居家养老服务工作；及时把社区的养老信息接入“12349”养老信息平台，线上由老人或老人子女在手机APP和终端设备下单，线下由助老员协调、协助实体服务商、志愿者、义工、爱心企业等提供快速上门服务。

3. 助老员管理机制。助老员以社区管理为主，由经民政部门依法登记从事养老服务、社会工作服务等的社会组织实施招聘，并进行相应专业培训。街（镇）和社区组织考评，考评不合格的退回社会组织，由社会组织按要求重新派遣助老员。

（四）提升养老服务品质

各级政府要明确工作职责，制定服务标准，规范服务内容，完善服务制度，提高服务质量。有条件的区可增加购买服务内容和扩大服务对象。

1. 职责分工。市、区两级政府及有关部门负责组织、协调、指导工作，研究制定出台相关政策；街（镇）负责监管、规范居家养老服务市场（含服务主体）在社区服务项目的运行；社区负责具体实施。

2. 服务内容。以老年人的生活需求为重点，提供助餐、助洁、助医、助行、助乐、助急等，同时满足老年人的多种需求，提供生活照料、家政服务、康复护理和精神慰藉等服务。

3. 服务对象。居家养老服务对象为本辖区内年满60周岁的老年人。根据老年人的实际情况，分别明确无偿、低偿及有偿服务对象。政府购买服务范围包括无偿和低偿服务老人。无偿服务对象主要包括：本市户籍年满60周岁、生活不能自理且在本市无子女照顾的低保特困老年人；“三无”和“五保”对象；重点优抚对象；革命“五老人员”；90周岁以上的老年人。低偿服务对象主要包括：本市户籍年满60周岁、生活不能自理的“空巢”老人（指子女不在本市居住生活的老年人）；未享受民政各种救助的“空巢”老年人和70周岁以上失独老年人；低收入家庭或支出型贫困家庭的老年人。有偿服务对象是有经济能力，但需要日托、送餐或上门照料等服务的老年人，以自费的形式购买服务。政府购买服务的项目、标准、结算办法由各区人民政府自行确定。

4. 服务方式。采取政府购买服务、社会组织服务、社区专项服务、志愿者服务、邻里互助服务等形式，为社区老年人提供多样化的养老需求。推行厦门市“敬老卡”，老人持“敬老卡”在签约服务商消费时，可享受上门服务、打折、优先结账等优惠，实现为老服务“一卡通”，为老人提供吃、住、医、行、乐等全方位的养老便捷服务。

（五）推进医养护相结合

扎实做好第一批国家级医养结合试点工作，依托卫计部门医疗卫生服务网络，推进社区居家养老医养护相结合。

1. 加快推动医疗卫生服务机构与有需求的老年人家庭建立家庭医生签约健康服务关系，为65周岁以上老年人提供健康管理服务，为高龄、重病、失能等老年人提供定期体检、上门巡诊、家庭病床、社区护理、健康管理等基本服务。

2. 依托社区卫生服务中心（站）、家政服务中心、居家养老服务站等各类养老服务和信息网络平台，逐步实现基层医疗卫生机构与社区养老服务机构的无缝对接。完善老年人基本信息档案、电子健康档案、电子病历等，推动民政部门社区养老服务信息与卫计部门人口健康信息共享。

三、保障机制

（一）健全工作机制

各级政府要加强领导，落实养老工作联席会议制度，把开展社区居家养老服务工作摆上议事日程，纳入为民办实事项目，列入政府绩效考评和社区建设的内容。民政、发改、财政、卫计、经信、人社、老龄等相关部门要加强协调，形成合力，做到认识到位、责任到位、措施到位。

（二）加强资金保障

各级政府要加大财政资金投入，将社区居家养老服务经费纳入本级年度财政预算，逐步提高政府购买服务标准，进一步完善养老补贴和护理补贴制度，落实好中央、省、市以奖代补政策。要加大市级福彩公益金对社区居家养老服务的投入，保障好社区居家养老服务所需资金。

（三）加大扶持力度

落实国家和省、市已明确的税费减免、用地保障、投融资等优惠政策。加大政府购买社区居家养老服务力度，2018年前实现特困供养人员、低保对象、建档立卡的贫困人口、重点优抚对象、计划生育特殊家庭成员、重度残疾人中的老年人以及80周岁以上老年人的基本养老服务全覆盖。引导金融机构有效对接社区居家养老项目的融资需求，通过财政贴息、养老产业基金、小额贷款等方式加大养老信贷投入。

（四）完善评估机制

加强对政府购买服务工作的规范管理及项目的绩效评估。养老服务项目评估每年进行一次，由区民政部门、街（镇）或第三方评估机构组织实施，并形成评估报告，发挥专业评估机构、行业管理组织等方面作用。各区要细化评估标准，明确评估对象、评估内容、评估程序，加强评估监督。做到有服务、有监督、有考评，确保政府购买服务项目资金使用合理规范。

厦门市人民政府办公厅
2016年11月7日

厦门市人民政府办公厅关于印发厦门市城乡居民养老保险丧葬补助办法的通知

厦府办〔2016〕216号

各区人民政府，市直各委、办、局，各开发区管委会：

《厦门市城乡居民养老保险丧葬补助办法》已经市政府同意，现印发给你们，请认真贯彻执行。

厦门市人民政府办公厅
2016年12月23日

厦门市城乡居民养老保险丧葬补助办法

第一条 为进一步完善我市城乡居民养老保险制度，保障城乡居民待遇，根据《国务院关于建立统一的城乡居民基本养老保险制度的意见》(国发〔2014〕8号）和《福建省人民政府关于完善城乡居民基本养老保险制度的实施意见》(闽政〔2014〕49号）中关于建立丧葬补助金制度的要求，结合我市实际，制定本办法。

第二条 厦门市城乡居民养老保险参保人员在领取城乡居民养老金期间死亡的，其城乡居民养老保险丧葬补助金标准为2500元，由户籍所在地社保经办机构一次性发放。

第三条 厦门市城乡居民养老保险丧葬补助金可与厦门市无丧葬补助居民基本殡葬服务费用免除待遇同时享受。

第四条 市人力资源和社会保障局、市财政局可根据经济发展状况和城乡居民收入增长情况对城乡居民养老保险丧葬补助金标准进行调整。

第五条 所需资金由城乡居民养老保险基金列支，并由市、区两级财政按现行比例承担。

第六条 本办法由市人力资源和社会保障局负责解释，自2017年1月1日起实施，有效期5年。

第四部分

老龄工作综述

全国老龄工作委员会办公室

综　述

2016年，全国老龄办按照全国老龄委的工作部署，在民政部党组的直接领导下，以落实全面从严治党要求为主线，坚持把学习党的十八大以及党的十八届三中、四中、五中、六中全会精神与“两学一做”学习教育相结合、与落实中央专项巡视整改任务相结合、与学习贯彻习近平总书记关于加强老龄工作重要指示和讲话精神相结合，全力抓好顶层设计，全力推进工作落实，较好地完成了2016年各项工作任务。

一、抓学习教育，着力加强理论武装

2016年，紧紧抓住学习教育这个根本，组织机关、直属单位党员干部深入学习党的十八大和十八届三中、四中、五中、六中全会精神，深入学习习近平总书记系列重要讲话精神，学习党中央治国理政新理念新思想新战略，引导党员干部切实筑牢信仰之基、补足精神之钙、把稳精神之舵，打牢思想基础，为落实全面从严治党要求、推动老龄工作和老龄事业发展提供坚强保证。

一是深入抓好“两学一做”学习教育。制定了《全国老龄办直属机关开展“学党章党规、学系列讲话，做合格党员”学习教育实施方案》，组织召开了“两学一做”学习教育动员部署会，办领导就“两学一做”学习教育作动员讲话，请中央党校教授作《认真学习党章，严格遵守党章》的专题辅导。7月1日，办党组书记、常务副主任王建军为全体党员干部讲了题为《在深化学习中明确方向　在全面整改中奋起作为》的专题党课。对全体党员集中开展了党的基础理论和基本知识培训，请中国人民大学教授做专题辅导。组织开展了全国老龄办“走百村、访千户、知民情、惠民生”调研实践活动，由直属机关党委带队，到湖南省郴州市部分困难家庭进行调研走访。各基层党组织立足实际，认真组织，注重创新，在“两学一做”学习教育中探索了一些鲜活的经验做法。通过“两学一做”学习教育，党员干部使命意识和担当意识进一步增强，讲政治、守纪律、懂规矩的自觉性进一步提升，走前头、做表率和谋事干事的风气更加浓厚。

二是深入学习贯彻习近平总书记、李克强总理等中央领导同志关于加强老龄工作重要指示批示和重要讲话精神。2016年以来，习近平总书记、李克强总理等中央领导同志先后就积极应对人口老龄化、加强老龄工作做出重要指示，发表重要讲话，为老龄工作指明了方向。全国老龄办把学习宣传贯彻习近平总书记的重要讲话指示精神作为政治任务，高度重视，认真落实。向中央办公厅上报了《关于解密和宣传习近平总书记等中央领导同志对老龄工作重要批示精神的请示》。向党中央、国务院呈报了《关于学习贯彻习近平总书记、李克强总理等领导同志对老龄工作重要批示精神情况的报告》、《关于学习贯彻习近平总书记在中央政治局第三十二次集体学习时重要讲话精神的报告》，李克强总理等领导同志阅批。办党组研究制定了落实中央领导指示批示和重要讲话精神的具体方案，形成了任务清单、责任分工和时间进度安排。举办了学习贯彻习近平总书记、李克强总理等领导同志关于加强老龄工作重要指示精神座谈会和学习贯彻习近平总书记关于加强老龄工作重要讲话精神高层论坛，深入学习领会重要讲话精神的丰富内涵。同时，向各省市下发了学习宣传贯彻的通知，召开了全国老龄办主任会议对学习贯彻工作进行部署安排，举办了全国老龄委成员单位联络员和全国省级老龄干部学习贯彻培训班，掀起了学习高潮。

三是深入学习党的十八届六中全会精神。组织召开办党组会、理论学习中心组会议学习贯彻党的十八届六中全会精神，召开直属机关党委扩大会议进行专题部署，下发了《全国老龄办学习宣传贯彻党的十八届六中全会精神的方案》并提出明确要求。学习《关于新形势下党内政治生活的若干准则》和《中国共产党党内监督条例》。制定了《全国老龄办机关党员学习教育“灯下黑”问题专项整治方案》，对机关和直属单位党务干部进行集中培训，进一步强化全体党员干部“四个意识”，特别是核心意识、看齐意识，在思想上政治上行动上同以习近平同志为核心的党中央保持高度一致。

二、抓巡视整改，严格落实全面从严治党要求

按照中央统一部署，中央第九巡视组于2016年2月29日至4月29日对老龄办党组开展了专项巡视。办党组对这次中央专项巡视思想上重视、认识上统一、态度上积极、行动上坚决、措施上得力，把落实中央巡视整改要求作为全国老龄办落实全面从严治党主体责任、全面加强党的领导和党的建设的重大政治任务，作为清除历史积弊、转变机关作风、提高履职能力的重大机遇。

一是聚焦问题抓整改。办党组成立了巡视整改工作领导小组，党组书记王建军同志对巡视整改工作负总责，班子成员明确分工，责任到人，广大党员干部人人参与、责无旁贷。先后召开党组会、党组理论中心组扩大会和党组专题民主生活会以及巡视整改会议达20多次，研究部署巡视整改工作。研究制定了巡视整改总体方案，将巡视反馈的问题细化为17个问题、91项整改任务。对贯彻落实中央八项规定精神、选人用人、卖牌收费等突出问题分别制定了专项整改方案。针对党的基层组织活动不经常、不正常的问题，组织开展《党章》和党内法规学习考核，对基层各党组织活动、党员学习教育、党费收缴、落实“三会一课”等党内生活情况定期进行检查。组织召开了以“严明党的组织纪律，增强组织纪律性”为主题的党组专题民主生活会，党组成员结合巡视整改问题，联系思想工作实际，对自身存在的不足进行了深入查摆和自我批评。针对现职干部在下属企业兼职、违规领取薪酬、下属单位违规购买车辆等问题，多次召开专项整改会议，明确整改措施和完成时限。针对干部选拔任用过程中存在程序缺失、倒置、违反回避规定、破格提拔干部不向上级组织人事部门报告等问题，抽调人员组成调查组，开展倒查，深入查找原因，形成调查分析报告。针对“卖牌”收费问题，多次召开直属单位、代管社会组织负责人参加的办党组扩大会议和整改领导小组会议，专题研究部署“卖牌”收费整改工作，坚决杜绝出现新的“卖牌”收费项目，责令有关直属单位和社会组织对已开展的项目进行全面自查，制定详实的整改方案和措施。至2016年底大部分整改任务已按时完成，还有十几项正在持续整改。

二是重点在建章立制上下功夫。先后制定出台、修改完善了《全国老龄办党组工作规则》、《全国老龄办贯彻落实全面从严治党要求实施意见》、《全国老龄办党组理论学习中心组学习制度》、《全国老龄办党建工作领导小组工作职责》等20项党内规章制度，夯实了党建工作制度基础。先后就办机关值班管理、机要用车管理、办公设备和办公家具配备、财务预算和报销程序、机关会议管理和保密管理等出台了11项规章制度，把建章立制工作摆到老龄办基础建设重要位置，从建制度、立规矩、强执纪、做表率入手，加快机关正规化、规范化建设。

三是切实加强基层党组织建设。研究制定了2016年度党建工作要点，根据各党组织人员调整变化和工作需要，及时指导基层党组织按期换届和党内职务任免。认真做好入党积极分子的培养、党员发展和组织关系接转工作。完善了党员信息采集工作。开展了党员党费收缴自查工作，各党组织对所有党员自2008年4月以来的党费缴纳情况开展了全面核查，并全部完成了补缴工作。印发了《全国老龄办基层党支部工作手册》，为我办基层党支部提供党建业务指导。直属机关党委2016年以来，共编发基层党组织“两学一做”学习教育及学习宣传贯彻六中全会精神相关活动简报71期，加大了工作指导。

四是着力加强干部队伍建设，始终坚持以建设坚强有力的办领导班子和一支忠诚、干净、担当的干部队伍为目标，提升干部素质能力。积极开展干部培训，有计划地选派11人次参加培训学习。举办了全国老龄系统干部培训班，组织全国180余名老龄干部进行业务培训。对办领导班子成员和领导干部在企业、社会组织兼职、违规领取薪酬情况进行了全面清理，制定了全国老龄办关于规范干部在企业兼职（任职）、在社会组织兼职的意见。出台了《全国老龄办关于进一步规范直属单位人事管理的通知》。着力改进机关工作作风，制定了机关考勤管理办法、请休假管理规定，从小从细从严从实抓起，切实转变机关工作作风，推动形成风清气正的机关环境。

五是抓好党风廉政建设。制定并组织实施了《2016年全国老龄办党风廉政建设任务分工意见》、《2016年党风廉政建设工作要点》，修订完善了《全国老龄办党组贯彻落实中央“八项规定”及实施细则的措施》。积极响应中央纪委驻民政部纪检组的要求，在办机关、直属单位和社会组织开展了深化落实中央八项规定精神、纠正“四风”工作情况的专题调研。由全国老龄办党组成员、副主任担任组长的五个调研组分别到11家直属单位和社会组织进行实地调研，了解情况，发现问题，传导压力。直属机关各部门、各单位和代管社会组织根据办党组要求，结合自身实际进行了自查。

六是注重破解难题、标本兼治。办党组以巡视整改为契机，注重将解决长远问题与现实问题、共性问题与个性问题以及治标与治本相结合，注重查找问题根源，着力理顺老龄办体制机制问题，化解影响老龄事业发展的瓶颈和制约因素。2016年，全国老龄办启动了中央财政一级预算申请工作，常务副主任王建军同志亲自到财政部汇报和沟通，经过积极协调、反复沟通、及时跟进，最终财政部正式批准我办为中央财政一级预算单位。针对历史遗留问题，2016年初专门成立了处理历史遗留问题领导小组，对历史遗留问题分类研究处理方案，协调有关部门研究解决全国老龄办办公楼产权和运行保障问题，对制约发展的各种障碍因素，敢于面对，持续发力，久久为功。

三、抓顶层设计，谋划老龄事业长远发展

2016年，全国老龄办按照党中央、国务院的决策部署，聚焦老龄事业发展的热点、难点领域，在顶层设计方面完成了多项重大任务，在老龄政策创制上迈出了新步伐。

一是完成《关于进一步加强老龄工作的意见》起草上报工作。根据《2016年中央文件和党内法规制定计划》安排，牵头会同民政部、发展改革委、财政部、人力资源社会保障部代中央研究起草关于进一步加强老龄工作的意见，五部门多次召开座谈会，广泛征求基层老龄工作部门、老龄服务机构和老年社会组织负责人、专家学者的意见，听取全国老龄委部分成员单位和有关部门的意见，多次组织协商修改。形成征求意见稿后，五部门联合以书面形式征求全国人大、全国政协、中央组织部、中央宣传部等36家中央有关部门的意见，并就不同意见多次进行沟通协商。同时，还召开31个省（区、市）老龄办主任会议，听取地方老龄部门的意见建议。在完成专家评估论证、合法性审查等程序的基础上，送审稿已于12月9日上报国务院。

二是完成《中国老龄事业发展“十三五”规划》编制上报工作。与发展改革委规划司和社会发展司多次沟通，将《规划》增列国家专项规划。先后征求4轮、共计42个部委意见，对《规划（征求意见稿）》进行数十稿反复修改，形成最终送审稿。起草了《规划》编制说明、征求意见采纳情况汇总表、政策解读及舆情应对方案，形成第三方评估报告与合法性审查意见等上报件。《规划》送审稿12月初上报国务院后，根据国办要求将这一规划与养老体系规划合并，并由全国老龄办牵头，会同民政部、发展改革委重新起草上报，我们按要求完成了相关工作。

三是完成《关于制定和实施老年人照顾服务项目的意见》起草上报工作。牵头会同民政部起草这一文件，经认真研究、多次征求意见、反复修改完善，送审稿于2016年5月提交中央深改组会议讨论。根据会议精神和要求，全国老龄办会同民政部再次征求43家中央部门、各省级人民政府和中央深改组有关领导同志意见，修改成稿后，该意见于12月5日中央全面深化改革领导小组第三十次会议审议通过。目前正在按照中央深改办、国办要求有序开展后续的文件稿核定、宣传、解读及推动落实等工作。

四是完成老年宜居环境建设等政策制定工作。牵头会同建设部、发展改革委、教育部、科技部等25个部门联合出台了《关于推进老年宜居环境建设的指导意见》；牵头会同财政部、民政部、保监会等4部门联合制定了《关于开展老年人意外伤害保险工作的指导意见》；牵头会同最高人民法院、最高人民检察院、公安部、民政部、司法部等6部门联合制定了《关于进一步加强老年法律维权工作的意见》；与国家中医药管理局共同制定了《关于促进中医药健康养老服务的实施意见》；配合其他部门做好政策制定工作，联合民政部、教育部、体育总局、中国残联等部门分别就老年教育、无障碍建设、加强老年人体育工作等制定了指导性意见。

四、抓工作落实，构建老龄工作大格局

为贯彻落实党中央、国务院关于加强老龄工作的一系列决策部署，全国老龄办全力以赴，积极作为，确保各项工作任务高标准完成，推进老龄工作大格局的构建。

一是加强统筹协调工作。召开了全国老龄委第18次全委会，国务委员、全国老龄委主任王勇出席会议并讲话，就深入学习贯彻中央领导同志重要指示批示精神提出了明确要求。首次代全国老龄委起草并向各成员单位印发了《全国老龄委2016年工作要点》及任务分解，进一步加强了对老龄事业发展的领导协调和督促落实。召开全国老龄办主任年度会议，传达学习了老龄委全会精神。研究起草了《全国老龄工作委员会议事规则》、《全国老龄工作委员会成员单位工作职责》，拟报全国老龄委审定。制定出台了《全国老龄办关于加强联络协调工作的指导意见》。积极推动全国老龄委专家委员会筹备工作，初步形成了专家委员会初选名单和管理办法。

二是加强老龄法规建设。2016年9月，经李克强总理批准同意，全国老龄办承担了国务院向全国人大提交的《关于研究处理老年人权益保障法执法检查报告及审议意见情况的反馈报告》的起草工作，并正式通过。10月9日，全国老龄办与全国人大内司委、民政部在人民大会堂联合召开纪念老年人权益保障法颁布实施20周年座谈会，王胜俊副委员长、王勇国务委员出席会议并讲话。12月8日，全国老龄办会同全国人大内司委、民政部在湖南召开了老年人权益保障法地方配套法规立法工作座谈会，推进各地各部门贯彻落实老年人权益保障法。至2016年底，已有江苏、山东、陕西、湖南、吉林、甘肃、安徽、上海、江西、山西、辽宁、贵州等12个省份出台了地方性法规，有上海、天津、青岛、浙江、北京、江苏、宁夏、河北等8个省份制定了专项地方性法规。我们力争“十三五”期间，推动省级层面全部出台老年法配套政策法规。此外，还协调全国人大将老年人监护制度纳入正在修订的民法通则，牵头会同最高人民法院、最高人民检察院等6部门评选表彰了299个全国老年法律维权工作先进集体和单位。

三是加强老龄宣传工作。继续开展“敬老月”宣传活动，以全国老龄委名义向各地下发了开展“敬老月”宣传活动的通知，协调中宣部对全国“敬老月”活动期间宣传工作作出总体部署。据不完全统计，2016年“敬老月”期间，各地走访慰问老年人2850万人，较上年增长328.75%，发放慰问金和各类物品价值38.62亿元，较上年增长148.2%，组织开展各类为老志愿服务1357万人次，较上年增长129.61%，惠及8648万老年人，较上年增长78.34%。与国家新闻出版广电总局联合举办全国敬老养老助老公益广告作品征集暨展播活动，发布向全国老年人推荐优秀出版物入选书目。与北京市老龄办共同主办了“读《快乐老年》，让老年人快乐——关爱老年人公益活动”。开展全国敬老爱老助老评选活动，对事迹突出全国“敬老文明号”创建单位和全国敬老爱老助老模范人物进行表彰。评选公布了2016年度全国“十大老龄新闻”。深入开展“银龄扶贫行动”，组织35位老专家志愿者在湖南省郴州市开展了为期10天的银龄扶贫志愿活动。向国务院上报了《关于第四次中国城乡老年人生活状况抽样调查情况和召开新闻发布会的报告》，李克强总理等国务院领导同志圈批。10月9日，会同民政部、财政部联合向社会发布了调查成果。

四是加强调查研究工作。印发了《关于进一步加强和改进机关调查研究工作的意见》，制定了《2016年全国老龄办调研计划》。开展了2016年专题政策调研和2016年政策理论课题研究。委托10所大专院校开展了“我国老龄政策体系评估和十三五时期政策创制研究”等10个专项课题研究。组织申报了马克思主义理论研究和建设工程2016年度重大实践经验总结课题“习近平总书记关于有效应对我国人口老龄化新理念新思想新战略研究”的课题，并获得立项。机关各部门围绕老龄产业发展、老年人长期照护保障制度建设、基层老年协会运行和作用发挥、基层老龄工作开展、居家养老服务、老年人优待及直属单位财务资产管理等多方面开展调研，并形成调研成果。

此外，2016年在机关财务管理、公文核校、档案管理、机关内网建设、保密管理等方面加大了工作力度。加强了国际交流与合作。加强了对所属社会组织的管理。

面对老龄工作的新形势新任务新要求，全国老龄办在落实全面从严治党要求上仍有差距，在解决历史遗留问题的进度上仍需加快，在加强工作协调和督促落实的力度上仍需加强，在理顺体制机制上仍要下更大的功夫。我们必须增强责任意识、担当精神，力争在新的一年里取得突破性进展。

中央组织部

综　　述

2016年，中央组织部深入学习贯彻习近平总书记等中央领导同志在全国离退休干部“双先”表彰大会和老干部工作“双先”表彰大会上的重要讲话、重要指示精神，全力抓好《关于进一步加强和改进离退休干部工作的意见》(中办发〔2016〕3号)的学习宣传和贯彻落实，下力推进老干部工作为党和人民的事业增添正能量活动，千方百计为离退休干部办实事做好事解难事，突出重点、开拓进取、认真谋划、合理安排、狠抓落实，推动各项老干部工作有效开展，较好地完成了全年各项工作任务。

(一)精心筹备召开全国老干部工作“双先”表彰大会和老干部局长会议。经中央同意，表彰大会于12月23日上午在人民大会堂隆重召开。习近平总书记作重要指示，刘云山同志出席并作重要讲话，会前亲切接见与会代表并合影留念，赵乐际同志主持。大会对106个全国老干部工作先进集体和306名先进个人进行了表彰。习近平总书记对大会专门作出重要指示，这在全国老干部工作“双先”表彰历史上是第一次，充分体现了以习近平同志为核心的党中央对广大老同志的亲切关怀、对老干部工作的充分肯定。表彰大会召开后，及时通过中央主要新闻媒体以《认真学习先进典型，用心用情做好老干部工作》为题，对表彰大会和中央领导同志重要指示和讲话精神进行了宣传报道，同时在《人民日报》配发了题为《老干部工作大有可为》的评论员文章，中央电视台《新闻联播》作了4分多钟报道，各大网站纷纷转载。12月23日下午至24日上午，召开全国老干部局长会议，回顾总结了2016年工作和党的十八大以来的老干部工作，安排部署了2017年工作，就认真学习贯彻全国老干部工作“双先”表彰大会精神和开展为党和人民的事业增添正能量活动作出明确指导，提出具体要求。

(二)全力抓好《关于进一步加强和改进离退休干部工作的意见》的学习宣传和贯彻落实。组织力量编发学习辅导提纲，先后举办在京中央国家机关老同志专题报告会和在京中央单位离退休干部工作部门主要负责同志专题报告会、全国老干部局长轮训班等宣讲文件精神，组织力量开展了3轮9次调研督查，选派多名局处级干部宣讲80多场，带动了省区市和中央单位贯彻落实工作的整体联动。

(三)深入扎实推进为党和人民的事业增添正能量活动。坚持把开展正能量活动作为全年重点任务。从年初开始，组织专门力量先后3轮对各地各部门开展正能量活动情况进行督导，召开中央单位和市县正能量活动推进会，总结推广各地各部门的好经验好做法，对如何确保正能量活动始终沿着正确的轨道推进，作了进一步安排部署，提出明确要求。

(四)认真开展“我看从严治党新气象”“我看组织工作新变化”调研活动。组成5个调研组深入开展调研，委托27个省区和中央单位开展配合调研，上万名老同志参与。调研形成的《“我看从严治党新气象”调研报告》

《“我看组织工作新变化”调研报告》，得到刘云山、赵乐际同志的充分肯定。按照中央领导同志要求，《我看从严治党新气象》在《组工通讯》《党建研究内参》《老干部工作情况交流》等部内刊物上发表后，在老同志和各级老干部工作部门中引起很好反响。

（五）千方百计为老同志多办实事多做好事。抓住全党高度重视老干部工作、贯彻落实中办发〔2016〕3号文件、正能量活动不断取得实效的大好机遇，会同有关部门制定下发《关于提高离休干部特需经费标准的通知》（人社部发〔2016〕116号），较大幅度提高离休干部特需经费标准；多次与中央办公厅、财政部等单位沟通，并报请中央领导同志同意，下发《关于为土地革命战争时期及以前参加革命工作的离休干部发放一次性补助的通知》（组通字〔2016〕47号）；及时为全国806名红军老战士发放纪念章，受到广大老同志的充分肯定和社会的广泛认可。

（六）下力抓好离退休干部工作队伍自身建设。先后在中国井冈山干部学院和中国延安干部学院举办第17期全国老干部局长轮训班和全国老干部工作部门中青年干部培训班，培训了省区市和中央单位新任老干部局长81名，年轻的地市老干部局长和中央单位处长82名。

中央国家机关工委

综　述

2016年，中央国家机关工委（以下简称“工委”）老龄办深入学习贯彻党的十八大和十八届三中、四中、五中、六中全会精神，学习贯彻习近平总书记系列重要讲话精神，自觉把老龄和离退休干部工作纳入党的建设大局中去谋划、去推动。认真落实全面从严治党要求，突出主题主线，不断开拓创新，大力加强离退休干部思想政治建设和基层党组织建设，引导广大离退休干部为党和人民的事业增添正能量，在围绕中心、服务大局中发挥职能作用，推动老龄和离退休干部工作实现新进步、新发展。

一、加强思想引领，激励老同志政治坚定、思想常新、理想永存

认真学习习近平总书记关于老龄和离退休干部工作的重要论述，充分认识协调推进“四个全面”战略布局、决胜全面建成小康社会对老龄和离退休干部工作的新要求，结合中央国家机关离退休干部实际，举办中央国家机关离退休干部党务工作者贯彻十八届六中全会学习研讨班，不断加强思想引领，增强政治意识、大局意识、核心意识、看齐意识，与以习近平同志为核心的党中央保持高度一致。

（一）坚定理想信念教育。认真学习习近平总书记在纪念建党95周年大会上的重要讲话精神，引导老同志重温我们党领导革命、建设和改革的光辉历史，坚定理想信念，不忘初心、继续前进。在纪念建党95周年前夕，组织中央国家机关离退休干部文艺演出《光耀中华》，整台演出展现了中国共产党95年的光辉成就，展示了广大离退休干部对党的无限热爱。工委常务副书记李智勇在观看演出后指出，看了这个演出等于上了一堂生动的党课，回顾了党史，里面核心内容，是革命理想高于天，确实很感人、很受教育。国资委机械离退休干部局一位80岁高龄的老同志，参加《光耀中华》演出后，郑重向党组织递交了入党申请书。

（二）传承弘扬长征精神。在纪念红军长征胜利80周年之际，与中国老年报社等单位联合举办中央国家机关离退休干部纪念中国共产党成立95周年和红军长征胜利80周年知识竞赛。为进一步传承和弘扬伟大的长征精神，组织中央国家机关老干部合唱团精心排练革命史诗作品《长征组歌》，为中央国家机关离退休干部连续演出两场。演出激情澎湃、高潮迭起，现场座无虚席。在赴北京泰康燕园养老社区开展慰问演出后，两位老红军的后代，紧紧握住老干部合唱团团员的手，深情回忆父辈艰苦卓绝的长征故事，抒发观看《长征组歌》的激动心情。

（三）广泛宣传先进典型。2016年，工委老龄办加大对中央国家机关离退休先进典型的宣传。通过《紫光阁》杂志、紫光阁网站、《中国老年报》和《老年工作园地》等宣传阵地，广泛宣传先进典型和基层党组织建设经验，引导广大老同志发挥政治优势、经验优势、威望优势，老有所为、奉献社会，为实现“两个一百年”奋斗目标、实现中华民族伟大复兴的中国梦做出积极贡献。

二、强化主题意识，加强离退休干部基层党组织建设

为贯彻落实中央全面从严治党要求，工委下发了《中央国家机关贯彻落实全面从严治党要求实施方案》，其中第二十四条对加强离退休干部党组织建设提出了目标任务。工委领导多次强调，加强离退休干部基层党组织建设是工委老龄办“始终如一”的主题，为我们做好新形势下老龄和离退休干部工作明确了方向。

（一）认真总结工委抓离退休干部党建工作经验。党的十八大以来，工委领导班子按照中央全面从严治党要求，紧紧围绕党和国家工作大局，从实际出发，大胆探索、勇于创新，在离退休干部党建方面取得了一系列重要成果。过去的一年，我们认真落实工委领导的指示要求，集中力量、深入调研，反复修改，形成了《凝聚力量 发挥优势 努力为党的事业增添正能量——党的十八大以来中央国家机关工委在离退休干部中大力加强党的建设》文稿。文稿从理论和实践上，总结了十八大以来工委坚决贯彻习近平总书记关于老龄和离退休干部工作的重要讲话精神、加强离退休干部党建工作所形成的主要经验，受到中央有关部门的高度重视。先后在中组部《老干部工作情况交流》、工委《简报》、《紫光阁》杂志刊发，《中国老年报》在纪念建党95周年期间头版头条全文发表。

（二）调研起草《指导意见》。近几年，中央国家机关离退休干部队伍和基层党组织建设呈现出许多新变化、新特点。为了落实工委领导“研究制定《中央国家机关离退休干部基层党组织建设指导意见》，进一步规范离退休干部基层党组织建设”的要求，组成调研组赴中央国家机关、广东和安徽开展专题调研，了解和学习基层党建工作的好经验、好做法。经过艰苦细致的工作，起草了《中央国家机关离退休干部基层党组织建设的指导意见》（以下简称《指导意见》）。在中央国家机关离退休干部党务工作者贯彻落实十八届六中全会精神学习研讨班上，与会人员就《指导意见》征求意见稿展开热烈讨论。大家普遍认为，工委制定《指导意见》，适应了离退休干部党组织建设的新形势、新变化，非常及时，具有很强的针对性，体现了广大离退休干部工作部门的强烈期盼，是对离退休干部党建工作的有力推动。

（三）积极推广支部工作法。为探索离退休干部基层党建工作规律，提高党建科学化水平，4月，工委召开中央国家机关离退休干部支部工作法推广会。工委班子全体成员出席，工委常务副书记李智勇作了讲话。中央国家机关8个部门的离退休干部党支部代表，从不同侧面交流了支部工作法。会议还总结了一批可借鉴、可复制、可推广的支部工作法，印发了《中央国家机关离退休干部支部工作法汇编》。智勇同志在讲话中要求，要不断加强对中央国家机关离退休干部基层党组织建设好经验、好做法的研究，总结经验、探索规律，促进离退休干部支部工作理念和方法的创新。此外，我们还参与起草了《〈中央国家机关贯彻落实全面从严治党要求实施方案〉读本》的相关章节。

三、着眼健康养老，丰富离退休干部精神文化生活

着眼健康养老，以“展示阳光心态、体验美好生活、畅谈发展变化”为主题，协调组织各离退休干部协会组织，开展丰富多彩的文体活动，让老同志退休后的生活有精神追求、有幸福感、有尊严。

（一）办好特色老年大学。按照工委领导“抓好特色办学”的指示精神，老年大学开设12个班级，重点打造摄影、书法创作、国画花鸟、国画山水、葫芦丝、声乐等特色班。以教务工作会、招生工作会、开学典礼、教师节庆祝活动、学年总结表彰大会等“五个活动”为抓手，踩准重要节点规划部署工作；以开辟“微课堂”、开展校外课堂活动、组织小型演奏会等方式拓展教学途径，活泼教学氛围。老年大学全年共招收学员200余名，每周约400人次参加学习。

（二）举办艺术欣赏系列活动。精心组织建筑艺术、曲艺人生、话剧赏析等3个专题活动，邀请故宫博物院院长、中国文物学会会长单霁翔，中国曲艺家协会主席、著名相声表演艺术家姜昆，中国国家话剧院国家一级演员王卫国等登台授课。系列讲座既有理论高度，更有实践深度，使参加老同志感受到了中华传统文化之美，提升了艺术鉴赏力。系列活动场场爆满、座无虚席，广受老同志欢迎。

（三）开展中医药文化科普系列讲座。从3月开始，每月一个专题，邀请知名中医专家讲解，解疑答惑、现场演示，进一步提高了实用性，吸引一批长期听众，每次讲座均有百人参加，满足了广大老同志对中医医疗与养生保健知识的需求。

（四）组织老年网球比赛。组织中央国家机关2016“公仆杯”老年网球赛，组织中央国家机关老年网球队赴青岛参加第32届“新星·蓝天杯”老年网球邀请赛，展现了中央国家机关离退休干部积极进取、敢打敢拼的良好精神风貌。

四、以“两学一做”学习教育为动力，切实加强自身建设

按照中央和工委要求，结合老龄和离退休干部工作特点，扎实推进“两学一做”学习教育，狠抓干部队伍建设不放松，营造心齐、风正、气顺、向上的工作氛围。

（一）扎实推进“两学一做”学习教育。以个人自学、集体研讨、听报告、参加培训等多种形式，学习党章党规，学习习近平总书记系列重要讲话，学习政府工作报告、“十三五”规划、中办发3号文、全国老干部局长会议和全国老龄委会议精神，学习工委领导专题辅导报告。召开组织生活会，围绕如何“立足本职工作、做合格共产党员”展开热烈讨论。与中国老年报社党支部开展结对联学，座谈交流学习体会。在学习过程中，坚持学用结合、知行合一，突出问题导向，确保取得实际成效。2016年，工委老龄办工作任务繁重而艰巨，两名同志又相继挂职和外调。时间紧、任务重，全体党员干部在支部的带领下，团结协作、勇于担当，体现了很强的凝聚力、战斗力，保证了各项工作圆满完成。

（二）做好巡视整改工作。按照中央巡视组和工委统一部署，起草了对照中央巡视共性问题开展自查自纠情况汇报，认真核查党费并进行补缴，按照规定报送巡视组所需材料。在巡视反馈意见下发后，第一时间召开处级以上干部会议，传达学习文件精神，认真对照反馈意见深入查摆自身问题，讨论研究整改措施并上报工委。按照相关规定，对文书档案进行整理、归类和数字化，建立文书档案管理新模式，提高了管理规范化水平和工作效率。

（三）加强干部队伍建设。注重班子建设，把抓班子、带队伍作为工作的重要保障来抓，使班子成员优势互补、配合协调，做到团结一致、步调一致、行动一致。接收军转干部1名，面向基层考察遴选2名公务员，充实了干部队伍，增强了工作活力。鼓励青年干部参与党建调研小组，深入基层、深入群众，了解和学习地方基层党建的好经验、好做法，开阔眼界，锤炼作风。通过这些措施，切实加强队伍建设，营造心齐、风正、气顺、向上的工作氛围。圆满完成了中央和工委交办的组织中央国家机关有关老同志出席2016年春节团拜会等重要任务。

教育部

综　　述

发展老年教育（“第三年龄教育”）是积极应对人口老龄化、实现教育现代化、建设学习型社会的重要举措，是满足老年人多样化学习需求、提升老年人生活品质、促进社会和谐的必然要求。一年来，教育部认真履行在全国老龄工作委员会中的职责，高度重视和采取切实措施推进老年教育，主要开展了以下工作：

一、组织编制和推动出台了《老年教育发展规划（2016—2020年）》

2014年9月以来，教育部联合中组部、民政部、文化部、全国老龄办研制了《老年教育发展规划（2016—2020年）》（以下简称《规划》）。国务院办公厅于2016年10月5日正式印发了《规划》。《规划》对加快发展老年教育，扩大老年教育供给、创新老年教育体制机制、提升老年教育现代化水平作出部署。《规划》提出，发展老年教育要坚持“党委领导、政府主导、社会参与、全民行动”的老龄工作方针。《规划》围绕当前我国老年教育资源供给总量严重不足、相关保障机制不够健全、社会力量参与的深度和广度还需进一步拓展等问题，有针对性地提出了“扩大老年教育资源供给、拓展老年教育发展路径、加强老年教育支持服务、创新老年教育发展机制、促进老年教育可持续发展、完善经费投入机制”等五个方面任务，以及组织实施“社会主义核心价值观培育、老年教育机构基础能力提升、学习资源建设整合、远程老年教育、老有所为行动”等重点推进计划。

二、加强涉老专业学科建设

（一）加强老年医学学科建设。在现行《学位授予和人才培养学科目录》中，涉老一级学科有“社会学”“临床医学”“公共卫生与预防医学”“中医学”“护理学”“公共管理”。根据有关政策，学位授予单位可根据自身发展需要和学科条件，在相关一级学科学位授权权限内，自主设置涉老专业或方向。目前在以上一级学科下设置的二级学科主要有“老年学”“老年医学”“老年保健与姑息医学”“老年口腔医学”“中医老年医学”“老年护理学”“老年工程与老年保障”等。截至目前，全国涉老相关一级学科博士学位授权点177个，一级学科硕士学位授予点269个，二级学科博士学位授权点6个，二级学科硕士学位授权点5个。涉老专业学位类别有“社会工作”、“临床医学”和“护理”等，全国共有相关专业学位授权点305个。

（二）发展具有中国特色的老年心理学科。依托应用心理硕士专业学位，开设《老年心理学》等课程；根据老年学跨学科特点，与临床咨询方向相结合，开设老年人心理健康诊断与干预的老年咨询心理学；与工业组织管理方向相结合，开设与养老产业管理相关的课程；拓宽国际合作，与海外高校在老年学方面开展相关合作。

（三）鼓励高校开设养老服务类本科专业。教育部增设了健康服务与管理专业，在滨州医学院、成都医学院、广东药学院、浙江中医药大学、山东体育学院5高校新设置该专业。鼓励高校在本科阶段开设社会工作、公共事业管理和劳动和社会保障专业等与老年服务相关的专业。

三、推动各类高校加快养老服务人才培养

（一）积极推动职业学校扩大养老服务人才培养。2015年，全国共有39所中等职业学校开设老年人服务与管理专业，年招生总数4711人；全国共有93所高等职业学校开设老年服务与管理专业，年招生总数2752人。2016年，全国共有150所高等职业学校开设老年服务与管理专业，招生人数1万余人，较2015年增长367%。

（二）推动高层次老年护理人才的培养。目前，大部分护理硕士专业学位研究生培养单位将老年护理作为护理硕士重要的培养方向，并招收该方向研究生，为提高老年护理队伍质量提供了支撑。

四、推进尊老敬老教育内容融入中小学相关课程标准

目前，尊老敬老教育内容已经有机融入了中小学相关学科课程标准。如：在小学品德与社会课程中，要求学生“感受父母长辈的养育之恩，以恰当的方式表达对他们的感激、尊敬和关心”“体会社会对老年人和残疾人等人群的关怀。对弱势人群有同情心币爱心，要有尊重和平等的观念，并愿意尽力帮助他们”等。

五、参与了老龄办、民政部等相关部门研制老年教育相关的规划和政策性文件

参与了全国老龄办、民政部牵头研制，由国务院印发的《“十三五”国家老龄事业发展和养老体系建设规划》；参与由全国老龄办、民政部牵头，24个部门联合研制并印发的《关于推进老年宜居环境建设的指导意见》；参与由国家发展改革委、民政部牵头研制、拟以国务院办公厅名义印发的《关于全面提升养老服务质量的若干意见》；参与由全国老龄办牵头研制、拟印发的《关于制定和实施老年人照顾服务项目的意见》《关于进一步加强老龄工作的意见》。

公安部

综　　述

2016年，我们将继续按照老龄委的要求，立足公安机关职能，履行成员单位职责，认真落实老龄委第十八次全体会议精神，积极探索应对人口老龄化问题的方法和途径，切实维护好老年人的合法权益。

一、进一步拓宽服务范围，努力为老年人提供更加优质高效的服务

在全国公安机关深入开展尊老敬老爱老助老活动，提倡关爱帮扶老年人，各警种因地制宜，研究谋划好本警种业务范围内的涉老工作。各级基层公安机关，进一步强化服务意识，不断拓宽为老年人服务的工作范围，努力为老年人提供更加优质高效的服务，让老年群体成为“平安中国”建设的真正受益者。

二、依法严厉打击侵害老年人合法权益的违法犯罪活动，强化对老年弱势群体合法权益的保障

各级公安机关要针对老年人的特点，拓宽思路，加强宣传，不断增强老年人的安全防范意识。同时要依法、及时受理涉及侵害老年人合法权益的申诉、控告和检举，认真对待老年人的报警和求助，依法严厉打击侵害老年人人身、财产安全的违法犯罪行为。同时，组织民警积极开展家庭矛盾纠纷排查调处工作，切实保障老年人在家庭中的合法权益。进一步加强同老龄、民政等部门的沟通和联系，全面了解有关老年人权益保障工作的情况，主动获取有关侵害老年人合法权益的信息和线索，及时予以妥善处理。

三、发挥职能作用，在规章和规范性文件制定过程中，更多地体现对老年人权益的保护

公安法制部门将继续结合实际，在规章和规范性文件制定过程中，充分考虑保障老年群体的合法权益，并积极作出相应调整和提出合理化建议。

2016年全国公安机关在各级党委、政府的领导下，以党的十八届六中全会精神为指导，积极落实老龄委第十八次全体会议精神，积极会同有关部门认真贯彻执行《老年人权益保障法》、《中共中央、国务院关于加强老龄工作的决定》等一系列法律法规和政策，按照《全国老龄工作委员会2016年工作要点》的要求，认真履行职责，在老年人维权、为老服务、依法打击涉老犯罪等方面，做了大量工作，取得了良好的社会效果。

一、依法严厉打击侵害老年人的违法犯罪活动，全力确保老年人生命财产安全

2016年，公安机关对涉老违法犯罪始终保持高压严打态势。一是狠抓侵害老年人命案侦破工作，今年全国共发生侵害老年人命案1617起，破获1560起，侦破率达到96.47%。二是严厉打击针对老年人实施的电信网络诈骗等经济犯罪。各地各级公安机关高度重视，以打开路，集中力量，全力遏制非法集资及传销犯罪高发势头，实行全链条打击，确保案不漏人、人不漏罪，依法严惩。三是打击整治侵害涉老留守群体的违法犯罪行为。针对偏远农村地区大量劳动力外出，村庄“空壳化”、家庭“空巢化”现象凸显，农村留守老人易遭受侵害等问题突出，大力推进偏远农村地区社会治安集中整治工作，各警种密切配合，加大力度打击“两抢一盗”、制售假农资等严重侵害留守群体的违法犯罪行为。

二、加大宣传力度，切实增强老年群体防范意识

针对老年人辨识能力弱，防范意识差，极易成为侵财犯罪对象的特点，全国公安机关经侦部门以“5·15”打击防范经济犯罪宣传日为引领，将日常宣传与集中宣传相结合，将警示提示与案例剖析报道相结合，全面做好以案释法的宣传引导工作。会同人行、银监、工信、工商、宣传等部门，协调主流媒体，开展普法及案例剖析宣传，对“e租宝”等一批重点案件进行报道。在“5·15”宣传日后，又于今年8月及11月至12月在全国开展重点案件集中宣传及防范打击新型网络传销犯罪集中宣传，选取发生频率高、迷惑性强、社会影响大、危害严重的重点类案，曝光典型犯罪手法和表现形式，切实提高老年群体的防范意识和能力，营造良好舆论氛围。各地治安部门组织广大派出所民警深入社区、村屯，开展多种形式的治安防范、法律知识宣传，不断增强老年人的防范意识和防范能力，努力减少侵害老年人合法权益的案件发生。

三、积极发挥职能作用，切实提高为老服务水平

各地治安部门积极出台为孤寡老人、行动不便老人、高龄老人等提供上门办理户口、居民身份证等服务的政策措施，组织公安派出所主动上门为老年人提供服务，在日常生活各方面关心帮助老年人。公安消防部门会同民政部部署开展了为期一年的养老机构消防安全专项治理。据统计，专项治理期间，全国共检查养老机构56193家，发现火灾隐患12.6万余处，依法督促整改隐患11.9万余处。此外，我部消防局协调民政部明确民政部本级补助地方的福利彩票公益金，优先用于支持养老机构消防安全设施建设，各地公安消防部门通过争取地方政府财政投入、民政部门福利彩票公益金、财政补贴等筹措资金，用于推动养老机构整改火灾隐患、建设消防安全设施或微型消防站。其中，吉林、湖北、重庆、贵州等地通过省级财政划拨专项资金、福彩公益金、福利设施建设专项补助资金，用于养老机构的火灾隐患整治；安徽、广东、陕西通过政府购买服务方式，对公立养老机构消防安全进行核查评估，出资整改落实；北京、上海将为老年人场所推广安装独立式感烟火灾探测报警器和简易喷淋装置纳入2016年为民办实事项目。河北、江苏、浙江、河南、海南、西藏、宁夏等地协调省级财政专项资金或民政部门福彩公益金，用于养老机构简易消防设施安装和消防设施设备改造补助。

四、完善法规制度设计，切实维护老年人合法权益

为加强对老年人这一弱势群体的保护，我部法制部门起草的《中华人民共和国治安管理处罚法》（修订送审稿，我部已于2016年10月22日提请国务院审议）中增加了“虐待其所监护、看护的未成年人、老年人、病人、残疾人的”违反治安管理行为，将虐待对象扩大至家庭成员以外的人，并加大处罚力度。

近年来，我部信访办公室认真贯彻落实《中华人民共和国老年人权益保障法》，指导全国公安信访部门积极开展应对人口老龄化行动，将依法解决信访问题与有效维护老年人权益有机结合，取得良好成效。2016年，信访办公室获得“全国老年法律维权工作先进集体”荣誉称号。

司法部

综　述

2016年，司法部和各地司法行政机关认真落实党的十八大和十八届三中、四中、五中、六中全会关于老龄工作的决策部署和全国老龄工作委员会第十八次全体会议精神，认真贯彻中办发〔2015〕37号文件和《司法部全国老龄办关于深入开展老年人法律服务和法律援助工作的通知》（司发通〔2015〕29号）和《司法部关于2016年全国“敬老月”期间深入开展老年人法律服务和法律援助活动的通知》（司发通〔2016〕96号）文件精神，充分发挥法律服务、法律援助和法治宣传职能作用，努力为老龄事业发展服务。

（一）深入开展老年人法律服务工作，切实增强老年人法律服务实效。组织引导广大律师、公证、基层法律服务机构及人员参与涉及老年人合法权益的诉讼、调解、仲裁和法律咨询等法律服务活动。一是明确服务重点。围绕老年人最关心、最直接、最现实的利益问题，积极在老年人医疗、保险、救助、赡养、婚姻、财产继承和监护等领域开展法律服务，重点关注高龄、空巢、失独、失能半失能、失智及经济困难老年人法律服务需求。二是加大服务力度。倡导律师事务所、公证处、基层法律服务所对经济困难但不符合法律援助条件的老年人减免法律服务收费，对无固定生活来源的老年人追索赡养费案件，予以费用减免；倡导对80岁以上的老年人办理遗嘱公证予以免费。建立和完善各项便老助老措施，引导广大法律服务和法律援助工作者对老年人，特别是70岁以上以及行动不便、患病残疾的老年人实行电话和网上预约、上门服务。对经济困难的老年人提供免费政策咨询、慈善捐助等服务。三是开展专项法律服务活动。根据全国老龄工作委员会第十八次会议部署和全国老龄委发〔2016〕5号文件精神，下发《司法部关于2016年全国“敬老月”期间深入开展老年人法律服务和法律援助活动的通知》（司发通〔2016〕96号），今年十月全国“敬老月”期间，在全国深入开展老年人法律服务和法律援助活动。充分发挥“老年人维权示范岗”作用，搭建服务平台，在老年人较为密集的场所，集中开展服务活动，方便老年人进行法律咨询和寻求法律服务，努力为老年人提供适应其群体特点、满足其特殊需求的法律服务，切实维护老年人合法权益。推动律师事务所、公证处、基层法律服务所与当地老龄工作机构签订法律服务协议，在老龄委派专职律师、公证员、基层法律服务工作者，免费为老年人提供法律服务，有效维护老年人的合法权益。四是建设专门队伍。深入推动各地依托律师事务所、公证处、基层法律服务所，设立一定数量的老年人公益法律服务中心，整合现有公益法律服务工作者和法律服务资源，统筹规划，协调发展，建设一支专业化的老年人公益法律服务队伍。每个中心视情况安排律师、公证员、基层法律服务工作者相对集中为老年人提供公益法律服务。不断加强老年人公益法律服务队伍的思想政治、业务能力、职业道德和党的建设，定期开展老年人法律服务工作培训，邀请行业专家、学者为老年人公益法律服务工作者授课，不断提升做好老年人法律服务工作的能力和水平。

（二）大力推进老龄法律援助工作，切实保障老年人合法权益。一是扩大老年人法律援助覆盖面。各地结合实际，进一步降低老年人法律援助门槛，不断扩大老年人法律援助范围，使更多老年人受益受惠。河南省把老年人多发易发的婚姻家庭纠纷、人身损害赔偿等纳入了民事法律援助事项范围。安徽省对无固定收入的老年人申请法律援助免予经济困难审查。浙江省对70周岁以上及患有重大疾病的老年人申请法律援助免于经济状况审查。全国法律援助机构2016年共为121682名老年人提供了法律援助，同比增长9.1%。二是健全“便老助老”服务机制。在健全服务网络方面，各地在健全省市（地）县（区）三级法律援助中心和乡镇（街道）法律援助工作站的同时，依托老龄部门和在老年公寓等老年人较为集中的场所建立老年人法律援助工作站或联系点2049个，方便老年人就近寻求法律帮助。在优化服务方式方面，对老年人申请法律援助普遍实行优先受理、优先审查、优先指派的“三优先”服务模式。对80岁以上高龄或行动不便的老年人提出申请，实行上门受理，北京市法律援助机构2016年提供上门服务达100余人次。江西省为低保特困老年人发放法律援助联系卡或结成帮扶对子，使他们有需求可以及时联系法律援助机构；对身患重病和孤寡老人，开辟法律援助“绿色通道”，简化审批手续。在拓展法律咨询平台方面，各地通过打造以“12348”法律服务热线为基础的形式多样的咨询平台，拓展法律咨询渠道，方便老年人及时就近获得法律咨询服务。内蒙古自治区进一步完善“12348”法律服务平台功能，开通法律援助远程视频咨询服务，实现了自治区、盟市、旗县三级法律援助机构与全区1088个司法所远程视频咨询全覆盖，使老年人可以通过视频连线就近便捷获得法律咨询。安徽省通过设立互联网社会服务大厅、移动端法律援助服务“微”平台、“12348”服务热线等方式，老年人通过关注微博、扫一扫二维码、拨打“12348”法律援助咨询热线可24小时在线申请法律援助，全年解答老年人法律咨询11718人次。2016年全国法律援助机构解答老年人法律咨询412169人次。三是开展专项法律援助活动。各地按照《司法部关于2016年全国“敬老月”期间深入开展老年人法律服务和法律援助活动的通知》要求，开展了形式多样的敬老法律援助专项活动。新疆生产建设兵团在为期一个月的老年人法律援助活动中，深入老年活动中心、老年公寓等老年人集中的场所开展法治宣传活动550余场次，发放老年人权益保障法、反家暴法、法律援助宣传单、宣传册56940余份，解答法律咨询4680人次，悬挂横幅455条次，出动宣传车456辆次，展出宣传画5000余张，开展广播宣传1430次，出板报80余期。山东省在以“公益维权夕阳红”为主题的老年人法律援助专项活动期间，共组织大型老年人法律援助咨询专场197次，接待老年人咨询3768人次，受理老年人法律援助申请978件，发放便民手提袋、购物车、雨具等法律援助宣传品和宣传资料1.6万余份。天津市在活动期间，共举办各类法治宣传活动20余场次，解答老年人法律咨询1300余人次，发放《老年人权益保障法》《法律援助条例》《老年人法律援助服务手册》等宣传资料1200余份，环保手提袋等法治宣传品600余份。吉林省设计制作了“敬老、爱老、助老，法律援助在行动”“为贫困老人维权，免费法律服务热线12348”等公益广告，于九月、十月在长春市17条主要线路的51台公交车上宣传，覆盖长春市内主要城区。辽宁省司法厅会同省老龄力、决定在每年第四季度定期开展“服务夕阳法援护航”法律援助专项活动，取得良好效果。

（三）不断深化老年人法治宣传教育，营造尊老爱老的社会氛围。一是加强对老年人法治宣传教育工作的指导。把老年人权益保障相关法律法规的宣传列为“七五”普法重要内容。2016年3月，中共中央、国务院转发的《中央宣传部、司法部关于在公民中开展法治宣传教育的第七个五年规划（2016—2020年）》明确提出，要大力宣传老年人合法权益保护方面法律法规。各地按照全国“七五”普法规划要求，在研究制定本地“七五”普法规划时，把加强老年人法治宣传列为“七五”普法工作重点，切实加大了工作安排部署和指导力度。二是积极开展老年人法治宣传教育主题活动。指导各地、各部门依托“法律六进”平台，广泛开展老年人法治宣传进机关、进乡村、进社区、进学校、进企业、进单位活动。在社区，利用老年活动中心等场所，深入开展《老年人权益保障法》等相关法律法规宣讲活动。在农村，组织普法宣讲团、文艺宣传队、志愿者，深入田间地头开展送法下乡活动，不断提高老年人依法维权意识。在各机关、企业、单位、学校，利用展板图片、法治讲座、法律咨询、公益广告等多种形式，大力开展老年人相关法律法规宣传，在全社会营造了关爱老年人、保障老年人合法权益的良好法治氛围。三是积极创新老年人法治宣传教育形式。充分发挥广播、电视、报刊等各类媒体作用，把老年人法治宣传融入健康养生、文体活动中，推动老年人法治文化产品创作展播，引导老年人学习法律知识，感受法治氛围。加强新媒体新技术在老年人法治宣传教育中的运用。在中国普法网、中国普法官方微博、微信、手机客户端等开设老年人权益保护法治宣传教育专题。在全国法治动漫微电影作品征集展播、百家网站法律知识月赛等新媒体法治宣传活动中，把老年人权益保护相关法律法规作为重要内容，增强了宣传的实际效果。

人力资源和社会保障部

综　述

2016年是全面建成小康社会决胜阶段和“十三五”时期的开局之年，也是推进供给侧结构性改革的关键之年。面对纷繁复杂的国内外形势，各级人力资源社会保障部门认真贯彻落实党的十八大和十八届三中、四中、五中、六中全会精神，按照党中央、国务院的各项决策部署，以完善社会保险制度体系织密扎牢社会保障安全网推动老龄事业发展为目标，以深化社会保险制度改革为引领，紧紧围绕老年人最为关心的养老保险、医疗保险等问题，进一步扩大制度覆盖人群，提升待遇领取水平，优化经办管理服务，推进相关政策落实，切实维护老年人权益，老龄工作取得了积极进展。

一、基本养老保险工作取得新成效

（一）养老保险覆盖面进一步扩大。深入推进全民参保计划，全面完成年度扩面任务。截至2016年末，全国参加城镇职工基本养老保险37862万人，比上年底增加2876万人。其中，参保职工27756万人，比上年底增加1537万人；参保离退休人员10106万人，比上年底增加964万人（其中企业离退休人员9023万人，比上年底增加486万人）。全国参加城乡居民养老保险人数50847万人，比年底增加375万人，其中60周岁以上实际领取待遇人数15270万人。

（二）养老保险待遇水平进一步提高。一是同步调整企业和机关事业单位退休人员基本养老金。经国务院批准，从2016年1月1日起，为2015年底前退休人员提高基本养老金水平，总体调整水平为2015年退休人员月人均基本养老金的6.5%左右。此次调整是企业退休人员第12次连续调整基本养老金，也是2014年10月1日机关事业单位养老保险制度改革以来，机关事业单位退休人员和企业退休人员第一次同步调整待遇，实现了各类退休人员待遇调整的“并轨”，共有1亿多退休人员受益。二是继续提高离休人员基本养老金水平。自2016年7月1日起，为2016年6月30日前已按规定办理离休手续并按月领取基本养老金的企业离休人员提高基本养老金水平。三是提高城乡居民养老保险基础养老金标准。北京、天津、河北、内蒙古、吉林、上海、江苏、福建、山东、湖南、广东、西藏、青海等13个省级政府发文提高当地城乡居民养老保险基础养老金标准。截至2016年末，全国城乡居民养老保险基础养老金月人均水平超过105元。部分地区开展了提高最低缴费档次试点。北京、天津、上海、山东、江苏、广东6省市和部分市县先后提高了最低缴费档次标准。截至2016年末，全国城乡居民养老保险人均缴费超过240元。

（三）养老保险关系跨省转续政策进一步完善。印发《人力资源社会保障部关于城镇企业职工基本养老保险关系转移接续若干问题的通知》（人社部规〔2016〕5号），进一步完善企业职工基本养老保险关系转移接续政策。

二、基本医疗保险工作取得新进展

（一）医疗保险覆盖面继续扩大。截至2016年末，全国参加城镇基本医疗保险人数74839万人，比上年底增加8257万人；其中，参加职工基本医疗保险29524万人，比上年底增加631万人；参加城镇居民基本医疗保险45315万人（含城乡居民医保参保人员），比上年底增加7626万人。参加职工基本医疗保险人数中，参保职工21715万人，比上年底增加353万人；参保退休人员7809万人，比上年底增加278万人。全国基本医疗保险参保人数超过了13亿人，包括老年人在内的95%以上的城乡居民享有基本医疗保障，再加上大病保险覆盖城乡居民超过10亿人，有效缓解了困难群体的大额医疗费用负担。

（二）医保待遇水平稳步提高。一是进一步提高基本医疗保险保障水平。截至2016年底，职工医保政策范围内住院费用支付比例达到75%，城镇居民医保二级以下医疗机构政策范围内住院费用支付比例达到70%。各省大病保险政策规定的支付比例不低于50%，城乡居民大病保险受益人员的实际报销比例提高了10个百分点左右。二是提高财政补贴标准。2016年各级政府对城镇居民医保和新农合补助标准提高到每人每年不低于420元，个人缴费标准提高到150元。三是扩大基本医疗保险保障范围。推进城乡居民基本医疗保险制度整合，目前，全国31个省份对整合工作作出总体规划部署，其中22个省市统一由人社部门管理。整合后，按照“目录就宽不就窄，待遇就高不就低”原则，提高参保人的获得感和满意度。

（三）长期护理保险制度试点顺利。按照中央安排部署，深入调研，总结国内外经验，广泛征求社会各界意见，制定出台《关于开展长期护理保险制度试点的指导意见》（人社厅发〔2016〕80号），选择长春、上海、重庆、广州等15个城市试点，探索建立与经济社会发展和保障水平相适应的动态筹资机制、护理保障机制、护理等级评定机制和管理服务体系，摸索改革路径，积累经验。

三、管理服务能力取得新提升

（一）社会化管理服务覆盖人群进一步扩大。截至2016年12月底，全国退休人员总数为8641万人，其中实行社区管理的人数达到7086万人，比2015年底实行社区管理的人数增加489万人，社区管理率达到82%。

（二）社会化管理服务机构进一步增多。截至2016年12月底，全国已建立劳动保障工作机构的街道社区约8万个，占全部街道社区的86%；建立劳动保障工作机构的乡镇约2.6万个，占全部乡镇的88%。街道社区从事社会化管理服务的工作人员达到14.2万人，乡镇从事社会化管理服务的工作人员已达16.4万人，在全国范围内已经形成一支30余万人的退休人员社会化管理服务专兼职工作队伍。

（三）基金监管能力进一步提升。一是正式启动基本养老保险基金投资管理。全国共有上海等7个省份，共计3600亿元基本养老保险基金开始委托社保基金理事会开展投资运营，突破了原来社保基金存国有银行和买国债的限制，为基金的保值增值打开了通道。二是严格基金收支管理。建立健全社保欺诈查处和移送机制，出台社会保险欺诈案件管理办法。印发通知要求各地规范养老保险费率调整和参保缴费政策，夯实参保缴费基数，严格执行提前退休政策。强化医保医疗行为监管，智能监控系统覆盖72%的地市级统筹地区，医保支付范围和结算管理不断完善。加大社保待遇领取核查和稽核工作力度，基金风险管理工作取得积极进展。

（四）医保服务更加便利。大力推进医疗费用直接结算。所有统筹地区基本实现医保就医直接结算，方便了群众就医，解决了医疗费用报销“跑腿”和“垫支”问题。全部省份实现了省内异地就医直接结算，全国跨省异地就医结算工作正式启动。北京、天津、河北等15个省份正式接入国家异地就医结算系统，其他省份也正在加快开展与国家异地就医结算系统联调联试。

（五）社保信息化建设进一步加强。一是推广普及社会保障卡。截至2016年12月底，全国社会保障卡持卡人数达9.72亿，社会保障卡普及率达70.3%。全国31个省份（含新疆建设兵团）已发行社会保障卡，实际发卡城市达372个，地市覆盖率达96.6%。目前社会保障卡已广泛支持统筹地区范围内的医疗费用持卡即时结算。30个省使用社会保障卡作为异地就医身份凭证，311个地市实现社会保障卡跨地区应用。31个省份已完成省级持卡人员基础信息库部署上线运行工作，实现人员基础信息全国唯一和“一人一卡”，支持跨地区用卡和人社业务协同。二是异地领取社会保险待遇资格认证系统。建设异地居住人员领取社会保险待遇资格协助认证管理系统，成为跨省和省内异地居住退休人员就地办理认证业务的重要系统渠道。目前，全国所有省份均已纳人部级统一认证平台。各省均已完成2016年度的协助认证工作，全国32省市共计上传异地居住人员协助认证通知103.53万笔，反馈协助认证结果73.37万笔，协助认证率70.86%。新建异地居住人员领取社会保险待遇资格人脸识别自助认证系统，领取待遇人员足不出户即可完成认证，提升了参保人员对社会保险的获得感。三是全民参保登记系统。组织全民参保登记信息系统建设，部省两级部署，数据集中管理，支持全民参保登记工作开展。省级系统遵循省级集中管理原则，结合本地实际，统筹考虑与社会保障卡持卡人员基础信息库合并建设，整合利用人社、公安、卫生计生、民政、残联等部门的信息资源，实现数据初始化、信息比对、调查核实、更新维护等业务功能。部级系统在省级系统基础上提取共性需求，制定统一接口，为各省系统对接提供支持，实现数据共享比对、分发流转。

住房和城乡建设部

综　述

2016年，住房城乡建设部按照习近平总书记关于“保障残疾人、老年人等特殊群体的权益，既是保障和改善民生的重要方面，也是尊重和关爱弱势困难群众的重要体现”重要指示，认真落实国家加快发展养老服务业的决策部署，结合住房城乡建设中心工作，加快完善养老设施标准体系，积极推进无障碍建设工作，全力支持老年宜居环境建设。

一、推进发展养老服务业政策制定

认真落实老年人权益保障法，按照国家建立和完善以居家为基础、社区为依托、机构为支撑的社会养老服务体系要求，配合民政部、全国老龄办等部门起草《关于推进老年宜居环境建设的指导意见》《关于加快推进养老服务放管服改革的通知》《中国老龄事业发展“十三五”规划》《关于制定和实施老年人照顾服务项目的意见》《关于进一步加强老龄工作的意见》等文件，推进增加养老服务供给，提高养老服务质量，促进养老市场发展等内容，明确了应对老龄化方面的养老服务设施规划建设、老年人家庭及相关公共设施无障碍改造等相关工作要求。

二、完善养老服务设施建设标准体系

为健全养老服务设施建设标准体系，完成了涉老设施规划建设标准关键技术和标准体系研究，组织编制了《综合社会福利院建设标准》《农村敬老院建设标准》，并与《老年人居住建筑设计规范》《城镇老年人设施规划规范》《养老设施建筑设计规范》《老年养护院建设标准》《社区老年人日间照料中心建设标准》等标准规范共同构建了我国养老服务设施工程建设标准体系。同时，开展养老服务设施建设统计指标体系研究，分析当前涉老服务设施的规划标准、规划方法和建设模式等问题，推进《城镇老年人设施规划规范》《城市居住区规划设计规范》修订工作。

三、进一步推进无障碍设施建设工作

为方便老年人、残疾人等特殊群体参与社会生活，在会同民政部、工业和信息化部、中国残联、全国老龄办完成50个无障碍建设示范市县、143个无障碍建设达标市县创建工作的基础上，配合政协全国委员会赴江苏、海南省进行无障碍环境建设运行情况监督性视察，进一步推进了两省的无障碍环境建设工作。

四、持续推进农村老年人危房改造

继续推动将符合条件的农村老年人住房救助对象优先纳入当地农村危房改造计划，优先实施改造，为居家养老提供物质保障。2016年全国计划改造农村危房314万户、中央财政补助资金266.9亿元。要求各地对符合条件的贫困老年人，通过优先安排改造任务等方式，加大危房改造支持力度，切实解决基本住房安全问题。2016年农村危房改造任务已全部开工，并陆续录入信息系统。截至目前，已完成录入224.7万户，其中户主为60岁以上老年人的户数为74.4万，占已录入户数的33.1%。

五、优先保障老年人基本住房

继续落实《公共租赁住房管理办法》（住房城乡建设部令第11号）、《关于做好住房救助有关工作的通知》（建保〔2014〕160号）等文件，将城镇符合住房保障条件的老年人优先纳入保障范围，对符合城镇住房救助条件的老年人优先配租公共租赁住房或发放低收入住房困难家庭租赁补助，其中对配租公共租赁住房的，给予租金减免，确保其租房支出可负担。

六、推动景区园区老年人门票优惠

加大公园游园和风景名胜区门票费用减免力度。指导各地结合实际，制定出台针对老年人游园优惠政策，有的地区已取消地域限制，让老年人可以充分享受公益性公园减免费用优惠政策。目前，全国风景名胜区按照各地制定的优惠政策对老年人实行门票减免，多数景区在售票处醒目位置标明老年人优惠规定和条件。其中，江西庐山、龙虎山，安徽黄山、九华山、天柱山等风景名胜区对70岁老人实行免票；杭州西湖风景名胜区成立了老年人体育协会，组织和引导风景名胜区内老年人更好地开展体育活动；北京市风景名胜区除大型活动期间，对本市65周岁及以上老年人施行免费。

七、推进城市老年宜居环境建设工作

指导各地风景园林、公园绿地管理部门结合本地城市建设与管理具体情况，逐步完善标牌标识系统和游园配套设施，有针对性地开展老年人活动设施无障碍改造，为老年人提供周到服务和关爱。大力推动城市公园绿地建设，拓展老年人游览健身活动空间，实施了一批“推窗见绿、开门进园”项目，让老年人能够就近就便入园、游园。编制《绿道规划设计导则》，提出绿道驿站必须设置符合《无障碍设计规范》的无障碍设施，支持老年宜居环境建设工作。出台《关于改善贫困村人居卫生条件的指导意见》，着力推动改善农村卫生条件，集中人力财力物力解决威胁包括老年人在内的农民群众身体健康的人居环境突出问题。

国家新闻出版广电总局

综　述

国家新闻出版广电总局2016年度老龄工作着力通过新闻出版广播影视工作服务老年人群体，推动老龄事业发展，保障老年人群体文化权益，提供更多优秀文化产品和服务，推动全民阅读活动更加广泛和深入开展，努力实现“五个老有”的老龄社会目标。主要开展了以下工作。

一、为老年人群体提供更多优秀文化产品

（一）推出更多适合老年人阅读欣赏的优秀出版物。2016年全国出版单位牢固树立精品意识，结合老年人阅读特点和阅读规律，精心策划，精雕细刻，精耕细作，推出更多优秀老年人出版物，不断满足老年人多样化、多层次的阅读需求。全年专门面向老年人群体推出570余种图书和30余种音像电子出版物，如中国文联出版社《快乐老年》、湖南教育出版社《当代老年学名著译丛（5种）》、浙江大学电子音像出版社《听见幸福——老年保健微电影》等。

（二）会同全国老龄办开展向全国老年人推荐优秀出版物活动。继2014年、2015年总局会同全国老龄办连续开展向全国老年人推荐优秀出版物活动之后，2016年继续开展了此项活动，向全国老年读者推荐了50种覆盖老年人医、食、住、行、用、学、娱等各方面，兼具思想性、科学性、艺术性、可读性、实用性的优秀出版物，为满足老年人阅读需求发挥了积极作用。如《习近平总书记系列重要讲话读本（2016年版）》《董必武家书》《血梅花》《漫画脑卒中》《中国老年人避险与自救指南》等45种优秀图书和《中华诗韵》《永远的焦裕禄》等5种优秀音像电子出版物。2016年10月9日“重阳节”当日，在北京市东城区老年大学召开新闻发布会，向社会公布了入选的优秀出版物，中央电视台《新闻联播》播出报道，多家中央主流媒体和各类新兴媒体，对活动进行了宣传报道。

二、深入开展全民阅读，重点保障老年人群体基本阅读需求和文化权益

（一）广泛开展主题读书和展示展销活动。为推动老年人群体阅读，总局要求各地新闻出版单位在“4·23世界读书日”、国庆节、重阳节等重要节庆日和重要节点，广泛组织开展传统文化、红色文化等主题的优秀出版物诵读活动等主题读书活动，开展面向老年人的读书讲座、征文活动等，开展适合老年人阅读的重点出版物展示展销活动。通过内容丰富、形式多样的活动，激发老年人的阅读热情，在老年人读者中弘扬主旋律，传播正能量。

（二）推动公共阅读设施不断完善，更多为老年人群体阅读服务。完善农家书屋出版物补充更新机制，推动数字农家书屋建设，关注农村老人、特别是农村留守老人的文化需求。加快社区书屋、寺庙书屋等基础阅读设施建设，鼓励和支持有条件的其他阅读设施向公众开放。要求各地新闻出版单位加强出版物网点建设，特别是农村和社区网点建设，支持实体书店、书报亭等各类书店的发展，发挥其市场作用和公益功能。其他阅读场所不断提升服务能力和覆盖范围，流动型、自助型借阅设施也逐步投入使用，便利老年人阅读，满足各类老年人读者的多样化阅读需求。

三、广泛组织各类媒体开展宣传教育工作

（一）组织广播电视广泛宣传。积极协调中央三台和各级广播电视机构通过新闻、专题、直播、媒体公益活动、文艺节目等形式发挥广播、电视及新媒体多频道、多平台优势，全方位、立体化关注老龄化社会话题。一方面通过重点广播电视节目对全国老龄工作的形势、进展、成果等及时报道；另一方面，在传统节日“重阳节”等重要节点周密策划，重点部署，在全社会颂扬尊老、爱老、助老，倡导老有所为、老有所养、老有所爱的社会新风。

（二）组织报刊广泛宣传。通过管理工作会、通气会等形式，组织引导报刊拿出重要版面，结合老龄群体特点，开展老龄化国情教育、敬老爱老等多种形式的宣传报道。据不完全统计，2016年以来，全国各级党报、都市报共刊发了12万多篇关于老龄权益保护的专题文章。

国家统计局

综　述

2016年，国家统计局按照《全国老龄工作2016年工作要点》，结合我局工作，围绕收集、整理、发布老年人口统计数据、提供统计信息服务和组织开展应对人口老龄化课题研究积极开展工作。

一、2016年主要工作

（一）2016年2月，国家统计局发布2015年国民经济和社会发展统计公报，公报中发布了2015年末我国60岁及以上和65岁及以上老年人口数、占总人口的比重，向社会发布了最新老年人口数据。

（二）组织开展2016年1‰人口抽样调查工作。调查内容包括老年人口构成等人口基础信息。

（三）应对人口老龄化课题研究。利用2015年全国1%人口抽样调查数据与中国人民大学老年学研究所合作，开展了中国人口老龄化课题研究。分析老年人口的最新状况，揭示人口老龄化的最新态势，并利用多次的人口普查和抽样调查数据探究中国老年人的失能状况、变化趋势，评估其失能存活时间等。

（四）参与《老龄工作年鉴》的编制，提供相关文章；为配合全国老龄委开展老龄化研究，提供了有关老龄人口年龄分布的数据。

二、2017年工作设想

（一）继续做好老年人口最新数据统计发布工作。2017年2月，我局将发布2016年统计公报，内容包括2016年老年人口数据。

（二）编印2015年全国1%人口抽样调查数据资料，为开展老龄人口研究提供详细的统计数据支持。

（三）陆续发布人口老龄化课题研究成果，为积极开展应对人口老龄化行动献言献策。

（四）协助全国老龄办开展老年人状况统计调查工作，做好技术支持。

附1：

中华人民共和国2016年国民经济和社会发展统计公报

中华人民共和国国家统计局

2017年2月28日

……

年末全国大陆总人口138271万人，比上年末增加809万人，其中城镇常住人口79298万人，占总人口比重（常住人口城镇化率）为57.35%，比上年末提高1.25个百分点。户籍人口城镇化率为41.2%，比上年末提高1.3个百分点。全年出生人口1786万人，出生率为12.95‰；死亡人口977万人，死亡率为7.09‰；自然增长率为5.86‰。全国人户分离的人口2.92亿人，其中流动人口2.45亿人。

表1　2016年年末人口数及其构成

指标	年末数（万人）	比重（%）
全国总人口	138271	100.0
其中：城镇	79298	57.35
乡村	58973	42.65
其中：男性	70815	51.2
女性	67456	48.8
其中：0—15岁（含不满16周岁）	24438	17.7
16—59岁（含不满60周岁）	90747	65.6
60周岁及以上	23086	16.7
其中：65周岁及以上	15003	10.8

……

附 2：

2016 年我国人口总量平稳增长出生人口明显增加

全国人口变动情况调查结果显示，2016 年我国人口呈现以下特点：

一、人口增长率略有提高

2016 年末，总人口（31 个省、自治区、直辖市和中国人民解放军现役军人人口，不包括香港、澳门特别行政区和台湾省）138271 万人，比 2015 年增加了 809 万人。全年出生人口 1786 万人，人口出生率为 12.95‰，比 2015 年上升了 0.88 个千分点；死亡人口 977 万人，死亡率为 7.09‰，比 2015 年下降 0.02 个千分点；人口自然增长率为 5.86‰，比 2015 年上升了 0.9 个千分点。2016 年我国人口总量继续平稳增长，但人口增长率是近 10 年来最高的年份。

二、出生人口明显增加

2016 年，全国出生人口 1786 万人，比 2015 年多出生 131 万人。其中，一孩出生人数为 942 万人，占 52.8%；二孩出生人数为 747 万人，占 41.8%；三孩及以上出生人数为 96 万人，占 5.4%。与 2015 年相比，2016 年二孩出生人数增加 95 万人，比重上升 2.4 个百分点。

2016 年在育龄妇女人数减少 500 万的情况下，出生人口增加是羊年（2015 年）生育推迟、“单独两孩”和“全面两孩”生育政策实施几个因素共同作用的结果，尤其是二孩出生人数和比重均有上升，表明“全面两孩”政策效果初步显现。

三、劳动年龄人口数量继续减少

2016 年 16—59 岁（含不满 60 周岁）劳动年龄人口为 90747 万人，继 2012 年我国劳动年龄人口总量出现首次减少之后，劳动年龄人口连续五年减少，2016 年继续减少 349 万人，劳动年龄人口占总人口的比重为 65.6%，比 2015 年下降了 0.64 个百分点。

四、老年人口比重继续提高

2016 年 60 周岁及以上人口达到 23086 万人，占总人口的 16.7%，比 2015 年增加了 886 万人，比重提高了 0.55 个百分点；65 周岁及以上人口达到 15003 万人，占总人口的 10.8%，比 2015 年增加了 617 万人，比重提高了 0.39 个百分点。

五、城镇人口比重稳步提高

2016 年，城镇人口（常住人口，下同）比重达到 57.35%，比 2015 年提高了 1.25 个百分点，城镇人口为 79298 万人，增加了 2182 万人；乡村人口 58973 万人，减少了 1373 万人。城镇人口比乡村人口多 20325 万人。城镇人口增加，受城镇区域扩张、城镇人口自然增长和人口城乡迁移三方面因素影响。

六、流动人口继续呈现减少趋势

2016 年，全国人户分离的人口（居住地和户口登记地所在乡镇街道不一致且离开户口登记地半年以上的人口）为 2.92 亿人，比 2015 年减少了 203 万人；其中，流动人口（人户分离人口中扣除市辖区内人户分离的人口）为 2.45 亿人，比 2015 年减少了 171 万人。全国人户分离人口和流动人口总量继 2015 年出现减少后继续减少。

保监会

综　　述

2016 年，保监会认真贯彻落实党的十八届三中、四中、五中、六中全会精神，紧紧围绕国家发展养老服务业的要求，以满足人民群众日益增长的养老保障需求为出发点，以完善养老风险保障、强化养老金管理、提高养老资金配置效率和发展养老金融服务为方向，鼓励保险业充分发挥自身优势，扩大商业保险产品和服务供给，在应对人口老龄化、推动老龄事业发展中发挥“生力军”作用。

一、研究制定加快商业养老保险发展的政策意见，推动商业保险服务老龄事业发展。

为加快发展现代商业养老保险，积极应对人口老龄化，服务经济提质增效升级，保监会已起草《关于加快发展现代商业养老保险发展的若干意见》，鼓励商业养老保险充分发挥资金、产品和服务优势，多角度参与养老服务体系建设。包括以多种方式投资兴办养老社区以及养老养生、健康体检等养老健康服务机构，支持保险机构为养老服务机构提供风险保障服务，为老年人开发保障适度、保费合理、保单通俗的适老商业养老保险产品，满足老年人养老、康复、护理、医疗等多方面的服务和需求。

二、积极参与多层次养老保障体系建设，为老年人群提供多样化的商业养老保险产品和服务。

一是在社会基本养老保险层面，商业保险发挥精算技术、风险控制和服务网络等方面的优势，为各类基本养老项目提供经办服务。目前，保险业承接了江苏宜兴、楚州和连云港市，四川德阳、什坊和绵竹市，浙江衢州市衢江区等地的新农保经办服务工作，为参保农民提供基本养老保险参保手续办理、个人账户管理、养老待遇结算和发放等服务。保险业参与基本养老保险经办管理，改进了公共服务的提供方式，减轻了政府增设经办机构及人员编制方面的压力，降低了行政成本，提高了服务水平和工作效率。二是在企业补充养老保险层面，商业保险发挥在方案咨询与设计、服务、稳健投资等方面的优势，为企业养老金计划的发起、运营、给付提供全程管理服务，成为企业年金市场的重要参与者。保险业承担了企业年金受托管理人、账户管理人和投资管理人的角色，并在企业年金市场最为核心、技术含量最高的受托管理市场和投资管理市场取得了优势地位。截至2016年底，保险业在企业年金市场共计为51142家企业提供受托管理服务，覆盖1086万人，累计受托管理资产5167亿元，较年初增长23.9%，占企业年金法人受托业务的70%左右；投资管理资产余额5730亿元，占企业年金基金实际投资运作金额的52%左右；管理企业账户15689个，个人账户280万个。三是在个人储蓄性养老保险层面，商业保险发挥了主导作用，提供多样化的养老保险产品，弥补社会基本保险保障的不足。2016年1—12月，年金保险保费收入8510亿元，同比增长57%，有效保单9317万件，期末有效人次1.27亿，积累了2.38万亿元的保险责任准备金。

三、积极参与医疗保障体系建设，着力为老年人群提供全面的健康保障。

商业健康保险方面，积极开展重大疾病保险推进工作，探索开发长期护理保险、失能收入损失保险，弥补基本医保保障范围的不足。同时，通过灵活多样的保险产品，与基本医疗保险有机衔接，有效满足不同收入、不同职业、不同风险人群多样化、多层次的医疗保障需求。此外，积极探索与健康管理相结合，开发与健康管理服务相关的健康保险产品，加强健康风险评估和干预，由简单的费用报销和经济补偿，向病前、病中、病后的综合性健康保障管理方向发展，增进参保人健康水平，减少疾病损失。已有100多家保险公司开展商业健康保险业务，备案销售的健康保险产品涵盖疾病险、医疗险、护理险和失能收入损失险四大类，超过4000多个。2016年，健康险保费收入4042.5亿元，同比增长67.71%。实践证明，健康保险的发展对于完善医疗保障体系结构，提高群众的医疗保障水平，缓解“看病贵”等问题起到了积极的作用。

四、开展城乡居民大病保险，有效解决老年人“因大病致贫”“因大病返贫”的问题。

截至2016年12月底，共有16家保险公司在全国30个省（区、市）开办城乡居民大病保险业务，覆盖人口10.5亿城乡居民，基本实现应保尽保。目前，大病保险制度总体运行平稳、成效明显，参保群众满意度较高。一是医疗保障水平大幅提高。大病患者实际报销比例普遍在原基本医保基础上增加了10到15个百分点，平均达到70%左右，尤其是部分罹患恶性疾病群众的大病报销水平远远超过基本医保报销水平，“因大病致贫”“因大病返贫”的现象得到了有效缓解。大病保险在全民医保体系中发挥了重要的托底作用。二是初步发挥管控医疗费用作用。在部分地区，大病保险承办公司积极发挥“第三方制约”作用，采取医院驻点、医疗巡查、网上审查等方式参与医疗服务监管，有效规范了医疗行为，一定程度上遏制了医疗费用快速上涨的势头。三是助力基本医保的建设完善。大病保险制度的实施对基本医保制度的深化和整合起到了一定推动作用。

五、积极参与养老服务业发展，努力提供多样化、多层次的养老服务。

一是扩大老年人住房反向抵押养老保险试点范围，增加产品供给主体，将反向抵押保险试点期间延长至2018年6月30日，并将试点范围扩大至各直辖市、省会城市（自治区首府）、计划单列市，以及江苏、浙江、山东、广东省的部分地级市，通过延长试点期间、扩大试点范围的方式，深入探索反向抵押保险在不同地域、不同层级市场发展的有效路径。截至2016年12月底，已有57户家庭78位老人完成了承保手续；参保老人平均71.4岁，平均每户月领养老金9357元，最高一户月领养老金2万余元。从试点情况看，这项业务为有房产但养老资金短缺的老人提供了一种新的养老融资途径，满足了老年人居家养老和增加养老收入两大核心需求，解除了老年人的后顾之忧，尤其适合中低收入家庭、失独家庭、“空巢”家庭及单身高龄老人。二是鼓励保险资金投资养老服务业。保险业充分发挥长期资金、保险产品和服务网络优势，通过投资养老社区、增加养老床位和养老服务供给，产业链向上连接养老健康保险、理财、基金等金融产业，向下延伸至医疗护理、老年医学、老年生活服务等。截至2016年12月底，保险业共有8家保险公司已投资或计划投资28个保险养老社区项目，计划投资金额669.5亿元，已投资金额

251.2亿元。占地面积合计达1139.4万平方米，设计床位40718个。三是联合部委发文，促进保险业支持养老服务业发展。一方面联合人民银行、民政部、银监会、证监会，共同出台《关于金融支持养老服务业加快发展的指导意见》，进一步创新金融产品和服务，加强产业政策与金融政策协调配合，形成推进养老服务业发展的政策合力，支持供给侧改革。另一方面联合老龄办、民政部、财政部，共同出台《关于推进老年人意外伤害保险工作的指导意见》，鼓励保险公司根据老年人的特点，开发保障更加全面、保费更加优惠、理赔服务更加便捷的意外伤害保险产品，鼓励老年人投保意外险，逐步建立老年人意外伤害保险制度。

全国总工会

综　述

2016年，全国总工会全面贯彻党的十八大和十八届三中、四中、五中、六中全会精神，按照全国老龄工作委员会要求和部署，结合工会工作实际，认真落实老龄工作要点，积极参与涉老法律法规和政策的制定，对困难退休职工开展帮扶，推动实现“十三五”时期老龄事业健康快速发展良好开局。

一、积极参与涉老法规政策研究制定，推进多层次养老保障体系建设

先后参与研究和制定《中国老龄事业发展“十三五”规划》《关于进一步加强老龄工作的意见》《关于制定和实施老年人照顾服务项目的意见》《关于推进老年宜居环境建设的指导意见》等多项重要文件。积极参与养老保险顶层设计、深化医药卫生体制改革等工作，着力为老年人提供全面的养老及健康保障，维护广大退休职工基本权益。

二、扎实推进困难职工解困脱困工作，加大对困难退休职工的帮扶救助力度

各级工会紧紧围绕国家脱贫攻坚大局，扎实推进城市困难职工解困脱困工作，各级工会帮扶中心积极做好建档困难退休职工的帮扶工作，利用政策覆盖、医疗互助、救助兜底等方式，加大对老年困难职工及其家庭的帮扶和保障力度，保障他们的基本生活。

三、积极配合全国老龄委开展各项老龄工作

根据全国老龄委第十八次全体会议要求，结合工作职能，加强协调配合，先后参加全国老龄委关于老年人照顾服务政策座谈会、学习贯彻习近平总书记关于加强老龄工作讲话精神高层论坛、保护和促进老年人人力资源开发座谈会等会议，提出工会的意见主张。

四、切实做好机关离退休干部工作

抓好思想政治建设和党组织建设，及时组织和引导广大机关离退休同志深入学习，保持离退休干部队伍的稳定。强化服务意识，不断丰富活动形式，健全完善服务管理和保障制度，积极营造尊重老同志、爱护老同志、学习老同志的良好氛围。

中华全国妇女联合会

综　述

2016年，全国妇联深入贯彻落实党的十八大、十八届三中、四中、五中、六中全会精神，认真贯彻落实习近平总书记系列重要讲话精神，按照全国老龄委第十八次全体会议的安排部署，认真履行成员单位职责，紧密结合妇联工作实际，努力推动老龄妇女工作的开展。主要做了以下几个方面的工作。

一是认真履行职责，努力维护老龄妇女合法权益。《反家庭暴力法》今年3月1日正式实施，全国妇联积极推动该法的立法和实施，各级妇联组织立足职能发挥优势，大力宣传反家庭暴力法，推进婚姻家庭矛盾纠纷化解工作，通过妇联信访窗口、“妇女之家”、12338维权服务热线、“女性之声”两微一端等阵地和载体，把投诉受理、人民调解、法律援助、心理咨询、困难帮扶等服务送到需要帮助的妇女儿童和家庭身边，使《反家庭暴力法》的实施惠及包括老龄妇女在内的亿万妇女及其家庭。在全国“两会”上提交涉老提案议案，呼吁全社会关注老龄妇女群体的特殊问题和困难，如在全国政协十二届四次会议上提交了“关于科学应对人口老龄化在顶层设计中纳入性别意识的建议”，建议国家相关涉老部门在政策调研中加大对老年妇女群体的调查研究，深入了解老年妇女群体的发展需求和面临的突出问题，并在相关顶层设计给予充分的回应，实现老年政策顶层设计的社会性别主流化。在参与国家全面两孩配套政策的重点修改中，提出在落实全面两孩政策的同时关注独生子女一代父母的养老问题，大力兴办养老服务机构，提出国家、社会共同承担0—3岁托幼服务问题，减轻老年人照顾孙子女、外孙子女的家务负担。努力做好老年妇女信访服务，在全国妇联协调信访管理软件中设置老年妇女专项信访统计，为老年上访妇女提高便利服务，与北京市女律师协会合作，为老年妇女提供特殊法律咨询和指导。在普法宣传活动中，把《老年人权益保障法》等涉老法律法规作为重点，把敬老助老的思想道德教育和法制教育贯穿于老年妇女维权工作的始终。

2016年国务院妇女儿童工作委员会办公室组织推动对31个省区市和新疆生产建设兵团开展《中国妇女发展纲要(2011—2020年)》中期评估工作，评估结果显示，老龄妇女工作在健康、教育、社会保障、法律等领域取得了显著的成绩。2016年11月召开的第六次全国妇女儿童工作会议，特别提出要更加关爱老年妇女群体，让她们更多地享有发展的获得感、生活的幸福感。

二是以家庭为阵地开展敬老助老活动，努力营造敬老助老社会氛围。认真贯彻落实习近平总书记关于“注重家庭、注重家教、注重家风”要求，坚持以培育社会主义核心价值观为主要内容，开展丰富多彩的家庭文明建设活动，将孝老爱亲内容融入其中。继续组织开展寻找“最美家庭”活动和“好家风好家训”宣传展示活动，今年向社会揭晓发布961户2016全国“最美家庭”，表彰98户全国五好文明家庭标兵户和979户全国五好文明家庭，敬老助老家庭是其中重要表彰对象；注重扩大最美家庭的影响力和覆盖面，改变过去以电视电话会议举办启动仪式的形式，以“网上开会”的创新之举，依托人民网举行2016寻找“最美家庭”活动启动仪式，全国400多万网民同时在线收看，也使尊老助老中华民族传统美德更加深入人心。强化宣传，积极营造敬老爱老的社会氛围，2016年分别在中国妇女报、中国妇女外文期刊社《中国女性》杂志上开办《最美夕阳》专版、《老龄视窗》专栏，宣传党和国家老龄事业发展成就和涉老政策法规，宣传妇联系统开展最美孝心家庭情况，宣传敬老助老先进典型，为人们践行传承孝老爱亲美德树立榜样。

三是发挥优势，努力为老龄妇女做好事办实事。深入贯彻习近平总书记在视察山东阳光大姐家政服务机构时对妇联组织的指示精神，从服务老龄妇女特殊需求出发，为老年人居家养老提供便利，将居家养老作为巾帼家政服务工作的一项重要内容。举办全国巾帼家政服务职业大赛，大赛设置了居家老人照护实操考试及老人餐制作考试等内容；实施巾帼家政服务专项培训工程，联合人社部在“十三五”期间共同实施巾帼家政服务专项培训工程，印发了《巾帼家政服务专项培训工程实施方案》，举办了3期巾帼家政经理人培训班，提升家政经理人的职业素质和管理水平；建立全国巾帼家政转移就业培训基地，新认定12家家政企业（单位）为“全国巾帼家政转移就业培训基地”，提升家庭服务从业人员职业素质，通过实施上述举措，提高巾帼居家养老服务水平。组织动员老龄妇女参与手工编织项目，今年在中国妇女博物馆全国妇联与四川省妇联共同主办“川针引线·巧手致富—四川妇女居家灵活就业成就暨传统手工艺术展”，邀请机关及直属单位离退休老同志到现场参观，感受妇女手工编织文化的魅力。参展作品中不少是老龄妇女制作的，通过手工编织，既丰富了她们的退休生活，又增加了收入，为生活增添了很多乐趣，促进了家庭和谐。关爱老龄妇女健康，继续开展“两癌”（乳腺癌、宫颈癌）防治宣传工作，面向广大城乡妇女和家庭开展“健康与美丽同行”宣传活动，在8个省区市发放“两癌”防治知识宣传册共13.5万册，在全国妇联“两微一端”、人民网、妇女网等新媒体上播放科普动画短片《乳腺癌高危因素》，面向包括老龄妇女在内的200多万人普及健康保健知识增强她们的健康意识。在2016年为贫困地区1000万和120万名农村妇女进行的宫颈癌和乳腺癌免费检查及对患病贫困妇女给予救助中就包括60岁以上的老龄妇女。广泛开展巾帼志愿者为老服务活动，实施“邻里守望·姐妹相助”巾帼主题志愿服务活动，精心打造和宣传“巾帼爱心呼唤活动”、“女性普法大讲堂”、“代理妈妈”等深受社区群众欢迎的巾帼志愿服务品牌，其中众多的参与者和受益者是老龄妇女及其家庭。

2017年全国妇联将认真学习贯彻党的十八大、十八届五中、六中全会精神，深入学习贯彻习近平总书记系列重要讲话精神，按照全国老龄委的工作部署，认真履行成员单位职责，紧密结合妇联工作实际，满腔热情做好服务老龄妇女群体工作，努力推动老龄妇女工作新发展。一要坚持源头参与，积极建言献策，在参与国家涉老法律、惠老政策的制定修改中提出建议，从源头上维护老龄妇女权益。二要推动《中国老龄事业发展“十三五”规划》在妇联系统的贯彻落实。三要结合全国妇联工作实际，继续以家庭为阵地开展敬老助老活动，推动各级妇联组织开展寻找“最美家庭”和“好家风好家训”宣传展示活动；继续发挥优势，尽心竭力为老龄妇女做好事办实事。继续与有关部委联合开展全国“敬老月”和“敬老文明号”创建活动。四要充分发挥国妇儿工委办公室职能优势，多举措、多部门协同配合，从多个领域关爱老龄妇女，做好新形势下的老龄妇女工作。

北京市

综　述

2016年是“十三五”规划开局之年，是首都老龄事业发展取得重要进展的一年。市老龄委各成员单位及各区政府在市委、市政府的坚强领导下，紧紧围绕《北京市居家养老服务条例》（以下简称《条例》）的组织实施，以保障老年人权益，满足多元化养老服务需求为目标，完善体制机制，强化政策创制，锐意进取，真抓实干，推动首都老龄工作在“十三五”开局之年迈出了坚实步伐。

一、凝智聚力，老龄工作大格局初步形成

（一）及时、科学、综合应对人口老龄化形成共识。习近平总书记在中央政治局就我国人口老龄化的形势和对策举行集体学习时强调，有效应对我国人口老龄化，事关国家发展全局，事关亿万百姓福祉。全市认真贯彻落实总书记要求，市委、市人大、市政府、市政协高度重视老龄工作，主要领导多次听取老龄工作汇报，专题研究养老政策，老龄事业发展纳入首都经济社会发展总体布局。市老龄委充分发挥统筹、协调职能，结合首都老龄工作实际，按照党委领导、政府主导、社会参与、全民行动的总体要求，引导全社会积极看待老龄社会，积极看待老年人和老年人生活，坚持把应对人口老龄化和促进经济社会发展相结合，把满足老年人需求和解决人口老龄化问题相结合，努力挖掘人口老龄化给首都发展带来的活力和机遇，及时、科学、综合应对人口老龄化在全社会形成广泛共识。

（二）老龄工作机构组织效能全面提升。结合首都老龄工作实际，修订了市老龄委成员单位职责，成立了老龄委专家委员会，增加了市财政局、市卫生计生委主要领导为市老龄委副主任，新增了国家机关事务管理局财务管理司、市国资委等11家单位为市老龄委成员单位，成员单位增至53个。市委组织部、市编办重新调整、明确市老龄办内设机构设置，加强了市老龄办“统筹、协调、组织、指导”职能；顺义、平谷、密云、怀柔、石景山五个区的老龄办机构规格由正科级调整为副处级，并相应增加了人员编制。把让老年人“看得见、摸得着、感受得到”作为开展养老服务工作的目标，确定了今年54项老龄工作任务和27项养老重点工作任务，分别明确责任单位和完成时限。组织召开老龄委全会、议案办理工作会、老龄委主任扩大会、联络员会议、老龄办主任调度会等各级各类工作推进会20余次，强化工作责任和督促检查，保障了老龄工作的整体推进和重点突破。市老龄委各成员单位、各区以改革促发展，主动作为，锐意创新，攻坚克难，形成了分工有序、责任清晰、群策群力共谋养老事业发展的良好工作态势。

（三）老龄工作政策体系日趋完善。市“十三五”规划纲要设置“大力发展居家养老服务”专节，将老龄事业发展规划列入市级重点专项规划。以市政府办公厅、市老龄委或多家单位联合等名义制定了贯彻落实《条例》实施意见、医养结合实施意见、居家养老服务发展十条政策、社区养老服务驿站建设意见等政策文件50余件；东城、西城、朝阳、丰台、大兴、顺义、怀柔等区编制了区级“十三五”时期老龄事业发展规划；东城、丰台、石景山、门头沟、通州、昌平、大兴、怀柔、平谷、延庆、密云等区制定了本区贯彻落实《条例》的实施意见；海淀、石景山、怀柔编制了本区养老服务体系建设的实施意见；房山、通州、大兴编制了本区发展养老服务业的实施意见。2016年，全市各区出台涉老政策文件70余件。这些政策文件，既有统筹规划，又有综合施策，还有针对重点难点问题的解决方案，政策创制工作呈现了发文层级高、改革力度大、具体措施实等特点，为促进首都老龄事业全面发展提供了政策保障。

二、紧盯居家，“三边四级”服务体系初具规模

（一）构建市、区、街、居四级服务体系。一是按照市级指导、区级统筹、街道（乡镇）落实、社区参与的体系规划要求，明确市老龄委及其成员单位的职责作用，打造全市养老最大的“服务中心”和“指挥中心”。二是出台《关于加强区级养老服务指导中心建设的意见》，建立区级养老服务平台，优化配置区内各种养老服务资源，朝阳、石景山、顺义、密云已率先成立区级养老服务指导中心。三是落实《养老照料中心建设三年行动计划》，建设208个街乡镇养老照料中心，基本覆盖城市中心区和城镇老年人口密集区；加强养老机构和养老照料中心辐射社区居家养老服务工作，开展短期照料、助餐、助洁、助浴等辐射居家养老服务项目513项，辐射服务110余万居家老年人。四是制定《关于开展社区养老服务驿站建设的意见》及相关配套政策，布局建设社区养老服务驿站，按照“设施政府无偿提供、运营商低偿运营”的思路，委托社会力量开展连锁化运营，集中支持城六区试点建设150家社区养老服务驿站，满足老年人对“周边、身边、床边”的养老服务需求。

（二）有效对接养老服务与老年人需求。发布“北京养老”标识，全市养老机构、社区养老服务驿站实现名称、功能、标识“三统一”。向城六区93万户65周岁及以上老年人家庭免费发放《北京养老服务指南》，便于老年人及其亲属熟悉北京养老服务设施，就近就便享受养老服务。开展特殊困难老年人居家生活帮扶服务，为5000户独居老年人安装紧急医疗救援呼叫器和烟感报警器，为10000名有需求的老年人配发防走失手环。继续在城六区和房山、顺义开展养老助餐服务体系试点建设工作，总结经验，固化模式，满足老年人膳食需求。启动老年人家庭适老化改造工作，探索整合残疾人无障碍设施改造、康复辅助器具适配、智能化养老等多方面资源。国管局财务司主动与地方对接，努力推动北京市养老服务措施落地中央国家机关。北京保监局推动老年人意外伤害保险覆盖全市，累计为125.7万老年人提供意外险保障。市残联修订残疾人辅助器具服务管理办法，将60周岁及以上老年残疾人纳入辅具政策保障范围。整合养老服务信息资源，建设全市统一的养老服务与管理信息平台，开通首都老龄之窗网站。市经信委在海淀、平谷等区开展为老助残智能服务平台、自适应居家养老服务平台等试点，推进社区养老信息化服务试点示范建设。

（三）精准施策基本养老服务保障对象。出台《关于加强老年人分类保障的指导意见》，将老年人划分为托底保障、困境保障、重点保障和一般保障四类群体，增强养老政策的针对性和实效性，提高政府和社会资源的利用效益。出台《困境家庭服务对象入住社会福利机构补助实施办法》。健全老年人能力评估体系，对全市失能老年人进行摸底筛查，探索经济困难的失能和高龄老人居家照护服务模式。西城区中、重度失能老人自11月1日起每月可申请享受400元额度的居家照护补贴。市高级人民法院创新机制，加强涉老案件维权力度，完善涉老维权专门机构建设，通过多元调审机制妥善处理涉老维权诉讼，积极开展涉老案件的巡回审判工作。开通老年人维权咨询专线，印发《老年维权手册》，通过社会化运营方式为老年人提供维权服务，为经济困难、行动不便的老年人提供免费法律援助服务。

三、加强引导，养老服务业步入健康发展轨道

（一）启动养老服务标准体系建设。编制社区养老服务设施设计和服务标准，以及包括助餐、助医、助洁、助浴、助急等在内的九项北京市居家养老服务标准。市民政局会同市质监局组织修订了《养老机构院内感染控制规范》、《养老机构图形符号与标志使用及设置规范》、《社会福利机构安全管理规范》地方标准，会同市安监局研究制定了《社会福利机构安全生产等级评定技术规范》。市质监局在海淀区北下关街道开展的全市首个国家级居家养老服务业标准化试点通过验收。

（二）积极培育养老服务行业品牌。专门增设养老服务业发展投资基金2亿元，培育行业优势企业。市工商局简化居家养老服务市场主体入市程序，《条例》实施一年多来，全市新设居家养老服务企业332户，为《条例》实施前企业存量的1.93倍。市国资委推动大型市属国企通过养老机构功能兼容、独立出资兴办经营等方式参与社区养老服务设施建设和开展居家养老服务。强化品牌意识，在专业养老服务单位中，注册商标的约占27%。涌现出“爱侬”“青松”“儆堂集”“龙振养老”等一批北京养老服务品牌。全国首家老年用品展示中心开业，优选荟萃世界知名品牌老年用品，满足老年人的需求。“居然福康”等一大批社会资本进入适老辅具展示和推广行列。600余家“幸福彩虹”社区特供店开始为周边居家老年人，提供价格优惠的特供产品和配送服务。

（三）加强公办养老机构改革。研究加强基层公办养老机构建设资助工作，调整资助政策。依托社会力量建立无担保老年人入住机构代理服务的协调机制。对市第五社会福利院进行功能改造，开展接收计划生育困难家庭老年人入住市属养老机构工作。研究优待服务保障对象入住市属公办养老机构办法，对服务保障对象范围、资格认定、入住程序等进行了规定。推进门头沟区、顺义区国家级公办养老机构体制改革试点区建设，组织朝阳区、大兴区申报第二批国家级公办养老机构改革试点单位。

（四）推进各项养老服务试点。加快推进西城区、朝阳区国家级养老服务业综合改革示范区建设，加强对东城区、海淀区市级养老服务业综合改革试点指导。经国家卫生计生委、民政部批准，东城区、朝阳区、海淀区被确定为国家级医养结合试点区。丰台区、石景山区入选国家级养老服务试点区。市第一社会福利院、宣武医院等机构作为国家级养老机构远程医疗试点、养老物联网试点和智慧养老试点工作有效推进。

四、创新驱动，重点领域改革取得新突破

（一）启动长期护理保险试点工作。市金融局、北京保监局等部门全力支持海淀区开展居家养老失能护理互助保险试点，从多渠道筹集资金机制、失能等级评估服务确认机制、综合失能保险产品体系等方面进行了积极探索，是国家层面尚未建立长期照护保障制度情况下进行的一次大胆创新。由市人力社保局牵头，统筹推进本市政策性长期护理保险工作，2017年在石景山区启动试点，力争在“十三五”期间，形成符合本市实际的长期护理保险制度框架。

（二）深入推进医养结合。市卫生计生委、市民政局、市财政局、市发展改革委等13部门联合制定《关于推进医疗卫生与养老服务相结合的实施意见》，确定51项重点工作任务，推进全市医养结合深入开展。市卫生计生委制定《北京市社区卫生服务机构支持居家养老服务的指导意见》，完善社区居家老年医疗服务，探索突破居家上门医疗服务瓶颈，解决居家上门开展医疗服务与现行法律法规矛盾问题，并确定在6个区开展居家上门医疗服务试点工作。丰台区在7个社区开展为辖区内高龄、计生困难家庭中不能自理和半自理老年人提供居家上门医疗服务。出台《关于加强北京市康复医疗服务体系建设的指导意见》，推进西城等5个区的6家一、二级公立医疗机构向康复功能转型。开展全市老年医疗服务资源普查工作。市卫生计生委建立完善慢性病患者长处方制度，市人力社保局进一步完善慢性病患者长处方医保报销政策，统一社区和大医院的药品报销范围。市中医管理局启动中医健康养老社区示范工程，遴选了105个试点单位，建立了54个中医养老联合体，设立不同类型的中医养老服务专区，推进“卡包岗”服务模式试点。市卫生计生委开展临终关怀试点遴选工作，探索临终关怀服务模式。开展双井恭和苑医养结合综合改革试点工作，初步形成“养、护、医、住”一体化服务体系。医疗卫生机构与养老机构深度合作，目前全市449家养老机构，经批准独立内设医疗机构并纳入医保的76家，引入医疗机构分支的63家，286家与周边医疗机构签订书面协议，医疗服务覆盖率达95.8%。

（三）探索建立养老护理职业发展体系。制定《关于加强养老服务人才队伍建设的意见》，重点围绕构建职级体系、扩大来源渠道、提高薪酬待遇、加强职业保障等方面，全面加强养老服务人才队伍建设。探索推进养老护理职业发展体系改革，在海淀区启动养老护理职业发展体系改革试点，提供从护理员到初、中、高级护理师的职业晋升通道。加强养老护理员培训学校建设，市教委、市人力社保局、朝阳区将北京劳动保障职业学院、北京市劲松职业学校和北京市养老人才培训学校纳入本市养老人才教育培训学校序列，并开展培训教材编撰、设立远程教育点等工作。大力发展职业技能教育培训，全市经人力社保部门审批的具备养老护理员培训资质的学校23家，认定10家居家养老护理员定点培训机构。

（四）有效增加养老服务设施供给。把住增量入口，市住房城乡建设委、国土规划委等部门制定新建住宅小区配建养老设施建设、移交与管理办法，实现了新建住宅小区配套养老设施的规范建设和有序移交。挖掘存量，组织开展全市城乡社区养老服务设施普查，聚焦资源整合和利用。市科委启动“老旧居住建筑适老化改造关键技术研究与示范”科研项目，建立适老建筑实验展示平台。市住房城乡建设委等部门克服重重困难，推动老旧住宅楼房无障碍设施改造工作，制定《北京市2016年既有多层住宅增设电梯试点工作实施方案》，目前正在推进城六区试点项目的落实。

（五）进一步完善财政保障机制。协调市区财政部门，统筹利用各类资金，加强对养老服务事业发展的资金支持。为把好钢用到刀刃上，市财政局采用因素法将养老资金打包下达各区，由各区根据实际统筹使用，有效发挥资金效益。2016年，市财政安排养老服务资金13.77亿元，较上年增加了3.67亿元，增长36%，其中居家（社区）养老服务8.52亿元，有力地保障了各项涉老政策的组织实施。加强对养老服务项目预算事前、事中、事后的全过程预算绩效和监督管理，注重养老服务与相关事业的统筹融合发展，强化问题导向和监管责任。

五、文化引领，老年优待服务迈上新台阶

（一）完善优待服务。完善“北京通—养老助残卡”服务体系，启动65周岁及以上老年人优待卡换发养老助残卡工作，2017年1月1日起全面应用。市交通委加大低踏板无障碍车辆选购力度，改造添置无障碍设施设备，目前我市无障碍车辆已达9365辆，占车辆总数的42.5%；对乘务人员进行老年人免费乘车优待政策口测、笔试等考核，使全心全意为老年人服务的理念深入全行业。市园林绿化局大力完善公园景区无障碍设施建设。市公园管理中心切实抓好老年人免票入园工作，市属11家公园年发售老年人优惠公园年票约30万张，65周岁及以上老年人免费入园年均近3000万人次。市直机关工委、市老干部局、市总工会、市妇联、市民委等部门结合本领域特点和服务人群，积极落实老龄政策，开展特色养老服务，保障了老年人的合法权益。

（二）营造敬老氛围。市委宣传部将老龄宣传工作与培育和践行社会主义核心价值观相结合、与宣传我市“十三五”规划相结合、与推进非首都功能疏解相结合，全领域营造老龄事业发展社会氛围。以“敬老爱老，全民行动”为主题，开展“敬老月”活动，共举办各类活动551项，其中成员单位举办161项，各区举办390项。市新闻出版广电局坚持把老龄宣传列入宣传总体规划，指导市属主要媒体创新报道内容和形式，大力办好为老服务品牌栏目，多角度、全方位、深层次宣传全市老龄工作，营造了尊老敬老的良好社会氛围。

（三）丰富老年人精神文化生活。首都精神文明办将老龄工作纳入群众性精神文明创建之中、在全市广泛开展“我们的节日·重阳”主题系列活动。市教委将老年教育列为我市学习型城市建设行动计划（2016—2010年）十大工程之一，实施老年学历教育“夕阳圆梦”工程。市文化局推动全市公共图书馆开展为老年人送书上门服务。市旅游委在旅游学会成立老年旅游专业委员会，举办老年旅游展，推出老年旅游险种，多种途径促进老年旅游产业发展。市社会办、市体育局、市文物局、团市委等成员单位充分调动资源，开展老年优待、老年文体活动和多种形式的志愿服务，丰富了老年人的精神文化生活。

重要会议和活动

【召开北京市老龄工作委员会2016年度第一次全体会议】1月14日，北京市老龄工作委员会召开2016年度第一次全体会议。北京市副市长、市老龄委主任王宁同志出席会议并作重要讲话。会议由市政府副秘书长、市老龄委常务副主任马林同志主持。市老龄委常务副主任、办公室主任，市民政局局长李万钧同志向全会作工作报告。会议全面总结“十二五”以来全市老龄工作取得的重要成绩，研究部署了2016年重点工作任务。会议新增市科委、市市政市容委、市国资委、市食品药品监管局、市金融局、北京保监局、市中医局、市公安局交通管理局、市公安消防局9家单位为市老龄委成员单位。调整后的市老龄委成员单位增至52家。市老龄委主任、副主任、委员；市人大内司委领导；市老龄办主任、常务副主任、副主任；北京市老龄委专家委员会委员、老龄委成员单位联络员；各区主管老龄工作的副区长（区老龄委主任）、民政局长、老龄办主任及主持工作的副主任；市老龄办内设处室负责人共计190余人参加了会议。

【召开北京市老龄工作委员会2016年度第二次全体会议】12月29日，召开北京市老龄工作委员会2016年第二次全体会议。副市长、市老龄委主任王宁，市人大内司委副主任委员、巡视员袁芳、市政协社法委专职副主任郭宝东出席会议。市政府副秘书长、市老龄委常务副主任尹培彦主持会议。会上，市民政局局长、市老龄委常务副主任、市老龄办主任李万钧作市老龄委2016年工作报告，各成员单位、各区政府对报告进行审议并通过，对2017年工作思路进行讨论。市人大内司委副主任委员、巡视员袁芳通报了《市人大常委会执法检查组关于检查〈北京市居家养老服务条例〉实施情况的报告》审议意见。市老龄委副主任、各成员单位委员、联络员，各区主管老龄工作的副区长，区民政局局长参加会议。

【召开北京市老龄委主任扩大会暨2016年老龄重点工作推进会】2月29日下午，北京市老龄委召开主任扩大会暨2016年老龄重点工作推进会。副市长、市老龄委主任王宁出席会议，市政府副秘书长、市老龄委常务副主任马林主持会议。会议进一步分析全市老龄工作形势，部署2016年老龄重点工作任务，分解细化市老龄委各成员单位和16个区的老龄工作任务。市人大常委会副秘书长、内司办主任刘维林，市政府社法委专职副主任郭宝东，市老龄委领导、部分成员单位委员及各区主管老龄工作的副区长参加会议。

【召开市老龄委第二次主任扩大会暨2016年养老重点工作进展情况汇报会】5月11日，北京市老龄委召开第二次主任扩大会暨2016年养老重点工作进展情况汇报会。副市长、市老龄委主任王宁出席会议，市老龄委常务副主任、市民政局局长李万钧主持会议。会上，市教委、市民政局、市财政局等2016年养老重点工作牵头单位负责同志及城六区政府主管副区长就牵头任务进展情况和存在问题进行了汇报。市人大常委会副秘书长、内司办主任刘维林，市政协社法委专职副主任郭宝东，市老龄委领导、部分成员单位委员、联络员及各区主管老龄工作的副区长参加会议。

【召开市老龄委第三次主任扩大会暨养老重点工作推进情况汇报会】10月12日，北京市老龄委召开第三次主任扩大会暨养老重点工作推进情况汇报会。副市长、市老龄委主任王宁出席会议并讲话。市政府副秘书长、市老龄委常务副主任尹培彦主持会议。会上，市人大副秘书长、主任委员、内司办主任刘维林通报了市人大常委会对《北京市居家养老服务条例》实施情况开展执法检查的有关情况。市老龄委常务副主任、市民政局党委书记、局长李万钧参加会议。市民政局副局长李红兵，市财政局、市卫生计生委、市中医局、市人力社保局、市金融局、市住房城乡建设委及各区政府主管领导，就养老工作推进情况进行了汇报。市人大副秘书长、内司委主任委员、内司办主任刘维林，市老龄委相关领导、部分成员单位委员、联络员以及各区主管副区长参加会议。

【召开“贯彻落实《北京市居家养老服务条例》，加快居家养老服务体系和制度建设”议案办理工作开题会】5月30日，北京市老龄委召开“贯彻落实《北京市居家养老服务条例》，加快居家养老服务体系和制度建设“议案办理工作开题会。副市长、市老龄委主任王宁出席会议并讲话。市老龄委常务副主任、市民政局党委书记、局长李万钧主持会议。会上，市人大常委会副秘书长、内司办主任刘维林介绍议案背景情况，市民政局副局长李红兵介绍议案办理方案及任务分解有关情况。梁小虹等议案领衔代表就加强养老服务人员职业体系建设、支持家庭养老护理、加大养老产品研发力度，加强青少年孝道德育工作等方面提出了意见建议。市委组织部等 28 个议案办理责任部门负责同志、议案领衔代表及各区主管副区长参加会议。

【召开市老龄委第一次联络员会议】4 月 22 日，北京市老龄办组织召开市老龄委 2016 年第一次联络员会议，市委组织部、市委宣传部、市编办、市高级人民法院、市发改委、市教委、市科委、市经济信息化委、市公安局、市民政局、市司法局、市财政局、市人力社保局、市规划委、市住房城乡建设委、市农委、市商务委、市文化局、市卫生计生委、市社会办、市工商局、市安全监管局、市文物局、市体育局、市统计局、市园林绿化局、市金融局、市中医局、北京保监局等成员单位联络员参加会议，市民政局副局长李红兵出席会议。会议传达了习近平总书记等中央领导同志对加强老龄工作重要批示及全国老龄委第十八次全体会议精神，介绍成立 2016 年养老重点工作专项协调工作组方案，听取 2016 年老龄重点工作任务各牵头单位汇报第一季度开展情况，就工作中存在的困难和问题进行研究并提出对策。

【召开市老龄委第二次联络员会议】9 月 13 日，北京市老龄委召开第二次联络员会议。市教委、市卫计委、市人力社保局等 9 家成员单位和城六区老龄办负责同志参加会议，汇报了承担的重点工作进展情况及存在问题。市民政局副局长李红兵出席会议并对下一步工作提出具体要求。

【全国人大内务司委领导调研北京养老服务工作】5 月 18 日、19 日，全国人大常委、内务司法委主任委员马馼、副主任委员秦光荣一行，调研北京市养老服务工作。市人大常委会主任杜德印、副主任刘伟、副秘书长刘维林，以及市民政局副局长李红兵、市老龄办常务副主任王小娥陪同调研。调研组先后考察了朝阳区三里屯社区养老服务驿站、东城区朝阳门街道养老照料中心和大兴区农村幸福院，并围绕居家养老服务、医养结合和护理员队伍建设情况进行了座谈。

【杜德印同志带队检查检查丰台区、石景山区落实《北京市居家养老服务条例》情况】7 月 26 日，北京市人大常委会执法检查组到丰台区检查《北京市居家养老服务条例》落实情况。市人大常委会主任杜德印，副主任刘伟，秘书长张清，副秘书长刘维林与部分市人大代表一起检查了北京市丰台区颐养康复养老照护中心，并就《北京市居家养老服务条例》落实情况进行实地入户调研。7 月 29 日，市人大常委会主任杜德印带队检查石景山区落实《北京市居家养老服务条例》情况。检查组实地检查了八角街道养老照料中心、八角北里社区养老服务驿站为老服务情况，详细了解了“医康养”结合服务、社区居家养老服务辐射项目及信息化为老服务等有关情况。

【国务院参事调研组调研北京养老工作】3 月 18 日，国务院参事调研组马力一行到北京市调研养老工作。市政府副秘书长马林主持座谈会。市民政局党委书记、局长李万钧、副局长李红兵、市老龄办常务副主任王小娥及市卫计委、市人力社保局有关负责同志参加会议，分别就我市养老服务业发展、医养结合、养老保险等工作情况进行了汇报。3 月 23 日，国务院参事、中国出入境检验检疫协会会长葛志荣，国务院参事、国家卫计委巡视员马力，国务院参事张玉平，国务院参事施祖麟等一行，实地考察了北京市第一社会福利院、寸草春晖养老院和来广营国际老年公寓三家养老机构，对不同类型养老机构老年人的生活起居、服务水平、运营状况等进行了深入了解。

【国家机关事务管理局财务司调研北京市养老服务工作】5 月 20 日，国家机关事务管理局财务司司长王德、副司长李菊香一行，调研北京市养老服务工作。全国老龄办党组成员、副主任朱耀垠，市民政局副局长李红兵陪同调研。市老龄办常务副主任王小娥主持座谈会。

【举办“银发梦想”—《老有才啦》为老服务公益项目成果展示活动】2 月 3 日，“银发梦想”—《老有才啦》为老服务公益项目成果展示活动在京民大厦举办。全国老龄办常务副主任王建军，北京市副市长王宁，北京市人大常委会副秘书长、内司办主任刘维林，北京市民政局党委书记、局长李万钧等领导出席活动。此次活动包括圆梦老人、弘扬孝德、构建和谐三个篇章，通过现场访谈、视频播放和北京电视台《老有才啦》优秀节目表演等形式向社会各界展示北京市为老服务成果，反映老年人的精神面貌和幸福生活，感谢社会各界对老龄事业的关注和支持。副市长王宁对百岁老人代表进行了慰问并赠送礼物，同时在新春佳节来临之际，向全市老年人送上节日祝福。在失智老人案例采访过程中，市老龄办常务副主任王小娥为失智老人佩戴防走失手环。北京市老龄委成员单位委员、联络员，各区民政局、老龄办负责同志，北京市“孝星”代表、为老服务机构代表和老年人代表共计 300 余人参加活动。

【召开养老产业发展座谈会】3 月 29 日，北京市老龄办组织部分市老龄委成员单位召开座谈会，就关于加快本市养老产业发展促进养老消费工作听取意见建议。市民政局副局长李红兵出席座谈会。市财政局、市规划委、市地税局、市金融局、市国土局、市商务委、市工商局的有关负责同志围绕养老产业发展中的市场准入、财政投入、税费减免、投融资体制、用地政策、消费市场培育等问题进行了专题交流。

【参加第五届中国国际养老服务业博览会】5 月 3 日—5 日，第五届中国国际养老服务业博览会在北京国家会议中心举办。本届博览会由民政部、全国老龄办共同主办，中国社会福利与养老服务协会、北京市民政局和北京市老龄办共同承办，来自10个国家和地区，以及全国200余家养老服务领域的政府部门，养老服务机构、品牌企业参展参会。博览会开幕式由全国老龄办常务副主任王建军主持，第十一届全国政协副主席张梅颖，民政部副部长高晓兵，北京市副市长王宁，国际老龄联合会国际关系部部长Gregory Ross Shaw出席开幕式并致辞。北京市民政局副局长李红兵在5月3日上午举行的主论坛上，以“大力促进养老产业发展，构建具有首都特色的养老服务体系”为题进行主题发言。

【举办标准化建设讲座】 3月25日，北京市老龄办举办养老服务标准化讲座，邀请中国标准化研究院服务标准化研究所所长助理、副研究员曾毅就国家标准化发展形势、标准化基础知识、养老服务标准化进程与思考等方面进行系统讲解。市民政局副局长李红兵出席活动。市民政局福利处、信息中心及市老龄办有关同志参加学习。

【举办“我国人口老龄化发展形势及其影响”专题辅导班】 5月5日，北京市老龄办以中心组学习的形式，举办了“我国人口老龄化发展形势及其影响”专题辅导班。邀请全国老龄办政策研究部主任张民巍，就习近平总书记和李克强总理等中央领导同志对老龄工作的重要指示、批示精神以及相关的决策部署进行了解读和介绍，并从人口老龄化所面临的形势、人口老龄化对社会的严重影响、国际上面对人口老龄化所采取的行动和积极理念等方面进行了深刻的阐述和分析。市老龄办常务副主任王小娥主持会议，市老龄办全体党员干部、市老年活动中心干部及各区老龄办主任参加了学习。

【召开2016年北京市社区养老服务驿站建设工作部署视频会】 5月26日，北京市民政局、市老龄办召开“2016年北京市社区养老服务驿站建设工作部署视频会”，就《关于开展社区养老服务驿站建设的意见》和《关于开展社区养老服务驿站评审工作的通知》进行部署说明。市民政局福利处、市老龄办全体同志和各区民政局、老龄办负责同志参加会议。

【召开区级养老服务指导中心和社区养老服务驿站建设现场会】 6月21日，北京市民政局、市老龄办在朝阳区召开全市区级养老服务指导中心和社区养老服务驿站建设现场会，组织各区民政局、老龄办负责同志现场参观三里屯社区养老服务驿站和朝阳区养老服务指导中心，实地观摩学习区级和社区级养老服务模式和发展思路。市民政局局长李万钧、朝阳区副区长孙其军出席会议并讲话，市老龄办常务副主任王小娥主持会议。李万钧局长强调，一是学习和推广朝阳区养老服务的先进经验。二是着力构建市、区、街（乡镇）、居（村）四级养老服务体系。三是重点建设好社区养老服务驿站，壮大居家养老服务商，推动首都养老服务业快速发展。

【召开全市养老工作推进会】 7月15日，北京市民政局、市老龄办召开全市养老重点工作推进会，各区就2014、2015年养老照料中心建设情况、资金使用、存在问题及整改措施，养老机构辐射社区居家养老服务市级资金使用，养老助餐项目进展、驿站试点建设等情况进行了汇报。市民政局副局长李红兵出席会议，要求各区做实评审工作，提高财政资金的使用效能，强化资源整合。

【举办老年维权服务启动仪式和首次普法培训】 7月7日，北京市老龄办举办老年维权服务启动仪式和首次普法培训活动。市民政局李红兵副局长，市老龄办常务副主任王小娥出席活动并为“北京老年维权服务工作站”揭牌。各区老龄办维权工作负责人以及首批维权培训学员、老年人代表和媒体记者共计80余人参加了启动仪式。

【举行北京中医药健康养老“身边工程”启动发布会】 9月7日，北京市民政局、市卫生计生委、市中医局、市老龄办联合在鼓楼中医医院举行北京中医药健康养老“身边工程”启动发布会。市政府副秘书长王晓亮，市民政局党委书记、局长李万钧，市中医局局长屠志涛，市民政局副局长李红兵等出席。发布会上，王晓亮副秘书长宣布北京中医药健康养老“身边工程”正式启动，市老龄办与市中医局签署了《关于推进中医药健康养老服务的合作协议》。会上，发布了中医药技术服务包，开启中医药健康养老服务热线96189，部署了北京中医药健康养老试点工作。

【举行2016年度北京“孝星榜样”投票暨“孝星”宣讲团成立启动仪式】 9月14日，北京市民政局、北京市老龄工作委员会办公室举行2016年度北京“孝星榜样”投票暨“孝星”宣讲团成立启动仪式。启动仪式对历年来的“孝星”活动进行了总结，市民政局局长李万钧为本年度北京“孝星”评选活动的公益宣传大使、北京电视台主持人春妮授予了聘书。随后，北京市民政局局长李万钧、副局长李红兵、公益宣传大使春妮、养老行业代表张玉、“孝星”代表陈燕一同登台，共同启动了“孝星榜样”投票平台的按钮，2016年度北京市“孝星榜样”的投票活动正式开始。

【举行2016年度北京“孝星榜样”揭晓暨“孝星”宣讲团首场报告会】 10月24日，北京市民政局、北京市老龄工作委员会办公室在北京国际会议中心举行2016年度北京“孝星榜样”揭晓暨“孝星”宣讲团首场报告会。全国老龄办副主任吴玉韶，市人大常委会副秘书长、内司办主任刘维林，市政府副秘书长、市老龄委常务副主任尹培彦、市政协社法委专职副主任郭宝东，市民政局局长李万钧、副局长李红兵，市老龄办常务副主任王小娥出席活动。市老龄委成员单位代表、孝星榜样代表、孝星代表、居民代表、青年代表约600人参加了本次大会。

【全国老龄办调研北京市老龄工作经费保障工作】10月27日，全国老龄办综合部主任高成运一行赴北京市老龄办调研北京市老龄工作经费保障工作，市老龄办常务副主任王小娥主持会议。会议就养老项目经费、人员经费、业务经费、绩效管理等问题进行了交流座谈。

【召开社区养老服务驿站建设推进会】10月27日，北京市民政局、市老龄办组织召开城六区社区养老服务驿站建设推进会。东城、西城、朝阳、海淀、丰台、石景山区民政局、老龄办主要领导和分管领导参加。会上，各区分别汇报了社区养老服务驿站试点建设情况及三年规划思路，分析了本区在驿站建设过程中存在的问题与难点，并总结提炼了经验做法，市民政局副局长李红兵就各区反映的问题进行了指导。

【举行2016年北京国际老龄产业博览会】11月10日—12日，2016年北京国际老龄产业博览会在北京展览馆举行。博览会由北京市民政局、北京市老龄办、北京市社会办指导，北京市老龄产业协会、北京怡年老龄产业促进中心和北京北奥会展有限公司共同主办。本届博览会展览面积11000平米，参展企业单位超过120家，以推广先进的养老理念，推介最新的养老产品和服务，发布权威的老龄产业资讯，推动老龄产业的发展为宗旨，内容涉及养老机构与养老地产、康复辅具与医疗器械、适老化改造产品与服务、智慧养老产品与解决方案、老年产品与生活用品、老年旅游与休闲以及老年文化、教育、金融等最新项目和国际化产品。展会期间，举办了“北京养老产融结合”、“医养结合＋互联网”“北京国际老龄产业”、“2016中国生态养老发展”、“北京市居家养老服务”等主题论坛、第三届银发达人颁奖典礼等多场丰富活动。

【召开市老龄委专家委员会专家座谈会】12月12日，北京市老龄委常务副主任、老龄办主任，市民政局党委书记、局长李万钧同志主持召开市老龄委专家委员会专家座谈会，征求专家学者对做好当前和今后北京老龄工作的意见和建议。来自首都研究机构、高校的市老龄委专家委员会专家唐钧、徐月宾、乌丹星、左美云、张民巍、成海军、石明磊等先后发言，围绕建设老龄政策、养老服务、基础保障等体系，处理好“政府、社会、市场”、“重点保障对象和一般服务人群”、“市、区、街、居职能定位”等相互关系，加强长期照护保险、养老服务评估、农村养老服务、养老行业监管、人才队伍建设、老年人才资源开发、养老服务标准化信息化、养老大数据应用等重点工作，提出了宝贵的意见建议。市民政局副局长李红兵、市老龄办常务副主任王小娥，局研究室、社会福利处和市老龄办有关同志参加了座谈会。

各项业务进展

【提升老龄工作机构组织效能】修订北京市老龄委成员单位职责，成立市老龄委专家委员会，增加市财政局、市卫生计生委主要领导为市老龄委副主任，新增国家机关事务管理局财务管理司、市国资委等11家单位为市老龄委成员单位，成员单位增至53个。市委组织部、市编办重新调整、明确市老龄办内设机构设置，加强市老龄办“统筹、协调、组织、指导”职能。组织召开市老龄委全会、议案办理工作会、老龄委主任扩大会、联络员会议、老龄办主任调度会等各级各类工作推进会20余次，整体推进与重点突破相结合。市级出台《北京市支持居家养老服务发展十条政策》等涉老政策文件50余件，各区出台涉老政策文件70余件。

【出台《北京市“十三五”时期老龄事业发展规划》】规划以坚持政府主导，社会主体；坚持保障基本，适度普惠；坚持创新驱动，综合施策；坚持厚植发展，补齐短板为基本原则，提出到2020年，北京市社会养老保障体系更加完善，社会养老服务体系丰富多样，老龄社会管理体系共建共享，老龄政策法规体系更加完备。在健全养老保障服务体系方面，主要任务包括完善社会养老保障体系、健全社会养老服务体系、构建老龄社会管理体系、健全老龄政策体系。在实施居家养老幸福工程方面，主要任务包括打造养老助残服务“金卡”、完善养老助餐服务体系、提升养老照料中心辐射能力、做实社区养老服务驿站、提升农村养老服务水平、关爱老年人身心健康、开展社区和家庭适老化设施改造、开展经济困难的失能和高龄老年人居家养老服务工作、探索建立长期照护保险制度、实施关爱老年人“五个一”工程等。在推进老龄事业重点工作方面，主要任务包括深入推进“医养结合”、创新发展“互联网＋”养老服务、加强养老服务队伍建设、促进养老产业发展等。

【出台贯彻落实《北京市居家养老服务条例》的实施意见】10月，以北京市政府办公厅内名义印发《关于贯彻落实〈北京市居家养老服务条例〉的实施意见》（以下简称《实施意见》）。《实施意见》明确以家庭为基础，以城乡社区为依托，以社会保障制度为支撑，由政府提供基本公共服务，企业、社会组织提供专业化服务，基层群众性自治组织和志愿者提供公益互助服务，不断满足居家老年人的社会化服务需求，让老年人有更多获得感。《实施意见》提出，北京市力争在3年至5年内，基本建成具有首都特色的居家养老服务体系，为老年人提供就近便利、安全优质、价格合理的居家养老服务；基本建成覆盖城乡社区的居家养老服务网络，居家养老服务设施基本完备；基本建成覆盖城乡所有居家老年人的基层医疗卫生服务网络，老年人能够就近接受诊疗、用药、护理和康复服务；基本建成比较健全的养老服务专业人才教育、评价和激励制度体系，养老护理员达到2万人；基本建成政府监管、行业自律和社会监督相衔接的监管体系，养老服务规范化、标准化水平大幅提升，老年人合法权益得到有效维护。

【办理“两会”建议、提案、议案和审议意见】北京市老龄办共承办市人大代表、政协委员建议提案 76 件，均按规定时间办理完结。市人大继续对《条例》贯彻落实情况进行执法检查，市老龄办配合市人大执法检查圆满完成 10 场执法检查和 4 场专题会议。牵头办理《北京市第十四届人民代表对市政府关于〈北京市居家养老服务条例〉实施报告的审议意见》和“贯彻落实《北京市居家养老服务条例》，加强居家养老服务体系和制度建设”议案，梳理代表意见，分解为六方面 27 项工作任务，建立月督导周调度工作机制，明确分工，统筹推进；审议意见和议案办理情况报告于 11 月 24 日经市十四届人大常委会第 31 次会议审议通过。

【加强理论研究】组织北京市老龄委专家委员会专家召开座谈会、论证会和开展专题咨询 15 次，发挥专家学者在我市老龄工作决策中的参谋咨询作用。委托在京高校院所完成第四次中国城乡老年人生活状况抽样调查北京数据报告及四次数据对比分析、城乡老年人生活状况和服务需求调查总报告、人口老龄化态势与发展战略研究、人口老龄化与经济社会可持续发展研究、老龄产业发展研究、长期照护保险制度研究、养老服务队伍建设研究等 7 项养老课题研究，为制定政策提供理论依据。

【加强信息化建设】实施“老年人优待卡”变“北京通—养老助残卡”工作，将优待卡转换成集养老助残服务补贴额度账户、金融借记账户、市政交通一卡通等多功能于一体的养老助残卡，通过信息化手段实现对老年人服务情况的智能分析和精准管理；年内，共制卡 161.4983 万张，12 月全市新卡试运行。开展北京市涉老信息平台（系统）建设摸底工作，建设全市统一的养老服务与管理信息平台，开通首都老龄之窗网站（www.bjageing.gov.cn）。

【加大养老服务设施建设力度】集中支持北京市城六区试点建设 150 家社区养老服务驿站，驿站建设综合考虑地区人口密度、老年人口分布状况、服务需求、服务半径等因素进行统筹规划选址和布局，由政府无偿将公有设施提供给具有专业资质的社会组织和企业采取连锁、单体、联盟运营和 PPP 运营模式，就近为有需求的居家老年人提供日间照料、呼叫服务、助餐、健康指导、文化娱乐、心理慰藉等服务。支持包括养老照料中心在内的养老机构开展辐射社区居家养老服务，106 个养老机构（含养老照料中心）开展了 513 个辐射服务项目，惠及百万老年人。

【开展特殊困难老年人居家生活帮扶服务】为 5000 户困难独居老年人安装紧急医疗救援呼叫器和烟感报警器。为 10000 名有需求的失智老年人配备防走失手环，在全市开展“关注失智，防走失行动”、“记忆导航”、“关爱失智、相伴回家”、“社区失智老人”等各类宣传活动 12 场，建立全市失智老年人健康档案 12000 余份。开展 60 周岁及以上无赡养人照料的独居老年人帮扶工作。出台《北京市老年人家庭适老化改造需求评估与改造实施管理办法》，探索整合残疾人无障碍设施改造、康复辅助器具适配、智能养老等多方面资源，启动老年家庭适老化改造工作。

【建立健全老年人评估体系】从编制评估标准、培育评估队伍、建立督导体系、完善信息系统、开展评估调查、组织数据开发应用等各环节入手，建立健全老年人能力评估体系，开展全市 16.5 万名老人的筛查和评估工作。

【推进养老服务与老年人需求对接】发布“北京养老”标识，要求全市养老机构、社区养老服务驿站实现名称、功能、标识“三统一”。编印《北京养老服务指南》，内容涉及各级养老服务设施、政策解答等 9 方面内容信息，向城六区 65 周岁及以上老年人家庭免费发放 93 万册，便于老年人及其亲属熟悉北京养老服务设施，就近就便享受养老服务；开展 3 万户老年人家庭使用《指南》情况抽样调查，并完成调研报告。推进“幸福彩虹”特供店建设，全市累计签约 1100 家，600 余家“幸福彩虹”社区特供店为周边居家老年人提供价格优惠的特供产品和配送服务。继续在城六区、房山、顺义 8 个区开展养老助餐服务体系试点建设，主要支持和鼓励养老助餐品牌企业、养老服务设施功能和现有老年餐桌提供服务。

【启动养老服务标准体系建设】编制北京市居家养老服务规范，包括服务通则、助餐、助医、助洁、助浴、助急、康复共七项居家养老服务规范。

【加强老年人权益保护】制定下发《关于进一步加强老年人维权服务的通知》，通过社会化方式委托专业社会组织，面向全市老年人深入开展法律援助、法律咨询、法律培训、普法宣传等服务，加强对老年人合法权益的维护。6 月，开通北京市首条老年人维权咨询专线 010—83811699，自项目实施至年底，共解答涉老法律咨询近 2000 人次，涉老侵权案件近千件，提供法律援助 80 余件。印制 1 万册《老年维权手册》向社区和各类养老机构与组织发放。委托北京致诚律师事务所开设老年维权服务固定场所，组织各级老龄工作部门、各类老年人协会组织和养老机构开展普法宣传与培训 30 余次，近万人受益。委托社会组织开展“老年权益宣讲、维护”百家社区行项目，全市共开展了 105 场（次）法律宣讲，为基层社区老年人提供遗嘱、遗赠、法律维权共计 162 例。年内，共办理来访来电来信 2084 人（次、封）。其中，接待来访 35 人次，答复咨询（求助）电话 1582 人次，办理“政风行风热线”来信、“12345 非紧急救助热线”来信、“民政信息网上信访服务系统”来信、“市信访办公系统”来信以及其他渠道来信共 467 封。

【建设区级养老服务指导中心】出台《关于加强区级养老

服务指导中心建设的意见》。按照“政府主导、社会化运营、老龄办融入”的思路，区级养老服务指导中心作为各区养老服务体系的运行枢纽和指挥平台，发挥统筹、协调、组织、指导的作用，承担区域养老资源整合、养老信息综合平台、养老行业监管指导、养老服务示范引导等方面职能。截至年底，北京市朝阳区、石景山区、顺义区率先成立区级养老服务指导中心。

【支持社会力量建设北京市老年用品展示中心】展示中心位于北京市海淀区玉泉北里一区9号楼1层，展示面积5000平方米，是国内首家大型老年用品展示中心，对国内外老年人常用的业内知名品牌与产品进行产品展示和推介，12月18日正式开业，组织参展商23家，品种3067个，包括国内和日本、荷兰、比利时、德国、瑞典、台湾地区的多家优秀品牌，产品包括个人医疗、个人生活自理和防护、矫形器和假肢等器具。

【落实老年人各项保障政策】年内，办理优待卡28.2157万张，其中本市20.14万张，外埠8.0757张；办理老年优待证8.4153张，其中本市7.5912万人，外埠8241人。完成北京通—养老助残卡制作（北京市老年人优待卡变北京通—养老助残卡）161.4983万张，京籍80周岁及以上老年人2016年新增制做北京通—养老助残卡8.5503万张，截至2016年12月31日，有效持卡人为50.2771万人。拓展老年人意外伤害保险服务，在原有为城乡低保、城市特困、农村五保、优抚老年人购买意外伤害保险的基础上，将保障范围扩大到我市无赡养人（或赡养人无赡养能力）的独居老年人，受益人群增至7.5万人。为90至99周岁发放高龄津贴49.5862万人次、4959余万元；100周岁及以上老年人发放高龄津8746人次、175余万元，合计发放5134余万元。落实95周岁及以上老年人医疗报销政策，共为2957人次报销医药费777余万元。

【开展2016年度北京市“孝星”暨“孝星榜样”命名活动】首次将社区和单位纳入“孝星”评选范围，以北京市政府名义对2000名“孝星”进行命名，并从中择优选出家庭孝老之星、社会敬老之星、行业助老之星、孝道传承之家、敬老和谐社区、敬老模范单位六大类共60名“孝星榜样”。组建“孝星”宣讲团走进部队、社区，讲述感人事迹。与北京广播电台“故事频道”合作，播出“孝星”事迹人物专访和专题50期。

【开展敬老月活动】10月1日至10月30日，以“敬老爱老，全民行动”为主题，全市共举办551项活动，其中北京市老龄委成员单位举办活动161项，各区举办活动390项。

【发布北京市2015年老年人口信息和老龄事业发展状况报告】截至2015年底，北京市户籍总人口1340.5万人，其中，60岁及以上户籍老年人口313.3万人，占总人口的23.4%；65岁及以上户籍老年人口209.5万人，占总人口的15.6%；80岁及以上户籍老年人口56.2万人，占总人口的4.2%。在60岁及以上户籍老年人口中，男性老年人口150.7万人，占48.1%，女性老年人口162.6万人，占51.9%；性别比为92.7。全市16个区中，60岁及以上户籍老年人口排在前三位的是朝阳区、海淀区和西城区，分别为54.3万人、47.6万人和37.6万人；户籍老年人口比上年增幅排在前四位的是朝阳区、海淀区、西城区和丰台区，分别增加了3万人、2.5万人、1.9万人和1.9万人；80岁及以上老年人口排在前三位的是朝阳区、海淀区和西城区，分别为10.3万人、9.9万人和8.6万人。户籍人口中百岁老年人共计708人，其中，男性304人，女性404人；百岁老年人数排在前三位的依次是西城区、朝阳区和海淀区，分别为158人、129人和125人。户籍人口中纯老年人家庭人口48.2万人，占老年人口总数的15.4%；16区中，纯老年人家庭人口排在前三位的是朝阳区、海淀区和丰台区，分别为8.8万人、6.1万人和4.9万人。

【开展防走失手环项目业务培训】北京市老龄办于5月23日—26日分四批对16区116家服务机构相关人员，开展防走失手环项目业务培训，内容包括项目政策解读、失智筛查与需求评估、手环配备使用培训等。

天津市

综　　述

截至2016年底，我市户籍60岁及以上老年人口数为243.90万，占全市户籍总人口的比例为23.35%。老年人口绝对数比2015年增加了13.53万，占比增加了0.92个百分点。80岁以上高龄老人35.94万，占户籍总人口的14.73%。

组织编制我市老龄事业发展“十三五”规划，明确“十三五”期间我市老龄工作的重点任务、具体举措和实现路径；指导各区、县编制并实施本地区的老龄事业发展

"十三五"规划。

全面宣传贯彻《中华人民共和国老年人权益保障法》，切实维护老年人合法权益。继续做好《天津市实施〈中华人民共和国老年人权益保障法〉办法》的立法调研和修订工作。

召开2016年天津市老龄委成员单位联络员和区县老龄办主任会议，传达了中央领导重要指示批示精神和全国老龄委第十八次全会精神和2016年全国老龄办主任会议精神，对"十二五"时期我市老龄工作基本情况做了总结，市发改委、市卫计委、滨海新区老龄办、和平区老龄办四个单位代表做了经验介绍。举办学习贯彻习近平总书记关于老龄工作重要讲话精神培训班，邀请民政部党组成员、全国老龄办常务副主任王建军作专题讲座，市民政局领导班子成员，局机关副处级以上领导干部，局直属单位主要负责人，各区民政局、老龄办负责人及工作人员，部分养老机构和为老服务社会组织代表共200余人参加培训。

联合京冀两地老龄部门、民政部门和日报社等9家单位共同举办"2016首届京津冀养老论坛"。论坛以"智能化居家养老　京津冀携手打造"为主题，邀请了全国老龄办、京津冀老龄民政部门和日报社负责人、知名高校专家学者、养老机构及相关企业负责人200余人，就京津冀三地老龄事业和养老产业热点话题展开深度交流，共同探讨老龄事业与养老服务协同发展和务实合作的前景，三方签署了合作意向书。

天津市政府转发市民政局《关于天津市推进医疗卫生与养老服务相结合的实施意见（试行）》，从居家、社区、机构三个层面全面推进具有天津特色的"医养结合"服务模式。并在南开区、津南区、北辰区开展医养结合国家级试点工作。出台《天津市"十三五"期间加快发展养老服务的意见》、《天津市养老服务业发展行动计划（2017—2020年）》（列入天津市委市政府《关于培育壮大新增长点加快服务业转型升级实施方案（2017—2020年）》12个行动计划）。

2016年全市共有养老院428家（社会办养老院301家），养老床位61152张，全市社会办养老床位数占比达到76.2%，远高于全国40%的平均水平。新建老年日间照料服务中心84个，超额完成20项民心工程建设任务指标。累计建设老年日间照料服务中心（站）1184个（中心779个），建成托老所16个（床位1374张），实现社区养老服务全覆盖。建设社区食堂、配餐中心386个（其中：配餐中心18个，社区食堂368个），中心城区实现社区老年助餐服务全覆盖。

贯彻落实全国老龄办、民政部、财政部、中国保监会等四部门联合印发《关于开展老年人意外伤害保险工作的指导意见》，初步建立"三重保险保老人平安"保险保障体系，把每年的7月份作为我市的"三重保险保老人平安"宣传月。"三重保险"即：全民意外险、养老床位综合责任险、老年人意外伤害商业险。初步形成了政府主导，市场运作，社会捐助，投保自愿相结合的老年人意外伤害保险制度，提高了老年人及其家庭抗风险的能力，减少了因老年人意外伤害引发的矛盾和纠纷，促进了家庭和社会的和谐稳定。

在我市南开、武清两个区开展中国城乡老年人生活状况监测调查工作（样本数量192）。为做好我市农村养老工作，开展农村老年人生活状况抽样调查工作，对我市60周岁及以上农业户籍老年人的生活状况和养老服务需求进行抽样调查（样本数量1275个）。

组织好敬老月活动。开展以"敬老爱老，全民行动"为主题的宣传、慰问、文体等系列活动，营造尊老敬老、爱老助老的良好社会氛围。推广老年人意外伤害商业险，组织社会组织和爱心企业为全市1.2万名80岁及以上低保和低收入老年人捐助意外伤害保险。完成全国老龄系统先进集体和先进工作者的评选、全国助老维权先进集体、全国敬老爱老助老模范人物和敬老文明号的评选推荐工作。开展全国老有所为楷模及老有所为先进典型人物的宣传活动。探索天津市异地休闲养老模式，指导养老机构和养老服务企业积极与外省市开展异地休闲养老合作项目23个。完成我市留守老人的摸底调查统计工作。

河北省

2016年11月30日，民政部党组成员、全国老龄办党组书记、常务副主任王建军在河北省秦皇岛市调研养老服务业发展工作。河北省民政厅党组成员、省老龄办专职副主任吴进军、秦皇岛市副市长张锋陪同调研。

2016年8月30日，河北省"助老安康工程"启动仪式在省会石家庄举行。省民政厅副厅长许祯科和中国人寿河北分公司总经理助理贾风雷共同点亮仪式水晶球，宣布该工程正式启动。

综　　述

2016年，河北省各级涉老部门在省委、省政府的坚强领导下，在国家老龄办的精心指导下，认真贯彻落实习近平总书记重要指示批示和全国老龄委第十八次全会精神，按照省老龄委全会部署和要求，紧紧围绕党和国家工作大局，锐意进取，合力攻坚，老龄工作不断取得新成绩，迈上新台阶。

一、老年社会保障水平不断提高

积极推进机关事业养老保险制度改革，在全国率先完成城乡居民基本医疗保险制度整合，实现了制度、管理、信息系统等"六统一"，省内异地就医直接结算基本实现。2016年，全省城镇职工基本养老保险、城镇居民基本养老保险、基本医疗保险、失业保险、工伤保险参保人数分别达到1403.27万人、3446.11万人、6672.48万人、515.88万人、840.07万人。完善退休人员基本养老金调整机制。第一次同步调整企业和机关事业单位退休人员养老金，总体调整水平高出0.2个百分点。连续12年提高保险待遇，月人均养老金达到2389元，城乡居民基本养老金水平从每人每月75元提高到80元，超过全国统一标准10元。在普遍提高离退休人员退休金的基础上，分别对70岁—74周岁、75—79周岁、80周岁以上三个高龄年龄段老年人予以倾斜。不断深化医疗保险制度改革。按照国家要求，建立了统一的城乡居民基本医疗保险制度，印发了《关于整合城乡居民基本医疗保险制度的实施意见》，城乡居民基本医疗保险财政补助标准从380元提高到420元。持续提高农村特困人员救助标准。集中和分散供养标准分别达到6107元/人/年、4159元/人/年，比2015年提高12%和13.7%。高龄补贴制度全面建立。全省168个县（市、区）全部建立了100岁老人生活补贴制度，140个县建立了90岁以上高龄老人生活补贴制度，118个县建立了80岁以上高龄老人生活补贴制度。医疗救助扎实推进。出台《关于提高贫困人口医疗保障救助水平解决因病致贫返贫问题的实施方案》及实施细则，全面启动了310万农村建档立卡贫困人口的医疗保障救助工作。将享受城市低保、特困供养的老年人全部纳入医疗救助范围，低收入老年人患重特大疾病住院，个人医疗费用年度限额内救助比例达到70%以上。

二、养老服务业加快发展

颁布了《河北省居家养老服务条例》，争取国家将石家庄列为全国社区居家养老服务改革试点市。鼓励、引导社会资本进入养老领域，申请国开行贷款专项建设资金4.89亿、亚行贷款1亿美元支持养老服务体系建设。加快养老专业人才队伍建设。2016年，全省鉴定考核养老护理员5234人，家政服务员45289人。截止年底，全省共有各类养老机构1142家，建成社区养老服务设施3600多所、农村互助幸福院3.6万家，每千名老年人拥有养老床位数达到30张以上。医养结合试点稳步推进。出台了《河北省推进医疗卫生与养老服务相结合的实施意见》，制定了《河北省医养结合工作重点任务分解方案（2016—2020年）》，进一步明确了责任分工，细化了目标任务。石家庄、邯郸、邢台、保定四市被国家卫计委、民政部确定为国家级医养结合试点城市。承德被确定为国家级开展长期护理保险制度试点城市。

三、老年生活环境持续改善

认真落实《河北省无障碍设施建设使用管理规定》，坚持把贯彻执行无障碍相关标准作为推动无障碍设施建设的重要抓手，要求无障碍设施建设与主体工程同步设计、同步实施、同步验收，进一步加大执行无障碍标准强制性条文的执行力。认真指导有关设计单位对坡道、扶手及其他无障碍设施合理布置，注重高差，在明显位置设置无障碍标示，确保公共设施等均建设适合老年人、残疾人使用的专用设施。城市主要道路按要求铺装盲道，在保障将设工程质量的同时，推动无障碍设施建设取得较大发展。指导各地公交企业积极完善公交无障碍设施建设，2016年，全省新、改、扩建主干公交站点无障碍设置率达100%；市区新增、更新公交车中低踏板车辆占道购置车的50%以上；所有公交车均设置了老幼病残专座，极大方便了老年人的出行。

四、老年人精神文化生活不断丰富

省文化厅联合省体育局、省民政厅等单位转发了文化部等部门《关于引导广场舞活动健康开展的通知》，有效促进了广场舞活动健康、文明、有序开展。自2015年3月以来，已有102支队伍加入了“广场舞之家”，队伍固定人数已多达五千余人，间接辐射人群达到两万余人。组织开展了第三届“中老年才艺风采大赛”和“健康之星”评选活动，吸引了全省5000多支老年人文娱组织、近10万人参加活动，在全省老年人产生较大影响。老年体育活动全面普及。全省经常参加体育健身活动的老年人达590万，占老年人总数的60%。老年体育示范区创建活动深入开展。目前，已建成省级老年体育示范县14个，省级示范乡镇54个，省级示范街道办事处10个，省级示范村367个，省级示范社区66个，省级县级示范单位21个。老年健身实现生活化、常态化，各级老年体协均实现了天天有活动、周周有安排、月月有展示、节假日显高潮的活动部署。圆满完成第二届“敬老文明号”评选表彰工作。全省有37个部门和80多名个人被评为敬老文明单位和敬老爱老助老模范人物。敬老文化宣传不断深入。全年共播涉老报道1100多篇（次）、公益广告作品30多件、相关稿件70多篇（次）。省老龄办联合省广播电视台推出的《老年生活享当当》于重阳节当天正式播出，收听范围覆盖京津冀地区近2亿多人口。

五、老年人合法权益切实得到维护

深入开展“六进”活动，大力宣传《老年人权益保障法》、《河北省老年人优待办法》、《婚姻法》等法律法规，全年共发放宣传材料32000余份、悬挂宣传标语410多处，张贴宣传挂图1200多张。依法严厉打击侵害老年人合法权益的违法犯罪活动。依法、及时受理涉及侵害老年人合法权益的申诉、控告，认真对待老年人的报警和求助，依法严厉打击针对老年人的抢夺、诈骗、盗窃、伤害等违法犯罪活动，及时查处侵害老年人权益的家庭暴力等不法行为。积极组织法律援助机构开展为老法律援助服务。在各设区市全部开通“12348”法律服务热线，在全省168个县区公共法律援助服务中心全部开通老年人维权“绿色通道”，安排优秀律师接听解答法律咨询，为老年人解疑释惑。对重大、疑难、敏感及5人以上群体性老年人法律援助案件，指派有3年以上办案经验丰富的律师办理，全程跟踪、重点督办。全省办理老年人法律援助案件4313件，受援老年人5306人，提供咨询12000余人次，有效维护了老年人的合法权益。（叶鸿正）

重要会议和活动

【河北省老龄事业发展数据统计培训班】2016年1月8日，河北省老龄事业发展数据统计培训班在石家庄召开，来自全省各市、石家庄各县（市）、区的46名老龄业务骨干参加了培训。此次培训主要包括“河北省老龄数据统计库”的如何规范填写及对该数据统计系统的熟悉运用，目的是为了解决河北省老龄数据统计不够准确、不够科学、碎片化的问题。由河北省老龄办历时半年开发的这个数据库涵盖三大类12项涉老项目，内容包括老年人口基础数据、老龄事业发展基础数据、老年服务机构基础数据等多个重要领域。它的开发运行将为全面掌握、权威发布全省老年人口变化的基本信息，为各级政府和有关涉老部门制定老龄政策法规提供重要依据，标志着河北省老龄数据统计工作将步入正轨。

【河北省推进京津冀养老服务业协同发展研讨会】2016年1月18日至19日，河北省推进京津冀养老服务业协同发展研讨会在廊坊三河市召开。会议重点对编制民政事业发展“十三五”规划做出部署，对推进“十三五”期间京津冀养老服务业协同发展工作进行专题研讨。会议邀请了国家民政部社会福利和慈善事业促进司老年福利处处长张晓峰、国家财政部政府和社会资本合作中心处长谢飞，分别就“十三五”时期国家对养老服务业发展的总体要求、有关支持政策及政府和社会资本合作模式等进行了深入浅出的讲解。会议由许祯科副厅长主持，王云巡视员部署了我省民政事业发展“十三五”规划编制有关工作，赵风楼厅长出席会议并讲话。

【敬老养老助老先进典型事迹有奖征文活动】 2016年2月—7月，河北省老龄办联合省老年文化促进会等多家省级涉老机构，在全省开展了敬老养老助老先进典型事迹有奖征文活动。征文作品以弘扬敬老、养老、助老社会风尚为主题，以“十二五”期间受到国家和省有关部门表彰的“敬老文明号”创建活动先进单位、“孝亲敬老”模范人物、“老有所为”楷模、优秀为老服务志愿者和老年法律维权先进集体和个人等为重点对象，深入挖掘这些单位和个人在弘扬中华民族敬老传统文化方面的先进经验和感人事迹，进一步激发全社会为老服务的正能量，为深入践行社会主义核心价值观贡献力量。并于活动结束后将优秀文章编辑成《燕赵敬老文集》。

【“敬老文明号”创建工作推进大会】 2016年3月2日，在石家庄市行唐县召开“敬老文明号”创建工作推进大会。副厅长许祯科、石家庄市民政局局长闫纯锴、以及中华志愿者协会有关领导出席会议。许祯科发言指出，行唐把创建“敬老文明号”活动纳入了县委、县政府治县方略，大力弘扬尊老敬老传统美德，有效提升全社会敬老文明意识，形成了“重孝义、讲文明、讲诚信”的淳朴民风，凝聚了“崇文尚德、开放包容”的社会共识，进一步深入学习和深刻领会最近习近平总书记、李克强总理关于老龄工作的重要指示精神，把创建活动的各项工作部署落到实处，不断探索新鲜经验，为实现行唐县域经济社会又好又快发展、推动全省孝老文化社会氛围的形成，作出新的贡献。

【召开起草《河北省居家养老服务条例》征求意见座谈会】 2016年3月16日，省民政厅召开了起草《河北省居家养老服务条例》征求意见座谈会。厅政策法规处、社会福利和社会事务处、省老龄办老年人权益保障处、老龄事业发展处主要负责人，各市（含定州、辛集市）社会福利处（科）长，部分街道办事处、居委会和居家养老服务中心负责人参加会议。会议还邀请了省法制办、法律顾问和华北电力大学的专家学者参加座谈。

【河北省2016年老龄工作会议】 2016年4月21日，河北省2016年老龄工作会议在石家庄召开。会议传达贯彻了习近平、李克强、张高丽等中央领导同志关于加强老龄工作的重要指示批示，全国老龄委第18次会议、全国老龄办主任会议精神，安排部署了2016年老龄工作重点任务。省民政厅党组书记、厅长、省老龄办主任赵风楼出席会议并讲话。赵风楼指出，2016年是“十三五”规划实施开局之年，各级老龄部门要将学习贯彻习近平总书记重要指示作为当前和今后一个时期的首要政治任务，增强政治意识、大局意识、核心意识、看齐意识。省民政厅副厅长许祯科主持会议，并就如何做好2016年老龄工作重点任务作出安排部署，提出具体要求。

【河北省老龄工作委员会全体会议】 2016年6月21日，河北省老龄工作委员会全体会议在石家庄召开。会议传达学习了习近平总书记重要指示批示和全国老龄委第十八次全会精神，全面总结了“十二五”时期老龄事业发展成就，分析形势，安排部署了当前和今后一个时期的全省老龄工作。省发展改革委、省民政厅、省人力资源保障厅等8家单位就高标准做好2016年老龄工作做了重点发言。讨论通过了《河北省老龄工作委员会工作制度》、《河北省老龄工作委员会成员单位职责》和《河北省老龄工作委员会2016年重点工作及任务分工》。副省长、省老龄委主任姜德果出席会议并做了重要讲话。姜德果指出，应对人口老龄化，是事关经济社会发展全局、事关百姓福祉的重大战略问题，各级各有关部门要把思想统一到中央和省委省政府部署要求上来，切实增强应对人口老龄化的责任感和紧迫感，扎实做好当前和今后一个时期的老龄工作。

【河北省老龄办主任业务培训班】 2016年8月29日至30日，河北省老龄办在石家庄市举办了全省老龄办主任业务培训班。全省各市、各县（市、区）的老龄办主任及各市老龄办工作人员近220人参加。省民政厅党组成员、副厅长许祯科同志出席开班仪式并作动员讲话。许厅长指出，举办老龄办主任业务培训班，目的就是深入学习、深刻领会习近平总书记等中央领导的重要指示批示和习总书记“5·27”重要讲话精神，掌握精神实质，切实增强新形势下抓好老龄工作的责任感、紧迫感；认清形势，明确任务，提高能力素质，扎实推动习总书记重要指示和讲话精神在基层落实。培训邀请了国家老龄办朱耀垠副主任和北京社科院研究员缪青博士授课。朱耀垠副主任就“深入学习领会习近平总书记等中央领导同志关于加强老龄工作的重要指示精神，扎实做好基层老龄工作”作专题报告。

【河北省“助老安康工程”启动仪式】 2016年8月30日，河北省“助老安康工程”启动仪式在省会石家庄举行。省民政厅副厅长许祯科和中国人寿河北分公司总经理助理贾风雷共同点亮仪式水晶球，宣布该工程正式启动。来自全省各市、县（区）老龄办主任、人寿各市分公司经理以及省会有关爱心组织、新闻媒体记者200多人参加活动。河北省民政厅副厅长许祯科在启动仪式上讲话。

【河北省部分市、县、区养老工作座谈会】 2016年9月21日至23日，河北省部分市、县、区养老工作座谈会在沧州市泊头福星园老年公寓召开。全省9个地市的老龄办主任、近30家社会办养老机构负责人参加了会议。省民政厅党组成员、副厅长许祯科出席会议并讲话。许祯科强调，在全省全面贯彻落实习近平总书记关于加强老龄工作的重要指示和在中央政治局第三十二次集体学习时的重要指示精神的关键时期，全省各级老龄办要紧紧抓住京津冀协同一体化有利时机，积极发挥老龄办职能，不断探索社会养老工作发展新思路。

【京津冀养老工作协同发展第二次联席会议】2016年9月28日，京津冀养老工作协同发展第二次联席会议在张家口市召开。会议对京津冀养老工作协同发展第一次联席会议后的工作进行了总结并对下一步工作进行了部署。民政部社会福利和慈善事业促进司张晓峰处长莅临指导，北京市民政局李红兵副局长，天津市民政局朱峰副局长，河北省民政厅许祯科副厅长出席并部署工作，我省环北京的市和京津部分区民政局相关人员、部分养老机构代表参加会议。

【全国老龄办专项课题组来河北省调研老年人优待工作】2016年9月28、29日，全国老龄办权益保护部优待处韩春英调研员与老年人优待工作指标体系课题组一行5人到我省唐山、秦皇岛市就老年人优待评估指标体系建设情况开展调研。

【精心组织"敬老月"系列活动】2016年"老年节"期间，全省各地、各有关部门积极开展丰富多彩的尊老敬老和惠及老年群体的爱老助老活动。10月9日上午，省老龄委副主任、省民政厅厅长、省老龄办主任赵凤楼，受省老龄委主任、省政府副省长姜德果委托，到石家庄市桥西区分别看望慰问了高龄贫困老人刘凤娥和百岁老人刘彦珍，为她们送上节日的问候和政府的关怀。重阳节当天，由河北省老龄办和河北广播电视台联合筹划的《老年生活享当当》栏目，正式在河北广播电视台生活频率播出。据统计，"敬老月"期间全省各级老龄办参加走访慰问高龄、困难、百岁老人7千多人，发放慰问金、慰问品合计价值金额500多万元，各种形式敬老活动达1000多场次。

【河北省第三届中老年才艺风采大赛颁奖典礼】2016年11月8日，河北省第三届中老年才艺风采大赛颁奖典礼在石家庄市以岭健康城举行。本次大赛的主题是"我参与，我快乐"，旨在打造老龄文化，展现夕阳风采。河北省民政厅副厅长许祯科，厅党组成员、省老龄办专职副主任吴进军等出席颁奖典礼并颁奖。

【在河北省秦皇岛市召开2016年全国老龄信息工作会议】2016年11月29日，全国老龄办在河北省秦皇岛市召开2016年全国老龄信息工作会议，进一步深入学习贯彻习近平总书记关于加强老龄工作的重要讲话和指示精神，全面总结近两年全国老龄信息工作，研究部署下一阶段老龄信息工作。省民政厅厅长赵凤楼出席会议，厅党组成员、省老龄办专职副主任吴进军代表河北作典型发言，民政部党组成员、全国老龄办党组书记、常务副主任王建军作了讲话。

【河北省老龄办主任座谈会】2016年11月29日，河北省老龄办在秦皇岛市召开老龄办主任座谈会，进一步深入学习贯彻习近平总书记关于加强老龄工作的重要讲话和指示精神，总结工作，研究部署下一阶段老龄任务。省民政厅党组成员、省老龄办专职副主任吴进军出席并讲话。全省各设区市，定州、辛集市老龄办主任参加座谈。

【民政部党组成员、全国老龄办党组书记、常务副主任王建军在河北省秦皇岛市调研养老服务业发展】2016年11月30日上午，民政部党组成员、全国老龄办党组书记、常务副主任王建军在河北省秦皇岛市调研养老服务业发展工作。王建军一行先后来到秦皇岛市秦泰盛健瑞仕国际康复中心和康泰医学系统有限公司，考察了解康复治疗体系建设和医疗监测设备、智能体检设备生产等情况。王建军对河北省养老服务业发展工作给予充分肯定。在河北调研期间，王建军分别同河北省民政厅厅长赵风楼、秦皇岛市市长张瑞书进行座谈。河北省民政厅党组成员、省老龄办专职副主任吴进军、秦皇岛市副市长张锋陪同调研。

【召开颁布实施《河北省居家养老服务条例》新闻发布会】12月2日，河北省第十二届人大常委会第二十四次会议审议通过了《河北省居家养老服务条例》，并将于2017年1月1日起施行。当天下午，省人大常委会召开了颁布实施《河北省居家养老服务条例》新闻发布会。省人大常委会副秘书长、省人大常委会新闻发言人梁久丰主持会议，省人大常委会法工委副主任陈金霞就《条例》进行了详细解读，省民政厅副厅长许祯科出席会议并讲话。

各项业务进展

【基层社区老龄工作】根据全国老龄办、民政部《关于进一步加强城乡社区老年协会建设的通知》要求，从加强基层老年协会规范化建设、提升协会"三个自我"（自我管理、自我教育、自我服务）能力素质入手，有序推进了基层老年协会规范化建设。2016年4月份，省老龄办制发了《基层示范性老年协会建设推进方案》，决定在上年度基础上再建设100个省级示范性老年协会。各市按照部署、建设标准、申报的协会和时间节点，对各项内容逐一进行规范落实，目前，100个示范性老年协会的建设工作已全部完成。截止2016年底，全省城镇社区和农村行政村分别建立基层老年协会3688和39892个，建会率分别达到95.5%和82.3%以上，在维护老年人权益、参与社会公益事务、组织老年人参与经济社会建设、丰富老年人精神文化生活等方面的作用发挥日趋明显。

【老龄新闻宣传】我省老龄系统始终坚持遵循"把握大局、围绕中心、突出重点、服务决策"的工作原则，不断建立健全建立信息、宣传组织网络，通过建立完善新闻报送、情况通报、考核奖惩等制度，紧紧围绕老龄重点工作、重大典型和热点难点问题，在多出品、出精品上下功夫，聚力提升老龄新闻宣传工作质量。我办以快乐、健康为主题举办的第三届“中老年才艺风采大赛”，和“老年健康之星评比”活动吸引了全省5000多支老年人文娱组织、超过10万人参加活动，有力推动了全省老年文化的传承与创新。联合省广播电视台推出涉老专题栏目《老年生活享当当》，收听范围覆盖京津冀地区近2亿多人口。开展敬老先进事迹有奖征文活动，并将优秀文章编辑成《燕赵敬老文集》，宣传了我省各界敬老助老的感人事迹。承德、秦皇岛、石家庄、邯郸和保定市等单位，积极主动开展老龄宣传，在全国和省级媒体发表稿件多，推动了当地老龄事业发展。

【老年文体活动】组织开展了第三届“中老年才艺风采大赛”和“健康之星”评选活动，吸引了全省5000多支老年人文娱组织、近10万人参加活动，在全省老年人产生较大影响。省文化厅联合省体育局、省民政厅等单位转发了文化部等部门《关于引导广场舞活动健康开展的通知》，有效促进了广场舞活动健康、文明、有序开展。自2015年3月以来，已有102支队伍加入了“广场舞之家”，队伍固定人数已多达五千余人，间接辐射人群达到两万余人。老年体育活动全面普及。全省经常参加体育健身活动的老年人达590万，占老年人总数的60%。老年体育示范区创建活动深入开展。截至2016年底，已建成省级老年体育示范县（市、区）22个，省级示范乡镇（街道办）96个，省级示范村745个，省级示范社区65个，省级县处级企事业单位22个。老年健身实现生活化、常态化，各级老年体协均实现了天天有活动、周周有安排、月月有展示、节假日显高潮的活动部署。（叶鸿正）

【“银龄行动”】紧紧围绕党和政府中心工作，把服务经济发展作为“银龄行动”重点工作领域，与省老教授协会、老科协联合大力开展“万名科技专家讲科普”活动，组织老专家、老教授、老科技工作者深入农村、深入贫困地区开展科技培训，在农业、教育、科技、医疗等方面进行帮扶指导，帮助农民脱贫致富。先后举办科普报告会500多场，印发科技资料近万册，受教育群众7万人促进了农村经济发展。（叶鸿正）

【敬老文明号创建】始终把全国第二届“敬老文明号”创建活动作为全省老龄工作的一张名片、一个品牌来打造。强化协调联动，精心设计创建活动的内容、标准和载体、方法，确保创建活动有序深入开展；强化典型培养，树立创建活动示范标杆。在典型培养主题上，注重突出鲜明特色。在典型培养面上，重点培养点多面广的窗口行业。在典型培养方式上，具体指导、提高层次；强化宣传动员，充分动员全社会参与创建活动的积极性，不断浓厚氛围，有力扩大了社会影响。全省37个集体被评为全国“敬老文明号”单位，80名个人被评为全国“敬老爱老助老模范人物”。同时，石家庄市第一医院等39个单位和裴磊磊等91名同志被评为河北省“敬老文明号”和“敬老爱老助老模范人物”。

【典型经验】保定市老龄办“创新驱动　科技助力　不断提升应对人口老龄化能力”。2012年，保定市开始推进信息化建设，建立老龄信息采集、分析数据平台，着力打造建立老年人口信息数据库，该信息库主要是以表格形式进行登记和电脑录入，其内容包括：老年人基本信息、养老服务需求、生活费来源、医疗及家庭情况等4大类，其中涉及个人基本情况、劳动、生活能力等方面45小项调查内容，具备查询、修改、统计、数据分析等功能，同时每年都对此系统进行一次数据更新。老年人口数据库大数据的建成，能够更充分的反映本市老龄人口的分布和特点，为全市困难、低保、“三无”老人生活上得到政府和社会及时、有效的救助提供数据支撑；为政府完善高龄老人津贴制度、推行“助老健康御险”、实行老年社会优待、出台有关涉老政策等提供依据。经过近年来的不断修改完善更新，截止2016年底，该系统为25个县（市、区）145.3万（小于公安部门统计常住人口数量）60周岁以上老年人建立了电子档案。重点解决了老龄部门对工作对象底数不详，状况不清的突出问题。

邯郸市老龄办“加强老龄工作机构建设　助推邯郸老龄事业新发展”。近几年来，邯郸市老龄办不断加大老龄工作机构建设力度、推进老龄委联络机制、促进养老服务业创新发展，为老龄事业的发展提供了强有力的组织保证。建立健全老龄工作机构。为适应新时期邯郸老龄事业的发展，邯郸市老龄办被列入依照公务员制度管理范围，市老龄办主任为副处级，编制增加到11名。邯郸市老龄办在全市大力推广魏县“县设老龄办、乡镇（街道）设老龄工作站、村（居）设老龄服务站”先进经验，形成了充满生机和活力的市、县区、乡镇（街道）、村（居）四级老龄工作机构。强力推进老龄委联络机制。邯郸市老龄办调整充实了市老龄委成员，主任由副市长担任，副主任全部由部门领导担任，委员全部由副处级以上领导干部担任。县（市）区、乡镇（街道）老龄委按照市级规格进行了充实。目前，市、县（市、区）、乡镇（街道）三级老龄委主任都由同级党委或政府分管领导担任。老龄委的联络协调能力持续加大，对老龄工作的开展提供有力保障。创新发展养老服务业。2008年8月，我市肥乡区在前屯村探索以“集体建院、集中居住、自我保障、互助服务”的模式运行，诞生了全国第一家农村互助幸福院。2012年3月份，全国社会养老服务体系建设工作会议在邯郸召开现场会，全国推广我市肥乡区的互助养老模式，并被授予“全国养老服务示范单位”。

【老龄综合基础工作】2016年，河北省老龄系统在全国老龄办和省委、省政府的正确领导下，深入学习贯彻习近平总书记关于加强老龄工作重要指示精神，按照党中央、国务院和全国老龄办、河北省委省政府决策部署，坚持问题导向，破难题，补短板，扎实推进老龄政策法规制定和实施，努力营造全社会敬老养老助老浓厚氛围，倾力打造老龄工作品牌，狠抓基础性建设，上下联动，扎实工作，努力推动全省老龄事业发展不断取得新进步。

——在着力推动全省老龄事业发展上凝聚新共识。2016年，习近平总书记站在国家发展战略全局高度，先后4次就开展积极应对人口老龄化行动作出重要指示，明确了新时期老龄工作的方针、目标和任务。河北各级老龄工作部门把深入学习领会习近平总书记重要指示精神，作为头等大事抓紧抓好。省老龄办两次下发通知明确学习要求，及时召开全省老龄办主任会议、省老龄委成员单位全体会议，集中组织传达学习。举办全省老龄办主任专题学习培训班，邀请全国老龄办领导进行权威解读，编制印发《积极应对人口老龄化学习资料》，为全省老龄系统准确理解和把握习近平总书记重要指示精神打好了基础。省老龄办还分别向省委、省政府专题报告我省老龄工作现状，就学习贯彻习总书记重要指示、加强我省老龄工作提出意见建议，引起省委、省政府对老龄工作的高度重视。全国老龄办呈送国务院领导的简报先后2次登载我省做法。市、县老龄工作部门不等不靠，主动作为，结合本地实际，分析老龄形势，提出意见建议，及时将学习贯彻习近平总书记重要指示精神的报告建议上报党委、政府，对各地将老龄事业发展纳入国民经济和社会发展规划、开展应对人口老龄化行动起到了积极作用。其间，各市在落实习总书记重要指示精神上均迈出了新步伐。邯郸市老龄办主动协调解决市、县、乡镇和村（居）老龄工作机构人员问题，使“城乡社区老龄工作有人抓、老年人事情有人管、老年人困难有人帮”的要求正逐步得到落实。保定市老龄办开发运用老龄事业发展数据统计系统，较好地落实了“建立老年人状况统计调查和发布制度”的要求。迁安市高标准落实老年人优待政策，多项工作走在全省前列。

——在加强统筹协调推动老龄政策法规制度出台上取得了新进展。即将编制完成《“十三五”河北省老龄事业发展和养老体系建设规划》。这份规划把破解当前老龄工作重点难点问题与长远应对老龄化战略相结合，坚持政府主导和社会多方参与相结合，描绘了河北省“十三五”时期老龄事业发展的宏伟蓝图。各市、县（市、区）也正在积极同步推进规划编制工作。制定出台了《河北省居家养老服务条例》。按照省政府2016年立法计划要求，在省人大常委会内司委、法工委及省政府法制办指导支持下，倒排工期，反复修改，确定了条例文本，经省人大常委会表决通过，已于今年1月1日起施行。全面建立了省老龄委成员单位协调机制。根据人事变动和工作需要，及时调整补充了省老龄委成员单位和组成人员，加强了老龄工作组织领导。研究制定《河北省老龄工作委员会成员单位职责》《河北省老龄工作委员会工作制度》和《河北省老龄工作委员会2016年重点工作及任务分工》，规范了老龄委成员单位联络员会议和专题会议制度、成员单位职责，为合力推进老龄事业创新发展提供了比较扎实的组织保障和制度保障。推动老年维权工作及优待政策的有效落实。扎实开展老年维权工作，着力培树老年法律维权先进典型，协调省法院、检察院、公安厅、司法厅等单位，通过层层遴选、审查评定，推荐的赵县民政局等11个单位被国家表彰为“全国老年法律维权工作先进集体”，命名石家庄市法律援助中心等30个单位为“河北省老年法律维权工作先进集体”。通报表彰极大地调动了各级、各有关部门开展老年法律维权服务的工作热情。扎实推进老年优待项目落地落实，成效日益显现，老年人的获得感、幸福感日益增强。

——在打造老龄工作品牌上迈出了新步伐。推动完成第二届“敬老文明号”创建工作。以推荐表彰第二届“敬老文明号”先进典型为契机，各级加大宣传动员力度，采取典型示范、经验交流等多种形式，浓厚创建氛围，激发窗口单位参与创建热情。全省37个全国“敬老文明号”单位和80名全国“敬老爱老助老模范人物”通过了在全国范围的公示，同时还选树了一批省级先进典型。精心组织“敬老月”系列活动。“敬老月”期间，省老龄办协调省通信管理局向用户发送了敬老公益短信，倡议“老年节”回家看看，引起社会积极反响。石家庄市老龄办突出“孝亲敬老、乐享幸福”活动主题，主办了“我们的节日·重阳助老”系列活动；承德、邢台、邯郸、张家口等市举办以“敬老爱老，传承美德”为主题的系列文化活动，丰富了老年人的精神文化生活；廊坊市开展了“有为之星”、“长寿之星”系列评选活动；沧州市组织开展了“福彩助老”活动，投入福彩公益金30万元，对特困老人和百岁老人进行了救助和慰问；唐山、保定、衡水市走访了慰问百岁老人、特困老人。据统计，“敬老月”期间，全省老龄系统开展各种形式敬老活动达1000多场次，走访慰问高龄、困难老人7千多名，发放慰问金、慰问品合计价值金额500多万元。各地通过丰富多彩、形式多样的活动向老年人送上了节日祝福，给老年人送去了党和政府的关怀。扎实推进“爱心护理工程”和示范性基层老年协会建设。严格按照项目规范标准，通过制定推进方案、督导项目进度、落实奖补政策，保障了建设任务落实。去年列入省级机关作风整顿重点督导项目的6个爱心护理工程建设基地、1个爱心护理工程示范基地和96个示范性基层老年协会完成建设并通过了省督导组抽查验收。及时启动

“助老安康工程”。经过一年努力，全省老年人意外伤害保险工作取得了可喜成绩。投保人数从2015年不足100万，增长到2016年底260多万，投保额达5500万元，23300名老年人获得赔偿，赔付金额达4550万元，收到良好社会效果。唐山、保定、邯郸等市老年人参保人数位居全省前三名。

——在老龄基础工作上实现了新突破。构建多层次的老龄信息宣传平台。举办第三届“中老年才艺风采大赛”、“老年健康之星”评选，5000多个老年人文娱组织、近10万老年人积极参与，有力推动了全省老年文化的传承与创新。联合省广播电视台推出涉老专题栏目《老年生活享当当》，收听范围覆盖京津冀地区近2亿人口。开展敬老先进事迹有奖征文活动，辑录《燕赵敬老文集》，宣传了我省各界敬老助老的感人事迹。承德、秦皇岛、邯郸和保定等市老龄部门，积极主动开展老龄宣传，在全国和省级媒体发表多篇稿件。各地卓有成效的老龄活动和宣传工作有力助推了当地老龄事业发展。加强老龄重大政策法规宣传教育。利用《老年人权益保障法》颁布20周年和《河北省老年人优待办法》施行2周年等契机，集中宣传老年维权法律法规和老年优待政策，全社会敬老养老助老氛围进一步浓厚。发挥涉老先进典型的示范引领作用。结合“全国老龄系统先进集体和先进工作者评选表彰活动”、“全国敬老爱老助老评选表彰”和“‘老有所为’先进典型人物宣传活动”的开展，挖掘出行唐县老龄委、魏县老龄办负责人刘玉太、河北工程大学退休教授高英等先进集体和模范人物，通过各类媒体宣传典型事迹，推广先进经验，收到良好效果。高质量完成老龄事业发展数据统计和专题调研。在各级老龄办共同努力下，利用全省老龄数据统计系统，高质量完成了全省第一次老龄数据统计分析，为各级政府和有关涉老部门制定老龄政策法规提供了重要依据。积极开展老龄政策理论专题政策调研，共完成调研论文17篇，其中7篇调研报告在全国老龄办获优秀成果奖。

山西省

综　述

2016年，在山西省委、省政府的坚强领导下，在全国老龄办的正确指导下，全省各级老龄部门及广大老龄工作者以党的十八大和十八届三中、四中、五中、六中全会精神为指导，深入学习贯彻习近平总书记关于老龄工作的批示指示精神，及时、科学、综合应对人口老龄化，以全心全意为老年人服务为宗旨，科学谋划，开拓创新，锐意进取，扎实工作，全省老龄事业呈现出新的发展局面。

一、起草制定《山西省老龄事业发展“十三五”规划》

“十三五”期间是应对人口老龄化的战略机会窗口期，也是推动老龄事业取得新突破、实现新发展的重要机遇期。省老龄办坚持以“四个全面”为统领，认真贯彻落实习近平总书记关于老龄工作的重要批示精神，起草制定了与我省经济社会发展水平和人口老龄化发展形势相适应的老龄事业“十三五”规划。经过征求省老龄委成员单位及各市、省直机关老龄办意见，形成了《山西省老龄事业发展“十三五”规划》(送审稿)(以下简称《规划》)，正在按相关程序报批。《规划》进一步明确了“十三五”时期促进老龄事业发展的指导思想、基本原则、发展目标和主要任务，对于正确引导社会各界关于老龄问题的预期，提升老年人的参与感、获得感和幸福感，确保老年人同步进入小康社会等具有十分重要的意义。运城市以市政府办公厅文件印发了《运城市老龄事业发展“十三五”规划》，晋城市以市老龄委文件印发《晋城市老龄事业发展“十三五”规划》，太原、大同、长治、忻州、朔州等市已形成送审稿。

二、切实加强老年人社会保障工作

城乡居民基本养老保险制度统一实施，全省参加城乡基本养老保险2308.9万人。连续11年提高企业退休人员基本养老金水平，年均增幅10%以上。机关事业单位养老保险制度改革稳步推进。城镇职工医保、城镇居民医保和新农合三项基本医保实现应保尽保，城乡居民大病保险实现全覆盖。

三、积极落实高龄特困老年人补贴制度

全省103个县(市、区)落实了经济困难的高龄与失能老年人补贴及百岁以上老年人补贴两项制度，尤其是35个国定贫困县全部落实，20余万老年人受益。太原、阳泉、晋城、朔州、晋中等5个市，60个县(市、区)建立了高龄老年人生活补贴制度。全省9个市、65个县(市、区)设立了特困老年人救助专项资金，救助资金922.1万元，救助困难老年人68884人。省福利彩票中心开展第二届“百岁福”资助活动，为全省686名百岁以上老人每人发放现金1000元。

四、扎实做好老年维权工作

省人大、省政府法制办、省老龄办成立《山西省实施

〈中华人民共和国老年人权益保障法〉办法》（以下简称《实施办法》）立法工作小组。通过积极努力的工作，《实施办法》在省十二届人大常委会第29次会议上审议通过，并于2017年1月1日起施行。修订后的《实施办法》重实效、利长远，针对当今社会现实生活中普遍存在的、具有代表性和典型性的侵犯老年人合法权益的热点、焦点、难点问题，有针对性地作出规定，亮点突出，操作性强，得到了全国人大和全国老龄委的充分肯定。全省各级老年维权机构不断完善，共建立老年维权机构8180个，专兼职工作人员11888人。省老龄办及太原、大同、朔州、忻州、阳泉等市老龄办，充分发挥老年法律援助工作站作用，为老年人提供法律咨询、代拟法律文书、进行非诉讼调解等，有效维护了老年人合法权益。

五、大力推进老年法律宣传普及工作

《实施办法》审议通过后，省老龄办与省人大及时联合召开《实施办法》新闻发布会，就修订《实施办法》的必要性、重要意义和主要内容向社会发布并答记者问，并下发《关于认真学习宣传贯彻〈实施办法〉的通知》。各市老龄委、省老龄委成员单位切实将学习宣传贯彻《实施办法》与保障和改善老年民生结合起来，形成重大问题和情况定期汇报、定期反馈的工作机制。各级老龄办积极参加“12·4”宪法宣传活动，为群众解答问题、提供法律咨询，使依法维护老年人合法权益的意识逐步深入人心。

六、推进落实老年优待政策

随着《实施办法》中对老年人优待范围的扩大，老年优待内容更为丰富。全省各地以推进老龄优待政策落地为抓手，为老年人谋取实实在在的福利，越来越多的老年人共享改革发展成果时切实提高了满足感、获得感。阳泉、晋城、忻州、朔州、吕梁、运城等市率先落实了65周岁老年人免费乘车政策。介休、榆社、太谷、灵石、侯马、霍州、曲沃、怀仁、山阴、平鲁、应县等县（市、区）为辖区所有老年人施行免费乘车政策。2016年，全省各级政府发放老年人免费乘车补贴1887.9万元。全省94.2%的旅游景点对老年人施行优待，97.2%的县级以上医院设有老年挂号窗口或老年门诊。

七、积极开展“暖心关爱行动”

做好困难老年人的兜底保障工作，对确保老年人与其他群体一道共享全面建成小康社会成果至关重要。为起到引领示范的作用，2016年，省老龄办在全省开展“暖心关爱行动”救助试点工作，共资助全省11个县（区），1538名特困失能、半失能老年人每人1000－3000元，共计197.6万元。积极探索养老救助新模式。依托养老院、农村日间照料中心等机构，为460名困难的失能、半失能老年人提供送餐或就餐服务，解决他们日常生活的实际困难，共计92万元。此模式的成功，为下一步开展精神慰藉、心理咨询、临终关怀等特色护理服务项目和多层次精准救助提供了有益经验。

八、着力推进爱心护理院改造升级工作

省老龄办筹集资金40万元，对全省4家爱心护理院升级改造进行扶持。各爱心护理建设基地积极探索为老服务经验，在全国第八次爱心护理工程关爱农村老年人心理健康研讨会上，我省爱心护理院撰写的研究报告成果突出，5篇获得一等奖，5篇获得二等奖。

九、继续开展“敬老文明号”创建活动

全省各级各地继续开展“敬老文明号”先进单位和参创单位“双关爱”活动，深入社区、家庭为失能、半失能、贫困老人提供物质帮扶和精神关爱。经层层审核，推选37家窗口单位参加全国“敬老文明号”评选。

十、组织开展全省失能、半失能老年人生活状况摸底调查

“十三五”是全面建成小康社会的决胜阶段，为探索通过多种方式提供养老服务的保基本兜底线，从2016年9月开始，省老龄办在全省开展“失能、半失能老年人生活状况摸底调查”，对119个县（市、区）所有失能、半失能老年人健康、生活、经济等多个方面进行“拉网式”摸底调查，为向失能、半失能老年人提供精准基本养老服务打下基础。忻州、晋城、运城等市召开专题会议对此项工作进行了部署安排，临汾市将所有调查表格拍摄存为电子档案。临县老龄办在县人民医院统一开展失能、半失能老年人体能鉴定，大幅提高了数据填报的准确度。

十一、不断深化老龄宣传工作

2016年，省老龄办创刊31年的《山西老龄工作》改版升级为《山西老龄》，全新的《山西老龄》版面更加紧凑，内容更加丰富，是老龄系统内部工作交流、信息共享的有效载体。《生活晨报》充分发挥的其公共媒体优势，对全省亮点老龄工作进行及时采编，立体化、多层次进行深入报道，为弘扬尊老敬老主旋律，传播爱老助老正能量，形成帮老扶老良好社会风尚和舆论氛围发挥了积极的作用。晋中市利用“时代老人”老有所为带头人系列宣传活动，展示了当代老年人“老有所为、老有所乐”的风采。大同市在《大同日报》、《大同晚报》等开设了老龄工作专版专栏。临汾市“微孝临汾”微信公众平台，朔州市官方微博等新兴媒体的加入，提高了老龄宣传的覆盖面和渗透力。

十二、积极搞好“敬老月”系列活动

2016年10月是全国、全省第七届“敬老月”，全省各地紧紧围绕“敬老爱老，全民行动”主题，积极为老年人办实事、做好事、献爱心。各地为新进百岁的老人颁发了以省政府名义印制的“寿比南山　福如东海”长寿匾。吴建强主任看望慰问了大同市天镇县逯家湾镇袁家梁村113岁老人张师道，为这位全省年龄最大的老人送去节日的祝福。运城、晋中等地主要党政领导看望了百岁或高龄老年人。全省首届循环旅居养老发展合作论坛在大同召开，内蒙古自治区的包头市、乌海市、乌兰察布市老龄办主任以及全省各市老龄办主任等40多人参加了论坛。论坛着重探讨解决老年人旅居养老问题，为建立适合我省老年人的养老模式提供了新思路。省司法厅、省老龄办在全省开展为期一个月（10月1日—10月31日）的“公证敬老公益服务月”活动，为70岁以上老年人免费办理遗嘱公证和遗嘱保管。临汾市开展了敬老月期间“法治阳光温暖老龄”专项法律服务。灵石红崖景区推出重阳感恩活动，60周岁以上老年人免票游览景区。晋中、朔州、晋城市举行了规模盛大的“敬老月”活动启动仪式，渲染浓厚的尊老爱老社会氛围；临汾举办第四届社区老年文化艺术节暨敬老月社区公益行活动；省直机关老龄办举办大规模老年书画展；晋源、和顺、太谷、左权、原平、繁峙、沁水、盂县、阳城、浮山、乡宁等众多县（市、区）开展了慰问演出、保健讲座、体育健身等丰富多样的活动，受到了各地老年朋友的热烈欢迎，不断将“敬老月”活动推向高潮。

内蒙古自治区

综　　述

一、编制《内蒙古自治区老龄事业发展“十三五”规划》

根据《内蒙古自治区国民经济和社会发展第十三个五年规划纲要》，结合国家有关精神，立足自治区实际，我办起草了《内蒙古自治区老龄事业发展“十三五”规划》。经过征求意见，结合专家论证，我办对《规划》进行了修改完善，现《规划》已通过自治区政府审议，出台实施。

二、高龄津贴发放管理

截至10月30日，自治区本级下拨高龄津贴补助资金2.23亿元，盟市完成配套资金1.75亿元，共计33.2万名老年人享受到了高龄津贴，其中，“十个全覆盖”工程惠及11.3万名80岁以上城乡低保老人。高龄津贴发放管理工作进展顺利，各盟市基本完成发放任务，实现了按时、足额发放的工作目标。

三、敬老“孝星”评比表彰

今年是自治区第七届敬老孝星评比表彰，继续从各盟市评选3300名尊老孝老先进个人，颁发“敬老孝星”荣誉牌匾，给与1000元现金奖励。按照年初制定的工作计划，截至10月30日，各盟市已经完成初选，我办正在进行审核，拟于近期对各盟市上报的推荐对象进行公示，公示结束后下拨表彰资金。

四、重阳节慰问

根据《内蒙古自治区党委办公厅　自治区人民政府办公厅关于做好迎接重阳节关爱老年人工作的通知》（内党办发电〔2016〕20号）要求，各地掀起了重阳节慰问老年人高潮。各盟市、旗县（区）主要领导分别带队看望慰问困难、孤寡、百岁老人，走访养老机构，共计发放慰问金950余万元，发放慰问品价值180余万元，其中，自治区老龄办下拨各地慰问金87万元。我办还在《内蒙古日报》刊发了“致全区老年人的一封信”，着力营造重阳节关爱老年人的氛围。

五、组织开展“敬老月”活动

根据全国老龄办《关于开展2016年“敬老月”活动的通知》要求，积极组织各地深入开展“敬老月”活动，要求各盟市因地制宜、多方筹措、创新形式地开展法定老年节庆祝活动。“敬老月”期间，我办与内蒙古日报合作，播报尊老孝老主题报道15条。同时，各地共组织各类文体娱乐活动达400余场，极大地丰富了老年人的精神文化生活。

六、乐龄工程建设

今年，我办继续按照《内蒙古自治区基层老年人协会建设乐龄工程实施意见》要求，大力推动乐龄工程建设。按照公开公平、扶持发展和示范带动的原则，对经各盟市逐级评选、公示后确认的优秀基层老年协会给与3万元现金资助，共计下拨700万元，用于帮助其解决活动经费匮乏、活动设施陈旧、活动器械不足等实际困难。

七、修订《内蒙古自治区老年人权益保障条例》

我办积极与自治区人大、政府法制办和厅法规处沟通，主动争取人大、政府法制办支持，经过三次调研、三次修改完善、三次征求意见，现已上报自治区人大和法制办，争取列入明年立法审议计划。

八、创建"敬老文明号"

今年继续在全区范围内深入组织开展"敬老文明号"创建活动，各地的涉老窗口单位踊跃参与，推动窗口单位尊老、扶老、助老工作向规范化、程序化、科学化稳步发展，取得了很好的社会效果，让众多老年人在出行、就医、政务服务等方面享受到了更加舒适的服务和优待。2016年共评选出200个先进单位，授予"敬老文明号"荣誉称号。

九、开展城乡老年人抽样调查工作

严格按照全国老龄办的要求，制定方案、组织培训、展开调查。

辽宁省

综　　述

一年来，在省委、省政府、省民政厅党组的正确领导下，全省老龄系统认真贯彻落实党的十八大和十八届三中、四中、五中、六中全会精神及习近平总书记系列重要讲话精神，按照"四个全面"的战略布局，以习近平总书记重要指示为指引，围绕省委省政府重点工作部署，切实改善老年民生，贯彻实施"一法一条例"，积极营造敬老氛围，取得了一定成效。

一、老年人生活水平有提升

全省养老保险基本实现应保尽保。2016年末，参加城镇职工基本养老保险人数为1800.3万人，比2015年末增加20.1万人。城乡居民社会养老保险参保人数1039.6万人。全省企业退休人员基本养老金连续十二年增长，并全部按时足额发放。社会救助水平全面提高，救助政策体系进一步完善。出台了《辽宁省社会救助实施办法》、《辽宁省政府关于进一步健全特困人员救助供养制度的实施意见》，下发了《关于做好农村最低生活保障制度与扶贫开发政策有效衔接实施方案》等一系列方案措施。2016年末，全省共有低保对象138.5万人，其中60周岁及以上老年人口有35.92万人。城市低保平均标准提高到522.0元/月，农村低保年平均标准提高到3902.0元/年。增幅均超过国务院确定的标准。全省农村困难人员年集中和分散供养标准分别达到6615.0元和4407.0元。

二、老年人医疗服务有保障

全省城乡居民医疗保障进一步完善，城镇职工医疗保险、城镇居民医疗保险、新型农村合作医疗等制度全面推开。截至2016年末，全省参加城镇基本医疗保险人数为2376.0万人；参加新型农村合作医疗人数为1847.2万人。新农合政府补助受益人次3230.8万人，受益率达到175%。统筹区域政策范围内住院费用补偿比例达到75.0%，农村参合人员住院医疗费用实际报销比例达到50.0%。老年人基本公共卫生服务水平不断提高，65周岁以上老年人健康管理率达到65%以上。

三、老年人养老服务有突破

全省以居家为基础、社区为依托、机构为补充、医养相结合的养老服务体系进一步健全完善。加强了养老机构安全管理，省民政厅会同省公安厅、国土资源厅和住房城乡建设厅，报经省政府同意，联合向各市政府下发了《关于解决民政社会福利机构消防安全管理若干问题的意见》。争取国家中央预算内投资8735.0万元，新建、改扩建养老机构和日间照料室17个。省级福彩公益金补助各地7400.0万元，实施农村敬老院维修改造和公办养老机构消防设施改造，提高全省养老机构服务设施水平和防灾抗患能力。推动健康养老服务业供给侧结构性改革，开启农村留守老年人关爱服务体系建设试点。2016年末，全省各类养老机构达到1797家。社会养老床位总数达26.4万张，千名老人拥有床位达到30张。全省已建成61家农村困难家庭常见病人托管中心，共有托管床位8800张，省财政下拨资金1287.9万元，对托管机构按实际收住人员给予每人每月400元补助。

加强城乡社区居家养老服务设施建设。2016年，省下拨资金6500.0万元，资助新建和改扩建城乡社区服务站、中心（含养老服务设施）各100个。截至2016年底，全省共有区域性居家养老服务中心412个，床位6315张；城乡社区居家养老服务站、日间照料站（室）、托老所等2177个，床位9892张；农村互助幸福院2739个，床位12980张。面向辖区老年人提供生活照料、健康保健、医疗康复、精神慰藉、法律援助、紧急救援、文体娱乐和餐饮等方面服务，年服务老年人数达到176.3万人。推进居家养老服务网络平台建设，2016年末全省建立居家养老信息服务平台49家，受益老年人143.5万人。

多措并举推进医养结合。印发了《辽宁省人民政府办公厅关于推进医疗卫生与养老服务结合发展的实施意见》，

2016年5月26日辽宁省政府新闻办召开关于推进医养结合新闻发布会。通过多种方式大力推动、科学合理统筹卫生和养老两方面资源，实现医疗卫生和养老服务资源共享，实现“老有所医、老有所养”目标要求。医养结合开展以来，医疗、养老机构积极参与，根据要求并结合实际，采取签订协议、机构转型、拓展服务等多种方式推进医养结合快速发展，进一步满足老年人医养需求。2016年，全省二级以上医院开设老年病科有116家，医养结合机构有132家，其中医疗机构设立养老机构有28家、养老机构设立医疗机构有90家，纳入医保定点医养结合机构有48家。医养结合机构床位总数约3万张，其中养老床位约2.4万张。医疗机构与养老机构建立合作关系（签订合作协议）有138对。

四、老年人合法权益得到有效保障

涉老政策法规进一步完善。重新修订《辽宁省老年人权益保障条例》，并于2016年11月11日在省人大第十二届常委会第29次会议上审议通过，2017年3月1日起施行。全省文化、体育、旅游景点及城市公交、县级以上公立医疗机构等全面落实涉老优惠优待政策。制定了《辽宁省失能半失能老年人评估标准》，进一步规范失能半失能老年人补贴发放。高龄津贴制度全面落实，2016年全省25.8万名老年人领取高龄津贴。老年人维权工作得到进一步强化，在全省范围内开展了“服务夕阳·法援护航”法律援助专项活动，省司法厅等9家单位被评为“全国老年法律维权工作先进集体”。加强老年维权网络体系建设，建立健全维权工作程序和办法，老年人维权更加方便快捷。截至2016年末，全省老年法律援助中心2199家，建立老年人维权机构2899家，各级老龄机构接待、受理老年人来信来访18554人次，各级法院审结涉老案件2264起。

五、老年文教体育事业蓬勃发展

各地各单位积极加强老年文化教育投入力度，老年人“老有所学、老有所乐”无论从场所、学习内容还是师资力量质量和水平有了显著提高。2016年，全省县（市区）共有老年大学、老年学校3788所，参加学习老年人达28.7万人。老年人文体娱乐活动更加丰富多彩、内容多样。省老龄办先后组织了全省老年人乒乓球、“银龄杯”中老年广场舞大赛，9085支代表队近37万名老年人参加了预赛、决赛。同时，各地各单位利用重大节假日组织老年人开展种类繁多的各种文体活动和比赛，极大地丰富了老年人精神文体生活。2016年，全省各地建有各类老年活动中心4346个，参加活动的老年人达到90.0万人；老年文艺团体11440个，参团老年人数约为30.6万人；各级各类老年体育协会、其他老年社团组织共有5582个，参加活动的老年人达39.8万人。

六、敬老爱老氛围更加浓郁

积极发挥老龄宣传舆论引导作用，围绕《老年法》、《老年人权益保障条例》和重点工作任务，采取多种渠道和手段，大力宣传惠老政策法规、亮点工作、敬老爱老典型事迹等，在全社会营造敬老爱老助老的社会氛围。省委宣传部、辽宁省电视台等驻沈新闻媒体，启动了对敬老爱老模范、老有所为先进人物进行采访和宣传等一系列活动；省市电视台、广播等，在多个频道定期播出“关怀老人、孝亲敬老”等公益广告和先进事迹。通过开展第二届“敬老文明号”创建活动，涉老部门、窗口单位为老服务意识明显增强，服务作风明显改进，服务效能明显提高，服务水平明显提升。2016年，辽宁有51家单位被全国老龄委评为“敬老文明号”，72名个人被全国老龄委评为“敬老爱老助老”模范人物。通过开展“敬老月”活动，各地各单位领导带头深入敬（养）老院，积极开展走访慰问老年人，组织干部职工进行为老志愿服务，社会孝亲敬老意识显著提升。2016年10月9日，我省在沈阳召开庆祝老年节暨敬老先进表彰大会，全省14个市的老年人艺术团体300余名演出人员奉献了精彩的文艺节目，省慈善总会向沈阳松蒲博爱养护中心困难老年人捐赠了意外伤害保险，对敬老爱老助老先进单位和模范个人进行表彰。

七、老龄统计和科研成果丰硕

辽宁省老龄办一直注重人口老龄化形势的分析研究，摸清真实情况、梳理工作思路，为老龄事业发展提供理论依据。开展了老龄统计工作。每年都进行全省老年人口信息和老龄事业发展状况年度统计，撰写发布《年度报告》，为各级党委政府科学决策和宏观指导提供了参考数据。按照全国老龄办《关于开展中国城乡老年人生活状况监测调查的通知》要求，完成了9个县（区）、36个乡镇（街道）、144个社区（村）中的864名老年监测调查工作。开展老龄工作进展情况调研。5月和11月，省老龄办两次分组赴各市及所属县区，围绕老龄工作先进经验、工作进展情况、老年人优待政策落实情况等方面进行深入调研，有力地促进了各项任务目标的顺利完成。开展老龄问题专题研究。省老龄办会同辽宁大学人口所等单位，开展了养老产业发展现状等方面的调研。各地也大兴调研之风，撰写高质量的调研报告。我省老龄专题研究报告在全国老龄政策调研优秀成果评选中多次获奖。

八、基层老年协会作用明显

2016年，根据全国老龄办《关于加强基层老年协会建设的意见》和我省《关于加强基层老年协会建设的通知》

要求，辽宁省全面加强基层老年协会规范化建设和管理，全省 14702 个社区（村），有 13803 个建立了基层老年协会、建会率达到 93.9%，依法登记或备案管理的基层老年协会 10304 个、占比 74.7%。全省约有 204.8 万名老年人参与协会活动、占老年人总数 22.1%。基层老年协会在老年人活动开展、权益保障、调解纠纷等方面发挥了应有作用。

九、老龄产业得到有力推动

“关爱老年人健康工程”进一步深化。省政府将“关爱老年人健康工程”写入政府工作报告，列入年度重点工作内容，省老龄办、省民政厅、省财政厅联合下发了《关于为全省城乡分散救助供养的特困老年人办理意外伤害保险的通知》，确定由市、县（区）政府出资为特困老年人办理了意外伤害保险。各级党委政府共出资 225 万元为 10.19 万名城乡分散救助供养的特困老年人办理了意外伤害保险。大部分市扩大了受益老年人范围，为万名低保户、低保边缘户老年人办理了意外伤害保险。2016 年 11 月，辽宁省在沈阳市成功举办第三届国际老龄产业博览会。此次博览会展区面积 1.2 万平方米，共设 300 个展位，国内外参展商 120 家，展品涉及老年人日常生活用品数十种之多。展会期间，到场参展商、观众约 12 万人次，现场交易额达到 300 多万元，协调交易额 3000 多万元，达成项目合作 300 个。

重要会议和活动

【全省老龄工作会议】 2 月 26 日，全省老龄工作会议在沈阳召开。会议传达学习了习近平总书记、李克强总理等中央领导同志关于加强老龄工作的重要指示批示精神，及全国老龄委第十八次全体会议精神，总结回顾了十二五时期和 2015 年老龄工作，安排部署 2016 年工作任务。各市老龄办主任及综合科（处）室负责人，省老龄办机关全体，辽宁老年报社、省老龄事业发展基金会、省老龄产业协会负责人参加了会议。

【关爱老年人健康工程会议】 1 月 14 日，省老龄办会同中国人寿保险公司辽宁省分公司联合召开省直单位“关爱老年人健康工程”工作座谈会。省老龄办主任马艳竞、中国人寿保险公司辽宁省分公司副总经理高子心出席会议并讲话。会上，省水利厅、省交通厅、省检察院、招商银行等单位分别作了经验介绍，并围绕如何推进“关爱老年人健康工程”进行了座谈讨论，保险公司现场解答疑难问题。马艳竞对 2015 年“关爱老年人健康工程”推进情况进行了总结。

4 月 21 日，省老龄办会同中国人寿保险公司辽宁省分公司联合召开全省“关爱老年人健康工程”宣传工作会议。安排部署 2016 年“关爱老年人健康工程”及辽宁省首届“中国人寿杯”老年文化艺术节活动。会上，各市老龄办主任汇报了“关爱老年人健康工程”工作进展情况。省老龄办主任马艳竞、中国人寿保险公司辽宁省分公司副总经理高子心参加会议并讲话。

10 月 25 日，省老龄办会同中国人寿保险股份有限公司辽宁省分公司联合召开了“关爱老年人健康工程”推进会议。

省老龄办马艳竞主任、中国人寿保险股份有限公司辽宁省分公司于青山总经理参加会议并讲话。会上，各市老龄办主任汇报了“关爱老年人健康工程”工作进展情况，凤城市老龄办、喀左县老龄办、中国人寿庄河市公司、中国人寿西丰县公司作了经验介绍。马艳竞主任从提高认识，明确重要意义，以及下一步如何从提高知晓率、赔付率、参保率等方面提出了具体要求。

【走访慰问活动】 走访慰问老年人活动在我省已形成常态，每年两节前，各级党政领导积极参加走访慰问高龄、贫困及养老机构老年人，并在主流媒体上为全省老年人送去节日的关怀和祝福。9 月 22 日，省政府副秘书长郭富春、省老龄办主任马艳竞到沈阳市走访慰问百岁老人、老有所为先进典型，及养老机构老年人。年内，省老龄办各党支部多次赴省内市、县（区）走访慰问高龄贫困老年人。

【“银龄杯”中老年广场舞大赛】 5 月 13 日，省办与中国邮政集团辽宁省分公司联合，在全省开展首届“银龄杯”中老年广场舞大赛。10 月 21 日在沈阳市火车头体育馆举办了总决赛，来自全省 14 个市的 17 支优秀代表队共 450 人参加了全省总决赛。

【老龄统计信息新闻发布会】 6 月 14 日，在沈阳召开 2015 年辽宁省老年人口信息和老龄事业发展状况新闻发布会。从老年人口数据、养老、医疗等方面向社会公布有关信息。省老龄委各成员单位联络员、驻沈阳新闻媒体记者等共计 45 人参加了会议。辽宁电视台、辽宁日报、沈阳晚报、人民网、新华网等 40 余家新闻媒体进行宣传报道。

【全省老年人乒乓球大赛】 6 月 20 日至 24 日，在抚顺市成功举办了全省第四届老年人乒乓球比赛，来自全省 14 个市级、2 个省直老干部代表队的 48 名老年乒乓球选手和来自省办及 8 个市老龄办的 33 名老龄工作者参加了比赛。

【辽宁省庆祝老年节暨敬老先进表彰大会】 10 月 9 日，在沈阳举办辽宁省庆祝老年节暨敬老先进表彰大会。会上，授予 150 家集体辽宁省第二届“敬老文明号”、160 名个人“敬老爱老助老模范人物”、17 名个人“老有所为典型人物”称号。来自 14 个市的老人文艺团体进行了表演。辽宁慈善总会现场为老人进行了捐赠。省政协副主席薛恒、省政府秘书长郭富春，省老龄委孙奇等 6 名老顾问，省委宣传部等29家省老龄委成员单位及14个市老龄办主任，中国人寿、中国邮政、沈飞、沈铁等单位代表，省老龄办全体、老年人代表、驻沈各新闻媒体记者等，共计1000多人出席了大会。

【全省社区为老服务工作现场会】11月8至9日在沈阳市召开了全省社区为老服务工作现场会，各市分管主任、科处长和基层县区代表共55人参加了会议。溪林社区等五个典型单位作经验交流。李雅珍副主任出席会议并讲话。会议期间，还实地考察了沈阳市沈河区丰乐街道溪林社区、和平区南湖街道文安路社区、和平区八经街道宝环社区为老服务工作。

【全省老龄系统干部培训班】11月30日，全省老龄系统干部培训班在沈阳举办。全国老龄办副主任朱耀垠、省委讲师团副团长张启元为全省老龄系统干部作专题辅导。省老龄办主任马艳竞出席培训班并讲话。各市老龄办主任、综合科（处）室负责人，各县（市、区）老龄办主任，省老龄办机关全体同志，辽宁老年报社总编等150余人参加了学习。

【全省2016年中国城乡老年人生活状况监测调查督导员、调查员培训班】12月9日，省2016年中国城乡老年人生活状况监测调查督导员、调查员培训班在沈阳举办。对130余名督导员、调查员围绕调查问卷填写和访问技能等进行培训，部署了工作任务。

【全省老龄宣传信息统计工作培训班】12月16日，全省老龄宣传信息统计工作培训班在沈阳举办。培训期间，围绕老龄宣传信息统计进行经验交流，讲解《老年人口信息和老龄事业状况调查表》填写注意事项，专家就新闻报道知识、技能进行专题授课，总结部署工作任务。全省市、县（区）老龄办分管领导，负责信息统计、宣传等工作人员150人参加了培训。

各项业务进展

【老龄政策研究工作】认真研编“十三五”规划。“十三五”时期，是全面建成小康社会的决胜阶段，是推动老龄事业发展的重要战略机遇期。按照习近平总书记、李克强总理重要指示批示精神，结合全国老龄事业发展规划、我省国民经济和社会发展规划的总体部署，省老龄办从经济社会发展全局出发，认真部署、科学谋划，深入基层调研，广泛征询意见，邀请专家论证，收集了相关部门的涉老数据及指标，编制完成了《辽宁省老龄事业发展“十三五”规划》。《“十三五”规划》实事求是地总结回顾了过去5年的亮点、重点工作，提出了今后5年的基本思路、阶段性目标和主要任务，以及创新工作举措，将老龄产业发展、老年宜居环境，老年旅游等新内容写入《“十三五”规划》。具有很强的前瞻性、指导性和可操作性，是引导我省老龄事业全面发展的阶段性纲领性文件，也是安排政府投资和财政支出预算，以及制定相关政策的重要依据。部分市也基本完成了本市规划的起草工作。

【老年维权工作】修订了《辽宁省老年人权益保障条例》。省老龄办与省人大多次召开协调会、《条例》修改论证会，赴省内外开展修订调研、听取基层意见和建议等，不断修改和丰富《条例》。11月11日，辽宁省第十二届人民代表大会常务委员会第二十九次会议审议通过了《辽宁省老年人权益保障条例（修订）》，并自2017年3月1日起施行。新《条例》为我们开展工作、维护老年人合法权益、推动老龄事业发展，提供了强有力的法律保障。进一步完善了全省维权网络体系建设，建立健全了维权工作程序和办法，使老年人可以就近就地提出诉求，为老年人维护合法权益提供了方便。10月31日，省老龄办与省司法厅联合下发了《关于开展“服务夕阳　法援护航”法律援助专项活动的通知》，决定在每年第四季度定期深入开展为老法律援助专项活动。

【关爱老年人健康工程】省老龄办召开了座谈会、总结会、推进会，举办培训班，并深入基层检查指导工作，加以推动落实。各级政府免费为特困老年人提供意外伤害保险，多数市扩大了受益老年人范围，将低保和低保边缘户纳入了保险范围，减轻了老年人因意外伤害带来的经济和心理上的负担。

【“敬老文明号”创建】按照《辽宁省第二届“敬老文明号”创建活动实施方案》安排，下发通知，对如何搞好创建、检查验收等提出明确要求。严格创建检查验收。结合工作实际，制发了《省第二届“敬老文明号”创建活动检查评估量化表》，从8个方面24项内容对创建活动的检查评估进行了细化和量化，对各地做好创建工作具有很强的操作性和指导性。同时，检查督导各地的创建活动。认真组织创建验收评选，经各市选拔推荐、省办审核，共150家单位被评为省第二届“敬老文明号”、160名个人被评为省“敬老爱老助老模范人物”，并择优向国家推荐。

【敬老爱老活动】积极开展“敬老月”活动，下发了《关于进一步做好2016年“敬老月”活动的通知》。加强与省委宣传部及辽宁省电视台等驻沈新闻媒体联系沟通，启动了对敬老爱老模范、老有所为先进人物进行采访和宣传等一系列活动。同时，我省将“银龄行动”、“关爱老年人健康工程”、“敬老文明号”创建等活动，纳入“敬老月”总体工作安排之中，起到了互相促进、互相推动的良好成效。开展了宣传教育活动。在省委、省政府、省人大、省政协门前悬挂敬老活动宣传标语，与省电视台协调，在多个频道播出了《关怀老人，孝贤为先》公益广告。各地各单位利用“敬老月”、“敬老文明号”创建，深入党政机关、社区、学校、企（事）业单位，开展涉老政策法规、人口老龄化形势教育。组织了走访慰问老年人活动和丰富多彩的庆祝老年节活动。

【银龄行动】将“银龄行动”的工作重心下沉，深入基层，为农民和基层医务工作者开展了一系列的科技支援活动。自9月以来，先后在4市、8个县（市、区）、22个乡镇（街道）组织开展果树优质高效栽培、玉米高产集成栽培、西瓜苗嫁接栽培、养老机构医养护理方面的培训、技术咨询、专业指导活动，共举办讲座和培训班200余场次，惠及农业种植、医疗、护理、服务等从业人员近6000人次。继续深入开展“关爱老年人眼健康行动”。目前，全省8个市的33个县（市、区）完成了对近1.8万名老年人的眼病筛查，开展讲座1万多次，培训1200余次，开展或协作手术500多人次。

【选树典型】一是开展了辽宁省评选推荐全国老龄系统先进集体、先进工作者工作，正式推荐1名个人和2家集体为全国老龄系统先进个人和先进集体。二是组织了全省“敬老爱老助老”评选表彰活动。经基层推荐、省老龄办审核，全省共有150家单位被评为省级第二届“敬老文明号”先进单位、160名个人被评为省级“敬老爱老助老模范人物”，并向全国老龄办推荐43家单位为先进和72名个人为模范人物。三是开展了“老有所为”先进典型人物评选和宣传活动。有17名老同志被评为省级“老有所为”先进典型人物，佟海瑞、徐艳坤被推荐全国“老有所为”先进典型人物。

【老龄宣传】省老龄办制定详细地宣传计划，对重点时段、涉老政策和老龄活动进行专题宣传，为老龄事业开展提供了良好的舆论环境。一是抓住典型开展宣传。积极协调各媒体，对我省敬老爱老助老、老有所为等典型事例进行挖掘和集中宣传。如救死扶伤的白衣天使、省金秋医院原院长张菊香，被称为小巷“总理”、调兵山宏大社区书记徐艳坤，非物质文化传承人、建昌县传统文化促进会副会长佟海瑞，大爱无疆、90多岁的好婆婆王玉梅等感人事迹，被各大媒体广泛宣传。评选表彰了17名老有所为典型人物。二是抓住重要事件开展宣传。我办开展的大型活动、走访慰问等活动，组织辽宁电视台、各新闻媒体进行专题报道。如省领导走访慰问，省办组织的重要会议、大型活动等，省电视台、新华网等十多家媒体和网站，都在第一时间进行专题宣传和报道。三是加强老龄信息化建设。1月8日正式运行省老龄工作网站。制定下发《省老龄工作网信息发布管理办法》和《关于做好省老龄工作网信息发布工作的通知》，就如何做好信息上报进行规范。通过网站，积极宣传省办和各市出台的涉老政策法规、重要活动、亮点工作等。四是开展了“老龄新闻宣传好作品”评选。五是加强人才培养。12月份，组织召开了全省老龄宣传工作会议，总结部署工作任务的同时，采取以会代训形式对全省老龄宣传工作人员进行了培训。六是根据国家新闻出版广电总局，全国老龄办《关于联合举办2016年全国敬老养老助老公益广告作品征集暨展播活动的通知》要求，督促指导各市做好作品设计、收集和上报工作。

【老龄统计】召开会议部署老龄统计工作，下发文件及填表说明，同时对老龄统计工作人员进行培训。省老龄办认真核对各地上报的老年人口信息，并征求省民政厅、人社厅、卫计委、公安厅、统计局等有关部门意见，确保数据真实、准确。5月份，完成了《2015年辽宁省老年人口信息和老龄事业发展状况报告》。6月14日，召开新闻发布会，向社会公布有关信息。辽宁电视台、辽宁日报、沈阳晚报、人民网、新华网等40余家新闻媒体进行宣传报道。此外，根据全国老龄办要求，辽宁省开展了第四次城乡老年人生活状况监测工作。在沈阳举办了监测督导员和调查员培训班，并完成了调查表填报工作。在全国老龄办组织召开的老龄信息统计工作会议上，辽宁省老龄办介绍了老龄信息统计和第四次老年人口调查经验做法。

吉林省

1月18日，全省老龄办主任会议在长春市召开。会议由省老龄办常务副主任杜文革主持。省民政厅厅长、省老龄办主任郑国君作了重要讲话。

9月9日，由吉林省老龄办、吉林省商务厅联合主办的首届中国北方养老及康护服务产业博览会在长春国际会展中心举行开幕式。

综 述

一、人口概况

全省常住人口2733.03万人，比上年末净减少20.29万人；全省户籍人口2645万人，比上年末净减少15万人。其中，60周岁及以上常住人口477.75万人，占总人口17.48%；60周岁及以上户籍人口538.45万人，占总人口的20.35%。65周岁及以上常住人口301.18万人，占总人口11.02%；65周岁及以上户籍人口342.9万人，占总人口的12.96%。

二、养老保障

全省城镇基本养老保险覆盖总人数达到706.8万人，比上年末增加13.1万人，增长1.9%。其中，在职参保职工为420.1万人，比上年末增加0.1万人，增长0.02%。全年全省共筹集中省级困难群众基本生活救助资金51.02亿元。城市低保月标准和月保障人均补助水平分别达到445元和379元，比上年增长10.4%和11.8%；农村低保年保障标准和年人均补助水平分别达到3412元和1716元，增长25.5%和10.6%，有效保障了全省149.6万城乡低保对象的基本生活。全省共保障特困人员12.7万人，其中，农村特困人员11万人，其中集中供养对象2.1万人，年人均补助标准为4900元，分散供养对象8.9万人，年人均补助标准为3300元；城市特困人员1.7万人，其中集中供养对象0.6万人，年人均补助标准为5400元，分散供养对象1.1万人，年人均补助标准为5340元。

三、医疗保障

全省城镇医疗保险参保人数达到1380.87万人，比上年末增加0.03万人，增长0.03%。全省所有县（市、区、开发区）均实行了新型农村合作医疗，覆盖率达100%。有1280.9万农民参加了新型农村合作医疗，参合率达98.98%，全年共筹集资金73.93亿元，新农合可支配资金70.09亿元，已有820.61万人次从中受益，支付补偿资金62.9亿元，占年度新农合筹资总额的85.08%。全年共筹集医疗救助资金6.60亿元，资助救助城乡困难群众152.5万人次，其中，直接救助67.6万人次。

四、养老服务设施建设

全省兴办养老机构2165个，床位14.1万张，入住老人7.98万人。其中，城市公办养老机构共66个，床位1.5万张，入住老人0.76万人；农村社会福利服务中心565个，床位3.7万张，入住老人1.96万人；民办养老机构共1528个，床位8.8万张，入住老人5.2万人。各类养老机构服务人员13504人。建有城镇社区居家养老服务中心401个，服务老年人数12.9万人；建有城市社区老年人日间照料中心1272个，服务老年人数62.5万人；建有农村养老服务大院3969个，服务老年人数26.3万人。依托社会力量开展居家养老服务的社区达到637个，占城市社区总数的45%。全省养老床位数达到16.7万张，每千名老人拥有养老床位32.2张，高于全国平均水平。

全省老年医疗护理机构43个，床位数1762张。其中，老年医院12个，床位数746张；二级及以上医院开设老年科21个，床位数842张；临终关怀医院10个，床位数174张。全省养老护理员职业技能培训机构15个，培训学员1544人。

五、老年教育文化

全省创办老年教育机构838个，在校人数75725人。其中，老年大学95个，在校人数44825人；老年学校743个，在校人数30900人。建有老年文艺团体1255个，参加人数6800人，城乡老年文艺组织全省城乡共有老年文艺组织5166个，组织大型文艺演出3229场（次）。建有老年体育协会3213个，参加人数119.1万人，建有老年体育健身组织3866个，组织大型体育活动1448场（次）。

重要会议和活动

【重要会议】1月18日，全省老龄办主任会议在长春召开。会议总结了2015年全省老龄工作，分析老龄工作面临的新形势，部署2016年工作任务。各市（州）、长白山管委会、各县（市、区）老龄办专职主任，代管老龄工作的民政局局长，省老龄办所属事业单位、社团及基金会负责人参加了会议，会议由省老龄办常务副主任杜文革主持会议。会上，松原市老龄办、长春市宽城区老龄办、通化县老龄办分别作了交流发言。宣读了《吉林省老龄办关于表彰2015年度全省老龄工作先进单位和先进个人的决定》，对获得先进称号的单位及个人进行了表彰。省老龄委副主任、省民政厅厅长、省老龄办主任郑国君出席会议并讲话。

4月14日，省老龄办在长春举办全省老龄办主任培训班。培训班上，传达学习了习近平总书记、李克强总理等中央领导同志关于老龄工作的重要指示批示、全国老龄委第十八次全会精神、全国老龄办主任会议精神，并就新形势下我省老龄工作面临的机遇及挑战等内容做了具体的安排与部署，对《吉林省老年人权益保障条例》进行了细致详尽地解读。省老龄办常务副主任杜文革就新时期如何应对我省人口老龄化的严峻形势，发表了题为《站在“两个事关”的高度，积极应对人口老龄化挑战》的讲话。省老龄委部分成员单位联络员，各市（州）、县（市、区）老龄办专职主任，省老龄办机关各处室及所属事业单位全体工作人员参加了会议。

7月5日，省老龄办在集安市举办了全省第一期基层老年协会会长培训班。来自全省各市（州）、通化市各县（市、区）老龄办的有关负责同志，全省优秀基层老年协会会长，通化市各地100名基层老年协会会长等约200人参加了培训。集安市人民政府副市长盖云波参加开班仪式并致辞。省老龄办副主任初晓姝出席会议并作专题授课。

8月18日上午，省老龄办召开落实《吉林省老年人权益保障条例》情况调度会。全省部分市（州）、县（市、区）老龄办主任参加了会议。会议由省老龄办常务副主任杜文革主持。会议就贯彻落实《吉林省老年人权益保障条例》提出要求，明确完成时限，有序推进工作开展。

10月25日，全省第二期基层老年协会会长培训班在白城举行。白城市各县（市、区）老龄办主任、基层老年协会会长、各涉老部门工作人员近200人参加培训。白城市政府副秘书长段颖越、市民政局局长李春棠、洮北区政府副区长姜喜栋等出席了开班仪式。省老龄办副主任初晓姝出席会议并作专题授课。

12月13日，中国城乡老年人生活状况监测调查全省督导员、调查员培训班在长春举办，参加监测调查的5个县（市、区），20个乡（镇、街道）的40多名督导员、调查员参加了会议。省老龄办副主任初晓姝做开班讲话，中国老龄科学研究中心董彭滔博士应邀在培训班上进行授课。

12月29日下午，2016年度市州老龄办主任工作汇报会议在长春召开。会议认真听取了各市州老龄办关于2016年度老龄工作总结和2017年工作计划的汇报；对《吉林省老龄事业发展“十三五”规划（征求意见稿）》进行了讨论，征求了各方面的意见和建议；向各地征求对省老龄办领导班子及成员民主生活会的意见和建议。省老龄办常务副主任杜文革出席会议并讲话，省老龄办副主任初晓姝主持会议。

12月15日至21日，省老龄办分别在长春市、延边州举办“吉林省老龄综合管理信息系统”业务功能基层征询会，对两地被征询县（区）的老龄办主任及信息统计员、部分街道、乡镇、社区老龄工作负责人进行了培训，并向与会人员征询“吉林省老龄综合管理信息系统”的意见和建议。省老龄办副主任初晓姝参加会议并讲话。

【重要活动】2月18日上午，省委政策研究室社会事业与改革研究处处长孔祥文一行三人组成调研组，就我省农村老年人养老问题到省老龄办进行调研，并召开座谈会。省老龄办常务副主任杜文革主持会议，相关处室负责人参加了座谈。会上，介绍了我省农村养老的基本情况和养老事业发展方面取得的成效，分析了我省面临的人口老龄化形势，并明确把农村养老问题研究作为重点调研课题。

3月7日至8日，江西省人大内司委主任委员胡宪一行8人赴吉林省就《吉林省老年人权益保障条例》的立法及实施情况开展调研。在省人大召开了立法调研会。吉林省人大内司委副主任委员马俊杰，办公室副主任张晓峰，省老龄办常务副主任杜文革参加了会议。会上，杜文革就吉林省推进立法相关程序等情况做了介绍，双方还就如何开展老年人权益保障工作等方面做了交流。考察团到长春市绿园区青年路街道银融社区，考察调研了社区居家养老服务工作，对银融社区“互联网＋养老服务”居家养老模式给予充分肯定。

6月7日至8日，黑龙江省老龄办党组成员、副主任于学臣一行4人赴吉林省进行考察调研。考察组到长春市宽城区，对宽城区养老服体系建设情况、社区居家养老服务、政府购买服务、老年优待落实情况等方面进行调研，并到宽城区长山社区，对“12349”为老服务平台进行了实地考察。两省老龄办工作人员还就老年人活动场所建设、经费来源、人员配备等方面工作进行深入交流。

7月6日至9日，全国人大内务司法委员会副主任委员秦光荣一行5人组成调研组，赴吉林省就老年人权益保障工作开展调研。调研组在长春市召开座谈会，座谈会由吉林省人大副主任陈伟根主持，省民政厅厅长、省老龄办副主任郑国君就开展居家养老服务的做法与成效等重点调研内容作了详细汇报，省卫计委、省人社厅、省财政厅等单位结合本部门涉老工作实际分别作了发言。调研组在吉林省委常委、长春市委书记王君正，吉林省人大常委会副主任陈伟根，长春市人大常委会主任李树国等领导的陪同下，实地走访了经开区幸福里助老之家、南关区怡康园老年公寓。调研组赴延边州，就延边州贯彻落实《中华人民共和国老年人权益保障法》和养老事业发展情况进行调研。调研组对吉林省养老工作给予了充分肯定，对完善养老制度顶层设计等方面提出了建设性意见。

8月18日，吉林省首家“12349”社区居家养老服务中心——长春市南关区民康街道九圣祠社区居家养老服务中心正式运行启动。全国老龄办巡视员吴秋风、中龄养老集团副总裁侯永盼、省商务厅厅长丛红霞、省民政厅副厅长唐文忠、省老龄办副主任初晓姝出席了启动仪式，长春市、南关区相关领导参加了仪式。

9月9日至11日，由吉林省老龄办、吉林省商务厅联合主办，吉林省华远会展服务公司承办的首届中国北方养老及康护服务产业博览会在长春国际会展中心举办。博览会吸引了德国德视佳眼科、克罗地亚生态养老等国内外130多家老年产品、用品企业和康护服务机构参展。展会首日举办了“应对人口老龄化与发展老年产业论坛”，省老龄办、吉林大学、东北师范大学、省社会科学院的领导、专家学者分别从积极应对人口老龄化和发展老龄产业等不同角度发表了意见，为发展吉林省老龄产业献计献策。全省各地区老龄办、省老龄委成员单位同志和专家学者共100余人参加了论坛。

9月26日至30日，全国老龄办政策研究部政研处处长肖文印、中国人寿团体业务部处长庞涛等一行3人，到吉林省调研长期护理保险试点和老年人意外伤害险工作。调研组在省老龄办副主任初小姝的陪同下在长春市民政局召开了座谈会，听取了长春市医保局对长期护理保险试点工作的汇报和长春市老龄办开展老年人意外伤害保险情况。调研组还先后赴九台市、和龙市开展调研。

10月8日上午，省政府副秘书长、省老龄委副主任于强在省老龄办常务副主任杜文革、省民政厅副厅长唐文忠、长春市人民政府副秘书长张光耀等陪同下，先后走访慰问了长春市绿园区百岁老人杨丹、贫困高龄老人徐香阁、长春市绿园区至爱老年医疗护理院，代表省委、省政府看望老人们，送去党和政府对老年人的关爱。

10月9日，全国老龄办、全国人大内司委、民政部于在人民大会堂召开了纪念《老年人权益保障法》颁布实施20周年座谈会。会上，吉林省民政厅厅长、省老龄办主任郑国君就推动《吉林省老年人权益保障条例》立法和贯彻实施工作，作了经验交流。

各项业务进展

【老年维权工作】全省建有老年人维权机构100个。其中，老年人法律援助中心70个，老年人法律援助工作站30个。各地加大老年维权力度，建立困难老人法律援助绿色通道，通过落实首问责任制等信访接待制度，对涉及高龄津贴发放、家庭赡养纠纷等问题进行解释、疏导和督办服务。年度受授涉老案件1906件，受援老年人1909人。

【落实老年人优待政策】全省积极贯彻落实《吉林省老年人权益保障条例》和《吉林省优待老年人规定》。市（州）中心城区和县（市）全部落实65周岁以上老年人免费乘坐城市公共交通工具的规定，市（州）、县（市）两级财政共支出1.3亿元补贴资金，新增受益老年人120万。为老年人办理免费乘车卡（券）56.8万个，以补贴方式发放现金补助16.6万元。为老年人办理优待证49.5万个，办理老年人优待证累计达到244.06万个。免费向老年开放场馆121个，对老年人实行减免门票优待的公园园林景点132个。向老年免费体育场所72个，老年人半价场所20个。发放高龄津贴10161.4万元，享受高龄津贴老年人数78477人。

【基层老年协会建设】省老龄办下发了《2016年吉林省基层老年协会规范化建设推进计划》，确定全省建设2000个规范化标准基层老年协会任务。省民政厅从福彩公益金中列支150万元予以支持，专项用于基层老年协会会长培训。省老龄办采取以奖代补的形式，对44个规范化建设成绩突出的基层老年协会给予资金支持。省老龄事业发展基金会向基层老年协会捐赠价值60万元的音响、轮椅、图书等设备，支持协会发展。

全省建有城乡基层老年协会7671个。其中，城市社区老年协会1468个，农村老年协会6203个。城乡基层老年协会中，依法注册登记的655个，占总数的8.5%；在老龄部门备案的6330个，占总数的82.5%。全省参加基层老年协会活动的老年人数77.7万人，占老年人总数的17.9%。

【走访慰问活动】元旦、春节、国庆节和重阳节期间，全省各地、各部门组织开展慰问百岁老年人、养老机构老年人和帮扶特困老年人活动，资金达518.6万元。

1月18日，省老龄办下发了《关于春节前夕开展走访慰问百岁老人、高龄特困老年人及基层老年协会活动的通知》，在全省范围内组织开展走访慰问百岁老年人、高龄特困老年人及基层老年协会活动。

1月19日，省老龄办常务副主任杜文革带队走访慰问吉林市龙潭区遵义街道广西社区百岁老人毕荣华、古川社区贫困老人李秀岩及吉化老年艺术团活动中心。省老龄办副主任初晓姝带队走访慰问了通化市东昌区102岁的陈金太老人和100岁的张玉芳老人及柳河县三源浦镇鲜光村老年协会和通化县开发区河鲜村老年协会。

2月1日，副省长、省老龄委主任隋忠诚在省老龄办常务副主任杜文革、副主任初晓姝，长春市政府副市长桂广礼及市老龄办有关同志的陪同下走访慰问了部分百岁老人、高龄特困老人，并看望了民办养老机构的老年人，向他们致以新春问候和良好祝愿。

【老年文化活动】6月14日，吉林省委宣传部、省老龄办、省文明办、省舞蹈家协会、省音乐家协会主办，吉林电视台综艺·文化频道协办的“庆祝中国共产党成立95周年中老年红色金曲演唱会”节目完成录制。晚会通过百人大合唱、情景舞蹈、独唱、小合唱等丰富多彩的表演形式，回顾光辉岁月，弘扬长征精神。来自全省各地20余个中老年优秀演出团队，近400名中老年朋友参与演出。晚会录制后，面向全省广大群众进行播放。

8至9月份，与省精神文明办、省音乐家协会、省舞蹈家协会、吉林电视台联合举办了“第三届吉林省市民文化节‘优秀社区中老年歌舞才艺嘉年华’”活动。8月5日，活动在临江市拉开帷幕。9月6日，在临江市江心岛广场举办隆重热烈的颁奖仪式，宣布落下帷幕。嘉年华活动历时两个月，来自中省直单位、全省各县（市、区）社区中老年文艺团队的60支代表队约2000名参加了复赛和决赛。吉林电视台对活动进行全程宣传，并在吉视综艺频道播出复赛、决赛情况。

【敬老月活动】2016年“敬老月”活动时间为10月1日至10月31日，其中10月9日为“老年节”。在“敬老月”“老年节”期间，省老龄办和各级老龄部门广泛开展宣传、慰问活动。利用广播、电视、报刊、网络等媒体，播发公益广告；协调移动、联通、电信等部门通过发手机短信开展敬老宣传；老年节当天，在《吉林日报》发老年专版，以省老龄委名义发《致全省老年人慰问信》，以省老龄办名义发表《积极应对人口老龄化挑战，切实做好新时期老龄工作》的署名文章，刊登“全国老年法律维权工作先进集体”光荣榜，介绍了8个获奖集体的先进事迹；积极开展以“关爱老年人，服务老年人”为主题的走访慰问和为老志愿服务活动，省政府副秘书长于强带队慰问。

【老龄新闻宣传】加强了老龄新闻宣传工作，全省各级老龄办共创办老龄内部信息刊物27个，老年类报刊18个，与其他媒体合办涉老栏目15个，老龄网站8个。

黑龙江省

综 述

2016年黑龙江省老龄工作以贯彻落实习近平总书记重要指示批示和重要讲话精神为指导，围绕省委、省政府“五大规划”“十项重点民生工作”和“龙江陆海丝路带”重要部署，深入贯彻全国老龄委第十八次全体会议、全国老龄办主任工作会议和省委十一届八次全会精神，充分发挥“综合协调、督促检查、参谋助手”的职能作用，改革创新，开拓进取，合力推动我省老龄事业健康持续发展。

一是学习贯彻习近平总书记重要讲话精神，提升应对人口老龄化战略定位。习总书记重要讲话发表后，省老龄办立即行动，组织办机关学习座谈，向各市（地）下发了关于认真贯彻落实习近平总书记在中央政治局第三十二次集体学习时重要讲话精神的通知，并借势集中发力，强化宣传推动，向省委、省政府报送了《关于贯彻落实习近平总书记5·27讲话精神，全面推动我省老龄事业发展的报告》，省委书记王宪魁圈阅，省委副书记、省长陆昊，省委副书记黄建盛，副省长、省老龄委主任孙永波给予批示。在全国老龄办举办的“学习贯彻习近平总书记关于加强老龄工作重要讲话精神高层论坛”上，孙永波副省长作了题为《市场化养老产业的初步探索》的主旨报告，贯彻习总书记讲话，强力宣传我省养老产业。积极协调省委组织部，利用“龙江发展讲坛”平台，邀请了全国老龄办党组成员、副主任吴玉韶来我省作了《积极应对人口老龄化，大力发展老龄事业和产业》专题报告，对加强老龄事业和老龄产业工作进行了一次重要培训和动员。省老龄办借助黑龙江老龄网、公众微信号等网络媒体，开展省办党组专题辅导等活动，强化宣传，带动全省老龄系统掀起了学习贯彻习总书记重要指示和讲话精神的热潮。

二是积极参与养老服务业发展，构建老龄宣传工作大格局。省政府先后组织赴南宁、广州、深圳、长沙等地三轮10场天鹅颐养联盟候鸟养老推介会。省老龄办制作宣传推介片《天鹅回归的地方》，完成组织策划、新闻宣传、会务等工作。共有150多家媒体、400余名记者参会采访，共与所到省市养老机构和组织签订150多份合作意向。据不完全统计，2016年，全省共接待候鸟老年人124万余人，进一步扩大了我省“夏季养老天堂”的品牌影响力。全国老龄宣传工作会议在哈尔滨市召开，孙永波副省长在大会上致辞，省老龄办作了题为《做大宣传 聚焦发力 助推龙江老龄事业快速发展》典型发言，借势宣传黑龙江养老产业，叫响“夏季养老到龙江”品牌。在《黑龙江经济日报》刊发了《蓬勃发展的黑龙江省老龄事业》和《生态化的龙江 别样红的夕阳》专版。全国老龄办常务副主任王建军带队来我省专题调研。国家老龄办宣传部与中央电视台经济半小时栏目策划拍摄播出《栖息黑土地的“候鸟老人”》，对我省养老服务业和养老产业的发展进行了强力宣传。深入开展以“敬老爱老 全民行动”为主题的“敬老月”活动。各级政府在“敬老月”期间将慰问养老机构和老年人、老年法律法规教育、依托各种媒体宣传、综合文艺活动形成常态。在全国2015年度十大老龄新闻和老龄新闻宣传好作品评选活动中，我省获得“优秀组织单位奖”、三等奖作品1篇、优秀奖3篇。省老龄办推荐的电视公益片《让敬老的阳光洒满龙江土地》，在2016年全国敬老养老助老公益广告作品评选中获奖。

三是合力推动涉老政策创制，老龄调研工作有序推进。完成《黑龙江省老龄事业发展“十三五”规划》的编制工作，以黑政办发〔2016〕121号文件印发。《黑龙江省老年人权益保障条例》立法进程得到快速推进，已被省人大列为2017年立法正式项目。联合省文化厅、省民政厅推动养老服务业与文化事业融合发展。各地结合工作实际，积极开展政策创制。黑河市先后出台了《支持养老服务业发展实施意见》《推进医疗卫生与养老服务相结合实施方案》；鸡西市出台《关于开展“老年法律服务和法律援助”专项工作实施方案》。全省老龄调查研究工作推进有序，2016年度全国老龄政策调研优秀成果评比中，我省获三等奖1篇、优秀奖2篇。顺利完成了2016年中国城乡老年人生活状况监测调查工作。

四是不断夯实基层老龄工作，惠老民生工作不断加强。对基层老年协会规范化建设“双百”“双千”推进工程进行总结，对1578家达标老年协会进行了表彰。在全省开展“基层老年协会建设提档升级年活动”，对全省老年协会建设提出从数量增加向质量提升转变。佳木斯市组织召开了老年协会建设现场推进会；双鸭山市简化老年协会注册程序，加快基层老年协会的注册登记工作。2016年，省老龄办规范了10个省级“银龄行动”示范基地。全省各地积极开展老年维权宣传活动，以专题讲座、印发《老年法》宣传读本及传单、《新二十四孝》宣传册、《老年人防骗手册》等多种形式开展法规宣传普及，推动全省维权、惠老工作不断加强。哈尔滨市投入1727万元，实现敬老优待证与老年乘车卡二证合一，本行政区域内不满70周岁的老年人实行半价乘车优惠；牡丹江市区百岁补助提高到每月1000元；绥化市百岁老人补助提高到每月2000元；黑河市、大兴安岭地区为全部80周岁以上高龄老人发放高龄津贴。

重要会议和活动

【全国老龄办领导来我省调研】2016年9月10—12日，全国老龄办党组书记、常务副主任王建军和国家民政部社会福利中心党委书记、副主任甄炳亮一行组成国家老龄办调研组，在省民政厅厅长蔡炳华、省老龄办专职副主任李淑梅陪同下到黑河市，就老龄事业发展和跨国旅居养老产业进行调研。黑河市委常委、常务副市长姚龙、黑河市委常委、组织部长姜杨、市民政局党组书记、局长张兆华等陪同调研。

【全国老龄宣传工作会议在我省召开】2016年9月13日，全国老龄宣传工作会议在哈尔滨市举行。会议学习传达习近平总书记关于加强老龄工作重要指示和在中央政治局第三十二次集体学习重要讲话精神；安排部署2016年全国“敬老月”活动；交流老龄宣传工作经验。各省、自治区、直辖市老龄办，新疆生产建设兵团老龄办负责同志、宣传处长、具备出版发行资质的省级老年媒体负责人；计划单列市、省会城市老龄办主要负责同志参加会议。

【邀请全国老龄办领导来我省做专题讲座】2016年11月24日下午，全国老龄办党组成员、副主任吴玉韶应省委组织部邀请在省委党校做题为《应对老龄化挑战，加快发展老龄事业和产业》的专题讲座。主会场有省老龄委成员单位和省养老服务业发展推进组成员单位（共49个）的领导班子成员和有关处室负责人，省直各单位分管老干部工作的负责同志和老干部工作处全体干部，省委党校厅级干部进修班、后备干部培训班、省委党校的部分教师共480多人出席专题教育会。各市（地）、县（市、区）分管民政、老龄工作的负责同志共700多人通过视频系统在各分会场同步观看专题报告会。

【省老龄办领导参加全国老龄办会议】2016年3月29日，

省老龄办专职副主任李淑梅在北京参加全国老龄办召开的2016年全国老龄办主任会议。

2016年12月11日，省老龄办副主任高玉萍应邀参加全国老龄办在天津召开的基层老年协会培训教材征求意见座谈会。

2016年12月13—15日，省老龄办专职副主任李淑梅参加全国老龄办在宁波召开的推进老年宜居环境建设工作座谈会。

【省老龄办领导参加省政府会议】 2016年1月8日，省老龄办专职副主任李淑梅同志按省政府办公厅会议通知要求，列席省政府第58次常务会议。会议第三项：讨论《省政府2016年立法工作计划（草案）》，并将《黑龙江省老年人权益保障条例》列为调研项目中的地方性法规，该条例为重新制定，由省老龄办起草。

2016年2月17—18日，省老龄办专职副主任李淑梅参加省政府在哈市八一宾馆召开的全省养老服务业发展推进会议暨2016年全省民政工作会议。

2016年5月6日上午，省老龄办专职副主任李淑梅在天津参加由黑龙江省人民政府主办的“黑龙江天鹅颐养联盟候鸟养老推介会”。本次推介会的主题是“利用整体生态优势，打造健康养老基地”。候鸟养老推介会是黑龙江省人民政府依托黑龙江天鹅颐养联盟举办，黑龙江省政府副秘书长王大为主持推介会。黑龙江省政府副省长孙永波，天津市政府副秘书长李福海、市民政局局长曲孝丽、市合作交流办副主任张庆恩、市农委副主任李金田、市旅游局副局长何智能、市商务委员会副巡视员李宏，天鹅颐养联盟成员单位、天津市从事养老服务业的相关单位及企业代表共300多人参会。黑龙江省政府副省长孙永波做了主旨演讲。黑龙江省民政厅副厅长王国黎介绍了黑龙江省候鸟养老服务的有关情况；省旅游发展委员会副主任侯伟介绍了全省旅游休闲养老整体优势和精品旅居线路；省农委副巡视员许文涛重点介绍了黑龙江省玉米、大豆、杂粮、杂豆、食用菌、乳品、水产、山产、饮品、蜂品和特色等“适老型”系列产品；省财政厅资产监督管理局局长于治安介绍了黑龙江省制定的一系列发展养老服务业的具体政策，全省可用于养老服务业的闲置资产招商情况，以及省直国有资产的招商程序。黑龙江天鹅颐养联盟及所属养老机构、社会组织、招商项目单位分别与天津市养老机构协会、滨海新区泰达国际养老院等社会组织、养老机构、投资主体签订了9项意向性合作协议，将携手为老年人创造福祉。黑龙江天鹅颐养联盟是由政府牵头成立的联盟组织，主要宗旨是推动省内涉老服务行业的横向联合和省际间的养老服务交流合作，推进候鸟异地养老等养老服务业及相关产业的共同发展。目前，已有14个省份300家涉老服务单位加盟。

2016年7月22日，省老龄办专职副主任李淑梅列席省政府第69次常务会议第三项议题，讨论《黑龙江省老龄事业发展“十三五”规划》，李淑梅同志对编制《规划》情况进行了说明，省老龄委成员单位领导列席。

【省老龄办领导参加省领导主持召开的会议】 2016年2月4日，省老龄办专职副主任李淑梅参加副省长孙永波主持召开的2016年候鸟（旅居）式养老宣传推介活动专题会。会上，孙永波同志讲话，省政府副秘书长王大为作重点任务分工说明，省民政厅领导宣读《黑龙江省2016年候鸟（旅居）式养老宣传推介活动方案》。省民政厅、旅游局、财政厅、农委、卫生计生委、机关事务管理局、老龄办、养老服务行业协会、贸促会分管负责人参加会议。

【省老龄委召开的重要会议】 2016年4月27日，省老龄委第十一次全体会议在省政府会议室召开。省老龄委主任、副省长孙永波出席会议并作重要讲话。省民政厅副厅长王国黎，省老龄办党组副书记、专职副主任李淑梅出席会议。省政府副秘书长王大为主持会议。王国黎副厅长传达了习近平总书记、李克强总理加强老龄工作的指示批示及全国老龄委第十八次全体会议精神。李淑梅主任作了《关于“十二五”时期全省老龄工作情况和2016年工作安排意见的报告》。会议审议并原则通过了《黑龙江省老龄事业发展“十三五”规划》及《省老龄委成员单位2016年为老服务行动计划》。省老龄委各成员单位的委员出席会议，省老龄办机关处级以上干部列席会议。

【省老龄办召开的重要会议】 2016年4月20日，2016年全省老龄办主任会议在哈尔滨市召开。会议传达贯彻落实习近平总书记、李克强总理加强老龄工作的指示批示精神，全国老龄委第十八次全体会议及全国老龄办主任会议精神。研究分析老龄事业发展面临的形势，部署当前和今后一个时期的工作。省老龄办党组副书记、专职副主任李淑梅传达中央领导重要指示批示精神并讲话。省老龄办党组成员、副主任高玉萍传达全国老龄委第十八次全会精神及全国老龄办主任会议精神。省老龄办党组成员、副主任于学臣主持会议并作总结发言。哈尔滨、牡丹江、大庆、鸡西、道里区、北安市、漠河县等七个市地县区代表作了典型发言，各市（地）老龄办负责同志、综合处（科）及所辖一县、一区老龄办有关负责同志及省老龄办机关全体参加了会议。

【省领导参加的慰问活动】 2016年2月2日，省老龄办专职副主任李淑梅陪同吕维峰副省长到武警黑龙江省森林总队机关慰问全体官兵。

2016年2月3日，黑龙江省副省长、老龄委主任孙永波副省长慰问哈尔滨市香坊区百岁老人蔡清和，送去慰问品和慰问金。省政府副秘书长王大为，省民政厅副厅长魏峰，省老龄办专职副主任李淑梅，哈尔滨市民政局局长、老龄办主任张伟林陪同走访慰问。

【省老龄办领导参加的慰问活动】2016 年 1 月 12－13 日，省老龄办副主任高玉萍率队赴省工总局系统开展慰问调研活动，先后走访了亚布力林业局和柴河林业局。对亚布力林业局的老年舞蹈协会、门球协会，柴河林业局的老年太极拳协会进行了慰问，并送去慰问金。走访参观了柴河林业局繁荣社区。调研组一行与森工系统的老龄工作者进行了座谈，对行政体制、老龄工作开局、及候鸟养老旅游产业情况进行了解，并与基层老年协会负责人进行了沟通，对基层老龄工作、协会的规范化建设做出了实务性指导和具体建议。省森工总局老龄办领导及亚布力林业局、柴河林业局领导陪同调研。

2016 年 1 月 26 日，下午，省老龄办党组副书记、专职副主任李淑梅，办党组成员、副主任于学臣带领有关同志一行四人慰问了办原党组成员及退休干部、老党员 8 人，并送去慰问金、慰问品。

【老龄工作调研】2016 年 1 月 5 日，省老龄办专职副主任李淑梅率秘书处相关人员赴省机关事务管理局调研。省直机关事务管理局副局长王兆斌主要介绍了镜泊湖养老服务中心、长江路省级住宅日间照料中心开展养老服务情况及 2016 年养老服务工作思路。李淑梅同志介绍了全省养老服务发展情况，充分肯定了省直机关事务管理局做法及思路。实地考察了长江路省级住宅日间照料中心。省直机关事务管理局生活管理处及省直机关养老服务中心领导陪同参观。

2016 年 1 月 11 日，为进一步促进黑龙江省旅游＋养老的深度融合，以及学习黑龙江省旅游资源系列推介会的宝贵经验，省老龄办党组副书记、专职副主任李淑梅率宣传处和秘书处相关人员赴省旅游局调研，与省旅游局侯伟副局长进行了交流。

2016 年 5 月 23 日上午，省老龄办专职副主任李淑梅率队赴省文化厅调研。省文化厅厅长张丽娜、副厅长韩慧峰及文化厅相关处室负责同志出席座谈会。

2016 年 6 月 7 日，省老龄办专职副主任李淑梅到上海市浦东新区亲和源老年公寓就养老服务和管理情况进行调研。亲和源老年服务有限公司运营管理管理总监王君阳陪同调研。

6 月 21 日，省老龄办副主任高玉萍带领宣传处相关同志到黑龙江省精神文明办就老年志愿者、为老志愿服务和志愿者表彰奖励机制进行调研。省精神文明办调研处处长杜丹向调研组介绍了情况。

【《黑龙江省老年人权益保障条例》修订调研】2016 年 6 月 6－8 日，为加快《黑龙江省老年人权益保障条例》的立法进度，省老龄办副主任于学臣带领《条例》修订调研组成员赴吉林省长春市、吉林市，就立法和贯彻“条例”进行了工作调研。

2016 年 7 月 14—15 日，省老龄办副主任于学臣带领《黑龙江省老年人权益保障条例》修订调研组成员到牡丹江调研。牡丹江市老龄办主任梁玉成陪同调研。

2016 年 7 月 18 日，省老龄办副主任于学臣带领《黑龙江省老年人权益保障条例》修订调研组成员到大庆调研。大庆市老龄办主任于洋陪同调研。

2016 年 7 月 19—20 日，省老龄办专职副任李淑梅、副主任于学臣带领《黑龙江省老年人权益保障条例》修订调研组成员到齐齐哈尔调研。齐齐哈尔市政府副秘书长杨继军、市老龄办主任张丽杰陪同调研。

2016 年 7 月 21—22 日，省老龄办副主任于学臣带领《黑龙江省老年人权益保障条例》修订调研组成员到哈尔滨调研。哈尔滨市老龄办副主任孙凤龙陪同调研。

2016 年 8 月 2—5 日，省老龄办副主任于学臣带领《黑龙江省老年人权益保障条例》修订调研组成员到鸡西、七台河市调研。鸡西老龄办主任孙冬梅、七台河市老龄办主任严保全等陪同调研。

2016 年 11 月 20—25 日，为学习借鉴湖南、江西两省《实施〈老年法〉办法》立法工作先进经验，加快《黑龙江省老年人权益保障条例》的立法进度，省民政厅副厅长吴小平、省政府法制办副巡视员钱世民带领《黑龙江省老年人权益保障条例》修订调研组赴湖南省长沙市，江西省新余市、南昌市，进行了为期四天的调研考察。省老龄办副主任于学臣等参加了此次调研考察。

2016 年 12 月 8—9 日，省老龄办副主任于学臣参加全国老龄办在长沙召开的老年人权益保障法地方配套法规立法工作座谈会。按会议通知要求，省人大内司委副主任委员肖磊代表省人大内司委参会，省人大内司委内务处处长隋连友参会。

各项业务进展

【开展《黑龙江省老年人权益保障条例》修订调研工作】为推动《黑龙江省老年人权益保障条例》（以下简称《条例》）早日出台，省民政厅和省老龄办主管领导四次分别到省人大内司委汇报进展情况，省人大内司委对《条例》修订工作给予全方位的支持。省老龄办和省民政厅先后召开两次立法推进会，确定《条例》修订工作列为老龄、民政 2016 年重点推进工作，条例修订工作取得突破性进展。根据立法工作要求，成立了由省老龄办、省民政厅相关人员组成的“《条例》修订小组”，制定立法工作时间推进表，并赴已经出台本省条例的山东、吉林、湖南、江西四省和我省 10 个市（地）、10 个县（市）进行调研，为充实和完善我省《条例》提供了借鉴和依据。对 38 家省老龄委成员单位及 2 个省直相关部门征求意见。召开了 10 次

《条例（草稿）》修订座谈会，倾听各界公众意见，合理吸纳公众建议，逐条逐款进行研讨，使条例日趋成熟。《条例》立法进程得到快速推进，已被省人大列为2017年正式立法项目。

【开展老龄政策创制工作】完成“十三五”规划的编制工作。在认真总结“十二五”规划完成的基础上，起草《黑龙江省老龄事业发展“十三五”规划》规划，经向各成员单位、各市（地）及相关单位进行四轮征求意见及修改后，以省政府办公厅名义印发。省老龄办、省文化厅、省民政厅联合打造“养老+文化”模式，印发了《关于加强养老服务业与文化事业融合发展的实施方案的通知》。省老龄办参与推进《关于推进医疗卫生与养老服务相结合实施意见的通知》，进一步推进了医疗卫生与养老服务相结合。各地结合工作实际，积极开展政策创制。黑河市先后出台了《支持养老服务业发展实施意见》《推进医疗卫生与养老服务相结合实施方案》；鸡西市出台《关于开展“老年法律服务和法律援助”专项工作实施方案》。

【对基层老龄工作进行指导】对基层老年协会创建工作进行总结表彰。通过实地调研抽查和对上报材料的整理审核，起草、印发了《关于对黑龙江省基层老年协会规范化建设“双百”“双千”推进工程达标单位的表彰决定》，对1578家达标老年协会进行了表彰。对新时期老年协会建设进行全面部署。起草、印发了《关于开展“基层老年协会建设提档升级年活动”的实施方案》，对全省老年协会建设提出从要数量向求质量转变，对如何适应新常态，结合各地实际，如何做好规范化、提升实效性、打造“一地一品”上做出部署。组织召开全省农村老龄工作座谈会。通过座谈，对各市（地）农村老龄工作情况进行摸底，总结成绩、分析问题、研讨发展路径，为下一步召开的全省农村老龄工作会议做全面准备。

【开展基础调查研究工作】摸清底数，完成统计工作。修改、印发了《2015年黑龙江省老龄事业统计报表》，并对回收数据进行了统计和汇总，汇编成册。开展专题调研工作。印发了《关于表彰2015年全省专题政策调研及优秀调研成果的决定》，对我省市（地）上报老龄调研成果进行表彰。依据全国老龄办的工作要求及我省老龄工作实际，印发了《关于开展2016年专题政策调研工作的通知》，完成了对调研报告的收集、整理、严格评审，择优上报全国老龄办，参加全国老龄系统优秀调研成果评比活动。与省社科联沟通协调，开展《黑龙江省贫困老年人生活状况调查研究》和《黑龙江省失独老年人生活状况调查研究》两个调研课题的外包工作。开展全省为老志愿服务调查工作，协调省精神文明办及哈尔滨市老年志愿者协会开展两次调研座谈。参加哈尔滨市老年志愿者协会“关注失能老人‘多帮一’结对爱心接力启动仪式”志愿服务实践活动。

【认真开展2016年敬老月活动】根据全国老龄办“敬老爱老全民行动”的主题，省老龄办在《黑龙江日报》制作重阳节专版，刊登了《致全省老年人的一封信》，宣传了习近平总书记5.27讲话精神，并进行人口老龄化国情教育。制作《老年学习生活》敬老月专刊。联合哈尔滨市老龄办举办2016年黑龙江省敬老月启动仪式，邀请副省长、省老龄委主任孙永波同志及省老龄委成员单位领导出席活动，并联系多家媒体对此次活动做了报道。敬老月期间还开展了走访慰问活动。副省长、省老龄委主任孙永波同志对省旅游养老协会及百岁老人、贫困老人进行慰问，深入了解基层老年协会及老年人的生活状况。联合省文化厅、团省委举办了“情暖夕阳”大型志愿服务活动，为老年人送去一台精美的文艺节目，受到广大老年朋友的热烈欢迎。组织全省各市地认真开展敬老月活动，哈尔滨、齐齐哈尔、牡丹江、佳木斯、大庆等地由主要领导参加，形式多样地开展庆祝和慰问养老机构和百岁老人、贫困老人活动。

上海市

截至2016年底，上海市60周岁及以上户籍老年人口457.79万人，占户籍总人口的31.6%。2016年是“十三五”规划的开局之年，是全面建成小康社会的关键之年，按照上海市委、市政府统一部署和要求，各委员单位合力推进，各区主动作为，社会各界广泛参与，上海老龄事业得到蓬勃发展。

2016年通过加强政策创制，积极推动实践创新，上海修改颁布了《上海市老年人权益保障条例》，编制出台了《上海市老龄事业发展“十三五”规划》，制订了长期护理保险试点方案，实施了上海老年综合津贴制度。老年人的家庭赡养、社会保障、社会服务、社会优待、社会参与等各项权益保障得到进一步加强；以居家为基础、社区为依托、机构为支撑、医养相结合的养老服务格局进一步完善；“五位一体”的社会养老服务体系各项措施进一步落实；老年友好城市和老年宜居社区建设持续推进；尊老敬老的社会氛围进一步浓厚，积极老龄化的理念进一步得到增强。

综　述

一、养老保障

持续调整各类人员养老金水平，切实保障各类养老金领取人员基本生活。2016年，上海实施“调整退休人员基本养老金的统一部署和增幅6.5%左右”的工作要求，对全市2015年底前已办理退休手续的机关企事业单位退休人员，按照定额调整、挂钩调整与适当倾斜相结合的方式增加了养老金，使全市413万机关企事业单位退休人员分享了社会发展成果。调整了小城镇社会保险的养老金，人均月养老金从1416元提高到1546元，涉及49.6万人。调整征地养老人员生活费，参照镇保养老金调整标准，每人每月增长130元左右，征地养老人员月生活费平均标准从1478元提高至1612元，涉及14.7万人。调整城乡居民养老保险的养老金，城乡居民养老保险基础养老金每人每月增加90元，基础养老金标准从660元提高至750元，涉及48.9万人。除此之外，继续发放元旦、春节一次性补助，并增发一次性节日补助费600元，涉及约462万人。继续完善、优化养老金社会化发放服务，新增两家银行作为发放机构，截至2016年末，本市养老金发放机构已达15家，网点数增加到3100多个，方便了离退休人员就近领取养老金。

二、医疗保障

继续完善职工医保政策，提高统筹基金。2016年4月1日起，调整上海市职工医保、小城镇医保的最高支付限额（达42万元）和回乡退职老职工门急诊待遇，实现回乡退职老职工门急诊与全市退休职工门急诊待遇接轨，进一步减轻大病重病患者医疗费负担。建立了统一的城乡居民基本医疗保险制度，2016年1月1日起，对城镇居民医保制度和新农合制度进行了整合归并，60岁以上农村老人的医疗待遇明显提高，三级医院的住院支付比例提高了20个百分点，使农村居民政策范围内住院费用的实际报销水平超过75%。方便农村老人就近看病就医和办理转诊，全市1300多家村卫生室已全部纳入医保结算系统，并开通村卫生室的转诊通道，在村卫生室门诊就医直接报销80%，直接可通过村卫生室执业医生就近办理转诊手续。

调整完善城乡居民大病保险政策，继续实施退休职工住院保障计划。统一大病保险政策，对城乡居民个人负担较重的重症尿毒症透析治疗、肾移植抗排异治疗、恶性肿瘤放化疗、部分精神病治疗等四类疾病，政策范围内个人自负的费用，由大病保险资金再报销50%。上调了退休职工住院保障计划缴费标准，截至2016年10月底，全市退休人员住院保障计划的参保总人数为360.4万人，给付人数100.94万人次，给付金额7.03亿元，全年参保总人数已有明显增加。

统一帮扶补助政策。统一对城镇居民和农村居民的帮扶补助政策，对城乡居民中70岁以上高龄老人的个人缴费给予全额补助；对城乡居民中的“低保”对象、重残人员，对其个人缴费部分给予统一补助。确保广大农村居民应保尽保，由区政府及村集体经济对农村居民的个人缴费给予适当补贴；同时对城乡居民医保的门诊和住院起付线，继续对低保家庭成员、重残人员予以补助。

推进家庭医生制度，加大对老年疾病诊治与防控力度，推进社区舒缓疗护工作。探索“1＋1＋1”医疗机构组合签约，为65岁以上老年人开展免费体检和健康评估，建立和更新健康档案，设置家庭病床和开展居家护理服务。通过扩充社区配药目录（允许每家社区卫生服务中心配备30种以内的非基本药物）、延长配药量（对于诊断明确的慢性病人就诊可配足一至两个月的药量）和延续上级医院处方用药（家庭医生可根据上级医院处方为签约居民延续处方用药），方便老年人社区就医。注重老年慢性疾病防控方面的创新布局，2016年通过医学领域科技项目等相关渠道，在老龄方面布局项目近200项，投入经费约1亿元。全市在以社区卫生服务中心为主的76家医疗机构，共开设居家和机构舒缓疗护床位1700余张，为老年人和临终患者提供居家和机构相结合的舒缓疗护服务。积极开展中医药参与舒缓疗护试点项目，形成一批中医药参与舒缓疗护（临终关怀）服务特色技术，探索中医药舒缓疗护（临终关怀）服务模式。

试点老年医疗护理机构责任保险，支持护理站建设。2016年该责任保险覆盖老年医疗服务护理机构241家，提供风险保额5750万元。为老年医疗护理服务机构在服务过程中对老年人造成的护理伤害以及服务后发生的护理责任事故提供风险保障。自2014年承保至今，累计为539家次老年医疗护理服务机构提供1.61亿元风险保障。规范和支持上海市护理站的开设，2016年制定下发《关于印发上海市护理站管理办法的通知》（沪卫计医政〔2016〕46号）和《关于鼓励社会力量发展本市护理站的通知》（沪卫计医政〔2016〕36号），全市新增执业护理站14家，执业护理站已达34家。

开展基层医疗机构护理员健康照护专项职业能力培训，研究制定“老年医疗护理体系建设规划”。根据《关于印发〈上海市养老护理人员队伍建设专项规划（2015—2020年）〉的通知》和《上海市养老护理人员技能提升专项行动计划》的要求，开展基层医疗机构护理员健康照护专项职业技能培训工作。2016年8月正式开展培训，已完成131名护理员培训。

完成起草《上海市老年医疗护理服务体系规划（2016—2020年）》。规划明确增加本市老年护理服务资源供给，提高老年医疗护理服务水平，到2020年，根据本市老年人口数和护理服务需求整体规划，全市老年护理床位数按照60岁以上户籍人口数的1.5%进行整体布局，其中全市医疗机构老年护理床位数和养老机构护理床位数各占0.75%。各区老年护理床位目标数量，已纳入各区的区域卫生规划中。对于设置老年护理床位的区综合性医院，通过福利彩票公益金给予每张床位1万元的一次性补助。

三、老年福利

实施老年综合津贴制度，继续提高养老服务补贴标准。2016年4月7日，上海市政府出台《关于建立老年综合津贴制度的通知》（沪府发〔2016〕24号），从2016年5月1日起，建立与经济社会发展水平相适应，统一的老年综合津贴制度。该制度对原先实行的70岁以上老年人免费乘车制度进行了方式的优化、覆盖人群的拓展，对原先各区自行执行的差别化的高龄津贴制度进行了统一。对65岁以上的户籍老年人分五档给予补贴，截至2016年底，全市共受理303.4万人，累计发放津贴36.05亿元。全市各部门、各区民政局、各街道、各居村委通力合作，在制度创制、制度的政策设计、系统保障、宣传引导、步骤推进等方面全面协调，实施分区分类受理，就近受理、居村委代为办理，提供人性化的服务，受到了老年人普遍欢迎。

印发《关于调整本市养老服务补贴政策相关数据的通知》（沪民老工发〔2016〕10号），根据本市城乡低保标准、低收入困难家庭经济状况认定标准、最低小时工资标准、城镇企业月平均养老金标准的调整，提高养老服务补贴水平。全市2.7万名服务人员，为32万名居家老人提供社区居家养老服务。其中，约12.8万名老年人经评估得到政府提供的养老服务补贴。

实施重度老年残疾人护理补贴制度，做好老年残疾人辅助器具适配工作，开展老年残疾人康复项目。根据国务院《关于全面建立困难残疾人生活补贴和重度残疾人护理补贴制度的意见》（国发〔2015〕52号）精神，2016年1月1日起正式实施重度残疾人护理补贴，明确护理补贴的标准，惠及各类重度残疾人16余万人。其中，享受到老年残疾人比例约达三分之一以上，进一步提高了老年残疾人康复保障水平。残障人群康复辅助器具服务管理平台实施3年来，为老年残疾人提供系统的、个性化的辅助器具服务，推动老年残疾人康复工作全面发展，其中2016年全市共为2万余名老年残疾人适配了助听器、护理用品、低视力助视器等，改善了老年残疾人的生活状态。开展为老年残疾人提供“送康复服务上门”、残疾人健康体检、老年残疾人工耳蜗手术补助、贫困老年肢体残疾人骨关节置换手术补助等康复项目，加大康复宣传力度，提高康复知晓率。贯彻落实国家残疾预防行动计划（2016—2020年），开展全人群、全生命周期的残疾预防。在“全国助残日”、“全国爱眼日”等各类残疾人节日，开展残疾预防和康复知识宣传，提高市民的康复知识知晓率，深受老年朋友的欢迎。

四、养老服务

着力构建、实施上海“五位一体”养老服务体系。

（一）构建多层次、多样化的养老服务供给体系。

2016年以养老设施布局专项规划为先导，从长期战略任务的定位出发，在全国率先编制了上海市、区县两级养老设施布局专项规划，制定印发《关于推进本市“十三五”期间养老服务设施建设的实施意见》《关于加强社区综合为老服务中心建设的指导意见》等养老设施建设文件，着眼长远，刚性配置，明确标准，优化布局，提升设施功能水平。以市政府实事项目为抓手，巩固9073养老服务格局，不断扩大养老服务供给。1.全年新增7069张公办养老机构床位、50家长者照护之家（已建成73家）、51家养老机构内设医疗机构，为300家存量养老机构安装消防自动喷水灭火系统。2.社区居家养老，全年新建81家老年人日间服务中心，全市运营共计488家；新建73家社区老年人助餐点，全市建成运营633家。社区设施完成新建135家、改建146家标准化老年活动室，委托第三方开展标准化老年活动室“以奖代补”评估工作，经评估全年共有2900家标准化老年活动室获得“奖补”资格。3.着力打造老年宜居社区，从2013年开始，推动街镇建设“社区综合为老服务中心”，打造一个枢纽式的为老服务综合体，为社区老年人提供生活照料、康复护理、精神慰藉、文化娱乐、紧急援助等方便可及的“一站式”服务。目前经评估，2016年全市新建成32家社区综合为老服务中心，通过市级福利彩票公益金给予每家60万元的设施补贴。4.在郊区农村地区发展睦邻互助点，奉贤区、浦东区、金山区、崇明区已完成100多家社区睦邻点，超额完成年度计划，推动农村老年人“不离乡土、不离乡邻、不离乡音、不离乡情”的互助式养老。5.创新启动养老服务包试点工作，制发了《本市推行“养老服务包”工作实施方案》（沪老龄办发〔2016〕17号），面向各年龄段、各类经济状况和身体状况的老年人，通过对辖区内各类养老服务设施、项目以及其他为老服务资源进行分类梳理、整合链接，形成体系完整、内容清晰的服务清单和服务指引。

（二）深入完善养老服务保障体系。

按照《关于全面推进本市医养结合发展的若干意见》，深入推进医养结合发展，满足老年人迫切需求。1.以社区卫生服务中心为提供老年健康服务的重要平台，制定社区卫生服务中心提供的六大类141项基本服务项目，明确其中69项主要服务对象为老年人群，包括社区护理服务、居家护理服务、舒缓疗护服务、老年人健康管理等，项目工作量占社区卫生服务中心总体工作量的比重达到57%。2. 推动社区医疗护理服务和养老照料服务的有机整合，2016年底养老机构与医疗机构签约率达100%，社区托养机构与医疗机构签约率达64%。支持养老机构设置医疗机构。3. 推进养老服务人员队伍建设，破解用人瓶颈。贯彻落实《关于对本市非营利性养老机构实施“以奖代补”扶持政策的通知》，2016年共发放内设医疗机构奖、招用持证人员奖、品牌连锁经营奖奖金共4000余万元。出台《关于养老机构发展社会工作服务的指导意见（试行）》（沪民福发〔2016〕6号），在全市16个区和市属养老机构新设22家养老护理实训点（实习基地），依托上海市福利行业协会开展各类培训，先后开设养老护理员上岗班37个、等级培训班9个，对全市2038名护理员和养老机构负责人进行了专题培训，全年完成培训养老护理员约1.9万名，超年度目标近4000名，其中完成社区居家养老服务一线护理员培训5700多名。4. 推进养老信息化建设，用信息手段支撑养老服务业发展。2016年，正式上线上海市综合为老服务平台（www.shweilao.cn），这既是“为老信息服务统一门户”，也是“养老服务行业管理统一入口”，平台主要包括“头条发布”、“综合资料库”、“办事指南”、“养老地图”、“实用信息”和“网址导航”六个频道，并将在更大范围、更多领域实现养老服务资源的共享对接。2016年，共审核各部门为老服务方面信息化建设项目8个，合计资金1417.7万元。核准项目5个，核定资金529.8万元。5. 提升老年人养老照护支付能力。2016年积极探索长期护理保险制度，制订《长期护理保险服务项目清单》及其配套文件，对服务项目、服务内容、服务标准规范、人员资质要求等内容作了进一步规范，计划从2017年1月起，选取徐汇区、金山区、普陀区实施试点。

（三）推动健全养老服务政策支撑体系。

1. 加强养老服务标准化，新批准立项闵行区社会福利院养老服务标准化试点，并积极推进中福会、亲和源等机构养老、公寓养老标准化以及社区老年失智标准化建设，促进了养老服务业规范化发展，实现了在机构养老、居家养老、老年护理、临终关怀等各个领域全覆盖，形成了良好的辐射带动效应。2. 出台工商登记政策，全面放开养老服务业市场。2016年4月，市政府办公厅转发市民政局、市工商局联合制订的《关于本市养老服务业企业登记管理的实施意见》（沪府办〔2016〕39号），首次明确了养老服务企业的三种类别，即养老机构企业、社区养老服务企业、综合养老服务企业，截至11月底，本市共新设立涉老企业167户。3. 完善养老设施建设扶持政策，2016年8月，出台《关于推进本市“十三五”期间养老服务设施建设的实施意见》，提出了“到2020年，上海要建成丰富多样、布局均衡、功能完善的各类养老服务设施”。4. 落实社区养老机构按居民价格用电政策，细化本市养老社会福利场所享受用电优惠指南。5. 做好养老服务营改增工作，对本市依照民政部《养老机构设立许可办法》设立并依法办理登记的为老年人提供集中居住和照料服务的各类养老机构提供的生活照料、康复护理、精神慰藉、文化娱乐等服务，免征增值税，切实减轻为老服务机构负担，并广泛运用报纸、电视、电台等社会媒体，分阶段开展有针对性、专题化的宣传报道。

（四）扎实推进老年照护统一需求评估体系建设。

完善统一需求评估标准，建立市级老年照护统一需求评估信息管理系统，培育第三方老年照护统一评估机构和评估队伍，注重老年照护资源的整合，鼓励增强老年照护服务能力，稳步开展老年照护统一需求评估工作。全市16个区均已全面开展统一需求评估，截至2016年12月25日，老年照护统一需求评估全市累计申请19207人；已评估15958人。其中，派送社区居家养老服务9453人；派送高龄老人医疗护理计划1666人；已经入住养老机构3000人，另有轮候792人；已经入住护理机构309人，另有轮候196人。

（五）着力打造科学有效的养老服务行业监管体系。

1. 全面加强养老机构的行业监管，印发《上海市民政局关于开展本市养老机构等级评定工作的通知》（沪民福发〔2016〕21号文），开展养老机构等级评定，全年完成150家养老机构等级评定。加强养老机构的分类管理，出台养老机构收费办法，研究制定《保基本养老机构建设要求》、《长期护理床位设置要求》；出台《关于养老服务企业登记的实施意见》，明确经营性养老机构证照办理流程，打开经营型养老机构登记的具体路径，解决养老服务企业先照后证操作性问题。做好养老机构督导工作，印发《2016年养老机构督导工作方案》（沪民福发〔2016〕12号文），组织专家在静安、黄浦、虹口、长宁、宝山、奉贤等六个区的100家养老机构开展实地督导，有效提升了相关机构的医养结合和日常管理水平。建立养老机构诚信档案制度，对所辖养老机构设立与变更、注销、服务收费、政府日常监督检查、社会投诉、行政处罚信息、落实整改情况等进行网上公开，进一步加强养老机构服务管理工作的透明度。建立养老服务的统一投诉热线（962200），积极发挥社会作用，畅通监督渠道，确保监督有效。加强养老服务业行业自律，成立上海养老服务业发展沙龙，畅通政府与企业、社会组织之间的双向交流，为行业从业者开展案例交流、新技术新理念的应用分享搭建平台，交流行业信息，推动行业自律，促进上海市养老服务业健康有序发展。

2. 开展机构养老服务政策措施专项审计工作，上海市审计部门对2015年1月至2016年6月本市机构养老服务政策措施开展专项审计调查。重点对本市养老机构新增养老床位、新增长者照护之家等实事任务的完成情况、养老机构的日常运营和老年人基本保障情况以及中央和本市关于养老机构的财政补贴、税费优惠、金融优惠、医养结合等扶持政策的落实情况进行调查，对审计调查发现的关于养老机构管理、扶持优惠政策推进和部门协调联动等方面存在的问题提出建设性意见，为更好地解决本市养老服务问题提供决策依据。

3. 建立养老用餐服务食品安全工作机制，落实《食品安全法》要求，根据2015年印发的《关于加强养老用餐服务食品安全工作的通知》，加强养老用餐服务食品安全工作以及养老用餐服务机构的食品安全教育和日常管理。进一步发挥社会力量的作用，引导养老用餐服务机构重点开展食品安全地方标准《餐饮服务食品安全管理指导原则》达标评估等工作。

五、老年教育

编制《上海老年教育发展“十三五”规划》，注重提升老年教育服务能力，提升老年教育发展的社会活力，提升老年教育学习品质，推进老年教育内涵发展。研制《2016年度上海市老年教育居村委示范学习点建设标准》和《2016年度上海市多元社会主体参与老年教育认可标准》，推进居村委示范学习点和社会学习点的标准化建设。选择徐汇区、闵行区、宝山区、松江区、奉贤区、金山区六个区共50个学习点，开展居村委示范学习点试点工作。教育部会同全国老龄办、民政部、文化部在上海召开老年教育工作座谈会，承办全国老年教育工作座谈会，研究部署贯彻落实国务院办公厅印发的《老年教育发展规划（2016—2020年）》工作。

探索老年教育师资培训机制，深化老年教育教材资源建设。启动“十三五”老年教育名师孵化工程，实施“百名教学骨干、千名教师培训计划”和“万名助学志愿者培育计划”。全年共计办班24期，培训1935人次。同时，积极探索“老年教育兼职教师注册制度”。组织编撰讲义等学习材料16部。正式出版《老年教育学》《老年教育心理学》《老年教育教学论》《上海老年教育教与学百例》《老年教育ABC》等5部教材。探索推进“四位一体、三通直学”建设，着力开发纸质书、电子书、有声读物、学习课件四种形式的学习资源，已经开发完成上线的电子教材（有书号）100本、有声读物35本、学习课件903单元（其中多媒体课件266单元，移动微课637单元）。“三通直学”平台即手机微信公众号、平板APP、上海老年教育电脑微学网站的新闻发布及维护持续开展，深受老年人欢迎。

拓展养教结合新路径，培育老年人学习组织，稳步推进远程老年教育。制订《在全市普遍开展养教结合工作的实验方案》，对97个标准化学习点开展了资源配送工作，共计配送各类资源8730本（套）；新增养教结合学习点20个，新建标准化学习点20个，完成了年度任务。积极建设“上海市老年学习团队孵化基地”，完成“东、西、南、北”布局，在徐汇区、黄浦区、宝山区、松江区挂牌建立4个“孵化基地”；搭建老年人学习团队管理在线平台，实现在线进行老年学习团队的申报、评估、交流和展示活动，提升老年学习团队的培育和管理水平。运用互联网思维，扩大电视、网络平台传播渠道，创新上海远程老年教育形式、内容、方法和手段，为老年群体提供多样化、个性化和无处不在的优质教育服务。在《上海老年人学习网》开设网上视频课程523门，老年微课堂APP课程105门；“银龄课堂”栏目开设了《环保新生活》课程（共计24讲），受到老年朋友的广泛欢迎。2016年共创建远程学习点5651个，参与远程学习的老年学员60.16万人。同时，为进一步促进远程学习点的组织管理、服务水平，共评定120家示范远程学习点。

充分发挥市退休职工大学平台作用，做好退休老干部教育工作。根据退休人员的实际需求，增设符合退休人员需求的课程，全年的学员人数较去年同期增长了11%。新成立了两所分校，目前共有分校13所，同时还建立了六所老年教育指导分中心，进一步加强对老年教育工作的指导和服务。上海市老干部大学举办四期“青松讲坛”，向社区老年人辐射学校的优质教学和课程资源。上海市老干部大学系统共注册学员1.2人次，开设教学班612个。全市共有26所系统校，其中1所市级校，13所区级校，12所委办（局）、大央企等校。市老干部大学2016年注册学员3015人次，学员人数2021人。

六、老年文娱

举办各类文化艺术活动，开展“九九重阳节大放送”主题活动。举办上海市第十届老年文化艺术节系列活动，由网上展厅、老年人书画、摄影两大主题赛事和十周年展演组成，首创了“网上展厅”试点项目，首次在朗诵和烹饪领域开展老年文化活动，打造“互联网＋老年文艺活动”，共计80余万老年人参与。举办“踏遍青山人未老——上海老年书画会2016采风纪实”画展和“璀璨绽放”老年摄影展系列活动两大主题赛事。举办“上海市第十届老年文化艺术节综合展演”，并在“上海市2016年老年节全天电视大放送”节目中进行播出。围绕中国共产党诞辰95周年和红军长征胜利80周年主题，举办“绚丽戏曲舞台、精彩学习人生——上海市第十一届老年教育艺术节戏曲展演”系列活动，组织市级层面培训、比赛、演出的队伍多达200多支，有老年学员5000余人次参加了本届艺术节的活动。开展《九九关爱——上海市2016年老年节全天电视大放送》，创制《我在你身边·上海市2016年老年节重阳晚会》，以多种多样的形式展示了上海老年人及其家庭的家教、家风、家训，展现团结和睦、孝亲敬老的社会风尚。

搭建老年文化交流平台，积极策划出版老年读物。利用上海书展等阅读平台，在2016上海书展现场，举办数十场适合老年人的图书签售和讲座；出版了一批优秀的老年出版物，由国家新闻出版广电总局向全国老年人推荐的百种出版物中，上海有6家出版社的6个图书项目入选，包括上海书画出版社《中国画入门》、《中国艺术九讲》，上海辞书出版社《标准草书·第十一次本》，上海古籍出版社《茶史漫谈》，复旦大学出版社出版的“上海市老年教育普及教材”系列丛书，复旦大学出版社、上海科学技术出版社、上海科学普及出版社合作出版的“十万个为什么（老年版）”系列丛书入选，涉及老年研究、老年健康、老年生活等各个方面。

举行“九九关爱·重阳歌会”，组织各类老年戏曲公益活动。举办以“党和祖国在我心中”为主题的2016九九关爱·重阳歌会，来自上海市老年基金会各分会、退管系统各条线、各级老年大学、各社区街道的78支合唱队参与了本届歌会。全年共举办《星期戏曲广播会》近30场戏剧曲艺广播公益品牌活动，戏剧曲艺广播公益项目“敬老戏曲公益行”于2016年5月28日起正式启动。

七、老年体育

组织、举办各级、各类体育赛事。组织老年健身团队参加全国多项赛事，举办上海市第十届老年人运动会、上海市第二届市民运动会和多项市级老年赛事，各类赛事成果丰硕，仅上海市第十届老年人运动会即吸引了120万老年人的踊跃参与，充分展示了老年人的健康风貌。

加强社区养老服务设施与社区体育设施的功能衔接，创新老年体育宣传形式。加大对老年体育宣传的力度，通过市体育局官网、“上海老年体育”简报、老年人“科学健身”简报发布体育简闻、图片、报道增强老年人科学健身知晓率，开展信息交流；举办科学健身、养生讲座8次，普及相关知识。全市已建成社区健身苑点9905个、社区公共运动场390处，农民体育健身工程1284处、百姓健身步道444条、百姓健身房140个、百姓游泳池34个、全民健身活动中心7个。

八、老年维权

切实维护老年人合法权益。司法机关全年为老年人提供法律援助725人次，窗口接待老年人13042人次，“12348专线”接听老年人来电咨询8207人次，为老年人解答了关于婚姻家庭、动迁安置、房产买卖、赡养抚养（扶养）、损害赔偿等领域的法律问题；制定并完善了律师、大学生志愿者服务工作规范，全年共接待老年人来访近1200人次，来电300多人次，来信近20件，满意率达98%以上，律师和大学生志愿者为老年人提供各类法律服务150余件；继续与云间漫步心理咨询中心合作开展老年人免费心理咨询服务，接待老年人心理咨询30多人次，满意率达100%。市公安部门成立上海市反电信网络诈骗中心，已侦破电信诈骗犯罪案件3780余起，对主要受害群体为老年人的电信网络诈骗犯罪活动实施严厉打击。市检察、公安部门联合制定《关于印发〈本市盗窃刑事案件立案追诉标准〉的通知》（沪公通字［2016］41号），对盗窃孤寡老人的立案追诉标准设置低于一般盗窃公私财务案件，切实维护老年人合法权益。

强化为老维权服务，开展“老年普法进社区行动”。通过涉老治安案件回访制度，充分运用广播、电视、报纸、互联网等多种宣传平台，向老年群体宣传法律政策，普及法律规定的权利义务，及时解答老年人提出的问题，努力预防和减少老年人信访问题的发生，增强老年人自我安全防范意识，开展老年人权益保障维权宣传。东方广播电台《今日治安视点》栏目、东方明珠移动电视“防范伴你行”栏目、《老年报》的“护身宝典”专栏、开通微信公众号“社区安全屋——为平安加油”、第一财经广播FM97.7《为您服务》以及“敬老月”期间参与举办大型宣传咨询和为老服务活动，各部门通过不同的渠道和平台，组织专业法律人员深入走进社区街道开展法律和心理专题讲座，丰富了老年人的法律知识，也提高了老年人的法律素质，增强了老年人维护自身合法权益的意识，在全市形成了良好的法制氛围，得到了广大老年人的认可和欢迎。

加大养老用餐服务食品安全监管、老年人用品监督抽查，维护老年消费者权益。2016年，市食品药品监督部门针对养老助餐点行政检查2228户次，督促落实食品安全制度，市质监部门组织抽查41家企业生产的成人纸尿裤、老人手机、老视镜等3类41批次老年人用品的监督抽查，切实维护老年人合法权益，切实保障养老用餐、用品消费安全。市工商部门着力打通老年消费维权通道，通过12315热线等共处理老年消费者提出的投诉4743件、举报302件，为老年人挽回经济损失639.8万元。利用遍布全市的居村委会联络点，围绕常见易发的老年消费维权热点问题，组织社区志愿者队伍，开展老年消费安全宣传培训。

九、老年优待

实施老年人入园、入馆、公共交通无障碍出行优惠、优待。贯彻落实《上海市老年人权益保障条例》，上海16家收费公园针对65周岁以上老年人凭老年优待证、身份证等有效证件实行免费入园，推动全市89座公园实施延长开放工作。制定《上海市科普税收优惠政策实施细则》明确规定以免费或实行优惠的方式，给予70周岁以上的老年人免费参观的优惠政策，并且在场馆内部设置轮椅免费借用等为老服务设施。方便老年人出行，轨道站点设有无障碍电梯的轨道站点占站点总数的96%；积极投放可适用无障碍出行的出租汽车，已有70辆无障碍出租汽车投入使用；支持保险公司针对老年群体推出“保险交通卡”，投保人持“保险交通卡”可在工作日非高峰时段和节假日全天免费乘坐上海市除行驶高速公路线路（实行“一人一座”，不允许乘客车厢内站立）、机场线、旅游线及磁浮线外的公交和轨道交通线路。据统计，本市已办理“保险交通卡”1.6万余张。

开展社会为老优待服务。做好养老金上门送发和上门资格协助认证、上门办理身份证服务工作，对年满80周岁以上老人、孤老、残疾老人以及有其他特殊困难、需照顾的人员，依托社区继续开展上门送发养老金服务，共提供上门送发养老金3142人次。帮助老年人群缩小“数字差距”，启动开展以本市中老年社区居民为主要培训对象的移动互联网应用培训工作，老年人通过培训达到“五个会”的学习目标，即通过移动终端会联网、会搜索、会下载、会安装、会使用，增强市民对智慧城市的应用体验。坚持开展尊老社会一条龙服务，新发展3家为老服务实施单位，共计有50家单位加盟尊老窗口单位，为老年人提供更多免费、优惠、优先的为老服务项目。

开展百岁老人统计慰问。做好百岁老人数据统计工作，截至11月底，本市百岁老人共计1895位。继续以市领导名义向新增的百岁老人发放“百岁寿星生日贺卡”。敬老月期间，向全市百岁老人发放了慰问金，展现全社会对百岁老人的关爱之情。

十、老有所为

开展老年志愿者工作，组织第十四期沪疆“银龄行动”。开展老年志愿者网上注册登记工作，规范老年志愿者团体和个人的注册登记，通过市志愿者协会网上登记平台，实现信息共享；开展区县老年志愿者队干部培训和2016年上海市优秀老年志愿者评选活动，授予刘红娣等10名同志为“上海市杰出老年志愿者”、徐士忠等10名同志为“上海市杰出老年志愿者提名奖”、包克中等196名同志为“上海市优秀老年志愿者”。下拨专门经费支持上海市老年科学技术工作者协会、老龄科普工作者及老年科普志愿者，组织老年志愿者积极参与全市科普宣传活动。组织第十四期沪疆“银龄行动”，共有18名老年志愿者赴新疆克拉玛依、喀什地区及莎车县、泽普县、巴楚县8家单位开展为期近两个半月的志愿服务。据统计，医疗专业老专家接待门诊5602人次，参加各级组织的义诊活动13次，服务群众3000多人次；教育专业老专家培训教师536人次，并受邀为非对接单位的400多名教师进行两个轮次的暑期培训。以“银龄路，沪疆情”为主题，参与第六届“上海公益伙伴日”援疆板块，展示了十四年来沪疆“银龄行动”的发展历程。另外，结合12.5国际志愿者日，组织了10名第十四期沪疆“银龄行动”志愿者在襄阳公园开展志愿服务活动，进一步提升“银龄行动”的社会影响力。

扎实做好关心下一代工作。结合纪念建党95周年和红军长征胜利80周年，广泛开展党史国史教育活动，受益青少年达100万人次。积极培树新的工作品牌，长宁区关工委原常务副主任李仁杰被评选为全国12名“最美五老”之一，长宁区“青年马克思主义读书会”被评为“十佳工作品牌”。全市有各级关心下一代组织1.5万余个，组织老干部报告团400余个，举办各类报告会4000余场；关爱工作团2000余个，6000余名离退休干部参加关爱帮教志愿者活动，被帮教对象7000余人。建立校外辅导站700余个，离退休干部近3000人参加。组织1000余名离退休干部担任网吧监督员。1.3万名离退休干部参与扶贫助学活动。

十一、老年文娱、敬老宣传

开展敬老月系列活动，营造良好的敬老社会氛围。结合全国老龄办部署，以“敬老爱老，全民行动”为主题，有计划、有步骤地开展全国第四个“老年节”、上海市第29个敬老日和“敬老月”活动。组织开展走访慰问、“九九关爱·上海市2016年老年节全天电视大放送”、“老年节文艺晚会”、“百岁寿星评选”、“千名老人重阳佘山登高活动”、复兴公园大型为老咨询服务活动、老年艺术节展演等深受老年人欢迎的传统活动，切实关心老年群体，丰富老年人精神生活。与社会组织合作，举办“重阳辰山牵手行”活动，向全市年轻人发出“让爸妈过一个有陪伴的重阳节”的倡议，着力在全市构建“亲情陪伴”“互助陪伴”“志愿者陪伴”和“专业机构陪伴”的陪伴服务网络，给每一位老年人送去温暖的陪伴，举办“老年节”大型宣传咨询为老服务活动，组织业内专家、志愿者、文艺演出团体、现场义诊为老年人提供各类服务。共有为老服务项目25项、义诊服务项目9项、政策咨询项目20项，文艺演出15个节目，宣传展区展板50块，有近400名志愿者参与其中，服务人次约1.55万人，同时通过新华社、解放报、文汇报、上海电台、电视台等主流媒体集中刊发报道，加大宣传力度。开展全国敬老爱老助老评选活动推荐申报工作，向全国推荐30个全国“敬老文明号”候选单位、56个全国“敬老爱老助老模范人物”候选人，弘扬尊老敬老模范。

发挥媒体平台作用，创办《常青树》电视节目开展“敬老宣传”。积极发挥上海广播电视台、东方广播中心、融媒体中心等主流媒体平台作用，通过市级媒体平台播出涉老相关报道、消息863条次，融媒体中心播发相关新闻300多条次，积极宣传党和政府有关老龄工作的方针、政策，展现本市养老法规与保障工作的重大进展，聚焦养老事业的健康良性发展，呼吁孝道文化，为老龄事业发展营造良好氛围。上海市委老干部局、上海电视台等多部门合办《常青树》电视节目，以专题系列节目为主打，展现老同志精神风貌，积极引导老同志展示阳光心态、体验美好生活、畅谈发展变化，积极为党的事业增添正能量。全年已经和即将拍摄播出的共有52期节目，弘扬爱老敬老社会风气。

各项业务进展

【信息发布和老龄科研】《上海市城市总体规划（2016—2040）》提出涉老规划。2016年11月10日上海市十四届人大常委会三十三次会议审议并原则通过《上海市城市总体规划（2016—2040）（送审稿）》，其中提出了“建设老年友好型城市和老年宜居社区”的规划目标：建设和改造一批适老性住宅，提高社区适老性设施建设标准，重视适老性住宅的内部功能和细部设计，实现全市新增住宅适老性达标率达到100%。优化形成以家庭自我照顾为基础、社区居家养老服务为依托、机构养老服务为支撑、医养相结合的养老服务格局，加强社区养老院、长者照护之家、日间照料中心、老年活动室等社区为老服务设施以及无障碍设施建设。为老年人提供多层次交往与多样化生活，建立终身学习服务体系，增设老年学校，提供老年人学习成长环境。至2040年，每万名老年人拥有的老年人休闲福利及学习机构数量达到30个。

做好基础数据统计，开展“中国城乡老年人生活状况监测调查”上海地区的调查工作。完成2016年上海市老年人口和老龄事业监测统计工作。编写《老年人口和老龄事业监测统计信息》、《老龄事业发展报告书》及相关《数据手册》，召开2016老年人口和老龄事业发展信息发布会。对《老年监测统计制度》进行了较大幅度的修改，增删了内容，使之更符合老龄工作的实际情况。同时，对纯老家庭数据库进行维护管理，推进数据库的更新。对老年人口和老龄事业监测统计及纯老家庭数据库的信息员开展定期培训。

根据全国老龄办统一部署，开展“中国城乡老年人生活状况监测调查”上海地区的调查工作。本次调查涉及上海5个区5县的20个街镇的80个居村委，调查样本480份。

积极开展老龄课题研究，做好老龄科研杂志编制工作。上海市老龄科研中心积极组织开展课题研究，完成《第四次中国（上海）城乡老年人生活状况抽样调查报告》《老年宜居环境评估指标体系研究》《上海常住人口老龄化分析预测报告》《老年护理保障制度可行性研究》等多项立项课题研究。开展《养老机构智能化管理现状》《上海老年人异地养老研究》《新形势下公办养老机构发展面临的瓶颈及对策研究》《老年人支付能力》《上海失独老人养老情况研究》《上海市养老小微企业扶持政策》《上海市养老机构消防安全状况调查》等调研活动，并形成详细报告，为上海老龄事业的发展提供了坚实的理论基础和决策参考。全年完成编制4期《上海老龄科学》杂志，聚焦“社区照料”“医养结合”“老龄产业高峰论坛”和“家庭照护支持”，选登40余篇稿件。同步发行的《国外及港澳台老龄信息摘编》围绕“台湾地区长期照护服务模式”“国际养老服务业标准化建设”“国外个人税收优惠型养老保险”和“国外社会组织参与居家养老服务的经验”等热点主题选摘信息。

开展老年教育科研和退管系统老龄论文评选工作。上海市教育部门设立召开了4所高校老年大学“理论研究基地”和5个区“老年教育实验基地”工作例会和课题推进会，收到各分校提交的论文70余篇，汇编《上海老年教育论文集（四）》。接受教育部和中国老年大学协会的委托任务，完成《加强课程资源建设，组织实施学习资源整合计划》和《中国老年教育领导管理方式调研报告》。上海市退管部门组织各会员单位开展老龄领域社会调研和理论研讨涉及老年法、养老服务、医疗保障、老年文化、老年心理等十八个老年人最关心、最直接、最现实的参考议题，共上报学术论文或调查报告288篇，经专家评审，最终选出80篇获奖论文并编印《优秀论文选集》。

举办中国国际老龄产业高峰论坛。举办第六届中国国际老龄产业高峰论坛，围绕“养老服务需求与供给的有效对接”的主题，聚焦供给侧改革、实务与创新、产业与融资等行业热点，邀请政府主管部门领导、海内外养老产业专家学者及资深行业机构、企业代表为会议听众深入解读分析政策趋势及重点、分享国内外养老模式成功经验及心得体会、探讨可行性措施。中国、法国、澳大利亚、英国、日本等国家和地区的政府部门、国际组织官员、国内外知名专家学者、社会学家、企业家和老龄工作者等近500位代表出席会议。高峰论坛同期还举办了“2016中国国际智能养老峰会”“2016中国国际老年住区发展高峰论坛”“2016中国养老机构发展高峰论坛——规划设计、运营管理及风险控制”“第三届老年康复护理高峰论坛”等若干分论坛，业内人士在养老、康复、老龄产业等领域展开了深入交流，共商老龄化热点问题，探讨未来发展前景。

【重要会议】召开2016年市老龄委扩大会议。4月29日，上海市老龄委召开全体（扩大）会议，深入学习贯彻习近平总书记、李克强总理就人口老龄化问题作出的重要批示，总结上海市“十二五”老龄事业发展，研究部署“十三五”期间老龄工作。市委副书记、市老龄委主任应勇到会。根据会议的审议结果，正式印发了《上海市老龄工作委员会工作规则》（沪老龄委发〔2016〕1号），《工作规则》共分“机构设置”“委员单位职责任务”“会议制度”“工作机制”“其他事项”五个部分，共计62条，对老龄委及其委员单位、老龄办职责，以及相关会议、第三方工作评估机制等工作制度进行了规定。

【为老专项活动】举办本市养老服务创新实践案例评选活动。2016年4—6月，举办了上海养老服务创新实践案例征集活动，面向全市征集为有照护需求的老年人提供的、并已在上海市地域内落地运行的养老服务模式，包括机构、社区、居家照护以及家庭养老支持等各类养老服务实例。活动共征集到96个案例，通过初选、公众关注度投票以及专家答辩评审等环节，最终评出10个优秀案例和10个提名案例。获奖案例形式多样、各具特色，涵盖了综合智能养老、社区养老、机构养老、健康服务、家庭支持等多个领域，且均已落地运营，具有创新推广价值且相对完整、可持续的服务模式，既反映了近年来上海市养老服务发展的实践成果，也在一定程度上代表了养老服务未来的发展方向。

大力整治涉老场所火灾隐患。上海市消防局与市民政局联合开展养老机构消防安全专项治理行动，对全市669家养老机构消防安全情况开展“地毯式”排查。累计发现各类火灾隐患1875处，督促整改火灾隐患1721处，临时查封6处，拆除彩钢板临时建筑3378平方米，依法取缔无证无照养老机构10家。同时，针对国家审计署上海特派办《审计报告》中通报“本市16家养老机构未取得消防验收（其中12家存在消防安全隐患）”的问题，督促相关单位落实火灾隐患整改措施。目前，10家养老机构已全部完成消防设施改造并依法办理消防验收手续，6家养老机构已搬离关停。同时深入开展消防安全宣传培训，协调主流媒体开辟消防专版专栏，每周在上海电视台《新闻报道》栏目、《新闻晨报都市消防》专版等集中报道养老机构专项治理进展情况。着力加强移动互联网消防信息服务平台建设，加大社会福利机构负责人、管理人等目标群体信息注册力度。全市公安消防部门组织对社会福利机构管理人员和专兼职消防管理人集中开展消防培训，累计开展培训180余次、5000余人次。

开展“银发无忧”保障工作。2016年“银发无忧”工作按照“政府协助、企业让利、市场化运作”的原则，通过老人自费购买和政府出资购买两个渠道开展。目前已累计承保约811万人次，累计保费15548万元，为约11.2万人次提供7548.1万元赔款。其中，福利彩票公益金出资214.2万元，为困难、高龄老人、“老伙伴计划”志愿者以及80周岁以上的市级以上劳模每人赠送一份“银发无忧”。2016年的“银发无忧”在保费不变的情况下扩大了理赔范围，保障内容新增了对骨裂的赔付，并将旅游意外的赔付范围由中国境内扩展到了境外，给老年人提供了更加全面的保障。

开展老年人健康促进行动暨科普周活动。组织开展上海市老年人健康促进行动暨“2016年老年健康生活科普周”活动。以“老年人如何防止意外伤害、防跌倒”为主题，组织专家深入社区，开展健康知识系列大型讲座。据统计，全市16个区共开展专家讲座35场，直接参与老年人5325人。编印健康生活知识读本《预防跌倒手册》，在科普周期间向参加讲座的老年人免费赠阅。开展“健康文化直通车”活动，以“直通健康百年，乐享美好生活”为主题，将直通车作为主舞台，以LED视频宣传、现场设置展板、组织专家讲座、舞台展演等多种形式，结合老年文化艺术节系列活动的社区巡演，促进了老年人身心健康与生活质量的提高。

开展涉老住宅小区老旧电梯安全评估。积极开展市政府实事项目涉老住宅小区旧电梯安全评估，2016年共评估980台，两年累计开展2613台，并配合相关部门对涉老住宅小区老旧电梯后续更新、改造和维修，排除涉老住宅小区老旧电梯安全隐患。

住房反向抵押养老保险成功推进。自2015年住房反向抵押养老保险试点项目正式落地上海，通过住房反向抵押与终身年金相结合，使老年人享有房屋居住权的同时可从保险公司获得养老金，截至2016年10月底，上海地区反向抵押养老保险试点共完成投保17户22位老人，房屋价值共计5406万元，人均月均养老金10696元。

举办第十一届中国国际养老及康复辅具医疗博览会。博览会于2016年6月8—10日在上海新国际博览中心举行。展会共有301家来自18个国家和地区的企业、机构及社会组织参展，展品涉及养老服务、生活护理、辅助器具、康复医疗、宜居建筑、健康管理六大板块；来自30个国家及地区的近3.5万专业观众现场参观，专业参观人数较上届增长12.7%。展区内专门设立“上海展区”，集中展示“上海2016年养老服务创新实践获奖案例”。同期还举办了“2016中国国际老龄产业高峰论坛”，以“养老服务需求与供给的有效对接”为主题，助推老龄产业发展，正式启动了第五届中国老年福祉产品设计大赛作品的招募工作。

组织“申城万名老人看发展”活动。2016年采取全市统筹、各区自主开展的工作模式，结合各区实际，灵活多样地开展好“申城万名老人看发展”一日游活动。全年共计有独居、困难老人15430名（市级资金10000人）参与活动，亲身感受上海经济社会建设取得的丰硕成果，体验上海日新月异的发展。

【合作与交流】 加强积极老龄化理念的国际交流。2016年5月上海市民政局代表团前往联合国世界卫生组织（WHO）总部，与WHO的老龄化与生命过程司就积极老龄化主题进行了长时间深入会谈，进一步了解关于全球老龄化的最新情况和政策，交流上海建设老年友好城市和构建长期护理保障体系的主要做法。期间，对瑞士老年社会福利、波兰老年人的健康与独立、老年就业、老年教育文化、银色经济、代际关系等多个方面的成功经验进行了友好访问和工作交流。

拓展与香港、澳门地区深入交流合作。2016年12月上海市民政局组织交流代表团赴香港、澳门访问交流。对香港社会福利署、无国界社工组织、香港大学秀圃老年研究中心、香港中文大学赛马会老年学研究所、赛马会流金汇（与香港中文大学医学院等机构合作的为中老年人提供生活医疗服务的综合服务中心）等政府机构、社会组织、科研单位和服务中心，开展深入了解，探讨未来合作的可能。对澳门社会工作局和澳门街坊总会联合会，养老机构和青少年庇护机构，就社会福利、养老服务、社会组织管理及社会工作等问题与澳方进行深入交流。

参加老龄议题国际研讨活动。2016年10月24日，荷兰卫生福利和体育部、荷兰领事馆在上海新天地安达仕酒店举办中荷养老及健康老龄论坛。荷兰卫生福利和体育部长期照护司司长、荷兰大使馆参赞、驻沪总领事及多家荷兰养老产业的企业代表出席，上海市民政局相关单位和部门的负责人在论坛上介绍了上海当前的老龄化形势及相关政策的最新发展。

继续深化与荷兰、日本的传统合作，与多个部长级代表团访沪交流老龄事业。2016年3月，日本养老考察团一行十一人参观市三福院，了解本市养老服务情况，积极探讨加强合作交流的可行性。10月，荷兰卫生福利和体育部长期照护司司长率荷兰代表团一行五人来访上海市民政局，了解上海养老工作的开展情况，增进养老服务领域的传统友好交流。10月、11月，上海市民政局分别组织专业代表团赴日本、荷兰，就养老服务业发展、社会福利领域合作等议题与外方展开交流，取得较好成效。10月19日，应国家民政部邀请，芬兰家庭事务和社会服务部部长尤哈·莱霍拉先生一行访问上海市民政局，介绍了芬兰老年护理领域的经验和专长，并与中方交流了老年护理行业的现状及政府的支持措施。11月21日，加拿大魁北克省卫生厅部长级代表露西·夏尔勒波娃女士一行五人访问上海市民政局，与中方就社会养老领域开展合作进行交流。11月22日，瑞典儿童和老人护理及性别平等事务部长奥萨·雷涅尔女士一行访问上海市民政局，就提升老年照护质量、推动居家养老创新举措等议题进行座谈交流。

与澳大利亚开展护理人员培训合作。2016年9月，市社会福利行业协会与来访的澳大利亚著名养老机构百呵集团（baptcare）就开展护理人员培训等内容共同签署了合作备忘录。备忘录表达了双方加强护理人员培训合作的良好意愿，并约定今后将通过密切合作，选派合适人员赴澳大利亚机构培训实习，学习澳洲的养老服务经验和技巧，为上海养老服务机构输送具有国际视野和经验的养老服务人才。

江苏省

综　述

2016年，江苏老龄化进程进一步加快。截至年底，全省60周岁以上老年人口达到1719.26万，占户籍人口的22.10%，同比增长70.97万人，占比提高0.74个百分点。2016年，《江苏省养老服务条例》及省“十三五”养老服务业发展规划正式实施。全省老龄事业各项工作，政策创制、养老保障、社会养老服务、老年维权等核心业务稳中有进，稳中提质。实现了“十三五”老龄工作良好开局。

一、着眼顶层设计，老龄政策创制更加完备

充分发挥老龄法规政策的引领作用，以顶层设计指导老龄事业发展。编制“老龄事业”和“养老服务业”两个《规划》，明确当前和今后一段时期全省老龄事业和养老服务业的发展方向和发展路径；以问题为导向，制定加强“重点空巢独居老人关爱”、“养老护理员培训”、“老年宜居环境建设”等单项政策文件，并积极推动省相关部门出台一系列涉老政策。各地有突破、有创新、有针对性的老龄政策文件和配套措施密集出台。苏州、扬州、南通三市出台了“十三五”老龄事业发展规划。徐州市政府印发《养老服务设施布局规划》，引领老龄事业和产业科学发展。南通市、苏州市被人社部列为全国长期护理保险的试点城市。南京、苏州市被国家发改委、民政部确定为全国社区居家养老改革试点城市。泰州市出台《标准化社区居家养老服务中心指导手册》，推进了居家养老服务的标准化进程。宿迁市政府办出台《居家养老服务优化方案》，进一步明确了优先发展居家养老的基本方向。这些政策的制定和实施，为推进老龄工作创新发展和整体提升提供了基本遵循和制度保障。

二、着眼老年民生，各类养老保障制度协同推进

不断整合社会保险、社会救助、社会福利、公益慈善等多方资源，加速推进以基本养老、基本医疗、最低生活保障为重点，以慈善事业、商业养老保险为补充的社会养老保障制度体系建设。2016年，加快推进养老保险事制度改革，首次统筹调整机关事业单位和企业退休人员基本养老金，调整后人均基本养老金提高6.9%，惠及全省700多万名退休人员，全省城乡居民养老保险基础养老金最低标准提高到每人每月115元；省级财政共下达28.5亿元保障城乡低保对象73.3万户134.7万人，其中城市14.2万户24.8万人，农村59.1万户109.9万人，对符合条件的老年人全面实现应保尽保；对20.3万“三无”“五保”老人实行特困人员供养，其中城市“三无”人员6362人，农村“五保”人员19.7万人；对80周岁以上老人发放尊老金，全省全年共发放9.94亿元，惠及230.82万老年人，其中百岁以上老年人发放人数5037人，发放金额1800万元；对经济困难的高龄、失能老人发放养老服务补贴共计2.68亿元，惠及37万老年对象，发放养老护理补贴1.03亿元，惠及12万老年对象；“安康关爱行动”老年人意外伤害险参保人数达到731.95万，覆盖全省44%的老年人；老年人长期护理保险探索扎实推进，南通已开展试点工作，在全省率先出台了《关于建立基本照护保险制度的意见》，实行个人缴纳、医保统筹和政府补助按照一定比例筹集保险金，覆盖市区近110万人。进一步促进了各类保障的协同发展，夯实了针对老年人的多重保障。

三、着眼老有所医，老年医疗服务能力不断增强

全省城镇职工基本医疗保险、城镇居民医疗保险和新型农村合作医疗已实现老年人全覆盖。2016年全省城镇居民基本医保人均财政最低补助标准从去年的380元提高到了425元，城镇职工医保、城镇居民医保政策范围内住院医疗费用基金支付比例分别稳定在85%和72%以上。医保政策向老年人倾斜，职工医保退休人员参加基本医疗保险，个人不缴纳保险费，个人账户划入比例高于在职职工，年龄越大，记入比例越高；老年人住院起付线、统筹基金支付比例、最高支付限额等都更为特惠；部分慢性病门诊医疗费用按规定由统筹基金支付，解决老年人慢性病多发、医疗费用负担较重的问题。全省实现了大病保险对参保居民的全覆盖，并规定在大病保险一般补偿措施之外，对低收入人口等困难群体采取降低起付标准、提高报销比例等倾斜办法，实施大病保险精准保障。对65岁以上老年人免费体检和健康指导，以托老服务为特色的社区卫生服务机构持续增长，可为老年人提供上门巡诊、家庭出诊以及24小时呼叫电话等特需服务。2016年，全省经卫生部门批准的老年护理院共有98家，居全国第一，老年医疗机构81家，老年专业医师1559人，专业护士2530人。全省逐步建立起“小病在社区、大病到医院、康复回社区、健康进家庭”的老年人卫生服务新模式，进一步满足了老年人“老有所医”、“医有所惠”、“医养结合”的迫切需求。

四、着眼能力提升，社会养老服务保障更加完善

2016年，城市社区居家养老服务中心重点在巩固挂牌全覆盖的基础上，增加服务内容和提升服务能力。全省共建成城乡社区居家养老服务中心2万多家，实现城市社区居家养老服务全覆盖，苏南、苏中、苏北农村社区居家养老服务中心覆盖率预计将分别达到94%、83%、75%。全年建成老年人街道日间照料中心112所，老年人社区助餐点2050家。南京市、苏州市被国家发展改革委、民政部确定为全国社区居家养老改革试点城市。共有各类养老床位数62万张，每千名老人拥有养老床位数36.4张。在增加养老床位总量的同时，注重床位结构的优化配置，重点支持服务失能、半失能老人护理型机构、护理院的发展，护理型床位数达到15.8万张，占养老机构床位总数的35.1%。全省民办养老机构总数达到1116家，公办民营养老机构数246家，社会力量举办或经营各类养老床位数达到34.8万张，占养老床位总数的56%。全省90%的县（市、区）已建成虚拟养老院等信息化社区居家养老服务平台，14家养老服务组织和机构被确定为国家智慧养老服务试点，省级投入4000万元开发了江苏省养老服务信息管理系统，推进一级开发、四级使用。全面开展养老机构标准化工作，按照居家养老服务中心4A级评定标准，落实居家养老服务管理的科学化、规范化。

五、着眼怡老适老，老年宜居环境建设加速推进

适老居住、出行、生活服务等硬件环境不断优化，严格落实《江苏省人民政府关于加快发展养老服务业的实施意见》所提出的人均养老服务设施用地不低于0.2平方米的标准。完成了江苏省涉老工程建设标准体系项目研究，为养老设施建设提供技术支撑。适宜养老住区建设试点示范工作、无障碍环境建设示范工作、养老服务设施规划制定工作扎实推进。2016年，每个设区市至少启动了1个新建适老住区和1个既有住区适老化改造试点项目，连云港市被命名为国家无障碍环境示范市，全省13个设区市均已全面开展养老服务设施布局专项规划编制。敬老社会文化等软件环境持续改善，2016年，全省深入开展、积极参与“敬老月”系列活动、“敬老文明号”创建、敬老爱老助老模范人物、老有所为人物、老年精神关爱项目、老年春晚等敬老活动，《老年周报》、江苏老龄网、相关涉老传媒等平台积极宣传老龄工作和敬老文化，进一步为老年参与社会发展搭建了平台，弘扬了敬老、养老、助老的文明风尚。

六、着眼社会参与，老年教育、文化、体育事业不断发展

老年教育稳步发展，形成了以省、市、县、社区老年大学和学校为主体，电视、网络老年大学为支持的多层次、多形式的老年教育网络体系，全省各乡镇（街道）依托社区教育中心成立老年学校9000多所，参加学习的老年人约占全省老年人口总数的20%。江苏开放大学开展了老年学历教育，在全国率先实现了老年学历教育零的突破，2016年，江苏开放大学首批19位老年本科学员顺利毕业。全省各类老年活动中心等老年文化场所2万多个，全省老年体育协会和健身场所网络健全，经常参加体育活动的老年人超过600多万人。2016年，全省新建健身步道1500公里，试点建设门球场等基层老年群众体育设施，着力打造老年人健身团队，投入经费250万元，进行老年人新优项目的研发、推广、培训、交流。

七、着眼法律维权，老年人合法权益保障切实加强

“一法两条例”的宣传贯彻更加有力，老年人权益保障法制化水平不断提高，老年优待工作力度进一步加大。省老龄办积极参与省政府督查组，对各地贯彻《江苏省养老服务条例》情况进行督查，在全国老年人权益保障法地方配套法规立法工作会上作经验交流，得到了全国老龄办的高度肯定。中央十大媒体走进江苏，报道了各地保障老年人权益、谋求老年人幸福的扎实行动。2016年，全省办理涉老法律援助案件3692件，为17785名老年人提供法律咨询；排查涉老矛盾纠纷约1000件，调解成功约980件；举办法治讲座、知识竞赛、法治文艺演出100多场次，发放普法资料20多万份，解答老年人法律咨询2.6万多人次。在政务服务、卫生保健、交通出行、商业服务、文体休闲等方面进一步加大了对老年人的优待和优惠力度，使老年人合法权益保障得到了切实的巩固和提高。

重要会议和活动

【第四届“中国人寿”杯老年春晚】1月13日，由省民政厅、省老龄办、中国人寿江苏分公司联合主办，云媒体电视江苏老年承办的全省第四届“中国人寿”杯老年春节联欢晚会在南京市保利大剧院举行。晚会以“好大个家”为主题，共演出歌舞、戏曲、器乐、小品、服饰走秀等22个节目，所有演员均为老年人。省老龄委主任、副省长许津荣出席晚会，省老龄委副主任、省民政厅厅长侯学元，省民政厅副巡视员沙维伟，以及部分省老龄委成员单位负责同志观看了演出。本届老年春晚自2015年4月启动以来，在全省范围内进行了多场海选，各地1600多支艺术团队，近三万名老年人积极参与。晚会分别在南京、镇江、扬州、淮安举办了声乐、综艺、舞蹈和戏曲四个专场汇演。

【涉老组织联谊会】1月22日，全省涉老组织2016年新春联谊会在南京举行，陈焕友、顾浩、凌启鸿、王湛、李佩佑、李仁、张品华等老领导以及30多个省级老年团体和涉老组织的代表出席了联谊会。陈焕友老书记发表讲话，省老龄协会会长凌启鸿、省老龄事业发展基金会会长李佩佑通报了省老龄协会、老龄事业发展基金会的工作。省老龄委副主任、省民政厅厅长侯学元通报了2015年全省老龄工作取得的成绩和2016年的主要工作安排。第十四研究所老年艺术团表演了一台文艺节目。

【省老龄办主任会议】4月8日，全省老龄办主任会议在南京召开，会议学习贯彻习近平总书记、李克强总理等中央领导同志关于老龄工作的重要指示批示精神和全国老龄办主任会议精神，回顾总结“十二五”时期全省老龄工作取得的成绩，研究分析“十三五”时期老龄事业发展面临的新形势，部署2016年全省老龄工作任务。省民政厅党组成员、老龄办主任夏春青出席会议并讲话，各市民政局分管局长、老龄办专职主任及部分县（市、区）民政局分管局长参加了会议。南京、无锡、徐州、南通、张家港及南京泰乐城养老中心、常州枝秀家政服务有限公司等7家单位作了交流发言。

【省老龄工作业务培训】5月17日至19日，全省老龄工作业务培训班在南京举办，省民政厅党组成员、省老龄办主任夏春青在开班式上作动员讲话。全国老龄办副主任吴玉韶以“贯彻总书记指示精神，推进老龄事业创新发展”为题上了第一课。培训班共设置了7个专题讲座，由业内领导、专家和资深从业者授课，就国外养老服务经验与借鉴，贯彻落实江苏省养老服务条例、深入推进社区居家养老服务工作，推进安康关爱行动，养老数据支援中心平台建设及应用服务，政府支持养老服务措施，养老服务综合体运营与管理等方面进行专题授课和交流。全省13个设区市民政局分管局长、老龄办主任、各县（市、区）老龄工作分管局长共130人参加本次培训。

【省老龄宣传工作会议】8月30日，全省老龄宣传工作会议在扬州召开。会议回顾总结了“十二五”时期全省老龄宣传工作，表彰了36家全省老龄宣传工作先进单位，研究部署了当前和今后一段时期老龄宣传工作任务。省民政厅党组成员、省老龄办主任夏春青出席会议并讲话。各设区市老龄办、部分县（市、区）老龄办主要负责同志参加了会议。扬州、无锡、盐城、泰兴、常州市武进区、张家港、老年周报社作了交流发言。

【第五届南京老年产业暨康复福祉博览会】9月27日至29日，由省民政厅、省残联、省老龄办和省贸促会联合主办的第五届南京老年产业暨康复福祉博览会在南京国际博览中心举行。展览分为养老服务区、康复辅具区、养老机构区、文化养生区、健康产品区和公益展区等，参展企业近300家，参展面积近2万平方米。民政、残联、商务、养老机构、金融机构、卫生系统等专业观众逾5000人进馆参观。

【省庆祝老年节文艺联欢会】10月9日，由省民政厅、省老龄办、省老龄协会联合主办，江苏健康广播承办的江苏省庆祝2016老年节文艺联欢会在南京市人民大会堂举行。联欢会以“敬老爱老，全民行动”为主题，演出12个展现孝老爱亲、老年人生活、重阳节传统的节目，现场近3000名老年人观看了联欢会。

【庆祝“敬老月”及老年周报改版仪式】10月10日，由省民政厅、省老龄办主办，老年周报承办的江苏省庆祝2016年敬老月及老年周报改版仪式在南京玄武湖公园举行。现场为老年朋友们免费发放新版的老年周报，同时老年周报微信公众号也于当天正式上线，仪式还为周报改版“金点子”获奖代表颁奖，并为老年周报特邀通讯员颁发受聘证书。

【老年人口信息和老龄事业发展新闻发布会】10月21日，省民政厅、省老龄办召开新闻发布会，发布《江苏省2015老年人口信息和老龄事业发展状况报告》。省老龄委副主任、省民政厅厅长侯学元对报告作了说明，省民政厅党组成员、省老龄办主任夏春青主持发布会。《江苏省2015老年人口信息和老龄事业发展状况报告》包括老年人口信息和老龄事业发展状况两个部分，其中老年人口信息部分主要发布老年人口概况、性别构成、人口变动、百岁老人、各设区市老年人口数据等内容，老龄事业发展状况部分主要发布养老保障、医疗保障、养老服务、精神关爱、权益维护等内容。新华日报、现代快报、凤凰网等14家新闻媒体参加了发布会。侯学元和夏春青就“老年人助餐”、“养老床位‘一床难求’”、“养老补贴标准和发放”、“江苏省‘十三五’养老服务业发展规划”等社会关注的热点问题回答了记者们的提问。

【首届长三角（中国）养老产业峰会暨养老产业“专业化连锁”主题论坛】12月17日，首届长三角（中国）养老产业峰会暨养老产业“专业化连锁”主题论坛在南京举行。来自长三角养老企业代表及国内外养老领域专家400余人参加峰会。全国老龄办政研部主任李志宏，江苏省民政厅党组成员、省老龄办主任夏春青出席峰会并致辞。峰会以“连锁化养老，产业链服务”为主题，以“高端化、国际化、趋势化、生态化、品牌化”为亮点，着力促进养老服务、养老用品、养老医疗、养老娱乐、养老金融等全产业聚集、协同发展。峰会同期还组织了“品牌化、专业化连锁”主题论坛，成立了江苏省老龄产业协会老年失智照护专业委员会，启动了“失智老人走失预防及救助公益行动”，并举行了首届佰仁杯“关注失智老人照护”征文大赛颁奖仪式。

各项业务进展

【安康关爱行动】2016年，全省“安康关爱行动”老年人意外伤害保险参保覆盖率达到44.41%，比40%的年度目标高出4.41个百分点，超额完成任务。4个市参保率超过了40%，5个市突破了45%，镇江和苏州高达71.46%和66.07%。全省共支付保险赔款1.53亿元，理赔人数达到23万人次，在盐城“6·23”特大风雹灾害后，江苏国寿“特事特办，快速理赔”，及时向61名出险客户支付赔款共计71.66万元。紧紧围绕“以老为本，为老服务”的理念，不断开展志愿服务、健康管理、物品捐赠、慰问老人、文艺汇演等各类为老服务活动，体现了“安康关爱行动”的公益性和社会责任。国寿与民政进一步深化战略合作，探索商业保险参与更多民生和社会治理领域，更好地为经济社会发展服务，减轻政府的压力和管理成本，扬州初步形成了“5+X”的“扬善”民生系列保险体系，打开了民生商业保险的新局面。

【老年精神关爱工作】开展全省老年“精神关爱”项目的招投标工作，2016年老年精神关爱经费主要委托省政府采购中心采取公开招投标的方式，重点支持全省有创新性、反响良好的，关注困难老年人的精神关爱项目。共推出了“温暖空巢”、“老年心理健康”、“老年文体活动”、“老年媒体宣传”等33个老年精神关爱项目。全省各地250多个社会组织、企事业单位参加了公开招投标，经过资格审查、专家评审、公示等程序，最终33个项目中标、签约，为全省有需要的各类老人提供精神关爱服务。

【重点空巢独居老人关爱工作】省老龄办出台《关于进一步加强重点空巢独居老人关爱工作的通知》，以问题为导向，直接指向目前空巢独居老人发生意外情况无人知晓这个重点难点问题。要求各地督促落实家庭责任，深化社区关爱服务，建立定期探访和固定联系人制度，加强安全监管和排查，全方位织牢重点空巢独居老人安全网。江苏老龄事业发展基金会将老年公益慈善与“互联网+”相结合，全年公益支出760.1万元，关爱空巢独居困难老人及救灾等等，打造“老年希望工程”。

【“敬老月”活动】2016年9月19日至10月21日期间，江苏省老龄委开展了以“敬老爱老、全民行动”为主题的敬老月活动。省本级首次开展“十个一”系列大型敬老活动，分别是：召开一次联络员会议，举办一次老年博览会，召开一次新闻发布会，组织一次老年节慰问，致全省老年人一封信，举办一次老年节文艺汇演，举行一次为老服务广场活动，免费发放2000册《江苏老龄100问》，出一期“敬老文明号”专题特刊——《奏响敬老文明时代强音》，开展一场老年养生讲座。各地也大力开展走访慰问、老年优待维权、为老志愿服务、老年文化体育、敬老爱老主题教育、人口老龄化宣讲等敬老活动。全省各地开展为老服务活动1277场次，走访慰问困难老年人87万，发放慰问金和各类物品价值6207万元。

【“敬老文明号”创建】深入开展第二届“敬老文明号”创建，这次创建活动范围广、参与单位多，全省13个市，20多个行业、1万多个单位积极响应，最终127个单位被命名为省级“敬老文明号”，60个单位被命名为全国“敬老文明号”。无锡、徐州、盐城、镇江市在卫生、教育、交通等部门开展行业创建活动。另外，在全国各类评选推荐活动中，全省11家单位被评为全国老年法律维权工作先进集体，2人被评为全国“老有所为”先进典型人物，109人被表彰为全国“敬老爱老助老模范人物”。

【老龄新闻宣传】突出积极老龄化宣传导向，创新宣传思路，拓展宣传广度，挖掘宣传深度，老龄宣传工作呈现前所未有的活力和态势。发挥《老年周报》、江苏老龄网、老龄简报的宣传阵地作用，宣传老龄工作政策、反映各地老龄动态，倡导敬老文明新风。2016年，老年周报出版102期，发行量超过15万份；老龄简报编发12期，发稿37万多字；老龄工作网20个栏目累计发稿3176篇。《新华日报》、《中国社会报》、新华网等涉老专题报道150多篇。江苏民政、《老年周报》、老龄产业协会等开通了微信公众号，积极宣传涉老动态，弘扬主旋律，传播正能量。

【养老服务人才培养】大力开展养老服务人才免费培训和鉴定，至2016年底，省本级举办了三期养老服务人才培训班，对全省360名技师级养老护理员、中级营养配餐师以及养老服务机构负责人进行培训，起到了良好的示范作用。各地分期、分级、分类举办培训班200期，培训各类养老服务人员9906人，有效提升了养老服务人才队伍的专业化水平和能力。

【养老产业发展】创新政策支持，助推老龄产业集聚发展。2016年底，全省共建成省级健康养老服务业集聚区1个，在证交所挂牌的养老服务企业6家，投资建成20亿元以上的养老服务项目5个，省本级和苏州市分别成立养老产业投资基金，全省补短板重大项目2016年投资计划中，10个养老产业项目投资总额超过600亿元。

浙江省

综　　述

2016年，全省老龄工作在省委、省政府的正确领导下，各地、各成员单位加强老龄工作创新，加快推进各项制度建设，大力发展老龄事业和产业，应对人口老龄化的基础更加扎实、制度更加完善、措施更加有力。

一、养老和医疗保障水平进一步提高

截至2016年底，企业基本养老保险参保人数为2323.02万人（其中企业离退休人数为612.47万人），正常缴费人员养老金月均水平超过2910元。城乡居民基本养老保险参保人数1233.12万人，其中60周岁以上领取养老金人数为542.49万人，基础养老金最低标准提高到120元/人月。享受高龄补贴的老年人有133.49万人，月人均53.38元。不断完善医疗保障和医疗救助制度，全省城镇基本医疗保险参保人数达到5178.11万人，其中城镇职工医保2017.50万人、城乡居民医保2975.79万人，参保率达95%以上，老年人基本达到应保尽保。资助特困供养人员、低保家庭和低保边缘家庭中的老年人参加城乡居民医保，其中个人缴费部分由当地财政负责解决。全省得到医疗救助410万人次，其中有36.24万老年人得到医疗救助。截至2016年末，全省有在册低保对象84.05万人，其中老年人30.87万人，城乡低保平均标准分别为每人每月678元和631元。

二、社会养老服务体系建设加快推进

截至2016年末，全省共有各类养老机构2365家，养老床位数38.42万张，百名老人拥有养老床位3.73张；其中民办养老机构1271家，床位23.76万张，民办养老床位占总床位的61.84%。全省已建市、县（市、区）养老服务指导中心100个，乡镇、街道养老服务中心1317个，城乡社区居家养老服务照料中心22339个，日间照料及托老床位23万张，专职护理人员4.90万名；建有老年食堂12065个；建立居家养老志愿者服务队伍19372支，参与志愿者43.14万人。享受政府购买养老服务的老年人达到33.22万人，各级政府补贴总额达4.06亿元。

三、老年宜居环境建设有力推进

2016年，全省启动了省老年宜居环境建设标准及测评体系研究，推进编制浙江省“老年友好城市”和“老年宜

居社区”创建指导手册，加强老年宜居环境建设的指导性和可操作性。省老龄办联合省建设厅开展了“老年友好城市”创建情况专项督查，组织9个创建城市开展交流检查和经验学习。省老龄办联合省旅游局启动2016年老年养生旅游示范基地评选工作，已累计命名老年养生旅游示范基地37个。

四、老年活动设施建设加快，管理和服务水平进一步提高

截至2016年末，全省共有各类老年活动中心（室）3.44万个，总建筑面积898.06万平方米。全省进一步加强老年活动中心规范化建设，“四星级”、“三星级”、“二星级”、“一星级”老年活动中心（室）分别达到53个、1334个、8919个和4519个，各级老年活动中心（室）建设和管理水平不断提高。

五、老年教育健康发展，文体活动日趋活跃

截至2016年末，全省已建立老年电大分校及教学点12897个（所），比上年同期增加210个（所），增加1.65%。注册学员人数92.60万人，本年止累计毕（结）业学员387.07万人次。全省老年大学及分校超过206所，在校学员18.50万人；老年学校2448所，在校学员17.25万人。各类老年文艺团队1.69万个，参加活动老年人达49.52万人；老年体协3.19万个，有会员381.75万人，经常参加体育活动的老年人有657.47万人。

六、老年人依法维权意识增强，基本权益得到有效保障

2016年，各级人民法院按照涉老案件“三优先”的原则，受理涉老案件5228起，比上年同期增加557起，上升了11.92%，共审结案件4911起，占受理案件总数的93.93%；执行3423起，占审结案件总数的69.70%。全省各级已建老年法律援助中心489个，援助涉老案件4809件；已建各类老年维权机构4093个，从事老年维权工作的专兼职工作人员6216人。各级老龄办和基层老年组织收到涉老群众来信4481件，比上年减少0.62%，得到妥善处理的3437件，占总数的76.70%；接待涉老来访22861人次，比上年增加4.19%，反映问题得到妥善处理的21887人次，占总数的85.73%。2016年，全省救助经济困难老年人48.86万人（含纳入“低保”30.87万人），比上年增加1.68%，其中城镇10.70万人、农村38.16万人。救助总金额19.43亿元，比上年增加22.04%。

七、基层老年组织规范化建设进一步加强

截至2016年末，全省共建立31451个老年人协会，其中273个街道办事处和586个乡（镇）建立了老年人协会。共有3899个社区建立老龄工作小组，占社区总数的94.02%。有3923个社区建立老年人协会，占社区总数的94.60%。全省社区老年人入会总人数238.80万人，占社区老年人口总数的70.32%，入会率最高的是台州市，为86.69%。社区老年人协会达到规范化建设标准的有3666个，占已建社区老年人协会总数的93.45%。

重要会议和活动

【全省老龄工作专题学习暨年中分析会】7月28日，省老龄办在舟山市召开了全省老龄工作专题学习暨年中分析会，专题学习了习近平总书记关于加强老龄工作的重要指示精神和中央政治局第三十二次集体学习会议精神，回顾总结了上半年工作情况，对下半年重点任务进行了安排部署。

【“孝行为善——关怀特殊困难老人”活动】9月28日，浙江省老龄办与中国人寿浙江省分公司联合在舟山开展“孝行为善——关怀特殊困难老人”活动启动仪式。省民政厅副厅长、省老龄办主任苏长聪、中国人寿浙江省分公司副总经理出席活动并现场慰问特困老人。

【浙江省2016年“敬老月”暨省第十六届老年文化艺术周全省“送文化”巡演活动】10月9日，省老龄办在杭州举行浙江省2016年“敬老月”暨省第十六届老年文化艺术周全省“送文化”巡演活动启动仪式。省民政厅副厅长苏长聪等有关领导出席。

【习总书记重要讲话精神学习会暨全省老龄干部培训班】11月9日—12日，省老龄办在杭州举办习总书记重要讲话精神学习会暨全省老龄干部培训班。省民政厅副厅长、省老龄办主任苏长聪出席开班仪式并作动员讲话。

各项业务进展

【习近平总书记重要讲话和批示精神的学习贯彻】2016年，省老龄办把总书记讲话精神和批示精神作为重要学习内容，制定具体学习方案，组织专题学习，通过处室集中学习、个人自学等方式，认真学习讲话和批示原文，深入交流学习体会，深刻领会讲话精神和批示精神的丰富内涵、精神实质和重大意义，联系我省老龄工作实际，研究部署贯彻落实。下发了《关于学习贯彻习近平总书记在中央政治局第三十二次集体学习时重要讲话精神的通知》，在全省老龄系统掀起学习习近平总书记重要讲话精神的热潮，推动各级老龄办把学习贯彻讲话精神与“两学一做”学习教育相结合，与谋划“十三五”老龄事业发展相结合，切实增强老龄干部政治意识、大局意识、核心意识、看齐意识。

【省老龄事业发展“十三五”规划编制】2016年，省老龄办组织开展了省老龄事业发展“十三五”规划基本思路研究，结合第四次城乡老年人生活状况抽样调查，积极推进规划编制工作。在丽水、杭州分别召开规划征求意见座谈会，广泛征求全省老龄系统、省老龄委各成员单位的意见建议，并做好了与其他专项规划的衔接配套。2016年底，规划已经通过专家论证，将于近期正式发布。

【老龄政策研究】2016年上半年，省老龄办启动了省老年宜居环境建设标准及测评体系研究、推进编制浙江省"老年友好城市"和"老年宜居社区"创建指导手册，加强老年宜居环境建设的指导性和可操作性。启动省老年消费需求调查研究，为推进养老服务业发展提供决策参考。在全省老龄系统部署了2016年专题政策调研暨优秀调研成果评选活动，发挥各级老龄办在牵头、参与、推进政策创制中的积极作用，补齐老龄事业发展短板，填补老龄制度建设缺项。

【特殊困难老人社会工作服务】2016年初，省老龄办在11个县（市、区）全面推进浙江省特殊困难老人社会工作服务示范项目，下发通知明确了服务主体、服务对象、服务内容、服务目标和工作要求。在每个试点县（市、区）开展了社会工作实务培训，培训骨干社工和志愿者近千人，引领带动了基层社会工作人才建设，推动建构了为老服务的专业社会支持与保护网络。同时，组织各地相关项目负责人赴广州、深圳考察培训，进一步开阔视野，学习先进经验，有效推动各地积极探索具有本土特色的老年人社会工作服务模式，进一步推进专业社会工作介入老龄工作。

【老年宜居环境建设】2016年，省老龄办开展了"老年友好城市"专项督查，组织9个创建城市开展交流检查和经验学习。12月14日，全国推进老年宜居环境建设工作座谈会在宁波市召开，深入贯彻由全国老龄办、国家发改委等25个中央部委发布的《关于推进老年宜居环境建设工作的指导意见》精神，分析了全国老年宜居环境工作面临的新形势，明确了老年宜居环境工作新任务，宁波等部分省市在会上交流了老年宜居环境建设工作经验。省老龄办以政保合作为契机，加强项目调研，积极协调相关部门贯彻落实全国老龄办、民政部、财政部、中国保监会出台的《关于开展老年人意外伤害保险工作的指导意见》，积极争取统筹推进我省老年人意外伤害保险工作。

【老年人权益保护工作】2016年，全省各级人民法院按照涉老案件"三优先"的原则，受理涉老案件5228起，比上年同期增加557起，上升了11.92%，共审结案件4911起，占受理案件总数的93.93%；执行3423起，占审结案件总数的69.70%。全省各级已建老年法律援助中心489个，援助涉老案件4809件；已建各类老年维权机构4093个，从事老年维权工作的专兼职工作人员6216人。

【银龄行动】2016年，省老龄办首次面向社会公开征集"银龄行动"项目。有20多个社会组织踊跃参与，通过专家论证确定了8家社会组织申报的项目，主要的服务方向包括经济服务、文化服务、健康服务三大类。同时完善了项目合同，强化了监督检查，保障了项目质量。深入推进圣奥•独居老人暖巢行动。下拨了第二阶段经费，从项目认识、服务对象、服务内容和形式、项目资金使用和管理等方面进行了进一步安排部署，进一步发挥老年协会作用，探索独居老人关爱服务的长效机制。

安徽省

综　　述

截至2016年底，安徽省60周岁及以上人口为1102.2万人，占总人口的17.8%。其中，65周岁及以上老年人743.5万人，占总人口的12.0%。2016年，全省各级老龄部门贯彻落实习近平总书记关于加强老龄工作的重要指示和在中共中央政治局第三十二次集体学习时的重要讲话精神，在全国老龄办正确指导下，坚持党委领导、政府主导、社会参与、全民行动相结合，坚持以人为本、服务老龄，按照省委省政府决策部署和老龄工作年度任务安排，以学习宣传贯彻2016年3月1日正式施行的《安徽省实施〈中华人民共和国老年人权益保障法〉办法》（以下简称"《实施办法》"）为主线，强化基层基础，创新方式方法，不断实现老有所养、老有所医、老有所为、老有所学、老有所乐。

一、持续健全老年社会保障制度

一是社会保障范围进一步扩大。至2016年底，全省城镇职工基本养老保险参保人数达892万人，较2015年末新增35万人；城乡居民社会养老保险参保人数为3431.9万人，较2015年末新增35.42万人。城镇基本医疗保险参保人数达1621.39万人，其中，城镇职工基本医保参保人数为781.82万人，含退休人员231万人，城镇居民基本医保参保人数为839.57万人。新型农村合作医疗参合人口数为5120.9万，参合率达102.5%。二是退休人员养老金水平进一步提高。据统计，全省参加2016年养老金调整的退休人员共计298.2万人，月人均增加基本养老金161元。其中企业退休人员240.5万人，月人均增加基本养老金147元，调整前月人均基本养老金水平为2024元，调整后为2171元；机关事业单位退休人员57.7万人，月人均增加基本养老金216元，调整前月人均基本养老金水平为3523元，调整后为3739元。三是医疗卫生保健进一步发展。至2016年10月底，全省60周岁以上计划生育困难家庭老人和65周岁以上老人规范化管理达6001415人，规范电子建档管理率为80.27%，高血压患者规范管理率达63.02%，Ⅱ型糖尿病患者规范管理率达90.30%，家庭医生签约率达30%以上。四是进一步加大社会救助力度。继续实施农村五保供养民生工程，至2016年底，全省五保供养对象41.2万人，月人均585元和434元。继续将低收入老年人高龄津贴和居家养老服务补贴制度列入省民生工程实施，21万余名低收入老人享受居家养老服务补贴。全省普遍建立80周岁及以上老年人高龄津贴政策，发放人数近133万。

二、加速构建养老服务体系

认真贯彻《安徽省人民政府关于加快发展养老服务业的实施意见》（皖政〔2014〕60号）、《安徽省人民政府办公厅转发省卫生计生委等部门关于推进医疗卫生与养老服务相结合实施意见的通知》（皖政办〔2016〕19号）等重要文件精神，坚持保障基本，激发市场主体活力，不断健全以居家为基础、社区为依托、机构为补充、医养相结合的养老服务体系，满足老年群体多元化、个性化的养老服务需求。一是加强养老服务设施建设、管理。将农村敬老院建设运行维护、社会办养老机构建设、社区养老服务设施建设列入省民生工程实施。通过民生工程推动，全省1886家农村敬老院进行了等级评定，评定星级机构1575家，省级首次安排6000万元资金进行奖补。此外，在全国创新性开展农村敬老院等级评定和综合定额管理工作，农村敬老院建后管养水平逐步改善；新增社会办养老机构床位1.8万张，省级按照不低于每张床位1000元给予补助，并给予贷款贴息补助；社区养老服务设施条件进一步改善，省级社会养老服务发展经费补助市县统筹用于社区养老服务设施建设。二是提高养老服务供给量。至2016年底，全省养老床位数达到39.9万张，每千人老年人拥有床位数达到37.6张；城市和农村社区养老服务覆盖率分别达到88.3%和54.3%。三是创新工作开展方式。建立政府目标考核制度，城乡养老服务体系建设首次纳入省政府对市级人民政府目标考核范围；积极开展各类养老服务业试点，铜陵市被列入首批全国社区居家养老服务试点城市范围，池州、芜湖、合肥被列为全国医养融合示范区；省级福彩公益金对内设医务室、护理站的社会办养老机构分别给予10万元、5万元的补助，有力推动了医养融合养老机构的发展。

三、全力提升老年人权益保障法治水平

2016年1月15日，省第十二届人民代表大会常务委员会第二十六次会议审议通过新修订的《实施办法》，我省老年人依法维权、依法保障翻开全新篇章。新《实施办法》已于3月1日起正式施行。我省是新《老年法》颁布后，全国第6个完成《实施办法》修订的省份，省老龄办在全国老年人权益保障地方配套法规立法工作会议上作交流发言。新修订的《实施办法》对新形势下老年人权益保障工作作出了新的规定。在强化政府主导责任方面，强调各级人民政府领导老年人权益保障工作，要将老龄事业纳入国民经济和社会发展规划，将老龄事业经费列入财政预算，将老年人权益保障工作纳入经济社会发展和精神文明建设目标考核内容。在提高社会保障水平方面，规定建立养老服务业多元投入机制，强调建立社区日常联系、巡访制度，建立长期护理保障制度，健全社会救助制度。在家庭责任方面，确定了赡养人应当履行对老年人经济供养、生活照料、精神慰藉的义务，赋予老年人对“啃老”行为的拒绝权。在丰富老年优待内容方面，要求建立和完善80周岁以上老年人高龄津贴普惠制度；规定65周岁以上老年人免费进入旅游景点、景区，每年免费体检一次；70周岁以上老年人免费乘坐公交车；不满70周岁的老年人免费或者优惠乘坐城市公共交通工具，实行公交城乡一体化地区的老年人乘坐农村公共汽车的优惠政策，由市、县人民政府根据当地实际情况规定。新《实施办法》出台前后，省老龄委发出关于学习宣传贯彻《实施办法》的通知，推进全省学法用法掀起层层高潮。一是学习宣传求实效，多层次多形式扩大影响力。《安徽日报》整版刊发《强化敬老养老助老法治保障》，进行深度解读。省老龄办印制《实施办法》翻印本、编印《实施办法问答一百题》单行本共12.5万册，发放至各市、县（市、区）老龄办、省老龄委各委员单位以及国有大中型企业、高等院校等单位；施行当天，组织开展以“宣传《实施办法》保障老年人合法权益”为主题的宣传咨询活动，现场发放宣传手册2000余份，解答群众法律咨询100余例。合肥、阜阳、马鞍山先后开展《实施办法》宣传一条街活动；宿州、六安、铜陵开设普法大讲堂；蚌埠、芜湖召开涉老研讨会。二是贯彻施行出实招，推进《实施办法》配套法规政策出台。省级层面，出台《安徽省人民政府办公厅转发省卫生计生委等部门关于推进医疗卫生与养老服务相结合实施意见的通知》（皖政办〔2016〕19号）、《转发〈中国人民银行　民政部　银监会　证监会　保监会　关于金融支持养老服务业加快发展的指导意见〉的通知》（合银发〔2016〕109号）、《关于印发〈安徽省城乡社区老年协会规范化建设标准〉的通知》（皖老龄办〔2016〕11号）、《养老服务设施规划建设导则》等政策文件；市级层面出台法规政策

32个；县级层面出台政策文件35个。《实施办法》统领下的涵盖省、市、县三级的老龄事业法规政策体系正在得到逐步完善，老年群体的获得感、幸福感更加实在。

四、大力发展老年教育

截至2016年底，全省各级各类老年大学3400多所，在册学员达到50万人次左右。全省各地社区教育实验区、社区教育示范街道把发展老年开放教育作为老年教育模式创新的突破点，积极推广以广播、电视、互联网等为载体的远程老年教育。2016年，全省16个地市陆续开展“全民终身学习活动周”和“老年教育成果展”活动，约近10万名老年人参与其中。同时，围绕专题举办全省社区教育工作培训班，针对各地社区教育、老年教育工作者进行培训，帮助他们提高老年教育理论水平和社区教育工作能力。

重要会议和活动

【1月15日，召开安徽省“银龄安康行动”视频总结表彰会】会议强调，2016年全省“银龄安康行动”要以改善老年民生、完善社会保障为目标，以健全工作机制、扩大投保覆盖面为重点，以改革创新为动力，全省投保率确保达到15%，争取达到20%，鼓励部分地市率先实现30%的总体目标。

【4月6日，召开全省老龄办主任会议】会议的任务是贯彻落实全国老龄办主任会议精神，总结交流2015工作情况，安排部署2016年工作任务。会议强调，2016年全省老龄工作要以学习宣传贯彻落实新修订的《安徽省实施〈中华人民共和国老年人权益保障法〉办法》为核心，不断提升老年权益保障水平。要把握完善全省老龄事业发展体制机制和编制老龄事业发展“十三五”规划两项重点，不断强化大老龄工作格局。要提高“敬老文明号”参创率、基层老年协会建设覆盖率、“银龄安康行动”参保率，不断增进老年群体福祉。要加速工作队伍建设，加强老龄宣传工作，健全安徽省老龄信息管理系统，扎实做好福星孝星评选工作，不断壮大老龄工作影响力。

【3月1日，开展《老年法安徽省实施办法》宣传咨询活动】省老龄办组织开展以“宣传《实施办法》保障老年人合法权益”为主题的《实施办法》宣传咨询活动。据统计，本次活动共发放《老年法》、《实施办法》、《实施办法问答一百题》、《中国老年人健康指南》等宣传手册2000余份，解答群众法律咨询100余例。同时，省老龄办积极协调相关部门，首次通过移动10086、联通10010、电信10000等短信群发平台，在全省范围向移动电话用户发送施行新《实施办法》的宣传信息，共发送信息1100余万条。

【5月18日，举行安徽56异地“孝心联盟”为老服务公益平台启动仪式】“孝心联盟”为老服务公益平台在省老龄办的支持、倡导下，由安徽异客电子商务有限公司出资研发，并负责管理、运行（官方网址为：www.56yidi.cn。主要为老年人尤其是与子女异地生活的老年人收集、提供服务需求信息，也可为与父母、长辈异地生活的子女、年轻人、爱心人士和公益团队等提供孝亲敬老、志愿服务信息。

【6月1日，召开全省老龄基本信息录入工作促进会议】会议的主要任务是分析存在的困难和问题，明确任务目标，坚定信心，抓重点，聚焦点，攻难点，如期实现信息库建设目标。

【8月16日，召开2016年全省老龄宣传工作暨重点工作推进会议】会议强调，全省老龄系统以习近平总书记重要讲话精神为总遵循、总指导，以贯彻落实新施行的《安徽省实施〈中华人民共和国老年人权益保障法〉办法》为主线，以编制“十三五”规划等为着力点，充分发挥老龄办“一院两部”作用，努力在“四个全面”战略布局中推动老龄工作创新发展。

【8至9月，举办2016年度全省基层老年协会业务知识培训班】继2015年6个市的培训之后，2016年省老龄办举行第二批培训班，在宿州、亳州、阜阳、安庆、芜湖、马鞍山等6个市累计培训业务骨干620人。全省基层老年协会业务知识培训是省老龄办利用福利彩票公益金以政府购买服务的方式，以市为单位进行的示范性基层老年协会培训。未来3至5年，各级老龄部门将用时间完成对本市基层老年协会骨干的业务培训。

【10月9日，举行2016年安徽省暨合肥市“敬老月”活动启动仪式】启动仪式现场为第二届“安徽省敬老文明号”先进集体和第七届全省百名福星孝星先进个人代表颁奖，为老年人演示制发新版《安徽省老年人优待证》，设置省、市、区老龄事业成果展板，开展为老志愿服务活动，发放《实施办法》、《实施办法问答一百题》等宣传手册，举行广场文艺演出，共接待老年群众及社会各界超过5000人次。

【11月8日，举行第四届全省老年文艺调演汇报演出】汇报演出由省老龄办主办，合肥市广播电视台有巢网承办，参演节目14个，全部从调演金银铜奖中选定，演员超过200名。汇报演出的顺利举行标志着2016年全省“敬老月”活动正式落下帷幕。

【12月13日，召开安徽省2016年中国城乡老年人生活状况监测调查动员会暨骨干培训会】据悉，本次监测调查是第四次调查的延续性调查，涉及到我省6个市、12个县（市、区）、48个乡镇（街道）、192个村（居）委会，全省共抽取样本1152份，样本规模为第四次调查的10%，列全国第七位。

各项业务进展

【老龄工作在积极应对人口老龄化中创新发展】深入落实习近平总书记关于老龄工作的重要讲话精神，立足实际创新发展。一年来，安徽省老龄工作实现多点突破，取得积极进展。一是首次将老年人权益保障工作列入文明城市（县城、城区）创建的考核内容。省老龄办提出老年人权益保障指标考核细则，并承担该项指标测评内容的部门复核任务，按照部门复核“差别化”原则（分ABC三档），结合各参创市县报送的复核材料和平时掌握情况，提出复核结果意见反馈省文明办。全年累计完成11个国家级创建单位、102个省级创建单位的复核任务。二是启用新版安徽省老年人优待证。为贯彻落实《老年法》和《实施办法》，保障老年群体共享经济社会发展成果，自2016年10月1日起正式启用新版安徽省老年人优待证。新版优待证由省老龄办监制，采用卡片式，全省统一编号，美观精致，可存信息多，不易损毁，携带方便。在2016年安徽省暨合肥市“敬老月”活动启动仪式上，省老龄办为老年人代表颁发新版优待证，并进行现场演示制发，深受老年群众欢迎。三是首次开展全省老龄专题政策调研。近年来第一次专项部署老龄调研工作，各地围绕“互联网＋老龄工作”、农村老龄事业发展、农村留守老年人和城市空巢老年人关爱服务等主题，深入基层群众，扎实开展调查研究，共上报调研报告57篇。省老龄办邀请专家评审委员会，对报告进行评定，共评出一等奖2篇，二等奖4篇，三等奖8篇，优秀奖16篇，并择优推荐8篇报告参与全国主题政策调研评选。四是首次开发运行孝亲敬老公益服务平台。为积极应对人口老龄化，关爱空巢、独居老人身心健康，在省老龄办指导和支持下，我省首个为老服务公益平台“安徽56异地孝心联盟”于5月中旬正式启动。孝心联盟既可为老年人尤其是与子女异地生活的老年人收集、提供服务需求信息，也可为与父母、长辈异地生活的子女、年轻人、爱心人士和公益团队等提供服务信息。爱心人士通过会员注册制（免费），采取“线上接单、线下服务”的方式，根据自己为社会老人提供的服务量，为自己的父母、长辈换取等量服务，实现奉献社会，回馈父母、长辈的爱心循环。截至2016年底，全国各地已有599个公益协会加入孝心联盟，成为平台“爱心团队”。同时，在安徽阜阳、福建厦门、浙江诸暨、山东临沂、贵州遵义等地成立了孝心联盟服务小分队，为两万多个社区开通为老服务通道。据统计，平台全年累计开展敬老爱老助老活动136次，参与人员近万人，受益老年人达数千人。五是首次开展敬老养老助老公益宣传。省老龄办第一次协调相关部门，于《实施办法》正式施行及“重阳节”前后，通过移动10086、联通10010、电信10000等短信群发平台，在全省范围内向所有移动电话用户发送宣传信息，累计发送短信2060万余条。此项活动将作为省老龄办常规工作固定下来，适时推送重要涉老信息，着力营造爱老敬老、全民行动的社会氛围。六是结合“祝福百岁老人活动”，首次设计制作安徽省“百岁寿星”纪念牌匾。七是首次开展“安徽省敬老爱老助老模范人物”评选表彰，授予梁正坤等220名同志第一届模范人物荣誉称号，并择优推荐90名候选全国表彰。八是省老龄办官方微信公众号“江淮银龄”开发前期准备工作已基本就绪，预计2017年元月正式开通运行。

【扎实推进三项为老服务工程】将安徽省老龄基本信息库建设、基层城乡社区老年协会建设、“银龄安康行动”分别确定为数据基础工程、群众组织基础工程、老年保障补充工程，花力气做大做强，着力筑牢老龄工作基石，以便更好地决策老龄事业、服务老年群体。一是加快安徽省老龄基本信息库建设。2014年起，连续三年将老龄信息库建设纳入年度重点工作。2016年对老龄信息库区县级审核、注销功能进行进一步充实完善，并新增老年人口增长趋势、老年人口维度统计、常住人口数量登记、老年人口占常住人口比例、津贴实发数占应发数比例等多项分析功能。全年累计录入1961年1月1日之前出生的人口信息213万条，删除重复和已经无效的人口信息12万条，区划动态调整涉及4个市、8个县（市、区）、31个乡镇（街道）、830个村（居）。截至2016年12月31日，信息库内共收录人口信息近1272万条。其中，60周岁及以上老年人信息1095万条。基本信息的录入、审核、汇总、归集等事项已经结束，覆盖全省城乡，精准到每一位老年人的信息库基本建成，整体工作进入验收阶段。各地严格对照《全省老龄基本信息库验收标准（试行）》，认真完成自查工作，陆续撰写专门报告报省老龄办。二是加快基层老年协会规范化建设。截至2016年6月，全省共建立基层老年协会13883个。其中，城镇社区老年协会2719个，建会率为81.97%；农村社区老年协会11164个，建会率为82.4%。同时，省老龄办以定标准、强培训为抓手，推进协会规范化建设，更好发挥协会在老年人自我管理、自我教育、自我服务以及服务社会等方面的积极作用。一方面，印发《安徽省城乡社区老年协会规范化建设标准》，从组织机构、规章制度、基础设施、经费来源、活动内容、作用发挥、登记备案等七个方面细化规范化建设标准，并对贯彻落实提出具体要求。各地规范化建设也得到提速，淮北、亳州、蚌埠、阜阳、滁州、宣城、池州、安庆等市陆续开展示范点建设，六安、黄山安排专项经费支持协会建设。另一方面，继2015年6个市的培训之后，2016年8至9月，省老龄办举办第二批全省基层老年协会业务知识培训班，在宿州、亳州、阜阳、安庆、芜湖、马鞍山等6个市累计培训业务骨干620人。培训班是省老龄办利用福利彩票公益金以政府购买服务的方式，以市为单位进行的示范性基层老年协会培训。各市也在积极制订相应培训方案，拟于近期启动本地培训工作。三是加快“银龄安康行动”。2014年9月开始，省老龄办联合中国人寿安徽省分公司正式启动“银龄安康行动”。行动开展以来，在各级党委政府的正确领导和社会各界的关心支持下，全省上下共同努力，呈现出第一年起步开局，第二年全面推开，2016年快速发展的良好势头。目前，蚌埠、六安、芜湖、铜陵等地已将“银龄安康行动”纳入市级民生工程，全省有89个县（市、区）财政或福利彩票公益金为困难老人统一购买了老龄险，接近全省区县总数的85%。2016年，12个市实现老龄办与老龄险实施机构联合召开工作表彰会、推进会，共同总结成功经验，分析解决相应困难；9个市联合开展督查督导，做到老龄险覆盖率和老年人口碑的“双提高”。截至12月31日，全省参保老人超过238.57万人，可享保额500.99亿元，覆盖率超过22%。累计赔付21827人次，赔付款总额5562万元。2016年全国老龄保险发展座谈会上，省老龄办作典型发言。

【奋力擦亮三张老龄工作品牌】重点打造“敬老文明号”、全省百名福星孝星评选、全省老年文艺调演等三张工作品牌，不断提升品牌的知名度和影响力，进而提高老龄工作整体实力。一是创建“敬老文明号”。“敬老文明号”创建是国家评选表彰常设项目，省老龄委重点工作。创建活动以“关爱老人、构建和谐”为主题，以“弘扬中华传统美德、落实老年优待政策、推动基层老龄工作、促进精神文明建设、推动社会和谐发展”为目标，分国家、省、市、县（市、区）四级逐级创建。第二届创建自2014年起，2016年为评选表彰年。在各级党委政府和老龄委的高度重视下，各地老龄工作部门精心组织，各级涉老部门、为老服务组织、公共服务窗口单位踊跃参加，全省共涌现国家级“敬老文明号”58家，省级127家，市级407家，县级612家，涵盖人社、医疗、民政、法律、交通、旅游、通讯等涉老部门。其中，基层单位、窗口服务单位超过当地“敬老文明号”总数的70%以上，真正实现了“提升全社会尊老敬老意识、提升各行业为老服务水平”的创建目的，赢得老年群体和社会各界的普遍赞誉。同时，各级“敬老文明号”创建活动领导小组还对第一届“敬老文明号”先进单位进行重新考核，经考核全部合格，继续认定为“敬老文明号”。二是评选表彰第七届全省百名福星孝星。授予张有芳等50人全省福星荣誉称号，张萍等50人全省孝星荣誉称号。全省福星孝星评选表彰是老龄工作重要品牌，至今已经开展了七届，与往届相比，2016年评选主要呈现表彰名额更多、发动基层更实、评选过程更科学、宣传动员更广等四大特点。将“十大福星”“十大孝星”评选届次合并，统称为第七届评选，并增加表彰名额，将表彰名额由原来的“十大”增加了四倍，达到各50位，共计百位。老龄门户安徽省老龄网开辟专栏进行集中宣传报道；传统媒体市场星报自8月起选取部分福星孝星典型人物进行连续采写报道，共发布新闻稿22篇；网络媒体安徽财经网适时跟踪工作进展，实时报道，点击率近百万；自媒体市场星报官方微信和爱心企业微信开展朋友圈点赞活动，累计点赞12万余次。三是举办第四届全省老年文艺调演。调演于4月正式启动，调演内容包括音乐舞蹈、戏曲、曲艺小品、服装表演等四大类，歌曲、舞蹈、器乐、京剧及各类地方戏曲、小品、曲艺、服装服饰表演等七个项目。共分初选、复选、调演等三个阶段。经各地各省直单位精心编排、严格初选，全省共报送节目140个，调演演员达2000余人。10月下旬，省老龄办邀请由中国音乐家协会会员徐海燕等8位专家组成的评审委员会，对所有调演作品进行评定，共评出金奖10个，银奖20个，铜奖30个，优秀奖80个，并授予17家单位优秀组织奖。11月上旬，省老龄办在安徽大剧院举行文艺调演汇报演出。参演节目14个，全部从调演金银铜奖中选定，演员近300位，观众超过1500人。汇报演出引人社会力量支持，安徽城联新媒体有限责任公司全程参与，合肥市电视台现场录制，为活动的深入开展增添了活力。

【不断加大老年维权力度】一是扎实有效开展老年人法律援助工作。积极主动开展老年人法律援助服务，按照有关规定和程序，向需要法律援助但无力支付法律费用的老年人提供法律援助。倡导通过发放“法律援助服务卡”、开通法律咨询电话以及对行动不便、患病残疾的老年人主动提供上门服务等形式，适应老年人群日益增长的法律援助需求。全省共有法律援助机构124个，一年来共为老年人办理法律援助案件9314人，占受援总人数的11%，其中刑事案件受援人875人，民事案件受援人8329人，行政案件受援人110人，接受咨询11718余人次。二是提高司法行政服务老龄工作的水平。充分利用司法行政系统法律服务资源充足的优势，积极拓展司法行政服务老龄工作领域和服务内容，引导和推动律师、公证、基层法律服务机构及人员参与涉及老年人合法权益的诉讼、调解、仲裁和法律咨询等法律服务活动。全省632家基层法律服务所，在《公证法》颁布11周年之际，免费为老人办理遗嘱公证1133件，全省共办理涉老公证26000多件。三是推进老年宜居环境建设。一方面，支持社区改善老年人居住环境。指导社区物业服务企业在与业委会签订服务合同时，接受居委会和业委会的委托，掌握小区老年人基本情况，结合物业服务，拓展服务范围，开展关爱老年人活动。另一方面，加强乡村老年设施建设。根据《安徽省村庄规划编制标准》等技术规范，编制完成569个2016年省级美丽乡村中心村规划，统筹安排好农村老年人生活服务设施的用地布局，配套好老年人休闲、健身等设施。同时，加快农村老年人危房改造。超额《安徽省2016农村危房改造实施方案》中10万户改造任务，实际改造危房10.59万户，其中，60周岁及以上的农村老年人农户8.47万户，占全部任务的80%，较好地解决了农村老年人的住房困难。

【着力发挥“敬老月”活动辐射效应】10月前后，全省各级老龄委及其成员单位、涉老单位，围绕“敬老爱老、全民行动”的“敬老月”主题，以丰富多彩的活动为老年人办实事、做好事、解难事。一是领导重视，增强全社会老龄意识和敬老意识。“重阳节”前夕，安徽省委书记李锦斌在省委常委、省委秘书长唐承沛，省委常委、时任合肥市委书记吴存荣，省老龄委主任、副省长方春明等的陪同下，亲切看望合肥市包河区大圩镇敬老院集中供养老人，代表省委省政府向他们致以节日的问候和美好的祝福。据统计，“敬老月”期间，全省各级党委政府主要领导共出席相关活动800余次，发表贺信近400封，走访慰问近1800次，慰问老年人达13000人。二是组织得力，强化大型活动社会影响力。省老龄办集中策划了“敬老月”活动启动仪式和第四届全省老年文艺调演汇报演出等两项大型活动，发挥引领带动作用，把全省各地系列活动不断推向高潮。重阳节当天，举办以“敬老爱老 全民行动”为主题的2016年安徽省暨合肥市“敬老月”活动启动仪式。“敬老月”期间，全省各地共举办各级启动仪式近400场，各类文体活动近2000场，直接参与的老年人数突破30万人次。三是依法优待，提高老年人权益保障水平。省老龄办、省民政厅联合举办老年法知识培训班，对300余名老龄、民政部门法制工作人员以及乡镇（街道）办事处民政工作者进行了培训。全省各地各单位共组织《老年法》及《省老年法实施办法》宣传贯彻活动近2000次，老年维权和优待惠及百万老年人。四是各界关怀，增强老年群体满足感。中华志愿者协会向金寨县、定远县老年人各捐赠运动鞋500双。继续开展祝福百岁老人活动，各市组织乡镇（街道）结合高龄津贴发放等老年人优待事项，走访慰问百岁老人，并保证每位老人的慰问金（品）不低于500元。据统计，全省组织慰问高龄、特困、空巢、失能和养老机构老年人21万人次，各级政府和社会各界筹集发放的慰问金和慰问品价值3700多万元，参与为老服务的志愿者达5万人，服务老年人超过15万人次。五是宣传发动，浓厚孝亲敬老氛围。各地广泛开展积极应对人口老龄化主题宣讲，宣传“敬老文明号”、“福星孝星”、“敬老助老模范人物”先进事迹。在“敬老月”活动中，各家媒体持续跟进报道，省直媒体共发布稿件500余条，各地累计发稿2111条。

【全面深化政策研究能力】充分发挥老龄办调查研究职能，在全省积极营造良好的老龄科研氛围。一是开发利用第四次中国城乡老年人生活状况抽样调查安徽省数据。与安徽大学合作，开展安徽省老年人生活状况分析与提升老年人生活质量对策研究。课题初稿业已完成，共包括安徽城乡老年人生活现状与问题研究、老年人生活质量的影响因素分析、安徽老年人养老服务需求与生活质量提升研究等三个子课题。二是配合开展安徽省2016年度中国城乡老年人生活状况监测调查。此次调查对象为曾参加过第四次调查、年满61周岁及以上的老年人，涉及我省12个县（市、区），48个乡镇（街道），192个村（居），共1152名老年人，样本规模为第四次调查的10%，列全国第七位。省老龄办于12月中旬召开业务骨干培训会，并在12月20日至31日入户登记阶段，对所涉地区进行全程督导，确保顺利完成我省监测调查任务。三是协调相关单位，配合华中师范大学中国农村研究院（全国老龄政策理论研究基地），在全省20个村庄开展中老年人养老现状调查研究。

【持续强化老龄宣传】以宣传贯彻《实施办法》为重点，凝聚上下内外宣传合力，为及时、科学、综合应对人口老龄化奠定舆论基础。一是发挥新闻媒体宣传主渠道作用。一方面，着力策划主题宣传。合作安徽省电视台，联合推出“敬老文明号”专题宣传片；合作市场星报社，联合宣传全省百名福星孝星；合作中安在线，联合宣传百岁老人长寿秘笈、老有所为先进典型。另一方面，着力开展集中宣传。在重要活动及会议期间，邀请中国社会报、安徽省电视台、安徽省电台、市场星报、新安晚报、安徽商报、人民网安徽频道、中安在线等多家媒体现场报道，累计发稿50余篇。二是发挥老龄媒体专业作用。“刊网报”“三驾马车”齐头并进，专业引导力日益显著。一方面，办好《中国老年·下半月》杂志。提高刊物印刷质量，首次采用双色印刷；重视出版发行，2016年度省内发行量超过3.3万份。另一方面，建好安徽省老龄网，新增对中国政府网、安徽政府网的重要信息转载，调整子栏目9个，全年更新老龄新闻一千余条，点击量突破6万次。市级层面，4个地市建有独立门户网站，10个地市在民政局网站开设老龄工作专栏。同时，编好每月一期的《安徽老龄》工作简报，完善板块编排，丰富信息采编，加强日常工作上下交流和沟通。全省有6个地市也在按期编印当地工作简报。

福建省

综　　述

2016年，是“十三五”规划的开局之年。在省委、省政府的坚强领导下，各级各有关部门认真贯彻落实习近平总书记系列重要讲话，特别是对加强老龄工作的重要讲话和指示精神，围绕中心，服务大局，开拓创新，积极作为，全省共出台涉老政策文件38份，实施养老服务重大项目50个，省级（含中央）投入资金140多亿元，各项老龄事业均取得显著成绩。到2016年底，全省人均预期寿命为77.22岁，高出全国水平0.88岁。

截至2016年底，全省常住人口3874万人，其中：60周岁及以上老年人口532万，同比净增17万人，占总人口的13.73%；65周岁及以上老年人口333万，同比净增9万人，占总人口的8.6%；80周岁及以上高龄老人92.4万人，同比净增5.85万人，占总人口的2.39%。全省有空巢老人119.64万人，同比增加5.33万人，占老年人口的22.49%。

此外，全省健在离休干部9126人，比上年减少937人。其中，土地革命时期入伍的（老红军）7人，抗日战争时期入伍的1196人，解放战争时期入伍的7923人。健在的“5·12”退休干部3355人，比上年减少282人。全省最高寿老人为三明市三元区中村乡杜水村的邓发姬（女）119岁；最高龄的男性为宁德市寿宁县鳌阳镇解放街的张达平112岁。

一、社会养老保障

城镇基本养老保险。截至2016年底，全省城镇基本养老保险参保人数（含离退休）达967.85万人，比上年增加84.18万人。其中：企业在职职工709.62万人，企业退休人员129.23万人，机关事业在职人员85.85万人，机关事业离退休人员43.15万人。2016年，按照总体增长6.5%左右幅度要求，统筹制定全省企业和机关事业单位退休人员养老金调整方案，全省共为166.33万符合条件的企业和机关事业退休人员调整养老金，其中，企业退休人员122.37万人、机关事业单位退休人员43.96万人。经这次调整，全省企业离退休人员月人均养老金达到2359元，比上年同期增加157元。继续做好无力参保县以上集体企业退休人员及未参保70周岁以上高龄职工老年生活保障金发放工作，全省各级财政共筹集1.49亿元，为2.4万符合条件的人员发放老年生活保障金。

城乡居民社会养老保险。2016年，全省城乡居民养老保险参保人数1489.11万人，比上年增加8.7万人，参保率达98.13%。2016年，省级（含中央补助17.38亿元）财政共筹集城乡居民社会养老保险补助资金37.11亿元，有16.84万人获得政府为其代缴50%的最低标准养老保险费；有20.78万人获得政府为其代缴100%的最低标准养老保险费。全省共有431.36万名60周岁以上的老年居民领取每月不低于100元的基础养老金。到2016年底，全省共219.21万人纳入被征地农民养老保险制度，其中有70.25万人领取被征地农民养老保障金，月人均达191元，累计发放养老保险金达58.95亿元。

社会救助。2016年，省级财政安排10.37亿元，补助各地落实省定农村最低生活保障，标准由家庭年人均2300元提高到2650元，全省有13.83万名农村低保老人得到有效保障；安排3.02亿元落实城市最低生活保障政策，全省有8.32万名城市低保老人受益；安排7.72亿元落实重点优抚对象和革命“五老”人员抚恤和生活补助标准。到2016年末，全省农村特困救助供养老人51040人，月人均供养补助613元，比上年增加56元；全省城市特困救助供养老人3621人，月人均供养补助670元。

计划生育家庭奖励扶助。对现存一个子女或子女死亡无子女，同时符合其他政策条件的计划生育家庭夫妻和农村两女户夫妻，年满60周岁的，按照每人每月100元（低保户200元）的标准发放奖励扶助金。2016年，全省符合奖励扶助条件的有25.48万人，共兑现奖励扶助金3.57亿元。

二、社会医疗保障

将老年人医疗健康养老服务纳入全省卫生计生事业总体规划。截至2016年底，全省有老年专科医院4家，开设老年科室的医院208家。同时，鼓励养老机构结合实际，开办老年病医院、康复医院、护理院、中医医院和临终关怀等医疗结构。目前，我省医疗机构设立老年护理院5家，老年康复医院4家，扶持医养结合机构或养老机构内设卫生室48家，已有133家医疗机构与养老机构签订了合作协议。将老年人健康管理服务基本公共卫生服务项目纳入“十三五”卫生事业发展专项规划。到2016年底，全省累计为65岁以上老年人建立并管理健康档案336.3万份，开展老年人免费体检213.3万人次，高血压、糖尿病患者健康管理分别达到271万人和98.7万人，规范化管理率分别为77.5%和73.6%，基本满足辖区老年居民的健康服务需求。同时，在225个社区卫生服务中心全面启动实施全科医生签约服务，在697个乡镇卫生院、10668个行政村开展乡村医生签约服务试点工作，这些签约服务的主要对象就是患有高血压和糖尿病等慢性病的老年人等群体。

城镇基本医疗保险。到2016年底，全省参加城镇基本医疗保险人员1297.9万人。其中，城镇职工参保792.12万人（含退休人员150.24万人），城镇居民参保505.78万人。城镇居民医保政府补助标准提高到每人每年不低于360元。目前，全省城镇职工和城镇居民政策范围内报销比例分别稳定在75%和70%以上。

三、社会养老服务

2016年度，全省老龄养老供应用地11278平方米。国税部门落实促进老龄事业发展税收政策2项，累计减免税费805.1万元，地税部门为全省11家养老服务企事业单位累计减免税费77.04万元。

居家养老。2016年，省政府办公厅印发《关于“十三五”社区居家养老服务补短板实施方案》和《关于加快推进城乡社区居家养老专业化服务的通知》，进一步加快推进社区居家养老服务工作。目前，全省共有城市社区居家养老服务中心（站）2219个；全省共建成农村幸福院3586个、农村居家养老服务站（含日间照料室）2475个，农村居家养老服务覆盖率达到42%。

机构养老。到2016年底，全省共有养老机构1279家（有34家养老机构取得《医疗机构执业许可证》），比上年增加67家；养老机构床位数达16.51万张，比上年增加1.61万张。其中：公办养老机构1019家（含福利院〈中心〉78个，敬老院861个），床位89183张；民办养老机构260家，床位45227张。此外，拥有城市日间照料床9800张，农村日间照料床位20822张。每千名老年人拥有床位数为31张。到2016年底，全省养老机构有管理人员2584人；服务人员10027人，其中持证上岗2440人，持证上岗率为24.3%。另外，我省现有14所本科高校、26所高职院校、9所中职学校开设了护理、老年服务与管理、健康管理、社区管理与服务等20个养老服务相关专业，在校生近1.4万人。

家政服务。家政服务机构登记数量逐年递增，到2016年底，全省注册登记家政服务市场主体1.3万户；品牌家政企业日益崛起，全省共认定了61家福建省示范性家政服务站；家政从业人员技术水平有所提升，全省有4万多人持有国家职业资格证书；家政服务诚信体系建设进一步健全，在省级家政诚信服务管理平台登记的家政员人数超过2万人。

涉老保险。截至2016年底，全省（不含厦门）各类保险企业共有涉老保险产品22个，购买保险的老年人数为138501人次，累计购买金额为4610.6万元。当年获保险理赔249人，给付理赔金808.1万元。2016年，宁德、龙岩、莆田、漳州4个地市通过“银龄安康”项目平台，为10.35万名老年人提供累计6.23亿意外伤害保障。2016年，全省辖内5家保险公司为养老机构承担3.6亿元保险责任，有效提升了事故处置能力和风险抵御能力，激发了养老供给侧市场活力。

四、老年权益保障

立法普法。2017年1月22日，福建省第十二届人民代表大会第五次会议高票通过了《福建省老年人权益保障条例》，成为福建省首个由人代会审议通过的实体性地方法规。此外，省司法部门共建立普法宣传教育队伍536支、队员4876名，累计开展普法宣传教育活动437场次。

老年维权。2016年，全省法院系统为生活困难老年人提供减免、缓交诉讼费1881件，累计减免、缓交诉讼费808.43万元。其中：对提起诉讼缴纳诉讼费有困难给予缓交的有947件，缓交经费767.94万元；给予免交922件，免交经费达34.27万元。全省司法部门共受理老年人法律援助案2260件，获得法律援助的老年人2260名，减免律师代理费1356万元，各级司法机构调解涉老纠纷3018件。全省公安部门共受理侵害老年人人身权案728件，侵害老年人财产权案6593件；破获受害者为老年人的刑事案件3749起，其中虚假信息诈骗案件103起、故意伤害案件550起。全省老龄办系统共接待老年人信访6370人次，办结6147人次，办结率达96.5%。

志愿服务。2016年，全省文明办系统组织开展为老服务10700次，志愿者服务队伍1780支，注册敬老志愿者11213人，受益老年人达13.1万人次；全省共青团组织累计开展为老志愿服务1896次，参与志愿服务人数45760人，服务老年人4.04万人次。全省妇联组织累计开展为老志愿服务163次，参与人数达3120人，共服务老年人2340名。

敬老优待。2016年，全省发放《福建省老年人优待证》18.34万张。其中，60至69周岁老年人优待证8.26万张，70周岁及以上老年人优待证10.08万张。已开通城市公交线路的所有县（市、区）均落实70周岁及以上老年人免费乘坐市内公交车优待（其中，厦门市、晋江市、大田县、尤溪县将免费乘公交车优待年龄降低到65周岁，惠安县、安溪县降低到60周岁，华安县则实行了60至69周岁老年人乘公交车半价的优待）。公共汽车、轨道交通等公共交通工具设置老年人或爱心专座率达到10%。此外，全省216个A级旅游景区中有150个（其中5A级景区7个）向老年人实行首道门免票优待，全年为老年人减免门票累计96万元。2016年，公安部门通过推出二代居民身份证异地办证、缩短领证周期，实行弹性工作机制，上门为老弱病残及居住在偏远地区的老年居民采集人像近万次，办理异地证件2426张，办证并上门送证1338张。

高龄津贴。到2016年末，全省84个县（市、区）均建立并落实了高龄津（补）贴制度。其中，落实70周岁及以上高龄津（补）贴制度的区1个，落实80周岁及以上高龄津（补）贴制度的县（市、区）60个（含泉州市台商投资区），落实90周岁及以上高龄津（补）贴制度的县（市、区）22个，落实95周岁及以上高龄津（补）贴制度区1个。此外，从2015年1月起，我省向全省80周岁以上低保老年人每人每月加发100元高龄补贴。目前，我省有5789个村（居）建立老年人固定生活补贴制度，受惠老人达62.73万人。

长寿补贴。全省各县（市、区）均建立百岁老人长寿营养补贴制度。其中，每人每月发放1100元的有6个、发放1000元的1个、发放500元的5个、发放400元的1个、发放300元的36个（含泉州市台商投资区）、发放250元的6个、发放200元的29个、发放100元的1个。此外，在老年节期间，省政府为所有百岁老人每人发放1000元的慰问金。

五、老年文体活动

老年文化。截至2016年底，全省共出版涉老图书12种，32册；电视台开办老年类节目3个，播出时长达3175分钟；全年录播老年类题材电视剧15部。

老年教育。到2016年底，全省共创办各类老年大学（学校）13440所，较上年同期增加911所。其中：省级1所，地级市9所，县（市、区）级86所，乡镇（街道）级1058所，村（居）级12263所，部队1所，企事业单位22所。全省累计在校学员174.23万人，占全省老年人口总数的32.75%，建校率和老年人参学率均居全国前列。

老年体育。2016年，各级体彩公益金投入老年体育场所建设资金累计1.56亿元（其中，省级投入2396万元），新建或修缮老年人体育活动场所465处，面积28.8万平方米。目前，全省拥有老年人健身活动中心（室）9539座（间），同比新增82座（间）；老年体育活动场地19326处，同比新增1192处。全省有67.3%的县（市、区）建有老年人活动中心，71.4%的乡镇（街道）和51.5%的村（社区）建设了老年文体中心（室）及活动场地；88.1%的机关、事业单位建有离退休人员文体活动中心（室）。全年经常参加体育锻炼的老年人口达339万人，占全省经常参加体育锻炼居民的58.5%。此外，2016年全省共组织老年体育活动10387场次，参与活动的老年人达289.7万人次。

六、老龄工作队伍

老龄工作机构。截至2016年底，省、市、县（区）三级共有老龄工作机构96个，工作人员303人。其中，专职人员224人，兼职人员79人。设有老龄委的乡镇（街道）1100个，其中，配有工作人员的老龄委1019个。

老年人党组织。截至2016年底，全省在各级老年组织中建立离退休干部党支部（总支）2441个，共有老年人党员50.49万人，占全省党员总数的23.73%；当年老年人获得优秀共产党员荣誉的6人，占全省优秀共产党员总数的6.12%。

老年群众组织。全省有老年体育协会组织17438个，同比新增101个。其中，省、设区市及行业系统18个，县（市、区）级106个，乡镇（街道）和村（居）老年体育协会13804个，机关、企事业单位3510个，共有会员288.6万名，健身辅导员3.92万名。全省有乡镇（街道）、村（居）老年协会19218个，会员218.24万人。其中，乡镇（街道）老年协会818个，村（居）老年协会18400个。其中，规范化基层老年协会5236个，规范化建设率达27.25%。

重要会议和活动

【配合省人大做好《福建省老年人权益保障条例》修订立法工作】2016年，福建省人大常委会将《福建省老年人权益保障条例》的修订工作正式列入立法计划。省老龄办作为全省老龄工作的综合协调部门，主动参与，积极作为，并要求各级老龄办将配合《条例》修订工作列入年度重点工作。在《条例》修订之初，我办积极安排人员配合省政府法制办起草《条例》（初稿），在深入调研的基础上，向省人大法制委提交了《条例》（修订稿）。在省人大常委会将《条例》修订工作列入程序后，我办领导多次参与《条例》立法调研活动，为把《条例》修订的更符合我省实际，多次向省人大常委会提出意见建议。同时，我办认真履行综合协调职能，组织老龄委成员单位开展全省老龄工作满意度测评及相关专题调研，结合工作中遇到的实际困难，及时掌握我省老年人权益保障的总体情况及存在主要问题，把社会关注度高、群众反映强烈的问题，形成专报，呈省人大常委会修法参考。

【认真做好"十三五"老龄事业发展和养老体系建设规划编制工作】2016年初，省老龄办召开专题会议，研究部署"十三五"规划的编制工作，成立规划编制小组，对编制的总体要求、基本原则、工作程序、规划内容及时间进度做出明确的规定。2016年8月，省老龄办召集全省45个市、县（区）老龄办负责人征求意见，并形成专家论证稿。9月，召集10位省内相关专家召开论证会进一步提出修改意见。11月，将《规划》（征求意见稿）发给各成员单位和各设区市征求意见。根据各单位和各地反馈的意见建议，我们本着充分尊重、充分采纳的原则，将其逐条融入《规划》中，经认真组织研究修改并报送省政府。

【召开省老龄委第十二次全体会议】6月15日上午，省老龄工作委员会召开第十二次全体会议，副省长、省老龄委主任黄琪玉主持会议并讲话。会议的主要任务是深入学习领会习近平总书记"5·27"重要讲话和中央领导同志的重要指示批示精神，认真贯彻全国老龄工作委员会第十八次全体会议的部署要求，总结"十二五"时期我省老龄事业发展取得的主要成效，正确认识新时期我省老龄事业发展面临的形势并研究部署当前和今后一个时期我省老龄事业发展重点任务。

【做好第四次中国老年人生活状况调查数据（福建部分）的深度开发】在全面完成第四次中国老年人生活状况调查工作后，省老龄办与有实力的大学、科研机构合作开发福建省相关数据。经公开招标，并经专家评审，确定厦门大学公共事务学院和福建省委党校经济学教研部中标。经过共同努力，2016年底，得到初步研究成果。厦门大学公共事务学院提交了20多万字的《福建省第四次城乡老年人生活状况抽样调查数据分析与研究报告》和4.6万字的《福建省老龄产业发展需求与提升路径》的报告。省委党校经济学教研部提交了3.1万字的《我省及时、科学、综合应对人口老龄化战略思考和举措》。这些为我省科学、及时应对人口老龄化提供重要依据。

【举办为老年人办实事承诺签约仪式】2016年"老年节"当天，我省举办了为老年人办实事承诺签约仪式，副省长、省老龄委主任黄琪玉出席仪式并为助老志愿者队伍授旗。中国联通、中国邮政、国网电力、兴业银行、中国人寿、太平洋人寿、海都公众和福龄金太阳等8家企业，在10多家国家级和省级媒体的共同见证下，与省老龄办签订协议书，承诺为我省老年人赠送意外伤害保险、送电、举办公益文体活动、免费康复护理和走访慰问等共20多个办实事项目，直接受惠老年人达10万余人。

江西省

综　　述

2016年，全省老龄部门认真学习贯彻习近平总书记"5.27"重要讲话精神和全国老龄委第十八次全会精神，紧紧围绕及时、科学、综合应对人口老龄化和"五争"要求，较好地完成了老龄法规政策、居家养老服务、基层老龄和老年优待工作、"敬老文明号"创建和"敬老月"活动等各项任务，并取得明显成效。

一、社会养老保障水平进一步提高

（一）社会养老保险制度取得重大突破。我省目前已建立了覆盖全省城乡的基本社会养老保险制度，启动了新农保和城居保的合并工作，完善了职工基本养老保险省级统筹制度。今年，还全面推进实施机关事业单位养老保险制度改革，建立机关事业单位职业年金制度，大幅提高相关群体养老保障水平。一是出台2016年调整退休人员基本养老金政策，我省有280多万企业和机关事业单位退休人员受益。二是从7月1日起增加了我省机关事业单位离休人员离休费，同时比照机关事业单位离休人员增加离休费办法提高了企业离休人员、企业和机关事业单位建老人员基本养老金。三是出台未参保城镇大集体企业退休人员等养老生活补助标准调整政策。四是调整了企业职工非因工及因病死亡待遇标准。企业职工非因工及因病死亡的遗属生活困难补助标准由每人每月320元调整为450元，有效改善了企业职工非因工及因病死亡遗属的基本生活。五是从1月1日起，调整机关事业单位工作人员遗属和老红军、抗战离休干部配偶生活补助计发办法及标准。

（二）社会救助水平进一步提高。2016年，中央财政下拨我省低保、特困救助、临时救助资金共56.9185亿元，比2015年增加10.7亿元，增长23.2%；医疗救助资金7.3805亿元，比2015年增加3515万元，增长5%，资金总量列全国第五位。2016年，省财政下拨社会救助资金15.8904亿元，其中城乡低保资金3.5678亿元，农村五保供养资金7.1297亿元、医疗救助资金29509亿元、精简退职老弱残职工救济资金0.642亿元、临时救助资金1.4亿元、三院工作人员补贴资金0.2亿元。截至2016年10月底，全省城市低保标准提高30元，达到480元/月，月人均补差水平提高30元，达到320元；全省农村低保标准提高30元，达到270元/月，月人均补差水平提高30元，达到195元；农村五保集中供养标准每人每月提高了60元，达到365元（4380元/年），分散供养标准每人每月提高了30元，达到290元（3480元/年）；上世纪六十年代精减退职老弱残职工救济水平平均每人每月提高了30元，城市的达到365元，农村的达到325元。

（三）老年医疗卫生服务水平不断提高。2016年，我省人均基本公共卫生服务补助标准增加到45元，进一步扩大了项目覆盖面，优化服务内容，重点做好老年人的公共卫生服务。充分发挥基本医保的基础性作用，不断提高医疗保险付费方式的科学性，推行以按病种付费为主，按人头、按服务单元付费等复合型付费方式，进一步深化医保支付方式改革。出台了《江西省人民政府关于整合城乡居民基本医疗保险制度的实施意见》，明确了低收入家庭的60周岁以上的老年人参加城乡居民基本医疗保险的个人缴费部分，由财政全额补助。从2016年起，我省全面建立贫困人口重大疾病商业补充保险制度，各级财政投入3.11亿元，按每人每年不低于90元的标准，为全省346万建档立卡的贫困人口购买补充保险。该举措惠及了老年人中的部分贫困人员。这项创新工作被评为2016年度全国“推进医改、服务百姓健康”十大新举措之一。

二、社会养老服务体系建设步伐进一步加快

（一）养老机构服务能力明显增强。全省上下贯彻《省政府关于加快发展养老服务业的实施意见》，出台了系列促进养老服务业发展的政策措施。统筹中央预算内投资、部省两级福彩公益金和省财政资金3.9亿元，资助社会福利和社会公益项目1700余个。省民政厅会同省卫计委等7部门提请省政府批转了医养结合实施意见，促进养老机构与医疗机构融合发展；会同人民银行南昌中心支行等5部门出台了金融支持养老服务业发展政策，着力破解养老服务投融资体制机制障碍；会同省国土厅、省住建厅等8部门出台了关于推进养老服务设施建设通知，进一步规范养老服务设施用地及建设规划、土地保障等问题；会同省发改委编制了《江西省养老服务体系“十三五”规划》和养老服务体系、社会福利服务设施项目库。

（二）城乡社区居家养老服务网络逐步形成。创新了居家养老工作模式。转变了“重机构轻居家、重硬件轻软件、重自理老人轻失能老人”现象。实行了居家养老服务项目申报、检查、签字、承诺等制度，责任到人。做到“建一个成一个”。积极引导社会力量参与居家养老服务，实现居家养老服务连锁经营，在全省推广了“宜春经验”。省发改委在牵头编制《关于推进农村基层综合公共服务平台建设方案》，落实农村基本公共服务平台工作中，将社区（农村）居家养老服务中心工作纳入其中统筹考虑。提出综合服务平台应具有三类功能、12＋X项服务，应达到“四个一”的基础设施建设要求。

（三）加大对民办养老机构的支持力度．一是加大对用水用气方面的支持力度。对民办养老机构，一律按照居民用水用气价格标准收取用水用气费用。二是减免有关行政事业性建设费用和政府性基金。根据《江西省人民政府关于加快发展养老服务业的实施意见》精神和要求，对非营利性养老机构建设，免收有关行政事业性收费；对营利性养老机构建设，减半收取行政事业性收费，有初装费的减半收取。三是适当降低办证门槛。要求各地住房城乡建设主管部门，在受理民办养老机构规划和建设许可时，要提供优质、高效、便捷的服务，在政策范围内，降低办证门槛，简化办证手续，为民办养老机构办事尽可能多地提供方便。

三、老年人服务设施建设进一步改善

（一）养老服务设施规划和监管得到加强。不断完善城乡规划中各类交通设施的规划建设和无障碍设计。各地在编制城市、镇总体规划与控制性详细规划时，必须按照人均用地不少于0.1平方米的标准，分区分级规划设置养老服务设施，并与医疗卫生规划等相关配套设施规划进行协调和衔接。凡新建城区和新建居住（小）区，必须按照《城市公共设施规划规范》、《城镇老年人设施规划规范》、《城市居住区规划设计规范》、《无障碍设计规范》等标准要求配套建设养老服务设施，并与住宅同步规划、同步建设。依据国家有关部门制定的老年友好城市、老年宜居社区规划建设的相关指标体系，研究制定我省的地方标准。加强养老服务设施规划建设情况检查。省建设厅于11月对各地养老设施规划和建设情况进行一次摸底检查。养老服务设施规划建设情况监督检查内容，主要包括：新建城区养老服务设施规划建设情况、新建居住（小）区养老服务设施实际配套情况、工程建设标准执行情况等。

（二）老年人出行条件逐步改善。2016年通车的抚州、丰城南、修水西等13对服务区全部设置7无障碍设施。每个服务区都设置了无障碍出入口，服务区内部全部设置7连续的无障碍通道及无障碍标志，有高差的地方设置了轮椅坡道。公共卫生间都单独设置了无障碍厕所，内设无障碍厕位、无障碍小便器和无障碍洗手盆。在个别有条件的客运站点成立了志愿服务队伍，如庐山西海青年志愿者服务队以景区司马旅游码头、梦生山旅游码头、巾口旅游码头、湖区岛屿为重点，辐射各主要景区景点。在这些区域设立了青年志愿者咨询服务台和免费饮用水站，发放景区宣传资料、旅游导览图，提供旅游咨询、引导服务和免费饮用水，同时，队员们统一身着印有“庐山西海青年志愿者”标识的上衣，方便老年游客们有需要时及时求助。

（三）老年人体育教育设施明显增多。2016年9月1日，省委办公厅、省政府办公厅印发《关于加强新形势下老年人体育工作的意见》的通知（赣办字〔2016〕69号）。该通知指出了新形势下加强老年人体育工作的重要性、目标任务、措施保障等，是今后全省老年人体育工作的纲领性文件。今年，我省新建了1个县级全民健身活动中心、16个社区多功能运动场、9个笼式足球场、35个乡镇农民体育健身工程、246个村级农民体育健身工程。支持建设11人制标准足球场9个，非标准足球场6个，县级田径场9个，为老年人健身提供了条件。建设时也充分考虑到老年人的生理特点和健身需要进行规划和设置，如健身路径工程中 90％的健身器材都适合老年人锻炼。

四、老年人合法权益保障进一步强化

（一）老年人权益保障更加扎实。经过调研、座谈、征求省直单位意见、省人大专门委员会审议和省人大常委会的一审、二审等立法程序，《江西省实施〈中华人共和国老年人权益保障法〉办法》于 9 月 22 日下午经省十二届人大常委会第二十八次会议表决通过。目前，我省是已修改出台省级老年人权益保障地方法规的第八个省。江西省老年法实施办法，第一次明确了乡镇人民政府、街道办事处和村（居）民委员会都要安排专（兼）职人员负责老年人权益保障工作等亮点内容。

（二）老年法律援助服务更加便捷。我省充分发挥“12348”法律援助咨询专线平台的品牌优势，为老年人提供优质高效的免费法律咨询、相关政策信息服务，有的地方还专门设立了“老年人法律援助维权中心”，开通了老年人维权热线，进一步方便了老年人法律咨询，快捷便利申请和获得法律援助。2016 年，全省各级法律援助机构以贯彻落实中办、国办《关于完善法律援助制度的意见》为契机，促成省委办公厅、省政府办公厅及时出台了《关于完善法律援助制度的实施意见》，进一步降低法律援助门槛，扩大法律援助范围，使更多老年人等贫困群众能够得到法律援助，对符合法律援助条件的努力实行全覆盖，做到“能援则援”、“应援尽援”，切实解决老年人等困难群众“打官司难”和“打不起官司”的问题，确保困难群众依法获得符合标准的法律援助。一是降低门槛，将老年人等困难群众申请法律援助经济困难标准统一调整为城乡居民最低生活保障标准的 2 倍，并逐步过渡到低收入标准或最低工资标准。对低保老年人申请法律援助的，开辟了绿色通道路，直接提供法律援助。2016 年，我省利用中央专项彩票公益金共办理各类法律援助案件 1567 件，其中老年人法律援助案件 229 件，占中彩金案件总数的 14.6％，有效地满足了包括老年人等弱势群体对法律援助的需求。

（三）涉老违法犯罪受到严厉打击。全省公安派出所通过民调评警、开展“大走访”活动等形式，对辖区内的孤寡老人开展帮扶活动，定期走访慰问，积极化解以家庭矛盾、邻里纠纷为重点的各类涉老矛盾纠纷，不断开展维护老年人合法权益宣传教育活动。对可能发生的涉及老年人纠纷的问题，力争做到早发现、早处理；对已经发生的涉及老年人权益的纠纷等在第一时间进行调解，全力化解。20t6 年以来，全省公安机关共排查化解涉老矛盾纠纷 l.4 万余起；调解成功率达 96.2％，走访慰问老人 7500 余次。全省公安机关充分发挥职能作用，及时、认真受理对涉及老年人的报警和求助，对伤害老年人人身安全和侵犯老年人财产安全的违法犯罪行为，坚决依法查处，特别加大了对“两抢一盗”、诈骗、涉食药环等侵害老年人利益的民生案件的打击力度，坚持快侦快破，最大限度地保障老年人权益，维护良好治安秩序。2016 年，共查破涉老违法犯罪案件们 4100 余起，救助和资助受困老人 388 人，有力地维护了老年人的合法权益，狠狠打击了犯罪分子的嚣张气焰，赢得了广大老年群众对公安工作的理解和支持。

（四）涉老案件宣传教育力度不断加强。通过巡回审判和当众宣判，加大维护老年人合法权益的宣传教育力度。我省各级法院大力配合有关部门广泛深入地开展对新修订的《中华人民共和国老年人权益保障法》以及《江西省实施〈中华人民共和国老年人权益保障法〉办法》的宣传活动，并将宣传活动与审判活动有机结合，扎扎实实，讲求实效。人民法院审理案件以公开审理为原则，以不公开审理为例外，大多数涉老案件可以公开审理。涉老案件多具有教育意义，如赡养纠纷案件，基层法院和派出的人民法庭注重发挥案件的教育指引功能，对一些典型涉老案件组织一定范围的公开审判、巡回审判和当众宣判，以案讲法，发挥“审理一案、教育一片”的作用，借以宣传普及《婚姻法》、《继承法》、《中华人民共和国老年人权益保障法》、《江西省实施〈中华人民共和国老年人权益保障法〉办法》等有关维护老年人合法权益的法律法规，加强法制教育，倡导敬老、养老、助老的社会新风尚。此外还通过广播、电视、报刊、网络、微信等各种媒介，有针对性地进行法制宣传，阐释法律，剖析案例，宣传典型，弘扬敬老养老的传统美德，促进精神文明建设，积极推动我省老年人事业的发展。

（五）敬老爱老助老社会氛围更加浓厚。一是开展以“敬老爱老，全民行动”为主题的“敬老月”活动。举办了 2016 年“中国人寿杯”江西省首届九九重阳大型公益庆典活动和“敬老爱老，全民行动”江西省 2016 年老年节暨“中国人寿杯”江西老年艺术展演活动，宣传了老年群体参与社会、服务社会、奉献社会的良好形象，展示了老年群众艺术文化建设成就和良好的生活精神风貌，激励老年人树立积极老龄观和自立、自信、自尊、自强意识。引导全社会积极看待、尊重、接纳老年人，让敬老爱老成为国家意志、公民素养和社会风尚。二是组织全国老龄系统先进集体和先进工作者、敬老爱老助老、“老有所为”先进典型人物等的评选宣传工作。按照全国老龄办的部署，省老龄办严格标准、注重质量，坚持公开、公平、公正原则，严格按照自下而上、逐级推荐、逐级审核的工作程序，共向全国老龄办推荐了 1 个先进集体、1 名先进工作者、30 个“敬老文明号”、55 个“敬老爱老助老模范人物”、2 名“老有所为”先进典型人物。

五、老年文化生活不断丰富

2016 年 7 月正式出台《江西省人民政府办公厅关于推进基层综合性文化服务中心建设的实施方案》。该文件是我省十三五期间关于推进街道、社区综合性文化服务中心建设的总依据。文件中明确提出乡、村两级综合性文化服务中心建设要完善老年人、未成年人、残疾人等服务设施设备。建设提供集书报阅览、文体活动、养老助残等于一体的一站式、窗口式、网络式的基层综合性文化服务中心。2016年7月印发了《江西省“十三五”时期贫困地区公共文化服务体系建设工作方案》。文件中要求要在贫困地区加强公共文化服务均等化发展，鼓励各级公益性文化机构建立老年体协、老年艺术团、老年大学等文体组织，并提供必要的活动经费。支持公益性文化机构针对“五保户”、孤寡老人等开展送文化活动。继续深入开展公共文化设施免费开放，丰富服务手段，拓展服务领域。组织开展了全省优秀剧目集中展演、“我们的中国梦——文化进万家”、“百姓大舞台——合唱艺术节”、“放歌赣江源”声乐大赛等公益展演活动。“百姓大舞台”公益展演采取“零门槛、零距离、零付费”的方式，整合社会各类演出资源免费向群众提供演出服务，自2014年初在南昌市城区试点以来，在全省各市、县逐步推开，累计5000余场，参演群众50万余人次，观众达800余万人次。

六、老年人社会管理工作进一步加强

总结推广了景德镇鹰潭两市“协会＋中心＋站点＋巡访”的模式，即将居家养老中心交由农村老年协会进行日常管理服务，同时，在远离居家养老服务中心的自然村落，设立服务站点，开展为老服务。对中心（站点）辐射不到的偏远村庄采取巡访的方式，上门为老年人服务。较好地解决了农村困难老人问题。省发改委会同省委组织部、省委农工部、省民政厅在全省组织开展了农村综合公共服务平台建设试点工作，确定了南昌县广福镇北头村等78各行政村为试点村。

重要会议和活动

【召开全省老龄办主任会议】5月25—26日，全省设区市老龄办主任会议在宜春市召开。会议的主要任务是贯彻落实全国老龄办主任会议精神，总结交流去年以来的老龄工作，研究部署今年的老龄工作目标。省民政厅党组成员、省老龄办专职副主任罗良意出席会议并作重要讲话，宜春市政府副市长周志平出席会议并致辞，全省设区市老龄办负责人和省老龄办业务处室负责人等30余人参加了会议。会议首先组织参会人员参观了袁州区居家养老服务站点，现场主要参观了袁州区湛郎街道湛郎桥社区、灵泉街道五眼井社区和凤凰街道柒家岭社区居家养老服务中心及袁州老年公寓。会议期间，袁州区政府、南昌市、景德镇市、宜春市、上饶市等5家单位负责同志作了经验发言。会议就进一步做好全省老龄工作提出了意见和要求：一要贯彻落实习近平总书记和李克强总理重要指示精神，加强老龄工作顶层设计；二要树立正确宣传舆论导向，着力强化老龄宣传工作；三要坚持务实为民，确保各项工作任务落实。全省各级老龄工作者要提高政治意识、大局意识、责任意识，把为老服务的责任放在心中，扛在肩上，促进我省老龄事业持续健康发展。

【召开省老龄委第十一次全会】8月11日，省老龄委第十一次全体会议在南昌召开。会议深入学习习近平总书记在中共中央政治局第三十二次集体学习时的重要讲话精神，传达了全国老龄委第十八次全会精神，审议通过了省老龄委工作报告、工作制度和2016年工作要点。副省长、省老龄委主任尹建业出席会议并作重要讲话。省民政厅厅长，省老龄委常务副主任、省老龄办主任刘金接同志汇报“十二五”时期我省老龄工作的发展情况。会上，省委组织部、省发改委、省民政厅、省人力资源社会保障厅、省卫生计生委、省妇联等6个省老龄委成员单位的负责同志，就十二五期间本单位推进老龄事业发展工作情况和今后工作安排分别作了重点发言和书面交流会议第一次下发了省老龄委的工作制度、成员单位职责和年度工作要点。初步建立了“党委领导、政府主导、社会参与、全民行动”工作机制。做到了“两纳人”、“两增强”，即：把老龄工作纳入了党委政府重要议事日程，把老龄事业发展纳入经济社会发展规划。从而，增强了全社会积极应对人口老龄化的思想观念，增强了做好老龄工作的政策合力和工作推动力。

【开展“老年节”庆祝活动】9月21日，由江西省老龄办、江西电视台经济生活频道主办，中国人寿江西省分公司协办的2016年“中国人寿”杯江西省首届九九重阳大型公益庆典活动在江西电视台600平米演播大厅隆重召开。省民政厅党组成员、省老龄办专职副主任罗良意，江西人寿总经理许建民、副总经理李健平，团省委副书记孙鑫，省地税局副巡视员蔡勇，以及省保监局、省民族宗教局、江西电视台经济生活频道等单位的领导出席活动，并为评选出的10位江西省首届“孝亲敬老”之星、10位“老有所为”之星和10位“健康长寿”之星颁发了证书和奖杯。

10月19日，江西省老龄办和江西广播电视台主办，江西广播电视报社、《江西广播电视报》读者生活馆承办，中国人寿江西分公司协办的“敬老爱老，全民行动”江西省2016年老年节暨“中国人寿杯”江西老年艺术展演活动在南昌市八一广场举行。数百名老年人身着盛装，喜气洋洋地来庆祝自己的节日。省老龄委常务副主任、省民政厅党组书记、厅长刘金接，江西广播电视台党组成员、副台长龚荣生，中国人寿江西分公司党组书记、总经理许健民，副总经理李健平和省老龄委成员单位联络员出现了活动。

各项业务进展

【老龄政策法规】一是开展专题政策调研。树立问题意识，注重实际效果，深入部分市、县就老年人意外伤害保险、居家养老服务、落实老年优待政策、落实高龄津贴、老年协会发展模式等业务工作开展调研，并在全省范围内评选出10篇优秀调研成果推荐至全国老龄办。二是推进老龄政策创制。在充分调查研究、广泛征求意见的基础上，推进政策创制，填补我省老龄制度建设缺项，与省民政厅、省财政厅联合下发《关于做好我省高龄津贴发放工作的通知》。按照厅党组工作要求，结合我省特点，草拟完成了《江西省老龄事业发展评估办法》。三是出台《江西省实施〈中华人共和国老年人权益保障法〉办法》。经过前期调研、座谈、征求位意见和省人大专门委员会审议等立法程序，《江西省实施〈中华人共和国老年人权益保障法〉办法》于9月22日下午经省十二届人大常委会第二十八次会议表决通过。江西省老年法实施办法，第一次明确了乡镇人民政府、街道办事处和村（居）民委员会都要安排专（兼）职人员负责老年人权益保障工作等亮点内容。

【居家养老服务】扎实推动全省开展居家养老服务建点布点工作，指导各地打造具有示范性的居家养老服务中心（站）。按照省政府《关于加快发展养老服务业的实施意见》（赣府发〔2014〕15号）要求，我处对2016年站点建设任务进行下达，明确要求每个县（市、区）新建15个居家养老服务中心（站），明确提出各市、县要针对资金下拨、运营情况和存在问题与取得效果等开展检查，并列入了《2016年全省老龄工作综合评估办法》，我处8月份配合厅计财处赴抚州市开展了督查。今年，利用中央、省级福彩公益金资助新建或改扩建具有示范效应的居家养老服务站点97个。在省民政学校举办了2期全省居家养老服务从业人员培训，有100人参训并经考试考核取得初级养老护理员资格证。通过协调，居家养老服务信息化平台建设工作有了新进展，先后开通了12349为老服务热线电话的有南昌市、赣州市、吉安市、宜春市、九江市、上饶市、鹰潭市、萍乡市、抚州市9个市和开通了12343市民服务热线电话的有景德镇市、新余。配合省厅在南昌市西湖区绳金塔街办公交社区居家养老服务中心开展居家养老服务标准化试点。抓紧时间认真整理居家养老服务工作相关资料，做好整体移交厅福利处准备。

【基层老龄工作】按照省老龄办下发的《关于加强基层老年协会建设的意见》和《关于进一步加强城乡老年协会建设的通知》，指导城乡老年协会开展规范化建设和作用发挥，注重加强顶层设计，解决组织定性模糊的问题，实行注册登记管理；加强规范化管理，解决能力建设不足的问题，提高人员素质和建设质量；加强平台建设，解决运行机制不畅的问题，探索管理服务新途径；加强资金扶持力度，解决协会经费短缺的问题，增强协会可持续发展的能力。按照《江西省基层老年协会星级评定办法》，指导全省城乡基层老年协会开展第二届“四星级”创建，不断提高建设质量和为老服务水平。

【老年维权工作】起草《老龄事业发展“十三五”规划》（草案）。以“积极老龄化、健康老龄化、法制老龄化、和谐老龄化、快乐老龄化”为理念，以全面建成小康社会，确保老年人群体同步进入小康为目标，以补齐短板为重点，起草了“十三五”规划初稿，从思想上、制度上、物质上对全省老龄事业发展做出了规划安排。开创新思路，启动老年人意外伤害保险工作。四部委《关于开展老年人意外伤害保险工作的指导意见》出台后，针对与我省现行的70周岁以上老年人乘坐公交车意外伤害保险出现的“三不同”，即保险年龄不同、保险内容不同、赔付范围不同的情况，及时开展了省内外调研，广泛征求意见，制定了符合我省省情的实施细则。并完成了新年度投标招标工作，近期将与中标公司签订协议。2016年，省市县三级财政共出资1709.43万元为全省161万70周岁以上老年人购买免费乘坐公交车意外伤害保险。扩大了保险责任范围，所有的公共交通工具上的发生意外伤害保险均纳入理赔范围。全年发生理赔案件71起，理赔金额84.31万元。2016年发放老年证21万本，处理老年人来信来访来电25件。

【老龄新闻宣传】在全省范围内组织开展了第七个“敬老月”活动，走访慰问部分高龄、困难老年人和组织志愿者到抗战老兵家中开展志愿活动，组织开展文化娱乐和体育活动，开展老年法律援助和涉老政策法律咨询。举办了2016年“中国人寿杯”江西省首届九九重阳大型公益庆典活动和“敬老爱老，全民行动”江西省2016年老年节暨“中国人寿杯”江西老年艺术展演活动，宣传了老年群体参与社会、服务社会、奉献社会的良好形象，展示了老年群众艺术文化建设成就和良好的生活精神风貌，激励老年人树立积极老龄观、人生观、价值观，传播正能量。赣州市联合赣南日报社组织开展了2015年赣州市十大“老有所为先进人物”和十大“孝亲敬老之星”评选活动，举办了“赣南和美全家福”评选活动，参评作品达52幅。萍乡市组织评选表彰了孝亲敬老家庭、“最美萍乡人”和“身边好人”，他们的先进事迹都在报刊、网络、电视与人口集中的广场进行了宣传展示。吉安市开展了以孝亲敬老为核心内容的第三届“感动吉安”和“道德模范”评选推荐活动，涌现了安福县文冬英孝敬公婆、最美媳妇张茂琴等先进人物，井冈山市的毛秉华老人当选“全国助人为乐模范”。抚州老龄委授予陈麟娇等22名老人为全市2015

年“健康老人”称号，并对“健康老人”的事迹进行整理和宣传。南昌、赣州、吉安、新余等地主动加强与市委宣传部的沟通协调，联合当地报纸、电台、电视台、网络新闻媒体，对全市“敬老月”各项活动进行了广泛深入的报道。各县（市、区）均在城区和乡镇主要道路两旁悬挂敬老横幅，利用标语、电视字幕、电子显示屏、手机报、孝亲敬老倡议书、宣传栏等各种形式，大力宣传敬老、助老及老有所为典型，宣扬敬老传统文化，强化敬老爱老意识。据不完全统计，“敬老月”期间，全省共悬挂敬老宣传横幅、标语12000余条，印制发放孝亲敬老倡议书、老年人免费乘车保险宣传资料等68000余份，出动宣传车220台次，组织宣讲老年法100余场。

【老年文体活动】各地重视老年群体的精神健康需求，立足社区和依托基层老年协会组织，积极开辟面向基层的文化广场、社区活动站等老年文化体育活动场所，鼓励支持老年人开展自发、健康的文化娱乐健身活动。一是开展老年节文艺活动。南昌市、抚州市、新余市、宜春市、赣州市分别举行了以“培育敬老家风，建设和睦家庭”为主题的庆祝“老年节”和敬老系列活动。抚州市各级以老年艺术团、老年体协为依托，开展好送戏下乡进敬老院活动，进社区、进广场、进企业活动。南昌市、鹰潭市还联合文联、书画协会等部门开展老年书画优秀作品展示会和重阳诗会等活动，赣州市联合江西画报赣南之窗杂志社、市摄影家协会等单位，在全市开展了百岁老人公益摄影活动和图片展，丰富老年人节日的文化生活。二是开展老年体育健身活动。鹰潭市投入资金近8万元，举行庆重阳系列文体活动，开设门球、气排球、广场舞3个比赛项目和1个陀螺表演项目；共有51支代表队千余名老年人参加了比赛。上饶市老干部局举办第三届省直、上饶市、鹰潭市离退休老干部斯诺克联谊赛。

山东省

综　述

截至2016年底，山东省60岁以上老年人口达到2056.8万，占全省总人口的20.68%。其中，65岁以上老年人口约1315.5万，占总人口的13.18%；80岁以上高龄老年人约为239.2万，占总人口的2.4%；百岁老人共6162人。按照国际标准，山东省已进入中度老龄化社会。面对严峻的老龄化形势，全省各级认真贯彻落实习近平总书记关于老龄工作的重要讲话精神，完善机制，积极应对，着力推进老龄法规政策落实，完善老年人权益保障机制，发展养老服务事业和产业，老年民生状况进一步改善，老龄事业发展取得新成绩。

一、社会养老保障

2016年，山东城乡居民基本养老保险基础养老金标准提高到每人每月100元，企业退休人员基本养老金达到每人每月2525元。城乡居民基本医疗保障制度政府补助标准提高到420元以上，大病保险人均最高补偿标准达到30万元。城镇“三无”老人集中和分散供养标准分别达到每月840元和低保标准的1.5倍，农村“五保”老人集中和分散供养标准分别达到每年5999元和4167元。全省17万失能困难老人享受每月不低于60元的护理补贴。高龄津贴制度覆盖全省90岁以上老年人，8个设区市、74个县（市、区）覆盖到80岁以上老年人，省财政向16个市（不含青岛）拨付百岁老人长寿补贴金1183万元。2016年，“银龄安康”老年人意外伤害组合保险参保人数达到690万人，达到应投保老年人的42.8%。65岁以上老年人免费乘坐市内公共交通工具政策全面落实，812万65岁以上老年人享受到政府提供的免费查体和健康管理服务。

二、社会养老服务体系建设

2016年2月25日，省政府办公厅印发了《山东省养老服务业转型升级实施方案》，围绕“着力把养老服务业培育成一个强大的服务产业”出台了一系列政策措施。省级财政继续列支10亿元专项资金，大幅提高各类养老机构床位运营补贴，增设了社区日间照料中心转型奖补项目，并将护理型养老床位补助标准提高20%。同时，安排近5000亩专项用地指标支持养老服务机构建设。截至2016年底，全省共有养老服务机构3300余家，各类养老床位67万张，千名老人拥有床位数近34张。全省共有养老服务信息平台100处，城市社区日间照料中心4179个，农村幸福院9880个，城市、农村居家和社区养老服务覆盖率分别达到98%和77%。“医养结合”型养老机构发展迅速，养老机构内设医疗机构的200余家，内设诊所、卫生室的1000余家。养老服务人才队伍建设加快推进，省全年培训高级养老护理员和管理人员1.5万人次，19家院校设立了养老服务与管理专业，学历教育、职业教育和在职教育相结合的养老服务人才培训体系初步形成。

三、老年人合法权益保护

深入贯彻落实《中华人民共和国老年人权益保障法》、

《山东省老年人权益保障条例》和习近平总书记关于老龄工作的重要讲话精神，扎实开展老年人法治宣传、法律援助、矛盾化解等工作。将涉老法治宣传教育纳入“七五”普法规划和2016－2020年依法治省规划，扎实开展“法律进社区”活动，通过公益广告、法律咨询、宣传手册、知识竞赛等多种形式向老年人宣传法律知识。打造老龄法制宣传阵地，全省建成法治文化基地（公园、广场）805个、普法长廊5347条。深入开展“老年普法维权大篷车进社区公益行动”，全年集中宣传67次，免费解答市民咨询7600多次，减免费用150余万元。强化老年人权益保障工作考评机制，将综治考核项目中的“老年人公益维权服务”扩展为“老年人权益保障工作，命名了第二批179个全省老年人公益维权服务示范站。年底，省老龄办、省卫生计生委、省金融办就17市老年人权益保障工作有关情况进行了考核。开展“法律援助便民服务示范窗口创建”活动，全省依托乡镇（街道）司法所、基层法律服务所等建立法律援助工作站1500余个。2016年，全省共办理涉老行政法律援助案件298起、刑事法律援助案件515起、民事法律援助案件10116起。

四、老龄产业发展

按照“重点突破、全面提升、安全适宜”的原则，推动养老服务业成为转方式、调结构、稳增长的新动力、新优势，在食品、保健品、助行、健身和康复器材等领域，加强市场研究，调整产品结构，延伸产业链条，丰富产品供应，通过重点项目带动涉老产业发展。2016年，省经信委共备案涉老产业技术改造项目129项，总投资73.6亿元；将54个涉老项目列为省工业提质增效升级专项资金补助项目，拨付补助资金5890万元；办理涉老产业进口设备免税项目92个，免税额约1.26亿元。按照“以点带线、以线促面，点线面同步发力”的整体思路，推进企业技术中心、行业技术中心建设。2016年，认定省级涉老企业技术中心46家，全省与涉老产业相关的工业化示范基地达到6家、省级新型工业化产业示范基地达到33家。5月6日至8日，第八届山东老龄产业博览会在舜耕国际会展中心举办，吸引了来自21个省（市、自治区）的323家企业和69家养老机构参展。展会实现交易及订立合同金额3300余万元，意向协议金额达到4500余万元。

五、老年文化体育事业

2016年，省直有关部门举办了多项全省性的大型老年文体活动。省老龄办、省文化厅联合举办了“银龄风采”老年人艺术大赛，省老龄办、省文联、省书协等单位主办了第五届老年书画大赛，省老龄办、省老体协与省邮政公司举办了第二届“邮爱夕阳　幸福银龄”全省中老年广场舞大赛；省老龄办与省文联举办了庆祝建党95周年暨红军长征胜利80周年文艺演出活动，与省文联、山东老年大学共同主办了山东省首届中老年朗诵艺术大赛。全省各级广泛组织中老年太极拳、门球、柔力球、乒乓球、棋牌等运动项目比赛，县以上共举办老年运动赛事500余场次。5月中旬，省老龄办与省老体协联合召开全省文体养老工作经验交流会，就做好基层文化养老工作、发展老年文化体育事业进行了研究。各级加大对基层老年文体组织扶持力度，积极为基层老年活动室（中心）配置设施器材，改善了基层老年文化生活条件。

六、老龄宣传工作

围绕全省老龄工作的重点，广泛利用各级各类媒体开展人口老龄化基本国情和老龄政策法规宣传教育，不断提高宣传工作质量和水平。在大众日报开设了山东老龄事业专版，定期展示我省老龄事业发展全景，解读涉老法规政策；与省新闻工作者协会联合评选了2016年度山东省“十大老龄新闻”，组织拍摄了7条敬老养老助老公益广告。2016年，省老龄办与中国人寿山东省分公司、山东广播电视台生活频道联合开办了综艺栏目《幸福银龄》，着力打造具有齐鲁特色的老年电视综艺节目。积极开展“敬老文明号”、“山东省十大孝星”、“山东省十佳敬老企业和敬老企业家”等敬老爱老助老先进典型评选工作，扩大典型示范作用。积极组织开展“敬老月”系列活动，召开全省庆祝老年节大会，省委、省政府主要领导向全省老年人和老龄工作者致慰问信，省四大班子领导出席会议。2016年“敬老月”期间，全省各级党政领导参加各类敬老活动900余人次，各级各界共走访慰问老年人100余万人，赠送慰问品、慰问金合计3.5亿元；各级受到表彰的敬老先进单位达1300余个，先进人物4300余名。县以上各类媒体开设老龄专栏达到1300余个，各级发放敬老爱老助老宣传材料9.6万余份、涉老法规宣传资料40余万份、敬老公益短信80余万条、法律援助便民服务卡9000余张。春节、老年节和“敬老月”期间，全省各级党政领导广泛到老年人家中和社会养老机构走访慰问，社会各界积极开展敬老养老助老行动。部分地方将孝亲敬老列入干部考核内容，积极推动敬老文化进课堂、进机关、进基层，广泛开展读敬老书、做敬老事、写敬老文活动，积极营造社会敬老爱老助老浓厚氛围。

七、老龄科研调研工作

6月，省老龄办、省老年学学会举办了以“生态、绿色、文化与老年健康长寿”为主题的山东省第五届老年健康与长寿理论研讨会。围绕“医疗模式和生活方式的转型，美丽乡村建设对促进老年人健康长寿的作用”等七个方面的问题进行交流，形成了一批最新研究成果。省老年学学会积极组织参加中国老年学和老年医学学会举办的老龄新锐问题报告会，山东省有35篇论文在中国老年学会2016年综合学术论坛获奖，22项成果在第三届全国老年学术成果奖评选中获奖，8个单位获评先进集体。7月至11月，全省老龄系统结合贯彻落实习总书记重要讲话精神，开展了2016年度专题政策调研活动，收到全省各级涉老部门、科研机构、社团组织上报的调研报告近100篇。开展“山东省长寿之乡”品牌价值提升调研，省老龄办组织人员先后到曲阜市、金乡县和浙江丽水、永嘉县调研长寿之乡命名工作与孝德文化建设，修订了《山东省长寿之乡命名办法》。做好“第四次中国城乡老年人生活状况抽样调查”课题研究工作。依托全国第四次抽样调查结果，省老龄办协调有关院校和科研机构，围绕“提升老年人生活质量”、“老龄事业发展‘十三五’规划建议”、“老龄产业发展”等课题展开研究，为编制老龄事业发展“十三五”规划提供数据支撑。进一步加强省级老年学学会建设。2016年新成立生物靶向专业委员会、慢性病管理委员会、康复专业委员会和医疗护理分会。

重要会议和活动

【3月24日，山东省老龄委第二十四次全体会议在济南召开】会议总结了2015年全省老龄工作和老龄事业发展“十二五”规划完成情况，书面传达了习近平总书记、李克强总理对加强老龄工作的重要指示批示和全国老龄委第十八次全体会议精神，省委组织部等7个部门的负责同志作了典型发言，副省长王随莲出席会议并讲话。王随莲指出，“十二五”期间，全省老龄事业快速发展，改革发展成果不断惠及老年人。她强调，要切实发挥好老龄委工作优势，协调各部门不断完善老年保障制度，编织好覆盖全体老年人的民生保障网。要抓住机遇，进一步创新体制机制，扩大老龄产业规模，使老龄产业成为我省经济转方式、调结构、稳增长的新动力新优势。要依法保障老年人权益，加大老年人维权工作力度。要结合公共文化服务体系建设、文化扶贫等工作，不断丰富老年人精神文化生活。要加强对老龄工作的组织领导，狠抓工作任务落实，推动全省老龄事业持续健康发展。

【3月23日，全省老龄办主任会议在济南召开】会议表彰了2015年度全省老龄宣传报道和信息工作先进单位、全省老龄工作政策调研优秀成果，总结了2015年工作情况，省老龄办各分管主任按照分工进行了工作部署，丁希滨作了讲话。省老龄办领导班子成员、处室负责人及17市老龄办负责人参加了会议。

【5月6日至8日，第八届中国（山东）国际老龄产业博览会在济南舜耕会展中心举行】来自全国21个省（市、自治区）的323家企业和69家养老机构参展，展出面积近12000平方米，折合标准展位数量416个。展览内容涉及养老产品研发制造、养老地产、养老服务、养老投资、养老机构运营、养老旅游、健康养生等多个领域。其中“山东省长寿之乡展团”首次亮相“老博会”，重点展示了10个“山东省长寿之乡”的长寿产品、长寿研究成果、长寿理念和长寿文化，引起了现场观众的广泛关注。据不完全统计，本届“老博会”，观众2.3万多人，现场交易额1000多万元，现场签订合同额2300多万元，签订意向协议额4500多万元。

【5月9日，全省老龄系统学习贯彻中央领导同志加强老龄工作的重要批示精神交流座谈会在济南召开】省老龄办处以上干部、各市老龄办负责人及工作人员约90人参加会议。会上，省委省直机关党校、山东师范大学的专家及省老龄办负责同志分别就人口老龄化形势、抓好“两学一做”学习教育、学习贯彻中央领导同志重要批示分别作了专题辅导报告。

【5月17日，全省文体养老工作经验交流会在济南召开】山东省人大原副主任、省老年人体育协会会长曹学成出席会议并讲话。全省17市老龄办文体养老工作分管负责人及老体协相关负责人参加会议。

【6月5日，由山东省老龄办、省老年体协主办，中国邮政山东省分公司承办的山东省第二届“银龄杯”中老年广场舞大赛启动仪式在济南英雄山赤霞广场举行】山东省人大原副主任、省老年体协主席曹学成，省老龄办副主任于振业及省邮政公司的负责同志出席启动仪式。

【6月7日，山东省第五届老年健康与长寿理论研讨会在济南召开】省政协原副主席、省老年学学会会长李德强出席会议并讲话，省老龄办主任丁希滨致开幕辞，省老龄办副主任肖培树主持开幕式，省老年学学会部分理事、养老健康领域有关专家和优秀论文作者，各市老龄办、老年学学会代表共120余人参加会议。本次研讨会的主题为“生态、绿色、文化与老年健康长寿”，与会的专家学者围绕主题进行了深入交流和探讨，形成了丰富的理论成果。

【6月17日，省老龄委成员单位学习贯彻习近平总书记在中央政治局第三十二次集体学习时重要讲话精神座谈会在济南召开】

【6月28日，全省老有所为工作座谈会在济南召开】会议主要传达习近平总书记重要讲话和重要批示精神，研究老有所为支持措施。省直有关部门和涉老组织代表，各市老龄办分管负责人及老有所为典型代表参加座谈。

【6月23日，由山东省老龄办、省文联、济南市老龄办共同主办，淄博市老龄办、济南市老干部活动中心、青岛市老年服务中心、省朗诵艺术家协会等单位协办的“银龄颂歌献给党——山东省暨济南市老年人庆祝中国共产党成立95周年文艺演出”在济南南郊宾馆礼堂举行】省人大原副

主任、省老年体协主席曹学成，省政协原副主席、省关工委常务副主任赵玉兰，省政协原副主席、省老年学学会会长李德强，济南市及省直有关部门负责同志出席并观看演出。来自济南、淄博、青岛和省直的300多位老年人及部分专业演员参加演出。

【8月19日，全省学习贯彻习近平总书记重要讲话精神报告会在济南召开】全国老龄办副主任朱耀垠就学习贯彻习近平总书记在中共中央政治局第三十二次集体学习时的重要讲话精神作了专题辅导报告。省老龄办全体人员、省老龄委部分成员单位联络员、各市老龄办负责人及济南市老龄系统干部共150余人听了报告。

【9月29日，由山东省老龄办、济南市老龄办主办的山东省暨济南市“敬老月”活动启动仪式在济南市洪楼广场举行】丁希滨、钟永诚、于振业、牟善勇及济南市、历城区有关负责同志出席，省及济南市老龄办，济南市老年人防诈骗维权中心，医疗机构、律师事务所的公益律师，部分新闻媒体和各界群众代表约500人参加启动仪式。活动现场，免费为老年人提供法律、健康知识咨询服务。

【10月9日，山东省庆祝老年节大会在济南南郊宾馆召开】会前，省委书记、省人大常委会主任姜异康，省委副书记、省长郭树清向全省老年人和老龄工作者致慰问信。省委常委、统战部部长吴翠云出席会议并讲话，省人大副主任于建成、省政府副省长王随莲、省政协副主席翟鲁宁，省政协原副主席李德强等出席会议。省老龄委委员、成员单位联络员、办领导和机关全体人员以及老年人代表共500多人参加会议。大会隆重表彰了第二批山东省老年人公益维权服务示范站，第十一届“山东省十大孝星”、山东省十佳敬老企业和十佳敬老企业家，并为新命名的“山东省长寿之乡”授牌。吴翠云在讲话中指出，发展老龄事业，让老年人健康幸福安度晚年，是各级党委、政府和全社会共同的责任。要引导全社会树立“积极老龄观”，正确看待老年人、老年生活和人口老龄化。加快完善老龄政策制度，切实保障老年人的权益。加快推进养老服务业和产业发展，着力培养提供老年产品和服务的优质品牌。充分发挥老年人的积极作用，为老有所为创造有利环境。进一步健全老龄工作的体制机制，增强应对人口老龄化的工作合力。

【10月9日，省政府副省长王随莲到济南市槐荫区康乐老年公寓、绿苑福鼎老年公寓走访慰问老年人，并向老年公寓赠送了慰问金和慰问品】走访过程中，王随莲详细了解了老年人的生活和身体状况，向老年人送上节日祝福，向工作人员表示慰问。她强调，尊老敬老是中华民族的传统美德，关爱老年人、让他们晚年幸福是政府、社会、家庭的共同责任。各级要进一步采取有力措施，加大对老龄事业的投入，引导社会力量积极兴办养老服务事业和老龄产业，为老年人提供更多更好的服务，让广大老年人安享晚年。省老龄办主任丁希滨、济南市副市长齐建中陪同活动。

【10月18日，省政府副省长王随莲到省老干部活动中心观看第五届山东省老年书法美术大赛获奖作品展】

河南省

综　　述

2016年，省委省政府主要领导对我省老龄工作作出批示，省政府将养老服务体系建设列入省重点民生实事进行督办，积极推动全省老龄事业发展。全省完成全年新增养老床位2万张的目标任务，全省各类养老床位数达到49.5万张、每千名老年人拥有床位数33张。

一、召开全省老龄委第十一次全体会议

6月20日，河南省老龄工作委员会第十一次全体会议在郑州召开。省政府副省长、省老龄委主任王铁出席会议并作重要讲话。会议要求：切实做好省级层面的制度设计；切实推进养老服务业健康发展；切实做好老年人保障服务工作。会议强调，老龄委各成员单位要切实履行职责，积极谋划；各成员单位要主动参与、通力合作；各级老龄委要强化督促检查；依托媒体加大宣传力度。省民政厅厅长、省老龄委副主任王战营作了关于全省老龄工作情况和下一步工作安排的报告。省发展改革委、省财政厅、省人力资源和社会保障厅、省住房和城乡建设厅、省卫生计生委五部门负责同志作典型发言。

二、召开2016年全省老龄工作会

7月29日，2016年全省老龄工作会议在许昌召开。省民政厅副厅长孟超出席会议并讲话。会议要求：加强政策创制；大力发展社区居家养老服务；推动养老机构建设发展；加快推进医养结合；营造尊老养老助老社会氛围；强化督导检查。

三、召开全省医养结合工作会议

8月12日，省卫生计生委、省民政厅在洛阳市联合召

开全省医养结合工作会议，安排部署全省医养结合工作。省卫生计生委巡视员刘绍杰、省民政厅副厅长孟超出席会议并讲话。

四、制定并发布两个地方标准

《社区居家养老服务规范》（DB41/T1298—2016），《老年人健康能力评估标准》（DB41/T1299—2016）。

五、编制规划

《河南省老龄事业发展十三五规划》（豫老龄委〔2016〕1号）。

六、养老服务设施建设

加大财政支持力度，拓宽融资渠道，省民政厅与国开行河南分行、中原资产管理有限公司签订了开发性金融支持河南省健康养老体系建设合作协议。加强各类养老机构建设，大力发展社区居家养老服务。截至2016年底，全省各类养老床位数达到49.5万张、每千名老年人拥有养老床位33张。

七、推动医养融合发展

出台《河南省人民政府办公厅转发省卫生计生委等部门关于推进医疗卫生与养老服务相结合实施意见的通知》（豫政办〔2016〕133号），在洛阳召开全省医养结合工作会议。郑州、洛阳、濮阳3市被确定为国家级医养结合试点单位，我省确定了省级试点。

八、农村留守老人关爱服务工作

制定下发了《河南省关爱农村留守老人协调小组2016年主要工作及任务分解》。

九、信息化建设

制定了《2016年河南省推进“互联网＋”智慧养老服务发展专项工作方案》。全年新建成2个省辖市级平台，全省“12349”信息平台达到39个，入网老人300多万。

十、示范单位创建

命名11个县（市、区）为省养老服务社会化示范县（市、区）、77个养老机构（社区日间照料中心、托老站、农村幸福院）为省养老服务示范单位。

十一、宣传活动

开展了“敬老月”系列活动、“敬老文明号”省级评选活动。

十二、老年权益保障

我省10个单位被评为“全国老年法律维权工作先进集体”。

十三、行业交流

组织参加了第五届中国国际养老服务业博览会和第十一届中国国际养老、辅具及康复医疗博览会，我省3个养老服务企业参展。

十四、养老状况调查

开展了中国城乡老年人生活状况监测调查工作。协助做好全国农村老年人养老现状调查工作，下发了《关于协助开展“全国农村老年人养老现状调查的通知”》（豫老龄办〔2016〕4号）。

湖北省

11月3日，全国老龄办副主任吴玉韶（左四）到宜昌市调研康养产业。图为吴玉韶副主任在宜都市土老憨生态农业开发公司调研。

经省委宣传部（省政府新闻办）批准同意，4月1日上午，省老龄办召开湖北省人口老龄化形势新闻发布会。图为新闻发布会现场。

综　述

截至2016年底，全省常住人口5885万人，60岁以上1072万人，占总人口的18.22%，高出全国平均水平1.52个百分点。2016年，全省老龄工作在省委、省政府的正确领导下，在全国老龄办的具体指导下，深入贯彻党的十八大、十八届三中、四中、五中、六中全会精神，按照省委、省政府和全国老龄办的部署要求，扎实开展“两学一做”学习教育，充分发挥参谋、协调、督办作用，履职尽责，求真务实，开拓创新，努力推进全省老龄事业再上新台阶。

一、养老保障制度

全省参加城镇职工基本养老保险人数为1355万人，比上年末增加39.5万人。其中，参保职工897.1万人，参保离退休人员457.9万人，分别比上年末增加22.2和17.3万人。企业离退休人员养老金月人均达到2444元。全年城镇基本养老保险基金征缴收入798.5亿元，比上年增长2.5%。全年基金总支出1315.5亿元，比上年增长12.3%。全省低保对象中60周岁及以上老年人62.3万人，其中城镇老年人10.4万人，农村老年人51.9万人。全省城市低保标准为476元/月，较上年提高9%；农村低保平均标准为3736元/年，较上年提高19%。农村五保对象集中供养和分散供养标准分别为年人均7402元和年人均7294元，较上年分别提高29%和84%。

二、医疗保障制度

全省参加城镇基本医疗保险人数为1981.8万人，比上年末增加9.7万人。其中，参加城镇职工基本医疗保险人数961万人，比上年增加11.6万人；参加城镇居民基本医疗保险人数为1020.8万人，比上年末减少1.9万人。城镇在职职工基本医疗保险参保660.5万人，退休人员300.5万人，分别比上年末增加7.3万人和4.2万人。参加新型农村合作医疗保险人数3820.9万人，比上年末减少87.7万人，参合人数占常住农业人口的99.4%。

三、为老服务工作

全省各类养老机构达到1919家，养老床位总数32.9万张，其中养老机构床位25.6万张，社区养老床位7.3万张，每千名老年人拥有养老床位达到31张。较上年增加养老机构56家，增加床位1.2万张。新建城市社区服务站210个，农村社区服务站（中心）1794个。共有社区居家养老服务站3497个，床位2.08万张；农村互助照料中心和农村幸福院9864个，床位5.19万张。

四、老年人权益保障

通过报刊、广播、网络宣传《老年法》，利用法制宣传日、“敬老月”等时机宣传《老年法》。省、市、县三级共建有法律援助机构117个，依托乡镇（街道）司法所全部建立法律援助工作站共1351个。建立老年人信访接待制度和法律顾问制度，及时妥善处理各类涉老问题。全省各级各部门接受老年人维权投诉2万多人次，解决疑难问题2500余件。

五、老年文教体

全省各级各类老年体育协会、团队共有1989个，参会老年人达260万人次。市县两级老年大学（老干部大学）237所，在校人数138672人。高校离退休高级专业技术职称人员20380人（其中：正高职6157人，副高职14223人），设立护理专业的院校78个（其中：本科21所，高职13所，中职44所）。

六、基层老年协会组织

全省25108个农村社区共建老年协会17139个，占农村社区总数的68.3%；4124个城市社区共建老年协会3635个，占城市社区总数的88.6%。

七、老年人参与社会发展

以“银龄扶贫”为主题，投入专项资金80万元，在全省15个县市区开展“银龄扶贫行动”。据不完全统计，“银龄扶贫行动”全省免费义诊1万余人次，免费送药价值8万余元；举办科技讲座120余场次，发放科技资料8000多册；组织文艺志愿者300余人，下乡演出60多场。加快推进城乡社区老年协会“乐龄工程”建设，加大老年协会“盲区”建设力度；20个老年协会挂牌为“全省城乡社区示范性老年协会”，发挥其示范引领作用。联合省委老干局、省文化厅举办全省中老年人才艺大赛，全省有168支团队、近万名老年人参与才艺展示，《焦裕禄》等50个节目分别获得金、银、铜奖；各地申报的923幅书画类作品中，105幅作品获奖。组织开展全省老年人读书活动，共收到读书征文217篇，评出50篇获奖作品。

重要会议和活动

【省领导看望慰问老年人】10月30日，省委书记蒋超良到任后，参加的第一个公开活动就是专程看望省老同志，听取他们对省委工作的意见和湖北改革发展的建议，感谢他们对省委工作的关心支持，并要求大力弘扬广大老同志的优良传统和崇高精神，进一步做好老干部工作，让老同志老有所养、老有所为、老有所学、老有所乐。省委常委、省委秘书长傅德辉，省委常委、省委组织部部长于绍良陪同看望。

【全国老龄办领导来鄂调研】11月3日，全国老龄办副主任吴玉韶到宜昌市调研康养产业。吴主任一行分别听取了宜昌和宜都发展康养产业的汇报，观看了宜都市发展康养产业的专题片，实地查看了位于宜都市发展康养产业核心区的青林古镇、湖北土老憨生态农业开发有限公司等经济实体。吴主任对宜都市发展康养产业给予了充分肯定。

【全国老龄办到宜昌市调研】 9月27日，全国老龄办宣传部副主任潘力到宜昌市调研“银龄行动”工作情况。省老龄办党组成员、副巡视员王建楷，宜昌市民政局局长文媛、副局长蒋旭参加调研。调研组在宜都市枝城镇何阳店村万亩洋溪蜜柚基地，实地考察了解银龄行动对蜜柚基地建设、项目发展、农民增收等方面所提供的帮助，潘力对基地推行的“基地＋合作社＋农户”的发展模式表示了赞赏。

【全国老龄科学研究中心督导组到宜昌督导监测调查工作】 12月22日，全国老龄科学研究中心主任王深远到宜昌督导老年人生活状况监测调查工作。省老龄办党组成员、副主任彭文洁，省老龄问题研究中心主任陈玉亭，宜昌市民政局党组成员傅成林，宜都市相关领导陪同督导。王主任一行分别听取了宜昌养老服务体系建设情况的汇报和宜都开展老年人生活状况监测调查工作的汇报，随后到宜都东风社区和调查员一起参加入户调查，实地督导调查员询问、填写调查问卷情况。王主任对宜都监测调查工作给予高度评价，表示调查员询问老人语言通俗，内容仔细，填写规范，为全国统计数据的应用打下扎实的基础。

【省人大领导调研老龄工作】 5月底至6月初，省人大常委会副主任张岱梨带队分别到省老龄办机关及黄冈等地，围绕《湖北省实施〈中华人民共和国老年人权益保障法〉办法》修订工作开展调研。张岱梨要求，《湖北省实施〈老年法〉办法》修订工作要特别重视四个方面：一是认真贯彻中央的决策部署，贯彻保障法要求。要把习总书记的重要讲话精神融入《省实施办法》之中。二是突出问题导向，使修订后的老龄法规更具针对性。三是坚持从实际出发，注重可执行、可操作性。四是认真总结我省的实践经验，充分吸收外省的经验做法，突出湖北的特色、展示湖北的亮点。要调动集体力量，主动向社会征求意见，实现“开门立法、民主立法、科学立法”。要注重修订质量，切实解决问题，体现形势要求，具有一定的前瞻性，使之真正成为良法、管用的法。

【湖北省老龄产业协会成立】 1月8日，湖北省老龄产业协会成立大会在武汉隆重召开。湖北省老龄产业协会是由湖北省从事与老龄产业相关的企业和经济组织自愿组成的全省非营利性的行业类社会团体，是在全省上下为全面贯彻落实党的十八大精神，落实“五个湖北”建设的形势下，所建立的全省老龄产业发展的新的综合服务平台。该协会下设宜居养生、养老金融、科技养老、老年医疗、老年旅游、老年养生、文化体育、老年人权益保护等8个专业委员会，将整合优势资源，推动全省老龄产业健康、有序发展。大会选举产生湖北省老龄产业协会第一届领导机构，共同推选张丽群为会长，推选陈祖桥、方学荣等8人为副会长。与会会员单位代表全体审议并通过《湖北省老龄产业协会章程》、《会费及使用管理办法》等相关制度规章。

【全省高龄津贴发放管理工作专题会议】 2月2日，全省高龄津贴发放管理工作专题会议在武汉召开。会议听取了各地高龄津贴清理核查整改情况的汇报，交流发放管理经验做法，介绍高龄津贴管理软件使用方法，讨论老龄工作积分制考评管理实施方案和加强高龄津贴发放管理的意见，对高龄津贴发放管理清理核查整治工作作进一步安排部署。全省17个市州、直管市及神农架林区老龄办负责人和部分县（市、区）高龄津贴发放管理经办人70余人参加了会议。省老龄办党组成员、副巡视员王建楷主持会议，省老龄办主任、党组书记尹本武出席会议并讲话。

【学习贯彻习近平总书记李克强总理关于加强老龄工作重要指示批示精神座谈会】 3月11日，省老龄办在武汉召开学习贯彻习近平总书记、李克强总理关于加强老龄工作重要指示批示精神座谈会。来自省直、市州、研究机构、社会组织以及媒体记者等20余人参加会议。会上，省民政厅、省卫生计生委相关同志，武汉、黄石、宜昌、荆门、孝感等市老龄办负责人，从事老龄问题研究的专家学者，老龄社会组织负责人分别畅谈了学习习近平总书记、李克强总理关于加强老龄工作重要指示批示精神的体会。省老龄办主任、党组书记尹本武出席会议并讲话。会议由省老龄办党组成员、副巡视员王建楷主持。

【湖北省人口老龄化形势新闻发布会】 经省委宣传部（省政府新闻办）批准，4月1日上午，省老龄办召开湖北省人口老龄化形势新闻发布会，通报介绍了我省“十二五”期间老龄工作开展情况、人口老龄化现状及趋势，以及“十三五”期间应对人口老龄化主要思路，并就湖北老龄工作和老龄事业发展情况回答记者提问。人民网、新华网、湖北日报、湖北卫视、湖北省人民政府网等媒体共30多人参加了会议。

【全省老龄办主任会议】 4月26日，2016年全省老龄办主任会议在武汉召开。会议全面学习贯彻习近平总书记、李克强总理等中央领导同志关于加强老龄工作的重要指示批示精神、全国老龄委第十八次全体会议精神和全国老龄办主任会议精神，研究分析我省老龄事业发展面临的形势，部署当前和今后一个时期的工作。省老龄委副主任、省民政厅党组书记、厅长彭军出席会议并作重要讲话。省老龄办主任、党组书记尹本武主持会议并作总结讲话。全省各市、州、直管市、神农架林区民政局局长、老龄办主任，省老龄办机关、直属单位及有关涉老组织负责人参加了会议。

【基层老年协会会长培训班】 先后在孝感、鄂州、荆门等地举办了3期基层老年协会会长培训班，对全省300多名城乡社区老年协会会长进行专门培训。参加培训学习的老年协会会长纷纷表示，通过学习，进一步了解了人口老龄化的严峻形势，认识了基层老年协会的重要作用，增强了做好基层老年协会工作的信心和决心。

【省老龄委成员单位联络员会议】12月30日，省老龄委成员单位联络员会议在武汉召开。会议集中传达学习了习近平总书记关于加强老龄工作的重要指示和在中央政治局第三十二次集体学习时的重要讲话精神；各成员单位总结交流了一年来履行老龄工作职责情况，研究商讨下一步老龄工作。省老龄委成员单位的联络员、省老龄办机关各处有关负责同志参加了会议。

各项业务进展

【老龄综合业务】将老年人口调查统计纳入统计部门法定调查统计项目，建立全省老年人口和老龄事业发展统计发布制度；努力助推《老年法实施办法》修订工作，已列入省人大2017年度立法计划；《湖北省老龄事业发展“十三五”规划》经多次修改和征求意见，准备进入报批程序。经省委、省政府同意，省人社厅、省老龄办于2015年至2016年上半年在全省开展了首届“湖北省敬老模范集体”创建活动。经实地检查验收，按程序进行评审、公示并报省委省政府批准，11月25日，中共湖北省委、湖北省人民政府下发了《关于表彰首届“湖北省敬老模范集体”的通知》(鄂文〔2016〕99号)，授予武汉市江汉区花楼水塔街办事处等20个单位“湖北省敬老模范集体”称号，并予以通报表彰。组织开展了第二届全国“敬老文明号”评比表彰省级评审、申报工作。通过层层评选申报，向全国申报第二届“敬老文明号”43个，敬老爱老助老模范个人78个。

【老龄政策研究】组织专门研究力量，对全省第四次城乡老年人生活状况抽样调查数据进行深入分析，集结成书，公开发行，并全面启动监测调查工作。采取立项的形式，向社会招标，经专家评审，立项32个课题，结题20个课题。省老龄办紧贴实际，联合武汉科技大学开展了《湖北省老年旅游风险防范及权益保障》课题研究；联合湖北大学开展了《湖北省城乡贫困老人精准脱贫对策研究》课题研究；联合省民政厅开展农村老年人生活状况调研，《湖北省关于农村老年人生活状况调查情况的报告》获评全国老龄调研成果二等奖。

【老年新闻宣传】广泛组织开展以“敬老爱老、全民行动，孝行荆楚、从我做起”为主题的“敬老月”活动。“敬老月”期间，各级党委、政府和老龄工作部门累计走访慰问老红军、老八路、高龄贫困空巢失能老年人20多万人次，发放慰问金、慰问物资折款1000多万元；省老龄办筹措资金20余万元，对全省10个市州、22个基层为老服务机构、城乡社区老年协会和100多名高龄贫困空巢老年人进行走访慰问；全省各级各类新闻媒体播放相关新闻6万多条，室内外电子屏600多块滚动播放敬老宣传标语，张贴敬老宣传标语60万多幅，营造了全省尊老敬老爱老助老的浓厚氛围。为大力传播孝文化，弘扬孝道德，营造浓厚的尊老敬老社会氛围，省老龄办出资创作了敬老歌曲《天下父母情》。《天下父母情》邀请国家一级编导（词作家）雷子明作词，国家一级作曲家周曼丽作曲，中国歌剧舞剧院青年歌唱演员易文卉演唱。《天下父母情》于2017年2月22日8：35和18：25两个时段，在中央电视台15频道“民歌·中国”栏目中首播。

【维护老年人合法权益】与省司法厅、湖北电台联合，坚持每周举办1期《老年知心服务热线》直播节目，宣传涉老政策法规，开展老年法律援助，维护老年人合法权益。贯彻落实全国老龄办等24部委《关于进一步加强老年人优待工作的意见》，全年免费为老年人办理《湖北省老年人优待证》34万张，全省市州层面全面落实老年优待政策。

【高龄津贴制度落实】全省80周岁及以上老年人高龄津贴制度基本实现全覆盖，年累计发放资金约7.47亿元，惠及全省160多万高龄老年人。探索建立高龄津贴监管机制，建立全省高龄津贴发放管理系统，基本实现发放管理工作全省规范统一。

【城乡社区老年协会建设】全省25108个农村社区共建老年协会17139个，占农村社区总数的68.3%；4124个城市社区共建老年协会3635个，占城市社区总数的88.6%。加快推进城乡社区老年协会“乐龄工程”建设，在摸底调查、推荐申报的基础上，确立20个老年协会为“全省城乡社区示范性老年协会”，发挥其示范引领作用。省级举办3期老年协会会长培训班，对全省300多名城乡社区老年协会会长进行专门培训，荆门、黄冈等地结合实际，自主举办了会长培训。

【银龄行动】以“银龄扶贫”为主题，以银龄扶贫基地建设为重点，投入专项资金80万元，在全省15个县市区开展“银龄扶贫行动”。据不完全统计，全省“银龄扶贫行动”免费义诊1万余人次，免费送药价值8万余元；举办科技讲座120余场次，发放资料8000多册；组织文艺志愿者300余人下乡演出60多场。

【老年文体活动】联合省委老干局、省文化厅举办全省中老年人才艺大赛，全省有168支团队、近万名老年人参与才艺展示，《焦裕禄》等50个节目分别获得金、银、铜奖。各地申报的923幅书画类作品中，105幅作品获奖，并将优秀书画作品进行了公开展示。

【老年宜居环境建设】联合省民政厅、省住建厅在全省范围内开展老年宜居社区创建试点工作，各地各部门经过认真组织创建，择优推选和专家评审，2016年底，全省22个社区被评为第二批湖北省“老年宜居社区”。

【老龄产业发展】2016年，省老龄产业协会为会员单位提供老龄产业发展咨询服务100余次；为涉老行业提供行业指导60余次；与黑龙江省相关老龄产业签署合作意向7个；与武汉市洪山区卓刀泉街道办事处共建智慧宜居社区；与武汉华昌鑫泰医疗器械制造有限公司合作，取得了位于临空港物流要地的23亩土地，建立《湖北生命健康科技孵化器》，入驻企业预计超过100家，其中30%为长三角涉老企业、30%为金融企业、30%为科技企业，该项目已列入当地政府2017年孵化器计划；与湖北广播电视台交通台开通了“乐龄天下”专题老龄节目。

湖南省

综　述

2016以来，湖南省老龄系统围绕中心，紧扣大局，尽责履职，扎实工作，推动了省委省政府确定的县市区全面建成小康社会考评指标和省政府确定的新增养老床位2万张重点民生实事项目等任务圆满完成。推动基本养老服务补贴、省级城乡养老服务示范点、基层老年协会、老年人意外伤害险、养老服务信息平台等老龄重点工作取得新进展。

一、中央决策部署得到有效落实

根据省老龄委主要领导的要求，3月8日和3月15日，省老龄办协调召开了省老龄委全体会议和省老龄委成员单位联络员会议。主要是学习传达习近平总书记、李克强总理等中央领导同志关于加强老龄工作的重要指示批示和全国老龄委第十八次全体会议精神，总结“十二五”以来全省老龄工作取得的成绩，安排部署全年老龄工作。会议结束后，省老龄委立即印发通知，要求各地各单位以习近平总书记重要指示精神为指导，认真学习贯彻省老龄委全委会精神，推动老龄工作和老龄事业再上新台阶。5月27日，习近平总书记在中央政治局第32次集体学习时发表重要讲话，要求推动老龄事业全面协调可持续发展。省老龄办第一时间组织全体人员学习讲话内容，领会讲话精神，及时印发《关于学习贯彻习近平总书记在中央政治局第三十二次集体学习时重要讲话精神的通知》（湘老龄办发〔2016〕5号），全面部署学习宣传和贯彻落实工作。全省学习贯彻习近平总书记等中央领导重要指示批示和讲话精神反应速度快，效果好，走在全国前列，得到全国老龄办领导的充分肯定。

二、养老服务工作得到新加强

一是基本养老服务补贴工作深入开展。今年以来，各级老龄部门认真贯彻落实省委省政府全面建成小康社会战略部署，积极推动地方政府健全补贴政策，加大财政投入，扩大覆盖范围，提高补贴标准，推动基本养老服务补贴惠及更多老年人。株洲、湘潭、邵阳等地进一步完善补贴政策，推动补贴工作提标扩面；岳阳、常德、永州等地对补贴工作加强督促指导，规范补贴申请、审批程序；长沙对基本养老服务补贴工作进行绩效评估，全面掌握服务质量；益阳举办购买养老服务业务培训班和召开经验交流会，进一步推动工作的深入开展。截至目前，全省122个县市区全部发放基本养老服务补贴，目标人群覆盖率达87.4%。有83个县市区覆盖率达到100%，长沙市的6个主城区补贴标准全省最高，达到每人每月300元—500元。

二是养老服务示范点建设稳步推进。今年，省政府继续将“新增养老服务床位2万张”纳入重点民生实事项目，省老龄办的任务是新增养老床位2千张。示范点建设资金去年已经下拨，各级老龄部门认真指导督促项目建设，推动目标任务的完成。株洲将养老服务床位建设列入市政府“民生100”工程项目推动实施；衡阳充分整合现有设施及闲置资源开展示范点建设；张家界将新增床位数分解到各县市区，并签订了《项目建设承诺书》；郴州制定《居家养老服务基本规范》，对示范点承接政府购买服务进行规范；娄底市级财政配套资金20万元，推动县市区财政按每个示范点不少于1万元的标准进行配套。同时，各地进一步加强对已建示范点的检查指导，通过采取完善服务设施、拓展服务内容、健全服务队伍、规范机构管理等举措，切实发挥示范点的示范引领作用。全年全省新建成省级城乡养老服务示范点552个，新增养老床位2333张，圆满完成养老床位建设任务。

三是居家养老服务信息平台建设扎实有效。在各级老龄办的指导推动下，第一批46个省级居家养老服务信息平台严格按照《湖南省居家养老服务信息平台资金管理办法》和《湖南省养老服务信息平台建设基本规范》进行建设，目前已基本完成建设任务，大部分信息平台已经投入运营，基本实现了养老服务资源和老年人养老服务需求的有效对接，在居家养老服务中发挥着越来越重要的作用，受到老年群众的普遍欢迎。2016年继续加大信息平台建设力度，争取到中央福彩公益金和省财政专项资金1100多万元，资助建设了55个省级居家养老服务信息平台。

四是老年人意外伤害保险工作成效显著。各级老龄部门加强与保险公司合作，创新老年人意外险推广模式，拓展老年人意外险的覆盖范围。一方面，积极推动政府出资为特殊困难老人购买意外伤害保险，并争取将购买保险经费列入本级财政预算；另一方面，继续督促保险企业优化产品结构，丰富保障内容，落实捐赠资金，兑现保险赔款。湖南省老年人参加意外保险总人数为274.7万，约占老年人总数的27%，保费总额达到7698.6万元。各级政府投入专项资金3407.9万元，企业捐赠1924.8万元，为140.68万“五类”特殊困难老年人（农村“五保”老人、城市“三无”老人、重点优抚对象、城乡低保老人、失独老人）投保了老年人意外伤害保险，覆盖面达到特困老人总数的99%。

三、老年优待维权工作取得新成效

一是敬老养老助老活动广泛开展。省老龄办联合开展了第四届中国湖南国际老年产业博览会、第七届“敬老月”、“第十二届老年人健康周”等活动；组织开展了“全国老年法律维权工作先进集体”、全国“敬老文明号”和“敬老爱老助老模范人物”、全国老龄系统先进集体和先进工作者、“老有所为”先进典型人物等评选推荐工作；协助全国老龄办开展了“全国农村老年人养老现状调查”、城乡社区老年协会优秀案例征集、全国敬老养老助老公益广告作品征集等活动。各地也采取多种形式开展敬老养老助老活动。长沙集中表彰“敬老文明号”、“敬老爱老助老模范人物”等，并由市领导带队开展走访慰问活动；湘潭举办“孝亲敬老·大美湘潭”2016重阳文化日系列活动，动员全社会力量为老年人提供优待优惠服务；邵阳联合邵阳日报主办“爱，就要来得及”大型系列公益活动，邵阳晚报设专刊进行报道。这些活动的开展，既丰富了老年人的精神文化生活，又增强了全社会的敬老养老助老意识，营造了良好的社会氛围。

二是老年人优待政策逐步落实。全省老龄系统深入贯彻落实全国老龄办等24部委和省委省政府《关于进一步加强老年人优待工作的意见》精神，在医、食、住、用、行、娱等方面，积极为老年人提供各种形式的经济补贴、优先优惠和便利服务。长沙雨花区、长沙县等7个区县，对所有80周岁以上老年人发放高龄津贴。株洲将城市五区的百岁老人补贴标准统一提升至每人每月500元；攸县、湘乡市、东安县、双峰县、双排县将百岁老人高龄补标准提高到每人每月600元。湘西州和常德市城区实施60周岁以上老年人免费乘坐城市公交车，石门、嘉禾等地将65周岁以上老年人乘车优待延伸到了城乡公交线路。截至目前，有13个市州出台了加强老年人优待工作的实施意见；99个县市区建立了高龄津贴制度；117个县市区提高了百岁老人长寿补贴标准；122个县市区全部落实65岁以上老年人免费乘坐城市公交车的规定。

三是老年人合法权益得到有效保障。各级老龄工作机构协调配合司法、公安等部门，全面贯彻落实新修订的《湖南省实施〈老年人权益保障法〉办法》，完善老年维权网络和法律援助体系，建立健全了省、市、县、乡四级法律维权服务组织。加强对老年人司法救助、法律援助和法律服务等工作，严厉查处侮辱、虐待和遗弃老年人等违法犯罪行为，有效保障了老年人的合法权益。据不完全统计，2016年，全省共办理涉老法律援助案件3300多起，为老年人减免法律服务费用1600多万元。

四、老年社会治理及老年群众工作深入开展

一是基层老年协会建设不断加强。各地认真贯彻落实国家和省里加强基层老年协会建设的文件精神，积极推动基层老年协会的建设。株洲部分县区将老年协会经费纳入财政预算，支持基层老年协会开展活动；湘潭所有老年协会都在县市区进行了备案登记；益阳城乡基层老年协会建会率100%，备案登记率100%。截至年底，全省城乡基层老年协会建会率分别达到92%、88%以上。

二是老年协会规范化建设有序推进。省办继续加强示范性基层老年协会建设，不断健全组织网络，规范协会管理，搭建活动平台，发挥了示范引领作用。各地把基层老年协会建设与老年宜居社区、城乡养老服务示范点、农村幸福院等建设结合起来，充分发挥老年协会在调处纠纷、关心下一代、移风易俗、村民自治等方面的作用，增强了基层社会治理能力。大力支持老年协会承接政府购买养老服务项目，激发了老年协会发展活力。邵阳把老年协会建设纳入各乡镇新农村配套建设规划；益阳推动老年协会承接政府购买养老服务工作，既解决了养老服务资源不足的难题，又支持了老年协会自身的发展；湘西州制定实施老年协会管理制度，指导老年协会规范化建设。2016年，国家和省级福彩公益金投入300多万元，建设省级示范性老年协会250多个。

三是老年社会参与日益广泛。各级老龄部门积极引导和组织广大老年人参与经济社会发展，充分发挥老年人在建言献策、调查研究、科技攻关、服务“三农”、科学普及等方面的作用。据统计，2016年参与“银龄行动”的老年知识分子近27万人，投身公益事业的老年人超过40万人，参与经济建设的老年人超过640万人，有3人被评为全国老有所为先进典型。

五、老年文化宣传工作取得新成果

一是老年文化体育活动丰富多彩。据不完全统计，截至目前，全省有各类老年艺术团3900多个，常年参加活动的团员26万多人。全省共有老年（老干部）大学177所，在校学员18万多人。全省有各类体育活动场所11100

多个，经常参加体育活动的老年人530多万人次。

二是老龄宣传工作进一步加强。今年以来，省办更加注重老龄宣传工作，召开了《2015年度湖南省老龄事业发展统计公报》媒体通气会，全方位发布我省老龄事业发展方面取得的成绩；在“老年节”当日，以省政府副省长、省老龄委主任蔡振红名义，在《湖南日报》要闻版发表署名文章《大力推动老龄事业全面协调可持续发展》，号召凝聚各方力量积极应对人口老龄化；加强与湖南经视、湖南日报、潇湘晨报、红网等省内主流媒体合作，发挥湖南民政网、老龄网主阵地作用，大力宣传老龄法规政策及老龄工作最新成果。各地老龄办紧紧围绕中心工作，宣传党和政府老龄工作方针、政策，营造了良好的老龄工作环境。全年各级老龄部门编发各类涉老信息1000余篇，提升了老龄工作地位和社会影响力。

三是老年法治环境不断优化。新修订的《湖南省实施〈老年人权益保障法〉办法》已于今年1月1日起正式施行，为抓好宣传和贯彻落实工作，省老龄委和省政府法治办、省司法厅、省民政厅、省老龄办先后单独和联合下发通知，在全省开展了为期一年的普法宣传活动。各级老龄部门在“元旦”、“老年节”等重要时间节点，通过悬挂横幅、制作宣传栏、发放宣传册、组织法律讲座、举办培训班等方式，广泛宣传人口老龄化形势和特点、党的老龄工作方针政策和老龄事业成就等，提高了全社会的老年法律服务意识。岳阳加强与司法部门协作，共为老年人提供法律援助187起；怀化联合市法治办、法律援助服务中心，广泛宣传老年维权典型案例；娄底邀请媒体记者对《老年法》和《实施办法》进行深度解读报道。各级老龄部门精心组织、广泛宣传，在全省掀起学习宣传贯彻《老年法》和《实施办法》的热潮，营造了自觉维护老年人合法权益的法治环境。

重要会议和活动

【湖南省召开老龄工作委员会全体会议】3月8日，湖南省老龄工作委员会全体会议在长沙召开。会议传达学习习近平总书记、李克强总理等中央领导同志关于加强老龄工作的重要指示批示和全国老龄委第十八次全体会议精神，全面总结“十二五”以来全省老龄工作取得的成绩，安排部署2016年老龄工作。省政府副省长、省老龄工作委员会主任蔡振红出席会议并讲话。会议由省民政厅厅长、省老龄委常务副主任段林毅主持，省民政厅党组成员、省老龄办主任陈毅华作工作报告，省老龄委37个成员单位的主要领导参加了会议。

【湖南省养老服务业推进会在湘潭召开】5月13日，湖南省养老服务业推进会在湘潭市召开，省政府副秘书长王光明主持会议，省民政厅厅长段林毅作工作报告，省政府办公厅党组成员、省政府研究室副主任黎咸兴出席会议，湘潭市委书记、市人大常委会主任曹炯芳出席会议并致辞。蔡振红副省长出席讲话，强调养老服务水平是城市发展和文明程度的重要标志，各地各单位要认清形势，切实增强发展养老服务业的紧迫感与责任感，要正确处理好医疗与养老、政府与市场、管理与服务、物质与精神、当前与长远五对关系，当前重点解决“养谁”、“谁养”、“怎样养”的问题。省民政厅、省财政厅、省国土资源厅、省卫计委、省人社厅、省住建厅、省商务厅、省地税局、省银监局、省发改委负责人和各市州分管民政工作副市长、各市州、县市区民政局局长参加会议。

【2016第四届湖南国际老博会暨老年产业发展高峰论坛在长沙举办】2016年9月8日，第四届湖南国际老年产业博览会在长沙红星国际会展中心开幕。本次博览会由全国老龄办、中国老龄产业协会支持，中国老龄事业发展基金会、中国红十字会总会事业发展中心、湖南省民政厅、湖南省住房和城乡建设厅、湖南省老龄办、长沙市人民政府、湖南省红十字会联合主办，北辰实业全程总冠名。

本届老博会以“科学养老、健康养生、孝心购物”为主题，展览面积1.2万平米，共计300多家企业及养老服务机构参展。参展企业覆盖国际国内知名大型养老机构、服务机构、金融机构、旅游机构、保健养生食品和家用的治疗、检测、保健、医疗康复、护理、远程监控预警器械，共计有数千种展品参展，以满足老年人不同层次的养老需求。智能养老和旅居养老也成为本次展会的亮点。

2016中国中部国际老年产业发展高峰论坛也于展会期间同步举行，本届高峰论坛以“聚合·发展·养老+”为主题，搭建专业对话平台，探讨“养老+”模式的集聚发展。

各项业务进展

【基本养老服务补贴工作】2016年，湖南省全省进一步推动和完善基本养老服务补贴政策，实现了全省122个县市区的全覆盖。全省实际领取养老服务补贴的老年人数为29.44万，目标人群覆盖率达87.4%。有83个县市区的目标人群覆盖率达到100%，其中长沙市的6个主城区，芙蓉区、雨花区、开福区、岳麓区、天心区、望城区补贴标准全省最高，达到每人每月300元—500元不等。

【养老服务示范点建设】2016年，全省各地新建城乡养老服务示范点552个，新增养老床位2333张，省市县三级财政总投入达到4740万元。

【老年人优待维权工作】2016年，湖南省有13个市州出台了加强老年人优待工作的实施意见；99个县市区建立了高龄津贴制度，117个县市区提高了百岁老人长寿补贴标准，全省122个县市区全部落实了65岁老年人免费城市公交车的规定。

【老年人意外伤害保险工作】2016年，湖南省老年人参加意外保险总人数为274.7万，约占老年人总数的27%，保费总额达到7698.6万元。各级政府投入专项资金3407.9万元，企业捐赠1924.8万元，为140.68万“五类”特殊困难老年人（农村“五保”老人、城市“三无”老人、重点优抚对象、城乡低保老人、失独老人）投保了老年人意外伤害保险，覆盖面达到特困老人总数的99%。

广东省

综　述

2016年，在省委、省政府和省老龄委的正确领导下，全省老龄系统深入贯彻党的十八大和十八届历中全会、习近平总书记等中央领导重要批示和指示精神，围绕“五个老有”目标，坚持重谋划、抓重点、善推介、强合作，采取有力措施，狠抓工作落实，取得了积极成效。省老龄办被评为“全国老龄政策调研优秀组织奖”和“第四次中国城乡老年人生活状况抽样调查组织工作优秀单位奖”，受到了全国老龄办通报表彰，老年人意外伤害保险工作经验在全国会议上推广，省民政厅重点工作推进会首次推广老龄办工作方法。全年工作成效主要体现在“七个新”：

一、老龄工作机制有新加强

省老龄委新增加了省经济和信息化委、科技厅、国土资源厅、交通运输厅、商务厅等5个成员单位，并重新调整了省老龄委组成人员，明确成员单位的工作职责。省编办在老龄办职能方案中增加了老龄宣传和老龄维权职能。推动省文明委将“完善老年人权益保障法律体系、老年维权、敬老月、敬老文明号、弘扬孝亲敬老文化，发扬五老人员和志愿者作用”等多项老龄工作内容写进《广东省深化家庭文明实施方案》，并纳入精神文明创建工作重要考核项目。

二、老龄宣传工作有新成效

一是深度开展政策解读。以厅主要领导名义，在新华网、南方日报、中国社会报等主流媒体对广东省“十二五”老龄事业成就、银龄安康行动、高龄津贴制度等开展广泛宣传。二是组织开展全国老龄系统各项评比表彰推荐工作。会同省人社厅组织开展“全国老龄系统先进集体和先进工作者”评选推荐工作，佛山市老龄办荣获“全国老龄系统先进集体”称号，江门市老龄办主任黄育民荣获“全国老龄系统先进工作者”称号；会同省级公、检、法、司部门组织开展“全国老年法律维权工作先进集体”评选推荐活动，广州市法律援助处等10个基层单位被命名“全国老年法律维权工作先进集体”。此外，广东省社会福利服务中心等73个集体获全国“敬老文明号”称号；高燕等101人获全国“敬老爱老助老模范人物”称号；湛江市陈光保等3位老同志荣获“2016年度全国老有所为先进典型人物”称号。三是弘扬孝亲敬老文化。重阳节组织广东电视台新闻中心到佛山、清远等地宣传“敬老月”活动；联合现代教育频道《康乐年华》栏目组深入汕头、韶关等7个地市的基层为老服务场所采访，摄制“敬老爱老”系列宣传片在全省播出。出版了两期创建“敬老文明号”活动专刊。四是老龄宣传再创佳绩。我省选送的新闻作品获得全国“老龄新闻宣传好作品”二等奖1篇，三等奖3篇。在2016年全国敬老养老助老公益广告作品征集活动中，东莞市老龄办是全国唯一被评为二类以上优秀组织机构的老龄单位。

三、老年人意外伤害保险有新突破

“银龄安康行动”覆盖率纳入省民政重点工作评估内容。全省各级民政、老龄部门和国寿系统积极协作，扎实推进，稳步提升政府统保覆盖率。截止去年12月底，全省投保人数超过了635万人，覆盖率达到53%，保费超过2.5亿元，覆盖率和保费规模位列全国第一。全省发生意外理赔6.2万人次，赔付金额超过9913万元，人均赔款1586元，赔付率40%，同比增长15%，有效减轻了出险老年人及其家庭的经济负担。

四、高龄津贴制度有新提高

全省21个地级以上市实现了80岁以上老人高龄津（补）贴制度全覆盖，惠及225万老年人，全年各地财政高龄津贴支出超过14亿元，居全国前列。其中，广州、深圳、东莞全市及佛山大多数区将发放范围扩至70岁以上老人。广州、深圳、珠海、惠州、揭阳、潮州等市规范了高龄津贴发放管理制度。珠海市大幅提高发放标准，并启用“高龄老人政府津贴管理系统”实行动态管理。

五、老龄政策调研有新成果

省老龄办本级组织撰写的《广东省城乡特困人员救助供养和照料护理研究》等3篇论文获全国老龄政策调研优秀成果一、二、三等奖各1篇。高质量完成第四次城乡老年人生活状况抽样调查数据成果转化和应用，并在南方日报发布相关调查分析报告。撰写了《广东省老龄事业发展“十二五”规划实施情况总体评估报告》。完成了2016年中国城乡老年人生活状况监测调查工作。

六、老年社会参与有新成就

实施第十三期“银龄行动”，共派出包括农业、教育、医疗和科普四个方面的老专家、老教授共计28批次159人次，对广宁、揭西、梅县、乳源4个经济欠发达县进行智力帮扶。向当地政府主管部门和医院提出建言献策47份，发放各类技术资料4323份（套），直接受益群众4836人，助推当地经济社会发展。联合社会力量举办了“丝路传歌——2016全省老年文艺展演，全年举办26场展演，520支老年文艺团体、15000多名老人登台演出，吸引近10万粉丝通过微信公众号参与互动，网络点击量350万人次。

七、老龄产业平台有新发展

成功举办第三届中国国际老龄产业博览会，布展规模达到2.2万平米，来自美、英、法等7个国家和港、澳、台地区以及中国大陆的300余家国内外知名企业参展，接待海内外观众32，916人次。全国老龄办宣传部刁海峰主任指出，本届老博会较前两届规模、层次均有大幅度提升，吸引了众多媒体关注，已成为目前中国规模最大、层次最高、参展商数量最多、国际化水平最高的老龄产业博览会和行业风向标盛会。

重要会议和活动

【召开广东省老龄工作会议】5月20日下午，2016年全省老龄工作会议暨广东百家社会组织倡议参与老年人意外伤害综合保险捐赠活动启动会在广州三寓宾馆召开。议深入学习贯彻落实习近平总书记、李克强总理等中央领导同志关于加强老龄工作的重要指示批示精神，以及全国老龄委第十八次全体会议和全国老龄办主任会议精神，回顾总结去年工作，研究部署2016年工作。全国老龄办党组成员、副主任肖才伟，广东省民政厅党组书记卓志强出席会议并讲话，省民政厅副厅长王长胜主持会议，省民政厅副巡视员、省老龄办主任方炎松作工作报告。

【举办中国国际老龄产业博览会】11月11日—13日第三届中国国际老龄产业博览会在广州保利世贸博览馆开幕。本届老博会规模达22，000平方米，吸引来自美国、澳洲、日本、英国、法国、墨西哥、匈牙利及中国的300余家全球名企参展，其中囊括超过100家国际展商。

各项业务进展

【老年政策研究】省老龄办本级组织撰写的《广东省城乡特困人员救助供养和照料护理研究》等3篇论文获全国老龄政策调研优秀成果一、二、三等奖各1篇。高质量完成第四次城乡老年人生活状况抽样调查数据成果转化和应用，并在南方日报发布相关调查分析报告。撰写了《广东省老龄事业发展“十二五”规划实施情况总体评估报告》。完成了2016年中国城乡老年人生活状况监测调查工作。

【老龄新闻宣传】一是深度开展政策解读。以厅主要领导名义，在新华网、南方日报、中国社会报等主流媒体对广东省“十二五”老龄事业成就、银龄安康行动、高龄津贴制度等开展广泛宣传。二是组织开展全国老龄系统各项评比表彰推荐工作。会同省人社厅组织开展“全国老龄系统先进集体和先进工作者”评选推荐工作，佛山市老龄办荣获“全国老龄系统先进集体”称号，江门市老龄办主任黄育民荣获“全国老龄系统先进工作者”称号；会同省级公、检、法、司部门组织开展“全国老年法律维权工作先进集体”评选推荐活动，广州市法律援助处等10个基层单位被命名“全国老年法律维权工作先进集体”。此外，广东省社会福利服务中心等73个集体获全国“敬老文明号”称号；高燕等101人获全国“敬老爱老助老模范人物”称号；湛江市陈光保等3位老同志荣获“2016年度全国老有所为先进典型人物”称号。三是弘扬孝亲敬老文化。重阳节组织广东电视台新闻中心到佛山、清远等地宣传“敬老月”活动；联合现代教育频道《康乐年华》栏目组深入汕头、韶关等7个地市的基层为老服务场所采访，摄制“敬老爱老”系列宣传片在全省播出。出版了两期创建“敬老文明号”活动专刊。四是老龄宣传再创佳绩。我省选送的新闻作品获得全国“老龄新闻宣传好作品”二等奖1篇，三等奖3篇。在2016年全国敬老养老助老公益广告作品征集活动中，东莞市老龄办是全国唯一被评为二类以上优秀组织机构的老龄单位。

【第十三期“银龄行动”】实施第十三期“银龄行动”，共派出包括农业、教育、医疗和科普四个方面的老专家、老教授共计28批次159人次，对广宁、揭西、梅县、乳源4个经济欠发达县进行智力帮扶。向当地政府主管部门和医院提出建言献策47份，发放各类技术资料4323份（套），直接受益群众4836人，助推当地经济社会发展。

广西壮族自治区

4月26日，全区老龄办主任会议在南宁召开。图为自治区老龄办主任、民政厅党组成员梁丽玲出席会议并讲话。

8月30日，自治区老龄办举办全区老龄系统学习贯彻习近平总书记关于加强老龄工作重要讲话精神培训班，全国老龄办副主任吴玉韶应邀作了题为《贯彻总书记讲话精神，推动老龄事业创新发展》的辅导讲座，全区各级老龄工作干部180多人参加培训。

综　述

2016年，在自治区党委、人民政府正确领导以及全国老龄办的大力指导下，广西各级老龄工作部门紧紧围绕党中央关于老龄工作和老龄事业发展的重大决策部署，不断健全政策法规体系、不断完善养老保障体系、不断深化医疗保障制度、加快推进养老服务业综合改革试验区建设，进一步加强基层老年协会规范化建设，稳步推进社区为老服务平台建设，推动广西老龄事业全面协调可持续发展，实现了“十三五”良好开局。

老龄政策法规体系不断健全。自治区人民政府审议通过《广西壮族自治区实施〈中华人民共和国老年人权益保障法〉办法（草案审查稿）》并形成《办法》（草案）提请自治区人大常委会审议。自治区有关部门先后制定出台10多个涉老法规政策，为广西老龄事业发展提供政策支撑。

养老服务业综合改革试验区建设加快推进。自治区人民政府出台《广西养老服务业综合改革试验区规划（2016—2020年）的通知》，有关部门制定《广西老年人宜居社区建设标准》、《广西养老机构服务基本规范》等15项配套行动方案，重点解决养老服务业发展过程中面临的瓶颈问题，不断优化养老服务业的发展环境。

养老保障体系不断完善。截至2016年底，广西城乡居民参保人数为1624万人，其中563.56万名年满60周岁的城乡居民按月领取了不低于90元的基础养老金。投入财政资金2.2亿元新建20个养老服务示范中心、13个农村养老服务中心、47个社区居家养老服务中心。养老服务机构达1600余家，拥有养老床位数17.6万张。

老年医疗保障制度不断深化。自治区人民政府制定《关于推进医疗卫生与养老服务相结合的实施意见》，提出建立政府引导、社会参与、市场推动的医养融合发展模式，促进医疗卫生资源与养老服务的有效对接，以满足老年人多层次、多样化的医疗护理服务需求，提升健康养老质量，做到老有所养、病有所医。

社区为老服务信息平台建设稳步推进。分别安排自治区财政资金100万元和40万元，扶持贵港市搭建社区为老服务信息平台和政府购买12349社区为老服务信息平台，为老年人提供优质高效居家养老服务。

基层老年协会规范化建设持续深化。继续完善基层老年协会规范化建设，分别安排资金100万元用于扶持示范性村级老年协会建设和政府购买基层老年协会养老互助服务；建立基层老年协会示范点扶持项目储备库；开展4期基层老年协会规范化建设培训班，提升基层老年协会组织管理能力。

老年人精神文明建设扎实推进。组织开展第二届全国"敬老文明号"创建、全国"老有所为"先进典型推选、全国老龄系统先进集体和先进工作者推荐、好儿女家庭角色评选等活动。组织开展"文艺汇演、老年艺术活动周、关爱老人送戏下乡"等形式多样的"敬老月"主题活动。

老龄工作机制不断健全。按照全国老龄委的工作部署，2016年自治区老龄工作委员会对组成单位进行调整，新增自治区工业和信息化委、科技厅、国土资源厅、商务厅、广西保监局为成员单位，调整后的自治区老龄工作委员会由31个成员单位组成。

老龄工作干部队伍能力素质不断提升。举办学习贯彻习近平总书记关于加强老龄工作的重要指示和讲话精神专题学习培训班和基层老年协会相关业务培训，共培训各级老龄工作干部1000多人次，全区老龄系统干部队伍能力素养明显提高。

重要会议和活动

【广西签订首个省级养老金委托投资合同】12月13日，自治区主席陈武代表自治区人民政府与全国社会保障基金理事会在北京正式签订了《基本养老保险基金委托投资合同》，成为全国首批第一个与全国社保基金理事会签订养老保险基金委托投资合同的省份。这标志着广西基本养老保险基金委托投资进入实际操作阶段，并从此拉开了广西社保基金保值增值的帷幕。

【健康产业三年专项行动发布会】3月20日，自治区副主席黄伟京在北京出席广西健康产业发展与合作新闻发布会，发布了广西全面开展健康产业三年专项行动和专题招商相关计划，并向国内外健康产业投资者与合作伙伴发出邀请，欢迎到广西投资发展，做大做强广西健康产业。为推进健康产业发展，广西已经制定了一系列健康产业发展的支持政策，编制印发了《广西健康产业三年专项行动计划（2017—2019年）》（简称《计划》），建立了健康产业发展重大项目库，遴选出涵盖健康养老、健康旅游、健康休闲运动、智慧健康、医疗和康复器械、健康食品和生物医药研发等6大健康产业的388个项目，涉及总投资2124.64亿元。这些项目将实行动态管理机制，每年从项目库里面遴选部分项目，纳入自治区层面统筹推进重大项目。

【全区老龄委办公室主任会议】4月26日，全区老龄办主任会议在南宁召开。会议传达了习近平总书记、李克强总理等中央领导关于加强老龄工作的重要指示批示精神；贯彻落实全国老龄委第十八次全体会议以及2016年全国老龄办主任会议精神；总结2015年全区老龄工作，部署2016年老龄工作任务。自治区老龄办主任、民政厅党组成员梁丽玲出席会议并讲话，南宁、柳州、桂林、梧州、贵港、田林、宜州等7个市县代表在会上作经验发言，各市、县（市、区）老龄办负责人共150多人参加会议。

【学习贯彻习近平总书记重要讲话精神培训班】8月30日，自治区老龄办在南宁市举办"广西老龄系统学习贯彻习近平总书记关于加强老龄工作重要讲话精神培训班"。全国老龄办副主任吴玉韶、自治区党校张辉教授和张斌副教授应邀授课。自治区老龄办主任、民政厅党组成员梁丽玲出席开班仪式并作讲话。全区各级老龄工作干部180多人参加培训。

【广西"敬老月"活动】10月，广西各地紧紧围绕"敬老爱老，八桂行动"为主题广泛开展主题宣讲、走访慰问、敬老教育、文化惠老、政策落实等活动，加大老龄工作宣传力度。"敬老月"期间，自治区老龄办通过广西电视台、广西日报、广西新闻网、广西老年报等主流媒体和互联网新媒体，全方位、多视角宣传当前老龄工作成就、法规政策和尊老敬老典型事迹，在社会上引起强烈的反响；自治区老龄办深入到西林县扶贫联系点八达镇周帮村开展扶贫工作调研及"一帮一联·重阳敬老"结对帮扶活动，慰问该村扶贫户老年人。据不完全统计，2016年"敬老月"期间，广西各地各有关部门共走访慰问老年人3万多人次，组织大型老年人志愿服务活动1000余次，送去慰问金（品）折合人民币300多万元，营造了尊老敬老的良好社会氛围。

【自治区老龄委成员单位联络员会议】11月15日，自治区老龄委成员单位联络员会议在南宁市召开。会议主要是总结回顾2016年老龄工作取得的成效，传达学习习近平总书记关于推进老龄事业全面协调可持续发展的重要讲话精神。自治区老龄办主任、民政厅党组成员梁丽玲出席会议并讲话。31个自治区老龄委成员单位的联络员参加会议。

各项业务进展

【老年人权益保障立法】2016年2月，自治区十二届人民政府第67次常务会议审议通过了《广西壮族自治区人民政府2016年立法工作计划》，将《广西壮族自治区实施〈中华人民共和国老年人权益保障法〉办法》（以下简称《办法》）列入2016年一类立法项目。为做好立法工作，自治区法制办、民政厅与自治区老龄办及时成立《办法》立法项目工作小组，制定了立法工作方案，期间先后到南宁、梧州、桂林、贺州及甘肃省等地开展区内外调研，形成了《办法》（草案征求意见稿），由自治区法制办先后两次在广西政府法制网上发布征求意见公告，广泛征求社会各界的意见和建议，根据征集到的各方意见进行了修改完善，并邀请有关法律专家进行了评审、论证，形成了《办法》（草案审查稿），按相关立法工作程序提交自治区人民政府审议通过（草案审查稿），形成（草案）提交自治区人大常委会审议。

【养老服务政策创制】1月28日，自治区人民政府办公厅印发《广西养老服务业综合改革试验区规划（2016—2020年）的通知》（桂政办发〔2016〕14号），鼓励广西各地依托自然资源和区位优势，引导养老养生产业集聚发展，逐步形成产业集群。在南宁市、柳州市、桂林市、梧州市、北海市、玉林市、河池市、贺州市等地，率先规划建设8个健康养老养生产业集聚区。重点培育一批具有养老养生、医疗保健、休闲旅游等功能的营业收入超亿元龙头企业，充分发挥带动辐射作用。7月15日，自治区人民政府办公厅出台《关于推进医疗卫生与养老服务相结合的实施意见》（桂政办发〔2016〕82号），提出了推进医疗卫生与养老服务相结合的总体思路、发展目标、重点任务、保障措施和组织实施，力争建立医疗卫生机构与养老机构长效合作机制、推动养老机构开展医疗服务、建立基层医疗卫生机构与居家老人签约服务机制、推进医疗卫生机构与养老服务融合发展、大力发展中医药壮瑶医药健康养老服务、着力发展特色医养结合产业、支持社会力量兴办医养结合机构。2016年，自治区民政厅、财政厅、发改委等有关部门先后出台了《关于印发广西壮族自治区民办养老机构补贴暂行办法的通知》、《广西老年人能力评估管理暂行办法》、《广西养老机构星级评定管理暂行办法》、《广西壮族自治区养老设施公建民营实施办法（试行）》等一系列文件，促进养老机构的转型升级和提质增效。

【学习贯彻习近平总书记重要讲话精神】一是将习近平总书记“5·27”重要讲话精神和关于有效应对人口老龄化加强老龄工作的重要批示精神，作为“两学一做”学习教育的重要内容，争取列入了民政厅党组中心组理论学习内容，自上而下增强领导干部的政治意识。二是举办全区老龄系统学习贯彻习近平总书记关于加强老龄工作重要讲话精神培训班，共培训自治区、市、县（市、区）老龄工作干部180多人，并邀请全国老龄办吴玉韶副主任作了习近平总书记重要批示和讲话精神专题学习辅导，进一步增强老龄工作干部的政治意识、大局意识、责任意识和看齐意识，提高老龄工作队伍的理论水平和综合素养，推进老龄事业全面协调可持续发展。三是在广西老年报等媒体刊发习近平总书记重要批示和讲话摘要，做好社会宣传。四是召开自治区老龄委成员单位联络员会议，传达学习习近平总书记关于推进老龄事业全面协调可持续发展的重要讲话精神。自治区老龄办主任、民政厅党组成员梁丽玲出席会议并讲话，31个自治区老龄委成员单位的联络员参加会议。

【社区为老服务信息平台】安排自治区财政资金100万元扶持贵港市搭建社区为老服务信息平台。贵港市民政局、老龄办制订实施方案，组织召开为老服务信息平台建设项目签约暨信息平台建设工作会议并举行信息平台启动仪式。目前，贵港市24个社区老年人信息采集工作稳步推进，3个试点社区居家养老服务活动有效开展。安排自治区财政资金40万元，通过政府购买12349社区为老服务信息平台提供居家养老服务，为1万名老年人免费发放防走失蓝手环，并为2014年以来登记的6万名老年人免费提供防走失、生活帮助、信息咨询、精神慰藉等相关服务，同时开展10场社区宣传公益活动，普及老年人防走失以及老龄政策法规有关知识。

【基层老年协会规范化建设】一是继续做好示范性村级老年协会扶持建设工作。继续安排资金100万，在南宁市开展基层老年协会规范化建设，提升基层老年协会覆盖面，增强基层老年协会服务能力。二是扎实推进政府购买基层老年协会养老互助服务工作。2014年起，自治区将基层老年协会提供养老互助服务纳入政府购买服务项目内容，这是基层老年协会规范化建设工作的延续和提升。2016年，自治区财政继续落实资金100万元，在16个县（市、区）开展政府购买基层老年协会提供养老互助服务试点。三是建立基层老年协会示范点扶持项目储备库。为规范基层老年协会示范点建设，提高扶持资金的使用效益，进一步促进广西基层老年协会健康持续发展。自治区老龄办印发了《关于建立自治区基层老年协会示范点扶持项目储备库有关工作的通知》，将符合相关标准，此前未纳入自治区基层老年协会规范化建设示范点的基层老年协会，纳入申报范围。截止目前，已有1302个基层老年协会进入项目储备库。四是健全和完善基层老年协会组织管理能力，提升基层老年协会规范化建设水平。2016年，自治区老龄办分别联合钦州市、河池市、桂林市、梧州市老龄办先后在灵山县、都安县、兴安县、梧州市举办四期基层老年协会规范化建设培训班，切实提升基层老龄工作干部队伍的能力素质。

【城乡老年人生活状况监测调查】经全国抽样，广西壮族自治区9个县（市）被确定为2016年中国城乡老年人生活状况监测调查样本县（市），涉及7个地级市，36个乡镇（街道），144个村（居）委会，共调查864名老年人。为此，广西高度重视，多措并举，迅速启动监测调查准备工作。一是加强组织领导。自治区老龄办及时制定方案，下发通知进行工作部署，要求各级相关老龄工作机构落实专人明确责任，并选拔配备参加过第四次调查、有责任心、高素质的督导员和调查员负责监测调查具体工作，建立自治区、市、县、乡镇、村（居）五级工作网络，为监测调查工作提供强有力的组织保障。二是筹措工作经费。由于此次监测调查是全国紧急布置的工作，各级没有列入年度经费预算，为确保工作顺利开展，自治区老龄办及时与财政部门协调联系，调整落实本年度预算经费20多万元用于开展监测调查工作，还统一配置调查用包、工具和印制老年人调查专用慰问信封，为监测调查工作提供经费保障。三是开展动员培训。12月13日，自治区老龄办在首府南宁召开广西2016年中国城乡老年人生活状况监测调查工作动员会暨培训班，对广西2016年中国城乡老年人生活状况监测调查进行动员部署，并对各级监测调查督导员进行业务培训，相关市、县（市）、乡镇（街道）督导员共50多人参加会议和培训。会后各相关县（市）对入户调查员进行了全面培训，为监测调查工作打下坚实基础，12月20日，开展入户调查，12月31日圆满完成了2016年广西城乡老年人生活状况监测调查任务。

【老年人优待】截止2016年底，全区办理老年人优待证1513344张，其中绿卡618545张，红卡894799张。目前，广西14个设区市全部出台了80周岁及以上老年人的高龄津贴政策，明确最低发放标准，各县（市、区）发放标准一般不得低于所在设区市标准，实现高龄补贴政策全区覆盖。

【“银龄行动”】2016年，广西深入开展“银龄行动”。自治区投入14万元，扶持南宁市上林县、桂林市全州县等地7个基层老年协会搭建老有所为服务平台；投入36万元，扶持百色市西林县、田阳县，钦州市灵山县等地新建12个示范性基层老年协会；投入16万元，扶持桂林市兴安县、崇左市大新县等8个县（市、区）组织老年文体团队、老年志愿者深入社区、农村指导老年协会开展文化体育活动；自治区老龄办联合广西老科协继续广泛开展“银龄行动”，拓宽为老服务领域，以老年志愿者智力援助为基础，为有知识、有技术、有能力的老同志搭建了老有所为服务平台。据统计，2016年共开展各类大小活动1400多场次，受益人数达250256人次。其中，共开展科普知识讲座255场，内容涉及社会主义核心价值观、医疗保健、科学技术、励志教育等，听众超过5.4万人；开展农业技术培训150多场，培训农民7500多人次；开展诊疗技术培训30多场，培训医务人员将近1000人次；开展班主任工作技能培训230多场次，共培训中小学班主任800多人；开展医疗进社区及科技三下乡活动161次，受益群众800多人。

【老龄宣传】2016年初，根据全国老龄办的部署，在全区认真组织开展“老龄新闻宣传好作品”评选推荐活动，评选推荐20篇作品参加2015年全国“老龄新闻宣传好作品”评选，推荐数量在全国名列前茅，自治区老龄办被评为优秀组织单位，2篇作品荣获三等奖，3篇作品荣获优秀奖。认真组织开展“敬老爱老，八桂行动”为主题的2016年“敬老月”活动，广泛开展主题宣讲、走访慰问、敬老教育、文化惠老、政策落实行动，加大老龄工作宣传力度，“敬老月”期间，自治区老龄办通过广西电视台、广西日报、广西新闻网、广西老年报等主流、专业媒体和互联网新媒体，全方位、多视角宣传当前老龄工作成就、法规政策和尊老敬老典型事迹，在社会上引起强烈的反响。

海南省

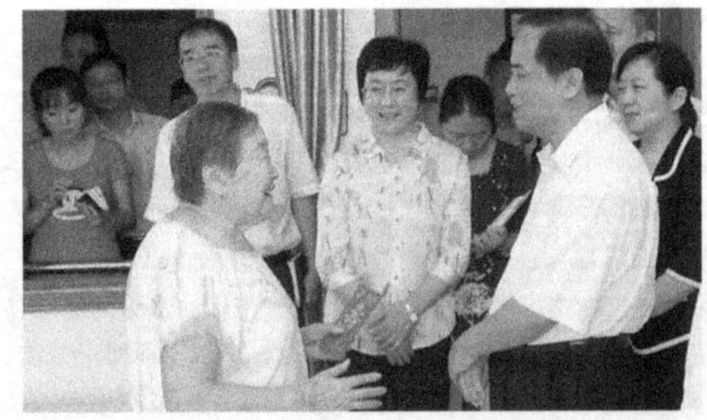

10月9日上午，省委副书记、省长刘赐贵（右一）副省长、省老龄委常务副主任何西庆（中）来到省托老院、海口恭和苑等养老机构调研慰问，与入住老年人亲切交谈。

11月22日，省老龄办组织举办了社区居家养老服务规范化培训班，邀请省委党校原常务副校长、教授、国务院特殊津贴获得者廖逊（右）辅导学习习近平总书记关于加强老龄工作的重要批示指示和在中央政治局第三十二次集体学习重要讲话精神，及如何做好社区居家养老服务规范化管理。

综 述

截止2016年末，海南省60周岁及以上户籍老年人口131.78万人，占全省户籍总人口的14.61%，80周岁及以上的老年人口达28.84万人，占户籍老年人口的21.89%。人口老龄化规模不断扩大，老龄化、高龄化、失能化、空巢化叠加态势日益加剧。2016年，海南省老龄工作在省委省政府的正确领导下，在社会各界的大力支持下，全省各级认真贯彻落实习近平总书记关于加强老龄工作的重要指示和在中央政治局第三十二次集体学习的重要讲话精神，围绕省委省政府中心工作，积极适应经济发展新常态，各项工作扎实推进。全省着力推动经济社会发展成果更多惠及老年人，老年人保障水平不断提高，养老服务产业快速发展，合法权益得到有效保障，惠老政策有力实施，老年人文化生活日益丰富多彩，敬老爱老氛围更加深厚，全省老龄事业和老龄工作取得了积极进展和可喜成果。

一、加强政策创制，为老龄事业发展提供保障

2016年3月，省政府办公厅出台了《海南省养老服务业发展“十三五”规划》（琼府办〔2016〕52号，简称《规划》），首次将养老服务业纳入全省城乡发展总体规划，明确提出了海南省养老服务业发展的指导思想、基本原则、发展目标、主要任务、重点项目及保障措施，为全省养老服务业发展绘制了蓝图。11月，还出台了《海南省推进医疗卫生与养老服务结合发展的实施意见》（琼府办〔2016〕277号，简称《实施意见》），提出医养融合发展的具体要求，通过“四大原则”、“十大任务”、“六大政策扶持”和“四大举措”等，促进医疗卫生与养老服务的紧密对接和资源整合，推动医养融合发展提供了政策保障。《规划》和《实施意见》的出台，从政府组织领导、科学谋划布局、加快机构建设、加大优惠政策扶持、强化规范管理、扩大普惠群体等多方面着手，形成较为系统的养老服务政策保障体系，成为今后一个时期推动全省老龄事业和养老服务业发展的纲领性政策文件。

二、社会养老保障制度进一步健全和完善

（一）进一步完善社会养老保险制度。按照“保基本、广覆盖、有弹性、可持续”的原则，采取个人缴费、集体补助、政府补贴相结合的筹资方式，按照国家的统一部署和要求，加快扩大城乡居民社会养老保险覆盖面。截止2016年末，全省参加城乡居民养老保险283.99万人，其中领取养老金75.68万人，占城乡参保人数的26.65%。加快推进机关事业单位养老保险制度改革进程，建立健全机关事业单位养老保险体系。继续完善企业职工养老保险制度，安时调整提高企业退休人员基本养老金标准。机关事业单位和企业退休人员月人均基本养老金增加161.9元。研究城乡居民养老保障办法，制定多项措施确保企业职工基本养老保险基金平衡运行。加快“全民参保登记计划”工作进程，比国家规定时间提前一年完成各项目标任务。截止2016年末，全省参保登记工作全省入户调查率达88.90%，信息采集率达到99.12%。进一步完善医疗保险制度，省政府出台了《海南省整合城乡居民基本医疗保险制度实施方案》，推进城乡居民基本医疗保险制度整合，逐步提高医疗保障待遇。城乡居民基本医疗保险财政补贴从380元提高至420元。城乡居民大病保险制度覆盖全省，保险支付封顶线提至22万元，补偿金额超过1.1亿元，全省7.3万名大病患者受益。新农参合率连续8年达95%以上、人均筹资水平提高到540元。

（二）逐步提升老年人社会福利水平。各级政府加快建立高龄津贴制度，对百岁以上老人发放长寿补贴，2016年末对80岁以上老人全面建立高龄补贴制度，高龄补贴制度实现全省覆盖。陵水县还把发放高龄补贴年龄范围放宽到75周岁及以上，提高补贴标准。进一步完善农村计划生育家庭奖励扶助和特别扶助制度，扩大了对特殊家庭的扶助范围，落实机关、社会团体、企事业单位独生子女职工退休奖励政策，政府为计生特殊家庭购买养老保险，对失独家庭实施医疗养老救助。认真落实农村“五保”供养政策，确保“五保”老人待遇不低于当地农村居民平均生活水平，并随着经济社会发展逐步提高。建立城镇“三无”老人供养标准增长机制，根据当地经济社会发展和人民生活水平，按现有经费渠道及时调整城镇“三无”对象供养标准。对城乡低保对象中的70岁以上老年人，在核定其享受低保标准时予以适当照顾。探索建立老年人意外伤害综合保险制度，为全省农村五保户、城市“三无”人员购买老年人意外伤害综合保险。落实残疾老年人“两项”补贴，为包括老年人在内的3.46万困难残疾人和8.02万人重度残疾人发放补贴资金1.9亿元。把困难老年人作为临时生活救助、医疗救助、司法救助的重点对象，加大救助力度。加大财政投入，根据经济发展水平稳步提升救助保障标准，确保低保保障标准始终不低于全国平均水平，特困人员供养实现城乡统一，充分发挥了城乡低保、医疗救助、临时救助等救助制度的兜底保障作用。将城镇居民低收入住房困难家庭的纯老年人户优先纳入廉租住房保障范围。老年人凭《海南省老年人优待证》免费进入公园、使用公益性文化设施；65岁以上不满70周岁老年人半票乘坐市内公共汽（电）车；70岁以上老年人免费进入风景区、宗教活动场所和公共体育健身场所，免收普通门诊挂号费。长途客运、铁路、水路和航空客运要为老年人提供优先优待服务。加大无障碍设施建设力度。对新建城市道路、公共建筑和养老机构等场所，严格执行《城市道路和建筑物无障碍设计规范》，使无障碍率达到

100%。对已建成并投入使用的与老年人生活密切相关的居住区、城市道路、公共建筑和养老机构，制定改造计划，增补无障碍设施。开展“老年宜居城市”、“老年人宜居社区”创建活动，为老年人营造良好的生活服务和生态人文环境。

（三）重视老年人医疗保健服务。加强老年多发病、常见病防治。各市县（区）卫生部门都指定1所二级以上综合医院作为老年病防治中心，针对老年病共性致病因素，实施宣传、教育、咨询、普查、主动介入服务等综合干预措施。扶持老年康复病科建设。建立健全以社区卫生服务为基础的老年医疗保健服务体系，加强社区卫生服务与医疗保险制度的衔接，为老年人提供便捷优质的医疗服务。各地惠民医院优先为符合条件的老年人提供服务。全省普遍建立老年人健康档案，对百岁以上老人每年进行1次免费健康体检，实行不间断健康管理。异地医疗结算取得阶段性成果，2016年新增与湖北等14个省、自治区、直辖市社保经办机构签订跨省异地就医结算合作协议，实现异地就医结算31个省级统筹区全覆盖。异地结算人次较2010年增长近300倍，为老年人异地就医提供方便。

三、积极推进社会养老服务体系建设

（一）社会养老服务体系建设步伐加快。坚持以居家养老为基础、社区服务为依托、机构养老为补充，加快构建机构养老与居家养老相结合、福利养老与产业养老相结合，投资渠道多元化、管理服务标准化、服务队伍专业化、服务方式多样化，覆盖城乡可持续发展的社会养老服务体系。合理界定基本养老服务与社会养老服务的功能定位，明确区分服务对象、服务项目、服务等级和投资主体。基本养老服务突出保基本，水平适度。统筹不同投资主体的利益关系，使之既相互促进，又相互补充，激发社会资本投资养老服务业的活力。截止2016年末，全省养老床位数达到每千名老年人33.3张。

（二）加快基本养老服务机构建设。进一步加快市县综合性养老服务中心建设，积极推动全省示范性养老基地建设，充分发挥其示范引导作用。街道、社区按照就近便捷、小型多样、功能配套的原则，建设和改造一批农村敬老院、日间照料中心。积极探索公办民营、合作经营、委托管理、服务外包等运行模式，完善管理机制，降低运行成本，提高服务水平。进一步加强乡镇敬老院基础设施建设，各市县按“供养人数每人每年不低于3000元、工作人员工资待遇每人每年不低于4万元（含社保）”的标准足额安排了保障经费，海口等市县采取公办民营等方式促进了当地养老服务机构管理服务水平显著提升。通过对农村闲置校舍或租用农户闲置房产进行改建、修缮等方式，各市县建设农村互助幸福院768家，积极打造睦邻互助农村养老模式，为包括农村老年人提供了必要的生活照顾和医疗保健。

（三）大力发展居家养老服务。依托社区为居家老年人提供生活照料、家政、康复护理和精神慰藉等服务，提倡老年人居家养老。居家养老服务场所和服务平台由政府建设或鼓励社会建设，实行有偿服务，市场化运营。引导和鼓励社会中介组织、家政服务企业、物业企业参与居家养老服务。地方政府对“三无”对象、“五保”对象及生活在贫困线以下的失能、半失能老年人给予居家养老服务补贴，在安排有关生活补助资金时给予适当照顾。切实关心农村老人特别是空巢老人，重点抓好空巢老人生活上的照顾、身体上的医护和精神上的安慰，让他们安享晚年。截止2016年末，全省各市县主城区基本建立起多形式、全覆盖的居家养老服务站点；在此基础上，海口、儋州、琼中、白沙等市县开展乡镇和农村社区居家养老服务试点。部分市县制定居家养老服务标准，丰富服务内容，在提供短期托养、日间照料以及助餐、助洁、助浴、助医、助行、助购等生活服务的同时，兼顾老年人多种需求，提供文化娱乐、学习教育、心理关爱等服务。海口等市县建立了居家养老服务补贴制度，全省每年发放社区居家养老服务补贴资金约1200万元。

（四）支持社会力量发展养老服务业。落实《海南省人民政府印发关于支持社会力量兴办非营利性养老服务机构若干政策的通知》（琼府〔2012〕15号）精神和《海南省养老机构管理条例》相关规定，各级政府对接收高龄、失能等经济困难的本地户籍老年人的非营利性养老机构给予床位建设、运营和寄养等补贴，吸引和鼓励社会资本投资兴办老年公寓、老年康复中心、托老所、老年护理院等养老服务机构。落实养老服务机构税收减免政策，对符合条件的老年服务机构免征营业税和企业所得税，对老年服务机构使用土地和自用房免征城镇土地使用税、房产税。养老服务机构用水、用电、用气按民用生活类收费标准执行，安装电话、网络、有线电视等实行价格优惠。对新建老年服务设施的市政公用设施配套费酌情给予减免。设立非营利性养老机构的，可按相关规定申请小额担保贷款，并享受财政贴息。鼓励有条件的养老机构通过设立医疗机构或者采取与周边医疗机构合作的方式，为入住老年人提供医疗服务。养老机构设立的医疗机构，经批准可以对外提供医疗服务。符合条件的，可以向有关主管部门申请纳入城乡医疗保险的定点医疗机构。

（五）推进医养融合发展促进健康老龄化。根据我省国际旅游岛建设和现代服务业发展新形势新任务的要求，针对我省养老基础设施薄弱，养老康复服务产品结构性短缺的实际积极推进养老服务与医疗健康服务融合发展。一是公立养老机构现医疗机构开展签约服务。全省18个市县（除三沙市外）中心养老院、乡镇敬老院等养老机构，均设有医疗室或与当地医疗机构合作，对在院的老年人进行健康检查，开设值班诊室，开展远程诊疗等服务，为入住老年人提供医疗服务。二是民办养老机构内设医疗机构。目前全省50%左右的民办养老机构内设医疗诊所，实现了民办减压机构与医疗机构结合发展，为老年人健康诊疗提供便利条件。如海口恭和苑、天来泉国际养生社区、山海疗养院、以及省托老院等条件较好、规模较大的养老机构都设立了一、二级医疗机构，与三甲医院开通就医绿色通道，并被纳入医疗保险结账范围。三是鼓励公立医疗机构延伸开展养老相关服务。省政府出台了《海南省推进医疗卫生与养老服务结合发展实施意见》，明确规定了"加强卫生与养老服务结合发展"、"支持有条件的养老机构内设医疗机构"、"完善医疗机构与养老机构合作机制"，允许公立医院在坚持公益性，确保基本医疗的前提下，积极延伸健康服务业，扩大服务范围，发展保健、康复、疗养、老年护理、临终关怀等服务，探索公立医院与社会资本建立股份制的医养结合机构。四是开展养老康复服务进社区试点。以保障高龄、独居、空巢、失能和低收入老年人为重点，借助专业化养老服务组织，形成提供生活照料、家政服务、康复护理、医疗保健等服务的社区居家养老服务模式。

四、推动健康养老产业发展壮大

（一）以供给侧结构性改革为主线，搞好健康养老服务产业规划。针对老年人不断增长的服务需求，加快发展健康养老服务产业。省政府出台了《海南省养老服务业发展"十三五"规划》，明确提出"以建设国际旅游岛为总抓手，以不断满足老年人日益增长的服务需求为出发点和落脚点，通过体制机制改革和制度政策创新，充分调动市场主体、社会力量提供养老服务的积极性，加快养老事业和产业的发展"。健康养老服务产业是省政府纳入"多规合一"的十二个大产业之一，各级政府也将健康养老服务产业纳入现代服务业统一规划、统一部署，着力培育健康养老服务龙头企业，打造健康养老服务产品知名品牌。为贯彻落实《中共海南省委海南省政府关于进一步加快发展服务业的若干意见》精神，用好医疗旅游开放政策，引进一批国内外一流医疗、科研和高端再教育机构，发展生命养护产业和健康管理服务产业，重点建设博鳌乐城国际医疗旅游先行区（博鳌老年病医院、博鳌国际健康养（护）老中心）和三亚海棠湾医疗健康城。创建一批中心医院、康复医院、老年病医院等医疗机构，发展康复护理、老年护理、家庭护理等护理服务。把发展健康养老服务产业与拉动消费、增加就业结合起来，推进全省健康养老服务业发展，使之成为海南现代服务业发展新亮点和经济增长极，推动经济转型升级的重要力量，使老年人共享社会经济改革与发展的红利。

（二）培育老年消费市场。鼓励和扶持开发老年产品，引导企业生产满足老年人各种需求、门类齐全、品种多样、经济适用的老年用品。优先发展养老服务、老年护理、康复保健、老年文化娱乐、健身休闲和老年特殊用品等产业。大力发展老年旅游业，推出适宜老年人的旅游线路和服务项目。积极开发符合老年人特点的金融、理财、保险等其他产品。培育老年消费市场，鼓励商家设立老年用品专柜，举办了第二届海南国际老龄产业博览会，促进流通、扩大销售。引导老年人更新消费观念和行为，促进老年消费市场的繁荣与发展。

（三）规范老年用品市场管理。省政府加强对健康养老服务产业的规划和科学管理。各级工商行政管理、质量技术监督、食品药品监管等部门，加强对老年用品特别是老年保健品市场的管理，保障老年用品质量和消费安全。加强健康养老服务产业从业人员职业培训，提高健康养老服务产业管理水平。

五、高度重视老年人政治精神文化生活

（一）营造尊老敬老社会氛围。围绕建设社会主义核心价值体系，在全社会深入开展尊老、敬老、爱老、助老主题教育活动，大力弘扬中华民族传统美德。重阳节、老人节期间，开展形了式多样的宣传、文体和慰问活动，时任省委副书记、省长刘锡贵在老年节期间深入省托老院和海口恭和苑等养老机构进行调研，广泛听取意见建议，研究推动我省养老服务业健康发展工作，并代表省委省政府向老人们送去节日的问候和关怀。机关、企事业单位和社会团体把尊老、敬老、爱老、助老宣传教育作为干部职工思想道德建设的重要方面。教育部门把尊老、敬老、爱老、助老作为中小学德育教育的重要内容，把养老机构或老年社团组织作为学生德育教育基地，把助老服务纳入大中学生社会实践内容。宣传、文化等部门加大了宣传力度，及时宣传报道各地各单位发展老龄事业的好经验、好做法和尊老、敬老的先进典型，传播孝文化，弘扬孝道德。各级工会、共青团、妇联、残联、科协等群团组织广泛开展结对帮扶、志愿服务、和谐家庭和孝亲敬老评比等活动。各级文明办把孝亲敬老活动纳入文明社区、文明村镇、文明家庭创建考核指标体系。各级老龄工作部门广泛开展"敬老文明号"创建活动，表彰尊老敬老先进单位和个人，形成尊重、关心、帮助老年人的良好社会风尚。

（二）不断丰富和发展老年人教育文化生活。大力发展老年教育，各级把老年教育纳入终身教育体系。继续办好各级老年大学，扩大办学规模，改善教学设施，提高教学质量。截止2016年末，有条件的乡镇（街道）要利用现有资源和闲置校舍等，建好老年学校。有的地方还有效利用广播、电视、互联网等现代传媒开展老年远程教育，形成覆盖城乡、多层次、多形式的老年教育网络体系。离退休人员管理部门、老年社会团体积极组织老年人开展学习活动。据统计，截止2016年末，全省老年人参加各级各类老年学校学习的人数达到老年人总数的10%以上。加强老年人活动场所建设，各级充分利用和整合文化、体育、老干等部门的社会公益活动场所资源，广泛向老年人开放，充分发挥社会效益。宣传、文化、出版等部门积极组织力量，多出面向老年人的优秀精神文化作品。广播、电视、报刊等主流媒体开设老年专栏。文体部门积极开展形式多样、丰富多彩的老年文化艺术活动。广泛开展适合老年人特点的体育健身活动，建立健全老年人体育健身组织。各级政府加大老年人活动场所建设投入，在社区、绿化带等投放一批适合老年人锻炼健身器材。省财政进一步加大一般转移支付力度，逐步提高困难地区开展基层老年文化娱乐和体育活动等公共服务均等化水平。

（三）老年人维权依法得到进一步落实。进一步完善省、市县（区）、乡（镇、街道）、村（居）委会法律援助网络，共建立法律援助工作站508个，实现法律援助全省全覆盖。人民法院对交纳诉讼费有困难的老年人酌情予以减免。工商行政管理、食品药品监督、质量技术监督等部门加强监督管理工作，营造安全、便利、诚信的老年人消费环境，及时处理侵害老年人消费权益的举报投诉。公安机关及时受理、依法查处针对老年人的传销、诈骗和非法集资等行为，保障老年人人身和财产安全，在治安管理、户政审批、出入境管理、涉老案件查办等工作中，主动维护老年人权益。进一步扩大了老年人优待项目，提高了优待水平。完成了《海南省老年人合法权益保护条例》的前期调研和起草工作，正在推动修订工作。目前，全省各市县城市公交对70周岁以上老年人提供了免费乘坐的优待服务。各旅游景区对70岁以上老年人旅游门票实行全免，60岁以上老年人实行门票半价优惠。

（四）扩大老年人参与社会发展活动。鼓励专业技术型老年人才参与科学文化知识传播，从事科学研究，开展科技咨询服务；重视老年志愿者服务工作，组织、支持老年人参与公民道德建设、公益事业、社会治安、移风易俗、民事调解、社区文化、双创（创卫生城镇、创文明城镇）活动等社会事务和社区工作，发挥老年人在教育下一代中的作用。各类人才市场、人才中介机构把老年人力资源、尤其是“候鸟”人才资源纳入服务范围，搭建老年人才与社会需求对接的服务平台。省老龄委办公室按全国老龄办要求，建立了老有所为奖励制度，对做出突出贡献的老年人，每年定期向全国老龄办推荐进行表彰奖励。

（五）加强老年社会管理工作。全面贯彻党的十八大和十八届三中、四中、五中、六中全会精神，以马克思列宁主义、毛泽东思想、邓小平理论、“三个代表”重要思想、科学发展观为指导，深入学习贯彻习近平总书记系列重要讲话精神和治国理政新理念新思想新战略作为老年思想政治建设的重要内容，切实增强政治意识、大局意识、核心意识、看齐意识，认真研究解决老年群体中的各种思想问题。将所有老年党员都要编入党的基层组织，组织他们参加党的活动。充分发挥基层党组织在老年思想政治工作中的重要作用，重视和发挥老年人党员的政治优势和先锋模范作用，在老年党的基层组织和老年党员中开展创先争优活动，健全人文关怀和心理疏导的社区老年思想政治工作体制机制，培育自尊自信、理性平和、积极向上的社会心态，确保老年人政治上的坚定性。并根据老年人的特点，把政治思想教育与开展健康有益的文化体育活动结合起来，把解决思想问题与解决实际问题结合起来，把思想政治工作做实、做细。加强基层老年协会等老年组织的规范化建设，充分发挥老年人自我管理、自我教育、自我服务的作用。积极探索老年人社会管理的新形式、新途径，逐步建立家庭、社区、单位和政府部门相结合的老年人社会服务管理体系。

重要会议和活动

【海南召开“候鸟”人才工作座谈会】 2月23日下午，时任海南省委副书记、省长刘赐贵主持召开省政府“候鸟”人才工作座谈会，听取“候鸟”代表的意见建议，研究“候鸟”人才工作。刘赐贵指出，海南省委、省政府高度重视“候鸟”人才工作，将其作为重要课题加以研究部署，引导鼓励更多“候鸟”人才在健康养生的同时更好融入海南、服务海南。座谈会邀请了18位主动发挥专长服务海南发展的“候鸟”人才代表，其中不乏国务院特殊津贴专家、高级干部、博士生导师、高级工程师、艺术家、企业家、作家等。刘赐贵与代表们一一握手致意，并代表省委、省政府和时任省委书记罗保铭，向来到海南的所有“候鸟”和积极服务地方的“候鸟”人才表示衷心的感谢，致以健康的问候。

【“敬老月”活动】 积极开展2016年“敬老月”活动，以“敬老爱老·全民行动”为主题。广泛开展积极应对人口老龄化宣传教育活动；广泛组织动员社会力量，开展为老志愿活动；扎实开展惠老政策落实行动；大力开展老年文化体育活动；全面开展敬老爱老主题教育行动；广泛开展走访慰问送温暖行动。省委副书记、省长刘锡贵、省老龄委常务副主任、副省长何西庆带领省民政厅、省老龄办、省发改委、省财政厅、省卫计委、省人社厅等负责人和海口市政府分管领导到省托老院、海口恭和苑等养老机构调研，广泛听取意见建议，研究推动我省养老服务业健康发展工作，向老人们送去节日的问候和关怀，看望慰问老年人。各市县领导班子成员及老龄委成员单位负责人纷纷走出办公室，到基层分头参加敬老活动。各乡镇（街道）、村居以及各级机关、企事业、高等院校的党政领导也都组织人员深入到老年公寓、敬老院和老年人家庭，对高龄老人、孤寡老人，特别是老党员、老英模进行走访慰问，对百岁老人做到了全部走访，送去了各级领导的温暖，有力地推动了全省“敬老月”各项活动的深入开展。举办“海南省第七届中老年广场健身操（舞）大赛”，吸引不少热爱健身操（舞）中老年人参赛和支持。文昌市重阳节举行“千叟会”，千余老人品尝千叟宴，为5位百岁寿星颁发紫贝寿星牌匾及寿礼，为“孝敬父母的好媳妇”、“邻里互助的好邻居”、“教子有方的好家长”、“奉献爱心的好乡贤”等孝善楷模颁发牌匾和奖金。各级、各部门开展智力扶贫帮困活动，联合相关部门的老专家组成医疗服务团、科技服务团、教育服务团等深入贫困地区进行智力支援。本地社团老年艺术团和“候鸟”老年艺术团在“敬老月”期间活动十分活跃，举办形色多样的文艺汇演，还组织开展送科技、送文化、送文艺下乡活动，深受老年朋友欢迎。

【刘锡贵调研养老机构】10月9日，农历九月初九是中国传统的重阳节，也是国家确定的老年节。10月9日上午，省委副书记、海南省长刘赐贵来到省托老院、海口恭和苑等养老机构调研，代表海南省委省政府和省委书记罗保铭向老人们送去节日的问候和关怀，广泛听取意见建议，研究推动我省养老服务业健康发展工作。海南省托老院现有床位564张，是全省目前最大规模的公办公营性质的综合性社会养老福利机构。刘赐贵一行首先来到这里，认真查看体检、医疗、食堂、文化娱乐等配套设施。他要求有关部门发挥好资源、设施优势，吸引更多有需求的老人入住，为他们提供更加完善的服务。他嘱咐托老院，要注重为老人营造“家”的氛围，让他们感受到家的温暖；要多倾听大家的意见建议，根据不同需求制定个性化的服务；要多帮助老人家和子女间建立更为密切的联系，有针对性地加强心理疏导，用更加贴心的关怀增进老人情感上的慰藉，让老人在这里度过的每一天都是舒心愉快的。

各项业务进展

【海南省养老服务业发展“十三五”规划】3月7日，海南省政府办公厅印发《海南省养老服务业发展“十三五”规划》（琼府办〔2016〕52号，简称《规划》），《规划》指出，“十三五”时期，我省人口老龄化仍将快速发展，并与经济发展新常态和社会转型相交织，与工业化、城镇化加速发展相伴随，与家庭小型化、少子化相叠加。预计到2020年，60周岁以上户籍老年人口将达到168万，占户籍人口的16.4%；80周岁以上人口将达到29万，占户籍老年人口的17.3%。同时，高龄、失能、独居、空巢老年人数量将进一步增加，全社会用于养老、医疗、照护、福利等方面的支出将持续增长，应对人口老龄化的养老任务十分艰巨。“十三五”时期是我省全面建成小康社会决胜阶段，也是我省老龄事业改革发展和养老服务体系建设的重要窗口期。编制实施《规划》，对于正确引导社会各界关于养老问题的预期，提升老年人的参与感、获得感和幸福感，确保老年人同步进入小康社会等具有十分重要现实意义。

【海南省推进医疗卫生与养老服务结合发展的实施意见】11月7日，海南省政府办公厅印发《海南省推进医疗卫生与养老服务结合发展的实施意见》（琼府办〔2016〕277号），《意见》明确提出今后一个时期，海南将坚持“保障基本、统筹发展，政府引导、市场驱动，深化改革、创新机制，资源共享、优势互补”的原则，通过“十大任务”、“六大政策扶持”和“四大举措”，全面构建医养融合发展体系，把保障老年人基本健康养老需求放在首位，按照“以居家养老为基础，以社区养老为依托，以机构养老为补充”的思路，通过促进医疗卫生与养老服务的紧密对接和资源整合，激发各类服务主体的潜力和活力，健全医疗卫生与养老服务相结合的体制机制，推动医养融合发展，满足老年群众多层次、多样化的健康养老服务需求，保障人人享有适宜的、综合的、连续的健康养老服务，实现老有所养、病有所医，切实提高医疗卫生和养老机构的服务水平。

【全省启动老年人意外伤害保险工作】海南省老龄办、省民政厅与中国人寿保险海南省分公司联合下发《关于开展关爱老年人安康活动的通知》，在全省开展老年人意外伤害保险工作。协调中国人寿保险海南省分公司根据省政府相关规定，对特困老年人进行分类施保，重点保障城市“三无”老人、农村五保老人、城乡低保老人、重点优抚对象和失独老人。截止年底，全省由政府购买意外伤害保险的老年人1.73万人，占全省特困老年人数55.8%。

【率先实现异地就医结算全覆盖】2016年新增与湖北等14个省、自治区、直辖市社保经办机构签订跨省异地就医结算合作协议，实现异地就医结算31个省级统筹区全覆盖，早于要求时限完成任务。年底，作为第一批省份接入国家异地就医结算平台，得到人力资源社会保障部、部社保中心及省领导的充分肯定和高度评价。结算模式是异地就医结算工作的核心问题，海南在建设异地就医结算系统平台时，充分考虑到要适应不同统筹区的实际情况，提供3种结算模式供合作方酌情选用：一是即时结算模式，采用就医地的《诊疗项目》《药品目录》《医疗服务设施项目》，按参保地医保待遇标准，结算系统自动审核结算，参保人在就医地定点医院即时结账。二是延时结算模式，医院将参保人就医信息“打包”上传海南异地就医结算平台，由参保地经办机构下载信息后进行审核和结算，将结果通过互联网回传平台，医院根据回传结果与参保人直接结账。

三是点对点结算模式，由异地定点医院与参保地经办机构直接签订服务协议，通过系统直联方式实时结算。2016年异地结算人次较2010年增长近300倍，为老年人异地就医提供方便。

【老年权益保障法立法工作】为贯彻落实新修订的《中华人民共和国老年人权益保障法》，省老龄办、省民政厅高度重视，扎实做好一系列前期准备工作。2014年4月，省老龄办、省民政厅成立了以厅长为组长，省民政厅政策法规处、省老龄办有关人员参加的起草领导小组，正式启动《若干规定》(修正案草案)(以下称《草案》)起草工作。2015年初，《草案》被省人大常委会、省政府列入立法计划预研项目。同年6月，制定了立法调研方案，由省人大内务司法工委、省老龄办、省民政厅有关人员组成调研组，先后赴福建、山东进行立法专题调研；经过反复征求意见和修订完善，完成了《草案送审初稿》的前期调研和起草工作。2016年5月，经省民政厅厅长办公会对《草案送审初稿》进行审议，同意修改完善后报省法制办。2017年年初《草案》被列入省人大常委会、省政府正式立法计划项目。

【营造敬老氛围】在全省广泛开展推荐全国老龄系统先进集体和先进工作者活动，通过层层评选申报，被全国老龄委、人力资源社会保障部授予“全国老龄系统先进集体”和全国老龄系统先进工作者”各1个。在老年维权工作中被全国老龄办、最高人民法院、最高人民检察院、公安部、民政部、司法部授予“全国老年法律维权先进集体”7个。被全国老龄委授予全国“敬老文明号”的先进集体6个、全国“敬老爱老助老模范人物”12人。被全国老龄办授予“老有所为”先进典型人物2人。授予为省级“敬老文明号”的单位24个。“敬老月”期间，省、市县党政领导亲自走访慰问老年人，社会各界广泛开展走廊慰问、尊老敬老宣传表彰、中老年文娱竞技、老年法律维权宣传、为老志愿服务等活动，扎扎实实为老年人做好事、办实事。

重庆市

综　述

2016年，市老龄委办以学习贯彻习近平总书记、李克强总理重要指示批示、中央政治局第三十二次集体学习和全国老龄委第十八次全体会议及老龄办主任会议精神为主线，围绕市委市政府中心工作，按照市老龄委部署，以提高全市老年人的幸福感和获得感为目标，全面完成各项工作目标任务。

一、老年社会保障体系不断强化，老年保障水平持续提升

(一)社保政策不断完善健全。截至2016年底，全市基本养老保险参保率超过95%。出台了《关于阶段性降低社会保险费率的通知》，城镇企业职工基本养老保险单位费率从20%降至19%，城镇职工基本医疗保险的企业单位费率从8%降至7.5%。全市337.3万退休人员1—9月调整增加的基本养老金已全部兑现到位，并解决了我市超龄退役军人参保缴费和领取待遇的问题。

(二)医疗保障制度基本实现全覆盖。截至2016年末，全市参加医疗保险的人数比例达到96%以上。先后与海南等11个省市签订了医疗保险异地就医联网即时结算协议，实现了与部分省市异地就医实时结算。较全国要求提前两年建成，方便了参保人员异地就医结算，切实解决了跨省异地就医人员资金垫付压力大、报销周期长等问题。

(三)特困老年人得到切实保障。全市93.76万低保对象中有老年人30.5万人，占32.5%。年满70岁以上城乡低保老人每人每月额外享有60元的分类救助；全市农村共有五保供养对象1732万人(含转户五保对象)，全年各级财政共发放农村五保供养资金10.8亿元，同比增长24.1%。

(四)计划生育奖励扶助特别扶助制度有效落实。2016年奖扶对象累计56万人，特别扶助对象累计近6万人，投入820万元为4.6万名纳入特别扶助对象的计生特殊家庭父母购买了住院护理保险，全年发放特别扶助金31256万元，发放一次性养老保险金补贴1286万元。

此外，还继续推进企业退休人员社会化管理服务工作，2016年打造了万州区太白街道桔园社区、江北区大石坝街道大庆村社区、沙坪坝区石井坡街道中心湾社区、巴南区龙洲湾街道龙海社区、北碚区北温泉街道华光社区、江津区几江街道小西门社区、綦江区三角镇三角社区等7个市级示范社区。同时我市还申请成为了首批参与长期护理保险制度的省市之一。

二、老年人合法权益保障工作不断深入，老年人幸福感明显增强

(一)进一步落实老年人优待各项政策。以市委宣传部、市高法院、市老龄委办等24部门联合印发出台的《关于进一步加强老年人优待工作的实施意见》为准则，广泛动员各级各部门及社会各界尽职尽责为老年人办实事、做好事，解难事，老年优待工作不断深入。切实发挥督查作用，根据老年人来信来访反映的60岁以上老年人在医疗卫生机构就诊免交普通门诊挂号费的问题，专门向市卫计委去函，恳请其督促所属医疗卫生机构落实该项优待政策，切实维护老年人合法权益。

（二）指导保险公司开展了老年人意外伤害综合保险。组织市民政局、市财政局、市保监局等部门召开座谈会，商议我市老年人意外伤害保险工作如何开展，并联合转发了全国老龄办等4部门《关于开展老年人意外伤害保险工作的指导意见》的通知，为老年人撑起一把保护伞，拓宽养老保障渠道，使老年人除了家庭保障、社会保障之外，又多了一种商业保障，有效减轻了政府、为老服务企业和个人及家庭负担。截至2016年11月底，全市有48.7万人投保，投保人数占全市656.17万老年人的7.42%，保费总额1530.99万元。已有3056人次获得了赔付，赔付总金额1040.2万元（其中医疗赔付占赔付金额的41.41%，意外伤害赔付占赔付金额的58.59%），赔付人数占到了投保人数的6.81%，赔付金额占到了保费总额的67.94%。

（三）为老年人及老年社团参与社会创造条件。树立人本思维，切实提高老年人的价值感和存在感，让老年人发挥余热为经济社会发展做力所能及的贡献。开展“银龄行动”，组织老专家、老教授，赴南岸、巴南、永川、黔江等区县开展了为当地经济社会发展建言献策，农业种、养殖技术现场指导及培训讲座，医疗卫生保健咨询、义诊等活动，收益人群超6000人次。我市老年人积极参与各类文体娱教活动，在市体育局、市委老干部局、市老龄委办、市老体协主办的重庆市第三届老年人运动会上，全市共有5000余老年人参加，开展了气排球、柔力球等12个项目的比赛，共产生了金奖274个、银奖273个，铜奖308个。此外，着重发挥基层老年协会在自我管理、自我教育、自我服务等方面的积极作用，进一步延伸老龄工作的触角和手臂。

三、老龄调查研究取得明显成效，老龄科学研究体系建设更加完备

（一）扎实完成《重庆应对老龄化社会对策研究》课题。按照谭家玲副市长的安排，我办与市民政局联合委托并配合重庆社科院开展了重庆老龄化问题及应对策略研究，从市委市政府的高度，用专业的研究、大众的语言描述撰写完成了《重庆应对老龄化社会对策研究》的实用性报告。该报告总结了6条国外应对老龄化主要经验，从2个方面和6个方面分别分析了老龄化机遇及挑战，并提出了提前布局人口老龄化准备、改善基础设施、发展老龄产业等9条26项对策建议，得到市领导肯定及批示。同时按“摘要简本把课题成果报书记、市长”的批示要求，已按渠道报送书记、市长。

（二）开发利用第四次中国城乡老年人生活状况抽样调查重庆数据。为促进成果运用转化，我办委托西南大学对第四次抽样调查重庆数据进行统计分析和研究，运用SPSS软件对数据进行全面系统分析，掌握老年人口分布、性别、生活供养、年龄层次、健康差异、服务需求等基本数据，形成了1个综合报告和3个专题报告初稿。报告显示，我市老年人的生活状况在9个方面得到显著改善，也有7个方面的问题和短板，同时还有8个方面的期盼和愿望。该报告呈送市政府后，市领导给予了肯定并批示“起草相关材料时参阅”，为市政府研究老龄问题提供了科学支撑和数据支持。

（三）认真组织开展了2016年老龄问题调研工作。围绕老龄工作的热点、重点、难点问题，印发了《关于开展2016年老龄问题调研工作的通知》，引导有关方面深入基层开展调查研究，客观、全面、准确掌握真实情况。全年各成员单位、各区县老龄办、老龄问题科研基地共提交老龄问题调研成果113篇，是在全市组织开展老龄问题调研以来，调研成果数量最多的一年。在历经专家评审、办公会审议等程序后，评选出了优秀调研成果40篇、优秀组织奖5个。此外，我办还荣获了2015年度全国老龄政策调研优秀组织奖。

四、养老设施建设力度加大，适宜老年人居住环境明显改善

（一）推进养老服务体系建设。2016年，全市城乡养老机构1348所，床位20.1万张，平均每千名老人拥有养老床位30.5张；乡镇敬老院975所，床位10万张。日间照料床位4.2万张，社区养老服务中心（站）821个，农村幸福院2849个。同时为保障入住老年人生命财产安全，全市开展了养老机构消防安全检查，深入区县（自治县）、乡镇（街道）检查消防安全工作，并开展2次福利机构消防安全专项治理工作，市级共安排资金近2亿元，支持各区县开展福利机构消防安全整治。各区县在对所有福利机构拉网式排查的基础上，按照“实事求是、解决问题、厉行节约、一院一策”的原则，制定整改方案，落实整改措施。截至目前，全市1325所社会福利机构全部整改完毕，有61所福利机构因房屋设施安全隐患严重已撤销使用，社会福利机构消防整改取得较好效果。

（二）积极推动我市无障碍环境和涉老工程建设。对建筑项目和养老设施实行严格审批、许可，审查养老设施项目时执行区（县）级、居住区级、居住小区级养老设施床位数按老年人总数的35%配置；每个区（县）级养老设施按2.5床/千人标准设置，居住区级以下养老设施按照6床/千人标准设置。严格执行《老年养护院建设标准》建标144、《城市居住区规划设计规范》GB50180等相关技术标准中有关养老服务设施要求，保证工程质量安全和养老设施配套到位。同时下达了《重庆市轨道交通无障碍设施设计规范》、《重庆市无障碍设计规范》工程建设地方标准编制。

五、广泛开展敬老爱老助老活动，孝亲敬老社会氛围日益浓厚

（一）推进第二届“敬老文明号”创建活动。引导全市各部门、各行业，发挥部门、行业特色，扎实开展为老服务，积极争创“敬老文明号”，并将“敬老文明号”作为推动惠老优待政策出台的动力，作为衡量为老服务水平高低的量尺。我办同市卫计委、市国资委、市文化委等部门深入垫江县中医院、沙坪坝区双碑社区卫生服务中心、重庆银行重大支行、交运集团龙头寺南北汽车站等15个服务单位开展了调研和考察工作，将为老服务窗口引向银行、公安、交通、社团等重点领域。同时依据各级为老服务单位、窗口、行业结合自身工作实际开展为老服务的情况，授予了九龙坡区老年大学等100家单位第二届“敬老文明号”荣誉称号，基本覆盖全市卫生、公园、水、电、气等服务行业所有窗口单位。

（二）开展七项敬老项目推选及评比活动。根据全国老龄办的工作部署，在全市范围内开展了“全国老年法律维权工作先进集体”、全国老龄系统先进集体和先进工作者、全国“敬老爱老助老模范人物”、全国“敬老文明号”、“老有所为”先进典型及2016年全国“十大老龄新闻”和“老龄新闻宣传好作品”评选推荐等6项活动，此外还与市委宣传部、市文明委、重庆日报报业集团、市关工委等单位联合开展了“寻找重庆慈孝榜样”主题宣传活动，在全市范围内评选出40名“重庆市榜样孝心少年”、40名“重庆市榜样慈父慈母”、40个“重庆市榜样慈孝村居”。通过这些活动，力求发挥先进典型的正面辐射作用，引导全社会接纳、尊重、帮助老年人，形成敬老文明新风尚。

（三）精心组织开展“敬老月”活动。为进一步营造政府关心、社会关注、家庭关切的良好社会氛围，我办与市文明办，江北区委、区政府于10月9日重阳节当天在江北区鸿恩寺森林公园联合举办了“孝行巴渝　爱涌重庆”——“我们的节日·重阳”主题市级活动，300多名老年人代表、“孝老爱亲”人物、“全国老年人法律维权工作先进集体”获奖代表等参加，举办了大型文艺演出，还分区、分时段开展了“健康重阳”健康行、“爱心重阳”志愿行、“欢乐重阳”欢乐行3大行动、11项活动。同时宣传展示了我市老龄事业“十二五”发展成就，展示我市各级各有关方面开展积极应对人口老龄化行动取得的显著成效，增强社会各界积极应对人口老龄化的思想观念。此外，还安排部署各级各有关方面组织电视电台、报刊杂志、网络媒体等在重阳敬老月期间大力宣传“敬老文明号”、“敬老爱老助老模范人物”、“老年维权示范岗”等典型在家庭孝老、社会敬老、行业助老等方面的典型事迹。

重要会议和活动

【重庆市老龄办主任会议】2016年5月26日至27日，重庆市老龄办主任会议在世纪同辉酒店召开。会议以深入学习贯彻习总书记、李克强总理关于应对人口老龄化、发展老龄事业作出的重要指示批示精神为主线，传达了全国老龄委第十八次全体会议和全国老龄办主任会议精神，总结部署了今年全市老龄工作任务。市老龄办副主任蒋志强在会上作了题为《把握机遇　创新思路　推动全市老龄事业健康快速发展》的重要讲话。渝北区、江津区、垫江县、丰都县、云阳县等5个区（县）老龄办作了经验交流发言。全市38个区县老龄办负责人及科长和万盛经开区、两江新区有关工作人员，市老龄办主管社团组织及市老龄问题科研基地负责人等参加会议。

【重庆市老龄片区会议】2016年8月11日、16日、18日，老龄工作片区座谈会分别在渝北区、万州区、涪陵区召开，全市各区县老龄办负责人参加会议。会议听取了各区县贯彻落实习近平总书记5.27重要讲话以及中央领导同志关于积极应对人口老龄化的重要指示批示精神、上半年工作完成及下半年工作计划、落实开展老年人意外伤害保险工作、第二届“敬老文明号”创建工作等方面的情况，并征求修订《重庆市老年人权益保障条例》和编制重庆市老龄事业发展“十三五”规划的意见建议。

【重庆市“老年节”庆祝活动】2016年10月9日上午，重庆市老龄委办与市委宣传部、市精神文明办，江北区委、区政府在江北区鸿恩寺森林公园桂花榜广场联合举办了“孝行巴渝　爱涌重庆”—“我们的节日·重阳”主题活动，市政府副市长、市老龄委主任谭家玲出席活动并在活动启动仪式上作了讲话。活动期间展示了我市老龄事业“十二五”发展概况。

各项业务进展

【老年人权益保障和社会优待】一是积极推进老年人权益保障法重庆实施办法的修订工作。完成了《重庆实施办法》的起草工作，先后组织召开了多次征求意见座谈会，3次专家论证会，广泛听取了区县老龄办负责人、专家学者、老年人、律师以及老年人组织、老年服务机构等的建议意见，市政府和市人大已分别将其列入了2017年立法计划项目和2017年审议项目。二是各有关方面依法维护老年人合法权益。全市公证行业积极参与“法治阳光·温暖老龄”活动，为80岁以上老年人免费办理保管遗嘱公证；律师协会与敬老院签订了提供免费常年法律顾问协议；开辟律师、公证员、基层法律服务工作者“绿色通道”，对有特殊困难的老人提供预约、上门等服务；在33个区县建立了临街落地便民服务窗口，其中68%的接待窗口设立了无障碍通道。2016年，全市为老年人办理了法律援助案件2688件，依托老龄委设立工作站28个。全年共受理老年人维权纠纷8497件，调解成功8327件，调解成功率97.9%。全市基层法律服务所提供涉老法律咨询9000余次，办理涉老维权案件2700余件。开展依法严厉打击侵害老年人合法权益的违法犯罪活动，全市共破获涉及受害人为60岁以上的各类案件4406件。三是推进24部门联合印发《关于进一步加强老年人优待工作的实施意见》的贯彻落实，广泛动员各级各部门及社会各界尽职尽责为老年人办实事、做好事，解难事，老年优待工作不断深入。截至2016年底，落实免费乘公交车线路623条，全年新增51条；办理发放老年人乘坐公共交通工作免费卡数83.68万个，全年老年人免费乘坐公共交通工具1.4亿人次。继续严格执行对老年人的优惠及免费政策，并扩大优惠年龄范围。出台优化老年人驾驶体检要求政策，为适应老年人身体条件改善情况，将每年体检年龄由60周岁调整为70周岁。

【老年文体娱教】整合资源，为丰富老年人精神文化生活搭建平台。一是老年体育事业蓬勃发展。截至2016年11月底，全市已建立各级老年人体育协会组织8300个，会员188余万人。各级老体协全年举办健身活动7000余次，150万人参加，经常参加体育锻炼的老年人达368万人，占老年人口的54.6%。市老体协组队参加了全国老年人体育项目比赛活动10项次，参与出席人数150余人。成功举办了重庆市第三届老年人运动会，全市共有5000余老年人参加，开展了气排球、柔力球等12个项目的比赛，共产生了金奖274个、银奖273个，铜奖308个。二是老年文化活动日益丰富。全市老年大学共有60所，在校学员74000多名。广泛吸引低龄老人加入志愿服务队伍，目前全市60—70岁的低龄老人注册志愿者达26万。三是老年社团组织发挥积极作用。市老年事业发展基金会开展了面向失能贫困老年人的助听助行等活动；市阳光助老中心开展“阳光助老行动—复明工程”公益活动，为900名老年人进行手术；市老年学学会积极配合组织开展老龄政策调研工作；市老科协组织老专家、老教授，赴南岸、巴南、永川、黔江等区县开展了“银龄行动”，收益人群超6000人次。

四川省

综　　述

2016年是“十三五”规划开局之年，也是四川老龄事业发展迈上新台阶的一年。四川老龄工作在省委、省政府的坚强领导下，紧紧围绕全面落实习近平总书记加强老龄工作的重要批示和重要讲话精神的组织实施，以不断提高老年人幸福感和获得感为目标，在老年人关爱服务体系建设、养老与健康业发展、老年宜居环境建设、社会参与等各个领域，强化政策创制，加大财政投入，完善体制机制，以踏石留印、抓铁留痕的实干精神，推动四川老龄工作又好又快发展。

一、老龄工作大格局初步形成

1. 及时、科学、综合应对人口老龄化形成共识。2016年初，习近平总书记专门就加强老龄工作作出重要批示，5月又在中央政治局第三十二次集体学习时强调推动老龄事业全面协调可持续发展。全省认真贯彻落实总书记要求，省委、省政府高度重视老龄工作，将老龄事业纳入全省经济社会发展规划总体布局。2016年，省政府共出台了10余个涉老政策文件，这些政策文件从发展养老服务业、推动老年宜居环境建设、促进医养结合、加强养老服务人才队伍建设等领域全面落实中央领导同志的重要批示和重要指示精神。省老龄委充分发挥统筹、协调职能，结合四川老龄工作实际，按照党委领导、政府主导、社会参与、全民行动的总体要求，引导全社会积极看待老龄社会，积极看待老年人，坚持把应对人口老龄化和促进经济社会发展相结合，把满足老年人需求和解决人口老龄化问题相结合，努力挖掘人口老龄化给四川发展带来的活力和机遇，及时、科学、综合应对人口老龄化在全社会形成广泛共识。

2. 老龄工作机构效能建设进一步提升。省委、省政府一直支持和关心老龄工作机构建设。省老龄委成员单位发展壮大到35个，党委统一领导、政府依法行政、部门密切配合、群团组织积极参与、上下左右协同联动的老龄工作机制基本形成。配强了省老龄办领导班子，省委还将副厅级常务副主任明确为民政厅党组成员。乐山、眉山、宜宾、资阳等市的老龄办主要负责人均为正县级，同时担任民政局党组成员或副局长。各级老龄委发挥老龄委全会、老龄办主任会议、联络员会议制度作用，强化工作责任和督促检查，保障了全省老龄工作的整体推进和重点突破，形成了责任清晰、分工有序、合力推动老龄事业发展的良好工作态势。

3. 老龄工作政策法规体系更加完善。《四川省国民经济和社会发展第十三个五年规划纲要》设置“积极应对老龄化”专节，确定了“十三五”时期我省老龄工作的总体方向和主要任务。其中，建设居家养老服务信息平台、促进养老服务与关联产业融合发展、增加养老服务和产品供给是新内容、新要求。省老龄委多家成员单位共同制定了贯彻落实《规划纲要》的工作措施，这些措施全方位的覆盖了老年社会保障、养老产业、优待维权、宜居环境建设、老年文化教育等多个领域。据不完全统计，2016 年省级层面出台涉老政策文件约 20 个。这些政策创制工作呈现出发文层级高、改革力度大、具体措施实、针对性强等特点，为促进四川老龄事业全面发展提供了政策法规保障。

二、老年人社会保障水平持续提高

1. 养老保障提标扩面惠民生。退休人员养老待遇方面，人力资源社会保障厅、财政厅制定全省退休人员养老待遇调整方案，从 2016 年 1 月 1 日起对符合条件的退休人员提高基本养老金水平，惠及全省约 650 余万名企业退休人员。全年共下达企业职工养老保险补助资金 373.25 亿元。城乡居民养老保险方面，全年省共下达城乡居民养老保险补助资金 105.45 亿元，用于支持做好城乡居民养老保险工作。机关事业单位基本养老保险制度改革方面，财政厅牵头制定了《关于机关事业单位工作人员养老保险制度改革财政保障政策和资金管理若干事项规定的通知》《关于印发〈实施机关事业单位基本养老保险改革省级单位资金清算工作方案〉的通知》等政策文件。同时，机关事业单位退休人员首次与企业退休人员同步调整基本养老金水平，惠及全省 90 余万名机关事业单位退休人员。

2. 基本医疗保险制度更加完善。全民医保体系方面，全省新农合参合率达 99.6%，人均政府补助标准提高到 380 元，个人缴费标准提高到 90 元；住院费用政策范围内报销比例达 76.61%，实际补偿比达 63.5%，同比提高 0.25%。实施城乡居民大病保险，共补偿大病患者 42536 人次，补偿 6.25 亿元，累计报销比例达 50.75%。城乡居民基本医疗保险财政补助方面，补助标准提高到每人每年 420 元，职工住院费用基本医疗保险政策范围内报销比例达到 81.21%，城乡居民住院费用基本医疗保险政策范围内报销比例达 76.25%。省本级职工医保将老年人高发的慢阻肺、青光眼等病种纳入门诊特殊疾病报销范围。异地就医即时结算方面，全面实现异地就医即时结算，省内异地就医联网结算医院增加到 335 家。跨省与重庆、新疆、云南和海南实现联网直接结算，联网医院达 58 家。同时，初步实现门诊特殊疾病异地联网结算。

3. 社会救助彰显公平正义。困难群众基本生活保障继续提标。民政厅、财政厅制定发布 2016 年全省城乡居民最低生活保障标准低限，从 2016 年 7 月 1 日起，城市居民、农村居民最低生活保障标准分别提高至 420 元/月、240 元/月，确保符合条件的困难老年人“应保尽保”。全年共下达困难群众基本生活救助补助资金 105.35 亿元。实现困难老年人医疗救助“应救尽救”。扩大医疗救助范围，全面开展重特大疾病医疗救助，提高政策范围内医疗救助水平，最大限度减轻困难群众基本医疗支出负担。全年共下达医疗救助补助资金 16.81 亿元。精准制定计划生育奖励优待政策。对符合条件的独生子女父母在退休时实施加发 5%退休金或增发养老金政策。实施农村计划生育家庭奖励扶助制度，对符合条件的农民进行奖励。实施计划生育特殊家庭特别扶助制度，对女方年龄在 49 周岁以上的独生子女死亡、伤残夫妻发放特别扶助金。2016 年，农村计划生育奖励扶助和特别扶助累计发放资金 21.6 亿元。重点加强对年老计划生育特殊家庭的扶助关怀，开辟就医绿色通道、免普通门诊挂号费、免一般诊疗费、开展免费体检、建立扶助关怀信息系统、建立联系人制度、建立省市县三级卫生计生部门领导班子联系慰问制度。

三、养老服务业健康快速发展

1. 扎实推进养老服务体系建设。从 2014 年起，先后将“新增民办公办养老机构床位、维修改造公办养老机构床位、建设城乡社区日间照料中心、为困难家庭失能老人和 80 周岁以上老人提供居家养老服务、建设农村区域性养老服务中心”纳入省委、省政府民生工程和民生大事加以持续推进。2016 年，继续强化财政支持，全省各级全年投入资金 22.04 亿支持养老服务体系建设，其中：中央预算内投资 1.5797 亿元，支持我省养老服务项目 16 个；省级财政养老服务体系建设补助资金 9.53 亿元；安排试点专项资金 1380 万元继续推进运用新型民办公助机制支持社会资本建设非营利性养老机构试点，进一步调动社会资本参与投资运营养老机构的积极性；安排发展养老服务业补助资金 1.9 亿元，用于社区日间照料中心康复医疗器具配备、民族地区养老机构床位建设补助及促进医养结合发展等。全年完成新增公办民办养老机构床位数 51438 张，完成率 102.88%，维修改造公办养老机构床位 30166 张，完成率 100.55%，新增城乡社区日间照料中心 2507 个，完成率 100.28%，为 2019200 名困难家庭失能老人和 80 周岁以上老人提供居家养老服务，完成率 100.96%。向国家发展改革委分三批次申报养老服务体系专项基金项目，争取专项基金额度 11.81 亿元，有力推动了全省养老服务业的快速发展。

2. 积极鼓励民间资本参与养老服务。简化养老服务项目申请审批手续，提高行政审批效率，降低养老服务业的进入门槛。一是加大土地保障力度。2016年，省国土资源厅要求各地根据养老服务设施年度供地需求，在统筹各类用地总量和结构、时序上优先安排供地。明确了非营利性养老机构可采取划拨方式供地，细化了协议出让范围和招拍挂土地的优惠供地政策；营利性养老机构建设用地按照国家规定优先保障供应，并采取招标等方式合理控制地价，降低了养老机构建设成本。二是完善税收优惠手段。针对国家尚未出台专门的养老服务业所得税优惠政策，省国税局向国家税务总局提出制定单项所得税优惠政策的建议，对专门从事养老服务的企业给予降低税率或其他形式所得税的优惠。三是加大金融支持力度。出台《中国人民银行成都分行　四川省民政厅　四川银监局　四川证监局　四川保监局转发关于金融支持养老服务业加快发展指导意见的通知》（成银发〔2016〕66号），通过扩大银行贷款抵押担保范围、上市、发行债券、融资租赁等方式，切实加大信贷投入和金融支持力度。四是在攀枝花市召开全省鼓励民间资本参与养老服务业发展现场会，分析全省民间资本参与养老服务业发展现状和面临的形势，研究推动民间资本成为养老服务业发展主体措施办法。

3. 推动改革试点。一是支持泸州市为国家养老服务业综合改革试点城市，按照“总规为纲、多规统一、多规协调”的原则，制定并实施养老服务业综合改革试点方案。试点以来，泸州市立足“增总量、提质量、调结构”的工作思路，致力创新，深化改革，有力地推进了养老服务业健康发展。截至目前，泸州市已建成各类养老机构199个，床位2.58万张，城乡社区日间照料中心279个，全市每千名老年人拥有养老床位数31张，城乡社区居家养老服务组织284个，居家养老服务补贴覆盖12万名城乡老年人。二是积极稳妥地推进公建民营改革试点，通过运营补贴、购买服务等方式，逐步通过公建民营等方式，鼓励社会力量运营。21家公办养老机构公建民营试点已在民政部备案。省民政厅、省财政厅共同确定了10个项目开展民办公助机制支持社会资本建设非营利性养老机构试点，省财政补助试点项目1380万元。三是推进居家和社区养老服务改革试点。成都市作为2016年全面居家和社区养老服务改革试点城市，正按照政府主导、社会参与、市场推动、城乡统筹的发展思路，积极推动居家养老服务信息平台建设，通过政府购买服务、社会组织参与等方式，为老年人提供各类服务。

4. 强化人才和科研支撑。支持成都医学院成功申报备案健康服务与管理专业，同意8所院校增设老年服务与管理等9个养老服务业高职高专专业备案。截至目前，我省普通高校、中职学校举办养老服务相关专业布点共100个，养老服务业相关专业在校生达15万人。12个高职高专院校所属的养老服务类实习实训基地建成运行；7所中职学校通过校企合作共建、自建等方式建成实训基地13个。支持医药卫生类高职院校举办高职护理（养老护理方向）专业和省卫生类中职学校开设养老护理专业，支持中职学校增设老年人服务与管理等专业。在18个市（州）建立养老护理职业技能鉴定工作站（培训基地），落实培训补贴政策，对企业在岗养老护理员参加培训并取得技师职业资格证书的，给予最少3000元的补贴，提高了养老护理从业人员的参训积极性。鼓励街道、社区开发养老服务类公益性岗位，吸纳就业困难人员就业，并给予社会保险补贴和岗位补贴；对养老服务机构吸纳就业困难人员就业的，在一定期限内给予社会保险补贴和适当的岗位补贴；全省老龄科研水平进一步提升。2016年12月，省老龄办在成都召开了四川省城乡老年人生活状况抽样调查成果发布会，发布了《四川省城乡老年人生活状况研究报告》。《四川省老年人精准扶贫报告》《四川省基层老年协会建设调查报告》被全国老龄办评为2016年度老龄政策调研优秀成果二等奖和三等奖。

四、重点领域改革取得新突破

1. 纵深推进医养结合。《四川省养老健康服务业发展规划（2015—2020年）》等重要文件相继出台，全面推进了我省医养融合发展。2015年与省卫生计生委签订了四川省医养融合产业发展合作备忘录，科学合理统筹了我省养老和卫生两方面资源，更好地满足了全省广大老年人的医疗服务需求。2016年，将四川护理职业学院建设四川省医养专业人才培养中心，成都中医药大学附属医院省中医医养中心项目列为“十三五”期间医疗卫生十大民生工程。建立完善我省养老健康服务业重大项目库储备制度，在全省初步形成了“在建一批、筹建一批、储备一批”重点养老项目的管理格局，2016年四川省养老健康服务业重大项目库，涉及项目683个，总投资2565亿元。积极争取国家部委支持，雅安、攀枝花、德阳、广元等4个城市被确定为国家级医养结合试点城市。自贡、遂宁、内江、乐山、南充确定为省级医养结合试点城市。2016年进一步加大对医养结合项目支持力度，给予21个医养结合项目5750万元省级财政补助。成都市温江区圆缘养老柳城家园全日居养老中心被国务院督查组确定为全国医养结合示范联系点，并在全国医养结合工作会议上交流发言。2016年全省有882个养老机构内设门诊、医务室，2114个养老机构与邻近医疗机构建立合作协作机制，护理型床位达到10.17万张。

2. 农村养老压力有效缓解。继续开展依托乡镇中心敬老院建立农村区域性养老服务中心试点工作，2016年全省农村区域性养老服务中心已挂牌300个，完成目标任务100%，为农村老年人提供生活、医疗、文化、娱乐、矛盾排解等服务22万人次；积极推行农村互助养老，加强对现有5070个农村幸福院建设管理，推动老年活动中心、托老所、日间照料中心等农村养老服务设施建设；重视培育农村为老服务社会组织，支持基层老年协会参与农村空巢老人居家养老服务等方式，发挥村民自治功能和老年协会作用，帮助留守、失独、经济困难老年人解决生活困难。目前，全省农村社区居家养老服务覆盖率达50%。

3. 推进保险行业参与养老服务发展。与中国人寿四川省分公司签署战略合作协议，在开展老年人意外伤害保险工作等方面全面开展合作，促进了养老服务业与现代保险服务业的融合发展。在机构责任险方面，鼓励具备条件的地区先行探索建立全市（州）统一的养老机构责任保险制度，出台保费补贴等支持性政策，截至目前，全省养老机构责任险实现保费收入188.3万元，为全省132家养老机构提供风险保障5.34亿元，累计处理赔案38件，支付赔款40.9万元。在老年人意外伤害保险方面，积极引导基层老年协会参与老年人意外伤害保险工作，发挥协会组织平台作用，广泛宣传老年人意外伤害保险的积极作用。同时，引导保险公司支持基层老年协会规范化建设，形成老龄商业保险与基层老龄工作“双赢”的局面。成都市、绵阳市等17个市（州）已在部分县（市、区）开展了老年人意外伤害保险试点工作。截至目前，全省包含老年人意外伤害保险在内的意外伤害保险赔付总额支出达8.22亿元。成都市被纳入全国长期护理保险试点城市。

4. 统筹推进老年宜居环境建设。各级党委、政府将老年宜居环境建设纳入新型城镇化建设工作，统筹规划、统一布局。在开展巴山新居、彝家新寨、藏区新居、乌蒙新村建和城镇危旧房棚户区及农村危房改造工程同时，做到养老服务设施（备）同步规划、同步建设。省发展改革委编制了《四川省“十三五”特色小城镇发展规划》，全文6章，其中有5章涉及老年宜居环境建设。住房城乡建设厅、省质量技术监督局、公安厅印发了《四川省既有建筑电梯增设指导意见》，为老旧小区适老化改造提供了遵循。

五、老年优待服务迈上新台阶

1. 开展老年维权服务。继续开展普法宣传教育活动。省依法治省办、司法厅、民政厅、省老龄办联合印发《关于在九九重阳节期间人集中开展法治宣传教育活动的通知》，在国家宪法日时，联合举办了老年人权益维护图片展。严厉惩治侵犯老年人权益的各类违法违纪行为。公安厅、检察院、法院采取多种便民服务措施，提高涉老案件办理效率。省工商局整治涉老产品和服务的广告市场，切实维护老年消费者权益案件查处力度。省旅游发展委建立全省统一旅游投诉受理电话“96927”，依法维护老年游客权益。省纪委（监察厅）加强老年人信访举报工作，通报了一批基层侵犯老年群众利益的不正之风和腐败问题。加大法律援助力度。全年各级法律援助机构共为老年人46410人次提供了法律援助，占受援人总数的8.8%；同时为老年人提供法律咨询达37982人次，占总咨询人次的12.6%。成都市法律援助中心等11个单位荣获“全国老年法律维权工作先进集体”称号。

2. 提高老年优待能力水平。省旅游发展委、文化厅、林业厅等部门继续做好各类旅游参观景点的优待工作，加大门票减免优惠力度，设置专用窗口通道和急救用品。全省卫生计生系统在“敬老文明号”创建活动中，制定服务工作标准、公开服务承诺、开展岗位争创和志愿服务。省体育局继续对体育场馆免费对公众开放实施补助，引导、鼓励市州公共体育场馆向包括老年人在内的群众免费开放。

3. 建立全省养老服务补贴。2016年共为200万名困难家庭的失能老年人、独居老人和80周岁以上的高龄老年人提供了养老服务补贴，并作为经验做法被民政部通报推广。各地建立老年人高龄津贴制度。目前，我省80—89周岁老年人高龄津贴多数能达到每人每月20—50元，90—99周岁老年人高龄津贴多数能达到每人每月50—100元，100周岁及以上老年人高龄津贴多数能达到每人每月300元，最高的达到了每人每月2000元。

六、老年文体教育事业蓬勃发展

1. 有效增加老年人精神文化服务供给。省委宣传部、文化厅、省新闻出版广电局等部门将老年文化和践行社会主义核心价值观相结合，在文化用品推广、图书报刊发行、影视业制作、公共图书馆配置等方面，尽可能的考虑老年人的需求，提供了形式多样的公共文化服务供给，丰富了老年人的精神文化生活。省委老干部局、民政厅、教育厅、文化厅等部门共同推动老年教育，四川老年大学已整体搬迁至原省民政干部学校，教学设施条件得到进一步改善，全年招生约2万人次，开设班级256个。刚不久，全省5所老年大学获得“全国示范老年大学”称号。《晚霞报》成为反映全省老龄事业发展和老龄工作成果的重要宣传阵地，全年编辑出版230多期，发行量位居全省前十名。

2. 加快建设社区老年体育健身场所。2016年，省体育局投资建设了1200个村级“农民体育健身工程”，39个乡镇“农民体育健身工程”，18个社区多功能运动场。争取体育总局支持建设2个“全民健身活动中心”，19个社区多功能运动场，33个乡镇农民体育健身工程，490个村级农民体育健身工程，改善了包括老年人在内的群众体育健身条件。

3. 组织开展形式多样的“敬老月”活动。敬老月期间，各级党政领导带头走访慰问老年人，省政府副省长叶壮走访看望了雅安百岁老人。攀枝花、遂宁、内江、广安、广元、资阳、巴中等多地的党政主要负责同志也带队看望慰问了老红军，老干部代表、高龄贫困老人。民政厅、省老龄办等部门举办了四川省敬老文明号和敬老爱老助老模范人物事迹展示会和四川省中老年合唱比赛。21个市（州）也通过积极组织开展评选褒扬活动、老年艺术节、制作专题片等活动，隆重庆祝老年节。

重要会议和活动

【2月14日，省老龄办常务副主任叶路到省政府列席2016年省政府第110次常务会议】会议讨论通过了省老龄办通过组织省老龄委成员单位检查验收、公示后提出的四川省第四轮敬老模范县（市、区）名单。同意启动创建四川省第五轮敬老模范县（市、区）活动，尹力省长要求“创建标准”中加上“精准扶贫”内容。

【3月8日，四川省2016年老龄工作会议在宜宾市召开】会议传达学习了中共中央总书记、国家主席、中央军委主席习近平和国务院总理李克强对加强老龄工作的重要指示、批示精神以及全国老龄委第十八次全会精神，总结回顾了全省2015年老龄工作和“十二五”时期四川省老龄工作发展所取得的成就，安排部署了2016年全省老龄工作主要任务。全省各市（州）老龄办和省老龄办调研联系县（市、区）老龄办负责人等参加会议。四川省老龄办常务副主任叶路出席会议并讲话。

【5月18日上午，四川省老龄工作委员会第十一次全体会议在省政府会议室召开】会议传达了全国老龄工作委员会第十八次全体会议精神，肯定了“十二五”时期全省老龄事业发展取得的成绩，安排部署了2016年老龄工作任务。会议由省政府副秘书长、省老龄工作委员会副主任陈越良主持，34个成员单位负责同志和联络员参加了会议。会议审议通过了省老龄工作委员会副主任、民政厅厅长、省老龄办主任黄明全作的“十二五”时期全省老龄工作情况和2016年工作安排意见的报告。省发展改革委、民政厅、人力资源社会保障厅、省卫生计生委、省妇联作了经验交流发言，对进一步做好当前和今后一个时期的老龄工作提出了意见建议。副省长、省老龄工作委员会主任曲木史哈出席会议并讲话。

【10月20日，由四川省民政厅、省老龄办、省直机关工委联合主办，晚霞报社、四川老年大学、四川省老年大学协会协办的2016年四川省中老年合唱比赛在成都西南剧场举行】来自全省各市（州）和省直机关的38支代表队共2000多名中老年朋友参加了比赛。这次比赛的主题是“放歌十月，唱响金秋”，演唱曲目以中宣部推荐的100首爱国歌曲和20首“中国梦”歌曲为主。经过激烈角逐，6个团队获得一等奖；10个团队获得二等奖；16个团队获得三等奖。

【10月21日，由四川省民政厅、四川省老龄办主办，四川老年大学协会、晚霞报社、四川老年大学协办的“敬老爱老、携手同行”四川省“敬老文明号”和“敬老爱老助老模范人物”事迹展示会在成都举行】现场分享了3个“敬老文明号”集体、3名“敬老爱老助老模范人物”的先进事迹。为10个四川省“敬老文明号”单位代表授牌。

【11月24日，省老龄办处以上领导参加了“四川省民政厅——中国人寿四川省公司战略合作协议暨捐赠协议签署仪式”】民政厅党组书记、厅长黄明全，中国人寿四川省分公司党委书记、总经理郎中伟出席仪式并讲话。民政厅副厅长刘家鹏、副巡视员叶路，中国人寿四川省分公司副总经理朱丽蓉出席签约仪式。由民政厅党组成员、省老龄办常务副主任赵汝鹏主持。协议明确，双方将围绕全省民政工作大局，充分发挥保险业经济补偿、资金融通、社会管理三大职能。协议约定，双方将重点在精准扶贫，老年人意外风险保障，为老服务、民生改善、养老养生等领域进行研究和建设。签约仪式上，中国人寿四川省分公司向省慈善总会定向捐赠100万元，用于为全省特定贫困老年人购买意外伤害综合保险。

【12月13日，四川省“2016年全省老龄工作业务培训暨四川省城乡老年人生活状况抽样调查成果发布会”在成都举行】省老龄办副主任苏章辉主持会议，传达了全国老龄办举办的“学习贯彻习近平总书记关于加强老龄工作重要讲话精神高层论坛暨2016年全国老龄系统干部培训班”的会议精神。省老龄办副主任张晋川代表四川省城乡老年人生活状况抽样调查领导小组发布了抽样调查成果。民政厅党组成员、省老龄办常务副主任赵汝鹏对老龄办职能定位提出了新要求，即：应对人口老龄化行动高效协调机构、老龄科学决策智囊机构、老龄数据权威调查发布机构、老龄宣传主导机构、老年优质教育提供机构、老龄产业引导服务机构、老龄决策落实督察督办机构。

各项业务进展

【认真开展了学习贯彻习近平总书记重要指示和重要讲话精神活动】一是组织召开了省老龄委第十一次全会和全省老龄工作会议，学习传达了习近平总书记、李克强总理关于加强老龄工作的重要指示批示精神，研究部署全省老龄工作。二是省老龄办就学习贯彻习近平总书记在中央政治局第32次集体学习时重要讲话精神发出通知，提出了要求。三是在省内媒体加大了对各地学习贯彻习近平总书记重要指示和重要讲话精神活动的宣传报道。四是省老龄办领导带头撰写学习心得体会。

【积极开展四川省“十三五”老龄事业发展暨养老服务体系建设规划编制前期工作】一是认真开展规划起草的调研工作；二是听取了多方面的意见建议；三是草拟了规划初

步框架。

【持续开展敬老模范县（市、区）“敬老文明号”两项创建活动】

1. 敬老模范县（市、区）创建工作带动作用强，第四轮创建工作完美收官。2016年2月，省政府认定成都市锦江区等39个县（市、区）为第四轮敬老模范县（市、区）。会上，尹力省长对此项予以充分肯定，并对开展第五轮敬老模范县（市、区）创建工作提出要求。攀枝花、达州、广元、巴中、阿坝等地还结合实际，开展创建敬老模范乡镇（街道）、村（社区）工作。正式启动了第五轮创建工作。8月16日，省政府办公厅转发了省老龄工作委员会《关于开展第五轮创建敬老模范县（市、区）工作的实施意见（2016—2019年）的通知》。各地按照通知要求，对开展第五轮敬老模范县（市、区）创建工作进行了动员部署。成都、达州、眉山等地还以市政府名义发文同步开展敬老模范乡镇（街道）创建工作。敬老模范县（市、区）创建工作带来了品牌效应。这项工作首创于我省，历经10余年连续五轮不间断的创建，已经成为引领老龄事业发展、推动老龄工作的又一个重要创举，成果累累，受到全国的重视和推广，并作为典型经验在2016年全国老龄办主任会议上发言交流。贵州省老龄部门专门来川学习考察。

2. “敬老文明号”创建工作示范效果好，省老龄委认真组织开展了第二届“敬老文明号”创建评选活动，评选出成都市法律援助中心等235个单位为省级“敬老文明号”，其中69个单位还被评为全国“敬老文明号”。

【基层老年协会规范化建设取得新成效，老年协会建设成为全省老龄工作新亮点】一是继续开展了创建省级示范性基层老年协会活动。二是大力组织开展乡镇老年协会负责人培训工作，圆满完成了全年的培训任务，培训率超过50%。三是加大了对老年协会建设的资金投入力度，并加强对省上下拨资金的规范化使用和管理。四是各地大胆创新，基层老年协会作用得到进一步发挥。

【深入贯彻《老年人权益保障法》，老龄工作法制化进程进一步推进】一是继续开展了《老年人权益保障法》的学习宣传活动。在“国家宪法日”，联合举办了老年人权益维护图片展，反映各级司法和老龄工作部门在维护老年人权益方面所取得的成效。二是配合民政等部门积极推动《四川省老年人合法权益保护条例》的修订工作。三是老年人优待工作进一步加强。省老龄办积极协调民政、财政等部门推动建立普惠型高龄津贴制度。四是扎实开展老年人权益维护工作，加强了老年维权组织建设。

【老龄工作宣传力度不断加大，孝亲敬老氛围日渐浓厚】一是充分利用各类媒体，加大人口老龄化国情意识的宣传教育，积极宣传各地老龄工作成效，宣传敬老爱老助老典型事迹，在全社会营造了良好的氛围。二是通过《四川老龄》“四川老龄工作简报”“四川老龄网”开展老龄宣传。三是进一步发挥了《晚霞报》宣传主渠道作用。

【认真组织开展了“敬老月”活动，老年人精神文化生活日益丰富】一是广泛开展了形式多样的走访慰问活动。二是举行了丰富多彩的主题活动。三是省老龄办等单位联合举办了“2016年四川省中老年合唱比赛”。

【老年教育工作进一步加强，老年人社会参与进一步扩大】一是各地老年大学（学校）建设热情高涨，建设步伐进一步加快。二是积极开展“银龄行动”和“银龄助教”活动。三是四川老年大学（学校）达到2600余所。

【老年民生工程力度加大，全省老龄事业进一步发展】一是结合贫困老年人精准扶贫等工作，加强和推动了农村留守老人关爱工作。二是继续推动老年人意外伤害保险工作。省老龄办、民政厅、财政厅、省保监局转发了《全国老龄办等四部门关于开展老年人意外伤害保险工作的指导意见》，并提出了五条贯彻意见。三是配合民政厅等部门积极推进养老服务体系建设。积极推进居家养老服务，探索开展“互联网+养老服务”，推动居家养老服务信息平台建设配合省卫计委等部门推进医疗卫生与养老服务相结合。

【调研力度进一步加大，老龄调查研究工作取得新成效】一是加强了重点课题的调研力度。二是进一步加强了与省社科院、四川大学、西南财经大学、西南交通大学和华中师范大学等科研院校的交流和合作，推动了高校科研院所老龄研究机构参与老龄事业研究的热情。进一步建立老龄工作理论研究和调研人才库，充分发挥专家学者的作用，形成老龄工作“大调研”格局。三是开展优秀调研成果评选活动。四是配合全国老龄办开展中国城乡老年人生活状况监测调查工作，圆满完成了监测调查。

【今年1月，省老龄办、住房城乡建设厅、交通运输厅等多个部门又转发了全国老龄办等25部门《关于推进老年宜居环境建设的指导意见》】牵住适老居住、出行、就医、养老的物质环境建设和包容、支持老年人融入社会的文化环境建设这两个牛鼻子，促进“养老”变“享老”。

贵州省

综　　述

2016年，在省委、省政府的坚强领导下，在全国老龄办的精心指导下，省老龄办认真学习贯彻习近平总书记在中央政治局第三十二次集体学习时的重要讲话精神，加快推进老龄法规政策制度建设，全面提高养老保障水平，积极发展养老服务事业和产业，不断完善老年人权益保障机制，求真务实，开拓创新，强化举措，真抓实干，圆满高效完成各项老龄工作。

一、全面完成农村幸福院项目建设任务

1. 全面完成第三批农村幸福院项目建设任务

中央专项彩票公益金支持我省农村幸福院第三批建设项目1067个，每个项目补助经费3万元，共计项目资金3201万元。为开展好项目建设，省老龄办从布局、数量、标准、年度目标等各个层面做好详细规划，采取“新建与改扩建相结合，与居家养老服务站相结合、与老年协会平台相结合，与农村敬老院相结合、与村闲置房利用相结合”等模式，切实抓好安排部署，认真开展督促检查，全力推进农村幸福院项目建设，9月30日前全面完成第三批农村幸福院项目建设任务。

2. 认真做好2016年度农村幸福院项目有关工作

一是做好农村幸福院项目建设方案。2016年，我省启动193个农村幸福院项目（普通型农村幸福院项目40个，示范型农村幸福院项目153个）。其中，中央彩票公益金支持我省示范型农村幸福院项目50个，项目经费500万元；省级福彩公益金支持全省农村幸福院项目143个，项目经费650万元。二是完成农村幸福院项目建设申报工作。2016年度193个农村幸福院项目审核和报送工作已完成，待省民政厅与省财政厅协调下拨项目经费后，即可启动。三是完善项目库，做好2016年幸福院项目摸底和预报工作。四是完成对第一至第三批农村幸福院项目建设有关数据的统计。五是完成全省三年农村幸福院项目建设总结和幸福院项目建设成果图片画册编印工作

二、全力推进基层老年协会建设

2016年，基层老年协会工作，以建立健全农村社会养老服务体系为目标，突出城乡基层老年协会规范化建设工作为重点，全面完成了全年工作任务。截止目前全省共有60岁以上老年人534万人，占常住人口数的15.1%，农村老年人口416余万，占全省老年人口数的77%，城市老年人口118余万，占全省老年人口数的23%。成立农村老年协会15582个，成立率94%，城市社区老年协会1548个，成立率97%。全省有注册登记的老年协会763个，备案登记的老年协会10388个，其他类别的老年协会1146个，有固定收入的老年协会433个，能积极开展活动的老年协会9284个，有创办老年刊物的老年协会75个，有星级老年协会334个，其中：省级星级协会117个，市（州）星级协会95个，县（市、区）星级老年协会122个。建立健全了组织机构、建立完善各项制度、开展丰富多彩的活动，扎实推动基层老年协会建设工作，取得了显著成效。

三、成功举办第二届贵州省老龄产业博览会

2016年9月16日—18日在贵阳国际会议展览中心，举办了以“多彩贵州·生态养老”为主题的第二届贵州省老龄产业博览会。博览会展出面积近万平方米，百余家企业参展参会，通过老龄事业发展成就展区、养老服务机构展区、老年生活用品展区、老年康复护理展区、智慧养老服务展区、老年书画展区、老年旅游展区、长寿之乡展区、宜居养老地产等板块，重点展示了我省老龄事业“十二五”发展成就和龄事业“十三五”发展蓝图、智慧养老、生态养老、老年旅游、老年文化等内容，同期还举办老年文化艺术展，老年书画展、金婚庆典等系列活动，取得了良好的社会和经济效应。

四、认真做好《贵州省老龄事业发展“十三五”规划》编制工作

一是初步拟定《规划》框架，框架主要内容包括：《规划》制定的背景、指导思想、基本原则以及社会养老保障、社会养老服务等7个方面的主要发展目标和相应的9个方面的主要任务。二是对《规划》编制工作进行了安排部署。下发《关于认真做好贵州省老龄事业发展“十三五”规划编制工作的通知》，对省老龄委成员单位共同参与规划编制工作提出要求。要求省老龄委各成员单位结合本部门工作职能，在《贵州省老龄事业发展“十三五”规划框架》的基础上，结合本部门有关工作规划、专项规划或工作计划的有关内容，将《规划》框架中属于本部门职责范围的内容进行修改、补充、完善，提出具体的发展指标。三是进一步补充完善《贵州省老龄事业发展“十三五”规划框架》的规划目标、主要任务。结合省卫计委、

省民政厅等部门联合下发的《加快推进医疗卫生与养老服务相结合的实施意见》，重点对框架中推进医养融合发展的内容进行了修改完善；国家民政事业“十三五”规划出台后，及时对《规划》框架进行了修改，重点将养老服务体系建设的内容与国家民政事业发展规划进行衔接。四是继续重点加强与承担制定全省社会保障、医疗卫生、基本公共服务、人才规划等重要专项规划的有关部门的联系，跟踪了解各有关专项规划编制的进展情况，要求相关成员单位结合本部门规划、专项规划或工作计划的有关内容，将《贵州省老龄事业发展“十三五”规划框架》中属于本部门职责范围的内容进一步进行修改、补充、完善，提出具体的发展指标。目前，尚有部分单位因部门规划、专项规划尚在论证阶段未能提供。

五、顺利完成《贵州省老年人权益保障条例》立法工作

年初，《贵州省老年人权益保障条例（草案）》纳入省人大、省政府提请省人大常委会进行审议的地方性法规项目；6月，经省人民政府80次常务会议确定，原则同意《贵州省老年人权益保障条例（草案）》，由省政府法制办根据会议讨论意见进一步修改完善，按程序报省政府审核后，提请省人大常委会审议；10月，省人大常委会法工委对《条例（草案）》进行第一次审议。当月底，省人大常委会法工委组织召开了《贵州省老年人权益保障条例》立法前评估会议；11月22日，省人大常委会法工委对《贵州省老年人权益保障条例（草案）》进行了第二次审议，11月24日，经省第十二届人大会常务委员会第二十五次会议表决通过。2017年1月1日正式施行的《贵州省老年人权益保障条例》共七章四十二条。文本主要内容分布在“总则”、“家庭保障和社会保障”、“社会服务”、“社会优待”、“参与社会发展”五个章节。在上位法规定的情形基础上，结合我省实际，重点在大数据运用和扶贫开发助推老龄事业发展、老年人精神慰藉和生活照料、彩票公益金保障养老服务业发展、高龄补贴制度建立、医养融合发展、老年人医疗保险待遇和异地结算、农村留守老人关爱服务体系建设、老年人文体休闲优待等方面体现了我省老年人权益保障立法的特点和亮点。

六、进一步加强城市社区居家养老服务设施建设

一是投入1150万元资助全省14个城市社区居家养老服务项目建设，同时指导南明区、钟山区、碧江区在示范点建设的同时同步进行居家养老信息化服务平台搭建以及开展医养融合试点工作，进一步拓展服务内容，提高服务水平；二是在六盘水钟山区召开了全省城市社区居家养老项目建设观摩会；三是在铜仁市、毕节市分别召开的东西部老龄业务工作座谈会及黔西南州在册亨县召开的老龄工作业务培训会上，就老龄调研工作、城市社区居家养老建设项目申报及资金管理进行了培训。

七、开展《贵州省老年人优待办法》执行情况督查

《贵州省老年人优待办法》于2016年1月1日正式实施。为全面了解掌握《办法》执行情况，深入贯彻落实全国老龄办等部门《关于进一步加强老年人优待工作的意见》，进一步推进我省老年人优待工作，11月，省老龄办联合部分成员单位采取全面自查和实地抽查相结合的方式对全省《办法》执行情况进行了督查。督查组先后听取了安顺市、毕节市、黔东南州、黔南州和部分县（市、区）等政府关于《办法》执行情况的介绍，与发改、人社、卫计、司法、旅游、交通等部门进行了座谈，并实地查访了部分公园、风景名胜区，公交公司，养老服务机构以及社会保障局、二级甲等以上公益性医院等优待服务单位、窗口，广泛听取有关单位、部门和老年群体关于老年人优待工作的意见和建议。本次督查围绕政务服务、卫生保健、交通出行、商业服务、文体休闲、维权服务六个方面的优待项目和内容，重点对高龄补贴制度、养老服务补贴制度的建立和实施；65周岁以上老年人享受社区卫生健康管理和保健服务，老年病医院建设以及机构为老年人提供优先、优惠服务；城市公共交通对老年人实行票价减免；60周岁以上老年人免费进入政府投资主办的旅游景区和公园，80周岁以上老年人可以有1名陪护人员免费进入；老年人享受法律援助服务；以及优待服务窗口和服务场所设置明显优待标志、标识，公布优待内容等方面。

八、积极开展老龄调查研究工作

全省老龄系统围绕社会养老服务体系建设、社区居家养老服务建设、加强农村留守老年人和城市空巢老年人关爱服务、各级老龄委（办）职能作用发挥情况、推进医养融合的有效途径、进一步培育敬老助老社会风尚措施、对贫困老年人的扶持和脱贫政策措施、“互联网＋老龄工作”探索、拓宽老年人参与基层社会治理的途径和方式、老年群体思想状况及其新变化等多个方面开展专题调研，共收到各地报送专题调研文章91篇，遴选《贵州省农村老年协会建设发展情况的调查报告》、《新时期贵州省老龄宣传工作成绩、问题及对策建议》等11篇优秀调研成果上报全国老龄办参加评选。

九、进一步加大老龄工作宣传力度

一是继续做好媒体宣传工作。充分利用电视、报刊、电台等媒体，重点发挥好《贵州老年报》、《贵州老龄工作》杂志宣传阵地作用，对重点工作和重要活动进行集中宣传报道。二是积极撰写新闻稿件和评论文章宣传老龄工作。积极向《中国老年报》、《贵州老年报》、全国老龄办官网等投稿，2016年在《中国老年报》发表新闻报道2

篇，在全国老龄办官网登载信息3篇，为《贵州老年报》撰写新闻报道4篇、言论文章22篇。三是组织策划报纸专版集中宣传老龄工作。年初贵州省“两会”期间，在《贵州政协报》上登载《凝心聚力“五个老有”实现跨越发展——贵州老龄事业“十二五”回眸》专版，全面展示“十二五”期间全省老龄事业取得的成就。在《贵州老年报》上组织策划了《“十二五”老龄工作巡礼·贵州篇》、《全省全域全面行动掀起敬老爱老助老新高潮—2016年贵州省“敬老月”活动综述》等10个专版。四是认真开展全国“十大老龄新闻”和“老龄新闻宣传好作品”评选推荐工作。

十、认真组织开展“敬老月”活动

一是成功举办2016年“敬老爱老·大孝贵州”主题宣传活动。10月21日，省老龄办与省民政厅、省文联、省养老服务行业协会在贵阳联合举办了2016“敬老爱老·大孝贵州”主题宣传活动。省人大原副主任、省养老服务行业协会会长顾久，省政协原副主席吴嘉甫、何永康，省民政厅厅长、省老龄办主任罗宁、省民政厅党组成员、省老龄办专职副主任皮宇飞，省民政厅原副厅长马天云出席启动仪式。12名敬老爱老助老先进个人和集体典型事迹专题片将在2017年2月底前陆续在贵州电视台进行播出，持续扩大老龄工作社会影响。二是认真指导各市（州）开展“敬老月”活动。8月省老龄办下发通知，对各市（州）“敬老月”工作进行了安排部署。“敬老月”期间，省、市、县、乡四级党委、政府及有关部门广泛开展了走访慰问、老年文体活动、为老志愿服务、敬老爱老助老宣传、普及涉老法律法规、举办义诊义演等活动，营造了热烈、温馨的敬老社会氛围。

十一、抓好干部队伍建设，坚持不懈抓好作风建设

1. 加强党风廉政建设工作。深入学习贯彻习近平总书记系列重要讲话及十八届六中全会重要讲话精神，积极参加省民政厅《学习贯彻十八届六中全会暨省委第十一届八中全会精神座谈会》和《加强和规范党内政治生活的重要遵循》专题讲座学习，认真收看《永远在路上》大型电视专题片，学习落实全面从严治党要求，狠抓党风廉政建设责任制落实。

一是严格执行党的纪律。认真学习党章，党的十八大报告，习近平总书记一系列重要讲话精神及中央和省委工作会议精神，学习习近平2016年在中纪委六次全会上的重要讲话精神，深入开展学习党章活动，坚决维护党章的权威性和严肃性。

二严格执行中央八项规定和省委十项规定。着力加强作风建设，维护老龄工作者良好形象，牢固树立“抓反腐倡廉就是抓建设发展”的责任意识，认真落实党风廉政建设责任制。以贯彻落实《中国共产党党员领导干部廉洁自从政若干准则》、《中国共产党问责条例》，中共贵州省委办公厅印发《贵州省严格党员领导干部纪律约束十条规定》的通知等党内法规为重点，严格执行中央“八项规定”和省委“十项规定”，认真落实机关干部作风行为规范和省民政厅、省老龄办各项规章制度，坚持把反腐倡廉与处室业务工作同步推进，把党风廉政建设作为加强自身建设、推动业务工作的重要内容，纳入处室年度目标任务，与年度考核同步进行，确保反腐倡廉建设真正融于处室项业务工作之中。

三是进一步加强惩防体系建设，推进反腐倡廉各项工作。我处按照要求，将本单位党风廉政建设和反腐败各项工作进行分解，明确处室领导和人员在党风廉政建设和反腐败工作中的责任，分解到人，明确责任，层层抓落实。处室三名处级干部按要求及时报送了《领导干部个人有关事项报告表》。

2. 认真开展“两学一做”专题教育活动。按照中共贵州省民政厅党组、省老龄办党支部的通知要求，认真开展“两学一做”专题教育活动，积极参加省民政“两学一做”专题党课和专题教育集中学习，认真抄写《党章》，我处的三名处级干部按照省民政厅党组和老龄办支部的要求，积极参加民政厅专题学会，并撰写了心得体会等。同时积极参加省老龄办党支部深入晴隆县紫马乡新洋村开展“纪念中国共产党建党95周年·党在我心中”主题实践活动。

十二、高标准组稿，特色编辑《贵州老龄工作》杂志

根据省老龄办办公会议研究决定，我处负责第二期《贵州老龄工作》杂志的编辑印发工作。为了尽力办好第二期《贵州老龄工作》，及时与各地老龄办部门沟通，认真负责地组稿和审稿；在编印过程中，紧紧围绕“情系老年人，凝聚正能量，实干促发展”的主题，以反映老龄工作动态、交流老龄工作经验、汇集老龄工作资料、展示老龄工作调研成果等为主要内容，将《贵州老龄工作》作为宣传、展示我省老龄工作工的重要平台。

云南省

综　述

2016年，在云南省委、省政府的正确领导下，全省老龄工作部门坚持“围绕中心、突出重点、抓住关键、务求实效”的工作思路，以党的十八届三中、四中、五中、六中全会、省委九届十二次全会、省委第十次党代会和全国、全省民政、老龄工作会议以及习近平总书记系列重要讲话精神和陈豪书记到民政厅调研时的重要指示精神为指导，以深入开展“两学一做”学习教育为动力，以巡视“回头看”反馈意见建议整改落实为契机，着力强化理论武装，突出作风建设，狠抓工作重点，注重工作实效，各项老龄工作有序推进，老龄事业持续发展。

一、统筹协调作用明显发挥

一是加强纵向沟通。积极主动与全国老龄办、州市老龄工作机构加强沟通，认真做好上情下达、下情上报工作。二是加强横向协调。妥善处理好省老龄办与厅机关、省老龄委成员单位的关系，协调研究解决制约老龄事业发展的困难和问题。三是健全成员单位职责信息。根据省老龄委主任的要求，重新明确36家省老龄委成员单位对口联络处室、信息员、联络员和委员，进一步完善成员单位工作职责。

二、法制建设不断推进

一是成立专门机构。省民政厅和省老龄办牵头协调省政府法制办、省发展改革委、省财政厅、省人社厅、省卫计委、团省委等单位和部门，成立了《云南省老年人权益保障条例》修订工作组，健全完善了《云南省老年人权益保障条例》修订工作机构。二是组织学习考察。组织了两个省外考察调研团，进一步学习借鉴其他相关省市立法成果和经验。三是广泛征求意见。召开《云南省老年人权益保障条例》（草案）修订座谈会，邀请相关部门、专家学者及涉老社会组织，学习研究2013年新修订的《中华人民共和国老年人权益保障法》，确立了《云南省老年人权益保障条例》修订的基本思路，完善了主要修改内容，拟制了修订文本初稿。

三、综合性业务顺利开展

一是制订年度省老龄办工作要点。本着及早谋划、突出重点、积极实践、促进发展的指导思想，省老龄办认真研究制订了2016年省老龄办工作要点，从15个方面部署安排了2016年重点工作任务，并认真组织实施，注重跟踪督促检查，扎实推进各项工作有序开展。二是组织开展老龄工作目标管理责任制考核。在各州（市）认真开展自检自查的基础上，省老龄办成立考核工作领导小组，组成八个考核小组，于3月5日～11日，对全省16个州市2015年度老龄工作目标管理责任制贯彻落实情况进行检查考评。通过实地查看、召开座谈会、查阅台账、听取汇报等形式，肯定所取得的成绩和经验，挖掘工作亮点，对存在问题和薄弱环节提出改进意见建议，并严格对照《云南省2015年度老龄工作目标考核管理责任书》和《评分标准》，对被考核州市进行综合考核评分，在全省老龄工作会议上通报考核结果，以鼓励先进、鞭策后进，共同推进全省老龄工作持续健康发展。三是组织召开2016年度省老龄委全会和全省老龄办主任会议。经过积极汇报和精心筹备，5月9日顺利组织召开了2016年度省老龄委全会和全省老龄办主任会议，省老龄委主任、副省长张祖林出席省老龄委全会并作重要讲话。两个会议分别传达学习了全国老龄委第十八次全体会议精神、2016年全国老龄办主任会议精神和省委书记李纪恒、省长陈豪加强老龄工作的重要指批示，总结了“十二五”期间特别是2015年度全省老龄工作，部署安排了下一步工作任务。四是签订2016年度云南省老龄工作目标管理责任书。在总结上年度工作的基础上，结合新形势新要求，制订《2016年度云南省老龄工作目标管理责任书》，省、州、县层层签订责任书。五是组织开展老龄事业基础数据统计分析。为全面了解我省老龄工作的现状，切实把握老龄事业发展动态，省老龄办下发通知就如何做好老龄事业发展情况统计工作进行部署安排，并指导督促各地认真组织开展统计工作。通过统计、汇总、整理、比对全省老年人口和老龄事业相关数据，比较全面地了解掌握了我省老年人各年龄段的人口数量、老龄机构编制与落实、老年福利服务设施、经费投入、贫困老年人生活保障和为老服务等情况，为针对性地指导督促各地开展老龄工作提供了详实的依据。六是组织编写上报《云南年鉴（2016年卷）》和《中国老龄工作年鉴（2016年）》云南部分。根据省民政厅办公室通知精神和全国老龄办《关于报送〈中国老龄工作年鉴（2015）〉稿件的通知》要求，安排业务骨干完成了《云南年鉴（2016年卷）》和《中国老龄工作年鉴（2016年）》云南部分的文稿撰写上报任务，客观真实地反映我省老龄工作成效。

四、居家养老服务中心建设有效推进

一是认真制定项目资金分配方案。按照省财政厅因素法分配法的要求，省老龄办认真测算，科学制定了2016年度福彩公益金、财政资金分配方案。二是及时安排下达项目建设补助资金。全年共下达省级以上补助资金13044万元（其中：部级彩票公益金1000万元、省发改委1404万元、省财政4000万元、省级福彩公益金6600万元、民政事业专项补助金40万元），共安排388个居家养老服务中心（日间照料中心）、农村互助养老服务站及老年活动中心建设项目，新增床位数4930张。三是按时完成统计上报和情况通报。按月填报省政府十件惠民实事进展情况月报表，严格实行居家养老服务中心建设项目进度月报和季度通报制度。四是积极申报居家和社区养老服务改革试点。根据民政部、财政部相关文件精神，省老龄办指导各州市开展试点申报工作，经评审，我省昆明市列入2016年中央财政支持开展居家和社区养老服务改革试点，争取到试点资金3746万元。五是积极开展业务指导。指导各州市通过系统申报2016年福彩公益金资助居家养老服务中心建设项目，统计、汇总、审核相关项目资料。六是做好绩效评价工作。下发《2013—2014年农村幸福院绩效评价通知》和《2014年居家养老服务中心绩效评价通知》，根据政府采购要求，委托第三方对居家养老服务中心项目建设及管理使用情况开展绩效评价。七是积极做好曲靖养老服务示范点的调研工作。组织人员到曲靖市9个服务点调查了解居家养老服务中心建设及运营管理情况，开展居家养老服务设施建设与运营管理试点工作。

五、宣传调研工作成效明显

一是老龄宣传工作力度进一步加大。省老龄办抓住机遇，顺势而上，联合中共云南省委宣传部、省民政厅联合下发了《关于进一步做好新时期老龄宣传工作的通知》，进一步树立大老龄大宣传和强势老龄宣传的理念；积极与新华社云南分社、云南电视台、云南广播电台、云南日报、云南老年报、春城晚报、云南信息网等主流媒体和网站协调联络，进一步加强对我省老龄事业和老龄产业的宣传报道；利用召开会议、培训的契机，通过多种形式，进一步提升各级老龄部门对老龄信息报送工作重要性的认识和工作水平，并将老龄信息报送工作纳入省老龄工作目标管理考核内容；扎实做好《云南老龄》杂志的编辑出版工作，全年出版了6期《云南老龄》杂志，“敬老月”活动专刊受到涉老部门的广泛好评。二是“敬老文明号”创建活动圆满完成。评选命名了80个第二届云南省“敬老文明号”单位，其中36个申报了全国“敬老文明号”单位。三是“敬老月”系列活动成果丰硕。以省老龄委名义于8月下发了《关于开展2016年敬老月活动的通知》（云老委〔2016〕4号），全面部署了“敬老月”活动；在省级层面组织开展了丰富多彩的“敬老月”系列活动：10月9日，省委书记、省长陈豪同志在昆明亲自登门慰问了两名百岁寿星；以省委书记、省长陈豪同志的名义在云南电视台、云南广播电台、云南日报、云南老年报等主流媒体上刊播了《慰问信》；在全省范围内发送了内容为“敬老助老，全民行动，从身边点滴做起”的老年节手机短信；9月28日20：00—22：00在云南省广播电视台举办了云南省2016年“十大最具影响力手工艺老年传承人”颁奖典礼《致敬守望者》，并向十大最具影响力手工艺老年传承人、10名“全国法律维权工作先进集体”、10个第二届云南省“敬老文明号”单位的代表颁奖。四是开展全国老龄系统先进典型的评选上报工作扎实有效。积极向全国老龄办报送老年法律维权先进典型事迹材料，其中“云南省公安厅治安管理总队”等十家单位被评为“全国老年法律维权工作先进集体”；根据人力资源和社会保障部、全国老龄办的通知要求，与省人社厅、省公务员局联合推荐了两名全国老龄系统先进集体和两名全国老龄系统先进工作者；向全国老龄办推荐上报了两名2016年“老有所为”先进典型人物事迹材料；65个先进个人申报了全国“敬老爱老助老模范人物”。五是老龄课题调查研究稳步推进。为积极应对人口老龄化，进一步加强老龄政策理论研究，根据全国老龄办关于开展2016年专题政策调研的通知要求，按照2016年政策理论研究课题指南，结合我省实际，认真组织开展了一系列课题调研：与昆明医学院、省老龄产业协会等科研院所的专家、教授，认真组织开展了《云南省医养融合型养老服务开展现状及对策》和《隔代教育修养课程开发与推广研究代际问题》两个课题的调研；委托云南财经大学完成了《云南省养老健康产业中长期规划》和《云南省居家养老服务建设及运营情况的调研报告》两个课题的评审工作；根据厅统一要求，每个处都向法规处报送了“民政部2016年度政策理论研究课题参选论文”。六是农村老年人养老状况抽样调查顺利完成。根据全国老龄办的统一部署，积极协调华中师范大学中国农村研究院于6—8月在宜良县匡远街道发达村等8个村开展农村老年人养老现状抽样调查工作。

六、老年人权益得到有效保障

一是认真落实高龄老年人补助政策。根据2016年省级财政预算安排，按照因素分配法，测算各州市高龄老年人补助经费，于3月底与省财政厅共同下达了2016年高龄老人生活补贴省级补助经费8000万元；高龄老人生活补贴纳入了2016年省政府十件惠民实事之一，按照相关要求，积极按时报送这项重要工作进展情况，加大督促督办工作力度。二是组织开展老年人意外伤害险。云南省老龄工作委员会办公室与中国人寿云南省分公司共同举办云南省老年人意外伤害险工作推进会议。昭通市、曲靖市、玉溪市、楚雄州、保山市、大理州、红河州七个州市开展老年人意外伤害保险工作，保费规模达2091.74万元，保障人群100余万，覆盖率18%，截止2016年12月底赔付1832.67万元。三是切实维护老年人合法权益。妥善处理来电来访78起，指导各级老龄部门做好老年维权工作，涉老法律援助服务成效明显。四是督促各地贯彻落实各项老年人优待政策。认真贯彻全国老龄办等24部门《关于进一步加强老年人优待工作的意见》，老年人优待政策较好落实：公共服务窗口普遍开设为老服务绿色通道，全面实现了老年人凭有效证件（卡）减免乘坐市内公交车、进公园、公厕、公共文化场所，部分县（市、区）还将老年优待延伸到乡村公交。

七、老龄工作队伍建设持续巩固

一是老龄干部队伍建设得到加强。为适应新形势下老龄事业发展的要求，增强全省老龄干部和为老服务人员的责任感和使命感，提升老龄队伍的理论水平、综合素质和实际工作能力，省老龄办分别组织了多个培训班：与云南大学公共管理学院共同举办了全省老龄干部综合能力提升培训班，通过6天对125名老龄干部的培训，进一步加强了老龄队伍建设，提高了老龄干部队伍的综合素质和掌握老龄政策法规、履行工作职责、协调推动老龄事业全面发展的能力；在曲靖市举办了全省养老护理员培训班，共有16个州市200人参加了培训。培训内容涉及康复护理、老人睡眠照料、老人生活照料等内容；举办了居家养老服务项目建设负责人培训班，对16个州市的41名项目负责人进行了系统培训。二是基层老年组织建设不断完善。通过“云南省民政信息综合平台”，完成了2016年度175个农村基层老年协会“百村建设”项目的录入、申报、审核工作，安排投入了350万元，按照每个项目2万元的标准补助农村基层老年协会改造基础设施、购置文体活动设备等；注重建管结合，加大督查力度，不断夯实基层老龄工作基础。三是对涉老社会组织的指导力度持续加大。根据职责相近的原则，明确省老龄办主管的七家涉老社会组织的联系处室和联系人，先后召开三次会议，开展党建覆盖提升工作和业务指导，党的工作覆盖率达到100%，党组织覆盖率达到86%。

八、基础性工作稳步实施

一是财务管理工作规范有序。加强制度建设和管理：严格控制“三公”经费开支，加强政府采购备案，集体研究制定资金使用方案，依法依规使用各项资金，定期不定期开展财务工作自检自查。按时按质完成财务决算任务：根据省财政厅和民政厅的通知要求，及时组织财务人员对2015年度省老龄办机关各项资金的开支使用情况逐项进行清理决算，并按时上报决算报告。加大预算执行力度：根据年初省财政厅预算批复，制定了预算执行项目进度计划表，认真落实预算执行倒逼制度和月通报制度，加快预算执行进度，在规定时限内完成预算资金执行任务。认真组织开展预算编制：组织开展“2017—2019年财政预算规划”编制，科学编制2017年财政经费预算，老龄专项业务经费自往年的280增加至320万。完成工资调整和养老保险制度改革任务：严格执行机关事业单位工作调整和养老保险制度改革的有关要求，认真做好在编人员的工作调整发放、参保人员的信息采集登记和养老保险金的审核上报等相关工作。规范整理会计档案：根据最新档案归档要求，对省老龄办会计档案进行规范整理。二是顺利完成固定资产核查。按照民政厅国有资产清查工作方案，明确分管处领导和具体责任人，集中精力开展实物清查、账物核对、统计上报、资产收归、资产复查等工作，顺利通过了相关部门的检查验收。三是严格督促落实审计反馈问题的整改。按照《云南省民政厅关于做好全省民政系统审计查出问题整改工作的通知》，以及省审计厅就“十二五”养老服务体系审计问题整改清单要求，逐一对照排查问题项目、分析出现问题的根本原因、制定切实可行的整改措施和方案，明确责任人，限期进行整改。督促省老年之家敬老院认真开展整改，指导16个州市881个居家养老服务项目按时按质按量完成整改工作。四是顺利完成公车改革。按照省公车改革领导小组办公室的相关要求，组织人员科学制定、按时上报省老龄办公车改革方案，认真核算申报了我办公务人员的公车补贴，顺利完成了公车改革各项任务。五是顺利完成文件资料立卷归档和涉密文件资料的清理上交。按照规定时间和要求，组织完成了省老龄办2015年度文件资料的立卷归档和各种涉密文件资料的清理上交工作。六是认真办理人大代表建议和政协委员提案。根据省人大、省政协和厅办公室的分配任务，积极与代表、委员沟通，严格按照规定格式，在规定时限内高质高效办结14件建议提案。七是认真做好精准脱贫“挂包帮转走访”帮扶工作。认真贯彻落实省委省政府关于对建档立卡贫困户“回头看”工作的精神和要求，按照《云南省民政厅挂包帮转走访干部结对帮扶新增建档立卡贫困户方案》，认真开展一对一帮扶工作，积极主动联系帮扶对象，了解帮扶家庭生产生活中存在的实际困难，与帮扶对象、村干部和驻村扶贫工作队共同制定帮扶措施，坚持每月联系制度，定期跟进帮扶进展情况。

九、省老龄事业发展基金会健康发展

一是筹备召开了云南省老龄事业发展基金会第六届理事会第四次全体会议。会议听取并审议通过了《2015年工作报告》、《2015年度财务收支情况汇报》和《2015年度财务收支情况审核报告》，全面总结了2015年工作所取得的成绩、经验和存在的问题，部署安排了基金会2016年的工作任务。二是完成了2015年度基金会财务审计工作和基金会办公室年度检审工作。审计结论符合《事业单位会计制度》和《云南省社会团体财务管理暂行办法》，经基金会第六届理事会第二次会议审议后顺利通过，及时在《云南老年报》和《云南民政》网上进行了公告，接受社会监督，提高基金会公信力。三是多方募筹资金，继续开展助老工程。继续加强与理事单位、部分国有企业和民营企业的交流、沟通，吸引社会力量积极参与老龄事业，全年共接受7家理事单位捐赠资金135万元（其中：云南中烟工业有限责任公司30万元、中国烟草总公司云南省公司30万元、红云红河烟草（集团）有限责任公司30万元、红塔烟草（集团）有限责任公司20万元、云天化10万元、云南电网有限责任公司10万元，云南白药集团5万元）；投入资金125万元，在昆明市、曲靖市、丽江市等8个州市开展“关爱失能老人、共享生命尊严”为主题的“老年希望工程”试点工作；加强与省民政厅民管一处等相关部门的联系与合作，争取到政府购买服务资金200万元，为10个州市、100户农村特困“五老”对象解决住房困难；与昆明百事腾生物技术有限公司合作，开展“大爱无疆”助老助医慈善公益走进楚雄活动，为楚雄市人民医院捐赠了价值1600万元的德国西门子全自动生化免疫流水线设备，并为楚雄市、武定县的155名老人开展义诊活动，慰问了2个敬老院，送去慰问品和物资共计20万元；资助省民政厅脱贫攻坚挂钩的沧源佤族自治县岩帅镇新华村、中贺勐村两村4户困难老党员危旧房改造重建资金4万元；向云南抗战老兵照料中心（云南老年之家敬老院）提供抗战老兵护理费用10.2万元（向中国老龄事业发展基金会争取抗战老兵护理费8.2万元）；资助云南老年之家敬老院修缮入住老人居室资金60万元；资助云南省老龄工作委员会办公室、云南省民政厅、云南省文化厅主办的云南省2016年“十大最具影响力手工艺老年传承人”评先选活动4万元。四是积极组织相关活动。3月11日上午，在中科院昆明植物园组织开展了由中国老龄事业发展基金、华夏保险主办、基金会和华夏保险云南分公司承办的“传承、同种华夏一棵树—撑起华夏一片天”抗战老兵植树节活动；3月26日上午，与华夏保险合作，在云南屏边烈士陵园举行了王发坤烈士祭奠活动。五是扎实做好调研工作。根据年初制定的对“老年希望工程”开展跟踪检查和追踪问效调研的要求，8月23日孟继尧理事长率队到曲靖市陆良县调研“老年希望工程”项目实施情况，进一步了解掌握基层老促会开展助老工程的落实情况，以及实施中存在的困难和问题，更好地研究制定解决措施，六是加强云南老年之家敬老院（长青公寓）建设和管理。完成了云南老年之家敬老院2015年经济指标考评和院领导班子的民主测评工作，下达了2016年工作经济指标；加强爱心护理院建设，充实专业医护人员，加大对失能老人入住、医护、生活照料力度，开通医保，探索医、养、护结合的发展之路；狠抓安全管理，完善入住评估等各项制度，推进规范化管理；加强队伍建设，不断提高员工职业道德、业务知识和服务水平；强化目标责任制管理，确保各项工作全面推进；努力丰富适合老年人的各种文化活动，让310名入住老年人健康愉快地安度晚年。

重要会议和活动

【组织召开省老龄委全会和全省老龄办主任会议】经过积极汇报和精心筹备，5月9日顺利组织召开了2016年度省老龄委全会和全省老龄办主任会议，省老龄委主任、副省长张祖林出席省老龄委全会并作重要讲话。两个会议分别传达学习了全国老龄委第十八次全体会议精神、2016年全国老龄办主任会议精神和省委书记李纪恒、省长陈豪加强老龄工作的重要指批示，总结了“十二五”期间特别是2015年度全省老龄工作，部署安排了下一步工作任务。

【筹备召开云南省老龄事业发展基金会第六届理事会第四次全体会议】会议听取并审议通过了《2015年工作报告》、《2015年度财务收支情况汇报》和《2015年度财务收支情况审核报告》，全面总结了2015年工作所取得的成绩、经验和存在的问题，部署安排了基金会2016年的工作任务。

【召开云南省老年人意外伤害险工作推进会】云南省老龄工作委员会办公室与中国人寿云南省分公司共同举办云南省老年人意外伤害险工作推进会议，总结回顾2016年全省老年人意外伤害保险工作开展情况，研究部署下一步工作。

【组织开展老龄工作目标管理责任制考核】在各州（市）认真开展自检自查的基础上，省老龄办成立考核工作领导小组，抽调各州市老龄办相关人员与省老龄办人员一起组成8个考核组，按照云南省2015年度老龄工作目标管理责任制考核内容及评分标准，认真检查考评各州市贯彻落实老龄工作目标管理责任制情况，并及时通报考核结果。

【签订2016年度云南省老龄工作目标管理责任书】在总结上年度工作的基础上，结合新形势新要求，制订《2016年度云南省老龄工作目标管理责任书》，省、州、县层层签订责任书。

【组织开展《云南省老年人权益保障条例》的修订工作】省民政厅和省老龄办牵头协调省政府法制办、省发展改革委、省财政厅、省人社厅、省卫计委、团省委等单位和部门，成立了《云南省老年人权益保障条例》修订工作组；组织了两个省外考察调研团，进一步学习借鉴其他相关省市立法成果和经验；召开《云南省老年人权益保障条例》

（草案）修订座谈会，邀请相关部门、专家学者及涉老社会组织，学习研究2013年新修订的《中华人民共和国老年人权益保障法》，确立了《云南省老年人权益保障条例》修订的基本思路，完善了主要修改内容，拟制了修订文本初稿。

【省委书记、省长发老年节慰问信】10月9日"老年节"，省委书记、省长陈豪以个人名义在云南电视台、云南广播电台、云南日报、云南老年报等主流媒体刊播了慰问信，向全省各族老年朋友、各级老龄组织和全体老龄工作者致以节日的祝贺和亲切的慰问，充分体现了省委、省政府对老龄工作的关心和重视。

【省委书记、省长入户看望百岁寿星】10月8日，省委书记、省长陈豪在昆明市看望慰问了两名百岁寿星，给老人送去了党和政府的亲切关怀和美好祝愿。省委常委、省委秘书长李邑飞，副省长张祖林，省政府秘书长何金平陪同看望慰问；省老龄委常务副主任、省民政厅厅长段丽元，省老龄委专职副主任、省民政厅党组成员和向群等领导参加活动。媒体随行采访报道，对在全省进一步形成敬老助老的良好风尚起到了很好的示范引领作用。

【老年节庆祝活动丰富多彩】围绕2016年"敬老月"活动"敬老爱老，全民行动"的主题，省老龄办举办了云南省2016年"十大最具影响力手工艺老年传承人"评选及《致敬守望者》颁奖典礼，向十大最具影响力手工艺老年传承人、10名"全国法律维权工作先进集体"、10个第二届云南省"敬老文明号"单位的代表颁奖；组织了"关爱老人"走访慰问活动；在全省范围发送了手机公益短信。

各项业务进展

2016年，云南省始终坚持党委领导、政府主导、社会参与、全民行动相结合，坚持满足老年人需求和解决人口老龄化问题相结合，紧紧围绕实现"五个老有"的工作目标，以保障和改善民生为重点，真抓实干，开拓进取，务求实效，各项老龄事业呈现出持续健康发展的良好局面。

【法制创建工作有效推进】省民政厅和省老龄办牵头协调省政府法制办、省发展改革委、省财政厅、省人社厅、省卫计委、团省委等单位和部门，成立了《云南省老年人权益保障条例》修订工作组；组织了两个省外考察调研团，进一步学习借鉴其他相关省市立法成果和经验；召开《云南省老年人权益保障条例》（草案）修订座谈会，邀请相关部门、专家学者及涉老社会组织，学习研究2013年新修订的《中华人民共和国老年人权益保障法》，确立了《云南省老年人权益保障条例》修订的基本思路，完善了主要修改内容，拟制了修订文本初稿。

【老龄事业基础数据统计分析工作扎实开展】为全面了解全省老龄工作的现状，切实把握老龄事业发展动态，省老龄办下发通知就如何做好老龄事业发展情况统计工作进行部署安排，并指导督促各地认真组织开展统计工作。通过统计、汇总、整理、比对全省老年人口和老龄事业相关数据，比较全面地了解掌握了我省老年人各年龄段的人口数量、老龄机构编制与落实、老年福利服务设施、经费投入、贫困老年人生活保障和为老服务等情况。

【居家养老服务中心建设有效推进】2016年共安排388个居家养老服务中心（日间照料中心）、农村互助养老服务站及老年活动中心建设项目，补助资金13044万元，新增床位数4930张。昆明市列入2016年中央财政支持开展居家和社区养老服务改革试点，争取到试点资金3746万元。根据政府采购要求，委托第三方对居家养老服务中心项目建设及管理使用情况开展绩效评价，进一步加强城乡居家养老服务中心项目监督和管理，全面了解掌握财政资金和福彩公益金资助的项目建设及运营情况。

【老龄宣传工作成效显著】省老龄办联合中共云南省委宣传部、省民政厅联合下发了《关于进一步做好新时期老龄宣传工作的通知》，进一步树立大老龄大宣传和强势老龄宣传的理念；积极与新华社云南分社、云南电视台、云南广播电台、云南日报、云南老年报、春城晚报、云南信息网等主流媒体和网站协调联络，进一步加强对我省老龄事业和老龄产业的宣传报道；利用召开会议、培训的契机，通过多种形式，进一步提升各级老龄部门对老龄信息报送工作重要性的认识和工作水平，并将老龄信息报送工作纳入省老龄工作目标管理考核内容；扎实做好《云南老龄》杂志的编辑出版工作，全年出版了6期《云南老龄》杂志，"敬老月"活动专刊受到涉老部门的广泛好评。

【"敬老文明号"创建活动扎实推进】省老龄办继续督促各地切实加强"敬老文明号"创建活动的组织领导，各级老龄办认真开展"敬老文明号"创建工作，定期、不定期深入创建单位检查指导，对照创建标准提出整改意见，指导督查创建单位及时研究解决困难和问题，评选命名了80个第二届云南省"敬老文明号"单位，其中36个申报了全国"敬老文明号"单位。

【老年节庆祝活动丰富多彩】省老龄委于2016年8月下发了《关于开展2016年敬老月活动的通知》（云老委〔2016〕4号），全面部署了"敬老月"活动；围绕2016年"敬老月"活动"敬老爱老，全民行动"的主题，省级层面组织开展了丰富多彩的"敬老月"系列活动：10月9日，省委书记、省长陈豪同志在昆明市亲自登门慰问了两名百岁寿星；以省委书记、省长陈豪同志的名义在云南电视台、云南广播电台、云南日报、云南老年报等主流媒体上刊播了《慰问信》，向全省各族老年朋友、各级老龄组织和全体老龄工作者致以节日的祝贺和亲切的慰问；举办了云南省 2016 年“十大最具影响力手工艺老年传承人”评选及《致敬守望者》颁奖典礼，向十大最具影响力手工艺老年传承人、10 名“全国法律维权工作先进集体”、10 个第二届云南省“敬老文明号”单位的代表颁奖；组织了“关爱老人”走访慰问活动；在全省范围发送了手机公益短信。

【全国老龄系统先进典型评选上报工作扎实开展】积极向全国老龄办报送老年法律维权先进典型事迹材料，其中“云南省公安厅治安管理总队”等十家单位被评为“全国老年法律维权工作先进集体”；根据人力资源和社会保障部、全国老龄办的通知要求，与省人社厅、省公务员局联合推荐了两名全国老龄系统先进集体和两名全国老龄系统先进工作者；向全国老龄办推荐上报了两名 2016 年“老有所为”先进典型人物事迹材料；65 个先进个人申报了全国“敬老爱老助老模范人物”。

【老龄课题调查研究深入开展】为积极应对人口老龄化，进一步加强老龄政策理论研究，根据全国老龄办关于开展 2016 年专题政策调研的通知要求，按照 2016 年政策理论研究课题指南，结合我省实际，认真组织开展了一系列课题调研：与昆明医学院、省老龄产业协会等科研院所的专家、教授，认真组织开展了《云南省医养融合型养老服务开展现状及对策》和《隔代教育修养课程开发与推广研究代际问题》两个课题的调研；委托云南财经大学完成了《云南省养老健康产业中长期规划》和《云南省居家养老服务建设及运营情况的调研报告》两个课题的评审工作；根据厅统一要求，每个处都向法规处报送了“民政部 2016 年度政策理论研究课题参选论文”。

【农村老年人养老状况抽样调查顺利完成】根据全国老龄办的统一部署，积极协调华中师范大学中国农村研究院于 6—8 月在宜良县匡远街道发达村等 8 个村开展农村老年人养老现状抽样调查工作。

【惠老优待政策落实到位】各地各相关部门认真贯彻全国老龄办等 24 部门《关于进一步加强老年人优待工作的意见》，在医院、旅游景点、公厕、商业网点等主要服务窗口设置老年人优先、优惠和免费的标志，全面落实 60 周岁以上老年人持有效证件（卡）免费乘坐城市市内公交车、进公园、公厕、公共文化场所和就医减免挂号费等优待政策，积极组织 65 周岁以上老年人免费体验。仅老年人免费乘坐城市市内公交车一项，昆明市各级财政全年补贴公交公司 3.49 亿元。

【高龄补贴政策全面落实】高龄老人生活补贴纳入了 2016 年省政府十件惠民实事之一。各级老龄办积极协调同级财政部门加大经费投入，提高补助标准，规范审批发放程序。全省有 83.11 万名 80 周岁以上老年人领取高龄补贴 5.39 亿元，80—99 周岁老年人的保健补贴标准达月人均 55 元，百岁老人的长寿补贴标准达月人均 398 元。

【老龄干部队伍建设持续巩固】为适应新形势下老龄事业发展的要求，增强全省老龄干部和为老服务人员的责任感和使命感，提升老龄队伍的理论水平、综合素质和实际工作能力，省老龄办分别组织了多个培训班：与云南大学公共管理学院共同举办了全省老龄干部综合能力提升培训班，通过 6 天对 125 名老龄干部的培训，进一步加强了老龄队伍建设，提高了老龄干部队伍的综合素质和掌握老龄政策法规、履行工作职责、协调推动老龄事业全面发展的能力；在曲靖市举办了全省养老护理员培训班，共有 16 个州市 200 人参加了培训，培训内容涉及康复护理、老人睡眠照料、老人生活照料等内容；举办了居家养老服务项目建设负责人培训班，对 16 个州市的 41 名项目负责人进行了系统培训。各州市相应举办了老龄干部综合素质培训和为老服务从业人员技能培训。

【基层老年组织建设不断完善】安排省级福彩公益金 350 万元，按照每个项目 2 万元的标准补助 175 个“百村建设”项目，扶助农村基层老年协会改造基础设施、购置文体活动设备等；通过加强规范化建设，加大督查力度，注重建管结合，不断夯实基层老龄工作基础。

【老年人意外伤害险持续推进】截止 2016 年底，昭通市、曲靖市、玉溪市、楚雄州、保山市、大理州、红河州七个州市开展了老年人意外伤害保险工作，保费规模达 2091.74 万元，保障人群 100 余万，覆盖率 18%，截止 2016 年 12 月底赔付 1832.67 万元。云南省老龄工作委员会办公室与中国人寿云南省分公司共同举办云南省老年人意外伤害险工作推进会议，在总结回顾 2016 年全省老年人意外伤害保险工作开展情况的基础上，进一步研究部署下一步工作。

【助老工作成效明显】省老龄办把基层老促会建设纳入老龄工作目标管理责任考核内容，督促各地加快建设老龄事业发展促进会。2016 年，投入资金 125 万元，在昆明市、曲靖市、丽江市等 8 个州市开展“关爱失能老人、共享生命尊严”为主题的“老年希望工程”试点工作；争取到政府购买服务资金 200 万元，为 10 个州市、100 户农村特困“五老”对象解决住房困难；与昆明百事腾生物技术有限公司合作，开展“大爱无疆”助老助医慈善公益走进楚雄活动，为楚雄市人民医院捐赠了价值 1600 万元的德国西门子全自动生化免疫流水线设备，并为楚雄市、武定县的 155 名老人开展义诊活动，慰问了 2 个敬老院，送去慰问品和物资共计 20 万元；资助省民政厅脱贫攻坚挂钩的沧源佤族自治县岩帅镇新华村、中贺勐村两村 4 户困难老党员危旧房改造重建资金 4 万元；向云南抗战老兵照料中心提供抗战老兵护理费用 10.2 万元；资助云南老年之家敬老院修缮入住老人居室资金 60 万元。

西藏自治区

综　述

一、党委政府更加重视

2016年，西藏自治区各级党委、政府高度重视老龄工作，把老龄工作摆上议事日程，纳入国民经济和社会发展总体规划，紧紧围绕“老有所养、老有所为、老有所教、老有所学、老有所医、老有所乐”的老龄事业发展目标，进一步建立和完善养老保障体系，老年社会福利和社会救助制度逐步建立和完善，老年优待政策得到有效落实，老年教育、文化、体育事业较快发展，老年精神文化生活更加丰富，全社会老龄意识明显增强，敬老尊老爱老助老氛围日益浓厚，在实现全区经济社会跨越式发展和社会长治久安中发挥了重要作用。

二、养老保障体系更加完善

全区社会基本养老保险实现全覆盖，保障能力进一步增强。2016年，全区企业职工基本养老保险参保人数163327人，城乡居民基本养老保险参保人数1625937人；提高城乡居民基本养老金标准，全区60周岁以上城乡居民每人每月150元，2016年共发放城乡居民基本养老金45656万元；企业职工基本养老保险退休人员月平均养老金3678元，2016年全年发放企业职工基本养老保险金175021万元。

老年社会福利水平不断提升，高龄津贴制度全覆盖，标准不断提高。拉萨市提高80周岁以上老年人高龄津贴标准；山南市把发放老人高龄津贴纳入市政府“十大民心工程”之一，发放年龄降低到70周岁以上，并提高补贴标准。

城乡低保和五保标准不断提高，困难老年人救助制度更加健全。2016年，城市低保标准为每人每月640元，农村低保标准为每人每年2550元，五保供养标准达到每人每年4740元，实现有意愿的五保老人100%集中收养，有效保障了城乡低保对象、五保对象的基本生活。2016年，全区医疗救助10.6万人，临时救助2.5万人，保证了因病、因灾群众的基本生活。

建立西藏自治区经济困难的高龄、失能等老年人补贴制度，有效解决全区经济困难的高龄、失能等老年人养老服务保障问题。2016年全区共发放经济困难高龄失能等老年人补贴1617.84万元，惠及26964位老年人。

三、医疗保障体系进一步健全

城乡居民基本医疗保险制度全覆盖，制定出台了《关于进一步完善城乡医疗救助制度全面开展重特大疾病医疗救助的实施意见》，建立起全区统一、城乡一体的居民大病保险制度，住院救助每人每年可达60000元，重特大疾病医疗救助达15万元，对分散供养的五保老人，因病因残生活不能自理的，由其所在村（居）委会指定专人护理，每人每年护理费补助800元。

出台《关于建立困难残疾人生活补贴和重度残疾人护理补贴制度的实施意见》，困难残疾人生活补贴每人每年600元，重度残疾人护理补贴每人每年1200元。并根据本地经济社会发展水平适当提高标准。“对城乡居民中一、二级重度残疾、孤寡老人、低保对象等缴费困难群体，由政府为其代缴最低标准的养老保险费，并享受相应的政府补贴”。

建立了拉萨市残疾人托养康复综合服务中心，采取政府采购的方式，向有专业技术的医疗单位购买医疗和康复服务，由专业人士帮助托养对象开展康复训练等工作，对家庭极其困难，无亲人照料的重度残疾人士无条件接收。

四、老年优待工作进一步加强

2016年，全区办理《西藏自治区老年人优待证》800余本，持此证的老年人，在我区行政区域内享受下列优惠待遇：优先购买车票、飞机票，优先上车、登机；到医疗机构就医，优先挂号、就诊、取药、住院，并免收普通挂号费；年满60周岁以上老年人免费乘坐城市公共交通工具；免费使用收费厕所；免费进入公园、博物馆、展览馆、图书馆、纪念馆、老年活动中心；进入旅游景区（点）门票免费。

老年人医疗优待政策进一步落实，各人民医院均开设老年人就医看病挂号专用窗口，凭老年优待证可优先就诊。开设老年人挂号专用窗口、或者快速通道，并提供导医服务等方式，为老年人挂号、就诊、转诊提供优先服务。拉萨市为百岁老人建立健康档案，每年免费为老人上门体检两次。

在10月份“敬老月”期间，结合西藏实际，开展了一系列以“敬老爱老、全民行动”为主题的“敬老月”活动。活动中，大力开展宣传活动，营造“敬老月”活动氛围；广泛走访慰问让老年人切实感受到党和政府的关怀；举办座谈会、文艺演出、知识讲座等活动，丰富老年人精神生活；广泛开展为老志愿服务，进一步增加全社会敬老爱老助老意识。据统计，活动期间，全区共慰问老年人1512人，发放慰问金48.52万元。

五、老年法规教育更有成效

以新修订的《中华人民共和国老年人权益保障法》实施为契机，在各大节点和“敬老月”期间，大力开展老年法律法规集中宣传活动，共发放宣传资料2万余册，为社区老年开展免费法律咨询200余次，开展《中华人民共和国老年人权益保障法》宣传一条街活动，大力营造依法保障老年人合法权益的浓厚氛围。

六、养老服务业进一步健全

2016年，下达中央预算内投资6802万元用于拉萨、山南、那曲、林芝、阿里5个市（地）级老年日间照料中心项目建设，下达彩票公益金10626万元用于我区老年护理院、活动中心、陈塘镇敬老院及五保集中供养服务中心附属工程、残疾老人配备助听器、温棚建设等项目建设。

积极探索实施养老服务机构以公建民营为支撑的“医养结合”模式，拉萨市社会福利院与西藏卓玛医院联合开展了医养结合的养老服务试点养老院。该院实行“一院两型、分类管理”模式，具备社会福利和医疗康复两种功能，福利院和康复中心科学划分区域，各自按照行业标准要求规范运行，以“医、养、护”相结合的办院模式，在为城镇孤寡老人提供无偿吃、住、医等服务的同时，满足不同城市人群社会化养老、日间照料等多元化需求。通过服务设备先进化、管理模式人性化、服务对象公众化等措施，为公建民营的社会化养老模式在全区全面推广起到了示范、引领、带动作用。

社区居家养老服务成效显著，各地（市）以社区服务设施为平台，以网络化和“双联户”创建活动为依托，结合实际，积极拓展社区居家养老服务。各社区积极组建由企业、商户或志愿者组成的志愿组织，为居家养老的老年人提供上门生活照料、医疗护理、家电维修、科普宣传、精神慰藉等服务，部分社区开展了社区家政服务。

开展农村居家养老服务，我区村委会充分利用农村党员活动室、农家书屋、学校，组织开展与老年人相关的活动。充分发挥村民自治的作用，督促家庭成员承担赡养责任，组织开展邻里互助、志愿服务，解决周围老年人实际生活困难。积极完善农村养老服务设施。

七、老年文化活动丰富多彩

全区有老年大学1个、老年文艺团队5个、老年协会4个，2016年共开展各项活动60余次，丰富的活动有效推动我区老年人自我管理、自我教育、自我服务，促进老年人参与社会发展、维护社会稳定，真正实现老有所乐、老有所为。

八、老年教育事业方兴未艾

出台《西藏自治区老年教育发展规划》（2016—2020），全区老年教育体系初步形成，为科学发展全区老年教育事业，满足老年人多样化学习的需求，提升老年人生活品质，推动学习型社会和全区终身教育体系的构建，提供有力支撑。

陕西省

综　　述

2016年，在省委省政府的正确领导下，在全国老龄办的关心支持下，以党的十八届四中、五中、六中全会精神为统领，以深入贯彻习近平总书记关于加强老龄工作的系列讲话精神为契机，以推动全国老龄委第十六次全体会精神落实为主题，紧扣年度工作计划安排，强化措施，狠抓落实，陕西老龄事业取得明显进步。2016年全年，为全省257.5万70周岁以上老年人，共计发放高龄补贴21.68亿元，共办理老年优待证165834张。全省现已建成运营各类养老机构6768个（民办养老机构256个、公办养老机构815个、城乡社区居家养老机构5697个），共有床位19.45万张，每千名老年人床位拥有数由2010年的17.5‰增长到32.3‰，提前完成了“十二五”规划。为老服务从业人员达到50万人以上，取得养老护理员等级证书的约6000余人，规模以上（投资5000万元以上）已运营或在建的养老机构有18个（公办3个、民办约15个），以居家为基础、社区为依托、机构为补充的养老服务体系初步建成。陕西省老龄事业发展和养老服务体系建设呈现出“三高两到位两大”的特点，即各级党委政府高度重视，起点高、建设标准高，管理服务水平高；认识到位，政策落实到位；制定政策力度大，资金支持力度大。

进一步完善老龄事业法规政策体系建设。围绕中央领导指示精神和我省老龄事业发展的形势及阶段性特征，不断健全和完善全省老龄事业法规政策创制，积极在全省推动形成“前后衔接、左右连接、上下对接”的大老龄政策体系网络。秉持“创新、协调、绿色、开放、共享”五大发展理念，积极在社会保障、社会服务、社会优待、宜居环境、社会参与等重点领域推动改革创新，完成了我省老龄事业发展“十三五”规划的编制工作，并送省政府办公厅审核。

多措并举，促进《陕西省实施〈中华人民共和国老年人权益保障法〉办法》贯彻落实。在今年全国老龄办、最高人民法院、最高人民检察院、公安部、民政部、司法部等六部门开展的全国老年维权先进集体事迹评选表彰活动中，联合相关部门严格按照程序及标准，认真筛选评比，最终确定南郑县人民法院红庙人民法庭、陕西省人民检察院侦查监督一处等10家单位获得全国表彰，有力的扩大了《实施〈办法〉》和老年人法律维权工作的影响力。

扎实做好老年人保障服务工作，推动老年人优待工作不断进步。会同省建设厅、省民政厅、省残联等部门，积极推进我省无障碍城市创建工作，宣传推广《创建全国无障碍建设城市工作标准》，不断加快城镇老龄基础设施的规划和建设。积极推进保险机构开展老年人意外伤害保险等涉老保险业务，推广养老服务机构综合责任保险，为养老服务机构运营提供抗预风险保障。

以基层老年协会规范化建设为准绳，推动了全省老年人社会参与。下发《2016年陕西省基层老年协会建设工作安排》，认真谋划任务，对全省基层老年协会工作从强化质量建设、推进登记管理、落实培训制度、开展调查研究、加强项目督导、注重宣传总结等方面做出安排部署。通过“全省基层老年协会建设（商洛）示范培训班”培训，积极推动“四级培训制度”的落实。以《陕西省规范化基层老年协会评审办法》为依据，按照省级三年一评、市级二年一评、县（区）一年一评，在全省范围内开展“规范化基层老年协会”评审活动，并积极协调省老龄事业发展基金会拿出30万元，对获得“省级规范化基层老年协会”给予资助性奖励。

以“敬老月”活动和“敬老文明号”创建活动为契机，大力宣传孝亲敬老文明风气，促进社会和谐发展。认真贯彻落实全国老龄工作委员会办公室、中共中央宣传部等十部门下发的《关于培育和践行社会主义核心价值观加强老龄宣传教育工作的通知》精神，把弘扬中华民族尊老敬老、助老养老传统美德与建设社会主义核心价值观有机结合，推动全省各级老龄部门和老龄委成员单位积极开展培育和践行社会主义核心价值观行动。

在今年全国第七个“敬老月”活动开展中，积极协调福彩公益金200万元，对全省2400名贫困、高龄、失能半失能、空巢老年人和80家养老机构进行了走访慰问，并开展了广泛的宣传报道，并对老龄相关问题进行了电视广播访谈，有力的宣传了老龄事业的重大意义。期间，按照全国老龄委的通知精神，举办了全省老年权益保障培训班和老年维权先进集体暨陕西仁义老人颁奖晚会，邀请中共陕西省委原书记安启元，省人民政府原副省长潘连生参加晚会并颁奖，取得了良好的社会影响力和社会效益。

丰富老年精神文化生活，推动了为老志愿服务活动开展。借助中国第十一届文化艺术节在陕西省召开的契机，积极开展涉老文艺作品的创作和演出，开展好广泛性、群众性、社会性老年文体展演活动；积极筹划高龄（70岁以上）非物质文化遗产传承人宣传工作及丰富多彩的老年文体活动。

2016年积极研究探索有针对性精准式的为老服务志愿者活动，多次开展灵活多样、针对性强小型的为老服务志愿活动。积极把省老龄办全体干部职工纳入到为老志愿服务队伍序列，通过以身作则和引领示范，带动志愿活动活跃发展。

重要会议和活动

【2016年6月29日，召开陕西省老龄工作委员会第十一次全体委员会议】

【举办“陕西老龄工作30年成就暨第二届中国西部老龄产业博览会”】2016年6月3日—5日，由全国老龄工作委员会办公室信息中心、陕西省老龄工作委员会办公室主办，陕西老年报社和陕西西部国际会展有限公司共同承办的“陕西老龄工作30年成就展暨第二届中国西部老龄产业博览会”（简称：西部老博会）在西安曲江国际会展中心举办。

【开展“敬老献爱心、助老送文化”赠报公益活动】2016年8月29日，为深入学习贯彻习近平总书记5月27日在中共中央政治局第三十二次集体学习时的重要讲话精神，弘扬和传承中华民族敬老爱老助老传统美德，打造我省覆盖广泛的老龄宣传教育平台，努力满足老年人日益增长的物质文化需求，陕西省老龄办联合陕西老年报社开展“敬老献爱心、助老送文化”赠报公益活动。

【第七次“敬老月”走访慰问活动】2016年10月9日，陕西省老龄办与陕西省民政厅、陕西省福利彩票发行中心联合在全省广泛开展以“敬老爱老，全民行动——公益福彩，金秋助老”为主题的第七次“敬老月”走访慰问活动。

【2016年10月25日，陕西省老龄办在西安举办全省老年人权益保障培训会】

【2016年10月25日，全省老年维权先进集体暨陕西仁义老人颁奖晚会在西安举行】

【2016年11月18日，中国人寿陕西省分公司在咸阳召开了陕西省第二届老龄保险工作推进会】省老龄办、省民政厅领导和处室负责人，各设区市老龄办主任、部分县

（区、市）老龄办主任应邀出席了会议。

【2016年12月20日，陕西省老龄办举办城乡老年人生活状况监测调查督导员和调查员骨干培训会】

【2016年12月2日，贯彻落实习近平总书记加强老龄工作讲话精神开展“陕西老龄事业发展巡礼”专题宣传活动在西安正式启动】

各项业务进展

【在今年全省老龄专题政策调研过程中，全省各级老龄工作部门围绕老龄工作重点、难点问题广泛开展了调研活动】重点在“空巢”老年人状况、老年人维权、医养融合、政府购买养老服务、文化养老等方面开展调查研究。通过调研，为我省老龄工作创新发展提供理论支持，为党委、政府决策提供科学依据。在各地各单位上报的100余篇调研报告中，我办调研评审领导小组经过认真细致的打分评比，共选出40篇优秀调研报告并对其予以表彰奖励，其中9篇报告向全国老龄办推荐参与国家评比，获得全国一等奖1篇，三等奖2篇，优秀奖1篇。

【精心组织，做好全省老年人生活状况监测调查工作】在落实《全国老龄办关于开展第四次中国城乡老年人生活状况监测调查的通知》要求中，我们统筹谋划、严密组织，就抽样监测工作进行了详细的安排部署。利用年末的10天时间，对原第四次抽样调查的老年人中随机抽取10%，涉及3市6个县（区）24个乡镇（街道）96个村（居）委会共计576名老年人，检测调查取得圆满成功，获得全国老龄办的高度赞扬。

甘肃省

综　　述

2016年，在省委、省政府的正确领导下，在省老龄委的精心指导下，各级老龄部门深入学习贯彻习近平总书记关于加强老龄工作的重要指示和讲话精神，围绕中心，服务大局，主动作为、开拓创新，圆满完成了年初制定的各项工作任务，为“十三五”开了个好头。

一、深入学习贯彻习近平总书记重要指示和讲话精神

去年2月，习近平总书记、李克强总理对加强老龄工作分别做出重要指示和批示。5月27日，中央政治局就我国人口老龄化的形势与对策举行第三十二次集体学习，习近平总书记作了重要讲话。省老龄办高度重视、迅速行动，组织全办干部职工认真学习，召开社会各界学习贯彻习近平总书记重要讲话精神座谈会，并印发通知，要求各级老龄部门把学习贯彻总书记重要指示和讲话精神作为首要任务，与干部职工日常学习教育相结合，与全年工作任务相结合，认真学习、深刻领会，切实将思想认识统一到总书记重要指示和讲话精神上来，把行动落实到党和国家应对人口老龄化的决策部署上来。各地以总书记重要指示和讲话精神为统领，进一步统一思想，明确目标，增强信心，提振精神，更加积极主动，更加担当有为，更加真抓实干，推动了各项工作有序开展。

二、科学编制老龄事业发展规划

按照习近平总书记加强老龄事业发展顶层设计的要求，省老龄办高度重视，抽调专人，邀请专家学者，成立了“十三五”规划编制小组，研究起草我省老龄事业发展“十三五”规划。2015年8月启动编制工作以来，多次征求各市州、成员单位和专家学者的意见建议，并主动向全国老龄办汇报沟通，不断修改完善。近日，根据国务院和各部委出台的涉老政策文件精神，我们召开专题会议，再次对《规划》进行系统修改完善，征求各市州和成员单位意见，已基本定稿。按照省老龄办要求，各市州对“十三五”规划工作非常重视，定西市以市委市政府办公室名义出台了《定西市老龄事业发展“十三五”规划》，其他市州都完成了规划初稿。

三、创新思路做好老龄宣传工作

坚持正确舆论导向，积极树立“大老龄大宣传”思想，将宣传作为老龄工作的重中之重，全方位、多角度宣传党中央国务院关于老龄工作的决策部署、涉老政策法规和我省老龄工作成效等，不断提高社会关注度和知晓度，为老龄事业发展凝聚力量。一是开展法律宣讲活动。为做好《老年法》和《甘肃省老年人权益保障条例》的宣传贯彻，与省委讲师团组成宣讲团，赴全省14个市州和部分县区开展宣讲活动。此次宣讲活动历时49天，宣讲28场，参会人员1万余人，现场共发放《老年法》、《条例》及《宣讲通稿》、宣传手册等2万余册，受到社会各界和老年人的广泛好评。二是开展评选表彰活动。为促进老年人在经济社会发展中发挥积极作用，在全省范围内开展了“老有所为先进典型”评选表彰活动，授予酒泉市肃州区“老妈妈”爱心服务队等2个团队和鲁挺等28名个人“甘肃省‘第三届’老有所为先进典型”称号；向全国老龄办

推荐了金昌市金川区桂林路街道宝林里社区等31个“敬老文明号”先进集体和钱其峰等49名“敬老爱老助老模范人物”；庆阳市民政局、甘谷县老龄办等8个单位荣获“2016年全国老年法律维权先进集体”称号。三是多平台、全方位宣传。充分利用主流媒体作用和新兴媒体优势，积极主动与报纸、电台、广播、网络等媒体开展合作。在甘肃卫视《新闻联播》后插播“敬老爱老，全民行动”公益广告片；在甘肃电视台都市频道开辟《情满夕阳》栏目，开设“敬老月”专题；在《甘肃日报》刊登“甘肃省第三届老有所为先进典型”代表人物事迹和全省老年人书法绘画摄影作品展获奖作品；在“兰州经济广播”微信公众号全程报道“敬老月”活动情况。

四、精心组织安排全省“敬老月”活动

根据全国“敬老月”活动总体安排部署，及时下发了《甘肃省老龄工作委员会关于开展2016年“敬老月”活动的通知》和《2016年“敬老月”活动实施方案》，组织开展了一系列活动，受到社会各界广泛关注和赞誉。一是开展走访慰问活动。10月9日，省老龄委在《甘肃日报》刊登《致全省老年朋友的一封信》；原省委常委、省委组织部部长、省老龄委主任吴德刚看望慰问中国航天科技集团公司510所老科技工作者；省老龄委副主任、省民政厅党组书记、厅长李志勋和省老龄办领导分别看望慰问老党员、老劳模和高龄、困难老人等，走访甘肃新阳光等民办养老机构。二是举办红叶风采2016年甘肃省“敬老月”文艺晚会。省人大副主任周多明、省政协副主席张世珍等领导出席晚会并为获奖节目颁奖，省老龄委成员单位、涉老团体和社会各界代表等1200余人观看了演出。三是举办纪念《老年法》颁布20周年暨2016年甘肃省“敬老月”文体比赛汇报表演活动。省老龄委成员单位领导莅临现场观看演出，并为获奖的节目颁奖，近千名观众现场观看了演出。四是举办全省老年人书法绘画摄影作品展，共展出来自全省14个市州、省直和中央在甘单位选送的400余幅作品。

各市州、省直各单位“敬老月”活动丰富多彩，各具特色。各市州都把走访慰问作为主要活动内容，张掖、定西等市州市委、市政府领导出面开展慰问活动。庆阳市举行70对老年人金婚纪念活动，人民日报进行了报道。武威市、嘉峪关市在报纸上发表《致老年人的慰问信》。酒泉市开展困难老年人救助活动，为患病、高龄、残疾、留守的366名老年人发放救助金56.9万元。陇南、白银、天水等市举办老年人书画展。定西、甘南等市州举办重阳节文艺晚会。张掖市举办《老年法》和《甘肃省老年人权益保障条例》知识竞赛，组织“我的故事”宣讲团宣传“好婆婆”、“好媳妇”先进事迹。省公安厅、交通厅、地矿局等部门开展了慰问离退休干部、喜迎重阳送“寿”、“桃”等活动。

五、扎实推进农村互助老人幸福院建设和“银龄行动”

按照精准扶贫和支持少数民族地区经济社会发展的工作要求，省老龄办分2批下拨2000个农村互助老人幸福院建设资金，共计6000万元，并对各地幸福院建设工作提出明确要求。3月上旬，分2路赴武威、定西等地实地调研，了解掌握幸福院建设运行情况。12月，与省民政厅组成专项督查组，对幸福院建设情况进行检查验收，幸福院建设任务基本完成。根据幸福院建设管理中存在的隶属关系不顺等问题，省老龄办与省民政厅沟通，联合下发了《关于调整农村互助老人幸福院建设管理工作责任主体的通知》，明确将农村互助老人幸福院建设管理工作划归民政部门。各级老龄部门要积极配合做好交接工作，保障幸福院建设管理运行更加顺畅，作用发挥更加充分。省老龄办将“银龄行动”与精准扶贫工作和双联行动相结合，联合省老教授协会开展了形式多样的支农活动。分别赴兰州市榆中县、临夏州永靖县、陇南市礼县、定西市通渭县等地开展肉羊饲养、土鸡散养、中药材及蚕豆苜蓿种植等培训、花椒种植产业可行性论证和农作物病虫害防治技术等讲座，发放各类培训教材500余册。老教授、专家们深入贫困地区为当地发展献计献策、贡献智慧，深入田间地头为农民传授科技知识，与当地农民就实用技术进行交流和互动，深受当地政府和老百姓的欢迎。兰州、嘉峪关、定西、武威、张掖等市结合实际，开展了形式多样的“银龄行动”，帮助老年人在不同领域实现老有所为，发挥积极作用。

六、强化督导推动老年优待政策落实

以督导落实《关于进一步完善老年人优待工作的意见》为重点，对全省老年人医疗、乘车、旅游等优待政策落实情况进行了督查。目前，全省80周岁以上老人高龄补贴制度全面落实，30多万老年人受益，嘉峪关、甘南、金昌、庆阳等市州将享受高龄补贴的范围扩大到75岁，标准最高的嘉峪关市百岁老人可享受每年1万元补贴。建立经济困难老年人补贴制度，符合条件的经济困难老年人每月可获得100元补贴。70周岁以上老年人免费乘坐城市公交车优待政策全面推行，嘉峪关、金昌等市将免费乘车范围扩大至60岁以上，武威市实行65岁以上老年人免费乘车，多数市州对60—64岁老年人实行半价优待。全省公办旅游景点全部实现了对60岁以上老年人免费开放。全省公办医疗机构对60周岁以上老年人普遍实行“一免一半五优先”，设立了老年优待窗口；大部分基层卫生医疗机构为辖区内老年人建立了健康档案，并为65周岁以上老年人每年提供一次免费体检。与发改、财政部门协调沟通，从2016年1月1日起，在全省取消《甘肃省老年人优待证》制作工本费收费项目，实行免费办理，全年共免费办理老年优待证7.8万余个。配合“七五”普法教育宣传活动，联合省老年法律工作者协会在兰州市城关区开展“老年法律进社区”活动，邀请法律专家现场讲解《老年法》及《甘肃省老年人权益保障条例》，提供免费法律咨询，发放《法律咨询联系卡》，为老年人开辟绿色法律服务通道，受到老年人赞誉。根据《关于开展老年人意外伤害保险工作的指导意见》精神，制定《甘肃省老年人意外伤害保险试点方案》，成立试点工作领导小组，与中国人寿保险有限公司甘肃省分公司联合下发关于开展2016年老年人意外伤害保险试点工作的通知》，在兰州、金昌、武威、天水4市开展试点工作，为全省开展这项工作积累宝贵经验和可行做法。其中，金昌市已为全市5567名80岁以上的老年人购买意外伤害保险，补贴资金达25万元。

七、深入开展老龄调查研究工作

坚持围绕工作搞调研，搞好调研促工作的理念，通过深入调研，理清思路，提高工作的系统性、科学性和实效性。一是第四次中国城乡老年人口生活状况抽样调查结束后，与兰州大学继续合作，围绕贫困老年人脱贫、老年优待政策落实、基层养老服务需求及现状、基层老年人健康状况等课题开展延伸调研，完成《甘肃省农村养老服务现状与对策报告》、《甘肃省老年人健康报告》等四项调研成果。二是与老教授协会就涉老社会组织及作用发挥情况进行专题调研，完成《充分发挥老教授群体高智力在实现伟大“中国梦”中发挥作用》调研报告。三是组织开展全省老龄调研活动，指导各地开展内容丰富、形式多样的调查研究，各地共上报调研文章50余篇。四是按照全国老龄信息工作会议精神，及时下发通知，指导各地认真做好数据采集汇总上报，确保数据真实准确，为党委政府科学决策提供依据。

八、不断强化老龄干部业务培训

坚持将开展老龄干部业务培训作为抓手，着力提升老龄干部综合素质和履职能力。一是组织部分市州老龄办同志赴四川、陕西等省学习考察。二是在兰州市举办基层老龄工作骨干培训班，邀请专家学者授课，实地观摩老年协会建设情况。三是在嘉峪关市举办全省老龄工作业务培训班，邀请专家学者授课，实地观摩了养老服务示范点。通过外出学习考察和业务培训，进一步提升了老龄干部的能力素质。

重要会议和活动

【全省老龄工作会议】3月31日，全省老龄工作会议召开，14个市（州）、兰州新区、部分县（区）老龄办主任、省老龄委各成员单位联络员及基层老年协会与农村互助老人幸福院协同发展先进代表共90余人参加会议，学习传达习近平总书记、李克强总理对加强老龄工作的重要指示批示精神、省委常委、组织部长、省老龄委主任吴德刚对全省老龄工作的批示和全国老龄委、老龄办有关会议精神，总结全省老龄工作，安排部署2016年工作任务。同时，召开专题座谈会议，就基层老年协会、互助老人幸福院发展专项问题进行了研究。

【社会各界代表座谈会】6月3日，召开了省民政厅、省卫计委、省商务厅、省妇联、兰州市老龄办、兰州大学、省老年法律工作者协会和部分老年人代表座谈会，学习总书记重要讲话精神，并结合各自工作实际进行发言，认为要充分发挥老龄工作机构的职能优势，主动适应老龄工作新形势新要求，为老年人办实事、解难事、做好事。省民政厅党组成员、省老龄办主任徐亚荣指出，总书记的重要讲话高屋建瓴、立意深远、全面系统、要求明确，全面阐述了积极应对人口老龄化的理念、方针、原则和战略部署，是积极应对人口老龄化的动员令。

【基层老龄工作骨干培训班】6月13日，省老龄办举办全省基层老龄工作骨干培训班，邀请省内外4名专家授课，就习近平总书记5.27重要讲话精神、基层老年协会发展状况及发展前景、基层老年协会规范化建设及运行管理进行了解读，部分老年协会做了交流发言，观摩了榆中县城关镇李家庄村和三角城高墩营村老年协会建设情况，全省县、乡、村老龄工作干部及老年协会会长等90余人参加，省民政厅党组成员、省老龄办主任徐亚荣出席开班仪式并讲话，举办这次培训班是学习贯彻习总书记系列重要指示要求的重要举措，要将讲话精神学习好、贯彻好，努力补齐短板，进一步推动我省基层老年协会规范化建设和老年人权益保障工作。

【全省市州老龄办主任座谈会】11月15日，全省市州老龄办主任座谈会召开，14个市（州）老龄办主任及相关业务科室负责人、省老龄办全体干部共60余人参加会议，学习传达了2016年全国老龄宣传工作会议精神和全国老龄办高层论坛暨2016年全国老龄系统干部培训班会议精神，省民政厅党组成员、省老龄办主任卢琼华指出，习总书记的重要指示和讲话精神高瞻远瞩、立意深远，阐述了新形势下老龄工作的指导思想、基本方针和重大举措，为老龄工作带来了崭新机遇，注入了强大动力。一要深入学习贯彻重要指示和讲话精神，理清思路，明确任务，找准抓手，积极作为，推动全省老龄事业全面协调可持续发展；二要认真学习贯彻全国老龄宣传工作会议精神，树立大老龄大宣传思想，准确把握宣传工作规律，多角度、全方位进行宣传；三要以调查研究为重点，提高科学谋划老龄工作的能力，增强针对性，着力破解老龄工作难题；四要加强与各成员单位、各部门的沟通配合，加大对政策法规落实情况的督查力度，推动各项涉老政策的落实；五要按照全面从严治党的要求，结合“两学一做”学习教育，切实增强纪律和规矩意识，努力提高业务能力和工作水平；六要建立健全各级老龄委及办公室议事规则、协调联络、监督检查等制度，形成党委统一领导、政府依法行政、部门密切配合、群团组织积极参与、上下左右协同联动的老龄工作大格局。

【全省老龄工作业务培训班】 11月29日，在嘉峪关市举办全省老龄工作业务培训班，省老龄委副主任、省民政厅党组成员、省老龄办主任卢琼华，省民政厅党组成员、巡视员郭华峰，嘉峪关市委常委、常务副市长王进平，嘉峪关市民政局党组书记、局长、市老龄办主任史有峰出席开班式，全省14个市州、86个县市区老龄办相关代表230余人参加培训，实地观摩了嘉峪关市居家和社区养老服务示范点。省老龄办副主任文新农主持了开班式，王进平副市长致辞，郭华锋巡视员肯定了老龄工作取得的成绩，提出工作重点：一是坚持四个原则，实施好“十三五”发展规划；二是合理布局，加快构建“一核两带多节点”发展格局；三是实施“五大工程”，不断提升养老服务层次水平。卢琼华主任指出，一要增强老龄工作的责任感和使命感，把深入学习贯彻习总书记重要讲话精神落到实处，确保培训取得实实在在的效果；二要理清工作思路，明确目标任务，推动老龄工作改革创新；三要坚持把讲话精神贯彻落实到具体工作中，谋划好明年工作；四要切实加强干部队伍自身建设，坚持学思结合、学用结合、学以致用，为推动老龄事业发展做出积极努力。

青海省

综　　述

2016年，在省委省政府的高度重视和正确领导下，各地区各成员单位以党的十八届五中、六中全会精神为指导，认真贯彻落实省委十二届十一次、十二次全会和省十二届人大五次会议精神，坚持以解决老年人最关心、最直接、最现实的利益问题为切入点，立足省情实际、创新发展理念、加大投入力度、扎实开展工作，全省老龄事业取得了显著成效。

一、涉老政策制度不断健全，老龄事业发展环境进一步优化

2016年，我们认真贯彻国家和省上关于加强老龄工作的重大决策部署，先后制定印发了《青海省老龄事业发展“十三五”规划》《青海省社区老年人专业养护专项规划(2016—2020)》《青海省老年人家庭和社区无障碍建设专项规划》《青海省养老服务设施建设总体规划》《关于推进医疗卫生与养老服务相结合的实施意见》《关于印发青海省城乡居民基本医疗保险省级统筹实施方案的通知》《青海省农牧区困难老年人代养服务规范（暂行）》《青海省“福彩助残、助老健康行项目——家庭、小区无障碍设施改造实施方案”》《青海省特困供养人员救助办法》《青海省2016年法律援助为民办实事实施意见》等政策措施，健全完善了老龄政策制度体系，为全省老龄事业进一步发展指明了方向、注入了活力、提供了遵循。

二、老年社会保障体系基本建成，老年人民生福祉得到切实改善

2016年，覆盖城乡居民的以社会保险、社会救助、社会福利为基础，以基本养老、基本医疗、最低生活保障制度为重点，以公益慈善事业、商业保险为补充的社会保障体系基本建成，覆盖面不断扩大，保障水平稳步提高。在基本养老方面：全省城乡居民养老保险参保人数达到237万人，参保率为97%，每人每月养老金标准达到140元；全省企业退休人员月人均养老金达到3255元，机关事业退休人员月人均养老金达到6118元。在基本医疗方面：全省城镇职工和城乡居民医保参保人数分别达到97.88万人和454.61万人，参保率均达到98%；城乡居民医保人均筹资标准统一提高到610元，贫困人口大病医保起付标准由5000元降低到3000元，切实减轻了贫困老年人的个人负担。在社会救助方面：全面建立了覆盖城乡的社会救助制度体系，将符合条件的老年人全部纳入城乡低保。城镇低保标准达到每人每月400元，农村达到每人每年2970元；五保对象集中供养和分散供养标准分别达到每人每年6346元和5553元，年均增幅达18%。在社会福利方面：健全高龄补贴制度，全省高龄老人补贴标准月人均提高20元，达到90—160元，全年发放高龄补贴资金3.36亿元，近30.11万名老年人享受到这一惠民政策；全面推进老年人意外伤害保险和养老机构综合责任保险工作，全省投保老年人意外伤害保险人数达30.34万人。

三、养老服务体系建设持续加强，社会化养老服务需求得到有效缓解

2016年，立足省情实际，继续推进建设以居家为基础、社区为依托、机构为补充、医养相结合的养老服务体系。安排下达养老服务设施及改造资金2.2亿元，全省新建社区老年日间照料中心、农村互助幸福院、养老院、福利院等老年福利设施27个，新增机构养老床位1618张，每千名老年人拥有养老床位达到32张。深入推进政府购买居家养老服务，安排下达省级补助资金1.39亿元，西宁、海东两市实现特困老人和80岁以上老人购买养老服务全覆盖，全省老年人居家和社区养老服务承接主体达40家。继续在黄南、玉树、果洛和海南4州8县开展代养服务试点工作，代养服务农村牧区困难老人1211人，探索农牧区困难老年人居家养老的有效实现形式。积极争取中央财政竞争性分配资金4000万元，确定海东市为居家和社区养老服务国家级试点城市。西宁市、海东市和海南州被确定为医养结合试点地区，培育医养结合服务机构15家。县级以上医疗机构中有98家与102家养老机构建立了合作关系，基层医疗卫生机构与21.6万名居家养老老年人签订了服务协议。

四、老年宜居环境建设初见成效，老年人生活舒适度明显提升

近年来，我省老年人居住环境不断改善，“老年人生活圈”持续优化，老年宜居环境建设的新理念逐渐形成。统筹开展全省无障碍设施建设管理工作，强化对无障碍设施的建设和管理，推进老年人综合服务设施和无障碍设施建设。在西宁市、海东市继续开展无障碍建设市（县）创建活动，各创建试点地区无障碍设施分布范围明显扩大、数量明显增加、规范化程度和建设质量明显提高。进一步健全老年人优待政策，着力完善老年人在政务服务、卫生保健、交通出行、商业服务、文体休闲、维权服务等方面的优惠措施。在城市全面落实老年人免费乘坐市内公交车、享受游园、参观公共文化设施等优待，西宁市、海西州、海北州等部分市县对65岁以上老年人乘坐市内公交车免费或优惠；公共图书馆、文化馆（站）、博物馆全部免费开放。各行业举办的老年大学（老年活动中心）针对老年人开设各类文体培训班，通过寓教于乐、乐中健身、学中养老的方式，丰富老年人的文化生活。组织开展了“敬老文明号”、“孝亲敬老”之星、“老有所为”先进典型人物评选、“贴心保姆”扶老助残志愿服务、“银龄行动”、基层老年协会“乐龄工程”建设等系列活动，全社会敬老爱老助老社会风尚日益浓厚，老年人更多地享受到发展成果。

五、老年权益保障机制更加完善，老年人平等参与社会获得普遍认同

维护老年人合法权益，是实现依法赋权、促进社会公平的重要内容。2016年以来，老年人法律保障和服务工作力度不断加大，全省已成立各类法律援助工作站921个，各级法律援助机构均受理开展老年人法律援助工作，形成了五级法律援助服务网络。通过成立省法律援助基金会、进一步畅通老年人法律援助绿色通道、升级“12348”法律服务热线、发放法律援助爱心联系卡等方式，为老年人提供了更加便捷的法律援助服务。同时，将《老年人权益保障法》的宣传纳入“七五”普法规划和“12·4法制宣传日”、“敬老月”等活动中，把维护老年人合法权益、提升维权意识作为“法律七进”的重要内容，进一步加大涉老法制宣传力度。一年来，全省法律援助机构共办理各类法律援助案件9490件，其中为老年人等弱势群体提供法律咨询1619人（次），切实维护了老年人合法权益。为充分鼓励老年人参与社会发展，继续加强基层老年协会建设，全省基层老年协会已发展到3000多个，老年人在服务社区、关心教育下一代、调解邻里纠纷和家庭矛盾、维护社会治安等方面的积极作用得到进一步发挥。

宁夏回族自治区

综　　述

截至2016年底，我区60岁以上户籍老年人口达到87.95万，占总人口的13.1%。预计到2020年老年人口将达100万以上，占总人口的15%左右。针对人口老龄化进程加快、高龄老人增多和“空巢”、“留守”、“独居”老人增加的实际，自治区党委、政府高度重视，坚持“党委领导、政府主导、社会参与、全民行动”的老龄工作方针，加强养老保障制度建设，健全完善养老服务体系，老年人基本权益得到保障，老龄事业实现全面协调发展。

一、完善城乡居民医疗保险制度，不断提高社会保障水平

一是提高城乡居民医保人均补助标准。自治区人社厅联合财政厅、民政厅印发了《关于调整城乡居民基本医疗保险有关政策的通知》，各级财政对城乡居民医保人均补助标准由2015年的432元调整到472元，对无城镇职工基本医疗保险的离休干部遗孀补助505元，使其免费参加并享受城乡居民三档缴费的医保待遇。二是提高参保人员医疗保障水平。自治区政府出台了《城镇职工基本医疗保险自治区统筹管理的意见》，全区退休人员统一以本人上年度平均基本养老金为基数按照4%划入个人账户，提高参保人员医疗保障水平。三是进一步完善住院和门诊大病患者就医和报销政策。大病保险筹资标准由25元提高到32元，门诊大病签约医疗机构从2家增加为3家，医保基金支付能力和抗风险能力进一步增强。积极开展退休职工普惠性健康体检和参保老龄人员免费健康体检工作，37万城乡居民免费接受健康体检。四是“五险合一”经办管理体制改革取得阶段性成果。建立并实行社保经办机构与商业保险机构派驻人员合署办公机制，率先在全国实现基本医疗保险和城乡居民大病保险“一站式”即时结算，跨省异地就医结算范围进一步扩大，老年人看病报销更加便捷。五是提高低保和高龄津贴标准。为将提标政策落实到位，联合自治区财政厅、扶贫办下发了《关于提高我区城乡居民最低生活保障标准的通知》，从4月1日起，城市低保标准由每人每月380元提高到440元，农村低保标准由每人每年2400元提高到3150元。同时，与自治区财政厅联合制定下发了《关于调整高龄低收入老年人基本生活津贴发放标准的通知》，从4月1日起，提高高龄津贴发放标准，80—89周岁城市高龄津贴标准由每人每月400元调到450元；80—89周岁农村高龄津贴标准由每人每月220元调到270元；90周岁以上城乡高龄津贴标准由每人每月450元调到500元。截至目前，全区共保障城乡低保对象56.12万人，其中城市低保对象14.95万人，月人均补差达到305元（含补贴）；农村低保对象41.17万人，月人均补差达到207元（含补贴）。全区享受高龄津贴人数为37943人，其中城市高龄老人2016人，农村高龄老人35927人。

二、加强养老服务设施建设，深入推进养老服务发展

一是深入拓展社区居家养老服务。2016年，按计划完成了国家发改委、民政部养老服务设施专项资金建设的30个社区老年人日间照料中心，中央彩票公益金支持的75个社区老年人日间照料中心任务，设置床位2020张。同时，建设了西夏区、彭阳县两个县级智能化社区居家养老服务信息平台，为1500名困难老人安装了“一键式”呼叫器。2016年，“宁居通”智能化社区居家养老服务中心为老年人、残疾人助餐（送餐）672824次，家庭保洁11507次，健康理疗1320次，老年家庭护理430次，聊天助浴192次。截止2016年底，全区共建成20个市、县级社区居家养老服务信息平台和1个省级社区居家养老服务指挥中心，累计为全区2.8万名困难老年人安装了“一键式”呼叫器。二是支持社会力量参与养老服务业发展。认真贯彻落实自治区44号文件精神，加强支持社会力量兴办养老服务机构的政策宣传，并积极与财政厅及相关部门沟通，对新兴办的10家民办养老机构进行核查核验，按照《民办养老服务机构一次性床位补助资金管理办法》要求，对符合标准的7家民办养老机构1653张床位，已划拨一次性床位建设补贴692.4万元。9月份，举办了海峡两岸（宁夏）养老服务业发展对接会，我区4家机构与台湾相关机构签定了合作备忘录，达成了人才培训学习、业务交流合作等多项协议。与中国人寿宁夏分公司联合开展老年人意外伤害保险工作一年来，全区共有21.42万人参加了投保，占全区老年人口的25.56%，实现保费收入850余万元，其中，各级政府为“三无”、五保、低保和优抚对象等老年人群体购买意外伤害保险共计支出698万元。与中国平安宁夏分公司联合开展了民办养老服务机构综合责任保险项目一年来，15所民办养老服务机构参与投保，承保保费33.1万元，发生保险事故15起，累计赔付金额12.97万元，养老服务机构综合责任保险的开展有效的分担民办养老服务机构的经济压力，得到民办养老服务机构的认可和鼓励，减轻了社会负担。三是有效推进医疗卫生与养老服务养融合发展。2016年3月，联合卫计委等部门出台《关于加快推进医疗卫生与养老服务相结合的实施意见》，银川市被确定为国家级医养结合试点，吴忠市为全区试点。支持具备老年病、慢性病、中医或回医、骨伤科等诊疗条件的民营医疗机构开办养老机构。鼓励公立医院申请举办、托管养老医疗机构或公立医院举办的社区卫生服务机构为毗邻养老机构提供购买式服务，为老年人提供优质便捷的医疗卫生服务。宁夏老年人服务中心和宁夏回族自治区人民医院，按照“租赁经营，共担风险，医养集合，履行责任”的原则，签署了医养结合服务协议，成立“康复医学中心”。宁夏唐徕老年托护中心依托宁夏正源骨关节疼痛病专科医院的医疗设施和技术力量，为长期患病老人提供康复护理、生活照料等服务。四是扎实开展中国城乡老年人生活状况监测调查工作。根据全国老龄办关于开展中国城乡老年人生活状况监测调查的通知要求，自治区老龄办高度重视、周密部署，扎实推进中国城乡老年人生活状况监测调查工作的组织与实施。及时成立了监测调查工作领导机构，制定了调查工作方案。12月19日，自治区老龄办一行3人赴沙坡头区对参加本次监测调查的40名督导员、调查员进行了业务培训，我区于12月20日—31日在沙坡头区开展对老年人生活状况进行追踪监测。本次监测调查的对象是从去年参加过第四次中国城乡老年人生活状况抽样调查的480名老人中随机抽取96名老年人作为调查对象，主要采取入户访谈、现场填写问卷的形式，内容围绕老年人家庭、健康医疗、照料护理服务、经济、宜居环境、社会参与、维权、精神文化生活等10方面83项内容。沙坡头区社会保障局成立督导组赴有关乡镇就入户过程中出现的问题进行现场督导，严格按照工作安排的时间节点，按时保质保量的完成了此次监测调查工作，为制定惠及老年人政策提供了科学的依据。

三、深入贯彻落实《老年法》，维护老年人合法权益

一是强化法制宣传。以贯彻落实《中华人民共和国老年人权益保障法》为重点，利用春节、老年节、法律宣传日、纪念日等重大节日，通过报刊、杂志、电视（台）、网络等媒体对《中华人民共和国老年人权益保障法》和《宁夏回族自治区老年人权益保障条例》进行多角度、全方位的广泛宣传，在全社会进一步营造了良好的尊老敬老爱老社会风尚。二是积极开展老年法律维权先进集体评选表彰工作。根据全国老龄办等六部门《关于评选表彰“全国老年法律维权工作先进集体”的通知》精神，自治区老龄办、高级人民法院、人民检察院、公安厅、民政厅、司法厅在全区联合开展了“老年法律维权工作先进集体”评选表彰活动。通过各地、各部门层层推荐，“自治区老年法律维权工作先进集体”评选表彰工作领导小组初审，“全国老年法律维权工作先进集体”评选表彰工作领导小组复审，自治区司法厅法律援助管理处、青铜峡市老龄办等8个单位被为“全国老年法律维权工作先进集体”，自治区民政厅救助处、西夏区民政局等15个单位被评为“自治区老年法律维权工作先进集体”。三是积极推动老年优待证下放办理工作。为满足老年人能够就近、就便办理《宁夏老年人优待证》的愿望，根据年度工作安排，自治区老龄办加强与自治区政务服务中心和民政厅的沟通联络，6月份联合下发了《关于做好〈宁夏老年人优待证〉下放办理工作的通知》，并在永宁县望洪镇进行了试点工作，探索了有益经验。12月份，自治区老龄办赴深圳、天津就《老年优待证》办理工作进行了调研，为我区老年优待证换发事宜借鉴了外省区有益经验和做法。

四、积极开展文教体育活动，不断丰富老年人精神生活

一是老年文化活动丰富多彩。银川市举办了“幸福花开·舞动精彩”银川市第二届老年人广场舞展示赛、第二届军地老年人现场书画大赛、第二届老年人才艺展示赛等系列文化活动，极大的丰富了老年人精神文化生活；固原市结合纪念中国工农红军长征胜利80周年和庆祝中华人民共和国成立67周年，举办了第四届老年人才艺表演文艺晚会。二是深入拓展老年教育。目前，全区共有各级各类老年大学29所，总建筑面积约3万平方米，在读学员约1.5万余人，已毕业学员2万余名。各级老年大学以“增长知识、陶冶情操、促进健康、服务社会”为办学宗旨，开设了老年人普遍喜欢的书法、绘画、唱歌、文学、保健、时政等课程，为老年人构建了一个集思想教育、科学文化学习、休闲养生娱乐、参与社会发展于一体的为老服务平台。三是积极推进老年体育。中卫市先后举办了老年健身展示活动、太极拳（剑）交流、健身秧歌比赛活动、坡头区全民健身日暨健步走活动等，极大地丰富了老年群体的体育健身生活。四是老年社会组织活动踊跃。宁夏老年书画协会分别举办了“纪念中国工农红军长征胜利80周年”、“重阳节”老年书画展。石嘴山市结合全国文明城市创建活动，制定了《2016年老年人志愿者服务活动方案》，组织市老年秦腔协会志愿者到市社会福利院、为老人进行慰问演出，在青山公园举办秦腔（彩装）专场演出演出，深受老年人好评。

五、扎实开展宣传教育活动，不断完善宣传网络平台

围绕老龄中心和重点工作，进一步加强与新闻媒体的联系，充分发挥传统媒体特别是主流媒体的优势，多角度、多侧面、多形式地开展老龄工作宣传报道，不断增强全社会的老龄意识。一是深入学习贯彻中央领导同志指示批示和重要讲话精神。先后印发了《关于贯彻落实全国老龄委第十八次全会和全国老龄办主任会议精神的专报》、《关于学习贯彻习近平总书记在中央政治局第三十二次集体学习时重要讲话精神的通知》，在全区老龄系统掀起了学习贯彻习近平总书记等中央领导同志关于加强老龄工作的指示批示和重要讲话的热潮。二是广泛开展“敬老月”活动。下发了《关于开展2016年“敬老月”活动的通知》，在全区范围内广泛开展了“敬老月”活动。10月9日，自治区民政厅、老龄办代表自治区人民政府慰问了银川市5名百岁老人、2位“老有所为”先进人物和4所养老服务机构。10月9日—10日，联合自治区文明办、自治区卫计委、自治区残联、宁夏健康网举办了“九九重阳节·浓浓敬老情”2016老年健康文化节，通过内容丰富、形式多样的老年健康大型公益活动，增强老年人与社会的互动，丰富老年人的文化生活，提升老年人的幸福感。邀请宁夏医科大学总医院、宁夏人民医院等12家医院的50位专家为老年人现场进行义诊。据统计，全区各级老龄部门共开展敬老爱老主题活动1300多场次，慰问老年人5808人，发放慰问金216万余元，媒体报道200余次。一系列走访慰问、志愿服务和丰富多彩的文化体育活动，丰富了老年人的精神文化生活，提高了老年人的幸福指数，弘扬了中华民族孝亲敬老的传统美德，进一步营造了尊老敬老、爱老助老的良好社会风尚。三是积极推进老龄办官网的开发建设。为健全我区老龄宣传工作的网络平台，2016年初，自治区老龄办与宁夏智能化居家养老服务中心沟通协调达成合作意向，宁居通开始老龄办官网的开发与建设，经过先期多次沟通协调，正式确定官网的版面和内容。1月18日，自治区老龄办官方网站正式开通。自治区老龄办“一报一刊一网”的立体宣传平台完全建立，为进一步扩大全区老龄宣传工作奠定了坚实的基础。

重要会议和活动

【全区老龄办主任会议】4月15日，“全区老年法律维权工作先进集体”表彰暨老龄办主任会议在银川召开，自治区老龄委副主任、民政厅厅长、老龄办主任杜正彬出席会议并作了重要讲话，民政厅副厅长余瑞东主持会议，自治区老龄办常务副主任李作忠作了工作报告。会议总结了2015年老龄工作，表彰奖励了2015年度全区《宁夏老龄工作信息》、老龄政策研究成果和老龄工作先进单位，安排部署了2015年全区老龄工作。全区各市、县（区）老龄办主任或专职副主任、民政厅有关处室负责人参加了会议。

【开展老年人意外伤害保险工作座谈会】9月28日，宁夏回族自治区老龄保险工作座谈会在银川市贺兰县召开，会议的主要内容是传达学习全国老龄保险工作座谈会精神，总结交流全区开展老年人意外伤害保险工作的经验做法，探讨当前和今后一个时期全区老年人意外伤害保险工作有效深入推进的措施办法。

【持续开展养老服务机构综合责任保险工作】为提升我区养老服务机构的服务保障功能，提高养老服务机构发生意外责任风险时的应对能力和善后处置能力。10月份，自治区老龄办与中国平安财产保险股份有限公司宁夏分公司联合在全区15家民办养老服务机构开展了养老服务机构综合责任保险工作，有效提升了民办养老机构抵御意外风险的能力。

【召开海峡两岸养老产业发展对接会】9月7日，由自治区人民政府台湾事务办公室和自治区民政厅主办，中华海峡两岸医疗暨健康产业发展协会、海峡两岸社区产业暨养老照护发展交流协会协办的海峡两岸（宁夏）养老产业发展对接会在首府银川召开。

【举办2016老年健康文化节】在重阳节期间，联合自治区文明办、民政厅、卫计委、残联共同举办了2016老年健康文化节。邀请宁夏医科大学总医院、宁夏人民医院等12家医院的50位专家组成的“名医团”为老年人现场进行义诊。

【配合全国人大进行“一法一条例”调研工作】。6月14日，为做好全国人大审议国务院关于研究处理老年人权益保障法执法检查报告及审议意见情况的反馈报告，全国人大内务司法委员会副主任委员秦光荣一行5人调研组赴我区养老服务体系建设进行了为期4天的调研。秦光荣对宁夏在积极应对人口老龄化挑战中所作的努力表示肯定，对在加强养老服务工作中采取的创新之举表示赞赏。

【举办全区老龄系统干部培训班】为深入贯彻落实习近平总书记关于加强老龄工作的重要指示和在中央政治局第三十二次集体学习时的重要讲话精神，积极应对人口老龄化，提升为老服务水平与能力。11月23日至24日，自治区老龄办举办了全区老龄系统干部培训班。来自各市、县（区）的老龄办主任、老龄办工作人员和自治区老龄办全体人员共40余人参加了培训。

【加强养老服务人员职业技能培训】在自治区民政厅、人社厅、财政厅的大力支持和指导下，对全区各级各类养老机构的216名从业人员进行了养老护理职业技能培训。为深入贯彻落实习近平总书记关于加强老龄工作的重要指示和在中央政治局第三十二次集体学习时的重要讲话精神，积极应对我区人口老龄化，提升为老服务能力与水平，12月8日至9日，自治区老龄办成功举办了首届全区养老护理员职业技能竞赛。民政部职业技能鉴定指导中心，自治区民政厅、人力资源和社会保障厅有关领导对竞赛进行了全程指导。9月份、11月份，委托宁夏节能低碳科技服务中心，对全区136名社区为老服务工作人员进行了社区养老护理方面的培训，进一步提升了社区为老服务的能力和水平。

各项业务进展

【涉老政策和制度建设】根据《国务院办公厅转发卫生计生委等部门关于推进医疗卫生与养老服务相结合指导意见的通知》、《民政部　卫生计生委关于做好医养结合服务机构许可工作的通知》精神，加快推进医疗卫生与养老服务相结合，满足群众日益增长的健康养老需求，联合自治区民政厅、卫计委联合印发了《关于加快推进医疗卫生与养老服务相结合实施意见的通知》和《关于做好医养结合服务机构许可工作的通知》，为加快推进我区医养融合异性提供了政策支撑。为了促进养老服务事业健康发展，保障老年人生活、健康和安全，2016年11月30日经宁夏回族自治区第十一届人民代表大会常务委员会第二十八次会议通过实施《宁夏回族自治区养老服务促进条例》。同时，在全区开展了老龄工作政策调研活动，共征集调研论文23篇，上报全国老龄办8篇，其中有1篇被全国老龄办评为二等奖。

【养老服务设施建设】按照《宁夏基本养老服务体系建设规划（2015—2017）》要求，积极推进养老服务体系建设，25所老年活动中心、25所农村敬老院、75个社区日间照料中心、34个农村互助养老院进展顺利。加强支持社会力量兴办养老服务机构的政策宣传，并积极与财政厅及相关部门沟通，对新兴办的10家民办养老机构进行核查核验，按照《民办养老服务机构一次性床位补助资金管理办法》要求，对符合标准的7家民办养老机构1653张床位，已划拨一次性床位建设补贴692.4万元。

【居家养老服务工作】建设了西夏区、彭阳县两个县级智能化社区居家养老服务信息平台，为1500名困难老人安装了“一键式”呼叫器。2016年，“宁居通”智能化社区居家养老服务中心为老年人、残疾人助餐（送餐）672824次，家庭保洁11507次，健康理疗1320次，老年家庭护理430次，聊天助浴192次。截止2016年底，全区共建成20个市、县级社区居家养老服务信息平台和1个省级社区居家养老服务指挥中心，累计为全区2.8万名困难老年人安装了“一键式”呼叫器。

【老年人权益保障】根据全国老龄办、最高人民法院等六部门《关于评选表彰“全国老年法律维权工作先进集体”的通知》精神，自治区老龄办、高级人民法院、人民检察院、公安厅、民政厅、司法厅在全区联合开展了“老年法律维权工作先进集体”评选表彰活动。通过各地、各部门层层推荐，“自治区老年法律维权工作先进集体”评选表彰工作领导小组初审，“全国老年法律维权工作先进集体”评选表彰工作领导小组复审，自治区司法厅法律援助管理处、青铜峡市老龄办等8个单位被为“全国老年法律维权工作先进集体”。

【老龄宣传工作】围绕老龄中心任务和重点工作，进一步加强与新闻媒体的联系，多角度、多侧面、多形式地开展老龄工作宣传报道，不断增强全社会的老龄意识。结合创建活动，主题教育活动和“敬老月”活动，通过自办刊物、报纸和信息不断加大宣传力度，编辑《宁夏老龄工作》杂志6期，编发《宁夏老龄工作信息》56期。全年中央和自治区各媒体刊载了226篇老龄宣传稿件，取得了良好的宣传效果。

新疆维吾尔自治区

综　　述

2016年，在自治区党委、人民政府的坚强领导下，各级老龄工作部门坚持“党委领导，政府主导，社会参与，全民行动”相结合，围绕大局，服务中心，求真务实，开拓进取，扎实推进老龄工作取得新突破。

一、围绕中心，服务大局，充分发挥老龄工作的保障作用

各级老龄工作部门始终坚持同自治区党委保持高度一致，认真学习贯彻习近平总书记一系列重要讲话精神，围绕总目标，找准老龄工作的切入点，自觉服从和服务于自治区工作大局。一是充分发挥老年人在维护社会稳定和促进民族团结中的重要作用。在年度老龄工作要点中，要求各地加强基层老年人协会建设，建立老年志愿者队伍，充分发挥老年人在维护民族团结中的作用。在敬老文明号、老龄工作先进集体和先进工作者评选中，增加了“坚决维护民族团结”的要求。向全区各族老年人发出号召，引导老年群众始终树立正确的祖国观、民族观，自觉践行社会主义核心价值观，鼓励和支持老年人与宗教极端思想做斗争，使他们带动家人、亲戚、朋友远离极端、抵制极端、揭批极端，积极参与民主监督、社会治安、移风易俗、民事调解等各种社会活动，在社情舆情收集和调解矛盾纠纷方面，老年人成了政府的“千里眼”、“顺风耳”和“稳定器”，发挥着不可替代的作用。老年康乐报社积极对各地开展民族团结工作中涌现出来的典型人物、经验给予大力宣传，向部分县市清真寺免费赠送维文版老年康乐报，让广大宗教人士和信教群众了解党的民族政策。各级老年大学结合实际开设少数民族学员班，在教学场地张贴宣传民族团结标语，组织老师创作编排具有新疆特色的少数民族舞蹈，使老年大学成为维护民族团结的有效平台。二是全力推进“访惠聚”工作。各级老龄办高度重视“访民情惠民生聚民心”工作，认真履行“访惠聚”驻村工作主体责任，选派政治素质高、工作能力强、善于做群众工作的干部组成工作组，参加驻村工作队，坚持“六个着力”，努力完成“六项任务”，取得了明显成效。

二、协调出台各项惠老政策，不断完善社会养老保障体系

自治区10个部门联合出台《自治区关于鼓励民间资本参与养老服务业发展的实施意见》，加大社会力量参与养老服务的扶持政策落实力度，落实831.65万元资金，对全区81家民办非营利性养老机构进行了资助。积极推进养老政策研究工作，完成“新疆养老服务托底作用”课题研究，为推进全区各级政府在应对人口老龄化中发挥托底作用提供了决策依据。加强城市规划区域养老服务设施统筹协调，明确布局和建设标准，因地制宜地确定服务半径和规模，分区分级规划设置，确保了养老服务基础设施建设的规划需要，实现养老服务设施的均衡配置，推进城乡养老服务一体化。争取养老项目中央预算内投资和养老服务体系建设项目专项建设基金支持，落实中央预算内投资8595万元，落实养老服务体系专项建设基金3批3.1亿元，支持老年养护院、养老中心、老年公寓、医养结合设施等养老设施建设。支持伊犁、阿克苏、巴州、乌鲁木齐等地州市开展养老服务体系综合试点。目前，全区城市居家、社区养老服务覆盖率达到40%，较去年同期上升13%；农村居家、社区养老服务覆盖率达到85%，较去年同期上升48%。全区各类养老福利机构（设施）达到3850所，各类养老床位72275张，较2015年新增床位17554张，其中民办养老服务机构达到99所，拥有床位

12931张，较2015年新增机构6所，新增床位848张，每千名老人拥有床位数达到28张，较2015年每千名老人拥有床位数增加7张。深入贯彻落实自治区党委第九次代表大会关于“力争到2020年有意愿的‘五保’老人实现集中供养、孤儿实现集中收养，筑牢社会保障安全网”的重要部署，制定了我区《关于全面建立“五保”老人和孤儿集中供（收）养工作实施意见》和《关于推进“五保”老人和孤儿集中供（收）养工作第一阶段实施方案》，为下一步在全区深入开展“五保”老人和孤儿集中供（收）养工作奠定了坚实基础。为进一步推动居家和社区养老服务发展，自治区老龄办完成了《足不出户，养老无忧——新疆居家养老服务纪实》专题片的拍摄工作，全面反映了我区居家养老现状。

三、积极为老年人办好事实事，切实维护老年人合法权益

自治区人民政府出台《自治区关于全面实施城乡居民大病保险工作的意见》和《自治区城镇职工大病保险实施方案（试行)》，推动建立覆盖全疆的城乡居民大病保险、城镇职工大病保险制度，老年人“因病致贫”、“因病返贫”问题得到缓解。各地将老年医疗服务体系建设纳入医疗服务体系规划建设，合理布局老年病院、老年护理院、康复医院、疗养院，鼓励养老机构内设医疗护理机构，盘活现有医疗机构存量资源，根据需求转型为老年病医院和老年护理院，引导新增资源特别是社会力量投向老年医疗护理和健康管理服务领域。积极鼓励发展以社区卫生服务中心为枢纽延伸到家庭的医疗康复护理服务新形式，建立基层签约服务制度，为老年患者提供老年护理、家庭护理、社区护理、互助护理、家庭病床、医疗康复等服务。优先支持社会资本举办非营利性医养、康复、护理和老年病医疗机构，设立老年医学中心，积极推进自治区健康老龄化和老年相关疾病的研究、诊断和治疗。优先将65岁以上老年人做为健康体检重点人群，落实老年人的健康管理措施，将老年人纳入基本公共卫生服务项目签约服务重点人群，为老年人提供约定的健康管理服务，收集健康基础信息，做到体检与“健康咨询、健康教育、疾病筛查”相结合，推动预防、筛查、干预、治疗、康复全程管理服务，全区完成170万老年人的健康体检工作。开展家庭医生签约服务试点工作，为老年人提供基本医疗、康复训练指导、家庭护理、公共卫生及健康管理等服务。制定《自治区推进医疗卫生与养老服务相结合实施意见》，开展医养结合试点，乌鲁木齐市、巴州和克拉玛依市列为国家级医养结合试点单位。2016年，对全区年满60岁符合条件的城镇计划生育家庭扶助对象12435人发放奖励金3529.7万元；对符合条件的农村计划生育家庭扶助对象71430人发放6857.28万元奖励金。

积极协调自治区法制办将《自治区保护老年人合法权益条例》修订工作纳入修法计划，吸收多个先进省区修订条例的经验，起草了《条例》修订的草案。配合《条例》修订工作，协助自治区人大常委会开展《条例》贯彻落实情况调研，与中国老龄科学研究中心合作，在5个地州的9个县市区进行老年人权益保障状况的在线调查，完成新疆老年人权益保障状况调查报告。针对严重侵害老年人合法权益案件高发的态势，相关部门专题研究部署打击金融、电信诈骗违法犯罪专项行动，通过聚力攻坚、预警宣传、全力追赃等措施，严厉打击侵害老年人合法权益的犯罪行为，全力保障老年群体的合法权益。积极探索建立与老年人法律援助需求相适应的服务方式，加强便民服务窗口、老年人法律援助工作站、联系点建设，健全老年人法律援助服务网络，积极努力地为全区老年人提供良好的法律服务，2016年全区法律援助机构为老年人办理法律援助案件2915件。为全区老年人提供法律咨询4259人次。加强老年人消费维权工作，加大宣传力度，广泛发放老年人消费陷阱案例，提示老年人慎防消费陷阱，积极处置老年人消费纠纷。2016年，自治区12315指挥中心共接到老年人咨询、投诉和举报476件，均得到及时处置，为老年人挽回经济损失27.33万元。

贯彻落实《无障碍环境建设条例》，加强无障碍设施工程建设管理，新建居住（小）区的养老服务设施与住宅同步验收、同步交付使用，目前新建公共设施和住宅等场所的无障碍率达到100%。新建、改建公厕为老年人开辟专用无障碍通道，增设老年人蹲位、蹲起扶手等人性化设施。大力推动城市公园绿地建设，积极拓展老年人游览健身活动空间，让人口高度集中区域内的老年人能够就近就便进入公园、游园。完善公园游园等配套设施，有针对性地提供老年人活动设施和服务，为老年人提供周到的服务。积极开展老年人意外伤害保险工作，提高老年人及其家庭抗风险能力。截至2016年末，全区累计承保13.91万人次，对1150名发生意外事故的老年人给予赔付了381万元，哈密市近3万名老年人享受到由政府出资购买的意外伤害保险。完善住房保障体系制度建设，在制度设计上倾向于老年人能够更快捷、方便地获得住房保障，确保符合条件的老年人优先获得住房保障，解决基本生活需求。开通绿色通道为老年人办理房屋权属关系变更，方便老年人进行咨询和优先办理，确保老年人群体权益不受损害。各级医疗卫生机构把老龄医疗工作作为医疗服务的重点工作，建立和完善双向转诊、便民服务制度，各医疗机构以老年人优先就诊，开设老年病门诊和无障碍通道，对75岁以上老年人设有专门取药窗口，对65岁以上老年人免收普通门诊挂号费。连续6年实施老年人高龄津贴和免费体检制度，投入资金9314万元，为全区18.7万80周岁以上老年人发放高龄津贴并实施免费体检。昌吉州按时足额发放高龄津贴1300万元。对农牧区65岁以上老年人住院医疗费用报销比例提高0.5个百分点，共补偿5.4万人次，报销费用9800万元。老人节期间，自治区党委常委、老龄委主任肖开提·依明代表自治区党委看望了高龄老年人，送上了慰问金和慰问品。敬老月期间，各级党委、政府慰问各族老年人57133人，慰问金额503.22万元，解决老人生活中遇到的各类困难5119件，参与为老服务人数17960人。

四、加大老龄宣传力度，营造发展老龄事业的良好氛围

自治区老龄办专门下发通知，要求在全区老龄系统和成员单位以习近平总书记重要指示和讲话精神为主线，广泛宣传发展老龄事业的新理念、发展老龄事业的重大意义、积极应对人口老龄化战略举措和制度安排，用讲话精神统一思想，凝聚共识，指导实践。目前，《老年康乐报》汉文版每期发行量超过12.4万份，维文版每期达到5.9万份，合计每期18.3万份。在全区启动了第二届“敬老文明号”创建活动，各级老龄委精心组织、积极推动，各涉老部门、为老服务组织、公共服务窗口行业踊跃参与。自治区老龄办对新申报全国和自治区敬老文明号单位进行了评审，通报表彰了60家自治区级敬老文明号单位。各级老龄办以孝亲敬老为核心内容，组织开展了以“讲孝道、比孝心、比和睦”为主要内容的敬老爱老助老模范人物、敬老好儿女、敬老好家庭、“最美家庭”等评选表彰活动。围绕“敬老爱老、全民关怀”主题，各地开展了“敬老月”系列活动，自治区老龄委刊发了致全疆各族老年朋友的慰问信。新疆人民广播电台、新疆电视台、新疆日报、新疆经济报、老年康乐报及各地州市新闻媒体对“敬老月”活动情况及时进行了宣传报道。

五、搭建各类平台，支持老年人参与社会发展

一是大力宣传老有所为先进典型。为倡导老年人积极参与社会发展，鼓励更多的老年人为社会做贡献，自治区老龄办向全国推荐了老有所为先进典型集体和个人，组织拍摄了《老有所为》先进典型宣传片在新疆人民会堂进行了播放，引起了社会强烈反响。二是开展“银龄行动”。组织上海18名老年志愿者，在喀什地区和克拉玛依市开展了为期70天的疆沪第十四期“银龄行动”，“银龄行动”，取得了较好的经济和社会效益。“银龄行动”期间共接待门诊5502人次，参与、开展查房1000余人次，学术讲座40余场，培训医护人员930余人次，带培助手24名，疑难病例会诊25次、讨论430例、教学查房24次，开展大中型手术65台，参加义诊13次，服务群众3000多人次，查阅、录入病历2000份。组织上海老年志愿者下乡开展“访惠聚”义诊，投入近10万元经费，购置了药品和医疗器械，为各族群众送去上海先进医疗服务，受到当地老百姓的热烈欢迎。三是大力发展老年教育。自治区完成了新疆老年大学协会换届工作，选举出了协会领导和理事会，协会领导带队对喀什地区、克州、和田地区、巴州老年教育工作进行实地调研，协调南疆三地州解决编制、经费、场地。新疆老年大学协会经过检查评估，推荐上报新疆哈密市老年大学和博尔塔拉老年大学为我区示范化老年大学。新疆老年大学全年共开设182个班，招收学员6065人次，比2015年增加了22个教学班，增加学员645人。

六、提高业务能力，全面加强自身建设

各级老龄工作部门结合实际，在广泛征求意见的基础上科学论证，积极制定老龄事业发展第十三个五年规划，将老龄事业纳入经济社会发展总体规划和相关部门的专项规划，并针对地区老年人关心的热点、难点问题及老龄事业发展过程中出现的问题进行了全面安排部署，为积极应对地区人口老龄化的挑战提出了新的措施和办法。开展2016年自治区老龄调研工作安排及调研报告评选工作，评选一等奖3篇，二等奖7篇，三等奖18篇，鼓励奖10篇，推荐上报8篇参加全国老龄调研报告评选。为进一步加强干部队伍建设，自治区老龄办举办了全区老龄工作干部培训班，对自治区老龄委成员单位和地州市98名老龄工作干部进行了专题培训。各地按照分级培训的原则，通过集中培训、以会代训、在岗带培等多种方式，不断提高基层干部的整体素质。自治区老龄办完成中国城乡老年人生活状况2016年监测调查工作，撰写了2015年老龄事业统计报告并编印成册，对自治区老龄事业发展基金会进行了换届。与自治区人力资源和社会保障厅联合启动自治区老龄工作先进集体和先进工作者评选推荐表彰工作，1名老龄先进工作集体和个人受到全国老龄办进行表彰，29老龄工作先进集体和40个先进个人受到自治区的通报表彰。伊犁、阿克苏、昌吉、和田、巴州等地将老龄重点工作列入绩效目标考核，制定任务分解方案，做到指标具体，量化考核，推动老龄工作扎实开展。

重要会议和活动

【自治区老龄工作会议】2月24日，自治区召开自治区老龄工作会议，自治区老龄委各成员单位领导，各地州市分管领导、老龄办专职副主任参加会议。会议回顾总结了2015年老龄工作的成绩和经验，分析研判当前形势，紧紧围绕自治区党委中心工作，全面安排部署2016工作任务，把思想统一到自治区党委的决策部署上来，推动自治区老龄事业取得新进展。自治区党委常委、自治区老龄委主任肖开提·依明同志作重要讲话。自治区老龄委副主任、老龄办常务副主任任继民同志作工作报告。自治区民政厅、司法厅、人社厅、住建厅、卫计委作大会交流发言。下午，自治区老龄委副主任、老龄办常务副主任任继民同志作总结讲话，就贯彻落实肖开提常委讲话精神和2015年工作进行了安排部署。

【"建党95周年暨自治区老龄事业发展30周年"自治区老年文艺演出】9月25日，举办了庆祝建党95周年暨自治区老龄事业发展30周年"夕阳无限美"老年文艺演出，运用LED电子背景宣传老龄工作，增强艺术效果，受到各委办厅局的一致好评。自治区四套班子领导和机关群众团体及演员等2300余人观看了演出，共同庆祝全国"老年节"。

【第二届区直单位老年乒乓球邀请赛】5月25日至26日，自治区老龄工作委员会在新疆体育中心举办第二届自治区区直单位老年乒乓球邀请赛。来自区直单位、大中专院校、大中型企业的72支代表队342名老年运动员参加邀请赛，自治区国税局代表队荣获第一名。

【自治区老年书画摄影作品展】组织了自治区老年书画摄影作品展，来自全疆各地和自治区机关企业事业单位、中央驻疆等单位的维、汉、蒙3个民族老人之手的513幅作品参加了在新疆国际会展中心的展出，参观人数达8600人次。

【第十四期疆沪"银龄行动"】6月20日，上海市民政局组织18名老年志愿者，在喀什地区和克拉玛依市开展了为期70天的疆沪第十四期"银龄行动"，"银龄行动"，取得了较好的经济和社会效益。"银龄行动"期间共接待门诊5502人次，参与、开展查房1000余人次，学术讲座40余次，培训医护人员930余人次，带培助手24名，疑难病例会诊25次、讨论430例、教学查房24次，开展大中型手术65台，参加义诊13次，服务群众3000多人次，查阅、录入病历2000份。

【"银龄行动"访惠聚义诊】7月21日至23日，经老龄办领导决定，投入近10万元经费，购置了大量的药品和医疗器械，组织了疆沪银龄行动上海老年志愿者，下乡开展"访惠聚"义诊。活动分别在喀什莎车县、阿克苏柯坪县举行，来自上海各大医院的心内科、五官科、口腔科、乳腺外科等9名老专家们，为闻讯前来就诊的村民义诊，六百多名患者前来就医就诊及治疗，并给患者免费配置了所需的药品，为莎车县和柯坪县当地百姓送去上海先进医疗服务，受到当地老百姓的热烈欢迎，得到了当地老百姓的一致好评。

【老龄信息工作培训班】5月3日至6日举办了自治区老龄信息工作培训班。来自自治区老龄工作委员会31个成员单位、14个地州市及其35个县市区的98名同志参加培训。本次培训第一次将全部成员单位纳入到老龄信息培训当中。培训中，宣教处明确了成员单位及地州市老龄工作信息报送要求，成员单位联络员结合本单位工作做了汇报。

【"老年节"慰问】10月24日，自治区党委常委、老龄委主任肖开提·依明等领导，带着自治区党委书记陈全国书记和自治区主席雪克来提·扎克尔的亲切问候，先后来到幸福路片区管委会天福花园社区基层老年协会、乌鲁木齐市第一干休所、新疆老年病医院、新疆师范大学家属院，乌鲁木齐市阿勒泰路金源小区等，走访慰问了乌鲁木齐市部分老年人，为他们送去了自治区党委、政府的亲切关怀和节日祝福，并送上了慰问金和慰问品。自治区各主流新闻媒体也在老人节当天祝全区各族老年人节日愉快、健康长寿。

【"敬老月"活动】围绕"敬老爱老、全民关怀"主题，"敬老月"期间新疆人民广播电台、新疆电视台、新疆日报、新疆经济报、老年康乐报及各地州市新闻媒体对"敬老月"活动情况及时进行了宣传报道，新疆卫视在老年节的《新疆新闻联播》中对全疆各地敬老月和庆祝"老年节"活动情况进行了综合报道，新疆电视台相对集中播放了有尊老、敬老内容的广告。新疆经济报、乌鲁木齐市晚报等报刊在"老年节"当天专版刊登敬老公益广告，自治区老龄委刊发了致全疆各族老年朋友的慰问信。注重家庭敬老，巩固家庭养老基础地位，开展孝亲敬老家庭建设活动。各地州市老龄办，以孝亲敬老家庭为核心内容，组织开展了以"讲孝道、比孝心、比和睦"为主要内容的敬老爱老助老模范人物、敬老好儿女、敬老好家庭、"最美家庭"等评选表彰活动宣传慰问全国"老有所为"先进典型人物家庭活动。四是敬老月期间号召各单位开展文体活动，丰富老年人的精神文化生活。

【"敬老养老"论文征集及评选】共收到和审核各地州市和自治区厅局团体论文72篇，评选出一等奖3篇、二等奖6篇、三等奖9篇、优秀奖10篇，对自治区食品药品监督管理局刘志俊的《我国老年社会管理的现状和思考》等28篇敬老养老论文进行了通报表彰。

各项业务进展

【老龄工作调研】2016年，自治区老龄办在乌鲁木齐市、昌吉州、克拉玛依市、伊犁州、阿克苏地区对居家养老状况进行调研，撰写调研报告。配合《条例》修订工作，开展了老年人权益保障状况调查。在中国老龄科学研究中心的帮助下，在5个地州的9个县市区进行老年人权益保障状况的在线调查，随同各地调查员进行入户调查指导和督导，调查结束后，对9个县市区的200名调查对象随机抽取20名老人进行了电话回访。协助科研中心研究人员完成新疆老年人权益保障状况调查报告。配合自治区人大常委会开展《条例》贯彻落实情况调研，参加了由自治区人大常委会、自治区老龄办和民政厅组成的调研组，在博州、巴州、克拉玛依对《新疆维吾尔自治区保护老年人合法权益条例》贯彻实施情况进行调研。根据全国老龄办工作计划，开展2016年自治区老龄调研工作安排及调研报告的评选工作，共收到地州市上报论文60篇，评选一等奖3篇，二等奖7篇，三等奖18篇，鼓励奖10篇。向全国老龄办推荐上报8篇参加全国老龄调研报告评选。

【老年维权工作】组织修订《自治区保护老年人合法权益条例》，协调自治区自治区法制办，将《自治区保护老年人合法权益条例》修订工作纳入自治区修法计划。对《条例》贯彻落实情况进行了老年人问卷调查，吸收多个先进省区修订条例的经验，起草了《条例》修订的草稿。制定自治区老龄事业发展第十三个五年规划，按照全国老龄办和自治区的要求，积极制定自治区老龄事业发展第十三个五年规划，并将规划草案向自治区老龄委成员单位和地州市老龄部门征求意见。

【老龄信息宣传工作】组织拍摄《老有所为》宣传片。为弘扬社会主义核心价值观，展示自治区老龄事业发展30年来自治区老龄工作的成就，进一步推动老龄事业发展，倡导老年人积极参与社会发展，宣传老年人老有所为的成就，鼓励更多的老年人为社会做贡献，5月份，共收集整理老有所为先进典型人物118人和7个集体，和影视公司协作共同完成拍摄30名《老有所为》先进典型人物和集体的宣传片在新疆人民会堂进行了播放，反响强烈。截止2016年11月10日宣教处共收集和审核处理信息1086条，其中《老龄工作动态》采编209条，“新疆老龄”微信平台采编27条（含2015年12月）；向上级报送信息17条，其中向自治区党委、政府报送12条，被采用1条，向全国老龄办报送5条，被全国信息刊物采用2条，在各省排名位列第4名；处理自治区老龄委成员单位信息59条。处理地州市信息1027条。全国老龄新闻宣传好作品的评选活动，2016年年初，我区从14个地州市中选报的60余个作品参加全国老龄新闻好作品中评选，获得二等奖1名、三等奖3名、优秀奖1名，并获得单位优秀组织奖。拍摄、制作居家养老专题片，完成了《足不出户，养老无忧——新疆居家养老服务纪实》和“老有所为”专题片的拍摄以及后期制作工作。在广泛征集成员单位和地州市老龄办意见和建议的基础上，拟制并修改了拍摄大纲。历时60天，12地州35个县市（区），行程10173公里，共拍摄各类日间照料中心、农村幸福互助院、农村养老基地、老年活动中心、基层卫生服务站等涉老为老服务站点67个，拍摄老有所为典型人物28个。完成专题片后期制作和修改工作。

【自治区老年人才数据库】开展新疆老年人才数据库项目的开发工作，制定数据库建设方案，委托中国老龄科学研究中心研发数据库项目。

【老年教育】6月26日，新疆老年大学协会完成了换届工作，选举出了协会领导和理事会，确定今年工作思路和工作要点。6月底，协会领导带队对喀什地区、克州、和田地区、巴州老年教育工作进行实地调研，协调南疆三地州解决编制、经费、场地，尽快建立本级老年大学，10月9日，喀什地区老年大学正式挂牌办学，南疆三地州全部成立。同时，自治区老龄办牵头组织教育厅等部门参与老年教育发展规划的制定。新疆老年大学协会经过检查评估，推荐上报新疆哈密市老年大学和博尔塔拉老年大学为我区示范化老年大学。新疆老年大学优化课程设置，精心编排招生简章，增加教学班次，扩大招生名额，全年共开设182个班，招收学员6065人次，比2015年增加了22个教学班，增加学员645人。加大对艺术团、书画摄影院的支持力度，投入近16万元编排新节目，制作演出服装、创作作品编印书画册，支持参加各项演出活动，学校艺术团表演的维吾尔舞蹈《达坂城的姑娘》在世界华人文艺联合会组织的“新丝路杯”国际邀请赛中获得“大金奖”。

【老年文体活动】自治区老龄委在新疆体育中心举办第二届区直单位老年乒乓球邀请赛，来自区直单位、大中专院校、大中型企业的72支代表队342名老年运动员参加比赛。组织了自治区老年书画摄影作品展，来自全疆各地和自治区机关企业事业单位、中央驻疆等单位的维、汉、蒙3个民族老人之手的513幅作品参加了在新疆国际会展中心的展出，参观人数达8600人次。举办了庆祝建党95周年暨自治区老龄事业发展30周年“夕阳无限美”老年文艺演出，自治区四套班子领导和机关群众团体及演员等2300余人观看了演出。老年康乐报社举办了第二届刀郎木卡姆健身操比赛，自治区各大厅局、企业退休干部职工组成的9支代表队，近500人参加了比赛。通过开展老年文化系列活动，丰富了各族老年人的精神文化生活，推动了自治区老年文化事业的繁荣与发展，对弘扬中华民族敬老文化，唱响时代主旋律，促进民族团结和老龄事业发展，起到了积极的作用。

【“敬老文明号”创建】第二届“敬老文明号”评选表彰工作，7月8日，自治区老龄办启动第二届自治区“敬老文明号”评选表彰和全国“敬老文明号”、“敬老爱老助老模范人物”推荐工作。11月上旬对第一届敬老文明号57家单位继续认定，撤销2家敬老文明号单位。对新申报全国和自治区敬老文明号单位进行了评审，并对新申报自治区级敬老文明号的60家单位进行了认定和通报表彰。

【老龄事业统计】完成2015年自治区老龄事业统计数据的收集、审核、整理，撰写了2015年老龄事业统计报告并编印成册。举办2016年老龄事业统计培训班。

新疆生产建设兵团

综　述

【概述】兵团历史的特殊性决定了人口老龄化呈现出“三个加快”的显著特点：一是老年人口增速加快。截止2016年底，兵团现有人口281万人，60岁以上老年人口48.68万人，占兵团总人口的17.2%，高于全国16%的平均水平，老龄化速度在未来十年中将呈现持续加快的态势，兵团老龄工作的压力将越来越大，老龄事业发展面临新的挑战；二是高龄老人、失能半失能老人增速加快，已达74976人。高龄人群中失能或半失能生活不能自理的老人较多，他们对社会养老服务要求将越来越高；三是空巢老人增速加快。兵团现有空巢老人6.66万人，驻地大部分在条件艰苦的地方，经济发展相对滞后，自身解决子女就业的能力弱，造成了兵团青壮年离开父母外出务工、异地安居较多的现实，这些原因加快了兵团空巢老人的增速。

【兵团领导走访慰问】2月4日，在新春佳节即将来临之际，兵团党委副书记、司令员刘新齐率兵团领导分三组亲切看望慰问兵团老领导，代表兵团党委、兵团向他们及其家属致以新春的祝福；9月11日，古尔邦节临近，恰逢中秋佳节即将到来，自治区党委副书记，兵团党委书记、政委孙金龙看望慰问了兵团少数民族离退休领导干部，代表兵团党委和277万干部群众，向他们致以节日的祝福，向为兵团事业发展作出重要贡献的全兵团老领导老同志表示诚挚问候和衷心感谢；10月19日，兵团党委常委、副司令员于秀栋走访慰问了在石河子市的老红军张德华。同日，兵团党委副书记、司令员刘新齐专程来到六师五家渠市，看望慰问老红军邵戍子和王钰，为他们送去鲜花和慰问金以及“中国工农红军长征胜利80周年纪念章”；10月20日，自治区党委副书记、兵团党委书记、政委孙金龙专程看望慰问在兵团的老红军马焕文、姚云松、贺新中，向他们送上由中共中央、中央军委颁发的“中国工农红军长征胜利80周年纪念章”，代表兵团党委向他们致以崇高敬意，送去诚挚问候。

【欢庆老年节文艺晚会】由兵团党委老干局主办，兵团老军垦文艺协会等单位协办的“传承长征精神、重阳赞颂党恩”——2016年兵团欢庆中国老年节文艺晚会，于10月8日在和平都会演播厅举行。兵团党委常委、副政委、组织部部长宋浩出席并讲话，兵团老领导刘双全、李书卷、朱鉴凡、吕刚，以及老年人代表2000余人观看晚会。宋浩指出，社会各界应持续关心支持兵团老干部事业发展，希望广大老干部、老同志，一如既往地关心、支持兵团各项事业的发展，为维护新疆社会稳定和长治久安不断作出新的贡献，不断为党的事业增添正能量。

【兵团精神】“兵团精神”是兵团各项事业蓬勃发展的宝贵财富，是激励兵团人不断持续奋斗的强大动力。9月15日，为纪念建党95周年、红军长征胜利80周年、湘女进疆66周年、北屯市建市5周年，由十师185团文联策划，兵团日报社、《当代兵团》杂志社、十师北屯市文化局、文联联合举办的文化寻根——“老兵团”主题美术作品展，在中国北屯2016额尔齐斯文化艺术节暨额尔齐斯汽摩越野挑战赛期间隆重亮相。作品展上，30幅造型准确、神采生动的巨幅国画作品呈“回”字排开，将当年老军垦战天斗地、屯垦戍边的感人故事和生活场景描摹得入木三分，吸引了广大群众及游客前来观看。本次活动结合“两学一做”学习教育，展示兵团历史文化，激励广大党员干部加强党性修养，增强干事创业热情。传承兵团精神，发挥好稳定器大熔炉示范区作用。

【社会保险】2016年，新疆兵团社会保障工作取得新进展，社会保险覆盖范围不断扩大，覆盖城镇、团场各类人员的社会保险体系基本建立；社会保险待遇水平进一步提高，社会保险缴费补助机制进一步完善，社会保险费率动态调整机制基本建立，到年底社会保险综合覆盖率提高到98%以上。疆内外异地就医工作取得新进展，社保基金更加安全；职业年金征缴工作走在全国前列，新疆兵团已将城镇、团场各类从业人员和城乡居民都纳入了社会保险覆盖范围，实现了城镇团场社会保障体系“并轨”。截至2016年11月，新疆兵团城镇职工基本养老、医疗、失业、工伤、生育保险参保人数分别达到161万、233万、65.1万、74.8万、66.7万，分别完成年度目标任务的102%、99.2%、100.2%、105.3%、99.58%。兵团还完成2016年退休人员基本养老金调整工作，共惠及退休人员61.43万人，月人均增加养老金226元。从2015年1月1日起，按艰苦边远地区类别调整了建国前参加革命工作老工人的基本养老金。制定下发《关于完善兵团职工医保门诊慢性病有关政策的通知》、《关于新生儿参加兵团居民基本医疗保险有关问题的通知》等文件，切实减轻参保人员医疗负担。2016年，中央财政补助新疆兵团城镇职工养老保险基金128亿元，补助新疆兵团团场农牧职工社会保险缴费减负资金14.566亿元，基本医疗保险补助4.07亿元，切实减轻了农牧职工的社会保险缴费负担。到2016年末，新疆兵团职工医保、居民医保15个统筹区均已实现联网即时结算；实现与浙江等4省异地联网结算，与广东等省市签订了协议，解决了新疆兵团7.7万异地安置人员的异地就医联网即时结算问题，占新疆兵团异地安置人数的71%。

【社会救助】 2016年，兵团各级民政部门坚持把社会救助工作作为保障改善民生的重要抓手，进一步完善与兵团经济社会发展水平相适应，与其他社会保障制度相衔接的社会救助制度体系，积极推进以最低生活保障为重点的五项社会救助制度与扶贫开发政策有效衔接，为兵团困难群众编密织牢了兜底保障基本生活的安全网。先后出台《兵团特困人员救助供养实施办法》、《兵团特困人员认定办法》、《兵团最低生活保障制度与扶贫开发政策有效衔接的实施方案》等政策文件，对兵团社会救助制度体系进行了进一步补充完善。拨付最低生活保障、临时救助、特困人员救助供养、医疗救助、自然灾害救助等五项救助资金近6.6亿元。兵团平均月最低生活保障标准由349元提高到395元，兵团5.4万户低保家庭8.3万低保对象的基本生活得到了兜底保障。对17.3万人次实施城乡医疗救助，并资助低保对象参加居民基本医疗保险。抓好特困人员排查摸底和建档，使兵团2200多“最困难”“最脆弱”特困群体得到了救助保障。

【养老服务】 2016年，兵团新建师本级养老院6个，团养老院29个，社区老年人日间照料中心25个，总投资5.043亿元。在加大基础设施投入的同时，兵团养老服务业供给侧改革已经全面启动，六、八、十师已在师级层面成立了养老服务产业集团，各师也纷纷尝试采用PPP合作模式引入民营资本运营养老机构。为积极鼓励引导民间资本投资养老服务领域，兵团民政局、发改委等八部门联合印发《关于鼓励民间资本参与养老服务业发展意见》（兵民发〔2016〕121号）。进一步明确了扶持对象，并从财政补助、注册立项、土地使用等十个方面制定了扶持优惠政策。积极吸纳社会各方力量投入兵团养老行业，支持鼓励兵团养老服务行业协会发挥行业组织作用，积极引进国内外先进的养老服务理念。目前，国内养老服务业的领军品牌，纷纷通过养老行业协会落户兵团。

【基层政权和社区建设】 兵团已建成社区居委会701个，其中：城市社区居委会104个，师部师直社区22个，企业社区34个，团场小城镇社区380个，团场连队社区160个，农村社区1个，已覆盖居民89.5万户（约257万人），社区覆盖率近93%，基层政权建设得到加强，社区服务体系法规政策不断完善，制定下发了《新疆生产建设兵团社区发展规划（2016—2020年）》、《新疆生产建设兵团关于加强社区协商的实施意见》、《关于进一步开展社区减负工作的通知》、《关于加强和改进社区服务工作的实施意见》等文件，推动社区减负、社区协商等重点工作落实。社区居家养老有序推进，取得了较好的示范效应，社区治理创新工作取得突破，第八师石河子市“社区治理和服务创新实验区”通过国家验收。新建的51个社区综合服务中心全部竣工，骨干培训走出新路子，通过购买服务培训社区工作者290余人。

【社会福利事业】 2016年，财政部下达用于支持兵团社会福利事业的中央专项彩票公益金4.5亿元资金已全部分批下达南疆师团，74个项目基础设施建设已全面启动，对于全面提升和改善南疆师团的民生工作具有重大的战略意义。80周岁以上老年人基本生活津贴2000万元按时下拨；印发了《兵团关于建立困难残疾人生活补贴和重度残疾人护理补贴制度实施意见》，研究制定实施细则，两项补贴已全部开始发放。

【老年维权先进集体】 在全国老龄办的安排部署下，兵团老龄委认真贯彻落实《中华人民共和国老年人权益保障法》，依法维护老年人合法权益，认真做好新形势下老年法律维权工作。经中央批准，全国老龄办、最高人民法院、最高人民检察院、公安部、民政部、司法部六部委联合开展“全国老年法律维权工作先进集体”评选表彰活动。兵团第十三师老龄办、石河子市法院、第七师一三七团司法所三个单位被评为“全国老年维权先进集体”荣誉称号。

【老龄系统先进集体和先进工作者】 根据《人力资源社会保障部　全国老龄工作委员会关于评选全国老龄系统先进集体和先进工作者的通知（人社部函〔2016〕113号）》精神，为树立典型、弘扬先进，进一步做好兵团老龄工作，推动老龄事业科学发展，由兵团人力资源和社会保障局、兵团老龄工作委员会组成的全国老龄系统先进集体和先进工作者兵团评选表彰工作领导小组于2016年7月开展了全国老龄系统先进集体和先进工作者的评选表彰和推荐工作。经全国老龄系统先进集体和先进工作者评选表彰工作办公室初审，并报领导小组审议通过，兵团第八师老龄工作委员会办公室为全国老龄系统先进集体，第十师老龄工作委员会办公室主任蔡震为全国老龄系统先进工作者。

【老年教育事业】 全兵团有各级老年大学50所，开设28个专业，29个教学班，年平均在校学员1万余人次。随着人口老龄化的日趋加剧，老年人对精神文化方面的需求不断增强。

【兵团召开老干部局长会议】 3月1日，兵团老干部局长会议召开，兵团党委常委、副政委、组织部部长宋浩出席会议并讲话，他提出：兵团老干部工作部门要坚持用心、用情、用力做好离退休干部服务管理工作，落实老干部各项政治、生活待遇，特别是注重做好生活困难暨鳏寡孤独、空巢老干部帮扶工作，要满怀激情、带着感情、充满热情和以坚强党性做好老干部工作，健全离退休干部困难帮扶机制，完善和创新离退休干部服务管理工作，千方百计为老干部办实事办好事，切实发挥好老干部的积极作用。

【推进老年宜居环境建设】为着力做好老年宜居环境建设工作，兵团老龄办全面贯彻落实全国老龄办、国家发改委等25个中央部委《关于推进老年宜居环境建设工作的指导意见》精神，分析老年宜居环境工作面临的新形势，明确老年宜居环境工作新任务。联合兵团发展改革委等22个部门，转发了《关于推进老年宜居环境建设工作的指导意见》。兵团老年人在居住条件、公共服务、社区环境等方面暴露出的问题越来越突出，在日常生活和社会参与中存在的障碍也越来越明显。老年宜居环境建设工作是兵团老龄工作的重大理念和实践创新成果，必须深刻认识老年宜居环境建设的实践意义和深远影响，老年宜居环境建设是提升老年人生命生活质量的重要保证，是积极应对人口老龄化的战略举措，是推动老龄事业跃升发展的创新抓手，是稳增长、促改革、调结构、惠民生的重要力量。对于新疆的社会稳定和长治久安工作起到重要的作用。

【敬老月】“敬老月”活动是由全国老龄工作委员会组织的一项全国性敬老爱老助老社会活动，为深入贯彻落实习近平总书记关于加强老龄工作的重要指示批示和在中央政治局第三十二次集体学习的重要讲话精神，根据《全国老龄工作委员会关于开展2016年全国“敬老月”活动的通知》（全国老龄委发〔2016〕5号）要求，兵团老龄工作委员会开展了2016年“敬老月”活动，兵团领导高度重视，广泛开展走访慰问；兵团老龄办根据全国老龄办要求开展了“敬老爱老助老评选表彰活动”，推荐6家“敬老文明号”申报单位、10位“敬老爱老助老模范人物”上报全国参加评选；“敬老月”期间，各单位大力开展《中华人民共和国老年人权益保障法》宣传教育活动，为老志愿服务活动，“老有所为”先进典型人物评选活动，以及丰富多彩的文化惠老活动。“敬老月”已成为尽显桑榆风采的宣传平台，弘扬敬老文化的展示平台，最大限度获取、利用、整合敬老资源的对接平台。进一步宣传了老龄工作和积极应对人口老龄化国情，增强全社会敬老意识和老龄意识，推动兵团老龄事业健康快速发展。

【“中国城乡老年人生活状况监测调查”】为掌握“十三五”期间全国城乡老年人生活状况和养老服务需求现状与变化情况，根据习近平总书记关于“建立老年人状况统计调查和发布制度”的指示和《全国老龄办关于开展中国城乡老年人生活状况监测调查的通知》（全国老龄办发〔2016〕88号）文件要求，全国老龄办决定开展中国城乡老年人生活状况监测调查。监测调查性质属于追踪调查，调查对象为曾参加过2015年第四次调查、年满61周岁及以上的老年人。兵团2016年监测调查范围仍为八师121团、134团、143团，共11个社区居委会，每个团监测调查24名老年人，兵团共计监测调查72名老年人，填写15份老龄工作问卷。为做好此次监测调查工作，兵团老龄办在八师举办了2016年中国城乡老年人生活状况监测调查督导员、访问员培训班。2016年12月20日至31日开展了监测调查工作，圆满完成了全国老龄办安排部署的调查任务。

【老年人权益保障】兵团老年人权益保障工作在兵团党委、政府、社会、人民群众的关怀下不断深入发展，老年人合法权益得到切实维护，老年人的物质文化生活质量明显提升。在养老保障方面，兵团养老保险体系不断健全、覆盖范围不断扩大、养老保障水平稳步提高，2016年连续十一年增加企业退休人员基本养老金。医养融合方面，完善兵团医疗救助政策，持续将65岁以上老年人免费健康体检列入为职工群众办“十件实事”中，积极探索医养结合新型养老模式。社会福利方面，建立健全社会救助制度，做好80周岁以上老年人高龄津贴发放工作，为年满65岁以上老年人办理免费乘坐公交车的老年卡，认真落实《新疆维吾尔自治区优待老年人规定》。法律服务方面，充分利用兵团普法网、“148”基层法律服务热线、“12348”法律援助服务热线等渠道举办涉老维权专题法制宣传活动，开通法律援助绿色通道，为老年人提供优质高效的法律服务。对涉老维权案件做到依法及时立案、及时处理、及时执行，并通过多种方式为老年人维权提供便利，较好地保障了老年人的合法权益。

【老有所为】为着力发挥老年人积极作用，营造“老有所为”、参与“老有所为”、宣传“老有所为”的社会氛围，构建全民行动的老龄工作大格局，兵团老龄办开展了2016年“老有所为”先进典型人物宣传活动。经逐级选拔、择优推荐、专家评审，第九师161团魏德友荣获“全国老有所为楷模”、第十三师李宗伟荣获“全国老有所为先进典型人物”。兵团老龄办号召各级老龄部门要全面开展并深入学习宣传魏德友、李宗伟两位老人艰苦创业、矢志维稳、屯垦戍边的典型事迹和老军垦精神，进一步激发广大老年人发挥自身价值、奉献社会的积极性，扎实推动兵团老龄办在“老有所为”宣传工作迈上新台阶。

【老有所乐】6月18日，由中国合唱协会和黔东南州人民政府共同举办的第三届中国民歌合唱节在凯里民族文化宫举行。兵团老军垦合唱团表演的曲目《伊犁姑娘》《帕米尔风情》获得声乐组合银奖。为隆重庆祝中国人民解放军建军89周年，7月29日，兵团老军垦舞蹈团走进昌吉州公安消防支队，为一线的消防官兵进行慰问演出，送上对消防战士节日的祝福。更是表达了舞蹈团的演员们对消防部队无限的感激，对年轻的战士们无限的关心。10月11

日，以“展示阳光心态、舞动民族团结”为主题的2016年“金秋风采”全国中老年舞蹈展演在景洪市告庄西双景开幕。兵团老军垦舞蹈团参演的节目《欢乐的麦西来普》获得“金奖”。

【基层老年协会建设】兵团现有基层老年协会345个，老年活动场所56万平方米，日均活动人数达到50775人，配备专职工作人员1029人。2016年11月8日，兵团老龄办在博格达宾馆举办兵团基层老年协会人员示范培训班，来自各师（市）14个单位共84名学员参加了本次培训班。本次培训多角度全方位为参培人员开阔了眼界，提升了老龄工作管理水平，有力加强了基层老龄工作的力量。为了加强基层老年协会建设，今年，兵团民政局下拨2014年彩票公益金80万元，以社区为老服务建设项目下达，用于各师购买文体用品发展兵团老年文化体育事业，丰富老年人精神文化生活。

【守边戍边52载的“活界碑”老人魏德友】7月15日，兵团党委组织部下发《关于开展向魏德友同志学习的通知》（兵党组发〔2016〕33号），8月28日，兵团党委授予魏德友同志“优秀共产党员”荣誉称号，并在命名大会上宣读了中共中央政治局常委、全国政协主席俞正声给魏德友的回信，信中对魏德友戍边52年给予充分肯定。自治区党委副书记，兵团党委书记、政委孙金龙强调，兵团各级党组织要结合“两学一做”学习教育，加强魏德友同志先进事迹和老军垦精神的宣传学习，教育和激励兵团广大干部群众特别是年轻一代，做像魏德友同志那样理想信念坚定、负有责任担当、坚持艰苦创业、矢志维稳戍边的兵团人。12月12日，中央文明委在北京举办第一届全国文明家庭表彰大会，新疆10个文明家庭受到隆重表彰。守边52载的魏德友和老伴，作为兵团代表之一受到了中央文明委的表彰。

深圳市

综　述

一、老龄工作法制建设加快推进

2013年新修订的《中华人民共和国老年人权益保障法》颁布实施，2014年全国老龄办等24个部委印发《关于进一步加强老年人优待工作的意见》、广东省出台《广东省老年人优待办法》。2016年，习近平总书记在中共中央政治局第三十二次集体学习时发表重要讲话，更是指出要着力完善老龄政策制度。2016年，深圳加快以制度创新促老龄工作改革发展，以制度完善促老龄工作提升规范，分别研究推进和出台一系列老龄工作法规制度。如在前期调研、座谈和广泛征求意见基础上，形成了《深圳市老年人社会优待办法》，并根据各单位的意见建议进行了认真的修改完善，拟按程序尽快报请市政府研究审定。同时积极开展老年人权益保障摸底和调研，结合国内部分省市的实践经验，形成《深圳经济特区老年人权益保障法实施条例（征求意见稿）》，并积极争取纳入我市立法计划。又如在罗湖试点工作的基础上，向各区下发《关于印发敬老优待证办理程序的通知》，进一步明确和规范了敬老优待证业务流程，以制度的方式进一步提升服务效率，方便服务对象。另外，分别在福彩公益金资助“幸福老人计划”项目管理、基层老年社会组织建设、高龄津贴发放管理方面出台系列规范性文件，切实提高了基层服务和管理工作水平。

二、老龄工作社会影响不断扩大

一是“幸福老人计划”范围扩大。从2015年开始，按照市政府常务会议精神，市老龄办联合市财政部门、市公益金管理中心，指导出台《福彩公益金资助“幸福老人计划”项目经费分配方案》和《关于加强市福彩公益金“幸福老人计划”项目管理的通知》，引入老年人口数、老年社会组织活动数量、规模等因素对项目资金进行更加科学、有效的分配，同时进一步规范了福彩公益金用于老龄服务事业的分配和使用，加强幸福老人计划资助项目的流程管理，健全监督机制，进一步提高公益金资助项目的使用效果，使“幸福老人计划”产生更大的社会效益。

二是老年优待服务效果放大。通过在罗湖区进行积极有效的试点工作，创新和规范了敬老优待服务办理流程，积极协调市公安局、社工委、市科工贸信等部门实现信息共享，同时与深圳新居住证条例有效衔接，并且实现与居住登记系统的无缝对接。2016年共办理各类老年优待证（免费乘车证）7万余张，全年全市老年人累计享受乘车（地铁）优待8000万人次，切实保障老年人享受到市政府的各项优待政策。

三是老年津贴覆盖范围扩大。我市从2011年开始为全市80周岁以上户籍老人按月发放高龄老人津贴，从2015年开始，各区逐步在80岁高龄老人津贴的基础上，将享受津贴的年龄降低到了70周岁，老年津贴的覆盖范围从2万多人扩大到6万多人，老年人生活保障得到了进一步提升。而且，通过业务系统还实现了老人津贴发放和殡葬数据的对接，各区每月都能掌握辖区内老年人的殡葬数据，提高了老人津贴发放工作的准确性和有效性。同时市老龄办进一步加强对高龄老人津贴发放工作的指导，要求各区建立核查机制和加强监督检查，通过这一系列的举措，我市老年津贴制度、津贴水平和绩效管理再次走在全国前列。

四是为老服务活动社会影响显著。以为老年朋友办好事、办实事为出发点，从老年朋友最迫切需要和关心的问题着手，重点在法律维权和卫生健康方面组织和推荐评选第二届全国"敬老文明号"创建。公安、司法、卫计等职能部门和窗口单位积极开展了多项为老服务活动。目前，我市已按照推荐要求报送了相关创建材料，年底全国将对获奖单位进行表彰。另外，继续积极发挥"银龄行动"等项目作用，组织各级老年社会组织和老年人才，广泛开展老有所为、老有所乐、老有所学活动，2016年组织老年人才队伍分赴深汕合作区的帮扶学校、医院和民办企业开展智力援助，取得了非常好的社会效果，得到了社会和媒体的一致赞誉。

三、老龄工作改革创新突破发展

一是积极创新为老服务模式。2015年开始在罗湖区试点改革创新敬老优待证、高龄津贴审批等为老服务事项网上办理，2016年，经过对试点的总结和完善，在全市推行了此项做法。此项改革创新提高了工作效率和服务效能，提升服务百姓民生的能力，精简优化了审批程序，大大减少辖区老年人申请办理各项优待政策的往返次数，降低成本，取得了很好的社会效果。2016年，在盐田区开展老年志愿者队伍试点建设基础上，进一步扩大试点范围，老年志愿者队伍进一步壮大，参与和服务人数持续增长。通过结对服务，低龄老人帮助高龄老人，健康老人照顾患病老人，使得老年志愿者在帮助他人的同时，自身价值也得到了体现，共同营造出和谐友爱的社区氛围，老年志愿者已经成为深圳又一道亮丽的风景线。

二是积极探索全国老龄工作创新试点建设。从基本市情出发，积极应对人口老龄化机遇和挑战，从创新老龄工作发展理念、加强老龄工作顶层设计、提升老龄社会服务创新、提高老龄工作基础研究水平等方面积极研究、探索。结合"十三五"的规划任务和国家养老服务业综合改革试点建设，按照全国老龄办、国家发改委等25个部委《关于推进老年宜居环境建设的指导意见》积极开展深圳推进老年宜居环境建设和创建国际老年友好城市，并拟形成落实文件工作方案。

三是积极推进"银龄安康"行动等新型为老服务产品。根据全国老龄办、民政部、财政部、中国保监会等4部门联合印发的《关于开展老年人意外伤害保险工作的指导意见》，按照全省的统一部署，指导各区积极推动"银龄安康"行动，使老年意外伤害的覆盖人群扩大到60周岁以上的在深常住的老年人，大大提升老年人的抗风险能力，使老年朋友在深圳乐享晚年的时候免去后顾之忧。

四是积极创新发动全社会参与老龄工作。2016年，通过"敬老月"、"老年节"和第二届全国"敬老文明号"创建活动，通过多渠道的媒体宣传和积极引导，组织和协同发动政府职能部门和社会各界积极投人到老龄事业和产业中来，积极为老龄工作和养老服务献言献策。2016年各类报刊媒体刊登老龄工作信息70多篇，电视专题节目30多期，大型专项活动10余场，"敬老月"期间各级部门开展为老服务活动项目1100多项，有力的营造了全社会尊老爱老的良好社会氛围。

大连市

综　　述

2016年，大连市老年人口加速增长，老龄化程度进一步提高，全市户籍人口总数5，956，300人，其中60周岁及以上老年人口1，434，332人，比上一年增加了74064人，占户籍总人口的24.08%，增速5.44%，100周岁及以上高龄老人390人。一年来，全市老龄工作认真落实全国、省老龄办各项任务要求，按照年度工作安排，认真履行职责，扎实工作，开拓创新，全市老龄事业得到了新发展。

一、老年社会保障体系稳步推进

2016年，全市基本养老保险参保人数275.11万人，城乡低保标准及企业退休人员养老金标准均居全省首位。企业参保人数184.1万人，企业离退休人员人均养老金达到2400元，城市和农村低保月人均分别为640元、410元，99.6%的退休人员实现了社会化管理，91万名离退休人员按时、足额领取基本养老金，养老金社会发放率达100%。继续提高新农合筹资水平，全市新农合最低筹资标准提高到 630 元/年人，其中个人缴费 120 元，各级财政补助 510 元。基本医疗保险待遇大幅提高，慢性病补助范围扩大到 31 种，单病种结算范围扩大到 55 个，全市 9 个统筹地区户籍农业人口参合人数达到 196.65 万人，参合率 99%。城镇企业职工养老保险政策进一步完善，养老保险覆盖范围不断扩大，人人享有基本社会保障的目标基本实现。

二、养老服务水平不断提升

各级民政部门科学调控养老机构数量，在提高机构养老服务质量及床位设置数量方面下功夫，保持原有 320 家养老机构数不变的基础上，新增养老床位 4000 张，达到 45000 张，每千名老人拥有养老床位 33 张。持续加大各类养老机构护理人员专业培训力度，全面推进了养老护理人员职业资格认证和持证上岗制度，启动了全市养老服务实训基地建设工作。市民政局、市财政局联合印发了《大连市养老护理员培训实施方案》，计划未来三年内，对全市各类养老服务机构的在职养老护理员进行专业培训，实现到 2020 年全市养老护理人员培训率达到 95%以上，持证上岗率达到 85%以上的工作目标。市财政给予新建每张床位补贴 10，000 元，改扩建每张床位补贴 6，000 元，每收住 1 名本市户籍老年人，按照其自理（含半失能）、失能的身体情况，市财政给予每人每月 200 元、400 元补贴。2016 年市县两级财政共发放养老服务补贴合计 3198.353 万元。完成全市 131 所养老机构、8645 张床位的团体责任险投保工作，总投保资金 112 万余元，市以上财政保险补贴资金 82 万余元。

以“创新居家养老服务模式”为重点，大力推进以“帮万家服务”“365 工作体系”等，成熟的、个性化、精准化居家养老服务体系建设。引进和开展以维斯福祉、九鼎互联为代表的“多元化医疗康复”“互联网＋”等新型居家养老服务模式。总结推广了中山区“林海模式”社区居家养老试点，规范现有社区养老服务中心的运营管理。以市政府名义，组织全市民政部门对 261 所社区养老服务中心的建设和运营情况进行规范化建设，实现了社区居家养老服务再上新台阶。

三、认真落实老年优待工作

积极协调有关部门和单位，认真落实老年人医疗、养老、出行乘车、权益保障等各项优待政策，确保老年人优待权益全面落实。连续提高老年人高龄生活补贴标准，2016 年 7 月 1 日，将百岁老人高龄补贴标准提高至每人每月不低于 640 元（主城区高于 1000 元）、90—99 周岁老年人的高龄生活补贴每人每月不低于 200 元标准（部分县区 300 元）。全年共计为 2.26 万高龄老人发放高龄补贴 5930 余万元。

大连市法律援助中心全年承办涉及老年人权益的民事案件 70 余件，涉及老年人的刑事案件 8 件，接待老年人现场、电话等形式的法律咨询 246 次，为当事人挽回直接经济损失 560，000 元。落实省委省政府“关爱老年人健康工程”民生项目，将全市老年人意外伤害保险工作列人重点民生实事内容，政府出资为全市城乡分散供养的 7000 余名特困老年人办理了意外伤害保险。“关爱老年人健康工程”受到广大老年群众的普遍欢迎和热情参与，参保人数逐年递增、覆盖范围不断扩大。2016 年全市 34.7 万老年人参保意外伤害险的，占老年人口的 25%，投保金额近千万元。

四、“敬老月”活动丰富多彩

为确保“敬老月”活动影响深远、取得实效，全市各级党委、政府及老龄部门高度重视，精心组织。充分利用各类新闻媒体，采取多种形式开展人口老龄化国情、市情宣讲活动；积极动员社会各界开展多种形式的送温暖、献爱心活动；发挥老年群众组织和老年志愿者的作用，推动为老服务活动深入开展，营造了良好的敬老爱老社会氛围。“敬老月”期间，组织开展了大连市第二届老年文艺汇演，近 300 个老年文艺团体参加演出，展示了大连老年人的靓丽风采；成功举办大连市第二届老年书画大赛，大赛不仅得到了本市众多老年书画爱好者的热烈追捧，也吸引了外省市的老年书画爱好者的踊跃参与，得到社会各界的高度评价；第十一届大连国际老龄产业博览会等大型活动的举办，吸引、服务了全市几十万老年人，影响扩展至全国；老年维权工作融入到社会生活的方方面面，老年法律宣传、老年维权、老龄难点问题解答等活动火爆开展，印制发放老年会权益保障宣传手册 4 万余本。

五、“敬老文明号”创建工作

全市涉老部门、为老服务组织、公共服务窗口单位积极开展第二届“敬老文明号”创建工作，经过逐级申报、层层评选，创建评选活动圆满结束。评选出西岗区老年人综合服务中心、大连国礼精神残疾人治疗中心、大连市老干部活动中心等 45 家市级“敬老文明号”单位；辽宁国际旅行卫生保健中心、沙河口区春柳街道丝绸路社区养老服务中心、大连开发区公安分局 110 空巢老人服务之家等 22 家单位获得省级“敬老文明号”荣誉称号；推荐了沈阳铁路局大连站、中国人寿大连分公司、大连机场集团公司客运服务部等 7 家单位，申报国家级“敬老文明号”单位。“敬老文明号”创建活动的经验做法，得到了全国、省老龄办的充分肯定，在全国创建活动交流研讨会上交流发言。通过“敬老文明号”创建，提升了社会为老服务水平，优化了尊老、敬老、助老的社会氛围。

六、老龄产业持续健康发展

9 月 2 日—5 日，大连国际老龄产业博览会在星海会展中心成功举办。与往届相比，本届展会呈现出参展的智能化设备多、科技含量高、新企业、新面孔多等特点。展会现场签订意向书金额 7000 余万元，交流沟通拟达成意向金额 2 亿多元。大连国际老龄产业博览会自 2004 年创办以来，已经成功举办了 11 届，是政府主导、企业参与，搭建老龄产业发展平台的助推器。吸引了来自美国、英国、日本、新加坡、中国香港、中国台湾等 10 多个国家和地区近 200 家企业参展，是中国举办最早的老龄产业博览会，展会立足东北，辐射全国，已成为东北地区级别最高、规模最大、专业性最强、国际化程度最高的盛会。

举办 2016 大连老龄事业发展高峰论坛及中日（大连）老龄企业洽谈会。论坛由国内外知名专家和政府部门有关领导，分别就老龄产业优先发展的领域、国际老年福祉的发展趋势和养老服务政策研究等内容作精彩发言，通过论坛交流、学习探索老龄问题解答。中日（大连）老龄产业企业洽谈会，为政府、金融机构、老年地产、老年产品、外商等企业搭建交流平台，成功对接中日养老服务合作项目，为老龄产业健康发展起到了重要的推动作用。通过论坛的对接融合，成功吸引了维斯福祉、日医学馆等国外养老服务企业的落地发展，丰富了养老服务理念及经营模式。

重要会议和活动

【召开全市老龄工作会议】5 月 31 日组织召开全市老龄工作会议，传达学习中央领导关于老龄工作的重要指示批示及全国、省老龄工作会议精神，回顾总结 2015 年全市老龄工作情况，部署安排 2016 年老龄工作任务，细化各单位老龄工作责任目标，为全年老龄工作落实奠定基础。

【组织“敬老月”慰问活动】10 月 9 日，老年节当天，郝明副市长带队，市民政局、市老龄办、各区政府有关部门负责人等，先后走访了百岁老人、特困老人以及工作在一线的为老服务机构，为他们送上鲜花、祝福和慰问金，祝福全市老年人健康快乐。全市共走访慰问老年人代表 52 人，为老服务组织代表 11 个，发放慰问金 17.46 元。

【“敬老文明号”创建活动】以争创第二届全国和辽宁省“敬老文明号”先进单位为契机，积极开展“敬老文明号”创建和“双关爱”活动，推进敬老爱老助老评选表彰工作落实。按照省老龄办《关于做好第二届“敬老文明号”创建活动验收评估工作的通知》精神，委托第三方评估机构对获得第二届市级“敬老文明号”称号的 45 个单位进行实地复核，依据评估情况申报了 7 个国家级、22 个省级“敬老文明号”先进单位。

【大连国际老龄产业博览会】9 月 2—5 日，2016 大连国际老龄产业博览会在大连星海国际会展中心盛大启幕。参展商来自美国、德国、英国、日本、新加坡、中国香港、中国台湾等 10 多个国家和地区，200 余家知名企业参展，展会场地面积约 1 万平方米，共近 300 个展位。与往届相比，本届展会呈现出参展的智能化设备多，科技含量和水平高，新企业、新面孔多等特点。展会现场签订意向书金额 7000 余万元，交流沟通拟达成意向金额 2 亿多元。

【大连市第二届老年书画大赛】举办大连市第二届老年书画大赛颁奖仪式暨老年书画展，大赛由市老龄办、大连晚报社、市文联主办，大连市老龄产业联合会承办。大赛共收到了老年书画爱好者 3000 余幅书法、绘画作品，精选出的 120 幅优秀作品，与特约的 20 位知名专业书画家的作品一起，在大连市图书馆进行了为期一周的老年人书画作品展，部分获奖作品在《大连晚报》等媒体上刊登。

【大连市第二届老年文艺汇演】大连市老年文艺汇演是一项贯穿全年的“敬老月”系列活动之一，已经成功举办了两届。参加第二届老年文艺汇演的老年人突破了四千人次，参演各种形式的文艺节目 400 多个。在汇演过程中，活跃在业余文化舞台上的老同志，对党、对祖国有着深厚的热爱之情，节目内容都是弘扬主旋律，宣传正能量的作品，他们以极大的热情歌颂伟大祖国，弘扬民族文化和民族精神，展示了老年人的精神风貌，推进了和谐社会建设，激发了广大群众更加热爱生活、热爱祖国的情感。

【大连市首届中老年广场大赛】首届“银龄杯”中老年广场舞大赛隆重热烈，由市老龄办、邮政集团大连分公司主办的首届老年广场舞大赛，等到了全市老年广场舞爱好者的积极参与，3 万多老年人、1000 余个参赛队报名参赛。通过分赛选拔，决出 15 支优秀队伍参加了最后的决赛。推选出代表队参加了于重阳节当天举行的辽宁省老年广场舞大赛，分获一、二等奖。

【举办养老产业研修班】2016 年 11 月，在上海成功举办了一期养老产业研修班，围绕我国老龄产业发展趋势、养老保障制度与中国养老的未来、宏观经济波动与保险业发展前景等内容，邀请中国老龄科学研究中心副主任、国家应对人口老龄化战略研究秘书组副组长党俊武博士、上海对外贸易大学郭振华教授、赵勇教授等专题授课。通过研修班的举办，认清了当前老龄事业的发展方向，增强了老龄干部队伍的凝聚力和战斗力，明确了各级、各部门的岗位职责。

青岛市

综　　述

截至2016年底，全市60岁以上户籍老年人口168.5万，占总人口的21.29%，比上年增长0.6%。其中80岁以上老年人口26万人，占老年人口的15.4%。2016年，全市老龄工作在市委、市政府的正确领导下，以保障和改善老年民生为重点，紧紧围绕“五个老有”工作目标，统筹规划，狠抓落实，在养老保障、老年人精神文化生活、老年人权益保障、基层组织建设等方面取得了新进展，老龄事业呈现出全面发展的良好态势。

一、制定、颁布《青岛市“十三五”老龄事业发展规划》，积极应对人口老龄化

各级党委、政府把加强老龄工作、发展老龄事业作为青岛建设宜居幸福的现代化国际城市不可缺少的一部分，把老龄工作纳入国民经济和社会发展中长期规划。在总结评估《青岛市“十二五”老龄事业发展规划》执行情况的基础上，根据《青岛市发展和改革委员会关于“十三五”专项规划发布实施工作的报告》，依据全国、省老龄事业发展规划和我市老龄实际情况，在对各区市进行全面调研的基础上，编制了《规划》（草案），按要求召开了相关部门参加的征求意见座谈会，通过局政务网站和有关媒体广泛征求了社会各界意见建议，并组织专家论证评审和决策风险评估，分别征求了39个市直部门和11个区市的意见，补充完善。经市政府同意，《青岛市“十三五”老龄事业发展规划》已批准印发。《青岛市“十三五”老龄事业发展规划》编制工作走在了全省的前面，在山东省老龄事业发展十三五规划修订座谈会上作了经验交流。崂山、胶州、市南、市北、城阳、黄岛、即墨等区（市）完成了本区域的“十三五”老龄事业发展规划。

二、齐抓共管、两项市办实事圆满完成

一是圆满完成了为全市158万60周岁以上老年人购买意外伤害保险的2016年市办实事。二是顺利完成为60—64周岁老年人半价乘坐公共交通工具项目的2016年市办实事。市老龄办联合市交通、财政和物价等部门制订了实施方案，下发了通知，并组织各区市为辖区内符合条件的老年人办理了琴岛通半价乘车卡，同时调试了车辆和设备，确保了该项政策在5月1日得以顺利实施。各区（市）制定工作实施方案，在街道（镇）设立信息采集点，发放宣传卡、使得全市50余万老年人受益，目前累计办理半价卡42.9万张，占全市60—64周岁老年人数的85.8%。

三、深入开展老龄专题调研活动

市老龄委在全市开展了青岛市老龄工作调查研究提升年活动，本次活动共收到各类稿件44篇，经评审委员会评审，分别评出《关于推进青岛市城区养老产业发展的报告》等“十佳调研报告”10篇，《关于做好养老机构管理工作的思考》等“十佳调研报告提名奖”10篇，《关于培育敬老助老社会风尚的调研报告》等“调研报告优秀奖”12篇。结集成册出版《青岛市老龄工作调查研究提升年获奖优秀论文集》。组织参加全省老龄政策专题调研活动，有6篇论文荣获一、二、三等奖，市老龄办荣获山东省老龄政策专题调研优秀组织奖。还组织参加山东省第五届老年健康与长寿理论研讨会，我市12篇论文分获一、二、三等奖，市老龄办荣获优秀组织奖。

四、依法维护老年人合法权益、敬老爱老助老社会成效明显

经过充分调研、认真研究、广泛征求意见，代市政府起草了《青岛市优待老年人规定》修订稿，并完成了会签工作；在全市开展了老年公益维权示范站第二周期创建工作，山东正航律师事务所、城阳区法院立案一厅等14家单位荣获全省老年公益维权示范站称号，市老龄办权益保障处等两家单位荣获全国老年法律维权工作先进集体称号；会同司法等部门，在全市开展了老年法律法规宣传月活动；认真做好老年人维权信访工作，满意率达98%以上。认真抓好《山东省优待老年人规定》的贯彻落实。对全市贯彻落实《优待规定》情况进行了两次集中检查，其间，共开展暗访10多次，检查单位和景点30余个，纠正违规行为10余次，促进了各项惠老政策的贯彻落实。各区市、老龄委成员单位相继开展了“一法一条例一规定”等执法检查和助老维权活动。

积极推进“敬老文明号”创建工作，开展“双关爱”活动，新评选青岛市“敬老文明号”80个，复核并继续认定“敬老文明号”283个，推荐4个单位为全国“敬老文明号”。开展“爱心陪伴空巢老人”、“学会爱老一起敬老”等志愿服务活动10余次，服务老人10000余人。在全市推选青岛市“十大孝星”和提名奖各10人，2人分获山东省“十大孝星”和提名奖，2个单位被评为“山东省德耀齐鲁道德示范基地”，4人被评为“山东省德耀齐鲁道德公民”，推荐8人为全国“敬老爱老助老模范人物”。

李沧区将原老三医地块改建为颐福养老院，为全区老年人打造“老有颐养，福寿安康”的家园；崂山区出台了《崂山区人民政府关于加强基本养老服务保障工作的意见》，这是全市、全省第一个关于加强基本养老服务保障工作的政策；城阳区积极打造社区首席调解员队伍，2016年全区6个街道调解中心全部建成并投人运行，已有195个社区选配了首席调解员；红岛经济区加快推进红岛养老中心建设，2016年度验收社区老年人日间照料中心22处，拨付建设和运营补助资金177万元；黄岛区每个镇（街道）均建立了1处老年维权示范站；即墨市“老年人公益维权服务示范站创建工作”获省老龄办领导肯定；莱西市积极开展申请“山东省长寿之乡”筹备工作，莱西市2016年普惠型高龄津贴增档提标，80—84周岁老人发放高龄津贴金每人每年200元，85—89周岁高龄津金标准由每人每年400元提高到每人每年600元，90—99周岁高龄津贴金标准由每人每年600元提高到每人每年800元，100周岁及以上老人高龄津贴金标准由每人每年1200元提高到每人每年2400元（另外青岛财政为百岁老人每人每月发放300元高龄津贴金），为低保高龄老年人发放津贴金，发放标准是80—89岁每人每月120元，90—99岁每人每月220元。

五、老龄社会宣传工作广泛深入，爱老、敬老、助老社会氛围日益浓厚

编辑《青岛老龄》杂志6期，录播《老龄好时光》电视节目52期，在青岛电视台一套播出敬老公益广告50天（次），为30位老有所为先进典型人物拍摄了电视系列专题片在青岛电视台生活频道进行了展播。向各类媒体发布新闻稿件40余篇，报道400余篇次。老龄宣传工作经验在全国推广，在全国老龄宣传工作会上做了《讲述老龄好故事传递老龄好声音》的典型发言（副省级城市唯一）。市老龄办获全国老龄新闻宣传好作品“优秀组织单位”、全省老龄宣传报道先进单位。各区市、成员单位积极推选“青岛老人·2016”先进典型人物，开展“十大孝星”推选活动。

市南区开展“为老健康服务百家社区大讲堂”，全年在65个社区授课120节课程；市北区组织“粽香满满”牵挂老年人团圆会以及“温馨福山——母亲节团圆会”等系列活动；崂山区协调专业摄影人员开展“为老年人献爱心，留下最美瞬间”公益摄影活动；团市委将敬老助老纳入《“志愿青岛 缤纷四季”公休日志愿服务计划》，联合区市将志愿者与空巢老人结成定向帮扶对子，组织开展了“爱心敲门”、“健康彩虹”、“艺润心田”、“牵挂你的人是我”等品牌志愿服务活动。市图书馆始终把关注老年读者阅读需求放在重要位置，建立了为老年人服务管理新机制，打造“中老年文学写作讲习班”讲座品牌，对老年人实行免费办证、借阅，建立了老年读者特殊通道，老年读者可由亲属代借代还图书；市文化馆组织全市性大型活动近30余项，举行阵地、巡回演出近80余场，举办群星大讲堂名家讲座20余场，举办展览（巡展）12期，常年开办各类培训班40个，服务老年人近百万人次。市博物馆先后将以《铜镜的故事》、《墨的艺术》、《抗战记忆》《馆藏集萃》等为主题的文博讲堂送进20余社区，让老年人足不出户便领略中华传统文化。

六、群众性老年文体活动精彩纷呈、老年人生活品质不断提升

组织举办了全市老年文艺汇演、老年书画摄影大赛、量贩式KVT老年人免费娱乐活动暨第三届“银龄欢唱K歌赛”、第二届“银龄·邮政杯”青岛中老年广场舞大赛、千幅“福寿”字送老人等活动，10万余名老年人参与。在20个社区开办“银龄欢动社区课堂”，聘请专业老师到基层授课600课时，培育打造基层特色老年文体活动队伍30余支，培训老年文体骨干1000余人。广场舞、朗诵、书画等多个老年文体项目在上级比赛中获奖，省级以上一等奖1个、二等奖5个、三等奖6个、鼓励奖25个。“空中老年大学”开设五门课程，全年授课154课时，注册学员5000余人，大大丰富了老年人精神文化生活。

市南区组织全区老年人小合唱比赛，开展《青岛市庆祝建党95周年暨纪念红军长征胜利80周年老年文艺汇演》海选活动；市北区举办“我陪空巢老人过年”新春联谊会、坚持举办“有你才幸福”、“牵手幸福夕阳”中老年相亲会等活动，参加活动老年人6000余人；李沧区老年教育取得新突破，投资300万元进一步改造完善区级两所老年大学的硬件设施，两所区级老年教育场所春季学期实现184个教学班次，报名突破7000人次，开办绿城、沧顺两个社区老年大学，实现老年大学区、街、居三级全覆盖；城阳区建成区级老年活动中心1处，社区服务中心46处，“15分钟文化圈”和“8分钟健身圈”基本形成；平度市举办老年节健身气功展、拉罐舞等特色表演活动。

各项业务进展

【老龄事业规划】在总结评估《青岛市“十二五”老龄事业发展规划》执行情况的基础上，根据《青岛市发展和改革委员会关于“十三五”专项规划发布实施工作的报告》，依据全国、省老龄事业发展规划，编制了《青岛市“十三五”老龄事业发展规划》（草案），召开了相关部门参加的征求意见座谈会，通过市民政局政务网站和有关媒体广泛征求了社会各界意见建议，并组织专家论证评审和决策风险评估，分别征求了39个市直部门和11个区市的意见，补充完善。经市政府同意，《青岛市“十三五”老龄事业发展规划》已批准印发。崂山区、胶州、市南、市北、城阳、黄岛、即墨等区（市）完成了本区域的“十三五”老龄事业发展规划。

【老龄宣传工作】编辑《青岛老龄》杂志6期，录播《老龄好时光》电视节目52期，在青岛电视台一套播出敬老公益广告50天（次），为30位老有所为先进典型人物拍摄了电视系列专题片在青岛电视台生活频道进行了展播。向各类媒体发布新闻稿件40余篇，报道400余篇次。老龄宣传工作经验在全国推广，在全国老龄宣传工作会上做了《讲述老龄好故事传递老龄好声音》的典型发言（副省级城市唯一）。市老龄办获全国老龄新闻宣传好作品“优秀组织单位”、全省老龄宣传报道先进单位。

【老龄调研工作】市老龄委在全市开展了青岛市老龄工作调查研究提升年活动，本次活动共收到各类稿件44篇，经评审委员会评审，分别评出《关于推进青岛市城区养老产业发展的报告》等“十佳调研报告”10篇，《关于做好养老机构管理工作的思考》等“十佳调研报告提名奖”10篇，《关于培育敬老助老社会风尚的调研报告》等“调研报告优秀奖”12篇。结集成册出版《青岛市老龄工作调查研究提升年获奖优秀论文集》。组织参加山东省第五届老年健康与长寿理论研讨会，我市12篇论文荣获一、二、三等奖，市老龄办荣获优秀组织奖。

【老年维权工作】经过调研、征求意见，代市政府起草了《青岛市优待老年人规定》修订稿。在全市开展了老年公益维权示范站第二周期创建工作，山东正航律师事务所、城阳区法院立案一厅等14家单位荣获全省老年公益维权示范站称号。市老龄办权益保障处等两家单位荣获全国老年法律维权工作先进集体称号。会同市司法局等部门，在全市开展了老年法律法规宣传月活动。做好老年人维权信访工作，满意率达98%以上。抓好《山东省优待老年人规定》的贯彻落实，对全市贯彻落实《优待规定》情况进行了两次集中检查，还开展暗访10多次，检查单位和景点30余个，纠正违规行为10余次，促进了各项惠老政策的贯彻落实。

【涉老市办实事】一是完成市办实事——为全市158万60周岁以上老年人购买意外伤害保险。二是完成市办实事——实行60—64周岁老年人半价乘坐公共交通工具的优待规定。市老龄办联合市交通局、财政局和物价局等部门制订了实施方案，下发了通知，并组织各区市为辖区内符合条件的老年人办理了琴岛通半价乘车卡，同时调试了车辆和设备，确保了该项政策在5月1日得以实施。各区（市）制定工作实施方案，在街道（镇）设立信息采集点，发放宣传卡、使得全市50余万老年人受益，目前累计办理半价卡42.9万张，占全市60—64周岁老年人数的85.8%。

【老年文化工作】组织举办了全市老年文艺汇演、老年书画摄影大赛、量贩式KVT老年人免费娱乐活动暨第三届“银龄欢唱K歌赛”、第二届“银龄·邮政杯”青岛中老年广场舞大赛、千幅“福寿”字送老人等活动，10万余名老年人参与。在20个社区开办“银龄欢动社区课堂”，聘请专业老师到基层授课600课时，培育打造基层特色老年文体活动队伍30余支，培训老年文体骨干1000余人。广场舞、朗诵、书画等多个老年文体项目在上级比赛中获奖，省级以上一等奖1个、二等奖5个、三等奖6个、鼓励奖25个。“空中老年大学”开设五门课程，全年授课154课时，注册学员5000余人。

【孝亲敬老活动】推进“敬老文明号”创建工作，开展“双关爱”活动，新评选青岛市“敬老文明号”80个，复核并继续认定“敬老文明号”283个，推荐4个单位为全国“敬老文明号”。开展“爱心陪伴空巢老人”、“学会爱老一起敬老”等志愿服务活动10余次，服务老人10000余人。在全市推选青岛市“十大孝星”和提名奖各10人，2人分获山东省“十大孝星”和提名奖，2个单位被评为“山东省德耀齐鲁道德示范基地”，4人被评为“山东省德耀齐鲁道德公民”，推荐8人为全国“敬老爱老助老模范人物”。

厦门市

厦门市老龄办开展慰问活动。

厦门市老龄办组织文化下乡活动，为老年人送春联。

综 述

2016年，厦门市老龄工作认真按照全国、全省老龄工作部署，围绕市委、市政府的中心任务，贯彻落实《厦门市老龄事业发展“十三五”规划》，推出一系列惠老措施，老年人幸福感和获得感显著提升。

一、养老保障水平稳步提升

全市60周岁以上户籍老年人口30.87万人，占全市户籍总人口的14.19%，全市基本养老保险参加人数达到245.88万人，人口平均期望寿命80.17岁。企业退休人员月平均养老金提高到3291元，城乡居民基础养老金为260元。独生子女或农村两个女孩的父母年满60周岁每人每年可领取奖励扶助金1800元。统一户籍老年人高龄津贴标准，本市户籍80至89周岁老年人每人每月可领取高龄津贴100元，90至99周岁每月200元，100周岁以上每月1100元。机关、企事业离退休人员70岁起还可享受100元以上的高龄津贴。完善计划生育特殊家庭扶助制度，提高特别扶助金标准。建立城乡居民养老保险丧葬补助金制度，丧葬补助金标准为2500元，填补了城乡居民养老保险参保人身故后无丧葬待遇的政策空白。实施厦门市老年人幸福安康险，政府出资统一为全市60周岁以上户籍老年人投保意外伤害险。

二、医疗保障制度更加完善

截至2016年底，全市基本医疗保险参保人数351.37万人。城乡居民医保标准为每人每年600元。在基层医疗卫生机构门诊就医可享受统筹基金报销500元政策。基本医疗保险加上补充医疗保险，参保城镇职工年报销额度为50万元，城乡居民为45万元。实行家庭健康账户共享，试行参保人员异地就医医疗费用就地报销结算。全年为5.08万人次的65岁以上老年人进行免费体检，中医健康管理服务4.31万人次，建立老年健康档案14.52万份。依托我市特色的“慢病先行，三师共管”分级诊疗体系，开展家庭医生基层签约服务，为65岁以上老人提供日常随访、定期检查及全程健康管理等服务，为80岁以上老人及失能、半失能老人免费提供每年不少于一次上门出诊服务。65岁以上老人签约覆盖率达48.10%。

三、社会救助力度持续加强

修订、出台了厦门市医疗救助、临时救助、低收入家庭认定、特困群众帮扶等7份办法。全市城乡统一低保标准提高到每人每月610元，低保家庭中70周岁以上老年人本人每人每月增发20%保障金，其中80周岁以上老年人再发100元高龄补贴。特困老年人分散供养标准上调为每人每月860元，集中供养标准上调为每人每月1220元，特困供养对象医疗救助比例为100%，住院救助年救助限额由4万元提高至10万元，门诊救助由3000元提高至2万元。革命“五老”人员定期生活补助标准提高为1225元，“五老”遗孀补助标准提高为650元。建立全市困难失能老人数据库，数据信息每半年更新一次。首批录入管理1312名困难失能老人信息。市老年基金会、市慈善总会、市红十字会等对困难老人开展救助。

四、老年服务设施建设力度加大

市、区两级财政加大养老服务资金投入，2016年共投入资金 9519.43 万元。按照“一市一区一中心”的基本格局，建设一批规模大、质量高、设施全的养老服务设施。抓紧建设市老年活动中心一期改造项目、爱鹭老年养护中心，动工兴建市爱心护理院扩建项目，完成 30 个农村幸福院和 6 个社区老年人日间照料中心建设项目。翔安社会福利中心投人运营使用。全市各类养老床位数 1.02 万张。养老服务机构 32 家，床位数 8520 张，每千名老人的养老床位数达到 32.8 张。已建成居家养老服务站 366 个，日间照料中心 12 个、农村幸福院 73 个，实现了城区居家养老全覆盖，农村基本覆盖。

五、文化养老建设扎实推进

举办银龄梦想秀、银龄好声音等大型文艺活动，为老年人展示才艺提供舞台。结合建党 95 周年、长征胜利 80 周年纪念日以及老年节，举办文艺演出、老年摄影、集邮、书画、手工作品展等活动。开展送文化下基层惠老活动，利用春节、老年节等节日，组织老年文艺节目走进乡村社区，并结合开展送春联、送老年法规、送科普知识、义诊等。办好“美丽夕阳”文化点，通过文艺演出展示老年人风采。办好“幸福老人乐园”、“厦门市美丽夕阳老年服务中心”，为老年人打造休闲旅游环境。举办新春万名老人健步行、重阳节万名老年人登山周，以及健身气功、太极拳、柔力球、手杖操、广场舞等千人大展示活动，推动群众性老年健身活动的开展。全面推进健身康乐家园建设。创建基层老年学校示范校，推动基层老年学校规范化建设。推广老年教育云课堂教学。举办老年微信公益培训班及各类公益培训，设立老年图书专柜，满足老年人求知欲，促进老年人社会参与。

六、老年人参与社会发展更为踊跃

市老年志愿者协会队伍不断壮大，已拥有 9 支志愿服务队。组织开展了创建全国志愿服务模范城长者先行活动，动员广大老年志愿者走进社区、军营、养老等机构开展走访慰问、文艺演出、文明督导、专家义诊、法律咨询、清洁服务及台风灾后重建等活动。开展“温馨夕阳”咨询热线服务工作，积极动员医疗、法律、心理等专家学者投入公益事业。推广复制“八方银龄荟”经验，引导外来老人参与社区建设。

七、敬老助老氛围日益浓厚

通过开展敬老文明号创建活动，举办“重阳敬老　你我同行”新闻大蓬车、“重阳敬老公益行　我为老人办博饼”公益活动，募集善款善物为困难老年人送温暖。“敬老月”期间市老龄办共征集惠老项目近 200 项，包括为老年人免费投保意外伤害险；走访慰问高龄、困难老人，发放失能老人护理用具和护理补助金；发放老年节过节费；开展法律咨询、办理遗嘱公证；提供健康讲座、医疗义诊、心理咨询等服务；开展书画摄影、登山健身、观影游园、文艺演出、公益博饼等活动；免费或优惠开放活动中心场馆、提供家电维修、家政服务等。

重要会议和活动

【召开市老龄委全体扩大会议】4 月 20 日，厦门市老龄委召开全体扩大会议，传达中央领导重要指示批示精神、全国老龄办主任会议精神，总结 2015 年全市老龄工作，部署 2016 年工作。

【举办老龄产业博览会】6 月 17 日，“2016 海峡两岸（厦门）老龄产业博览会”在厦门国际会展中心举办，同期举办“海峡两岸携手合作，共推老龄产业发展”高峰论坛及“第二届中日韩（暨海峡两岸）健康养老论坛”。

【举办 2016 年老年人幸福安康险签约仪式】8 月 25 日，厦门市老龄办及各区与中国平安财产保险股份有限公司厦门分公司、江泰保险经纪公司厦门分公司签约 2016 年度厦门市老年人幸福安康险项目。该项目 2016 年继续被列为市委市政府“为民办实事项目”，由平安产险中标承保，年保费为 45 元/人。市财政承担户籍困难老人的保费，各区财政共投入 1300 多万元为全市 31 万户籍非困难老人全额支付保费。10 月 1 日 2016 年度保险正式生效。

【举办老年节庆祝大会】9 月 29 日，厦门市委市政府在市老年活动中心举行“厦门市 2016 年老年节庆祝大会”。会后举行“厦门市 2016 年老年节暨市老年活动中心成立 20 周年文艺演出”活动。

【召开老年节新闻通气会】9 月 30 日，厦门市老龄办召开老年节新闻通气会，通报了全市老龄事业发展状况、老年人口状况、敬老月惠老项目以及市老龄办 2016 年的惠老举措。

【举办老年协会骨干培训班】11 月 18 日，厦门市老龄办举办“2016 年全市城乡社区老年协会骨干培训班”，表彰 25 个优秀基层老年协会。

【举办基层老年教育经验交流会】12 月 1 日，“厦门市基层老年教育经验交流会”在思明区莲前街道前埔南社区老年学校召开。会议交流了创建“五有”示范校的经验；组织参观了前埔南社区老年学校；向 16 所“五有”基层老年学校示范校授牌。

【开展下基层文化惠老活动】1 月 22 日，厦门市老龄办和市民政局在湖里区坂尚社区举办“情暖坂尚　心系民生”迎新春慰问活动。拉开送文化、送法律、送健康、送科普下基层惠老活动的序幕。全年下基层开展文化惠老活动 6 场。

【启动“文明引导·长者先行”活动】3 月 3 日，“创建全国志愿服务模范城——文明引导·长者先行”活动启动仪式在中山路隆重举行，厦门市老年志愿者协会向全市老年朋友发出倡议书，并设立五个倡导点。本次活动由厦门市老龄办、市文明办、市志愿者联合会主办，市老年志愿者协会、市老年活动中心承办。

【启动首届老年春晚】6月17日，由厦门市民政局、市老龄办和厦门广播电视集团主办，厦门老来俏影视文化传媒有限公司、厦门广播电视广告有限公司承办的厦门市首届老年春晚在“2016海峡两岸（厦门）老龄产业博览会”启动。

【举办“银龄好声音”歌唱大赛】8月21日，由厦门市老龄办主办，市老年活动中心、厦门网、市老年艺术协会、厦门乐文文化传播有限公司承办，各区老龄办、老年（老干）活动中心共同协办的“银龄好声音”——2016厦门市中老年歌唱大赛在市老年活动中心落下帷幕。本次歌唱大赛设独唱、小组唱和合唱三大项目，举行5场预赛、2场决赛。历时4个多月，共吸引了近1300人报名参赛。

【开展“敬老月”活动】10月9日老年节当日，厦门市委市政府在《厦门日报》刊发致全市老年朋友的慰问信。时任分管副市长林锐带队走访慰问困难老人。市老龄办、各区、各系统也开展多种形式的走访慰问，全市敬老月期间共推出200多项惠老项目，让老年人过上一个欢乐祥和的节日。

【举办“银龄梦想秀”活动】10月11日，由厦门市老龄办、市缔造办主办，市老年活动中心协办，厦门电视台移动电视承办的“2016厦门银龄梦想秀”进行决赛。整个活动为期6个多月。项目涵盖舞蹈、声乐、器乐、曲艺、体育健身、民间艺术、绝活等多种文体类型。有近1000人报名，150个节目参加海选。共举办6场海选、2场预赛、1场决赛。

【举办新光旧影摄影展】10月27日，由厦门市老龄办主办，市老年摄影协会承办，市老年活动中心协办的“新光旧影摄影展”在市老年活动中心举办，以图片形式反映改革开放进程中厦门城市的变化。

【举办新年音乐会】12月29日，厦门市老年活动中心举办新年音乐会。

各项业务进展

【养老服务工作】全市已建成居家养老服务站366个。政府采取购买服务的方式，在每个社区配备1至2名助老员，在养老服务机构和社区老人服务中心设置社会工作者岗位。推进社区养老信息服务与12349养老信息化平台有效对接，通过拨打12349养老专用号，实现民政业务“一号通”。推出厦门市民养老服务卡，满足60岁以上户籍老人支付结算、金融理财、居家养老等全方位的生活需要，实现“一卡通”。支持医疗卫生资源进入养老机构，继续推进符合条件的养老服务机构设置医务室或门诊部。创新社区医养融合，整合社区照料中心和社区卫生服务中心（站）资源，推进医养服务社区化。全市共有20家养老机构内设医疗机构，19家养老机构纳入医保定点，共有护理型床位5780张。厦门市列入首批国家级医养结合试点单位。

【老龄维权工作】全市形成了各级法院、公安部门、法律援助中心、司法所、人民调解委员会、市长专线、老龄部门等多机构受理的老年人维权网。全年审理各类涉老案件102件，提供来访法律咨询254人次，办理老年人法律援助案件97件，接待老年人来电法律咨询2330人次，调解各类涉老纠纷291件。为老年人免费提供公证法律咨询500多人次，免费办理遗嘱等公证323件。受理涉老人大建议、政协提案6件。受理各类信访100多件。办理《福建省老年人优待证》7637张，办理老年人活动IC卡947张。取消《福建省老年人优待证》多层审批办理程序，向社区工作站下放办证审核批准代办权。全市办证制卡点从原有的1个增加到77个。

【老龄调研工作】紧贴老龄工作热点难点，与厦门大学公共卫生学院联合开展老年人认知功能障碍调研；与保险公司联合开展老年人幸福安康险实施情况调研。完成《厦门市老年人轻度认知功能障碍（MCI）状况调查》和《2015年度厦门市老年人幸福安康险实施情况分析报告》。编辑出版第23期《厦门老龄问题研究》论文集，共收录调研报告、论文81篇。举办“海峡两岸携手合作，共推老龄产业发展”高峰论坛，和“第二届中日韩（暨海峡两岸）健康养老论坛”。在《厦门晚报·老年周报》上开辟“老龄工作专家谈”栏目，邀请知名专家学者对全市老龄工作难点问题进行点评，涉及老年旅游、养老服务、社工服务、预防医学、养老产品等内容。

【老龄宣传工作】市老龄办继续与媒体联合开办《厦门晚报·老年周报》、《海西晨报·夕阳红周刊》等老年专刊，同时联合《厦门日报》、《海峡导报》、厦门移动电视、厦门广播电台等媒体，开展人口老龄化国情教育、老龄政策法规教育，弘扬孝亲敬老传统美德。开通全省首个针对老年群体的市级老龄工作微信平台——“厦门银龄”，先后举办“敬老文明号”、“瞧，我们的领头雁”投票评选，老人幸福安康险在线投保等多个活动，拥有粉丝8万多名，部分文章阅读量超过10万人次。改版升级厦门老龄网，设有银龄动态、便民服务等多个栏目，宣传功能更加完善。此外，还通过全国、省、市媒体、简报宣传老龄工作动态。通过车载移动电视、楼宇媒体显示屏、街道滚动电子显示屏、社区宣传栏等媒介宣传重大惠老项目，在全社会营造为老服务社会氛围。

【基层老年组织建设】建立市、区、街（道）、社区、退休人员片组五级退休人员社会化管理服务网络，全市已建立退休片组8900个，完成7.5万被征地退养人员和3000多农场退休人员移交社会化管理服务工作，24.1万退休人员（含征地退养人员）纳入社会化管理，退休人员档案数字化扫描达12552卷。加强基层老年协会规范化建设。按照“抓落实、广覆盖、强组织、增活力”的要求，印发《关于进一步加强城乡社区老年协会建设的通知》，评选表彰优秀基层老年协会25个。截至12月底，我市已注册（备案）的基层老年协会达499个，注册（备案）率将近100%。

【开展第二届敬老文明号创建】按照“标准化、精细化、常态化、品牌化、全民化”五化模式，不断扩大第二届敬老文明号创建覆盖面。此次申报创建，重点向基层和公共服务窗口单位倾斜，推动社会各界广泛参与。共有36家单位参评创建，学校、银行、电影院、金莲陞高甲剧团和新闻媒体等单位参评成为亮点。市老龄办印发《关于做好第二届敬老文明号推荐申报工作的通知》，组织市卫计委、市人社局、市总工会等单位组成考核组对参评单位进行考核，并通过《厦门晚报·老年周报》、《海西晨报·夕阳红周刊》等媒体报刊进行宣传报道，借助银龄微信平台开展网络票选，评选出第二届市级敬老文明号单位30家。同时，推荐厦门市社会福利中心金山养老院等4家单位和7名个人，参评全国敬老文明号和全国敬老爱老助老模范人物。

宁波市

综　　述

截止2016年末，宁波市60岁及以上老年人口138.7万，占总人口的23.5%，较上年增加7.1万人，增幅5.4%。其中，65岁以上老年人口91.7万，70岁以上老年人口56.1万，80岁以上老年人口20.6万，90岁以上老年人口2.4万，分别占老年人口总数66.1%、40.4%、14.9%和1.8%，百岁老人278人。

2016年在市委、市政府的正确领导下，市老龄委各成员单位和各级老龄工作部门认真贯彻中央关于加强老龄工作的指示精神为指引，围绕“六个老有”目标，统筹谋划，突出重点，开拓进取，扎实工作，推动全市老龄工作和老龄事业实现新发展。

一、科学编制老龄事业发展“十三五”规划

有序推进老龄事业发展“十二五”规划总结评估与“十三五”规划预研与编制工作，通过座谈会、书面通知等方式向各地、各成员单位及有关专家征求意见，多次修改完善，并于12月14日以市老龄委名义行文发布。《规划》明确了“十三五”时期我市老龄事业发展的指导思想、基本原则和发展目标，提出了要实施5大工程，推进5大体系建设，落实20项重点工作任务。

二、老年社会保障体系日臻完善

（一）社会养老保障水平稳步提高。以“推进制度全覆盖向人群全覆盖”为目标，不断扩大基本养老保障人群覆盖面，户籍人员各类养老保险（障）参保率达到93.6%。全市参加职工基本养老保险人数达到412万人，其中60周岁以上人数61.9万人；参加城乡居民社会养老保险人数127.4万人，其中60周岁以上人数80万人；参加被征地人员养老保障人数36.8万，其中享受人数29.4万（含55—59周岁女性参保人员）。同时，提升各类群体养老保障水平，改善老年居民生活条件，一是首次调整提高机关事业单位退休人员待遇，涉及退休人员规模近95万人，增加基金支出19.5亿元；二是全大市企业退休人员基本养老金人均每月提高152元，同时每人每月发放100元的社区综合补贴，春节前为全市企业退休人员发放2000元一次性补贴；三是市区城乡居民基本养老金每人每月从210元/月提高到220元/月，其他各县（市）也相应提高；四是市区被征地人员养老保障待遇每人每月增加30元。

（二）老年医疗保障服务不断深化。全市参加职工基本医疗保险的老年人43.5万人，参加城镇居民医疗保险的老年人45.6万人。70岁以下、70岁以上退休人员职工医疗保险个人帐户的划入金额分别是2520元和2820元，分别比上年增加100.8元和132元；退休人员门诊医疗费年度个人自负段标准为300元，比在职人员低300元至600元不等；门诊医疗费进入统筹基金支付段后，在社区卫生服务中心就医医保基金支付92%，比在职人员高6个百分点；住院时7万元以下医疗费基金支付比例为85%—95%，比在职人员高5个百分点。此外，全市（主要是市六区）有23.4万名退休人员参加了总工会设立的医疗互助保障项目，全年有46959人，57027人次享受互保理赔金2945万元。

三、养老服务体系建设加快推进

全市共有养老机构272家，拥有养老床位59907张，其中机构床位数53049张，平均每百名老人拥有养老床位

4张以上。其中民办养老机构136家，养老床位29584张，占总床位的55.8%。223家养老机构参加了养老服务机构政策性综合保险。全面开展养老机构消防安全专项治理，探索开展标本兼治遏制重特大事故试点，会同市安监局、市消防支队开展现场督查，共排查整改各类消防安全隐患381个，关停养老（福利）机构36家。全年新建城乡居家养老服务站344个、区域性居家养老服务中心10个。截止年底，全市共有各级各类居家养老服务中心（站）2662个，区域性中心45个、社区服务中心（站点）505个、行政村服务站点2112个，覆盖了90%的社区和84%的行政村，建有社区老年食堂367个，每天7000多名居家老人享受用餐服务。积极推进居家养老服务标准化建设，全面实施居家养老服务机构等级评定制度，全市有A级以上居家养老服务机构2341个，其中AAA级136个。认真拟制中央财政支持开展居家和社区养老服务改革试点地区试点申请报告、改革实施方案等材料，并会同协调市财政部门及时报送试点申请材料。11月，民政部、财政部联合发文确定我市作为计划单列市中唯一列入中央财政支持开展居家和社区养老服务改革试点地区。积极推动居家养老服务列入市人大地方立法项目，主动争取市人大的支持和指导，积极提交地方立法申请，配合市法制办开展立法项目论证工作，现《宁波市居家养老服务条例》列入2017年市人大常委会立法制定项目。

四、老年文化体育蓬勃发展

（一）老年文体娱乐活动日益丰富。全市有各类文体组织8138个，其中老年文艺团队3284个，参加活动老年人达9.4万人。新建门球场、气排球场、地掷球场45个，老年活动室101个，新增各类老年体育健身场地2.1万平方米。全市共举办县以上老年人运动会12次，参加人数1.1万人次；举办乡镇运动会57次，参加人数1.6万人次；举办街道运动会65次，参加人数1.95万人次；举办各级各类单项比赛活动1350次，参加人数11.37万人次。全市经常参加体育活动的老年人达81.19万人，占老年人口的63.12%。通过“天然舞台”和“万场电影千场戏”平台全年送戏、送电影下乡27850多场次，为老年人提供了丰富多彩的文化活动。深化基层老年协会“乐龄”工程，全面开展银龄互助、“以老助老”活动。

（二）老年教育覆盖面不断拓展。截至年底，全市有老年大学62所，在校学员3.3万人；积极推动全市老年电大实体化和基层网点建设，市老年电视大学在线注册教学点95个，注册学员1966人，开设六门课程，送课到点14次。继续推进县（市）区分校实体化办学，8个区县（市）老年电视大学进行了民非注册登记，全市春秋两季学期共招收老年学员143912人次，比去年增加3000余人次，增长2%。同时，加强老年教育招生和教学管理，优化老年教学课程设置和师资队伍，不断提高老年教育质量。

五、老年权益得到切实维护

（一）老年人优待政策进一步完善。协助市政府办公厅印发《转发市老龄办等部门关于高龄老人乘坐市区公交车优待实施意见的通知》，进一步优化高龄老人乘坐市区公交车优待政策：高龄老人每人每年25元的乘车保险费由财政承担；非本市户籍的高龄老人可自主选择办卡或凭证免费乘坐。继续为全市20.2万多名高龄老人按月发放高龄津贴，全年各级财政共支出约1.57亿元。认真落实计划生育家庭奖励扶助制度，2016年全市共有近16万人得到计划生育奖励扶助，有0.8万人得到特别扶助，市、县两级财政2016年奖励扶助总金额为2.2亿元。

（二）老年权益保障工作力度更大。积极拓展老年法律服务工作领域和内容，全市建立老年人法律援助中心11个、法律援助工作站349个，100%村（居）建立了法律援助联络点，实现服务平台前移，为老服务“零距离”。进一步降低老年人申请援助门槛，对70周岁以上老年人和患重大疾病的老年人，申请法律援助可免交困难证明。全市各级法律援助机构共接待老年人来访咨询13717人次，接听老年人“12348”法律援助热线电话7726人次，办理老年人法律援助案件261件。

六、社会敬老氛围更加浓厚

一是组织开展“敬老月”系列活动。深入开展老年节走访慰问活动，市四套班子领导分四路对百岁老人以及养老机构、居家养老服务机构进行了走访慰问，市老龄办会同市老年事业发展基金会、中国人寿宁波分公司开展了“孝行为善——关怀特殊困难老人”活动，对300名生活困难老人每人发放500元的慰问金。市老龄委与宁海县老龄委联合举办了宁波市庆祝全国第四个老年节暨长寿文化活动周。二是部门联创、条块结合，认真组织开展第二届“敬老文明号”创建与考评工作。从涉及卫生、交通、旅游、养老、银行等18个部门（行业）的145家参创单位中，评选出宁波广电集团老少频道等84个第二届“敬老文明号”单位（团队），并在“敬老月”庆祝大会上举行授牌仪式。引导创建单位把对内提升敬老爱老服务意识与对外提升为老服务优待水平结合起来，深入开展“双关爱”活动，形成了江东区老干部局“手牵手、老助老”、鄞州区健康家园公益服务中心“老年健康系列志愿服务”、慈溪市供电局“空巢老人暖心”活动等一大批关爱项目，深受当地老年人欢迎。

第五部分

大事记

全国老龄工作委员会办公室

一月

1月18日，全国老龄办常务副主任王建军会见武警总医院郑静晨院长一行，就深化“银龄行动”、开展“扶贫治包（包虫病）计划”进行了商谈，副主任肖才伟等参加会见。

1月19日，全国老龄办常务副主任王建军会见河北省民政厅赵风楼厅长、秦皇岛市张峰副市长一行，就老龄事业“十三五”规划编制、老龄工作转型升级和推进老龄事业创新发展进行了座谈。

1月20日，全国老龄办常务副主任王建军参加全国老龄委成员单位联络员会议。副主任吴玉韶参加会议。

1月29日，王建军常务副主任主持2015年度全国老龄办外事出访暨出国留学汇报会并讲话，机关全体、直属单位中层以上干部参加。

二月

2月1日，全国老龄办常务副主任王建军参加“全国老年法律维权工作先进集体”评选表彰工作领导小组第一次全体会议。

2月2日，召开中共全国老龄办直属机关第二次代表大会。会议选举产生了第二届直属机关党委、纪律检查委员会。

2月3日，全国老龄办常务副主任王建军参加“银发梦想”《老有才啦》为老服务公益项目成果展示活动。

2月23日，全国老龄办常务副主任王建军参加国务院有关工作会议及全国老龄委十八次全委会，副主任吴玉韶、肖才伟、朱耀垠、王绍忠、李耀东参加。

2月29日，全国老龄办党组书记王建军，党组成员李耀东、吴玉韶、肖才伟、朱耀垠、王绍忠参加中央第九巡视组专项巡视民政部党组、全国老龄办党组工作动员会，王建军代表办党组作表态发言。

三月

3月1日，中央第九巡视组听取全国老龄办党组汇报，党组书记、常务副主任王建军主持并汇报，党组成员李耀东、吴玉韶、肖才伟、朱耀垠、王绍忠参加。

3月2日，全国老龄办召开学习贯彻习近平总书记、李克强总理对加强老龄工作重要指示精神座谈会，常务副主任王建军，副主任李耀东、吴玉韶、朱耀垠等参加。

3月29—30日，全国老龄办召开2016年全国老龄办主任会议，各省（自治区、直辖市、计划单列市、新疆生产建设兵团）老龄办主任等100多名代表参加会议。民政部副部长高晓兵传达全国老龄委第十八次全会精神。全国老龄办党组书记、常务副主任王建军传达了中央领导重要指示批示精神并主持会议。副主任李耀东、吴玉韶、肖才伟、朱耀垠、王绍忠，机关各部门和直属单位负责人等参会。

四月

4月15日，全国老龄办常务副主任王建军会见中国红十字会王海京副会长一行，就发挥红十字会在老龄工作和养老服务中的优势进行了座谈。

4月15日，全国老龄办常务副主任王建军，副主任李耀东、肖才伟、朱耀垠参加部直属机关“两学一做”学习教育动员部署会。

4月26日，全国老龄办常务副主任王建军，副主任肖才伟、朱耀垠接待国家机关事务管理局财务管理司王德司长一行来访。

五月

5月3日，全国老龄办常务副主任王建军参加并主持“第五届中国国际养老服务业博览会”开幕式。

5月11日，全国老龄办常务副主任王建军，副主任吴玉韶、肖才伟、朱耀垠、王绍忠在江苏大厦参加宣传“老有所为”典型人物先进事迹、深化“两学一做”学习教育座谈会，部直属机关党委副书记、人事司司长许立群和驻部纪检组纪律检查员余士军一同参加。

5月12—17日，全国老龄办常务副主任王建军赴四川参加致公党中央组织的“积极应对人口老龄化”重点调研。

5月25日，全国老龄办副主任吴玉韶向国务院办公厅秘书三局领导汇报“敬老文明号”评选表彰工作。

5月26日，全国老龄办常务副主任王建军和财政部有关领导到北京市调研政府购买养老服务情况。

5月26日，全国老龄办召开“中央纪委派驻纪检组贾育林组长与全国老龄办党组成员见面会”，党组书记、常务副主任王建军主持会议。派驻纪检组副组长肖登峰，党组成员、副主任李耀东、吴玉韶、肖才伟、朱耀垠、王绍忠参加会议。

5月30日，全国老龄办副主任朱耀垠、王绍忠、李耀东参观北京市反腐倡廉警示教育基地。

5月31日，全国老龄办下发《全国老龄办关于学习贯彻习近平总书记在中央政治局第三十二次集体学习时重要讲话精神的通知》。

六月

6月6日，全国老龄办党组书记、常务副主任王建军，党组成员、副主任李耀东参加中央第九巡视组专项巡视民政部党组情况反馈会议。

6月7日，中央第九巡视组专项巡视全国老龄办党组情况反馈会议召开。中央第九巡视组吴瀚飞组长反馈巡视意见，中央巡视办负责同志夏立忠讲话，全国老龄办党组书记、常务副主任王建军作表态发言。党组成员、副主任李耀东、吴玉韶、肖才伟、朱耀垠、王绍忠，机关处级以上干部，直属单位领导班子成员参加会议。

6月12日，全国老龄办副主任肖才伟参加财政部2017年中央部门预算编制工作动员会。

6月13日，全国老龄办常务副主任王建军听取权益保护部老年优待相关文件起草工作汇报，副主任王绍忠参加。

6月14日，全国老龄办常务副主任王建军会见全国人大常委会委员、全国人大内司委委员郑功成教授一行，就老年人监护理论研究和老龄事业发展“十三五”规划编制等工作进行了座谈，副主任朱耀垠、王绍忠参加。

6月14日，全国老龄办副主任王绍忠参加中宣部《国家人权行动计划（2012－2015年）》实施评估总结会议。

6月16日，全国老龄办常务副主任王建军主持召开整改工作领导小组会议，副主任肖才伟、王绍忠，中央纪委驻民政部纪检组副组长肖登峰参加；副主任肖才伟、王绍忠，有关直属单位和社会组织负责人，中央纪委驻民政部纪检组副局级纪律检查员余士军参加。

6月17日，全国老龄办常务副主任王建军主持召开有关文件征求意见专家学者座谈会，副主任李耀东、肖才伟、王绍忠参加。

6月30日，全国老龄办党组书记王建军出席民政部直属机关纪念建党95周年大会，党组成员李耀东、吴玉韶、肖才伟、王绍忠及副局级以上人员参加。

七月

7月1日，全国老龄办党组书记、常务副主任王建军主持全国老龄办庆祝中国共产党成立95周年大会暨办“两学一做”学习教育大会并作专题党课，党组成员、副主任李耀东、吴玉韶、肖才伟、朱耀垠、王绍忠，中央纪委驻民政部纪检组副局级纪律检查员余士军，机关全体党员干部，直属单位中层以上干部，社会组织负责人参加。

7月1日，全国老龄办常务副主任王建军、副主任肖才伟参加综合部党支部重温入党誓词活动。

7月1日，全国老龄办常务副主任王建军会见财政部社保司符金陵副司长一行，就全国老龄办一级预算单位有关工作事宜进行座谈。

7月5日，全国老龄办副主任肖才伟参加2017年财政预算编制动员会。

7月12日，全国老龄办印发了《关于废止有关政策性文件的通知》，废止《关于发展老年经济实体的意见》（中老字〔1993〕32号）、《全国老龄办综合部关于“城市加装无障碍助老电梯公益项目”有关事项的通知》（全国老龄办综发〔2014〕3号）两个政策性文件。

7月19日，全国老龄办党组书记王建军以“严明党的组织纪律，增强组织纪律性”为主题，召开全国老龄办巡视反馈意见整改专题民主生活会，党组成员李耀东、吴玉韶、肖才伟、朱耀垠、王绍忠参加，老龄办各部门负责人及中央纪委驻民政部纪检组王立标同志列席。

7月21日，全国老龄办党组书记王建军主持召开办党组理论学习中心组（扩大）会议，党组成员李耀东、吴玉韶、肖才伟、朱耀垠、王绍忠，各部门、各直属单位主要负责同志参加，直属机关党委有关同志列席。会议通报了巡视整改工作进展情况，传达学习了《中国共产党问责条例》《推进领导干部能上能下若干规定（试行）》《党政领导干部选拔任用工作条例》。办党组成员就学习贯彻《中国共产党问责条例》进行了发言。

7月21日，全国老龄委印发《全国老龄工作委员会关于开展2016年全国“敬老月”活动的通知》。

7月21日，全国老龄办印发《全国老龄办关于开展2016年“老有所为”先进典型人物宣传活动的通知》。

7月22日，全国老龄办常务副主任王建军参加国家保密局组织的在京中管干部保密教育轮训。

7月25日，全国老龄办常务副主任王建军参加“第四次中国城乡老年人生活状况抽样调查”领导小组（扩大）会议。副主任朱耀垠主持。

7月25日，全国老龄办印发《关于印发〈全国老龄办落实〈中央领导同志批示件办理工作规定〉实施办法〉的通知》。

7月27日，全国老龄办党组印发《关于印发〈全国老龄办党组贯彻落实中央“八项规定”及实施细则的措施〉的通知》。

7月28日，全国老龄办人事部（国际部）印发《全国老龄办关于进一步规范直属单位人事管理工作的通知》。

7月29日，全国老龄办常务副主任王建军、副主任肖才伟参加所在支部综合部党支部“党员干部轮流领学和主题学习讨论”活动，并分别对活动作了点评。

7月29日，全国老龄办印发《关于中国老龄协会老年人才信息中心不再使用“全国老龄工作委员会办公室信息中心”名称的通知》《关于明确智能化养老实验基地建设相关工作的通知》。

7月29日，全国老龄办印发《关于印发〈全国老龄办关于规范干部在社会组织兼职的意见〉的通知》《关于印发〈全国老龄办关于规范干部在企业兼职（任职）的意见〉的通知》。

八月

8月5—6日，全国老龄办常务副主任王建军赴内蒙古参加“阿尔山国际论坛”。

8月5日，全国老龄办直属机关党委在办机关举办党的基础理论和基本知识培训班。党组成员、副主任肖才伟，党组成员、副主任、直属机关党委书记王绍忠出席，直属机关全体党员参加。

8月10日，全国老龄办党组印发《关于调整全国老龄办党建工作领导小组的通知》。

8月11日，全国老龄办常务副主任王建军为天津市民政系统“学习贯彻习近平总书记关于老龄工作重要讲话精神培训班”讲课。

8月15日，全国老龄办印发《关于召开2016年全国老龄宣传工作会议的通知》《关于开展2016年“老有所为”先进典型人物宣传活动的通知》。

8月16日，全国老龄办常务副主任王建军参加民政部召开的许帅同志先进事迹报告视频会。

8月18日，全国老龄办权益保护部办理《关于商请联合召开纪念〈老年人权益保障法〉颁布实施20周年座谈会的函》。

8月19—20日，全国老龄办常务副主任王建军在云南调研老龄工作。

8月28日，全国老龄办副主任吴玉韶参加中央电视台重阳节特别节目录制。

8月30日，全国老龄办常务副主任王建军，副主任肖才伟、朱耀垠、王绍忠参加民政部传达中央通报精神会议。

8月30日，全国老龄办副主任王绍忠参加民政系统“改革社会组织管理制度”视频会议。

九月

9月1日，全国老龄办副主任肖才伟、朱耀垠、王绍忠参加第十二届全国人大常委会第22次会议。

9月6日，全国老龄办常务副主任王建军分别与华中师范大学中国农村研究院、中国太平洋保险公司等两家老龄政策研究基地的同志进行座谈，副主任朱耀垠及有关人员参加。

9月7日，全国老龄办印发《关于协助开展“全国农村老年人养老状况调查”补充调查的通知》。

9月8日，全国老龄办常务副主任王建军，副主任吴玉韶、朱耀垠参加第四次中国城乡老年人生活状况抽样调查领导小组办公室第二次主任办公会。

9月13日，在哈尔滨召开2016年全国老龄宣传工作会议，全国老龄办常务副主任王建军出席并讲话，吴玉韶副主任主持。

9月13日，全国老龄办直属机关党委召开“走百村、访千户、知民情、惠民生”调研实践活动动员暨培训会。

9月19—23日，全国老龄办直属机关党委带队于到湖南省郴州市开展“走百村、访千户、知民情、惠民生”调研实践活动，直属机关12名党员干部参加了此次调研。

9月20日，全国老龄办印发《关于印发〈全国老龄办机关职工请休假暂行规定〉的通知》《关于印发〈全国老龄办机关考勤办法〉的通知》《关于印发〈关于加强因私事出国（境）管理的暂行规定〉的通知》。

9月22日，全国老龄办党组印发《关于印发〈全国老龄办党组理论学习中心组学习制度〉的通知》《关于印发〉全国老龄办落实全面从严治党要求进一步加强直属机关党建工作实施意见〉的通知》；印发《关于印发〈关于全国老龄办直属机关违纪案件通报曝光工作的规定〉的通知》。

9月23日，全国老龄办常务副主任王建军在中组部组织的“中央国家机关老同志专题报告会”作了题为《我国人口老龄化形势及对策》的报告。

9月28日，全国老龄办常务副主任王建军参加全国政协人口资源环境委员会第四次人口与发展座谈会并介绍有关情况。

十月

10月8日，全国老龄办副主任肖才伟带领有关人员到财政部沟通2017年项目预算申报情况。

10月9日，纪念《中华人民共和国老年人权益保障法》颁布实施20周年座谈会在京举行。国务委员、全国老龄委主任王勇出席会议并讲话。民政部副部长、全国老龄办副主任高晓兵，全国老龄办党组书记、常务副主任王建军，副主任吴玉韶、肖才伟、朱耀垠、王绍忠，党组成员李耀东参加会议。

10月9日，全国老龄办常务副主任王建军参加第四次中国城乡老年人生活状况抽样调查成果发布会并发布第四次中国城乡老年人生活状况抽样调查成果。发布会由副主任朱耀垠主持。

10月9日，全国老龄办综合部印发《关于印发〈涉密文件复印管理规定〉的通知》。

10月10日，全国老龄办印发《关于印发〈全国老龄办涉密计算机及相关设备保密管理办法（试行）〉的通知》。

10月10—14日，全国老龄办常务副主任王建军率民政部第六督察组在吉林省、内蒙古自治区进行重点工作实地督察。

10月11日，全国老龄办印发《全国老龄办关于2015年度预算执行审计问题整改进展情况的报告》。

10月12日，全国老龄办事业发展部、宣传部组织召开新闻发布会，发布由全国老龄办、国家发展改革委、财政部、国土资源部、住房城乡建设部、交通运输部等25个部委共同制定的《关于推进老年宜居环境建设的指导意见》。

10月16—23日，全国老龄办常务副主任王建军率团出访哈萨克斯坦、俄罗斯执行2016年人口基金老龄项目活动。

10月20日，中央纪委驻民政部纪检组到全国老龄办人事部（国际部）走访座谈全面从严治党主体责任落实情况。

10月31日—11月1日，学习贯彻习近平总书记关于加强老龄工作重要讲话精神高层论坛暨2016年全国老龄系统干部培训班在北京举行。王建军常务副主任致辞并授课，副主任吴玉韶、肖才伟、朱耀垠、王绍忠，党组成员、中国老年杂志社社长李耀东分别主持会议。机关处级以上干部、直属单位班子成员、全国老龄委成员单位、各地老龄办、部分全国性老年社会组织参加。

十一月

11月4日，全国老龄办印发《全国老龄办关于征求对〈中国老龄事业发展“十三五”规划（送审稿）〉意见的函》。

11月8日，全国老龄办常务副主任王建军主持召开全国老龄办党组理论学习中心组（扩大）会议，学习贯彻《关于新形势下党内政治生活的若干准则》和《中国共产党党内监督条例》精神，党组成员吴玉韶、肖才伟、朱耀垠、王绍忠、李耀东，中央纪委驻民政部纪检组张冬生同志，各部门负责同志、机关党委有关同志参加。

11月9日，全国老龄办常务副主任王建军、副主任肖才伟参加综合部党支部第三次党员干部轮流领学暨与华龄出版社党支部联学活动。

11月10日，全国老龄办印发《全国老龄工作委员会办公室关于印发王建军在2016年全国老龄系统干部培训班上的报告的通知》；印发《全国老龄办关于印发王建军常务副主任在2016年全国老龄宣传工作会议上的讲话的通知》；印发《〈全国老龄办开展全面严肃财经纪律严格预算管理自查自纠和重点检查工作的实施方案〉的通知》。

11月10日，全国老龄办党组印发《全国老龄办党组学习宣传贯彻党的十八届六中全会精神情况报告》。

11月14日，全国老龄办党组印发《关于印发〈全国老龄办学习宣传贯彻党的十八届六中全会精神的方案〉的通知》。

11月14—15日，全国老龄办常务副主任王建军在国家行政学院参加中组部、卫生计生委、国家行政学院联合举办的省部级干部“推进卫生与健康发展”专题研讨班。

11月15日，全国老龄办印发《关于转发〈关于开展培训疗养机构专项核查工作的通知〉的通知》。

11月16—18日，全国老龄办常务副主任王建军在国家行政学院参加中组部、卫生计生委、国家行政学院联合举办的省部级干部“推进卫生与健康发展”专题研讨班。

11月16日，全国老龄办副主任吴玉韶主持召开《社区老年协会工作实用手册》征求意见会。

11月16日，全国老龄办印发《全国老龄办关于征求全国老龄工作委员会成员单位职责修订意见的函》。

11月18日，全国老龄办印发《全国老龄办关于征求对〈中国老龄事业发展“十三五”规划（送审稿）〉审核意见的函》；印发《全国老龄办关于开展中国城乡老年人生活状况监测调查的通知》。

11月23日，全国老龄办印发《关于召开老年人权益保障法地方配套法规立法工作座谈会的通知》。

11月24日，全国老龄办常务副主任王建军为2016年全国新任民政局长培训班讲课。

11月29日，全国老龄办在河北省秦皇岛市召开2016年全国老龄信息工作会议。常务副主任王建军出席会议并讲话。全国各省、自治区、直辖市、计划单列市和新疆生产建设兵团老龄办和河北省各地级市老龄办的有关领导和同志共100余人参加和列席了本次会议。

11月30日—12月2日，全国老龄办常务副主任王建军赴天津市执行调研任务。

十二月

12月7日，全国老龄办常务副主任王建军为中央国家机关工委举办的贯彻落实党的十八届六中全会精神学习研讨班讲课。

12月7日，全国老龄办副主任肖才伟主持召开办属企业历史遗留问题处置领导小组会议。

12 月 8—9 日，老年人权益保障法地方配套法规立法工作座谈会在湖南省长沙市召开。全国老龄办常务副主任王建军出席并作总结讲话。副主任王绍忠出席会议。此次会议由全国人大内司委、民政部、全国老龄办联合主办。部分省、自治区、直辖市人大内司委，各省、自治区、直辖市和计划单列市及新疆生产建设兵团民政厅（局）、老龄办相关负责同志共 120 余人参会。

12 月 9—11 日，全国老龄办常务副主任王建军赴广西省执行调研任务。

12 月 13—15 日，全国老龄办直属机关党委举办学习宣传贯彻党的十八届六中全会精神暨党务干部培训班，党组书记王建军作了题为《内化于心　外化于行　认真学习贯彻党的十八届六中全会精神》的培训动员讲话。来自直属机关处级以上干部、各党组织书记、委员，纪检干部、工青妇委员及楼内所有党员约 80 人参加了培训，并交流学习了习近平总书记系列重要讲话精神体会。

12 月 14 日，全国老龄办副主任吴玉韶在浙江省宁波市参加推进老年宜居环境建设工作座谈会。

12 月 15 日，全国老龄办副主任王绍忠主持召开“老年监护制度比较研究”项目结题评审会、“老年人优待工作评估指标体系研究”项目结题评审会。

12 月 19 日，全国老龄办直属机关纪委印发《全国老龄办直属机关纪委委员、纪委工作人员及各党组织纪律检查委员工作要求》。

12 月 21 日，全国老龄办印发《全国老龄办关于开展 2016 年中国城乡老年人生活状况监测调查督导工作的通知》。

12 月 23 日，全国老龄办常务副主任王建军，副主任吴玉韶，党组成员、中国老年杂志社社长李耀东出席全国老干部工作先进集体和先进工作者表彰大会。

12 月 23 日，全国老龄办人事部（国际部）组织召开 2016 年度全国老龄办机关外事出访汇报会，常务副主任王建军，副主任肖才伟、朱耀垠及机关全体人员参加。

12 月 26 日，全国老龄办常务副主任王建军主持召开第一次“十三五”老龄事业发展规划与养老体系规划合并事宜协调会。副主任朱耀垠参加。

中央组织部

一月

印发《关于进一步加强和改进离退休干部工作的意见》（中办发〔2016〕3 号）。

召开全国老干部局长会议，中央组织部常务副部长陈希出席会议并讲话。

二月

中央组织部部务委员兼全国基层组织建设协调小组办公室主任吴玉良（现任中央组织部部务委员兼干部二局局长）、老干部局局长李炎溪参加全国老龄工作委员会第十八次全体会议。

三月

举办中央和国家机关老同志专题报告会，中央组织部副部长兼干部一局局长邓声明（现任中央组织部副部长）主持，国务院研究室副主任黄守宏就学习 2016 年政府工作报告作专题辅导报告，中央和国家机关司局级以上老同志 1300 余人参加。

四月

举办中央单位学习贯彻中办发〔2016〕3 号文件辅导报告会，老干部局局长李炎溪作专题辅导，在京中央单位离退休干部工作部门和北京市、区老干部局负责同志等 430 余人参加。

举办第 17 期全国老干部局长轮训班，各省区市、新疆生产建设兵团党委老干部局和部分中央单位离退休干部工作部门负责同志 80 余人参加。

六月

举办中央和国家机关老同志专题报告会，老干部局局长李炎溪就学习贯彻中办发〔2016〕3 号文件作专题辅导报告，中央和国家机关司局级以上老同志 1300 余人参加。

组织 30 位在京老同志代表到人民大会堂参加庆祝中国共产党成立 95 周年音乐会。

七月

组织 30 位在京老同志代表到人民大会堂参加庆祝中国共产党成立 95 周年大会。

召开中央单位为党和人民的事业增添正能量活动推进会，170余家在京中央单位离退休干部工作部门主要负责同志参加。

召开全国市县为党和人民的事业增添正能量活动推进会，31个省区市、15个副省级城市和新疆生产建设兵团老干部工作部门主要负责同志参加。

九月

开展“我看从严治党新气象”“我看十八大以来组织工作变化”调研，面对面听取了2200多名不同职级、不同方面老同志的意见建议，调研成果得到中央领导同志的充分肯定。

举办中央和国家机关老同志专题报告会，中央组织部副部长兼秘书长高选民（现任中央组织部副部长，机关党委书记）主持，民政部党组成员、全国老龄工作委员会办公室党组书记、常务副主任王建军就我国人口老龄化形势及对策作专题报告，中央和国家机关司局级以上老同志1300余人参加。

组织在京老同志代表到天安门广场参加烈士纪念日向人民英雄敬献花篮仪式。

举办全国老干部工作部门中青年干部培训班，部分地市老干部局长和中央单位离退休干部工作部门主要业务处室负责人共82人参加。

十月

中央组织部部务委员臧安民（现任中央组织部秘书长）到人民大会堂参加纪念《老年人权益保障法》颁布实施20周年座谈会，老干部局局长李炎溪参加。

组织34名在京单位老红军、老同志代表到人民大会堂观看“纪念红军长征胜利80周年”文艺晚会《永远的长征》，并参加纪念红军长征胜利80周年大会。

十一月

举办中央和国家机关老同志专题报告会，中央组织部副部长周祖翼主持，中央宣讲团成员、最高人民法院副院长姜伟就学习贯彻党的十八届六中全会精神作专题辅导报告，中央和国家机关司局级以上老同志1300余人参加。

十二月

在人民大会堂隆重召开全国老干部工作先进集体和先进工作者表彰大会，习近平总书记作重要指示，刘云山同志作重要讲话，赵乐际同志主持，中央办公厅、中央组织部、中央宣传部、民政部、财政部、人力资源社会保障部、国家卫生计生委、国务院国资委、全国老龄办领导同志出席，100名全国老干部工作先进集体和先进工作者代表，在京中央和国家机关部委、人民团体、中管金融企业、部分国有重要骨干企业有关负责同志，各省区市、新疆生产建设兵团党委老干部局和中央单位离退休干部工作部门主要负责同志出席会议。表彰大会前，刘云山、赵乐际等中央领导同志亲切接见与会代表，并同他们合影留念。

召开全国老干部局长会议，陈希同志出席并讲话，各省区市、新疆生产建设兵团党委老干部局和中央单位离退休干部工作部门主要负责同志参加，受表彰的100名全国老干部工作先进集体和先进工作者代表列席。

中央国家机关工委

一月～二月

1—2月，按照中组部和工委要求，积极协调中央国家机关各离退休干部工作部门，组织承办中央国家机关副部级以上老同志及遗属参加2017年中共中央、国务院春节团拜会的有关工作。

四月

4月7日，中央国家机关离退休干部支部工作法推广会暨“支部书记谈党建”征文活动颁奖在康铭大厦举办。中央国家机关工委常务副书记李智勇，副书记姚志平、常大光，工委委员、宣传部部长刘涛，中组部老干部局局长李炎溪、全国老龄办副主任吴玉韶等出席。8位离退休干部党支部代表从不同侧面交流了支部工作法，工委老龄办和有关部门机关党委负责同志，中央国家机关各部门离退休干部局（办、处）的负责同志，老干部工作者和离退休干部党支部书记代表等300余人参加。

六月

6月23日下午，中央国家机关工委老龄办举办中央国家机关离退休干部庆祝建党95周年《光耀中华》文艺演出。中央国家机关工委常务副书记李智勇，副书记陈存根、常大光，中央国家机关有关部委领导及近千名离退休干部、青年干部代表观看演出。来自中央国家机关29个部门的520多名的老同志们分别登台，展示了中央国家机关离退休干部对党的无限热爱，表达了广大离退休老同志实现中华民族伟大复兴中国梦的坚定信念。

九月

9月5日，老年大学在康铭大厦举办主题为“感恩教师节　共话师生情”的教师节庆祝活动。工委老龄办领导魏黎耕、李瑛，来自国务院办公厅、国家信访局等单位离退休干部工作部门的负责同志，以及来自国务院办公厅、国家信访局、国家机关事务管理局、国务院法制办、国务院参事室、国务院研究室、中央国家机关工委等部门的老年大学师生近150人参加活动。

十二月

12月6日至8日，中央国家机关离退休干部党务工作者贯彻落实党的十八届六中全会精神学习研讨班在北京举办，中央国家机关各离退休干部局（办、处）党组织负责同志100人参加，充分发挥了工委老龄办的平台作用，相互交流好经验、好做法，共同探讨解决面临的难题，进一步抓好离退休干部党建工作。

国家卫生计生委

一月

2016年1月，在广州举办2016年第一期全国医养结合工作培训班。为贯彻落实《国务院办公厅转发卫生计生委等部门关于推进医疗卫生与养老服务相结合指导意见的通知》（国办发〔2015〕84号）和全国医养结合工作会议精神，就进一步推进医养结合工作、计划生育家庭养老照护试点工作对各省（区、市）卫生计生委，新疆生产建设兵团人口计生委老年健康工作负责处室主要负责同志和养老照护试点单位卫生计生委分管副主任开展培训。

四月

2016年4月，为贯彻84号文件精神，明确各部门责任分工，会同民政部印发医养结合重点任务分工方案，将重点任务分解成36项，同时印发委内重点任务分工方案，确保各项重点任务落到实处；会同民政部印发《关于做好医养结合服务机构许可工作的通知》，落实国务院简政放权要求，改进行政审批工作。

五月

2016年5月，会同民政部开展国家级医养结合试点单位遴选工作。为进一步推动医养结合工作，营造良好的政策环境，完善体制机制，创新发展模式，为全国医养结合工作提供示范经验，联合民政部印发《关于遴选国家级医养结合试点单位的通知》（国卫办家庭函〔2016〕511号），启动国家级医养结合试点单位遴选工作。

六月

2016年6月，在各省（区、市）卫生计生和民政部门联合推选的基础上，组织专家评议，确定北京市东城区等50个市（区）为第一批国家级医养结合试点单位，要求国家级医养结合试点单位要结合实际，统筹各方资源，先行先试，探索建立符合国情的医养结合体制机制，出台一批可持续、可复制的体制机制和创新成果，创新医养结合管理机制和服务模式，为全国医养结合工作提供示范经验。各省（区、市）启动省级试点工作。

八月

2016年8月，赴重庆、青岛开展十二届全国人大四次会议重点督办建议专题调研。深入基层了解医养结合工作的现状、开展的有益尝试、面临的困难和问题等，共同商讨针对性强、切实可行的措施。相关人大代表和重点督办建议办理单位有关负责同志参加了调研。

九月

2016年9月，确定北京市朝阳区等40个市（区）为第二批国家级医养结合试点单位。

十二月

2016年12月，在石家庄举办2016年第二期全国医养结合工作培训班。为贯彻落实全国卫生与健康大会有关精神和中央关于医养结合的部署要求，对各省（区、市）卫生计生委医养结合工作所在处室负责同志和国家级医养结合试点市（区）卫生计生委负责同志开展培训，解读当前国内外健康老龄化形势、医养结合基本理论和实践经验、医养结合重点任务、政策规定、工作方法和推进措施等。

国家新闻出版广电总局

六月

2016年6月20日，国家新闻出版广电总局和全国老龄工作委员会办公室联合下发《关于联合举办2016年全国敬老养老助老公益广告作品征集暨展播活动的通知》，正式启动征集暨展播活动。

八月

2016年8月22日，国家新闻出版广电总局办公厅和全国老龄工作委员会办公室综合部联合下发《关于开展2016年向全国老年人推荐优秀出版物活动的通知》，正式启动推荐活动。

九月

2016年9月22日，国家新闻出版广电总局出版管理司与全国老龄工作委员会办公室综合部联合召开2016年向全国老年人推荐优秀出版物评审会，邀请来自中宣部出版局、全国老龄办、中央党史研究室科研管理部、全国人大教科文卫委文化室、中国编辑学会、中国作协创研部、中国中医科学院、中国艺术研究院等部门和科研机构的31位专家学者，经过充分讨论和评议，最终投票确定50种拟推荐出版物。

十月

2016年10月9日，国家新闻出版广电总局与全国老龄工作委员会办公室共同在京召开新闻发布会，发布2016年向全国老年人推荐优秀出版物入选书目，中华书局、人民卫生出版社、华龄出版社、中国中医药出版社等50余家出版单位的50种出版物入选，其中，文化类图书13种，文艺类图书10种，健康类图书10种，生活类图书12种；音像电子出版物5种。全国老龄工作委员会办公室副主任吴玉韶、国家新闻出版广电总局出版管理司司长周慧琳出席新闻发布会并讲话。

十二月

2016年12月16日，国家新闻出版广电总局和全国老龄工作委员会办公室联合下发《关于公示2016年全国敬老养老助老公益广告作品征集活动的通知》，公示了经活动组委会审核评出的一、二、三类作品及优秀类、鼓励类作品共59件，优秀组织机构15家。

全国总工会

2016年9月，全总中国国际职工交流中心组织养老照护政策研究团赴日本考察学习介护保险制度实施情况，听取了日本劳动者福祉中央协议会、厚生劳动省以及日本工会总联合会等部门的专家及官员关于日本长期照护保险制度的介绍，实地考察了横滨市养老机构并与负责人进行了深入交流，了解日本介护保险制度的主要内容及特点，对建立适合我国国情的长期护理保险相关问题进行研究，推动提升长期失能人员特别是失能老年人体面和有尊严的生活质量。

北京市

一月

1月8日，北京市老龄委调整委员会及其办公室组成人员，副市长王宁任市老龄委主任；市政府副秘书长马林，市民政局党委书记、局长李万钧任常务副主任；市委组织部副部长、市人力社保局局长张欣庆，市委组织部副部长、市老干部局局长蔡淑敏，市财政局党组书记、局长李颖津，市卫生计生委党委书记、主任，市医院管理局党委书记方来英任市老龄委副主任。新增市市政市容委、市食品药品监督管理局、市科委、市金融局、北京保监局、市国资委、市中医管理局、市公安局公安交通管理局、市公安局消防局为市老龄委成员单位。

1月8日，成立北京市老龄委工作委员会专家委员会。聘任北京吉利学院健康产业学院院长乌丹星、中国人民大学信息学院副院长左美云、中国经济体制改革研究会常务副秘书长石明磊、北京社会管理职业学院民政政策理论研究所所长成海军、中国人民大学社会与人口学院老年学研究所所长杜鹏、北京市致诚律师事务所主任佟丽华、全国老龄办政策研究部主任张民巍、北京大学人口研究所常务副所长陈功、北京师范大学社会发展与公共政策学院院长徐月宾、中国社科院社会政策研究中心秘书长唐钧第一届专家委员会委员。

1月14日，北京市老龄工作委员会召开2016年度第一次全体会议。会议全面总结“十二五”以来全市老龄工作取得的重要成绩，研究部署了2016年重点工作任务。会议新增市科委、市市政市容委、市国资委、市食品药品监管局、市金融局、北京保监局、市中医局、市公安局交通管理局、市公安消防局9家单位为市老龄委成员单位。调整后的市老龄委成员单位增至52家。

二月

2月1日，启动为失智老年人配备防走失手环项目。

2月3日，“银发梦想”一《老有才啦》为老服务公益项目成果展示活动在京民大厦举办。活动包括圆梦老人、弘扬孝德、构建和谐三个篇章，通过现场访谈、视频播放和北京电视台《老有才啦》优秀节目表演等形式向社会各界展示北京市为老服务成果，反映老年人的精神面貌和幸福生活，感谢社会各界对老龄事业的关注和支持。副市长王宁对百岁老人代表进行了慰问并赠送礼物，同时在新春佳节来临之际，向全市老年人送上节日祝福。在失智老人案例采访过程中，市老龄办常务副主任王小娥为失智老人佩戴防走失手环。北京市老龄委成员单位委员、联络员，各区民政局、老龄办负责同志，北京市“孝星”代表、为老服务机构代表和老年人代表共计300余人参加活动。

2月29日，北京市老龄委召开主任扩大会暨2016年老龄重点工作推进会。会议进一步分析全市老龄工作形势，部署2016年老龄重点工作任务，分解细化市老龄委各成员单位和16个区的老龄工作任务。

三月

3月18日，国务院参事调研组马力一行到北京市调研养老工作。市卫生计生委、市人力社保局、市民政局、市老龄办分别就养老服务业发展、医养结合、养老保险等工作情况进行汇报。

3月23日，国务院参事、中国出入境检验检疫协会会长葛志荣，国务院参事、国家卫计委巡视员马力，国务院参事张玉平，国务院参事施祖麟等一行，实地考察了北京市第一社会福利院、寸草春晖养老院和来广营国际老年公寓三家养老机构，对不同类型养老机构老年人的生活起居、服务水平、运营状况等进行了深入了解。

3月25日，北京市老龄办举办养老服务标准化讲座，就国家标准化发展形势、标准化基础知识、养老服务标准化进程与思考等方面进行系统讲解。

3月29日，北京市老龄办组织部分市老龄委成员单位召开座谈会，就关于加快本市养老产业发展促进养老消费工作听取意见建议。

四月

4月22日，北京市老龄办组织召开市老龄委2016年第一次联络员会议。会议传达了习近平总书记等中央领导同志对加强老龄工作重要批示及全国老龄委第十八次全体会议精神，介绍成立2016年养老重点工作专项协调工作组方案，听取2016年老龄重点工作任务各牵头单位汇报第一季度开展情况，就工作中存在的困难和问题进行研究并提出对策。

五月

5月3日—5日，第五届中国国际养老服务业博览会在北京国家会议中心举办。本届博览会由民政部、全国老龄办共同主办，中国社会福利与养老服务协会、北京市民政局和北京市老龄办共同承办，来自10个国家和地区，以及全国200余家养老服务领域的政府部门，养老服务机构、品牌企业参展参会。北京市副市长王宁出席开幕式并致辞。北京市民政局副局长李红兵在5月3日上午举行的主论坛上，以“大力促进养老产业发展，构建具有首都特色的养老服务体系”为题进行主题发言。

5月3日，出台支持居家养老服务“养十条”政策。1. 建设社区养老服务驿站。2. 健全基本养老服务制度。3. 实施经济困难老年人家庭适老化改造。4. 建立“幸福彩虹”配送服务网络。5. 构建居家养老助餐服务体系。6. 支持医疗卫生与养老服务融合发展。7. 增强社区居家医药卫生服务能力。8. 开展居家老年人紧急救援服务。9. 拓展基层公办养老机构居家养老服务功能。10. 实施“北京养老”品牌战略。

5月5日，北京市老龄办举办“我国人口老龄化发展形势及其影响”专题辅导班，就习近平总书记和李克强总理等中央领导同志对老龄工作的重要指示、批示精神以及相关的决策部署进行了解读和介绍，并从人口老龄化所面临的形势、人口老龄化对社会的严重影响、国际上面对人口老龄化所采取的行动和积极理念等方面进行了深刻的阐述和分析。

5月11日，北京市老龄委召开第二次主任扩大会暨2016年养老重点工作进展情况汇报会。市教委、市民政局、市财政局等2016年养老重点工作牵头单位负责同志及城六区政府主管副区长就牵头任务进展情况和存在问题进行了汇报。

5月14日，出台《关于开展社区养老服务驿站建设的意见》。从2016年开始，在本市社区层面展开社区养老服务驿站建设，进一步完善养老服务体系、加快养老服务业发展、更好满足群众多样化养老服务需求。

5月18日、19日，全国人大常委、内务司法委主任委员马馼、副主任委员秦光荣一行，调研北京市养老服务工作。调研组先后考察了朝阳区三里屯社区养老服务驿站、东城区朝阳门街道养老照料中心和大兴区农村幸福院，并围绕居家养老服务、医养结合和护理员队伍建设情况进行了座谈。

5月20日，国家机关事务管理局财务司司长王德、副司长李菊香一行，调研北京市养老服务工作。

5月26日，北京市民政局、市老龄办召开“2016年北京市社区养老服务驿站建设工作部署视频会”，就《关于开展社区养老服务驿站建设的意见》和《关于开展社区养老服务驿站评审工作的通知》进行部署说明。

5月26日，原国家财政部党组成员、部长助理，中国总会计师协会会长刘红薇一行调研北京市养老服务工作，就养老人才队伍建设和养老护理员培训进行了座谈交流。

5月30日，北京市老龄委召开“贯彻落实《北京市居家养老服务条例》，加快居家养老服务体系和制度建设”议案办理工作开题会。会议部署议案办理任务，听取议案领衔代表提出意见建议。市委组织部等28个议案办理责任部门负责同志、议案领衔代表及各区主管副区长参加会议。

六月

6月12日，启动2016年度北京市“孝星”暨“孝星榜样”命名活动。

6月13日，发布北京养老服务标识。

6月21日，北京市民政局、市老龄办在朝阳区召开全市区级养老服务指导中心和社区养老服务驿站建设现场会，组织各区民政局、老龄办负责同志现场参观三里屯社区养老服务驿站和朝阳区养老服务指导中心，实地观摩学习区级和社区级养老服务模式和发展思路。

七月

7月7日，北京市老龄办举办老年维权服务启动仪式和首次普法培训活动。

7月15日，北京市民政局、市老龄办召开全市养老重点工作推进会，各区就2014、2015年养老照料中心建设情况、资金使用、存在问题及整改措施，养老机构辐射社区居家养老服务市级资金使用，养老助餐项目进展、驿站试点建设等情况进行汇报。

7月26日，北京市人大常委会主任杜德印带队检查丰台区落实《北京市居家养老服务条例》情况。检查组实地检查北京市丰台区颐养康复养老照护中心，并进行入户调研。

7月29日，北京市人大常委会主任杜德印带队检查石景山区落实《北京市居家养老服务条例》情况。检查组实地检查了八角街道养老照料中心、八角北里社区养老服务驿站为老服务情况，详细了解了“医康养”结合服务、社区居家养老服务辐射项目及信息化为老服务等有关情况。

八月

8月30日，《北京市“十三五”时期老龄事业发展规划》经市政府第127次常务会议审议原则通过。

九月

9月5日，出台《关于加强区级养老服务指导中心建设的意见》。按照“政府主导、社会化运营、老龄办融入”的思路，建设运营区级养老服务指导中心，要求到2017年底前，16区全部建成区级养老服务指导中心。

9月7日，北京市民政局、市卫生计生委、市中医局、市老龄办联合在鼓楼中医医院举行北京中医药健康养老“身边工程”启动发布会。市老龄办与市中医局签署了《关于推进中医药健康养老服务的合作协议》。会上，发布了中医药技术服务包，开启中医药健康养老服务热线96189，部署了北京中医药健康养老试点工作。

9月9日，《关于全面放开养老服务市场进一步促进养老服务业发展的实施意见》经北京市委深改组第11次全会审议原则通过。

9月12日，出台《北京市老年人家庭适老化改造需求评估与改造实施管理办法（试行）》。通过施工改造、设施配备、辅具适配等方式改善老年人的居家生活环境，对老年人缺失的生活能力进行补偿或代偿，缓解老年人因生理机能变化导致的生活不适应，提升居家生活品质。“十三五”期间完成现有经济困难老年人家庭的适老化改造任务。

9月13日，北京市老龄委召开第二次联络员会议。市教委、市卫计委、市人力社保局等9家成员单位和城六区老龄办负责同志汇报了承担的重点工作进展情况及存在问题。

9月14日，北京市民政局、北京市老龄工作委员会办公室举行2016年度北京“孝星榜样”投票暨“孝星”宣讲团成立启动仪式。

9月30日，北京市老龄委调整委员会及其办公室组成人员，副市长王宁任市老龄委主任；市政府副秘书长尹培彦，市民政局党委书记、局长李万钧任常务副主任；市委组织部副部长、市人力社保局局长徐熙，市委组织部副部长、市老干部局局长蔡淑敏，市财政局党组书记、局长李颖津，市卫生计生委党委书记、主任，市医院管理局党委书记方来英任市老龄委副主任。新增国家机关事务管理局财务管理司、北京市技术质量监督局为市老龄委成员单位。

十月

10月9日—11日，北京市民政局、北京市老龄办等共同主办了2016年第四届老年节暨“重阳敬老献真情”主题活动。

10月12日，北京市老龄委召开第三次主任扩大会暨养老重点工作推进情况汇报会。会议通报了市人大常委会对《北京市居家养老服务条例》实施情况开展执法检查的有关情况。市财政局、市卫生计生委、市中医局、市人力社保局、市金融局、市住房城乡建设委及各区政府主管领导，就养老工作推进情况进行了汇报。

10月16日，全国老龄办和北京市老龄办等单位共同主办“读《快乐老年》，让老年人快乐——赠书活动”北京站相关工作。

10月17日，出台《关于加强老年人分类保障的指导意见》。综合考虑经济状况、生理心理、家庭结构、社会优待、社会身份等因素，将老年人划分为托底保障群体、困境保障群体、重点保障群体、一般保障群体四类，对于不同类型保障群体实施分类保障。

10月24日，北京市民政局、北京市老龄工作委员会办公室在北京国际会议中心举行2016年度北京“孝星榜样”揭晓暨“孝星”宣讲团首场报告会。

10月27日，全国老龄办调研北京市老龄工作经费保障工作，就养老项目经费、人员经费、业务经费、绩效管理等问题进行了交流座谈。

10月27日，北京市民政局、市老龄办组织召开城六区社区养老服务驿站建设推进会。会议听取各区汇报社区养老服务驿站试点建设情况及三年规划思路，分析了本区在驿站建设过程中存在的问题与难点，总结提炼了经验做法。

10月28日，北京市民政局召开新闻发布会，对7部门联合印发的《北京通—养老助残卡管理办法（暂行）》的通知进行了详细解读。新北京通—养老助残卡可享受政府购买居家养老服务等政策性优惠，包括在居家养老服务单位购买指定产品或服务，享受部分折扣、免费送货等优惠。

10月29日，北京市老龄办在方庄公园举办了“北京通—养老助残卡启用活动”，现场进行政策宣传与讲解，组织北京农商银行、市政一卡通公司、北京社区服务协会等服务机构到现场进行服务承诺与服务展示。活动现场，志愿者带领持卡老年人乘坐试点公交车、进公园测试，指导老年人在测试线路和区域内正确使用北京通—养老助残卡。

十一月

11月2日，北京市老龄办组织市交通委、市公园管理中心、市旅游委、市园林绿化局、北京公共交通（控股）集团、北京祥龙公交公司、北京市地铁运营公司等部门召开会议，就北京通—养老助残卡应用培训工作进行部署。

11月10日—12日，2016年北京国际老龄产业博览会在北京展览馆举行。博览会由北京市民政局、北京市老龄办、北京市社会办指导，北京市老龄产业协会、北京怡年老龄产业促进中心和北京北奥会展有限公司共同主办。本届博览会展览面积11000平米，参展企业单位超过120

家，内容涉及养老机构与养老地产、康复辅具与医疗器械、适老化改造产品与服务、智慧养老产品与解决方案、老年产品与生活用品、老年旅游与休闲以及老年文化、教育、金融等最新项目和国际化产品。展会期间，举办“北京养老产融结合”、“医养结合＋互联网”“北京国际老龄产业”、“2016 中国生态养老发展”、“北京市居家养老服务”等主题论坛和第三届银发达人颁奖典礼等活动。

11 月 15 日，北京市民政局、市老龄办召开经济困难的失能和高龄老年人能力评估和照护服务补贴工作专题会，西城区、朝阳区、海淀区、顺义区、密云区就各区困难失能老人能力评估、补贴经费使用、照护服务发展及进行了汇报研究。

11 月 24 日，北京市十四届人大常委会第 31 次会议，听取并审议市人民政府关于《北京市第十四届人民代表大会第四次会议对市政府关于〈北京市居家养老服务条例〉实施情况报告的审议意见》落实情况的报告。

十二月

12 月 12 日，北京市民政局、北京市老龄办召开市老龄委专家委员会专家座谈会，征求专家学者对做好当前和今后北京老龄工作的意见和建议。与会专家围绕建设老龄政策、养老服务、基础保障等体系，处理好“政府、社会、市场”、“重点保障对象和一般服务人群”、“市、区、街、居职能定位”等相互关系，加强长期照护保险、养老服务评估、农村养老服务、养老行业监管、人才队伍建设、老年人才资源开发、养老服务标准化信息化、养老大数据应用等重点工作，提出意见建议。

12 月 29 日，召开北京市老龄工作委员会 2016 年第二次全体会议。会议审议并通过市老龄委 2016 年工作报告，对 2017 年工作思路进行讨论，市人大通报《市人大常委会执法检查组关于检查〈北京市居家养老服务条例〉实施情况的报告》审议意见。

河北省

一月

1 月 6 日至 8 日，许祯科副厅长带领社会福利和社会事务处、规划财务处有关同志，赴山东省滨州市学习考察使用开发性金融支持养老项目建设工作情况。

1 月 7 日，许祯科副厅长带领省、市民政、老龄部门部分负责同志，到山东省学习对标老龄及老年人意外伤害保险工作。学习考察期间，首先听取了山东省老龄办、中国人寿山东省分公司相关同志的经验介绍，而后进行了相互交流探讨。

1 月 8 日，河北省老龄事业发展数据统计培训班在石家庄召开，来自全省各市、石家庄各县（市）、区的 46 名老龄业务骨干参加了培训。

1 月 8 日，省民政厅副厅长许祯科就如何推动和创新农村养老模式，到衡水阜城县进行专题调研。

1 月 13 日上午，按照河北省民政厅机关党委关于“三严三实”活动的部署要求，河北省老龄办党支部召开了“三严三实”专题组织生活会。副厅长许祯科参加会议。

1 月 18 日至 19 日，河北省推进京津冀养老服务业协同发展研讨会在廊坊三河市召开。会议重点对编制民政事业发展“十三五”规划做出部署，对推进“十三五”期间京津冀养老服务业协同发展工作进行专题研讨。会议邀请了国家民政部社会福利和慈善事业促进司老年福利处处长张晓峰、国家财政部政府和社会资本合作中心处长谢飞，分别就“十三五”时期国家对养老服务业发展的总体要求、有关支持政策及政府和社会资本合作模式等进行了深入浅出的讲解。会议由许祯科副厅长主持，王云巡视员部署了我省民政事业发展“十三五”规划编制有关工作，赵风楼厅长出席会议并讲话。

二月

2 月 22 日，河北省老龄办印发了《关于开展敬老养老助老先进典型事迹有奖征文活动的通知》（冀老龄办发〔2016〕1 号）。

2 月 24 日上午，河北省老龄办召开专题学习会，组织全体干部深刻学习领会习近平总书记、李克强总理关于加强老龄工作的重要指示。

2 月 24 日，河北省老龄办就贯彻落实习近平总书记和李克强总理近期关于老龄工作的重要指示精神发出通知，强调形成工作合力，努力开创河北老龄工作新局面。

2 月 25 日，河北省老龄办联合省老年文化促进会等多家省级涉老机构，在全省开展敬老养老助老先进典型事迹有奖征文活动。

三月

3 月 2 日，在石家庄市行唐县召开“敬老文明号”创建工作推进大会。副厅长许祯科出席会议。

3月3日，2015年度全国“老有所为”先进典型人物评选揭晓，河北省衡水冀州市医院主任医师吴殿华、燕山大学材料科学与工程学院退休教授王文魁两位获此殊荣。

3月13日，中国青年网刊载了该网站记者就如何有序推进养老机构建设，在两会期间对全国人大代表、河北省民政厅厅长赵风楼的采访稿。赵风楼代表在两会期间建议中央财政应加大对养老机构建设的支持力度。

3月11日，河北省老龄办印发了《关于印发2016年工作要点的通知》(冀老龄办发〔2016〕3号)。

3月15日，河北省老龄办、中共河北省委老干部局、河北省精神文明建设委员会办公室、河北省新闻出版广电局、河北省文化厅联合印发了《关于举办河北省第三届中老年才艺风采大赛的通知》(冀老龄办发〔2016〕5号)。

3月16日，省民政厅召开了起草《河北省居家养老服务条例》征求意见座谈会。

3月17日，河北省老龄办印发了《关于落实2016年爱心护理工程项目资金的通知》(冀老龄办发〔2016〕4号)。

3月21日，河北省老龄办印发了《关于表彰2015年度全省“老有所为”先进典型人物的通知》(冀老龄办发〔2016〕6号)。

3月22日，河北省老龄办印发了《关于开展“涉老法律进社区”公益宣讲活动的通知》(冀老龄办发〔2016〕7号)。

3月23日，《中国民政》2016年第3期，刊登了赵风楼厅长题为《抢抓机遇　主动作为　加快推进河北养老服务业协同发展》的署名文章。

3月24日，河北省老龄办印发通知，高英等13位同志和省老教授协会1个集体当选2015年度“河北省老有所为先进典型人物”。

3月25日，河北省老龄委印发了《关于印发王勇国务委员在全国老龄工作委员会第十八次全体会议上的讲话和李立国部长工作报告的通知》(冀老龄委发〔2016〕1号)。

四月

4月12日，河北省老龄办印发了《印发〈全国老龄办关于学习贯彻习近平总书记加强老龄工作重要指示精神的通知〉》(冀老龄办发〔2016〕8号)。

4月13日，河北省老龄办联合省委老干部局、省文明办、省文化厅、省新闻出版广电局等单位共同主办的河北省第三届中老年才艺风采大赛正式启动。

4月21日，河北省老龄委印发了《关于印发李立国部长、王建军常务副主任在2016年全国老龄办主任会议上讲话的通知》(冀老龄委发〔2016〕2号)。

4月21日，河北省老龄委印发了《关于印发〈全国老龄工作委员会2016年工作要点〉和〈全国老工作委员会办公室2016年工作要点〉的通知》(冀老龄委发〔2016〕3号)。

4月21日，河北省2016年老龄工作会议在石家庄召开。会议传达贯彻了习近平、李克强、张高丽等中央领导同志关于加强老龄工作的重要指示批示，全国老龄委第18次会议、全国老龄办主任会议精神，安排部署了2016年老龄工作重点任务。省民政厅党组书记、厅长、省老龄办主任赵风楼出席会议并讲话。省民政厅副厅长许祯科主持会议。

4月22日，河北省老龄办印发了《关于印发赵风楼厅长、许祯科副厅长在2016年全省老龄工作会议上讲话的通知》(冀老龄办发〔2016〕9号)。

五月

5月7日，北京市人大常委会副秘书长、内司委主任刘维林，北京市老龄办常务副主任王小娥及部分养老服务机构人员来我省保定涞水，考察了天鹅湖养老服务机构，并就京冀两地养老服务企业对接与合作进行座谈。

5月16日，河北省老龄委印发了《关于调整河北省老龄工作委员会成员单位和组成人员的通知》(冀老龄委发〔2016〕4号)。

六月

6月2日，河北省老龄办印发了《转发〈全国老龄办关于开展2016年专题政策调研的通知〉》(冀老龄办发〔2016〕10号)。

6月2日，河北省老龄办印发了《转发〈全国老龄办关于学习贯彻习近平总书记在中央政治局第三十二次集体学习时重要讲话精神的通知〉》(冀老龄办发〔2016〕11号)。

6月3日，河北省老龄办、河北省民政厅、河北省财政厅、河北保监局联合印发了《转发〈全国老龄办、民政部、财政部、中国保险监督管理委员会关于开展老年人意外伤害保险工作的指导意见〉的通知》(冀老龄办发〔2016〕12号)。

6月8—9日，赵风楼厅长率厅机关、老龄办相关处室、负责人，到上海参加第十一届中国国际养老、辅具及康复医疗博览会，出席2016中国国际老龄产业高峰论坛。

6月18日，河北省老龄办、河北省高级人民法院、河北省人民检察院、河北省公安厅、河北省民政厅、河北省司法厅联合印发了《关于表彰“全国暨河北省老年法律维权工作先进集体”的通报》(冀老龄办发〔2016〕

13号）。

6月16日，赵风楼厅长到天津市武清区养老护理中心，就京津冀养老协同发展工作进行考察。考察期间，赵风楼实地察看了中心的适老化设施设备和智能化管理系统，赵风楼指出，武清区养老护理中心作为新型养老模式的践行者，建设理念先进，运营模式超前，服务体系完善，很多经验值得行业借鉴。

6月21日，河北省老龄委印发了《转发〈人力资源社会保障部　全国老龄工作委员会关于评选全国老龄系统先进集体和先进工作者的通知〉》（冀老龄委发〔2016〕5号）。

6月21日，河北省老龄工作委员会全体会议在石家庄召开。会议传达学习了习近平总书记重要指示批示和全国老龄委第十八次全会精神，全面总结了“十二五”时期老龄事业发展成就，分析形势，安排部署了当前和今后一个时期的全省老龄工作。副省长、省老龄委主任姜德果出席会议并做了重要讲话。

6月30日，河北省老龄委印发了《关于印发姜德果副省长在2016年省老龄工作委员会全体会议上的讲话的通知》（冀老龄委发〔2016〕6号）。

6月30日，河北省老龄委印发了《关于印发〈河北省老龄工作委员会工作制度〉的通知》（冀老龄委发〔2016〕7号）。

6月30日，河北省老龄委印发了《关于印发〈河北省老龄工作委员会成员单位职责〉的通知》（冀老龄委发〔2016〕8号）。

6月30日，河北省老龄委印发了《关于印发〈河北省老龄工作委员会2016年重点工作及任务分工〉的通知》（冀老龄委发〔2016〕9号）。

七月

7月12日，近日，河北省石家庄市赵县民政局等11个单位被评为“全国老年法律维权工作先进集体”，石家庄市法律援助中心等30个单位被评为“河北省老年法律维权工作先进集体”。

7月13日，河北省老龄办印发了《转发〈全国老龄办关于开展全国敬老爱老助老评选表彰工作的通知〉》（冀老龄办发〔2016〕14号）。

7月21日，河北省老龄委印发了《转发〈全国老龄工作委员会关于开展2016年全国“敬老月”活动的通知〉》（冀老龄委发〔2016〕10号）。

八月

8月24日至25日，许祯科副厅长到保定、张家口调研养老和京津冀协同发展工作。许祯科实地查看了保定高碑店市北京嘉乐汇养生苑项目和张家口怀来县居家养老呼叫服务中心，并与当地民政部门进行了座谈，听取了基层民政干部在养老工作中的经验。

8月26日，河北省老龄办、中国人寿保险股份有限公司河北分公司联合印发了《关于印发〈河北省“助老安康工程”宣传活动方案〉的通知》（冀老龄办发〔2016〕15号）。

8月29日至30日，河北省老龄办在石家庄市举办了全省老龄办主任业务培训班。全省各市、各县（市、区）的老龄办主任及各市老龄办工作人员近220人参加。省民政厅党组成员、副厅长许祯科同志出席开班仪式并作动员讲话。培训邀请了国家老龄办朱耀垠副主任和北京社科院研究员缪青博士授课。朱耀垠副主任就“深入学习领会习近平总书记等中央领导同志关于加强老龄工作的重要指示精神，扎实做好基层老龄工作”作专题报告。

8月30日，河北省“助老安康工程”启动仪式在省会石家庄举行。省民政厅副厅长许祯科和中国人寿河北分公司总经理助理贾风雷共同点亮仪式水晶球，宣布该工程正式启动。来自全省各市、县（区）老龄办主任、人寿各市分公司经理以及省会有关爱心组织、新闻媒体记者200多人参加活动。

8月30日，河北省老龄办、中共河北省委老干部局、河北省文明办、河北省新闻出版广电局、河北省妇女联合会联合印发了《关于开展河北省第三届“健康之星”评选活动的通知》（冀老龄办发〔2016〕2号）。

九月

9月5日，河北省老龄办印发了《转发〈全国老龄办关于开展2016年“老有所为”先进典型人物宣传活动的通知〉》（冀老龄办发〔2016〕16号）。

9月5日，第二届中国康养产业发展论坛“健康养老＋康复产业”专题论坛在河北省秦皇岛市北戴河新区举行。论坛上，多名专家学者作了关于《养老康复辅具的战略机遇和挑战》《医养结合模式的探索与实践》《养老技术》等专题演讲。民政部规划财务司司长冯亚平等参加论坛。

9月12日上午，省民政厅组织召开了离退休老干部迎“中秋节、国庆节、老年节”座谈会。厅党组成员、副厅长许祯科出席会议并讲话。许祯科首先代表厅党组、厅机关全体干部职工向离退休老同志们致以节日的问候。向他们一直以来对民政事业的钟情、热爱和支持表示衷心地感谢。

9月21日至23日，河北省部分市、县、区养老工作座谈会在沧州市泊头福星园老年公寓召开。全省9个地市的老龄办主任、近30家社会办养老机构负责人参加了会议。省民政厅党组成员、副厅长许祯科出席会议并讲话。

9月28日，京津冀养老工作协同发展第二次联席会议在张家口市召开。会议对京津冀养老工作协同发展第一次联席会议后的工作进行了总结并对下一步工作进行了部署。民政部社会福利和慈善事业促进司张晓峰处长莅临指导，北京市民政局李红兵副局长，天津市民政局朱峰副局长，河北省民政厅许祯科副厅长出席并部署工作，我省环北京的市和京津部分区民政局相关人员、部分养老机构代表参加会议。

9月28、29日，全国老龄办权益保护部优待处韩春英调研员与老年人优待工作指标体系课题组一行5人到我省唐山、秦皇岛市就老年人优待评估指标体系建设情况开展调研。

十月

10月9日上午，在重阳节暨全国第四个“老年节”到来之际，省老龄委副主任、省民政厅厅长、省老龄办主任赵风楼，受省老龄委主任、省政府副省长姜德果委托，到石家庄市桥西区分别看望慰问了高龄贫困老人刘凤娥和百岁老人刘彦珍，为她们送上节日的问候和政府的关怀。

10月9日重阳节当天，由河北省老龄办和河北广播电视台联合筹划的《老年生活享当当》栏目，正式在河北广播电视台生活频率每天播出，收听范围覆盖京津冀地区近2亿人口。河北省民政厅厅长、省老龄办主任赵风楼对栏目开播表示祝贺。

10月18日，河北省老龄办印发了《转发〈全国老龄办关于开展2016年全国“十大老龄新闻”和“老龄新闻宣传好作品”推荐活动的通知〉》（冀老龄办发〔2016〕17号）。

10月18日，华寿之家社区养老服务发展促进中心在河北省廊坊市举行“关爱空巢老人，开启健康养老新生活”——华寿之家敬老月主题活动暨管家服务启动仪式。全国老龄办副主任肖才伟出席活动并致辞。

10月26日，由京津冀三地民政部门、老龄部门等单位共同举办的“2016首届京津冀养老论坛”在天津市迎宾馆举行，全国老龄办领导、京津冀政府部门和主办单位的负责人、知名高校专家学者、养老机构及相关企业负责人共220多人汇聚一堂，就三地老龄事业和养老产业热点话题展开了深度讨论与交流。省民政厅副厅长许祯科出席论坛并发言。

十一月

11月8日，河北省老龄办印发了《转发全国老龄工作委员会办公室〈关于废止有关政策性文件的通知〉》（冀老龄办发〔2016〕18号）。

11月8日，河北省第三届中老年才艺风采大赛颁奖典礼在石家庄市以岭健康城举行。本次大赛的主题是“我参与，我快乐”，旨在打造老龄文化，展现夕阳风采。河北省民政厅副厅长许祯科，厅党组成员、省老龄办专职副主任吴进军等出席颁奖典礼并颁奖。

11月23日，河北省老龄办印发了《关于申报2017年度“爱心护理工程”项目的通知》》（冀老龄办发〔2016〕19号）。

11月29日，全国老龄办在河北省秦皇岛市召开2016年全国老龄信息工作会议，进一步深入学习贯彻习近平总书记关于加强老龄工作的重要讲话和指示精神，全面总结近两年全国老龄信息工作，研究部署下一阶段老龄信息工作。省民政厅厅长赵风楼出席会议，厅党组成员、省老龄办专职副主任吴进军代表河北作典型发言，民政部党组成员、全国老龄办党组书记、常务副主任王建军作了讲话。

11月29日，河北省老龄办在秦皇岛市召开老龄办主任座谈会，进一步深入学习贯彻习近平总书记关于加强老龄工作的重要讲话和指示精神，总结工作，研究部署下一阶段老龄任务。省民政厅党组成员、省老龄办专职副主任吴进军出席并讲话。全省各设区市，定州、辛集市老龄办主任参加座谈。

11月30日上午，民政部党组成员、全国老龄办党组书记、常务副主任王建军在河北省秦皇岛市调研养老服务业发展工作。王建军一行先后来到秦皇岛市秦泰盛健瑞仕国际康复中心和康泰医学系统有限公司，考察了解康复治疗体系建设和医疗监测设备、智能体检设备生产等情况。王建军对河北省养老服务业发展工作给予充分肯定。在河北调研期间，王建军分别同河北省民政厅厅长赵风楼、秦皇岛市市长张瑞书进行座谈。河北省民政厅党组成员、省老龄办专职副主任吴进军、秦皇岛市副市长张锋陪同调研。

十二月

12月2日，河北省第十二届人大常委会第二十四次会议审议通过了《河北省居家养老服务条例》，并将于2017年1月1日起施行。

12月2日下午，省人大常委会召开了颁布实施《河北省居家养老服务条例》新闻发布会。省人大常委会副秘书长、省人大常委会新闻发言人梁久丰主持会议，省人大常委会法工委副主任陈金霞就《条例》进行了详细解读，省民政厅副厅长许祯科出席会议并讲话。

12月6日，河北省老龄办印发了《关于开展2016年“河北省城乡社区示范性老年协会”评选表彰活动的通知》

(冀老龄办发〔2016〕20号)。

12月21日，厅党组成员、省老龄办副主任吴进军带领省老龄办、社会救助处、救灾处、社会福利处、优抚处的5名处级干部，参加了河北广播电台的“阳光热线”在线直播节目，宣传解读了《河北省居家养老服务条例》，并现场听取群众心声，解答咨询。

辽宁省

一月

1月8日，省老龄工作网站正式开通运行。

1月13日，陈求发省长主持召开省长办公会议，听取2016年全省老龄工作要点的汇报，并对具体工作作了指示。

1月26日，省政府将“实施关爱老年人健康工程”写入政府工作报告。

1月，省老龄办主任马艳竞当选为省人大代表。

1月7日至12日，办内4个党支部分别走访了沈阳、抚顺、营口、阜新等市老年人及养老机构。

1月14日，省老龄办会同中国人寿保险公司辽宁省分公司联合召开省直单位“关爱老年人健康工程”工作座谈会。

1月20日，省老龄办主任马艳竞走访慰问了“老有所为”先进典型人物。

1月25日—30日，省老龄办主任马艳竞作为人大代表参加辽宁省第十二届人民代表大会第六次会议。并当选为辽宁省第十二届人民代表大会常务委员会委员，内务司法委员会副主任委员。

二月

2月3日，省老龄办撰写的《农村老年人生存状况和养老意愿》调研报告，获2015年度全国老龄政策调研优秀成果二等奖。

2月18日，省办开展了集中学习，重点学习习近平总书记系列重要讲话等内容。

2月26日，全省老龄工作会议在沈阳召开。会议传达学习了习近平总书记、李克强总理等中央领导同志关于加强老龄工作的重要指示批示精神，及全国老龄委第十八次全体会议精神，总结回顾了十二五时期和2015年老龄工作，安排部署2016年工作任务。

三月

3月9日，为贯彻落实习近平总书记关于加强老龄工作重要指示精神，下发了《深入学习贯彻习近平总书记关于加强老龄工作重要指示精神的通知》，督促各市结合工作实际抓好贯彻落实。

3月10日，开展向雷锋学习，走访慰问老年人活动。省老龄办所属各党支部分别到高龄、困难的老人家中进行走访慰问。

四月

4月13日至19日，省委书记李希，省长陈求发，时任省委常委、常务副省长谭作钧、省政协副主席等省领导分别对老龄工作作出批示。

4月15日，在全省开展第二届“敬老文明号”创建自查自评活动。

4月21日，省老龄办会同中国人寿保险公司辽宁省分公司联合召开全省“关爱老年人健康工程”宣传工作会议，对2016年“关爱老年人健康工程”进行动员部署。

五月

5月4日，开展向毛丰美同志学习活动。组织省老龄办全体工作人员到凤城市大梨树村实地开展“学习毛丰美、实干促振兴”党团活动。

5月8日，我省印发了《辽宁省人民政府办公厅关于推进医疗卫生与养老服务结合发展的实施意见》(辽政办发〔2016〕56号)，省老龄办参加了在省政府新闻办公室举办的新闻发布会，并回答了媒体关注的相关热点问题。

5月13日，省办与中国邮政集团辽宁省分公司联合下发文件，在全省开展首届“银龄杯”中老年广场舞大赛。10月21日在沈阳市火车头体育馆举办了总决赛，来自全省14个市的17支优秀代表队共450人参加了全省总决赛。

5月，我省9家单位被评为“全国老年法律维权工作先进集体”。

六月

6月7日，省老龄办、省民政厅在沈阳市召开全省失能半失能评估标准征求意见座谈会，对草拟的《辽宁省失能半失能老年人评估标准(征求意见稿)》提出意见和建议。

6月14日，召开2015年辽宁省老年人口信息和老龄事业发展状况新闻发布会。

6月20日至24日，在抚顺市成功举办了全省第四届老年人乒乓球比赛，来自全省14个市级、2个省直老干部代表队的48名老年乒乓球选手参加了比赛。

七月

7月—11月，开展了辽宁省评选推荐全国老龄系统先进集体、先进工作者工作。我省高度重视，成立了由省人力资源和社会保障厅、省老龄委、省公务员局相关领导组成的省评选推荐全国老龄系统先进集体和先进工作者领导小组，下发了通知，在全省开展推荐工作。在经过各地民主推荐、集体研究、公示等环节后，经县、市、省三级人社局、老龄委、公务员局逐级审核同意后，向全国老龄办推荐了2个先进集体和2名先进个人，经全国老龄办初审，我省正式推荐东港市老龄办主任薛惠斌为全国老龄系统先进工作者，鞍山市老龄工作办公室和喀左县老龄工作委员会办公室等2个单位为全国老龄系统先进集体。

7—8月，开展了“敬老爱老助老”评选表彰活动。根据全国老龄办《关于开展敬老爱老助老评选表彰工作的通知》要求，在全省开展了“敬老爱老助老”评选活动。经基层推荐、省老龄办审核，150家单位被评为省级第二届“敬老文明号”先进单位、160名个人被评为省级“敬老爱老助老模范人物”，并向全国老龄办推荐43家单位为先进和72名个人为模范人物。

八月

8—9月，开展了先进典型人物宣传活动。根据全国老龄办《关于开展2016年“老有所为”先进典型人物宣传活动的通知》要求，在全省开展了“老有所为”先进典型人物评选和宣传活动。17名老同志被评为省级“老有所为”先进典型人物，佟海瑞、徐艳坤被推荐全国“老有所为”先进典型人物。

九月

9月22日，省政府副秘书长郭富春、省老龄办主任马艳竞到沈阳市走访慰问百岁老人、老有所为先进典，及养老机构老年人。

9月24日至30日，省老龄办主任马艳竞、副主任李雅珍先后到抚顺市、辽阳市走访慰问老年人。

十月

10月9日，在沈阳南风大剧院举办辽宁省庆祝老年节暨敬老先进表彰大会。会上，表彰了第二届“敬老文明号”先进个人和先进集体，及老有所为先进人物。来自14个市的老人文艺团体进行了表演。期间，辽宁慈善总会现场为沈阳松浦博爱养护中心的10名老人进行了捐赠。省政协副主席薛恒、省政府秘书长郭富春，省老龄委孙奇等6名老顾问，省委宣传部等29家省老龄委成员单位及14个市老龄办主任，老年人代表、驻沈各新闻媒体记者等，共计1000多人出席了大会。

10月25日，省老龄办会同中国人寿保险股份有限公司辽宁省分公司联合召开了“关爱老年人健康工程”推进会议。

10月31日，与省司法厅联合下发《关于开展“服务夕阳　法援护航”法律援助专项活动的通知》（辽司〔2016〕200号），决定在每年第四季度定期深入开展“服务夕阳　法援护航”法律援助专项活动。

十一月

11月8至9日，全省社区为老服务工作现场会在沈阳市召开。

11月11日，辽宁省第十二届人民代表大会常务委员会第二十九次会议审议通过了《辽宁省老年人权益保障条例（修订）》，并自2017年3月1日起施行。我省成为自《老年法》颁布后全国第11个修订《条例》的省份。

11月25日，召开老龄事业发展“十三五”规划论证会，围绕规划征求意见建议。省人社厅、省民政厅、省卫计委、辽宁中医大学等有关专家参加会议。

11月，由民政厅牵头启动了全省养老服务平台建设工作，并对高龄津贴和经济困难的高龄、失能老年人养老服务补贴两项内容进行网上录入和审批。

11月30日，全省老龄系统干部培训班在沈阳举办。全国老龄办副主任朱耀垠、省委讲师团副团长张启元为全省老龄系统干部作专题辅导。省老龄办主任马艳竞出席培训班并讲话。各市老龄办主任、综合科（处）室负责人，各县（市、区）老龄办主任，省老龄办机关全体同志，辽宁老年报社总编等150余人参加了学习。

十二月

12月9日，省2016年中国城乡老年人生活状况监测调查督导员、调查员培训班在沈阳举办。

12月16日，全省老龄宣传信息统计工作培训班在沈阳举办。

吉林省

一月

1月6日下午，吉林省老龄办召开领导干部述职述廉大会。

1月7日上午，吉林省老龄办召开党支部书记述职评议会。

1月18日，吉林省老龄办在长春市召开全省老龄办主任会议。省老龄委副主任、省民政厅厅长、省老龄办主任郑国君出席会议并讲话。

1月18日，吉林省老龄办下发了《关于春节前夕开展走访慰问百岁老人、高龄特困老年人及基层老年协会活动的通知》，部署安排春节慰问活动。

1月19日，吉林省老龄办常务副主任杜文革带队走访慰问了遵义街道广西社区百岁老人毕荣华和古川社区的贫困老人李秀岩，参观了吉化老年艺术团活动中心。吉林省老龄办副主任初晓姝带队走访了柳河县三源浦镇鲜光村老年协会和通化县开发区河鲜村老年协会。

二月

2月3日下午，省老龄办召开会议，传达学习中央纪委六次全会和省纪委十届五次全会精神。

2月18日上午，吉林省委政策研究室社会事业与改革研究处处长孔祥文一行三人组成调研组，就全省农村老年人养老问题到吉林省老龄办进行调研。

2月25日下午，吉林省老龄办组织召开党组理论中心组（扩大）学习会议，传达学习习近平总书记对加强老龄工作作出的重要指示。

三月

3月7日至8日，江西省人大内司委主任委员胡宪等一行8人赴我省就《吉林省老年人权益保障条例》的立法及实施情况开展调研。

3月14日上午，省老龄办召开会议，学习贯彻吉林省直机关工委工作会议精神。

3月14日至16日，吉林省老龄办副主任初晓姝、吉林省老龄信息中心副主任赵颖春，赴辽宁省沈阳市考察学习老龄基础数据统计工作。

3月29日至30日，全国老龄办主任会议在京召开。会上，吉林省老龄立法工作经验在做了介绍发言。

四月

4月14日，吉林省老龄办在长春举办全省老龄办主任培训班，省老龄办常务副主任杜文革就新时期如何应对我省人口老龄化的严峻形势，进行了专题授课。

五月

5月16日上午，吉林省老龄办召开理论中心组（扩大）学习会，常务副主任杜文革以“争做合格党员　担当有效应对人口老龄化的历史使命”为题，为全体党员上党课。

六月

6月7日至8日，黑龙江省老龄办党组成员、副主任于学臣一行4人赴吉林省进行考察调研。

6月14日，为庆祝建党95周年，纪念红军长征胜利80周年，由吉林省老龄办、省委宣传部、省文明办、省舞蹈家协会、省音乐家协会主办，省电视台综艺·文化频道协办的中老年红色金曲演唱会在吉林电视台圆满完成录制。

6月17日上午，吉林省老龄办召开第二届全体党员大会。会议听取审议了省老龄办机关党总支的工作报告，选举产生了新一届机关党总支委员会委员。

七月

7月1日下午，在观看党中央庆祝建党95周年大会实况之后，吉林省老龄办机关党总支结合“两学一做”活动，组织召开全体党员座谈会，庆祝建党95周年。

7月5日，吉林省老龄办在集安市举办全省第一期基层老年协会会长培训班。

7月6日至9日，全国人大内务司法委员会副主任委员秦光荣一行五人组成调研组，赴吉林省就老年人权益保障工作开展调研。

7月20日下午，吉林省委第四巡视组召开专项巡视省老龄办党组工作动员会。

八月

8月2日上午，吉林省老龄办召开党总支扩大会议暨全体党员会议。副主任初晓姝在会上为全办党员讲授党课。

8月5日，吉林省老龄办与省精神文明办、省音乐家协会、省舞蹈家协会、吉林电视台联合举办的“第三届吉林省市民文化节‘优秀社区中老年歌舞才艺嘉年华’”活动在临江市拉开帷幕。

8月18日上午，吉林省老龄办召开落实《吉林省老年人权益保障条例》情况调度会。

8月18日，吉林省首家“12349”社区居家养老服务中心——长春市南关区民康街道九圣祠社区居家养老服务中心正式运行启动。全国老龄办巡视员吴秋风、中龄养老集团副总裁侯永盼、省商务厅厅长丛红霞、省民政厅副厅长唐文忠、省老龄办副主任初晓姝出席了启动仪式。

8月24日至26日，吉林省委政研室社会处与吉林省老龄办政策法规处组成联合调研组，分别赴松原市、白城市、通化市、白山市就“吉林省养老问题研究”课题进行调研。

九月

9月6日，“第三届吉林省市民文化节‘优秀社区中老年歌舞才艺嘉年华’”活动在临江市江心岛广场举办隆重热烈的颁奖仪式，宣布落下帷幕。

9月9日至11日，由吉林省老龄办、吉林省商务厅联合主办，吉林省华远会展服务公司承办的首届中国北方养老及康护服务产业博览会在长春国际会展中心举办。

9月12日，吉林省老龄工作委员会下发了《关于开展2016年全省“敬老月”活动的通知》，围绕“敬老爱老，全民行动”主题，精心部署“敬老月”活动。

9月19日至25日，吉林省老龄办部分干部职工在副主任初晓姝的带领下赴井冈山进行了革命传统教育。

9月26日至30日，全国老龄办政策研究部政研处处长肖文印、中国人寿团体业务部处长庞涛等一行3人，到吉林省调研长期护理保险试点和老年人意外伤害险工作。

十月

10月8日上午，吉林省政府副秘书长、省老龄委副主任于强在省老龄办常务副主任杜文革、省民政厅副厅长唐文忠、长春市人民政府副秘书长张光耀等陪同下，先后走访慰问了长春市绿园区百岁老人杨丹、贫困高龄老人徐香阁、长春市绿园区至爱老年医疗护理院，代表省委、省政府看望老人，送去党和政府对老年人的关爱。

10月9日，全国老龄办、全国人大内司委、民政部于10月在人民大会堂召开了纪念《老年人权益保障法》颁布实施20周年座谈会。吉林省民政厅厅长、省老龄办主任郑国君就推动《吉林省老年人权益保障条例》立法和贯彻实施工作，在会上作了经验交流。

10月9日，吉林省老龄委在《吉林日报》发老年专版，以省老龄委名义发《致全省老年人慰问信》，以省老龄办名义发表署名文章，刊登“全国老年法律维权工作先进集体”光荣榜，介绍了8个获奖集体的先进事迹。

10月16日至23日，吉林省老龄办部分干部职工赴贵州省遵义市进行了革命传统教育。

10月25日，吉林省在白城举行全省第二期基层老年协会会长培训班。

十一月

11月3日，吉林省老龄办召开党组扩大会议，传达学习党的十八届六中全会公报和吉林省委常委扩大会议精神。

11月25日，吉林省民政厅党组书记、省老龄办党组书记乔恒听取省老龄办工作汇报并看望了省老龄办全体干部。

十二月

12月2日上午，吉林省老龄办召开全体党员会议，传达学习贯彻省委十届八次全会精神。

12月8日至9日，全国人大内司委、民政部、全国老龄办在湖南省长沙市联合召开老年人权益保障法地方配套法规立法工作座谈会。吉林省就修订出台老年人权益保障法地方配套法规的经验做法，在会上作了发言。

12月13日，中国城乡老年人生活状况监测调查全省督导员、调查员培训班在长春市举办。

12月15日至21日，吉林省老龄办分别在长春市、延边州举办“吉林省老龄综合管理信息系统”业务功能基层征询会。

12月23日下午，吉林省纪委派驻省民政厅纪检组对接会在省老龄办会议室召开。

12月29日下午，2016年度市州老龄办主任工作汇报会议在长春召开。

黑龙江省

一月

2016年1月5日，省老龄办专职副主任李淑梅率秘书处相关人员赴省机关事务管理局调研。

2016年1月8日，省老龄办专职副主任李淑梅同志按省政府办公厅会议通知要求，列席省政府第58次常务会议。讨论《省政府2016年立法工作计划（草案）》，并将《黑龙江省老年人权益保障条例》列为调研项目中的地方性法规，该条例为重新制定，由省老龄办起草。

2016年1月11日，为进一步促进黑龙江省旅游＋养老的深度融合，以及学习黑龙江省旅游资源系列推介会的宝贵经验，省老龄办党组副书记、专职副主任李淑梅率队赴省旅游局调研。

2016年1月12—13日，省老龄办副主任高玉萍率调研组赴省工总局系统开展慰问调研活动。

二月

2016年2月2日，省老龄办专职副主任李淑梅陪同吕维峰副省长到武警黑龙江省森林总队机关慰问全体官兵。

2月3日，黑龙江省副省长、老龄委主任孙永波副省长慰问哈尔滨市香坊区百岁老人蔡清和，送去慰问品和慰问金。省老龄办专职副主任李淑梅等陪同走访慰问。

2016年2月3日，全国老龄办印发关于表彰2015年度全国老龄政策调研优秀成果的通知。黑龙江省老龄办、省政府发展研究中心联合调研组撰写的《关于依托黑龙江省资源优势加快发展异地养老产业的调研报告》荣获二等奖。

2016年2月4日，省老龄办专职副主任李淑梅参加副省长孙永波主持召开的2016年候鸟（旅居）式养老宣传推介活动专题会。

2016年2月14日，省老龄办专职副主任李淑梅列席省民政厅党组扩大会。会议讨论并通过了《省民政厅关于养老产业改革的方案》，讨论了《黑龙江省民政厅、哈尔滨股权交易中心启动区域性股权交易市场养老健康板块战略合作框架协议》《黑龙江省民政厅、黑龙江日报报业集团建设全省养老产业云服务平台战略合作协议》。

2016年2月16日，省老龄办专职副主任李淑梅参加省政府组织召开的赴省外推介筹备工作协调会。

2016年2月17—18日，省老龄办专职副主任李淑梅参加省政府召开的全省养老服务业发展推进会议暨2016年全省民政工作会议。

三月

2016年3月29日，省老龄办专职副主任李淑梅在北京参加全国老龄办召开的2016年全国老龄办主任会议。

四月

2016年4月20日，2016年全省老龄办主任会议在哈尔滨市召开。省老龄办党组书记、专职副主任李淑梅传达中央领导重要指示批示精神并讲话。

2016年4月27日，省老龄委第十一次全体会议在省政府会议室召开。副省长、省老龄委主任孙永波出席会议并作讲话。会议审议并原则通过了《黑龙江省老龄事业发展“十三五”规划》及《省老龄委成员单位2016年为老服务行动计划》。

五月

2016年5月4日，全国老龄办、最高人民法院、最高人民检察院、公安部、民政部、司法部联合下发“关于表彰‘全国老年法律维权工作先进集体’的通报”（全国老龄办发〔2016〕37号）。我省哈尔滨市南岗区人民法院哈西人民法庭等共8个单位获此殊荣。

2016年5月6日，省老龄办专职副主任李淑梅在天津参加由黑龙江省人民政府主办的“黑龙江天鹅颐养联盟候鸟养老推介会”。

2016年5月16—18日，广西太和自在城养老产业考察团一行六人来我省考察，就双方开展养老产业合作进行交流。

2016年5月23日上午，省老龄办专职副主任李淑梅率队赴省文化厅调研。

六月

2016年6月6—8日，为加快《黑龙江省老年人权益保障条例》的立法进度，省老龄办副主任于学臣带领《条例》修订调研组成员赴吉林省长春市、吉林市，就立法和贯彻“条例”进行了工作调研。

2016年6月7日，省老龄办专职副主任李淑梅到上海市浦东新区亲和源老年公寓就养老服务和管理情况进行调研。

2016年6月8日上午，省老龄办专职副主任李淑梅在上海参观第十一届中国国际养老辅具及康复医疗博览会。同日下午，省老龄办专职副主任李淑梅出席2016年中国国际老龄产业高峰论坛——养老服务需求与供给侧的有效对接。会后，李淑梅向省民政厅党组做了专项情况汇报。

2016年6月13日，黑龙江省老龄办党组副书记李淑梅主持办党组中心组集中学习，专题传达学习了省委十一届七次全会精神。

2016年6月21日，省老龄办副主任高玉萍带领宣传处相关同志到黑龙江省精神文明办就老年志愿者、为老志愿服务和志愿者表彰奖励机制进行调研。

2016年6月28日，为迎接建党95周年，扎实推进“两学一做”学习教育，学习革命先烈英雄事迹，弘扬革命优良传统，增强党员干部党性修养，省老龄办全体党员干部在哈尔滨烈士陵园参观并开展了“学习烈士精神，重温入党誓词”活动。

2016年6月30日上午，省老龄办专职副主任李淑梅组织召开了全办干部政治学习会议，集体观看并学习了习近平总书记在中央政治局第三十二次集体学习时的重要讲话精神和在黑龙江考察调研的新闻报道。全体干部进行了集体讨论，交流学习心得。

2016年30日，省老龄办按照省委省政府关于中国共产党成立95周年纪念活动的部署和省老龄办庆祝建党95周年系列活动的安排，在黑龙江北大荒养老中心慰问了养老中心的功勋老党员、老劳模，并进行了专题党课教育学习活动。

七月

2016年7月14—15日，省老龄办副主任于学臣带领《黑龙江省老年人权益保障条例》修订调研组成员到牡丹江调研。

2016年7月17日，2016第四届中国（东北亚）森林博览会在伊春汇源国际会展中心开幕，黑龙江省养老服务业发展推进组以“夏季养老在龙江”为主题进行了特装展示。黑龙江省副省长、老龄委主任孙永波莅临养老服务业展区，省老龄办专职副主任李淑梅陪同参观。

2016年7月18日，省老龄办副主任于学臣带领《黑龙江省老年人权益保障条例》修订调研组成员到大庆调研。

2016年7月19—20日，省老龄办专职副任李淑梅、副主任于学臣带领《黑龙江省老年人权益保障条例》修订调研组成员到齐齐哈尔调研。

2016年7月21—22日，省老龄办副主任于学臣带领《黑龙江省老年人权益保障条例》修订调研组成员到哈尔滨调研。

2016年7月22日，省老龄办专职副主任李淑梅列席省政府第69次常务会议，讨论《黑龙江省老龄事业发展“十三五”规划》，李淑梅同志对编制《规划》情况进行了说明。

八月

2016年8月2—5日，省老龄办副主任于学臣带领《黑龙江省老年人权益保障条例》修订调研组成员到鸡西、七台河市调研。

2016年8月6—7日，省老龄办专职副主任李淑梅参加省民政厅在大庆召开的全省社区居家养老试点（大庆）现场会。

2016年8月9—13日，发展中国论坛秘书长庞波带领发展中国论坛康养项目考察团，联合国亚非商务委员会主席、韩国MK国际公司总裁郑海精先生等一行9人，对哈尔滨市、鸡西市，牡丹江市、省农垦总局康养项目进行了考察。省老龄办党组副书记、专职副主任李淑梅全程陪同考察。

九月

2016年9月10—12日，全国老龄办党组书记、常务副主任王建军及国家民政部社会福利中心党委书记、副主任甄炳亮一行组成的调研组，在省民政厅厅长蔡炳华、省老龄办专职副主任李淑梅陪同下到黑河市，就老龄事业发展和跨国旅居养老产业进行调研。

2016年9月13日，全国老龄宣传工作会议在哈尔滨市举行。会议学习传达习近平总书记关于加强老龄工作重要指示和在中央政治局第三十二次集体学习重要讲话精神，安排部署2016年全国“敬老月”活动，交流老龄宣传工作经验。

2016年9月20日，省委组织部二处调研员王广率干部考核组考核办党组副书记、专职副主任李淑梅任职试用期满情况。

十月

2016年10月25日，据省政府办公厅七处反馈我办省领导批示，省长陆昊、副省长孙永波分别在我办呈送省政府的《关于贯彻落实习近平总书记5·27讲话精神　全面推动我省老龄事业健康发展的报告》上作出批示。

十一月

2016年11月2日，据省委办公厅文电处（办文通〔2016〕1232号）告知：省委10月19日收到你办呈报的《关于贯彻落实习近平总书记5.27讲话精神　全面推动我省老龄事业健康发展的报告》(同时报省政府),省委办公厅提出拟办意见:拟送宪魁、建盛同志阅示。张雨浦同志10月19日批示:宪魁、建盛同志阅示。黄建盛同志10月29日批示:省老龄委(含成员单位)要深入学习领会习总书记重要讲话精神,结合贯彻六中全会精神,结合我省实际抓好落实。要科学编制我省老龄事业发展“十三五”规划,进一步完善养老政策,构建养老体系,发展我省特色养老产业,解决老龄事业突出问题,一如既往做好老龄工作,为我省经济社会发展多做贡献。王宪魁同志11月2日圈阅。请按省委领导同志批示要求认真落实。(此建议同时送建盛同志,转省政府办公厅)

2016年11月3日,黑龙江省政府办公厅关印发《黑龙江省老龄事业发展“十三五”规划》(黑政办发〔2016〕121号)。

2016年11月20—25日,省民政厅副厅长吴小平、省政府法制办副巡视员钱世民带领《黑龙江省老年人权益保障条例》修订调研组赴湖南省长沙市,江西省新余市、南昌市,进行了为期四天的调研考察。省老龄办副主任于学臣等立法相关人员参加了此次调研考察。

2016年11月24日下午,全国老龄办党组成员、副主任吴玉韶应省委组织部邀请在省委党校做题为《应对老龄化挑战,加快发展老龄事业和产业》的专题讲座。

十二月

2016年12月8—9日,省老龄办副主任于学臣参加全国老龄办在长沙召开的老年人权益保障法地方配套法规立法工作座谈会。

2016年12月11日,省老龄办副主任高玉萍应邀参加全国老龄办在天津召开的基层老年协会培训教材征求意见座谈会。

2016年12月13—15日,省老龄办专职副主任李淑梅参加全国老龄办在宁波召开的推进老年宜居环境建设工作座谈会。

2016年12月16日,省老龄办党组副书记、专职副主任李淑梅及班子成员参加省委组织部在省委党校举办的“龙江发展讲坛”2016年第七场题为“领导干部心理健康与压力管理”的专题报告。

2016年12月20日,省老龄办党组副书记、专职副主任李淑梅带领9名同志参加“黑龙江省全民冰雪活动日”启动仪式暨“冰天雪地”徒步活动。

江苏省

一月

1月13日,江苏省第四届“中国人寿”杯老年春节联欢晚会在南京市保利大剧院举行。晚会以“好大个家”为主题,共演出歌舞、戏曲、器乐、小品、服饰走秀等22个节目。省老龄委主任、副省长许津荣出席晚会。本届老年春晚自2015年4月启动以来,在全省范围内进行了多场海选,各地1600多支艺术团队,近三万名老年人参与。晚会分别在南京、镇江、扬州、淮安举办了声乐、综艺、舞蹈和戏曲四个专场汇演。

1月14日,全省“安康关爱行动”总结表彰会议在南京召开。全省88家单位被评为先进集体。

1月22日,江苏省涉老组织2016年新春联谊会在南京举行,陈焕友、顾浩、凌启鸿、王湛等老领导以及30多个省级老年团体和涉老组织的代表出席了联谊会。

三月

3月1日,《江苏省养老服务条例》正式实施,《条例》明确政府养老服务工作职责,完善居家和社区养老服务体系,引导社会力量发展养老服务业,建立完善养老服务评估制度,提升医养结合工作水平,加大养老服务人才培养力度,将近年来国家和江苏省出台的一系列养老服务发展政策以及实践经验上升为法规。

3月15日,省老龄办印发《关于2016年全省社区居家养老服务项目建设任务分解落实方案的通知》,明确了全省社区居家养老服务项目建设任务、标准和督查要求。

四月

4月8日,全省老龄办主任会议在南京召开。省民政厅党组成员、老龄办主任夏春青出席会议并讲话,各市民政局分管局长、老龄办专职主任及部分县(市、区)民政局分管局长参加了会议。南京、无锡、徐州、南通、张家港及南京泰乐城养老中心、常州枝秀家政服务有限公司等7家单位作了交流发言。

五月

5月17日,全省老龄工作业务培训班在南京开班,培训为期3天，共设置7个专题讲座。特邀请全国老龄办副主任吴玉韶做“贯彻总书记指示精神，推进老龄事业创新发展”的专题授课。全省13个设区市民政局分管局长、老龄办主任、各县（市、区）老龄工作分管局长共130余人参加培训。

5月25日，省老龄办出台《关于进一步加强重点空巢独居老人关爱工作的通知》。

八月

8月15日，全国老龄办组织人民日报、新华社、中央人民广播电台、光明日报、中国老年报等十家中央主流媒体和行业媒体记者，赴江苏省开展以“法治阳光温暖老龄”为主题的中央主流媒体记者走基层活动，深入南京市、苏州市、无锡市、淮安市的城乡社区、法律援助中心、法院、司法局等进行采访。零距离体验江苏为老服务模式，真实记录江苏省切实保障老年人权益、谋求老年人幸福感的扎实行动。

8月30日，全省老龄宣传工作会议在扬州召开。会议表彰了36家全省老龄宣传工作先进单位。

九月

9月8日，《江苏省“十三五”养老服务业发展规划》正式实施，《规划》明确到“十三五”末，全面建成以居家为基础、社区为依托、机构为补充、医养深度融合，功能完善、服务优良、监管到位、覆盖城乡的养老服务体系。

9月19日，省老龄委成员单位联络员会议在南京召开。24家成员单位联络员参加了会议。

9月27日，由省民政厅、省残联、省老龄办和省贸促会联合主办的第五届南京老年产业暨康复福祉博览会在南京国际博览中心开幕。博览会为期3天，省老领导王荣炳，省民政厅厅长侯学元出席开幕式。展览分为养老服务区、康复辅具区、养老机构区、文化养生区、健康产品区和公益展区等，参展企业300多家，参展国家和地区9个，境外展商45家，境外合作机构6家，配套论坛及交流活动14场。演讲嘉宾140人，参会代表3500人。参展面积近2万平方米。民政、残联、商务、养老机构、金融机构、卫生系统等行业逾5000人进馆参观。

十月

10月6日，老年周报推出第二届江苏省“敬老文明号”专题特刊——《奏响敬老文明时代强音》，对获得第二届江苏省“敬老文明号”的127家单位进行详细介绍。

10月8日，省政协副主席许津荣带队走访慰问南京市老人和部分养老机构，代表省委、省政府向老人送去老年节的关心和问候，祝全省老年人健康长寿，并送上慰问金。

10月9日，省老龄委在新华日报头版刊登了《致全省老年人的慰问信》，并同时在老年周报刊登全文，向全省1648万老年朋友致以亲切的节日问候和良好的祝愿。

10月9日，由省民政厅、省老龄办、省老龄协会联合主办，江苏健康广播承办的江苏省庆祝2016老年节文艺联欢会在南京市人民大会堂举行。现场近3000名老年人观看了联欢会。

10月9日，印发《江苏老龄100问》2000册，免费发放给老年人。《江苏老龄100问》以一问一答的形式对老龄相关政策法规进行解读和宣传，对老年朋友关心的养老、养生、防骗等相关问题进行解答。

10月10日，由省民政厅、省老龄办主办，老年周报承办的江苏省庆祝2016年敬老月及老年周报改版仪式在南京玄武湖公园举行。老年周报微信公众号也于当天正式上线，仪式还为周报改版“金点子”获奖代表颁奖，并为老年周报特邀通讯员颁发受聘证书。

10月21日，省民政厅、省老龄办召开新闻发布会，发布《江苏省2015老年人口信息和老龄事业发展状况报告》。新华日报、现代快报、凤凰网等14家新闻媒体参加了发布会。

十一月

11月12日，江苏省第五届研究生老龄论坛暨第三届青年学者老龄论坛在南京理工大学科技会堂举行。共有177篇论文获奖，8位获奖代表作了主题报告。

十二月

12月8日至9日，省民政厅党组成员、老龄办主任夏春青在全国老年人权益保障法地方配套法规立法工作座谈会上作题为《创制养老服务条例，健全养老服务地方法规》的交流发言。汇报了《江苏省老年人权益保障条例》和《江苏省养老服务条例》的颁布过程、创新特色、执法监督等内容，获得了全国人大内司委、民政部、全国老龄办的一致好评。

12月17日，首届长三角（中国）养老产业峰会暨养老产业“专业化连锁”主题论坛在南京举行。来自长三角养老企业代表及国内外养老领域专家400余人参加峰会。成立了江苏省老龄产业协会老年失智照护专业委员会，启动了“失智老人走失预防及救助公益行动”，并举行了首届佰仁杯“关注失智老人照护”征文大赛颁奖仪式。

浙江省

七月

7月，省老龄办党支部组织了专题党课，苏长聪副厅长结合学习贯彻习近平总书记在中央政治局第三十二次集体学习时的重要讲话精神，上了一堂生动精彩的党课，并集体学习了习近平总书记在建党95周年庆祝大会上的重要讲话。支部书记赖虔慧主持会议，支部全体党员参加。

7月，省老龄办在舟山市召开了全省老龄工作专题学习暨年中分析会，专题学习了习近平总书记关于加强老龄工作的重要批示精神和在中央政治局第三十二次集体学习时的重要讲话精神，回顾总结了上半年工作情况，对下半年重点任务进行了安排部署。全国老龄办副主任吴玉韶，省民政厅副厅长、省老龄办主任苏长聪出席会议并讲话。

八月

8月，苏长聪副厅长带领社会福利与老年服务处、老龄综合处、老年电大等处室（单位）相关人员一行，赴台州市开展百名干部下基层活动。活动期间，苏长聪副厅长一行到台州玉环、黄岩、椒江、临海、路桥、仙居、天台等地，走访慰问城乡居家养老服务照料中心、社会福利院、殡仪馆等基层一线民政机构工作人员，在社会福利中心、养老机构、救助站、避灾安置场所检查了G20杭州峰会各项服务保障措施落实情况，并开展了民政工作调研。

九月

9月，浙江省老龄办与中国人寿浙江省分公司联合在舟山开展孝行为善关怀特殊困难老人活动启动仪式。省民政厅副厅长、省老龄办主任苏长聪、中国人寿浙江省分公司副总经理陆小燕出席活动并现场慰问特困老人，各市老龄办和人寿分支公司相关负责人参加活动。2016年敬老月期间，省本级重点慰问舟山市300名80周岁以上的偏远海岛特困老人，并在11个市同步开展特困老人慰问活动。

十月

10月，省老龄办在杭州举行浙江省2016年敬老月暨省第十六届老年文化艺术周全省送文化巡演活动启动仪式。省民政厅副厅长苏长聪、罗卫红和省文化厅、省老龄办、团省委、中新社浙江分社、中国人寿浙江分公司有关领导出席，并共同按下启动仪式水晶球。启动仪式上，700余名老年观众、青年志愿者和省厅及部分成员单位机关干部职工欢聚一堂，共同观看了舞台剧《豆蔻花开》。《豆蔻花开》是省老龄办和文化厅钱江浪花艺术团倾力打造的一台敬老爱老、颂扬文明新风的舞台剧，该剧主题突出，富有创意，形式新颖，融合歌舞、杂技、魔术等多种表现形式，具有较高的艺术水准，也是近年来我省推动民政文化建设所取得的一个新成果。本场演出后，省老龄办在全省安排数十场送文化下乡公益演出，并同步开展慰问演出进敬老院、老年普法宣传咨询活动等，以丰富老年人的精神文化生活。

十一月

11月，省老龄办在杭州举办习总书记重要讲话精神学习会暨全省老龄干部培训班。培训班邀请了全国老龄办副主任朱耀垠以及浙江大学、浙江工商大学的专家授课，并组织与会学员参加了第五届浙江国际养老服务业博览会开幕式，聆听了老博会高峰论坛主旨报告，参加了商业保险与养老服务业融合发展研讨会，同时饶有兴致地参观了我省“十二五”老龄事业发展成就展。省民政厅副厅长、省老龄办主任苏长聪出席开班仪式并作动员讲话。来自各市、县（市区）的100余名新任老龄办负责人和业务骨干参加了培训。

安徽省

一月

1月4日至10日，省老龄办第二次组织省市县老龄工作负责同志一行13人，赴台湾考察学习老年社会工作。1月15日，省第十二届人民代表大会常务委员会第二十六次会议审议通过新修订的《安徽省实施〈中华人民共和国老年人权益保障法〉办法》，《实施办法》自2016年3月1日起正式施行。1月15日，安徽省“银龄安康行动”视频总结表彰会召开。省民政厅党组成员、省老龄办专职副主任张文达，中国人寿安徽省分公司党委书记、总经理林守道出席会议并讲话。

二月

2月29日至3月4日省老龄办协调相关部门，首次通过移动、联通、电信等短信群发平台，在全省范围向移动电话用户发送施行新《实施办法》的宣传信息，共发送信息1100余万条。

三月

3月1日，新修订的《安徽省实施〈中华人民共和国老年人权益保障法〉办法》正式施行，省老龄办组织开展以“宣传《实施办法》保障老年人合法权益”为主题的《实施办法》宣传咨询活动。共发放宣传手册2000余份，解答群众法律咨询100余例。3月16日至17日，省民政厅党组成员、省老龄办专职副主任张文达先后赴宿松县、黄山市调研指导老龄重点工作。

四月

4月6日，全省老龄办主任会议在合肥召开。省民政厅党组成员、省老龄办专职副主任张文达出席会议并讲话。

五月

省民政厅党组成员、省老龄办专职副主任张文达、中国人寿安徽省分公司党委委员、副总经理李柳，赴池州、黄山、淮南、阜阳、亳州、芜湖、合肥等地，就“银龄安康行动”开展专项调研指导，并召开座谈会。5月11日，山西省法制办副巡视员李峰等一行5人来皖交流考察老年人权益保障地方修法工作。5月18日，安徽56异地“孝心联盟”为老服务公益平台启动仪式在合肥市包河区举行。省民政厅党组成员、省老龄办专职副主任张文达出席启动仪式。5月23日至24日，贵州省老龄办一行6人来皖考察学习老龄信息化建设工作。

六月

6月1日，省民政厅党组成员、省老龄办专职副主任张文达主持召开全省老龄基本信息录入工作促进会议。

七月

7月14日，2016年全国老龄保险发展座谈会在江苏省南通市召开。省民政厅党组成员、省老龄办专职副主任张文达代作典型发言。

八月

8月16日，2016年全省老龄宣传工作暨重点工作推进会议在合肥召开。省老龄委副主任、省老龄办主任、省民政厅厅长叶露中出席会议并讲话，省民政厅党组成员、省老龄办专职副主任张文达主持会议并作总结讲话。8月30日至9月2日，陕西省老龄办一行6人来皖考察学习老年人意外伤害保险工作。

九月

9月27日，省老龄委下发《关于对第二届全省“敬老文明号”单位命名表彰的通报》（皖老龄〔2016〕2号），授予120家单位第二届全省“敬老文明号”荣誉称号，继续认定125家单位为第一届全省“敬老文明号”，同时择优推荐50家单位候选第二届全国“敬老文明号”。9月27日，省老龄办下发《关于第七届全省百名福星孝星表彰的通报》（皖老龄办〔2016〕19号），授予张有芳等50人全省福星荣誉称号，张萍等50人全省孝星荣誉称号。同日，省老龄办下发《关于“敬老爱老助老模范人物”表彰的通报》（皖老龄办〔2016〕20号），授予梁正坤等220人安徽省“敬老爱老助老模范人物”荣誉称号，同时择优推荐50人候选全国“敬老爱老助老模范人物”。

八至九月

省老龄办举行第二批全省基层老年协会业务知识培训

班，在宿州、亳州、阜阳、安庆、芜湖、马鞍山等6个市累计培训业务骨干620人。

十月

10月9日，在合肥市杏花公园举行以“敬老爱老 全民行动”为主题的2016年安徽省暨合肥市“敬老月”活动启动仪式。省人大常委会副主任王翠凤出席仪式，省老龄委副主任、省人民政府副秘书长刘卫东宣读第二届“安徽省敬老文明号”、第七届全省百名福星孝星表彰通报，省老龄委副主任、省老龄办主任、省民政厅厅长叶露中发表讲话，省民政厅党组成员、省老龄办专职副主任张文达主持仪式。仪式现场为老年人演示制发新版《安徽省老年人优待证》，设置省、市、区老龄事业成果展板，开展为老志愿服务活动，发放《实施办法》、《实施办法问答一百题》等宣传手册，举行广场文艺演出，共接待老年群众及社会各界超过5000人次。10月9日至14日，省老龄办协调相关部门，通过移动、联通、电信等短信群发平台，在全省范围向移动电话用户首次推送“敬老月”宣传信息，共发送信息960余万条。10月11日至12日，全国老龄办党组成员、副主任王绍忠一行6人来皖，就我省老年人优待工作开展调研，并分别召开省、市、县（区）三个座谈会。省民政厅党组成员、省老龄办专职副主任张文达陪同调研。10月15日至16日，中华志愿者协会向安徽省金寨县、定远县老年人各捐赠500双运动鞋仪式分别在金寨梅山镇清水敬老院、定远县民政局举行。中华志愿者协会秘书长宋志强，全国老龄办巡视员、中国老龄新闻出版集团筹委会临时党委书记曹健，省民政厅党组成员、省老龄办专职副主任张文达出席捐赠仪式。10月27日，省老龄办、省民政厅联合举办老年法知识培训班，对300余名老龄、民政部门法制工作人员以及乡镇（街道）办事处民政工作者进行培训。

十一月

11月2日，省老龄办下发《关于第四届全省老年文艺调演节目评选结果的通报》（皖老龄办〔2016〕24号），评出第四届全省老年文艺调演获奖节目140个，其中金奖10个，银奖20个，铜奖30个，优秀奖80个。17家单位获优秀组织奖。11月8日，第四届全省老年文艺调演汇报演出在安徽大剧院举行。全国政协委员、第十届省政协副主席李宏塔，第七届省政协副主席宋明，省民政厅党组成员、省老龄办专职副主任张文达，省政协港澳台侨和外事委员会原副主任张剑观看演出。

十二月

12月8日至9日，全国人大内司委、民政部、全国老龄办在湖南省长沙市联合召开老年人权益保障法地方配套法规立法工作座谈会。省民政厅党组成员、省老龄办专职副主任张文达代作典型发言。12月13日，安徽省2016年中国城乡老年人生活状况监测调查动员会暨骨干培训会在合肥召开。省民政厅党组成员、省老龄办专职副主任张文达同志出席会议。全省6个市及12个县（市、区）老龄办负责人、调查骨干参加了此次会议。12月26日，受全国老龄办委托，中国老龄科学研究中心副主任党俊武一行2人来皖督导2016年中国城乡老年人生活状况监测调查工作，省老龄办业务处负责同志陪同督导。

江西省

一月

1月12日至15日，省民政厅党组成员、省老龄办专职副主任罗良意同志一行前往四川省学习考察“敬老模范县（市、区）”创建和基层老年协会建设工作。

三月

3月7日至10日，省民政厅党组成员、省老龄办专职副主任罗良意同志陪同省人大内司委主任胡宪同志一行，到吉林省就《江西省实施〈老年人权益保障法〉办法》立法情况开展考察调研。

四月

4月20日至21日，全国老龄办党组成员、副主任吴玉韶到吉安、宜春考察调研居家养老服务工作，省民政厅党组成员、省老龄办专职副主任罗良意同志陪同。

五月

5月13日，山西省老龄办专职副主任吴建强同志一行调研组，来南昌就《老年人权益保障法》实施办法进行调研，罗良意同志陪同。

5月25日至26日，全省老龄办主任会议在宜春市召开，省民政厅党组成员、省老龄办专职副主任罗良意同志出席会议并讲话。

5月31日至6月3日，省民政厅党组成员、省老龄办专职副主任罗良意同志一行赴天津市就老年人意外伤害保险工作开展调研。

八月

8月11日，省老龄委第11次全会在省行政中心西1号楼省政府第三会议室召开。向省老龄委成员单位印发《江西省老龄工作委员会2016年工作要点》和《江西省老龄工作委员会工作制度》。

九月

9月21日，由江西省老龄办、江西电视台经济生活频道主办，中国人寿江西省分公司协办2016年“中国人寿”杯江西省首届九九重阳大型公益庆典活动，在江西电视演播大厅举行，省民政厅党组成员、省老龄办专职副主任罗良意同志出席并讲话。

9月22日，江西省十二届人民代表大会常务委员会第二十八次会议通过《江西省实施〈中华人共和国老年人权益保障法〉办法》，自2017年1月1日起施行。

十月

10月19日，由江西省老龄办和江西广播电视台主办，江西广播电视报社、《江西广播电视报》读者生活馆承办，中国人寿江西分公司协办的“敬老爱老　全民行动”江西省2016年老年节暨“中国人寿杯”江西老年艺术展演活动在南昌八一广场举行。省民政厅长、省老龄委常务副主任刘金接出席并讲话，省民政厅党组成员、省老龄办专职副主任罗良意同志出席活动。

10月30日至11月1日，省民政厅党组成员、省老龄办专职副主任罗良意同志到北京参加全国老龄系统干部培训班。

十一月

11月23日，黑龙江省政府法制办、民政厅、老龄办考察组一行来赣考察学习立法工作，省民政厅党组成员、省老龄办专职副主任罗良意陪同。

十二月

12月8日至9日，省民政厅党组成员、省老龄办专职副主任罗良意同志到长沙市参加全国人大内司委、民政部、全国老龄办联合召开的老年人权益保障法地方配套法规立法工作座谈会，并就江西省修订出台老年人权益保障法地方配套法规进行了大会发言。

山东省

一月

1月15日，向省人大、省政府报告《山东省老年人权益保障条例》实施情况。

1月19日至20日，副省长王随莲先后到枣庄市山亭区和临沂费县走访慰问部分社会福利机构和老年人。

1月22日，副省长孙伟主持召开养老服务业转型升级实施方案研究工作会议，省老龄办主任丁希滨参加。

二月

2月18日，省老龄办与省人大内司委就《山东省老年人权益保障条例》落实情况评估的有关事宜进行协商。

三月

3月28日，向省综治办报送《关于建议将老年人公益维权服务示范站创建工作考核变更为老年人权益保障工作考核的函》，并取得同意。

3月29日，召开山东省第四次中国城乡老年人生活状况抽样调查总结大会，表彰先进，总结经验，部署后续有关工作。

3月9日至4月26日，山东省审计厅派出审计组对山东省老龄办2014至2015年度部门预算绩效管理情况进行了专项审计调查。

四月

3月底至4月初，省老龄办联合有关高校和科研机构，先后在高密市、邹城市和淄博市博山区组织召开老龄事业发展“十三五”规划调研分片座谈会。按照东中西部进行划分，组织相关市、县老龄部门负责人、老年社团组织及老年人代表等，就“十三五”规划编制工作进行座谈，并征求意见。

五月

5月6日至8日，第八届中国（山东）国际老龄产业博览会在济南舜耕会展中心举办。

5月21日至29日，山东省老龄办副主任于振业率团赴德国、英国学习交流养老服务体系建设和政策法规出台情况，并调研两国老龄产业发展状况。

5月23日，全省老龄宣传信息统计工作座谈会在济南召开，全省17市老龄办宣传、信息和统计工作分管负责人及工作人员参加会议。会上，省统计局、省摄影家协会和大众日报社的专家分别就如何做好统计、摄影和新闻报道做了辅导报告，部分市作了典型发言。

5月24日，青州市政府召开“中国长寿之乡”命名新闻发布会并举行授牌仪式。

六月

6月2日，省老龄办下发《关于学习贯彻习近平总书记在中央政治局第三十二次集体学习时重要讲话精神的通知》。

6月13日至17日，省财政厅、省老龄办在临沂、淄博、东营、德州、枣庄、日照等市联合开展2016年度省级财政扶持的民办养老机构复核工作。

七月

7月19日，山东省老龄办召开敬老养老助老公益广告制作、审片座谈会，并与山东广播电视台电视公共频道、电视青少频道、广播新闻频道、广播经济频道等签订敬老养老助老公益广告制作协议。

7月至10月，山东省老龄办在全省组织开展2016年老龄政策专题调研活动，共形成优秀成果93篇，为党委政府决策提供有力参考。

八月

8月10日，在青岛市召开《山东省老龄事业发展“十三五”规划（征求意见稿）》修订座谈会，全省10个市的老龄办负责人、省起草小组有关人员参与了座谈讨论。

8月16日至9月26日，山东省委第九巡视组对省老龄办党组开展专项巡视工作，8月16日召开动员会，省委第九巡视组先后听取了省老龄办党组工作、纪检工作和人事工作专题汇报。

8月18日至19日，全省老龄工作半年总结会议在济南召开。省老龄办领导、全省17市老龄办负责同志、省老龄办各处室负责人参加会议。会议总结交流了上半年老龄工作情况，部署了下半年的工作。

九月

9月8日，山东省老龄委下发《关于开展2016年敬老月活动的通知》。

9月12日，省老龄办、省法院、省检察院、省公安厅、省民政厅、省司法厅联合召开全省老年人公益维权服务示范站评审会议。

9月28日至29日，山东省政协副主席、省工商联主席王乃静带队赴枣庄等地就医养结合工作进行调研。

十月

10月9日，由山东省老龄办指导，山东广播电视报举办的“关爱空巢老人”公益行动正式启动。全省17市广播电视报“爱心小分队”将定期组织志愿者为空巢老人提供生活照料、心理抚慰、应急救助、健康保健、文体健身、亲情关爱等服务。

10月17日，山东省委第九巡视组向省老龄办党组反馈专项巡视情况和意见。

10月26日，由山东省老龄办和中国人寿山东省分公司联合开展的“孝行齐鲁 关爱银龄”老年人健康大讲堂公益巡讲启动仪式在潍坊市举办。

10月30日，山东省老龄办向省委第九巡视组报送整改落实情况报告。

10月，山东省老龄办重新印发《工作制度汇编》，修订了13项工作制度，新增3项。

十一月

11月3日，召开《关于开展老年人意外伤害保险工作的指导意见（征求意见稿）》座谈会，山东省民政厅、省财政厅、省保监局相关负责人及中国人寿山东省分公司等11家保险机构的代表参加。

十二月

12月9日，人民网记者就山东省老年普法维权大篷车进社区公益行动情况进行专题采访。

12月29日，山东省人民政府办公厅批复同意举办第九届山东老龄产业博览会。

12月31日，山东省老龄办、省民政厅、省财政厅、省保监局联合下发《关于开展老年人意外伤害保险工作的指导意见》。

12月，山东省老龄办联合省司法厅、省卫生计生委等部门，对各市2016年维护老年人合法权益工作进行考核。

湖北省

一月

1月6日，《湖北省第四次城乡老年人生活状况抽样调查数据分析》拟以正式刊号出版的评审会议在中南财经政法大学召开，省老龄办副巡视员王建楷及省政府政研室、省统计局、武汉大学、中南财经政法大学的有关专家出席会议。

1月8日，湖北省老龄产业协会成立大会暨第一次会员大会在武汉召开。省老龄办主任尹本武主持会议，省政府原副省长王少阶、中国老龄产业协会副会长兼秘书长曾琦、省民政厅厅长彭军、省社会组织总会副会长文增显、省老龄办副巡视员王建楷，以及各界企业代表、各地会员企业代表200余人参加了会议。

1月11日，省老龄办党组召开“三严三实”专题民主生活会。会议由省老龄办党组书记尹本武主持，党组成员王建楷参加会议，机关各处和直属单位负责人列席会议。经省民政厅领导指派，厅人事处副处长祝名荣莅临会议指导。

1月14日，全国老龄办下发文件《全国老龄办关于通报表扬第四次中国城乡老年人生活状况抽样调查组织工作优秀单位的决定》(全国老龄办发〔2016〕3号)，对调查组织工作优秀、问卷质量较高的18个省（市、区）老龄办进行了通报表扬。湖北省老龄办为受表扬单位之一。

1月18日，省老龄办离退休干部党支部书记申育卿、综合处副处长李俊芳参加省委老干部局在洪山礼堂举办的省直副厅级以上离退休干部情况通报会。

1月19日，省老龄办下发文件《关于表彰2015年度全省老龄信息工作先进单位和优秀通讯员的通报》（鄂老办发〔2016〕5号），对襄阳市老龄办等5个全省老龄信息工作先进单位和赵蓓等11名全省老龄信息工作优秀通讯员予以通报表彰。

1月20日至22日，尹本武主任带领省民政厅福慈处处长刘辉、区划处处长高建洲、省老龄办综合处处长孔习兰、组宣处主任科员邓鹏到潜江市、京山县、沙洋县、江汉油田等地，对基层老年协会、民办养老机构和高龄、空巢、困难老人开展春节前的走访慰问活动。

1月23日，省委组织部副部长刘艳红带领省委第13检查考核组赴我办开展“七合一”考核的第一阶段工作，尹本武同志代表省老龄办党组班子进行述职述廉，机关全体干部进行相关测评（涉及3个方面的7张表格)。省老龄办机关全体干部职工参加会议。在接下来的半个月时间里，由各共性目标检查组分头到我办，对我办2015年度目标责任制、党建工作、党风廉政建设、法治建设、全面深化改革、履职尽责等工作进行检查考核。

1月25日，王建楷副巡视员带领组宣处负责人熊东华、主任科员谢彩霞对中石化周复昌、武钢张寿荣、719所黄旭华、省荣军医院袁晓燕等在汉部分历届感动荆楚“十大敬老楷模”“十大杰出老人”（以下简称“双十佳”）获得者进行走访慰问，并为每人送上1000元慰问金。

1月26日至28日，王建楷副巡视员带领组宣处负责人熊东华、主任科员谢彩霞和邓鹏到武汉、黄冈、孝感等地，对基层老年协会、民办养老机构和高龄、空巢、困难老人开展春节前走访慰问活动。

1月29日，综合处孔习兰处长、组宣处负责人熊东华、主任科员邓鹏对省总工会马学礼，武汉大学萧治致、杨昌林，华中师范大学章开沅，武汉科技大学秦裕瑗等在汉历届“双十佳”获得者进行走访慰问，并送上慰问金。

二月

2月2日，省老龄办在武汉召开全省高龄津贴发放管理工作专题会议，研究部署清理核查整治工作，尹本武主任出席会议并讲话。各市、州、直管市、神农架林区老龄办主任，相关县（市、区）老龄办负责人参加会议，会期1天。

2月22日，省老龄办下发文件《关于表彰2015年度全省老龄调研优秀成果的通报》（鄂老办发〔2016〕11号)，表彰了武汉市老龄办撰写的《2014年武汉市人口老龄化形势分析》等43篇调研报告获评优秀成果，武汉市老龄办等6个老龄办获评老龄调研工作先进单位。

三月

3月1日，尹本武主任、综合处孔习兰处长参加全国老龄办在北京召开的学习贯彻习近平总书记、李克强总理对加强老龄工作重要指示批示精神座谈会。

3月3日，由省老龄办、中南财经政法大学工商管理学院共同编撰并公开出版发行的《湖北省第四次城乡老年人生活状况抽样调查数据分析》一书，首次印刷2000册，送达省老龄办。

3月11日，省老龄办召开学习贯彻习近平总书记、李克强总理对加强老龄工作重要指示批示精神座谈会，会议由王建楷副巡视员主持，尹本武主任出席会议并讲话。省老龄委部分成员单位相关同志，5个市老龄办负责人，老龄研究专家学者，老龄社会组织负责人，省老龄办机关各处和事业单位负责人，媒体记者等23人参加会议。

3月15日，尹本武主任、王建楷副巡视员及机关副处以上干部到省民政厅参加省委第四巡视组进驻省民政厅巡视工作会议。至此，省老龄办巡视工作纳入省民政厅，正式启动为期一个月的巡视工作。

3月22日，尹本武主任、综合处副处长李俊芳到省政府办公厅参加由分管副秘书长聂昌斌主持召开的协助黑龙江省来鄂举办候鸟养老宣传推介活动工作协调会。

办机关党总支组织机关党员干部到武汉市民之家参观由省委文学艺术办联合会、省老龄办、书法报社主办的“习近平用典——湖北耄耋书法名家作品巡回展”。

3月25日，机关部分干部参加省老龄产业协会在武昌田汉大剧院举办的“2016年湖北老龄‘金色时光’快乐行”活动，王建楷副巡视员代表主管部门致辞。

3月28日至30日，尹本武主任、综合处副处长李俊芳参加全国老龄办在北京召开的全国老龄办主任会议，尹主任在大会上进行了交流发言。

四月

4月1日，经省委宣传部（省政府新闻办）同意，省老龄办在机关会议室召开全省人口老龄化形势新闻发布会。省老龄办尹本武主任通报介绍了我省“十二五”期间老龄工作开展情况、人口老龄化现状及趋势，以及“十三”五期间应对人口老龄化的主要思路；省老龄办副巡视员王建楷就湖北老龄工作和老龄事业发展情况回答了记者的提问。省老龄办综合处处长孔习兰为本次新闻发布会的主持人。

4月11日至14日，省高龄津贴第二检查组王建楷副巡视员带工作人员分赴襄阳市、南漳县、宜城市开展高龄津贴发放管理工作检查。

4月14日，省纪委驻民政厅纪检组黄贵新组长一行来我办检查工作，尹本武主任代表省老龄办向黄组长一行汇报了本办落实党风廉政建设责任制、推进惩防体系建设情况，黄组长给予充分肯定并提出工作希望。

4月14日至15日，江西省民政厅、江西省政府法制办一行8人来我省学习借鉴在支持社会力量兴办养老机构、修订《老年法实施办法》、老年优待等方面的先进经验，维权调研处调研员黄本明陪同调研并介绍了相关情况。

4月19日至21日，省高龄津贴第二检查组王建楷副巡视员带队赴随州、广水开展高龄津贴发放管理工作检查。

4月26日，省老龄办召开全省老龄办主任会议，传达了全国老龄委第十八次全体会议精神及全国老龄办主任会议精神，省民政厅党组书记、厅长彭军对老龄工作作了指示，各地根据习近平总书记等中央领导重要指示批示精神和全国老龄委、老龄办会议精神以及彭军厅长重要讲话精神分组讨论。

五月

5月4日至6日，尹本武主任带工作人员到咸宁嘉鱼、崇阳等地，检查民政、老龄工作开展情况。

5月11日，尹本武主任参加全国老龄办召开的部分省市区老龄系统代表学习贯彻中央文件座谈会。

5月25日至26日，尹本武主任带队赴鄂州市，出席鄂州“银龄扶贫行动”启动仪式，并对鄂州市申报的“敬老模范集体”单位进行检查验收，以及对基层老年协会会长培训地址进行考察确定。

5月30日，省人大常委会副主任张岱梨一行到省老龄办调研指导老龄工作，了解《省实施办法》修订进展情况，尹本武主任作工作汇报。

5月30日至31日，组宣处负责人熊东华参加全国老龄办综合部在广州召开的全国部分省（区、市）基层老年协会培训教材大纲征求意见座谈会。

5月30日至6月1日，省人大常委会副主任张岱梨一行到黄冈市、蕲春县调研老龄法规政策贯彻实施情况，王建楷副巡视员随行陪同。

六月

6月7日至12日，王建楷副巡视员和综合处副主任科员刘向勇参加在上海市联合举办的第十一届中国国际养老、辅具及康复医疗博览会。

6月13日至14日，尹本武主任带省住建厅、卫生计生委同志到黄石市，检查首届“湖北省敬老模范集体”创建验收情况。

6月22日，尹本武主任、综合处副处长李俊芳在本办会见新华保险公司喻守权副总经理一行，研究老年保险产品。

6月29日至30日，王建楷副巡视员和组宣处负责人熊东华参加黄冈市老龄办举办的黄冈首期基层老年协会会长培训班并授课。

七月

7月13日，综合处处长孔习兰、副处长李俊芳、省老龄产业协会负责人一行在机关会议室会见丹麦VIA大学国际项目经理、养老产业专业讲师安娜·巴赫，介绍我省失能老人及护理情况。

八月

8月23日，尹本武主任、彭文洁副主任到省老龄问题研究中心，就《老年证》办证问题整改情况进行通报。

8月24日，尹本武主任、综合处副处长李俊芳在机关接见江泰保险经纪股份公司武汉分公司副总经理一行，研究老年保险事宜。

九月

9月13日，王建楷副巡视员和组宣处负责人熊东华同志参加全国老龄办在黑龙江省哈尔滨市举办的全国老龄宣传工作会议。

9月26日至28日，王建楷副巡视员、省老龄问题研究中心陈玉亭主任、省老龄办邓鹏陪同全国老龄办宣传部副主任潘力一行，先后赴孝感、宜昌调研考察“银龄行动”基地建设情况。

9月29日，王建楷副巡视员、综合处副处长李俊芳参加省老龄产业协会在武汉马哥孛罗酒店举办的“2016舞动金色十月·畅享七彩乐龄”敬老月活动启动仪式。

十月

10月9日，副巡视员王建楷带机关部分同志参加省老年书画艺术中心在水果湖步行街举办的全省第十一届中老年人才艺大赛书画获奖作品展览活动。

10月10日，省老龄办党组成员、副巡视员王建楷带队，副主任彭文洁、综合处处长孔习兰、维权调研处处长田莹、组宣处负责人熊东华、省老龄问题研究中心法人代表邵炜、省老龄办维权调研处调研员黄本明、主任科员张泽文参加的由省纪委、监察厅、纠风办的统一部署，在湖北广播电视台录制的涉及惠老政策方面的“湖北党风政风热线”直播节目。

10月30日至11月2日，副主任彭文洁、综合处副处长李俊芳参加全国老龄办在北京亚洲大酒店举办的学习习近平总书记关于加强老龄工作重要讲话精神高层论坛暨省级老龄干部培训班。

十一月

11月9日，华龄智能养老产业发展中心华龄健康365工程办公室主任沈林一行来我省联系、洽谈养老服务业务，调研省老龄产业协会，考察侨亚集团。综合处副处长李俊芳陪同调研考察。

11月11日，综合处处长孔习兰、副处长李俊芳参加在武汉极地海洋世界举办的省老龄产业协会2016年“敬老月”活动闭幕式。

11月17日，尹本武主任、彭文洁副主任及维权调研处有关同志到黄石市铁山区，组织举办第二批湖北省“老年宜居社区”授牌仪式。

11月22日至25日，按照省委、省政府主要领导批示精神，为进一步调查掌握农村老年人生活状况，省老龄办组织专班分3路深入到大冶市、阳新县、洪湖市、监利县、京山县、沙洋县、应城市、安陆市、英山县、罗田县、广水市、随县等12个县（市）24个村开展调研，形成了《湖北省关于农村老年人生活状况调查情况的报告》上报省委。

11月25日，省委、省政府发出《关于表彰首届“湖北省敬老模范集体”的通报》（鄂文〔2016〕99号），授予武汉市江汉区花楼水塔街办事处、武汉市武昌区阳光福利院、武汉侨亚社区养老服务管理有限公司、宜昌市社会保险管理局、黄石市西塞山区十五冶社区居民委员会、大冶市灵乡镇老龄办、十堰市老龄办老年文体活动中心、十堰市车城通科技有限公司、荆州市第二人民医院（荆州市老年病医院）、荆门市公共交通集团公司、中国石化集团资产经营管理有限公司荆门市分公司离退休管理中心、鄂州市公共交通客运管理处、孝感市老龄办、浠水县老年协会、咸宁市咸安区永安街道办事处南大街之义区居民委员会、恩施市公共汽车公司、神农架林区社会福利院、省纪委离退休干部、省财政厅社会保障处、省地质局第六地质大队等20个单位“湖北省敬老模范集体”称号，予以通报表彰。

11月29日至12月1日，尹本武主任带队，省老龄办综合处处长孔习兰、组宣处主任科员汪金林陪同前往江陵县、松滋市、潜江市，开展“敬老月”走访慰问高龄、空巢、失独、失能、困难老年人活动。

十二月

12月5日至6日，尹本武主任、省老龄办综合处处长孔习兰、组宣处主任科员汪金林等前往黄冈市、浠水县，慰问基层老年协会、困难老年人代表；到蕲春县察看幸福院建设情况。

12月7日至9日，尹本武主任参加全国老龄办在长沙世纪金源大饭店举办的《中华人民共和国老年人权益保障法》地方配套法规立法工作座谈会。

12月13日至15日，彭文洁副主任和维权调研处调研员黄本明参加全国老龄办在宁波阳光豪生大酒店举办的推进老年宜居环境建设工作座谈会。

12月15日至17日，维权调研处在中南财经政法大学（南湖校区）举办中国城乡老年人生活状况监测调查（湖北片区）培训班。省老龄办主任尹本武、中南财经政法大学党委副书记王文贵、中国老龄科研中心产业经济研究所董彭滔副研究员出席开班仪式，来自全省的200多名调查员参加培训。

12月22日，全国老龄科学研究中心主任王深远到宜昌督导老年人生活状况监测调查工作。省老龄办党组成员、副主任彭文洁，省老龄问题研究中心主任陈玉亭，宜昌市民政局党组成员傅成林，宜都市相关领导陪同督导。

12月22日至23日，由维权调研处调研员黄本明、主任科员彭莉以及孝感市老龄办主要领导组成的省监测调查第二督导组前往大悟县，对当地开展城乡老年人生活状况监测调查情况进行督导检查。

12月28日至29日，省监测调查第二督导组一行先后前往安陆市、应城市，对城乡老年人生活状况监测调查情况实施督导检查。

12月30日，省老龄办在武汉市江夏区召开省老龄委成员单位联络员会议。综合处处长孔习兰主持会议，办副主任、党组成员彭文洁出席会议并讲话。

湖南省

三月

3月，湖南省政府组织召开省老龄委全委会，37个成员单位的主要负责人参会。

五月

5月，湖南省养老服务业推进会在湘潭召开。

九月

9月，第四届湖南国际老博会暨老年产业发展高峰论坛在长沙举办。

十一月

11月，湖南省老龄办组织全省老龄工作会议暨老龄系统干部培训班。

广西壮族自治区

一月

1月11日，自治区老龄办主任、民政厅党组成员梁丽玲出席象州县荣获第二届“中国长寿之乡”授牌仪式现场。截至目前，广西已有25个县（市）被授予“中国长寿之乡”称号，居全国首位。

1月26—29日，自治区老龄办主任、民政厅党组成员梁丽玲先后到宜州市、平果县调研指导政府购买基层老年协会养老互助服务工作。

1月28日，广西壮族自治区人民政府办公厅印发关于《广西养老服务业综合改革试验区规划（2016—2020年）的通知》（桂政办发〔2016〕14号）。

二月

2月2日，自治区十二届人民政府第67次常务会议审议通过了《广西壮族自治区人民政府2016年立法工作计划》，将《广西壮族自治区实施〈中华人民共和国老年人权益保障法〉办法》列入2016年一类立法项目。

三月

3月20日，广西壮族自治区人民政府在北京召开发布会，宣布开展健康产业三年专项行动，目标到2019年健康产业总规模3500亿元，占地区生产总值14%左右。

四月

4月26日，全区老龄办主任会议在南宁市召开。

4月27日—29日，自治区老龄办联合钦州市老龄办在灵山县共同举办2016年基层老年协会业务培训班。

六月

6月6日，自治区老龄办主任、民政厅党组成员梁丽玲率队到甘肃省开展《广西壮族自治区实施〈中华人民共和国老年人权益保障法〉办法》立法调研。

七月

7月15日，广西壮族自治区人民政府办公厅印发《关于推进医疗卫生与养老服务相结合的实施意见》（桂政办发〔2016〕82号）。

八月

8月10日，河池市通过“世界长寿市”认证，成为世界长寿市。

8月30日，自治区老龄办在南宁市举办“广西老龄系统学习贯彻习近平总书记关于加强老龄工作重要讲话精神培训班”。

十月

10月，广西各地紧紧围绕“敬老爱老，八桂行动”为主题广泛开展主题宣讲、走访慰问、敬老教育、文化惠老、政策落实等敬老活动。

10月19日，贺州市通过“世界长寿市”认证，成为世界长寿市。

十一月

11月15日，自治区老龄委成员单位联络员会议在南宁市召开。

11月18日，自治区老龄办联合河池市在都安县举办基层老年协会规范化建设培训班。

11月23，自治区老龄办联合桂林市老龄办在兴安县举办基层老年协会规范化建设培训班。

十二月

12月13日，陈武主席代表自治区人民政府与全国社会保障基金理事会在北京正式签订了《基本养老保险基金委托投资合同》。

12月13日，自治区老龄办在南宁市召开广西2016年中国城乡老年人生活状况监测调查工作动员会暨培训班。

12月15日，自治区老龄办到梧州市举办一期基层老年协会规范化建设培训班。

12月22日，自治区老龄办由主要领导带队组成2个督查组分别到南宁市马山县、横县等地开展示范性老年协会规范化建设督查。

12月28日，广西首次委托投资运营300亿元划转至全国社保基金理事会，成为全国7个首批投资运营省份之一。

海南省

二月

2月23日下午，海南省委副书记、省长刘赐贵主持召开省政府“候鸟”人才工作座谈会，听取“候鸟”代表的意见建议，研究“候鸟”人才工作。

三月

3月7日，海南省政府办公厅印发《海南省养老服务业发展“十三五”规划》（琼府办〔2016〕52号）。

六月

6月12日上午，省老龄办组织学习贯彻习近平总书记在中央局第三十二次集体学习时重要讲话精神，按照中央和省委的部署要求，认真学习把握讲话的精神实质和丰富内涵，着力抓好贯彻落实，努力推进海南老龄事业全面协调可持续发展。

6月13日，在全省开展推荐全国老龄系统先进集体和先进个人评选表彰活动。

七月

7月7日，省老龄办结合“两学一做”专题教育学习活动和中国共产党成立95周年纪念活动，组织全体党员到昌江黎族自治县乌烈镇道隆村革命烈士陵园缅怀革命烈士，重温入党誓词。

7月19日，在全省开展推荐全国“敬老文明号”和全国“敬老爱老模范人物”评选表彰活动。

九月

9月15日至10月31日，全省开展“敬老月”活动。

十月

10月9日上午，省委副书记、海南省长刘赐贵来到省托老院、海口恭和苑等养老机构调研，代表海南省委省政府和省委书记罗保铭向老人们送去节日的问候和关怀，广泛听取意见建议，研究推动我省养老服务业健康发展工作。

十一月

11月7日，海南省政府办公厅印发《海南省推进医疗卫生与养老服务结合发展的实施意见》（琼府办〔2016〕277号）。

11月19日，调整海南省老龄工作委员会成员单位，新增省科技厅、省工业和信息产业厅、省国土资源厅、省交通运输厅、省商务厅和海南保监局等六个单位为成员单位，现有成员单位32个。

11月22日，省老龄办组织举办了社区居家养老服务规范化培训班，全省各市县（区）的老龄办主任和社区居家养老服务中心负责人共60余人参加了培训。重点学习习近平总书记关于加强老龄工作的重要批示指示和在中央政治局第三十二次集体学习重要讲话精神，及社区居家养老服务规范化管理。

十二月

12月20日至31日，在澄迈县和乐东黎族自治县开展第四次中国（海南片区）城乡老年人生活状况监测调查工作。

重庆市

二月

2月5日，全国老龄办下发了《关于表彰2015年度全国老龄政策调研优秀成果的通知》（全国老龄办发〔2016〕10号），重庆市老龄办上报的《老龄商业保险发展研究》（重庆市老年学学会、重庆工商大学财政金融学院联合调研组）获一等奖，《老年人社会参与问题研究——以重庆市为例》（重庆市老年学学会、九三学社重庆市委）、《老年产业财税政策的现状调查与思考》（重庆市老年学学会、重庆师范大学历史与社会学院）获二等奖，《关于民间资本参与养老机构领域的思考》（吴长文、熊万胜）获三等奖，《万州老年教育现状调查：辉煌背后有隐忧》（万州区老年学学会徐成万）获优秀奖。重庆市老龄办获2015年度全国老龄政策调研优秀组织奖。

2月25日，全国老龄办公布了2015年全国“老有所为”先进典型人物推选结果，重庆市黔江区濯水镇老年协会会长刘运清被评为“全国老有所为楷模”，重庆医科大学附属第二医院党委原副书记陈代碧、重庆市铜梁区铜梁县人民代表大会常务委员会原主任周举之被评为“全国老有所为先进典型人物”。

2月29日，市委第三巡视组专项巡视市民政局、市老龄委办工作动员会在市民政局召开。市纪委副书记、市监察局局长李维超、市委第三巡视组组长卢长荣分别作了讲话。市老龄委办全体干部职工参加会议。

四月

4月22日，市老龄委办召开“两学一做”专题学习会议，向全体干部职工传达全市“两学一做”学习教育工作会议精神，并组织学习了市委关于“两学一做”学习教育的方案及机关事业单位方案。

4月29日，全国老龄办印发《关于表扬2015年全国“老龄新闻宣传好作品”和优秀组织单位的通报》（全国老龄办发〔2016〕35号），重庆市老龄办提交的《时隔66年，抗战老兵两次参加大阅兵》（重庆日报2015年9月16日）、《把医院“搬”进养老院》（晚霞报2015年5月26日）获二等奖，《丰都失能半失能老人供养实行城乡同等待遇》（重庆日报2015年1月5日）、《方凤富和他的雷锋班》（重庆电视台2015年12月6日）荣获三等奖，《停不下来的科辅团》（华龙网2015年11月11日）、《“吹”起希望、“吹”出快乐、“吹”动梦想》（华龙网2015年4月3日）获优秀奖。重庆市老龄办等17个单位被评为优秀组织单位。

五月

5月4日，全国老龄办、最高人民法院、最高人民检察院、公安部、民政部、司法部等6个单位联合印发《关于表彰“全国老年法律维权工作先进集体”的通报》（全国老龄办发〔2016〕37号），重庆市大渡口区人民法院刑事审判庭、渝中区人民检察院侦查监督科、南川区公安局、重庆市公安局南岸区分局南坪派出所、丰都县民政局、巴南区司法局、长寿区法律援助中心、重庆市劲源律师事务所等8家单位荣获表彰。

5月25日，市老龄委办印发了《重庆市老龄工作委员会办公室2016年工作要点的通知》。《要点》涵盖学习贯彻中央领导同志的重要指示批示精神、编制老龄事业发展“十三五”规划、推动国家老年人券一张发重庆实施办法的修订工作、推动老龄政策研究和研究体系建设、加强应对人口老龄化系列宣传、组织开展老年人关爱行动、完善老龄工作综合协调机制、提升老龄干部队伍素质等8个方面的内容。

5月26日至27日，重庆市老龄办主任会议在世纪同辉酒店召开。会议以深入学习贯彻习总书记、李克强总理关于应对人口老龄化、发展老龄事业作出的重要指示批示精神为主线，传达了全国老龄委第十八次全体会议和全国老龄办主任会议精神，总结部署了今年全市老龄工作任务。市老龄办副主任蒋志强在会上作了题为《把握机遇　创新思路　推动全市老龄事业健康快速发展》的重要讲话。渝北区、江津区、垫江县、丰都县、云阳县等5个区（县）老龄办作了经验交流发言。全市38个区县老龄办负责人及科长和万盛经开区、两江新区有关工作人员，市老龄办主管社团组织及市老龄问题科研基地负责人等参加会议。

5月31日，市老龄委办即时组织全体干部职工认真学习习近平总书记在中共中央政治局第三十二次集体学习时推动老龄事业全面协调可持续发展的重要讲话精神，并原文学习了新华社评论员著《发展老龄事业　共绘幸福晚景》。

六月

6月30日，市老龄委办、市民政局、市财政局、市保监局联合转发了全国老龄办等4部门《关于开展老年人意外伤害保险工作的指导意见》。

七月

7月1日，市委第三巡视组专项巡视市民政局、市老龄委办意见反馈会在市民政局召开，市委第三巡视组组长卢长荣同志反馈了巡视工作意见，市民政局党组书记、市民政局局长刘涛同志作了讲话。

7月7日，市老龄委办召开党员会议，传达习近平总书记及市委书记孙政才在庆祝建党95周年大会上的讲话精神，并学习了市委办公厅《关于学习习近平在中国共产党成立95周年大会上的讲话精神的通知》。

7月28日，重庆市老龄办蒋志强副主任带队赴全国老龄办汇报老龄工作。全国老龄办王建军常务副主任会见重庆市老龄办一行。蒋志强副主任专题汇报了重庆市老龄办近年来的工作情况。王建军常务副主任就深入学习贯彻习近平总书记重要指示批示和“5.27”重要讲话精神，开展积极应对人口老龄化行动，加强老龄办机关党的建设和提升“想干事、能干事、敢干事、干实事”内生动力等方面对重庆市老龄办提出了建议。

八月

8月11日、16日、18日，老龄工作片区座谈会分别在渝北区、万州区、涪陵区召开，全市各区县老龄办负责人参加会议。会议听取了各区县贯彻落实习近平总书记5.27重要讲话以及中央领导同志关于积极应对人口老龄化的重要指示批示精神、上半年工作完成及下半年工作计划、落实开展老年人意外伤害保险工作、第二届“敬老文明号”创建工作等方面的情况，并征求修订《重庆市老年人权益保障条例》和编制重庆市老龄事业发展“十三五”规划的意见建议。

九月

9月26日，市老龄委办印发了《关于授予重庆市九龙坡区老年大学等100个单位第二届“敬老文明号”荣誉称号的决定》。

十月

10月9日上午，重庆市老龄委办与市委宣传部、市精神文明办，江北区委、区政府在江北区鸿恩寺森林公园桂花榜广场联合举办了“孝行巴渝　爱涌重庆—我们的节日·重阳”主题活动，市政府副市长、市老龄委主任谭家玲出席活动并在活动启动仪式上作了讲话。活动期间展示了我市老龄事业“十二五”发展概况。

十一月

11月7日，市老龄委办出台《重庆市老龄委办主管社会团体管理暂行办法》，旨在进一步加强对办管社团组织的规范化管理。

11月11日，市老龄委办印发了《关于2016年老龄问题调研成果获奖情况的通报》，评出《重庆市城乡老年人生活状况抽样调查研究报告——基于“第四次全国城乡老年人生活状况调查”重庆市数据》等40篇优秀调研成果，其中一等奖5篇，二等奖15篇，三等奖20篇。另外，根据各地提交论文数量和组织工作情况，授予九龙坡区老龄工作委员会办公室等5个单位“2016年度老龄问题调研优秀组织奖”。

11月24日，市老龄办举办了2016年度老龄系统干部培训班。市老龄委各成员单位联络员、各区县（自治县）老龄办负责人及科长、市老龄委办主管社团组织负责人共计120余人参加了培训。培训以深入学习贯彻习近平总书记在主持5月27日中央政治局第三十二次集体学习时作的重要讲话精神为主线，内容涵盖应对重庆市老龄化社会的研究、第四次抽样调查重庆研究成果、规划的编制技巧等。

十二月

12月21日，市老龄委办下发了《关于对基层老年人协会示范点补助经费的通知》，对万州区、涪陵区、大渡口区、渝北区、江津区、垫江县、云阳县、秀山县等8个区县的示范性基层老年人协会建设进行资金补助。

四川省

一月

1月5日，副厅长廖永康同志参加省老龄办“三严三实”专题民主生活会。对老龄办党建工作进行了讲评，并代表民政厅党组提出了党建工作要求：一是将政治理论学习放在首位。学习习近平同志系列重要讲话，学习《中国共产党章程》等党内规章制度；二是主动认领查找出的问题，在找准问题的基础上找准原因。三是坚持立行立改。制定有针对性的整改措施，并落到实处。四发挥领导干部的表率作用。五是将“三严三实”的教育成效用于指导全省老龄工作、发展老龄事业。

1月7日，省老龄办常务副主任叶路带队前往仁寿县慰问基层老年协会和百岁老年人代表。省慰问组走访慰问了仁寿县汪洋镇老年协会、大勇社区老年协会、慈航镇老年协会，听取了老年协会会长就协会活动开展情况的汇报，解答了制约基层老协发展的难题，提出了老协在“十三五”期间发展的思路和方向，并分别向三个协会送上慰问金。叶路一行还深入慈航镇大塘村一组看望慰问百岁老年人夫妻杨志昌和杨淑芝，了解老人的身体和生活情况，与老人进行亲切交谈，并送上了慰问金和慰问品。

十一月

11月10日，民政厅在省老龄办召开赵汝鹏同志任职会议。民政厅党组成员、副厅长罗平恩宣读了赵汝鹏同志任民政厅党组成员和四川省老龄工作委员会办公室常务副主任通知。民政厅党组书记、厅长黄明全同志对老龄工作进行了讲评并提出了下一步工作要求。

十二月

12月16日，省老龄办党总支部换届选举会议在四川老年大学4楼会议举行。省老龄办党总支部召开党员大会，按照选举程序，经民主投票选举，由赵汝鹏、张晋川、但羚、何云、苏章辉、黄刚、何保全7人组成新一届党总支部委员会。

云南省

一月

组织开展老龄事业基础数据统计分析。省老龄办于2015年12月下发通知，安排部署老龄事业发展情况统计工作，并指导督促各地在2016年1月完成统计任务。通过统计、汇总、整理、比对全省老年人口和老龄事业相关数据，比较全面地了解掌握了我省老年人各年龄段的人口数量、老龄机构编制与落实、老年福利服务设施、经费投入、贫困老年人生活保障和为老服务等情况。

本着及早谋划、突出重点、积极实践、促进发展的指导思想，省老龄办认真研究制订了2016年省老龄办工作要点，从15个方面部署安排了2016年重点工作任务，并认真组织实施，注重跟踪督促检查。

根据省财政厅和省民政厅通知要求，及时组织财务人员对2015年度省老龄办机关各项资金的开支使用情况逐项进行清理决算，并按时上报决算报告。

省民政厅和省老龄办牵头协调省政府法制办、省发展改革委、省财政厅、省人社厅、省卫计委、团省委等单位和部门，成立了《云南省老年人权益保障条例》修订工作组，健全完善了《云南省老年人权益保障条例》修订工作机构。

根据“云南省审计厅关于审计云南省民政厅2015年度预算执行和其他财政财务收支及决算草案编制情况的通知”（云审社通〔2016〕5号），积极组织力量配合开展审计工作。

三月

3月5日～11日，在各州（市）认真开展自检自查的基础上，省老龄办成立考核工作领导小组，抽调各州市老龄办相关人员与省老龄办人员一起组成8个考核组，按照云南省2015年度老龄工作目标管理责任制考核内容及评分标准，认真检查考评各州市贯彻落实老龄工作目标管理责任制情况，并及时通报考核结果。

筹备召开云南省老龄事业发展基金会第六届理事会第四次全体会议。3月24日，会议听取并审议通过了《2015年工作报告》、《2015年度财务收支情况汇报》和《2015年度财务收支情况审核报告》，全面总结了2015年工作所取得的成绩、经验和存在的问题，部署安排了基金会2016年的工作任务。

省老龄办与省财政厅共同下达了2016年高龄老人生活补贴省级补助资金8000万元，并督促各级老龄办积极协调同级财政部门加大经费投入，提高补助标准，规范审批发放程序。

向全国老龄办报送老年法律维权先进典型事迹材料，其中“云南省公安厅治安管理总队”等十家单位被评为“全国老年法律维权工作先进集体”。

开展居家养老服务中心建设项目绩效评价。下发《2013—2014年农村幸福院绩效评价通知》和《2014年居家养老服务中心绩效评价通知》，根据政府采购要求，委托第三方对居家养老服务中心项目建设及管理使用情况开展绩效评价。

省老龄办与省老龄产业协会共同开展《隔代教育修养课程开发与推广研究代际问题》课题调研。

3月11日，在中科院昆明植物园组织开展了由中国老龄事业发展基金、华夏保险主办、省老龄事业发展基金会和华夏保险云南分公司承办的“传承、同种华夏一棵树——撑起华夏一片天”抗战老兵植树节活动；3月26日，省老龄事业发展基金会与华夏保险合作，在云南屏边烈士陵园举行了王发坤烈士祭奠活动。

与昆明百事腾生物技术有限公司合作，开展“大爱无疆”助老助医慈善公益走进楚雄活动，为楚雄市人民医院捐赠了价值1600万元的德国西门子全自动生化免疫流水线设备，并为楚雄市、武定县的155名老人开展义诊活动，慰问了2个敬老院，送去慰问品和物资共计20万元。

五月

5月9日，组织召开了2016年度省老龄委全会和全省老龄办主任会议，省老龄委主任、副省长张祖林出席省老龄委全会并作重要讲话。两个会议分别传达学习了全国老龄委第十八次全体会议精神、2016年全国老龄办主任会议精神和省委书记李纪恒、省长陈豪加强老龄工作的重要指批示，总结了“十二五”期间特别是2015年度全省老龄工作，部署安排了下一步工作任务。

5月9日，在全省老龄办主任会议上，省老龄办与各州市老龄办签订了《2016年度云南省老龄工作目标管理责任书》。

按照省财政厅因素法分配法的要求，省老龄办认真测算，科学制定了2016年度福彩公益金、财政资金分配方案。

安排省级福彩公益金350万元，按照每个项目2万元的标准补助175个“百村建设”项目，扶助农村基层老年协会改造基础设施、购置文体活动设备等。

开展固定资产核查。按照民政厅国有资产清查工作方案，明确分管处领导和具体责任人，集中精力开展实物清查、账物核对、统计上报、资产收归、资产复查等工作，顺利通过了相关部门的检查验收。

组织人员到曲靖市9个服务点调查了解居家养老服务中心建设及运营管理情况，开展居家养老服务设施建设与运营管理试点工作。

省老龄办与昆明医学院共同开展《云南省医养融合型养老服务开展现状及对策》课题调研。

六月

6月21日至27日，在曲靖市举办了全省养老护理员培训班，共有16个州市200名养老护理员参加了培训，培训内容涉及康复护理、老人睡眠照料、老人生活照料等内容；举办了居家养老服务项目建设负责人培训班，对16个州市的41名项目负责人进行了系统培训。

根据人社部、全国老龄委《关于评选全国老龄系统先进集体和先进工作者的通知》要求，省人社厅、省老龄委组织成立了评选推荐全国老龄系统先进集体和先进工作者领导小组及办公室，6月21日联合下发了《关于做好全国老龄系统先进集体和先进工作者评选推荐工作的通知》（云人社函〔2016〕165号），在全省范围内组织开展评选推荐工作。

向全国老龄办报送65个先进个人，申报全国“敬老爱老助老模范人物”。

根据全国老龄办的统一部署，积极协调华中师范大学中国农村研究院在宜良县匡远街道发达村等8个村开展农村老年人养老现状抽样调查工作。

七月

针对老龄工作新形势、新任务和新要求，7月6日至11日，省老龄办与云南大学公共管理学院共同举办了全省老龄干部综合能力提升培训班，通过6天对125名老龄干部的培训，进一步加强了老龄队伍建设，提高了老龄干部队伍的综合素质和掌握老龄政策法规、履行工作职责、协调推动老龄事业全面发展的能力。

7月～11月，全年共安排388个居家养老服务中心（日间照料中心）、农村互助养老服务站及老年活动中心建设项目，补助资金13044万元，新增床位数4930张。

八月

省老龄办组织评选命名了80个第二届云南省“敬老文明号”单位，其中36个申报了全国“敬老文明号”单位。各地切实加强“敬老文明号”创建活动的组织领导，认真开展“敬老文明号”创建工作，定期、不定期深入创建单位检查指导，对照创建标准提出整改意见，指导督查创建单位及时研究解决困难和问题。

向全国老龄办推荐上报两名2016年“老有所为”先进典型人物事迹材料。

8月，根据民政部、财政部相关文件精神，省老龄办指导各州市开展试点申报工作，经评审，我省昆明市列入2016年中央财政支持开展居家和社区养老服务改革试点，争取到试点资金3746万元。

组织开展“2017—2019年财政预算规划”编制，科学编制2017年财政经费预算，积极争取老龄专项业务经费。

投入资金125万元，在昆明市、曲靖市、丽江市等8个州市开展“关爱失能老人、共享生命尊严”为主题的“老年希望工程”试点工作。

根据年初制定的对“老年希望工程”开展跟踪检查和追踪问效调研的要求，8月23日，孟继尧理事长率队到曲靖市陆良县开展“老年希望工程”项目实施情况调研，进一步了解掌握基层老促会开展助老工程的落实情况以及实施中存在的困难和问题，研究制定解决措施。

九月

9月28日，省老龄办举办了云南省2016年“十大最具影响力手工艺老年传承人”评选及《致敬守望者》颁奖典礼，向十大最具影响力手工艺老年传承人、10名“全国法律维权工作先进集体”、10个第二届云南省“敬老文明号”单位的代表颁奖。

按照《云南省民政厅关于做好全省民政系统审计查出问题整改工作的通知》，以及省审计厅就“十二五”养老服务体系审计问题整改清单要求，逐一对照排查问题项目、分析出现问题的根本原因、制定切实可行的整改措施和方案，明确责任人，限期进行整改。

十月

10月8日，省委书记、省长陈豪在昆明市看望慰问了两名百岁寿星，给老人送去了党和政府的亲切关怀和美好祝愿。省委常委、省委秘书长李邑飞，副省长张祖林，省政府秘书长何金平陪同看望慰问；省老龄委常务副主任、省民政厅厅长段丽元，省老龄委专职副主任、省民政厅党组成员和向群等领导参加活动。媒体随行采访报道，对在全省进一步形成敬老助老的良好风尚起到了很好的示范引领作用。

10月9日“老年节”，省委书记、省长陈豪以个人名义在云南电视台、云南广播电台、云南日报、云南老年报等主流媒体刊播了慰问信，向全省各族老年朋友、各级老龄组织和全体老龄工作者致以节日的祝贺和亲切的慰问，充分体现了省委、省政府对老龄工作的关心和重视。

以省老龄委名义于8月下发了《关于开展2016年敬老月活动的通知》（云老委〔2016〕4号），全面部署了“敬老月”活动；围绕2016年“敬老月”活动“敬老爱老，全民行动”的主题，省老龄办在省级层面组织了“关爱老人”走访慰问活动、发送手机公益短信等系列活动。

10月17日，省老龄办邀请相关部门、专家学者及涉老社会组织，召开了《云南省老年人权益保障条例》（草案）修订征求意见座谈会。

争取到政府购买服务资金200万元，为10个州市、100户农村特困“五老”对象解决住房困难。

十一月

省老龄办组织两个省外考察调研团，进一步学习借鉴其他相关省市立法成果和经验，推动《云南省老年人权益保障条例》修订工作步伐。

完成了委托云南财经大学开展的《云南省居家养老服务建设及运营情况的调研报告》课题评审。

十二月

完成了委托云南财经大学开展的《云南省养老健康产业中长期规划》课题评审。（2016年12月）

陕西省

六月

6月23日，陕西省老龄委与陕西省人力资源和社会保障厅联合对全省老龄系统先进集体和先进工作者认真开展老龄系统先进评选表彰工作。同时对全省老龄系统进行了评选表彰，共14家单位和19名个人获得省级先进。

6月29日，省老龄委在西安召开第十一次全体会议，传达学习习近平总书记关于老龄工作的重要讲话和全国老龄委第十八次全体会议精神，安排全省老龄工作。副省长、省老龄委主任冯新柱出席会议并讲话。

甘肃省

一月

1月28日，省民政厅党组成员、省老龄办主任徐亚荣，省民政厅党组成员、驻省民政厅纪检组长袁秀智带联村干部深入定西市通渭县什川乡八里村走访慰问老党员、空巢老人、残疾人和特困家庭，考察2015年建设的村级老年活动中心、川来社硬化道路和川来社村级活动场地等项目，实地查看村养鸡、养羊、种植树苗等种养大户的生产情况，要求他们发挥好示范作用，带动全村村民共同致富。29日，召开座谈会，探讨村基础设施建设、富民产业培育、村容村貌美化等方面的意见和建议。省老龄办副主任文新农赴礼县上坪乡黄咀村，慰问伤残军人、低保户、五保户及困难群众，详细了解他们的生活情况，送上了慰问品，并召开座谈会，共同商讨2016年黄咀村双联工作重点，争取提前脱贫奔小康。

二月

2月29日，召开全体干部职工大会，专题学习习近平总书记、李克强总理的重要指示批示精神，及全国老龄委第十八次全体会议精神，全体干部职工分别结合自身学习体会进行了发言，大家一致认为，习近平总书记、李克强总理的指示批示精神高屋建瓴，体现了党中央、国务院对老年人的深切关怀和对老龄工作的高度重视，老龄工作者要不断提升业务素质和工作能力，为老年人办实事、谋福祉。徐亚荣指出，习总书记、李克强总理的重要指示批示，标志着老龄事业的发展进入新阶段，全体干部要把思想统一到中央领导的重要指示批示上来，清醒认识发展的新形势新任务新要求，切实增强责任感和紧迫感，积极作为，科学应对，着力解决最直接最现实的问题，让老年群众得实惠，切实增加获得感、幸福感。要结合我省老龄工作实际，立足当前、着眼长远，编制我省“十三五”老龄事业发展规划。

五月

5月15日至19日，全国老龄办宣传部刁海峰主任一行对我省张掖市甘州区、金昌市金川区、兰州市榆中县基层老年协会与农村互助老人幸福院协同发展及基层老年协会运行情况进行了专题调研，省民政厅党组成员、省老龄办主任徐亚荣，副主任文新农陪同。刁主任对我省大力推进基层老年协会与农村互助老人幸福院协同发展工作给予了充分肯定，要求进一步加大工作力度，不断提高为老服务水平，研究新问题、总结新经验、探索新路子，抓好试点，整合提升基层老年协会工作和基层老年协会与农村互助老人幸福院协同发展水平。

5月30日，召开全体干部职工大会，传达学习习近平总书记在中共中央政治局第三十二次集体学习时的重要讲话精神，研究部署学习贯彻落实工作。省老龄委副主任、省民政厅党组成员、省老龄办主任徐亚荣主持会议，提出要求，习总书记讲话精神阐述了老龄事业的重大理论、政策制度、体制机制和实践问题，为老龄事业全面协调可持续发展指明了方向，一要认真学习，深刻领会精神实质，把握新观点新任务新要求；二要抓好贯彻落实，统揽全省老龄工作，着力抓好《“十三五”老龄事业发展规划》编制修改、《老年法》宣讲和“老年法律进社区”活动；三要将学习贯彻讲话精神作为“两学一做”学习教育的重要内容，主动作为、统筹协调，扎实有效地推动全省老龄事业全面协调可持续发展。

六月

6月30日，省老龄办党总支组织全体党员干部开展了主题党日活动，参观八路军兰州办事处纪念馆，庄重地重温入党誓词，接受党的传统教育，体会革命先辈坚定执著的理想信念、忠贞不渝的为党情怀、密切联系群众的优良作风，进一步坚定了做合格党员的自觉性。大家表示，这是一次心灵上的震撼和洗礼，要认真践行“两学一做”，发挥先锋引领作用，争当合格党员。

八月

8月3日，全国老龄办蔡婕一行来到甘肃（白银市、兰州市皋兰县）就《中华人民共和国老年人权益保障法》及为出台《关于进一步加强老年人合法权益工作的意见》进行前期调研，召开了省高级人民法院、省人民检察院、省公安厅、省司法厅、省民政厅参加的座谈会，听取情况汇报和意见建议，对我省在贯彻落实工作中取得的成绩给予肯定。

8月24日，省民政厅党组成员、省老龄办主任卢琼华赴省老年之家和省老年公寓调研，了解发展状况和存在问题，指出，一要高度重视为老服务工作，以严谨的作风和务实的态度履行职责，打造为老服务的良好形象。二要加强员工的教育和培训，提高政治和业务两方面素质。三要严格执行财经纪律，廉洁、依规办事。四要绷紧安全生产这根弦，预防为主，防患未然，省老年公寓在完成消防整改后及时恢复营业。

九月

9月14日，召开全体职工大会，传达省民政厅标准化工作培训会议精神和有关工作纪律、廉政建设文件精神，省民政厅党组成员、省老龄办主任卢琼华要求，一是深入贯彻习总书记系列讲话精神，以饱满的热情和开拓创新的精神工作，实现老龄事业全面协调可持续发展。二是积极发挥老龄委各成员单位职能，优势互补，协调配合，共同构建大老龄格局。三是立足当前，谋划长远，树立大宣传思想，开设电视专栏、开办老龄网站，开通维权热线，增加微博、微信等新媒体宣传工具，形成全方位、多角度、多领域的宣传平台。四是完善体制机制，形成党委领导、政府主导、社会参与、全民行动相结合，社区、家庭、个人相促进的良性发展格局，解决好地区发展不平衡，社会参与不足等问题。五是解放思想，实事求是，凝心聚力，科学谋划工作。六是坚定政治信念，增强集体荣誉感，遵守纪律、廉洁自律，全面开创老龄事业发展新局面。

十一月

11月11日，召开全体党员职工大会，集体学习党的十八届六中全会精神和厅党组（扩大）会议精神。厅党组成员、省老龄办主任卢琼华出席会议并讲话，一要增强学习的自觉，养成良好的学习习惯，提高自身思想认识。二要增强政治的自觉，时刻牢记共产党员身份，坚定理想信念，强化“四种意识”，严守六项纪律。三要增强行动的自觉，把学习贯彻六中全会精神与做好当前工作紧密结合起来，不断转变工作作风，主动谋划、推动各项工作的落实。四要切实将学习抓紧抓好，坚持“三会一课”制度，创新方式方法，丰富学习内容，将集体学习、自我学习、研讨交流相结合，真正做到入脑入心，付之行动。

11月19日—21日，由甘肃省老龄办指导，兰州市老龄办主办《中国西部（兰州）老年产业博览会》举行，涵盖了养老金融、养老机构、老年用品、养老服务、保健养生产品、养老地产、老年旅游及老年生活相关的品牌企业、老龄产业项目推介等多项内容，同时，举办了老年人艺术文体展示，老年书画展，百对老人“金婚”庆典等系列主题活动。省民政厅党组成员、省老龄办主任卢琼华致辞，省民政厅党组成员、副厅长王福德宣布“老博会”开幕。

开展双联行动：一是按照省委双联办、省扶贫办和省委组织部的要求，省老龄办选派一名同志到双联村（陇南市礼县上坪乡黄咀村）担任驻村帮扶工作队队长，按照乡党委政府工作部署，认真履职，全面落实精准扶贫精准脱贫政策，多方争取资金，为贫困村的基础设施建设、富民产业培育、改善村容村貌、修缮村小学等方面做实事，圆满完成了上级交办的任务。二是全体双联干部驻村（陇南市礼县上坪乡黄咀村、定西市通渭县什川乡八里村），进行入户调查，了解联系户生产生活状况，探讨村帮扶计划，提出帮扶措施，并按规定填写帮扶日志，督促按计划完成任务，改善了双联村的环境，提高了双联户的收入。三是邀请专家学者赴双联村实地考察论证富民产业（黄咀村土鸡散养基地）项目，进行专业养羊等牲畜和种植养殖培训，深受当地政府和村民们的欢迎。四是根据省双联办和省民政厅的统一安排开展“大走访、回头看”活动，检查双联行动成果。

青海省

一月

启动了《青海省老年人权益保障条例》修订工作，草拟完成了修订稿。

二月

2月中旬，向全国推荐评选“全国老年法律维权工作先进集体”名单，六家单位获此殊荣。

2月18日，将全省70周岁以上老年人高龄补贴发放标准月人均调整提高20元，达到90—160元，近30.11万老年人受益。

四月

4月18日，下发调整省老龄委成员单位有关通知，新增了省科技厅、省经信委等5个成员单位。

五月

5月12日，组织召开省老龄工作委员会第十一次全体会议，总结分析工作成效和经验，安排部署重点工作。

5月18日，印发省老龄委年度主要工作任务分工安排，督促涉老部门履行职责。

5月25日，启动涉老优待工作执法检查，重点就政务服务、卫生保健、交通出行等方面政策落实情况开展检查。

5月30日，编制印发《青海省老龄事业发展“十三五”规划》，明确了“十三五”时期发展目标和具体任务等。

六月

6月13日，在西宁市大通县启动开展“银龄行动”，为老年技术人员服务社会搭建平台。

6月16日，联合省人社厅，制定下发评选推荐全国老龄系统先进集体和先进工作者通知，并于11月11日向全国推荐先进集体和个人。

七月

7月12日，组织开展敬老爱老助老评选表彰活动，24人获“敬老爱老助老模范人物”称号，10个单位获“敬老文明号”称号。

八月

8月1日，在西宁、海南和海西100个村（社区）下发基层老年协会“乐龄工程”建设项目资金。

8月17日，制定下发全省“敬老月”活动方案。

8月29日，在全省组织开展全国“老有所为”典型人物推荐评选活动，两人获此殊荣。

九月

9月9日，会同省文明办、西海都市报等单位，启动开展青海省“福济”杯孝亲敬老之星评选活动。

十月

10月1日至30日，组织动员各地广泛开展为老年人送温暖献爱心志愿活动；在《西海都市报》连续宣传报道孝亲敬老模范人物事迹。

10月9日，陪同匡湧副省长走访慰问养老机构和高龄困难老人，在《青海日报》专版宣传我省老龄工作成就。

十一月

11月10日，组织开展2016年度全省老年人口数据调查统计工作，截止2016年底，全省老年人口数为72.5万，占比12.22%。

十二月

12月20日，在西宁市湟中县开展第四次城乡老年人抽样调查监测工作。

宁夏回族自治区

一月

1月20日至27日，自治区老龄办派出8名工作人员分成两个检查组，对银川市、石嘴山市、吴忠市和中卫市的39家民办养老服务机构进行了安全检查。

二月

2月1日，农历腊月二十三，中共中央政治局常委、国务院总理李克强来我区考察慰问。当日，总理来到原州区中心敬老院，看望生活在这里的五保老人，和他们一起过小年。

三月

3月4日，自治区人民政府发布《宁夏回族自治区国民经济和社会发展第十三个五年（2016年—2020年）规划纲要》，健全养老服务体系被列入“十三五”期间政府提高居民健康保障水平方面的重点工作。

四月

4月15日，自治区老龄办召开第六届全区敬老爱老助老主题教育、老年法律维权先进集体表彰暨2016年全区老龄办主任会议。对6名“全区孝亲敬老之星”、6个“全区敬老模范单位”及6个“自治区老年法律维权工作先进集体”颁发了证书和奖牌，同时还表彰了2015年度全区老龄工作先进单位、老龄信息工作先进单位和老龄政策研究优秀成果。

4月15日，由银川市民政局、老龄办、文广局、文联和银川日报社联合主办，银川置信投资发展有限公司独家冠名的2016中国·银川（第三届）老年产业博览会在银川国际会展中心隆重开幕。

五月

5月，全国老龄办对《〈民生三问〉系列报道》《“特别关注·中国式养老”系列报道》等128件老龄新闻作品予以通报表扬。我区《宁夏日报》记者李东梅采写的《宁夏政策给力破解城乡养老难题》一文获得三等奖，《新消息报》记者李亮采写的《我区酝酿出新政　破解失能老人养老困局》；《宁夏日报》记者李东梅、张文攀采写的《惟愿夕阳无限好》以及同心县广播电视台推荐，由周淑娟、张岚、王文婧、丁红娟采编播报的新闻《可亲可敬的人民调解员——苏锦山》3件作品获得优秀奖。

六月

6月14日至17日，由全国人大内务司法委员会副主任委员秦光荣率领的5人调研组，对我区养老服务业发展情况进行为期4天的调研。自治区党委书记李建华、自治区主席刘慧分别会见了调研组成员，自治区党委常委、副主席李锐向调研组汇报了宁夏养老服务体系建设工作。

八月

8月9日至15日，自治区人大常委、农工党宁夏区委会主委戴秀英，副主委邢学宁分别带领区委会相关处室工作人员及我区部分养老方面专家，赴吴忠市、固原市和中卫市对基层城乡医疗和养老形势现状进行深入调研。

8月19日，自治区老龄办召开专家论证座谈会，征求专家学者对《宁夏老龄事业发展“十三五”规划（草案）》的意见建议。

九月

9月7日，由自治区人民政府台湾事务办公室和自治区民政厅主办，中华海峡两岸医疗暨健康产业发展协会、海峡两岸社区产业暨养老照护发展交流协会协办的海峡两岸（宁夏）养老产业发展对接会在首府银川召开。

9月28日，自治区老龄办联合中国人寿保险股份公司宁夏分公司在贺兰县召开了全区老龄保险发展座谈会，会议总结交流了全区老年人意外伤害保险工作的先进经验，探讨了当前和今后一个时期推进老年人意外伤害保险工作的措施和办法。

十月

10月9日，自治区老龄委副主任、民政厅厅长、老龄办主任杜正彬，民政厅党组成员、老龄办常务副主任李作忠在银川市市委常委、组织部部长史春明，副市长李守银的陪同下慰问养老机构、百岁老人及“老有所为”先进个人。全区各级老龄办为我区每名百岁老人发放慰问金1000元。

10月9日，自治区老龄办、文明办、卫计委、残联联合举办了以“文化生活、健康养生、爱老助老”为主题的老年健康文化节。

十一月

11月23日至24日，自治区老龄办举办了全区老龄系统干部培训班。来自各市、县（区）的老龄办主任、老龄办工作人员和自治区老龄办全体人员共40余人参加了培训。

11月30日，自治区十一届人大常委会第二十八次会议表决通过了《宁夏回族自治区养老服务促进条例》。该《条例》将从2017年1月1日起实施，为我区养老事业发展提供法律保障。

十二月

12月8日至9日，自治区民政厅、老龄办成功举办了首届全区养老护理员职业技能竞赛。民政部职业技能鉴定指导中心，自治区人力资源和社会保障厅有关领导同志对竞赛进行了全程指导。

新疆维吾尔自治区

二月

2月15日，下发《自治区党委办公厅、自治区人民政府办公厅关于调整自治区老龄工作委员会组成人员的通知》。

2月23日，召开自治区老龄工作会议。机关全体参加，地州市老龄办主任参加。

三月

3月4日，自治区党委组织部来机关宣布古丽娴·塔什吾甫尔任职通知和米日古丽·白地调任自治区妇联的任职通知。

四月

4月15日上午，自治区第八巡视组来我办开展巡视工作动员会，巡视组长作动员讲话，老龄办常务副主任、机关党委书记任继民用表态发言。

五月

5月24日到26日，在自治区体育馆组织区直单位第二届老年乒乓球比赛，共有430人、86个队参加比赛。自治区党委常委肖开提·依明、自治区人大副主任张波、自治区副主席吉尔拉·依沙木丁等领导参加开幕式并为老年乒乓球比赛开球。

5月31日上午，机关党委会，专题学习中央政治局5.27专题学习时习近平总书记重要讲话，安排部署贯彻落实方案。

六月

6月8日至10日，机关维权处在乌鲁木齐是进行老年协会调研。

6月13日至21日，维权调研处赴昌吉市、阜康市、克拉玛依市、伊宁市、察布查尔县、昭苏县、尼勒克县、阿克苏市、库车县等地进行居家养老调研。

6月20日下午，上海第十三批疆沪“银龄行动”18名老年志愿者抵疆，召开欢迎会。

6月21日，护送上海第十三批疆沪“银龄行动”18名老年志愿者赴喀什和克拉玛依市进行为期两个月的志愿服务。

七月

7月18日，主任办公会。研究上海“银龄行动”老年志愿者赴老龄办“访惠聚”工作队柯坪县盖孜力克镇进行义珍活动方案。由老龄办出资5.6万元购买部分药品，组织在喀什的14名医疗专家老年志愿都到住村地进行义珍活动。

八月

8月2日上午，主任办公会，研究第二届区直单位老年书画摄影展方案。定于8月22、23日布展，24日至26日展出，地点：新疆国际会展中心8号厅。解说员：周瑾、帕提古丽、田嘉震。

8月4日下午，组织机关自愿服务队12名队员，到老年大学建设工地进行安全宣传，打扫施工道路等志愿服务活动，并慰问了工地农民工。

8月5日至9日，维权处在乌鲁木齐市、昌吉州、巴州、阿勒泰地区、哈密市开展《新疆维吾尔自治区保护老年人合法权益条例》修订问卷在线调查培训，并进行入户调查。

8月17日下午，全系统职工大会，自治区第八巡视组反馈巡视意见。自治区纪检委副书记努热木讲话，常务副主任、机关党委书记任继民作表态发言。

8月19日上午，机关党委会议，研究自治区第八巡视组反馈意见整改方案。成立领导小组。

8月23日下午，机关党委会议，研究确定自治区老龄办关于落实巡视反馈意见实施方案。

8月24日至26日，第二届区直单位老年书画摄影开展在新疆国际会展中心展出，共有一万多人观看。

8月29日，欢送第十四期上海“银龄行动”老年志愿者返回上海。

8月30日，机关党委会议，总结“两学一做”学习教育工作，向自治区党委组织部干部6处上报专项情况报告。研究推荐第二届全国“敬老文明号”单位23个，自治区表彰单位60个，先进个人46个。

九月

9月9日上午，机关党委会议，研究新疆老年大学干部人事调整。研究机关5名处级干部轮岗事宜。

9月11日，上报自治区老龄办出席自治区第九次党代会和区直机关党代会代表候选人材料。

9月22日，主任办公会，研究敬老宣传月活动方案，研究重阳节，老年节走访慰问方案，定于9月9日由自治区党委常委肖开提·依明带队，在乌鲁木齐看望一个民办老年公寓，一个基层老年协会，慰问8户老人。

9月28日，在新疆人民会堂举办第二届区直单位庆祝建党95周年、红军长征胜利80周年老年文艺汇演。共有64个厅局、860多名演员，1600名观众参加演出。

十月

10月9日重阳节，是中国老人节。自治区党委常委肖开提·依明等自治区领导带队慰问乌鲁木齐市一个老年公寓、一个老年协会，8名生活困难老人。

厦门市

一月

1月1日，由厦门市老龄办、厦门晚报社主办的福建省首个市级老龄微信平台——厦门银龄正式上线。

二月

2月24日，召开各区老龄办主任会议。各区交流了特色做法和工作重点。

2月25日，2015年全国“老有所为”先进典型人物的推选结果揭晓。厦门市翔安区陈加兴和思明区陈露德两人获评“全国老有所为先进典型人物”。

三月

3月8日，厦门市召开社区居家养老服务工作现场会。

四月

4月14日，《厦门市人民政府关于印发厦门市老龄事业发展“十三五”规划的通知》出台。

4月15日，《厦门市人民政府关于印发厦门市养老服务发展规划（2016—2020年）的通知》出台。

4月21日，厦门市老龄办创新线上课程线下教学形式，首次组织专家到思明区前埔南社区书院开设老年云课堂现场课。全年到基层开设老年云课堂现场课4次。

六月

6月1日，厦门市老龄办与翔安区何厝社区签订“和美何厝　八方银龄共缔造”协议，并慰问了困难老人。

6月23日，福建省社区居家养老服务工作现场（视频）会议在厦门召开，省政府黄琪玉副省长出席会议并讲话。会上，厦门市介绍了社区居家养老服务经验。

6月28日，厦门市老年学学会召开第四届会员大会，选举产生新一届理事会，洪若传当选会长。

八月

8月12日，厦门市老龄委出台《厦门市统一发放老年人高龄津贴实施意见》。

十月

10月1日，2016年度厦门市老年人幸福安康险正式生效。

10月17日—18日，全国老龄办副主任朱耀垠来厦调研养老产业政策。

10月25日，分管副市长卢江到厦门市老龄办调研，参观市老年活动中心改扩建工程和活动场馆，听取市老龄办、市老年基金会工作汇报。

十一月

11月7日，《厦门市人民政府办公厅关于进一步做好社区居家养老服务工作的通知》出台。

11月25日，厦门市举办市民养老服务卡首发仪式。

十二月

12月8日，《中国城市养老指数报告》在京发布，厦门市养老指数以94.1分在4个直辖市、27个省会城市和5个计划单列市中排名第一，成为最适合养老的城市。

12月26日，《厦门市人民政府办公厅关于印发厦门市城乡居民养老保险丧葬补助办法的通知》出台。

12月29日，厦门市老年志愿者协会召开第二届会员代表大会，选举产生新一届理事会，刘瑞文连任会长。

宁波市

二月

2月3日，市政府办公厅转发了市老龄办等部门《关于高龄老人乘坐市区公交车优待的实施意见》（甬政办发〔2016〕21号），对70周岁以上高龄老人享受免费乘坐市区公交车的具体方式及投保乘车险等事宜进行了优化。《意见》明确，市六区公共汽车客运企业经营的公共汽车线路对高龄老人实行免费乘坐的优待，本市户籍的高龄老人可凭本人身份证或其他有效身份证明，以及本人二寸彩色近照办理智能乘车IC卡，凭IC卡免费乘坐市区公交车；非本市户籍的高龄老人可持居民身份证或法定机构颁发的老年优待证享受免费乘坐优待，也可自主选择办理IC卡。同时根据《意见》，凡办理IC卡的高龄老人由市区公交企业按照每人每年25元的标准统一向保险公司投保高龄老人乘车费，保险费由原来高龄老人自费改由户籍所在地的县（市）区财政承担。

七月

7月11日，宁波市政府召开专题学习会，学习贯彻习近平总书记在中央政治局第32次集体学习时的重要讲话精神，全面分析新形势、新常态下我市老龄事业发展面临的机遇和挑战，研讨部署当前和今后一个时期的老龄工作重点。全国老龄办副主任吴玉韶出席会议并就习近平总书记关于老龄工作重要讲话精神进行了现场传达与深入解读，宁波市副市长、市老龄委主任李关定出席会议并作重要讲话。

九月

9月28日—30日，杨立平、苏利冕、李关定、陈安平等代表市委、市人大、市政府、市政协分别前往慰问百岁老人及镇海区金生怡养院、招宝山街道总浦桥社区，江北区步韬益寿院、慈城镇居家养老（助残）服务中心，江东区江东嘉和颐养院、东柳街道中兴社区居家养老服务中心，东钱湖镇敬老院、钱湖丽园社区颐寿园居家养老服务中心，向他们致以老年节问候，送上慰问金。

十月

10月9日，由宁波市老龄工作委员会和宁海县人民政府共同主办，宁波市庆祝全国第四个老年节暨长寿文化活动周启动仪式在宁海县潘天寿广场隆重举行。中国社会福利与养老服务协会会长冯晓丽，宁波市人民政府副市长林静国出席活动并致辞。宁波市人民政府副秘书长张霓主持启动仪式。启动仪式上，我市对获评首届养老服务“双十佳”和宁波市第二届“敬老文明号”的先进单位进行了授牌；并向宁波市首届十大“长寿村”代表和老人代表举行了长寿风采书籍赠送仪式。

十一月

11月，市老年福利基金会、中国人寿宁波分公司联合开展“孝行为善——关怀特殊困难老人”活动，为全市城乡300名特殊困难老人每人发放500元的慰问金。

十二月

12月13日—15日，全国老龄办在宁波召开推进老年宜居环境建设工作座谈会，全国老龄办副主任吴玉韶出席座谈会并作重要讲话，省民政厅副厅长、省老龄办主任苏长聪，副市长、市老龄委主任李关定出席会议并分别致辞。会议贯彻落实全国老龄办、发展改革委等25个部委《关于推进老年宜居环境建设工作的指导意见》，总结交流老年宜居环境建设工作经验，研究部署今后一个时期老年宜居环境建设工作。我市在会上作典型经验发言。会务保障工作和典型经验交流得到全国老龄办及参会代表们的一致好评。

12月14日，市老龄委发布了《宁波市老龄事业发展“十三五”规划》，明确了“十三五”时期我市老龄事业发展的指导思想、基本原则和发展目标，提出了要实施5大工程，推进5大体系建设，落实20项重点工作任务。